Kohlhammer

Wehrrecht

Textausgabe

von

Prof. Dr. Patrick Ernst Sensburg, M. A.
Professor für Öffentliches Recht und Europarecht
an der Hochschule für Polizei und öffentliche
Verwaltung (HSPV) NRW in Köln
und Oberst d. R.
Präsident des Verbands der Reservisten
der Deutschen Bundeswehr e. V.
von 2019 bis 2026

1. Auflage

Verlag W. Kohlhammer

Die Umschlagabbildung zeigt einen Kampfpanzer Leopard 2 A7.
Foto: Bundeswehr/Marco Dorow.

1. Auflage 2026

Gesamtherstellung: W. Kohlhammer GmbH, Heßbrühlstr. 69, 70565 Stuttgart
produktsicherheit@kohlhammer.de

Print:
ISBN 978-3-17-047476-5

E-Book-Formate:
pdf: ISBN 978-3-17-047477-2
epub: ISBN 978-3-17-047478-9

Vorwort

Das Wehrrecht in Deutschland ist ein spezialisiertes Teilgebiet des Öffentlichen Rechts, das alle rechtlichen Normen umfasst, welche die Organisation, Aufgaben und Angehörigen der Bundeswehr betreffen. Es regelt das Dienstverhältnis der Soldatinnen und Soldaten, die Wehrpflicht sowie die Verteidigungsfähigkeit der Bundesrepublik Deutschland insgesamt in zahlreichen Gesetzen, Verordnungen und weiteren Vorschriften. Zum Wehrrecht gehört eine Vielzahl von Gesetzen und Vorschriften, die als „Wehrverfassung" die militärische Ordnung regeln. Hierzu zählen insbesondere das Soldatenrecht mit den Regeln für Berufssoldatinnen und -soldaten, Soldatinnen und Soldaten auf Zeit und freiwilligen Wehrdienstleistende. Es umfasst Rechte, Pflichten, Besoldung, Arbeitszeit und die soziale Absicherung der Soldatinnen und Soldaten. Nach dem Aussetzen der Wehrpflicht im Jahre 2011 erfasst das Wehrpflichtrecht und das Reservistenrecht alle Regelungen zur Aussetzung und Reaktivierung der Wehrpflicht, der Musterung, der Erfassung, der Beorderung als Reservistin oder Reservist und des Rechts der Reservistinnen und Reservisten allgemein. Das Wehrdisziplinarrecht und das Wehrstrafrecht sind für Soldatinnen und Soldaten und Reservistinnen und Reservisten genauso von Bedeutung, wie alle Regelungen zur Inneren Führung, die prägend für den „Staatsbürger in Uniform" sind. Durch das Gesetz zur Modernisierung des Wehrdienstes (WDModG) sind umfassende Änderungen in zahlreichen Gesetzen und Verordnungen erfolgt, um das Wehrdienstsystem in Deutschland zeitgemäß und effizient zu gestalten. Die vorliegende Sammlung wehrrechtlicher Gesetze, Verordnungen und weiterer Regelungen beinhaltet diese Änderungen und stellt somit eine aktuelle Zusammenstellung aller notwendigen Vorschriften dar, die in diesem immer relevanter werdenden Teilgebiet des Öffentlichen Rechts benötigt werden.

Das in dieser Sammlung berücksichtigte Wehrdienstmodernisierungsgesetz führt unter anderem zu Änderungen im Wehrpflichtgesetz (WPflG) durch die Wiedereinführung der verpflichtenden Erfassung und Musterung. Die Bundesregierung kann per Rechtsverordnung die Einberufung zum Grundwehrdienst aktivieren. Es beinhaltet neue Regelungen zur Datenverarbeitung und Übermittlung durch Behörden und eine Modernisierung des Wehrersatzwesens. Das Zivildienstgesetz (ZDG) und das Kriegsdienstverweigerungsgesetz (KDVG) werden an den neuen Wehrdienst mit seinen verpflichtenden Bestandteilen angepasst. Zugleich wird das Soldatengesetz (SG) hinsichtlich des freiwilligen Wehrdienstes überarbeitet und unter anderem kurze Dienstzeiten als „Soldat auf Zeit" eingeführt. Zahlreiche Anpassungen erfolgen mit Blick auf die Attraktivität des „Arbeitgebers Bundeswehr" und die gestrafften Zuständigkeiten und Begriffen unter anderem im Wehrsoldgesetz (WSG), Unterhaltssicherungsgesetz (USG), Soldatenversorgungsgesetz (SVG), Arbeitsplatzschutzgesetz (ArbPlSchG) oder in Verordnungen, wie zum Beispiel zur Berufsförderung. Abschließend bringt das Wehrdienstmodernisierungsgesetz zahlreiche weitere Anpassungen mit sich, zum Beispiel im Bundesmeldegesetz, Arbeitssicherstellungsgesetz, Einkommensteuergesetz, Bundesbesoldungsgesetz, Sozialgesetzbücher oder dem Kindergeld- und Elterngeldregelungen.

Vorwort

Wer sich aktuell den Herausforderungen einer modernen Sicherheitspolitik im Sinne der Gesamtverteidigung vor dem Hintergrund des Rechts stellen muss, benötigt einen Überblick über die relevanten Normen in aktueller Form. Die vorliegende Sammlung soll hierzu einen Beitrag leisten. Die Struktur orientiert sich dabei zum einen an der Reihenfolge des individuellen Kontakts zum Wehrrecht von Soldatinnen und Soldaten von der Einstellung, über den Dienst, der Berufsförderung, bis zum Ausscheiden und den Übergang zur Reserve. Gleichzeitig berücksichtigt es die typischen Fragestellungen von Soldatinnen und Soldaten und Reservistinnen und Reservisten.
Verzichtet wurde in der Sammlung auf das Recht der EU, europarechtliche und internationale völkerrechtliche Verträge oder völkerrechtliche Grundsätze. Sie stellen einen eigenständigen Bereich mit dar, der zwar viel mehr Aufmerksamkeit erhalten sollte, für das vorliegende Wehrrecht aber den Rahmen sprengen würde.
Das Wehrrecht vor dem Hintergrund einer wachsenden Bedeutung der Bündnis- und Landesverteidigung stellt einen immer relevanten Teilbereich des Öffentlichen Rechts dar, der mir der aktuellen Sammlung transparent und leicht zugänglich zusammengefasst wird.

Köln, im März 2026 — Patrick Ernst Sensburg

Inhaltsverzeichnis

Einleitung

Das Wehrrecht als Teilgebiet des Öffentlichen Rechts ist nicht in einem oder wenigen Gesetzen zu erfassen. Es findet sich weit verstreut in zahlreichen Gesetzen, Verordnungen und Regelungen. Darüber hinaus prägen eine Vielzahl von nationalen Vorschriften oder Weisungen und internationale Vereinbarungen, wie den „Rules of engagement" das Wehrrecht. Das Wehrrecht regelt nicht nur die Rechtsstellung der Soldatinnen und Soldaten national, sondern ist im Einsatzfall auch durch strikte internationale Normen definiert. Das Wehrrecht lässt sich somit zum einen in das interne Organisationsrecht und das externe Einsatz- und Völkerrecht unterteilen. Zum anderen kann es auch nach den unterschiedlichen Ebenen in Völkerrecht, Verfassungsrecht, die gesetzlichen Grundlagen und die Verordnungen und die internen Dienstvorschriften und Weisungen unterteilt werden. Zugleich lassen sich die einzelnen Bereiche nach Themengruppen zusammenfassen, zum Beispiel nach dem humanitären Völkerrecht, dem Wehrverfassungsrecht nach dem Grundgesetz, den Rechten und Pflichten von Soldatinnen und Soldaten mit der Wehrdisziplinarordnung (WDO) und dem Wehrstrafgesetz (WStG) oder der Wehrpflicht und dem Reservedienst. Gerade dieser Einteilung folgt die vorliegende Gesetzessammlung, um eine Systematik nach Lebenssituationen zu entwickeln. Das Wehrrecht soll von der Einstellung als Soldatin oder Soldat, über den Dienst, der Berufsförderung, bis zum Ausscheiden und den Übergang zur Reserve mit allen Rechten und Pflichten dargestellt werden. Eine Gesamtdarstellung des Wehrrechts würde aber noch viel mehr beinhalten und Handbüchern[1] oder unterschiedlichen Sammlungen zum nationalen Recht, dem humanitären Völkerrecht oder Zusammenstellungen, wie dem „Sanremo Handbook on the Rules of Engagement (RoE)" vorbehalten bleiben. In dieser Einleitung soll daher nur der Rahmen skizziert werden, in dem sich die vorliegende Sammlung des Wehrrechts bewegt.

Das (humanitäre) Völkerrecht

Das Völkerrecht setzt den Rahmen, in dem militärische Gewalt von der Völkergemeinschaft als akzeptabel toleriert wird. Man unterscheidet dabei zum einen das Ius ad bellum, also das Recht zum Führen eines Krieges. Art. 2 Ziff. 4 UN-Charta verbietet in diesem Rahmen grundsätzlich die Anwendung von Gewalt, also das Führen eines Krieges, insbesondre zur Durchsetzung eigener politischer Interessen. Ausnahmen bestehen nur zur Selbstverteidigung oder bei einem Mandat des UN-Sicherheitsrates. Unter diesen Voraussetzungen besteht das Recht zum Führen eines Krieges. Die Bündnis- und Landesverteidigung ist somit prima facie vom Ius ad bellum erfasst und gerechtfertigt.

Zum andern betrifft das Ius in bello, also das Recht im Krieg, alle Regelungen, die einen Krieg so „human", wie nur möglich machen sollen. Sobald ein bewaffneter Konflikt besteht, greift das humanitäre Völkerrecht. Es gilt universell für alle Konfliktparteien und bindet sie an vier fundamentale Prinzipien gebunden: (a) Das Unterscheidungsgebot: Es muss strikt zwischen Kombattanten (legalen

1 Raap, Ch., Handbuch Wehrrecht, Verlag W. Kohlhammer, Stuttgart, 2. Auflage 2025

Kämpfern) und Zivilpersonen unterschieden werden. (b) Die Verhältnismäßigkeit: Der militärische Vorteil eines Angriffs darf nicht in einem krassen Missverhältnis zu den erwarteten zivilen Schäden stehen. (c) Die Militärische Notwendigkeit: Gewalt darf nur angewendet werden, um ein legitimes militärisches Ziel zu erreichen. (d) Die Vermeidung unnötigen Leidens: Der Einsatz bestimmter Waffen (z. B. chemische Waffen) oder Methoden ist untersagt.
Die wesentlichen Rechtsquellen des humanitären Völkerrechts sind das Haager Abkommen und die Genfer Konventionen. Während das Haager Recht insbesondere Regeln zur Kriegsführung kodifiziert hat, enthalten die Genfer Konventionen im Kern Vorschriften zum Schutz von Verwundeten, Kriegsgefangenen und Zivilisten in bewaffneten Konflikten. Zu diesen als historisch zu bezeichnenden Rechtsquellen, sind in den letzten Jahrzehnten das Umweltkriegsübereinkommen (1977), das VN-Waffenübereinkommen (1980), das Chemiewaffenübereinkommen (1993), das Ottawa-Abkommen über das Verbot von Personenminen (1997) und das Übereinkommen über Streumunition (2008) hinzugetreten. Ebenfalls militärisch relevant ist das Haager Übereinkommen zum Schutz von Kulturgütern in bewaffneten Konflikten (1954) sowie dessen zwei Protokolle. Das sogenannte „Blue Shield“ symbolisiert die völkerrechtliche Verpflichtung der Konfliktparteien solche Kulturgüter von nationaler Bedeutung zu respektieren und zu schützen. Viele Vorschriften der genannten Abkommen stellen heute Völkergewohnheitsrecht dar, das alle Staaten zu respektieren haben. Dies zeigt, wie wichtig im humanitären Völkerrecht, neben dem geschriebenen Vertragsrecht, auch das Völkergewohnheitsrecht ist. Das humanitäre Völkergewohnheitsrecht ist vor allem für die nicht-internationalen bewaffneten Konflikte bedeutsam, da für diese bislang weniger völkervertragsrechtliche Regelungen bestehen.

Das Wehrverfassungsrecht des Grundgesetzes

Die dargestellten völkerrechtlichen Regeln sind gem. Art. 25 GG unmittelbarer Bestandteil des Bundesrechts und gehen sogar einfachgesetzlichen Regelungen vor. Insbesondere das humanitäre Völkerrecht ist somit unmittelbar geltendes Recht und in Deutschland von allen Soldatinnen und Soldaten der Bundeswehr in bewaffneten Konflikten zu beachten, so z. B. bei der Landesverteidigung auf dem eigenen Territorium der Bundesrepublik Deutschland oder in der Bündnisverteidigung z. B. an der NATO-Ostflanke.
Bereits Art. 24 Abs. 2 GG ermöglicht es der Bundesrepublik Deutschland, sich in ein System gegenseitiger kollektiver Sicherheit, wie der NATO, einzuordnen, um den Frieden zu sichern. Der Bund kann hierbei in die Beschränkungen seiner Hoheitsrechte einwilligen, die eine friedliche und dauerhafte Ordnung in Europa und zwischen den Völkern der Welt herbeiführen und sichern.
Art. 12a GG regelt die militärischen und zivilen Dienstpflichten im Sinne einer Gesamtverteidigung und verankert die Wehrpflicht für Männer ab 18 Jahren im Grundgesetz. Er wurde im Rahmen der Aussetzung der Wehrpflicht im Jahr 2011 nicht angetastet und bildet nun die Grundlage für den „neuen Wehrdienst“ und unter anderem für die verbindliche Erfassung und Musterung. Er bildet die verfassungsrechtliche Grundlage für den Dienst in der Bundeswehr, in der Bundespolizei und den Zivilschutzverbänden.

Art. 17a GG erlaubt es, bestimmte Grundrechte, wie die Meinungsfreiheit oder das Versammlungsrecht, für Angehörige der Streitkräfte während der Zeit des Dienstes gesetzlich einzuschränken.
Im Gegenzug statuiert Art. 45b GG einen Wehrbeauftragten als Hilfsorgan des Bundestages zum Schutz der Grundrechte der Soldatinnen und Soldaten, was den Charakter der Bundeswehr als Parlamentsarmee unterstreicht.
Gemäß Art. 87a GG stellt der Bund Streitkräfte zur Verteidigung auf. Als „Parlamentsarmee" unterliegt die Bundeswehr der Kontrolle durch den Deutschen Bundestag. Ihre zahlenmäßige Stärke und die Grundzüge ihrer Organisation müssen sich bereits aus dem Haushaltsplan ergeben. In Art. 87a Abs. 1a GG wurde die Möglichkeit eines Sondervermögens zur Stärkung der Bündnis- und Verteidigungsfähigkeit eingefügt, die aktuell die Anstrengungen insbesondere zum materiellen Aufwuchs der Bundeswehr verfassungsrechtlich absichert. Art. 87a Abs. 2 GG gewährt den Streitkräften im Verteidigungsfall und im Spannungsfall die Befugnis, zivile Objekte zu schützen und Aufgaben der Verkehrsregelung wahrzunehmen, soweit dies zur Erfüllung ihres Verteidigungsauftrages erforderlich ist. Außerdem kann den Streitkräften hiernach im Verteidigungsfall und im Spannungsfall der Schutz ziviler Objekte auch zur Unterstützung polizeilicher Maßnahmen übertragen werden. Heute ist es selbstverständlich, dass die Streitkräfte dabei mit den zuständigen Behörden zusammenwirken. Der Anteil der militärischen Seite ist dabei im Operationsplan Deutschland zusammengefasst. Er führt zentrale militärischen Bestandteile der Landes- und Bündnisverteidigung mit den notwendigen zivilen Unterstützungsleistungen zusammen.
Art. 87b GG regelt die zivile Verwaltung der Bundeswehr. Die Bundeswehrverwaltung ist für das Personalwesen, die Beschaffung von Rüstungsgütern und die Infrastruktur zuständig, was eine zivile Kontrolle und Organisation innerhalb des Verteidigungsapparats sicherstellt. Gem. Art. 87b Abs. 1 Satz 4 GG bedürfen Gesetze außerhalb des Personalwesens, soweit sie die Bundeswehrverwaltung zu Eingriffen in Rechte Dritter ermächtigen, der Zustimmung des Bundesrates.
Nach Art. 65a GG hat der Bundesminister für Verteidigung die Befehls- und Kommandogewalt über die Streitkräfte. Gem. Art. 115b GG geht die Befehls- und Kommandogewalt im Verteidigungsfall auf den Bundeskanzler über.
Art. 115a GG definiert daher zuvor, unter welchen Voraussetzungen der Bundestag mit Zustimmung des Bundesrates den Verteidigungsfall feststellt – nämlich bei einem bewaffneten Angriff auf das Bundesgebiet.
Dieser Überblick zeigt bereits, wie stark das historisch gewachsene Verfassungsrecht das Wehrrecht insgesamt prägt. Die detaillierte Ausgestaltung erfährt es aber durch das einfachgesetzliche Recht und weiterer Vorschriften.

Das Wehrrecht unterhalb des Verfassungsrechts

Zahlreiche Gesetze und untergesetzliche Normen prägen das deutsche Wehrrecht. Eingeschlossen sind Gesetze, Rechtsverordnungen, Erlasse und Dienstvorschriften. Vom Soldatengesetz (SG) über die Wehrdisziplinarordnung (WDO) und das Wehrpflichtgesetz (WPflG) bis zum Reservistengesetz (ResG).
Durch das Gesetz zur Modernisierung des Wehrdienstes (WDModG) wird das Wehrdienstsystem in Deutschland grundlegend neu aufgestellt. Mit der Aussetzung der verpflichtenden Einberufung zum Grundwehrdienst durch das Wehrrechtsänderungsgesetz des Jahres 2011 sind auch die Strukturen für eine Wehrer-

fassung, Musterung und Einberufung zum Grundwehrdienst, insbesondere die 52 Kreiswehrersatzämter, weggefallen. Obwohl die auf Artikel 12a GG und dem Wehrpflichtgesetz (WPflG) beruhende Wehrpflicht für deutsche Männer als potenzielle Verpflichtung immer weiter bestand, fehlen weitgehend alle nötigen Daten hinsichtlich der jeweils der Wehrpflicht unterfallenden Geburtsjahrgänge und deren Bereitschaft sowie ihrer Fähigkeiten für einen Wehrdienst. Aktuell verfügt die Bundeswehr nicht über ausreichende Daten darüber, wer im Falle eines Wiederauflebens der Wehrpflicht herangezogen werden kann, wie geeignet die Männer sind und welche Qualifikationen sie haben. Vor diesem Hintergrund schafft das Gesetz zur Modernisierung des Wehrdienstes (WDModG) neue Strukturen für den freiwilligen und verpflichtenden Dienst, passt zahlreiche Sozial-, Arbeits- und Steuerregelungen an und sorgt für eine zeitgemäße Datenverarbeitung und Verwaltungsstruktur. Ziel ist ein flexibles, rechtssicheres und sozial abgesichertes Wehrdienstsystem für die Zukunft. Das Gesetz zur Modernisierung des Wehrdienstes (WDModG) ändert damit zahlreiche Vorschriften, so dass es dringend erforderlich ist, eine aktuelle wehrrechtliche Vorschriftensammlung zusammenzustellen. Da im Falle einer verpflichtenden Heranziehung auch das Recht der Kriegsdienstverweigerung (KDV) wieder praktische Relevanz erhalten wird, ist auch dieses in aktueller Form darzustellen. Wehrpflichtigen muss die Gelegenheit gegeben werden, ihr Grundrecht aus Artikel 4 Absatz 3 GG frühzeitig und effektiv wahrzunehmen. Der Gesetzentwurf sieht daher entsprechende Anpassungen im Kriegsdienstverweigerungsgesetz vor, die sich auch in dieser Sammlung wiederfinden.
Weitere Anpassungen im Zivildienstgesetz sind zu erwarten. Ebenso werden die Strukturen der Reserve nach der neuen Strategie der Reserve angepasst werden müssen, was zu weiteren Änderungen im Reservistengesetz (ResG) führen wird. Bezüglich des so wichtigen Wehrrechts bedeutet dies, dass wir mit diesem Teil des Öffentlichen Rechts einen der dynamischsten Bereiche haben, der ein Arbeiten mit einer aktuellen Sammlung erfordert – gerne ergänzt z. B. mit einem Handbuch zum Wehrrecht.[2]

2 Raap, Ch., Handbuch Wehrrecht, Verlag W. Kohlhammer, Stuttgart, 2. Auflage 2025

1. Soldatische Grundlagen

1.1 Grundgesetz für die Bundesrepublik Deutschland

Grundgesetz für die Bundesrepublik Deutschland in der im Bundesgesetzblatt Teil III, Gliederungsnummer 100-1, veröffentlichten bereinigten Fassung, das zuletzt durch Artikel 1 des Gesetzes vom 22. März 2025 (BGBl. 2025 I Nr. 94) geändert worden ist.

Art. 4

(1) Die Freiheit des Glaubens, des Gewissens und die Freiheit des religiösen und weltanschaulichen Bekenntnisses sind unverletzlich.

(2) Die ungestörte Religionsausübung wird gewährleistet.

(3) Niemand darf gegen sein Gewissen zum Kriegsdienst mit der Waffe gezwungen werden. Das Nähere regelt ein Bundesgesetz.

Art. 12a

(1) Männer können vom vollendeten achtzehnten Lebensjahr an zum Dienst in den Streitkräften, im Bundesgrenzschutz oder in einem Zivilschutzverband verpflichtet werden.

(2) Wer aus Gewissensgründen den Kriegsdienst mit der Waffe verweigert, kann zu einem Ersatzdienst verpflichtet werden. Die Dauer des Ersatzdienstes darf die Dauer des Wehrdienstes nicht übersteigen. Das Nähere regelt ein Gesetz, das die Freiheit der Gewissensentscheidung nicht beeinträchtigen darf und auch eine Möglichkeit des Ersatzdienstes vorsehen muß, die in keinem Zusammenhang mit den Verbänden der Streitkräfte und des Bundesgrenzschutzes steht.

(3) Wehrpflichtige, die nicht zu einem Dienst nach Absatz 1 oder 2 herangezogen sind, können im Verteidigungsfalle durch Gesetz oder auf Grund eines Gesetzes zu zivilen Dienstleistungen für Zwecke der Verteidigung einschließlich des Schutzes der Zivilbevölkerung in Arbeitsverhältnisse verpflichtet werden; Verpflichtungen in öffentlich-rechtliche Dienstverhältnisse sind nur zur Wahrnehmung polizeilicher Aufgaben oder solcher hoheitlichen Aufgaben der öffentlichen Verwaltung, die nur in einem öffentlich-rechtlichen Dienstverhältnis erfüllt werden können, zulässig. Arbeitsverhältnisse nach Satz 1 können bei den Streitkräften, im Bereich ihrer Versorgung sowie bei der öffentlichen Verwaltung begründet werden; Verpflichtungen in Arbeitsverhältnisse im Bereiche der Versorgung der Zivilbevölkerung sind nur zulässig, um ihren lebensnotwendigen Bedarf zu decken oder ihren Schutz sicherzustellen.

(4) Kann im Verteidigungsfalle der Bedarf an zivilen Dienstleistungen im zivilen Sanitäts- und Heilwesen sowie in der ortsfesten militärischen Lazarettorganisation nicht auf freiwilliger Grundlage gedeckt werden, so können Frauen vom vollendeten achtzehnten bis zum vollendeten fünfundfünfzigsten Lebensjahr durch Gesetz oder auf Grund eines Gesetzes zu derartigen Dienstleistungen herangezogen werden. Sie dürfen auf keinen Fall zum Dienst mit der Waffe verpflichtet werden.

(5) Für die Zeit vor dem Verteidigungsfalle können Verpflichtungen nach Absatz 3 nur nach Maßgabe des Artikels 80a Abs. 1 begründet werden. Zur Vorbereitung auf Dienstleistungen nach Absatz 3, für die besondere Kenntnisse oder Fertigkeiten

erforderlich sind, kann durch Gesetz oder auf Grund eines Gesetzes die Teilnahme an Ausbildungsveranstaltungen zur Pflicht gemacht werden. Satz 1 findet insoweit keine Anwendung.

(6) Kann im Verteidigungsfalle der Bedarf an Arbeitskräften für die in Absatz 3 Satz 2 genannten Bereiche auf freiwilliger Grundlage nicht gedeckt werden, so kann zur Sicherung dieses Bedarfs die Freiheit der Deutschen, die Ausübung eines Berufs oder den Arbeitsplatz aufzugeben, durch Gesetz oder auf Grund eines Gesetzes eingeschränkt werden. Vor Eintritt des Verteidigungsfalles gilt Absatz 5 Satz 1 entsprechend.

Art. 17a

(1) Gesetze über Wehrdienst und Ersatzdienst können bestimmen, daß für die Angehörigen der Streitkräfte und des Ersatzdienstes während der Zeit des Wehr- oder Ersatzdienstes das Grundrecht, seine Meinung in Wort, Schrift und Bild frei zu äußern und zu verbreiten (Artikel 5 Abs. 1 Satz 1 erster Halbsatz), das Grundrecht der Versammlungsfreiheit (Artikel 8) und das Petitionsrecht (Artikel 17), soweit es das Recht gewährt, Bitten oder Beschwerden in Gemeinschaft mit anderen vorzubringen, eingeschränkt werden.

(2) Gesetze, die der Verteidigung einschließlich des Schutzes der Zivilbevölkerung dienen, können bestimmen, daß die Grundrechte der Freizügigkeit (Artikel 11) und der Unverletzlichkeit der Wohnung (Artikel 13) eingeschränkt werden.

Art 24

(1) Der Bund kann durch Gesetz Hoheitsrechte auf zwischenstaatliche Einrichtungen übertragen.

(1a) Soweit die Länder für die Ausübung der staatlichen Befugnisse und die Erfüllung der staatlichen Aufgaben zuständig sind, können sie mit Zustimmung der Bundesregierung Hoheitsrechte auf grenznachbarschaftliche Einrichtungen übertragen.

(2) Der Bund kann sich zur Wahrung des Friedens einem System gegenseitiger kollektiver Sicherheit einordnen; er wird hierbei in die Beschränkungen seiner Hoheitsrechte einwilligen, die eine friedliche und dauerhafte Ordnung in Europa und zwischen den Völkern der Welt herbeiführen und sichern.

(3) Zur Regelung zwischenstaatlicher Streitigkeiten wird der Bund Vereinbarungen über eine allgemeine, umfassende, obligatorische, internationale Schiedsgerichtsbarkeit beitreten.

Art. 35

(1) Alle Behörden des Bundes und der Länder leisten sich gegenseitig Rechts- und Amtshilfe.

(2) Zur Aufrechterhaltung oder Wiederherstellung der öffentlichen Sicherheit oder Ordnung kann ein Land in Fällen von besonderer Bedeutung Kräfte und Einrichtungen des Bundesgrenzschutzes zur Unterstützung seiner Polizei anfordern, wenn die Polizei ohne diese Unterstützung eine Aufgabe nicht oder nur unter erheblichen Schwierigkeiten erfüllen könnte. Zur Hilfe bei einer Naturkatastrophe oder bei einem besonders schweren Unglücksfall kann ein Land Polizeikräfte anderer Länder,

Kräfte und Einrichtungen anderer Verwaltungen sowie des Bundesgrenzschutzes und der Streitkräfte anfordern.

(3) Gefährdet die Naturkatastrophe oder der Unglücksfall das Gebiet mehr als eines Landes, so kann die Bundesregierung, soweit es zur wirksamen Bekämpfung erforderlich ist, den Landesregierungen die Weisung erteilen, Polizeikräfte anderen Ländern zur Verfügung zu stellen, sowie Einheiten des Bundesgrenzschutzes und der Streitkräfte zur Unterstützung der Polizeikräfte einsetzen. Maßnahmen der Bundesregierung nach Satz 1 sind jederzeit auf Verlangen des Bundesrates, im übrigen unverzüglich nach Beseitigung der Gefahr aufzuheben.

Art. 45a

(1) Der Bundestag bestellt einen Ausschuß für auswärtige Angelegenheiten und einen Ausschuß für Verteidigung.

(2) Der Ausschuß für Verteidigung hat auch die Rechte eines Untersuchungsausschusses. Auf Antrag eines Viertels seiner Mitglieder hat er die Pflicht, eine Angelegenheit zum Gegenstand seiner Untersuchung zu machen.

(3) Artikel 44 Abs. 1 findet auf dem Gebiet der Verteidigung keine Anwendung.

Art. 45b

Zum Schutz der Grundrechte und als Hilfsorgan des Bundestages bei der Ausübung der parlamentarischen Kontrolle wird ein Wehrbeauftragter des Bundestages berufen. Das Nähere regelt ein Bundesgesetz.

Art. 65a

(1) Der Bundesminister für Verteidigung hat die Befehls- und Kommandogewalt über die Streitkräfte.

(2) (weggefallen)

Art. 87a

(1) Der Bund stellt Streitkräfte zur Verteidigung auf. Ihre zahlenmäßige Stärke und die Grundzüge ihrer Organisation müssen sich aus dem Haushaltsplan ergeben.

(1a) Zur Stärkung der Bündnis- und Verteidigungsfähigkeit kann der Bund ein Sondervermögen für die Bundeswehr mit eigener Kreditermächtigung in Höhe von einmalig bis zu 100 Milliarden Euro errichten. Auf die Kreditermächtigung sind Artikel 109 Absatz 3 und Artikel 115 Absatz 2 nicht anzuwenden. Das Nähere regelt ein Bundesgesetz.

(2) Außer zur Verteidigung dürfen die Streitkräfte nur eingesetzt werden, soweit dieses Grundgesetz es ausdrücklich zuläßt.

(3) Die Streitkräfte haben im Verteidigungsfalle und im Spannungsfalle die Befugnis, zivile Objekte zu schützen und Aufgaben der Verkehrsregelung wahrzunehmen, soweit dies zur Erfüllung ihres Verteidigungsauftrages erforderlich ist. Außerdem kann den Streitkräften im Verteidigungsfalle und im Spannungsfalle der Schutz ziviler Objekte auch zur Unterstützung polizeilicher Maßnahmen übertragen werden; die Streitkräfte wirken dabei mit den zuständigen Behörden zusammen.

(4) Zur Abwehr einer drohenden Gefahr für den Bestand oder die freiheitliche demokratische Grundordnung des Bundes oder eines Landes kann die Bundesregierung, wenn die Voraussetzungen des Artikels 91 Abs. 2 vorliegen und die Polizeikräfte sowie der Bundesgrenzschutz nicht ausreichen, Streitkräfte zur Unterstützung der Polizei und des Bundesgrenzschutzes beim Schutze von zivilen Objekten und bei der Bekämpfung organisierter und militärisch bewaffneter Aufständischer einsetzen. Der Einsatz von Streitkräften ist einzustellen, wenn der Bundestag oder der Bundesrat es verlangen.

Art. 87b

(1) Die Bundeswehrverwaltung wird in bundeseigener Verwaltung mit eigenem Verwaltungsunterbau geführt. Sie dient den Aufgaben des Personalwesens und der unmittelbaren Deckung des Sachbedarfs der Streitkräfte. Aufgaben der Beschädigtenversorgung und des Bauwesens können der Bundeswehrverwaltung nur durch Bundesgesetz, das der Zustimmung des Bundesrates bedarf, übertragen werden. Der Zustimmung des Bundesrates bedürfen ferner Gesetze, soweit sie die Bundeswehrverwaltung zu Eingriffen in Rechte Dritter ermächtigen; das gilt nicht für Gesetze auf dem Gebiete des Personalwesens.

(2) Im übrigen können Bundesgesetze, die der Verteidigung einschließlich des Wehrersatzwesens und des Schutzes der Zivilbevölkerung dienen, mit Zustimmung des Bundesrates bestimmen, daß sie ganz oder teilweise in bundeseigener Verwaltung mit eigenem Verwaltungsunterbau oder von den Ländern im Auftrage des Bundes ausgeführt werden. Werden solche Gesetze von den Ländern im Auftrage des Bundes ausgeführt, so können sie mit Zustimmung des Bundesrates bestimmen, daß die der Bundesregierung und den zuständigen obersten Bundesbehörden auf Grund des Artikels 85 zustehenden Befugnisse ganz oder teilweise Bundesoberbehörden übertragen werden; dabei kann bestimmt werden, daß diese Behörden beim Erlaß allgemeiner Verwaltungsvorschriften gemäß Artikel 85 Abs. 2 Satz 1 nicht der Zustimmung des Bundesrates bedürfen.

Art. 115b

Mit der Verkündung des Verteidigungsfalles geht die Befehls- und Kommandogewalt über die Streitkräfte auf den Bundeskanzler über.

1.2 Gesetz über die Rechtsstellung der Soldaten (Soldatengesetz – SG)

Soldatengesetz in der Fassung der Bekanntmachung vom 30. Mai 2005 (BGBl. I S. 1482), das zuletzt durch Artikel 5 des Gesetzes vom 9. Januar 2026 (BGBl. 2026 I Nr. 7) geändert worden ist.

Inhaltsübersicht

Erster Abschnitt **Gemeinsame Vorschriften**

1. Allgemeines

§ 1 Begriffsbestimmungen

(1) Soldat ist, wer auf Grund der Wehrpflicht oder freiwilliger Verpflichtung in einem Wehrdienstverhältnis steht. Staat und Soldaten sind durch gegenseitige Treue miteinander verbunden.

(2) In das Dienstverhältnis eines Berufssoldaten kann berufen werden, wer sich freiwillig verpflichtet, auf Lebenszeit Wehrdienst zu leisten. In das Dienstverhältnis eines Soldaten auf Zeit kann berufen werden, wer sich freiwillig verpflichtet, für begrenzte Zeit Wehrdienst zu leisten. Einen freiwilligen Wehrdienst als besonderes staatsbürgerliches Engagement kann leisten, wer sich dazu verpflichtet. Zu einem Wehrdienst in Form von Dienstleistungen kann außer Personen, die in einem Wehrdienstverhältnis nach Satz 1 oder 2 gestanden haben, auch herangezogen werden, wer sich freiwillig zu Dienstleistungen verpflichtet.

(3) Vorgesetzter ist, wer befugt ist, einem Soldaten Befehle zu erteilen. Durch Rechtsverordnung wird bestimmt, wer auf Grund seiner Dienststellung, seines Dienstgrades, besonderer Anordnung oder eigener Erklärung befehlen kann. Auf Grund des Dienstgrades allein besteht keine Befehlsbefugnis außerhalb des Dienstes. Durch eigene Erklärung darf eine Befehlsbefugnis nur zur Hilfeleistung in Notfällen, zur Aufrechterhaltung der Disziplin oder Sicherheit oder zur Herstellung einer einheitlichen Befehlsbefugnis in kritischer Lage begründet werden.

(4) Disziplinarvorgesetzter ist, wer Disziplinarbefugnis über Soldaten hat. Das Nähere regelt die Wehrdisziplinarordnung.

(5) Regelmäßige wöchentliche Arbeitszeit ist die innerhalb von zwölf Monaten durchschnittlich zu leistende wöchentliche Arbeitszeit.

§ 2 Dauer des Wehrdienstverhältnisses; Dienstzeitberechnung

(1) Das Wehrdienstverhältnis beginnt
1. bei einem Soldaten, der nach dem Wehrpflichtgesetz einberufen oder nach dem Vierten Abschnitt zur Dienstleistung herangezogen wird, mit dem Zeitpunkt, der im Einberufungsbescheid oder im Heranziehungsbescheid für den Diensteintritt festgesetzt wird,
2. bei einem Berufssoldaten oder Soldaten auf Zeit mit dem Zeitpunkt der Ernennung,
3. in allen übrigen Fällen mit dem Dienstantritt.

(2) Das Wehrdienstverhältnis endet mit dem Ablauf des Tages, an dem der Soldat aus der Bundeswehr ausscheidet.

(3) Als Dienstzeit im Sinne dieses Gesetzes oder der auf Grund dieses Gesetzes erlassenen Rechtsverordnungen kann zu Gunsten des Soldaten die Zeit vom 1.

oder 16. eines Monats angerechnet werden, wenn wegen eines Wochenendes, gesetzlichen Feiertages oder eines unmittelbar vorhergehenden Werktages ein anderer Tag für den Beginn des Wehrdienstverhältnisses bestimmt worden ist und der Soldat den Dienst an diesem Tag angetreten hat. § 44 Abs. 5 Satz 2 bleibt unberührt.

§ 3 Ernennungs- und Verwendungsgrundsätze

(1) Der Soldat ist nach Eignung, Befähigung und Leistung ohne Rücksicht auf Geschlecht, sexuelle Identität, Abstammung, Rasse, Glauben, Weltanschauung, religiöse oder politische Anschauungen, Heimat, ethnische oder sonstige Herkunft zu ernennen und zu verwenden.

(2) Bei der Feststellung der Dienstfähigkeit sowie bei Ernennungs- und Verwendungsentscheidungen kann ein geringeres Maß der körperlichen Eignung verlangt werden, soweit die Einschränkung der körperlichen Eignung zurückzuführen ist auf
1. eine Wehrdienstbeschädigung im Sinne des § 3 Absatz 1 des Soldatenentschädigungsgesetzes oder
2. einen Einsatzunfall im Sinne des § 87 Absatz 2 des Soldatenversorgungsgesetzes.

Satz 1 gilt nicht, wenn der Soldat die Schädigung vorsätzlich oder grob fahrlässig verursacht hat, es sei denn, dass der Ausschluss eine unbillige Härte bedeuten würde.

(3) Absatz 2 gilt entsprechend für die Wiedereinstellung früherer Soldaten, denen kein Anspruch nach dem Einsatz-Weiterverwendungsgesetz zusteht.

§ 4 Ernennung, Dienstgradbezeichnungen, Uniform

(1) Einer Ernennung bedarf es
1. zur Begründung des Dienstverhältnisses eines Berufssoldaten oder eines Soldaten auf Zeit (Berufung),
2. zur Umwandlung des Dienstverhältnisses eines Soldaten auf Zeit in das Dienstverhältnis eines Berufssoldaten oder umgekehrt (Umwandlung),
3. zur Verleihung eines höheren Dienstgrades (Beförderung).

(2) Der Bundespräsident ernennt die Berufssoldaten, die Soldaten auf Zeit und die Offiziere der Reserve. Die übrigen Soldaten ernennt der Bundesminister der Verteidigung. Die Ausübung dieser Befugnisse kann auf andere Stellen übertragen werden.

(3) Der Bundespräsident setzt, soweit gesetzlich nichts anderes bestimmt ist, die Dienstgradbezeichnungen der Soldaten fest. Er erlässt die Bestimmungen über die Uniform der Soldaten und bestimmt die Kleidungsstücke, die mit der Uniform getragen werden dürfen, ohne Uniformteile zu sein. Er kann die Ausübung dieser Befugnisse auf andere Stellen übertragen.

(4) Unbeschadet der Vorgaben des Absatzes 3 Satz 2 können die weiteren Vorgaben zum Erscheinungsbild der Soldaten bei der Ausübung des Dienstes und bei einer Tätigkeit mit unmittelbarem Dienstbezug durch Rechtsverordnung geregelt werden. Insbesondere das Tragen von bestimmten Kleidungsstücken, Schmuck, Symbolen, Tätowierungen und sonstigen Modifikationen des Erscheinungsbilds im sichtbaren Bereich sowie die Art der Haar- und Barttracht können eingeschränkt oder untersagt werden, soweit die Funktionsfähigkeit der Streitkräfte oder die Pflicht zum achtungs- und vertrauenswürdigen Verhalten dies erfordert. Soweit Frauen in den

Streitkräften unterrepräsentiert sind, können die Vorgaben zum Erscheinungsbild von Soldatinnen, insbesondere zur Haartracht und zum Tragen von Schmuck, als eine zulässige Maßnahme zur Förderung von Frauen in der Bundeswehr von den Vorgaben für Soldaten abweichend geregelt werden. Religiös oder weltanschaulich konnotierte Merkmale des Erscheinungsbilds nach Satz 2 können nur dann eingeschränkt oder untersagt werden, wenn sie objektiv geeignet sind, das Vertrauen in die Erfüllung der Dienstpflichten zu beeinträchtigen oder wenn zwingende Besonderheiten des soldatischen Dienstes dies erfordern. Die Verhüllung des Gesichts bei der Ausübung des Dienstes oder bei einer Tätigkeit mit unmittelbarem Dienstbezug ist zu untersagen, es sei denn, dienstliche oder gesundheitliche Gründe erfordern dies.

(5) Legt ein Soldat sein Mandat nieder und bewirbt er sich zu diesem Zeitpunkt erneut um einen Sitz im Deutschen Bundestag oder im Europäischen Parlament, so ist die Verleihung eines höheren Dienstgrades nicht zulässig. Satz 1 gilt sinngemäß für Soldaten, die in die gesetzgebende Körperschaft eines Landes gewählt worden sind, und zwar auch für die Zeit zwischen zwei Wahlperioden. Die Verleihung eines höheren Dienstgrades ist auch nicht zulässig, wenn ein Berufssoldat oder Soldat auf Zeit, dessen Rechte und Pflichten auf Grund der §§ 5, 6, 8 und 36 des Abgeordnetengesetzes oder entsprechender Rechtsvorschriften ruhen, einen Dienst nach § 51 Abs. 6 oder § 54 Abs. 4 leistet.

§ 4a *(weggefallen)*

§ 5 Gnadenrecht

(1) Dem Bundespräsidenten steht hinsichtlich des Verlustes der Soldatenrechte und der Rechte aus einem früheren Soldatenverhältnis das Gnadenrecht zu. Er kann die Ausübung anderen Stellen übertragen.

(2) Wird im Gnadenweg der Verlust der Soldatenrechte in vollem Umfang beseitigt, so gilt von diesem Zeitpunkt ab § 42 Abs. 1, 2 und 4 des Bundesbeamtengesetzes entsprechend.

2. Pflichten und Rechte der Soldaten

§ 6 Staatsbürgerliche Rechte des Soldaten

Der Soldat hat die gleichen staatsbürgerlichen Rechte wie jeder andere Staatsbürger. Seine Rechte werden im Rahmen der Erfordernisse des militärischen Dienstes durch seine gesetzlich begründeten Pflichten beschränkt.

§ 7 Grundpflicht des Soldaten

Der Soldat hat die Pflicht, der Bundesrepublik Deutschland treu zu dienen und das Recht und die Freiheit des deutschen Volkes tapfer zu verteidigen.

§ 8 Eintreten für die demokratische Grundordnung

Der Soldat muss die freiheitliche demokratische Grundordnung im Sinne des Grundgesetzes anerkennen und durch sein gesamtes Verhalten für ihre Erhaltung eintreten.

§ 9 Eid und feierliches Gelöbnis

(1) Berufssoldaten und Soldaten auf Zeit haben folgenden Diensteid zu leisten: „Ich schwöre, der Bundesrepublik Deutschland treu zu dienen und das Recht und die Freiheit des deutschen Volkes tapfer zu verteidigen, so wahr mir Gott helfe." Der Eid kann auch ohne die Worte „so wahr mir Gott helfe" geleistet werden. Lehnt ein Soldat aus Glaubens- oder Gewissensgründen die Ablegung des vorgeschriebenen Eides ab, so kann er an Stelle der Worte „ich schwöre" eine andere Beteuerungsformel sprechen.

(2) Soldaten, die freiwilligen Wehrdienst nach § 58b oder Wehrdienst nach Maßgabe des Wehrpflichtgesetzes leisten, bekennen sich zu ihren Pflichten durch das folgende feierliche Gelöbnis:
„Ich gelobe, der Bundesrepublik Deutschland treu zu dienen und das Recht und die Freiheit des deutschen Volkes tapfer zu verteidigen."

§ 10 Pflichten des Vorgesetzten

(1) Der Vorgesetzte soll in seiner Haltung und Pflichterfüllung ein Beispiel geben.

(2) Er hat die Pflicht zur Dienstaufsicht und ist für die Disziplin seiner Untergebenen verantwortlich.

(3) Er hat für seine Untergebenen zu sorgen.

(4) Er darf Befehle nur zu dienstlichen Zwecken und nur unter Beachtung der Regeln des Völkerrechts, der Gesetze und der Dienstvorschriften erteilen.

(5) Er trägt für seine Befehle die Verantwortung. Befehle hat er in der den Umständen angemessenen Weise durchzusetzen.

(6) Offiziere und Unteroffiziere haben innerhalb und außerhalb des Dienstes bei ihren Äußerungen die Zurückhaltung zu wahren, die erforderlich ist, um das Vertrauen als Vorgesetzte zu erhalten.

§ 11 Gehorsam

(1) Der Soldat muss seinen Vorgesetzten gehorchen. Er hat ihre Befehle nach besten Kräften vollständig, gewissenhaft und unverzüglich auszuführen. Ungehorsam liegt nicht vor, wenn ein Befehl nicht befolgt wird, der die Menschenwürde verletzt oder der nicht zu dienstlichen Zwecken erteilt worden ist; die irrige Annahme, es handele sich um einen solchen Befehl, befreit den Soldaten nur dann von der Verantwortung, wenn er den Irrtum nicht vermeiden konnte und ihm nach den ihm bekannten Umständen nicht zuzumuten war, sich mit Rechtsbehelfen gegen den Befehl zu wehren.

(2) Ein Befehl darf nicht befolgt werden, wenn dadurch eine Straftat begangen würde. Befolgt der Untergebene den Befehl trotzdem, so trifft ihn eine Schuld nur, wenn er erkennt oder wenn es nach den ihm bekannten Umständen offensichtlich ist, dass dadurch eine Straftat begangen wird.

(3) Im Verhältnis zu Personen, die befugt sind, dienstliche Anordnungen zu erteilen, die keinen Befehl darstellen, gelten § 62 Absatz 1 und § 63 des Bundesbeamtengesetzes entsprechend.

§ 12 Kameradschaft

Der Zusammenhalt der Bundeswehr beruht wesentlich auf Kameradschaft. Sie verpflichtet alle Soldaten, die Würde, die Ehre und die Rechte des Kameraden zu achten und ihm in Not und Gefahr beizustehen. Das schließt gegenseitige Anerkennung, Rücksicht und Achtung fremder Anschauungen ein.

§ 13 Wahrheit

(1) Der Soldat muss in dienstlichen Angelegenheiten die Wahrheit sagen.

(2) Eine Meldung darf nur gefordert werden, wenn der Dienst dies rechtfertigt.

§ 14 Verschwiegenheit

(1) Der Soldat hat, auch nach seinem Ausscheiden aus dem Wehrdienst, über die ihm bei oder bei Gelegenheit seiner dienstlichen Tätigkeit bekannt gewordenen Angelegenheiten Verschwiegenheit zu bewahren. Dies gilt nicht, soweit
1. Mitteilungen im dienstlichen Verkehr geboten sind,
2. Tatsachen mitgeteilt werden, die offenkundig sind oder ihrer Bedeutung nach keiner Geheimhaltung bedürfen,
3. gegenüber der zuständigen obersten Dienstbehörde, einer Strafverfolgungsbehörde oder einer von der obersten Dienstbehörde bestimmten weiteren Behörde oder außerdienstlichen Stelle ein durch Tatsachen begründeter Verdacht einer Korruptionsstraftat nach den §§ 331 bis 337 des Strafgesetzbuches angezeigt wird oder
4. Informationen unter den Voraussetzungen des Hinweisgeberschutzgesetzes an eine zuständige Meldestelle weitergegeben oder offengelegt werden.

Im Übrigen bleiben die gesetzlich begründeten Pflichten, geplante Straftaten anzuzeigen und für die Erhaltung der freiheitlichen demokratischen Grundordnung einzutreten, von Satz 1 unberührt.

(2) Der Soldat darf ohne Genehmigung über solche Angelegenheiten weder vor Gericht noch außergerichtlich aussagen oder Erklärungen abgeben. Die Genehmigung erteilt der Disziplinarvorgesetzte, nach dem Ausscheiden aus dem Wehrdienst der letzte Disziplinarvorgesetzte. Die §§ 68 und 69 des Bundesbeamtengesetzes gelten entsprechend.

(3) Der Soldat hat, auch nach seinem Ausscheiden aus dem Wehrdienst, auf Verlangen seines Disziplinarvorgesetzten oder des letzten Disziplinarvorgesetzten dienstliche Schriftstücke, Zeichnungen, bildliche Darstellungen und, wenn es im Einzelfall aus Gründen der Geheimhaltung erforderlich ist, Aufzeichnungen jeder Art über dienstliche Vorgänge, auch soweit es sich um Wiedergaben handelt, herauszugeben. Die gleiche Pflicht trifft seine Hinterbliebenen und seine Erben.

(4) (weggefallen)

§ 15 Politische Betätigung

(1) Im Dienst darf sich der Soldat nicht zu Gunsten oder zu Ungunsten einer bestimmten politischen Richtung betätigen. Das Recht des Soldaten, im Gespräch mit Kameraden seine eigene Meinung zu äußern, bleibt unberührt.

(2) Innerhalb der dienstlichen Unterkünfte und Anlagen findet während der Freizeit das Recht der freien Meinungsäußerung seine Schranken an den Grundregeln der Kameradschaft. Der Soldat hat sich so zu verhalten, dass die Gemeinsamkeit des Dienstes nicht ernstlich gestört wird. Der Soldat darf insbesondere nicht als Werber für eine politische Gruppe wirken, indem er Ansprachen hält, Schriften verteilt oder als Vertreter einer politischen Organisation arbeitet. Die gegenseitige Achtung darf nicht gefährdet werden.

(3) Der Soldat darf bei politischen Veranstaltungen keine Uniform tragen.

(4) Ein Soldat darf als Vorgesetzter seine Untergebenen nicht für oder gegen eine politische Meinung beeinflussen.

§ 16 Verhalten in anderen Staaten

Außerhalb des Geltungsbereichs des Grundgesetzes ist dem Soldaten jede Einmischung in die Angelegenheiten des Aufenthaltsstaates versagt.

§ 17 Verhalten im und außer Dienst

(1) Der Soldat hat Disziplin zu wahren und die dienstliche Stellung des Vorgesetzten in seiner Person auch außerhalb des Dienstes zu achten.

(2) Sein Verhalten muss dem Ansehen der Bundeswehr sowie der Achtung und dem Vertrauen gerecht werden, die sein Dienst als Soldat erfordert. Der Soldat darf innerhalb der dienstlichen Unterkünfte und Anlagen auch während der Freizeit sein Gesicht nicht verhüllen, es sei denn, dienstliche oder gesundheitliche Gründe erfordern dies. Außer Dienst hat sich der Soldat außerhalb der dienstlichen Unterkünfte und Anlagen so zu verhalten, dass er das Ansehen der Bundeswehr oder die Achtung und das Vertrauen, die seine dienstliche Stellung erfordert, nicht ernsthaft beeinträchtigt.

(3) Ein Offizier oder Unteroffizier muss auch nach seinem Ausscheiden aus dem Wehrdienst der Achtung und dem Vertrauen gerecht werden, die für seine Wiederverwendung in seinem Dienstgrad erforderlich sind.

(4) (weggefallen)

§ 17a Gesunderhaltungspflicht und Patientenrechte

(1) Der Soldat hat alles in seinen Kräften Stehende zu tun, um seine Gesundheit zu erhalten oder wiederherzustellen. Er darf seine Gesundheit nicht vorsätzlich oder grob fahrlässig beeinträchtigen.

(2) Der Soldat muss ärztliche Maßnahmen gegen seinen Willen nur dann dulden, wenn sie
1. der Verhütung oder Bekämpfung übertragbarer Krankheiten dienen oder
2. der Feststellung seiner Dienst- oder Verwendungsfähigkeit dienen.

Das Grundrecht auf körperliche Unversehrtheit (Artikel 2 Absatz 2 Satz 1 des Grundgesetzes) wird insoweit eingeschränkt. In den Fällen des Satzes 1 Nummer 1 bleibt § 25 Absatz 3 Satz 3 des Infektionsschutzgesetzes unberührt.

(3) Einfache ärztliche Maßnahmen wie Blutentnahmen aus Kapillaren oder peripheren Venen und röntgenologische Untersuchungen hat der Soldat zu dulden.

(4) Lehnt der Soldat eine zumutbare ärztliche Maßnahme ab und wird dadurch seine Dienst- oder Erwerbsfähigkeit beeinträchtigt, kann ihm die Versorgung insoweit versagt werden. Nicht zumutbar ist eine ärztliche Maßnahme, die mit einer erheblichen Gefahr für Leben oder Gesundheit verbunden ist.

(5) Die Rechte des Patienten nach § 630c Absatz 2 und 4 sowie den §§ 630d und 630e des Bürgerlichen Gesetzbuchs gelten für Soldaten entsprechend; § 630c Absatz 2 Satz 3 des Bürgerlichen Gesetzbuchs ist auch im Disziplinarverfahren anzuwenden. Die §§ 630d und 630e des Bürgerlichen Gesetzbuchs gelten nicht entsprechend, sofern die Absätze 2 und 3 einer entsprechenden Anwendung entgegenstehen.

§ 18 Gemeinschaftsunterkunft und Gemeinschaftsverpflegung

Der Soldat ist auf dienstliche Anordnung verpflichtet, in einer Gemeinschaftsunterkunft zu wohnen und an einer Gemeinschaftsverpflegung teilzunehmen. Die zur Durchführung erforderlichen Verwaltungsvorschriften erlässt das Bundesministerium der Verteidigung im Einvernehmen mit dem Bundesministerium des Innern.

§ 19 Verbot der Annahme von Belohnungen oder Geschenken, Herausgabe- und Auskunftspflicht

(1) Der Soldat darf, auch nach seinem Ausscheiden aus dem Wehrdienst, keine Belohnungen, Geschenke oder sonstigen Vorteile für sich oder einen Dritten in Bezug auf seine dienstliche Tätigkeit fordern, sich versprechen lassen oder annehmen. Ausnahmen bedürfen der Zustimmung der obersten oder der letzten obersten Dienstbehörde. Die Befugnis zur Zustimmung kann auf andere Stellen übertragen werden.

(2) Wer gegen das in Absatz 1 genannte Verbot verstößt, hat auf Verlangen das auf Grund des pflichtwidrigen Verhaltens Erlangte dem Dienstherrn herauszugeben, soweit nicht im Strafverfahren die Einziehung von Taterträgen angeordnet worden oder es auf andere Weise auf den Staat übergegangen ist. Für den Umfang des Herausgabeanspruchs gelten die Vorschriften des Bürgerlichen Gesetzbuchs über die Herausgabe einer ungerechtfertigten Bereicherung entsprechend. Die Herausgabepflicht nach Satz 1 umfasst auch die Pflicht, dem Dienstherrn Auskunft über Art, Umfang und Verbleib des Erlangten zu geben.

§ 20 Nebentätigkeit

(1) Der Berufssoldat und der Soldat auf Zeit bedürfen zur Ausübung jeder entgeltlichen Nebentätigkeit, mit Ausnahme der in Absatz 6 abschließend aufgeführten, der vorherigen Genehmigung, soweit sie nicht nach Absatz 7 entsprechend § 98 des Bundesbeamtengesetzes zu ihrer Ausübung verpflichtet sind. Gleiches gilt für folgende unentgeltliche Nebentätigkeiten:
1. gewerbliche oder freiberufliche Tätigkeiten oder die Mitarbeit bei einer dieser Tätigkeiten und
2. Eintritt in ein Organ eines Unternehmens mit Ausnahme einer Genossenschaft.

Als Nebentätigkeit gilt nicht die Wahrnehmung öffentlicher Ehrenämter; ihre Übernahme hat der Soldat vor Aufnahme seinem Disziplinarvorgesetzten schriftlich anzuzeigen.

(2) Die Genehmigung ist zu versagen, wenn zu besorgen ist, dass durch die Nebentätigkeit dienstliche Interessen beeinträchtigt werden. Ein solcher Versagungsgrund liegt insbesondere vor, wenn die Nebentätigkeit
1. nach Art und Umfang den Soldaten in einem Maße in Anspruch nimmt, dass die ordnungsgemäße Erfüllung der dienstlichen Pflichten behindert werden kann,
2. den Soldaten in einen Widerstreit mit seinen dienstlichen Pflichten bringen, dem Ansehen der Bundeswehr abträglich sein kann oder in einer Angelegenheit ausgeübt wird, in der die Dienststelle oder Einheit, welcher der Soldat angehört, tätig wird oder tätig werden kann,
3. die Unparteilichkeit oder Unbefangenheit des Soldaten beeinflussen kann,
4. zu einer wesentlichen Einschränkung der künftigen dienstlichen Verwendbarkeit des Soldaten führen kann.

Ein solcher Versagungsgrund liegt in der Regel auch vor, wenn sich die Nebentätigkeit wegen gewerbsmäßiger Dienst- oder Arbeitsleistung oder sonst nach Art, Umfang, Dauer oder Häufigkeit als Ausübung eines Zweitberufs darstellt. Die Voraussetzung des Satzes 2 Nr. 1 gilt in der Regel als erfüllt, wenn die zeitliche Beanspruchung durch eine oder mehrere Nebentätigkeiten in der Woche ein Fünftel der regelmäßigen wöchentlichen Arbeitszeit überschreitet. Soweit der Gesamtbetrag der Vergütung für eine oder mehrere Nebentätigkeiten 40 Prozent des jährlichen Endgrundgehalts des Dienstgrades des Soldaten übersteigt, liegt ein Versagungsgrund vor. Der zuständige Disziplinarvorgesetzte kann Ausnahmen zulassen, wenn der Soldat durch Angabe bestimmter Tatsachen nachweist, dass die zeitliche Beanspruchung in der Woche acht Stunden nicht übersteigt oder die Versagung unter Berücksichtigung der Umstände des Einzelfalls nicht angemessen wäre oder wenn dienstliche Interessen die Genehmigung einer Nebentätigkeit rechtfertigen. Bei Anwendung der Sätze 4 bis 6 sind genehmigungs- und anzeigepflichtige Nebentätigkeiten zusammen zu berücksichtigen. Die Genehmigung ist auf längstens fünf Jahre zu befristen; sie kann mit Auflagen und Bedingungen versehen werden. Ergibt sich eine Beeinträchtigung dienstlicher Interessen nach Erteilung der Genehmigung, ist diese zu widerrufen.

(3) Der Soldat darf Nebentätigkeiten nur außerhalb des Dienstes ausüben, es sei denn, sie werden auf Verlangen seines Disziplinarvorgesetzten ausgeübt oder es besteht ein dienstliches Interesse an der Ausübung der Nebentätigkeit. Das dienstliche Interesse ist aktenkundig zu machen. Ausnahmen dürfen nur in besonders begründeten Fällen, insbesondere im öffentlichen Interesse, auf schriftlichen Antrag zugelassen werden, wenn dienstliche Gründe dem nicht entgegenstehen und die versäumte Dienstzeit nachgeleistet wird.

(4) Der Soldat darf bei der Ausübung von Nebentätigkeiten Einrichtungen, Personal oder Material des Dienstherrn nur bei Vorliegen eines öffentlichen oder wissenschaftlichen Interesses mit dessen Genehmigung und gegen Entrichtung eines angemessenen Entgelts in Anspruch nehmen. Das Entgelt ist nach den dem Dienstherrn entstehenden Kosten zu bemessen und muss den besonderen Vorteil berücksichtigen, der dem Soldaten durch die Inanspruchnahme entsteht.

(5) Die Genehmigung erteilt das Bundesministerium der Verteidigung; es kann diese Befugnis auf andere Stellen übertragen. Anträge auf Erteilung einer Genehmigung sowie Entscheidungen über diese Anträge bedürfen der Schriftform. Der Soldat hat die für die Entscheidung erforderlichen Nachweise zu führen, insbesondere über Art und Umfang der Nebentätigkeit sowie die Entgelte und geldwerten Vorteile hieraus; jede Änderung ist unverzüglich schriftlich anzuzeigen.

(6) Nicht genehmigungspflichtig sind
1. die Verwaltung eigenen oder der Nutznießung des Soldaten unterliegenden Vermögens,
2. schriftstellerische, wissenschaftliche, künstlerische oder Vortragstätigkeiten,
3. mit Lehr- oder Forschungsaufgaben zusammenhängende selbstständige Gutachtertätigkeiten von Soldaten als Lehrer an öffentlichen Hochschulen und an Hochschulen der Bundeswehr sowie von Soldaten an wissenschaftlichen Instituten und Anstalten und
4. Tätigkeiten zur Wahrung von Berufsinteressen in Gewerkschaften oder Berufsverbänden oder in Selbsthilfeeinrichtungen der Soldaten.

Tätigkeiten nach Satz 1 Nr. 2 und 3 sowie eine Tätigkeit in Selbsthilfeeinrichtungen nach Satz 1 Nr. 4 hat der Soldat der zuständigen Stelle schriftlich vor ihrer Aufnahme anzuzeigen, wenn für sie ein Entgelt oder ein geldwerter Vorteil geleistet wird. Hierbei hat er insbesondere Art und Umfang der Nebentätigkeit sowie die voraussichtliche Höhe der Entgelte und geldwerten Vorteile anzugeben. Der Soldat hat jede Änderung unverzüglich schriftlich mitzuteilen. Der zuständige Disziplinarvorgesetzte kann im Übrigen aus begründetem Anlass verlangen, dass der Soldat über eine ausgeübte nicht genehmigungspflichtige Nebentätigkeit schriftlich Auskunft erteilt, insbesondere über deren Art und Umfang. Eine nicht genehmigungspflichtige Nebentätigkeit ist ganz oder teilweise zu untersagen, wenn der Soldat bei ihrer Ausübung dienstliche Pflichten verletzt.

(7) § 97 Abs. 1 bis 3, §§ 98 und 102 bis 104 des Bundesbeamtengesetzes gelten entsprechend.

(8) Einem Soldaten, der freiwilligen Wehrdienst nach § 58b oder Wehrdienst nach Maßgabe des Wehrpflichtgesetzes leistet, darf die Ausübung einer Nebentätigkeit nur untersagt werden, wenn sie seine Dienstfähigkeit gefährdet oder den dienstlichen Erfordernissen zuwiderläuft. Gleiches gilt bei einem Soldaten, der zu einer Dienstleistung nach dem Vierten Abschnitt herangezogen worden ist.

§ 20a Tätigkeit nach dem Ausscheiden aus dem Wehrdienst

(1) Ein Berufssoldat im Ruhestand oder ein früherer Soldat mit Anspruch auf Dienstzeitversorgung hat eine Erwerbstätigkeit oder sonstige Beschäftigung außerhalb des öffentlichen Dienstes, die mit seiner dienstlichen Tätigkeit in den letzten fünf Jahren vor seinem Ausscheiden aus dem Wehrdienst im Zusammenhang steht und durch die dienstliche Interessen beeinträchtigt werden können, vor ihrer Aufnahme schriftlich oder elektronisch anzuzeigen. Die Anzeigepflicht endet fünf Jahre nach dem Ausscheiden aus dem Wehrdienst. Die Sätze 1 und 2 gelten auch für frühere Soldaten mit Anspruch auf Altersgeld nach dem Altersgeldgesetz.

(1a) Frühere Berufssoldaten oder frühere Soldaten auf Zeit bedürfen für die Aufnahme einer Erwerbstätigkeit oder sonstigen Beschäftigung für eine fremde Macht oder einen ihrer Mittelsmänner der vorherigen Genehmigung, sofern die beabsichtigte Erwerbstätigkeit oder sonstige Beschäftigung im Zusammenhang mit der früheren dienstlichen Tätigkeit steht.

(2) Die Erwerbstätigkeit oder sonstige Beschäftigung im Sinne des Absatzes 1 ist zu untersagen, soweit zu besorgen ist, dass durch sie dienstliche Interessen beeinträchtigt werden. Die Untersagung ist für den Zeitraum bis zum Ende der Anzeigepflicht auszusprechen, es sei denn, die Voraussetzungen für eine Untersagung liegen nur für einen kürzeren Zeitraum vor. Satz 1 gilt für die Versagung der Genehmigung der Tätigkeit oder sonstigen Beschäftigung im Sinne des Absatzes 1a entsprechend.

(3) Die Anzeige der Tätigkeit oder sonstigen Beschäftigung im Sinne des Absatzes 1 ist an das Bundesministerium der Verteidigung zu richten, das auch für deren Untersagung zuständig ist. Die Genehmigung der Tätigkeit oder sonstigen Beschäftigung im Sinne des Absatzes 1a erteilt das Bundesministerium der Verteidigung. Es kann seine Zuständigkeiten auf andere Stellen übertragen.

§ 21 Vormundschaft und Ehrenämter

Der Soldat bedarf zur Übernahme einer Vormundschaft, Betreuung oder Pflegschaft sowie zur Übernahme des Amtes eines Testamentsvollstreckers der vorherigen Genehmigung seines Disziplinarvorgesetzten. Sie ist zu erteilen, wenn nicht zwingende dienstliche Gründe entgegenstehen. Der Soldat darf die Übernahme eines solchen Amtes ablehnen. Einer Genehmigung nach Satz 1 bedarf es nicht bei einer unentgeltlichen Vormundschaft, Betreuung oder Pflegschaft eines Angehörigen; die Übernahme dieser Tätigkeiten hat der Soldat vor Aufnahme seinem Disziplinarvorgesetzten schriftlich anzuzeigen.

§ 22 Verbot der Ausübung des Dienstes

Der Bundesminister der Verteidigung oder die von ihm bestimmte Stelle kann einem Soldaten aus zwingenden dienstlichen Gründen die Ausübung des Dienstes verbieten. Das Verbot erlischt, sofern nicht bis zum Ablauf von drei Monaten gegen den Soldaten ein gerichtliches Disziplinarverfahren, ein Strafverfahren oder ein Entlassungsverfahren eingeleitet ist.

§ 23 Dienstvergehen

(1) Der Soldat begeht ein Dienstvergehen, wenn er schuldhaft seine Pflichten verletzt.

(2) Es gilt als Dienstvergehen,
1. wenn ein Soldat nach seinem Ausscheiden aus dem Wehrdienst seine Pflicht zur Verschwiegenheit verletzt oder gegen das Verbot verstößt, Belohnungen oder Geschenke anzunehmen, oder eine Tätigkeit im Sinne des § 20a Absatz 1 nicht anzeigt oder entgegen einer Untersagung ausübt oder eine Tätigkeit im Sinne des § 20a Absatz 1a ohne die erforderliche Genehmigung ausübt,
2. wenn sich ein Offizier oder Unteroffizier nach seinem Ausscheiden aus dem Wehrdienst gegen die freiheitliche demokratische Grundordnung im Sinne des Grundgesetzes betätigt oder durch unwürdiges Verhalten nicht der Achtung und dem Vertrauen gerecht wird, die für seine Wiederverwendung als Vorgesetzter erforderlich sind,
3. wenn ein Berufssoldat nach Eintritt oder Versetzung in den Ruhestand einer erneuten Berufung in das Dienstverhältnis nicht nachkommt.

(3) Das Nähere über die Verfolgung von Dienstvergehen regelt die Wehrdisziplinarordnung.

§ 24 Haftung

(1) Verletzt ein Soldat vorsätzlich oder grob fahrlässig die ihm obliegenden Pflichten, so hat er dem Dienstherrn, dessen Aufgaben er wahrgenommen hat, den daraus

entstehenden Schaden zu ersetzen. Haben mehrere Soldaten gemeinsam den Schaden verursacht, so haften sie als Gesamtschuldner.

(2) Hat der Dienstherr Dritten Schadensersatz geleistet, gilt als Zeitpunkt, in dem der Dienstherr Kenntnis im Sinne der Verjährungsvorschriften des Bürgerlichen Gesetzbuchs erlangt, der Zeitpunkt, in dem der Ersatzanspruch gegenüber Dritten vom Dienstherrn anerkannt oder dem Dienstherrn gegenüber rechtskräftig festgestellt wird.

(3) Leistet der Soldat dem Dienstherrn Ersatz und hat dieser einen Ersatzanspruch gegen einen Dritten, so geht der Ersatzanspruch auf den Soldaten über.

§ 25 Wahlrecht; Amtsverhältnisse

(1) Stimmt ein Soldat seiner Aufstellung als Bewerber für die Wahl zum Deutschen Bundestag, zu der gesetzgebenden Körperschaft eines Landes oder zu einer kommunalen Vertretung zu, so hat er dies unverzüglich seinem nächsten Disziplinarvorgesetzten mitzuteilen.

(2) Für die Rechtsstellung der nach dem 1. Juni 1978 in die gesetzgebende Körperschaft eines Landes gewählten Berufssoldaten und Soldaten auf Zeit gelten die für in den Deutschen Bundestag gewählte Berufssoldaten und Soldaten auf Zeit maßgebenden Vorschriften in den §§ 5 bis 7, 8 Abs. 2, § 23 Abs. 5 und in § 36 Abs. 1 des Abgeordnetengesetzes entsprechend.

(3) Für die Tätigkeit als Mitglied einer kommunalen Vertretung, eines nach Kommunalverfassungsrecht gebildeten Ausschusses oder vergleichbarer Einrichtungen in Gemeindebezirken ist dem Soldaten der erforderliche Urlaub unter Belassung der Geld- und Sachbezüge zu gewähren. Satz 1 gilt auch für die von einer kommunalen Vertretung gewählten ehrenamtlichen Mitglieder von Ausschüssen, die auf Grund eines Gesetzes gebildet worden sind. Urlaub nach Satz 1 oder 2 kann nur versagt werden, wenn nach Abwägung den Interessen des Dienstherrn gegenüber den Interessen der kommunalen Selbstverwaltung ausnahmsweise der Vorrang einzuräumen ist; in diesen Fällen liegt die Entscheidung beim Bundesministerium der Verteidigung.

(4) Wird ein Berufssoldat zum Mitglied der Bundesregierung oder zum Parlamentarischen Staatssekretär bei einem Mitglied der Bundesregierung ernannt, gelten § 18 Abs. 1 und 2 und § 20 des Bundesministergesetzes entsprechend. Das gilt auch für die Ernennung zum Mitglied der Regierung eines Landes oder für den Eintritt in ein Amtsverhältnis, das dem eines Parlamentarischen Staatssekretärs im Sinne des Gesetzes über die Rechtsverhältnisse der Parlamentarischen Staatssekretäre entspricht. Die Sätze 1 und 2 gelten für Soldaten auf Zeit entsprechend mit der Maßgabe, dass bei der Anwendung des § 18 Abs. 2 des Bundesministergesetzes an die Stelle des Eintritts in den Ruhestand die Beendigung des Dienstverhältnisses tritt.

(5) Tritt ein Berufssoldat in ein kommunales Wahlbeamtenverhältnis auf Zeit ein, ruhen mit dessen Beginn die in dem Dienstverhältnis als Berufssoldat begründeten Rechte und Pflichten mit Ausnahme der Pflicht zur Verschwiegenheit (§ 14) und des Verbots der Annahme von Belohnungen oder Geschenken (§ 19); § 46 Absatz 3a ist nicht anzuwenden. Nach Beendigung des kommunalen Wahlbeamtenverhältnisses ruhen die in dem Dienstverhältnis als Berufssoldat begründeten Rechte und Pflichten für längstens weitere drei Monate. Sie leben auf Antrag des Berufssoldaten, der innerhalb von zwei Monaten nach Beendigung des kommunalen Wahlbeamtenverhältnisses zu stellen ist, wieder auf. Stellt der Berufssoldat den Antrag nicht oder nicht zeitgerecht, ist er nach Ablauf der drei Monate als Berufssoldat entlassen.

Die Vorschriften über die Beendigung des Dienstverhältnisses eines Berufssoldaten bleiben unberührt. Die Sätze 1 bis 5 gelten für den Soldaten auf Zeit entsprechend.

§ 26 Verlust des Dienstgrades

Der Soldat verliert seinen Dienstgrad nur kraft Gesetzes oder durch Richterspruch. Das Nähere über den Verlust des Dienstgrades durch Richterspruch regelt die Wehrdisziplinarordnung. Ein Verzicht auf den Dienstgrad ist nicht zulässig.

§ 27 Laufbahnvorschriften

(1) Vorschriften über die Laufbahnen der Soldaten werden nach den Grundsätzen der Absätze 2 bis 6 durch Rechtsverordnung erlassen.

(2) Bei Berufssoldaten und Soldaten auf Zeit sind mindestens zu fordern

1. für die Laufbahnen der Unteroffiziere
   a) der Hauptschulabschluss oder ein als gleichwertig anerkannter Bildungsstand,
   b) eine Dienstzeit von einem Jahr,
   c) die Ablegung einer Unteroffizierprüfung,
2. für die Laufbahnen der Offiziere
   a) eine zu einem Hochschulstudium berechtigende Schulbildung oder ein als gleichwertig anerkannter Bildungsstand,
   b) eine Dienstzeit von drei Jahren,
   c) die Ablegung einer Offizierprüfung,
3. für die Laufbahn der Offiziere des Sanitätsdienstes die Approbation als Arzt, Zahnarzt, Tierarzt oder Apotheker.

(3) In der Laufbahngruppe der Unteroffiziere soll für die Laufbahnen der Feldwebel der Abschluss einer Realschule oder der Hauptschulabschluss und eine förderliche abgeschlossene Berufsausbildung oder ein als gleichwertig anerkannter Bildungsstand nachgewiesen werden.

(4) Für die Beförderungen von Soldaten sind die allgemeinen Voraussetzungen und die Mindestdienstzeiten festzusetzen. Dienstgrade, die bei regelmäßiger Gestaltung der Laufbahn zu durchlaufen sind, sollen nicht übersprungen werden. Über Ausnahmen entscheidet der Bundespersonalausschuss.

(5) Der Aufstieg aus den Laufbahnen der Unteroffiziere in die Laufbahnen der Offiziere ist auch ohne Erfüllung der Eingangsvoraussetzungen möglich. Für den Aufstieg ist die Ablegung einer Offizierprüfung zu verlangen.

(6) Die Rechtsverordnung trifft ferner Bestimmungen für die Fälle, in denen für eine bestimmte militärische Verwendung ein abgeschlossenes Studium an einer wissenschaftlichen Hochschule oder Fachhochschule oder eine abgeschlossene Fachschulausbildung erforderlich ist, sowie darüber, inwieweit an Stelle der allgemeinen Vorbildung eine gleichwertige technische oder sonstige Fachausbildung gefordert werden kann. Sie kann für einzelne Gruppen von Offizierbewerbern bestimmen, dass der erfolgreiche Besuch einer Realschule oder ein als gleichwertig anerkannter Bildungsstand genügt und dass die Dienstzeit nach Absatz 2 Nr. 2 Buchstabe b bis auf zwei Jahre gekürzt wird.

(7) Die besonderen Vorschriften für die Unteroffizierprüfungen und die Offizierprüfungen werden nach den Grundsätzen der Absätze 2 bis 6 in einer Rechtsverordnung bestimmt.

(8) Auf den Bundespersonalausschuss in der Zusammensetzung für die Angelegenheiten der Soldaten sind die Vorschriften des Abschnittes 8 des Bundesbeamtengesetzes entsprechend anzuwenden, § 120 Abs. 2 und 3 mit folgender Maßgabe: Ständige ordentliche Mitglieder sind der Präsident des Bundesrechnungshofes als Vorsitzender, der Leiter der Dienstrechtsabteilung des Bundesministeriums des Innern und der Leiter der Personalabteilung des Bundesministeriums der Verteidigung. Nichtständige ordentliche Mitglieder sind der Leiter der Personalabteilung einer anderen obersten Bundesbehörde und drei Berufssoldaten. Stellvertretende Mitglieder sind je ein Beamter des Bundesrechnungshofes und des Bundesministeriums des Innern, der Leiter der Personalabteilung einer anderen obersten Bundesbehörde, ein Beamter oder Berufssoldat des Bundesministeriums der Verteidigung und drei weitere Berufssoldaten. Der Beamte oder Berufssoldat des Bundesministeriums der Verteidigung und die übrigen Berufssoldaten werden vom Bundespräsidenten auf Vorschlag des Bundesministers der Verteidigung bestellt.

§ 27a Dienstliche Beurteilung; Verordnungsermächtigung

(1) Eignung, Befähigung und fachliche Leistung der Soldaten sind zu beurteilen
1. in regelmäßigen Abständen, mindestens jedoch alle zwei Jahre,
2. und zusätzlich, wenn die dienstlichen oder persönlichen Verhältnisse es erfordern.

(2) In der dienstlichen Beurteilung sind die fachliche Leistung des Soldaten nachvollziehbar darzustellen sowie Eignung und Befähigung einzuschätzen. Die dienstliche Beurteilung schließt mit einem zusammenfassenden Gesamturteil.

(3) Neben der dienstlichen Beurteilung ist die Personalentwicklung des Soldaten prognostisch zu bewerten (Personalentwicklungsbewertung). Darin sind die Entwicklung des Soldaten und seine mögliche Eignung für Status- oder Laufbahnwechsel und für die Teilnahme an förderlichen Lehrgängen einzuschätzen sowie mögliche zukünftige Verwendungen vorzuschlagen. Absatz 1 gilt entsprechend.

(4) Die Bundesregierung wird ermächtigt, durch Rechtsverordnung Grundsätze für dienstliche Beurteilungen und Personalentwicklungsbewertungen sowie für das jeweilige Verfahren zu regeln, insbesondere über
1. den Inhalt der Beurteilung und der Personalentwicklungsbewertung, beispielsweise die Festlegung von zu beurteilenden Merkmalen von Eignung, Befähigung und fachlicher Leistung,
2. ein Bewertungssystem für die Beurteilung und die Bildung eines aus Eignung, Befähigung und fachlicher Leistung schlüssig abgeleiteten Gesamturteils,
3. die Ausgestaltung des Beurteilungsmaßstabs, beispielsweise die konkrete Festlegung von Richtwerten oder die Möglichkeit, von den Richtwerten aus Gründen der Einzelfallgerechtigkeit abzuweichen,
4. die Festlegung von Mindestanforderungen an Personen, die an der Beurteilung oder der Personalentwicklungsbewertung mitwirken,
5. die Bekanntgabe des Ergebnisses eines Beurteilungsdurchgangs und
6. Ausnahmen von der Beurteilungs- und Personalentwicklungsbewertungspflicht.

(5) Für Rechtsbehelfe gegen dienstliche Beurteilungen und Personalentwicklungsbewertungen ist der Rechtsweg zu den Wehrdienstgerichten eröffnet. Die Wehrbeschwerdeordnung gilt entsprechend mit der Maßgabe, dass über Beschwerden entscheidet, wer den Gegenstand der jeweiligen Beschwerde zu beurteilen hat.

§ 27b Referenzgruppen; Verordnungsermächtigung

(1) Für die fiktive Nachzeichnung der beruflichen Entwicklung von Soldaten sind Referenzgruppen zu bilden für solche Soldaten (referenzierte Person), die der Besoldungsordnung A angehören und
1. vom Dienst vollständig freigestellt sind,
2. von dienstlichen Tätigkeiten vollständig entlastet sind,
3. im dienstlichen Interesse unter Wegfall der Dienst- und Sachbezüge beurlaubt sind,
4. wegen Familienpflichten beurlaubt sind,
5. sich in der Schutzzeit nach dem Einsatz-Weiterverwendungsgesetz befinden oder
6. in staatlichen Stellen außerhalb des Geschäftsbereichs des Bundesministeriums der Verteidigung verwendet werden, sofern dort keine militärischen Vorgesetzten mit Beurteilungsbefugnis verfügbar sind.

Satz 1 gilt nicht für Soldaten, die zur Ausübung einer gleichwertigen hauptberuflichen Tätigkeit bei einer Fraktion des Deutschen Bundestages, bei einer gesetzgebenden Körperschaft eines Landes oder des Europäischen Parlaments beurlaubt sind.

(2) Referenzgruppen haben neben der referenzierten Person in der Regel aus zehn Referenzpersonen zu bestehen. Die Anzahl von vier Referenzpersonen darf nicht unterschritten werden. Die Referenzpersonen sind auf der Grundlage dienstlicher Beurteilungen oder, sofern solche nicht vorliegen, anderer geeigneter Bewertungen von Eignung, Befähigung und Leistung auszuwählen. Die Referenzpersonen sollen
1. über das gleiche Eignungs-, Befähigungs- und Leistungsbild und über die gleiche Entwicklungsprognose wie die referenzierte Person verfügen,
2. im gleichen Jahr wie die referenzierte Person
   a) in einer entsprechenden Vergleichsgruppe beurteilt worden sein und
   b) erstmals in einer entsprechend besoldeten Verwendung eingesetzt, zum jetzigen Dienstgrad befördert oder ohne Beförderung in eine Planstelle der jetzigen Besoldungsgruppe eingewiesen worden sein sowie
3. derselben Laufbahn angehören wie die referenzierte Person und innerhalb dieser Laufbahn vergleichbar sein.

(3) Die Bundesregierung wird ermächtigt, durch Rechtsverordnung die nähere inhaltliche Ausgestaltung und das Verfahren der fiktiven Nachzeichnung der beruflichen Entwicklung zu regeln. In der Rechtsverordnung ist insbesondere festzulegen, zu welchem Zeitpunkt eine Referenzgruppe zu bilden ist und zu welchem Zeitpunkt sie endet.

§ 28 Urlaub

(1) Dem Soldaten steht alljährlich ein Erholungsurlaub unter Belassung der Geld- und Sachbezüge zu.

(2) Der Urlaub darf versagt werden, soweit und solange zwingende dienstliche Erfordernisse einer Urlaubserteilung entgegenstehen.

(3) Dem Soldaten kann aus besonderen Anlässen Urlaub erteilt werden.

(4) Die Erteilung und die Dauer des Urlaubs regeln eine Rechtsverordnung. Sie bestimmt, ob und inwieweit die Geld- und Sachbezüge während eines Urlaubs aus besonderen Anlässen zu belassen sind.

(5) Einem Berufssoldaten oder Soldaten auf Zeit kann auf Antrag unter Wegfall der Geld- und Sachbezüge mit Ausnahme der unentgeltlichen truppenärztlichen Versorgung Urlaub bis zur Dauer von drei Jahren mit der Möglichkeit der Verlängerung auf längstens 15 Jahre gewährt werden, wenn er
1. mindestens ein Kind unter 18 Jahren oder
2. einen nach ärztlichem Gutachten pflegebedürftigen sonstigen Angehörigen

tatsächlich betreut oder pflegt. Bei einem Soldaten auf Zeit ist die Gewährung nur insoweit zulässig, als er nicht mehr verpflichtet ist, auf Grund der Wehrpflicht Grundwehrdienst zu leisten. Der Antrag auf Verlängerung einer Beurlaubung ist spätestens sechs Monate vor Ablauf der genehmigten Beurlaubung zu stellen. Während der Beurlaubung dürfen nur solche Nebentätigkeiten genehmigt werden, die dem Zweck der Beurlaubung nicht zuwiderlaufen. Ein bereits bewilligter Urlaub kann aus zwingenden Gründen der Verteidigung widerrufen werden.

(6) Stimmt ein Berufssoldat oder Soldat auf Zeit seiner Aufstellung als Bewerber für die Wahl zum Europäischen Parlament, zum Deutschen Bundestag oder zu der gesetzgebenden Körperschaft eines Landes zu, ist ihm auf Antrag innerhalb der letzten zwei Monate vor dem Wahltag der zur Vorbereitung seiner Wahl erforderliche Urlaub unter Wegfall der Geld- und Sachbezüge zu gewähren.

(7) Soldaten haben Anspruch auf Elternzeit unter Wegfall der Geld- und Sachbezüge mit Ausnahme der unentgeltlichen truppenärztlichen Versorgung. Das Nähere wird durch eine Rechtsverordnung geregelt, die die Eigenart des militärischen Dienstes berücksichtigt.

§ 28a Urlaub bis zum Beginn des Ruhestandes

(1) Einem Berufssoldaten kann nach mindestens 20-jähriger Beschäftigung im öffentlichen Dienst und nach Vollendung des 50. Lebensjahres auf Antrag, der sich auf die Zeit bis zum Beginn des Ruhestandes erstrecken muss, Urlaub unter Wegfall der Geld- und Sachbezüge gewährt werden, wenn dienstliche Belange nicht entgegenstehen. Über den Urlaubsantrag entscheidet das Bundesministerium der Verteidigung. Es kann seine Zuständigkeit auf andere Stellen übertragen.

(2) Dem Antrag nach Absatz 1 darf nur entsprochen werden, wenn der Berufssoldat sich verpflichtet, während der Dauer des Urlaubs auf die Ausübung genehmigungsbedürftiger Nebentätigkeiten zu verzichten und nicht genehmigungsbedürftige Nebentätigkeiten nach § 20 Abs. 6 nur in dem Umfang auszuüben, wie er sie bei Vollzeitbeschäftigung ohne Verletzung dienstlicher Pflichten ausüben könnte. Handelt der Berufssoldat seiner Verpflichtung nach Satz 1 schuldhaft zuwider, ist der Urlaub zu widerrufen. Nebentätigkeiten, die dem Zweck der Gewährung des Urlaubs nicht zuwiderlaufen, dürfen genehmigt werden, auch wenn der Soldat sich nach Satz 1 verpflichtet hat. Das Bundesministerium der Verteidigung kann in besonderen Härtefällen eine Rückkehr aus dem Urlaub zulassen, wenn dem Soldaten die Fortsetzung des Urlaubs nicht zugemutet werden kann.

(3) Das Bundesministerium der Verteidigung kann den Urlaub aus zwingenden dienstlichen Gründen widerrufen.

§ 29 Personalakte[1]

Für jeden Soldaten ist eine Personalakte zu führen. Sofern in den §§ 29a bis 29e nichts anderes bestimmt ist, gelten die §§ 106 bis 112, 113 Absatz 2 bis 4 und § 114 des Bundesbeamtengesetzes entsprechend. § 112 Absatz 1 Satz 1 des Bundesbeamtengesetzes gilt mit der Maßgabe, dass § 8 der Wehrdisziplinarordnung an die Stelle des § 16 Absatz 3 und 4 Satz 1 des Bundesdisziplinargesetzes tritt, und § 112 Absatz 2 des Bundesbeamtengesetzes gilt mit der Maßgabe, dass § 8 der Wehrdisziplinarordnung vorrangig anzuwenden ist.

§ 29a Verarbeitung von besonderen Kategorien personenbezogener Daten

(1) Abweichend von Artikel 9 Absatz 1 der Verordnung (EU) 2016/679 des Europäischen Parlaments und des Rates vom 27. April 2016 zum Schutz natürlicher Personen bei der Verarbeitung personenbezogener Daten, zum freien Datenverkehr und zur Aufhebung der Richtlinie 95/46/EG (Datenschutz-Grundverordnung) (ABl. L 119 vom 4.5.2016, S. 1; L 314 vom 22.11.2016, S. 72; L 127 vom 23.5.2018, S. 2) dürfen folgende Stellen nach Maßgabe der folgenden Absätze sowie der §§ 29c bis 29e verarbeiten:

1. der Sanitätsdienst der Bundeswehr:
   a) Gesundheitsdaten, biometrische Daten und genetische Daten von Soldaten für Zwecke der unentgeltlichen truppenärztlichen Versorgung und der eindeutigen Identifizierung sowie zur Prüfung von Ansprüchen aus dem Dienstverhältnis,
   b) Gesundheitsdaten von Bewerbern und Soldaten für Zwecke der Feststellung der medizinischen Eignung,
2. der Psychologische Dienst der Bundeswehr:
   a) Gesundheitsdaten von Bewerbern und Soldaten für Zwecke der Feststellung der psychologischen Eignung und der Analyse des psychologischen Potenzials,

---

1 Hinweis: § 29 wird gem. Art. 64 Nr. 1 G v. 20.11.2019 I 1626 mWv 26.11.2019 wie folgt geändert: Absatz 1 Satz 1 wird durch die folgenden Sätze ersetzt: „Über jeden Soldaten ist eine Personalakte zu führen. Sie ist vertraulich zu behandeln und durch technische und organisatorische Maßnahmen nach den Artikeln 24, 25 und 32 der Verordnung (EU) 2016/679 des Europäischen Parlaments und des Rates vom 27. April 2016 zum Schutz natürlicher Personen bei der Verarbeitung personenbezogener Daten, zum freien Datenverkehr und zur Aufhebung der Richtlinie 95/46/EG (Datenschutz-Grundverordnung) (ABl. L 119 vom 4.5.2016, S. 1; L 314 vom 22.11.2016, S. 72; L 127 vom 23.5.2018, S. 2) in der jeweils geltenden Fassung vor unbefugter Einsichtnahme zu schützen." In Absatz 1 wird in dem neuen Satz 6 das Wort „verwendet" durch das Wort „verarbeitet" ersetzt. In Absatz 1 wird der neue Satz 7 aufgehoben. In Absatz 2 werden die Wörter „erheben und verwenden" durch das Wort „verarbeiten" ersetzt. In Absatz 3 werden die Sätze 3 bis 5 durch die folgenden Sätze ersetzt: „Den mit Angelegenheiten der Innenrevision beauftragten Beschäftigten ist Einsicht in die Personalakte zu gewähren, soweit sie die zur Erfüllung ihrer Aufgaben erforderlichen Erkenntnisse nicht durch eine in sonstiger Weise erteilte Auskunft aus der Personalakte gewinnen können. Jede Einsichtnahme nach Satz 3 ist zu dokumentieren." In Absatz 3 Satz 10 wird das Wort „Betroffenen" durch die Wörter „betroffenen Personen" ersetzt. In Absatz 4 wird Satz 4 wie folgt gefasst: „Die personenbezogenen Daten sind zu anonymisieren, sobald dies nach dem Forschungszweck möglich ist; § 27 Absatz 3 Satz 2 und 3 des Bundesdatenschutzgesetzes gilt entsprechend." Die Absätze 7 und 8 werden durch folgenden Absatz 7 ersetzt: „(7) § 110 des Bundesbeamtengesetzes gilt entsprechend."Absatz 9 wird Absatz 8. Die Änderungsanweisungen sind wegen textlicher Unstimmigkeit nicht ausführbar!

b) nach Buchstabe a erhobene Daten von Soldaten für Zwecke der Qualitätssicherung und Weiterentwicklung der Verfahren zur Feststellung der psychologischen Eignung und der Analyse des psychologischen Potenzials sowie zur Prüfung von Ansprüchen aus dem Dienstverhältnis.
Mit der Verarbeitung der Daten dürfen nur Personen betraut werden, die in § 203 des Strafgesetzbuchs genannt sind.

(2) Biometrische Daten von Soldaten dürfen von Stellen im Geschäftsbereich des Bundesministeriums der Verteidigung, die nicht dem Sanitätsdienst der Bundeswehr angehören, zum Zweck der eindeutigen Identifizierung verarbeitet werden, wenn dies aus dienstlichen Gründen erforderlich ist. Die Daten sind durch technische und organisatorische Maßnahmen nach den Artikeln 24, 25 und 32 der Verordnung (EU) 2016/679 vor unbefugter Einsichtnahme zu schützen.

(3) Der für die Personalbearbeitung zuständigen Stelle sind nur die Ergebnisse von Maßnahmen zur Feststellung der medizinischen oder psychologischen Eignung mitzuteilen. Angaben zu Religion oder Weltanschauung, Gesundheitsdaten, biometrische Daten und genetische Daten dürfen nicht übermittelt werden.

(4) Personenbezogene Daten, die zur Feststellung der psychologischen Eignung oder zur Analyse des psychologischen Potenzials verarbeitet werden, sind unverzüglich zu löschen, wenn die Kenntnis der Daten nicht mehr erforderlich ist, spätestens jedoch zehn Jahre nach Ablauf des Jahres der Erhebung. Mindestens alle zwei Jahre ist zu prüfen, ob die Kenntnis der Daten noch erforderlich ist. Abweichend von Satz 1 sind Daten über fliegendes Personal, Personal der Flugführungsdienste, Operateure unbemannter Luftfahrzeugsysteme und Taucher 30 Jahre zu speichern und dann zu löschen. Können durch die Löschung schutzwürdige Interessen des Betroffenen beeinträchtigt werden, sind die Daten mit dessen Einwilligung weiter zu speichern.

(5) Die Verarbeitung von Gesundheitsdaten, biometrischen Daten und genetischen Daten ist zulässig

1. für Zwecke der wissenschaftlichen oder historischen Forschung oder für statistische Zwecke nach Maßgabe des § 27 des Bundesdatenschutzgesetzes sowie
2. aus zwingenden Gründen der Verteidigung nach Maßgabe des § 22 Absatz 1 Nummer 1 Buchstabe d und Absatz 2 des Bundesdatenschutzgesetzes.

§ 29b Datenverarbeitung durch und Datenübermittlung an Feldjäger

(1) Die Feldjäger dürfen Daten verarbeiten, soweit dies zur Erfüllung ihrer Aufgaben im Rahmen der Wahrnehmung des militärischen Ordnungsdienstes, des militärischen Verkehrsdienstes, von Sicherheitsaufgaben, von Erhebungen und Ermittlungen im Rahmen des Verteidigungsauftrages, von Aufgaben des Heimat-, Raum- und Objektschutzes oder von Gewahrsamsaufgaben erforderlich ist. Die personenbezogenen Daten sind grundsätzlich offen und bei der betroffenen Person zu erheben. Sie können bei anderen öffentlichen oder bei nichtöffentlichen Stellen erhoben werden, wenn die Erhebung bei der betroffenen Person nicht möglich ist oder durch sie die Erfüllung der Aufgaben nach Satz 1 gefährdet oder erheblich erschwert würde.

(2) Soweit die Feldjäger für ihre Aufgaben personenbezogene Daten bei der betroffenen Person oder bei nichtöffentlichen Stellen erheben, sind jene auf den Umfang einer Auskunftspflicht und auf die Rechtsgrundlage der Datenerhebung hinzuweisen. Sofern eine Auskunftspflicht nicht besteht, ist auf die Freiwilligkeit der Auskunft hinzuweisen.

(3) Abweichend von Artikel 9 Absatz 1 der Verordnung (EU) 2016/679 des Europäischen Parlaments und des Rates vom 27. April 2016 zum Schutz natürlicher Personen bei der Verarbeitung personenbezogener Daten, zum freien Datenverkehr und zur Aufhebung der Richtlinie 95/46/EG (Datenschutz-Grundverordnung) (ABl. L 119 vom 4.5.2016, S. 1; L 314 vom 22.11.2016, S. 72; L 127 vom 23.5.2018, S. 2) dürfen durch die Feldjäger verarbeitet werden:

1. Gesundheitsdaten von Soldaten und zivilen Angehörigen der Bundeswehr zum Zweck
   a) der Aufnahme von Verkehrsunfällen, soweit dies für Erhebungen hinsichtlich der Unfallursachen, der Personalien der Unfallbeteiligten und zur Sicherung von Ansprüchen des Dienstherrn gegen Unfallbeteiligte erforderlich ist,
   b) von Fahrtüchtigkeitskontrollen von Kraftfahrern der Bundeswehr, soweit dies zur Erfüllung der Aufgabe des militärischen Verkehrsdienstes, die Verkehrssicherheit zu gewährleisten, erforderlich ist,
   c) der Tatort-, Ereignisort- und Spurensicherung, soweit dies für die Durchführung von Erhebungen und Ermittlungen im Rahmen des Verteidigungsauftrags erforderlich ist,
   d) der Ingewahrsamnahme, soweit dies für die Betreuung der in Gewahrsam genommenen Person, zum Eigenschutz der mit der Ingewahrsamnahme betrauten Feldjäger oder für eine gerichtsfeste Dokumentation der Ingewahrsamnahme erforderlich ist,
   e) des Personen- und Begleitschutzes durch das durch eine entsprechende Spezialausbildung befähigte Personenschutzpersonal, soweit dies für die Betreuung der Schutzperson, zum Eigenschutz der mit dem Personen- und Begleitschutz betrauten Feldjäger oder für eine gerichtsfeste Dokumentation der Maßnahme erforderlich ist, sowie
   f) der Nachforschung nach unerlaubt Abwesenden, soweit dies für die Betreuung der gesuchten Person und zum Eigenschutz der mit der Nachforschung betrauten Feldjäger erforderlich ist,
2. biometrische Daten von Soldaten und Zivilpersonen zum Zweck
   a) der Ingewahrsamnahme, soweit es erforderlich ist, um Personen eindeutig voneinander unterscheiden und identifizieren zu können,
   b) der Tatort-, Ereignisort- und Spurensicherung sowie der Sicherstellung erkennungsdienstlicher Kriterien in Aktenform, soweit dies zur gerichtsfesten Dokumentation des festgestellten Sachverhalts erforderlich ist, und
   c) der Nachforschung nach unerlaubt Abwesenden, soweit dies für die Identifizierung der gesuchten Person und eine gerichtsfeste Dokumentation der Maßnahme erforderlich ist, und
3. genetische Daten von Soldaten und Zivilpersonen zum Zweck der Tatort-, Ereignisort- und Spurensicherung sowie der Sicherstellung erkennungsdienstlicher Kriterien in Aktenform, soweit dies im Rahmen der Sachverhaltsaufklärung und gerichtsfesten Dokumentation erforderlich ist.

(4) Die Feldjäger dürfen folgende Kategorien von personenbezogenen Daten verarbeiten, soweit dies zum Zweck der Durchführung militärischer Evakuierungsoperationen, die von der Bundeswehr im Ausland durchgeführt oder unterstützt werden, erforderlich ist:

1. von Soldaten, zivilen Angehörigen der Bundeswehr und Zivilpersonen außerhalb der Bundeswehr:
   a) Gesundheitsdaten,
   b) biometrische Daten sowie
   c) genetische Daten und

2. von Zivilpersonen außerhalb der Bundeswehr:
   a) Angaben zu religiösen oder weltanschaulichen Überzeugungen sowie
   b) Angaben zu politischen Meinungen.

Daten nach Satz 1 Nummer 1 Buchstabe a dürfen nur verarbeitet werden, soweit dies für die Betreuung der betroffenen Personen oder zum Eigenschutz der Feldjäger, die die Evakuierungsoperation durchführen, erforderlich ist. Daten nach Satz 1 Nummer 1 Buchstabe b und c dürfen nur verarbeitet werden, soweit dies erforderlich ist, um die betroffenen Personen eindeutig voneinander unterscheiden und identifizieren zu können. Angaben nach Satz 1 Nummer 2 dürfen nur verarbeitet werden, soweit dies für die Sicherheit der betroffenen Personen und der Feldjäger, die die Evakuierungsoperation durchführen, zwingend erforderlich ist.

(5) Die Daten sind durch technische und organisatorische Maßnahmen nach den Artikeln 24, 25 und 32 der Verordnung (EU) 2016/679 vor unbefugter Einsichtnahme zu schützen. Für die Verarbeitung von Daten nach den Absätzen 3 und 4 gilt § 22 Absatz 2 des Bundesdatenschutzgesetzes entsprechend.

§ 29c Gesundheitsakte

(1) Für jeden Soldaten ist eine Gesundheitsakte zu führen. Die Gesundheitsakte besteht aus der Gesundheitsgrundakte und aus fall- sowie fachrichtungsbezogenen Gesundheitsteilakten. Das Bundesministerium der Verteidigung legt fest, welche Teile der Gesundheitsakte elektronisch zu führen sind. § 114 Absatz 2 des Bundesbeamtengesetzes gilt entsprechend. § 114 Absatz 3 des Bundesbeamtengesetzes ist auf die Gesundheitsakte nicht anzuwenden.

(2) Die Gesundheitsakte ist eine Teilakte der Personalakte. Sie ist getrennt von der übrigen Personalakte zu bearbeiten und aufzubewahren. Der Zugang ist auf das fachlich und fachaufsichtlich zuständige Sanitätspersonal zu beschränken. § 107 des Bundesbeamtengesetzes ist nicht anzuwenden. § 110 Absatz 3 des Bundesbeamtengesetzes ist auf die Gesundheitsakte mit der Maßgabe anzuwenden, dass der ausdrückliche oder mutmaßliche Wille des Verstorbenen der Erteilung einer Auskunft an die Bevollmächtigten des Soldaten, an seine Hinterbliebenen oder an deren Bevollmächtigte nicht entgegenstehen darf.

(3) Soweit für laufende oder künftige Untersuchungen, Behandlungen oder Begutachtungen erforderlich, sind in der Gesundheitsakte zu dokumentieren:
1. medizinische Maßnahmen und ihre Ergebnisse,
2. Therapien und ihre Wirkungen,
3. Eingriffe und ihre Wirkungen.

Alle Aufklärungen und Einwilligungen sind in der Gesundheitsakte zu dokumentieren, Arztbriefe stets aufzunehmen.

(4) Die Dokumentation in der Gesundheitsakte hat in unmittelbarem zeitlichen Zusammenhang mit der Untersuchung, Behandlung und Begutachtung zu erfolgen. Änderungen von Eintragungen sind so vorzunehmen, dass die ursprüngliche Eintragung erkennbar bleibt und zudem erkennbar ist, wann und von wem die Änderung vorgenommen worden ist.

(5) Die wesentlichen Informationen zu Untersuchungen, Behandlungen und Begutachtungen, die in Gesundheitsteilakten dokumentiert sind, sind auch in der Gesundheitsgrundakte zu dokumentieren.

(6) Nimmt der Soldat auf Veranlassung des Dienstherrn oder im Notfall Erbringer medizinischer Leistungen außerhalb der Bundeswehr in Anspruch, so dürfen die Leistungserbringer die von ihnen erhobenen personenbezogenen Daten an die für

die Weiterbehandlung zuständige Stelle im Sanitätsdienst der Bundeswehr und die für die Abrechnung zuständige Stelle übermitteln. Die übermittelten Daten dürfen von der für die Weiterbehandlung zuständigen Stelle in der Gesundheitsakte gespeichert und von der für die Abrechnung zuständigen Stelle zur Abrechnung mit den Leistungserbringern verarbeitet werden.

§ 29d Personalaktenführende Stelle

(1) Die Personalakte wird geführt
1. für nach der Bundesbesoldungsordnung B besoldete oder entsprechend verwendete Soldaten und für frühere Generale und frühere Admirale im Bundesministerium der Verteidigung,
2. für alle übrigen Soldaten im Bundesamt für das Personalmanagement der Bundeswehr und
3. für frühere Soldaten mit Ausnahme der in Nummer 1 genannten bei dem für die Dienstleistungsüberwachung und Wehrüberwachung zuständigen Karrierecenter der Bundeswehr.

Teilakten können, ihrer Zweckbestimmung entsprechend, von anderen Stellen geführt werden.

(2) Personalakten, die in einem Karrierecenter der Bundeswehr geführt werden, können beim Bundesamt für das Personalmanagement der Bundeswehr aufbewahrt werden.

(3) Die Gesundheitsgrundakte wird von der für die truppenärztliche Versorgung des Soldaten zuständigen Stelle des Sanitätsdienstes der Bundeswehr geführt. Eine Gesundheitsteilakte wird von der Stelle des Sanitätsdienstes der Bundeswehr geführt, die die jeweilige medizinische Maßnahme vornimmt.

(4) Das Institut für Präventivmedizin der Bundeswehr führt
1. die Gesundheitsgrundakte ab dem Ende des Wehrdienstverhältnisses und
2. die Gesundheitsteilakten ab
   a) dem fünften Jahr nach der letzten Eintragung,
   b) dem Ende des Wehrdienstverhältnisses oder
   c) der Außerdienststellung der aktenführenden Sanitätseinrichtung,

je nachdem, welche Voraussetzung zuerst erfüllt ist.

(5) Die Personalakte unanfechtbar anerkannter Kriegsdienstverweigerer ist bei Umwandlung des Wehrdienstverhältnisses in ein Zivildienstverhältnis an das Bundesamt für Familie und zivilgesellschaftliche Aufgaben abzugeben. Aus der Gesundheitsakte sind jedoch nur diejenigen Teile abzugeben, die die körperliche Eignung betreffen.

§ 29e Aufbewahrung von Personalakten

(1) Die Personalakte ist, sofern nicht besondere Aufbewahrungsfristen gesetzlich festgelegt sind, aufzubewahren
1. bei früheren Berufssoldaten bis zum Ende des Jahres, in dem sie das 70. Lebensjahr vollendet haben,
2. bei den übrigen Reservisten bis zum Ende des Jahres, in dem sie das 65. Lebensjahr vollendet haben,
3. bei früheren Soldaten, die
   a) nicht mehr dienstfähig sind,

b) nicht mehr wehrdienstfähig sind, sofern keine Dienstleistung nach dem Soldatengesetz in Betracht kommt,
c) vom Wehrdienst ausgeschlossen oder befreit worden sind,
d) aus anderen als aus Altersgründen aus der Dienstleistungspflicht oder der Wehrpflicht ausgeschieden sind oder
e) verstorben sind,

bis zum Ablauf von fünf Jahren nach Eintritt des Ereignisses oder Zustands.

(2) Gesundheitsakten früherer Soldaten sind bis zur Vollendung des 90. Lebensjahres aufzubewahren und danach zu vernichten.

§ 29f Befugtes Offenbaren von Privatgeheimnissen

Werden Privatgeheimnisse, die zugleich Daten im Sinne des § 29c Absatz 3 oder Absatz 6 sind, auf der Grundlage von § 29a Absatz 1 bis 4 oder der §§ 29b bis 29e weitergegeben, so handelt derjenige, der sie weitergibt, auch nicht unbefugt im Sinne des § 203 des Strafgesetzbuchs.

§ 30 Geld- und Sachbezüge, Versorgung

(1) Der Soldat hat Anspruch auf Geld- und Sachbezüge, Versorgung, Reise- und Umzugskostenvergütung nach Maßgabe besonderer Gesetze. Zu den Sachbezügen gehört auch die unentgeltliche truppenärztliche Versorgung. Die Weiterführung der sozialen Krankenversicherung für seine Angehörigen, die Arbeitslosenversicherung und Versicherung in den gesetzlichen Rentenversicherungen werden gesetzlich geregelt.

(1a) Im Falle eines dienstlichen Bedürfnisses kann die oberste Dienstbehörde im Einvernehmen mit dem Bundesministerium der Finanzen festlegen, dass über die Maßgaben der besonderen Gesetze zu Reise- und Umzugskostenvergütung hinaus

1. aus personalwirtschaftlichen Gründen bei Rückversetzung vom Ausland in das Inland mit Zusage der Umzugskostenvergütung die Gewährung von Trennungsgeld in entsprechender Anwendung der Trennungsgeldverordnung für die Dauer von acht Jahren zulässig ist, wenn der Umzug des Soldaten nicht an den Dienstort oder dessen Einzugsgebiet erfolgt, sowie
2. Trennungsgeld über den Zeitraum des § 12 Absatz 4 Satz 1 des Bundesumzugskostengesetzes hinaus gewährt werden kann.

(2) Anwärter für die Laufbahn der Offiziere des Sanitätsdienstes (Sanitätsoffizieranwärter), die unter Wegfall der Geld- und Sachbezüge zum Studium beurlaubt sind, erhalten unentgeltliche truppenärztliche Versorgung, ein Ausbildungsgeld (Grundbetrag, Familienzuschlag) sowie Einmalzahlungen im Rahmen von Besoldungsanpassungen nach dem Bundesbesoldungsgesetz und haben Anspruch auf Erstattung der auf Grundlage der jeweiligen Landesgesetzgebung erhobenen Studienbeiträge oder Studiengebühren. Die Höhe des Ausbildungsgeldes wird durch Rechtsverordnung unter Berücksichtigung der Dienstbezüge derjenigen Dienstgrade festgesetzt, die die Sanitätsoffizieranwärter während ihrer Ausbildung durchlaufen. Die Rechtsverordnung regelt ferner das Nähere über die Gewährung des Ausbildungsgeldes sowie über die Anrechnung von Einkünften aus einer mit der Ausbildung zusammenhängenden Tätigkeit.

(3) Die §§ 76, 84a und 96 Abs. 2 des Bundesbeamtengesetzes gelten entsprechend.

(4) Den Soldaten kann bei Dienstjubiläen eine Jubiläumszuwendung gewährt werden. Das Nähere regelt eine Rechtsverordnung.

(5) Soldatinnen haben Anspruch auf Mutterschutz. Die Einzelheiten werden durch Rechtsverordnung geregelt. Dabei ist sicherzustellen, dass Soldatinnen hinsichtlich Inhalt, Art und Umfang der Schutz gewährleistet wird, wie er durch das Mutterschutzgesetz vorgesehen ist. Abweichungen sind nur insoweit zulässig, als sie mit Rücksicht auf die Eigenart des militärischen Dienstes erforderlich sind. Eine angemessene Kontrolle und Überwachung der Einhaltung der dem Gesundheitsschutz dienenden mutterschutzrechtlichen Vorschriften ist vorzusehen.

(6) Der Dienstherr ermöglicht dem Soldaten die unentgeltliche Beförderung in öffentlichen Eisenbahnen, wenn der Soldat während der Beförderung Uniform trägt. Eine Rechtsverordnung bestimmt das Nähere über die Voraussetzungen und weitere Ausgestaltung des Anspruches.

§ 30a Teilzeitbeschäftigung, Familienpflegezeit und Pflegezeit

(1) Einem Soldaten kann auf Antrag Teilzeitbeschäftigung im Umfang von mindestens der Hälfte der regelmäßigen Arbeitszeit nach § 30c Absatz 1 und bis zur jeweils beantragten Dauer, längstens für zwölf Jahre bewilligt werden, soweit dienstliche Gründe nicht entgegenstehen. Die Teilzeitbeschäftigung soll bewilligt werden, wenn er mindestens ein Kind unter 18 Jahren oder einen pflegebedürftigen sonstigen Angehörigen tatsächlich betreut oder pflegt und zwingende dienstliche Gründe nicht entgegenstehen. Zur Vermeidung unbilliger Härten kann Teilzeitbeschäftigung bewilligt werden

1. über eine Dauer von zwölf Jahren hinaus und
2. im Umfang von weniger als der Hälfte der regelmäßigen wöchentlichen Arbeitszeit.

Die Pflegebedürftigkeit ist nachzuweisen durch ein ärztliches Gutachten oder durch eine Bescheinigung der Pflegekasse oder des Medizinischen Dienstes der Krankenversicherung oder durch eine entsprechende Bescheinigung einer privaten Pflegeversicherung. Soweit Anspruch auf Elternzeit nach § 28 Absatz 7 besteht, kann anstelle von Elternzeit eine Teilzeitbeschäftigung auch im Umfang von weniger als der Hälfte der regelmäßigen Arbeitszeit bewilligt werden. Der Anspruch auf Elternzeit vermindert sich um die Zeit, in der diese Teilzeitbeschäftigung in Anspruch genommen wird.

(2) Über den Antrag entscheidet das Bundesministerium der Verteidigung oder die von ihm beauftragte Stelle. Die Ablehnung von Anträgen ist im Einzelnen zu begründen. Einem Antrag darf nur entsprochen werden, wenn der Soldat sich verpflichtet, während des Bewilligungszeitraumes Nebentätigkeiten nur in dem Umfang einzugehen, in dem nach § 20 den in Vollzeit beschäftigten Soldaten die Ausübung von Nebentätigkeiten gestattet ist. Es dürfen nur solche Nebentätigkeiten genehmigt werden, die dem Zweck der Teilzeitbewilligung nicht zuwiderlaufen. Wird die Verpflichtung nach Satz 3 schuldhaft verletzt, soll die Bewilligung widerrufen werden.

(3) Die zuständige Stelle kann auch nachträglich die Dauer der Teilzeitbeschäftigung beschränken, den Umfang der zu leistenden Arbeitszeit erhöhen oder deren Bewilligung widerrufen, soweit zwingende dienstliche Gründe dies erfordern. Sie soll den Übergang zur Vollzeitbeschäftigung zulassen, wenn dem Soldaten die Teilzeitbeschäftigung nicht mehr zugemutet werden kann und dienstliche Belange nicht entgegenstehen.

(4) Bemessungsgrundlage für die Arbeitszeit im Sinne von § 6 Abs. 1 des Bundesbesoldungsgesetzes ist bei teilzeitbeschäftigten Soldaten die regelmäßige Arbeitszeit gemäß § 30c Absatz 1.

(5) Das Nähere zur Teilzeitbeschäftigung der Soldaten wird in einer Rechtsverordnung geregelt. In der Rechtsverordnung werden die Wehrdienstarten bestimmt, bei denen Teilzeitbeschäftigung zulässig ist. Dort können auch bestimmte Verwendungen und Truppenteile festgelegt werden, in denen eine Teilzeitbeschäftigung nicht möglich ist. Des Weiteren kann darin, außer in den Fällen des Absatzes 1 Satz 4, vor der erstmaligen Bewilligung von Teilzeitbeschäftigung eine Mindestdienstzeit von höchstens vier Jahren gefordert werden.

(6) Abweichend von Absatz 1 wird einem Berufssoldaten oder Soldaten auf Zeit in entsprechender Anwendung des § 92a des Bundesbeamtengesetzes Teilzeitbeschäftigung als Familienpflegezeit mit Vorschuss bewilligt. Die Absätze 2 bis 5 gelten entsprechend.

(7) Einem Berufssoldaten oder Soldaten auf Zeit wird in entsprechender Anwendung des § 92b des Bundesbeamtengesetzes
1. abweichend von Absatz 1 Teilzeitbeschäftigung oder
2. Urlaub unter Wegfall der Geld- und Sachbezüge mit Ausnahme der unentgeltlichen truppenärztlichen Versorgung

als Pflegezeit mit Vorschuss bewilligt. Im Übrigen gelten für die Bewilligung von Teilzeitbeschäftigung nach Satz 1 Nummer 1 die Absätze 2 bis 5 entsprechend.

§ 30b Zusammentreffen von Urlaub und Teilzeitbeschäftigung

Urlaube nach § 28 Absatz 5 und den §§ 28a und 30a Absatz 7 sowie Zeiten einer Teilzeitbeschäftigung nach § 30a dürfen zusammen eine Dauer von 15 Jahren nicht überschreiten. Diese Höchstdauer gilt nicht in den Fällen des § 30a Absatz 1 Satz 3 Nummer 1.

§ 30c Arbeitszeit

(1) Die regelmäßige wöchentliche Arbeitszeit von Soldaten, die im Geschäftsbereich des Bundesministeriums der Verteidigung verwendet werden, beträgt grundsätzlich 41 Stunden. Ausnahmen sind zulässig für Führungskräfte vom Dienstgrad Brigadegeneral oder von vergleichbaren Dienstgraden an aufwärts. Für Soldaten, die außerhalb des Geschäftsbereichs des Bundesministeriums der Verteidigung verwendet werden, gilt das für die aufnehmende Stelle geltende Arbeitszeitrecht. Ist der Rechtsträger der aufnehmenden Stelle dienstherrenfähig, gilt das für dessen Beamte geltende Arbeitszeitrecht entsprechend.

(2) Der Soldat ist verpflichtet, über die regelmäßige wöchentliche Arbeitszeit hinaus militärischen Dienst zu leisten, soweit die Besonderheiten dieses Dienstes es erfordern und sich die Mehrarbeit auf Ausnahmen beschränkt. Wird er durch eine dienstlich angeordnete oder genehmigte Mehrarbeit mehr als fünf Stunden im Monat über die regelmäßige Arbeitszeit hinaus beansprucht, so ist ihm für diese Mehrarbeit innerhalb einer Ausschlussfrist von einem Jahr entsprechende Dienstbefreiung zu gewähren. Für Soldaten in den Streitkräften kann die Ausschlussfrist auf sechs Monate verkürzt werden. Der Dienstherr kann die Dienstbefreiung einseitig anordnen. Eine Dienstbefreiung wird nicht gewährt, soweit sie aus zwingenden dienstlichen Gründen nicht möglich ist.

(3) Bei Bereitschaftsdienst kann die regelmäßige Arbeitszeit entsprechend den dienstlichen Bedürfnissen angemessen verlängert werden. In kurativen Sanitätseinrichtungen der Bundeswehr kann die Arbeitszeit auf bis zu 54 Stunden im Siebentageszeitraum verlängert werden, wenn

1. hierfür ein zwingendes dienstliches Bedürfnis besteht,
2. der Soldat sich hierzu schriftlich oder elektronisch bereit erklärt und
3. die allgemeinen Grundsätze der Sicherheit und des Gesundheitsschutzes beachtet werden.

(4) Die Absätze 1 bis 3 sind nicht anzuwenden bei Tätigkeiten im Rahmen von
1. Einsätzen, einschließlich der unmittelbaren Vorbereitung, sowie anderen Tätigkeiten der Streitkräfte, bei denen militärspezifische Besonderheiten der Anwendung der Absätze 1 bis 3 zwingend entgegenstehen, insbesondere
   a) im Rahmen mandatierter Auslandseinsätze,
   b) zur Landesverteidigung, im Spannungsfall oder im Rahmen des inneren Notstandes,
   c) im Rahmen nationaler Krisenvorsorge,
   d) zur Bündnisverteidigung im Rahmen der Organisation des Nordatlantikvertrages,
   e) zur Beteiligung an militärischen Aufgaben im Rahmen der Vereinten Nationen, der Organisation des Nordatlantikvertrages oder der Gemeinsamen Sicherheits- und Verteidigungspolitik der Europäischen Union,
   f) im Rahmen der nuklearen Teilhabe und
   g) zur Sicherung des deutschen Luftraums und des Luftraums des Gebietes der Organisation des Nordatlantikvertrages,
2. Amtshilfe bei Naturkatastrophen oder besonders schweren Unglücksfällen und im Rahmen der dringenden Eilhilfe, humanitärer Hilfsdienste und Hilfeleistungen nach § 2 Absatz 2 Satz 3 des Parlamentsbeteiligungsgesetzes,
3. mehrtägigen Seefahrten,
4. Alarmierungen und Zusammenziehungen sowie einsatzbezogenen Operationsplanungen und militärischen Ausbildungen zur Vorbereitung von Einsätzen und Verwendungen in den Fällen der Nummern 1 und 2,
5. mehrtägigen Übungs- und Ausbildungsvorhaben zur Herstellung und Aufrechterhaltung der Einsatzbereitschaft der Streitkräfte, insbesondere für Maßnahmen nach den Nummern 1 und 2,
6. Übungs- und Ausbildungsvorhaben der Spezialkräfte der Bundeswehr sowie
7. außergewöhnlichen Situationen, die spezifische Tätigkeiten der Streitkräfte zum Schutz des Lebens, der Gesundheit, der Sicherheit der Bevölkerung oder des Allgemeinwohls sowie zur Abwehr schwerwiegender kollektiver Gefahren erfordern.

(5) Eine Rechtsverordnung bestimmt für im Geschäftsbereich des Bundesministeriums der Verteidigung verwendete Soldaten das Nähere
1. zur Regelung der Arbeitszeit, insbesondere
   a) zu ihrer Dauer,
   b) zu Möglichkeiten ihrer flexiblen Ausgestaltung,
   c) zur Kontrolle ihrer Einhaltung und
   d) zum Zeitausgleich, sowie
2. zur Gewährleistung eines bestmöglichen Arbeits- und Gesundheitsschutzes bei den Tätigkeiten nach Absatz 4.

Eine Kontrolle der Einhaltung der Arbeitszeit mittels automatisierter Datenverarbeitungssysteme ist zulässig, soweit diese Systeme eine Mitwirkung des Soldaten erfordern. Die erhobenen Daten dürfen nur für Zwecke der Arbeitszeitkontrolle, der Wahrung arbeitsschutzrechtlicher Vorschriften und des gezielten Personaleinsatzes verwendet werden, soweit dies zur Aufgabenwahrnehmung der jeweils zuständigen Stelle erforderlich ist. In der Rechtsverordnung sind Löschfristen für die erhobenen Daten vorzusehen. Die Rechtsverordnung kann die Erprobung innovativer und flexibler Arbeitszeitmodelle mit Langzeitkonten gestatten und hierbei vorsehen, dass

Erholungsurlaub auf Antrag einem Langzeitkonto gutgeschrieben werden darf. Die Rechtsverordnung kann auch das Ermessen bindende Vorgaben zur Bewilligung von Urlaub im Zusammenhang mit den Tätigkeiten nach Absatz 4 vorsehen.

(6) Soldaten, die im Geschäftsbereich des Bundesministeriums der Verteidigung bei militärischen Stellen verwendet werden, in denen Teile von Streitkräften mehrerer Staaten zusammengeschlossen sind, können durch Rechtsverordnung von der Anwendung der Absätze 1 bis 3 und der Rechtsverordnung nach Absatz 5 ausgenommen werden.

§ 30d Höchstzulässige Arbeitszeit bei bestimmten Tätigkeiten

(1) Die höchstzulässige wöchentliche Arbeitszeit in einem Zeitraum von zwölf Monaten kann durch Rechtsverordnung längstens bis zum 31. Dezember 2030 von 48 auf 54 Stunden angehoben werden,

1. soweit Soldaten eine der folgenden Tätigkeiten ausüben:
   a) als fliegende Besatzung zur Überwachung des nationalen Luftraums,
   b) als fliegende Besatzung im maritimen Such- oder Rettungsdienst oder
   c) als Schiffsbesatzung zur betriebstechnischen Überwachung seegehender Einheiten während Aufenthalten im Heimathafen, im Marinearsenal oder in Werften, und
2. soweit die Tätigkeiten nach Nummer 1 andernfalls nicht im erforderlichen Umfang ausgeübt werden können.

Sobald die Voraussetzungen für eine Anhebung nach Satz 1 nicht mehr erfüllt sind, ist die Rechtsverordnung aufzuheben. § 30c Absatz 1 bis 3 bleibt unberührt.

(2) Für Soldaten, deren Arbeitszeit nach Absatz 1 Satz 1 angehoben ist, bestimmt eine Rechtsverordnung das Nähere zur Gewährleistung eines bestmöglichen Arbeits- und Gesundheitsschutzes.

§ 31 Fürsorge

(1) Der Bund hat im Rahmen des Dienst- und Treueverhältnisses für das Wohl des Berufssoldaten und des Soldaten auf Zeit sowie ihrer Familien, auch für die Zeit nach Beendigung des Dienstverhältnisses, zu sorgen. Er hat auch für das Wohl des Soldaten zu sorgen, der freiwilligen Wehrdienst nach § 58b oder Wehrdienst nach Maßgabe des Vierten oder Fünften Abschnittes oder des Wehrpflichtgesetzes leistet; die Fürsorge für die Familie des Soldaten während des Wehrdienstes und seine Eingliederung in das Berufsleben nach dem Ausscheiden aus dem Wehrdienst werden gesetzlich geregelt.

(2) § 80 des Bundesbeamtengesetzes und die Bundesbeihilfeverordnung sind entsprechend anzuwenden auf

1. Soldatinnen und Soldaten, die Anspruch auf Dienstbezüge oder Ausbildungsgeld haben oder Elternzeit in Anspruch nehmen, und
2. Versorgungsempfängerinnen und Versorgungsempfänger mit Anspruch auf Versorgungsbezüge nach Teil 2 Abschnitt 2 des Soldatenversorgungsgesetzes oder nach § 58 oder § 59 des Soldatenversorgungsgesetzes.

(3) Auf Soldaten, die sich in Betreuungsurlaub nach § 28 Abs. 5 befinden, ist § 92 Abs. 5 des Bundesbeamtengesetzes entsprechend anzuwenden.

(4) Nicht beihilfefähig sind Aufwendungen von Berufssoldaten und Soldaten auf Zeit, denen auf Grund von § 69a des Bundesbesoldungsgesetzes unentgeltliche truppenärztliche Versorgung zusteht.

(5) Beihilfe wird nicht gewährt
1. Soldaten, solange sie sich in einer Eignungsübung befinden, es sei denn, dass sie ohne Einberufung zur Eignungsübung im öffentlichen Dienst beihilfeberechtigt wären, und
2. Versorgungsempfängern für die Dauer einer Beschäftigung im öffentlichen Dienst, durch die eine Beihilfeberechtigung auf Grund beamtenrechtlicher Vorschriften begründet wird.

(6) Beim Zusammentreffen mehrerer Beihilfeberechtigungen schließt eine Beihilfeberechtigung auf Grund eines neuen Versorgungsbezuges die Beihilfeberechtigung aufgrund früherer Versorgungsbezüge aus.

(7) Abweichend von Absatz 5 Nr. 1 sind von Berufssoldaten und Soldaten auf Zeit, die nach der Eignungsübung in das Dienstverhältnis eines Berufssoldaten oder Soldaten auf Zeit berufen worden sind, auch die während der Eignungsübung entstandenen Aufwendungen beihilfefähig.

(8) In einer Rechtsverordnung kann vorgesehen werden, Soldaten mit Familien- oder Pflegeaufgaben im Sinne des § 3 Absatz 6 und 7 des Soldatinnen- und Soldatengleichstellungsgesetzes die Kosten für eine Familien- und Haushaltshilfe zu erstatten, die durch Verwendungen im Ausland zusätzlich entstehen, unabdingbar sind und eine Erstattung nach anderen Rechtsgrundlagen nicht möglich ist.

(9) In einer Rechtsverordnung kann vorgesehen werden, dass die Kosten für die Bestattung eines Soldaten in einem Ehrengrab der Bundeswehr erstattet werden.

§ 31a Zahlung durch den Dienstherrn bei Schmerzensgeldansprüchen

(1) Hat ein Soldat wegen einer vorsätzlichen Verletzung des Körpers, der Gesundheit, der Freiheit oder der sexuellen Selbstbestimmung, die ihm wegen seiner Eigenschaft als Soldat zugefügt worden ist, einen durch ein rechtskräftiges Endurteil eines deutschen Gerichts festgestellten Anspruch auf Schmerzensgeld gegen einen Dritten, so soll der Dienstherr auf Antrag die Zahlung auf diesen Anspruch bis zur Höhe des zuerkannten Schmerzensgeldanspruchs übernehmen, sofern dies zur Vermeidung einer unbilligen Härte notwendig ist. Der rechtskräftigen Feststellung steht ein nicht oder nicht mehr widerruflicher Vergleich nach § 794 Absatz 1 Nummer 1 der Zivilprozessordnung gleich, wenn er der Höhe nach angemessen ist.

(2) Eine unbillige Härte liegt insbesondere vor, wenn ein Versuch der Vollstreckung in das Vermögen nicht zu einer vollständigen Befriedigung des Soldaten geführt hat, sofern der Betrag, hinsichtlich dessen der Soldat nicht befriedigt wurde, mindestens 250 Euro erreicht.

(3) Der Dienstherr kann die Zahlung nach Absatz 1 ablehnen, wenn auf Grund desselben Sachverhalts eine einmalige Unfallentschädigung (§ 84 des Soldatenversorgungsgesetzes) oder ein Ausgleich für gesundheitliche Schädigungsfolgen nach dem Soldatenentschädigungsgesetz gezahlt wird.

(4) Der Antrag nach Absatz 1 kann innerhalb einer Ausschlussfrist von zwei Jahren nach Rechtskraft des Urteils nach Absatz 1 Satz 1 oder nach Eintritt der Unwiderruflichkeit des Vergleichs nach Absatz 1 Satz 2 schriftlich oder elektronisch gestellt werden. Dem Antrag ist ein Nachweis des Vollstreckungsversuches beizufügen. Die Entscheidung trifft das Bundesministerium der Verteidigung oder die von ihm zu bestimmende Stelle. Für Versorgungsempfänger ist die für die Zahlung der Versorgungsbezüge verantwortliche Stelle zuständig. Soweit der Dienstherr die Zahlung übernommen hat, gehen Ansprüche gegen Dritte auf ihn über. Der Übergang der

Ansprüche kann nicht zum Nachteil der oder des Geschädigten geltend gemacht werden.

(5) Absatz 1 ist nicht anzuwenden auf Schmerzensgeldansprüche, die im Wege des Urkundenprozesses nach den §§ 592 bis 600 der Zivilprozessordnung festgestellt worden sind.

§ 31b Zuschuss zum Erwerb einer Fahrerlaubnis der Klasse B

(1) Personen, die sich erstmalig freiwillig für einen Wehrdienst mit Dienstantritt ab dem 1. Januar 2026 verpflichtet und einen durchgehenden Wehrdienst von mindestens zwölf Monaten geleistet haben, wird nach Maßgabe der Absätze 2 bis 4 anstelle eines Zuschusses nach § 31c auf Antrag ein einmaliger Zuschuss für den erstmaligen Erwerb einer Fahrerlaubnis der Klasse B im Sinne der Fahrerlaubnis-Verordnung gewährt.

(2) Die Gewährung des Zuschusses setzt voraus, dass eine Fahrschulausbildung innerhalb von zwölf Monaten vor Antritt und zwölf Monaten nach Beendigung des Wehrdienstes mit dem Erwerb einer Fahrerlaubnis der Klasse B abgeschlossen wurde.

(3) Der Antrag auf Gewährung des Zuschusses ist innerhalb von zwölf Monaten nach Vorliegen der Voraussetzungen nach den Absätzen 1 und 2 zu stellen.

(4) Der Zuschuss wird bis zu einer Höhe von 3 500 Euro gewährt, soweit die nachgewiesenen Kosten

1. auf den Besuch einer Fahrschule sowie auf die Gebühren der Fahrerlaubnisprüfung entfallen sind,
2. für den Erwerb einer Fahrerlaubnis der Klasse B aufgewendet wurden,
3. der verpflichteten Person tatsächlich entstanden sind und
4. nicht anderweitig erstattet oder bezuschusst wurden.

§ 31c Zuschuss zum Erwerb einer Fahrerlaubnis der Klasse C oder C1

(1) Personen, die sich erstmalig freiwillig für einen Wehrdienst mit Dienstantritt ab dem 1. Januar 2026 verpflichtet und einen durchgehenden Wehrdienst von mindestens zwölf Monaten geleistet haben, wird nach Maßgabe der Absätze 2 bis 4 anstelle eines Zuschusses nach § 31b auf Antrag ein einmaliger Zuschuss für den erstmaligen Erwerb einer Fahrerlaubnis der Klasse C oder C1 im Sinne der Fahrerlaubnis-Verordnung gewährt.

(2) Die Gewährung des Zuschusses setzt voraus, dass eine Fahrschulausbildung innerhalb von zwölf Monaten vor Antritt und 36 Monaten nach Beendigung des Wehrdienstes mit dem Erwerb einer Fahrerlaubnis der Klasse C oder C1 abgeschlossen wurde.

(3) Der Antrag auf Gewährung des Zuschusses ist innerhalb von zwölf Monaten nach Vorliegen der Voraussetzungen nach den Absätzen 1 und 2 zu stellen.

(4) Der Zuschuss wird bis zu einer Höhe von 5 000 Euro gewährt, soweit die nachgewiesenen Kosten

1. auf den Besuch einer Fahrschule sowie auf die Gebühren der Fahrerlaubnisprüfung entfallen sind,
2. für den Erwerb einer Fahrerlaubnis der Klasse C oder C1 aufgewendet wurden,
3. der verpflichteten Person tatsächlich entstanden sind und
4. nicht anderweitig erstattet oder bezuschusst wurden.

§ 32 Dienstzeitbescheinigung und Dienstzeugnis

(1) Der Soldat erhält nach Beendigung seines Wehrdienstes eine Dienstzeitbescheinigung. Auf Antrag ist ihm bei einer Dienstzeit von mindestens vier Wochen von seinem nächsten Disziplinarvorgesetzten ein Dienstzeugnis zu erteilen, das über die Art und Dauer der wesentlichen von ihm bekleideten Dienststellungen, über seine Führung, seine Tätigkeit und seine Leistung im Dienst Auskunft gibt. Das Bundesministerium der Verteidigung kann die Zuständigkeit nach Satz 2 anders bestimmen.

(2) Der Soldat kann eine angemessene Zeit vor dem Ende des Wehrdienstes ein vorläufiges Dienstzeugnis beantragen.

§ 33 Staatsbürgerlicher und völkerrechtlicher Unterricht

(1) Die Soldaten erhalten staatsbürgerlichen und völkerrechtlichen Unterricht. Der für den Unterricht verantwortliche Vorgesetzte darf die Behandlung politischer Fragen nicht auf die Darlegung einer einseitigen Meinung beschränken. Das Gesamtbild des Unterrichts ist so zu gestalten, dass die Soldaten nicht zu Gunsten oder zu Ungunsten einer bestimmten politischen Richtung beeinflusst werden.

(2) Die Soldaten sind über ihre staatsbürgerlichen und völkerrechtlichen Pflichten und Rechte im Frieden und im Krieg zu unterrichten.

§ 34 Beschwerde

Der Soldat hat das Recht, sich zu beschweren. Das Nähere regelt die Wehrbeschwerdeordnung.

§ 35 Beteiligungsrechte der Soldaten

Die Beteiligung der Soldaten regelt das Soldatenbeteiligungsgesetz.

§ 35a Beteiligung an der Gestaltung des Dienstrechts

Für die Beteiligung bei der Gestaltung des Dienstrechts der Soldaten gilt § 118 des Bundesbeamtengesetzes sinngemäß.

§ 36 Seelsorge

Der Soldat hat einen Anspruch auf Seelsorge und ungestörte Religionsausübung. Die Teilnahme am Gottesdienst ist freiwillig.

Zweiter Abschnitt **Rechtsstellung der Berufssoldaten und der Soldaten auf Zeit**

1. Begründung des Dienstverhältnisses

§ 37 Voraussetzung der Berufung

(1) In das Dienstverhältnis eines Berufssoldaten oder eines Soldaten auf Zeit darf nur berufen werden, wer

1. Deutscher im Sinne des Artikels 116 des Grundgesetzes ist,
2. Gewähr dafür bietet, dass er jederzeit für die freiheitliche demokratische Grundordnung im Sinne des Grundgesetzes eintritt,
3. die charakterliche, geistige und körperliche Eignung besitzt, die zur Erfüllung seiner Aufgaben als Soldat erforderlich ist,
4. keine unveränderlichen Merkmale des Erscheinungsbilds aufweist, die mit den Vorgaben der Rechtsverordnung nach § 4 Absatz 4 nicht vereinbar sind.

(2) Das Bundesministerium der Verteidigung kann in Einzelfällen Ausnahmen von Absatz 1 Nr. 1 zulassen, wenn dafür ein dienstliches Bedürfnis besteht.

§ 38 Hindernisse der Berufung

(1) In das Dienstverhältnis eines Berufssoldaten oder eines Soldaten auf Zeit darf nicht berufen werden, wer

1. durch ein deutsches Gericht wegen eines Verbrechens zu Freiheitsstrafe von mindestens einem Jahr oder wegen einer vorsätzlichen Tat, die nach den Vorschriften über Friedensverrat, Hochverrat, Gefährdung des demokratischen Rechtsstaates oder Landesverrat, Gefährdung der äußeren Sicherheit oder Volksverhetzung strafbar ist, zu Freiheitsstrafe verurteilt ist,
2. infolge Richterspruchs die Fähigkeit zur Bekleidung öffentlicher Ämter nicht besitzt,
3. einer Maßregel der Besserung und Sicherung nach den §§ 64, 66, 66a oder § 66b des Strafgesetzbuches oder der Sicherungsverwahrung nach Bestimmungen des § 7 oder des § 106 des Jugendgerichtsgesetzes unterworfen ist, solange die Maßregel nicht erledigt ist.

(2) Das Bundesministerium der Verteidigung kann in Einzelfällen Ausnahmen von Absatz 1 Nr. 1 zulassen.

§ 39 Begründung des Dienstverhältnisses eines Berufssoldaten

In das Dienstverhältnis eines Berufssoldaten können berufen werden

1. Unteroffiziere, Feldwebelanwärter jedoch erst mit der Beförderung zum Feldwebel,
2. Offizieranwärter nach Abschluss des für ihre Laufbahn vorgesehenen Ausbildungsganges mit der Beförderung zum Leutnant, Geoinformationsoffizieranwärter nach Abschluss des für ihre Laufbahn vorgesehenen Ausbildungsganges mit der Beförderung zum Oberleutnant, Sanitätsoffizieranwärter mit der Beförderung zum Stabsarzt, Stabsveterinär, Stabsapotheker und Militärmusikoffizieranwärter mit der Beförderung zum Hauptmann,
3. Offiziere auf Zeit,
4. Offiziere der Reserve.

§ 40 Begründung des Dienstverhältnisses eines Soldaten auf Zeit

(1) Die Berufung in ein Dienstverhältnis als Soldat auf Zeit ist längstens bis zu einer Dienstzeit von 25 Jahren zulässig, jedoch nicht über das 62. Lebensjahr hinaus. Für Offiziere in den Laufbahnen des Sanitätsdienstes, des Militärmusikdienstes und des Geoinformationsdienstes der Bundeswehr bildet die Vollendung des 65. Lebensjahres die Altersgrenze für ein Dienstverhältnis als Soldat auf Zeit. Wenn dringende dienstliche Gründe dies im Einzelfall erfordern, ist eine Berufung auch im Übrigen

über die Altersgrenze des Satzes 1 hinaus zulässig, längstens bis zur Vollendung des 65. Lebensjahres. In den Laufbahnen der Mannschaften des Sanitätsdienstes, der Fachunteroffiziere des Sanitätsdienstes, der Feldwebel des Sanitätsdienstes, der Offiziere des Sanitätsdienstes sowie in den sanitätsdienstlichen Werdegängen in der Laufbahn der Offiziere des militärfachlichen Dienstes ist die Berufung in ein Dienstverhältnis als Soldat auf Zeit längstens bis zu einer Dienstzeit von 30 Jahren zulässig.

(2) Die Dauer der Berufung kann auf Grund freiwilliger Weiterverpflichtung innerhalb der Grenzen des Absatzes 1 verlängert werden.

(3) Die Dauer der Berufung eines Soldaten, der Inhaber eines Eingliederungsscheins (§ 13 Absatz 1 Nummer 1 des Soldatenversorgungsgesetzes) ist, verlängert sich ohne die Beschränkungen des Absatzes 1 bis zur Ernennung zum Beamten, längstens jedoch um eineinhalb Jahre.

(4) Die Dauer der Berufung eines Soldaten, dessen militärische Ausbildung vor dem Beginn einer Elternzeit nach § 28 Absatz 7 bereits mehr als sechs Monate mit einem Studium oder einer Fachausbildung verbunden ist oder war, verlängert sich ohne die Beschränkungen des Absatzes 1 um die Dauer der Elternzeit. Gleiches gilt für einen Soldaten, der eine Teilzeitbeschäftigung nach § 30a in Anspruch genommen hat; die Dauer der Berufung verlängert sich um die Differenz der Teilzeitbeschäftigung zur Vollzeitbeschäftigung.

(5) Ist ein Soldat auf Zeit zum Zeitpunkt des Ablaufs seiner Dienstzeit wegen Verschleppung, Gefangenschaft oder aus sonstigen mit dem Dienst zusammenhängenden Gründen dem Einflussbereich des Dienstherrn entzogen, so verlängert sich die Dauer der Berufung ohne die Beschränkungen des Absatzes 1 bis zum Ablauf des auf die Beendigung dieses Zustands folgenden Monats.

(6) In die Dienstzeit wird der Wehrdienst eingerechnet, der in der Bundeswehr bis zur Berufung in das Dienstverhältnis eines Soldaten auf Zeit geleistet worden ist.

(7) Die Dienstzeit eines Soldaten auf Zeit kann auf dessen Antrag verkürzt werden, wenn dies im dienstlichen Interesse liegt. Die verkürzte Dienstzeit soll die zur Durchführung der Berufsförderung notwendige Zeit der Freistellung vom militärischen Dienst umfassen.

(8) Auch ohne Antrag nach Absatz 7 Satz 1 kann bestimmt werden, dass sich die Dienstzeit nicht nach Absatz 4 Satz 1 verlängert, wenn an der Verlängerung ausnahmsweise kein dienstliches Interesse besteht. Die Absicht, von dieser Möglichkeit Gebrauch zu machen, soll bereits im Rahmen der Bearbeitung eines Antrages auf Bewilligung der Elternzeit eröffnet werden. Die Entscheidung ist spätestens mit der Bewilligung der Elternzeit zu treffen. Absatz 7 bleibt im Übrigen unberührt.

§ 41 Form der Begründung und der Umwandlung

(1) Die Begründung des Dienstverhältnisses und seine Umwandlung erfolgen durch Aushändigung einer Ernennungsurkunde. In der Urkunde müssen enthalten sein

1. bei der Begründung die Worte „unter Berufung in das Dienstverhältnis eines Berufssoldaten“ oder „unter Berufung in das Dienstverhältnis eines Soldaten auf Zeit“,
2. bei der Umwandlung die die Art des Dienstverhältnisses bestimmenden Worte nach Nummer 1.

An Stelle der Worte „unter Berufung“ können die Worte „ich berufe“ verwendet werden.

(2) Die Begründung und die Umwandlung werden mit dem Tag der Aushändigung der Ernennungsurkunde wirksam, wenn nicht in der Urkunde ausdrücklich ein späterer Tag bestimmt ist.

(3) Wird bei der Berufung in das Dienstverhältnis eines Soldaten auf Zeit ein späterer Tag als der Tag der Aushändigung der Urkunde für das Wirksamwerden der Ernennung bestimmt, so hat der Soldat an diesem Tag seinen Dienst anzutreten. Die Ernennung ist vor ihrem Wirksamwerden zurückzunehmen, wenn sich herausstellt, dass die Berufung in das Dienstverhältnis eines Soldaten auf Zeit nach § 37 Abs. 1 und § 38 unzulässig ist.

(4) Die Ernennungen mehrerer Soldaten können in einer Urkunde verfügt werden. An die Stelle der Aushändigung der Ernennungsurkunde tritt die Aushändigung einer Ausfertigung des Teils der Urkunde, der sich auf den Soldaten bezieht.

(5) Entspricht die Urkunde nicht der in Absatz 1 Satz 2 oder 3 vorgeschriebenen Form, gilt die Ernennung als von Anfang an in der beabsichtigten Form wirksam, wenn aus der Urkunde oder aus dem Akteninhalt eindeutig hervorgeht, dass die nach § 4 Abs. 2 für die Ernennung zuständige Stelle ein bestimmtes Soldatenverhältnis begründen oder ein bestehendes Soldatenverhältnis in ein solches anderer Art umwandeln wollte, für das die sonstigen Voraussetzungen vorliegen.

2. Beförderung

§ 42 Form der Beförderung

(1) Die Beförderung eines Berufssoldaten und eines Soldaten auf Zeit wird in einer Ernennungsurkunde verfügt, in der die Bezeichnung des höheren Dienstgrades enthalten sein muss. Die Beförderungen mehrerer Soldaten können in einer Urkunde verfügt werden.

(2) Die Beförderung zu einem Mannschaftsdienstgrad, die Beförderung eines Offizieranwärters, Sanitätsoffizieranwärters, Militärmusikoffizieranwärters oder Geoinformationsoffizieranwärters zu einem Unteroffizierdienstgrad und die Beförderung eines Feldwebelanwärters zum Unteroffizier und Stabsunteroffizier werden mit der dienstlichen Bekanntgabe an den zu Ernennenden, jedoch nicht vor dem in der Ernennungsurkunde bestimmten Tag wirksam. Dem Soldaten ist der Tag der dienstlichen Bekanntgabe seiner Beförderung zu bescheinigen.

(3) Für die Beförderung durch Aushändigung einer Urkunde gilt § 41 Abs. 2 und, wenn die Beförderung mehrerer Soldaten in einer Urkunde verfügt wird, § 41 Abs. 4 Satz 2 entsprechend. In Ausnahmefällen, insbesondere bei Aufenthalt des zu Befördernden außerhalb des Bundesgebietes, kann die ernennende Stelle die dienstliche Bekanntgabe der Beförderung anordnen. Insoweit gilt Absatz 2 entsprechend mit der Maßgabe, dass dem Soldaten die Urkunde oder die Ausfertigung alsbald auszuhändigen ist.

3. Beendigung des Dienstverhältnisses

a) Beendigung des Dienstverhältnisses eines Berufssoldaten

§ 43 Beendigungsgründe

(1) Das Dienstverhältnis eines Berufssoldaten endet durch Eintritt oder Versetzung in den Ruhestand nach Maßgabe der Vorschriften über die rechtliche Stellung der Berufssoldaten im Ruhestand.

(2) Das Dienstverhältnis endet ferner durch
1. Umwandlung,
2. Entlassung,
3. Verlust der Rechtsstellung eines Berufssoldaten oder
4. Entfernung aus dem Dienstverhältnis durch Urteil in einem gerichtlichen Disziplinarverfahren.

§ 44 Eintritt oder Versetzung in den Ruhestand

(1) Ein Berufssoldat tritt in den Ruhestand mit Ablauf des Monats, in dem er die nach § 45 Abs. 1 festgesetzte allgemeine Altersgrenze erreicht hat. Der Eintritt in den Ruhestand kann aus dienstlichen Gründen bis zum Ablauf des 31. März oder 30. September, der dem Erreichen der allgemeinen Altersgrenze folgt, hinausgeschoben werden. Wenn dringende dienstliche Gründe im Einzelfall die Fortführung des Dienstes erfordern, kann das Bundesministerium der Verteidigung oder eine von ihm beauftragte Stelle den Eintritt in den Ruhestand hinausschieben, jedoch für nicht mehr als drei Jahre. Der Eintritt in den Ruhestand kann auf Antrag des Berufssoldaten um bis zu einem Jahr hinausgeschoben werden, wenn dies im dienstlichen Interesse liegt. Der Antrag soll spätestens drei Jahre vor dem Erreichen der allgemeinen Altersgrenze gestellt werden. Ist ein Berufssoldat zum Zeitpunkt des vorgesehenen Eintritts in den Ruhestand wegen Verschleppung, Gefangenschaft oder aus sonstigen mit dem Dienst zusammenhängenden Gründen dem Einflussbereich des Dienstherrn entzogen, so ist der Eintritt in den Ruhestand bis zum Ablauf des auf die Beendigung dieses Zustands folgenden Monats hinauszuschieben.

(2) Ein Berufssoldat, der die für ihn geltende besondere Altersgrenze nach § 45 Absatz 2 erreicht hat, kann zum Ende eines Kalendermonats in den Ruhestand versetzt werden. Dem Berufssoldaten ist auf Antrag die Fortsetzung des Dienstverhältnisses um bis zu zwei Jahre über die besondere Altersgrenze hinaus zuzusichern, wenn dies im dienstlichen Interesse liegt. Der Antrag soll spätestens drei Jahre vor Erreichen der besonderen Altersgrenze gestellt werden.

(3) Ein Berufssoldat ist in den Ruhestand zu versetzen, wenn er wegen seines körperlichen Zustandes oder aus gesundheitlichen Gründen zur Erfüllung seiner Dienstpflichten dauernd unfähig (dienstunfähig) ist. Als dienstunfähig kann er auch dann angesehen werden, wenn aufgrund der in Satz 1 genannten Umstände die Wiederherstellung seiner Fähigkeit zur Erfüllung seiner Dienstpflichten nicht innerhalb eines Jahres zu erwarten ist.

(4) Die Dienstunfähigkeit wird auf Grund des Gutachtens eines Arztes der Bundeswehr von Amts wegen oder auf Antrag festgestellt. Hat der Berufssoldat nicht selbst den Antrag auf Versetzung in den Ruhestand gestellt, so ist ihm unter Angabe der Gründe mitzuteilen, dass seine Versetzung in den Ruhestand beabsichtigt ist; er ist hierüber zu hören. Der Berufssoldat ist verpflichtet, sich von Ärzten der Bundeswehr

oder von hierzu bestimmten Ärzten untersuchen und, falls sie es für notwendig erklären, beobachten zu lassen. Die über die Versetzung in den Ruhestand entscheidende Stelle kann auch andere Beweise erheben. Ob die Wiederherstellung der Dienstfähigkeit innerhalb eines Jahres nicht zu erwarten ist, soll, abgesehen von den Fällen, in denen dies offensichtlich ist, erst nach sechsmonatiger Heilbehandlung festgestellt werden.

(5) Der Eintritt oder die Versetzung in den Ruhestand setzt voraus, dass der Berufssoldat
1. eine Dienstzeit von mindestens fünf Jahren abgeleistet hat oder
2. infolge einer Wehrdienstbeschädigung, die er sich ohne grobes Verschulden zugezogen hat, dienstunfähig geworden ist oder als dienstunfähig angesehen werden kann.

Die Berechnung der Dienstzeit im Sinne der Nummer 1 regelt das Soldatenversorgungsgesetz.

(6) Die Versetzung in den Ruhestand wird von der Stelle verfügt, die nach § 4 Abs. 2 für die Ernennung des Berufssoldaten zuständig wäre. Die Verfügung ist dem Berufssoldaten schriftlich zuzustellen. Sie kann bis zum Beginn des Ruhestandes widerrufen werden, wenn die Fortsetzung des Dienstverhältnisses unter Berücksichtigung der persönlichen, insbesondere häuslichen, beruflichen oder wirtschaftlichen Verhältnisse zumutbar ist oder wenn der Spannungs- oder Verteidigungsfall festgestellt ist. In den Fällen des Absatzes 2 ist dem Berufssoldaten wenigstens ein Jahr vor dem Tag des Ausscheidens mitzuteilen, dass seine Versetzung in den Ruhestand beabsichtigt ist; die Entscheidung, durch die er in den Ruhestand versetzt wird, muss ihm wenigstens drei Monate vor dem Tag des Ausscheidens zugestellt werden. In den Fällen des Absatzes 3 beginnt der Ruhestand mit dem Ende der drei Monate, die auf den Monat folgen, in dem die Versetzung in den Ruhestand dem Berufssoldaten mitgeteilt worden ist.

(7) Mit dem Eintritt oder der Versetzung in den Ruhestand hat der Berufssoldat das Recht, seine Dienstgradbezeichnung mit dem Zusatz „außer Dienst (a. D.)" weiterzuführen.

§ 45 Altersgrenzen

(1) Für Berufssoldaten werden folgende allgemeine Altersgrenzen festgesetzt:
1. die Vollendung des 65. Lebensjahres für Generale und Oberste sowie für Offiziere in den Laufbahnen des Sanitätsdienstes, des Militärmusikdienstes und des Geoinformationsdienstes der Bundeswehr,
2. die Vollendung des 62. Lebensjahres für alle anderen Berufssoldaten.

(2) Als besondere Altersgrenzen der Berufssoldaten werden festgesetzt:
1. die Vollendung des 62. Lebensjahres für die in Absatz 1 Nr. 1 genannten Offiziere,
2. die Vollendung des 61.Lebensjahres für Oberstleutnante,
3. die Vollendung des 59. Lebensjahres für Majore und Stabshauptleute,
4. die Vollendung des 56. Lebensjahres für Hauptleute, Oberleutnante und Leutnante,
5. die Vollendung des 55. Lebensjahres für Berufsunteroffiziere,
6. die Vollendung des 41. Lebensjahres für Offiziere, die in strahlgetriebenen Kampfflugzeugen als Flugzeugführer oder Waffensystemoffizier verwendet werden, die Vollendung des 40. Lebensjahres, soweit sie wehrfliegerverwendungsunfähig sind.

(3) Die Altersgrenzen nach den Absätzen 1 und 2 gelten auch für die Berufssoldaten der Marine mit entsprechenden Dienstgraden.

(4) Das durchschnittliche Zurruhesetzungsalter aller Berufssoldaten liegt ab 2024 um mindestens zwei Jahre über dem Zurruhesetzungsalter nach dem Stand vom 1. Januar 2007. Das Bundesministerium der Verteidigung berichtet hierüber alle vier Jahre dem Deutschen Bundestag, erstmals im Jahr 2018.

(5) § 147 Absatz 2 des Bundesbeamtengesetzes gilt entsprechend.

§ 45a Umwandlung

(1) Beantragt ein Berufssoldat die Umwandlung seines Dienstverhältnisses in das eines Soldaten auf Zeit, kann dem Antrag bei Vorliegen eines dienstlichen Interesses stattgegeben werden.

(2) Die Dienstzeit soll die zur Durchführung der Berufsförderung notwendige Zeit der Freistellung vom militärischen Dienst umfassen.

(3) Bei der Umwandlung müssen die Voraussetzungen des § 46 Abs. 3 nicht vorliegen.

§ 46 Entlassung

(1) Ein Berufssoldat ist entlassen, wenn er die Eigenschaft als Deutscher im Sinne des Artikels 116 des Grundgesetzes verliert. Das Bundesministerium der Verteidigung entscheidet darüber, ob diese Voraussetzung vorliegt, und stellt den Tag der Beendigung des Dienstverhältnisses fest.

(2) Ein Berufssoldat ist zu entlassen,

1. wenn er aus einem der in § 38 genannten Gründe nicht hätte ernannt werden dürfen und das Hindernis noch fortbesteht,
2. wenn er seine Ernennung durch Zwang, arglistige Täuschung oder Bestechung herbeigeführt hat,
3. wenn sich herausstellt, dass er vor seiner Ernennung eine Straftat begangen hat, die ihn der Berufung in das Dienstverhältnis eines Berufssoldaten unwürdig erscheinen lässt, und er deswegen zu einer Strafe verurteilt war oder wird,
4. wenn er sich weigert, den Eid abzulegen,
5. wenn er zur Zeit der Ernennung Mitglied des Europäischen Parlaments, des Bundestages oder eines Landtages war und nicht innerhalb der vom Bundesministerium der Verteidigung gesetzten angemessenen Frist sein Mandat niederlegt,
6. wenn in den Fällen des § 44 Abs. 1 bis 3 die Voraussetzungen des § 44 Abs. 5 nicht erfüllt sind,
7. wenn er als Kriegsdienstverweigerer anerkannt ist; diese Entlassung gilt als Entlassung auf eigenen Antrag, oder
8. wenn er ohne Genehmigung des Bundesministeriums der Verteidigung seinen Wohnsitz oder dauernden Aufenthalt außerhalb des Geltungsbereichs dieses Gesetzes nimmt.

In den Fällen des Satzes 1 Nummer 2 kann das Bundesministerium der Verteidigung wegen besonderer Härte eine Ausnahme zulassen. In den Fällen des Satzes 1 Nummer 8 kann das Bundesministerium der Verteidigung seine Zuständigkeit auf andere Stellen übertragen.

(2a) Ein Berufssoldat ist zu entlassen, wenn

1. er als Einzelperson in schwerwiegender Weise Bestrebungen verfolgt oder verfolgt hat,
   a) die gegen die freiheitliche demokratische Grundordnung, den Bestand oder die Sicherheit des Bundes oder eines Landes gerichtet sind oder eine ungesetzliche Beeinträchtigung der Amtsführung der Verfassungsorgane des Bundes oder eines Landes oder ihrer Mitglieder zum Ziele haben,
   b) die durch Anwendung von Gewalt oder darauf gerichtete Vorbereitungshandlungen auswärtige Belange der Bundesrepublik Deutschland gefährden oder
   c) die gegen den Gedanken der Völkerverständigung (Artikel 9 Absatz 2 des Grundgesetzes), insbesondere gegen das friedliche Zusammenleben der Völker (Artikel 26 Absatz 1 des Grundgesetzes) gerichtet sind, und
2. sein Verbleiben in seinem Dienstverhältnis die militärische Ordnung oder das Vertrauen der Allgemeinheit in die Funktionsfähigkeit der Bundeswehr ernstlich gefährden würde.

Ebenso wird entlassen, wer einen Personenzusammenschluss nachdrücklich unterstützt oder unterstützt hat, der seinerseits die in Satz 1 genannten Bestrebungen verfolgt oder verfolgt hat.

(2b) Das bis zur Unanfechtbarkeit der Entlassungsverfügung nach Absatz 2a zu gewährende Überbrückungsgeld regelt das Soldatenversorgungsgesetz.

(3) Der Berufssoldat kann jederzeit seine Entlassung verlangen; soweit seine militärische Ausbildung mit einem Studium oder einer Fachausbildung verbunden war, gilt dies jedoch erst nach einer sich daran anschließenden Dienstzeit, die der dreifachen Dauer des Studiums oder der Fachausbildung entspricht, längstens nach zehn Jahren. In einer Rechtsverordnung kann für bestimmte Verwendungen wegen der Höhe der mit dem Studium oder der Fachausbildung verbundenen Kosten oder auf Grund sonstiger studien- oder ausbildungsbedingter Besonderheiten eine längere als die dreifache Dauer bestimmt werden; die in Satz 1 genannte Höchstdauer darf nicht überschritten werden.

(3a) Ein Berufssoldat ist entlassen, wenn er zum Beamten ernannt wird. Die Entlassung gilt als solche auf eigenen Antrag. Satz 1 gilt nicht, wenn der Berufssoldat
1. in ein Beamtenverhältnis als Ehrenbeamter oder
2. als Professor, Juniorprofessor, wissenschaftlicher oder künstlerischer Mitarbeiter an einer nach Landesrecht staatlich anerkannten oder genehmigten Hochschule, deren Personal im Dienste des Bundes steht, in ein Beamtenverhältnis auf Zeit

berufen wird. Satz 1 gilt ebenfalls nicht, solange das Bundesministerium der Verteidigung oder eine von ihm bestimmte Stelle in seinem Geschäftsbereich der Entlassung nach Satz 1 nicht zugestimmt hat. Die Zustimmung ist zu erteilen, wenn der Soldat nach Absatz 3 seine Entlassung verlangen könnte. Im Übrigen kann die Zustimmung unter Berücksichtigung der dienstlichen Interessen der Bundeswehr erteilt werden.

(4) Hat der Berufssoldat Elternzeit nach § 28 Abs. 7 im Anschluss an ein Studium oder eine Fachausbildung in Anspruch genommen, verlängert sich die Dienstzeit nach Absatz 3 um diese Zeit entsprechend, soweit das Studium oder die Fachausbildung mehr als sechs Monate gedauert hat; die Höchstdauer von zehn Jahren bleibt unberührt. Gleiches gilt für einen Berufssoldaten, der eine Teilzeitbeschäftigung nach § 30a in Anspruch genommen hat; die Dienstzeit nach Absatz 3 verlängert sich um die Differenz der Teilzeitbeschäftigung zur Vollzeitbeschäftigung.

(5) Der Berufsoffizier kann auch dann, wenn er weder ein Studium noch eine Fachausbildung erhalten hat, seine Entlassung erst nach Ende des sechsten Dienstjahres als Offizier verlangen.

(6) Vor Ablauf der in den Absätzen 3, 4 und 5 genannten Dienstzeiten ist der Berufssoldat auf seinen Antrag zu entlassen, wenn das Verbleiben im Dienst für ihn wegen persönlicher, insbesondere häuslicher, beruflicher oder wirtschaftlicher Gründe eine besondere Härte bedeuten würde.

(7) Das Verlangen auf Entlassung muss dem Disziplinarvorgesetzten schriftlich erklärt werden. Die Erklärung kann, solange die Entlassungsverfügung dem Soldaten noch nicht zugegangen ist, innerhalb zweier Wochen nach Zugang bei dem Disziplinarvorgesetzten zurückgenommen werden, mit Zustimmung der für die Entlassung zuständigen Stelle auch nach Ablauf dieser Frist. Die Entlassung ist für den beantragten Zeitpunkt auszusprechen; sie kann jedoch so lange hinausgeschoben werden, bis der Berufssoldat seine dienstlichen Obliegenheiten ordnungsgemäß erledigt hat, längstens drei Monate.

(8) Ein Leutnant kann in Ausnahmefällen bis zum Ende des dritten Dienstjahres als Offizier, spätestens vor dem Ende des zehnten Jahres der Gesamtdienstzeit in der Bundeswehr, wegen mangelnder Eignung als Berufsoffizier entlassen werden. Die in diesen Fällen zu gewährende Dienstzeitversorgung regelt das Soldatenversorgungsgesetz.

§ 47 Zuständigkeit, Anhörungspflicht und Fristen bei der Entlassung

(1) Soweit gesetzlich nichts anderes bestimmt ist, wird die Entlassung von der Stelle verfügt, die nach § 4 Abs. 2 für die Ernennung des Berufssoldaten zuständig wäre.

(2) Der Berufssoldat ist vor der Entscheidung über seine Entlassung zu hören.

(3) Die Entlassung muss in den Fällen des § 46 Abs. 2 Satz 1 Nr. 2 und 3 innerhalb einer Frist von sechs Monaten verfügt werden, nachdem das Bundesministerium der Verteidigung oder die Stelle, der die Ausübung der Befugnis zur Entlassung übertragen worden ist, von dem Entlassungsgrund Kenntnis erhalten hat.

(4) Die Entlassungsverfügung muss dem Soldaten in den Fällen des § 46 Abs. 2 Satz 1 Nr. 6 bei Dienstunfähigkeit wenigstens drei Monate vor dem Entlassungstag und in den Fällen des § 46 Abs. 8 wenigstens sechs Wochen vor dem Entlassungstag zum Schluss eines Kalendervierteljahres unter schriftlicher Angabe der Gründe zugestellt werden.

§ 47a Besondere Verfahrensvorschriften für die Entlassung nach § 46 Absatz 2a

(1) Der Berufssoldat ist über den Beginn eines auf seine Entlassung nach § 46 Absatz 2a gerichteten Verfahrens (Entlassungsverfahren) unverzüglich zu unterrichten; hierbei ist ihm zu eröffnen, auf Grund welcher Tatsachen das Entlassungsverfahren durchgeführt wird. Er ist darauf hinzuweisen, dass es ihm freisteht, sich mündlich oder schriftlich zur Sache zu äußern oder nicht zur Sache auszusagen oder sich durch einen Bevollmächtigten vertreten zu lassen. Er hat das Recht auf Akteneinsicht nach den Vorschriften des Verwaltungsverfahrensgesetzes.

(2) Für die Abgabe einer schriftlichen Äußerung wird dem Berufssoldaten eine im Einzelfall angemessene Frist von höchstens einem Monat und für die Abgabe der Erklärung, sich mündlich äußern zu wollen, eine Frist von zwei Wochen gesetzt. Hat

der Berufssoldat rechtzeitig erklärt, sich mündlich äußern zu wollen, ist die Anhörung innerhalb von drei Wochen nach Eingang der Erklärung durchzuführen. Ist der Berufssoldat aus zwingenden Gründen gehindert, eine Frist nach Satz 1 einzuhalten, und hat er dies unverzüglich mitgeteilt, so ist die Frist zu verlängern. Die Fristsetzungen sind dem Berufssoldaten zuzustellen.

(3) Die tatsächlichen Feststellungen eines rechtskräftigen Urteils im Strafverfahren oder im Bußgeldverfahren, auf denen die Entscheidung beruht, sind für das Entlassungsverfahren bindend, soweit dieses denselben Sachverhalt zum Gegenstand hat. Die in einem anderen gesetzlich geordneten Verfahren getroffenen tatsächlichen Feststellungen sind nicht bindend, können aber der Entscheidung im Entlassungsverfahren ohne nochmalige Prüfung zu Grunde gelegt werden.

(4) Nach der Beendigung der Ermittlungen ist dem Berufssoldaten Gelegenheit zu geben, sich abschließend zu äußern.

(5) Über die Anhörungen des Berufssoldaten sind Protokolle aufzunehmen. Bei der Einholung von schriftlichen dienstlichen Auskünften sowie bei der Beiziehung von Urkunden und Akten genügt die Aufnahme eines Aktenvermerks.

(6) Die Entlassungsverfügung ist zu begründen und zuzustellen. Die Begründung hat die der Entlassung zu Grunde liegenden Tatsachen und Beweismittel zu enthalten.

§ 48 Verlust der Rechtsstellung eines Berufssoldaten

Der Berufssoldat verliert seine Rechtsstellung, wenn gegen ihn durch Urteil eines deutschen Gerichts im Geltungsbereich des Grundgesetzes erkannt ist

1. auf die in § 38 bezeichneten Strafen, Maßregeln oder Nebenfolgen,
2. auf Freiheitsstrafe von mindestens einem Jahr wegen vorsätzlich begangener Tat oder
3. auf Freiheitsstrafe von mindestens sechs Monaten wegen Bestechlichkeit, soweit sich die Tat auf eine Diensthandlung im Wehrdienst bezieht.

Entsprechendes gilt, wenn der Berufssoldat auf Grund einer Entscheidung des Bundesverfassungsgerichts gemäß Artikel 18 des Grundgesetzes ein Grundrecht verwirkt hat.

§ 49 Folgen der Entlassung und des Verlustes der Rechtsstellung eines Berufssoldaten

(1) Die Zugehörigkeit des Berufssoldaten zur Bundeswehr endet mit der Beendigung seines Dienstverhältnisses durch Entlassung nach § 46 oder durch Verlust seiner Rechtsstellung als Berufssoldat nach § 48.

(2) In den Fällen des § 46 Abs. 1 und 2 Satz 1 Nr. 1 bis 4, 7, 8 und Absatz 2a und des § 48 verliert der Soldat seinen Dienstgrad.

(3) Nach dem Verlust seiner Rechtsstellung als Berufssoldat und nach der Entlassung hat der frühere Berufssoldat keinen Anspruch auf Dienstbezüge und Versorgung mit Ausnahme der Beschädigtenversorgung, soweit gesetzlich nichts anderes bestimmt ist.

(4) Ein früherer Berufssoldat, der vor Ablauf der nach § 46 Abs. 3 sich bestimmenden Mindestdienstzeit

1. auf seinen Antrag entlassen worden ist oder als auf eigenen Antrag entlassen gilt,
2. nach § 46 Absatz 2a entlassen worden ist,

3. seine Entlassung nach § 46 Abs. 8 vorsätzlich oder grob fahrlässig herbeigeführt hat,
4. seine Rechtsstellung verloren hat oder
5. durch Urteil in einem gerichtlichen Disziplinarverfahren aus dem Dienstverhältnis entfernt worden ist,

muss die entstandenen Kosten des Studiums oder der Fachausbildung erstatten. Unter den gleichen Voraussetzungen muss ein früherer Berufssoldat in der Laufbahn der Offiziere des Sanitätsdienstes das ihm als Sanitätsoffizieranwärter gewährte Ausbildungsgeld erstatten. Auf die Erstattung kann ganz oder teilweise verzichtet werden, wenn sie für den früheren Soldaten eine besondere Härte bedeuten würde. Gestundete Erstattungsbeträge sind nach Ablauf eines Monats nach der Bekanntgabe des Rückforderungsbescheids bis zum Ablauf des Kalendermonats vor der Zahlung mit 5 Prozentpunkten über dem jeweiligen Basiszinssatz nach § 247 des Bürgerlichen Gesetzbuchs zu verzinsen.

(5) Einem entlassenen Berufssoldaten kann das Bundesministerium der Verteidigung die Erlaubnis erteilen, seinen Dienstgrad mit dem Zusatz „außer Dienst (a. D.)" zu führen. Die Erlaubnis ist zurückzunehmen, wenn der frühere Berufssoldat sich ihrer als nicht würdig erweist. Das Bundesministerium der Verteidigung kann seine Zuständigkeit auf andere Stellen übertragen.

§ 50 Versetzung in den einstweiligen Ruhestand

(1) Der Bundespräsident kann die Berufsoffiziere vom Brigadegeneral und den entsprechenden Dienstgraden an aufwärts jederzeit in den einstweiligen Ruhestand versetzen.

(2) Die für den einstweiligen Ruhestand der Beamten geltenden Vorschriften der §§ 56, 57 und 58 Abs. 1 des Bundesbeamtengesetzes finden entsprechende Anwendung. Der in den einstweiligen Ruhestand versetzte Berufsoffizier gilt mit Erreichen der allgemeinen Altersgrenze als dauernd in den Ruhestand versetzt.

§ 51 Wiederverwendung

(1) Ein früherer Berufssoldat, der wegen Erreichens einer allgemeinen Altersgrenze in den Ruhestand getreten ist oder wegen Erreichens einer besonderen Altersgrenze in den Ruhestand versetzt worden ist, kann bis zum Ablauf des Monats, in dem er das 65. Lebensjahr vollendet, unter erneuter Berufung in das Dienstverhältnis eines Berufssoldaten zu einer Wiederverwendung von wenigstens einem Jahr und höchstens zwei Jahren herangezogen werden, wenn die Wiederverwendung unter Berücksichtigung der persönlichen, insbesondere häuslichen, beruflichen oder wirtschaftlichen Verhältnisse zumutbar ist und seit Eintritt oder Versetzung in den Ruhestand noch keine fünf Jahre vergangen sind.

(2) In den Fällen des Absatzes 1 tritt der Berufssoldat mit Ablauf der für die Wiederverwendung festgesetzten Zeit in den Ruhestand.

(3) § 44 Abs. 1 Satz 6 gilt entsprechend.

(4) Ist ein wegen Dienstunfähigkeit in den Ruhestand versetzter Berufssoldat wieder dienstfähig geworden, kann er erneut in das Dienstverhältnis eines Berufssoldaten berufen werden, wenn seit der Versetzung in den Ruhestand noch keine fünf Jahre vergangen sind und die allgemeine Altersgrenze noch nicht überschritten ist. Beantragt er seine erneute Berufung in das Dienstverhältnis eines Berufssoldaten, ist diesem Antrag unter den Voraussetzungen des Satzes 1 stattzugeben, falls nicht

zwingende dienstliche Gründe entgegenstehen. § 44 Abs. 4 Satz 3 und 4 gilt entsprechend.

(5) In den Fällen der Absätze 1 und 4 endet der Ruhestand mit der erneuten Berufung in das Dienstverhältnis eines Berufssoldaten.

(6) Ein Berufssoldat, dessen Rechte und Pflichten auf Grund der §§ 5, 6, 8 und 36 des Abgeordnetengesetzes oder entsprechender Rechtsvorschriften ruhen, kann auf seinen Antrag zu Dienstleistungen nach § 60 bis zu drei Monaten Dauer herangezogen werden.

§ 51a *(weggefallen)*

§ 52 Wiederaufnahme des Verfahrens[2]

Wird ein Urteil mit den Folgen des § 48 im Wiederaufnahmeverfahren durch ein Urteil ersetzt, das diese Folgen nicht hat, so gilt § 42 Abs. 1, 2 und 4 des Bundesbeamtengesetzes entsprechend.

§ 53 Verurteilung nach Beendigung des Dienstverhältnisses

(1) Ein Berufssoldat im Ruhestand oder ein früherer Berufssoldat,
1. gegen den wegen einer Tat, die er vor der Beendigung seines Dienstverhältnisses begangen hat, eine Entscheidung ergangen ist, die nach § 48 zum Verlust seiner Rechtsstellung als Berufssoldat geführt hätte, oder
2. der wegen einer nach Beendigung seines Dienstverhältnisses begangenen Tat durch ein deutsches Gericht im Geltungsbereich des Grundgesetzes
   a) wegen einer vorsätzlichen Tat zu Freiheitsstrafe von mindestens zwei Jahren oder
   b) wegen einer vorsätzlichen Tat, die nach den Vorschriften über Friedensverrat, Hochverrat, Gefährdung des demokratischen Rechtsstaates oder Landesverrat, Gefährdung der äußeren Sicherheit oder Volksverhetzung strafbar ist, zu Freiheitsstrafe von mindestens sechs Monaten

verurteilt worden ist,
verliert seinen Dienstgrad und seine Ansprüche auf Versorgung mit Ausnahme der Beschädigtenversorgung. Entsprechendes gilt, wenn ein Berufssoldat im Ruhestand oder ein früherer Berufssoldat auf Grund einer Entscheidung des Bundesverfassungsgerichts gemäß Artikel 18 des Grundgesetzes ein Grundrecht verwirkt hat. § 52 gilt entsprechend.

(2) § 30 Abs. 2 des Wehrpflichtgesetzes findet keine Anwendung.

b) Beendigung des Dienstverhältnisses eines Soldaten auf Zeit

§ 54 Beendigungsgründe

(1) Das Dienstverhältnis eines Soldaten auf Zeit endet mit dem Ablauf der Zeit, für die er in das Dienstverhältnis berufen ist. Das Dienstverhältnis endet auch mit Ablauf des Monats, in dem das Erlöschen des Rechts aus dem Eingliederungsschein (§ 13 Absatz 5 des Soldatenversorgungsgesetzes) unanfechtbar festgestellt worden ist.

---

2 (+++ § 52: Zur Anwendung vgl. § 19 Abs. 2 u. § 138 Abs. 1 WDO 2025 +++)

(2) Das Dienstverhältnis endet ferner durch
1. Entlassung,
2. Verlust der Rechtsstellung eines Soldaten auf Zeit entsprechend dem § 48,
3. Entfernung aus dem Dienstverhältnis eines Soldaten auf Zeit.

(3) Wenn zwingende Gründe der Verteidigung es erfordern, kann die für das Dienstverhältnis festgesetzte Zeit
1. allgemein durch Rechtsverordnung oder
2. in Einzelfällen durch das Bundesministerium der Verteidigung
um einen Zeitraum von bis zu drei Monaten verlängert werden.

(4) Ein Soldat auf Zeit, dessen Rechte und Pflichten auf Grund der §§ 5, 6, 8 und 36 des Abgeordnetengesetzes oder entsprechender Rechtsvorschriften ruhen, kann auf seinen Antrag zu Dienstleistungen nach § 60 bis zu drei Monaten Dauer herangezogen werden.

§ 55 Entlassung

(1) Für den Soldaten auf Zeit gilt § 46 Absatz 1, Absatz 2 Satz 1 Nummer 1 bis 5 sowie 7 und 8 und Satz 2 und 3 sowie Absatz 2a entsprechend. § 46 Abs. 3a gilt mit Ausnahme des Satzes 5 mit der Maßgabe entsprechend, dass ein Soldat auf Zeit auch nicht entlassen ist, wenn er zum Beamten auf Widerruf im Vorbereitungsdienst oder zum Zwecke der Ausbildung zum Polizeivollzugsbeamten oder zum Beamten des Einsatzdienstes der Berufsfeuerwehr ernannt wird. Für einen Soldaten auf Zeit, der auf Grund eines Eingliederungsscheines zum Beamten ernannt wird, gilt § 46 Absatz 3a Satz 1 entsprechend.

(2) Ein Soldat auf Zeit ist zu entlassen, wenn er dienstunfähig ist. § 44 Abs. 3 Satz 2 und Abs. 4 gilt entsprechend.

(3) Ein Soldat auf Zeit ist auf seinen Antrag zu entlassen, wenn das Verbleiben im Dienst für ihn wegen persönlicher, insbesondere häuslicher, beruflicher oder wirtschaftlicher Gründe eine besondere Härte bedeuten würde.

(4) Ein Soldat auf Zeit kann in den ersten vier Jahren seiner Dienstzeit entlassen werden, wenn er die Anforderungen, die an ihn in seiner Laufbahn zu stellen sind, nicht mehr erfüllt. Unbeschadet des Satzes 1 soll entlassen werden:
1. ein Offizieranwärter, der sich nicht zum Offizier eignet,
2. ein Sanitätsoffizieranwärter, der sich nicht zum Sanitätsoffizier eignet,
3. ein Militärmusikoffizieranwärter, der sich nicht zum Militärmusikoffizier eignet,[3]
4. ein Geoinformationsoffizieranwärter, der sich nicht zum Geoinformationsoffizier eignet,
5. ein Feldwebelanwärter, der sich nicht zum Feldwebel eignet, und
6. ein Unteroffizieranwärter, der sich nicht zum Unteroffizier eignet.

Ist er zuvor in einer anderen Laufbahn verwendet worden, soll er nicht entlassen, sondern in diese zurückgeführt werden, soweit er noch einen dieser Laufbahn entsprechenden Dienstgrad führt.

(5) Ein Soldat auf Zeit kann während der ersten vier Dienstjahre fristlos entlassen werden, wenn er seine Dienstpflichten schuldhaft verletzt hat und sein Verbleiben in seinem Dienstverhältnis die militärische Ordnung oder das Ansehen der Bundeswehr ernstlich gefährden würde.

---

3 § 55 Abs. 4 Satz 2 Nr. 3 Kursivdruck: Fehlschreibung des Wortes „Millitärmusikoffizier" in „Militärmusikoffizier" korrigiert

(6) Für die Zuständigkeit, die Anhörungspflicht und die Fristen bei der Entlassung gilt § 47 Abs. 1 bis 3 entsprechend. Für das Verfahren bei der Entlassung nach § 46 Absatz 2a gilt § 47a entsprechend. Die Entlassungsverfügung muss dem Soldaten in den Fällen des Absatzes 2 wenigstens drei Monate und in den Fällen des Absatzes 4 wenigstens einen Monat vor dem Entlassungstag unter schriftlicher Angabe der Gründe zugestellt werden. Für Soldaten, die einen Eingliederungsschein (§ 13 Absatz 1 Nummer 2 des Soldatenversorgungsgesetzes) erhalten können und die Erteilung beantragt haben, beträgt die Frist in den Fällen des Absatzes 2 ein Jahr. In den Fällen des Absatzes 3 gilt § 46 Abs. 7 entsprechend.

§ 56 Folgen der Entlassung und des Verlustes der Rechtsstellung eines Soldaten auf Zeit

(1) Mit der Beendigung seines Dienstverhältnisses durch Zeitablauf nach § 54 Abs. 1, durch Entlassung nach § 55 oder durch Verlust seiner Rechtsstellung als Soldat auf Zeit nach § 54 Abs. 2 Nr. 2 endet die Zugehörigkeit des Soldaten auf Zeit zur Bundeswehr.

(2) Mit der Entlassung entsprechend dem § 46 Abs. 1 und 2 Satz 1 Nr. 1 bis 4, 7, 8 und Absatz 2a und nach § 55 Abs. 5 sowie mit dem Verlust seiner Rechtsstellung als Soldat auf Zeit verliert der Soldat seinen Dienstgrad.

(3) Nach dem Verlust seiner Rechtsstellung als Soldat auf Zeit und, soweit gesetzlich nichts anderes bestimmt ist, nach der Entlassung hat der frühere Soldat auf Zeit keinen Anspruch auf Dienstbezüge und Versorgung mit Ausnahme der Beschädigtenversorgung.

(4) Ein früherer Soldat auf Zeit, dessen militärische Ausbildung mit einem Studium oder einer Fachausbildung verbunden war, muss die Kosten des Studiums oder der Fachausbildung erstatten, wenn er

1. auf seinen Antrag entlassen worden ist oder als auf eigenen Antrag entlassen gilt,
2. nach § 46 Absatz 2a entlassen worden ist,
3. seine Entlassung nach § 55 Absatz 4 vorsätzlich oder grob fahrlässig herbeigeführt hat,
4. nach § 55 Absatz 5 entlassen worden ist,
5. seine Rechtsstellung verloren hat oder
6. durch Urteil in einem gerichtlichen Disziplinarverfahren aus dem Dienstverhältnis entfernt worden ist.

Unter den gleichen Voraussetzungen muss ein früherer Soldat auf Zeit in der Laufbahn der Offiziere des Sanitätsdienstes das ihm als Sanitätsoffizieranwärter gewährte Ausbildungsgeld erstatten. Auf die Erstattung kann ganz oder teilweise verzichtet werden, wenn sie für den früheren Soldaten eine besondere Härte bedeuten würde. Gestundete Erstattungsbeträge sind nach Ablauf eines Monats nach der Bekanntgabe des Rückforderungsbescheids bis zum Ablauf des Kalendermonats vor der Zahlung mit 5 Prozentpunkten über dem jeweiligen Basiszinssatz nach § 247 des Bürgerlichen Gesetzbuchs zu verzinsen.

§ 57 Wiederaufnahme des Verfahrens, Verurteilungen nach Beendigung des Dienstverhältnisses

(1) Für die Wiederaufnahme des Verfahrens und für die Folgen von Verurteilungen nach Beendigung des Dienstverhältnisses als Soldat auf Zeit gelten die §§ 52 und 53 entsprechend.

(2) Auf einen früheren Soldaten auf Zeit, der einen Mannschaftsdienstgrad führt, findet § 53 Abs. 2 keine Anwendung. Unterliegt er nicht der Wehrpflicht, so verliert er, abgesehen von den in § 53 Abs. 1 genannten Fällen, seinen Dienstgrad, wenn er die in § 59 Abs. 2 Satz 1 Nr. 2 bestimmte Altersgrenze nicht überschritten hat und gegen ihn auf eine der in § 48 Satz 1 bezeichneten Strafen, Maßregeln oder Nebenfolgen erkannt wird.

Dritter Abschnitt **Wehrdienst nach dem Wehrpflichtgesetz; Reservewehrdienstverhältnis; freiwilliger Wehrdienst als besonderes staatsbürgerliches Engagement**

1. Wehrdienst nach dem Wehrpflichtgesetz

§ 58 Wehrdienst nach dem Wehrpflichtgesetz

(1) Die Begründung der Wehrpflicht, die Heranziehung der Wehrpflichtigen zum Wehrdienst und die Beendigung ihres Wehrdienstes regelt das Wehrpflichtgesetz.

(2) Die Beförderung eines Soldaten, der Wehrdienst nach dem Wehrpflichtgesetz leistet, wird mit der dienstlichen Bekanntgabe an den Soldaten, jedoch nicht vor dem in der Ernennungsverfügung bestimmten Tag wirksam. § 42 Abs. 2 Satz 2 gilt entsprechend. Die Sätze 1 und 2 gelten entsprechend für diejenigen, die freiwilligen Wehrdienst nach § 58b leisten oder zu den in § 60 genannten Dienstleistungen herangezogen werden.

2. Reservewehrdienstverhältnis

§ 58a Reservewehrdienstverhältnis

Die Rechtsstellung der Soldaten in einem Reservewehrdienstverhältnis wird durch das Reservistengesetz geregelt.

3. Freiwilliger Wehrdienst als besonderes staatsbürgerliches Engagement; Datenverarbeitung

§ 58b Freiwilliger Wehrdienst als besonderes staatsbürgerliches Engagement

(1) Freiwilligen Wehrdienst als besonderes staatsbürgerliches Engagement kann leisten, wer sich verpflichtet, mindestens sechs und längstens elf Monate Wehrdienst zu leisten.

(2) Die ersten sechs Monate gelten als Probezeit.

(3) Die §§ 37 und 38 gelten entsprechend.

§ 58c Verwendung und Löschung von Daten bei der Übersendung von Informationsmaterial

(1) Zum Zweck der Übersendung von Informationsmaterial nach Absatz 2 übermitteln die Meldebehörden dem Bundesamt für das Personalmanagement der Bundeswehr jährlich bis zum 31. März folgende Daten zu Personen mit deutscher Staatsangehörigkeit, die im darauffolgenden Kalenderjahr volljährig werden:
1. Familienname,
2. Vornamen,
3. gegenwärtige Anschrift.

(2) Das Bundesamt für das Personalmanagement der Bundeswehr darf die Daten nur dazu verwenden, Informationsmaterial über Tätigkeiten in den Streitkräften zu versenden.

(3) Das Bundesamt für das Personalmanagement der Bundeswehr hat die Daten spätestens nach Ablauf eines Jahres nach Übermittlung der Daten zu löschen.

§ 58d Beratung und Untersuchung

(1) Die Karrierecenter der Bundeswehr bieten Personen, die Interesse an einem freiwilligen Wehrdienst nach § 58b bekunden, eine persönliche Beratung über Tätigkeiten in den Streitkräften an.

(2) Personen, die nach der Beratung Interesse an einem freiwilligen Wehrdienst nach § 58b bekunden, werden auf ihre Dienstfähigkeit und auf ihre Eignung nach § 37 Absatz 1 Nummer 3 untersucht, sofern sie in die Untersuchungen schriftlich oder elektronisch eingewilligt haben. Das Ergebnis der Untersuchungen wird ihnen schriftlich oder elektronisch mitgeteilt.

(3) Ist die betroffene Person nicht dienstfähig oder wird kein Wehrdienstverhältnis begründet, sind die bei der Untersuchung erhobenen Daten spätestens nach Ablauf eines Jahres nach der Untersuchung zu löschen.

(4) Für die Erstattung von Aufwendungen gilt § 11 Absatz 2 des Bundesreisekostengesetzes entsprechend.

§ 58e Verpflichtung

(1) Die Verpflichtungserklärung nach § 58b Absatz 1 Satz 1 bedarf der Schriftform. Für eine besondere Auslandsverwendung ist eine gesonderte schriftliche Verpflichtungserklärung erforderlich.

(2) Die Verpflichtungserklärungen nach Absatz 1 bedürfen der Annahme durch ein Karrierecenter der Bundeswehr.

(3) Von der Verpflichtung nach Absatz 1 Satz 2 kann der Soldat auf schriftlichen Antrag entbunden werden. Dem Antrag ist stattzugeben, wenn die besondere Verwendung im Ausland wegen persönlicher oder familiärer Gründe eine besondere Härte bedeuten würde.

§ 58f Status

Regelungen in anderen Gesetzen oder Rechtsverordnungen, die an die Ableistung des Grundwehrdienstes nach § 5 des Wehrpflichtgesetzes oder die freiwillige Verlängerung des Grundwehrdienstes nach § 6a des Wehrpflichtgesetzes anknüpfen, sind auf Personen, die freiwilligen Wehrdienst nach § 58b leisten, entsprechend anzuwenden.

§ 58g Dienstantritt

(1) Das Karrierecenter der Bundeswehr fordert eine Person, deren Verpflichtung zum freiwilligen Wehrdienst nach § 58b angenommen worden ist, zum Dienstantritt auf. In der Aufforderung sind Ort und Zeitpunkt des Dienstantritts sowie die Dauer des Wehrdienstes anzugeben. Die Aufforderung soll vier Wochen vor dem Dienstantrittstermin bekannt gegeben werden.

(2) Regelungen in anderen Gesetzen oder Rechtsverordnungen, die an die Einberufung zum Wehrdienst nach dem Wehrpflichtgesetz anknüpfen, sind auf die Aufforderung zum Dienstantritt nach Absatz 1 entsprechend anzuwenden.

§ 58h Beendigung des freiwilligen Wehrdienstes nach § 58b

(1) Der freiwillige Wehrdienst nach § 58b endet
1. durch Entlassung entsprechend § 46 Absatz 1,
2. durch Entlassung entsprechend § 75 oder
3. durch Ausschluss entsprechend § 76.

(2) Während der Probezeit kann der Soldat zum 15. oder zum Letzten eines Monats entlassen werden. Die Entlassungsverfügung ist spätestens zwei Wochen vor dem Entlassungstermin bekannt zu geben. Auf schriftlichen Antrag des Soldaten ist dieser während der Probezeit zum 15. oder Letzten eines Monats zu entlassen. Die Entlassung ist in den ersten fünf Monaten einen Monat vor dem Entlassungstag zu beantragen.

(3) Wird einem Antrag nach § 58e Absatz 3 stattgegeben, so kann der Soldat entlassen werden, wenn eine anderweitige Verwendung nicht möglich ist.

§ 58i Freiwillige Bereitschaftserklärung; Datenverarbeitung

(1) Die Bereitschaftserklärung nach § 15a des Wehrpflichtgesetzes kann freiwillig abgegeben werden.

(2) Das Bundesamt für das Personalmanagement der Bundeswehr darf für den Hinweis auf die Möglichkeit der freiwilligen Abgabe einer in Absatz 1 genannten Bereitschaftserklärung und für einen Hinweis auf gesetzlich geregelte Freiwilligendienste im automatisierten Abrufverfahren nach den §§ 34a und 38 des Bundesmeldegesetzes die in § 15 Absatz 1 des Wehrpflichtgesetzes genannten Daten folgender Personen abrufen und weiterverarbeiten:
1. Personen, die nicht der Wehrpflicht unterliegen, vom vollendeten 18. bis zum vollendeten 23. Lebensjahr,
2. Wehrpflichtiger, die im Zeitraum vom 1. Januar 2001 bis zum 31. Dezember 2007 geboren sind.

(3) Die in einer freiwillig abgegebenen Bereitschaftserklärung angegebenen Daten können nur für folgende Zwecke verarbeitet werden:
1. Übersendung von Informationen über Tätigkeiten in den Streitkräften,
2. Personalbearbeitung, wenn die Person in der Bereitschaftserklärung nach § 15a des Wehrpflichtgesetzes Interesse an einem Wehrdienst bekundet.

Das Bundesamt für das Personalmanagement der Bundeswehr hat die in einer freiwillig abgegebenen Bereitschaftserklärung angegebenen Daten unverzüglich zu löschen, sofern die Person bekundet hat, dass sie kein Interesse an einem Wehrdienst hat oder wenn die Daten zur Personalbearbeitung nicht mehr benötigt werden. Die Daten sind ebenfalls unverzüglich zu löschen, wenn es innerhalb von drei Jahren nach der Übersendung von Informationen über Tätigkeiten in den Streitkräften nach Satz 1 Nummer 1 nicht zu einer Kontaktaufnahme durch die betroffene Person gekommen ist.

Vierter Abschnitt **Dienstleistungspflicht**

1. Umfang und Arten der Dienstleistungen

§ 59 Personenkreis

(1) Ein früherer Berufssoldat, der wegen Erreichens einer allgemeinen Altersgrenze in den Ruhestand getreten ist oder wegen Erreichens einer besonderen Altersgrenze in den Ruhestand versetzt worden ist, kann bis zum Ablauf des Monats, in dem er das 65. Lebensjahr vollendet hat, zu den in § 60 genannten Dienstleistungen herangezogen werden. Zu den in § 60 Nummer 2 bis 5 genannten Dienstleistungen kann er nur mit seiner freiwilligen schriftlichen Verpflichtung herangezogen werden.

(2) Ein früherer Berufssoldat oder ein früherer Soldat auf Zeit, der mindestens zwei Jahre in einem Dienstverhältnis als Berufssoldat oder Soldat auf Zeit gestanden hat, kann

1. bis zum Ablauf des Monats, in dem er das 60. Lebensjahr vollendet hat,
2. außerhalb des Spannungs- und Verteidigungsfalles bis zum Ablauf des Monats, in dem er das 45. Lebensjahr vollendet hat, wenn er einen Mannschaftsdienstgrad führt, und
3. mit seiner freiwilligen schriftlichen Verpflichtung auch bis zum Ablauf des Monats, in dem er das 65. Lebensjahr vollendet hat,

zu den in § 60 genannten Dienstleistungen herangezogen werden. Absatz 1 Satz 2 gilt entsprechend.

(3) Andere als die in den Absätzen 1 und 2 genannten Personen können auf Grund freiwilliger schriftlicher Verpflichtung bis zum Ablauf des Monats, in dem sie das 65. Lebensjahr vollenden, zu den in § 60 genannten Dienstleistungen herangezogen werden. § 9 Absatz 2 gilt entsprechend. Personen, denen auf Grund einer Wehrdienstleistung ein höherer Dienstgrad nicht nur für die Dauer der Verwendung verliehen worden ist, können auch ohne freiwillige Verpflichtung bis zum Ablauf des Monats, in dem sie das 60. Lebensjahr vollenden, herangezogen werden

1. zum unbefristeten Wehrdienst im Spannungs- oder Verteidigungsfall und
2. zu Übungen (§ 61), wenn dies aus Gründen der Einsatz- und Funktionsfähigkeit der Streitkräfte erforderlich ist; für Personen, die einen Mannschaftsdienstgrad führen, gilt dies jedoch nur bis zum Ablauf des Monats, in dem sie das 45. Lebensjahr vollenden.

(4) Vor Ablauf der Frist für den Widerspruch gegen einen Heranziehungsbescheid kann die gemäß Absatz 1 Satz 2, Absatz 2 oder Absatz 3 Satz 1 abgegebene freiwillige schriftliche Verpflichtung allgemein oder für den Einzelfall jederzeit und ohne Angabe von Gründen widerrufen werden. Der Widerruf ist schriftlich gegenüber der für die Heranziehung zuständigen Stelle zu erklären.

(5) Nach dem Ablauf der Frist für den Widerspruch gegen einen Heranziehungsbescheid ist der Widerruf der Verpflichtungserklärung ausgeschlossen. Bis zum Beginn des Wehrdienstverhältnisses nach § 2 Absatz 1 Nummer 1 können Herangezogene jedoch auf Antrag von der Pflicht zur Dienstleistung befreit werden. Dem Antrag ist stattzugeben, wenn die Heranziehung wegen persönlicher, insbesondere häuslicher, wirtschaftlicher oder beruflicher Gründe eine besondere, im Bereitschafts-, Spannungs- oder Verteidigungsfall eine unzumutbare Härte bedeuten würde.

§ 60 Arten der Dienstleistungen

Dienstleistungen sind
1. Übungen (§ 61),
2. besondere Auslandsverwendungen (§ 62),
3. Hilfeleistungen im Innern (§ 63),
4. Hilfeleistungen im Ausland (§ 63a),
5. Wehrdienst zur temporären Verbesserung der personellen Einsatzbereitschaft (§ 63b) und
6. unbefristeter Wehrdienst im Spannungs- oder Verteidigungsfall.

§ 61 Übungen

(1) Befristete Übungen dauern grundsätzlich höchstens drei Monate. Über Ausnahmen entscheidet das Bundesministerium der Verteidigung.

(2) Die Gesamtdauer der verpflichtenden Übungen beträgt bei Mannschaften höchstens sechs, bei Unteroffizieren höchstens neun und bei Offizieren höchstens zwölf Monate.

(3) Übungen, die von der Bundesregierung als Bereitschaftsdienst angeordnet werden, sind unbefristet. Auf die Gesamtdauer der Übungen nach Absatz 2 werden sie nicht angerechnet; das Bundesministerium der Verteidigung kann eine Anrechnung anordnen.

§ 62 Besondere Auslandsverwendungen

(1) Besondere Auslandsverwendungen sind Verwendungen, die auf Grund eines Übereinkommens, eines Vertrages oder einer Vereinbarung mit einer über- oder zwischenstaatlichen Einrichtung oder mit einem auswärtigen Staat auf Beschluss der Bundesregierung im Ausland oder außerhalb des deutschen Hoheitsgebietes auf Schiffen oder in Luftfahrzeugen stattfinden.

(2) Eine besondere Auslandsverwendung ist grundsätzlich jeweils für höchstens sieben Monate zulässig. Sie wird auf die Gesamtdauer der Übungen nach § 61 Abs. 2 nicht angerechnet. Soweit die Dauer drei Monate übersteigt, wirkt das für die Heranziehung zuständige Karrierecenter der Bundeswehr auf die Zustimmung des Arbeitgebers oder der Dienstbehörde hin.

(3) Ist ein Soldat auf seinen Antrag von der Teilnahme an besonderen Auslandsverwendungen allgemein oder für den Einzelfall entpflichtet worden (§ 59 Abs. 5), kann er aus vorbereitenden Übungen entlassen werden, wenn dies im dienstlichen Interesse liegt. § 75 Absatz 1 Satz 2 Nummer 10 bleibt unberührt.

(4) § 75 Abs. 2 Nr. 1 ist mit der Maßgabe anzuwenden, dass der Soldat zu entlassen ist.

§ 63 Hilfeleistungen im Innern

(1) Hilfeleistungen im Innern sind Verwendungen der Streitkräfte im Rahmen der Amtshilfe oder bei einer Naturkatastrophe oder einem besonders schweren Unglücksfall nach Artikel 35 des Grundgesetzes.

(2) Die Hilfeleistung im Innern ist grundsätzlich jeweils für höchstens drei Monate jährlich zulässig. Das Bundesministerium der Verteidigung kann mit Zustimmung der zur Dienstleistung heranzuziehenden Person und ihres Arbeitgebers oder ihrer Dienstbehörde Ausnahmen zulassen. Hilfeleistungen im Innern werden auf die Gesamtdauer der Übungen nach § 61 Abs. 2 nicht angerechnet.

(3) Als Hilfeleistungen im Innern gelten auch vorbereitende Übungen im Rahmen der zivil-militärischen Zusammenarbeit.

§ 63a Hilfeleistungen im Ausland

(1) Hilfeleistungen im Ausland sind Verwendungen der Streitkräfte im Rahmen von humanitären Hilfeleistungen.

(2) Die Hilfeleistung im Ausland ist grundsätzlich jeweils für höchstens drei Monate jährlich zulässig. Das Bundesministerium der Verteidigung kann mit Zustimmung der zur Dienstleistung heranzuziehenden Person und ihres Arbeitgebers oder ihrer Dienstbehörde Ausnahmen zulassen. Hilfeleistungen im Ausland werden auf die Gesamtdauer der Übungen nach § 61 Abs. 2 nicht angerechnet.

§ 63b Wehrdienst zur temporären Verbesserung der personellen Einsatzbereitschaft

(1) Wehrdienst zur temporären Verbesserung der personellen Einsatzbereitschaft dient
1. dem Erhalt oder der Herstellung der Funktionsfähigkeit von Organisationseinheiten bei anders nicht abwendbaren Vakanzen oder
2. der Bewältigung anders nicht rechtzeitig zu bewältigender Auftragsspitzen.

Er ist nur zulässig, wenn für Reservisten
1. eine Wiederverwendung als Berufssoldat oder
2. eine erneute Berufung in das Dienstverhältnis eines Soldaten auf Zeit

nicht möglich ist.

(2) Wehrdienst zur temporären Verbesserung der Einsatzbereitschaft darf höchstens zehn Monate im Kalenderjahr geleistet werden. Er wird auf die Gesamtdauer der Übungen nach § 61 Absatz 2 nicht angerechnet.

2. Dienstleistungsausnahmen

§ 64 Dienstunfähigkeit

Zu Dienstleistungen wird nicht herangezogen, wer dienstunfähig ist.

§ 65 Ausschluss von Dienstleistungen

Von Dienstleistungen ist derjenige ausgeschlossen, gegen den durch ein deutsches Gericht auf die in § 38 Abs. 1 bezeichneten Strafen, Maßregeln oder Nebenfolgen erkannt worden ist. Gleiches gilt für den, der unveränderliche Merkmale des Erscheinungsbilds aufweist, die mit den Vorgaben der Rechtsverordnung nach § 4 Absatz 4 nicht vereinbar sind.

§ 66 Befreiung von Dienstleistungen

Von Dienstleistungen sind befreit
1. ordinierte Geistliche evangelischen Bekenntnisses,
2. Geistliche römisch-katholischen Bekenntnisses, die die Diakonatsweihe empfangen haben,
3. hauptamtlich tätige Geistliche anderer Bekenntnisse, deren Amt dem eines ordinierten Geistlichen evangelischen oder eines Geistlichen römisch-katholischen Bekenntnisses, der die Diakonatsweihe empfangen hat, entspricht,
4. schwerbehinderte Menschen und
5. Dienstleistungspflichtige, die auf Grund eines völkerrechtlichen Vertrages für die Dauer einer Tätigkeit in einer internationalen Behörde eine entsprechende Befreiung genießen.

§ 67 Zurückstellung von Dienstleistungen

(1) Von Dienstleistungen wird zurückgestellt,
1. wer vorübergehend nicht dienstfähig ist oder
2. wer, abgesehen von den Fällen des § 65, Freiheitsstrafe, Strafarrest, Jugendstrafe oder Jugendarrest verbüßt, sich in Untersuchungshaft befindet oder nach § 63 des Strafgesetzbuches in einem psychiatrischen Krankenhaus untergebracht ist.

(1a) Von Dienstleistungen wird ferner zurückgestellt, wer auf Grund eines völkerrechtlichen Vertrages für die Dauer einer Tätigkeit in einer internationalen Behörde nicht zum Wehrdienst herangezogen werden kann.

(2) Von Dienstleistungen werden Dienstleistungspflichtige, die sich auf das geistliche Amt (§ 66) vorbereiten, auf Antrag zurückgestellt. Hierzu sind beizubringen:
1. der Nachweis eines ordentlichen theologischen Studiums oder einer ordentlichen theologischen Ausbildung und
2. eine Erklärung des zuständigen Landeskirchenamtes, der bischöflichen Behörde, des Ordensoberen oder der entsprechenden Oberbehörde einer anderen Religionsgemeinschaft, dass sich der Dienstleistungspflichtige auf das geistliche Amt vorbereitet.

(3) Hat ein Dienstleistungspflichtiger seiner Aufstellung für die Wahl zum Europäischen Parlament, zum Deutschen Bundestag oder zu der gesetzgebenden Körperschaft eines Landes zugestimmt, ist er bis zur Wahl zurückzustellen. Hat er die Wahl

angenommen, kann er für die Dauer des Mandats nur auf seinen Antrag herangezogen werden.

(4) Auf Antrag soll ein Dienstleistungspflichtiger von einer Dienstleistung zeitlich befristet zurückgestellt werden, wenn und solange die Heranziehung zur Dienstleistung für ihn wegen persönlicher, insbesondere häuslicher, wirtschaftlicher oder beruflicher Gründe eine besondere, im Bereitschafts-, Spannungs- und Verteidigungsfall eine unzumutbare Härte bedeuten würde. Eine besondere Härte liegt in der Regel vor, wenn

1. im Fall der Heranziehung des Dienstleistungspflichtigen
   a) die Versorgung seiner Familie, hilfsbedürftiger Angehöriger oder anderer hilfsbedürftiger Personen, für deren Lebensunterhalt er aus rechtlicher oder sittlicher Verpflichtung aufzukommen hat, gefährdet würde oder
   b) für Verwandte ersten Grades besondere Notstände zu erwarten sind,
2. der Dienstleistungspflichtige für die Erhaltung und Fortführung eines eigenen Betriebes unentbehrlich ist,
3. die Heranziehung des Dienstleistungspflichtigen
   a) eine zu einem schulischen Abschluss führende Ausbildung,
   b) ein Hochschulstudium, bei dem zum vorgesehenen Diensteintritt das dritte Semester erreicht ist,
   c) einen zum vorgesehenen Diensteintritt begonnenen dualen Bildungsgang (Studium mit studienbegleitender betrieblicher Ausbildung), dessen Regelstudienzeit acht Semester nicht überschreitet und bei dem das Studium spätestens drei Monate nach Beginn der betrieblichen Ausbildung aufgenommen wird,
   d) einen zum vorgesehenen Diensteintritt zu einem Drittel absolvierten sonstigen Ausbildungsabschnitt oder
   e) eine bereits begonnene Berufsausbildung

unterbrechen oder die Aufnahme einer rechtsverbindlich zugesagten oder vertraglich gesicherten Berufsausbildung verhindern würde.

(5) Von Dienstleistungen kann ein Dienstleistungspflichtiger ferner zurückgestellt werden, wenn gegen ihn ein Strafverfahren anhängig ist, in dem Freiheitsstrafe, Strafarrest, Jugendstrafe oder eine freiheitsentziehende Maßregel der Besserung und Sicherung zu erwarten ist, oder wenn seine Heranziehung die militärische Ordnung oder das Ansehen der Bundeswehr ernstlich gefährden würde.

(6) Von einer Dienstleistung soll ein Dienstleistungspflichtiger auf Antrag auch zurückgestellt werden, wenn er für die Erhaltung und Fortführung des elterlichen Betriebes oder des Betriebes seines Arbeitgebers oder für die ordnungsgemäße Aufgabenerfüllung seiner Dienstbehörde unentbehrlich ist. In diesem Fall sind die Eltern, der Arbeitgeber oder die Dienstbehörde des Dienstleistungspflichtigen antragsberechtigt und verpflichtet, den Wegfall der Voraussetzungen für die Unentbehrlichkeit der zuständigen Wehrersatzbehörde anzuzeigen. Die Zurückstellung bedarf der Zustimmung des Dienstleistungspflichtigen. Die Heranziehung des Dienstleistungspflichtigen ist bis zur Entscheidung über den Antrag auszusetzen.

§ 68 Unabkömmlichstellung

(1) Zum Ausgleich des personellen Kräftebedarfs für die Aufgaben der Bundeswehr und andere Aufgaben kann ein Dienstleistungspflichtiger im Spannungs- und Verteidigungsfall im öffentlichen Interesse für Dienstleistungen unabkömmlich gestellt werden, wenn und solange er für die von ihm ausgeübte Tätigkeit nicht entbehrt werden kann.

(2) Über die Unabkömmlichstellung entscheidet die Wehrersatzbehörde auf Vorschlag der zuständigen Verwaltungsbehörde. Das Vorschlagsrecht steht auch den Kirchen und Religionsgemeinschaften, soweit sie Körperschaften des öffentlichen Rechts sind, für ihre Bediensteten zu. Die Zuständigkeit und das Verfahren regelt eine Rechtsverordnung. In der Rechtsverordnung kann die Befugnis zur Bestimmung der zuständigen Behörden auf oberste Bundesbehörden oder auf die Landesregierungen mit der Befugnis zur Weiterübertragung auf oberste Landesbehörden übertragen werden; die nach dieser Verordnung vorschlagsberechtigte oberste Bundesbehörde oder die Landesregierung kann, soweit Landesrecht dies zulässt, das Vorschlagsrecht auch durch allgemeine Verwaltungsvorschrift regeln. Die Rechtsverordnung regelt auch, wie Meinungsverschiedenheiten zwischen der Wehrersatzbehörde und der vorschlagenden Verwaltungsbehörde unter Abwägung der verschiedenen Belange auszugleichen sind. Die Rechtsverordnung regelt ferner, für welche Fristen die Unabkömmlichstellung ausgesprochen werden kann und welche sachverständigen Stellen der öffentlichen Verwaltung und Wirtschaft zu hören sind.

(3) Die Dienstbehörde oder der Arbeitgeber des Dienstleistungspflichtigen ist verpflichtet, den Wegfall der Voraussetzungen für die Unabkömmlichstellung der zuständigen Wehrersatzbehörde anzuzeigen. Dienstleistungspflichtige, die in keinem Arbeits- oder Dienstverhältnis stehen, haben den Wegfall der Voraussetzungen selbst anzuzeigen.

3. Heranziehungsverfahren

§ 69 Zuständigkeit

Zuständig für die Heranziehung von Dienstleistungspflichtigen zu Dienstleistungen und das damit in Zusammenhang stehende Verfahren nach diesem Abschnitt sind die Wehrersatzbehörden.

§ 69a Register für der Dienstleistungsüberwachung unterliegende Personen

(1) Zur Aktualisierung der für die Zwecke der Dienstleistungsüberwachung nach § 77 Absatz 1 und 2 aus den Melderegistern abgerufenen Daten führt das Bundesamt für das Personalmanagement der Bundeswehr ein Register.

(2) In dem Register nach Absatz 1 werden folgende personenbezogene Daten gespeichert:

1. Familienname,
2. frühere Namen,
3. Vornamen,
4. Doktorgrad,
5. Tag und Ort der Geburt,
6. Geschlecht,
7. Staatsangehörigkeiten,
8. gegenwärtige oder letzte bekannte Anschrift,
9. Sterbetag sowie
10. Tag des Einzugs und des Auszugs.

(3) Hinsichtlich der datenverarbeitenden Regelungen zu Abruf- und Zugriffsrechten, zu Speicher- und Löschfristen sowie zu technisch-organisatorischen Maßnahmen sind § 29b Absatz 5 Satz 1 sowie die §§ 29d und 29e entsprechend anzuwenden.

§ 70 Verfahren

(1) Das Verfahren nach diesem Abschnitt ist kostenfrei. Notwendige Auslagen sind zu erstatten. Zu den notwendigen Auslagen gehören auch die Kosten für die Beschaffung von Unterlagen, deren Beibringung dem Dienstleistungspflichtigen aufgegeben wird. Einem Arbeitnehmer, der nicht unter das Arbeitsplatzschutzgesetz fällt, wird auch der durch eine angeordnete ärztliche Untersuchung oder eine angeordnete sonstige Vorstellung bei der Wehrersatzbehörde entstehende Verdienstausfall erstattet. Einem Dienstleistungspflichtigen, der nicht Arbeitnehmer ist, werden notwendige Aufwendungen, die ihm durch die Bestellung eines Vertreters entstehen, erstattet. Das Nähere über die Erstattung von notwendigen Auslagen, Verdienstausfall und Vertretungskosten regelt eine Rechtsverordnung.

(2) Anträge nach diesem Abschnitt sind schriftlich oder elektronisch zu stellen. Bescheide nach diesem Abschnitt ergehen schriftlich oder in elektronischer Form.

(3) Ein Bescheid, der in Ausführung dieses Abschnittes ergeht, ist zuzustellen. Dies gilt nicht für begünstigende Verwaltungsakte. Ein Heranziehungsbescheid zu Hilfeleistungen im Innern (§ 63), zu Hilfeleistungen im Ausland (§ 63a), zu einer Übung, die von der Bundesregierung als Bereitschaftsdienst angeordnet ist (§ 61 Abs. 3) oder die als Alarmübung nicht länger als drei Tage dauert, kann auch mit gewöhnlichem Standardbrief mit dem Vermerk „Vorrangpost" oder in entsprechender Anwendung des § 5 des Verwaltungszustellungsgesetzes unmittelbar durch die Truppe zugestellt werden.

§ 71 Ärztliche Untersuchung, Anhörung

Ungediente Personen, die sich gemäß § 59 Abs. 3 Satz 1 freiwillig zu Dienstleistungen verpflichten wollen, sind vor der Annahme ihrer Verpflichtung hinsichtlich ihrer Dienstfähigkeit zu untersuchen. Ungediente Dienstleistungspflichtige, die nicht innerhalb von drei Jahren nach dieser oder nach einer erneuten ärztlichen Untersuchung zu einer Dienstleistung herangezogen worden sind, sind vor ihrer Heranziehung zu hören und auf Antrag oder, wenn Anhaltspunkte für eine Veränderung des Gesundheitszustandes vorliegen oder dies für eine vorgesehene Verwendung im Wehrdienst erforderlich ist, erneut ärztlich zu untersuchen. Sie haben sich hierzu nach Aufforderung durch die Karrierecenter der Bundeswehr vorzustellen und ärztlich untersuchen zu lassen. Auf die Untersuchung findet § 17a Absatz 2 bis 4 entsprechende Anwendung. Das Ergebnis der Untersuchung und die sich daraus ergebenden Rechtsfolgen sind durch einen schriftlichen Untersuchungsbescheid mitzuteilen. Das gilt auch dann, wenn eine beantragte Überprüfung der Dienstfähigkeit ohne ärztliche Untersuchung durchgeführt wird.

§ 72 Heranziehung von ungedienten Dienstleistungspflichtigen

(1) Ungediente Dienstleistungspflichtige (§ 59 Abs. 3 Satz 1), die nach § 71 verfügbar sind, werden durch die Karrierecenter der Bundeswehr zu Dienstleistungen herangezogen. Die Art der Dienstleistung sowie Ort und Zeit des Diensteintritts werden durch Heranziehungsbescheid bekannt gegeben. Im Heranziehungsbescheid ist die Dauer der zu leistenden Dienstleistung anzugeben; dies gilt nicht für die Heranziehung zum Wehrdienst im Spannungs- oder Verteidigungsfall nach § 60 Nr. 6 und zu Übungen als Bereitschaftsdienst nach § 61 Abs. 3.

(2) Die Dienstleistungspflichtigen haben sich entsprechend dem Heranziehungsbescheid zu Dienstleistungen im Geschäftsbereich des Bundesministeriums der Verteidigung zu stellen.

(3) Der Heranziehungsbescheid soll vier Wochen vor dem Beginn der Dienstleistung zugestellt sein. Dienstleistungspflichtige können ohne Einhaltung einer Frist einberufen werden, wenn
1. Übungen als Bereitschaftsdienst angeordnet sind,
2. die Heranziehung zu einer nach den Umständen gebotenen Erhöhung der Einsatzbereitschaft der Streitkräfte notwendig ist,
3. der Spannungs- oder Verteidigungsfall eingetreten ist,
4. das Bundesministerium der Verteidigung oder die von ihm bestimmte Stelle Übungen von kurzer Dauer als Alarmübungen angeordnet hat oder
5. Hilfeleistungen im Innern zu erbringen sind.

§ 73 Heranziehung von gedienten Dienstleistungspflichtigen

Dienstleistungspflichtige, die bereits in der Bundeswehr gedient haben, werden nach Feststellung ihrer Verfügbarkeit durch die Wehrersatzbehörden zu Dienstleistungen herangezogen. Sie sind zu hören, wenn seit dem Ausscheiden aus dem Wehrdienst mehr als drei Jahre verstrichen sind, und auf Antrag oder, wenn Anhaltspunkte für eine Veränderung des Gesundheitszustandes vorliegen oder dies für eine vorgesehene Verwendung im Wehrdienst erforderlich ist, erneut ärztlich zu untersuchen. Auf die Untersuchung finden § 17a Absatz 2 bis 4 sowie § 71 Satz 5 und 6 entsprechende Anwendung. Die Dienstleistungspflichtigen haben sich nach Aufforderung durch die Karrierecenter der Bundeswehr vorzustellen und ärztlich untersuchen zu lassen. Sie haben sich entsprechend dem Heranziehungsbescheid zu Dienstleistungen im Geschäftsbereich des Bundesministeriums der Verteidigung zu stellen. § 72 Abs. 1 und 3 gilt entsprechend.

4. Beendigung der Dienstleistungen und Verlust des Dienstgrades

§ 74 Beendigung der Dienstleistungen

Die Dienstleistungen enden
1. durch Entlassung (§ 75),
2. durch Ablauf der für den Wehrdienst festgesetzten Zeit, wenn der Endzeitpunkt kalendermäßig bestimmt ist oder
3. durch Ausschluss (§ 76).

§ 75 Entlassung aus den Dienstleistungen

(1) Der Soldat ist entlassen mit Ablauf des Monats, in dem er das für ihn nach § 59 Abs. 1, 2 oder 3 festgesetzte Höchstalter für eine Heranziehung erreicht hat. Im Übrigen ist er zu entlassen, wenn
1. die für die Dienstleistung festgesetzte Zeit abgelaufen ist, es sei denn, Bereitschaftsdienst nach § 61 Abs. 3 wird angeordnet oder der Spannungs- oder Verteidigungsfall ist eingetreten,

2. die Anordnung des Bereitschaftsdienstes nach § 61 Abs. 3 aufgehoben wird, es sei denn, dass der Spannungs- oder Verteidigungsfall eingetreten ist,
3. seine Verwendung während des Spannungs- oder Verteidigungsfalles endet,
4. der Heranziehungsbescheid aufgehoben wird, eine zwingende Dienstleistungsausnahme vorliegt – in den Fällen des § 66 erst nach Befreiung durch das Karrierecenter der Bundeswehr – oder wenn innerhalb des ersten Monats der Dienstleistung im Rahmen der Einstellungsuntersuchung festgestellt wird, dass der Soldat wegen einer Gesundheitsstörung dauernd oder voraussichtlich für einen Zeitraum von mehr als einem Monat, bei kürzerer Verwendung für den Zeitraum dieser Verwendung, vorübergehend zur Erfüllung seiner Dienstpflichten unfähig ist,
5. nach dem bisherigen Verhalten durch sein Verbleiben in der Bundeswehr die militärische Ordnung oder die Sicherheit der Truppe ernstlich gefährdet würde,
6. bei ihm die Voraussetzungen des § 46 Absatz 2a vorliegen,
7. er als Kriegsdienstverweigerer anerkannt ist,
8. er seiner Aufstellung für die Wahl zum Europäischen Parlament, zum Deutschen Bundestag oder zu der gesetzgebenden Körperschaft eines Landes zugestimmt hat,
9. er unabkömmlich gestellt ist,
10. der mit der Dienstleistung verfolgte Zweck entfallen ist und im Fall einer befristeten Übung eine andere Verwendung im Hinblick auf die Ausbildung für die bestehende oder eine künftige Verwendung nicht erfolgen kann,
11. er dienstunfähig ist oder die Wiederherstellung seiner Dienstfähigkeit innerhalb der Wehrdienstzeit nicht zu erwarten ist, wobei § 44 Absatz 4 Satz 1 und 3 entsprechend gilt, oder
12. er nach § 67 Abs. 6 zurückgestellt ist.

(2) Der Soldat kann entlassen werden, wenn
1. das Verbleiben in der Bundeswehr für ihn wegen persönlicher, insbesondere häuslicher, beruflicher oder wirtschaftlicher Gründe eine besondere, im Bereitschafts-, Spannungs- und Verteidigungsfall eine unzumutbare Härte bedeuten würde und er seine Entlassung beantragt hat,
2. gegen ihn auf Freiheitsstrafe oder Strafarrest von drei Monaten oder mehr oder auf eine nicht zur Bewährung ausgesetzte Jugendstrafe erkannt ist oder
3. die Aussetzung einer Jugendstrafe zur Bewährung widerrufen wird.

(3) Die Entlassung wird von der Stelle verfügt, die nach § 4 Abs. 2 für die Ernennung des Soldaten zuständig wäre.

(4) Ein Soldat, der sich schuldhaft von seiner Truppe oder Dienststelle fern hält, gilt mit dem Tag als entlassen, an dem er hätte entlassen werden müssen, wenn er Dienst geleistet hätte.

(5) Ist ein Soldat im Entlassungszeitpunkt wegen Verschleppung, Gefangenschaft oder aus sonstigen mit dem Dienst zusammenhängenden Gründen dem Einflussbereich des Dienstherrn entzogen, so ist die Entlassung bis zum Ablauf des auf die Beendigung dieses Zustandes folgenden Monats hinauszuschieben.

(6) Befindet sich ein Soldat, der eine Dienstleistung erbringt, im Entlassungszeitpunkt in stationärer truppenärztlicher Behandlung, endet der Wehrdienst, zu dem er herangezogen wurde, wenn
1. die stationäre truppenärztliche Behandlung beendet ist, spätestens jedoch drei Monate nach dem Entlassungszeitpunkt, oder
2. er innerhalb der drei Monate schriftlich erklärt, dass er mit der Fortsetzung des Wehrdienstverhältnisses nicht einverstanden ist, mit dem Tag der Abgabe der Erklärung.

§ 76 Ausschluss von Dienstleistungen und Verlust des Dienstgrades

(1) Ein Soldat ist von Dienstleistungen ausgeschlossen, wenn gegen ihn durch ein deutsches Gericht auf die in § 38 Abs. 1 bezeichneten Strafen, Maßregeln oder Nebenfolgen erkannt wird. Er verliert seinen Dienstgrad; dies gilt auch, wenn er wegen schuldhafter Verletzung seiner Dienstpflichten nach § 75 Absatz 1 Satz 2 Nummer 5 oder nach § 75 Absatz 1 Satz 2 Nummer 6 entlassen wird.

(2) Wird ein Urteil mit der Folge des Dienstgradverlustes nach Absatz 1 Satz 2 im Wiederaufnahmeverfahren durch ein Urteil ersetzt, das diese Folgen nicht hat, gilt der Verlust des Dienstgrades als nicht eingetreten.

(3) Ein Dienstleistungspflichtiger verliert seinen Dienstgrad ferner, wenn er als Kriegsdienstverweigerer anerkannt wird, im Fall der Entlassung nach § 75 Absatz 1 Satz 2 Nummer 7 mit Beendigung des Wehrdienstverhältnisses. Er verliert seinen Dienstgrad auch, wenn gegen ihn durch ein deutsches Gericht auf eine der in § 38 Absatz 1 bezeichneten Strafen, Maßregeln und Nebenfolgen erkannt worden ist. Die §§ 53 und 57 bleiben unberührt.

5. Überwachung und Durchsetzung der Dienstleistungspflicht

§ 77 Dienstleistungsüberwachung; Haftung

(1) Der Dienstleistungsüberwachung unterliegen die in § 59 Abs. 1 bis 3 genannten Personen. Die Dienstleistungsüberwachung beginnt im Anschluss an das Dienstverhältnis als Berufssoldat oder Soldat auf Zeit, im Fall des § 59 Abs. 3 Satz 1 oder im Fall einer Verpflichtung zu einem freiwilligen Wehrdienst nach § 58b mit der Annahme der Verpflichtung, und endet zu dem in § 59 Abs. 1 bis 3 genannten, jeweils einschlägigen Zeitpunkt.

(2) Von der Dienstleistungsüberwachung sind diejenigen Dienstleistungspflichtigen ausgenommen, die
1. dauerhaft nicht dienstfähig sind (§ 64),
2. von Dienstleistungen dauernd ausgeschlossen sind (§ 65),
3. von Dienstleistungen befreit sind (§ 66) oder
4. als Kriegsdienstverweigerer anerkannt sind.

(3) Die Wehrersatzbehörden dürfen zum Zweck der Dienstleistungsüberwachung im automatisierten Abrufverfahren nach den §§ 34a und 38 des Bundesmeldegesetzes die in § 15 Absatz 1 des Wehrpflichtgesetzes genannten Daten abrufen und weiterverarbeiten. Im Falle der Unmöglichkeit des Datenabrufs ist § 34 Absatz 2 Satz 5 des Bundesmeldegesetzes entsprechend anzuwenden. Soweit es für die Kontaktpflege im Rahmen der Dienstleistungsüberwachung erforderlich ist, dürfen die Wehrersatzbehörden der Dienststelle, bei der ein Dienstleistungspflichtiger beordert ist, folgende Daten zur Person des Dienstleistungspflichtigen übermitteln:
1. Familienname,
2. Vornamen und
3. letzte bekannte Anschrift.

(4) Während der Dienstleistungsüberwachung haben die Dienstleistungspflichtigen
1. jede Änderung ihrer Wohnung binnen einer Woche, im Spannungs- und Verteidigungsfall binnen 48 Stunden, der zuständigen Wehrersatzbehörde zu melden,
2. Vorsorge zu treffen, dass Mitteilungen der Wehrersatzbehörde sie unverzüglich erreichen,

3. sich auf Aufforderung der zuständigen Wehrersatzbehörde persönlich zu melden,
4. ausgehändigte Bekleidungs- und Ausrüstungsstücke ohne Entschädigung jederzeit erreichbar sorgfältig aufzubewahren und zu pflegen, sie nicht außerhalb des Wehrdienstes zu verwenden, ihre missbräuchliche Benutzung durch Dritte auszuschließen, den Weisungen zur Behandlung der Gegenstände nachzukommen, sie der zuständigen Dienststelle auf Aufforderung vorzulegen oder zurückzugeben und ihr Schäden sowie Verluste unverzüglich zu melden,
5. die Dienstleistungsbescheide für Hilfeleistungen im Innern nach § 63 Abs. 1, für den Wehrdienst im Spannungsfall und für den Wehrdienst im Verteidigungsfall sorgfältig aufzubewahren, nicht missbräuchlich zu verwenden, auf Aufforderung der zuständigen Dienststelle vorzulegen sowie der Wehrersatzbehörde einen Verlust unverzüglich zu melden,
6. sich zur Verhütung übertragbarer Krankheiten impfen zu lassen und insoweit ärztliche Eingriffe in ihre körperliche Unversehrtheit zu dulden; das Grundrecht nach Artikel 2 Abs. 2 Satz 1 des Grundgesetzes wird insoweit eingeschränkt,
7. sich auf Verlangen der zuständigen Wehrersatzbehörde im Hinblick auf eine für sie vorgesehene sicherheitsempfindliche Tätigkeit in der Bundeswehr einer erstmaligen Sicherheitsüberprüfung und weiteren Sicherheitsüberprüfungen zu unterziehen, deren Durchführung sich nach dem Sicherheitsüberprüfungsgesetz bestimmt und für die es einer Zustimmung des Dienstleistungspflichtigen nicht bedarf.

(5) Die Dienstleistungspflichtigen haben für vorsätzlich oder grob fahrlässig verursachte Schäden und Verluste an ausgehändigten Bekleidungs- und Ausrüstungsstücken Geldersatz zu leisten. Die Schadensersatzansprüche verjähren in drei Jahren von dem Zeitpunkt an, in dem die zuständigen Behörden von dem Schaden Kenntnis erlangen, ohne Rücksicht auf diese Kenntnis in zehn Jahren von der Begehung der Handlung an.

(6) Während der Dienstleistungsüberwachung haben die Dienstleistungspflichtigen ferner der zuständigen Wehrersatzbehörde unverzüglich schriftlich, elektronisch oder mündlich zu melden:
1. den Eintritt von Tatsachen, die eine Dienstleistungsausnahme nach den §§ 64 bis 66 begründen,
2. den Eintritt von Tatsachen, die eine vorübergehende Unfähigkeit zur Erfüllung der Dienstpflichten von voraussichtlich mindestens neun Monaten begründen,
3. Erkrankungen und Verletzungen sowie Verschlimmerungen von Erkrankungen und Verletzungen seit der Untersuchung gemäß § 71 Satz 1, der letzten Überprüfungsuntersuchung gemäß § 71 Satz 2 und § 73 Satz 2, der Prüfung der Verfügbarkeit oder der Entlassungsuntersuchung, von denen der Dienstleistungspflichtige oder sein Arzt annimmt, dass sie für die Beurteilung seiner Dienstfähigkeit von Belang sind, soweit sie hierzu von der zuständigen Wehrersatzbehörde aufgefordert werden,
4. den vorzeitigen Wegfall der Voraussetzungen für eine Zurückstellung,
5. den Abschluss und einen Wechsel ihrer beruflichen Ausbildung, einen Wechsel ihres Berufes sowie eine weitergehende berufliche Qualifikation; hierüber in ihrem Besitz befindliche Nachweise haben die Dienstleistungspflichtigen auf Aufforderung unverzüglich vorzulegen.

(7) (weggefallen)

§ 78 Aufenthaltsfeststellungsverfahren

(1) Kann die für die Dienstleistungsüberwachung zuständige Wehrersatzbehörde (ausschreibende Behörde) den ständigen Aufenthaltsort eines Dienstleistungspflichtigen nicht feststellen, übermittelt sie dem Bundesverwaltungsamt zum Zweck der Feststellung des Aufenthaltsortes folgende Daten zur Person des Dienstleistungspflichtigen:
1. Familiennamen, frühere Namen, Vornamen,
2. Geburtsdatum und Geburtsort,
3. letzte, der ausschreibenden Behörde bekannte Anschrift und
4. das Geschäftszeichen.

Das Bundesverwaltungsamt hat diese Daten jeweils unter Angabe der ausschreibenden Behörde zu speichern.

(2) Das Bundesverwaltungsamt hat die Daten zu dem in Absatz 1 genannten Zweck in regelmäßigen Abständen in einer Datei zusammengefasst folgenden Stellen zu übermitteln:
1. den Wehrersatzbehörden,
2. dem Auswärtigen Amt,
3. den Behörden, die für die polizeiliche Kontrolle des grenzüberschreitenden Verkehrs zuständig sind.

Diese Stellen dürfen die Daten zu dem Zweck, zu dem sie ihnen übermittelt worden sind, verarbeiten. Wird diesen Stellen der Aufenthaltsort eines Dienstleistungspflichtigen bekannt, haben sie ihn der ausschreibenden Behörde mitzuteilen, soweit keine besonderen Verwendungsregelungen entgegenstehen. Sodann löschen sie unverzüglich die ihnen vom Bundesverwaltungsamt übermittelten Daten der betroffenen Person. Die ausschreibende Behörde unterrichtet das Bundesverwaltungsamt sowie die übrigen Stellen nach Satz 1 davon, dass der Aufenthaltsort festgestellt worden und eine weitere Speicherung nicht mehr erforderlich ist. Diese Stellen haben die Daten der betroffenen Person nach der Unterrichtung zu löschen.

(3) Die ausschreibende Behörde unterrichtet das Bundesverwaltungsamt rechtzeitig, wenn für eine betroffene Person die Dienstleistungspflicht nach § 59 Abs. 1 bis 3 endet. Das Bundesverwaltungsamt hat die Daten der betroffenen Person spätestens mit Ende der Dienstleistungspflicht zu löschen; Gleiches gilt für die übrigen Stellen nach Absatz 2 Satz 1, die durch das Bundesverwaltungsamt über das Ende der Dienstleistungspflicht unverzüglich zu unterrichten sind.

(4) Sobald das Bundesverwaltungsamt eine Datei nach Absatz 2 Satz 1 übermittelt, haben die in Absatz 2 Satz 1 Nr. 1 bis 4 genannten Stellen die ihnen zuvor übermittelte Datei zu löschen.

§ 79 Vorführung und Zuführung

(1) Bei Dienstleistungspflichtigen, die einer angeordneten ärztlichen Untersuchung (§ 71 Satz 3 oder § 73 Satz 4) fernbleiben oder einer Aufforderung der Wehrersatzbehörde, sich persönlich zu melden (§ 77 Abs. 4 Nr. 3), unentschuldigt nicht nachkommen, kann die Vorführung angeordnet werden. Die Polizei ist um Durchführung zu ersuchen.

(2) Die Polizei kann ersucht werden, Dienstleistungspflichtige, die ihrer Heranziehung unentschuldigt nicht Folge leisten, dem nächsten Feldjägerdienstkommando zuzuführen.

(3) Die Polizei ist befugt, zum Zweck der Vorführung oder Zuführung die Wohnung und andere Räume des Dienstleistungspflichtigen zu betreten und nach ihm zu su-

chen. Das Gleiche gilt, außer zur Nachtzeit, für andere Wohnungen und Räume, wenn sich der Dienstleistungspflichtige einem unmittelbar bevorstehenden Zugriff der Polizei durch Betreten solcher Wohnungen und Räume entzieht. Maßnahmen nach den Sätzen 1 und 2 bedürfen einer durch die Wehrersatzbehörde einzuholenden richterlichen Anordnung. Dabei kann das Gericht von einer vorherigen Anhörung des Dienstleistungspflichtigen oder Wohnungsinhabers absehen, wenn es dies für erforderlich hält, um den Zweck der Maßnahme nicht zu gefährden. Personen, die Mitgewahrsam an der Wohnung des Dienstleistungspflichtigen haben, haben das Betreten und Durchsuchen der Wohnung und anderer Räume zu dulden. Unbillige Härten gegenüber Mitgewahrsamsinhabern sind zu vermeiden. Die Anordnung ist bei der Durchsuchung vorzuzeigen. Für die richterliche Anordnung einer Durchsuchung ist das Verwaltungsgericht zuständig, in dessen Bezirk die Durchsuchung vorgenommen werden soll. Das Grundrecht der Unverletzlichkeit der Wohnung (Artikel 13 des Grundgesetzes) wird insoweit eingeschränkt.

6. **Verhältnis zur Wehrpflicht**

§ 80 Konkurrenzregelung

Für Wehrpflichtige nach § 1 des Wehrpflichtgesetzes ist im Spannungs- oder Verteidigungsfall das Wehrpflichtgesetz vorrangig anzuwenden.

Fünfter Abschnitt **Dienstliche Veranstaltungen**

§ 81 Zuziehung zu dienstlichen Veranstaltungen

(1) Dienstliche Veranstaltungen sind dienstliche Vorhaben im Geschäftsbereich des Bundesministeriums der Verteidigung insbesondere zur militärischen Aus-, Fort- und Weiterbildung, zu denen Personen mit ihrem Einverständnis zugezogen werden können.

(2) Zu dienstlichen Veranstaltungen können Personen, die dienstfähig sind und das 65. Lebensjahr noch nicht vollendet haben, durch das Bundesministerium der Verteidigung oder die von ihm bestimmte Stelle zugezogen werden. Während der Wehrdienstleistung stehen sie in einem Wehrdienstverhältnis.

Sechster Abschnitt **Rechtsschutz**

1. **Rechtsweg**

§ 82 Zuständigkeiten

(1) Für Klagen der Soldaten, der Soldaten im Ruhestand, der früheren Soldaten, der Dienstleistungspflichtigen gemäß § 59 Abs. 3 Satz 1 und der Hinterbliebenen aus dem Wehrdienstverhältnis ist der Verwaltungsrechtsweg gegeben, soweit nicht ein anderer Rechtsweg gesetzlich vorgeschrieben ist.

(2) Für Klagen des Bundes gilt das Gleiche.

(3) Der Bund wird durch das Bundesministerium der Verteidigung vertreten. Dieses kann die Vertretung durch allgemeine Anordnung anderen Stellen übertragen; die Anordnung ist im Bundesgesetzblatt zu veröffentlichen.

(4) Soweit Aufgaben des Bundesministeriums der Verteidigung in den Geschäftsbereich eines anderen Bundesministeriums übertragen worden sind, ist vor allen Klagen ein Vorverfahren nach den Vorschriften des 8. Abschnitts der Verwaltungsgerichtsordnung durchzuführen. Den Widerspruchsbescheid erlässt das Bundesministerium der Verteidigung. Es kann die Entscheidung durch allgemeine Anordnung anderen Behörden übertragen. Die Anordnung ist im Bundesgesetzblatt zu veröffentlichen.

2. Rechtsbehelfe und Rechtsmittel gegen Verwaltungsakte nach dem Vierten Abschnitt

§ 83 Besondere Vorschriften für das Vorverfahren

(1) Der Widerspruch gegen Verwaltungsakte, die auf Grund des Vierten Abschnitts dieses Gesetzes durch die Wehrersatzbehörden ergehen, ist binnen zwei Wochen nach Zustellung des Bescheides schriftlich oder zur Niederschrift bei der Behörde zu erheben, die den Verwaltungsakt erlassen hat. Die Frist wird auch durch Einlegung bei der Behörde, die den Widerspruchsbescheid zu erlassen hat, gewahrt.

(2) Über den Widerspruch gegen den Heranziehungsbescheid (§ 72 Abs. 1 Satz 1 und § 73 Satz 1), den Widerspruch gegen die Aufhebung eines Heranziehungsbescheides und den Widerspruch gegen den Untersuchungsbescheid (§ 71 Satz 5 und § 73 Satz 3) entscheidet das Bundesamt für das Personalmanagement der Bundeswehr. Der Widerspruch gegen den Heranziehungsbescheid, der Widerspruch gegen die Aufhebung eines Heranziehungsbescheides und der Widerspruch gegen den Untersuchungsbescheid haben keine aufschiebende Wirkung.

§ 84 Rechtsmittel gegen Entscheidungen des Verwaltungsgerichts

Die Berufung gegen ein Urteil und die Beschwerde gegen eine andere Entscheidung des Verwaltungsgerichts sind ausgeschlossen. Das gilt nicht für die Beschwerde gegen die Nichtzulassung der Revision nach § 135 in Verbindung mit § 133 der Verwaltungsgerichtsordnung und die Beschwerde gegen Beschlüsse über den Rechtsweg nach § 17a Abs. 2 und 3 des Gerichtsverfassungsgesetzes. Auf die Beschwerde gegen Beschlüsse über den Rechtsweg findet § 17a Abs. 4 Satz 4 bis 6 des Gerichtsverfassungsgesetzes entsprechende Anwendung.

§ 85 Besondere Vorschriften für die Anfechtungsklage

Die Anfechtungsklage gegen den Untersuchungsbescheid (§ 71 Satz 5 und § 73 Satz 3), die Anfechtungsklage gegen den Heranziehungsbescheid (§ 72 Abs. 1 Satz 1 und § 73 Satz 1) und die Anfechtungsklage gegen die Aufhebung des Heranziehungsbescheides haben keine aufschiebende Wirkung. Das Gericht kann auf Antrag die aufschiebende Wirkung anordnen. Vor der Anordnung ist das Bundesamt für das Personalmanagement der Bundeswehr zu hören.

Siebter Abschnitt Sonderregelungen, Bußgeld-, Übergangs- und Schlussvorschriften

§ 86 Bußgeldvorschriften

(1) Ordnungswidrig handelt, wer vorsätzlich oder fahrlässig
1. entgegen § 71 Satz 3, § 73 Satz 4 oder § 77 Abs. 4 Nr. 7 sich einer dort genannten Untersuchung oder Überprüfung nicht oder nicht rechtzeitig unterzieht,
2. entgegen § 77 Abs. 4 Nr. 1 oder Abs. 6 Nr. 1, 2 oder 3 eine Meldung nicht oder nicht rechtzeitig macht,
3. entgegen § 77 Abs. 4 Nr. 2 keine Vorsorge trifft,
4. entgegen § 77 Abs. 4 Nr. 3 sich nicht oder nicht rechtzeitig meldet oder
5. entgegen § 77 Abs. 4 Nr. 5 einen dort genannten Bescheid nicht sorgfältig oder nicht für die vorgeschriebene Dauer aufbewahrt, ihn missbräuchlich verwendet oder nicht oder nicht rechtzeitig vorlegt oder eine Meldung nicht oder nicht rechtzeitig macht.

(2) Die Ordnungswidrigkeit kann mit einer Geldbuße geahndet werden.

(3) Verwaltungsbehörde im Sinne des § 36 Abs. 1 Nr. 1 des Gesetzes über Ordnungswidrigkeiten ist das Karrierecenter der Bundeswehr.

§ 87 Einstellung von anderen Bewerbern

(1) Ein Bewerber, der die für einen höheren Dienstgrad erforderliche militärische Eignung durch Lebens- und Berufserfahrung außerhalb der Bundeswehr erworben hat, kann auf Grund freiwilliger Verpflichtung zu einer Eignungsübung von vier Monaten einberufen werden; er kann die Eignungsübung freiwillig fortsetzen. Während der Übung kann er mit dem 15. oder Letzten eines jeden Monats entlassen werden. Die Entlassungsverfügung ist ihm wenigstens zwei Wochen vor dem Entlassungstag bekannt zu geben. Auf seinen Antrag muss er jederzeit entlassen werden. Im Übrigen hat er für die Dauer der Eignungsübung die Rechtsstellung eines Soldaten auf Zeit mit dem Dienstgrad, für den er nach erfolgreicher Ableistung der Eignungsübung vorgesehen ist.

(2) Nach der Eignungsübung kann der Bewerber zum Berufssoldaten oder zum Soldaten auf Zeit ernannt werden.

(3) (weggefallen)

§ 88 Entlassung von anderen Bewerbern[4]

Ein Bewerber nach § 87 Abs. 1, der in das Dienstverhältnis eines Berufssoldaten oder eines Soldaten auf Zeit berufen ist, kann auf Grund eines Verhaltens vor der Ernennung, das ihn der Berufung in sein Dienstverhältnis unwürdig erscheinen lässt, entlassen werden, nachdem ein Disziplinargericht den Sachverhalt festgestellt hat. Die Entlassung hat dieselben Folgen wie eine Entlassung nach § 46 Abs. 2 Satz 1 Nr. 3.

---

4 § 88: Zur Anwendung vgl. § 98 Abs. 3 WDO 2025

§ 89 Mitteilungen in Strafsachen

(1) In Strafsachen gegen Soldaten gilt § 115 des Bundesbeamtengesetzes entsprechend.

(2) In Strafsachen gegen Berufssoldaten im Ruhestand, frühere Berufssoldaten und frühere Soldaten auf Zeit sollen personenbezogene Daten außer in den Fällen des § 14 Abs. 1 Nr. 6 des Einführungsgesetzes zum Gerichtsverfassungsgesetz übermittelt werden, wenn deren Kenntnis für Disziplinarmaßnahmen mit anderen als versorgungsrechtlichen Folgen erforderlich ist, soweit nicht für die übermittelnde Stelle erkennbar ist, dass schutzwürdige Interessen der betroffenen Person an dem Ausschluss der Übermittlung überwiegen. § 14 Abs. 2 des Einführungsgesetzes zum Gerichtsverfassungsgesetz ist anzuwenden.

(3) Die Mitteilungen sind zu richten
1. bei Erlass und Vollzug eines Haftbefehls oder Unterbringungsbefehls an den nächsten Disziplinarvorgesetzten des Soldaten oder dessen Vertreter im Amt,
2. in den übrigen Fällen zum Zweck der Weiterleitung an die zuständige Stelle an das Bundesamt für das Personalmanagement der Bundeswehr.

Die Mitteilungen sind als „Vertrauliche Personalsache“ zu kennzeichnen. Im Fall des Satzes 1 Nr. 2 dürfen nur die Personendaten des Beschuldigten, die für die Ermittlung der zuständigen Stelle erforderlich sind, dem Bundesamt für das Personalmanagement der Bundeswehr zugänglich gemacht werden; die übrigen Daten sind ihm zur Weiterleitung in einem verschlossenen Umschlag zu übermitteln.

§ 90 Organisationsgesetz

Die Organisation der Verteidigung, insbesondere die Spitzengliederung der Bundeswehr und die endgültige Organisation des Bundesministeriums der Verteidigung, bleiben besonderer gesetzlicher Regelung vorbehalten.

§ 91 Aufwuchs des aktiven militärischen Personals und der Reserve

(1) Bis 2035 ist der Aufwuchs der Streitkräfte auf 460 000 Soldatinnen und Soldaten, davon bis zu 260 000 aktive Soldatinnen und Soldaten und mindestens 200 000 Reservistinnen und Reservisten zur Erfüllung der NATO-Fähigkeitsziele, vorgesehen. Dem liegt folgender Aufwuchspfad zugrunde:

Jahr	Aktive Soldatinnen und Soldaten	Reservistinnen und Reservisten
2026	186 000 bis 190 000	70 000 bis 80 000
2027	190 000 bis 193 000	80 000 bis 100 000
2028	193 000 bis 198 000	100 000 bis 120 000
2029	198 000 bis 205 000	120 000 bis 140 000
2030	204 000 bis 212 000	140 000 bis 160 000
2031	210 000 bis 220 000	160 000 bis 180 000
2032	218 000 bis 230 000	180 000 bis 200 000
2033	228 000 bis 242 000	mindestens 200 000
2034	240 000 bis 256 000	mindestens 200 000
2035	255 000 bis 270 000	mindestens 200 000

(2) Die Festlegung der zahlenmäßigen Stärke der Streitkräfte durch den Haushaltsplan gemäß Artikel 87a Absatz 1 Satz 2 des Grundgesetzes bleibt davon unberührt.

§ 91a Bericht über den Aufwuchs des militärischen Personals und der Reserve

Das Bundesministerium der Verteidigung berichtet dem Deutschen Bundestag halbjährlich, beginnend ab dem 1. Januar 2027, über die Entwicklung des Aufwuchses und die sich daraus ergebende Entwicklung der Reserve. Dabei ist der Bericht über das militärische Personal nach Statusgruppen und Verpflichtungszeiten aufzuschlüsseln.

§ 92 Übergangsvorschrift für die Laufbahnen

In der Rechtsverordnung nach § 27 Abs. 1 kann für die Dauer des Spannungs- oder Verteidigungsfalles bestimmt werden, dass für die bei Eintritt des Spannungs- oder Verteidigungsfalles vorhandenen Berufssoldaten und Soldaten auf Zeit die Dienstzeit nach § 27 Abs. 2 Nr. 1 Buchstabe b bis auf sechs Monate und die Dienstzeit nach Nr. 2 Buchstabe b bis auf ein Jahr verkürzt wird.

§ 93 Verordnungsermächtigungen

(1) Die Bundesregierung erlässt die Rechtsverordnungen über
1. die Nebentätigkeit der Soldaten nach § 20 Abs. 7,
2. die Laufbahnen der Soldaten nach § 27 Absatz 1, die Beurteilungen der Soldaten nach § 27a Absatz 3 und die Referenzgruppen nach § 27b Absatz 3,
3. den Urlaub der Soldaten nach § 28 Abs. 4,
4. die Regelungen zur Elternzeit der Soldaten nach § 28 Abs. 7 Satz 2,
5. die Jubiläumszuwendungen nach § 30 Abs. 4,
6. die Regelungen zum Mutterschutz für Soldatinnen nach § 30 Abs. 5 Satz 2,
7. die Verlängerung der Dienstzeit von Soldaten auf Zeit nach § 54 Abs. 3 Nr. 1,
8. die Erstattung von Auslagen, Verdienstausfall und Vertretungskosten nach § 70 Abs. 1 Satz 6,
9. die Zuständigkeit und das Verfahren bei der Unabkömmlichstellung nach § 68 Abs. 2 Satz 3.
10. (weggefallen)

(2) Das Bundesministerium der Verteidigung erlässt die Rechtsverordnungen über
1. die Regelung des Vorgesetztenverhältnisses nach § 1 Absatz 3,
2. die Vorgaben zum Erscheinungsbild der Soldaten nach § 4 Absatz 4,
3. die Unteroffizierprüfungen und die Offizierprüfungen nach § 27 Absatz 7,
4. die Regelungen zur Ermöglichung einer unentgeltlichen Beförderung nach § 30 Absatz 6,
5. die Ausgestaltung der Teilzeitbeschäftigung nach § 30a,
6. die regelmäßige Arbeitszeit und die Maßnahmen zur Gewährleistung eines bestmöglichen Arbeits- und Gesundheitsschutzes bei besonderen Tätigkeiten nach § 30c Absatz 5,
7. die Nichtanwendung des § 30c Absatz 1 bis 3 und 5 nach § 30c Absatz 6,
8. die Anhebung der höchstzulässigen durchschnittlichen wöchentlichen Arbeitszeit nach § 30d Absatz 1 Satz 1 und die Gewährleistung eines bestmöglichen Arbeits- und Gesundheitsschutzes nach § 30d Absatz 2,

9. die verwendungsbezogenen Mindestdienstzeiten nach § 46 Absatz 3.[5]

(3) Das Bundesministerium der Verteidigung erlässt im Einvernehmen mit dem Bundesministerium des Innern und dem Bundesministerium der Finanzen die Rechtsverordnungen über
1. das Ausbildungsgeld nach § 30 Absatz 2,
2. die Kostenerstattung für Familien- und Haushaltshilfen nach § 31 Absatz 8,
3. Erstattung der Kosten für die Bestattung eines Soldaten in einem Ehrengrab der Bundeswehr nach § 31 Absatz 9.

(4) Die Rechtsverordnung nach Absatz 1 Nr. 9 bedarf der Zustimmung des Bundesrates.

§ 94 Übergangsvorschrift aus Anlass des Änderungsgesetzes vom 24. Februar 1983 (BGBl. I S. 179)

Auf Berufssoldaten und Soldaten auf Zeit, die vor dem 2. März 1983 ein Studium oder eine Fachausbildung im Rahmen ihrer militärischen Ausbildung abgeschlossen haben, sind die bisherigen Vorschriften anzuwenden.

§ 95 Übergangsvorschrift aus Anlass des Änderungsgesetzes vom 6. Dezember 1990 (BGBl. I S. 2588)

Die Vorschriften der § 40 Abs. 4, § 46 Abs. 4 finden nur auf Soldaten auf Zeit und Berufssoldaten Anwendung, die Elternzeit nach Inkrafttreten des Vierzehnten Gesetzes zur Änderung des Soldatengesetzes vom 6. Dezember 1990 (BGBl. I S. 2588) beantragt haben.

§ 96 Übergangsvorschrift aus Anlass des Dienstrechtsneuordnungsgesetzes

(1) Abweichend von § 45 Abs. 1 Nr. 1 wird die allgemeine Altersgrenze in den Jahren 2008 bis 2012 auf das vollendete 62. Lebensjahr festgesetzt und ab dem Jahr 2013 wie folgt angehoben:

im Jahr	Anhebung um Monate	**Anspruch ab Alter**	
		Jahr	**Monat**
2013	3	62	3
2014	6	62	6
2015	9	62	9
2016	12	63	0
2017	15	63	3
2018	18	63	6
2019	21	63	9
2020	24	64	0
2021	27	64	3

5 § 93 Abs. 2 Nr. 9: Aufgrund der rückwirkenden Einfügung der Nr. 3 durch Art. 5 Nr. 10 Buchst. a G v. 20.8.2021 I 3932 mWv 1.1.2021 wird die frühere Nr. 8 ab dem 7.7.2021 die Nr. 9

im Jahr	Anhebung um Monate	**Anspruch ab Alter**	
		Jahr	**Monat**
2022	30	64	6
2023	33	64	9

(2) Abweichend von § 45 Abs. 2 werden die besonderen Altersgrenzen wie folgt festgesetzt:

1. für Generale sowie für Offiziere in den Laufbahnen des Sanitätsdienstes, des Militärmusikdienstes und des Geoinformationsdienstes der Bundeswehr wird bis zum 31. Dezember 2012 keine besondere Altersgrenze festgesetzt,
2. für nicht von Nummer 1 erfasste Oberste
   a) in den Jahren 2008 bis 2012 die Vollendung des 61. Lebensjahres, hiervon abweichend des 60. Lebensjahres für vor dem 1. Januar 1999 zum Berufssoldaten ernannte Oberste in der Besoldungsgruppe A 16,
   b) ab dem Jahr 2013 die Vollendung des 61. Lebensjahres mit folgenden Anhebungen:

im Jahr	Anhebung um Monate	**Erreichen mit Alter**	
		Jahr	**Monat**
2013	1	61	1
2014	2	61	2
2015	3	61	3
2016	4	61	4
2017	5	61	5
2018	6	61	6
2019	7	61	7
2020	8	61	8
2021	9	61	9
2022	10	61	10
2023	11	61	11

Dies gilt mit der Maßgabe, dass vor dem 1. Januar 1999 zum Berufssoldaten ernannte Oberste in der Besoldungsgruppe A 16 die besondere Altersgrenze

aa) in den Jahren 2013 und 2014 mit Vollendung des 60. Lebensjahres,

bb) in den Jahren 2015 bis 2023 mit Vollendung des 61. Lebensjahres mit folgenden Anhebungen erreichen:

im Jahr	Anhebung um Monate	**Erreichen mit Alter**	
		Jahr	**Monat**
2015	0	61	0
2016	1	61	1
2017	2	61	2
2018	3	61	3
2019	4	61	4
2020	5	61	5

im Jahr	Anhebung um Monate	Erreichen mit Alter	
		Jahr	**Monat**
2021	6	61	6
2022	8	61	8
2023	10	61	10

3. für nicht von Nummer 1 erfasste Oberstleutnante
   a) in den Jahren 2008 bis 2012 die Vollendung des 59. Lebensjahres, hiervon abweichend des 58. Lebensjahres für vor dem 1. Januar 1999 zum Berufssoldaten ernannte Oberstleutnante in der Besoldungsgruppe A 14,
   b) ab dem Jahr 2013 die Vollendung des 59. Lebensjahres mit folgenden Anhebungen:

im Jahr	Anhebung um Monate	Erreichen mit Alter	
		Jahr	**Monat**
2013	2	59	2
2014	4	59	4
2015	6	59	6
2016	8	59	8
2017	10	59	10
2018	12	60	0
2019	14	60	2
2020	16	60	4
2021	18	60	6
2022	20	60	8
2023	22	60	10

Dies gilt mit der Maßgabe, dass vor dem 1. Januar 1999 zum Berufssoldaten ernannte Oberstleutnante in der Besoldungsgruppe A 14 die besondere Altersgrenze

aa) in den Jahren 2013 und 2014 mit Vollendung des 58. Lebensjahres,

bb) in den Jahren 2015 bis 2023 mit Vollendung des 59. Lebensjahres mit folgenden Anhebungen erreichen:

im Jahr	Anhebung um Monate	Erreichen mit Alter	
		Jahr	**Monat**
2015	0	59	0
2016	2	59	2
2017	4	59	4
2018	6	59	6
2019	8	59	8
2020	10	59	10
2021	12	60	0
2022	16	60	4
2023	20	60	8

4. für nicht von Nummer 1 erfasste Majore und Stabshauptleute
   a) in den Jahren 2008 bis 2012 die Vollendung des 57. Lebensjahres, hiervon abweichend des 56. Lebensjahres für vor dem 1. Januar 1999 zum Berufssoldaten ernannte Majore,
   b) ab dem Jahr 2013 die Vollendung des 57. Lebensjahres mit folgenden Anhebungen:

im Jahr	Anhebung um Monate	**Erreichen mit Alter**	
		Jahr	**Monat**
2013	2	57	2
2014	4	57	4
2015	6	57	6
2016	8	57	8
2017	10	57	10
2018	12	58	0
2019	14	58	2
2020	16	58	4
2021	18	58	6
2022	20	58	8
2023	22	58	10

   Dies gilt mit der Maßgabe, dass vor dem 1. Januar 1999 zum Berufssoldaten ernannte Majore die besondere Altersgrenze
   aa) in den Jahren 2013 und 2014 mit Vollendung des 56. Lebensjahres,
   bb) in den Jahren 2015 bis 2023 mit Vollendung des 57. Lebensjahres mit folgenden Anhebungen erreichen:

im Jahr	Anhebung um Monate	**Erreichen mit Alter**	
		Jahr	**Monat**
2015	0	57	0
2016	2	57	2
2017	4	57	4
2018	6	57	6
2019	8	57	8
2020	10	57	10
2021	12	58	0
2022	16	58	4
2023	20	58	8

5. für nicht von Nummer 1 erfasste Hauptleute, Oberleutnante und Leutnante
   a) in den Jahren 2008 bis 2012 die Vollendung des 55. Lebensjahres, hiervon abweichend in den Jahren 2008 bis 2010 des 54. Lebensjahres für vor dem 1. Januar 1999 zum Berufssoldaten Ernannte,
   b) ab dem Jahr 2013 die Vollendung des 55. Lebensjahres mit folgenden Anhebungen:

im Jahr	Anhebung um Monate	Erreichen mit Alter	
		Jahr	Monat
2013	1	55	1
2014	2	55	2
2015	3	55	3
2016	4	55	4
2017	5	55	5
2018	6	55	6
2019	7	55	7
2020	8	55	8
2021	9	55	9
2022	10	55	10
2023	11	55	11

6. für Berufsunteroffiziere
   a) in den Jahren 2008 bis 2012 die Vollendung des 54. Lebensjahres, hiervon abweichend des 53. Lebensjahres für vor dem 1. Januar 1999 zum Berufssoldaten ernannte Berufsunteroffiziere,
   b) ab dem Jahr 2013 die Vollendung des 54. Lebensjahres mit folgenden Anhebungen:

im Jahr	Anhebung um Monate	Erreichen mit Alter	
		Jahr	Monat
2013	1	54	1
2014	2	54	2
2015	3	54	3
2016	4	54	4
2017	5	54	5
2018	6	54	6
2019	7	54	7
2020	8	54	8
2021	9	54	9
2022	10	54	10
2023	11	54	11

(3) Die Altersgrenzen nach Absatz 2 gelten auch für die Berufssoldaten der Marine mit entsprechenden Dienstgraden.

§ 97 Übergangsvorschrift aus Anlass des Änderungsgesetzes vom 19. Dezember 2000 (BGBl. I S. 1815)

(1) Auf Berufssoldaten und Soldaten auf Zeit, die vor Inkrafttreten des Gesetzes zur Änderung des Soldatengesetzes und anderer Vorschriften vom 19. Dezember 2000 (BGBl. I S. 1815) ein Studium oder eine Fachausbildung begonnen haben, sind § 49 Abs. 4 und § 56 Abs. 4 in der bisherigen Fassung anzuwenden.

(2) Auf die bei Inkrafttreten des Gesetzes zur Änderung des Soldatengesetzes und anderer Vorschriften vom 19. Dezember 2000 (BGBl. I S. 1815) vorhandenen Soldaten auf Zeit ist § 55 Abs. 4 in der bisherigen Fassung anzuwenden.

§ 98 Übergangsvorschrift aus Anlass des Wehrrechtsänderungsgesetzes 2011

(1) Die Vorschriften über nachwirkende Dienstleistungspflichten nach dem Vierten Abschnitt sind nur anzuwenden, wenn

1. das die Dienstleistungspflicht begründende Dienstverhältnis als Soldat auf Zeit oder als Berufssoldat nach dem 30. Juni 2011 begründet worden ist oder
2. am 30. Juni 2011 eine den Dienstleistungspflichten nach dem Vierten Abschnitt entsprechende Pflicht zur Wehrdienstleistung
   a) nach diesem Gesetz oder
   b) nach dem Wehrpflichtgesetz in der an diesem Tag geltenden Fassung

bestanden hat; Buchstabe b gilt nicht für frühere Soldaten, die ausschließlich Grundwehrdienst geleistet haben.
Für die Heranziehung zu Dienstleistungen ohne Zustimmung nach § 59 Absatz 3 Satz 3 gilt Satz 1 entsprechend.

(2) Für frühere Soldaten, die am 30. Juni 2011 nach § 24 des Wehrpflichtgesetzes in der bis zu diesem Tag geltenden Fassung der Wehrüberwachung unterliegen und nach § 59 Absatz 3 Satz 3 zu einer Dienstleistung herangezogen werden können, beginnt die Dienstleistungsüberwachung nach § 77 Absatz 1 Satz 1 am 1. Juli 2011. Für Soldaten, deren Wehrdienstverhältnis nach dem Wehrpflichtgesetz vor dem 30. Juni 2011 begonnen hat und nach dem 29. Juni 2011 endet, beginnt sie im Anschluss an dieses Wehrdienstverhältnis, es sei denn, dass ausschließlich Grundwehrdienst geleistet wird.

§ 99 Übergangsvorschrift aus Anlass des Einsatzversorgungs-Verbesserungsgesetzes

§ 3 Absatz 2 Satz 1 Nummer 2 gilt entsprechend, wenn die gesundheitliche Schädigung in der Zeit vom 1. Juli 1992 bis zum 30. November 2002 verursacht worden ist.

§ 100 Übergangsvorschrift aus Anlass des Gesetzes zur Beitragsentlastung der Versicherten in der gesetzlichen Krankenversicherung

Auf die am 31. Dezember 2018 vorhandenen Versorgungsempfängerinnen und Versorgungsempfänger ist § 31 Absatz 2 in der bis dahin geltenden Fassung weiter anzuwenden.

§ 101 Übergangsvorschrift aus Anlass des Wehrdienst-Modernisierungsgesetzes

(1) Auf Soldaten, die am 31. Dezember 2025 freiwilligen Wehrdienst nach § 58b in der bis einschließlich 31. Dezember 2025 geltenden Fassung leisten, ist § 58b in der bis einschließlich 31. Dezember 2025 geltenden Fassung weiter anzuwenden.

(2) Soldaten, die am 31. Dezember 2025 freiwilligen Wehrdienst nach § 58b in der bis einschließlich 31. Dezember 2025 geltenden Fassung mit einer Restdienstzeit von mindestens zwölf Monaten leisten, werden auf Antrag unter Beibehaltung der festgesetzten Dienstzeit nach Maßgabe des § 4 in das Dienstverhältnis eines Soldaten auf Zeit übernommen.

1.3 Anordnung über die Ernennung und Entlassung von Soldatinnen und Soldaten und die Ernennung von Reservistinnen und Reservisten – SoldErnAnO

vom 12. Dezember 2025 (BGBl. 2025 I Nr. 326).

Eingangsformel

Nach § 4 Absatz 2 des Soldatengesetzes in der Fassung der Bekanntmachung vom 30. Mai 2005 (BGBl. I S. 1482) und Artikel 1 Absatz 2 der Anordnung des Bundespräsidenten über die Ernennung und Entlassung der Soldaten vom 10. Juli 1969 (BGBl. I S. 775), die durch die Anordnung vom 17. März 1972 (BGBl. I S. 499) geändert worden ist, ordne ich an:

Abschnitt 1 **Allgemeines**

§ 1 Dienstgradbezeichnungen

Soweit in dieser Anordnung Dienstgradbezeichnungen des Heeres und der Luftwaffe verwendet werden, gelten die jeweiligen Regelungen auch für die entsprechenden Dienstgrade der Marine und des Sanitätsdienstes.

§ 2 Vorbehaltene Ernennungen und Entlassungen

Dem Bundesministerium der Verteidigung behalte ich vor:

1. Beförderungen zum Oberst in der Besoldungsgruppe A 16 und der Reservistinnen und Reservisten zum Oberst,
2. Beförderungen der Anwärterinnen und Anwärter für die Laufbahnen der Offizierinnen und Offiziere des Truppendienstes und des militärfachlichen Dienstes zum Leutnant und
3. Ernennungen und Entlassungen in sonstigen besonderen Fällen.

§ 3 Ausschließliche Zuständigkeit der Dienststellenleitung

Die Ausübung der nachfolgend übertragenen Rechte zur Ernennung und Entlassung obliegt der Leiterin oder dem Leiter der jeweiligen Dienststelle persönlich, soweit sie oder er nicht von einer Ermächtigung durch das Bundesministerium der Verteidigung Gebrauch macht, die Vollziehung von Ernennungs- und Entlassungsurkunden auf andere Angehörige der Dienststelle zu übertragen.

Abschnitt 2 Zuständigkeiten für Berufssoldatinnen und Berufssoldaten, Soldatinnen auf Zeit und Soldaten auf Zeit, Soldatinnen und Soldaten, die freiwilligen Wehrdienst nach § 58b des Soldatengesetzes leisten, und Soldatinnen und Soldaten, die in ein Reservewehrdienstverhältnis nach § 4 des Reservistengesetzes berufen sind

§ 4 Zuständigkeit des Bundesamtes für das Personalmanagement der Bundeswehr

(1) Das Bundesamt für das Personalmanagement der Bundeswehr ernennt und entlässt Soldatinnen und Soldaten bis zum Oberst in der Besoldungsgruppe A 16.

(2) Es beruft Bewerberinnen und Bewerber
1. in ein Dienstverhältnis als Soldatin auf Zeit, Soldat auf Zeit, Berufssoldatin oder Berufssoldat bis zum Oberst in der Besoldungsgruppe A 16 und
2. in ein Reservewehrdienstverhältnis.

Abschnitt 3 Zuständigkeiten für Reservistinnen und Reservisten, Soldatinnen und Soldaten, die nach dem Vierten und Fünften Abschnitt des Soldatengesetzes Wehrdienst leisten und Soldaten, die nach dem Wehrpflichtgesetz Wehrdienst leisten

§ 5 Reservistinnen und Reservisten, Soldatinnen und Soldaten, die nach dem Vierten und Fünften Abschnitt des Soldatengesetzes Wehrdienst leisten

(1) Das Bundesamt für das Personalmanagement der Bundeswehr darf zu Dienstgraden bis zum Oberst befördern. Dies gilt auch für die Verleihung vorläufiger und zeitweiliger Dienstgrade nach § 7 Absatz 4, § 22 Absatz 6 und § 48 Absatz 3 der Soldatenlaufbahnverordnung.

(2) Das Bundesamt für das Personalmanagement der Bundeswehr entlässt Soldatinnen und Soldaten bis zum Oberst.

§ 6 Soldaten, die nach dem Wehrpflichtgesetz Wehrdienst leisten

Für Soldaten, die Wehrdienst nach § 4 Absatz 1 Nummer 1, 3 oder 4 des Wehrpflichtgesetzes leisten, gilt § 4 entsprechend, und für Soldaten, die Wehrdienst nach § 4 Absatz 1 Nummer 2 des Wehrpflichtgesetzes leisten, gilt § 5 entsprechend.

Abschnitt 4 Schlussbestimmungen

§ 7 Übergangsregelung

Für laufende Entlassungsverfahren verbleibt die Zuständigkeit bei der Stelle, die nach der bis zum 31. Dezember 2025 geltenden Fassung zuständig war.

§8 Inkrafttreten, Außerkrafttreten

(1) Diese Anordnung tritt am 1. Januar 2026 in Kraft.

(2) Gleichzeitig wird die Anordnung über die Ernennung und Entlassung von Soldatinnen und Soldaten und die Ernennung von Reservistinnen und Reservisten vom 22. September 2015 (BGBl. I S. 1597) aufgehoben

Schlussformel

Der Bundesminister der Verteidigung

1.4 Gesetz über die Gleichbehandlung der Soldatinnen und Soldaten (Soldatinnen- und Soldaten-Gleichbehandlungsgesetz – SoldGG)

Soldatinnen- und Soldaten-Gleichbehandlungsgesetz vom 14. August 2006 (BGBl. I S. 1897, 1904), das zuletzt durch Artikel 4 des Gesetzes vom 31. Juli 2008 (BGBl. I S. 1629) geändert worden ist.

Abschnitt 1 **Allgemeiner Teil**

§ 1 Ziel des Gesetzes

(1) Ziel des Gesetzes ist es, Benachteiligungen aus Gründen der Rasse, der ethnischen Herkunft, der Religion, der Weltanschauung oder der sexuellen Identität für den Dienst als Soldatin oder Soldat zu verhindern oder zu beseitigen.

(2) Ziel des Gesetzes ist es auch, Soldatinnen und Soldaten vor Benachteiligungen auf Grund des Geschlechts in Form von Belästigung und sexueller Belästigung im Dienstbetrieb zu schützen. Der Schutz schwerbehinderter Soldatinnen und Soldaten vor Benachteiligungen wegen ihrer Behinderung wird nach Maßgabe des § 18 gewährleistet.

(3) Alle Soldatinnen und Soldaten, insbesondere solche mit Vorgesetzten- und Führungsaufgaben, sind in ihrem Aufgabenbereich aufgefordert, an der Verwirklichung dieser Ziele mitzuwirken. Dies gilt auch für den Dienstherrn sowie für Personen und Gremien, die Beteiligungsrechte wahrnehmen, insbesondere für Gleichstellungsbeauftragte und deren Stellvertreterinnen.

§ 2 Anwendungsbereich

(1) Dieses Gesetz findet Anwendung auf

1. Maßnahmen bei der Begründung, Ausgestaltung und Beendigung eines Dienstverhältnisses und beim beruflichen Aufstieg sowie auf den Dienstbetrieb; hierzu zählen insbesondere Auswahlkriterien und Einstellungsbedingungen sowie die Ausgestaltung des Dienstes,
2. den Zugang zu allen Formen und Ebenen der soldatischen Ausbildung, Fort- und Weiterbildung und beruflicher Förderungsmaßnahmen einschließlich der praktischen Berufserfahrung,
3. die Mitgliedschaft und Mitwirkung in einem Berufsverband oder in einer sonstigen Interessenvertretung von Soldatinnen und Soldaten, einschließlich der Inanspruchnahme der Leistungen solcher Organisationen.

(2) Die Geltung sonstiger Benachteiligungsverbote oder Gebote der Gleichbehandlung wird durch dieses Gesetz nicht berührt. Dies gilt auch für öffentlich-rechtliche Vorschriften, die dem Schutz bestimmter Personengruppen dienen.

§ 3 Begriffsbestimmungen

(1) Eine unmittelbare Benachteiligung liegt vor, wenn eine Person wegen eines in § 1 Abs. 1 genannten Grundes eine weniger günstige Behandlung erfährt, als eine

andere Person in einer vergleichbaren Situation erfährt, erfahren hat oder erfahren würde.

(2) Eine mittelbare Benachteiligung liegt vor, wenn dem Anschein nach neutrale Vorschriften, Kriterien oder Verfahren Personen wegen eines in § 1 Abs. 1 genannten Grundes in besonderer Weise gegenüber anderen Personen benachteiligen können, es sei denn, die betreffenden Vorschriften, Kriterien oder Verfahren sind durch ein rechtmäßiges Ziel sachlich gerechtfertigt und die Mittel sind zur Erreichung dieses Ziels angemessen und erforderlich.

(3) Eine Belästigung als Form der Benachteiligung liegt vor, wenn unerwünschte Verhaltensweisen, die mit einem in § 1 Abs. 1 oder 2 genannten Grund in Zusammenhang stehen, bezwecken oder bewirken, dass die Würde der betreffenden Person verletzt und ein von Einschüchterungen, Anfeindungen, Erniedrigungen, Entwürdigungen oder Beleidigungen gekennzeichnetes Umfeld geschaffen wird.

(4) Eine sexuelle Belästigung als Form der Benachteiligung liegt vor, wenn ein unerwünschtes, sexuell bestimmtes Verhalten, wozu auch unerwünschte sexuelle Handlungen und Aufforderungen zu diesen, sexuell bestimmte körperliche Berührungen, Bemerkungen sexuellen Inhalts sowie unerwünschtes Zeigen und sichtbares Anbringen von pornographischen Darstellungen gehören, bezweckt oder bewirkt, dass die Würde der betreffenden Person verletzt wird, insbesondere wenn ein von Einschüchterungen, Anfeindungen, Erniedrigungen, Entwürdigungen oder Beleidigungen gekennzeichnetes Umfeld geschaffen wird.

(5) Die Anweisung zur Benachteiligung einer Person aus einem in § 1 Abs. 1 genannten Grund gilt als Benachteiligung. Eine solche Anweisung liegt in Bezug auf § 2 Abs. 1 Nr. 1 bis 3 insbesondere vor, wenn jemand eine Person zu einem Verhalten bestimmt, das eine der in § 6 genannten Personen wegen eines in § 1 Abs. 1 genannten Grundes benachteiligt oder benachteiligen kann.

§ 4 Unterschiedliche Behandlung wegen mehrerer Gründe

Erfolgt eine unterschiedliche Behandlung wegen mehrerer der in § 1 Abs. 1 genannten Gründe, so kann diese unterschiedliche Behandlung gemäß § 8 nur gerechtfertigt werden, wenn sich die Rechtfertigung auf alle diese Gründe erstreckt, derentwegen die unterschiedliche Behandlung erfolgt.

§ 5 Positive Maßnahmen

Ungeachtet des § 8 ist eine unterschiedliche Behandlung auch zulässig, wenn durch geeignete und angemessene Maßnahmen tatsächliche Nachteile wegen eines in § 1 Abs. 1 genannten Grundes verhindert oder ausgeglichen werden sollen.

Abschnitt 2 Schutz vor Benachteiligung

Unterabschnitt 1 Verbot der Benachteiligung

§ 6 Persönlicher Anwendungsbereich

Dieses Gesetz dient dem Schutz von

1. Soldatinnen und Soldaten,

2. Personen, die zu einer Einberufung zum Wehrdienst nach Maßgabe des Wehrpflichtgesetzes heranstehen oder die sich um die Begründung eines Wehrdienstverhältnisses auf Grund freiwilliger Verpflichtung bewerben.

§ 7 Benachteiligungsverbot

(1) Die in § 6 genannten Personen dürfen nicht wegen eines in § 1 Abs. 1 genannten Grundes benachteiligt werden. Dies gilt auch, wenn die Soldatin oder der Soldat, die oder der die Benachteiligung begeht, das Vorliegen eines in § 1 Abs. 1 genannten Grundes bei der Benachteiligung nur annimmt.

(2) Jede Belästigung, sexuelle Belästigung und Anweisung zu einer solchen Handlungsweise ist eine Verletzung dienstlicher Pflichten und Soldatinnen und Soldaten untersagt.

§ 8 Zulässige unterschiedliche Behandlung wegen beruflicher Anforderungen

Eine unterschiedliche Behandlung wegen eines in § 1 Abs. 1 genannten Grundes ist zulässig, wenn dieser Grund wegen der Art der dienstlichen Tätigkeit oder der Bedingungen ihrer Ausübung eine wesentliche und entscheidende berufliche Anforderung darstellt, sofern der Zweck rechtmäßig und die Anforderung angemessen ist.

Unterabschnitt 2 **Organisationspflichten des Dienstherrn**

§ 9 Personalwerbung; Dienstpostenbekanntgabe

Anzeigen der Personalwerbung sowie Dienstposten für Soldatinnen und Soldaten dürfen nicht unter Verstoß gegen § 7 Abs. 1 bekannt gegeben werden.

§ 10 Maßnahmen und Pflichten des Dienstherrn

(1) Der Dienstherr ist verpflichtet, die erforderlichen Maßnahmen zum Schutz vor Benachteiligungen wegen eines in § 1 Abs. 1 genannten Grundes und zum Schutz vor den in § 1 Abs. 2 genannten Handlungen zu treffen. Dieser Schutz umfasst auch vorbeugende Maßnahmen.

(2) Der Dienstherr soll in geeigneter Art und Weise, insbesondere im Rahmen der Fortbildung, auf die Unzulässigkeit solcher Benachteiligungen und Handlungen hinweisen und darauf hinwirken, dass diese unterbleiben. Hat der Dienstherr sein Personal in geeigneter Weise zum Zwecke der Verhinderung von Benachteiligungen geschult, gilt dies als Erfüllung seiner Pflichten nach Absatz 1.

(3) Bei Verstößen gegen die Verbote des § 7 hat der Dienstherr die im Einzelfall geeigneten, erforderlichen und angemessenen dienstrechtlichen Maßnahmen zur Unterbindung der Benachteiligung zu ergreifen.

(4) Werden in § 6 genannte Personen bei der Ausübung ihrer Tätigkeit durch Dritte nach § 7 benachteiligt, so hat der Dienstherr die im Einzelfall geeigneten, erforderlichen und angemessenen Maßnahmen zu ihrem Schutz zu ergreifen.

(5) Die Vorschriften dieses Gesetzes sowie die Vorschriften des Abschnitts 6 des Allgemeinen Gleichbehandlungsgesetzes sind in den Dienststellen und Truppenteilen der Streitkräfte bekannt zu machen. Die Bekanntmachung kann durch Aushang oder Auslegung an geeigneter Stelle oder durch den Einsatz der in den Dienststellen und Truppenteilen üblichen Informations- und Kommunikationstechnik erfolgen.

Unterabschnitt 3 **Rechte der in § 6 genannten Personen**

§ 11 Beschwerderecht

(1) Soldatinnen und Soldaten, die sich von Dienststellen der Bundeswehr, von Vorgesetzten oder von Kameradinnen oder Kameraden wegen eines in § 1 Abs. 1 oder 2 genannten Grundes benachteiligt fühlen, können sich beschweren. Das Nähere regelt die Wehrbeschwerdeordnung.

(2) Die in § 6 Nr. 2 genannten Personen können sich wegen einer in § 1 Abs. 1 oder 2 genannten Benachteiligung bei der für ihre Einberufung oder Bewerbung zuständigen Stelle der Bundeswehr beschweren. Diese hat die Beschwerde zu prüfen und das Ergebnis der beschwerdeführenden Person mitzuteilen.

§ 12 Entschädigung und Schadensersatz

(1) Bei einem Verstoß gegen das Benachteiligungsverbot ist der Dienstherr verpflichtet, den hierdurch entstandenen Schaden zu ersetzen. Dies gilt nicht, wenn der Dienstherr die Pflichtverletzung nicht zu vertreten hat.

(2) Wegen eines Schadens, der nicht Vermögensschaden ist, kann eine in § 6 genannte, geschädigte Person eine angemessene Entschädigung in Geld verlangen. Die Entschädigung darf bei Begründung eines Dienstverhältnisses drei Monatsgehälter nicht übersteigen, wenn für die geschädigte Person auch bei benachteiligungsfreier Auswahl kein Dienstverhältnis begründet worden wäre.

(3) Ein Anspruch nach Absatz 1 oder 2 muss innerhalb einer Frist von zwei Monaten schriftlich geltend gemacht werden. Die Frist beginnt im Falle einer Bewerbung oder eines beruflichen Aufstiegs mit dem Zugang der Ablehnung, in den sonstigen Fällen einer Benachteiligung zu dem Zeitpunkt, zu dem die in § 6 genannte Person von der Benachteiligung Kenntnis erlangt.

(4) Im Übrigen bleiben Ansprüche gegen den Dienstherrn, die sich aus anderen Rechtsvorschriften ergeben, unberührt.

(5) Ein Verstoß des Dienstherrn gegen das Benachteiligungsverbot des § 7 begründet keinen Anspruch auf Begründung eines Dienstverhältnisses, auf eine Maßnahme der Ausbildung oder einen beruflichen Aufstieg, es sei denn, ein solcher ergibt sich aus einem anderen Rechtsgrund.

§ 13 Maßregelungsverbot

(1) Der Dienstherr darf eine in § 6 genannte Person nicht wegen der Inanspruchnahme von Rechten nach diesem Abschnitt oder wegen der Weigerung, eine gegen diesen Abschnitt verstoßende Weisung auszuführen, benachteiligen. Gleiches gilt für Personen, die eine in § 6 genannte Person hierbei unterstützen oder als Zeuginnen oder Zeugen aussagen.

(2) Die Zurückweisung oder Duldung benachteiligender Verhaltensweisen durch betroffene, in § 6 genannte Personen darf nicht als Grundlage für eine Entscheidung herangezogen werden, die diese Personen berührt. Absatz 1 Satz 2 gilt entsprechend.

(3) § 15 gilt entsprechend.

§ 14 Mitgliedschaft in Vereinigungen

(1) Die Vorschriften dieses Abschnitts gelten entsprechend für die Mitgliedschaft oder die Mitwirkung in

1. einem Berufsverband der Soldatinnen und Soldaten,
2. einer sonstigen Interessenvertretung von Soldatinnen und Soldaten, insbesondere wenn deren Mitglieder einer bestimmten Verwendungsgruppe angehören, wenn ein grundlegendes Interesse am Erwerb der Mitgliedschaft besteht,

sowie deren jeweiligen Zusammenschlüssen.

(2) Wenn die Ablehnung einen Verstoß gegen das Benachteiligungsverbot des § 7 Abs. 1 darstellt, besteht ein Anspruch auf Mitgliedschaft oder Mitwirkung in den in Absatz 1 genannten Vereinigungen.

Abschnitt 3 **Rechtsschutz**

§ 15 Beweislast

Wenn im Streitfall die eine Partei Indizien beweist, die eine Benachteiligung wegen eines in § 1 Abs. 1 und 2 Satz 1 genannten Grundes vermuten lassen, trägt die andere Partei die Beweislast dafür, dass kein Verstoß gegen die Bestimmungen zum Schutz vor Benachteiligung vorgelegen hat.

§ 16 Unterstützung durch Antidiskriminierungsverbände

(1) Antidiskriminierungsverbände sind Personenzusammenschlüsse, die nicht gewerbsmäßig und nicht nur vorübergehend entsprechend ihrer Satzung die besonderen Interessen der in § 6 genannten Personen im Rahmen einer Benachteiligung nach § 1 Abs. 1 oder 2 wahrnehmen. Die Befugnisse nach den Absätzen 2 bis 4 stehen ihnen zu, wenn sie mindestens 75 Mitglieder haben oder einen Zusammenschluss aus mindestens sieben Verbänden bilden.

(2) Antidiskriminierungsverbände sind befugt, im Rahmen ihres Satzungszwecks in gerichtlichen Verfahren, in denen eine Vertretung durch Anwälte und Anwältinnen nicht gesetzlich vorgeschrieben ist, als Beistände der in § 6 genannten Personen in der Verhandlung aufzutreten. Im Übrigen bleiben die Vorschriften der Verfahrensordnungen, insbesondere diejenigen, nach denen Beiständen weiterer Vortrag untersagt werden kann, unberührt.

(3) Antidiskriminierungsverbänden ist im Rahmen ihres Satzungszwecks die Besorgung von Rechtsangelegenheiten der in § 6 genannten Personen gestattet.

(4) Besondere Klagerechte und Vertretungsbefugnisse von Verbänden zu Gunsten von behinderten Menschen bleiben unberührt.

Abschnitt 4 Ergänzende Vorschriften

§ 17 Antidiskriminierungsstelle des Bundes

Abschnitt 6 des Allgemeinen Gleichbehandlungsgesetzes über die Antidiskriminierungsstelle des Bundes findet im Rahmen dieses Gesetzes Anwendung.

§ 18 Schwerbehinderte Soldatinnen und Soldaten

(1) Schwerbehinderte Soldatinnen und Soldaten dürfen bei einer Maßnahme, insbesondere beim beruflichen Aufstieg oder bei einem Befehl, nicht wegen ihrer Behinderung benachteiligt werden. Eine unterschiedliche Behandlung wegen der Behinderung ist jedoch zulässig, soweit eine Maßnahme die Art der von der schwerbehinderten Soldatin oder dem schwerbehinderten Soldaten auszuübenden Tätigkeit zum Gegenstand hat und eine bestimmte körperliche Funktion, geistige Fähigkeit oder seelische Gesundheit wesentliche und entscheidende berufliche Anforderung für diese Tätigkeit ist. Wenn im Streitfall die schwerbehinderte Soldatin oder der schwerbehinderte Soldat Indizien beweist, die eine Benachteiligung wegen der Behinderung vermuten lassen, trägt der Dienstherr die Beweislast dafür, dass nicht auf die Behinderung bezogene, sachliche Gründe eine unterschiedliche Behandlung rechtfertigen oder eine bestimmte körperliche Funktion, geistige Fähigkeit oder seelische Gesundheit wesentliche und entscheidende berufliche Anforderung für diese Tätigkeit ist.

(2) Wird gegen das in Absatz 1 geregelte Benachteiligungsverbot beim beruflichen Aufstieg verstoßen, können hierdurch benachteiligte schwerbehinderte Soldatinnen oder Soldaten eine angemessene Entschädigung in Geld verlangen; ein Anspruch auf den beruflichen Aufstieg besteht nicht. Ein Anspruch auf Entschädigung muss innerhalb von zwei Monaten, nachdem die schwerbehinderte Soldatin oder der schwerbehinderte Soldat von dem Nichtzustandekommen des beruflichen Aufstiegs Kenntnis erhalten hat, geltend gemacht werden.

§ 19 Unabdingbarkeit

Von den Vorschriften dieses Gesetzes kann nicht zu Ungunsten der Soldatinnen und Soldaten abgewichen werden.

§ 20 Übergangsvorschrift

Erfolgen Benachteiligungen in Form sexueller Belästigungen nach dem Beschäftigtenschutzgesetz vor dem 18. August 2006, ist das zu diesem Zeitpunkt geltende Recht anzuwenden.

1.5 Soldatinnen- und Soldatengleichstellungsgesetz (SGleiG)

Soldatinnen- und Soldatengleichstellungsgesetz vom 22. Januar 2024 (BGBl. 2024 I Nr. 17), das durch Artikel 8 des Gesetzes vom 27. Februar 2025 (BGBl. 2025 I Nr. 72) geändert worden ist.

Inhaltsübersicht

Teil 1 Allgemeine Vorschriften

§ 1 Ziele des Gesetzes

(1) Ziel des Gesetzes ist es,

1. die Gleichstellung von Soldatinnen und Soldaten der Bundeswehr zu verwirklichen,
2. bestehende Benachteiligungen auf Grund des Geschlechts zu beseitigen und künftige Benachteiligungen zu verhindern,
3. bestehende Unterrepräsentanzen abzubauen und
4. die Vereinbarkeit von Familie, Pflege und Dienst für das militärische Personal zu verbessern.

(2) Nach Maßgabe dieses Gesetzes werden Soldatinnen gefördert, um bestehende Benachteiligungen abzubauen.

§ 2 Geltungsbereich

(1) Dieses Gesetz gilt für die Dienststellen nach § 3 Absatz 1.

(2) Bei der Ausgliederung von Aufgaben aus dem Geschäftsbereich des Bundesministeriums der Verteidigung und der Übertragung dieser Aufgaben auf eine juristische Person soll die entsprechende Anwendung dieses Gesetzes durch schriftliche Vereinbarungen sichergestellt werden.

(3) Auf statusbezogene Personalangelegenheiten des beim Bundesnachrichtendienst beschäftigten militärischen Personals sind die Regelungen dieses Gesetzes anzuwenden. § 37 Nummer 4 und 5 des Bundesgleichstellungsgesetzes bleibt unberührt.

(4) Dieses Gesetz gilt auch
1. bei Verwendungen nach § 56 Absatz 1 des Bundesbesoldungsgesetzes und
2. bei der Mitwirkung an der Erfüllung
   a) einer einsatzgleichen Verpflichtung der Bundesrepublik Deutschland oder
   b) einer Dauereinsatzaufgabe der Bundesrepublik Deutschland.

(5) Das Bundesministerium der Verteidigung kann bei den Verwendungen nach Absatz 4 im Einzelfall Teil 5 Abschnitt 3 und § 67 für nur eingeschränkt anwendbar und Teil 2, Teil 3 mit Ausnahme von § 17 und Teil 4 für nicht anwendbar erklären. Voraussetzung hierfür ist, dass die eingeschränkte oder vollständige Nichtanwendung dieses Gesetzes notwendig ist, um eine drohende Gefahr für die Sicherheit oder Einsatzbereitschaft der eingesetzten Truppen abzuwehren. Macht das Bundesministerium der Verteidigung von einer solchen Erklärung Gebrauch, hat es hierüber den Deutschen Bundestag unverzüglich zu unterrichten.

(6) Dieses Gesetz ist im Spannungs- oder Verteidigungsfall mit Ausnahme von § 17 nicht anwendbar.

§ 3 Begriffsbestimmungen

(1) Dienststellen im Sinne dieses Gesetzes sind das Bundesministerium der Verteidigung sowie die militärischen und zivilen Dienststellen der Bundeswehr.

(2) Militärisches Personal im Sinne dieses Gesetzes sind Personen, die in einem Wehrdienstverhältnis nach § 1 Absatz 1 des Soldatengesetzes stehen.

(3) Benachteiligungen auf Grund des Geschlechts im Sinne dieses Gesetzes sind unmittelbare und mittelbare Benachteiligungen:
1. Eine unmittelbare Benachteiligung wegen des Geschlechts liegt vor, wenn eine Person wegen des Geschlechts eine weniger günstige Behandlung erfährt als eine Person eines anderen Geschlechts in einer vergleichbaren Situation erfährt, erfahren hat oder erfahren würde.
2. Eine mittelbare Benachteiligung liegt vor, wenn dem Anschein nach neutrale Vorschriften, Kriterien oder Verfahren Personen eines Geschlechts in besonderer Weise gegenüber Personen eines anderen Geschlechts benachteiligen können. Eine mittelbare Benachteiligung liegt nicht vor, wenn die betreffenden Vorschriften, Kriterien oder Verfahren durch ein rechtmäßiges Ziel sachlich gerechtfertigt und die Mittel zur Erreichung dieses Ziels angemessen und erforderlich sind.

(4) Qualifikationen im Sinne dieses Gesetzes sind Eignung, Befähigung und fachliche Leistung.

(5) Soldatinnen sind unterrepräsentiert, wenn ihr Anteil in den folgenden Bereichen jeweils unter 20 Prozent liegt:
1. der Statusgruppe der Berufssoldatinnen und Berufssoldaten,
2. der Statusgruppe der Soldatinnen auf Zeit und Soldaten auf Zeit,
3. der Statusgruppe der freiwilligen Wehrdienst Leistenden,
4. der jeweiligen Besoldungs- oder Wehrsoldgruppe oder der jeweiligen Laufbahn mit Ausnahme der Laufbahnen des Sanitätsdienstes.

Im Bereich der Laufbahnen des Sanitätsdienstes sind Soldatinnen unterrepräsentiert, wenn ihr Anteil unter 50 Prozent liegt.

(6) Familienaufgaben im Sinne dieses Gesetzes bestehen, wenn militärisches Personal mindestens ein Kind unter 18 Jahren tatsächlich betreut.

(7) Pflegeaufgaben im Sinne dieses Gesetzes sind die tatsächliche, nicht erwerbsmäßige häusliche Pflege oder Betreuung eines Angehörigen, der nach ärztlichem Gutachten oder nach Bescheinigung der Pflegekasse, des Medizinischen Dienstes oder der privaten Pflegeversicherung pflegebedürftig ist.

§ 4 Grundsätze

(1) Das militärische Personal, insbesondere Personen mit Vorgesetzten- und Führungsaufgaben, ist in seinem Aufgabenbereich verpflichtet, das Erreichen der Ziele dieses Gesetzes zu fördern. Dies gilt auch
1. für die zivilen Vorgesetzten, denen militärisches Personal untersteht, und
2. für die Personen, die mit der Personalbearbeitung des militärischen Personals beauftragt sind.

(2) Die Gleichstellung von Soldatinnen und Soldaten ist Bestandteil der Inneren Führung. Sie ist als durchgängiges Handlungs- und Leitprinzip in allen Aufgabenbereichen und bei allen Entscheidungen zu beachten. Die Vorgesetzten und die Beschäftigten mit Führungsaufgaben sollen sich informieren
1. über die Maßnahmen der Dienststelle zur Gleichstellung von Soldatinnen und Soldaten sowie
2. über die Maßnahmen zu einer besseren Vereinbarkeit von Familie, Pflege und Dienst.

(3) Die gleichberechtigte Teilhabe von Soldatinnen und Soldaten an Funktion und Aufgabe ist zu fördern.

(4) Die Rechts- und Verwaltungsvorschriften für Soldatinnen und Soldaten sind so zu formulieren, dass die Gleichstellung von Frauen und Männern auch sprachlich zum Ausdruck kommt. Das Gleiche gilt für den dienstlichen Schriftverkehr.

(5) Für die Soldatinnen können weibliche Formen der Dienstgradbezeichnungen festgesetzt werden.

(6) Bei grundlegenden Änderungen der Verfahrensabläufe, insbesondere durch Automatisierung, ist die Durchsetzung dieses Gesetzes sicherzustellen.

§ 5 Verbot der Benachteiligung auf Grund des Geschlechts; Entschädigung und Schadensersatz

(1) Eine Benachteiligung auf Grund des Geschlechts ist verboten. Die Regelungen für Bereiche, in denen Soldatinnen unterrepräsentiert sind, bleiben unberührt.

(2) Bei Verstößen gilt für Entschädigung und Schadensersatz § 12 des Soldatinnen- und Soldaten-Gleichbehandlungsgesetzes entsprechend. Der Anspruch kann auch in elektronischer Form geltend gemacht werden.

Teil 2 Maßnahmen zur Gleichstellung von Soldatinnen und Soldaten

§ 6 Personalwerbung, externe Stellenausschreibungen, Dienstpostenbekanntgabe

(1) Die Personalwerbung, die externen Stellenausschreibungen und die Bekanntgabe zu besetzender Dienstposten für militärisches Personal dürfen nicht nur auf Personen eines Geschlechts zugeschnitten sein und müssen alle Geschlechter in gleicher Weise ansprechen.

(2) In externen Stellenausschreibungen und bei Dienstpostenbekanntgaben für Bereiche, in denen Soldatinnen unterrepräsentiert sind, ist hervorzuheben, dass Bewerbungen von Frauen besonders erwünscht sind.

(3) Wenn ein bestimmtes Geschlecht wesentliche und entscheidende Voraussetzung für die auszuübende Verwendung ist, sind die Absätze 1 und 2 nicht anzuwenden.

(4) Externe Stellenausschreibungen müssen im Hinblick auf mögliche künftige Funktionen der sich bewerbenden Personen das vorausgesetzte Anforderungs- und Qualifikationsprofil der Laufbahn oder der Verwendungsbereiche enthalten. Jedenfalls muss ein Hinweis auf den Zugang zu entsprechenden Informationen erfolgen.

(5) Dienstpostenbekanntgaben müssen mit den Anforderungen der zu besetzenden Dienstposten übereinstimmen. Es ist darauf hinzuweisen, wenn auf dem Dienstposten nach § 6 Absatz 1 Satz 1 der Soldatinnen- und Soldatenteilzeitbeschäftigungsverordnung eine Teilzeitbeschäftigung grundsätzlich nicht möglich ist.

§ 7 Annahmeverfahren, Auswahlverfahren

(1) In den Bereichen, in denen Frauen unterrepräsentiert sind, sind in die Annahmeverfahren mindestens ebenso viele Frauen wie Männer einzubeziehen, sofern
1. ausreichend Bewerbungen von Frauen vorliegen und
2. die Bewerberinnen das erforderliche Anforderungs- und Qualifikationsprofil aufweisen.

Liegen nicht ausreichend Bewerbungen von Frauen vor, sind alle Bewerberinnen einzubeziehen, die das erforderliche Anforderungs- und Qualifikationsprofil aufweisen. Bei gleicher Qualifikation sind Frauen in den Bereichen, in denen sie unterrepräsentiert sind, bevorzugt zu berücksichtigen. Dies gilt nicht, wenn rechtlich schutzwürdige Interessen in der Person eines Mitbewerbers überwiegen.

(2) Für Auswahlverfahren in den Bereichen, in denen Frauen unterrepräsentiert sind, gilt Absatz 1 entsprechend. Die bevorzugte Berücksichtigung gilt bei Auswahlverfahren insbesondere für
1. Berufungen in das Dienstverhältnis,
2. Umwandlungen des Dienstverhältnisses,
3. Beförderungen,

4. Wechsel der Laufbahn und
5. förderliche Verwendungsentscheidungen.

(3) Wenn ein bestimmtes Geschlecht wesentliche und entscheidende Voraussetzung für die auszuübende Verwendung ist, sind die Absätze 1 und 2 nicht anzuwenden.

(4) In den Annahmeverfahren und den Auswahlverfahren dürfen Fragen nicht gestellt werden zu
1. dem Familienstand,
2. einer bestehenden oder geplanten Schwangerschaft und
3. den bestehenden oder geplanten Familien- oder Pflegeaufgaben.

Die ärztlichen Untersuchungen zur Feststellung der körperlichen Eignung dürfen sich ohne ausdrückliche Einwilligung nicht gezielt auf das Bestehen einer Schwangerschaft erstrecken.

(5) Die Prüf- und Auswahlkommissionen sollen zu gleichen Teilen mit Frauen und Männern besetzt sein.

§ 8 Qualifikation

(1) Die Qualifikation wird anhand der Anforderungen der in Betracht kommenden Verwendungen ermittelt, insbesondere anhand der Ausbildungsvoraussetzungen sowie der beruflichen Erfahrungen und Leistungen.

(2) Spezifische Erfahrungen und Fähigkeiten, die durch Familien- oder Pflegeaufgaben erworben worden sind, sind zu berücksichtigen, soweit sie für die Ausübung der jeweiligen Tätigkeit von Bedeutung sind.

§ 9 Dienstliche Benachteiligungsverbote

(1) Auf die Berufung in ein Dienstverhältnis, die Umwandlung des Dienstverhältnisses, die Beförderung, den Laufbahnwechsel, die förderliche Verwendungsentscheidung und die dienstliche Beurteilung dürfen sich folgende Umstände nicht nachteilig auswirken:
1. die Beschäftigung in Teilzeit oder die Absicht, eine Beschäftigung in Teilzeit auszuüben,
2. eine Schwangerschaft und die mutterschutzrechtlichen Beschäftigungsverbote,
3. die Inanspruchnahme von Elternzeit oder die Absicht, Elternzeit in Anspruch zu nehmen,
4. die Inanspruchnahme von familien- oder pflegebedingten Beurlaubungen oder die Absicht, eine solche Beurlaubung in Anspruch zu nehmen,
5. die Wahrnehmung von Familien- oder Pflegeaufgaben,
6. Verzögerungen beim Abschluss einzelner Ausbildungsgänge auf Grund der Wahrnehmung von Familien- oder Pflegeaufgaben,
7. die Anzahl der Dienstjahre,
8. die Einkommenssituation der Ehepartnerin oder des Ehepartners, der Lebenspartnerin oder des Lebenspartners, der Lebensgefährtin oder des Lebensgefährten sowie
9. die Wahrnehmung der folgenden Flexibilisierungsmodelle oder die Absicht, solche wahrzunehmen:
   a) Modell zur Flexibilisierung der Arbeits- oder Präsenzzeiten,
   b) Modell zur Flexibilisierung des Arbeitsortes.

Von Satz 1 Nummer 7 unberührt bleiben die Regelungen zu Mindestdienstzeiten in § 27 Absatz 2 Nummer 1 und 2 sowie Absatz 4 des Soldatengesetzes.

(2) Eine andauernde Beurlaubung zur Wahrnehmung von Familien- oder Pflegeaufgaben steht einer Beförderung nicht entgegen.

§ 10 Aus-, Fort- und Weiterbildung

(1) Zu den Aus-, Fort- und Weiterbildungen ist ein gleichberechtigter Zugang sicherzustellen. Die Teilnahme von Soldatinnen an Maßnahmen der Aus-, Fort- und Weiterbildung ist besonders zu unterstützen.

(2) Einer Person mit Familien- oder Pflegeaufgaben müssen die Dienststellen die Teilnahme an Maßnahmen der Aus-, Fort- und Weiterbildung in geeigneter Weise ermöglichen, sofern dienstliche Gründe nicht entgegenstehen. Soweit dienstlich möglich, sollen zusätzliche Veranstaltungen angeboten werden, die den räumlichen und zeitlichen Bedürfnissen der Personen mit Familien- oder Pflegeaufgaben entsprechen. Auf diese Angebote sollen die Vorgesetzten gezielt hinweisen.

(3) Die Vorgesetzten und die Beschäftigten mit Führungsaufgaben sowie die Personen, die mit der Personalbearbeitung des militärischen Personals beauftragt sind, sind verpflichtet, sich mit den folgenden Themen vertraut zu machen:
1. mit den rechtlichen Grundlagen der Gleichstellung von Soldatinnen und Soldaten sowie
2. mit den Leitprinzipien
   a) der Gleichstellung von Frauen und Männern und
   b) der Vereinbarkeit von Familie, Pflege und Dienst.

In der Aus-, Fort- und Weiterbildung für die nach Satz 1 Verpflichteten sind diese Themen angemessen zu berücksichtigen. Zusätzlich soll die Dienststelle Fort- und Weiterbildungen zu diesen Themen anbieten.

Teil 3 **Vereinbarkeit von Familie, Pflege und Dienst**

§ 11 Dienstliche Rahmenbedingungen

Bei der Gestaltung des Dienstes sollen, soweit zwingende dienstliche Gründe dem nicht entgegenstehen,
1. die besonderen Belange der Personen mit Familien- und Pflegeaufgaben berücksichtigt werden und
2. die folgenden Flexibilisierungsmodelle angeboten werden:
   a) Modelle zur Flexibilisierung der Arbeits- oder Präsenzzeiten und
   b) Modelle zur Flexibilisierung des Arbeitsortes.

§ 12 Teilzeitbeschäftigung, familien- oder pflegebedingte Beurlaubung, Elternzeit

(1) Die Dienststellen sollen die tatsächlichen Voraussetzungen dafür schaffen, jeder Person Folgendes zu ermöglichen:
1. nach § 30a Absatz 1 bis 5 des Soldatengesetzes Teilzeitbeschäftigung,

2. nach § 30a Absatz 6 des Soldatengesetzes Teilzeitbeschäftigung als Familienpflegezeit,
3. nach § 30a Absatz 7 des Soldatengesetzes Teilzeitbeschäftigung oder Urlaub als Pflegezeit,
4. nach § 28 Absatz 5 des Soldatengesetzes Urlaub zur Wahrnehmung von Familien- oder Pflegeaufgaben oder
5. nach § 28 Absatz 7 des Soldatengesetzes Elternzeit.

Dies gilt in der Regel auch für Personen mit Vorgesetzten- oder Führungsaufgaben ungeachtet der Hierarchieebene.

(2) Die Dienststelle hat durch geeignete Maßnahmen dafür Sorge zu tragen, dass jede Person in Teilzeitbeschäftigung eine Entlastung von ihren dienstlichen Aufgaben erhält, die ihrer ermäßigten Arbeitszeit entspricht. Diese Entlastung darf nicht zu einer unzumutbaren dienstlichen Mehrbelastung für andere Beschäftigte der Dienststelle führen.

(3) Können bestimmte Verwendungen nicht in Teilzeitbeschäftigung wahrgenommen werden, sind flexible Arbeits- und Präsenzzeitmodelle, Telearbeit, mobiles Arbeiten oder andere Verwendungen anzubieten, soweit zwingende dienstliche Gründe nicht entgegenstehen.

(4) Beantragt eine Person Teilzeitbeschäftigung, eine Beurlaubung zur Wahrnehmung von Familien- oder Pflegeaufgaben oder Elternzeit, ist sie durch ihre personalbearbeitende Stelle insbesondere auf die dienst- und versorgungsrechtlichen Auswirkungen der Teilzeitbeschäftigung, der Beurlaubung oder der Elternzeit hinzuweisen.

§ 13 Aufstockung der Arbeitszeit bei Teilzeitbeschäftigung

Beantragt eine in Teilzeit beschäftigte Person, die Familienaufgaben oder Pflegeaufgaben wahrnimmt, die Erhöhung ihrer wöchentlichen Arbeitszeit oder eine Vollzeitbeschäftigung, ist sie bei der Besetzung der Dienstposten vorrangig zu berücksichtigen, wenn sie die gleiche Qualifikation hat. Dies gilt nicht, wenn rechtlich schutzwürdige Interessen in der Person eines Mitbewerbers überwiegen.

§ 14 Aufrechterhaltung der Verbindung zum Beruf bei familien- oder pflegebedingter Beurlaubung oder Elternzeit

(1) Jeder Person, die Urlaub zur Wahrnehmung von Familien- oder Pflegeaufgaben oder die Elternzeit genommen hat, sind durch die Dienststelle und die personalbearbeitende Stelle durch geeignete Maßnahmen die Verbindung zum Beruf und der berufliche Wiedereinstieg zu erleichtern. Hierzu sind ihr anzubieten:
1. Personalgespräche,
2. Angebote zur Fort- und Weiterbildung,
3. Möglichkeiten zur Erhaltung von Berechtigungen oder
4. andere geeignete Maßnahmen.

Die Teilnahme an Fort- und Weiterbildungen und an anderen geeigneten Maßnahmen soll durch unterstützende Maßnahmen gefördert werden.

(2) Nimmt eine Person während ihres Urlaubs zur Wahrnehmung von Familien- oder Pflegeaufgaben an einer Fort- oder Weiterbildung teil, so begründet dies einen Anspruch auf Freistellung vom Dienst nach Ende dieses Urlaubs. Die Dauer der Freistellung richtet sich nach der Dauer der Fort- oder Weiterbildung.

§ 15 Beruflicher Wiedereinstieg nach familien- oder pflegebedingter Beurlaubung oder Elternzeit

(1) Beantragt eine Person, die Urlaub zur Wahrnehmung von Familien- oder Pflegeaufgaben oder die Elternzeit genommen hat, den beruflichen Wiedereinstieg, ist sie bei der Besetzung der Dienstposten vorrangig zu berücksichtigen, wenn sie die gleiche Qualifikation einer Mitbewerberin oder eines Mitbewerbers besitzt. Dies gilt nicht, wenn rechtlich schutzwürdige Interessen in der Person einer Mitbewerberin oder eines Mitbewerbers überwiegen.

(2) Beim beruflichen Wiedereinstieg sind die familiären Belange zu berücksichtigen.

§ 16 Angebote von Betreuungsmöglichkeiten

Es sollen Angebote zur Betreuung von Kindern und pflegebedürftigen Angehörigen gemacht werden. Dies umfasst auch Beratungs- und Vermittlungsleistungen.

§ 17 Erstattung von Kosten für die Betreuung von Kindern oder von pflegebedürftigen Angehörigen[1]

(1) Kosten für die Betreuung von Kindern oder von pflegebedürftigen Angehörigen können auf Antrag im Einzelfall erstattet werden, wenn

1. sie zusätzlich anfallen,
2. sie unabwendbar sind und
3. eine Erstattung nach anderen Rechtsgrundlagen nicht möglich ist.

(2) Die Erstattung ist für die Dauer folgender Maßnahmen möglich:

1. Teilnahme an dienstlich veranlassten Aus-, Fort- oder Weiterbildungen,
2. sonstige dienstlich bedingte Abwesenheiten vom regelmäßigen Dienstort,
3. Ableistung von genehmigter oder befohlener Mehrarbeit oder Schichtdienst am regelmäßigen Dienstort zur Bewältigung von Krisenlagen. Die Mehrarbeit oder der Schichtdienst dürfen nicht zur regelmäßigen täglichen Arbeitszeit gehören.

(3) Krisenlagen nach Absatz 2 Nummer 3 sind insbesondere

1. Amtshilfemaßnahmen einschließlich der Unterstützungsleistungen in Katastrophenfällen,
2. Maßnahmen zur Erhöhung der Einsatzbereitschaft,
3. Maßnahmen zur Gefahrenabwehr,
4. Maßnahmen zum Schutz von Einrichtungen und von Infrastruktur,
5. vorbereitende Maßnahmen der Bundeswehr für verbündete Streitkräfte im Rahmen der Landes- und Bündnisverteidigung sowie
6. Unterstützungsleistungen für verbündete Streitkräfte im Rahmen der Landes- und Bündnisverteidigung.

---

1 § 17: Zur Anwendung vgl. § 2 Abs. 6

Teil 4 **Gleichstellungsplan**

§ 18 Zweck[2]

Der Gleichstellungsplan dient der Erreichung der Ziele dieses Gesetzes und ist ein wesentliches Instrument zur Durchsetzung der Gleichstellung von Soldatinnen und Soldaten. Das Erreichen der Zielvorgaben des Plans und die Umsetzung der hierfür im Plan vorgesehenen Maßnahmen sind Führungsaufgabe. Die Beschäftigten mit Vorgesetzten- oder Führungsaufgaben haben insoweit eine besondere Verpflichtung.

§ 19 Erstellung, Inkrafttreten, Geltungszeitraum, Veröffentlichung[3]

(1) Jede Dienststelle, in der eine Gleichstellungsbeauftragte zu wählen ist, erstellt einen Gleichstellungsplan für die Dienststelle und den ihr nachgeordneten Bereich, soweit in den Dienststellen des nachgeordneten Bereichs keine eigene Gleichstellungsbeauftragte gewählt wird. Der Gleichstellungsplan
1. ist jeweils für einen Zeitraum von vier Jahren zu erstellen,
2. ist bis zum 31. Dezember des Jahres, in dem der bisherige Gleichstellungsplan außer Kraft tritt, aufzustellen und
3. tritt am 1. Januar des folgenden Jahres in Kraft.

(2) Die jeweilige Gleichstellungsbeauftragte ist frühzeitig in die Erstellung einzubinden.

(3) Der Gleichstellungsplan darf keine personenbezogenen Daten enthalten und keine Rückschlüsse auf einzelne Personen zulassen.

(4) Der Gleichstellungsplan muss in den Dienststellen des Geltungsbereichs des Gleichstellungsplans veröffentlicht werden.

(5) Im Falle umfassender organisatorischer Änderungen im Sinne der §§ 38 bis 40 kann die jeweilige Dienststelle im Einvernehmen mit der Gleichstellungsbeauftragten mit Zustimmung des Bundesministeriums der Verteidigung abweichend von Absatz 1 Satz 2 andere Stichtage festlegen.

§ 20 Inhalt[4]

(1) Der Gleichstellungsplan enthält
1. eine Bestandsaufnahme,
2. Zielvorgaben und
3. Maßnahmen zum Erreichen der Zielvorgaben.

(2) Die Bestandsaufnahme besteht aus
1. einer Beschreibung der Situation der Soldatinnen im Vergleich zur Situation der Soldaten und
2. einer Bewertung der Situation im Geltungsbereich des Gleichstellungsplans in Bezug auf
   a) eine die Gleichberechtigung fördernde Führungs- und Organisationskultur,
   b) eine Verbesserung der Vereinbarkeit von Familie, Pflege und Dienst und
   c) ein benachteiligungsfreies Arbeitsumfeld.

---

2 § 18: Zur Geltung vgl. § 22 Abs. 2

3 § 19 Abs. 3 und 4: Zur Geltung vgl. § 21 Abs. 3
§ 19 Abs. 1, 2, 3 und 5: Zur Geltung vgl. § 22 Abs. 2

4 § 20 Abs. 1, 3 und 4: Zur Geltung vgl. § 22 Abs. 2

(3) Aus der Bewertung nach Absatz 2 Nummer 2 ist der Handlungsbedarf für eine Verbesserung der Situation abzuleiten und in geeignete und bestimmte Zielvorgaben zu überführen. Die Zielvorgaben sollen so gestaltet sein, dass sie
1. messbar sind und
2. zu einem festzulegenden Termin erreicht werden können.

(4) Zur Erreichung der Zielvorgaben sind Maßnahmen festzulegen. Sind Zielvorgaben aus dem vorangegangenen Gleichstellungsplan nicht vollständig oder gar nicht erreicht worden, sind die Gründe dafür bei der Festlegung neuer oder weiterer Zielvorgaben zu berücksichtigen.

§ 21 Zwischenbilanz[5]

(1) Zum 31. Dezember des zweiten Jahres des Geltungszeitraums des Gleichstellungsplans hat die Dienststelle unter frühzeitiger Einbindung der jeweiligen Gleichstellungsbeauftragten eine Zwischenbilanz zum Gleichstellungsplan zu erstellen.

(2) In der Zwischenbilanz ist darzulegen, ob die Zielvorgaben des Gleichstellungsplans zum vorgesehenen Zeitpunkt erreicht worden sind oder erreicht werden können. Wenn erkennbar wird, dass Zielvorgaben nicht wie vorgesehen erreicht werden können, sind in der Zwischenbilanz
1. die Gründe hierfür darzulegen und
2. ergänzende Maßnahmen festzulegen, um die Zielvorgaben erreichen zu können.

(3) § 19 Absatz 3 und 4 gilt entsprechend.

§ 22 Gleichstellungsplan für die personalbearbeitenden Stellen

(1) Jede personalbearbeitende Stelle erstellt neben dem Gleichstellungsplan der Dienststelle zusätzlich einen Gleichstellungsplan für das von der Dienststelle geführte Personal und eine dazugehörige Zwischenbilanz.

(2) Die §§ 18, 19 Absatz 1 Satz 2, Absatz 2, 3 und 5, § 20 Absatz 1, 3 und 4 sowie § 21 gelten entsprechend. Die Bestandsaufnahme enthält mindestens folgende Angaben:
1. den Anteil der Soldatinnen im Vergleich zum Anteil der Soldaten
   a) in den Laufbahnen und Besoldungsgruppen
      aa) für die Statusgruppe der Berufssoldatinnen und Berufssoldaten sowie
      bb) für die Statusgruppe der Soldatinnen auf Zeit und Soldaten auf Zeit,
   b) beim beruflichen Aufstieg, also
      aa) beim Wechsel des Status,
      bb) beim Wechsel der Laufbahn und
      cc) beim Aufstieg in die Spitzenverwendung der jeweiligen Laufbahn,
   c) bei Führungsverwendungen mit Disziplinarbefugnis,
   d) bei der Wahrnehmung einer Teilzeitbeschäftigung,
   e) bei der Wahrnehmung von Telearbeit und
   f) bei der Inanspruchnahme
      aa) von Elternzeit sowie
      bb) von Urlaub zur Wahrnehmung von Familien- oder Pflegeaufgaben,
2. die Zahl der Entscheidungen, bei denen eine Frau ausgewählt worden ist, weil sie nach den Vorgaben des § 7 Absatz 2 bei der Auswahl bevorzugt worden ist, getrennt nach

---

5 § 21: Zur Geltung vgl. § 22 Abs. 2

   a) den Entscheidungen bei den Berufungen in das Dienstverhältnis,
   b) den Entscheidungen bei Umwandlungen des Dienstverhältnisses,
   c) den Entscheidungen bei Beförderungen,
   d) den Entscheidungen bei einem Wechsel der Laufbahn und
   e) förderlichen Verwendungsentscheidungen,
3. die Maßnahmen, mit denen die gleichberechtigte Teilhabe der Soldatinnen und Soldaten an Funktion und Aufgabe gefördert worden ist, und
4. die Maßnahmen nach § 14.

(3) Die Zielvorgaben sind insbesondere darauf auszurichten, mehr Frauen im Rahmen der Personalgewinnung für einen Dienst als Soldatin zu gewinnen sowie den Anteil von Soldatinnen in den Bereichen zu heben, in denen sie unterrepräsentiert sind. Dies gilt insbesondere für Führungsverwendungen mit Disziplinarbefugnis.

Teil 5 Gleichstellungsbeauftragte und Stellvertretung der Gleichstellungsbeauftragten

Abschnitt 1 Wahl

Unterabschnitt 1 Wahlbereich und Wahlberechtigung

§ 23 Wahl und Wahlberechtigung im Bundesministerium der Verteidigung und in den unmittelbar nachgeordneten Dienststellen

(1) Im Bundesministerium der Verteidigung werden eine Gleichstellungsbeauftragte und eine oder mehrere Stellvertreterinnen gewählt. Wahlberechtigt und wählbar sind
1. die Soldatinnen des Bundesministeriums der Verteidigung und
2. die Soldatinnen, für die im Bundesministerium der Verteidigung Personalentscheidungen getroffen werden.

(2) In den Dienststellen, die dem Bundesministerium der Verteidigung unmittelbar nachgeordnet sind, sind ebenfalls eine Gleichstellungsbeauftragte und eine oder mehrere Stellvertreterinnen zu wählen, wenn nicht eine Gleichstellungsbeauftragte und eine oder mehrere Stellvertreterinnen bereits nach den §§ 24 und 25 zu wählen sind. Wahlberechtigt und wählbar sind
1. die Soldatinnen der Dienststelle, die dem Bundesministerium der Verteidigung unmittelbar nachgeordnet ist, und
2. die Soldatinnen der Dienststellen, die dieser Dienststelle nachgeordnet sind.

§ 24 Wahl und Wahlberechtigung in den Dienststellen der Streitkräfte

(1) In den Streitkräften sind in jeder Dienststelle der Divisionsebene eine Gleichstellungsbeauftragte und eine oder mehrere Stellvertreterinnen zu wählen. Wahlberechtigt und wählbar sind
1. die Soldatinnen der Division und
2. die Soldatinnen der Dienststellen, die der Division nachgeordnet sind.

(2) Absatz 1 gilt entsprechend für Dienststellen der Ebenen, die der Divisionsebene vergleichbar sind.

(3) In jeder Dienststelle, die der Divisionsebene oder den Dienststellen vergleichbarer Ebene übergeordnet ist, ist eine Gleichstellungsbeauftragte und eine oder mehrere Stellvertreterinnen zu wählen. Wahlberechtigt und wählbar sind
1. die Soldatinnen der übergeordneten Dienststelle und
2. die Soldatinnen der Dienststellen, die der übergeordneten Dienststelle nachgeordnet sind.

(4) In jeder Dienststelle unterhalb der Divisionsebene oder unterhalb der Ebene, die der Divisionsebene vergleichbar ist, kann eine Gleichstellungsbeauftragte und eine oder mehrere Stellvertreterinnen gewählt werden. Wahlberechtigt und wählbar sind
1. die Soldatinnen der jeweiligen Dienststelle und
2. die Soldatinnen der Dienststellen, die dieser Dienststelle nachgeordnet sind.

§ 25 Wahl und Wahlberechtigung in den Dienststellen der Bundeswehrverwaltung

(1) In den Dienststellen der Bundeswehrverwaltung sind in jeder Bundesoberbehörde eine Gleichstellungsbeauftragte und eine oder mehrere Stellvertreterinnen zu wählen. Wahlberechtigt und wählbar sind
1. die Soldatinnen der Bundesoberbehörde und
2. die Soldatinnen der Dienststellen, die der Bundesoberbehörde nachgeordnet sind.

(2) Bei Bundesunterbehörden können eine Gleichstellungsbeauftragte und eine oder mehrere Stellvertreterinnen gewählt werden. Wahlberechtigt und wählbar sind die Soldatinnen der Bundesunterbehörde.

§ 26 Anordnungsermächtigung zur Wahl in weiteren Dienststellen

Das Bundesministerium der Verteidigung kann anordnen, dass in weiteren Dienststellen eine Gleichstellungsbeauftragte und eine oder mehrere Stellvertreterinnen zu wählen sind. Wahlberechtigt und wählbar sind
1. die Soldatinnen der jeweiligen Dienststelle und
2. die Soldatinnen der Dienststellen, die dieser Dienststelle nachgeordnet sind.

§ 27 Wahl und Wahlberechtigung in den personalbearbeitenden Dienststellen

In den personalbearbeitenden Stellen sind wahlberechtigt und wählbar:
1. die Soldatinnen, die nach den §§ 23 bis 26 wahlberechtigt sind, und
2. die Soldatinnen, für die in der personalbearbeitenden Stelle Personalentscheidungen getroffen werden.

§ 28 Ausschluss doppelter Wahlberechtigung

Soldatinnen, die in ihrer Dienststelle zur Wahl einer Gleichstellungsbeauftragten und einer oder mehrerer Stellvertreterinnen wahlberechtigt und wählbar sind, sind bei der entsprechenden Wahl in einer übergeordneten Dienststelle nicht wahlberechtigt und wählbar, es sei denn, es liegt ein Fall des § 23 Absatz 1 Nummer 2 oder des § 27 Nummer 2 vor.

Unterabschnitt 2 **Wahlgrundsätze, Amtszeit, Bestellung**

§ 29 Wahlgrundsätze

Die Gleichstellungsbeauftragte und eine oder mehrere Stellvertreterinnen werden in unmittelbarer, freier, gleicher und geheimer Wahl gewählt.

§ 30 Amtszeit

(1) Die Amtszeit beträgt vier Jahre. Die Wiederwahl ist zulässig.

(2) Schließt sich die Amtszeit der neuen Gleichstellungsbeauftragten nicht unmittelbar an die Amtszeit der Vorgängerin an, so verlängert sich die Amtszeit der bisherigen Gleichstellungsbeauftragten und ihrer Stellvertreterinnen, bis die Nachfolgerin bestellt ist. Die Verlängerung darf jedoch drei Monate nicht überschreiten.

§ 31 Bestellung[6]

(1) Jede Bestellung bedarf der Zustimmung der Soldatin.

(2) Die gewählte Kandidatin wird von der Dienststelle bestellt.

(3) Tritt zu einer Wahl keine Kandidatin an oder ist nach der Wahl keine Kandidatin gewählt, bestellt die Dienststelle Soldatinnen aus dem Kreis der Wahlberechtigten zur Gleichstellungsbeauftragten und zur Stellvertreterin.

(4) Treten zur Wahl der Stellvertreterin nicht genügend Kandidatinnen an, oder sind nach der Wahl nicht genügend Kandidatinnen gewählt, bestellt die Dienststelle Soldatinnen aus dem Kreis der Wahlberechtigten zur Stellvertreterin. Die Anzahl der Stellvertreterinnen ergibt sich aus § 33 Absatz 2. Für die Bestellung der Stellvertreterin hat die Gleichstellungsbeauftragte ein Vorschlagsrecht. Ihrem Vorschlag soll die Dienststelle folgen.

§ 32 Bestellung bei vorzeitigem Ausscheiden oder bei Verhinderung[7]

(1) Eine Neuwahl ist durchzuführen, wenn die Gleichstellungsbeauftragte und alle ihre Stellvertreterinnen
1. vorzeitig aus dem Amt ausscheiden oder
2. nicht nur vorübergehend an der Wahrnehmung ihrer Ämter verhindert sind.

Die Bestellung erfolgt nach Durchführung der Neuwahl.

(2) Ist die Gleichstellungsbeauftragte oder eine Stellvertreterin im Sinne des Absatzes 1 Satz 1 ausgeschieden oder nicht nur vorübergehend an der Wahrnehmung ihrer Ämter verhindert, so ist sie neu zu wählen, falls die restliche Amtszeit mehr als zwei Jahre beträgt. Absatz 1 Satz 2 gilt entsprechend.

(3) Beträgt die restliche Amtszeit zwei oder weniger als zwei Jahre, erfolgt die Bestellung einer Soldatin aus dem Kreis der wahlberechtigten Soldatinnen ohne Neuwahl. Bei Bestellung einer Stellvertreterin ohne Neuwahl gilt § 31 Absatz 4 Satz 3 und 4 entsprechend.

---

6 § 31 Abs. 4: Zur Geltung vgl. § 32 Abs. 3

7 § 32 Abs. 2 bis 4: Zur Geltung vgl. § 33 Abs. 4

(4) In den Fällen der Absätze 2 und 3 erfolgt die Bestellung jeweils für die restliche Amtszeit.

§ 33 Anzahl der Stellvertreterinnen[8]

(1) Für die Gleichstellungsbeauftragte ist mindestens eine Stellvertreterin zu wählen. Es können maximal drei Stellvertreterinnen gewählt werden.

(2) Die Dienststelle entscheidet über die Anzahl der zu wählenden Stellvertreterinnen, bevor das Wahlverfahren eingeleitet wird. Die amtierende Gleichstellungsbeauftragte ist in die Entscheidung einzubinden. Die Entscheidung gilt für die Dauer der Amtszeit.

(3) Die Dienststelle kann im Einvernehmen mit der Gleichstellungsbeauftragten bestimmen, dass die vor der Wahl festgelegte Anzahl der Stellvertreterinnen während der laufenden Amtszeit der Gleichstellungsbeauftragten erhöht wird. Dies gilt insbesondere
1. bei großen Zuständigkeitsbereichen der Gleichstellungsbeauftragten oder
2. bei komplexen Aufgabenbereichen.

Die Erhöhung ist nur zulässig, wenn ihr das Bundesministerium der Verteidigung zustimmt. Absatz 1 Satz 2 bleibt unberührt.

(4) Für Wahl und Bestellung einer zusätzlichen Stellvertreterin gilt § 32 Absatz 2 bis 4 entsprechend.

§ 34 Bestellung einer Stellvertreterin bei Abwesenheit

(1) Hat eine Gleichstellungsbeauftragte nur eine Stellvertreterin und sind beide gleichzeitig abwesend, soll die Gleichstellungsbeauftragte eine Soldatin als Stellvertreterin für die Dauer der Abwesenheit vorschlagen.

(2) Die Dienststelle bestellt die vorgeschlagene Soldatin als Stellvertreterin.

(3) Die Bestellung erfolgt ausschließlich für den Zeitraum, in dem die Gleichstellungsbeauftragte und ihre Stellvertreterin gleichzeitig abwesend sind.

Unterabschnitt 3 **Anfechtung und Verordnungsermächtigung**

§ 35 Anfechtung der Wahl

(1) Ist gegen wesentliche Vorschriften des Wahlrechts oder gegen das Wahlverfahren verstoßen worden, kann die Wahl angefochten werden. Eine Anfechtung scheidet aus, wenn durch den Verstoß das Wahlergebnis nicht geändert oder beeinflusst werden konnte.

(2) Anfechtungsberechtigt sind
1. eine Gruppe von mindestens drei Wahlberechtigten und
2. die Leitung der Dienststelle.

(3) Die Anfechtung
1. muss beim zuständigen Truppendienstgericht erfolgen und

---

8 § 33 Abs. 3 und 4: Zur Anwendung vgl. § 39 Abs. 3

2. ist innerhalb von zwei Wochen nach Bekanntgabe des Wahlergebnisses möglich.

(4) Wird die Wahl im Bundesministerium der Verteidigung angefochten, hat die Anfechtung beim Bundesverwaltungsgericht zu erfolgen.

(5) Für das Verfahren gelten die Vorschriften der Wehrbeschwerdeordnung über das gerichtliche Antragsverfahren entsprechend.

(6) Die gewählte Kandidatin kann bestellt werden, auch wenn über die Anfechtung noch nicht entschieden worden ist.

§ 36 Verordnungsermächtigung

Das Bundesministerium der Verteidigung wird ermächtigt, das Verfahren für die Durchführung der Wahl durch Rechtsverordnung, die nicht der Zustimmung des Bundesrates bedarf, zu regeln.

Unterabschnitt 4 **Verfahren bei Umstrukturierung von Dienststellen**

§ 37 Aufstellung einer Dienststelle[9]

(1) Bei Aufstellung einer Dienststelle im Sinne des § 23 Absatz 2, des § 24 Absatz 1 bis 3 oder des § 25 Absatz 1 ist bei endgültiger Einnahme der Zielstruktur die Wahl einer Gleichstellungsbeauftragten und einer oder mehrerer Stellvertreterinnen unverzüglich einzuleiten. Die Wahl soll innerhalb von vier Monaten abgeschlossen sein. Die neu gegründete Dienststelle hat dafür die organisatorischen Voraussetzungen zu schaffen.

(2) Während der Übergangszeit ohne Gleichstellungsbeauftragte trägt die Dienststellenleitung eine besondere Verantwortung für die Einhaltung der Ziele dieses Gesetzes.

(3) Bis zur Bestellung einer Gleichstellungsbeauftragten kann sich die Dienststellenleitung in grundsätzlichen Fragen der Gleichstellung an die militärische Gleichstellungsbeauftragte der nächsthöheren Dienststelle wenden.

(4) Dauert die endgültige Einnahme der Zielstruktur ab Beginn der Organisationsmaßnahme voraussichtlich länger als zwei Jahre, haben die Dienststellen bis zum Abschluss der Wahl nach Absatz 1 eine Gleichstellungsbeauftragte und eine oder mehrere Stellvertreterinnen ohne vorherige Wahl zu bestellen. Die Bestellung soll innerhalb von vier Monaten nach Aufstellung der Dienststelle erfolgen.

(5) Dauert die endgültige Einnahme der Zielstruktur ab Beginn der Organisationsmaßnahme voraussichtlich länger als vier Jahre, ist eine Wahl entsprechend Absatz 1 durchzuführen. Die Wahl soll innerhalb von vier Monaten nach Aufstellung der Dienststelle eingeleitet werden.

9 § 37: Zur Geltung vgl. § 38 Abs. 2
§ 37: Zur Geltung vgl. § 40 Abs. 1

§ 38 Auflösung und Zusammenlegung von Dienststellen[10]

(1) Bei der Auflösung einer oder mehrerer Dienststellen und der Zusammenlegung zu einer neuen Dienststelle endet die Amtszeit der Gleichstellungsbeauftragten und ihrer Stellvertreterinnen mit Wirkungsdatum der Auflösung.

(2) Ist die neue Dienststelle eine Dienststelle im Sinne des § 23 Absatz 2, § 24 Absatz 1 bis 3 oder des § 25 Absatz 1, gilt § 37 entsprechend.

§ 39 Eingliederung einer Dienststelle[11]

(1) Wird eine Dienststelle in eine andere Dienststelle eingegliedert, endet die Amtszeit der Gleichstellungsbeauftragten der eingegliederten Dienststelle und ihrer Stellvertreterinnen mit Wirkungsdatum der Eingliederung.

(2) Die Gleichstellungsbeauftragte der aufnehmenden Dienststelle und ihre Stellvertreterinnen sind auch für das militärische Personal der eingegliederten Dienststelle zuständig.

(3) Wächst der Zuständigkeitsbereich der Gleichstellungsbeauftragten durch die Eingliederung wesentlich auf, ist § 33 Absatz 3 und 4 anzuwenden.

§ 40 Aufspaltung einer Dienststelle[12]

(1) Entstehen im Falle der Aufspaltung einer Dienststelle in zwei oder mehrere Teile neue Dienststellen im Sinne des § 23 Absatz 2, § 24 Absatz 1 bis 3 oder des § 25 Absatz 1, ist § 37 für jede neue Dienststelle entsprechend anzuwenden.

(2) Wird im Falle der Aufspaltung ein Teil in eine andere Dienststelle eingegliedert, findet § 39 Absatz 2 entsprechende Anwendung.

(3) Im Falle des Verbleibs eines organisatorisch selbständigen Teils einer Dienststelle findet § 41 Anwendung.

§ 41 Umbenennung einer Dienststelle[13]

Bei Umbenennung einer Dienststelle bleiben die Gleichstellungsbeauftragte und ihre Stellvertreterinnen im Amt.

---

10 § 38: Zur Geltung vgl. § 63 Abs. 2

11 § 39 Abs. 2: Zur Anwendung vgl. § 40 Abs. 2
§ 39: Zur Geltung vgl. § 63 Abs. 2

12 § 40: Zur Geltung vgl. § 63 Abs. 2

13 § 41: Zur Anwendung vgl. § 40 Abs. 3
§ 41: Zur Geltung vgl. § 63 Abs. 2

Abschnitt 2 Rechtsstellung

Unterabschnitt 1 Gleichstellungsbeauftragte

§ 42 Rechtsstellung[14]

(1) Die Gleichstellungsbeauftragte ist Teil der Dienststelle und unmittelbar deren Leitung zugeordnet. Ihr Zuständigkeitsbereich ergibt sich aus den §§ 23 bis 28.

(2) Die Gleichstellungsbeauftragte ist in der Ausübung ihrer Tätigkeit weisungsfrei. Sie darf bei der Erfüllung ihrer Aufgaben nicht behindert werden.

(3) Im Rahmen des Informations- und Erfahrungsaustausches nach § 49 Absatz 2 kann sich die Gleichstellungsbeauftragte zur Erörterung von Fragen unmittelbar an die Gleichstellungsbeauftragte des Bundesministeriums der Verteidigung wenden.

(4) Die Gleichstellungsbeauftragte soll von anderen dienstlichen Tätigkeiten grundsätzlich für die volle regelmäßige Arbeitszeit unter Belassung der Geld- und Sachbezüge entlastet werden.

(5) Die Tätigkeit als Gleichstellungsbeauftragte darf nicht beurteilt werden.

(6) Die Gleichstellungsbeauftragte darf gegen ihren Willen nur versetzt oder kommandiert werden, wenn dies aus zwingenden dienstlichen Gründen unvermeidbar ist.

(7) Die Gleichstellungsbeauftragte darf wegen ihrer Tätigkeit in ihrer beruflichen Entwicklung nicht benachteiligt oder begünstigt werden. Die berufliche Entwicklung der Gleichstellungsbeauftragten ist fiktiv nachzuzeichnen. Die nachgezeichnete berufliche Entwicklung ist bei Personalauswahlentscheidungen zu berücksichtigen. Die geforderten Voraussetzungen der jeweiligen Personalmaßnahme sind zu erfüllen, sofern sie nicht fingiert werden können.

(8) Die Dienststelle erstellt auf Antrag der Gleichstellungsbeauftragten eine Tätigkeitsbeschreibung über deren Amtszeit.

§ 43 Nichtvereinbarkeit des Amtes mit anderen Ämtern[15]

(1) Mit dem Amt der Gleichstellungsbeauftragten nicht vereinbar sind Ämter
1. in einer Personalvertretung,
2. in einer Schwerbehindertenvertretung und
3. als Vertrauensperson nach dem Soldatinnen- und Soldatenbeteiligungsgesetz.

(2) Mit Einzelpersonalmaßnahmen darf sie nur in ihrer Eigenschaft als Gleichstellungsbeauftragte befasst sein.

§ 44 Verschwiegenheitspflicht[16]

(1) Die Gleichstellungsbeauftragte unterliegt der Verschwiegenheitspflicht, insbesondere hinsichtlich

---

14 § 42 Abs. 1, 2 und 5 bis 7: Zur Geltung vgl. § 46 Abs. 3
§ 42 Abs. 3: Zur Geltung vgl. § 47 Abs. 1
§ 42 Abs. 3, 7 und 8: Zur Geltung vgl. § 48 Abs. 5

15 § 43: Zur Geltung vgl. § 46 Abs. 3
§ 43: Zur Geltung vgl. § 64 Abs. 8

16 § 44 Abs. 1: Zur Geltung vgl. § 46 Abs. 3

1. der persönlichen Verhältnisse des militärischen Personals und
2. anderer vertraulicher Angelegenheiten in der Dienststelle.

Die Verschwiegenheitspflicht gilt auch nach ihrer Amtszeit fort.

(2) Für das Personal der Gleichstellungsbeauftragten gilt Absatz 1 entsprechend.

§ 45 Ausstattung, Verfügungsfonds, Weiterbildung[17]

(1) Der Gleichstellungsbeauftragten ist die notwendige personelle, räumliche und sachliche Ausstattung zur Verfügung zu stellen.

(2) Sie erhält einen monatlichen Verfügungsfonds.

(3) Die Dienststelle fördert den Erwerb und Erhalt der für eine angemessene Amtswahrnehmung erforderlichen Kenntnisse und Kompetenzen der Gleichstellungsbeauftragten. Die Dienststelle unterstützt die Gleichstellungsbeauftragte bei der Wahrnehmung entsprechender Bildungsangebote.

(4) Angebote für eine Grundlagenausbildung sind an den Bildungseinrichtungen der Bundeswehr vorzuhalten.

Unterabschnitt 2 **Stellvertretung**

§ 46 Grundlagen

(1) Jede Stellvertreterin richtet ihre Tätigkeit an den Zielen der Gleichstellungsbeauftragten aus.

(2) Die Gesamtverantwortung für die Aufgabenerledigung verbleibt bei der Gleichstellungsbeauftragten.

(3) § 42 Absatz 1 und 2, 5 bis 7 Satz 1, die §§ 43, 44 Absatz 1 und § 45 Absatz 3 gelten entsprechend.

§ 47 Stellvertreterin im Vertretungsfall

(1) Im Vertretungsfall hat die Stellvertreterin dieselben Rechte und Pflichten wie die Gleichstellungsbeauftragte. § 42 Absatz 3 gilt entsprechend.

(2) Die Wahrnehmung der Aufgaben als Vertretung der Gleichstellungsbeauftragten hat Vorrang vor der Wahrnehmung anderer dienstlicher Aufgaben.

§ 48 Entlastung der Stellvertreterin, Übertragung eigener Aufgaben

(1) Die Dienststelle entscheidet vor Einleitung des Wahlverfahrens, ob eine Entlastung der Stellvertreterin von anderen dienstlichen Tätigkeiten vorgesehen ist. An dieser Entscheidung wirkt die amtierende Gleichstellungsbeauftragte mit. Eine Entlastung erfolgt unter Belassung der Geld- und Sachbezüge.

(2) Einer vollständig von ihren anderen dienstlichen Tätigkeiten entlasteten Stellvertreterin überträgt die Gleichstellungsbeauftragte eigene Aufgaben. Die Übertragung

---

17 § 45 Abs. 3: Zur Geltung vgl. § 46 Abs. 3
§ 45 Abs. 1 und 2: Zur Geltung vgl. § 48 Abs. 5

kann von der Gleichstellungsbeauftragten geändert oder aufgehoben werden, soweit
1. sich die Stellvertreterin nicht an den Zielen der Gleichstellungsbeauftragten orientiert,
2. es sachdienlich ist oder
3. es für die Erfüllung der gesetzlichen Aufgaben erforderlich ist.

(3) Ist eine Stellvertreterin nicht vollständig von ihren anderen dienstlichen Tätigkeiten entlastet, kann ihr die Gleichstellungsbeauftragte eigene Aufgaben nur in Abstimmung mit der Stellvertreterin übertragen.

(4) Die übertragenen Aufgaben sollen den Umfang rechtfertigen, in dem die Stellvertreterin von ihren anderen dienstlichen Tätigkeiten entlastet wird.

(5) Bei Übertragung eigener Aufgaben gelten für die Stellvertreterin § 42 Absatz 3 und 7 Satz 2 bis 4 und Absatz 8 sowie § 45 Absatz 1 und 2 entsprechend.

Abschnitt 3 **Aufgaben und Einbindung**

§ 49 Aufgaben

(1) Die Gleichstellungsbeauftragte
1. überwacht und unterstützt
   a) die Umsetzung der Ziele und den Vollzug dieses Gesetzes sowie
   b) den Vollzug des Soldatinnen- und Soldaten-Gleichbehandlungsgesetzes, insbesondere des Verbots von Benachteiligungen auf Grund des Geschlechts in Form von
      aa) Belästigung und
      bb) von sexueller Belästigung,
2. und berät und unterstützt
   a) die Dienststellen, insbesondere die Dienststellenleitungen, in ihrem Aufgabenbereich und
   b) das militärische Personal in Einzelfällen insbesondere zu den folgenden Themen:
      aa) berufliche Förderung,
      bb) Schutz vor und Beseitigung von Benachteiligung,
      cc) Schutz vor und Beseitigung von Belästigung und sexueller Belästigung sowie
      dd) Vereinbarkeit von Familie, Pflege und Dienst.

(2) Die Gleichstellungsbeauftragte des Bundesministeriums der Verteidigung ist zudem verantwortlich für den Informations- und Erfahrungsaustausch der Gleichstellungsbeauftragten der Dienststellen. Sie ist Mitglied im Interministeriellen Arbeitskreis der Gleichstellungsbeauftragten der obersten Bundesbehörden.

(3) Die Gleichstellungsbeauftragten sind zuständig für den Erfahrungs- und Informationsaustausch der Gleichstellungsvertrauensfrauen, die in ihrem Zuständigkeitsbereich bestellt sind.

§ 50 Zusammenarbeit in der Dienststelle

(1) Die Dienststellenleitung und die Gleichstellungsbeauftragte arbeiten zur Erfüllung der in § 1 genannten Ziele eng zusammen.

(2) Sie beraten sich regelmäßig über gleichstellungsrechtliche Belange in der Dienststelle sowie über weitere Aspekte aus dem Aufgabenbereich der Gleichstellungsbeauftragten.

(3) Die Gleichstellungsbeauftragte hat ein unmittelbares Vortragsrecht und eine unmittelbare Vortragspflicht bei der Dienststellenleitung.

(4) Bei allen Maßnahmen, die ihrer Mitwirkung unterliegen, hat die Gleichstellungsbeauftragte ein Initiativrecht. Die Dienststelle teilt ihre Entscheidung über Initiativanträge der Gleichstellungsbeauftragten innerhalb eines Monats nach Antragstellung mit.

(5) Die Dienststellenleitung unterstützt die Gleichstellungsbeauftragte bei der Wahrnehmung ihrer Aufgaben, insbesondere bei der Durchsetzung ihrer Informations- und Mitwirkungsrechte.

§ 51 Grundlagen der Einbindung

(1) Die Dienststelle hat die Gleichstellungsbeauftragte frühzeitig – insbesondere bei allen personellen, organisatorischen und sozialen Angelegenheiten und Maßnahmen der Dienststelle – einzubinden, die den Aufgabenbereich der Gleichstellungsbeauftragten betreffen. Frühzeitig ist die Einbindung, wenn

1. die Gleichstellungsbeauftragte mit Beginn des Entscheidungsprozesses auf Seiten der Dienststelle eingebunden wird und
2. die jeweilige Angelegenheit oder Maßnahme noch gestaltungsfähig ist.

(2) Die Einbindung der Gleichstellungsbeauftragten muss dem jeweiligen Beteiligungsverfahren zeitlich vorausgehen.

(3) Die Einbindung erfolgt in Form

1. der Information und
2. der Mitwirkung.

§ 52 Informationsanspruch

(1) Die Dienststelle informiert die Gleichstellungsbeauftragte unaufgefordert über alle Angelegenheiten und Maßnahmen, die den Aufgabenbereich der Gleichstellungsbeauftragten betreffen und übermittelt ihr hierzu alle Unterlagen.

(2) Bei der Einbindung in personelle Angelegenheiten und Maßnahmen beinhaltet der Informationsanspruch zudem das Recht und die Befugnis, alle entscheidungsrelevanten Teile der Personalakte einzusehen. Die Gesundheitsakte darf von der Gleichstellungsbeauftragten jedoch nicht eingesehen werden.

(3) Der Informationsanspruch der Gleichstellungsbeauftragten umfasst auch das Recht, an Besprechungen teilzunehmen.

(4) Im Rahmen ihres Informationsanspruches kann die Gleichstellungsbeauftragte eine Stellungnahme abgeben. Gibt sie eine Stellungnahme ab, so muss die Stellungnahme zu den Akten genommen werden.

§ 53 Informationsanspruch bei Wehrdisziplinar- und Wehrbeschwerdeverfahren

(1) Soweit in einem Wehrdisziplinar- oder Wehrbeschwerdeverfahren der Sachverhalt, der dem Verfahren zugrunde liegt, den Aufgabenbereich der Gleichstellungsbe-

auftragten berührt, sind der Gleichstellungsbeauftragten unverzüglich die folgenden Unterlagen zur Verfügung zu stellen:

1. im einfachen Disziplinarverfahren durch den zuständigen Disziplinarvorgesetzten eine Abschrift
   a) der bestandskräftigen Disziplinarverfügung oder
   b) der bestandskräftigen Absehensverfügung, wenn ein Dienstvergehen festgestellt wurde,
2. im gerichtlichen Disziplinarverfahren durch die zuständige Einleitungsbehörde nach ordnungsgemäßer Einleitung eine Abschrift
   a) der Einleitungsverfügung und
   b) jeder Instanzen beendenden gerichtlichen Entscheidung,
3. in Wehrbeschwerdeverfahren durch den zur Entscheidung über die Erstbeschwerde zuständigen Disziplinarvorgesetzten eine Abschrift
   a) des bestandskräftigen Beschwerdebescheides oder
   b) der rechtskräftigen gerichtlichen Entscheidung.

Die Unterlagen sind pseudonymisiert im Sinne des Artikels 4 Nummer 5 der Datenschutz-Grundverordnung zur Verfügung zu stellen. Die Nennung der Dienststelle ist zulässig.

(2) Bei schweren oder systematischen Verletzungen der Dienstpflicht kann die Gleichstellungsbeauftragte beantragen, dass ihr ergänzend zu den Informationen nach Absatz 1 die folgenden Daten zu jeder beschuldigten Person und zu jedem Opfer zur Verfügung gestellt werden:

1. die Dienstgradgruppe,
2. das Geburtsjahr und
3. das Geschlecht.

(3) Eine Ablehnung dieses Antrags ist durch die Dienststelle schriftlich oder elektronisch zu begründen und der Gleichstellungsbeauftragten unverzüglich zur Kenntnis zu geben.

(4) Die Gleichstellungsbeauftragte ist keine Verfahrensbeteiligte des Wehrdisziplinar- und Wehrbeschwerdeverfahrens.

§ 54 Informationsanspruch bei Würdigung besonderer Leistungen

(1) Bei der Würdigung besonderer Leistungen ist der Gleichstellungsbeauftragten unverzüglich von dem zuständigen Disziplinarvorgesetzten eine Abschrift der förmlichen Anerkennung zur Verfügung zu stellen.

(2) Absatz 1 gilt entsprechend bei der Rücknahme einer förmlichen Anerkennung.

§ 55 Mitwirkungsrecht

(1) Bei den Maßnahmen der Dienststelle, die den Aufgabenbereich der Gleichstellungsbeauftragten betreffen, wirkt die Gleichstellungsbeauftragte mit.

(2) Die Mitwirkung erfolgt durch Votum der Gleichstellungsbeauftragten.

(3) Das Votum ist innerhalb von zwei Wochen ab Zugang der Mitteilung über die beabsichtigte Maßnahme schriftlich oder elektronisch zur Verfügung zu stellen. Im Einvernehmen mit der Gleichstellungsbeauftragten kann von dieser Frist abgewichen werden. Bei besonders eilbedürftigen Maßnahmen darf die Frist auf drei Werktage verkürzt werden.

(4) Das Votum ist zu den Akten zu nehmen.

(5) Folgt die Dienststelle dem Votum der Gleichstellungsbeauftragten nicht, so hat sie die Gleichstellungsbeauftragte hierüber unverzüglich schriftlich oder elektronisch in Kenntnis zu setzen.

(6) Die Dienststelle hat der Gleichstellungsbeauftragten die Gründe für die Nichtbefolgung mitzuteilen, wenn die Gleichstellungsbeauftragte dies

1. bei der Abgabe des Votums verlangt oder
2. spätestens bis zum Ablauf des auf das Inkenntnissetzen folgenden Arbeitstages verlangt.

Die Mitteilung der Gründe für die Nichtbefolgung hat schriftlich oder elektronisch innerhalb einer Frist von zwei Wochen ab Zugang des Votums oder des Begründungsverlangens zu erfolgen.

§ 56 Einbindung bei Einzelpersonalentscheidungen

(1) Nur auf Antrag erfolgt die Einbindung der Gleichstellungsbeauftragten bei Entscheidungen über

1. Versetzungen,
2. Kommandierungen,
3. Wechsel des Dienstpostens und
4. Beförderungen.

(2) Bei Personalentscheidungen der personalbearbeitenden Stellen wirkt die Gleichstellungsbeauftragte der personalbearbeitenden Stelle mit.

(3) Das Informationsrecht der Gleichstellungsbeauftragten der Beschäftigungsdienststelle bleibt von der Mitwirkung der Gleichstellungsbeauftragten der personalbearbeitenden Stelle unberührt.

§ 57 Einbindung durch Stufenbeteiligung

(1) Soweit eine Dienststelle eine andere Dienststelle einbezieht, hat jede beteiligte Dienststelle die für sie zuständige Gleichstellungsbeauftragte nach Maßgabe dieses Gesetzes in den sie betreffenden Teil der Angelegenheit oder Maßnahme einzubinden.

(2) Die schriftlich oder elektronisch verfasste Stellungnahme der Gleichstellungsbeauftragten der nachgeordneten Dienststelle ist durch die Dienststelle zusammen mit den weiteren entscheidungsrelevanten Unterlagen der nächsthöheren Dienststelle und von jener Dienststelle der bei ihr bestellten Gleichstellungsbeauftragten vorzulegen.

(3) Die Mitwirkung nach § 55 verbleibt bei der Gleichstellungsbeauftragten der Dienststelle, die die Entscheidung über die Maßnahmen trifft.

§ 58 Einbindung in Verfahren zur Besetzung von Gremien

Das Bundesministerium der Verteidigung hat die Gleichstellungsbeauftragte in Verfahren zur Besetzung von Gremien nach Maßgabe des Bundesgremienbesetzungsgesetzes einzubinden.

§ 59 Soldatinnenversammlung, sonstige Informationsveranstaltungen, Sprechstunden

(1) Die Gleichstellungsbeauftragte kann in den Dienststellen ihres Zuständigkeitsbereiches jährlich eine Versammlung der Soldatinnen einberufen. Dort soll sie über ihre Tätigkeit berichten.

(2) Die Versammlung ist der Dienststellenleitung vorher anzuzeigen.

(3) In Abstimmung mit der Dienststelle kann die Gleichstellungsbeauftragte weitere Informationsveranstaltungen zu Themen ihres Aufgabenbereiches für alle Angehörigen der Dienststelle anbieten.

(4) Die Gleichstellungsbeauftragte kann an Personalversammlungen in Dienststellen ihres Zuständigkeitsbereiches teilnehmen. Sie hat dort ein Rederecht, auch wenn sie nicht Angehörige dieser Dienststelle ist.

(5) Die Gleichstellungsbeauftragte kann Sprechstunden durchführen.

Teil 6 **Gleichstellungsvertrauensfrauen**

Abschnitt 1 **Bestellung und Amtszeit**

§ 60 Bestellung in den Dienststellen der Streitkräfte[18]

(1) In den Dienststellen der Streitkräfte oberhalb der Einheitsebene, in denen keine eigene Gleichstellungsbeauftragte gewählt wird, hat die Dienststellenleitung eine Gleichstellungsvertrauensfrau zu bestellen. Ist die Dienststelle auf oder unterhalb der Einheitsebene, kann die Dienststellenleitung eine Gleichstellungsvertrauensfrau bestellen.

(2) Im Falle der Bestellung soll die zuständige Gleichstellungsbeauftragte eine Soldatin vorschlagen. Diesem Vorschlag soll die Dienststelle folgen.

(3) Die Bestellung bedarf der Zustimmung der Soldatin.

§ 61 Bestellung in den Dienststellen der Bundeswehrverwaltung

(1) In den Dienststellen der Bundeswehrverwaltung auf der Ebene der Bundesunterbehörde, in denen keine eigene Gleichstellungsbeauftragte gewählt wird, kann die Dienststellenleitung eine Gleichstellungsvertrauensfrau bestellen.

(2) § 60 Absatz 2 und 3 gilt entsprechend.

§ 62 Bestellung einer Abwesenheitsvertreterin

(1) Die Dienststellenleitung kann eine Vertreterin für die Abwesenheit der Gleichstellungsvertrauensfrau bestellen. Für das Vorschlagsrecht der Gleichstellungsbeauftragten gilt § 60 Absatz 2 und 3 entsprechend.

---

18 § 60 Abs. 2 und 3: Zur Geltung vgl. § 61 Abs. 2
§ 60 Abs. 2 und 3: Zur Geltung vgl. § 62 Abs. 1

(2) Im Vertretungsfall gelten für die Abwesenheitsvertreterin § 64 Absatz 1, 2 und 4 bis 7 sowie die §§ 65 und 66 entsprechend.

§ 63 Amtszeit

(1) Die Bestellung der Gleichstellungsvertrauensfrau und ihrer Abwesenheitsvertreterin erfolgt bis zum Ablauf der regulären Amtszeit der zuständigen Gleichstellungsbeauftragten.

(2) Die §§ 38 bis 41 gelten bei der Umstrukturierung von Dienststellen für die Gleichstellungsvertrauensfrau entsprechend.

(3) Scheidet die Gleichstellungsvertrauensfrau vorzeitig aus ihrem Amt aus oder ist sie nicht nur vorübergehend an der Wahrnehmung ihres Amtes verhindert, bestellt die Dienststelle eine Nachfolgerin nach § 60 oder § 61.

(4) Mit Bestellung einer Gleichstellungsbeauftragten nach § 24 Absatz 4, § 25 Absatz 2 oder § 26 endet die Amtszeit der Gleichstellungsvertrauensfrau und von deren Abwesenheitsvertreterin.

Abschnitt 2 **Rechtsstellung und Aufgaben**

§ 64 Rechtsstellung[19]

(1) Die Gleichstellungsvertrauensfrau ist von ihren anderen dienstlichen Tätigkeiten unter Belassung ihrer Geld- und Sachbezüge in einem Umfang zu entlasten, der für die ordnungsgemäße Wahrnehmung ihres Amtes unter Beachtung der ihr nach § 67 übertragenen Aufgaben erforderlich ist. Die Entlastung beträgt bis zu einem Viertel der regelmäßigen Arbeitszeit einer Vollzeitkraft.

(2) Die Gleichstellungsvertrauensfrau ist bei der Wahrnehmung ihrer Aufgaben weisungsfrei. Sie darf bei der Erfüllung ihrer Aufgaben nicht behindert werden.

(3) Soweit ihr eigene Aufgaben von der Gleichstellungsbeauftragten übertragen worden sind, steht der Gleichstellungsvertrauensfrau eine entsprechende personelle, räumliche und sachliche Ausstattung zu.

(4) Ihre Tätigkeit als Gleichstellungsvertrauensfrau darf nicht beurteilt werden.

(5) Die Gleichstellungsvertrauensfrau darf wegen ihrer Tätigkeit in ihrer beruflichen Entwicklung nicht benachteiligt oder begünstigt werden.

(6) Sie darf gegen ihren Willen nur versetzt oder kommandiert werden, wenn dies aus zwingenden dienstlichen Gründen unvermeidbar ist.

(7) Ihr ist Gelegenheit zur Fortbildung zu geben.

(8) § 43 gilt entsprechend.

§ 65 Verschwiegenheitspflicht[20]

Die Gleichstellungsvertrauensfrau und ihr Personal sind entsprechend § 44 zur Verschwiegenheit verpflichtet.

---

19 § 64 Abs. 1, 2 und 4 bis 7: Zur Geltung vgl. § 62 Abs. 2

20 § 65: Zur Geltung vgl. § 62 Abs. 2

§ 66 Vertrauensverhältnis[21]

(1) Die Gleichstellungsvertrauensfrau arbeitet vertrauensvoll mit der zuständigen Gleichstellungsbeauftragten zusammen. Bei allen Angelegenheiten und Maßnahmen, die ihre Dienststelle betreffen, berät und unterstützt sie die Gleichstellungsbeauftragte.

(2) Ist das für die Aufgabenwahrnehmung der Gleichstellungsvertrauensfrau erforderliche Vertrauensverhältnis nicht mehr gegeben, bestellt die Dienststelle auf Vorschlag der Gleichstellungsbeauftragten eine andere Soldatin zur Gleichstellungsvertrauensfrau.

§ 67 Aufgaben

(1) Die Gleichstellungsvertrauensfrau
1. ist Ansprechpartnerin
   a) für das militärische Personal der Dienststelle und
   b) der zuständigen Gleichstellungsbeauftragten und
2. vermittelt Informationen zwischen dem militärischen Personal und der zuständigen Gleichstellungsbeauftragten und
3. berät die zuständige Gleichstellungsbeauftragte in allen Fragen, die die Dienststelle betreffen.

(2) Die Gleichstellungsbeauftragte kann der Gleichstellungsvertrauensfrau mit deren Einverständnis eigene Aufgaben übertragen. Die Übertragung ist der Dienststelle mitzuteilen.

Teil 7 **Einspruchs- und Klagerecht**

§ 68 Einspruch

(1) Die Gleichstellungsbeauftragte hat gegenüber der Leitung der Dienststelle das Recht auf Einspruch, wenn sie geltend macht, die Dienststelle habe gegen eine der folgenden Regelungen verstoßen:
1. gegen Vorschriften dieses Gesetzes,
2. gegen andere Vorschriften über die Gleichstellung der Soldatinnen und Soldaten,
3. gegen den Gleichstellungsplan oder
4. gegen die Vorgaben zur Erstellung des Gleichstellungsplans.

(2) Der Einspruch muss innerhalb von zwei Wochen, nachdem die Gleichstellungsbeauftragte von dem Verstoß nach Absatz 1 Kenntnis erlangt hat, schriftlich oder elektronisch bei der Dienststellenleitung eingehen.

(3) Der Einspruch hat aufschiebende Wirkung. Die aufschiebende Wirkung entfällt,
1. wenn der Aufschub die Funktionsfähigkeit der Streitkräfte gefährden würde,
2. bei Gefahr für Leib und Leben,
3. bei Anordnungen zur Durchführung von Katastrophenhilfe und Hilfe bei besonders schweren Unglücksfällen,

---

21 § 66: Zur Geltung vgl. § 62 Abs. 2

4. bei Maßnahmen oder militärischen Lagen, die der Natur der Sache nach keinen Aufschub dulden, oder
5. bei sonstigen vergleichbaren außergewöhnlichen Umständen, die ein sofortiges Handeln der Dienststellenleitung erfordern.

Entfällt die aufschiebende Wirkung, kann die Dienststelle die Maßnahme sofort vollziehen. In diesen Fällen hat die Dienststellenleitung die Gleichstellungsbeauftragte unverzüglich über die sofortige Vollziehung schriftlich oder elektronisch zu unterrichten. Stützt die Dienststelle die sofortige Vollziehung auf Gründe nach Satz 2 Nummer 4 oder Nummer 5, hat sie ihre Feststellungen hierzu gegenüber der Gleichstellungsbeauftragten gesondert zu begründen.

§ 69 Entscheidung über den Einspruch

(1) Die Leitung der Dienststelle soll innerhalb einer Frist von einem Monat nach Zugang des Einspruchs darüber entscheiden, ob sie den Einspruch für begründet hält.

(2) Hält die Leitung der Dienststelle den Einspruch für begründet, sind
1. die Maßnahmen und ihre Folgen zu berichtigen und
2. die Ergebnisse des Einspruchs bei vergleichbaren Fällen zu berücksichtigen.

(3) Hält die Leitung der Dienststelle den Einspruch für unbegründet, ergeht ein Einspruchsbescheid. Diesen erlässt
1. die nächsthöhere Dienststelle,
2. das Bundesministerium der Verteidigung im Falle des Einspruchs seiner Gleichstellungsbeauftragten.

(4) Im Falle von Absatz 3 Satz 2 Nummer 1 legt die Dienststelle den Einspruch unverzüglich der nächsthöheren Dienststelle zur Entscheidung vor. Die Absätze 1 und 2 gelten entsprechend. Die Gleichstellungsbeauftragte ist über die Vorlage an die nächsthöhere Dienststelle unverzüglich zu informieren.

(5) Die Entscheidung nach Absatz 1 und der Einspruchsbescheid sind mit einer schriftlichen oder elektronischen Begründung zu versehen und der Gleichstellungsbeauftragten unverzüglich zu übermitteln.

§ 70 Versuch einer außergerichtlichen Einigung[22]

(1) Bleibt der Einspruch nach § 69 erfolglos und strebt die Gleichstellungsbeauftragte ein gerichtliches Verfahren an, sollen sie und die Leitung der Dienststelle der Gleichstellungsbeauftragten den Versuch einer außergerichtlichen Einigung unternehmen.

(2) Eine außergerichtliche Einigung kommt nicht zustande, wenn
1. die Gleichstellungsbeauftragte und die Dienststelle schriftlich oder elektronisch den Verzicht auf einen außergerichtlichen Einigungsversuch erklärt haben oder
2. die Gleichstellungsbeauftragte oder die Dienststelle das Scheitern des außergerichtlichen Einigungsversuchs schriftlich oder elektronisch festgestellt hat.

§ 71 Gerichtliches Verfahren

(1) Kommt eine außergerichtliche Einigung nicht zustande, kann die Gleichstellungsbeauftragte das zuständige Gericht anrufen.

---

22 § 70: Zur Nichtanwendung vgl. § 75 Abs. 8

(2) Zuständiges Gericht ist im Falle der Anrufung durch die Gleichstellungsbeauftragte des Bundesministeriums der Verteidigung das Bundesverwaltungsgericht und im Übrigen das zuständige Truppendienstgericht. Für das Verfahren gelten die Vorschriften der Wehrbeschwerdeordnung über das gerichtliche Antragsverfahren entsprechend.

(3) Die Frist beträgt einen Monat nach Zugang der Entscheidung über den Einspruch.

(4) Die Anrufung hat keine aufschiebende Wirkung.

(5) Die Anrufung des Gerichts kann nur darauf gestützt werden, dass
1. die Dienststelle Rechte der Gleichstellungsbeauftragten verletzt hat oder
2. die Dienststelle keinen oder einen den Vorschriften dieses Gesetzes nicht entsprechenden Gleichstellungsplan aufgestellt hat.

(6) Abweichend von den Absätzen 1 und 3 kann die Gleichstellungsbeauftragte das Gericht auch anrufen, wenn nach Ablauf von drei Monaten seit Einlegung des Einspruchs sachlich nicht entschieden worden ist. Wegen besonderer Umstände des Falles kann die Gleichstellungsbeauftragte auch vor Ablauf der Frist nach Satz 1 das zuständige Gericht anrufen.

(7) Liegt in den Fällen des Absatzes 6 ein zureichender Grund dafür vor, dass über den Einspruch noch nicht entschieden ist, setzt das Gericht das Verfahren bis zum Ablauf einer von ihm bestimmten Frist, die verlängert werden kann, aus. Wird dem Einspruch innerhalb der vom Gericht gesetzten Frist stattgegeben, ist die Hauptsache für erledigt zu erklären.

§ 72 Kosten

Die Dienststelle trägt die Kosten, die der Gleichstellungsbeauftragten auf Grund von Rechtsbehelfen nach diesem Gesetz entstehen.

Teil 8 **Statistik, Bericht**

§ 73 Statistik

(1) Das Bundesministerium der Verteidigung erstellt eine Statistik zur Überprüfung der Umsetzung dieses Gesetzes. Dazu erhebt es
1. jährlich die Zahlen
   a) jeweils der Soldatinnen und Soldaten, die
      aa) in Voll- und Teilzeitbeschäftigung tätig sind,
      bb) Telearbeit wahrnehmen,
      cc) Elternzeit in Anspruch nehmen und
      dd) Urlaub auf Grund der Wahrnehmung von Familien- oder Pflegeaufgaben in Anspruch nehmen,
   b) jeweils der Bewerberinnen und Bewerber,
   c) jeweils der eingestellten Soldatinnen und Soldaten sowie
   d) jeweils der Soldatinnen und Soldaten,
      aa) für die ein Wechsel des Status entschieden worden ist,
      bb) für die ein Wechsel der Laufbahn entschieden worden ist oder
      cc) für die eine Förderperspektive vergeben worden ist, sowie

2. zu den jeweiligen Beurteilungsterminen die Ergebnisse der dienstlichen Beurteilungen jeweils der Soldatinnen und Soldaten, bezogen auf die in Nummer 1 Buchstabe a genannten Kriterien.

(2) Die Erfassung nach Absatz 1 erfolgt für die einzelnen Laufbahnen und Besoldungs- oder Wehrsoldgruppen jeweils für die Statusgruppe
1. der Berufssoldatinnen und Berufssoldaten,
2. der Soldatinnen und Soldaten auf Zeit sowie
3. der freiwilligen Wehrdienst Leistenden.

(3) Die Kriterien nach Absatz 1 sind zusätzlich nach Personen mit dem Geschlechtseintrag „divers“ oder ohne eine Geschlechtsangabe zu gliedern, soweit Informationen dazu vorliegen. Eine Erfassung in der Statistik erfolgt nur, wenn für ein Kriterium im Sinne von Absatz 1 mindestens drei Personen den Geschlechtseintrag „divers“ oder keine Geschlechtsangabe aufweisen.

(4) Die Dienststellen haben sicherzustellen, dass nur die Personen, die mit Personal- und Organisationsangelegenheiten betraut sind, Kenntnis von den zu erfassenden und zu meldenden personenbezogenen Daten erlangen.

§ 74 Bericht

(1) Alle vier Jahre legt die Bundesregierung dem Deutschen Bundestag einen Gleichstellungsbericht vor.

(2) In dem Gleichstellungsbericht ist darzulegen,
1. wie sich in den vergangenen vier Jahren die Situation der Soldatinnen im Vergleich zu der Situation der Soldaten entwickelt hat,
2. inwieweit die Ziele dieses Gesetzes erreicht sind und
3. wie dieses Gesetz in den vergangenen vier Jahren angewendet worden ist.

Es können zudem vorbildliche Gleichstellungsmaßnahmen einzelner Dienststellen besonders hervorgehoben werden.

(3) Grundlage des Gleichstellungsberichts sind die nach § 73 erfassten statistischen Angaben.

(4) Der Gleichstellungsbericht darf keine personenbezogenen Daten enthalten.

Teil 9 **Übergangsbestimmungen**

§ 75 Übergangsbestimmungen

(1) Anträge nach § 17 auf die Erstattung von Kosten für die Betreuung von Kindern oder von pflegebedürftigen Angehörigen können für die Dauer von Maßnahmen im Sinne des § 17 Absatz 2 gestellt werden, die ab dem 1. Januar 2023 erfolgt sind. Dies gilt nicht für Anträge auf Erstattung von Kosten der Betreuung von Kindern im Falle des § 17 Absatz 2 Nummer 1.

(2) Die Gleichstellungpläne, die bereits vor dem 25. Januar 2024 in Kraft getreten sind, behalten ihre jeweilige Geltungsdauer bis zum 31. Dezember des letzten vollen Kalenderjahres ihres ursprünglichen Geltungszeitraums.

(3) Diejenigen Gleichstellungsbeauftragten und diejenigen Stellvertreterinnen der Gleichstellungsbeauftragten, die vor dem 25. Januar 2024 bestellt worden sind,

bleiben für die Dauer ihrer Amtszeit als Gleichstellungsbeauftragte oder als Stellvertreterinnen der Gleichstellungsbeauftragten im Amt.

(4) Die Gleichstellungsvertrauensfrauen, die vor dem 25. Januar 2024 bestellt worden sind, bleiben bis zum Ausscheiden der zuständigen Gleichstellungsbeauftragten im Amt.

(5) Auf die Wahlverfahren, deren Wahlausschreiben vor dem 25. Januar 2024 bekannt gegeben worden sind, sind das Soldatinnen- und Soldatengleichstellungsgesetz in der am 24. Januar 2024 geltenden Fassung und die Gleichstellungsbeauftragten-Wahlverordnung Soldatinnen in der Fassung vom 12. Mai 2005 (BGBl. I S. 1394), die zuletzt durch Artikel 89 des Gesetzes vom 29. März 2017 (BGBl. I S. 626) geändert worden ist, weiterhin anzuwenden.

(6) Auf die Einsprüche der Gleichstellungsbeauftragten, die vor dem 25. Januar 2024 bei der Dienststelle eingelegt worden sind, ist § 21 Absatz 1 Satz 3 und 4 des Soldatinnen- und Soldatengleichstellungsgesetzes vom 27. Dezember 2004 (BGBl. I S. 3822), das zuletzt durch Artikel 65 des Gesetzes vom 20. November 2019 (BGBl. I S. 1626) geändert worden ist, weiterhin anzuwenden.

(7) Auf die Einsprüche, die vor dem 25. Januar 2024 durch die nächsthöhere Dienststelle beschieden worden sind, ist § 22 des Soldatinnen- und Soldatengleichstellungsgesetzes vom 27. Dezember 2004 (BGBl. I S. 3822), das zuletzt durch Artikel 65 des Gesetzes vom 20. November 2019 (BGBl. I S. 1626) geändert worden ist, weiterhin anzuwenden.

(8) Auf die gerichtlichen Verfahren, die am 25. Januar 2024 bereits anhängig gewesen sind, ist § 70 nicht anzuwenden.

1.6 Soldatinnen- und Soldatenbeteiligungs- gesetz (SBG)

Soldatinnen- und Soldatenbeteiligungsgesetz vom 29. August 2016 (BGBl. I S. 2065), das zuletzt durch Artikel 3 des Gesetzes vom 21. Februar 2025 (BGBl. 2025 I Nr. 55) geändert worden ist.

Inhaltsübersicht

Kapitel 1 **Allgemeine Vorschriften**

§ 1 Beteiligung

(1) Soldatinnen und Soldaten werden durch Vertrauenspersonen, Gremien der Vertrauenspersonen oder Personalvertretungen vertreten.

(2) Das Recht der Soldatinnen und Soldaten, sich in dienstlichen und persönlichen Angelegenheiten an die Vorgesetzten zu wenden, bleibt unberührt.

(3) Zuständig für die Wahrnehmung der Aufgaben und Befugnisse, die der oder dem Disziplinarvorgesetzten nach diesem Gesetz übertragen sind, ist die oder der unterste gemeinsame Disziplinarvorgesetzte der Wählergruppe, für die die Vertrauensperson und die stellvertretenden Vertrauenspersonen gewählt werden.

§ 2 Allgemeine Vorschriften

(1) Für die Zusammenarbeit der Vorgesetzten und Vertrauenspersonen mit den in der Dienststelle vertretenen Gewerkschaften der Soldatinnen und Soldaten gilt § 9 Absatz 1 bis 3 des Bundespersonalvertretungsgesetzes entsprechend.

(2) Soldatinnen und Soldaten, die Aufgaben nach diesem Gesetz wahrnehmen, haben über die ihnen in Ausübung ihrer Tätigkeit bekannt gewordenen Angelegenheiten und Tatsachen gegenüber Dritten Stillschweigen zu bewahren. Die Schweigepflicht besteht nicht für Angelegenheiten oder Tatsachen, die offenkundig sind oder ihrer Bedeutung nach keiner Geheimhaltung bedürfen.

(3) Die Wahrnehmung von Rechten und die Erfüllung von Pflichten nach diesem Gesetz gelten als Dienst im Sinne des § 42 des Soldatenversorgungsgesetzes oder als Wehrdienst im Sinne des Soldatengesetzes.

Kapitel 2 **Beteiligung der Soldatinnen und Soldaten durch Vertrauenspersonen**

Abschnitt 1 **Wahl der Vertrauensperson**

§ 3 Wahlrechtsgrundsätze und allgemeine Vorschriften für die Wahl

(1) Die Vertrauensperson und die stellvertretenden Vertrauenspersonen werden in allgemeiner, unmittelbarer, freier, gleicher und geheimer Wahl gewählt. Die Wahl wird nach den Grundsätzen der Personenwahl durchgeführt.

(2) Die zuständigen Disziplinarvorgesetzten bestellen spätestens zwei Monate vor Ablauf der Amtszeit der Vertrauensperson auf deren Vorschlag drei Wahlberechtigte als Wahlvorstand, davon eine oder einen als Vorsitzende oder Vorsitzenden. Ist eine Vertrauensperson erstmals zu wählen oder nicht mehr vorhanden, berufen sie eine Versammlung der Wahlberechtigten zur Wahl eines Wahlvorstandes ein.

(3) Der Wahlvorstand hat die Wahl unverzüglich einzuleiten und durchzuführen. Er stellt unverzüglich nach Abschluss der Wahl das Wahlergebnis durch öffentliche Auszählung der Stimmen fest, fertigt hierüber ein Protokoll und gibt das Wahlergebnis durch Aushang bekannt.

(4) Niemand darf die Wahl behindern, insbesondere dürfen die Wahlberechtigten nicht in der Ausübung des aktiven oder passiven Wahlrechts beschränkt werden. Die Wahl darf nicht durch Versprechen von Vorteilen oder durch Androhung von Nachteilen beeinflusst werden.

(5) Die Dienststelle trägt die Kosten der Wahl.

§ 4 Wählergruppen und Wahlbereiche[1]

(1) Offiziere, Unteroffiziere und Mannschaften bilden jeweils eine Wählergruppe. Jede Wählergruppe, die mindestens fünf Soldatinnen oder Soldaten umfasst, wählt eine Vertrauensperson und mindestens zwei stellvertretende Vertrauenspersonen in folgenden Wahlbereichen:
1. in Einheiten,
2. auf Schiffen und Booten der Marine,
3. in Stäben der Verbände und Großverbände sowie vergleichbarer Dienststellen und Einrichtungen,
4. in integrierten Dienststellen und Einrichtungen,
5. in der Regel in multinationalen Dienststellen und Einrichtungen.

(2) In Universitäten wählen die Studierenden eine Vertrauensperson und mindestens zwei stellvertretende Vertrauenspersonen entsprechend Absatz 1 in dem Wahlbereich, der ihrer oder ihrem nächsten Disziplinarvorgesetzten zugeordnet ist. Die Wahl ist wählergruppenübergreifend durchzuführen.

(3) Soldatinnen und Soldaten wählen ungeachtet ihrer Beteiligungsrechte in ihrem Stammtruppenteil Vertrauenspersonen und mindestens zwei stellvertretende Vertrauenspersonen entsprechend Absatz 1 in dem Wahlbereich, der ihrer oder ihrem nächsten Disziplinarvorgesetzten zugeordnet ist, in folgenden Dienststellen oder Einrichtungen:
1. in Schulen oder vergleichbaren Einrichtungen der Streitkräfte, wenn sie dort an Lehrgängen teilnehmen, die länger als 30 Kalendertage dauern, sowie
2. in Dienststellen oder Einrichtungen außerhalb der Streitkräfte, zu denen Soldatinnen und Soldaten kommandiert oder unter Wegfall der Geld- und Sachbezüge beurlaubt sind.

(4) Unteroffiziere mit und ohne Portepee auf Schiffen und Booten der Marine wählen abweichend von Absatz 1 Satz 2 Nummer 2 jeweils eine Vertrauensperson und mindestens zwei stellvertretende Vertrauenspersonen, sofern ihre Wählergruppe mindestens fünf Soldatinnen oder Soldaten umfasst.

(5) Sind mindestens fünf Angehörige einer Wählergruppe nicht nur vorübergehend an einem Ort eingesetzt, der weiter als 100 Kilometer vom Dienstort der oder des zuständigen Disziplinarvorgesetzten entfernt ist, wählen diese abweichend von Absatz 1 eine Vertrauensperson und mindestens zwei Stellvertreterinnen oder Stellvertreter.

(6) Umfasst eine Wählergruppe weniger als fünf Wahlberechtigte, so teilt die dem Bundesministerium der Verteidigung unmittelbar nachgeordnete zuständige Kommandobehörde diese Wahlberechtigten derjenigen benachbarten Einheit oder Dienststelle oder demjenigen Stab des Verbands zu, die oder der der Einheit oder Dienststelle unmittelbar übergeordnet ist. In Ausnahmefällen ist eine wählergruppenübergreifende Wahl zulässig. Ist die Zuständigkeit weiterer Kommandobehörden berührt, so bedarf die zuteilende Kommandobehörde deren Zustimmung. Mehrere

---

1 § 4 Abs. 3 Nr. 2: Zur Anwendung vgl. § 62 Abs. 4

benachbarte Dienststellen können unabhängig von ihrer organisatorischen Zugehörigkeit zu einem Wahlbereich zusammengefasst werden.

(7) Abweichend von Absatz 6 wählen Offiziere in Einheiten nach Absatz 1 Satz 2 Nummer 1, sofern die Zahl der Wahlberechtigten unter fünf liegt, in dem Stab des Verbands oder Großverbands nach Absatz 1 Satz 2 Nummer 3, welcher der Einheit unmittelbar übergeordnet ist.

§ 5 Wahlberechtigung

(1) Wahlberechtigt sind
1. alle Soldatinnen und Soldaten, die am Wahltag der Wählergruppe des Wahlbereichs angehören, für den die Vertrauensperson zu wählen ist, sowie
2. alle Soldatinnen und Soldaten, die der oder dem für den Wahlbereich zuständigen Disziplinarvorgesetzten truppendienstlich unterstellt sind.

(2) Kommandierte Soldatinnen und Soldaten sind in dem Wahlbereich wahlberechtigt, zu dem sie kommandiert sind, wenn ihre Kommandierung voraussichtlich länger als drei Monate dauert. Dies gilt nicht für die Kommandierung von Soldatinnen und Soldaten zum Zwecke der Freistellung für die Geschäftsführung eines Gremiums der Vertrauenspersonen.

§ 6 Wählbarkeit

(1) Wählbar sind alle Wahlberechtigten nach § 5.

(2) Nicht wählbar sind
1. die Kommandeurinnen und Kommandeure, die Stellvertretenden Kommandeurinnen und Kommandeure sowie die Chefs der Stäbe,
2. die Kompaniechefs und Offiziere in vergleichbarer Dienststellung, die örtliche Vorgesetzte der Wählergruppe der Offiziere im Sinne des § 4 Absatz 1 sind,
3. die Kompaniefeldwebel sowie die Inhaberinnen und Inhaber entsprechender Dienststellungen,
4. Soldatinnen und Soldaten, die infolge Richterspruchs nicht die Fähigkeit besitzen, Rechte aus öffentlichen Wahlen zu erlangen und
5. Soldatinnen und Soldaten, die innerhalb eines Jahres vor dem Tag der Stimmabgabe durch Entscheidung des Truppendienstgerichts als Vertrauensperson abberufen worden sind.

§ 7 Anfechtung der Wahl

(1) Die Wahl kann angefochten werden, wenn gegen wesentliche Vorschriften über die Wahlberechtigung, die Wählbarkeit oder das Wahlverfahren verstoßen wurde und eine Berichtigung nicht erfolgt ist. Eine Anfechtung ist nicht möglich, wenn durch den Verstoß das Wahlergebnis nicht verändert oder beeinflusst werden konnte.

(2) Anfechtungsberechtigt ist eine Gruppe von mindestens drei Wahlberechtigten oder die oder der Disziplinarvorgesetzte.

(3) Die Wahl kann auf Antrag der Anfechtungsberechtigten innerhalb von 14 Tagen nach Bekanntgabe des Wahlergebnisses beim Truppendienstgericht angefochten werden. Das Truppendienstgericht entscheidet in entsprechender Anwendung der Wehrbeschwerdeordnung, ob die Wahl für ungültig zu erklären ist.

(4) Die Auswahl der militärischen Beisitzerinnen und Beisitzer des Gerichts bestimmt sich nach dem Dienstgrad der Vertrauensperson. Auf Antrag kann die oder der Vorsitzende den Beginn der Amtszeit der Vertrauensperson bis zur Entscheidung des Truppendienstgerichts aussetzen.

Abschnitt 2 Geschäftsführung und Rechtsstellung

§ 8 Geschäftsführung[2]

(1) Das Amt der Vertrauensperson ist ein Ehrenamt.

(2) Die Vertrauensperson übt ihr Amt in der Regel während der Dienstzeit aus. Sie ist von ihrer dienstlichen Tätigkeit freizustellen, wenn und soweit es zur ordnungsgemäßen Durchführung ihrer Aufgaben erforderlich ist. Wird sie durch die Erfüllung ihrer Aufgaben über die Dienstzeit hinaus beansprucht, ist ihr Dienstbefreiung in entsprechendem Umfang zu gewähren.

(3) Der Vertrauensperson ist während des Dienstes Gelegenheit zu geben, Sprechstunden und Versammlungen innerhalb dienstlicher Unterkünfte oder Anlagen abzuhalten, soweit dies zur Wahrnehmung ihrer Aufgaben erforderlich ist und zwingende dienstliche Gründe nicht entgegenstehen. Die Sprechstunde kann mittels Video- oder Telefonkonferenz durchgeführt werden, wenn

1. vorhandene Einrichtungen genutzt werden, die durch die Dienststelle zur dienstlichen Nutzung freigegeben sind, und
2. die Vertrauensperson geeignete organisatorische Maßnahmen trifft, um sicherzustellen, dass Dritte vom Inhalt der Besprechung keine Kenntnis nehmen können.

Eine Aufzeichnung ist unzulässig.

(4) Die durch die Tätigkeit der Vertrauensperson entstehenden Kosten trägt die Dienststelle. Die Vertrauensperson erhält bei Reisen, die zur Erfüllung ihrer Aufgaben notwendig sind, Reisekostenvergütung nach den für Bundesbeamtinnen und Bundesbeamte geltenden Vorschriften. Für Sprechstunden, Versammlungen und die laufende Geschäftsführung werden ihr im erforderlichen Umfang Räume, Geschäftsbedarf und geeignete Aushangmöglichkeiten für Bekanntmachungen in gleicher Weise wie einer Personalvertretung zur Verfügung gestellt.

(5) Soldatinnen und Soldaten, die als Vertrauenspersonen oder Mitglieder eines Vertrauenspersonenausschusses mindestens für die Hälfte der regelmäßigen Arbeitszeit von ihren dienstlichen Aufgaben freigestellt sind, erhalten eine Aufwandsentschädigung. § 52 Absatz 4 des Bundespersonalvertretungsgesetzes gilt entsprechend.

§ 9 Beurteilung[3]

(1) Die Vertrauensperson und die als Vertrauensperson eingetretenen stellvertretenden Vertrauenspersonen werden durch die nächste Disziplinarvorgesetzte oder den nächsten Disziplinarvorgesetzten beurteilt, es sei denn, sie beantragen in den ersten sechs Monaten ihrer Amtszeit oder in den ersten sechs Monaten nach dem Wechsel der oder des nächsten Disziplinarvorgesetzten, durch die nächsthöhere Disziplinar-

---

2 § 8: Zur Anwendung vgl. § 33 Abs. 7

3 § 9: Zur Anwendung vgl. § 33 Abs. 7

vorgesetzte oder den nächsthöheren Disziplinarvorgesetzten beurteilt zu werden. Ist die Vertrauensperson für den Bereich ihrer oder ihres nächsthöheren Disziplinarvorgesetzten gewählt worden, geht auf ihren Antrag die Zuständigkeit für die Beurteilung auf deren nächste Disziplinarvorgesetzte oder nächsten Disziplinarvorgesetzten über.

(2) Absatz 1 gilt entsprechend für Soldatinnen und Soldaten, die für mindestens ein Viertel des Beurteilungszeitraumes als Vertrauensperson oder als eingetretene stellvertretende Vertrauenspersonen tätig gewesen sind.

§ 10 Amtszeit

(1) Die Amtszeit der Vertrauensperson beträgt vier Jahre. Sie beginnt mit dem Tag der Wahl oder, wenn zu diesem Zeitpunkt noch eine Vertrauensperson im Amt ist, mit dem Ablauf des Tages, an dem die Amtszeit dieser Vertrauensperson endet. Schließt sich die Amtszeit der neu zu wählenden Vertrauensperson nicht unmittelbar an, so verlängert sich die Amtszeit der bisherigen Vertrauensperson bis zur Neuwahl, jedoch höchstens um drei Monate.

(2) Das Amt der Vertrauensperson endet durch
1. Ablauf der Amtszeit,
2. Niederlegung des Amtes,
3. Beendigung des Wehrdienstverhältnisses,
4. Ausscheiden aus dem Wahlbereich,
5. Verlust der Wählbarkeit,
6. Entscheidung des Truppendienstgerichts,
7. Auflösung des Verbands, der Einheit oder der Dienststelle.

§ 11 Niederlegung des Amtes

Die Vertrauensperson kann durch schriftliche Erklärung gegenüber der oder dem Disziplinarvorgesetzten ihr Amt niederlegen. Diese oder dieser gibt die Niederlegung des Amtes dienstlich bekannt.

§ 12 Abberufung der Vertrauensperson[4]

(1) Die Vertrauensperson kann abberufen werden wegen
1. grober Vernachlässigung ihrer gesetzlichen Befugnisse,
2. grober Verletzung ihrer gesetzlichen Pflichten oder
3. eines sonstigen Verhaltens, das geeignet ist, die verantwortungsvolle Zusammenarbeit zwischen Vorgesetzten und Untergebenen oder das kameradschaftliche Vertrauen innerhalb des Bereichs, für den sie gewählt ist, ernsthaft zu beeinträchtigen.

(2) Über die Abberufung entscheidet das Truppendienstgericht auf Antrag
1. mindestens eines Viertels der Wählergruppe,
2. der oder des Disziplinarvorgesetzten oder
3. der oder des nächsthöheren Disziplinarvorgesetzten der Vertrauensperson.

Das Truppendienstgericht entscheidet auf Grund mündlicher Verhandlung unter entsprechender Anwendung der Wehrbeschwerdeordnung.

---

4 § 12: Zur Anwendung vgl. § 35 Abs. 4

§ 13 Ruhen des Amtes[5]

(1) Das Amt der Vertrauensperson ruht, solange ihr die Ausübung des Dienstes verboten oder sie vorläufig des Dienstes enthoben ist. Auf Antrag kann das Truppendienstgericht bis zur Entscheidung über einen Abberufungsantrag nach § 12 Absatz 1 das Ruhen des Amtes anordnen.

(2) Das Amt der Vertrauensperson ruht, wenn über ihren Antrag auf Anerkennung als Kriegsdienstverweigerin oder Kriegsdienstverweigerer noch nicht unanfechtbar entschieden worden ist.

§ 14 Stellvertretung[6]

(1) Ruht das Amt der Vertrauensperson oder endet es vorzeitig, so tritt die mit der höchsten Stimmenzahl gewählte stellvertretende Vertrauensperson an ihre Stelle. Sind keine stellvertretenden Vertrauenspersonen mehr vorhanden, sind für die Dauer der restlichen Amtszeit der Vertrauensperson im Sinne des § 10 Absatz 1 zwei stellvertretende Vertrauenspersonen im vereinfachten Wahlverfahren (§ 14 der Wahlverordnung zum Soldatinnen- und Soldatenbeteiligungsgesetz) zu wählen. Satz 2 ist nicht anzuwenden, wenn die restliche Amtszeit weniger als zwei Monate beträgt.

(2) Die stellvertretende Vertrauensperson tritt auch ein, wenn die Vertrauensperson an der Ausübung ihres Amtes verhindert ist.

(3) Sind die Vertrauensperson und die stellvertretenden Vertrauenspersonen durch eine besondere Verwendung im Ausland (§ 56 Absatz 1 des Bundesbesoldungsgesetzes) an der Ausübung ihres Amtes verhindert, wird eine Vertrauensperson mit befristeter Amtszeit im vereinfachten Wahlverfahren gewählt. Die befristete Amtszeit endet mit Ablauf des Tages, an dem die Verhinderung der Vertrauensperson oder einer der stellvertretenden Vertrauenspersonen entfällt.

§ 15 Schutz der Vertrauensperson[7]

(1) Die Vertrauensperson darf in der Ausübung ihrer Befugnisse nicht behindert und wegen ihrer Tätigkeit nicht benachteiligt oder begünstigt werden.

(2) Für die Ahndung von Dienstvergehen der Vertrauensperson oder der nach § 14 als Vertrauensperson eingetretenen stellvertretenden Vertrauensperson ist die oder der nächsthöhere Disziplinarvorgesetzte zuständig. Ist die Vertrauensperson für den Bereich der oder des nächsthöheren Disziplinarvorgesetzten gewählt worden, geht die Zuständigkeit auf deren nächste Disziplinarvorgesetzte oder dessen nächsten Disziplinarvorgesetzten über.

---

5 § 13: Zur Anwendung vgl. § 42 Abs. 6

6 § 14: Zur Anwendung vgl. § 33 Abs. 7

7 § 15: Zur Anwendung vgl. § 33 Abs. 7 u. § 42 Abs. 6
§ 15 Abs. 1: Zur Anwendung vgl. § 33 Abs. 7
§ 15 Abs. 2: Zur Anwendung vgl. § 62 Abs. 3

§ 16 Versetzung der Vertrauensperson[8]

(1) Die Vertrauensperson darf während der Dauer ihres Amtes gegen ihren Willen nur versetzt oder für mehr als drei Monate kommandiert werden, wenn dies auch unter Berücksichtigung ihrer Stellung als Vertrauensperson aus dienstlichen Gründen unvermeidbar ist. Dasselbe gilt für die zur Wahl vorgeschlagenen Soldatinnen und Soldaten bis zum Wahltag.

(2) Absatz 1 gilt bei Versetzungen aus dem Ausland in das Inland nur für die Dauer der ersten vollen Amtszeit.

§ 17 Beschwerderecht der Vertrauensperson[9]

Die Vertrauensperson kann sich entsprechend § 1 Absatz 1 der Wehrbeschwerdeordnung beschweren, wenn sie glaubt, in der Ausübung ihrer Befugnisse behindert oder wegen ihrer Tätigkeit benachteiligt zu werden.
Fußnote

§ 18 Beschwerden gegen die Vertrauensperson[10]

Über Beschwerden nach der Wehrbeschwerdeordnung gegen die Vertrauensperson oder die nach § 14 als Vertrauensperson eingetretene stellvertretende Vertrauensperson entscheidet deren nächsthöhere Disziplinarvorgesetzte oder nächsthöherer Disziplinarvorgesetzter.

Abschnitt 3 Beteiligung der Vertrauensperson

§ 19 Aufgaben der Vertrauensperson

(1) Die Vertrauensperson soll zur verantwortungsvollen Zusammenarbeit zwischen Vorgesetzten und Untergebenen sowie zur Festigung des kameradschaftlichen Vertrauens innerhalb des Bereiches beitragen, für den sie gewählt ist.

(2) Vertrauensperson und Disziplinarvorgesetzte oder Disziplinarvorgesetzter arbeiten im Interesse der Soldatinnen und Soldaten des Wahlbereiches und zur Erfüllung des Auftrages der Streitkräfte mit dem Ziel der Verständigung eng zusammen.

(3) Die Vertrauensperson hat folgende allgemeine Aufgaben:
1. Maßnahmen zu beantragen, die der Dienststelle und ihren Soldatinnen und Soldaten dienen,
2. darüber zu wachen, dass die zugunsten der Soldatinnen und Soldaten geltenden Gesetze, Verordnungen und Vorschriften durchgeführt werden,
3. Anregungen und Beanstandungen von Soldatinnen und Soldaten entgegenzunehmen und, falls diese berechtigt erscheinen, durch Erörterung mit der oder dem Disziplinarvorgesetzten auf ihre Erledigung hinzuwirken,
4. sich dafür einzusetzen, dass die Vereinbarkeit von Familie und Dienst gefördert wird und

---

8 § 16: Zur Anwendung vgl. § 33 Abs. 7
§ 16 Abs. 1: Zur Anwendung vgl. § 42 Abs. 6
9 § 17: Zur Anwendung vgl. § 33 Abs. 7 u. § 42 Abs. 6
10 § 18: Zur Anwendung vgl. § 33 Abs. 7 u. § 62 Abs. 3

5. auf die Verwirklichung der Ziele des Soldatinnen- und Soldatengleichbehandlungsgesetzes sowie des Soldatinnen- und Soldatengleichstellungsgesetzes hinzuwirken.

§ 20 Pflichten der Disziplinarvorgesetzten[11]

(1) Die oder der Disziplinarvorgesetzte hat die Vertrauensperson bei der Erfüllung ihrer Aufgaben zu unterstützen. Sie oder er unterrichtet die Vertrauensperson über Angelegenheiten, die ihre Aufgaben betreffen, rechtzeitig und umfassend. Hierzu ist der Vertrauensperson auch die Möglichkeit der Einsichtnahme in die erforderlichen Unterlagen zu eröffnen, in Personalakten jedoch nur mit Einwilligung der betroffenen Person.

(2) Die oder der Disziplinarvorgesetzte hat alle Soldatinnen und Soldaten unverzüglich nach Diensteintritt und in regelmäßigen Abständen über die Rechte und Pflichten der Vertrauensperson zu unterrichten. Zusätzlich soll vor jeder Wahl, noch vor der Bestellung des Wahlvorstandes, eine Unterrichtung stattfinden.

(3) Die oder der Disziplinarvorgesetzte hat die Vertrauensperson und die stellvertretenden Vertrauenspersonen unverzüglich nach ihrer Wahl in ihr Amt einzuweisen.

(4) Bataillonskommandeurinnen oder Bataillonskommandeure und Disziplinarvorgesetzte in entsprechenden Dienststellungen führen mindestens einmal im Kalendervierteljahr mit den Disziplinarvorgesetzten und Vertrauenspersonen ihres Bereiches eine Besprechung über Angelegenheiten von gemeinsamem Interesse aus dem Aufgabenbereich der Vertrauenspersonen durch.

(5) Vertrauensperson und stellvertretende Vertrauenspersonen, die neu in ihr Amt gewählt sind, sind so bald wie möglich nach ihrer Wahl für ihre Aufgaben auszubilden. Satz 1 gilt nicht für Vertrauenspersonen der Lehrgangsteilnehmerinnen und Lehrgangsteilnehmer an Schulen (§ 4 Absatz 3 Nummer 1) und der bei besonderen Verwendungen im Ausland gewählten Vertrauenspersonen (§ 54). Die Ausbildung soll auf Brigade- oder vergleichbarer Ebene in Seminarform stattfinden. Zusätzlich soll allen Vertrauenspersonen die Teilnahme an Weiterbildungsveranstaltungen, insbesondere an Lehrgängen, gewährt werden, sofern diese Kenntnisse vermitteln, die zur Wahrnehmung der Aufgaben erforderlich sind.

§ 21 Anhörung

Ist die Vertrauensperson zu beabsichtigten Maßnahmen anzuhören, ist sie über diese rechtzeitig und umfassend zu unterrichten. Die oder der Disziplinarvorgesetzte hat der Vertrauensperson zu den beabsichtigten Maßnahmen Gelegenheit zur Stellungnahme zu geben. Diese ist mit ihr zu erörtern.

§ 22 Vorschlagsrecht

(1) Sofern der Vertrauensperson ein Vorschlagsrecht zusteht, hat die oder der Disziplinarvorgesetzte die Vorschläge rechtzeitig mit ihr zu erörtern. Dies gilt auch dann, wenn sich der Vorschlag auf die Auswirkung von Befehlen oder sonstiger Maßnahmen vorgesetzter Kommandobehörden oder von Standortältesten bezieht, die die oder der Disziplinarvorgesetzte beabsichtigt, umzusetzen.

---

11 § 20 Abs. 5: Zur Anwendung vgl. § 62 Abs. 3

(2) Entspricht die oder der zuständige Disziplinarvorgesetzte einem Vorschlag der Vertrauensperson nicht oder nicht in vollem Umfang, ist diese Entscheidung der Vertrauensperson rechtzeitig unter Angabe der Gründe mitzuteilen.

(3) Im Fall der Ablehnung eines Vorschlags kann die Vertrauensperson ihr Anliegen der oder dem nächsthöheren Disziplinarvorgesetzten vortragen. Diese oder dieser kann die Ausführung eines Befehls oder einer sonstigen Maßnahme bis zu ihrer oder seiner Entscheidung aussetzen, wenn dem nicht dienstliche Gründe entgegenstehen.

(4) Geht ein Vorschlag der Vertrauensperson über den Bereich hinaus, für den sie gewählt ist, hat die oder der Disziplinarvorgesetzte den Vorschlag mit einer Stellungnahme ihrer oder seinem nächsten Disziplinarvorgesetzten vorzulegen.

(5) Bezieht sich ein Vorschlag auf eine Maßnahme, die der Natur der Sache nach keinen Aufschub duldet, kann die oder der nächste Disziplinarvorgesetzte bis zur endgültigen Entscheidung vorläufige Regelungen treffen. Die vorläufige Regelung ist der oder dem nächsthöheren Disziplinarvorgesetzten und der Vertrauensperson unter Angabe der Gründe mitzuteilen.

(6) Die Absätze 3 und 4 gelten nicht bei Verhängung Erzieherischer Maßnahmen.

§ 23 Mitbestimmung, Schlichtungsausschuss[12]

(1) Unterliegt eine Maßnahme der Mitbestimmung der Vertrauensperson, ist sie rechtzeitig durch die Vorgesetzte oder den Vorgesetzten, die oder der für die Maßnahme zuständig ist, zu unterrichten und ihr ist Gelegenheit zur Äußerung zu geben. Diese ist mit ihr zu erörtern. Die Vertrauensperson kann in diesen Fällen auch Maßnahmen vorschlagen. Im Fall der Geltendmachung von Ersatzansprüchen nach § 25 Absatz 3 Satz 1 Nummer 6 tritt an die Stelle der oder des Vorgesetzten, die oder der für die Maßnahme zuständig ist, die oder der Disziplinarvorgesetzte der betroffenen Soldatin oder des betroffenen Soldaten.

(2) Kommt eine Einigung nicht zustande, ist die Maßnahme auszusetzen und die oder der nächsthöhere Vorgesetzte anzurufen. Wenn eine Einigung erneut nicht zu erzielen ist, entscheidet ein Schlichtungsausschuss. Die Sätze 1 und 2 gelten nicht im Fall der Geltendmachung von Ersatzansprüchen nach § 25 Absatz 3 Satz 1 Nummer 6; in diesem Fall kann der Schlichtungsausschuss unmittelbar angerufen werden. Die Einberufung des Schlichtungsausschusses kann von der oder dem für die Maßnahme zuständigen Vorgesetzten oder von der Vertrauensperson verlangt werden.

(3) Der Schlichtungsausschuss ist von der Vorsitzenden Richterin oder dem Vorsitzenden Richter des zuständigen Truppendienstgerichts einzuberufen. Er besteht aus
1. der Vorsitzenden Richterin oder dem Vorsitzenden Richter des zuständigen Truppendienstgerichts,
2. der oder dem Vorgesetzten,
3. der oder dem nächsthöheren Vorgesetzten sowie
4. der Vertrauensperson und einer stellvertretenden Vertrauensperson.

Sind die stellvertretenden Vertrauenspersonen an der Teilnahme am Schlichtungsausschuss verhindert, so bestimmt die Vertrauensperson eine weitere Vertrauensperson des Verbands zum Mitglied des Schlichtungsausschusses.

12 § 23 Abs. 3: Zur Anwendung vgl. § 27 Abs. 1

(4) Der Schlichtungsausschuss verhandelt nichtöffentlich und soll binnen zwei Monaten nach seiner Anrufung entscheiden. Er entscheidet mit Stimmenmehrheit. Bei Stimmengleichheit entscheidet die Stimme der oder des Vorsitzenden des Schlichtungsausschusses. Die Verhandlung und die Beschlussfassung des Schlichtungsausschusses finden in der Regel als Präsenzsitzung in Anwesenheit seiner Mitglieder vor Ort statt. Die Verhandlung und die Beschlussfassung können vollständig oder unter Zuschaltung einzelner Mitglieder mittels Video- und Telefonkonferenz durchgeführt werden, wenn nicht ein Mitglied des Schlichtungsausschusses binnen einer von der oder dem Vorsitzenden zu bestimmenden Frist gegenüber der oder dem Vorsitzenden widerspricht. § 8 Absatz 3 Satz 2 und 3 gilt entsprechend. Mitglieder, die mittels Video- oder Telefonkonferenz an Sitzungen teilnehmen, gelten als anwesend.

(5) Kommt in den Fällen des § 25 Absatz 3 Satz 1 Nummer 2 bis 6 eine Einigung nicht zustande, gibt der Schlichtungsausschuss eine Empfehlung ab. Will die oder der zuständige Vorgesetzte von dieser Empfehlung abweichen, hat sie oder er die Angelegenheit der zuständigen Inspekteurin oder dem zuständigen Inspekteur oder der Inhaberin oder dem Inhaber einer entsprechenden Dienststellung binnen zwei Wochen auf dem Dienstweg zur Entscheidung vorzulegen. Satz 2 gilt nicht im Fall des § 25 Absatz 3 Satz 1 Nummer 6; in diesem Fall entscheidet die zuständige schadensbearbeitende Dienststelle. In den Fällen des § 25 Absatz 3 Satz 1 Nummer 7, 9 und 10 gilt § 75 Absatz 2 des Bundespersonalvertretungsgesetzes entsprechend.

(6) Die oder der zuständige Vorgesetzte kann bei Maßnahmen, die der Natur der Sache nach keinen Aufschub dulden, bis zur endgültigen Entscheidung vorläufige Regelungen treffen. Sie oder er hat der Vertrauensperson die vorläufige Regelung mitzuteilen und zu begründen und unverzüglich das Verfahren nach Absatz 2 einzuleiten.

§ 24 Personalangelegenheiten

(1) Die oder der nächste Disziplinarvorgesetzte soll die Vertrauensperson bei folgenden Maßnahmen oder deren Ablehnung anhören, es sei denn, dass die oder der Betroffene die Anhörung ausdrücklich ablehnt:

1. Versetzungen mit Ausnahme der Versetzung im Anschluss an die Grundausbildung und im Rahmen festgelegter Ausbildungsgänge,
2. Kommandierungen mit einer Dauer von mehr als drei Monaten, ausgenommen Lehrgänge,
3. Status- oder Laufbahnwechsel,
4. Wechsel auf einen anderen Dienstposten,
5. Maßnahmen, die ohne qualifizierten Abschluss der Erweiterung der persönlichen Kenntnisse und Fähigkeiten dienen,
6. vorzeitige Beendigung des Dienstverhältnisses, sofern ein Ermessensspielraum besteht, und
7. Verbleiben im Dienst über die besonderen Altersgrenzen des § 44 Absatz 2 in Verbindung mit § 45 Absatz 2 des Soldatengesetzes hinaus.

(2) Die Vertrauensperson wird von der oder dem nächsten Disziplinarvorgesetzten, außer im Falle der ausdrücklichen Ablehnung der oder des Betroffenen, angehört bei der Genehmigung, dem Widerruf der Genehmigung oder der Ablehnung

1. von Sonderurlaub,
2. von Betreuungsurlaub,
3. einer Nebentätigkeit,

4. einer Teilzeitbeschäftigung,
5. von ortsunabhängigem Arbeiten und
6. von Telearbeit.

(3) Die oder der Disziplinarvorgesetzte teilt die Äußerung der Vertrauensperson zu der beabsichtigten Personalmaßnahme der personalbearbeitenden Stelle mit. Das Ergebnis der Anhörung ist in die Personalentscheidung einzubeziehen.

(4) Die Vertrauensperson soll stets angehört werden bei der Auswahl von Soldatinnen und Soldaten ihres Wahlbereichs für Beförderungen, bei denen die oder der zuständige Vorgesetzte ein Auswahlermessen hat. Dies gilt nicht für Beförderungen ab der Besoldungsgruppe A 16 an aufwärts.

(5) Über die Anhörung ist ein Protokoll anzufertigen, das zu den Akten zu nehmen ist.

§ 25 Dienstbetrieb

(1) Die oder der nächste Disziplinarvorgesetzte hat die Vertrauensperson anzuhören
1. zu den lang- und mittelfristigen Planungen in Jahres- und Quartalsausbildungsbefehlen sowie
2. zu den allgemeinen Regelungen für Rahmendienstpläne.

(2) Die Vertrauensperson hat darüber hinaus ein Anhörungs- und Vorschlagsrecht bei
1. der Gestaltung des Dienstbetriebes,
2. der Gewährung von Freistellung vom Dienst für die Einheit oder Teileinheiten,
3. der Festlegung der dienstfreien Werktage,
4. der Anordnung von Wach- und Bereitschaftsdiensten sowie zusätzlichem Dienst und Mehrarbeit sowie
5. der Einteilung von Soldatinnen und Soldaten zu Sonder- und Zusatzdiensten.

Auf Antrag der oder des Betroffenen soll die Vertrauensperson bei der individuellen Gewährung von Freistellung vom Dienst angehört werden.

(3) Die Vertrauensperson hat ein Mitbestimmungsrecht bei
1. der Festlegung von Beginn und Ende der regelmäßigen täglichen Arbeitszeit und der Pausen sowie der Verteilung der Arbeitszeit auf die einzelnen Wochentage,
2. der Auswahl der Teilnehmerinnen und Teilnehmer an Weiterbildungsveranstaltungen für Soldatinnen und Soldaten mit Ausnahme der durch Berufsordnungen geregelten Weiterbildungen,
3. der Bestellung von Vertrauensärztinnen und -ärzten und von Betriebsärztinnen und -ärzten,
4. der Einführung und Anwendung technischer Einrichtungen, die dazu bestimmt sind, das Verhalten oder die Leistung der Soldatinnen und Soldaten zu überwachen, ausgenommen, wenn technische Einrichtungen zum Zwecke der Ausbildung der Soldatinnen und Soldaten eingesetzt werden,
5. Maßnahmen zur Hebung der Arbeitsleistung und zur Erleichterung des Dienstablaufs,
6. der Geltendmachung von Ersatzansprüchen in Höhe von mehr als 250 Euro gegen Soldatinnen und Soldaten, sofern diese der Beteiligung der Vertrauensperson zustimmen,
7. Inhalten von Personalfragebögen für Soldatinnen und Soldaten,
8. Maßnahmen, die der Förderung der Vereinbarkeit von Familie und Dienst dienen,

9. der Aufstellung des Urlaubsplanes und der Festsetzung der zeitlichen Lage des Erholungsurlaubs für einzelne Soldatinnen und Soldaten, wenn zwischen der oder dem nächsten Disziplinarvorgesetzten und den beteiligten Soldatinnen und Soldaten kein Einverständnis erzielt werden kann,
10. Maßnahmen zur Verhütung von Dienst- und Arbeitsunfällen und sonstigen Gesundheitsschädigungen.

Satz 1 gilt nicht, wenn eine gesetzliche Regelung besteht oder ein Gremium der Vertrauenspersonen beteiligt wurde.

(4) Eine Beteiligung der Vertrauensperson unterbleibt bei
1. der Festlegung von Zielen und Inhalten der Ausbildung mit Ausnahme der politischen Bildung und
2. Anordnungen zur Durchführung von Katastrophenhilfe und Hilfe bei besonders schweren Unglücksfällen.

§ 26 Betreuung und Fürsorge

(1) Die oder der Disziplinarvorgesetzte beruft eine Vertrauensperson, die die zuständige Versammlung der Vertrauenspersonen nach § 33 benannt hat, zum ständigen Mitglied solcher Ausschüsse, die der Dienstherr zur Erfüllung seiner Fürsorgepflicht eingerichtet hat. Sofern einem solchen Ausschuss die Entscheidung über beteiligungspflichtige Angelegenheiten übertragen worden ist, tritt seine Beteiligung an die Stelle der gesonderten Beteiligung der Vertrauenspersonen, Gremien der Vertrauenspersonen oder Personalvertretungen, die in dem Ausschuss mit Stimmrecht vertreten sind. Die oder der Vorgesetzte, bei der oder dem der Ausschuss gebildet worden ist, nimmt die Aufgaben der oder des Disziplinarvorgesetzten nach diesem Gesetz sowie die Aufgaben der Leiterin oder des Leiters der Dienststelle nach § 8 des Bundespersonalvertretungsgesetzes wahr. Für das weitere Verfahren gilt das im Einzelfall vorgesehene Beteiligungsverfahren entsprechend.

(2) Für die Besetzung anderer Ausschüsse hat die Vertrauensperson ein Vorschlagsrecht.

(3) Die Vertrauensperson hat, sofern eine gesetzliche Regelung nicht besteht oder ein Gremium der Vertrauenspersonen nicht beteiligt wurde, ein Mitbestimmungsrecht bei
1. Entscheidungen über die Verwendung von Mitteln aus Gemeinschaftskassen,
2. Errichtung, Verwaltung und Auflösung von Betreuungseinrichtungen eines Standorts oder Betreuungseinrichtungen einer Truppenunterkunft,
3. Maßnahmen der außerdienstlichen Betreuung und der Freizeitgestaltung für Soldatinnen und Soldaten sowie dienstlichen Veranstaltungen geselliger Art.

(4) Bei der Gestaltung der dienstlichen Unterkünfte ist die Vertrauensperson anzuhören. Sie kann hierzu Vorschläge machen.

(5) In anderen Fragen der Betreuung und Fürsorge ist die Vertrauensperson anzuhören. Sie kann auch Vorschläge machen.

§ 27 Berufsförderung

(1) Bei Ermessensentscheidungen der oder des Disziplinarvorgesetzten über Maßnahmen der Berufsförderung bestimmt die Vertrauensperson auf Antrag der Soldatin oder des Soldaten mit. § 23 Absatz 5 gilt entsprechend.

(2) Berufsförderung im Sinne des Absatzes 1 umfasst berufsbildende Förderungsmaßnahmen nach dem Soldatenversorgungsgesetz und sonstige berufsfördernde und berufsbildende Maßnahmen.

§ 28 Ahndung von Dienstvergehen[13]

(1) Wollen Disziplinarvorgesetzte Disziplinarmaßnahmen verhängen, so haben sie die Vertrauensperson vor der Entscheidung zur Person der Soldatin oder des Soldaten, zum Sachverhalt und zum Disziplinarmaß anzuhören, es sei denn, die Soldatin oder der Soldat lehnt dies ausdrücklich ab. Mit der Anhörung kann auch eine Offizierin oder ein Offizier beauftragt werden. Der Sachverhalt ist der Vertrauensperson vor Beginn der Anhörung bekannt zu geben. Ein Recht auf Einsicht in Unterlagen und Akten besteht nur mit Einwilligung der betroffenen Person. Über die Anhörung der Vertrauensperson ist ein Protokoll anzufertigen, das zu den Akten zu nehmen ist.

(2) In einem gerichtlichen Disziplinarverfahren gegen eine Soldatin oder einen Soldaten hat das Truppendienstgericht in der Hauptverhandlung die Vertrauensperson zur Person der Soldatin oder des Soldaten und zum Sachverhalt anzuhören, es sei denn, die Soldatin oder der Soldat lehnt dies ausdrücklich ab. Die Vertrauensperson schöpft ihre Kenntnis des Sachverhalts aus dem Inbegriff der Hauptverhandlung bis zum Schluss der Beweisaufnahme. § 21 ist in gerichtlichen Disziplinarverfahren nicht anzuwenden.

§ 29 Förmliche Anerkennungen, Bestpreise[14]

(1) Die Vertrauensperson hat das Recht, Soldatinnen und Soldaten ihrer Wählergruppe für eine förmliche Anerkennung gemäß § 11 Absatz 1 der Wehrdisziplinarordnung oder für einen Bestpreis vorzuschlagen.

(2) Die oder der Disziplinarvorgesetzte hat die Vertrauensperson vor der Erteilung einer förmlichen Anerkennung oder eines Bestpreises anzuhören.

(3) Vor der Rücknahme einer förmlichen Anerkennung gemäß § 14 der Wehrdisziplinarordnung ist die Vertrauensperson anzuhören.

§ 30 Auszeichnungen und Vergabe leistungsbezogener Elemente der Besoldung

(1) Die Vertrauensperson soll angehört werden, wenn Soldatinnen oder Soldaten ihrer Wählergruppe für die Verleihung des Ehrenzeichens der Bundeswehr oder für einen Orden vorgeschlagen werden sollen. Die Anhörung erfolgt in der Regel durch die nächste Disziplinarvorgesetzte oder den nächsten Disziplinarvorgesetzten der Soldatinnen und Soldaten, denen eine Auszeichnung verliehen werden soll.

(2) Absatz 1 ist entsprechend anzuwenden bei der Vergabe von leistungsbezogenen Elementen der Besoldung an Soldatinnen und Soldaten.

---

13 § 28: Zur Anwendung vgl. § 4 WDO 2025
14 § 29: Zur Anwendung vgl. § 4 WDO 2025

§ 31 Beschwerdeverfahren

(1) Die Vertrauensperson der Beschwerdeführerin oder des Beschwerdeführers soll angehört werden, wenn eine Beschwerde nach den Bestimmungen der Wehrbeschwerdeordnung Folgendes betrifft:
1. den Dienstbetrieb,
2. die Fürsorge,
3. die Berufsförderung,
4. die außerdienstliche Betreuung und Freizeitgestaltung für Soldatinnen und Soldaten oder
5. dienstliche Veranstaltungen geselliger Art.

(2) Betrifft die Beschwerde persönliche Kränkungen, soll die Vertrauensperson der Beschwerdeführerin oder des Beschwerdeführers und der oder des Betroffenen angehört werden. Bei Beschwerden in Personalangelegenheiten im Sinne des § 24 Absatz 1 soll die Vertrauensperson angehört werden, es sei denn, die Beschwerdeführerin oder der Beschwerdeführer lehnt die Anhörung ausdrücklich ab. Bei Beschwerden in Personalangelegenheiten im Sinne des § 24 Absatz 2 wird die Vertrauensperson, außer im Falle der ausdrücklichen Ablehnung der Beschwerdeführerin oder des Beschwerdeführers, angehört.

§ 32 Vermittlung durch die Vertrauensperson

(1) Die Vertrauensperson kann im Verfahren nach der Wehrbeschwerdeordnung von der Beschwerdeführerin oder vom Beschwerdeführer als Vermittlerin oder Vermittler gewählt werden.

(2) Ist die Vertrauensperson in einer Sache als Vermittlerin oder Vermittler nach der Wehrbeschwerdeordnung tätig geworden, gilt sie für das Anhörungsverfahren nach § 31 Absatz 2 Satz 1 als verhindert.

Kapitel 3 **Gremien der Vertrauenspersonen**

Abschnitt 1 **Versammlungen der Vertrauenspersonen**

§ 33 Versammlungen der Vertrauenspersonen des Verbands, des Kasernenbereichs und des Standorts[15]

(1) Die Vertrauenspersonen eines Verbands oder einer vergleichbaren militärischen Dienststelle bilden die Versammlung der Vertrauenspersonen des Verbands. Bei den fliegenden Verbänden werden die Versammlungen bei den Geschwadern oder bei einer den Geschwadern vergleichbaren Ebene gebildet.

(2) Die Sprecherinnen und Sprecher der Versammlungen der Vertrauenspersonen des Verbands und ihre Stellvertreterinnen und Stellvertreter bilden mit Ausnahme der Schulen für jeweils einen Kasernenbereich die Versammlung der Vertrauenspersonen des Kasernenbereichs. Zu diesen Versammlungen tritt jeweils eine Vertrauensperson von selbständigen Einheiten oder vergleichbaren militärischen Dienst-

---

15 § 33: Zur Anwendung vgl. § 37 Abs. 2
§ 33 Abs. 4 bis 7: Zur Anwendung vgl. § 34 Abs. 3

stellen hinzu, sofern diese in demselben Kasernenbereich untergebracht sind. Sind ausschließlich selbständige Einheiten oder vergleichbare militärische Dienststellen in einem Kasernenbereich untergebracht, bilden deren Vertrauenspersonen die Versammlung der Vertrauenspersonen des Kasernenbereichs.

(3) In Standorten mit mindestens zwei Kasernen wird eine Versammlung der Vertrauenspersonen des Standorts gebildet. Hierfür wählen die Versammlungen der Vertrauenspersonen des Kasernenbereichs je eine Vertreterin oder einen Vertreter der Laufbahngruppen als Mitglied.

(4) Sofern Personalvertretungen nach Kapitel 5 gebildet worden sind, treten die Mitglieder der Gruppe der Soldatinnen und Soldaten dieser Personalvertretungen, die die Rechte in den Angelegenheiten nach der Wehrdisziplinarordnung und der Wehrbeschwerdeordnung ausüben, zu den Versammlungen der Vertrauenspersonen hinzu. Sie sind in der Versammlung der Vertrauenspersonen aktiv und passiv wahlberechtigt.

(5) Die Führerin oder der Führer des Verbands lädt die Mitglieder der Versammlung der Vertrauenspersonen des Verbands ein, solange noch keine Wahlen stattgefunden haben. Entsprechendes gilt für die von der Kasernenkommandantin oder dem Kasernenkommandanten einzuberufende Versammlung der Vertrauenspersonen des Kasernenbereichs und für die von der Standortältesten oder dem Standortältesten einzuberufende Versammlung der Vertrauenspersonen des Standorts.

(6) Die Versammlungen nach den Absätzen 1 bis 3 vertreten die gemeinsamen Interessen der Soldatinnen und Soldaten gegenüber der Führerin oder dem Führer des Verbands, gegenüber der Kasernenkommandantin oder dem Kasernenkommandanten oder gegenüber der Standortältesten oder dem Standortältesten (Beteiligungspartnerinnen oder Beteiligungspartner).

(7) Die Bestimmungen der §§ 9 und 15 gelten entsprechend für die Sprecherinnen und Sprecher der Versammlungen der Vertrauenspersonen der Verbände. Die Bestimmungen der §§ 8, 9 und 14, des § 15 Absatz 1 sowie der §§ 16 bis 18 gelten entsprechend für alle Mitglieder der Versammlungen der Vertrauenspersonen. Die Versammlungen werden beteiligt nach den §§ 19, 21 bis 23, 25 und 26.

§ 34 Versammlungen der Vertrauenspersonen der Großverbände[16]

(1) Bei Brigaden oder diesen vergleichbaren militärischen Dienststellen werden Versammlungen der Vertrauenspersonen gebildet. Ihnen gehören jeweils bis zu drei entscheidungsbefugte Mitglieder an, die von der Versammlung der Vertrauenspersonen des Verbands gewählt sind. Zu diesen Versammlungen treten jeweils bis zu drei Vertrauenspersonen der selbständigen Einheiten oder vergleichbarer militärischer Dienststellen des unterstellten Bereichs hinzu.

(2) Bei Divisionen oder diesen vergleichbaren militärischen Dienststellen werden Versammlungen der Vertrauenspersonen gebildet. Ihnen gehören jeweils bis zu drei entscheidungsbefugte Mitglieder an, die von den Versammlungen der unterstellten Großverbände nach Absatz 1 gewählt sind. Zu diesen Versammlungen treten jeweils bis zu drei Vertrauenspersonen der unterstellten selbständigen Einheiten und Verbände oder vergleichbarer militärischer Dienststellen hinzu.

---

16 Fußnote
Zur Anwendung vgl. § 37 Abs. 2

(3) § 33 Absatz 4 bis 7, die §§ 35 und 36 Absatz 1 bis 5 und 7 finden entsprechend Anwendung mit der Maßgabe, dass die Versammlungen nach den Absätzen 1 und 2 abweichend von § 36 Absatz 1 Satz 1 anlassbezogen zusammentreten.

§ 35 Sprecherin, Sprecher[17]

(1) Die Mitglieder der Versammlungen der Vertrauenspersonen wählen in gesonderten Wahlgängen einen Vorstand. Der Vorstand besteht aus einer Sprecherin oder einem Sprecher, einer ersten Stellvertreterin oder einem ersten Stellvertreter und einer zweiten Stellvertreterin oder einem zweiten Stellvertreter. Bei Stimmengleichheit entscheidet das Los. Die Vorstandsmitglieder sollen verschiedenen Wählergruppen angehören.

(2) Die Sprecherin oder der Sprecher führt die Geschäfte der Versammlung, führt deren Beschlüsse aus und ist Ansprechpartnerin oder Ansprechpartner der in § 33 Absatz 6 genannten Beteiligungspartnerinnen oder Beteiligungspartner sowie der Führerin oder des Führers des jeweiligen Großverbands nach § 34. Für diese Aufgabenwahrnehmung ist die Sprecherin oder der Sprecher im erforderlichen Umfang freizustellen.

(3) Die Sprecherinnen und Sprecher der Versammlungen der Vertrauenspersonen der Verbände und ihre Stellvertreterinnen und Stellvertreter kommen einmal jährlich zu einer Fortbildungsveranstaltung zusammen. Die Inspekteurinnen und Inspekteure und die Inhaberinnen und Inhaber einer entsprechenden Dienststellung entscheiden über die Ebene, in der die Fortbildungsveranstaltungen durchzuführen sind.

(4) § 12 gilt mit der Maßgabe, dass anstelle der oder des Disziplinarvorgesetzten die in § 33 Absatz 6 genannten Beteiligungspartnerinnen oder Beteiligungspartner und hinsichtlich der Sprecherinnen oder Sprecher der Versammlungen nach § 34 die Führerin oder der Führer des jeweiligen Großverbands antragsberechtigt ist.

§ 36 Sitzungen, Beschlussfähigkeit, Protokoll[18]

(1) Die Versammlungen der Vertrauenspersonen treten einmal im Kalendervierteljahr zusammen. Auf Anregung der in § 33 Absatz 6 genannten Beteiligungspartnerinnen oder Beteiligungspartner sowie auf Antrag eines Drittels ihrer Mitglieder treten sie auch häufiger als einmal im Kalendervierteljahr zusammen. Die Sitzungen finden in der Regel während der Dienstzeit statt. Bei der Anberaumung ist auf die dienstlichen Erfordernisse Rücksicht zu nehmen. Die Disziplinarvorgesetzten sind über den Zeitpunkt der Sitzung vorher zu unterrichten.

(2) Die Versammlung der Vertrauenspersonen ist beschlussfähig, wenn mindestens die Hälfte ihrer Mitglieder anwesend ist. Hierbei werden die Mitglieder nicht mitgezählt, die an einer Teilnahme verhindert sind, weil ihre Einheit oder Dienststelle zum Zeitpunkt der Versammlung ortsabwesend ist.

---

17 § 35: Zur Anwendung vgl. § 34 Abs. 3 u. § 37 Abs. 2

18 § 36: Zur Anwendung vgl. § 37 Abs. 2
§ 36 Abs. 1 bis 5: Zur Anwendung vgl. § 34 Abs. 3
§ 36 Abs. 4: Zur Anwendung vgl. § 49 Abs. 1

(3) Die Beschlüsse der Versammlung der Vertrauenspersonen werden mit einfacher Stimmenmehrheit der anwesenden Mitglieder gefasst. Bei Stimmengleichheit ist ein Antrag abgelehnt.

(4) Über jede Sitzung der Versammlung ist ein Protokoll zu fertigen, das mindestens den Wortlaut der Anträge und Beschlüsse sowie das zahlenmäßige Stimmenverhältnis enthält. Das Protokoll ist von der Sprecherin oder dem Sprecher und einem weiteren Mitglied zu unterzeichnen; ihm ist eine Anwesenheitsliste beizufügen, in die sich jede Teilnehmerin und jeder Teilnehmer einzutragen hat.

(5) Die Versammlung der Vertrauenspersonen kann ergänzende Regelungen in einer Geschäftsordnung treffen, die sie mit der Mehrheit der Stimmen der Mitglieder beschließt. In der Geschäftsordnung kann die Beschlussfassung im elektronischen Verfahren vorgesehen werden. § 8 Absatz 3 Satz 2 gilt entsprechend. Die Beschlussfassung im elektronischen Verfahren ist unzulässig, wenn ein Mitglied der Versammlung binnen einer von der Sprecherin oder dem Sprecher zu bestimmenden Frist gegenüber der Sprecherin oder dem Sprecher widerspricht. Die Sprecherin oder der Sprecher gibt das Ergebnis der Beschlussfassung im elektronischen Verfahren spätestens in der nächsten Sitzung der Versammlung bekannt.

(6) Ist im Bereich einer Versammlung der Vertrauenspersonen des Verbands ein Personalrat gebildet, soll zur Behandlung gemeinsamer Angelegenheiten die oder der Vorsitzende dieses Personalrats an den Sitzungen der Versammlung beratend teilnehmen, sofern Interessen der von ihr oder ihm Vertretenen berührt sind. Satz 1 gilt entsprechend für die Teilnahme der Sprecherin oder des Sprechers der Versammlung der Vertrauenspersonen an den Sitzungen des Personalrats.

(7) Die Versammlungen der Vertrauenspersonen finden in der Regel als Präsenzsitzung in Anwesenheit ihrer Mitglieder vor Ort statt. Die Versammlung kann vollständig oder unter Zuschaltung einzelner Mitglieder mittels Video- oder Telefonkonferenz durchgeführt werden, wenn nicht mindestens ein Viertel der Mitglieder der Versammlung der Vertrauenspersonen binnen einer von der Sprecherin oder dem Sprecher zu bestimmenden Frist gegenüber der Sprecherin oder dem Sprecher widerspricht. § 8 Absatz 3 Satz 2 und 3 gilt entsprechend. Mitglieder, die mittels Video- oder Telefonkonferenz an Sitzungen teilnehmen, gelten als anwesend im Sinne der Absätze 2 und 3. Absatz 4 Satz 2 zweiter Halbsatz ist mit der Maßgabe anzuwenden, dass die Sprecherin oder der Sprecher vor Beginn der Beratung die zugeschalteten Mitglieder feststellt und in die Anwesenheitsliste einträgt. Das Recht eines Mitglieds der Versammlung der Vertrauenspersonen auf Teilnahme an der Sitzung vor Ort bleibt durch die Durchführung der Sitzung mittels Video- oder Telefonkonferenz unberührt.

Abschnitt 2 **Vertrauenspersonenausschüsse**

§ 37 Bildung von Vertrauenspersonenausschüssen

(1) Vertrauenspersonenausschüsse sind
1. der Gesamtvertrauenspersonenausschuss sowie
2. die Vertrauenspersonenausschüsse bei den unmittelbar dem Bundesministerium der Verteidigung nachgeordneten Kommandos.

(2) Für die Vertrauenspersonenausschüsse gelten die Bestimmungen über die Versammlungen der Vertrauenspersonen entsprechend, sofern nachfolgend nichts anderes bestimmt ist.

§ 38 Gesamtvertrauenspersonenausschuss

(1) Beim Bundesministerium der Verteidigung wird ein Gesamtvertrauenspersonenausschuss mit 35 Mitgliedern gebildet. In ihm sollen die Soldatinnen und Soldaten der Kommandobereiche im Sinne des § 39 Absatz 1 sowie der Dienststellen, die keinem dieser Bereiche angehören, nach Laufbahngruppen angemessen vertreten sein. Die Mitglieder der Gruppe der Soldatinnen und Soldaten im Hauptpersonalrat beim Bundesministerium der Verteidigung treten dem Gesamtvertrauenspersonenausschuss als weitere Mitglieder hinzu.

(2) Die einem Kommandobereich im Sinne des § 39 Absatz 1 angehörenden Mitglieder des Gesamtvertrauenspersonenausschusses bilden jeweils eine Gruppe. Die Mitglieder, die keinem solchen Bereich angehören, bilden zusammen eine weitere Gruppe.

(3) Der Gesamtvertrauenspersonenausschuss wird bei Grundsatzregelungen des Bundesministeriums der Verteidigung im personellen, sozialen und organisatorischen Bereich angehört, sofern diese Grundsatzregelungen Soldatinnen und Soldaten betreffen. Er kann in diesen Angelegenheiten auch vor einer Anhörung Anregungen geben. Der Gesamtvertrauenspersonenausschuss hat bei Grundsatzregelungen ein Vorschlags- oder Mitbestimmungsrecht, sofern dieses Gesetz Vertrauenspersonen ein solches einräumt. Gleiches gilt bei Grundsatzregelungen im personellen, sozialen und organisatorischen Bereich von Stellen, die dem Bundesministerium der Verteidigung nachgeordnet sind, wenn diese Grundsatzregelungen Wirkung auf mehrere Kommandobereiche im Sinne des § 39 Absatz 1 oder Organisationsbereiche oder auf den gesamten Geschäftsbereich des Bundesministeriums der Verteidigung entfalten. Die Sätze 1 bis 4 finden keine Anwendung auf die Vorbereitung von Gesetzen oder auf den Erlass von Rechtsverordnungen. Erhebungen mittels Fragebogen sind Grundsatzregelungen gleichgestellt, sofern sie solche vorbereiten.

(4) Kommt in Mitbestimmungsangelegenheiten, die Soldatinnen und Soldaten betreffen, zwischen dem Bundesministerium der Verteidigung und dem Gesamtvertrauenspersonenausschuss keine Einigung zustande, können diese Mitbestimmungsangelegenheiten einem Schlichtungsausschuss vorgelegt werden. Dieser besteht abweichend von § 23 Absatz 3 aus je drei vom Bundesministerium der Verteidigung und vom Gesamtvertrauenspersonenausschuss bestimmten Beisitzerinnen oder Beisitzern sowie einer oder einem einvernehmlich berufenen unparteiischen Vorsitzenden. Der Schlichtungsausschuss verhandelt nicht öffentlich. Er spricht eine Empfehlung an das Bundesministerium der Verteidigung aus, das auf Grundlage der Empfehlung endgültig entscheidet.

§ 39 Vertrauenspersonenausschüsse bei den unmittelbar dem Bundesministerium der Verteidigung nachgeordneten Kommandos[19]

(1) Bei den unmittelbar dem Bundesministerium der Verteidigung nachgeordneten Kommandos werden Vertrauenspersonenausschüsse gebildet, sofern in deren Kommandobereichen mindestens zwei Versammlungen der Vertrauenspersonen nach § 33 oder § 34 zu bilden sind. Sie setzen sich zusammen aus je einem Mitglied pro angefangenen 4 000 zu vertretenden Soldatinnen und Soldaten, mindestens aber sechs Mitgliedern. In ihnen sollen die Laufbahngruppen angemessen vertreten sein.

---

19 § 39 Abs. 3: Zur Anwendung vgl. § 63 Abs. 5

(2) Die Vertrauenspersonenausschüsse im Sinne des Absatzes 1 werden bei Grundsatzregelungen ihres Kommandobereichs im personellen, sozialen und organisatorischen Bereich angehört, sofern diese Grundsatzregelungen Soldatinnen und Soldaten betreffen. Sie können in diesen Angelegenheiten auch vor einer Anhörung Anregungen geben. Sie haben bei Grundsatzregelungen ein Vorschlags- oder Mitbestimmungsrecht, sofern dieses Gesetz Vertrauenspersonen ein solches einräumt. Gleiches gilt bei Grundsatzregelungen im personellen, sozialen und organisatorischen Bereich von Stellen, die den Kommandos im Sinne des Absatzes 1 nachgeordnet sind, wenn diese Grundsatzregelungen Soldatinnen und Soldaten betreffen und Wirkung auf den jeweiligen Kommandobereich entfalten. Erhebungen mittels Fragebogen sind Grundsatzregelungen gleichgestellt, sofern sie solche vorbereiten.

(3) Kommt in Mitbestimmungsangelegenheiten, die Soldatinnen und Soldaten betreffen, zwischen dem Kommando im Sinne des Absatzes 1 und dem bei ihm gebildeten Vertrauenspersonenausschuss keine Einigung zustande, können diese Mitbestimmungsangelegenheiten einem Schlichtungsausschuss vorgelegt werden. Dieser besteht abweichend von § 23 Absatz 3 aus je zwei Vertreterinnen oder Vertretern des Kommandos im Sinne des Absatzes 1 und des Vertrauenspersonenausschusses sowie einer oder einem einvernehmlich berufenen unparteiischen Vorsitzenden. Der Schlichtungsausschuss verhandelt nicht öffentlich. Er spricht eine Empfehlung an das Kommando im Sinne des Absatzes 1 aus, das auf Grundlage der Empfehlung endgültig entscheidet.

§ 40 Wahl des Gesamtvertrauenspersonenausschusses

(1) Die Mitglieder des Gesamtvertrauenspersonenausschusses werden in allgemeiner, unmittelbarer, freier, gleicher und geheimer Wahl gewählt. Wahlberechtigt sind alle Vertrauenspersonen des Geschäftsbereichs des Bundesministeriums der Verteidigung, die sich 21 Kalendertage vor dem Wahltag im Amt befinden.

(2) Wählbar sind alle Wahlberechtigten nach Absatz 1, die Vertrauenspersonen eines Wahlbereichs sind, der für mindestens drei Monate gebildet wurde, und die Mitglieder des Gesamtvertrauenspersonenausschusses. Satz 1 gilt für Wahlberechtigte, die zum Zeitpunkt der Wahl zu Lehrgängen oder anderen Dienststellen kommandiert sind, mit der Maßgabe, dass sie ausschließlich im Kommandobereich ihres Stammtruppenteils wählbar sind.

(3) Für die Durchführung der Wahlen des Gesamtvertrauenspersonenausschusses wird beim Bundesministerium der Verteidigung ein zentraler Wahlvorstand gebildet. Der zentrale Wahlvorstand besteht aus fünf Soldatinnen oder Soldaten sowie fünf Ersatzmitgliedern, die das Bundesministerium der Verteidigung auf Vorschlag des Gesamtvertrauenspersonenausschusses beruft. Jeder Kommandobereich im Sinne des § 39 Absatz 1 soll vertreten sein.

(4) Das Bundesministerium der Verteidigung trägt die Kosten der Wahl.

§ 41 Wahl der Vertrauenspersonenausschüsse bei den unmittelbar dem Bundesministerium der Verteidigung nachgeordneten Kommandos

(1) Die Mitglieder der Vertrauenspersonenausschüsse im Sinne des § 39 Absatz 1 werden in allgemeiner, unmittelbarer, freier, gleicher und geheimer Wahl gewählt. Wahlberechtigt sind alle Vertrauenspersonen des jeweiligen Kommandobereichs im Sinne des § 39 Absatz 1, die sich 21 Kalendertage vor dem Wahltag im Amt befinden.

(2) Wählbar sind alle Wahlberechtigten nach Absatz 1, die Vertrauenspersonen eines Wahlbereichs sind, der für mindestens drei Monate gebildet wurde, und die jeweiligen Mitglieder der Vertrauenspersonenausschüsse im Sinne des § 39 Absatz 1. Satz 1 gilt für Wahlberechtigte, die zum Zeitpunkt der Wahl zu Lehrgängen oder anderen Dienststellen kommandiert sind, mit der Maßgabe, dass sie ausschließlich im Kommandobereich ihres Stammtruppenteils wählbar sind.

(3) Für die Durchführung der Wahlen der Vertrauenspersonenausschüsse im Sinne des § 39 Absatz 1 werden in den Kommandobereichen Wahlvorstände gebildet. Diese Wahlvorstände bestehen aus drei Soldatinnen oder Soldaten sowie drei Ersatzmitgliedern. Diese werden in den Kommandos im Sinne des § 39 Absatz 1 von der jeweiligen Inspekteurin oder dem jeweiligen Inspekteur oder von der jeweiligen Inhaberin oder dem jeweiligen Inhaber einer entsprechenden Dienststellung auf Vorschlag des Vertrauenspersonenausschusses berufen. Jede Laufbahngruppe soll vertreten sein.

(4) Die Dienststelle trägt die Kosten der Wahl.

§ 42 Amtszeit, Rechtsstellung der Mitglieder der Vertrauenspersonenausschüsse

(1) Die Amtszeit der Mitglieder der Vertrauenspersonenausschüsse beginnt entsprechend § 10 Absatz 1 Satz 2 und beträgt vier Jahre. Schließt sich die Amtszeit der neu zu wählenden Vertrauenspersonenausschüsse nicht unmittelbar an, so verlängert sich die Amtszeit bis zur Neuwahl, jedoch höchstens um drei Monate. Die Wahlvorstände laden die Mitglieder der Vertrauenspersonenausschüsse unverzüglich nach ihrer Wahl zur ersten Sitzung ein.

(2) Die Mitgliedschaft in einem Vertrauenspersonenausschuss beginnt mit dessen Amtszeit. Sie erlischt

1. mit dem Ende der Amtszeit der Vertrauenspersonenausschüsse,
2. durch Niederlegung des Amtes mit der Maßgabe, dass die Erklärung schriftlich gegenüber dem jeweiligen Vertrauenspersonenausschuss abzugeben ist,
3. bei Stellung eines Antrages auf Anerkennung als Kriegsdienstverweigerer,
4. durch Verlust der Fähigkeit, Rechte aus öffentlichen Wahlen zu erlangen,
5. durch Versetzung aus dem jeweiligen Kommandobereich,
6. durch Versetzung zu einer Dienststelle, in der Soldatinnen und Soldaten zum Personalrat wählen,
7. zu dem Zeitpunkt, in dem die Soldatinnen und Soldaten der Dienststelle nicht mehr Vertrauenspersonen, sondern zum Personalrat wählen,
8. durch Ausscheiden aus dem Dienstverhältnis.

(3) Die Amtszeit endet vorzeitig, wenn

1. die Gesamtzahl der Mitglieder des Vertrauenspersonenausschusses auch nach Eintreten aller verfügbaren Ersatzmitglieder um mehr als 40 Prozent der vorgeschriebenen Zahl gesunken ist,
2. der Vertrauenspersonenausschuss mit der Mehrheit seiner Mitglieder seinen Rücktritt beschlossen hat oder
3. die Wahl angefochten und für ungültig erklärt wurde, mit Rechtskraft der gerichtlichen Entscheidung.

Endet die Amtszeit vorzeitig, führt der Vertrauenspersonenausschuss die Geschäfte bis zur ersten Sitzung des neuen Vertrauenspersonenausschusses weiter.

(4) Auf Antrag des Bundesministeriums der Verteidigung oder mindestens eines Viertels der Mitglieder des Gesamtvertrauenspersonenausschusses kann das Bun-

desverwaltungsgericht ein Mitglied des Gesamtvertrauenspersonenausschusses abberufen wegen

1. grober Vernachlässigung seiner gesetzlichen Befugnisse oder Pflichten oder
2. eines Verhaltens, das geeignet ist, die vertrauensvolle Zusammenarbeit zwischen dem Bundesministerium der Verteidigung und dem Gesamtvertrauenspersonenausschuss ernsthaft zu beeinträchtigen.

Das Bundesverwaltungsgericht entscheidet unter entsprechender Anwendung der Wehrbeschwerdeordnung.

(5) Absatz 4 gilt entsprechend für die Abberufung eines Mitglieds eines Vertrauenspersonenausschusses im Sinne des § 39 Absatz 1 durch das zuständige Truppendienstgericht mit der Maßgabe, dass die jeweilige Inspekteurin oder der jeweilige Inspekteur oder die jeweilige Inhaberin oder der jeweilige Inhaber einer entsprechenden Dienststellung oder ein Viertel der Mitglieder des jeweiligen Vertrauenspersonenausschusses antragsberechtigt ist und das Truppendienstgericht entscheidet. Gegen die Entscheidung des Truppendienstgerichts kann Rechtsbeschwerde nach der Wehrbeschwerdeordnung eingelegt werden.

(6) Auf die Mitglieder der Vertrauenspersonenausschüsse finden die §§ 13, 15, 16 Absatz 1 und § 17 entsprechend Anwendung.

§ 43 Pflichten der Dienststellen

(1) Die Dienststellen unterrichten den bei ihnen gebildeten Vertrauenspersonenausschuss rechtzeitig und umfassend über die beabsichtigte beteiligungspflichtige Maßnahme. Dem Vertrauenspersonenausschuss ist Gelegenheit zu geben, binnen einer Frist von vier Wochen, die in dringenden Fällen auf zwei Wochen verkürzt werden kann, Stellungnahmen oder Anregungen abzugeben. Die Dienststellen sollen diese bei ihrer Entscheidung berücksichtigen. Berücksichtigen sie die Stellungnahmen oder Anregungen nicht, sind dem Ausschuss die Gründe hierfür mitzuteilen. Die Maßnahme gilt als gebilligt, wenn der Vertrauenspersonenausschuss nicht innerhalb der genannten Frist schriftlich oder elektronisch Einwendungen erhebt. Die Dienststelle und der bei ihr gebildete Vertrauenspersonenausschuss können im Einzelfall oder für die Dauer der Amtszeit des Vertrauenspersonenausschusses schriftlich oder elektronisch eine von Satz 2 abweichende Frist vereinbaren.

(2) Die Dienststellen können bei Maßnahmen, die der Natur der Sache nach keinen Aufschub dulden, bis zur endgültigen Entscheidung vorläufige Regelungen treffen. Die vorläufigen Regelungen sind dem zuständigen Vertrauenspersonenausschuss mitzuteilen und zu begründen. Das Verfahren nach Absatz 1 ist unverzüglich einzuleiten oder fortzusetzen. Die nach diesem Absatz durchzuführenden Maßnahmen sind mit Ausnahme der Anhörungstatbestände als vorläufige Regelungen zu kennzeichnen.

(3) Die Absätze 1 und 2 finden entsprechend Anwendung in den Fällen des § 38 Absatz 3 Satz 4 und des § 39 Absatz 2 Satz 4.

(4) Die Dienststellen stellen die Sprecherin oder den Sprecher und gegebenenfalls weitere Mitglieder der Vertrauenspersonenausschüsse von ihrer dienstlichen Tätigkeit frei, soweit es zur ordnungsgemäßen Aufgabenerfüllung erforderlich ist.

(5) § 8 des Bundespersonalvertretungsgesetzes gilt entsprechend.

§ 44 Nachrücken, Ersatzmitglied

(1) Scheidet ein Mitglied aus, rückt an dessen Stelle die Bewerberin oder der Bewerber aus derselben Laufbahngruppe mit der nächstniedrigeren Stimmenzahl nach. Die Sprecherin oder der Sprecher teilt nach vorheriger Unterrichtung des Vertrauenspersonenausschusses der betreffenden Person den Beginn der Mitgliedschaft mit.

(2) In den Gesamtvertrauenspersonenausschuss rückt für das ausgeschiedene Mitglied die Bewerberin oder der Bewerber aus demselben Kommandobereich oder Organisationsbereich nach.

(3) Scheidet ein Mitglied aus und stehen keine Bewerberinnen oder Bewerber zum Nachrücken in den Vertrauenspersonenausschuss nach Absatz 1 zur Verfügung, wird eine Vertrauensperson derselben Laufbahngruppe nachgewählt. Wahlberechtigt hierfür sind die Vertrauenspersonen der Division oder des vergleichbaren Befehlsbereichs, dem das ausgeschiedene Mitglied angehörte.

(4) In den Fällen des Absatzes 3 teilt die Sprecherin oder der Sprecher nach vorheriger Unterrichtung des Vertrauenspersonenausschusses der Dienststelle unter Angabe von Name, Dienstgrad und Einheit oder Dienststelle des ausscheidenden Mitglieds mit, dass keine Bewerberin oder kein Bewerber zum Nachrücken zur Verfügung steht. Die Dienststelle lässt unverzüglich die Nachwahl nach Absatz 3 durchführen und teilt dem Vertrauenspersonenausschuss Name, Dienstgrad und Einheit oder Dienststelle des neuen Mitglieds mit.

(5) Beträgt zum Zeitpunkt des Ausscheidens eines Mitglieds die weitere regelmäßige Amtszeit des Vertrauenspersonenausschusses weniger als vier Monate, wird das ausgeschiedene Mitglied nicht ersetzt.

(6) Ist ein Mitglied eines Vertrauenspersonenausschusses zeitweilig verhindert, tritt als Ersatzmitglied die Bewerberin oder der Bewerber mit der nächstniedrigeren Stimmenzahl aus demselben Kommandobereich oder Organisationsbereich ein. Das Ersatzmitglied soll derselben Laufbahngruppe wie das ausgeschiedene Mitglied angehören.

§ 45 Geschäftsführung

(1) In der ersten Sitzung wählen unter Leitung der oder des Vorsitzenden des Zentralen Wahlvorstands der Gesamtvertrauenspersonenausschuss
1. eine Sprecherin oder einen Sprecher und zwei Stellvertreterinnen oder Stellvertreter und
2. die Mitglieder der jeweiligen Gruppen je eine Bereichssprecherin oder einen Bereichssprecher.

Bei Stimmengleichheit entscheidet das Los.

(2) In der ersten Sitzung der Vertrauenspersonenausschüsse im Sinne des § 39 Absatz 1 wählen diese unter Leitung der oder des Vorsitzenden des Wahlvorstands des jeweiligen Kommandos seine Sprecherin oder einen Sprecher und zwei Stellvertreterinnen oder Stellvertreter. Bei Stimmengleichheit entscheidet das Los.

(3) Die Sprecherin oder der Sprecher des Gesamtvertrauenspersonenausschusses führt die laufenden Geschäfte und vertritt die Beschlüsse des Gremiums gegenüber dem Bundesministerium der Verteidigung. In Angelegenheiten, die nur einen Kommandobereich im Sinne des § 39 Absatz 1 oder nur einen Organisationsbereich betreffen, vertritt die Beschlüsse des Gesamtvertrauenspersonenausschusses die

Sprecherin oder der Sprecher gemeinsam mit der jeweiligen Bereichssprecherin oder dem jeweiligen Bereichssprecher.

(4) Die Sprecherinnen oder Sprecher der Vertrauenspersonenausschüsse im Sinne des § 39 Absatz 1 führen die laufenden Geschäfte und vertreten die Beschlüsse ihres Vertrauenspersonenausschusses gegenüber dem jeweiligen Kommando.

(5) Jeder Vertrauenspersonenausschuss gibt sich eine Geschäftsordnung, die er mit der Mehrheit seiner Mitglieder beschließt.

§ 46 Einberufung von Sitzungen

(1) Die Vertrauenspersonenausschüsse sollen in der Regel monatlich zusammentreten. Die Sprecherinnen oder Sprecher legen den Zeitpunkt und die Tagesordnung für die Sitzung der Vertrauenspersonenausschüsse fest. Die Sitzungen finden in der Regel während der Dienstzeit statt. Die Sprecherinnen oder Sprecher haben die Mitglieder der Vertrauenspersonenausschüsse zu den Sitzungen unter Bekanntgabe der Tagesordnung rechtzeitig zu laden und die Sitzungen zu leiten.

(2) Der Zeitpunkt und die Tagesordnung der Sitzungen sind den Dienststellen rechtzeitig bekannt zu geben; dienstliche Belange sind bei der Terminierung zu berücksichtigen.

§ 47 Nichtöffentlichkeit

(1) Die Sitzungen der Vertrauenspersonenausschüsse sind nicht öffentlich.

(2) Der Gesamtvertrauenspersonenausschuss kann die Bundesministerin oder den Bundesminister der Verteidigung oder Vertreterinnen oder Vertreter des Bundesministeriums der Verteidigung zu seinen Sitzungen einladen. Auf Antrag eines Drittels der Mitglieder des Gesamtvertrauenspersonenausschusses können jeweils Beauftragte von Berufsorganisationen der Soldatinnen und Soldaten und deren Gewerkschaften an der Sitzung beratend teilnehmen.

(3) Die Vertrauenspersonenausschüsse im Sinne des § 39 Absatz 1 können die jeweilige Inspekteurin oder den jeweiligen Inspekteur oder die jeweilige Inhaberin oder den jeweiligen Inhaber einer entsprechenden Dienststellung oder Vertreterinnen oder Vertreter des jeweiligen Kommandos zu den Sitzungen einladen. Absatz 2 Satz 2 gilt entsprechend.

§ 48 Beschlussfassung

(1) Ein Vertrauenspersonenausschuss ist beschlussfähig, wenn mindestens die Hälfte seiner Mitglieder anwesend ist.

(2) Beschlüsse werden mit einfacher Stimmenmehrheit gefasst. Bei Stimmengleichheit ist der Antrag abgelehnt.

(3) In Angelegenheiten des Bundesministeriums der Verteidigung, die einzelne Kommandobereiche oder Organisationsbereiche betreffen, wirken im Gesamtvertrauenspersonenausschuss nur die Mitglieder der jeweiligen Gruppe mit. Dies gilt nicht, wenn eine Gruppe nicht oder nicht mehr vertreten ist.

§ 49 Protokoll

(1) Über jede Sitzung der Vertrauenspersonenausschüsse ist ein Protokoll zu fertigen. § 36 Absatz 4 gilt entsprechend.

(2) Haben Personen nach § 47 Absatz 2 und 3 an der Sitzung teilgenommen, ist ihnen der entsprechende Auszug des Protokolls zuzuleiten. Einwendungen gegen das Protokoll sind unverzüglich schriftlich zu erheben und diesem beizufügen.

§ 50 Kosten, Geschäftsbedarf, Fortbildung

(1) Die Dienststellen haben die Kosten zu tragen, die den Vertrauenspersonenausschüssen aus deren Tätigkeit entstehen.

(2) Mitglieder der Vertrauenspersonenausschüsse erhalten für Reisen, die zur Erfüllung ihrer Aufgaben notwendig sind, Reisekostenvergütung nach den für Bundesbeamtinnen und Bundesbeamte geltenden Vorschriften.

(3) Für die Geschäftsführung und die Sitzungen stellen die Dienststellen den Vertrauenspersonenausschüssen in erforderlichem Umfang Räume, Geschäftsbedarf und Büropersonal zur Verfügung.

(4) Die Dienststellen haben die Ausbildung aller Mitglieder der Vertrauenspersonenausschüsse zur Wahrnehmung ihrer Aufgaben unverzüglich nach ihrer Wahl zu veranlassen.

§ 51 Beteiligung bei Verschlusssachen

Sofern eine Angelegenheit, an der der Gesamtvertrauenspersonenausschuss zu beteiligen ist, als Verschlusssache mindestens des Geheimhaltungsgrades „VS-Vertraulich“ eingestuft ist, tritt an dessen Stelle ein Verschlusssachenausschuss mit fünf Mitgliedern. In den Vertrauenspersonenausschüssen im Sinne des § 39 Absatz 1 hat der Verschlusssachenausschuss mindestens drei Mitglieder. Die Mitglieder des Verschlusssachenausschusses werden aus der Mitte des jeweiligen Vertrauenspersonenausschusses gewählt und müssen ermächtigt sein, Kenntnis von Verschlusssachen des in Betracht kommenden Geheimhaltungsgrades zu erhalten.

§ 52 Anfechtung der Wahl

(1) Fünf Wahlberechtigte oder das Bundesministerium der Verteidigung können die Wahl zum Gesamtvertrauenspersonenausschuss innerhalb von zwei Wochen nach Bekanntgabe des Wahlergebnisses beim Bundesverwaltungsgericht mit dem Antrag anfechten, die Wahl insoweit für ungültig zu erklären, wie gegen wesentliche Vorschriften über die Wahlberechtigung, die Wählbarkeit oder das Wahlverfahren verstoßen worden und eine Berichtigung nicht erfolgt ist. Satz 1 gilt nicht, wenn durch den Verstoß das Wahlergebnis nicht verändert oder beeinflusst werden konnte.

(2) Für die Wahl der Vertrauenspersonenausschüsse im Sinne des § 39 Absatz 1 gilt Absatz 1 mit der Maßgabe, dass die Wahl von drei Wahlberechtigten oder dem jeweiligen Kommando beim zuständigen Truppendienstgericht angefochten werden kann.

(3) Das zuständige Gericht entscheidet unter entsprechender Anwendung der Wehrbeschwerdeordnung. Anstelle der ehrenamtlichen Richterinnen und Richter nach

den §§ 77 und 82 der Wehrdisziplinarordnung gehört der Kammer oder dem Senat des Wehrdienstgerichts jeweils eine ehrenamtliche Richterin oder ein ehrenamtlicher Richter aus den Laufbahngruppen der Offiziere, Unteroffiziere und Mannschaften an, die oder der aus der Mitte der Vertrauenspersonen zu berufen ist.

(4) Das Bundesministerium der Verteidigung und die Kommandos im Sinne des § 39 Absatz 1 sind auch im Fall, dass sie die Wahl nicht selbst angefochten haben, Beteiligte des Wahlanfechtungsverfahrens. Beteiligt ist ferner der Vertrauenspersonenausschuss, dessen Wahl angefochten wurde.

Kapitel 4 **Beteiligung in besonderen Verwendungen im Ausland**

§ 53 Grundsatz

Die Ausübung von Beteiligungsrechten in besonderen Verwendungen im Ausland erfolgt unter Beachtung des Vorrangs der Auftragserfüllung der Streitkräfte und unter Beachtung des Vorrangs der Sicherheit der Soldatinnen und Soldaten nach Maßgabe dieses Gesetzes.

§ 54 Wählergruppen

Für die Dauer einer besonderen Verwendung im Ausland werden von den teilnehmenden Soldatinnen und Soldaten im vereinfachten Wahlverfahren jeweils eine Vertrauensperson und mindestens zwei stellvertretende Vertrauenspersonen für die Wählergruppen der Offiziere, Unteroffiziere und Mannschaften gewählt. Dies gilt nicht für Schiffe und Boote der Marine.

§ 55 Wahlberechtigung und Wählbarkeit

Soldatinnen und Soldaten, die an einer besonderen Verwendung im Ausland teilnehmen, sind abweichend von § 5 vom Tag ihrer Kommandierung an wahlberechtigt. Daneben bleiben sie in ihrem Stammtruppenteil wahlberechtigt und wählbar.

§ 56 Personalangelegenheiten

Die Vertrauensperson soll durch die nächste Disziplinarvorgesetzte oder den nächsten Disziplinarvorgesetzten bei der vorzeitigen Beendigung einer besonderen Verwendung im Ausland oder deren Ablehnung mit Zustimmung der betroffenen Soldatin oder des betroffenen Soldaten angehört werden.

§ 57 Dienstbetrieb

Eine Beteiligung nach § 25 Absatz 1, 2 Satz 1 Nummer 1 bis 5 und Absatz 3 Satz 1 Nummer 1 unterbleibt bei Anordnungen, durch die Einsätze in Ausführung eines Beschlusses des Deutschen Bundestages geregelt werden.

§ 58 Versammlungen der Vertrauenspersonen

In besonderen Verwendungen im Ausland werden Versammlungen der Vertrauenspersonen nach § 33 gebildet. Einsatzliegenschaften stellen einen Kasernenbereich dar.

Kapitel 5 Beteiligung der Soldatinnen und Soldaten durch Personalvertretungen

§ 59 Entsprechende Geltung des Bundespersonalvertretungsgesetzes

Für Soldatinnen und Soldaten gilt das Bundespersonalvertretungsgesetz nach Maßgabe der §§ 60 bis 62 entsprechend. Insoweit werden die Streitkräfte der Verwaltung gleichgestellt.

§ 60 Personalvertretung der Soldatinnen und Soldaten

(1) In anderen als den in § 4 Absatz 1 genannten Dienststellen und Einrichtungen wählen Soldatinnen und Soldaten Personalvertretungen. Hierzu zählen auch Kommandos oder Stäbe, die neben Führungsaufgaben auch Aufgaben der militärischen Grundorganisation wahrnehmen, und in der Regel Stäbe der Korps sowie entsprechende Dienststellen.

(2) In Dienststellen und Einrichtungen nach Absatz 1 wählen Beschäftigte im Sinne des § 4 des Bundespersonalvertretungsgesetzes und Soldatinnen und Soldaten abweichend von § 13 Absatz 2 des Bundespersonalvertretungsgesetzes eine Personalvertretung, sofern die Voraussetzungen des § 13 Absatz 1 des Bundespersonalvertretungsgesetzes bei zusätzlicher Berücksichtigung der Soldatinnen und Soldaten erfüllt sind. Anderenfalls erfolgt eine Zuteilung zu einer benachbarten Dienststelle nach § 13 Absatz 2 des Bundespersonalvertretungsgesetzes. Eine Zuteilung erfolgt auch, wenn eine Dienststelle die Voraussetzungen für die Wahl einer eigenen Personalvertretung nach dieser Vorschrift erfüllt, eine Personalvertretung jedoch nicht gebildet wird. Eine bestehende Zuteilung behält in diesem Fall ihre Wirksamkeit. § 17 Absatz 5 und § 20 Absatz 1 Satz 2 und 3 des Bundespersonalvertretungsgesetzes sind bei der Wahl einer Personalvertretung nach dieser Vorschrift nicht anzuwenden.

(3) Die in den Absätzen 1 und 2 genannten Soldatinnen und Soldaten bilden eine weitere Gruppe im Sinne des § 5 des Bundespersonalvertretungsgesetzes. Soldatenvertreterinnen und Soldatenvertreter in Personalvertretungen haben die gleiche Rechtsstellung wie die Vertreterinnen und Vertreter der Beschäftigten im Sinne des § 4 des Bundespersonalvertretungsgesetzes, sofern dieses Gesetz nichts anderes bestimmt. § 40 des Bundespersonalvertretungsgesetzes findet mit Ausnahme von Angelegenheiten nach der Wehrbeschwerdeordnung und der Wehrdisziplinarordnung Anwendung.

(4) Erfüllt eine Dienststelle während der Amtszeit des Personalrats erstmals die Voraussetzungen des Absatzes 1 Satz 1 bei zusätzlicher Berücksichtigung der Soldatinnen und Soldaten, so ist eine Nachwahl der Gruppe der Soldatinnen und Soldaten zulässig.

(5) Soldatinnen und Soldaten, die einer Einheit angehören, deren Aufgabe die Unterstützung eines Stabes ist, wählen abweichend von § 4 Absatz 1 keine Vertrauenspersonen in der Einheit, sondern zum Personalrat des Stabes, sofern
1. dieser Stab eine Dienststelle nach Absatz 1 ist und
2. die Soldatinnen oder Soldaten ständig in diesem Stab eingesetzt sind.

§ 61 Dienststellen ohne Personalrat

In Dienststellen und Einrichtungen der Bundeswehr, in denen für die Beschäftigten im Sinne des § 4 des Bundespersonalvertretungsgesetzes auch im Falle einer Zuteilung zu einer benachbarten Dienststelle nach § 13 Absatz 2 des Bundespersonalvertretungsgesetzes ein Personalrat nicht gebildet ist, wählen die Soldatinnen und Soldaten Vertrauenspersonen nach § 4.

§ 62 Wahl und Rechtsstellung der Soldatenvertreterinnen und Soldatenvertreter

(1) Für die Wahl der Soldatenvertreterinnen und Soldatenvertreter in Personalvertretungen nach § 60 gelten die §§ 19 und 20 des Bundespersonalvertretungsgesetzes entsprechend.

(2) Die §§ 16 bis 18 des Bundespersonalvertretungsgesetzes gelten mit der Maßgabe, dass sich die in § 16 des Bundespersonalvertretungsgesetzes bestimmte Zahl der Sitze bei Personalräten, die auch Soldatinnen und Soldaten nach § 60 Absatz 1 vertreten, um ein Drittel erhöht. Entfallen nach der vorstehenden Regelung auf die Gruppe der Beamtinnen und Beamten sowie auf die Gruppe der Arbeitnehmerinnen und Arbeitnehmer weniger Sitze, als ihnen nach § 16 des Bundespersonalvertretungsgesetzes zustünden, erhöht sich die Zahl ihrer Sitze bis zu der ihnen nach § 16 des Bundespersonalvertretungsgesetzes zustehenden Zahl; die Zahl der Soldatenvertreterinnen und Soldatenvertreter erhöht sich um die gleiche Zahl. Zählt eine Gruppe mindestens ebenso viele Mitglieder wie alle anderen Gruppen zusammen, so stehen dieser Gruppe so viele weitere Sitze zu, dass sie mindestens ebenso viele Vertreterinnen und Vertreter erhält wie alle anderen Gruppen zusammen.

(3) Die §§ 50 bis 55 Absatz 2, die §§ 118 bis 120 sowie § 124 des Bundespersonalvertretungsgesetzes sind anzuwenden. § 15 Absatz 2, die §§ 18 und 20 Absatz 5 gelten für Soldatenvertreterinnen und Soldatenvertreter entsprechend.

(4) Soldatinnen und Soldaten, die im Geschäftsbereich des Auswärtigen Amts im Ausland Dienst leisten, sind zur Wahl des Personalrats ihrer Auslandsvertretung wahlberechtigt und wählbar. Sie haben kein Wahlrecht zum Personalrat und zum Hauptpersonalrat des Auswärtigen Amts. Auf die in Satz 1 genannten Soldatinnen und Soldaten findet § 55 Absatz 2 des Bundespersonalvertretungsgesetzes keine Anwendung. § 4 Absatz 3 Nummer 2 ist nicht anzuwenden.

§ 63 Angelegenheiten der Soldatinnen und Soldaten

(1) In Angelegenheiten, die nur die Soldatinnen und Soldaten betreffen, haben die Soldatenvertreterinnen und Soldatenvertreter die Befugnisse der Vertrauensperson. § 8 des Bundespersonalvertretungsgesetzes ist mit Ausnahme der Beteiligung in

Angelegenheiten nach der Wehrbeschwerde- und der Wehrdisziplinarordnung anzuwenden.

(2) In Angelegenheiten einer Soldatin oder eines Soldaten nach der Wehrdisziplinar- oder der Wehrbeschwerdeordnung nimmt die Befugnisse der Vertrauenspersonen der Offiziere, Unteroffiziere und Mannschaften diejenige Soldatenvertreterin oder derjenige Soldatenvertreter im Personalrat wahr, die oder der
1. der entsprechenden Laufbahngruppe angehört und
2. bei der Verhältniswahl in der Reihenfolge der Sitze die höchste Teilzahl, bei der Personenwahl die höchste Stimmenzahl erreicht hat.

Im Falle der Verhinderung wird sie oder er in der Reihenfolge der erreichten Teilzahlen oder Stimmenzahlen durch die nächste Soldatenvertreterin oder den nächsten Soldatenvertreter der entsprechenden Laufbahngruppe vertreten. Ist eine solche Vertretung nicht vorhanden, werden die Befugnisse der Vertrauensperson von dem Mitglied der Gruppe der Soldatinnen und Soldaten wahrgenommen, das nach § 34 Absatz 1 des Bundespersonalvertretungsgesetzes in den Vorstand der Personalvertretung gewählt ist, im Falle der Verhinderung durch die Vertreterin oder den Vertreter im Amt. Ist keine Soldatenvertreterin oder kein Soldatenvertreter nach den Sätzen 1 bis 3 in den Personalrat einer Dienststelle gewählt, tritt an ihre oder seine Stelle die entsprechende Soldatenvertreterin oder der entsprechende Soldatenvertreter im zuständigen Gesamtpersonalrat der Dienststelle, im Übrigen die Soldatenvertreterin oder der Soldatenvertreter der Personalvertretung der nächsthöheren Stufe.

(3) Sofern die Befugnisse der Vertrauenspersonen nach Absatz 1 durch Soldatenvertreterinnen oder Soldatenvertreter in einem Personalrat wahrgenommen werden, hat die Gruppe der Soldatinnen und Soldaten im Personalrat ein entsprechendes Beschwerderecht nach § 17.

(4) In Angelegenheiten im Sinne von § 39 Absatz 2, von denen nur Soldatinnen und Soldaten betroffen sind, werden in den Kommandos im Sinne des § 39 Absatz 1 neben den Vertrauenspersonenausschüssen auch die dort gebildeten Bezirkspersonalräte beteiligt.

(5) Ist in einem Organisationsbereich ein Vertrauenspersonenausschuss nach § 39 Absatz 1 nicht gebildet, nimmt der jeweilige Bezirkspersonalrat in Angelegenheiten, die nur Soldatinnen und Soldaten betreffen, die Aufgaben eines Vertrauenspersonenausschusses wahr. § 39 Absatz 3 dieses Gesetzes und § 35 Absatz 2 des Bundespersonalvertretungsgesetzes finden entsprechend Anwendung.

Kapitel 6 **Schlussvorschriften**

§ 64 Rechtsverordnungen

(1) Das Bundesministerium der Verteidigung wird ermächtigt, durch Rechtsverordnung Vorschriften über die Wahlen nach diesem Gesetz zu erlassen, insbesondere über
1. die Abgrenzung der Wahlbereiche,
2. die Wahlvorbereitung, die Aufstellung der Bewerberliste und des Wählerverzeichnisses,
3. die Stimmabgabe und die Bekanntgabe des Wahlergebnisses,
4. die Briefwahl und das vereinfachte Wahlverfahren,

5. die Feststellung des Wahlergebnisses und die Bekanntgabe der Gewählten sowie
6. die Aufbewahrung der Wahlunterlagen.

(2) Das Bundesministerium der Verteidigung wird ermächtigt, durch Rechtsverordnung die den Behörden der Mittelstufe nach § 4 Absatz 1 Nummer 4 des Bundespersonalvertretungsgesetzes entsprechenden militärischen Dienststellen zu bestimmen, bei denen Bezirkspersonalräte gebildet werden.

§ 65 Übergangsvorschriften

(1) Vertrauenspersonen, Sprecherinnen und Sprecher von Versammlungen, Mitglieder des Gesamtvertrauenspersonenausschusses und Soldatenvertreterinnen und Soldatenvertreter in Personalvertretungen sowie deren Stellvertreterinnen und Stellvertreter bleiben bis zum Ablauf der Zeit, die sich auf Grund der Vorschriften dieses Gesetzes ergibt, im Amt.

(2) Dieses Gesetz findet erstmals Anwendung auf Wahlen, für die nach Inkrafttreten dieses Gesetzes der Wahlvorstand bestellt worden ist.

(3) Die Wahl der erstmalig zu bildenden Vertrauenspersonenausschüsse im Sinne des § 39 Absatz 1 ist unverzüglich nach Inkrafttreten dieses Gesetzes einzuleiten.

(4) § 28 Absatz 2 gilt nicht für gerichtliche Disziplinarverfahren, die vor dem 1. April 2025 eingeleitet worden sind.

1.7 Gesetz über den Wehrbeauftragten des Deutschen Bundestages (Gesetz zu Artikel 45b des Grundgesetzes – WBeauftrG)

Gesetz zu Artikel 45b des Grundgesetzes in der Fassung der Bekanntmachung vom 16. Juni 1982 (BGBl. I S. 677), das zuletzt durch Artikel 17 des Gesetzes vom 22. Dezember 2023 (BGBl. 2023 I Nr. 414) geändert worden ist.

§ 1 Verfassungsrechtliche Stellung, Aufgaben

(1) Der Wehrbeauftragte nimmt seine Aufgaben als Hilfsorgan des Bundestages bei der Ausübung der parlamentarischen Kontrolle wahr.

(2) Der Wehrbeauftragte wird auf Weisung des Bundestages oder des Verteidigungsausschusses zur Prüfung bestimmter Vorgänge tätig. Eine Weisung kann nur erteilt werden, wenn der Verteidigungsausschuß den Vorgang nicht zum Gegenstand seiner eigenen Beratung macht. Der Wehrbeauftragte kann bei dem Verteidigungsausschuß um eine Weisung zur Prüfung bestimmter Vorgänge nachsuchen.

(3) Der Wehrbeauftragte wird nach pflichtgemäßem Ermessen auf Grund eigener Entscheidung tätig, wenn ihm bei Wahrnehmung seines Rechts aus § 3 Nr. 4, durch Mitteilung von Mitgliedern des Bundestages, durch Eingaben nach § 7 oder auf andere Weise Umstände bekannt werden, die auf eine Verletzung der Grundrechte der Soldaten oder der Grundsätze der Inneren Führung schließen lassen. Ein Tätigwerden des Wehrbeauftragten nach Satz 1 unterbleibt, soweit der Verteidigungsausschuß den Vorgang zum Gegenstand seiner eigenen Beratung gemacht hat.

§ 2 Berichtspflichten

(1) Der Wehrbeauftragte erstattet für das Kalenderjahr dem Bundestag einen schriftlichen Gesamtbericht (Jahresbericht).

(2) Er kann jederzeit dem Bundestag oder dem Verteidigungsausschuß Einzelberichte vorlegen.

(3) Wird der Wehrbeauftragte auf Weisung tätig, so hat er über das Ergebnis seiner Prüfung auf Verlangen einen Einzelbericht zu erstatten.

§ 3 Amtsbefugnisse

Der Wehrbeauftragte hat in Erfüllung der ihm übertragenen Aufgaben die folgenden Befugnisse:

1. Er kann vom Bundesminister der Verteidigung und allen diesem unterstellten Dienststellen und Personen Auskunft und Akteneinsicht verlangen. Diese Rechte können ihm nur verweigert werden, soweit zwingende Geheimhaltungsgründe entgegenstehen. Die Entscheidung über die Verweigerung trifft der Bundesminister der Verteidigung selber oder sein ständiger Stellvertreter im Amt; er hat sie vor dem Verteidigungsausschuß zu vertreten. Auf Grund einer Weisung nach § 1 Abs. 2 und bei einer Eingabe, der eine Beschwer des Einsenders zugrunde liegt, ist der Wehrbeauftragte berechtigt, den Einsender sowie Zeugen

und Sachverständige anzuhören. Diese erhalten eine Entschädigung oder Vergütung nach dem Justizvergütungs- und -entschädigungsgesetz.
2. Er kann den zuständigen Stellen Gelegenheit zur Regelung einer Angelegenheit geben.
3. Er kann einen Vorgang der für die Einleitung des Straf- oder Disziplinarverfahrens zuständigen Stelle zuleiten.
4. Er kann jederzeit alle Truppenteile, Stäbe, Dienststellen und Behörden der Bundeswehr und ihre Einrichtungen auch ohne vorherige Anmeldung besuchen. Dieses Recht steht dem Wehrbeauftragten ausschließlich persönlich zu. Die Sätze 2 und 3 aus Nummer 1 finden entsprechende Anwendung.
5. Er kann vom Bundesminister der Verteidigung zusammenfassende Berichte über die Ausübung der Disziplinarbefugnis in den Streitkräften und von den zuständigen Bundes- und Landesbehörden statistische Berichte über die Ausübung der Strafrechtspflege anfordern, soweit dadurch die Streitkräfte oder ihre Soldaten berührt werden.
6. Er kann in Strafverfahren und gerichtlichen Disziplinarverfahren den Verhandlungen der Gerichte beiwohnen, auch soweit die Öffentlichkeit ausgeschlossen ist. Er hat im gleichen Umfang wie der Anklagevertreter und der Vertreter der Einleitungsbehörde das Recht, die Akten einzusehen. Die Befugnis aus Satz 1 steht ihm auch in Antrags- und Beschwerdeverfahren nach der Wehrdisziplinarordnung und der Wehrbeschwerdeordnung vor den Wehrdienstgerichten sowie in Verfahren vor den Gerichten der Verwaltungsgerichtsbarkeit, die mit seinem Aufgabenbereich zusammenhängen, zu; in diesen Verfahren hat er das Recht zur Akteneinsicht wie ein Verfahrensbeteiligter.

§ 4 Amtshilfe

Gerichte und Verwaltungsbehörden des Bundes, der Länder und der Gemeinden sind verpflichtet, dem Wehrbeauftragten bei der Durchführung der erforderlichen Erhebungen Amtshilfe zu leisten.

§ 5 Allgemeine Richtlinien, Weisungsfreiheit

(1) Der Bundestag und der Verteidigungsausschuß können allgemeine Richtlinien für die Arbeit des Wehrbeauftragten erlassen.

(2) Der Wehrbeauftragte ist – unbeschadet des § 1 Abs. 2 – von Weisungen frei.

§ 6 Anwesenheitspflicht

Der Bundestag und der Verteidigungsausschuß können jederzeit die Anwesenheit des Wehrbeauftragten verlangen.

§ 7 Eingaberecht des Soldaten

Jeder Soldat hat das Recht, sich einzeln ohne Einhaltung des Dienstwegs unmittelbar an den Wehrbeauftragten zu wenden. Wegen der Tatsache der Anrufung des Wehrbeauftragten darf er nicht dienstlich gemaßregelt oder benachteiligt werden.

§ 8 Anonyme Eingaben

Anonyme Eingaben werden nicht bearbeitet.

§ 9 Vertraulichkeit der Eingaben

Wird der Wehrbeauftragte auf Grund einer Eingabe tätig, so steht es in seinem Ermessen, die Tatsache der Eingabe und den Namen des Einsenders bekanntzugeben. Er soll von der Bekanntgabe absehen, wenn der Einsender es wünscht und der Erfüllung des Wunsches keine Rechtspflichten entgegenstehen.

§ 10 Verschwiegenheitspflicht

(1) Der Wehrbeauftragte ist auch nach Beendigung seines Amtsverhältnisses verpflichtet, über die ihm amtlich bekanntgewordenen Angelegenheiten Verschwiegenheit zu bewahren. Dies gilt nicht für Mitteilungen im dienstlichen Verkehr oder über Tatsachen, die offenkundig sind oder ihrer Bedeutung nach keiner Geheimhaltung bedürfen.

(2) Der Wehrbeauftragte darf, auch wenn er nicht mehr im Amt ist, über solche Angelegenheiten ohne Genehmigung weder vor Gericht noch außergerichtlich aussagen oder Erklärungen abgeben. Die Genehmigung erteilt der Präsident des Bundestages im Einvernehmen mit dem Verteidigungsausschuß.

(3) Die Genehmigung, als Zeuge auszusagen, darf nur versagt werden, wenn die Aussage dem Wohl des Bundes oder eines deutschen Landes Nachteile bereiten oder die Erfüllung öffentlicher Aufgaben ernstlich gefährden oder erheblich erschweren würde.

(4) Unberührt bleibt die gesetzlich begründete Pflicht, Straftaten anzuzeigen und bei Gefährdung der freiheitlichen demokratischen Grundordnung für deren Erhaltung einzutreten.

§ 11 *(weggefallen)*

§ 12 Unterrichtungspflichten durch Bundes- und Länderbehörden

Die Justiz- und Verwaltungsbehörden des Bundes und der Länder sind verpflichtet, den Wehrbeauftragten über die Einleitung des Verfahrens, die Erhebung der öffentlichen Klage, die Anordnung der Untersuchung im Disziplinarverfahren und den Ausgang des Verfahrens zu unterrichten, wenn einer dieser Behörden die Vorgänge vom Wehrbeauftragten zugeleitet worden sind.

§ 13 Wahl des Wehrbeauftragten

Der Bundestag wählt in geheimer Wahl mit der Mehrheit seiner Mitglieder den Wehrbeauftragten. Vorschlagsberechtigt sind der Verteidigungsausschuß, die Fraktionen und so viele Abgeordnete, wie nach der Geschäftsordnung der Stärke einer Fraktion entsprechen. Eine Aussprache findet nicht statt.

§ 14 Wählbarkeit, Amtsdauer, Verbot einer anderen Berufsausübung, Eid, Befreiung vom Wehrdienst

(1) Zum Wehrbeauftragten ist jeder/jede Deutsche wählbar, der/die das Wahlrecht zum Bundestag besitzt und das 35. Lebensjahr vollendet hat.

(2) Das Amt des Wehrbeauftragten dauert fünf Jahre. Wiederwahl ist zulässig.

(3) Der Wehrbeauftragte darf kein anderes besoldetes Amt, kein Gewerbe und keinen Beruf ausüben und weder der Leitung und dem Aufsichtsrat eines auf Erwerb gerichteten Unternehmens noch einer Regierung oder einer gesetzgebenden Körperschaft des Bundes oder eines Landes angehören.

(4) Der Wehrbeauftragte leistet bei der Amtsübernahme vor dem Bundestag den in Artikel 56 des Grundgesetzes vorgesehenen Eid.

(5) Der Wehrbeauftragte ist für die Dauer seines Amtes vom Wehrdienst befreit.

§ 15 Rechtsstellung des Wehrbeauftragten, Beginn und Beendigung des Amtsverhältnisses

(1) Der Wehrbeauftragte steht nach Maßgabe dieses Gesetzes in einem öffentlich-rechtlichen Amtsverhältnis. Der Präsident des Bundestages ernennt den Gewählten.

(2) Das Amtsverhältnis beginnt mit der Aushändigung der Urkunde über die Ernennung oder, falls der Eid vorher geleistet worden ist (§ 14 Abs. 4), mit der Vereidigung.

(3) Das Amtsverhältnis endet außer durch Ablauf der Amtszeit nach § 14 Abs. 2 oder durch den Tod
1. mit der Abberufung,
2. mit der Entlassung auf Verlangen.

(4) Der Bundestag kann auf Antrag des Verteidigungsausschusses seinen Präsidenten beauftragen, den Wehrbeauftragten abzuberufen. Dieser Beschluß bedarf der Zustimmung der Mehrheit der Mitglieder des Bundestages.

(5) Der Wehrbeauftragte kann jederzeit seine Entlassung verlangen. Der Präsident des Bundestages spricht die Entlassung aus.

§ 16 Sitz des Wehrbeauftragten, Leitender Beamter, Beschäftigte, Haushalt

(1) Der Wehrbeauftragte hat seinen Sitz beim Bundestag.

(2) Den Wehrbeauftragten unterstützt ein Leitender Beamter. Weitere Beschäftigte werden dem Wehrbeauftragten für die Erfüllung seiner Aufgaben beigegeben. Die Beamten beim Wehrbeauftragten sind Bundestagsbeamte nach § 176 des Bundesbeamtengesetzes in der Fassung der Bekanntmachung vom 3. Januar 1977 (BGBl. I S. 1, 795, 842), zuletzt geändert durch § 27 des Gesetzes vom 26. Juni 1981 (BGBl. I S. 553). Der Wehrbeauftragte ist Vorgesetzter der ihm beigegebenen Beschäftigten.

(3) Die dem Wehrbeauftragten für die Erfüllung seiner Aufgaben zur Verfügung zu stellende notwendige Personal- und Sachausstattung ist im Einzelplan des Bundestages in einem eigenen Kapitel auszuweisen.

§ 17 Vertretung des Wehrbeauftragten

(1) Der Leitende Beamte nimmt die Rechte des Wehrbeauftragten mit Ausnahme des Rechts nach § 3 Nr. 4 bei Verhinderung und nach Beendigung des Amtsverhält-

nisses des Wehrbeauftragten bis zum Beginn des Amtsverhältnisses eines Nachfolgers wahr. § 5 Abs. 2 findet entsprechende Anwendung.

(2) Ist der Wehrbeauftragte länger als drei Monate verhindert, sein Amt auszuüben, oder sind nach Beendigung des Amtsverhältnisses des Wehrbeauftragten mehr als drei Monate verstrichen, ohne daß das Amtsverhältnis eines Nachfolgers begonnen hat, so kann der Verteidigungsausschuß den Leitenden Beamten ermächtigen, das Recht aus § 3 Nr. 4 wahrzunehmen.

§ 18 Amtsbezüge, Versorgung

(1) Der Wehrbeauftragte erhält vom Beginn des Kalendermonats an, in dem das Amtsverhältnis beginnt, bis zum Schluß des Kalendermonats, in dem das Amtsverhältnis endet, Amtsbezüge. § 11 Abs. 1 Buchstaben a und b des Bundesministergesetzes ist mit der Maßgabe entsprechend anzuwenden, daß das Amtsgehalt und der Ortszuschlag 75 vom Hundert des Amtsgehaltes und des Ortszuschlages eines Bundesministers betragen. Die Amtsbezüge werden monatlich im voraus gezahlt.

(1a) (weggefallen)

(2) Im Übrigen werden § 11 Abs. 2 und 4, § 12 Abs. 6 und die §§ 13 bis 20 und 21a des Bundesministergesetzes entsprechend angewandt mit der Maßgabe, daß an die Stelle der vierjährigen Amtszeit (§ 15 Abs. 1 des Bundesministergesetzes) eine fünfjährige Amtszeit tritt. Satz 1 gilt für einen Berufssoldaten oder Soldaten auf Zeit, der zum Wehrbeauftragten ernannt worden ist, entsprechend mit der Maßgabe, daß für Soldaten auf Zeit bei Anwendung des § 18 Abs. 2 des Bundesministergesetzes an die Stelle des Eintritts in den Ruhestand die Beendigung des Dienstverhältnisses tritt.

(3) Die Vorschriften des Bundesreisekostengesetzes in der Fassung der Bekanntmachung vom 13. November 1973 (BGBl. I S. 1621), zuletzt geändert durch die Verordnung vom 31. Mai 1979 (BGBl. I S. 618), der höchsten Reisekostenstufe und des Bundesumzugskostengesetzes in der Fassung der Bekanntmachung vom 13. November 1973 (BGBl. I S. 1628), zuletzt geändert durch Artikel VII des Gesetzes vom 20. Dezember 1974 (BGBl. I S. 3716), für die infolge der Ernennung und Beendigung des Amtsverhältnisses erforderlich werdenden Umzüge sind entsprechend anzuwenden.

§ 19 *(weggefallen)*

§ 20 (Inkrafttreten)

1.8 Gesetz über die Militärseelsorge

Gesetz über die Militärseelsorge in der im Bundesgesetzblatt Teil III, Gliederungsnummer 55-1, veröffentlichten bereinigten Fassung.

Art 1

(1) Dem in Bonn am 22. Februar 1957 unterzeichneten Vertrag der Bundesrepublik Deutschland mit der Evangelischen Kirche in Deutschland zur Regelung der evangelischen Militärseelsorge wird zugestimmt.

(2) Der Vertrag wird nachstehend veröffentlicht.

Art 2

Auf die katholischen Militärgeistlichen sind die beamtenrechtlichen Bestimmungen des in Artikel 1 genannten Vertrags sinngemäß anzuwenden.

Art 3

–

Art 4

(1) Dieses Gesetz tritt am Tage nach seiner Verkündung in Kraft.

(2) Der Tag, an dem der Vertrag gemäß seinem Artikel 28 in Kraft tritt, wird im Bundesgesetzblatt bekanntgegeben.

1.9 Gesetz zu dem Vertrag vom 20. Dezember 2019 zwischen der Bundesrepublik Deutschland und dem Zentralrat der Juden in Deutschland – Körperschaft des Öffentlichen Rechts – zur Regelung der jüdischen Militärseelsorge (Gesetz über die jüdische Militärseelsorge – JüdMilSeelsG)

Gesetz über die jüdische Militärseelsorge vom 10. Juli 2020 (BGBl. I S. 1664).

Eingangsformel

Der Bundestag hat das folgende Gesetz beschlossen:

Art 1

(1) Dem in Berlin am 20. Dezember 2019 unterzeichneten Vertrag zwischen der Bundesrepublik Deutschland und dem Zentralrat der Juden in Deutschland – Körperschaft des Öffentlichen Rechts – wird zugestimmt.

(2) Der Vertrag wird nachstehend veröffentlicht.

Art 2

Änderungen des Vertrages bedürfen der Zustimmung des Deutschen Bundestages in der Form eines Bundesgesetzes.

Art 3

Dieses Gesetz tritt am Tag nach der Verkündung in Kraft.

1.10 Gesetz zur Übertragung von Aufgaben der Bundeswehrverwaltung auf neue Behörden der Personalmanagementorganisation der Bundeswehr (Wehrverwaltungsaufgabenübertragungsgesetz – WVwAÜG)

Wehrverwaltungsaufgabenübertragungsgesetz vom 21. Juli 2012 (BGBl. I S. 1583, 1590)

§ 1 Bundesamt für das Personalmanagement der Bundeswehr

Dem Bundesamt für das Personalmanagement der Bundeswehr werden die Aufgaben und Befugnisse des Bundesamtes für Wehrverwaltung und der Wehrbereichsverwaltungen übertragen, die diese wahrnehmen nach

1. dem Wehrpflichtgesetz,
2. dem Soldatengesetz,
3. der Zweiten Bundesmeldedatenübermittlungsverordnung,
4. der KV-/PV-Pauschalbeitragsverordnung,
5. der RV-Wehr- und Zivildienstpauschalbeitragsverordnung,
6. der Unabkömmlichstellungsverordnung,
7. der Verordnung über die Feststellung und Deckung des Arbeitskräftebedarfs nach dem Arbeitssicherstellungsgesetz,
8. der Berufsförderungsverordnung und
9. der Personalaktenverordnung Soldaten.

§ 2 Karrierecenter der Bundeswehr

Die Aufgaben und Befugnisse, die in Rechtsvorschriften des Bundes den Kreiswehrersatzämtern zugewiesen sind, werden den Karrierecentern der Bundeswehr übertragen.

1.11 Verordnung über die Laufbahnen der Soldatinnen und Soldaten (Soldatenlaufbahnverordnung – SLV)

Soldatenlaufbahnverordnung vom 28. Mai 2021 (BGBl. I S. 1228, 5240), die zuletzt durch Artikel 19 Absatz 1 des Gesetzes vom 22. Dezember 2025 (BGBl. 2025 I Nr. 370) geändert worden ist.

Inhaltsübersicht

Kapitel 1 **Allgemeines**

§ 1 Persönlicher Geltungsbereich, Dienstgradbezeichnungen

(1) Diese Verordnung gilt für
1. Soldatinnen und Soldaten im Dienstverhältnis einer Berufssoldatin, eines Berufssoldaten, einer Soldatin auf Zeit oder eines Soldaten auf Zeit,
2. Soldatinnen und Soldaten, die freiwilligen Wehrdienst nach § 58b des Soldatengesetzes oder Wehrdienst nach § 4 Absatz 1 Nummer 1, 3 oder 4 des Wehrpflichtgesetzes leisten,
3. Soldatinnen und Soldaten im Reservewehrdienstverhältnis nach dem Reservistengesetz,
4. Soldatinnen und Soldaten, die auf Grund freiwilliger Verpflichtung nach § 59 Absatz 3 Satz 1 des Soldatengesetzes eine Dienstleistung erbringen, und Soldaten, die nach § 4 Absatz 3 Satz 1 des Wehrpflichtgesetzes einen anderen als den in Nummer 2 genannten Wehrdienst leisten,
5. frühere Soldatinnen und frühere Soldaten, die nach § 59 Absatz 1, 2 oder 3 Satz 3 des Soldatengesetzes zu weiteren Dienstleistungen herangezogen werden,
6. frühere Soldaten, die als Reservisten zum Wehrdienst nach dem Wehrpflichtgesetz herangezogen werden, und
7. Soldatinnen und Soldaten, die an einer dienstlichen Veranstaltung nach § 81 Absatz 1 des Soldatengesetzes teilnehmen.

(2) Soweit die folgenden Vorschriften Dienstgradbezeichnungen und Zusätze zur Dienstgradbezeichnung enthalten, sind die entsprechenden Bezeichnungen und Zusätze der Marine und des Sanitätsdienstes mit umfasst.

§ 2 Dienstliche Beurteilung

(1) In der dienstlichen Beurteilung sind die Leistungen der Soldatin oder des Soldaten nachvollziehbar darzustellen sowie die Eignung und Befähigung für künftige Verwendungen einzuschätzen.

(2) Die in § 27b Absatz 1 Satz 2 des Soldatengesetzes genannten Soldatinnen und Soldaten sind in entsprechender Anwendung des § 27a des Soldatengesetzes von der betreffenden Fraktion des Deutschen Bundestages, der gesetzgebenden Körperschaft des Landes oder des Europäischen Parlaments zu beurteilen. In diesen Fällen ist § 3 Absatz 3 nicht anzuwenden. Der Zeitpunkt der Erstellung der Beurtei-

lung richtet sich nach dem im Geschäftsbereich des Bundesministeriums der Verteidigung festgelegten Beurteilungstermin.

(3) Ausnahmen von der Beurteilungspflicht kann das Bundesministerium der Verteidigung zulassen, wenn eine dienstliche Beurteilung nicht zweckmäßig ist. Dies ist insbesondere bei Angehörigen der Reservelaufbahnen und Angehörigen der Laufbahnen der Mannschaften der Fall.

(4) Für die Personalentwicklungsbewertungen gelten die Absätze 2 und 3 entsprechend.

§ 3 Beurteilungsverfahren

(1) Die dienstliche Beurteilung wird von der oder dem nächsten Disziplinarvorgesetzten als Erstbeurteilerin oder Erstbeurteiler sowie der oder dem nächsthöheren Disziplinarvorgesetzten als Zweitbeurteilerin oder Zweitbeurteiler erstellt. Sie schließt mit einem Gesamturteil der Zweitbeurteilerin oder des Zweitbeurteilers ab. Insbesondere für die Beurteilung von Soldatinnen und Soldaten, die nicht in den Streitkräften verwendet werden, kann das Bundesministerium der Verteidigung festlegen, dass die Beurteilungen von anderen als den in Satz 1 genannten Personen erstellt werden, sofern diese über ausreichende Kenntnis von Eignung, Befähigung und fachlicher Leistung der zu Beurteilenden verfügen.

(2) Es sind Vergleichsgruppen nach dem Dienstgrad, der Besoldungsgruppe oder der Funktionsebene zu bilden. Innerhalb dieser Vergleichsgruppen sind die Soldatinnen und Soldaten nach einem einheitlichen Beurteilungsmaßstab zu beurteilen.

(3) Die höchste Note sollen nicht mehr als 5 Prozent, die zweithöchste Note nicht mehr als 10 Prozent und die dritthöchste Note nicht mehr als 15 Prozent der in der Vergleichsgruppe Beurteilten erhalten. Im Interesse der Einzelfallgerechtigkeit dürfen diese Richtwerte um bis zu fünf Prozentpunkte über- oder unterschritten werden. Sind die Fallzahlen zu gering, um die Richtwerte anwenden zu können, sind die dienstlichen Beurteilungen entsprechend zu differenzieren.

(4) Die Gesamtverantwortung dafür, dass die Vorgaben des Absatzes 3 hierarchieebenenübergreifend eingehalten werden, liegt

1. für das Bundesministerium der Verteidigung bei der für Personalangelegenheiten zuständigen Staatssekretärin oder dem für Personalangelegenheiten zuständigen Staatssekretär,
2. bei der Generalinspekteurin oder dem Generalinspekteur der Bundeswehr für die ihr oder ihm unmittelbar unterstellten Dienststellen sowie
3. für die zivilen und militärischen Organisationsbereiche bei deren Leiterinnen oder Leitern.

Zu diesem Zweck lassen die Gesamtverantwortlichen durch die nächsten Disziplinarvorgesetzten der Zweitbeurteilerinnen und der Zweitbeurteiler bereits vor Erstellung der Beurteilungen sicherstellen, dass die Vorgaben nach Absatz 3 beachtet werden. Abgesehen von der Vorgabe eines hierarchieebenenübergreifenden vergleichbaren Beurteilungsmaßstabs dürfen unterstellten Erstbeurteilerinnen, Erstbeurteilern, Zweitbeurteilerinnen oder Zweitbeurteilern keine konkreten Bewertungen vorgegeben werden.

(5) Die Beurteilung ist vor ihrer Aufnahme in die Personalakte der oder dem Beurteilten bekannt zu geben und mit ihr oder ihm zu besprechen. Dies ist in der Personalakte zu dokumentieren. Das Gesamtergebnis eines Beurteilungsdurchgangs soll den Beurteilten in Form eines Notenspiegels bekannt gegeben werden.

(6) Die oder der nächste Disziplinarvorgesetzte der Zweitbeurteilerin oder des Zweitbeurteilers

1. muss dienstliche Beurteilungen für ganze ihr oder ihm unterstellte Bereiche aufheben, wenn trotz ausreichender Fallzahl verbindliche Richtwerte nicht eingehalten worden sind,
2. muss dienstliche Beurteilungen für ganze ihr oder ihm unterstellte Bereiche aufheben, wenn ohne hinreichende Begründung der beurteilenden Vorgesetzten bei nicht ausreichender Fallzahl nicht entsprechend differenziert worden ist, oder
3. muss nach Feststellung der in Absatz 4 Satz 1 genannten Personen dienstliche Beurteilungen für ganze ihr oder ihm unterstellte Bereiche aufheben, wenn kein hierarchieebenenübergreifender vergleichbarer Beurteilungsmaßstab angewendet worden ist, soweit nicht bereits höhere Vorgesetzte nach Feststellung der in Absatz 4 Satz 1 genannten Personen entsprechend erforderliche Aufhebungen veranlasst haben.

Das Bundesministerium der Verteidigung kann abweichende Regelungen treffen.

(7) Für Personalentwicklungsbewertungen gelten Absatz 1 und Absatz 5 Satz 1 und 2 entsprechend. Zur Personalentwicklungsbewertung ist eine Stellungnahme abzugeben, wenn die Zweitbeurteilerin oder der Zweitbeurteiler mit ihrer oder seiner Bewertung die Dotierungsebene der eigenen Verwendung überschritten hat. Die Stellungnahme hat die oder der Vorgesetzte der Zweitbeurteilerin oder des Zweitbeurteilers abzugeben, die als nächste oder der als nächster die Dotierungsebene der vergebenen Entwicklungsprognose oder des vergebenen Verwendungsvorschlags inne hat. Ist keine Stellungnahme abzugeben, steht es der oder dem unmittelbaren Vorgesetzten der Zweitbeurteilerin oder des Zweitbeurteilers frei, Stellung zu nehmen. Diese Stellungnahmen gelten als Gesamturteil im Sinne des Absatzes 1 Satz 2.

§ 3a Referenzgruppen

(1) Für die in § 27b Absatz 1 des Soldatengesetzes genannten Soldatinnen und Soldaten hat das Bundesamt für das Personalmanagement der Bundeswehr zur fiktiven Nachzeichnung der beruflichen Entwicklung Referenzgruppen zu bilden. Als Grundlage für die Bildung der Referenzgruppe dient die letzte regelmäßige dienstliche Beurteilung. Die Referenzgruppen sind zu dem Zeitpunkt des gemäß § 27b Absatz 1 Satz 1 Nummer 1 bis 6 des Soldatengesetzes auslösenden Anlasses erstmals zu bilden.

(2) Die fiktive Nachzeichnung der beruflichen Entwicklung beginnt bei förderlichen Verwendungsentscheidungen sofort, in allen übrigen Fällen, sobald für die referenzierten Soldatinnen und Soldaten keine aktuellen verwertbaren Beurteilungserkenntnisse mehr vorliegen; sie endet, sobald wieder verwertbare Beurteilungserkenntnisse vorliegen. In diesem Geltungszeitraum wird für referenzierte Soldatinnen und Soldaten eine förderliche Auswahlentscheidung getroffen, wenn Auswahlentscheidungen zugunsten von Referenzpersonen den Rangplatz der referenzierten Soldatin oder des referenzierten Soldaten erreicht haben. Ist die Anwendung des Rangplatzprinzips aufgrund der Art der Entscheidung nicht möglich, wird die förderliche Auswahlentscheidung mit einer fiktiven, auf der Basis der Beurteilungsnoten der Referenzpersonen ermittelten Beurteilungsnote getroffen.

(3) Die Voraussetzungen des § 27b Absatz 2 Satz 2 Nummer 1 und 3 des Soldatengesetzes sind erfüllt, wenn die Referenzpersonen in der zu Grunde zu legenden dienstlichen Beurteilung gemessen an dem binnendifferenzierten Gesamturteil

gleich beurteilt worden sind und derselben Ausbildungs- und Verwendungsreihe, demselben Werdegang oder demselben Kompetenzbereich wie die referenzierte Soldatin oder der referenzierte Soldat angehören.

(4) Kann die Regelzahl von zehn Referenzpersonen nicht erreicht werden, so ist eine schrittweise Erweiterung der in § 27b Absatz 2 Satz 2 des Soldatengesetzes genannten Kriterien mindestens bis zum Erhalt der notwendigen Referenzgruppengröße vorzunehmen.

§ 4 Ordnung der Laufbahnen

Die Laufbahnen der Soldatinnen und Soldaten sind den Laufbahngruppen der Mannschaften, der Unteroffizierinnen und Unteroffiziere sowie der Offizierinnen und Offiziere zugeordnet. Die Zuordnung der Laufbahnen zu den Laufbahngruppen ergibt sich aus Anlage 1.

§ 5 Einstellung

(1) Einstellung ist die Begründung eines Wehrdienstverhältnisses. Eingestellt werden darf nur, wer das 17. Lebensjahr vollendet hat.

(2) Soldatinnen und Soldaten werden im niedrigsten Dienstgrad der Mannschaften eingestellt, soweit durch diese Verordnung nichts anderes bestimmt oder zugelassen ist. Frühere Soldatinnen und frühere Soldaten werden mit dem in der Bundeswehr erworbenen Dienstgrad eingestellt, wenn in dieser Verordnung nichts anderes bestimmt ist.

(3) Mit einem höheren Dienstgrad kann eingestellt werden, wer einer Polizei des Bundes oder einer Polizei der Länder angehört hat. Der Dienstgrad richtet sich nach der vorgesehenen Verwendung in der Bundeswehr, der Vorbildung, der Ausbildung, der Laufbahnzugehörigkeit und den wahrgenommenen Funktionen im Bundesgrenzschutz, in der Bundespolizei oder in einer Polizei der Länder. Über die Festsetzung des höheren Dienstgrades entscheidet das Bundesministerium der Verteidigung oder eine von ihm bestimmte Stelle. Die Laufbahn ist in der Entscheidung zu bezeichnen. § 13 Absatz 1 und § 15 Absatz 2 gelten entsprechend.

(4) Mit einem höheren Dienstgrad eingestellten Soldatinnen auf Zeit und Soldaten auf Zeit wird der Dienstgrad zunächst vorläufig verliehen. Er kann nach einem Wehrdienst von sechs Monaten endgültig verliehen werden.

§ 6 Zusicherung der Berufung in das Dienstverhältnis einer Berufssoldatin oder eines Berufssoldaten

(1) Mit der Berufung in das Dienstverhältnis einer Soldatin auf Zeit oder eines Soldaten auf Zeit kann zugesichert werden, dieses Dienstverhältnis in das Dienstverhältnis einer Berufssoldatin oder eines Berufssoldaten umzuwandeln, sobald die gesetzlichen Voraussetzungen hierfür erfüllt sind.

(2) Bei einer Einstellung nach § 43 oder § 45 ist eine Zusicherung nach Absatz 1 zu erteilen mit der Maßgabe, dass die Umwandlung
1. in den Fällen des § 43 spätestens drei Jahre nach der Beförderung zum Leutnant erfolgt,
2. in den Fällen des § 45 spätestens drei Jahre nach der Einstellung erfolgt.

Die Zusicherung kann an weitere Bedingungen geknüpft werden. Sie kann bei einer Einstellung in einen Werdegang des Sanitätsdienstes unterbleiben.

(3) Einer Bewerberin oder einem Bewerber für eine Einstellung nach § 15, § 19, § 25, § 30, § 35 oder § 40 kann zugesichert werden, dass ihr Dienstverhältnis drei Jahre nach ihrer Einstellung in das Dienstverhältnis einer Berufssoldatin oder eines Berufssoldaten umgewandelt wird, wenn

1. die Bewerberin oder der Bewerber sich mindestens zwei Jahre in Verwendungen bewährt, für die sie oder er als Fachunteroffizierin oder Fachunteroffizier, Feldwebel, Offizierin oder Offizier eingestellt wird, und
2. zum Zeitpunkt der Umwandlung keine Erkenntnisse vorliegen, wonach die Bewerberin oder der Bewerber sich nicht zur Berufssoldatin oder zum Berufssoldaten eignet.

Die Bewerberinnen und Bewerber sind darauf hinzuweisen, dass sich die Frist für die Umwandlung verlängert, wenn innerhalb dieser drei Jahre die Mindestdauer der Verwendung nach Satz 1 Nummer 1 aus besonderen dienstlichen Gründen nicht erreicht wird. Die Frist verlängert sich auch um Zeiten einer Beurlaubung unter Wegfall der Geld- und Sachbezüge, wenn die Beurlaubung weder dienstlichen Interessen noch öffentlichen Belangen dient.

(4) Soldatinnen auf Zeit und Soldaten auf Zeit, denen eine Zusicherung nach Absatz 3 erteilt worden ist, sind so zu verwenden, dass sie die Bewährungsfrist des Absatzes 3 Satz 1 Nummer 1 innerhalb von drei Jahren nach der Einstellung erfüllen können. Dies gilt nicht, wenn besondere dienstliche Gründe für eine andere Verwendung vorliegen. Eine Verwendung nach Satz 1 wird nicht unterbrochen durch Zeiten

1. eines Erholungsurlaubs,
2. eines Sonderurlaubs unter Belassung der Geld- und Sachbezüge,
3. einer Erkrankung einschließlich Heilkur,
4. eines mutterschutzrechtlichen Beschäftigungsverbots,
5. einer Elternzeit,
6. einer familienbedingten Beurlaubung,
7. einer Dienstbefreiung oder einer Freistellung vom Dienst für nach § 30c Absatz 4 des Soldatengesetzes geleisteten Dienst,
8. einer Teilnahme an Fortbildungsveranstaltungen oder
9. einer Dienstreise.

(5) Bei einer Einstellung nach § 15, § 19, § 25, § 30, § 35 oder § 40 ohne Zusicherung nach Absatz 3 darf das Dienstverhältnis nicht vor Ablauf von drei Jahren seit der Einstellung umgewandelt werden.

(6) Eine Beamtin auf Lebenszeit oder ein Beamter auf Lebenszeit, die oder der nach § 15, § 19, § 25, § 30, § 35 oder § 40 eingestellt worden ist, kann unmittelbar im Anschluss an eine sechsmonatige Bewährungszeit in das Dienstverhältnis einer Berufssoldatin oder eines Berufssoldaten berufen werden.

§ 7 Beförderung[1]

(1) Beförderung ist die Verleihung eines höheren Dienstgrades.

(2) Eine Beförderung ist, soweit in dieser Verordnung nichts anderes bestimmt ist, frühestens ein Jahr nach der Einstellung oder der letzten Beförderung zulässig, es sei denn, dass der bisherige Dienstgrad nicht regelmäßig durchlaufen werden musste.

---

1 § 7 Abs. 2: Zur Nichtanwendung vgl. § 29 Abs. 3 Satz 3

(3) Die Dienstgrade einer Laufbahn sind regelmäßig zu durchlaufen, soweit in dieser Verordnung nichts anderes bestimmt ist. Die Zuordnung der Dienstgrade zu den Laufbahnen ergibt sich aus Anlage 2.

(4) Den in § 1 Absatz 1 Nummer 2 bis 6 Genannten kann abweichend von Absatz 2 ein höherer Dienstgrad verliehen werden

1. für eine militärische Verwendung, wenn die für diese Verwendung erforderlichen militärischen Kenntnisse und Fähigkeiten und die erforderliche Lebenserfahrung durch eine berufliche Tätigkeit in Streitkräften oder streitkräfteähnlichen Einrichtungen erworben worden sind, oder
2. für eine militärfachliche Verwendung, insbesondere eine solche, die einem Berufsbild aus dem Bereich des Gesundheits-, Verwaltungs-, Logistik- oder Medienwesens oder einem technischen Beruf entspricht, wenn die für diese Verwendung erforderlichen Kenntnisse, Fertigkeiten und Fähigkeiten und die erforderliche Lebenserfahrung durch eine zivilberufliche Tätigkeit erworben worden sind.

Den in § 1 Absatz 1 Nummer 4 bis 6 genannten Soldatinnen und Soldaten wird der Dienstgrad vorläufig verliehen; er kann nach einem Wehrdienst von mindestens der in § 12 Absatz 2 Satz 1, § 22 Absatz 4 Satz 3 und § 48 Absatz 5 Satz 2 jeweils bestimmten Dauer endgültig verliehen werden. In den Fällen nach Satz 1 Nummer 2 kann der höhere Dienstgrad auch zeitweilig für die Dauer der Verwendung verliehen werden. Über die Verleihung der höheren Dienstgrade entscheidet das Bundesministerium der Verteidigung oder eine von ihm bestimmte Stelle. Die Laufbahn ist in der Entscheidung zu bezeichnen. Die Sätze 1 und 4 gelten entsprechend für die in § 1 Absatz 1 Nummer 7 genannten Soldatinnen und Soldaten; der höhere Dienstgrad darf nur für die Dauer der dienstlichen Veranstaltung verliehen werden.

§ 8 Dienstzeiterfordernisse

Dienstzeit im Sinne dieser Verordnung ist die Wehrdienstzeit. Bei einer Einstellung mit einem höheren als dem niedrigsten Dienstgrad der Mannschaften gilt für Beförderungen die Dienstzeit als erfüllt, die nach dieser Verordnung für eine Beförderung zu dem Dienstgrad, mit dem die Soldatin oder der Soldat eingestellt worden ist, erforderlich ist.

§ 9 Laufbahnbefähigung und Laufbahnwechsel

(1) Die Laufbahnbefähigung besitzt, wer die Laufbahnprüfung bestanden hat. Die Laufbahnbefähigung für die Laufbahn der Offizierinnen und Offiziere

1. des Sanitätsdienstes besitzt, wer die in § 29 Absatz 3 Satz 1 genannten zusätzlichen Voraussetzungen erfüllt,
2. des Militärmusikdienstes besitzt, wer die in § 34 Absatz 3 genannten zusätzlichen Voraussetzungen erfüllt und
3. des Geoinformationsdienstes der Bundeswehr besitzt, wer die in § 39 Absatz 3 genannten zusätzlichen Voraussetzungen erfüllt.

Die Laufbahnbefähigung besitzt auch, wer

1. die Voraussetzungen für eine Einstellung mit einem höheren Dienstgrad der jeweiligen Laufbahn, der kein Anwärterdienstgrad ist, erfüllt oder
2. eine fachspezifische Qualifizierung erfolgreich abgeschlossen hat.

(2) Ein Laufbahnwechsel ist nur zulässig, wenn die Soldatin oder der Soldat die Befähigung für die neue Laufbahn erworben hat. Bei einem Laufbahnwechsel gelten

für die Verleihung eines Dienstgrades die Vorschriften für eine Einstellung mit einem höheren Dienstgrad in die jeweilige Laufbahn entsprechend.

(3) Laufbahnwechsel sind nur mit Zustimmung der Soldatin oder des Soldaten zulässig. Bis zur Vollendung des 50. Lebensjahres ist ein Laufbahnwechsel aus dem Militärmusikdienst in den Truppendienst auch ohne Zustimmung der Soldatin oder des Soldaten zulässig.

(4) Für Soldatinnen auf Zeit und Soldaten auf Zeit, die für nicht mehr als eine dreijährige Ausbildungszeit in ihr Dienstverhältnis berufen worden sind, gelten

1. für den Aufstieg in die Laufbahn der Feldwebel der Reserve des Truppendienstes § 22 Absatz 2 Nummer 2, Absatz 3 und 4 Satz 1 und 2 entsprechend und
2. für den Aufstieg in die Laufbahn der Offizierinnen und Offiziere der Reserve des Truppendienstes § 48 Absatz 2 und 4 entsprechend sowie für die Einstellung § 48 Absatz 3 entsprechend.

(5) Sind Anwärterinnen und Anwärter nicht für ihre Laufbahn geeignet, werden sie mit der Beendigung ihres Dienstverhältnisses je nach erreichtem Dienstgrad in eine Laufbahn der Mannschaften, der Unteroffizierinnen und Unteroffiziere oder in eine andere Laufbahn der Offizierinnen und Offiziere überführt. Es werden überführt:

1. Anwärterinnen und Anwärter mit einem Mannschaftsdienstgrad in eine Laufbahn der Mannschaften der Reserve,
2. Anwärterinnen und Anwärter mit dem Dienstgrad „Unteroffizier", „Fahnenjunker" oder „Stabsunteroffizier" in eine Laufbahn der Fachunteroffizierinnen und Fachunteroffiziere der Reserve,
3. Anwärterinnen und Anwärter mit dem Dienstgrad „Fähnrich" oder „Oberfähnrich" in eine Laufbahn der Feldwebel der Reserve und
4. Anwärterinnen und Anwärter mit einem Offizierdienstgrad in die Laufbahn der Offizierinnen und Offiziere der Reserve des Truppendienstes.

Nach der Überführung entfällt der für Anwärterinnen und Anwärter vorgesehene Zusatz zur Dienstgradbezeichnung. Fahnenjunker führen den Dienstgrad „Unteroffizier", Fähnriche den Dienstgrad „Feldwebel" und Oberfähnriche den Dienstgrad „Hauptfeldwebel". Bei einer Rückführung nach § 55 Absatz 4 Satz 3 des Soldatengesetzes gelten die Sätze 2 und 3 entsprechend.

(6) Werden Feldwebel in einen Dienstgrad herabgesetzt, der in der jeweiligen Laufbahn nur von Anwärterinnen und Anwärtern geführt wird, führen sie ihre Dienstgradbezeichnung ohne den für Anwärterinnen und Anwärter vorgesehenen Zusatz. Für erneute Beförderungen gelten die Regelungen für Anwärterinnen und Anwärter im jeweiligen Dienstgrad entsprechend; ausgenommen sind die jeweiligen Prüfungserfordernisse.

(7) Absatz 6 gilt für Unteroffizierinnen und Unteroffiziere in einer Laufbahn der Fachunteroffizierinnen und Fachunteroffiziere entsprechend.

(8) Soldatinnen und Soldaten, die keiner Reservelaufbahn angehören, wechseln mit der Beendigung ihres Wehrdienstverhältnisses in die ihrer Laufbahn entsprechende Reservelaufbahn. Bei erneuter Begründung eines Wehrdienstverhältnisses nach Maßgabe des Wehrpflichtgesetzes oder nach dem Vierten oder Fünften Abschnitt des Soldatengesetzes bleibt diese Laufbahnzuordnung erhalten, wenn die Verwendung keine andere Laufbahnzuordnung erfordert.

Kapitel 2 **Laufbahngruppe der Mannschaften**

§ 10 Einstellung in eine Laufbahn der Mannschaften

(1) In eine Laufbahn der Mannschaften kann eingestellt werden, wer die Vollzeitschulpflicht erfüllt hat. Die Einstellung in die Laufbahn der Mannschaften des Militärmusikdienstes setzt außerdem voraus, dass die Bewerberin oder der Bewerber mindestens ein Orchesterinstrument oder ein Instrument des Spielmannszuges beherrscht.

(2) Die Einstellung erfolgt als Soldatin auf Zeit oder als Soldat auf Zeit.

§ 11 Beförderung der Mannschaften

Die Beförderung der Mannschaften ist nachfolgenden Dienstzeiten zulässig:
1. zum Gefreiten nach drei Monaten,
2. zum Obergefreiten nach sechs Monaten,
3. zum Hauptgefreiten nach zwölf Monaten,
4. zum Stabsgefreiten nach 36 Monaten,
5. zum Oberstabsgefreiten nach 48 Monaten,
6. zum Korporal nach sieben Jahren und
7. zum Stabskorporal nach zehn Jahren.

§ 12 Sonstige Soldatinnen und sonstige Soldaten (§ 1 Absatz 1 Nummer 2 bis 7)

(1) Die in § 1 Absatz 1 Nummer 2 und 3 genannten Soldatinnen und Soldaten werden nach den Vorschriften über die Einstellung und Beförderung von Mannschaften eingestellt und befördert.

(2) Die in § 1 Absatz 1 Nummer 4 bis 7 genannten Soldatinnen und Soldaten können nach einem Wehrdienst von mindestens sechs Tagen befördert werden. Die Beförderung ist erst nach Ablauf der Zeit zulässig, die im Dienstverhältnis einer Soldatin auf Zeit oder eines Soldaten auf Zeit als Dienstzeit für die Beförderung nach dieser Verordnung mindestens vorausgesetzt wird. Zeiten einer dienstlichen Veranstaltung nach § 81 Absatz 1 des Soldatengesetzes werden auf den Wehrdienst nach Satz 1 nicht angerechnet. Das Bundesministerium der Verteidigung kann die Anrechnung von Zeiten nach Satz 3 zulassen, sofern Reservistinnen und Reservisten Aufgaben wahrnehmen, die zumindest ihrem Dienstgrad und den Aufgaben aus einem Beorderungsverhältnis entsprechen.

Kapitel 3 Laufbahngruppe der Unteroffizierinnen und Unteroffizier

Abschnitt 1 Berufssoldatinnen, Berufssoldaten, Soldatinnen auf Zeit und Soldaten auf Zeit

Unterabschnitt 1 Fachunteroffizierinnen und Fachunteroffiziere

§ 13 Einstellung als Unteroffizieranwärterin oder Unteroffizieranwärter

(1) Als Anwärterin oder Anwärter für eine Laufbahn der Fachunteroffizierinnen und Fachunteroffiziere des Sanitätsdienstes, des Militärmusikdienstes oder des allgemeinen Fachdienstes (Unteroffizieranwärterin oder Unteroffizieranwärter) kann eingestellt werden, wer mindestens den Hauptschulabschluss oder einen als gleichwertig anerkannten Bildungsstand besitzt. Die Einstellung als Anwärterin oder Anwärter für die Laufbahn der Fachunteroffizierinnen und Fachunteroffiziere des Militärmusikdienstes setzt außerdem voraus, dass die Bewerberin oder der Bewerber mindestens ein Orchesterinstrument oder ein Instrument des Spielmannszuges beherrscht.

(2) Die Einstellung erfolgt als Soldatin auf Zeit oder Soldat auf Zeit.

(3) Die Anwärterinnen und Anwärter führen im Schriftverkehr bis zu ihrer Beförderung zum Unteroffizier ihre Dienstgradbezeichnung mit dem Zusatz „(Unteroffizieranwärterin)“, „(Unteroffizieranwärter)“ oder „(UA)“.

§ 14 Beförderung der Unteroffizieranwärterinnen und Unteroffizieranwärter

(1) Die Beförderung der Unteroffizieranwärterinnen und Unteroffizieranwärter ist zu folgenden Dienstgraden und nach folgenden Dienstzeiten zulässig:
1. zum Gefreiten nach drei Monaten,
2. zum Obergefreiten nach sechs Monaten,
3. zum Unteroffizier nach zwölf Monaten, frühestens jedoch neun Monate nach der Ernennung zum Gefreiten.

Die Dienstgrade ab dem Dienstgrad „Obergefreiter“ müssen nicht durchlaufen werden.

(2) Unteroffizieranwärterinnen und Unteroffizieranwärter erhalten eine allgemeinmilitärische Laufbahnausbildung und eine mehrmonatige militärfachliche Laufbahnausbildung in Form von Lehrgängen. Sie dürfen zum Unteroffizier befördert werden, wenn sie eine Unteroffizierprüfung bestanden haben, die sich aus einem allgemeinmilitärischen und einem militärfachlichen Teil zusammensetzt (Fachunteroffizierprüfung). Der militärfachliche Teil der Fachunteroffizierprüfung kann durch einen verwertbaren berufsqualifizierenden Ausbildungsabschluss ersetzt werden. Im Falle des Nichtbestehens eines Teils der Fachunteroffizierprüfung kann dieser Teil einmal wiederholt werden.

§ 15 Einstellung mit einem höheren Dienstgrad

(1) In das Dienstverhältnis einer Soldatin auf Zeit oder eines Soldaten auf Zeit kann eingestellt werden
1. mit dem Dienstgrad „Unteroffizier“, wer

a) mindestens den Hauptschulabschluss oder einen als gleichwertig anerkannten Bildungsstand besitzt und
b) über einen für die vorgesehene Verwendung verwertbaren berufsqualifizierenden Ausbildungsabschluss verfügt,

2. mit dem Dienstgrad „Stabsunteroffizier", wer
a) mindestens einen Realschulabschluss oder einen als gleichwertig anerkannten Bildungsstand besitzt und jeweils über einen für die vorgesehene Verwendung verwertbaren berufsqualifizierenden Ausbildungsabschluss verfügt oder
b) mindestens den Hauptschulabschluss oder einen als gleichwertig anerkannten Bildungsstand besitzt, jeweils über einen für die vorgesehene Verwendung verwertbaren berufsqualifizierenden Ausbildungsabschluss verfügt und eine dieser nach Fachrichtung und Schwierigkeit vergleichbare hauptberufliche Tätigkeit von mindestens zwei Jahren nachweist,
c) in die Laufbahn der Fachunteroffizierinnen und Fachunteroffiziere des Militärmusikdienstes, wer die Bildungsvoraussetzungen nach Nummer 1 Buchstabe a erfüllt und eine für den Musikerberuf übliche, mindestens dreijährige erfolgreiche praktische und theoretische Ausbildung in einem musikalischen Bildungsinstitut, bei einem Mitglied eines Kulturorchesters oder einer Lehrerin oder einem Lehrer in freiberuflicher Tätigkeit (Privatmusikerzieherin oder Privatmusikerzieher) abgeschlossen hat.

(2) Die Bewerberinnen und Bewerber müssen sich mindestens für drei Jahre, in der Laufbahn der Fachunteroffizierinnen und Fachunteroffiziere des Sanitätsdienstes mindestens für ein Jahr, zu einem Wehrdienst verpflichten.

§ 16 Aufstieg in eine Laufbahn der Fachunteroffizierinnen und Fachunteroffiziere

(1) Mannschaften aller Laufbahnen können in eine Laufbahn der Fachunteroffizierinnen und Fachunteroffiziere aufsteigen, wenn sie mindestens den Dienstgrad „Gefreiter" erreicht haben und den Hauptschulabschluss oder einen als gleichwertig anerkannten Bildungsstand besitzen. § 6 Absatz 1 gilt entsprechend.

(2) Nach dem Aufstieg führen sie im Schriftverkehr bis zu ihrer Beförderung zum Unteroffizier ihre Dienstgradbezeichnung mit dem Zusatz „(Unteroffizieranwärterin)", „(Unteroffizieranwärter)" oder „(UA)".

(3) § 14 gilt entsprechend.

(4) Unbeschadet der Absätze 1 bis 3 können Mannschaften aller Laufbahnen, die einen Hauptschulabschluss oder einen als gleichwertig anerkannten Bildungsstand besitzen, nach einer Dienstzeit von mindestens drei Jahren in die Laufbahn der Fachunteroffizierinnen und Fachunteroffiziere des allgemeinen Fachdienstes aufsteigen, wenn sie eine fachspezifische Qualifizierung abgeschlossen haben (Praxisaufstieg). Der Praxisaufstieg dauert sechs Monate. Er besteht aus

1. einer dreimonatigen fachtheoretischen Ausbildung und
2. einer dreimonatigen berufspraktischen Einführung.

Die fachtheoretische Ausbildung schließt mit einer Prüfung und die berufspraktische Einführung mit einer Bewertung ab. Der erfolgreiche Abschluss des Praxisaufstiegs ist festzustellen. § 14 Absatz 2 Satz 4 gilt entsprechend mit der Maßgabe, dass auch die berufspraktische Einführung einmal wiederholt werden kann.

Unterabschnitt 2 **Feldwebel**

§ 17 Einstellung als Feldwebelanwärterin oder Feldwebelanwärter

(1) Als Anwärterin oder Anwärter für eine Laufbahn der Feldwebel des Truppendienstes, des Sanitätsdienstes, des Militärmusikdienstes, des Geoinformationsdienstes der Bundeswehr oder des allgemeinen Fachdienstes (Feldwebelanwärterin oder Feldwebelanwärter) kann eingestellt werden, wer
1. mindestens den Realschulabschluss oder einen als gleichwertig anerkannten Bildungsstand besitzt oder
2. über folgende Bildungsvoraussetzungen verfügt:
   a) mindestens den Hauptschulabschluss oder einen als gleichwertig anerkannten Bildungsstand und
   b) zusätzlich einen förderlichen berufsqualifizierenden Ausbildungsabschluss.

Die Einstellung als Anwärterin oder Anwärter für die Laufbahn der Feldwebel des Militärmusikdienstes setzt außerdem voraus, dass die Bewerberin oder der Bewerber mindestens ein Orchesterinstrument beherrscht.

(2) Die Einstellung erfolgt als Soldatin auf Zeit oder Soldat auf Zeit.

(3) Die Anwärterinnen und Anwärter führen im Schriftverkehr bis zu ihrer Beförderung zum Feldwebel ihre Dienstgradbezeichnung mit dem Zusatz „(Feldwebelanwärterin)“, „(Feldwebelanwärter)“ oder „(FA)“.

§ 18 Beförderung der Feldwebelanwärterinnen und Feldwebelanwärter

(1) Die Beförderung der Feldwebelanwärterinnen und Feldwebelanwärter ist zu folgenden Dienstgraden und nach folgenden Dienstzeiten zulässig:
1. zum Gefreiten nach drei Monaten,
2. zum Obergefreiten nach sechs Monaten,
3. zum Unteroffizier nach zwölf Monaten,
4. zum Stabsunteroffizier nach 24 Monaten und
5. zum Feldwebel nach 36 Monaten.

Die Mannschaftsdienstgrade ab dem Dienstgrad „Obergefreiter“ müssen nicht durchlaufen werden.

(2) Feldwebelanwärterinnen und Feldwebelanwärter erhalten eine allgemeinmilitärische Laufbahnausbildung und eine mehrmonatige militärfachliche Laufbahnausbildung in Form von Lehrgängen. Sie dürfen zum Feldwebel befördert werden, wenn sie eine Unteroffizierprüfung bestanden haben, die sich aus einem allgemeinmilitärischen und einem militärfachlichen Teil zusammensetzt (Feldwebelprüfung). Der militärfachliche Teil der Feldwebelprüfung kann durch einen verwertbaren berufsqualifizierenden Ausbildungsabschluss ersetzt werden. Im Falle des Nichtbestehens eines Teils der Feldwebelprüfung kann dieser Teil einmal wiederholt werden.

§ 19 Einstellung mit einem höheren Dienstgrad

(1) In das Dienstverhältnis einer Soldatin auf Zeit oder eines Soldaten auf Zeit kann als Feldwebelanwärterin oder Feldwebelanwärter eingestellt werden
1. mit dem Dienstgrad „Unteroffizier“, wer
   a) mindestens den Hauptschulabschluss oder einen als gleichwertig anerkannten Bildungsstand besitzt und
   b) über einen für die vorgesehene Verwendung verwertbaren Berufsabschluss verfügt,

2. mit dem Dienstgrad „Stabsunteroffizier", wer
   a) mindestens den Realschulabschluss oder einen als gleichwertig anerkannten Bildungsstand besitzt und zusätzlich über einen für die vorgesehene Verwendung verwertbaren berufsqualifizierenden Ausbildungsabschluss verfügt oder
   b) mindestens den Hauptschulabschluss oder einen als gleichwertig anerkannten Bildungsstand besitzt, zusätzlich über einen für die vorgesehene Verwendung verwertbaren berufsqualifizierenden Ausbildungsabschluss verfügt und eine dieser nach Fachrichtung und Schwierigkeit vergleichbare hauptberufliche Tätigkeit von mindestens zwei Jahren nachweist,
3. in die Laufbahn der Feldwebel des Militärmusikdienstes mit dem Dienstgrad „Stabsunteroffizier", wer
   a) die Bildungsvoraussetzungen nach Nummer 2 Buchstabe a erfüllt und
   b) eine für den Musikerberuf übliche, mindestens dreijährige erfolgreiche praktische und theoretische Ausbildung in einem musikalischen Bildungsinstitut, bei einem Mitglied eines Kulturorchesters oder einer Lehrerin oder einem Lehrer in freiberuflicher Tätigkeit (Privatmusikerzieherin oder Privatmusikerzieher) abgeschlossen hat.

(2) In das Dienstverhältnis einer Soldatin auf Zeit oder eines Soldaten auf Zeit kann mit dem Dienstgrad „Feldwebel" eingestellt werden
1. in die Laufbahnen der Feldwebel des Truppendienstes und des Geoinformationsdienstes der Bundeswehr, wer
   a) in einem für die vorgesehene Verwendung verwertbaren Beruf die Meisterprüfung oder eine dieser nach Art, Inhalt und Zulassungsvoraussetzungen vergleichbare Prüfung oder die Abschlussprüfung an einer mindestens zweijährigen Fachschule bestanden hat oder
   b) eine für die vorgesehene Verwendung verwertbare Befähigung für eine Laufbahn des mittleren Dienstes oder eine vergleichbare Laufbahn besitzt,
2. in die Laufbahn der Feldwebel des allgemeinen Fachdienstes, wer
   a) die in Nummer 1 genannten Voraussetzungen erfüllt oder
   b) eine luftfahrzeugtechnische Lizenz für freigabeberechtigtes Personal der Kategorie B besitzt,
3. in die Laufbahn der Feldwebel des Sanitätsdienstes, wer über einen für die vorgesehene Verwendung verwertbaren berufsqualifizierenden Ausbildungsabschluss verfügt in
   a) einem Gesundheitsberuf,
   b) einem technischen Assistenzberuf oder
   c) einem Assistenzberuf im Gesundheitswesen, und
4. in die Laufbahn der Feldwebel des Militärmusikdienstes, wer mindestens 180 Leistungspunkte in einem Bachelorstudiengang Orchesterinstrumente an einer Musikhochschule oder eine gleichwertige Qualifikation erworben hat.

(3) Liegen die Voraussetzungen des Absatzes 2 vor, kann für eine militärfachliche Verwendung mit einem höheren Dienstgrad, höchstens jedoch mit dem Dienstgrad „Stabsfeldwebel", eingestellt werden, wer die Eignung für den höheren Dienstgrad durch eine hauptberufliche Tätigkeit erworben hat. Die hauptberufliche Tätigkeit muss nach dem Erwerb der in Absatz 2 genannten Voraussetzungen ausgeübt worden sein und nach Fachrichtung und Schwierigkeit der Tätigkeit der vorgesehenen Verwendung entsprechen. Die Mindestdauer der Tätigkeit beträgt für eine Einstellung
1. als Oberfeldwebel ein Jahr
2. als Hauptfeldwebel fünf Jahre und
3. als Stabsfeldwebel neun Jahre.

(4) § 15 Absatz 2 gilt entsprechend mit der Maßgabe, dass das verkürzte Verpflichtungszeiterfordernis von einem Jahr nur für Einstellungen in die Laufbahn der Feldwebel des Sanitätsdienstes nach den Absätzen 2 und 3 besteht.

§ 20 Beförderung der Feldwebel

(1) Die Beförderung zum Hauptfeldwebel ist nach einer Dienstzeit von mindestens acht Jahren zulässig. Abweichend von Satz 1 ist die Beförderung zum Hauptfeldwebel bei Angehörigen des fliegenden Personals und bei Personal, das als Kampfschwimmerin oder Kampfschwimmer oder im Kommando Spezialkräfte für besondere Einsätze verwendet wird, nach einer Dienstzeit von mindestens sechs Jahren zulässig.

(2) Die Beförderung von Soldatinnen und Soldaten im Dienstverhältnis einer Soldatin auf Zeit oder eines Soldaten auf Zeit zum Hauptfeldwebel setzt eine festgesetzte Dienstzeit voraus
1. von mindestens zwölf Jahren,
2. bei Einstellung als Unteroffizier von mindestens elf Jahren,
3. bei Einstellung als Stabsunteroffizier von mindestens zehn Jahren,
4. bei Einstellung als Feldwebel von mindestens neun Jahren und
5. bei Einstellung als Oberfeldwebel von mindestens acht Jahren.

(3) Die Beförderung zum Oberstabsfeldwebel ist zulässig nach einer Dienstzeit
1. von mindestens 16 Jahren seit Ernennung zum Feldwebel und
2. von mindestens sechs Jahren seit Ernennung zum Hauptfeldwebel.

§ 21 Aufstieg in eine Laufbahn der Feldwebel

(1) Wenn die Voraussetzungen des § 17 Absatz 1 Satz 1 und für die Laufbahn der Feldwebel des Militärmusikdienstes auch die Voraussetzungen des § 17 Absatz 1 Satz 2 erfüllt sind, können in eine Laufbahn der Feldwebel aufsteigen:
1. Mannschaften aller Laufbahnen, die mindestens den Dienstgrad „Gefreiter“ erreicht haben, und
2. Fachunteroffizierinnen und Fachunteroffiziere.

Aufsteigerinnen und Aufsteigern, die die Voraussetzungen des § 19 Absatz 1 erfüllen, wird der entsprechende höhere Dienstgrad aus Anlass des Aufstiegs verliehen. Für Aufsteigerinnen und Aufsteiger nach Satz 1 gilt § 6 Absatz 1 entsprechend.

(2) Nach dem Aufstieg führen sie im Schriftverkehr bis zu ihrer Beförderung zum Feldwebel ihre Dienstgradbezeichnung mit dem Zusatz „(Feldwebelanwärterin)“, „(Feldwebelanwärter)“ oder „(FA)“.

(3) § 18 gilt entsprechend.

Abschnitt 2 Sonstige Soldatinnen und sonstige Soldaten (§ 1 Absatz 1 Nummer 2 bis 7)

§ 22 Einstellung, Beförderung, Aufstieg und Berufung in das Dienstverhältnis einer Berufssoldatin oder eines Berufssoldaten

(1) Die in § 1 Absatz 1 Nummer 2 und 3 genannten Soldatinnen und Soldaten werden nach den Vorschriften des Kapitels drei über die Einstellung und Beförderung von Soldatinnen und Soldaten eingestellt und befördert.

(2) Die in § 1 Absatz 1 Nummer 2 bis 6 genannten Soldatinnen und Soldaten können aufsteigen
1. in eine Laufbahn der Fachunteroffizierinnen und Fachunteroffiziere der Reserve, wenn sie die Voraussetzungen des § 16 Absatz 1 erfüllen,
2. in eine Laufbahn der Feldwebel der Reserve, wenn sie die Voraussetzungen des § 21 Absatz 1 erfüllen.

(3) Die Fachunteroffizierinnen und Fachunteroffiziere der Reserve führen im Schriftverkehr bis zu ihrer Beförderung zum Unteroffizier ihre Dienstgradbezeichnung mit dem Zusatz „(Reserveunteroffizieranwärterin)", „(Reserveunteroffizieranwärter)" oder „(RUA)"; nach der Übernahme in eine Laufbahn der Feldwebel der Reserve führen sie im Schriftverkehr bis zu ihrer Beförderung zum Feldwebel ihre Dienstgradbezeichnung mit dem Zusatz „(Reservefeldwebelanwärterin)", „(Reservefeldwebelanwärter)" oder „(RFA)".

(4) In den Laufbahnen der Fachunteroffizierinnen und Fachunteroffiziere der Reserve setzt die Beförderung zum Unteroffizier der Reserve das Bestehen einer Fachunteroffizierprüfung, in den Laufbahnen der Feldwebel der Reserve die Beförderung zum Feldwebel der Reserve das Bestehen einer Feldwebelprüfung voraus. Weitere Beförderungen sind erst nach Ablauf einer Zeit zulässig, die für Soldatinnen und Soldaten im Dienstverhältnis einer Berufssoldatin, eines Berufssoldaten, einer Soldatin auf Zeit oder eines Soldaten auf Zeit als Dienstzeit für die Beförderung nach dieser Verordnung mindestens vorausgesetzt wird. Außerdem können sie jeweils nach einem Wehrdienst von mindestens zwölf Tagen befördert werden. Zeiten einer dienstlichen Veranstaltung nach § 81 Absatz 1 des Soldatengesetzes werden auf den Wehrdienst nach Satz 3 nicht angerechnet. § 12 Absatz 2 Satz 4 gilt entsprechend.

(5) Reserveunteroffizierinnen und Reserveunteroffiziere können in das Dienstverhältnis einer Berufssoldatin oder eines Berufssoldaten berufen werden, wenn sie
1. als Angehörige einer Laufbahn der Fachunteroffizierinnen und Fachunteroffiziere der Reserve mindestens den Dienstgrad „Unteroffizier" und als Angehöriger einer Laufbahn der Feldwebel der Reserve mindestens den Dienstgrad „Feldwebel" erreicht haben,
2. in ihrem Dienstgrad mindestens vier Monate Wehrdienst geleistet und sich dabei für ihre Berufung in das Dienstverhältnis einer Berufssoldatin oder eines Berufssoldaten als geeignet erwiesen haben.

(6) § 15 Absatz 1 und § 19 Absatz 2 gelten entsprechend. Der jeweilige Dienstgrad wird für die Dauer der Wehrdienstleistung vorläufig verliehen. Er kann nach einem Wehrdienst von mindestens zwölf Tagen endgültig verliehen werden. § 12 Absatz 2 Satz 3 und 4 gilt entsprechend.

Kapitel 4 **Laufbahngruppe der Offizierinnen und Offiziere**

Abschnitt 1 **Berufssoldatinnen, Berufssoldaten, Soldatinnen auf Zeit und Soldaten auf Zeit**

Unterabschnitt 1 **Truppendienst**

§ 23 Einstellung als Offizieranwärterin oder Offizieranwärter

(1) Als Anwärterin oder Anwärter für die Laufbahn der Offizierinnen und Offiziere des Truppendienstes (Offizieranwärterin oder Offizieranwärter) kann eingestellt werden,

wer die allgemeine Hochschulreife, die fachgebundene Hochschulreife, die Fachhochschulreife oder einen als gleichwertig anerkannten Bildungsstand besitzt.

(2) Die Einstellung erfolgt als Soldatin auf Zeit oder Soldat auf Zeit.

(3) Die Offizieranwärterinnen und Offizieranwärter führen im Schriftverkehr bis zu ihrer Beförderung zum Fahnenjunker ihre Dienstgradbezeichnung mit dem Zusatz „(Offizieranwärterin)", „(Offizieranwärter)" oder „(OA)".

(4) Als Offizieranwärterin oder Offizieranwärter kann mit dem Dienstgrad Oberfähnrich eingestellt werden, wer ein Hochschulstudium mindestens mit einem Bachelorabschluss oder gleichwertigen Abschluss abgeschlossen hat.

§ 24 Beförderung der Offizieranwärterinnen und Offizieranwärter

(1) Die Laufbahnausbildung zur Offizierin oder zum Offizier dauert mindestens drei Jahre, in den Fällen des § 23 Absatz 4 mindestens zwölf Monate. Die Beförderung der Anwärterinnen und Anwärter ist zu folgenden Dienstgraden und nach folgenden Dienstzeiten zulässig:
1. zum Gefreiten nach drei Monaten,
2. zum Obergefreiten nach sechs Monaten,
3. zum Fahnenjunker nach zwölf Monaten,
4. zum Fähnrich nach 21 Monaten,
5. zum Oberfähnrich nach 30 Monaten und
6. zum Leutnant nach 36 Monaten.

Andere als die in Satz 2 genannten Dienstgrade müssen nicht durchlaufen werden.

(2) Zum Leutnant dürfen Offizieranwärterinnen und Offizieranwärter nur dann befördert werden, wenn sie eine Offizierprüfung bestanden haben. Bei Nichtbestehen können sie einmal zur Wiederholung der Prüfung zugelassen werden.

§ 25 Offizierinnen und Offiziere mit Hochschulausbildung

(1) Für militärfachliche Verwendungen, die eine Hochschulausbildung erfordern, müssen für die Einstellung als Offizierin oder Offizier in das Dienstverhältnis einer Soldatin auf Zeit oder eines Soldaten auf Zeit folgende Voraussetzungen erfüllt sein:
1. mindestens Bachelor- oder gleichwertiger Hochschulabschluss in der für die Verwendung erforderlichen Fachrichtung und
2. Verpflichtung zu einem Wehrdienst für mindestens drei Jahre.

(2) Die Einstellung erfolgt mit dem Dienstgrad „Oberleutnant". Es kann eingestellt werden
1. mit dem Dienstgrad „Hauptmann", wer
   a) die Eignung für die dem höheren Dienstgrad entsprechende Verwendung nach dem Erwerb des Hochschulabschlusses durch eine dieser nach Fachrichtung und Schwierigkeit vergleichbare hauptberufliche Tätigkeit von mindestens zwei Jahren erworben hat oder
   b) ein der jeweiligen Verwendung entsprechendes Hochschulstudium mit einem Masterabschluss oder mit einem gleichwertigen Abschluss abgeschlossen hat,
2. mit dem Dienstgrad „Major", wer
   a) ein der jeweiligen Verwendung entsprechendes Hochschulstudium mit einem Masterabschluss oder mit einem gleichwertigen Hochschulabschluss abgeschlossen hat und die Eignung, für die dem höheren Dienstgrad entsprechende Verwendung nach dem Erwerb des Abschlusses durch eine

dieser nach Fachrichtung und Schwierigkeit vergleichbare hauptberufliche Tätigkeit von mindestens zwei Jahren und sechs Monaten erworben hat,
b) die Befähigung für eine Laufbahn des höheren Dienstes des Bundes erlangt hat oder
c) den Grad einer Doktoringenieurin oder eines Doktoringenieurs oder, wenn nach Landesrecht an dessen Stelle der Grad einer Doktorin der Naturwissenschaften oder eines Doktors der Naturwissenschaften tritt, diesen erworben hat,
3. mit dem Dienstgrad „Oberstleutnant", wer die Voraussetzungen der Nummer 2 erfüllt und die darüberhinausgehende Eignung durch eine diesem Dienstgrad entsprechende Tätigkeit von mindestens drei weiteren Jahren erworben hat,
4. mit dem Dienstgrad „Oberst", wer die Voraussetzungen der Nummer 3 erfüllt und die darüberhinausgehende Eignung durch eine diesem Dienstgrad entsprechende Tätigkeit von mindestens drei weiteren Jahren erworben hat.

(3) Die Laufbahn beginnt in den Fällen des Absatzes 2 Satz 2 Nummer 2 bis 4 mit dem Dienstgrad „Major".

(4) Für Verwendungen im Truppendienst, die keine Hochschulausbildung erfordern, kann als Oberleutnant in das Dienstverhältnis einer Soldatin auf Zeit oder eines Soldaten auf Zeit auch eingestellt werden, wer ein Hochschulstudium mit einem Bachelor- oder einem gleichwertigen Abschluss abgeschlossen und eine Offizierprüfung bestanden hat. Absatz 1 Nummer 2 und § 24 Absatz 2 Satz 2 gelten entsprechend.

(5) Wer die Voraussetzungen des Absatzes 4 erfüllt, kann für militärfachliche Verwendungen, die keine Hochschulausbildung erfordern, auch mit einem höheren Dienstgrad eingestellt werden, wenn die Eignung, für die dem höheren Dienstgrad entsprechende Verwendung im Rahmen einer hauptberuflichen Tätigkeit erworben worden ist. Absatz 2 Satz 2 gilt entsprechend.

§ 26 Beförderung der Offizierinnen und Offiziere

(1) Die Beförderung der Offizierinnen und Offiziere ist nach folgenden Dienstzeiten seit der Ernennung zum Leutnant zulässig:
1. zum Hauptmann nach fünf Jahren,
2. zum Major nach neun Jahren und
3. zum Oberst nach 15 Jahren.

(2) Die Beförderung der Offizierinnen und Offiziere des fliegenden Personals und der Offizierinnen und Offiziere, die als Kampfschwimmerin oder Kampfschwimmer oder im Kommando Spezialkräfte für besondere Einsätze verwendet werden, ist abweichend von Absatz 1 nach folgenden Dienstzeiten seit der Ernennung zum Leutnant zulässig:
1. zum Hauptmann nach vier Jahren und sechs Monaten,
2. zum Major nach acht Jahren und sechs Monaten und
3. zum Oberst nach 14 Jahren und sechs Monaten.

§ 27 Aufstieg in die Laufbahn der Offizierinnen und Offiziere des Truppendienstes

(1) In die Laufbahn der Offizierinnen und Offiziere des Truppendienstes können aufsteigen

1. Mannschaften aller Laufbahnen, die die Voraussetzungen des § 23 Absatz 1 oder Absatz 4 erfüllen und mindestens den Dienstgrad „Gefreiter" erreicht haben,
2. Unteroffiziere und Stabsunteroffiziere in den Laufbahnen der Fachunteroffizierinnen und Fachunteroffiziere, die die Voraussetzungen des § 23 Absatz 1 oder Absatz 4 erfüllen und
3. Feldwebel aller Laufbahnen, die mindestens den Dienstgrad „Feldwebel" erreicht haben.

Aufsteigerinnen und Aufsteigern, die die Voraussetzungen des § 23 Absatz 4 erfüllen, soll der entsprechende höhere Dienstgrad aus Anlass des Aufstiegs verliehen werden.

(2) Nach dem Aufstieg führen Unteroffiziere den Dienstgrad „Fahnenjunker", Feldwebel den Dienstgrad „Fähnrich" und Hauptfeldwebel den Dienstgrad „Oberfähnrich". Ihre Dienstgradbezeichnung mit dem Zusatz „(Offizieranwärterin)", „(Offizieranwärter)" oder „(OA)" führen im Schriftverkehr
1. Mannschaften bis zur Beförderung zum Fahnenjunker,
2. Stabsunteroffiziere bis zur Beförderung zum Fähnrich,
3. Oberfeldwebel bis zur Beförderung zum Oberfähnrich,
4. Stabsfeldwebel und Oberstabsfeldwebel bis zur Beförderung zum Leutnant.

(3) § 24 gilt entsprechend mit der Maßgabe, dass vor dem Aufstieg absolvierte Ausbildungen auf die Ausbildungszeit und die für Beförderungen erforderliche Dienstzeit höchstens mit zwei Jahren angerechnet werden können. Stabsfeldwebel und Oberstabsfeldwebel werden nach Abschluss der Ausbildung zu Offizierinnen oder Offizieren zu Leutnanten ernannt.

Unterabschnitt 2 **Sanitätsdienst**

§ 28 Einstellung als Sanitätsoffizieranwärterin oder Sanitätsoffizieranwärter

(1) Als Anwärterin oder Anwärter für die Laufbahn der Offizierinnen und Offiziere des Sanitätsdienstes (Sanitätsoffizieranwärterin oder Sanitätsoffizieranwärter) kann eingestellt werden, wer
1. die Berechtigung zum Studium der Humanmedizin, der Zahnmedizin, der Tiermedizin oder der Pharmazie an deutschen öffentlichen Hochschulen besitzt und
2. sich für mindestens 17 Jahre zu einem Wehrdienst verpflichtet.

(2) Die Einstellung erfolgt als Soldatin auf Zeit oder Soldaten auf Zeit.

(3) Die Anwärterinnen und Anwärter führen im Schriftverkehr ihre Dienstgradbezeichnung mit dem Zusatz „(Sanitätsoffizieranwärterin)", „(Sanitätsoffizieranwärter)" oder „(SanOA)".

(4) Als Sanitätsoffizieranwärterin oder Sanitätsoffizieranwärter kann mit dem Dienstgrad Oberfähnrich auch eingestellt werden, wer den ersten Abschnitt der ärztlichen, zahnärztlichen, tierärztlichen oder pharmazeutischen Prüfung oder einer vergleichbaren Prüfung bestanden und sich für mindestens 15 Jahre zu einem Wehrdienst verpflichtet hat.

§ 29 Beförderung der Sanitätsoffizieranwärterinnen und Sanitätsoffizieranwärter

(1) Die Beförderung der Anwärterinnen und Anwärter ist nur zu folgenden Dienstgraden und nach folgenden Dienstzeiten zulässig:
1. zum Gefreiten nach drei Monaten,
2. zum Obergefreiten nach sechs Monaten,
3. zum Fahnenjunker nach zwölf Monaten,
4. zum Fähnrich nach 21 Monaten,
5. zum Oberfähnrich nach 30 Monaten und
6. zum Leutnant nach 36 Monaten.

Andere als die in Satz 1 genannten Dienstgrade müssen nicht durchlaufen werden.

(2) § 24 Absatz 2 gilt entsprechend.

(3) Zum Stabsarzt oder Stabsveterinär darf nur befördert werden, wer als Ärztin oder Arzt, als Zahnärztin oder Zahnarzt oder als Tierärztin oder Tierarzt approbiert ist. Zum Stabsapotheker darf nur befördert werden, wer als Apothekerin oder Apotheker approbiert ist und die staatliche Prüfung als Lebensmittelchemikerin oder Lebensmittelchemiker bestanden hat. § 7 Absatz 2 ist nicht anzuwenden.

§ 30 Einstellung als Sanitätsoffizierin oder Sanitätsoffizier

(1) In die Laufbahn der Offizierinnen und Offiziere des Sanitätsdienstes kann eingestellt werden, wer
1. die Approbation als Ärztin oder Arzt, Zahnärztin oder Zahnarzt, Tierärztin oder Tierarzt, Apothekerin oder Apotheker besitzt und
2. sich für mindestens ein Jahr zu einem Wehrdienst verpflichtet.

(2) Es werden eingestellt:
1. Ärztinnen, Ärzte, Zahnärztinnen und Zahnärzte als Stabsarzt,
2. Tierärztinnen und Tierärzte als Stabsveterinär,
3. Apothekerinnen und Apotheker als Stabsapotheker.

(3) Mit dem Dienstgrad „Oberstabsarzt", „Oberstabsveterinär" oder „Oberstabsapotheker" kann eingestellt werden, wer die in Absatz 1 genannten Voraussetzungen erfüllt und eine der Fachrichtung entsprechende hauptberufliche Vollzeittätigkeit von mindestens drei Jahren nach der Approbation nachweist. Bei einer hauptberuflichen Tätigkeit in Teilzeit verlängert sich der Zeitraum um die Differenz der Teilzeitbeschäftigung zur Vollzeitbeschäftigung.

(4) Mit dem Dienstgrad „Oberfeldarzt", „Oberfeldveterinär" oder „Oberfeldapotheker" kann eingestellt werden, wer die in Absatz 1 genannten Voraussetzungen erfüllt und eine Facharzt-, Fachzahnarzt-, Fachtierarzt- oder Fachapothekerbezeichnung führen darf.

(5) Mit dem Dienstgrad „Oberstarzt", „Oberstveterinär" oder „Oberstapotheker" kann für eine diesem Dienstgrad entsprechende Verwendung eingestellt werden, wer
1. die in Absatz 4 in Verbindung mit den Absätzen 1 und 3 genannten Voraussetzungen erfüllt und
2. die Eignung für die dem höheren Dienstgrad entsprechende Verwendung durch eine darüberhinausgehende hauptberufliche Vollzeittätigkeit von mindestens drei Jahren nach dem Erwerb der in Absatz 4 genannten Qualifikation erworben hat.

Absatz 3 Satz 2 gilt entsprechend.

(6) Die Laufbahn beginnt in den Fällen der Absätze 3 bis 5 mit dem Dienstgrad „Oberstabsarzt", „Oberstabsveterinär" oder „Oberstabsapotheker".

(7) Das Bundesministerium der Verteidigung kann Ausnahmen von den Fristen nach § 6 Absatz 3 zulassen, wenn besondere Umstände des Einzelfalls dies rechtfertigen.

§ 31 Beförderung der Sanitätsoffizierinnen und Sanitätsoffiziere

(1) Beförderungen sind nach folgenden Dienstzeiten seit der Ernennung zum Stabsarzt, Stabsveterinär oder Stabsapotheker zulässig:
1. zum Oberstabsarzt, Oberstabsveterinär oder Oberstabsapotheker nach zwei Jahren und
2. zum Oberstarzt, Oberstveterinär oder Oberstapotheker nach zehn Jahren.

(2) Abweichend von § 7 Absatz 2 kann zum Oberfeldarzt, Oberfeldveterinär oder Oberfeldapotheker befördert werden, wer die in § 30 Absatz 4 genannte Anerkennung besitzt.

§ 32 Aufstieg in die Laufbahn der Offizierinnen und Offiziere des Sanitätsdienstes

(1) In die Laufbahn der Offizierinnen und Offiziere des Sanitätsdienstes können aufsteigen, wenn sie die Voraussetzungen des § 28 Absatz 1 oder Absatz 4 erfüllen,
1. Mannschaften aller Laufbahnen, die mindestens den Dienstgrad „Gefreiter" erreicht haben,
2. Unteroffiziere und Stabsunteroffiziere in den Laufbahnen der Fachunteroffizierinnen und Fachunteroffiziere und
3. Feldwebel aller Laufbahnen, die mindestens den Dienstgrad „Feldwebel" erreicht haben.

Aufsteigerinnen und Aufsteigern, die die Voraussetzungen des § 28 Absatz 4 erfüllen, soll der entsprechende höhere Dienstgrad aus Anlass des Aufstiegs verliehen werden.

(2) Nach dem Aufstieg führen Unteroffiziere den Dienstgrad „Fahnenjunker", Feldwebel den Dienstgrad „Fähnrich" und Hauptfeldwebel den Dienstgrad „Oberfähnrich" und jeweils mit dem Zusatz „(Sanitätsoffizieranwärterin)", „(Sanitätsoffizieranwärter)" oder „(SanOA)". Ihre Dienstgradbezeichnung mit dem Zusatz nach Satz 1 führen im Schriftverkehr
1. Mannschaften bis zur Beförderung zum Fahnenjunker,
2. Stabsunteroffiziere bis zur Beförderung zum Fähnrich,
3. Oberfeldwebel bis zur Beförderung zum Oberfähnrich und
4. Stabsfeldwebel und Oberstabsfeldwebel bis zur Beförderung zum Leutnant (Sanitätsoffizieranwärterin) oder Leutnant (Sanitätsoffizieranwärter).

(3) § 29 gilt entsprechend.

Unterabschnitt 3 **Militärmusikdienst**

§ 33 Einstellung als Militärmusikoffizieranwärterin oder Militärmusikoffizieranwärter

(1) Als Anwärterin oder Anwärter für die Laufbahn der Offizierinnen und Offiziere des Militärmusikdienstes (Militärmusikoffizieranwärterin oder Militärmusikoffizieranwärter) kann eingestellt werden, wer
1. die allgemeine Hochschulreife, die fachgebundene Hochschulreife, die Fachhochschulreife oder einen als gleichwertig anerkannten Bildungsstand besitzt,
2. die Aufnahmeprüfung an einer Hochschule für Musik bestanden hat und
3. sich für mindestens 15 Jahre zu einem Wehrdienst verpflichtet.

(2) Die Einstellung erfolgt als Soldatin auf Zeit oder Soldat auf Zeit.

(3) Die Anwärterinnen und Anwärter führen im Schriftverkehr ihre Dienstgradbezeichnung mit dem Zusatz „(Militärmusikoffizieranwärterin)“ oder „(Militärmusikoffizieranwärter)“ oder „(MilMusikOA)“.

§ 34 Beförderung der Militärmusikoffizieranwärterinnen und Militärmusikoffizieranwärter

(1) Die Beförderung der Anwärterinnen und Anwärter ist nur zu folgenden Dienstgraden und nach folgenden Dienstzeiten zulässig:
1. zum Gefreiten nach drei Monaten,
2. zum Obergefreiten nach sechs Monaten,
3. zum Fahnenjunker nach zwölf Monaten,
4. zum Fähnrich nach 21 Monaten,
5. zum Oberfähnrich nach 30 Monaten und
6. zum Leutnant nach 36 Monaten.

Andere als die in Satz 1 genannten Dienstgrade müssen nicht durchlaufen werden.

(2) § 24 Absatz 2 gilt entsprechend.

(3) Zum Hauptmann darf nur befördert werden, wer das Kapellmeisterexamen bestanden hat.

§ 35 Einstellung als Militärmusikoffizierin oder Militärmusikoffizier

(1) In die Laufbahn der Offizierinnen und Offiziere des Militärmusikdienstes kann auch eingestellt werden, wer
1. ein Studium an einer Hochschule für Musik oder einem entsprechenden Musikinstitut mit dem Kapellmeisterexamen oder einer gleichwertigen Hochschulprüfung abgeschlossen hat und
2. sich für mindestens drei Jahre zu einem Wehrdienst verpflichtet.

(2) Die Einstellung erfolgt mit dem Dienstgrad „Hauptmann“. Die Laufbahn beginnt mit dem Einstellungsdienstgrad.

§ 36 Beförderung der Militärmusikoffizierinnen und Militärmusikoffiziere

Beförderungen sind nach folgenden Dienstzeiten seit Ernennung zum Hauptmann zulässig:
1. zum Major nach drei Jahren und
2. zum Oberst nach 13 Jahren.

§ 37 Aufstieg in die Laufbahn der Offizierinnen und Offiziere des Militärmusikdienstes

(1) Wenn die Voraussetzungen des § 33 Absatz 1 erfüllt sind, können in die Laufbahn der Offizierinnen und Offiziere des Militärmusikdienstes aufsteigen
1. Mannschaften aller Laufbahnen, die mindestens den Dienstgrad „Gefreiter" erreicht haben,
2. Unteroffiziere und Stabsunteroffiziere in den Laufbahnen der Fachunteroffizierinnen und Fachunteroffiziere und
3. Feldwebel aller Laufbahnen, die mindestens den Dienstgrad „Feldwebel" erreicht haben.

(2) Nach dem Aufstieg führen Unteroffiziere den Dienstgrad „Fahnenjunker", Feldwebel den Dienstgrad „Fähnrich" und Hauptfeldwebel den Dienstgrad „Oberfähnrich" und jeweils mit dem Zusatz „(Militärmusikoffizieranwärterin)", „(Militärmusikoffizieranwärter)" oder „(MilMusikOA)". Ihre Dienstgradbezeichnung mit dem Zusatz nach Satz 1 führen im Schriftverkehr
1. Mannschaften bis zur Beförderung zum Fahnenjunker,
2. Stabsunteroffiziere bis zur Beförderung zum Fähnrich,
3. Oberfeldwebel bis zur Beförderung zum Oberfähnrich,
4. Stabsfeldwebel und Oberstabsfeldwebel bis zur Beförderung zum Leutnant (Militärmusikoffizieranwärterin) oder Leutnant (Militärmusikoffizieranwärter).

(3) § 34 gilt entsprechend.

Unterabschnitt 4 Geoinformationsdienst der Bundeswehr

§ 38 Einstellung als Geoinformationsoffizieranwärterin oder Geoinformationsoffizieranwärter

(1) Als Anwärterin oder Anwärter für die Laufbahn der Offizierinnen und Offiziere des Geoinformationsdienstes der Bundeswehr (Geoinformationsoffizieranwärterin oder Geoinformationsoffizieranwärter) kann eingestellt werden, wer
1. die Berechtigung zum Studium in einer geowissenschaftlichen Studienrichtung an staatlichen Hochschulen und staatlich anerkannten Hochschulen der Bundesrepublik Deutschland besitzt und
2. sich für mindestens 15 Jahre zu einem Wehrdienst verpflichtet.

(2) Die Einstellung erfolgt als Soldatin auf Zeit oder Soldat auf Zeit.

(3) Die Anwärterinnen und Anwärter führen im Schriftverkehr ihre Dienstgradbezeichnung mit dem Zusatz „(Geoinformationsoffizieranwärterin)" oder „(Geoinformationsoffizieranwärter)" oder „(GeoInfoOA)".

§ 39 Beförderung der Geoinformationsoffizieranwärterinnen und Geoinformationsoffizieranwärter

(1) Die Beförderung der Anwärterinnen und Anwärter ist nur zu folgenden Dienstgraden und nach folgenden Dienstzeiten zulässig:
1. zum Gefreiten nach drei Monaten,
2. zum Obergefreiten nach sechs Monaten,
3. zum Fahnenjunker nach zwölf Monaten,
4. zum Fähnrich nach 21 Monaten,

5. zum Oberfähnrich nach 30 Monaten und
6. zum Leutnant nach 36 Monaten.

Andere als die in Satz 1 genannten Dienstgrade müssen nicht durchlaufen werden.

(2) § 24 Absatz 2 gilt entsprechend.

(3) Die Beförderung zum Oberleutnant setzt den Abschluss eines geowissenschaftlichen Hochschulstudiums voraus.

§ 40 Einstellung als Geoinformationsoffizierin oder Geoinformationsoffizier

(1) In die Laufbahn der Offizierinnen und Offiziere des Geoinformationsdienstes der Bundeswehr kann in das Dienstverhältnis einer Soldatin auf Zeit oder eines Soldaten auf Zeit eingestellt werden, wer ein geowissenschaftliches Hochschulstudium abgeschlossen hat.

(2) § 25 Absatz 1 Nummer 2, Absatz 2 und 3 gilt entsprechend.

§ 41 Beförderung der Geoinformationsoffizierinnen und Geoinformationsoffiziere

Beförderungen sind nach folgenden Dienstzeiten seit Ernennung zum Oberleutnant zulässig:
1. zum Hauptmann nach drei Jahren,
2. zum Major nach sieben Jahren und
3. zum Oberst nach 13 Jahren.

§ 42 Aufstieg in die Laufbahn der Offizierinnen und Offiziere des Geoinformationsdienstes der Bundeswehr

(1) Wenn die Voraussetzungen des § 38 Absatz 1 erfüllt sind, können in die Laufbahn der Offizierinnen und Offiziere des Geoinformationsdienstes der Bundeswehr aufsteigen
1. Mannschaften aller Laufbahnen, die mindestens den Dienstgrad Gefreiter erreicht haben,
2. Unteroffiziere und Stabsunteroffiziere in den Laufbahnen der Fachunteroffizierinnen und Fachunteroffiziere und
3. Feldwebel aller Laufbahnen, die mindestens den Dienstgrad Feldwebel erreicht haben.

(2) Nach dem Aufstieg führen Unteroffiziere den Dienstgrad Fahnenjunker, Feldwebel den Dienstgrad Fähnrich und Hauptfeldwebel den Dienstgrad Oberfähnrich und jeweils mit dem Zusatz „(Geoinformationsoffizieranwärterin)“, „(Geoinformationsoffizieranwärter)“ oder „(GeoInfoOA)“. Ihre Dienstgradbezeichnung mit dem Zusatz nach Satz 1 führen im Schriftverkehr
1. Mannschaften bis zur Beförderung zum Fahnenjunker,
2. Stabsunteroffiziere bis zur Beförderung zum Fähnrich,
3. Oberfeldwebel bis zur Beförderung zum Oberfähnrich und
4. Stabsfeldwebel und Oberstabsfeldwebel bis zur Beförderung zum Leutnant (Geoinformationsoffizieranwärterin) oder Leutnant (Geoinformationsoffizieranwärter).

(3) § 39 gilt entsprechend.

Unterabschnitt 5 **Militärfachlicher Dienst**

§ 43 Einstellung als Offizieranwärterin oder Offizieranwärter

(1) Als Anwärterin oder Anwärter für die Laufbahn der Offizierinnen und Offiziere des militärfachlichen Dienstes (Offizieranwärterin oder Offizieranwärter) kann eingestellt werden, wer mindestens einen Realschulabschluss oder einen als gleichwertig anerkannten Bildungsstand besitzt.

(2) Die Einstellung erfolgt als Soldatin auf Zeit oder Soldat auf Zeit.

(3) Die Anwärterinnen und Anwärter führen im Schriftverkehr bis zu ihrer Beförderung zum Fahnenjunker ihre Dienstgradbezeichnung mit dem Zusatz „(Offizieranwärterin)", „(Offizieranwärter)" oder „(OA)".

§ 44 Beförderung der Offizieranwärterinnen und Offizieranwärter

(1) Die Ausbildung zum Offizier dauert mindestens drei Jahre. Die Beförderung der Anwärterinnen und Anwärter ist nur zu folgenden Dienstgraden und nach folgenden Dienstzeiten zulässig:
1. zum Gefreiten nach drei Monaten,
2. zum Obergefreiten nach sechs Monaten,
3. zum Fahnenjunker nach zwölf Monaten,
4. zum Fähnrich nach 21 Monaten,
5. zum Oberfähnrich nach 30 Monaten und
6. zum Leutnant nach 36 Monaten.

Andere als die in Satz 2 genannten Dienstgrade müssen nicht durchlaufen werden.

(2) § 24 Absatz 2 gilt entsprechend.

§ 45 Einstellung als Offizierin oder Offizier des militärfachlichen Dienstes

(1) In die Laufbahn der Offizierinnen und Offiziere des militärfachlichen Dienstes kann eingestellt werden, wer sich für mindestens drei Jahre zu einem Wehrdienst verpflichtet und einen der folgenden Befähigungsnachweise besitzt:
1. eine nach deutschem Recht gültige Berufsflugzeugführerlizenz und eine Instrumentenflugberechtigung,
2. eine nach deutschem Recht gültige Berufshubschrauberführerlizenz und eine Instrumentenflugberechtigung,
3. eine nach deutschem Recht gültige Fluglotsenlizenz,
4. ein nach deutschem Recht gültiges Zeugnis über die Befähigung zum Kapitän (NK) auf Kauffahrteischiffen mit Ausnahme der Fischereifahrzeuge,
5. ein nach deutschem Recht gültiges Zeugnis über die Befähigung zum Ersten Offizier (NEO) auf Kauffahrteischiffen mit Ausnahme der Fischereifahrzeuge,
6. ein nach deutschem Recht gültiges Zeugnis über die Befähigung zum Nautischen Wachoffizier (NWO) auf Kauffahrteischiffen mit Ausnahme der Fischereifahrzeuge,
7. ein nach deutschem Recht gültiges Zeugnis über die Befähigung zum Leiter der Maschinenanlage (TLM) auf Kauffahrteischiffen,
8. ein nach deutschem Recht gültiges Zeugnis über die Befähigung zum Zweiten technischen Schiffsoffizier (TZO) auf Kauffahrteischiffen,
9. ein nach deutschem Recht gültiges Zeugnis über die Befähigung zum Technischen Wachoffizier (TWO) auf Kauffahrteischiffen,

10. ein nach deutschem Recht gültiges Zeugnis über die Befähigung zum Elektrotechnischen Schiffsoffizier (ETO) auf Kauffahrteischiffen,
11. ein Zeugnis über das Bestehen der Prüfung zum Strategischen Professional.

(2) Die Einstellung erfolgt mit dem Dienstgrad „Leutnant". Es kann eingestellt werden

1. als Oberleutnant, wer die Eignung für eine diesem Dienstgrad entsprechende Verwendung nach dem Erwerb des Befähigungsnachweises durch eine dieser nach Fachrichtung und Schwierigkeit vergleichbare hauptberufliche Tätigkeit von mindestens zwei Jahren erworben hat, oder
2. als Hauptmann, wer die über Nummer 1 hinausgehende Eignung für eine diesem Dienstgrad entsprechende Verwendung durch eine diesem Dienstgrad entsprechende Tätigkeit von mindestens zwei weiteren Jahren erworben hat.

(3) Als Offizierin oder Offizier des militärfachlichen Dienstes kann auch eingestellt werden, wer einen für die vorgesehene Verwendung erforderlichen Bachelor- oder gleichwertigen Abschluss besitzt und sich für mindestens drei Jahre, in Werdegängen des Sanitätsdienstes für mindestens ein Jahr zu einem Wehrdienst verpflichtet.

(4) Die Einstellung nach Absatz 3 erfolgt mit dem Dienstgrad Oberleutnant. Als Hauptmann kann eingestellt werden, wer die Eignung für eine diesem Dienstgrad entsprechende Verwendung nach dem Erwerb des Bachelor- oder gleichwertigen Hochschulabschlusses durch eine dieser nach Fachrichtung und Schwierigkeit vergleichbare hauptberufliche Tätigkeit von mindestens zwei Jahren erworben hat.

§ 46 Beförderung der Offizierinnen und Offiziere des militärfachlichen Dienstes

(1) Die Beförderung zum Hauptmann ist nach einer Dienstzeit von fünf Jahren seit der Ernennung zum Leutnant zulässig. Die Beförderung der Offizierinnen und Offiziere des fliegenden Personals sowie der Offizierinnen und Offiziere, die als Kampfschwimmerinnen oder Kampfschwimmer oder im Kommando Spezialkräfte für besondere Einsätze verwendet werden, ist nach einer Dienstzeit von vier Jahren und sechs Monaten seit der Ernennung zum Leutnant zulässig.

(2) Die Beförderung zum Stabshauptmann ist zulässig nach einer Dienstzeit von

1. 15 Jahren seit der Ernennung zum Leutnant und
2. sechs Jahren seit der Ernennung zum Hauptmann.

Die Beförderung der Offizierinnen und Offiziere des fliegenden Personals sowie der Offizierinnen und Offiziere, die als Kampfschwimmerinnen oder Kampfschwimmer oder im Kommando Spezialkräfte für besondere Einsätze verwendet werden, ist zulässig nach einer Dienstzeit von

1. 14 Jahren und sechs Monaten seit der Ernennung zum Leutnant und
2. fünf Jahren und sechs Monaten seit der Ernennung zum Hauptmann.

§ 47 Aufstieg in die Laufbahn der Offizierinnen und Offiziere des militärfachlichen Dienstes

(1) In die Laufbahn der Offizierinnen und Offiziere des militärfachlichen Dienstes im Dienstverhältnis einer Berufssoldatin oder eines Berufssoldaten können aufsteigen

1. Mannschaften aller Laufbahnen, die die Voraussetzungen des § 43 Absatz 1 erfüllen und mindestens den Dienstgrad Gefreiter erreicht haben,

2. Unteroffiziere und Stabsunteroffiziere in den Laufbahnen der Fachunteroffizierinnen und Fachunteroffiziere, die die Voraussetzungen des § 43 Absatz 1 erfüllen und
3. Feldwebel aller Laufbahnen, die mindestens den Dienstgrad „Feldwebel" erreicht haben.

(2) Nach dem Aufstieg führen Unteroffiziere den Dienstgrad „Fahnenjunker", Feldwebel den Dienstgrad „Fähnrich" und Hauptfeldwebel den Dienstgrad „Oberfähnrich". Ihre Dienstgradbezeichnung mit dem Zusatz „(Offizieranwärterin)", „(Offizieranwärter)" oder „(OA)" führen im Schriftverkehr
1. Mannschaften bis zur Beförderung zum Fahnenjunker,
2. Stabsunteroffiziere bis zur Beförderung zum Fähnrich,
3. Oberfeldwebel bis zur Beförderung zum Oberfähnrich und
4. Stabsfeldwebel und Oberstabsfeldwebel bis zur Beförderung zum Leutnant.

(3) Die Ausbildung zur Offizierin oder zum Offizier dauert mindestens drei Jahre. Auf die Ausbildungs- und Beförderungszeit können vor der Übernahme in die Laufbahn der Offizierinnen und Offiziere des militärfachlichen Dienstes absolvierte Ausbildungen höchstens mit zwei Jahren angerechnet werden.

(4) Für die Beförderung der Anwärterinnen und Anwärter gilt § 24 entsprechend. Nach Abschluss der Ausbildung zur Offizierin oder zum Offizier werden Stabsfeldwebel und Oberstabsfeldwebel zu Leutnanten ernannt.

Abschnitt 2 **Sonstige Soldatinnen und Soldaten (§ 1 Absatz 1 Nummer 2 bis 7)**

§ 48 Einstellung, Beförderung, Aufstieg und Berufung in das Dienstverhältnis einer Berufssoldatin oder eines Berufssoldaten

(1) Die in § 1 Absatz 1 Nummer 2 und 3 genannten Soldatinnen und Soldaten werden nach den Vorschriften über die Beförderung von Soldatinnen und Soldaten im Dienstverhältnis einer Berufssoldatin, eines Berufssoldaten, einer Soldatin auf Zeit oder eines Soldaten auf Zeit eingestellt und befördert.

(2) Die in § 1 Absatz 1 Nummer 2 bis 6 genannten Soldatinnen und Soldaten können als Anwärterinnen oder Anwärter in die Laufbahn der Offizierinnen und Offiziere der Reserve des Truppendienstes aufsteigen, wenn sie
1. die in § 23 Absatz 1 genannten Voraussetzungen erfüllen oder
2. mindestens den Dienstgrad „Feldwebel" erreicht haben.

Nach der Übernahme in die neue Laufbahn führen die Anwärterinnen und Anwärter im Schriftverkehr ihre Dienstgradbezeichnung mit dem Zusatz „(Reserveoffizieranwärterin)" oder „(Reserveoffizieranwärter)" oder „(ROA)". § 43 gilt entsprechend.

(3) Für die Einstellung mit einem höheren Dienstgrad gelten § 23 Absatz 4 und § 25 Absatz 2 bis 5, § 30 Absatz 3 bis 7, § 35 Absatz 2 und die §§ 40 und 45 Absatz 2 bis 4 entsprechend. Der jeweilige Dienstgrad wird für die Dauer der Wehrdienstleistung vorläufig verliehen. Er kann nach einem Wehrdienst von mindestens 24 Tagen endgültig verliehen werden.

(4) Für die Beförderung der Reserveoffizieranwärterinnen und Reserveoffizieranwärter, die freiwilligen Wehrdienst nach § 58b des Soldatengesetzes leisten oder in ein Dienstverhältnis als Soldatin auf Zeit oder Soldat auf Zeit berufen worden sind, gilt § 24 Absatz 1 entsprechend. Im Übrigen können Reserveoffizieranwärterinnen und Reserveoffizieranwärter nach einem Wehrdienst von mindestens 24 Tagen befördert

werden, jedoch erst nach Ablauf einer Zeit, die nach § 24 Absatz 1 als Dienstzeit vorausgesetzt wird. § 24 Absatz 2 gilt entsprechend.

(5) Die Reserveoffizierinnen und Reserveoffiziere können erst nach einer Zeit befördert werden, die für Soldatinnen und Soldaten im Dienstverhältnis einer Berufssoldatin, eines Berufssoldaten, einer Soldatin auf Zeit oder eines Soldaten auf Zeit als Dienstzeit für die Beförderung nach dieser Verordnung vorausgesetzt wird. Außerdem ist vor jeder Beförderung ein Wehrdienst von mindestens 24 Tagen zu leisten.

(6) Reserveoffizieranwärterinnen und Reserveoffizieranwärter können als Offizieranwärterin oder Offizieranwärter übernommen werden, wenn sie die Voraussetzungen des § 23 erfüllen. Auf die Ausbildungszeit kann die Dienstzeit als Soldatin oder Soldat in der Bundeswehr angerechnet werden.

(7) Für die Ernennung einer Reserveoffizierin oder eines Reserveoffiziers zur Berufsoffizierin oder zum Berufsoffizier gilt § 22 Absatz 5 entsprechend.

(8) Zeiten einer dienstlichen Veranstaltung nach § 81 Absatz 1 des Soldatengesetzes werden auf den Wehrdienst nach Absatz 3 Satz 3, Absatz 4 Satz 2 und Absatz 5 Satz 2 nicht angerechnet. § 12 Absatz 2 Satz 4 gilt entsprechend.

Kapitel 5 **Übergangs- und Schlussvorschriften**

§ 49 Verwaltungsvorschriften

Das Bundesministerium der Verteidigung kann für bestimmte Laufbahnen, Truppengattungen und Dienstzweige für die Einstellung, die Ausbildung und die Beförderung Anforderungen an Vorbildung, Ausbildung, Qualifikationen und Dienstzeiten festlegen, die über die Anforderungen in dieser Verordnung hinausgehen, wenn besondere Gründe dies erfordern.

§ 50 Ausnahmen

(1) Der Bundespersonalausschuss kann auf Antrag des Bundesministeriums der Verteidigung für einzelne Fälle oder für Gruppen von Fällen Ausnahmen von Vorschriften dieser Verordnung zulassen; dies betrifft:
1. die Mindestdienstzeiten für die Beförderung und
2. das Überspringen von Dienstgraden bei der Einstellung oder Beförderung.

(2) Für die in § 1 Absatz 1 Nummer 2 bis 6 genannten Soldatinnen und Soldaten entscheidet das Bundesministerium der Verteidigung über Ausnahmen nach Absatz 1.

§ 51 Übergangsvorschriften

(1) Bis zum 30. Juli 2021 ist für die dienstlichen Beurteilungen der Soldatinnen und Soldaten § 2 der Soldatenlaufbahnverordnung in der Fassung der Bekanntmachung vom 19. August 2011 (BGBl. I S. 1813), zuletzt geändert durch Artikel 7 des Gesetzes vom 4. August 2019 (BGBl. I S. 1147), in der bis zum Inkrafttreten dieser Verordnung geltenden Fassung weiter anzuwenden.

(2) Bis zum 31. Dezember 2021 sind für Einstellungen für oder in die Laufbahnen der Offizierinnen und Offiziere die §§ 23 bis 43 der Soldatenlaufbahnverordnung in der Fassung der Bekanntmachung vom 19. August 2011 (BGBl. I S. 1813), zuletzt geändert durch Artikel 7 des Gesetzes vom 4. August 2019 (BGBl. I S. 1147), in der bis zum Inkrafttreten dieser Verordnung geltenden Fassung weiter anzuwenden.

Anlage 1
(zu § 4)

Zuordnung der Laufbahnen der Soldatinnen und Soldaten zu den Laufbahngruppen der Mannschaften, der Unteroffizierinnen und Unteroffiziere sowie der Offizierinnen und Offiziere

(Fundstelle: BGBl. I 2021, 1244)

1. Zur Laufbahngruppe der Mannschaften gehören die folgenden Laufbahnen:
   a) Laufbahn der Mannschaften des Truppendienstes,
   b) Laufbahn der Mannschaften der Reserve des Truppendienstes,
   c) Laufbahn der Mannschaften des Sanitätsdienstes,
   d) Laufbahn der Mannschaften der Reserve des Sanitätsdienstes,
   e) Laufbahn der Mannschaften des Militärmusikdienstes,
   f) Laufbahn der Mannschaften der Reserve des Militärmusikdienstes.
2. Zur Laufbahngruppe der Unteroffizierinnen und Unteroffiziere gehören die folgenden Laufbahnen:
   a) Laufbahnen der Fachunteroffizierinnen und Fachunteroffiziere:
      aa) Laufbahn der Fachunteroffizierinnen und Fachunteroffiziere des allgemeinen Fachdienstes,
      bb) Laufbahn der Fachunteroffizierinnen und Fachunteroffiziere der Reserve des allgemeinen Fachdienstes,
      cc) Laufbahn der Fachunteroffizierinnen und Fachunteroffiziere des Sanitätsdienstes,
      dd) Laufbahn der Fachunteroffizierinnen und Fachunteroffiziere der Reserve des Sanitätsdienstes,
      ee) Laufbahn der Fachunteroffizierinnen und Fachunteroffiziere des Militärmusikdienstes,
      ff) Laufbahn der Fachunteroffizierinnen und Fachunteroffiziere der Reserve des Militärmusikdienstes,
   b) Laufbahnen der Feldwebel:
      aa) Laufbahn der Feldwebel des Truppendienstes,
      bb) Laufbahn der Feldwebel der Reserve des Truppendienstes,
      cc) Laufbahn der Feldwebel des Sanitätsdienstes,
      dd) Laufbahn der Feldwebel der Reserve des Sanitätsdienstes,
      ee) Laufbahn der Feldwebel des Militärmusikdienstes,
      ff) Laufbahn der Feldwebel der Reserve des Militärmusikdienstes,
      gg) Laufbahn der Feldwebel des Geoinformationsdienstes der Bundeswehr,
      hh) Laufbahn der Feldwebel der Reserve des Geoinformationsdienstes der Bundeswehr,
      ii) Laufbahn der Feldwebel des allgemeinen Fachdienstes,
      jj) Laufbahn der Feldwebel der Reserve des allgemeinen Fachdienstes.

3. Zur Laufbahngruppe der Offizierinnen und Offiziere gehören die folgenden Laufbahnen:
   a) Laufbahn der Offizierinnen und Offiziere des Truppendienstes,
   b) Laufbahn der Offizierinnen und Offiziere der Reserve des Truppendienstes,
   c) Laufbahn der Offizierinnen und Offiziere des Sanitätsdienstes,
   d) Laufbahn der Offizierinnen und Offiziere der Reserve des Sanitätsdienstes,
   e) Laufbahn der Offizierinnen und Offiziere des Militärmusikdienstes,
   f) Laufbahn der Offizierinnen und Offiziere der Reserve des Militärmusikdienstes,
   g) Laufbahn der Offizierinnen und Offiziere des Geoinformationsdienstes der Bundeswehr,
   h) Laufbahn der Offizierinnen und Offiziere der Reserve des Geoinformationsdienstes der Bundeswehr,
   i) Laufbahn der Offizierinnen und Offiziere des militärfachlichen Dienstes,
   j) Laufbahn der Offizierinnen und Offiziere der Reserve des militärfachlichen Dienstes.

Anlage 2
(zu § 7 Absatz 3)

Zuordnung der Dienstgrade zu den Laufbahnen der Soldatinnen und Soldaten

(Fundstelle: BGBl. I 2021, 1245–1249; bzgl. der einzelnen Änderungen vgl. Fußnote
1. Laufbahngruppe der Mannschaften
   a) Zur Laufbahn der Mannschaften des Truppendienstes und zur Laufbahn der Mannschaften der Reserve des Truppendienstes gehören die folgenden Dienstgrade:
      aa) Flieger, Funker, Grenadier, Jäger, Kanonier, Matrose, Panzerfunker, Panzergrenadier, Panzerjäger, Panzerkanonier, Panzerpionier, Panzerschütze, Pionier, Sanitätssoldat, Schütze,
      bb) Gefreiter,
      cc) Obergefreiter,
      dd) Hauptgefreiter,
      ee) Stabsgefreiter,
      ff) Oberstabsgefreiter,
      gg) Korporal,
      hh) Stabskorporal.
   b) Zur Laufbahn der Mannschaften des Sanitätsdienstes und zur Laufbahn der Mannschaften der Reserve des Sanitätsdienstes gehören die folgenden Dienstgrade:
      aa) Flieger, Matrose, Sanitätssoldat,
      bb) Gefreiter,
      cc) Obergefreiter,
      dd) Hauptgefreiter,
      ee) Stabsgefreiter,
      ff) Oberstabsgefreiter.
   c) Zur Laufbahn der Mannschaften des Militärmusikdienstes und zur Laufbahn der Mannschaften der Reserve des Militärmusikdienstes gehören die folgenden Dienstgrade:

aa) Flieger, Matrose, Schütze,
bb) Gefreiter,
cc) Obergefreiter,
dd) Hauptgefreiter,
ee) Stabsgefreiter,
ff) Oberstabsgefreiter
2. Laufbahngruppe der Unteroffizierinnen und Unteroffiziere
a) Laufbahnen der Fachunteroffizierinnen und Fachunteroffiziere
aa) Zur Laufbahn der Fachunteroffizierinnen und Fachunteroffiziere des allgemeinen Fachdienstes und zur Laufbahn der Fachunteroffizierinnen und Fachunteroffiziere der Reserve des allgemeinen Fachdienstes gehören die folgenden Dienstgrade:
aaa) Flieger, Matrose, Schütze,
bbb) Gefreiter,
ccc) Obergefreiter,
ddd) Unteroffizier, Maat,
eee) Stabsunteroffizier, Obermaat.
bb) Zur Laufbahn der Fachunteroffizierinnen und Fachunteroffiziere des Sanitätsdienstes und zur Laufbahn der Fachunteroffizierinnen und Fachunteroffiziere der Reserve des Sanitätsdienstes gehören die folgenden Dienstgrade:
aaa) Flieger, Matrose, Sanitätssoldat,
bbb) Gefreiter,
ccc) Obergefreiter,
ddd) Unteroffizier, Maat,
eee) Stabsunteroffizier, Obermaat.
cc) Zur Laufbahn der Fachunteroffizierinnen und Fachunteroffiziere des Militärmusikdienstes und zur Laufbahn der Fachunteroffizierinnen und Fachunteroffiziere der Reserve des Militärmusikdienstes gehören die folgenden Dienstgrade:
aaa) Flieger, Matrose, Schütze,
bbb) Gefreiter,
ccc) Obergefreiter,
ddd) Unteroffizier, Maat,
eee) Stabsunteroffizier, Obermaat.
b) Laufbahnen der Feldwebel
aa) Zur Laufbahn der Feldwebel des Truppendienstes und zur Laufbahn der Feldwebel der Reserve des Truppendienstes gehören die folgenden Dienstgrade:
aaa) Flieger, Funker, Grenadier, Jäger, Kanonier, Matrose, Panzerfunker, Panzergrenadier, Panzerjäger, Panzerkanonier, Panzerpionier, Panzerschütze, Pionier, Schütze,
bbb) Gefreiter,
ccc) Obergefreiter,
ddd) Unteroffizier, Maat,
eee) Stabsunteroffizier, Obermaat,
fff) Feldwebel, Bootsmann,
ggg) Oberfeldwebel, Oberbootsmann,
hhh) Hauptfeldwebel, Hauptbootsmann,
iii) Stabsfeldwebel, Stabsbootsmann,
jjj) Oberstabsfeldwebel, Oberstabsbootsmann.

bb) Zur Laufbahn der Feldwebel des Sanitätsdienstes und zur Laufbahn der Feldwebel der Reserve des Sanitätsdienstes gehören die folgenden Dienstgrade:
   aaa) Flieger, Matrose, Sanitätssoldat,
   bbb) Gefreiter,
   ccc) Obergefreiter,
   ddd) Unteroffizier, Maat,
   eee) Stabsunteroffizier, Obermaat,
   fff) Feldwebel, Bootsmann,
   ggg) Oberfeldwebel, Oberbootsmann,
   hhh) Hauptfeldwebel, Hauptbootsmann,
   iii) Stabsfeldwebel, Stabsbootsmann,
   jjj) Oberstabsfeldwebel, Oberstabsbootsmann.

cc) Zur Laufbahn der Feldwebel des Militärmusikdienstes und zur Laufbahn der Feldwebel der Reserve des Militärmusikdienstes gehören die folgenden Dienstgrade:
   aaa) Flieger, Matrose, Schütze,
   bbb) Gefreiter,
   ccc) Obergefreiter,
   ddd) Unteroffizier, Maat,
   eee) Stabsunteroffizier, Obermaat,
   fff) Feldwebel, Bootsmann,
   ggg) Oberfeldwebel, Oberbootsmann,
   hhh) Hauptfeldwebel, Hauptbootsmann,
   iii) Stabsfeldwebel, Stabsbootsmann,
   jjj) Oberstabsfeldwebel, Oberstabsbootsmann.

dd) Zur Laufbahn der Feldwebel des Geoinformationsdienstes der Bundeswehr und zur Laufbahn der Feldwebel der Reserve des Geoinformationsdienstes der Bundeswehr gehören die folgenden Dienstgrade:
   aaa) Flieger, Matrose, Schütze,
   bbb) Gefreiter,
   ccc) Obergefreiter,
   ddd) Unteroffizier, Maat,
   eee) Stabsunteroffizier, Obermaat,
   fff) Feldwebel, Bootsmann,
   ggg) Oberfeldwebel, Oberbootsmann,
   hhh) Hauptfeldwebel, Hauptbootsmann,
   iii) Stabsfeldwebel, Stabsbootsmann,
   jjj) Oberstabsfeldwebel, Oberstabsbootsmann.

ee) Zur Laufbahn der Feldwebel des allgemeinen Fachdienstes und zur Laufbahn der Feldwebel der Reserve des allgemeinen Fachdienstes gehören die folgenden Dienstgrade:
   aaa) Flieger, Matrose, Schütze,
   bbb) Gefreiter,
   ccc) Obergefreiter,
   ddd) Unteroffizier, Maat,
   eee) Stabsunteroffizier, Obermaat,
   fff) Feldwebel, Bootsmann,
   ggg) Oberfeldwebel, Oberbootsmann,
   hhh) Hauptfeldwebel, Hauptbootsmann,
   iii) Stabsfeldwebel, Stabsbootsmann,
   jjj) Oberstabsfeldwebel, Oberstabsbootsmann.

3. Laufbahngruppe der Offizierinnen und Offiziere
   a) Zur Laufbahn der Offizierinnen und Offiziere des Truppendienstes gehören die folgenden Dienstgrade:
      aa) Flieger, Funker, Grenadier, Jäger, Kanonier, Matrose, Panzerfunker, Panzergrenadier, Panzerjäger, Panzerkanonier, Panzerpionier, Panzerschütze, Pionier, Schütze,
      bb) Gefreiter,
      cc) Obergefreiter,
      dd) Fahnenjunker, Seekadett,
      ee) Fähnrich, Fähnrich zur See,
      ff) Oberfähnrich, Oberfähnrich zur See,
      gg) Leutnant, Leutnant zur See,
      hh) Oberleutnant, Oberleutnant zur See,
      ii) Hauptmann, Kapitänleutnant,
      jj) Major, Korvettenkapitän,
      kk) Oberstleutnant, Fregattenkapitän,
      ll) Oberst, Kapitän zur See,
      mm) Brigadegeneral, Flottillenadmiral,
      nn) Generalmajor, Konteradmiral,
      oo) Generalleutnant, Vizeadmiral
      pp) General, Admiral.
   b) Zur Laufbahn der Offizierinnen und Offiziere der Reserve des Truppendienstes gehören die folgenden Dienstgrade:
      aa) Flieger, Funker, Grenadier, Jäger, Kanonier, Matrose, Panzerfunker, Panzergrenadier, Panzerjäger, Panzerkanonier, Panzerpionier, Panzerschütze, Pionier, Schütze,
      bb) Gefreiter,
      cc) Obergefreiter,
      dd) Fahnenjunker, Seekadett,
      ee) Fähnrich, Fähnrich zur See,
      ff) Oberfähnrich, Oberfähnrich zur See,
      gg) Leutnant, Leutnant zur See,
      hh) Oberleutnant, Oberleutnant zur See,
      ii) Hauptmann, Kapitänleutnant,
      jj) Major, Korvettenkapitän,
      kk) Oberstleutnant, Fregattenkapitän,
      ll) Oberst, Kapitän zur See,
      mm) Brigadegeneral, Flottillenadmiral,
      nn) Generalmajor, Konteradmiral,
      oo) Generalleutnant, Vizeadmiral,
      pp) General, Admiral.
   c) Zur Laufbahn der Offizierinnen und Offiziere des Sanitätsdienstes gehören die folgenden Dienstgrade:
      aa) Flieger, Matrose, Sanitätssoldat,
      bb) Gefreiter,
      cc) Obergefreiter,
      dd) Fahnenjunker, Seekadett,
      ee) Fähnrich, Fähnrich zur See,
      ff) Oberfähnrich, Oberfähnrich zur See,
      gg) Leutnant, Leutnant zur See,
      hh) Stabsarzt, Stabsapotheker, Stabsveterinär,
      ii) Oberstabsarzt, Oberstabsapotheker, Oberstabsveterinär,

jj) Oberfeldarzt, Flottillenarzt, Oberfeldapotheker, Flottillenapotheker, Oberfeldveterinär,
kk) Oberstarzt, Flottenarzt, Oberstapotheker, Flottenapotheker, Oberstveterinär,
ll) Generalarzt, Admiralarzt, Generalapotheker,
mm) Generalstabsarzt, Admiralstabsarzt,
nn) Generaloberstabsarzt, Admiraloberstabsarzt.

d) Zur Laufbahn der Offizierinnen und Offiziere der Reserve des Sanitätsdienstes gehören die folgenden Dienstgrade:
aa) Stabsarzt, Stabsapotheker, Stabsveterinär,
bb) Oberstabsarzt, Oberstabsapotheker, Oberstabsveterinär,
cc) Oberfeldarzt, Flottillenarzt, Oberfeldapotheker, Flottillenapotheker, Oberfeldveterinär,
dd) Oberstarzt, Flottenarzt, Oberstapotheker, Flottenapotheker, Oberstveterinär,
ee) Generalarzt, Admiralarzt, Generalapotheker,
ff) Generalstabsarzt, Admiralstabsarzt,
gg) Generaloberstabsarzt, Admiraloberstabsarzt.

e) Zur Laufbahn der Offizierinnen und Offiziere des Militärmusikdienstes gehören die folgenden Dienstgrade:
aa) Flieger, Matrose, Schütze,
bb) Gefreiter,
cc) Obergefreiter,
dd) Fahnenjunker, Seekadett,
ee) Fähnrich, Fähnrich zur See,
ff) Oberfähnrich, Oberfähnrich zur See,
gg) Leutnant, Leutnant zur See,
hh) Hauptmann, Kapitänleutnant,
ii) Major, Korvettenkapitän,
jj) Oberstleutnant, Fregattenkapitän,
kk) Oberst, Kapitän zur See.

f) Zur Laufbahn der Offizierinnen und Offiziere der Reserve des Militärmusikdienstes gehören die folgenden Dienstgrade:
aa) Hauptmann, Kapitänleutnant,
bb) Major, Korvettenkapitän,
cc) Oberstleutnant, Fregattenkapitän,
dd) Oberst, Kapitän zur See.

g) Zur Laufbahn der Offizierinnen und Offiziere des Geoinformationsdienstes der Bundeswehr gehören die folgenden Dienstgrade:
aa) Flieger, Matrose, Schütze,
bb) Gefreiter,
cc) Obergefreiter,
dd) Fahnenjunker, Seekadett,
ee) Fähnrich, Fähnrich zur See,
ff) Oberfähnrich, Oberfähnrich zur See,
gg) Leutnant, Leutnant zur See,
hh) Oberleutnant, Oberleutnant zur See,
ii) Hauptmann, Kapitänleutnant,
jj) Major, Korvettenkapitän,
kk) Oberstleutnant, Fregattenkapitän,
ll) Oberst, Kapitän zur See,
mm) Brigadegeneral, Flottillenadmiral.

h) Zur Laufbahn der Offizierinnen und Offiziere der Reserve des Geoinformationsdienstes der Bundeswehr gehören die folgenden Dienstgrade
   aa) Oberleutnant, Oberleutnant zur See,
   bb) Hauptmann, Kapitänleutnant,
   cc) Major, Korvettenkapitän,
   dd) Oberstleutnant, Fregattenkapitän,
   ee) Oberst, Kapitän zur See,
   ff) Brigadegeneral, Flottillenadmiral.
i) Zur Laufbahn der Offizierinnen und Offiziere des militärfachlichen Dienstes gehören die folgenden Dienstgrade:
   aa) Flieger, Funker, Grenadier, Jäger, Kanonier, Matrose, Panzerfunker, Panzergrenadier, Panzerjäger, Panzerkanonier, Panzerpionier, Panzerschütze, Pionier, Sanitätssoldat, Schütze,
   bb) Gefreiter,
   cc) Obergefreiter,
   dd) Fahnenjunker, Seekadett,
   ee) Fähnrich, Fähnrich zur See,
   ff) Oberfähnrich, Oberfähnrich zur See,
   gg) Leutnant, Leutnant zur See,
   hh) Oberleutnant, Oberleutnant zur See,
   ii) Hauptmann, Kapitänleutnant,
   jj) Stabshauptmann, Stabskapitänleutnant.
j) Zur Laufbahn der Offizierinnen und Offiziere der Reserve des militärfachlichen Dienstes gehören die folgenden Dienstgrade:
   aa) Flieger, Funker, Grenadier, Jäger, Kanonier, Matrose, Panzerfunker, Panzergrenadier, Panzerjäger, Panzerkanonier, Panzerpionier, Panzerschütze, Pionier, Sanitätssoldat, Schütze,
   bb) Gefreiter,
   cc) Obergefreiter,
   dd) Fahnenjunker, Seekadett,
   ee) Fähnrich, Fähnrich zur See,
   ff) Leutnant, Leutnant zur See,
   gg) Oberleutnant, Oberleutnant zur See,
   hh) Hauptmann, Kapitänleutnant,
   ii) Stabshauptmann, Stabskapitänleutnant.

4. Daneben sind den Laufbahnen die Dienstgrade zugeordnet, die die Soldatinnen und Soldaten vor einem Laufbahnaufstieg führen und die keinem Anwärterdienstgrad entsprechen.

1.12 Verordnung über die Regelung des militärischen Vorgesetztenverhältnisses (Vorgesetztenverordnung – VorgV)

Vorgesetztenverordnung in der im Bundesgesetzblatt Teil III, Gliederungsnummer 51-1-1, veröffentlichten bereinigten Fassung, die zuletzt durch Artikel 1 Nummer 2 der Verordnung vom 7. Oktober 1981 (BGBl. I S. 1129) geändert worden ist.

Eingangsformel

Auf Grund des § 1 Abs. 4 in Verbindung mit § 72 Abs. 2 des Soldatengesetzes vom 19. März 1956 (Bundesgesetzbl. I S. 114) wird verordnet:

I. Vorgesetztenverhältnis auf Grund der Dienststellung

§ 1 Unmittelbare Vorgesetzte

(1) Ein Soldat, der einen militärischen Verband, eine militärische Einheit oder Teileinheit führt oder der eine militärische Dienststelle leitet, hat die allgemeine Befugnis, den ihm unterstellten Soldaten in und außer Dienst Befehle zu erteilen.

(2) In den Fachdienst der Untergebenen, die der Leitung und Dienstaufsicht von Fachvorgesetzten unterstehen, soll der unmittelbare Vorgesetzte nicht eingreifen.

§ 2 Fachvorgesetzte

Ein Soldat, dem nach seiner Dienststellung die Leitung des Fachdiensts von Soldaten obliegt, hat die Befugnis, ihnen im Dienst zu fachdienstlichen Zwecken Befehle zu erteilen.

§ 3 Vorgesetzte mit besonderem Aufgabenbereich

Ein Soldat, dem nach seiner Dienststellung ein besonderer Aufgabenbereich zugewiesen ist, hat im Dienst die Befugnis, anderen Soldaten Befehle zu erteilen, die zur Erfüllung seiner Aufgaben notwendig sind. Wenn sich dies aus seinem Aufgabenbereich ergibt, hat er Befehlsbefugnis auch gegenüber Soldaten, die sich nicht im Dienst befinden.

II. Vorgesetztenverhältnis auf Grund des Dienstgrads

§ 4

(1) In den Kompanien und in den entsprechenden Einheiten sowie innerhalb der Besatzung eines Schiffes steht die Befugnis, im Dienst Befehle zu erteilen, zu

1. den Offizieren gegenüber allen Unteroffizieren und Mannschaften,
2. den Unteroffizieren vom Feldwebel an aufwärts gegenüber allen Stabsunteroffizieren, Unteroffizieren und Mannschaften,
3. den Stabsunteroffizieren und den Unteroffizieren gegenüber allen Mannschaften.

An Bord von Schiffen haben die Angehörigen der Besatzung und deren unmittelbare Vorgesetzte in und außer Dienst Befehlsbefugnis nach Satz 1 auch gegenüber Soldaten, die sich nicht im Dienst befinden oder nicht zu bestimmtem Dienst eingeteilt sind, und gegenüber Soldaten, die nicht zur Besatzung gehören.

(2) In Stäben und anderen militärischen Dienststellen gilt Absatz 1 Satz 1 entsprechend, jedoch kann der Kommandeur oder der Leiter der Dienststelle die Befehlsbefugnis auf Untergliederungen des Stabes oder der Dienststelle beschränken.

(3) Innerhalb umschlossener militärischer Anlagen können Soldaten einer höheren Dienstgradgruppe den Soldaten einer niedrigeren Dienstgradgruppe in und außer Dienst Befehle erteilen.

III. Vorgesetztenverhältnis auf Grund besonderer Anordnung

§ 5

(1) Ein Vorgesetzter kann innerhalb seiner Befehlsbefugnis Untergebene einem Soldaten für eine bestimmte Aufgabe vorübergehend unterstellen. Dabei soll ein im Dienstgrad niedrigerer Soldat einem im Dienstgrad höheren Soldaten nur vorgesetzt werden, wenn besondere dienstliche Gründe dies erfordern.

(2) Durch die Anordnung der Unterstellung, die den Untergebenen dienstlich bekanntzugeben ist, erhält der Soldat die Befugnis, den unterstellten Soldaten Befehle zu erteilen, die zur Erfüllung seiner Aufgabe notwendig sind.

IV. Vorgesetztenverhältnis auf Grund eigener Erklärung

§ 6

(1) Ein Offizier oder Unteroffizier kann sich in und außer Dienst über andere Soldaten, die im Dienstgrad nicht über ihm stehen, zum Vorgesetzten erklären, wenn er dies für notwendig hält, weil
1. eine Notlage sofortige Hilfe erfordert,
2. zur Aufrechterhaltung der Disziplin oder Sicherheit ein sofortiges Eingreifen unerläßlich ist oder
3. eine einheitliche Befehlsgebung an Ort und Stelle unabhängig von der gliederungsmäßigen Zusammengehörigkeit der Soldaten zur Behebung einer kritischen Lage hergestellt werden muß.

(2) Niemand kann sich zum Vorgesetzten von Soldaten erklären, die auf Grund der §§ 1 bis 3 und 5 Befehlsbefugnis über ihn haben.

(3) Mit der Erklärung erhält der Offizier oder Unteroffizier die Befugnis, den Soldaten, an die er die Erklärung gerichtet hat, Befehle zu erteilen, die nach der Lage erforderlich sind. In eine fachliche Tätigkeit soll nur ein facherfahrener Offizier oder Unteroffizier eingreifen.

V. Inkrafttreten

§ 7

Diese Verordnung tritt am Tage nach ihrer Verkündung in Kraft.

1.13 Anordnung des Bundespräsidenten über die Dienstgradbezeichnungen und die Uniform der Soldatinnen und Soldaten (BPrDGrUnifAnO)

Anordnung des Bundespräsidenten über die Dienstgradbezeichnungen und die Uniform der Soldatinnen und Soldaten vom 30. August 2021 (BGBl. I S. 4155).

Eingangsformel

Nach § 4 Absatz 3 des Soldatengesetzes, der durch Artikel 3 Nummer 1 des Gesetzes vom 8. Juni 2017 (BGBl. I S. 1570) geändert worden ist, ordne ich an:

§ 1 Dienstgradbezeichnungen

Die Soldatinnen und Soldaten führen die Dienstgradbezeichnungen nach Anlage 1.

§ 2 Uniform

Die Soldatinnen und Soldaten tragen
1. die Anzugarten nach § 3,
2. die allgemeinen Kennzeichen nach § 4,
3. die Dienstgradabzeichen nach § 5.

§ 3 Anzugarten und -farben

Die Soldatinnen und Soldaten tragen je nach Anlass eine der folgenden Anzugarten:
1. den Dienstanzug, der
   a) beim Heer grau, in bestimmten Gebieten jedoch sandfarben ist,
   b) bei der Luftwaffe blau, in bestimmten Gebieten jedoch sandfarben ist,
   c) bei der Marine dunkelblau, in bestimmten Gebieten jedoch sandfarben oder weiß ist;
2. den Gesellschaftsanzug der Soldatinnen, der entweder dunkelblau oder dunkelblau und weiß ist;
3. den Gesellschaftsanzug der Soldaten, der
   a) beim Heer schwarz ist,
   b) bei der Luftwaffe und bei der Marine dunkelblau ist;
4. den Kampfanzug, dessen Farbe sich nach der jeweiligen Zweckbestimmung richtet.

§ 4 Allgemeine Kennzeichen

(1) Am Anzug werden die folgenden allgemeinen Kennzeichen getragen:
1. als nationales Kennzeichen
   a) am Barett: am unteren Rand des Barettabzeichens eine stilisierte Bundesflagge; Ausnahmen bei Angehörigen multinationaler Verbände bedürfen meiner Zustimmung,
   b) an anderen Kopfbedeckungen: eine Kokarde in den Bundesfarben,
   c) am Kampfanzug: ein Ärmelabzeichen in den Bundesfarben;

2. als Mützenabzeichen
   a) beim Heer: an der Schirmmütze und an der Bergmütze zwei gekreuzte Säbel,
   b) bei der Luftwaffe: an der Schirmmütze eine Schwinge,
   c) bei der Marine: an der Schirmmütze ein Anker;

   Offizierinnen und Offiziere sowie Oberfähnriche tragen zusätzlich eine Stickerei auf dem Mützenschirm;
3. als Barettabzeichen das Abzeichen der Truppengattung oder des Großverbands.

(2) Generale tragen eine Goldstickerei auf roten Kragenspiegeln.

§ 5 Dienstgradabzeichen

(1) Die Soldatinnen und Soldaten tragen an der Uniform die Dienstgradabzeichen nach Anlage 2.

(2) Soweit Bekleidungsstücke der Marine mit Schulterklappen zu versehen sind, tragen Mannschaften, Unteroffizierinnen und Unteroffiziere vom Bootsmann aufwärts sowie Offizierinnen und Offiziere statt der Ärmelabzeichen die Dienstgradabzeichen nach Anlage 2 als Schulterabzeichen. Unteroffizierinnen und Unteroffiziere vom Bootsmann aufwärts tragen zusätzlich eine geschlossene Tresse auf den Schulterklappen. Statt der Ärmelwinkel tragen
1. Maate Schulterklappen mit offener Tresse,
2. Obermaate Schulterklappen mit geschlossener Tresse.

(3) Am Kampfanzug werden auf den Aufschiebeschlaufen an Stelle der silbernen Dienstgradabzeichen schwarze oder weiße Dienstgradabzeichen getragen; goldene Dienstgradabzeichen bleiben unverändert.

§ 6 Befugnisübertragung

(1) Die Befugnis zur Bestimmung der Abzeichen, die Offizierinnen und Offiziere der Marine, Sanitätsoffizierinnen und Sanitätsoffiziere, Offizierinnen und Offiziere des Militärmusikdienstes, Offizierinnen und Offiziere des Geoinformationsdienstes sowie Anwärterinnen und Anwärter zusätzlich zu den Dienstgradabzeichen tragen, übertrage ich auf das Bundesministerium der Verteidigung. Das Bundesministerium der Verteidigung kann die Befugnis auf eine ihm nachgeordnete Dienststelle übertragen.

(2) Weitere Einzelheiten der Uniform der Soldatinnen und Soldaten bestimmt das Bundesministerium der Verteidigung. Die Bestimmung bedarf meiner Zustimmung.

§ 7 Inkrafttreten

Diese Anordnung tritt am Tag nach ihrer Veröffentlichung in Kraft. Gleichzeitig tritt die Anordnung des Bundespräsidenten über die Dienstgradbezeichnungen und die Uniform der Soldaten vom 14. Juli 1978 (BGBl. I S. 1067), die zuletzt durch die Anordnung vom 31. Mai 1996 (BGBl. I S. 746) geändert worden ist, außer Kraft.

Anlage 1
(zu § 1)

Dienstgradbezeichnungen

(Fundstelle: BGBl. I 2021, 4157–4158)

Nr.	Laufbahngruppe	Dienstgradgruppe	Dienstgradbezeichnung
	1	2	3
1	**Mannschaften**		
1.1		Mannschaften	Jäger, Panzerschütze, Panzergrenadier, Kanonier, Pionier, Panzerpionier, Funker, Schütze, Flieger, Sanitätssoldat, Matrose
1.2			Gefreiter
1.3			Obergefreiter
1.4			Hauptgefreiter
1.5			Stabsgefreiter
1.6			Oberstabsgefreiter
1.7			Korporal
1.8			Stabskorporal
2	**Unteroffizierinnen und Unteroffiziere**		
2.1		Unteroffizierinnen und Unteroffiziere ohne Portepee	
2.1.1			Unteroffizier, Maat, Fahnenjunker, Seekadett
2.1.2			Stabsunteroffizier, Obermaat
2.2		Unteroffizierinnen und Unteroffiziere mit Portepee	
2.2.1			Feldwebel, Bootsmann, Fähnrich, Fähnrich zur See
2.2.2			Oberfeldwebel, Oberbootsmann
2.2.3			Hauptfeldwebel, Hauptbootsmann,

Nr.	Laufbahngruppe	Dienstgradgruppe	Dienstgradbezeichnung
	1	2	3
			Oberfähnrich, Oberfähnrich zur See
2.2.4			Stabsfeldwebel, Stabsbootsmann
2.2.5			Oberstabsfeldwebel, Oberstabsbootsmann
3	**Offizierinnen und Offiziere**		
3.1		Leutnante	
3.1.1			Leutnant, Leutnant zur See
3.1.2			Oberleutnant, Oberleutnant zur See
3.2		Hauptleute	
3.2.1			Hauptmann, Kapitänleutnant, Stabsarzt, Stabsapotheker, Stabsveterinär
3.2.2			Stabshauptmann, Stabskapitänleutnant
3.3		Stabsoffizierinnen und Stabsoffiziere	
3.3.1			Major, Korvettenkapitän, Oberstabsarzt, Oberstabsapotheker, Oberstabsveterinär
3.3.2			Oberstleutnant, Fregattenkapitän, Oberfeldarzt, Flottillenarzt, Oberfeldapotheker, Flottillenapotheker, Oberfeldveterinär
3.3.3			Oberst, Kapitän zur See, Oberstarzt, Flottenarzt, Oberstapotheker, Flottenapotheker, Oberstveterinär
3.4		Generale	
3.4.1			Brigadegeneral, Flottillenadmiral, Generalarzt, Admiralarzt, Generalapotheker
3.4.2			Generalmajor, Konteradmiral,

Nr.	Laufbahngruppe	Dienstgradgruppe	Dienstgradbezeichnung
	1	2	3
			Generalstabsarzt, Admiralstabsarzt
3.4.3			Generalleutnant, Vizeadmiral, Generaloberstabsarzt, Admiraloberstabsarzt
3.4.4			General, Admiral

Anlage 2
(zu § 5 Absatz 1)

Dienstgradabzeichen

(Fundstelle: BGBl. I 2021, 4159–4161)

Tabelle 1: Heer und Luftwaffe

Nr.	Laufbahngruppe	Dienstgradbezeichnung	Dienstgradabzeichen
	1	2	3
1	**Mannschaften**		
1.1		niedrigster Dienstgrad der Mannschaften	kein Dienstgradabzeichen
1.2		Gefreiter	ein Schrägstreifen auf beiden Schulterklappen
1.3		Obergefreiter	zwei Schrägstreifen auf beiden Schulterklappen
1.4		Hauptgefreiter	drei Schrägstreifen auf beiden Schulterklappen
1.5		Stabsgefreiter	vier Schrägstreifen auf beiden Schulterklappen
1.6		Oberstabsgefreiter	fünf Schrägstreifen auf beiden Schulterklappen
1.7		Korporal	ein breiter Schrägstreifen auf beiden Schulterklappen
1.8		Stabskorporal	ein breiter und ein schmaler Schrägstreifen auf beiden Schulterklappen
2	**Unteroffizierinnen und Unteroffiziere**		
2.1		Unteroffizier	eine unten offene Tresse als Schulterabzeichen
2.2		Fahnenjunker	wie Unteroffizier
2.3		Stabsunteroffizier	eine geschlossene Tresse als Schulterabzeichen
2.4		Feldwebel	ein Winkel mit der Spitze nach oben und eine geschlossene Tresse als Schulterabzeichen

Nr.	Laufbahngruppe	Dienstgrad-bezeichnung	Dienstgradabzeichen
	1	2	3
2.5		Fähnrich	wie Feldwebel
2.6		Oberfeldwebel	wie Feldwebel, jedoch zwei Winkel
2.7		Hauptfeldwebel	ein Kopfwinkel mit der Spitze nach oben und eine geschlossene Tresse als Schulterabzeichen
2.8		Oberfähnrich	ein Kopfwinkel mit der Spitze nach oben als Schulterabzeichen mit silberner Schulterklappeneinfassung
2.9		Stabsfeldwebel	ein Kopfwinkel, darunter ein Winkel mit der Spitze nach oben und eine geschlossene Tresse als Schulterabzeichen
2.10		Oberstabs-feldwebel	wie Stabsfeldwebel, jedoch zwei Winkel
3	**Offizierinnen und Offiziere**		
3.1		Leutnant	ein silberner Stern als Schulterabzeichen
3.2		Oberleutnant	zwei silberne Sterne als Schulterabzeichen
3.3		Hauptmann	drei silberne Sterne als Schulterabzeichen
3.4		Stabshauptmann	vier silberne Sterne als Schulterabzeichen
3.5		Major	silbernes Eichenlaub und ein silberner Stern als Schulterabzeichen
3.6		Oberstleutnant	wie Major, jedoch zwei silberne Sterne
3.7		Oberst	wie Major, jedoch drei silberne Sterne
3.8		Brigadegeneral	goldenes Eichenlaub und ein goldener Stern als Schulterabzeichen
3.9		Generalmajor	wie Brigadegeneral, jedoch zwei goldene Sterne
3.10		Generalleutnant	wie Brigadegeneral, jedoch drei goldene Sterne
3.11		General	wie Brigadegeneral, jedoch vier goldene Sterne

Tabelle 2: Marine

Nr.	Laufbahngruppe	Dienstgrad-bezeichnung	Dienstgradabzeichen
	1	2	3
1	**Mannschaften**		
1.1		Matrose	kein Dienstgradabzeichen
1.2		Gefreiter	ein Schrägstreifen auf beiden Oberärmeln
1.3		Obergefreiter	zwei Schrägstreifen auf beiden Oberärmeln
1.4		Hauptgefreiter	drei Schrägstreifen auf beiden Oberärmeln
1.5		Stabsgefreiter	vier Schrägstreifen auf beiden Oberärmeln
1.6		Oberstabsgefreiter	fünf Schrägstreifen auf beiden Oberärmeln

Nr.	Laufbahngruppe	Dienstgrad-bezeichnung	Dienstgradabzeichen
	1	2	3
1.7		Korporal	ein breiter Schrägstreifen auf beiden Oberärmeln
1.8		Stabskorporal	ein breiter und ein schmaler Schrägstreifen auf beiden Oberärmeln
2	**Unteroffizierinnen und Unteroffiziere**		
2.1		Maat	zwei mit der Öffnung gegenübergestellte Winkel mit den Spitzen nach oben und unten auf beiden Oberärmeln
2.2		Seekadett	wie Maat
2.3		Obermaat	wie Maat, jedoch zwei Oberwinkel
2.4		Bootsmann	ein Winkel mit der Spitze nach oben auf beiden Unterärmeln
2.5		Fähnrich zur See	wie Bootsmann
2.6		Oberbootsmann	wie Bootsmann, jedoch zwei Winkel
2.7		Hauptbootsmann	ein Kopfwinkel mit der Spitze nach oben auf beiden Unterärmeln
2.8		Oberfähnrich zur See	ein schmaler umlaufender Streifen auf beiden Unterärmeln
2.9		Stabsbootsmann	ein Kopfwinkel und darunter ein Winkel mit der Spitze nach oben auf beiden Unterärmeln
2.10		Oberstabsbootsmann	wie Stabsbootsmann, jedoch zwei Winkel
3	**Offizierinnen und Offiziere**		
3.1		Leutnant zur See	ein mittelbreiter umlaufender Streifen auf beiden Unterärmeln
3.2		Oberleutnant zur See	zwei mittelbreite umlaufende Streifen auf beiden Unterärmeln
3.3		Kapitänleutnant	zwei mittelbreite, dazwischen ein schmaler umlaufender Streifen auf beiden Unterärmeln
3.4		Stabskapitänleutnant	zwei mittelbreite, dazwischen zwei schmale umlaufende Streifen auf beiden Unterärmeln
3.5		Korvettenkapitän	drei mittelbreite umlaufende Streifen auf beiden Unterärmeln
3.6		Fregattenkapitän	drei mittelbreite, zwischen dem oberen und mittleren ein schmaler umlaufender Streifen auf beiden Unterärmeln
3.7		Kapitän zur See	vier mittelbreite umlaufende Streifen auf beiden Unterärmeln
3.8		Flottillenadmiral	ein handbreiter und darüber ein schmaler umlaufender Streifen auf beiden Unterärmeln
3.9		Konteradmiral	ein handbreiter und darüber ein mittelbreiter umlaufender Streifen auf beiden Unterärmeln

Nr.	Laufbahngruppe	Dienstgrad-bezeichnung	Dienstgradabzeichen
	1	2	3
3.10		Vizeadmiral	ein handbreiter und darüber zwei mittelbreite umlaufende Streifen auf beiden Unterärmeln
3.11		Admiral	ein handbreiter und darüber drei mittelbreite umlaufende Streifen auf beiden Unterärmeln

2. Rechte und Pflichten von Soldatinnen und Soldaten

2.1 Gesetz über die Anwendung unmittelbaren Zwanges und die Ausübung besonderer Befugnisse durch Soldatinnen und Soldaten der Bundeswehr und verbündeter Streitkräfte sowie zivile Wachpersonen (UZwGBw)

Gesetz über die Anwendung unmittelbaren Zwanges und die Ausübung besonderer Befugnisse durch Soldatinnen und Soldaten der Bundeswehr und verbündeter Streitkräfte sowie durch zivile Wachpersonen vom 12. August 1965 (BGBl. I S. 796), das zuletzt durch Artikel 9 des Gesetzes vom 9. Januar 2026 (BGBl. 2026 I Nr. 7) geändert worden ist.

Eingangsformel

Der Bundestag hat mit Zustimmung des Bundesrates das folgende Gesetz beschlossen:

1. Abschnitt **Allgemeine Vorschriften**

§ 1 Berechtigte Personen

(1) Soldatinnen und Soldaten der Bundeswehr, denen militärische Wach- oder Sicherheitsaufgaben übertragen sind, sind befugt, in rechtmäßiger Erfüllung dieser Aufgaben nach den Vorschriften dieses Gesetzes

1. Personen anzuhalten, zu überprüfen, vorläufig festzunehmen und zu durchsuchen,
2. Sachen sicherzustellen und zu beschlagnahmen und
3. unmittelbaren Zwang gegen Personen und Sachen anzuwenden.

(2) Soldatinnen und Soldaten verbündeter Streitkräfte, die im Einzelfall mit der Wahrnehmung militärischer Wach- oder Sicherheitsaufgaben betraut werden können, unterstehen den von der Bundesministerin oder von dem Bundesminister der Verteidigung bestimmten und dieser oder diesem für die Wahrnehmung des Wach- oder Sicherheitsdienstes verantwortlichen Vorgesetzten; Soldatinnen und Soldaten verbündeter Streitkräfte können dann die Befugnisse nach diesem Gesetz ausüben.

(3) Wer, ohne Soldatin oder Soldat zu sein, mit militärischen Wachaufgaben der Bundeswehr beauftragt ist (zivile Wachperson), hat in rechtmäßiger Erfüllung dieser Aufgaben die Befugnisse nach diesem Gesetz, soweit sie ihm durch das Bundesministerium der Verteidigung oder durch eine von diesem bestimmte Stelle übertragen werden. Zivile Wachpersonen, denen Befugnisse nach diesem Gesetz übertragen werden, müssen daraufhin überprüft werden, ob sie die folgenden Voraussetzungen erfüllen:

1. persönliche Zuverlässigkeit,
2. körperliche Eignung,
3. ausreichende Vorbildung im Wachdienst und
4. gute Kenntnisse der Befugnisse nach diesem Gesetz.

Sie müssen zudem das 18. Lebensjahr vollendet und sollen das 67. Lebensjahr nicht überschritten haben.“

§ 2 Militärische Bereiche und Sicherheitsbereiche

(1) Militärische Bereiche im Sinne dieses Gesetzes sind Anlagen, Einrichtungen und Schiffe der Bundeswehr und der verbündeten Streitkräfte in der Bundesrepublik.

(2) Militärische Sicherheitsbereiche im Sinne dieses Gesetzes sind militärische Bereiche (Absatz 1), deren Betreten durch die zuständigen Dienststellen verboten worden ist, und sonstige Örtlichkeiten, die das Bundesministerium der Verteidigung oder eine von ihm bestimmte Stelle vorübergehend gesperrt hat. Sonstige Örtlichkeiten dürfen vorübergehend gesperrt werden, wenn dies aus Gründen der militärischen Sicherheit zur Erfüllung dienstlicher Aufgaben der Bundeswehr unerläßlich ist; die nächst erreichbare Polizeidienststelle ist hiervon unverzüglich zu unterrichten. Militärische Sicherheitsbereiche müssen entsprechend gekennzeichnet werden.

(3) Die zuständigen Dienststellen der Bundeswehr können zur Wahrung der Sicherheit oder Ordnung in militärischen Sicherheitsbereichen für das Verhalten von Personen allgemeine Anordnungen erlassen und die nach diesem Gesetz befugten Personen ermächtigen, Einzelweisungen zu erteilen.

§ 3 Straftaten gegen die Bundeswehr

(1) Straftaten gegen die Bundeswehr im Sinne dieses Gesetzes sind Straftaten gegen

1. Angehörige der Bundeswehr, zivile Wachpersonen oder Angehörige der verbündeten Streitkräfte
   a) während der rechtmäßigen Ausübung ihres Dienstes, wenn die Handlungen die Ausübung des Dienstes stören oder tätliche Angriffe sind,
   b) während ihres Aufenthalts in militärischen Bereichen oder Sicherheitsbereichen (§ 2), wenn die Handlungen tätliche Angriffe sind,
2. militärische Bereiche oder Gegenstände der Bundeswehr oder der verbündeten Streitkräfte in der Bundesrepublik,
3. die militärische Geheimhaltung in der Bundeswehr oder in den verbündeten Streitkräften.

(2) Angehörige der verbündeten Streitkräfte im Sinne des Absatzes 1 sind Soldatinnen und Soldaten sowie Beamtinnen und Beamte und mit militärischen Aufgaben, insbesondere mit Wach- oder Sicherheitsaufgaben beauftragte sonstige Zivilbedienstete der verbündeten Streitkräfte in der Bundesrepublik Deutschland.

(3) Verbündete Streitkräfte sind die Streitkräfte solcher Staaten, mit denen die Bundesrepublik Deutschland zum Zwecke der Landes- und Bündnisverteidigung sowie im Einklang mit Artikel 51 der Charta der Vereinten Nationen eine Verpflichtung zum gegenseitigen Beistand oder zur gegenseitigen Hilfe und Unterstützung im Falle eines bevorstehenden oder bereits erfolgten bewaffneten Angriffs auf einen der Partner eingegangen ist. Hierzu zählen insbesondere die Mitgliedstaaten der Europäischen Union und die Vertragsstaaten des Nordatlantikvertrages.

2. Abschnitt Anhalten, Personenüberprüfung, vorläufige Festnahme, Durchsuchung, Beschlagnahme und Voraussetzungen des unmittelbaren Zwanges

§ 4 Anhalten und Überprüfen von Personen im militärischen Sicherheitsbereich

(1) Zur Feststellung seiner Person und seiner Berechtigung zum Aufenthalt in einem militärischen Sicherheitsbereich (§ 2 Abs. 2) kann angehalten und überprüft werden, wer

1. sich in einem solchen Bereich aufhält,
2. einen solchen Bereich betreten oder verlassen will.

(2) Angehalten und überprüft werden kann auch, wer unmittelbar nach dem Verlassen des militärischen Sicherheitsbereichs oder dem Versuch, ihn zu betreten, verfolgt wird, wenn den Umständen nach anzunehmen ist, daß er nicht berechtigt ist, sich in diesem Bereich aufzuhalten.

§ 5 Weitere Personenüberprüfung

(1) Wer nach § 4 der Personenüberprüfung unterliegt, kann zum Wachvorgesetzten oder zur nächsten Dienststelle der Bundeswehr gebracht werden, wenn

1. seine Person oder Aufenthaltsberechtigung nicht sofort festgestellt werden kann oder
2. er einer Straftat gegen die Bundeswehr dringend verdächtigt ist und Gefahr im Verzug ist.

(2) Wer nach Absatz 1 zum Wachvorgesetzten oder zu einer Dienststelle der Bundeswehr gebracht worden ist, ist sofort zu überprüfen. Er darf nur weiter festgehalten werden, wenn die Voraussetzungen der vorläufigen Festnahme vorliegen und die Festnahme erklärt wird; andernfalls ist er sofort freizulassen.

§ 6 Vorläufige Festnahme

(1) Wer nach § 5 zum Wachvorgesetzten oder zu einer Dienststelle der Bundeswehr gebracht worden ist und einer Straftat gegen die Bundeswehr dringend verdächtigt ist, kann bei Gefahr im Verzug vom Wachvorgesetzten oder vom Leiter der Dienststelle oder dessen Beauftragten vorläufig festgenommen werden, wenn die Voraussetzungen eines Haftbefehls oder eines Unterbringungsbefehls nach der Strafprozeßordnung vorliegen.

(2) Der Festgenommene ist, sofern er nicht wieder in Freiheit gesetzt wird, unverzüglich der Polizei zu überstellen. Er kann unmittelbar dem Amtsrichter des Bezirks, in dem er festgenommen worden ist, vorgeführt werden, wenn die Frist nach § 128 Abs. 1 Strafprozeßordnung abzulaufen droht oder wenn dies aus Gründen besonderer militärischer Geheimhaltung geboten ist.

§ 7 Durchsuchung und Beschlagnahme bei Personenüberprüfung

(1) Wer nach § 4 der Personenüberprüfung unterliegt, kann bei Gefahr im Verzug durchsucht werden, wenn gegen ihn der Verdacht einer Straftat gegen die Bundeswehr besteht und zu vermuten ist, daß die Durchsuchung zur Auffindung von Be-

weismitteln führen werde. Die von einer solchen Person mitgeführten Gegenstände können gleichfalls durchsucht werden. § 8a Absatz 5 gilt entsprechend.

(2) Im Gewahrsam einer durchsuchten Person stehende Gegenstände können sichergestellt oder vorläufig beschlagnahmt werden, wenn sie durch eine vorsätzliche Straftat gegen die Bundeswehr hervorgebracht oder zur Begehung einer solchen Straftat geeignet sind oder als Beweismittel für die Untersuchung von Bedeutung sein können. Die Vorschriften der §§ 96, 97 und 110 Abs. 1 und 2 der Strafprozeßordnung sind anzuwenden.

(3) Sichergestellte oder beschlagnahmte Gegenstände sind unverzüglich, spätestens binnen drei Tagen, der Polizei oder der Staatsanwaltschaft zu übergeben. Die Pflicht zur Weitergabe dieser Gegenstände entfällt, wenn sie der überprüften Person vor Ablauf der Frist zurückgegeben oder zur Verfügung gestellt werden. Gleiches gilt, wenn über diese Gegenstände der Bund oder die verbündeten Streitkräfte in der Bundesrepublik zu verfügen haben. In diesem Fall ist der Polizei oder der Staatsanwaltschaft ein Verzeichnis dieser Gegenstände zu übersenden.

§ 8 Allgemeine Anordnung von Durchsuchungen

(1) Wenn es aus Gründen militärischer Sicherheit unerläßlich ist, kann das Bundesministerium der Verteidigung oder die von ihm bestimmte Stelle allgemein anordnen, daß Personen, die bestimmte militärische Sicherheitsbereiche (§ 2 Abs. 2) betreten oder verlassen, und die von ihnen mitgeführten Gegenstände durchsucht werden.

(2) Eine Anordnung nach Absatz 1 darf nur zur Feststellung von Gegenständen getroffen werden, die durch ein vorsätzliches Verbrechen oder Vergehen gegen die Bundeswehr hervorgebracht oder zur Begehung einer solchen Straftat geeignet sind oder als Beweismittel für die Untersuchung von Bedeutung sein können.

(3) § 7 Abs. 2 und 3 gilt entsprechend.

§ 8a Identitätsfeststellung außerhalb eines militärischen Sicherheitsbereiches

(1) Die Feststellung der Identität einer Person und ihrer Berechtigung zum Aufenthalt in einem militärischen Bereich nach § 2 Absatz 1 kann erfolgen, wenn sich die Person

1. in einem solchen Bereich aufhält oder
2. einen solchen Bereich betreten oder verlassen will.

(2) Die Feststellung der Identität einer Person im nahen Umfeld eines militärischen Sicherheitsbereiches nach § 2 Absatz 2 kann erfolgen, wenn tatsächliche Anhaltspunkte dafür vorliegen, dass durch das Verhalten der Person die Einsatzbereitschaft, Schlagkraft oder Sicherheit der Truppe gefährdet werden könnte und die Person

1. den militärischen Sicherheitsbereich oder militärische Aktivitäten in oder an dem militärischen Sicherheitsbereich mit oder ohne Hilfsmittel beobachtet oder
2. mit Gegenständen umgeht, die geeignet sind, eine solche Gefährdung herbeizuführen, insbesondere mit
   a) Waffen und ähnlich gefährlichen Gegenständen,
   b) Einbruchswerkzeugen,
   c) Beobachtungshilfen oder
   d) unbemannten Luftfahrzeugen und Geräten zu deren Steuerung.

Im nahen Umfeld eines militärischen Sicherheitsbereiches befindet sich, wer sich in Sicht- oder Rufweite dieses Bereiches aufhält. § 4 Absatz 2 bleibt unberührt.

(3) Die Feststellung der Identität einer Person außerhalb eines militärischen Bereiches nach § 2 Absatz 1 kann durch Soldatinnen und Soldaten mit Sicherheitsaufgaben erfolgen, wenn tatsächliche Anhaltspunkte dafür vorliegen, dass durch das Verhalten der Person die Einsatzbereitschaft, Schlagkraft oder Sicherheit der Truppe gefährdet werden könnte und die Person

1. militärische Aktivitäten mit oder ohne Hilfsmittel beobachtet oder
2. im nahen Umfeld militärischer Aktivitäten mit Gegenständen umgeht, die geeignet sind, eine solche Gefährdung herbeizuführen, insbesondere mit
   a) Waffen und ähnlich gefährlichen Gegenständen,
   b) Einbruchswerkzeugen,
   c) Beobachtungshilfen oder
   d) unbemannten Luftfahrzeugen und Geräten zu deren Steuerung.

Militärische Aktivitäten sind alle dienstlichen Tätigkeiten der Streitkräfte im Geltungsbereich dieses Gesetzes.

(4) Zur Feststellung der Identität nach den Absätzen 1 bis 3 können die erforderlichen Maßnahmen getroffen werden. Insbesondere kann die betroffene Person angehalten, nach ihren Personalien befragt und von ihr verlangt werden, dass sie Angaben zur Feststellung ihrer Identität macht und mitgeführte Ausweispapiere zur Prüfung aushändigt. Die betroffene Person kann festgehalten und zur nächstgelegenen Dienststelle der Bundeswehr oder der Polizei gebracht werden, wenn die Identität auf andere Weise nicht oder nur unter erheblichen Schwierigkeiten festgestellt werden kann. § 5 Absatz 2 sowie § 6 gelten entsprechend.

(5) Unter den Voraussetzungen des Absatzes 4 Satz 3 können die betroffene Person sowie die von ihr mitgeführten Gegenstände durchsucht werden. Personen dürfen nur von Personen gleichen Geschlechts oder Ärzten durchsucht werden; dies gilt nicht, wenn Gefahr im Verzug vorliegt. Dies ist insbesondere dann der Fall, wenn die sofortige Durchsuchung zum Schutz gegen eine Gefahr für Leib oder Leben erforderlich ist. Bei der Durchsuchung von Sachen hat der Inhaber der tatsächlichen Gewalt das Recht, anwesend zu sein. § 7 Absatz 2 und 3 gilt entsprechend.

§ 8b Durchsuchung zum Eigenschutz

(1) Eine Person, die nach diesem Gesetz oder anderen Rechtsvorschriften der Personenüberprüfung oder der Identitätsfeststellung unterliegt, kann nach Waffen, Explosionsmitteln und anderen gefährlichen Gegenständen durchsucht werden, wenn dies nach den Umständen zum Schutz von Angehörigen der Bundeswehr, zivilen Wachpersonen oder Angehörigen der verbündeten Streitkräfte, der Person selbst oder eines Dritten gegen eine Gefahr für Leib oder Leben erforderlich ist. Die von einer solchen Person mitgeführten Gegenstände können gleichfalls durchsucht werden.

(2) § 7 Absatz 2 und 3 gilt entsprechend.

§ 9 Voraussetzungen des unmittelbaren Zwanges

Unmittelbarer Zwang darf nach Maßgabe der Vorschriften des 3. Abschnitts nur angewandt werden, wenn dies den Umständen nach erforderlich ist und geschieht,

1. um die unmittelbar bevorstehende Ausführung oder die Fortsetzung einer Straftat gegen die Bundeswehr zu verhindern,

2. um sonstige rechtswidrige Störungen der dienstlichen Tätigkeit der Bundeswehr zu beseitigen, wenn sie die Einsatzbereitschaft, Schlagkraft oder Sicherheit der Truppe gefährden,
3. um eine nach diesem Gesetz zulässige Maßnahme oder eine vorläufige Festnahme nach § 127 Abs. 1 der Strafprozeßordnung wegen einer Straftat gegen die Bundeswehr zu erzwingen.

3. Abschnitt **Anwendung des unmittelbaren Zwanges**

§ 10 Einzelmaßnahmen des unmittelbaren Zwanges

(1) Unmittelbarer Zwang ist die Einwirkung auf Personen oder Sachen durch körperliche Gewalt, ihre Hilfsmittel und durch Waffen.

(2) Körperliche Gewalt ist jede unmittelbare körperliche Einwirkung auf Personen oder Sachen.

(3) Hilfsmittel der körperlichen Gewalt sind insbesondere Fesseln, technische Sperren und Dienstfahrzeuge.

(4) Waffen sind die dienstlich zugelassenen Hieb- und Schusswaffen, Distanz-Elektroimpulsgeräte, Reizstoffe und Explosivmittel.

§ 11 Androhung der Maßnahmen des unmittelbaren Zwanges

Die Anwendung einer Maßnahme des unmittelbaren Zwanges ist anzudrohen, außer wenn es die Lage nicht zuläßt.

§ 12 Grundsatz der Verhältnismäßigkeit

(1) Bei der Anwendung unmittelbaren Zwanges ist von mehreren möglichen und geeigneten Maßnahmen diejenige zu treffen, die den einzelnen und die Allgemeinheit am wenigsten beeinträchtigt.

(2) Eine Maßnahme des unmittelbaren Zwanges darf nicht durchgeführt werden, wenn der durch sie zu erwartende Schaden erkennbar außer Verhältnis zu dem beabsichtigten Erfolg steht. Die Maßnahme darf nur so lange und so weit durchgeführt werden, wie ihr Zweck es erfordert.

§ 13 Hilfeleistung für Verletzte

Wird unmittelbarer Zwang angewandt, ist Verletzten, soweit es nötig ist und die Lage es zuläßt, beizustehen und ärztliche Hilfe zu verschaffen.

§ 14 Fesselung von Personen

Wer der weiteren Überprüfung nach § 5 Abs. 1 unterliegt oder vorläufig festgenommen worden ist, darf gefesselt werden, wenn
1. die Gefahr besteht, daß er Personen angreift, oder wenn er Widerstand leistet,

2. er zu fliehen versucht, oder wenn bei Würdigung aller Tatsachen, besonders der persönlichen Verhältnisse, die einer Flucht entgegenstehen, zu befürchten ist, daß er sich aus dem Gewahrsam befreien wird,
3. Selbstmordgefahr besteht.

§ 15 Schußwaffengebrauch gegen Personen

(1) Schußwaffen dürfen gegen einzelne Personen nur gebraucht werden, wenn dies den Umständen nach erforderlich ist und geschieht,

1. um die unmittelbar bevorstehende Ausführung oder die Fortsetzung einer Straftat gegen die Bundeswehr zu verhindern, die sich darstellt als
   a) Verbrechen,
   b) Vergehen, das unter Anwendung oder Mitführung von Schußwaffen oder Explosivmitteln begangen werden soll oder ausgeführt wird,
   c) tätlicher Angriff gegen Leib oder Leben von Angehörigen der Bundeswehr, zivilen Wachpersonen oder Angehörigen der verbündeten Streitkräfte während der rechtmäßigen Ausübung ihres Dienstes oder ihres Aufenthalts in militärischen Bereichen oder Sicherheitsbereichen (§ 2),
   d) vorsätzliche unbefugte Zerstörung, Beschädigung, Veränderung, Unbrauchbarmachung oder Beseitigung eines Wehrmittels oder einer Anlage, einer Einrichtung oder eines Schiffes der Bundeswehr oder der verbündeten Streitkräfte, wenn dadurch die Sicherheit der Bundesrepublik Deutschland oder eines Entsendestaats einer verbündeten Streitkraft oder die Schlagkraft der deutschen oder der verbündeten Truppe oder Menschenleben gefährdet werden;
2. um eine Person anzuhalten, die sich der Personenüberprüfung nach diesem Gesetz trotz wiederholter Weisung, zu halten oder diese Überprüfung zu dulden, durch Flucht zu entziehen sucht;
3. um eine Person anzuhalten, die sich der vorläufigen Festnahme durch Flucht zu entziehen sucht, wenn sie bei einer Straftat im Sinne der Nummer 1 auf frischer Tat getroffen oder verfolgt wird;
4. um eine Person an der Flucht zu hindern oder sofort wiederzuergreifen, die sich zur Personenüberprüfung nach § 5 oder wegen dringenden Verdachts einer Straftat im Sinne der Nummer 1 im Gewahrsam der Bundeswehr befindet oder befand.

(2) Schußwaffen dürfen gegen eine Menschenmenge nur gebraucht werden, wenn von ihr oder aus ihr heraus Straftaten gegen die Bundeswehr unter Gewaltanwendung begangen werden oder solche Straftaten unmittelbar bevorstehen und Zwangsmaßnahmen gegen einzelne nicht zum Ziele führen oder offensichtlich keinen Erfolg versprechen.

§ 16 Besondere Vorschriften für den Schußwaffengebrauch

(1) Schußwaffen dürfen nur gebraucht werden, wenn andere Maßnahmen des unmittelbaren Zwanges erfolglos angewandt sind oder offensichtlich keinen Erfolg versprechen. Gegen Personen ist ihr Gebrauch nur zulässig, wenn der Zweck nicht durch Waffenwirkung gegen Sachen erreicht wird oder offensichtlich keinen Erfolg verspricht.

(2) Zweck des Schußwaffengebrauchs darf nur sein, angriffs- oder fluchtunfähig zu machen. Es ist verboten, zu schießen, wenn durch den Schußwaffengebrauch für

den Handelnden erkennbar Unbeteiligte mit hoher Wahrscheinlichkeit gefährdet werden, außer wenn es sich beim Einschreiten gegen eine Menschenmenge (§ 15 Abs. 2) nicht vermeiden läßt.

(3) Gegen Personen, die sich dem äußeren Eindruck nach im Kindesalter befinden, dürfen Schußwaffen nicht gebraucht werden.

§ 17 Androhung des Schußwaffengebrauchs

(1) Der Gebrauch von Schußwaffen ist anzudrohen. Als Androhung gilt auch die Abgabe eines Warnschusses. Einer Menschenmenge gegenüber ist die Androhung zu wiederholen.

(2) Schußwaffen dürfen ohne Androhung nur in den Fällen des § 15 Abs. 1 Nr. 1 Buchstaben a bis c und nur dann gebraucht werden, wenn der sofortige Gebrauch ohne Androhung das einzige Mittel ist, um eine Gefahr für Leib oder Leben eines Menschen oder die Gefahr eines besonders schweren Nachteils für Anlagen, Einrichtungen, Schiffe oder Wehrmittel der Bundeswehr oder der verbündeten Streitkräfte von bedeutendem Wert oder für die Sicherheit der Bundesrepublik Deutschland abzuwenden.

§ 18 Explosivmittel

Die Vorschriften der §§ 15 bis 17 gelten entsprechend für den Gebrauch von Explosivmitteln.

4. Abschnitt **Schlußvorschriften**

§ 19 Einschränkung von Grundrechten

Die in Artikel 2 Abs. 2 Satz 1 und 2 des Grundgesetzes für die Bundesrepublik Deutschland geschützten Grundrechte auf Leben, körperliche Unversehrtheit und Freiheit der Person werden nach Maßgabe dieses Gesetzes eingeschränkt.

§ 20 Entschädigung bei Sperrung sonstiger Örtlichkeiten

(1) Wird durch die vorübergehende Sperrung einer sonstigen Örtlichkeit nach § 2 Abs. 2 Satz 2 die gewöhnliche Nutzung des betroffenen Grundstücks derart beeinträchtigt, daß dadurch eine Ertragsminderung oder ein sonstiger Nutzungsausfall verursacht wird, so ist eine Entschädigung in Geld zu gewähren, die diesen Nachteil angemessen ausgleicht.

(2) Für die Entschädigung nach Absatz 1 gelten § 23 Absatz 4, die §§ 29 und 32 Absatz 2 sowie die §§ 34, 49, 58, 62, 64 und 65 des Bundesleistungsgesetzes entsprechend mit der Maßgabe, dass an die Stelle der Anforderungsbehörde das Bundesamt für Infrastruktur, Umweltschutz und Dienstleistungen der Bundeswehr tritt.

§ 20a Datenverarbeitung und Datenübermittlung

Die Verarbeitung personenbezogener Daten ist nur offen und bei der betroffenen Person durch den in § 1 benannten Personenkreis zulässig, wenn dies zur Erfüllung der durch dieses Gesetz übertragenen Befugnisse erforderlich ist.

§ 21 Inkrafttreten

Dieses Gesetz tritt drei Monate nach seiner Verkündung in Kraft.

2.2 Wehrbeschwerdeordnung

Wehrbeschwerdeordnung in der Fassung der Bekanntmachung vom 22. Januar 2009 (BGBl. I S. 81), die zuletzt durch Artikel 3 des Gesetzes vom 17. Dezember 2024 (BGBl. 2024 I Nr. 424) geändert worden ist.

§ 1 Beschwerderecht

(1) Der Soldat kann sich beschweren, wenn er glaubt, von Vorgesetzten oder von Dienststellen der Bundeswehr unrichtig behandelt oder durch pflichtwidriges Verhalten von Kameraden verletzt zu sein. Das Beschwerderecht der Vertrauensperson regelt das Soldatenbeteiligungsgesetz.

(2) Der Soldat kann die Beschwerde auch darauf stützen, dass ihm auf einen Antrag innerhalb eines Monats kein Bescheid erteilt worden ist.

(3) Nach Beendigung eines Wehrdienstverhältnisses steht dem früheren Soldaten das Beschwerderecht zu, wenn der Beschwerdeanlass in die Wehrdienstzeit fällt.

(4) Gemeinschaftliche Beschwerden sind unzulässig. Insoweit wird das Petitionsrecht nach Artikel 17 des Grundgesetzes eingeschränkt.

§ 2 Verbot der Benachteiligung

Niemand darf dienstlich gemaßregelt oder benachteiligt werden, weil seine Beschwerde nicht auf dem vorgeschriebenen Weg oder nicht fristgerecht eingelegt worden ist oder weil er eine unbegründete Beschwerde erhoben hat.

§ 3 Wirkung der Beschwerde

(1) Die Beschwerde in truppendienstlichen Angelegenheiten hat keine aufschiebende Wirkung. Die Einlegung der Beschwerde befreit insbesondere nicht davon, einen Befehl, gegen den sich die Beschwerde richtet, auszuführen. § 11 des Soldatengesetzes bleibt unberührt.

(2) Die für die Entscheidung zuständige Stelle prüft auch ohne Antrag des Beschwerdeführers, ob die Ausführung des Befehls oder die Vollziehung einer Maßnahme bis zur Entscheidung über die Beschwerde auszusetzen ist oder andere einstweilige Maßnahmen zu treffen sind. Wird ein entsprechender Antrag abgelehnt, kann der Beschwerdeführer die Entscheidung des Wehrdienstgerichts beantragen.

§ 4 Vermittlung und Aussprache

(1) Der Beschwerdeführer kann vor Einlegung der Beschwerde einen Vermittler anrufen, wenn er sich persönlich gekränkt fühlt und ihm ein gütlicher Ausgleich möglich erscheint.

(2) Der Vermittler darf frühestens nach Ablauf einer Nacht und muss innerhalb einer Woche, nachdem der Beschwerdeführer von dem Beschwerdeanlaß Kenntnis erhalten hat, angerufen werden.

(3) Als Vermittler wählt der Beschwerdeführer einen Soldaten, der sein persönliches Vertrauen genießt und an der Sache selbst nicht beteiligt ist. Der als Vermittler Angerufene darf die Durchführung der Vermittlung nur aus wichtigem Grund ablehnen.

Unmittelbare Vorgesetzte des Beschwerdeführers oder desjenigen, über den die Beschwerde geführt wird (Betroffener), dürfen die Vermittlung nicht übernehmen.

(4) Der Vermittler soll sich in persönlichem Benehmen mit den Beteiligten mit dem Sachverhalt vertraut machen und sich um einen Ausgleich bemühen.

(5) Bittet der Beschwerdeführer den Betroffenen vor der Vermittlung oder an Stelle einer Vermittlung um eine Aussprache, hat der Betroffene ihm Gelegenheit zur Darlegung seines Standpunkts zu geben.

(6) Der Lauf der Beschwerdefrist wird durch eine Vermittlung oder eine Aussprache nicht gehemmt.

§ 5 Einlegung der Beschwerde

(1) Die Beschwerde ist bei dem nächsten Disziplinarvorgesetzten des Beschwerdeführers einzulegen. Ist für die Entscheidung eine andere Stelle zuständig, kann die Beschwerde auch dort eingelegt werden.

(2) Soldaten in stationärer Behandlung in einem Bundeswehrkrankenhaus können Beschwerden auch bei dem Chefarzt des Bundeswehrkrankenhauses einlegen. Soldaten, die sich zum Zweck der Vollstreckung in Vollzugseinrichtungen der Bundeswehr befinden, können Beschwerden auch bei den Vollzugsvorgesetzten einlegen.

(3) Ist der nächste Disziplinarvorgesetzte oder sind die in Absatz 2 genannten Stellen nicht selbst zur Entscheidung über eine bei ihnen eingelegte Beschwerde zuständig, haben sie diese unverzüglich der zuständigen Stelle unmittelbar zuzuleiten.

§ 6 Frist und Form der Beschwerde

(1) Die Beschwerde darf frühestens nach Ablauf einer Nacht und muss innerhalb eines Monats eingelegt werden, nachdem der Beschwerdeführer von dem Beschwerdeanlass Kenntnis erhalten hat.

(2) Die Beschwerde ist schriftlich oder mündlich einzulegen. Wird sie mündlich vorgetragen, ist eine Niederschrift aufzunehmen, die der Aufnehmende unterschreiben muss und der Beschwerdeführer unterschreiben soll. Von der Niederschrift ist dem Beschwerdeführer auf Verlangen eine Abschrift auszuhändigen.

§ 7 Fristversäumnis

(1) Wird der Beschwerdeführer an der Einhaltung einer Frist durch militärischen Dienst, durch Naturereignisse oder andere unabwendbare Zufälle gehindert, läuft die Frist erst zwei Wochen nach Beseitigung des Hindernisses ab.

(2) Als unabwendbarer Zufall ist auch anzusehen, wenn eine vorgeschriebene Rechtsbehelfsbelehrung unterblieben oder unrichtig ist.

§ 8 Zurücknahme der Beschwerde

(1) Die Beschwerde kann jederzeit durch schriftliche oder mündliche Erklärung zurückgenommen werden. § 6 Absatz 2 Satz 2 und 3 gilt entsprechend. Die Erklärung ist gegenüber dem nächsten Disziplinarvorgesetzten oder der für die Entscheidung sonst zuständigen Stelle abzugeben. Diese Beschwerde ist dadurch erledigt.

(2) Die Pflicht des Vorgesetzten, im Rahmen seiner Dienstaufsicht Mängel abzustellen, bleibt bestehen.

§ 9 Zuständigkeit für den Beschwerdebescheid

(1) Über die Beschwerde entscheidet der Disziplinarvorgesetzte, der den Gegenstand der Beschwerde zu beurteilen hat. Über Beschwerden gegen Dienststellen der Bundeswehrverwaltung entscheidet die nächsthöhere Dienststelle.

(2) Hat der Bundesminister der Verteidigung über Beschwerden in truppendienstlichen Angelegenheiten zu entscheiden, kann sein Vertreter die Beschwerdeentscheidung unterzeichnen; der Bundesminister der Verteidigung kann die Zeichnungsbefugnis weiter übertragen. Bei Beschwerden in Verwaltungsangelegenheiten entscheidet der Bundesminister der Verteidigung als oberste Dienstbehörde.

(3) Hat das Unterstellungsverhältnis des Betroffenen (§ 4 Absatz 3 Satz 3) gewechselt und richtet sich die Beschwerde gegen seine Person, geht die Zuständigkeit auf den neuen Vorgesetzten des Betroffenen über.

(4) In Zweifelsfällen bestimmt der nächste gemeinsame Vorgesetzte, wer zu entscheiden hat.

§ 10 Vorbereitung der Entscheidung

(1) Der entscheidende Vorgesetzte hat den Sachverhalt durch mündliche oder schriftliche Verhandlungen zu klären. Er kann die Aufklärung des Sachverhalts einem Offizier übertragen. In Fällen von geringerer Bedeutung kann der entscheidende Vorgesetzte auch den Kompaniefeldwebel oder einen Unteroffizier in entsprechender Dienststellung mit der Vernehmung von Zeugen beauftragen, soweit es sich um Mannschaften oder Unteroffiziere ohne Portepee handelt. Über den Inhalt mündlicher Verhandlungen ist ein kurzer zusammenfassender Bericht zu fertigen.

(2) Bei Beschwerden in fachdienstlichen Angelegenheiten ist die Stellungnahme der nächsthöheren Fachdienststelle einzuholen, wenn diese nicht selbst für die Entscheidung zuständig ist.

(3) Die Beteiligung der Vertrauensperson regelt das Soldatenbeteiligungsgesetz.

§ 11 Beschwerden bei abgesetzten Truppenteilen

Ist der für die Entscheidung zuständige Disziplinarvorgesetzte bei abgesetzten Truppenteilen, an Bord von Schiffen oder in ähnlichen Fällen nicht anwesend und auf dem gewöhnlichen Postweg schriftlich nicht erreichbar, gilt folgendes:

a) Der Beschwerdeführer kann die Beschwerde einlegen, sobald die Behinderung weggefallen ist. Die Frist für die Einlegung der Beschwerde läuft in diesem Falle erst zwei Wochen nach Beseitigung des Hindernisses ab.
b) Die Beschwerde kann auch bei dem höchsten anwesenden Offizier eingelegt werden. Dieser hat die Entscheidung über die Beschwerde gemäß § 10 vorzubereiten und die Akten nach Behebung des Hindernisses unverzüglich der für die Entscheidung zuständigen Stelle zuzuleiten. Er kann Maßnahmen gemäß § 3 Absatz 2 treffen.

§ 12 Beschwerdebescheid

(1) Über die Beschwerde wird schriftlich entschieden. Der Bescheid ist zu begründen. Er ist dem Beschwerdeführer nach den Vorschriften der Wehrdisziplinarordnung zuzustellen und auch dem Betroffenen (§ 4 Absatz 3 Satz 3) mitzuteilen. Soweit die Beschwerde zurückgewiesen wird, ist der Beschwerdeführer über den zulässigen Rechtsbehelf, die Stelle, bei der der Rechtsbehelf einzulegen ist, und die einzuhaltende Frist schriftlich zu belehren.

(2) Ist für die Entscheidung über die Beschwerde die Beurteilung einer Frage, über die in einem anderen Verfahren entschieden werden soll, von wesentlicher Bedeutung, kann das Beschwerdeverfahren bis zur Beendigung des anderen Verfahrens ausgesetzt werden, wenn dadurch keine unangemessene Verzögerung eintritt. Dem Beschwerdeführer ist die Aussetzung mitzuteilen. Soweit die Beschwerde durch den Ausgang des anderen Verfahrens nicht erledigt wird, ist sie weiter zu behandeln.

(3) Ist die Beschwerde nicht innerhalb der vorgeschriebenen Frist bei einer Stelle eingegangen, bei der sie nach diesem Gesetz eingelegt werden kann, ist sie unter Hinweis auf diesen Mangel zurückzuweisen. Ihr ist trotzdem nachzugehen; soweit erforderlich, ist für Abhilfe zu sorgen.

§ 13 Inhalt des Beschwerdebescheides

(1) Soweit die Beschwerde sich als begründet erweist, ist ihr stattzugeben und für Abhilfe zu sorgen. Dabei sind unzulässige oder unsachgemäße Befehle oder Maßnahmen aufzuheben oder abzuändern. Ist ein Befehl bereits ausgeführt oder sonst erledigt, ist auszusprechen, dass er nicht hätte ergehen dürfen. Dies gilt entsprechend auch für sonstige Maßnahmen und Unterlassungen, wenn der Beschwerdeführer ein berechtigtes Interesse an dieser Feststellung hat. Zu Unrecht unterbliebene Maßnahmen sind, soweit noch möglich, nachzuholen, zu Unrecht abgelehnte Gesuche oder Anträge zu genehmigen. Bei einer Beschwerde nach § 1 Absatz 2 ist in der Sache selbst zu entscheiden.

(2) Ergibt sich, dass ein Dienstvergehen vorliegt, ist nach der Wehrdisziplinarordnung zu verfahren. Dem Beschwerdeführer ist mitzuteilen, ob gegen den Betroffenen eine Disziplinarmaßnahme verhängt oder von einer Disziplinarmaßnahme abgesehen worden ist.

(3) Soweit die Beschwerde nicht begründet ist, ist sie zurückzuweisen.

(4) Soweit der Beschwerde stattgegeben wird, ist auch über die Erstattung der notwendigen Aufwendungen sowie über die Notwendigkeit der Hinzuziehung eines Bevollmächtigten zu entscheiden.

§ 14 Umfang der Untersuchung

Die Untersuchung der Beschwerde ist stets darauf zu erstrecken, ob mangelnde Dienstaufsicht oder sonstige Mängel im dienstlichen Bereich vorliegen.

§ 15 Verfahren bei Beendigung des Dienstverhältnisses

Die Fortführung des Verfahrens wird nicht dadurch berührt, dass nach Einlegung der Beschwerde das Dienstverhältnis des Beschwerdeführers endigt.

§ 16 Weitere Beschwerde

(1) Ist die Beschwerde in truppendienstlichen Angelegenheiten erfolglos geblieben, kann der Beschwerdeführer innerhalb eines Monats nach Zustellung des Beschwerdebescheides weitere Beschwerde einlegen.

(2) Die weitere Beschwerde kann auch eingelegt werden, wenn über die Beschwerde innerhalb eines Monats nicht entschieden worden ist.

(3) Für die Entscheidung über die weitere Beschwerde ist der nächsthöhere Disziplinarvorgesetzte zuständig.

(4) Für die weitere Beschwerde gelten die Vorschriften über die Beschwerde entsprechend.

§ 16a Notwendige Aufwendungen und Kosten im vorgerichtlichen Verfahren

(1) Das vorgerichtliche Verfahren beginnt mit der Einlegung der Beschwerde. Es ist kostenfrei.

(2) Soweit die Beschwerde in truppendienstlichen Angelegenheiten erfolgreich ist, sind dem Beschwerdeführer die ihm zur zweckentsprechenden Rechtsverfolgung oder Rechtsverteidigung erwachsenen notwendigen Aufwendungen zu erstatten.

(3) Die Vergütung eines Rechtsanwalts oder eines sonstigen Bevollmächtigten ist nur dann erstattungsfähig, wenn die Hinzuziehung notwendig war.

(4) Soweit der Beschwerde vor Erlass eines Beschwerdebescheides abgeholfen wird, sind die Absätze 1 bis 3 unter Berücksichtigung des bisherigen Sachstandes sinngemäß anzuwenden.

(5) Die Entscheidung über die Erstattung der notwendigen Aufwendungen sowie die Notwendigkeit der Hinzuziehung eines Bevollmächtigten kann durch Anrufung des Truppendienstgerichts angefochten werden. § 17 Absatz 4 gilt entsprechend. Der Vorsitzende der Truppendienstkammer entscheidet hierüber endgültig durch Beschluss. Erlässt der Bundesminister der Verteidigung oder der Generalinspekteur der Bundeswehr den Beschwerdebescheid, gelten die Sätze 1 bis 3 entsprechend mit der Maßgabe, dass das Bundesverwaltungsgericht an die Stelle des Truppendienstgerichts tritt.

(6) § 144 Absatz 8 und § 146 der Wehrdisziplinarordnung gelten entsprechend.

§ 17 Antrag auf Entscheidung des Truppendienstgerichts

(1) Ist die weitere Beschwerde erfolglos geblieben, kann der Beschwerdeführer die Entscheidung des Truppendienstgerichts beantragen, wenn seine Beschwerde eine Verletzung seiner Rechte oder eine Verletzung von Pflichten eines Vorgesetzten ihm gegenüber zum Gegenstand hat, die im Zweiten Unterabschnitt des Ersten Abschnittes des Soldatengesetzes mit Ausnahme der §§ 24, 25, 30 und 31 geregelt sind. Der Antrag kann auch gestellt werden, wenn über die weitere Beschwerde innerhalb eines Monats nicht entschieden worden ist.

(2) Das Verfahren vor dem Truppendienstgericht tritt insoweit an die Stelle des Verwaltungsrechtsweges gemäß § 82 des Soldatengesetzes.

(3) Mit dem Antrag kann nur geltend gemacht werden, dass eine dienstliche Maßnahme oder Unterlassung rechtswidrig sei. Rechtswidrigkeit ist auch gegeben,

wenn der Beschwerdeführer durch Überschreitung oder Missbrauch dienstlicher Befugnisse verletzt ist.

(4) Der Antrag ist innerhalb eines Monats nach Zustellung des zurückweisenden Beschwerdebescheides oder nach Ablauf der in Absatz 1 Satz 2 bestimmten Frist bei dem zuständigen Truppendienstgericht schriftlich oder mündlich zur Niederschrift einzulegen. Dabei soll der Beschwerdeführer unter Beifügung des Beschwerdebescheides sowie des Bescheides über die weitere Beschwerde, die zur Begründung des Antrags dienenden Tatsachen und Beweismittel angeben. Die Frist wird auch gewahrt, wenn der Antrag bei dem nächsten Disziplinarvorgesetzten oder in den Fällen des § 5 Absatz 2 und des § 11 Buchstabe b bei den dort bezeichneten Vorgesetzten eingelegt wird. Der Antrag ist dem Truppendienstgericht unverzüglich vorzulegen. Zuständig ist das Truppendienstgericht, das für den Befehlsbereich errichtet ist, zu dem der Betroffene zum Zeitpunkt des Beschwerdeanlasses gehört.

(5) Nach Ablauf eines Jahres seit Einlegung der weiteren Beschwerde ist die Anrufung des Truppendienstgerichts ausgeschlossen. § 7 gilt entsprechend.

(6) Der Antrag hat keine aufschiebende Wirkung. Das Truppendienstgericht, in dringenden Fällen sein Vorsitzender, kann auf Antrag des Beschwerdeführers oder von Amts wegen die aufschiebende Wirkung nach Anhörung des zuständigen Disziplinarvorgesetzten anordnen. Die Anordnung kann schon vor Stellung des Antrags auf gerichtliche Entscheidung getroffen werden, wenn der zuständige Disziplinarvorgesetzte einen Antrag nach § 3 Absatz 2 abgelehnt oder die Vollziehung nicht innerhalb einer vom Truppendienstgericht gesetzten Frist ausgesetzt hat.

§ 18 Verfahren des Truppendienstgerichts[1]

(1) Für die Besetzung des Truppendienstgerichts ist der Dienstgrad des Beschwerdeführers maßgebend.

(2) Das Truppendienstgericht hat von Amts wegen den Sachverhalt aufzuklären. Es kann Beweise wie im gerichtlichen Disziplinarverfahren erheben. Es entscheidet ohne mündliche Verhandlung, kann jedoch mündliche Verhandlung anberaumen, wenn es dies für erforderlich hält. Haben Beweiserhebungen stattgefunden, hat das Truppendienstgericht das Beweisergebnis dem Beschwerdeführer und dem Betroffenen mitzuteilen und ihnen innerhalb einer vom Gericht zu setzenden Frist, die wenigstens drei Tage betragen muss, Gelegenheit zur Akteneinsicht und Stellungnahme zu geben. Das Truppendienstgericht entscheidet durch Beschluss, der dem Beschwerdeführer sowie dem Bundesministerium der Verteidigung nach den Vorschriften der Wehrdisziplinarordnung zuzustellen und dem Betroffenen formlos zu übermitteln ist. Die Entscheidung ist zu begründen.

(3) Hält das Truppendienstgericht die Zuständigkeit eines anderen Gerichts für gegeben, verweist es die Sache dorthin. Die Entscheidung ist bindend.

(4) Das Truppendienstgericht kann Rechtsfragen von grundsätzlicher Bedeutung dem Bundesverwaltungsgericht zur Entscheidung vorlegen, wenn nach seiner Auffassung die Fortbildung des Rechts oder die Sicherung einer einheitlichen Rechtsprechung es erfordert. Die Wehrdienstsenate entscheiden in der Besetzung von drei Richtern und zwei ehrenamtlichen Richtern durch Beschluss. Dem Bundeswehrdisziplinaranwalt ist vor der Entscheidung Gelegenheit zur Stellungnahme zu geben. Die Entscheidung ist in der vorliegenden Sache für das Truppendienstgericht bindend.

---

1 § 18 Abs. 4: Zur Anwendung vgl. § 40 Abs. 7 WDO 2025

§ 19 Inhalt der Entscheidung

(1) Hält das Truppendienstgericht einen Befehl oder eine Maßnahme, gegen die sich der Antrag richtet, für rechtswidrig, hebt es den Befehl oder die Maßnahme auf. Ist ein Befehl bereits ausgeführt oder anders erledigt, ist auszusprechen, dass er rechtswidrig war. Dies gilt entsprechend auch für sonstige Maßnahmen oder Unterlassungen, wenn der Beschwerdeführer ein berechtigtes Interesse an dieser Feststellung hat. Hält das Truppendienstgericht die Ablehnung eines Antrags oder die Unterlassung einer Maßnahme für rechtswidrig, spricht es die Verpflichtung aus, dem Antrag zu entsprechen oder unter Beachtung der Rechtsauffassung des Gerichts anderweitig tätig zu werden.

(2) Ist der Beschwerdeführer durch ein Dienstvergehen verletzt worden, spricht das Truppendienstgericht auch die Verpflichtung aus, nach Maßgabe der Wehrdisziplinarordnung zu verfahren.

§ 20 Notwendige Aufwendungen und Kosten im Verfahren vor dem Truppendienstgericht[2]

(1) Soweit dem Antrag auf Entscheidung des Truppendienstgerichts stattgegeben wird, sind die dem Beschwerdeführer im Verfahren vor dem Truppendienstgericht einschließlich der im vorgerichtlichen Verfahren erwachsenen notwendigen Aufwendungen dem Bund aufzuerlegen. Dies gilt nicht für notwendige Aufwendungen, die dem Beschwerdeführer durch schuldhafte Säumnis erwachsen sind.

(2) Dem Beschwerdeführer können die Kosten des Verfahrens vor dem Truppendienstgericht auferlegt werden, soweit das Gericht den Antrag als offensichtlich unzulässig oder als offensichtlich unbegründet erachtet. Die Kosten des Verfahrens, die er durch schuldhafte Säumnis verursacht hat, sind ihm aufzuerlegen.

(3) Ist der Antrag auf gerichtliche Entscheidung gegenstandslos geworden, sind die Absätze 1 und 2 unter Berücksichtigung des bisherigen Sachstands sinngemäß anzuwenden.

(4) § 141 Absatz 1 und 2 Nummer 1 bis 3, § 144 Absatz 8, § 145 Absatz 1 und 2 sowie § 146 der Wehrdisziplinarordnung gelten entsprechend.

§ 21 Entscheidungen des Bundesministers der Verteidigung

(1) Gegen Entscheidungen oder Maßnahmen des Bundesministers der Verteidigung einschließlich der Entscheidungen über Beschwerden oder weitere Beschwerden kann der Beschwerdeführer unmittelbar die Entscheidung des Bundesverwaltungsgerichts beantragen. Der Antrag ist beim Bundesministerium der Verteidigung zu stellen.

(2) Für den Antrag auf Entscheidung des Bundesverwaltungsgerichts und für das Verfahren gelten die §§ 17 bis 20 entsprechend. § 20 Absatz 4 in Verbindung mit § 146 der Wehrdisziplinarordnung ist mit der Maßgabe anzuwenden, dass an die Stelle des Truppendienstgerichts das Bundesverwaltungsgericht tritt.

(3) Abweichend von § 17 Absatz 4 Satz 4 legt das Bundesministerium der Verteidigung den Antrag mit einer Stellungnahme vor. Im Übrigen wird der Bundesminister

---

2 § 20: Zur Anwendung vgl. § 47 Abs. 2 WDO 2025

der Verteidigung im Verfahren vor dem Bundesverwaltungsgericht durch den Bundeswehrdisziplinaranwalt vertreten.

§ 22 Entscheidungen des Generalinspekteurs der Bundeswehr

Für die Entscheidungen des Generalinspekteurs der Bundeswehr über weitere Beschwerden gilt § 21 Absatz 1, 2 und 3 Satz 2 entsprechend.

§ 22a Rechtsbeschwerde

(1) Gegen den Beschluss des Truppendienstgerichts steht dem Beschwerdeführer und dem Bundesministerium der Verteidigung die Rechtsbeschwerde an das Bundesverwaltungsgericht zu, wenn diese in der Entscheidung des Truppendienstgerichts oder auf Beschwerde gegen die Nichtzulassung durch das Bundesverwaltungsgericht zugelassen wird.

(2) Die Rechtsbeschwerde ist nur zuzulassen, wenn
1. die Beschwerdesache grundsätzliche Bedeutung hat,
2. der angefochtene Beschluss von einer Entscheidung eines Wehrdienstgerichts, des Gemeinsamen Senats der obersten Gerichtshöfe des Bundes oder des Bundesverfassungsgerichts abweicht und die Entscheidung auf dieser Abweichung beruht oder
3. ein Verfahrensmangel geltend gemacht wird und vorliegt, auf dem die Entscheidung beruhen kann.

(3) Das Bundesverwaltungsgericht ist an die Zulassung der Rechtsbeschwerde durch das Truppendienstgericht gebunden.

(4) Die Rechtsbeschwerde ist bei dem Truppendienstgericht, dessen Beschluss angefochten wird, innerhalb eines Monats nach Zustellung des Beschlusses schriftlich einzulegen und innerhalb von zwei Monaten nach Zustellung des Beschlusses schriftlich zu begründen.

(5) Der Beschwerdeführer muss sich im Rechtsbeschwerdeverfahren, soweit er einen Antrag stellt, durch einen Rechtsanwalt oder durch eine Person vertreten lassen, welche die Befähigung zum Richteramt nach dem Deutschen Richtergesetz hat. § 21 Absatz 2 und 3 Satz 2 gilt entsprechend.

(6) Über die Rechtsbeschwerde entscheidet das Bundesverwaltungsgericht durch Beschluss. Ist die Rechtsbeschwerde begründet, kann das Bundesverwaltungsgericht in der Sache selbst entscheiden oder den angefochtenen Beschluss aufheben und die Sache an das Truppendienstgericht zur anderweitigen Verhandlung und Entscheidung zurückverweisen.

§ 22b Nichtzulassungsbeschwerde

(1) Bei Nichtzulassung der Rechtsbeschwerde durch das Truppendienstgericht steht dem Beschwerdeführer und dem Bundesministerium der Verteidigung die Nichtzulassungsbeschwerde an das Bundesverwaltungsgericht zu. § 22a Absatz 5 gilt entsprechend.

(2) Die Nichtzulassungsbeschwerde ist innerhalb eines Monats nach Zustellung des Beschlusses schriftlich bei dem Truppendienstgericht einzulegen und innerhalb von zwei Monaten nach Zustellung des Beschlusses schriftlich zu begründen. In der Begründung muss die grundsätzliche Bedeutung der Beschwerdesache dargelegt

oder die Entscheidung, von welcher der Beschluss abweicht, oder der Verfahrensmangel bezeichnet werden.

(3) Die Einlegung der Nichtzulassungsbeschwerde hemmt die Rechtskraft des angefochtenen Beschlusses.

(4) Hilft der Vorsitzende der Truppendienstkammer der Nichtzulassungsbeschwerde nicht ab, entscheidet das Bundesverwaltungsgericht in der Besetzung ohne ehrenamtliche Richter durch Beschluss. Der Beschluss ist zu begründen. Mit der Ablehnung der Nichtzulassungsbeschwerde durch das Bundesverwaltungsgericht wird der Beschluss des Truppendienstgerichts rechtskräftig.

(5) Wird der Nichtzulassungsbeschwerde abgeholfen oder lässt das Bundesverwaltungsgericht die Rechtsbeschwerde zu, wird das Nichtzulassungsbeschwerdeverfahren als Rechtsbeschwerdeverfahren fortgesetzt. In diesem Fall ist die Rechtsbeschwerde innerhalb eines Monats nach Zustellung der Entscheidung über die Zulassung zu begründen. Darauf ist in dem Beschluss hinzuweisen.

§ 23 Verwaltungsgerichtliches Vorverfahren

(1) Ist für eine Klage aus dem Wehrdienstverhältnis der Verwaltungsrechtsweg gegeben, tritt das Beschwerdeverfahren an die Stelle des Vorverfahrens.

(2) Die Beschwerde kann in diesen Fällen auch bei der Stelle eingelegt werden, deren Entscheidung angefochten wird. Hält diese Stelle die Beschwerde für begründet, hilft sie ihr ab. Anderenfalls legt sie die Beschwerde der zur Entscheidung zuständigen Stelle vor.

(3) Die weitere Beschwerde ist nicht zulässig.

(4) Der Bundesminister der Verteidigung kann die Entscheidung für Fälle, in denen er zur Entscheidung über die Beschwerde zuständig wäre, durch allgemeine Anordnung auf die Stelle, die die angefochtene Maßnahme erlassen hat, oder auf andere Stellen übertragen. Die Anordnung ist zu veröffentlichen.

(5) Gegen Entscheidungen des Bundesministers der Verteidigung ist die Klage erst zulässig, wenn dieser auf eine Beschwerde erneut entschieden hat.

(6) Die Beschwerde hat aufschiebende Wirkung. Die aufschiebende Wirkung entfällt bei Entscheidungen über die Begründung, Umwandlung oder Beendigung eines Wehrdienstverhältnisses. Im Übrigen gelten die Bestimmungen des § 80 Absatz 5, 7 und 8 der Verwaltungsgerichtsordnung entsprechend.

(7) § 18 Absatz 3 gilt entsprechend.

§ 23a Ergänzende Vorschriften

(1) Zur Ergänzung der Vorschriften dieses Gesetzes gelten die Vorschriften der Wehrdisziplinarordnung, insbesondere über Akteneinsicht, Befangenheit der für die Entscheidung zuständigen Disziplinarvorgesetzten, Bindung an tatsächliche Feststellungen anderer Entscheidungen, Entschädigung von Zeugen und Sachverständigen und Wiederaufnahme entsprechend.

(2) In den gerichtlichen Antragsverfahren sowie in den Verfahren nach den §§ 22a und 22b sind darüber hinaus die Vorschriften der Verwaltungsgerichtsordnung sowie des Gerichtsverfassungsgesetzes entsprechend anzuwenden, soweit nicht die Eigenart des Beschwerdeverfahrens entgegensteht. Die Vorschriften des Siebzehnten Titels des Gerichtsverfassungsgesetzes sind mit der Maßgabe entsprechend

anzuwenden, dass an die Stelle des Bundesgerichtshofs die Wehrdienstsenate beim Bundesverwaltungsgericht treten und an die Stelle der Zivilprozessordnung die Verwaltungsgerichtsordnung tritt.

(3) Für die Rüge der Verletzung des Anspruchs auf rechtliches Gehör gilt § 152a der Verwaltungsgerichtsordnung entsprechend.

§ 24 (Inkrafttreten)

–

2.3 Anordnung über die Übertragung von Zuständigkeiten zur Entscheidung über Beschwerden nach der Wehrbeschwerdeordnung im Geschäftsbereich des Bundesministeriums der Verteidigung

vom 14. Juni 2013 (BGBl. I S. 1641)

Eingangsformel

Nach § 23 Absatz 4 Satz 1 der Wehrbeschwerdeordnung in der Fassung der Bekanntmachung vom 22. Januar 2009 (BGBl. I S. 81) ordne ich an:

Artikel 1 Zuständigkeit der Ausgangsbehörde

Soweit ich zur Entscheidung über eine Beschwerde nach § 23 Absatz 1 der Wehrbeschwerdeordnung zuständig bin, übertrage ich diese Zuständigkeit auf die Behörde oder militärische Dienststelle, deren Entscheidung mit der Beschwerde angefochten wird (Ausgangsbehörde). Das Bundesamt für das Personalmanagement der Bundeswehr ist als Nachfolgebehörde der Stammdienststelle der Bundeswehr und des Personalamts der Bundeswehr Ausgangsbehörde im Sinne des Satzes 1.

Artikel 2 Besondere Zuständigkeiten

Meine Entscheidungsbefugnis übertrage ich

1. dem Bundesamt für das Personalmanagement der Bundeswehr für Beschwerden gegen Maßnahmen anderer Stellen der Bundeswehr in Angelegenheiten der Besoldung,
2. dem Bundesamt für Infrastruktur, Umweltschutz und Dienstleistungen der Bundeswehr für Beschwerden gegen Maßnahmen anderer Stellen der Bundeswehr in Angelegenheiten des Mietzuschusses nach § 54 des Bundesbesoldungsgesetzes sowie der Nebengebührnisse (Reisekosten, Trennungsgeld und Umzugskosten).

Soweit ich aufgrund der Auflösung einer Ausgangsbehörde oder einer für die Beschwerde zuständigen Stelle zuständig bin, übertrage ich unbeschadet des Satzes 1 die Entscheidungsbefugnis für Beschwerden gegen Maßnahmen

1. einer Bundeswehrfachschule, Bundeswehrverwaltungsschule oder der Bundesakademie für Wehrverwaltung und Wehrtechnik auf das Bildungszentrum der Bundeswehr,
2. eines Zentrums für Nachwuchsgewinnung auf das Bundesamt für das Personalmanagement der Bundeswehr,
3. einer sonstigen Dienststelle der früheren Territorialen Wehrverwaltung in Angelegenheiten der Dienstzeit- und Beschädigtenversorgung sowie der Beihilfe auf das Bundesamt für das Personalmanagement der Bundeswehr und im Übrigen auf das Bundesamt für Infrastruktur, Umweltschutz und Dienstleistungen der Bundeswehr,
4. einer Dienststelle des früheren Rüstungsbereichs aufdas Bundesamt für Ausrüstung, Informationstechnik und Nutzung der Bundeswehr.

Artikel 3 Vorbehaltsklausel

Das Bundesministerium der Verteidigung kann die nach Artikel 1 und 2 übertragene Zuständigkeit in Einzelfällen an sich ziehen.

Artikel 4 Inkrafttreten, Außerkrafttreten

Diese Anordnung tritt am 1. Juli 2013 in Kraft. Gleichzeitig tritt die Allgemeine Anordnung über die Übertragung von Zuständigkeiten zur Entscheidung über Beschwerden nach der Wehrbeschwerdeordnung im Bereich des Bundesministers der Verteidigung vom 27. September 1973 (BGBl. I S. 1512), zuletzt geändert durch Artikel 1 der Anordnung vom 4. April 2007 (BGBl. I S. 497), außer Kraft.
Bonn, den 14. Juni 2013
Der Bundesminister der Verteidigung
Thomas de Maizière

2.4 Gesetz zur Rehabilitierung der wegen einvernehmlicher homosexueller Handlungen, wegen ihrer homosexuellen Orientierung oder wegen ihrer geschlechtlichen Identität dienstrechtlich benachteiligten Soldatinnen und Soldaten (SoldRehaHomG)

vom 16. Juli 2021 (BGBl. I S. 2993).

Das Gesetz tritt gem. § 5 am 31.12.2040 außer Kraft.

§ 1 Rehabilitierung

(1) Vor dem 3. Juli 2000 ergangene wehrdienstgerichtliche Urteile werden insoweit aufgehoben, als sie einvernehmliche homosexuelle Handlungen zum Gegenstand haben. Dies gilt nicht für solche Handlungen, die auch am 23. Juli 2021 noch ein Dienstvergehen darstellen.

(2) Ist jemand als Soldatin oder Soldat oder als Reservistin oder Reservist der Bundeswehr vor dem 3. Juli 2000 wegen der in Absatz 1 genannten Handlungen, wegen homosexueller Orientierung oder wegen ihrer oder seiner geschlechtlichen Identität dienstrechtlich nicht nur unerheblich benachteiligt worden, so wird festgestellt, dass die Benachteiligungen aus heutiger Sicht Unrecht waren. Eine nicht unerhebliche Benachteiligung liegt vor, wenn die Soldatin oder der Soldat oder die Reservistin oder der Reservist

1. aus dem Dienst entlassen worden ist,
2. nicht mehr befördert oder nicht mehr mit höherwertigen Aufgaben betraut worden ist,
3. nicht mehr in einer Dienststellung als unmittelbare Vorgesetzte oder unmittelbarer Vorgesetzter in der Truppe verblieben ist,
4. in ihre oder seine frühere Laufbahn zurückgeführt worden ist oder
5. nach damaliger Praxis einer Maßnahme vergleichbarer Intensität ausgesetzt war.

(3) Für frühere Soldatinnen und Soldaten der Nationalen Volksarmee der Deutschen Demokratischen Republik gilt Absatz 2 entsprechend.

(4) Über die Regelungen dieses Gesetzes hinaus entfalten die Aufhebung nach Absatz 1 und die Feststellung nach Absatz 2 keine Rechtswirkungen.

§ 2 Verfahren; Rehabilitierungsbescheinigung

(1) Das Bundesministerium der Verteidigung stellt auf Antrag fest, ob ein Urteil nach § 1 Absatz 1 aufgehoben worden ist oder ob eine Benachteiligung nach § 1 Absatz 2 vorliegt. Über die Feststellungen nach Satz 1 wird eine Rehabilitierungsbescheinigung erteilt.

(2) Für die Feststellung nach Absatz 1 Satz 1 genügt die Glaubhaftmachung einer Verurteilung nach § 1 Absatz 1 oder einer anderen dienstrechtlichen Benachteiligung nach § 1 Absatz 2. Insbesondere kann die Abgabe einer Versicherung an Ei-

des statt verlangt werden. Für die Abnahme einer Versicherung an Eides statt ist das Bundesministerium der Verteidigung zuständig.

(3) Wer auf Grund eines Urteils nach § 1 Absatz 1 oder kraft Gesetzes infolge einer Benachteiligung nach § 1 Absatz 2 seinen Dienstgrad in der Bundeswehr verloren hat, erhält auf Antrag die Erlaubnis, diesen wieder zu führen.

(4) Antragsberechtigt sind
1. die betroffene Person,
2. nach dem Tod der betroffenen Person folgende Angehörige:
   a) die Ehegattin oder der Ehegatte,
   b) die oder der Verlobte,
   c) die Eltern,
   d) die Kinder und
   e) die Geschwister.

Satz 1 Nummer 2 gilt nicht für den Antrag nach Absatz 3.

(5) Für das Verfahren werden keine Gebühren und Auslagen erhoben.

§ 3 Entschädigung; Entschädigungsverfahren

(1) Die rehabilitierte Person erhält auf Antrag eine Entschädigung in Geld aus dem Bundeshaushalt.

(2) Die Entschädigung beträgt
1. 3 000 Euro für jedes nach § 1 Absatz 1 aufgehobene Urteil und
2. einmalig 3 000 Euro für Benachteiligungen nach § 1 Absatz 2.

(3) Der Antrag auf Entschädigung ist innerhalb einer Ausschlussfrist von fünf Jahren nach dem 23. Juli 2021 beim Bundesministerium der Verteidigung zu stellen. Das Bundesministerium der Verteidigung setzt die Entschädigung durch Verwaltungsakt fest.

(4) Ein Anspruch auf eine Entschädigung nach Absatz 1 besteht nicht, soweit von einer öffentlichen Stelle für denselben Sachverhalt bereits eine Entschädigung gezahlt wurde.

(5) Der Anspruch auf Entschädigung ist nicht pfändbar, nicht übertragbar und nicht vererbbar. Die Entschädigung wird nicht auf Sozialleistungen angerechnet.

(6) Für das Entschädigungsverfahren werden keine Kosten erhoben.

§ 4 Rechtsweg

Für Streitigkeiten nach diesem Gesetz ist der Verwaltungsrechtsweg gegeben.

§ 5 Außerkrafttreten

Dieses Gesetz tritt am 31. Dezember 2040 außer Kraft.

2.5 Gesetz über die Voraussetzungen und das Verfahren von Sicherheitsüberprüfungen des Bundes und den Schutz von Verschlusssachen (Sicherheitsüberprüfungsgesetz – SÜG)

Sicherheitsüberprüfungsgesetz vom 20. April 1994 (BGBl. I S. 867), das zuletzt durch Artikel 4 des Gesetzes vom 9. Januar 2026 (BGBl. 2026 I Nr. 7) geändert worden ist.

Inhaltsübersicht

Erster Abschnitt **Allgemeine Vorschriften**

§ 1 Zweck und Anwendungsbereich des Gesetzes

(1) Dieses Gesetz regelt die Voraussetzungen und das Verfahren zur Überprüfung einer Person, die von der zuständigen Stelle mit einer sicherheitsempfindlichen Tätigkeit betraut werden soll (Sicherheitsüberprüfung) oder bereits betraut worden ist (Wiederholungsüberprüfung), sowie den Schutz von Verschlusssachen.

(2) Eine sicherheitsempfindliche Tätigkeit übt aus, wer
1. Zugang zu Verschlusssachen hat oder ihn sich verschaffen kann, die STRENG GEHEIM, GEHEIM ODER VS-VERTRAULICH eingestuft sind,
2. Zugang zu Verschlusssachen über- oder zwischenstaatlicher Einrichtungen und Stellen hat oder ihn sich verschaffen kann, wenn die Bundesrepublik Deutschland verpflichtet ist, nur sicherheitsüberprüfte Personen hierzu zuzulassen,
3. in einer Behörde oder einer sonstigen öffentlichen Stelle des Bundes oder in einem Teil von ihr tätig ist, die auf Grund des Umfanges und der Bedeutung dort anfallender Verschlusssachen von der jeweils zuständigen obersten Bundesbehörde im Einvernehmen mit dem Bundesministerium des Innern als Nationale Sicherheitsbehörde zum VS-Sicherheitsbereich mit dem Erfordernis der Sicherheitsüberprüfung nach den §§ 8 oder 9 erklärt worden ist,

4. in einer öffentlichen Stelle, der Aufgaben der Bearbeitung von Personalangelegenheiten von Mitarbeiterinnen und Mitarbeitern eines Nachrichtendienstes des Bundes übertragen worden sind, Zugang zu personenbezogenen Daten dieser Personen hat oder sich verschaffen kann, aus denen Rückschlüsse auf die Zugehörigkeit der Mitarbeiterinnen und Mitarbeiter zu einem Nachrichtendienst des Bundes gezogen werden können; dies gilt nicht für das Bundesministerium der Verteidigung,
5. nach anderen Vorschriften einer Sicherheitsüberprüfung unterliegt, soweit auf dieses Gesetz verwiesen wird.

(3) Verpflichten sich Stellen der Bundesrepublik Deutschland gegenüber Stellen anderer Staaten durch Übereinkünfte, bei Personen, die Zugang zu Verschlusssachen ausländischer Staaten haben oder sich verschaffen können, zuvor Sicherheitsüberprüfungen nach deutschem Recht durchzuführen, ist in diesen Übereinkünften festzulegen, welche Geheimhaltungsgrade des Vertragspartners Geheimhaltungsgraden nach diesem Gesetz vergleichbar sind. Derartige Festlegungen müssen sich im Rahmen der Bewertungen dieses Gesetzes halten und insbesondere den Maßstäben des § 4 entsprechen.

(4) Eine sicherheitsempfindliche Tätigkeit übt auch aus, wer an einer sicherheitsempfindlichen Stelle innerhalb einer lebens- oder verteidigungswichtigen Einrichtung oder wer innerhalb einer besonders sicherheitsempfindlichen Stelle des Geschäftsbereiches des Bundesministeriums der Verteidigung („Militärischer Sicherheitsbereich") beschäftigt ist oder werden soll (vorbeugender personeller Sabotageschutz). Ziel des vorbeugenden personellen Sabotageschutzes ist es, den Schutz der in Absatz 5 Satz 1 und 2 genannten Einrichtungen sicherzustellen.

(5) Lebenswichtig sind solche Einrichtungen,
1. deren Beeinträchtigung auf Grund der ihnen anhaftenden betrieblichen Eigengefahr die Gesundheit oder das Leben großer Teile der Bevölkerung erheblich gefährden kann oder
2. die für das Funktionieren des Gemeinwesens unverzichtbar sind und deren Beeinträchtigung erhebliche Unruhe in großen Teilen der Bevölkerung und somit Gefahren für die öffentliche Sicherheit oder Ordnung entstehen lassen würde.

Verteidigungswichtig sind außerhalb des Geschäftsbereiches des Bundesministeriums der Verteidigung solche Einrichtungen, die der Herstellung oder Erhaltung der Verteidigungsbereitschaft dienen und deren Beeinträchtigung auf Grund
1. fehlender kurzfristiger Ersetzbarkeit die Funktionsfähigkeit, insbesondere die Ausrüstung, Führung und Unterstützung der Bundeswehr und verbündeter Streitkräfte sowie der Zivilen Verteidigung, oder
2. der ihnen anhaftenden betrieblichen Eigengefahr die Gesundheit oder das Leben großer Teile der Bevölkerung

erheblich gefährden kann. Sicherheitsempfindliche Stelle ist die kleinste selbständig handelnde Organisationseinheit innerhalb einer lebens- oder verteidigungswichtigen Einrichtung, die vor unberechtigtem Zugang geschützt ist und von der im Falle der Beeinträchtigung eine erhebliche Gefahr für die in den Sätzen 1 und 2 genannten Schutzgüter ausgeht.

§ 2 Betroffener Personenkreis

(1) Eine Person, die mit einer sicherheitsempfindlichen Tätigkeit betraut werden soll (betroffene Person), ist vorher einer Sicherheitsüberprüfung zu unterziehen. Die Sicherheitsüberprüfung bedarf der Zustimmung der betroffenen Person, soweit gesetzlich nichts anderes bestimmt ist. Die Zustimmung ist schriftlich oder nach Maß-

gabe von § 3a des Verwaltungsverfahrensgesetzes oder unter Verwendung einer fortgeschrittenen elektronischen Signatur im Sinne von Artikel 3 Nummer 11 der Verordnung (EU) Nr. 910/2014 des Europäischen Parlaments und des Rates vom 23. Juli 2014 über elektronische Identifizierung und Vertrauensdienste für elektronische Transaktionen im Binnenmarkt und zur Aufhebung der Richtlinie 1999/93/EG (ABl. L 257 vom 28.8.2014, S. 73) zu erteilen. Eine sicherheitsempfindliche Tätigkeit darf erst nach Vollendung des 16. Lebensjahres übertragen werden.

(1a) Auf eine Sicherheitsüberprüfung kann verzichtet werden, wenn

1. für die betroffene Person bereits vor weniger als fünf Jahren eine gleich- oder höherwertige Überprüfung abgeschlossen wurde, ohne dass ein Sicherheitsrisiko festgestellt worden ist, oder
2. dies im Einzelfall erforderlich ist zur Abwehr einer gegenwärtigen und erheblichen Gefahr für
   a) eine Einrichtung nach § 1 Absatz 5 Satz 1 oder Satz 2 oder
   b) eine Anlage nach § 4 Absatz 2 oder § 12 Absatz 2 des Satellitendatensicherheitsgesetzes.

Die Entscheidung nach Satz 1 Nummer 2 trifft im öffentlichen Bereich die nach § 3 Absatz 1 zuständige Stelle und im nichtöffentlichen Bereich die nach § 25 Absatz 3 zuständige Stelle. Die nach Satz 2 zuständige Stelle bestimmt die im Fall von Satz 1 Nummer 2 zum Schutz der Verschlusssachen, der sicherheitsempfindlichen Stelle oder der Anlagen nach § 4 Absatz 2 und § 12 Absatz 2 des Satellitendatensicherheitsgesetzes erforderlichen Maßnahmen.

(2) In die Sicherheitsüberprüfung nach § 9 Absatz 1 oder nach § 10 soll einbezogen werden:

1. die volljährige Ehegattin oder der volljährige Ehegatte der betroffenen Person,
2. die Lebenspartnerin oder der Lebenspartner der betroffenen Person oder
3. die volljährige Partnerin oder der volljährige Partner, mit der oder dem die betroffene Person in einer auf Dauer angelegten Gemeinschaft lebt (Lebensgefährtin oder Lebensgefährte).

Über Ausnahmen entscheidet die zuständige Stelle. Die Einbeziehung bedarf der Zustimmung dieser Person. Die Zustimmung ist schriftlich oder nach Maßgabe von § 3a des Verwaltungsverfahrensgesetzes oder unter Verwendung einer fortgeschrittenen elektronischen Signatur im Sinne von Artikel 3 Nummer 11 der Verordnung (EU) Nr. 910/2014 zu erteilen. Sofern die Person im Sinne des Satzes 1 in die Sicherheitsüberprüfung einbezogen wird, ist sie mitbetroffene Person. Geht die betroffene Person die Ehe während oder nach der Sicherheitsüberprüfung ein oder begründet sie die auf Dauer angelegte Gemeinschaft während oder nach der Sicherheitsüberprüfung, so hat die betroffene Person die zuständige Stelle unverzüglich zu unterrichten. Das gleiche gilt, wenn die Volljährigkeit der Ehegattin, des Ehegatten, der Lebensgefährtin oder des Lebensgefährten während oder nach der Sicherheitsüberprüfung eintritt.

(3) Eine Sicherheitsüberprüfung ist nicht durchzuführen für

1. die Mitglieder der Verfassungsorgane des Bundes,
1a. die in der Bundesrepublik Deutschland gewählten Mitglieder des Europäischen Parlaments,
2. Richterinnen und Richter, soweit sie Aufgaben der Rechtsprechung wahrnehmen,
3. ausländische Staatsangehörige, die in der Bundesrepublik Deutschland im Interesse über- oder zwischenstaatlicher Einrichtungen und Stellen eine sicherheitsempfindliche Tätigkeit nach § 1 Absatz 2 Nummer 2 ausüben sollen; Regelungen über- oder zwischenstaatlicher Einrichtungen und Stellen bleiben unberührt.

Die in Satz 1 Nummer 1 bis 2 genannten Personen erhalten den Zugang zu Verschlusssachen kraft Amtes.

§ 3 Zuständigkeit

(1) Zuständige Stelle für die Sicherheitsüberprüfung ist
1. die Behörde oder sonstige öffentliche Stelle des Bundes, die eine betroffene Person mit einer sicherheitsempfindlichen Tätigkeit betrauen will,
2. das Bundesministerium des Innern als Nationale Sicherheitsbehörde für deutsche Staatsangehörige, die mit einer sicherheitsempfindlichen Tätigkeit bei über- oder zwischenstaatlichen Einrichtungen und Stellen betraut werden sollen, soweit nichts anderes bestimmt ist,
3. die politische Partei nach Artikel 21 des Grundgesetzes, die eine betroffene Person mit einer sicherheitsempfindlichen Tätigkeit innerhalb der Partei oder ihrer Stiftung betrauen will,
4. die Behörde oder sonstige öffentliche Stelle des Bundes, die eine Verschlusssache an eine nichtöffentliche Stelle weitergeben will, für eine betroffene Person dieser nichtöffentlichen Stelle, sofern sich die Zuständigkeit nicht nach dem Fünften Abschnitt richtet,
5. bei der Durchführung von Bauangelegenheiten des Bundes im Wege der Organleihe
   a) im zivilen Bereich die Bundesanstalt für Immobilienaufgaben,
   b) im Geschäftsbereich des Bundesministeriums der Verteidigung die nutzende Verwaltung,

   für eine betroffene Person einer nichtöffentlichen Stelle, sofern sich die Zuständigkeit nicht nach dem Fünften Abschnitt richtet.

In den Fällen des Satzes 1 Nummer 1 und 4 kann die oberste Bundesbehörde für ihren jeweiligen Geschäftsbereich abweichende Regelungen treffen. Ist eine andere Bundesbehörde als die Bundesbehörde, die die Liegenschaft nutzt oder nutzen soll, nach Satz 1 Nummer 1 oder 5 zuständige Stelle, obliegt es der Bundesbehörde, die die Liegenschaft nutzt oder nutzen soll, die sicherheitsempfindliche Tätigkeit festzustellen und im Bedarfsfall die Art der Sicherheitsüberprüfung festzulegen.

(1a) In der zuständigen Stelle sind die Aufgaben der die Sicherheitsakten führenden Stelle von einer von der Personalverwaltung, der oder dem Beauftragten für den Datenschutz und der Ansprechperson für Korruptionsprävention getrennten Organisationseinheit wahrzunehmen. Personen, die an Personalmaßnahmen beteiligt sind, dürfen nicht in dieser Stelle tätig sein.

(2) Mitwirkende Behörde bei der Sicherheitsüberprüfung ist das Bundesamt für Verfassungsschutz nach § 3 Absatz 2 Satz 1 Nummer 1, 2 und 4 des Bundesverfassungsschutzgesetzes und im Geschäftsbereich des Bundesministeriums der Verteidigung der Militärische Abschirmdienst nach § 1 Absatz 3 Satz 1 Nummer 1 Buchstabe a bis c des MAD-Gesetzes, soweit nicht in Rechtsvorschriften über- oder zwischenstaatlicher Einrichtungen oder in völkerrechtlichen Verträgen, denen die gesetzgebenden Körperschaften gemäß Artikel 59 Absatz 2 des Grundgesetzes zugestimmt haben, etwas anderes bestimmt ist.

(3) Der Bundesnachrichtendienst, das Bundesamt für Verfassungsschutz und der Militärische Abschirmdienst sind jeweils zugleich zuständige Stelle für die Sicherheitsüberprüfung und mitwirkende Behörde für
1. Bewerberinnen und Bewerber bei dem jeweiligen Nachrichtendienst sowie für Mitarbeiterinnen und Mitarbeiter des jeweiligen Nachrichtendienstes und

2. andere betroffene Personen, wenn diese mit einer sicherheitsempfindlichen Tätigkeit nach § 1 Absatz 2 bei dem oder für den jeweiligen Nachrichtendienst betraut werden sollen.

Sie wenden hierbei die Vorschriften dieses Gesetzes an. Satz 1 Nummer 2 gilt nicht, sofern der Bundesnachrichtendienst, das Bundesamt für Verfassungsschutz oder der Militärische Abschirmdienst ihre jeweils alleinige Zuständigkeit nach Art oder Dauer der sicherheitsempfindlichen Tätigkeit für entbehrlich halten. Die Geheimschutzbeauftragten des Bundesnachrichtendienstes, des Bundesamtes für Verfassungsschutz und des Militärischen Abschirmdienstes können Personen nach Satz 1 Nummer 2 den Personen nach Satz 1 Nummer 1 gleichstellen, wenn dies nach Art oder Dauer der sicherheitsempfindlichen Tätigkeit der Personen nach Satz 1 Nummer 2 sachlich erforderlich erscheint.

§ 3a Geheimschutzbeauftragte, Sabotageschutzbeauftragte

(1) Die nach § 3 Absatz 1 Satz 1 Nummer 1, 4 und 5 für den Bereich des Geheimschutzes zuständigen Stellen sollen zur Erfüllung ihrer Aufgaben eine Geheimschutzbeauftragte oder einen Geheimschutzbeauftragten sowie eine zur Vertretung berechtigte Person bestellen. Soweit eine Geheimschutzbeauftragte oder ein Geheimschutzbeauftragter nicht bestellt wird, nimmt die Dienststellenleitung die Aufgaben der oder des Geheimschutzbeauftragten wahr. Die oder der Geheimschutzbeauftragte sorgt in ihrer oder seiner Behörde oder sonstigen öffentlichen Stelle des Bundes für die Durchführung dieses Gesetzes und der dazu ergangenen Regelungen.

(2) Die nach § 3 Absatz 1 Satz 1 Nummer 1 und 5 für den Bereich des vorbeugenden personellen Sabotageschutzes zuständigen Stellen sollen zur Erfüllung ihrer Aufgaben eine Sabotageschutzbeauftragte oder einen Sabotageschutzbeauftragten sowie eine zur Vertretung berechtigte Person bestellen. Absatz 1 Satz 2 und 3 gilt entsprechend.

(3) Das Bundesministerium der Verteidigung trifft für seinen Geschäftsbereich die organisatorischen Maßnahmen zur Einrichtung von Geheimschutzbeauftragten und Sabotageschutzbeauftragten.

(4) Die näheren Aufgaben der Geheimschutzbeauftragten und der Sabotageschutzbeauftragten regeln die allgemeinen Verwaltungsvorschriften im Sinne des § 35.

§ 4 Allgemeine Grundsätze zum Schutz von Verschlusssachen, Mitwirkung beim materiellen Geheimschutz

(1) Verschlusssachen sind im öffentlichen Interesse, insbesondere zum Schutz des Wohles des Bundes oder eines Landes, geheimhaltungsbedürftige Tatsachen, Gegenstände oder Erkenntnisse, unabhängig von ihrer Darstellungsform. Verschlusssachen können auch Produkte und die dazugehörenden Dokumente sowie zugehörige Schlüsselmittel zur Entschlüsselung, Verschlüsselung und Übertragung von Informationen sein (Kryptomittel). Geheimhaltungsbedürftig im öffentlichen Interesse können auch Geschäfts-, Betriebs-, Erfindungs-, Steuer- oder sonstige private Geheimnisse oder Umstände des persönlichen Lebensbereichs sein.

(1a) Von einer Verschlusssache dürfen nur Personen Kenntnis erhalten, die auf Grund ihrer Aufgabenerfüllung Kenntnis haben müssen. Keine Person darf über eine Verschlusssache umfassender oder eher unterrichtet werden, als dies aus Gründen der Aufgabenerfüllung notwendig ist.

(2) Verschlusssachen werden entsprechend ihrer Schutzbedürftigkeit von einer amtlichen Stelle des Bundes oder auf deren Veranlassung in folgende Geheimhaltungsgrade eingestuft:
1. STRENG GEHEIM, wenn die Kenntnisnahme durch Unbefugte den Bestand oder lebenswichtige Interessen der Bundesrepublik Deutschland oder eines ihrer Länder gefährden kann,
2. GEHEIM, wenn die Kenntnisnahme durch Unbefugte die Sicherheit der Bundesrepublik Deutschland oder eines ihrer Länder gefährden oder ihren Interessen schweren Schaden zufügen kann,
3. VS-VERTRAULICH, wenn die Kenntnisnahme durch Unbefugte für die Interessen der Bundesrepublik Deutschland oder eines ihrer Länder schädlich sein kann,
4. VS-NUR FÜR DEN DIENSTGEBRAUCH, wenn die Kenntnisnahme durch Unbefugte für die Interessen der Bundesrepublik Deutschland oder eines ihrer Länder nachteilig sein kann.

(3) Wer auf Grund dieses Gesetzes oder sonst in berechtigter Weise Zugang zu einer Verschlusssache erlangt,
1. ist zur Verschwiegenheit über die ihm dadurch zur Kenntnis gelangten Informationen verpflichtet und
2. hat durch Einhaltung der Schutzmaßnahmen, die auf Grund dieses Gesetzes erlassen worden sind, dafür Sorge zu tragen, dass keine unbefugte Person Kenntnis von der Verschlusssache erlangt.

(4) Behörden und sonstige öffentliche Stellen des Bundes sind verpflichtet, Verschlusssachen durch Maßnahmen des materiellen Geheimschutzes nach der jeweils für sie geltenden allgemeinen Verwaltungsvorschrift, die nach § 35 zu erlassen ist, so zu schützen, dass Durchbrechungen ihrer Vertraulichkeit entgegengewirkt wird, und darauf hinzuwirken, dass solche Versuche erkannt und aufgeklärt werden können. Dies gilt auch für die Weitergabe von Verschlusssachen an nichtöffentliche Stellen. Die eine Verschlusssache herausgebende Stelle kann weitere Vorgaben zum Schutz der Verschlusssache treffen.

(5) Bei der Durchführung der nach § 35 Absatz 1 erster Halbsatz zu erlassenden allgemeinen Verwaltungsvorschrift zum materiellen Geheimschutz wirkt das Bundesamt für Sicherheit in der Informationstechnik mit. Bei der Durchführung der nach § 35 Absatz 3 zu erlassenden allgemeinen Verwaltungsvorschrift zum materiellen Geheimschutz wirkt der Militärische Abschirmdienst mit.

(6) Bei der Betreuung im materiellen Geheimschutz wirken mit:
1. das Bundesamt für Sicherheit in der Informationstechnik
   a) bei nichtöffentlichen Stellen mit mehrheitlicher Bundesbeteiligung, die Aufgaben der öffentlichen Verwaltung des Bundes wahrnehmen, sowie
   b) auf Ersuchen
      aa) der zuständigen Behörde bei nichtöffentlichen Stellen, soweit es sich nicht um nichtöffentliche Stellen nach Buchstabe a oder Nummer 2 Buchstabe a handelt,
      bb) des Bundesnachrichtendienstes oder
      cc) des Bundesamtes für Verfassungsschutz,
2. die Deutsche militärische Security Accreditation Authority
   a) bei nichtöffentlichen Stellen mit mehrheitlicher Bundesbeteiligung, die Aufgaben der Bundeswehrverwaltung wahrnehmen, oder
   b) bei dem Militärischen Abschirmdienst.

(7) Das Bundesamt für Verfassungsschutz, der Militärische Abschirmdienst und der Bundesnachrichtendienst teilen dem Bundesamt für Sicherheit in der Informations-

technik nichtpersonenbezogene Erkenntnisse, die für den Schutz von Verschlusssachen oder die Aufrechterhaltung des Geheimschutzes von Bedeutung sein können, unverzüglich mit. Das gilt nicht, soweit die Erkenntnisse einem Weitergabeverbot unterliegen. § 23 des Bundesverfassungsschutzgesetzes gilt entsprechend.

§ 5 Sicherheitsrisiken, sicherheitserhebliche Erkenntnisse

(1) Im Sinne dieses Gesetzes liegt ein Sicherheitsrisiko vor, wenn tatsächliche Anhaltspunkte Folgendes begründen:

1. Zweifel an der Zuverlässigkeit der betroffenen Person bei der Wahrnehmung einer sicherheitsempfindlichen Tätigkeit,
2. eine besondere Gefährdung der betroffenen Person, insbesondere die Besorgnis der Erpressbarkeit, bei möglichen Anbahnungs- oder Werbungsversuchen
   a) ausländischer Nachrichtendienste,
   b) von Vereinigungen im Sinne der §§ 129 bis 129b des Strafgesetzbuches oder
   c) von Personenzusammenschlüssen und von Einzelpersonen, die Bestrebungen im Sinne des § 3 Absatz 1 des Bundesverfassungsschutzgesetzes verfolgen, oder
3. Zweifel am Bekenntnis der betroffenen Person zur freiheitlichen demokratischen Grundordnung im Sinne des Grundgesetzes oder am jederzeitigen Eintreten für deren Erhaltung.

Ein Sicherheitsrisiko kann auch auf Grund tatsächlicher Anhaltspunkte nach Satz 1 Nummer 1 bis 3 im Hinblick auf die Ehegattin, den Ehegatten, die Lebenspartnerin, den Lebenspartner, die Lebensgefährtin oder den Lebensgefährten vorliegen.

(2) Eine Erkenntnis ist sicherheitserheblich, wenn sich aus ihr ein Anhaltspunkt für ein Sicherheitsrisiko ergibt.

§ 6 Rechte der an der Sicherheitsüberprüfung beteiligten Personen

(1) Vor der Feststellung eines Sicherheitsrisikos ist der betroffenen Person Gelegenheit zu geben, sich persönlich zu den für die Entscheidung erheblichen Tatsachen zu äußern, soweit dem nicht schutzwürdige Interessen der Personen, die die Anhörung durchführen, entgegenstehen; in diesem Fall kann die Anhörung auch ausschließlich schriftlich erfolgen. Die betroffene Person kann im Rahmen der Anhörung eine Rechtsanwältin oder einen Rechtsanwalt beiziehen. Die Anhörung erfolgt in einer Weise, die den Quellenschutz gewährleistet und den schutzwürdigen Interessen von Personen, die im Rahmen einer Sicherheitsüberprüfung befragt wurden, Rechnung trägt. Sie unterbleibt, wenn sie einen erheblichen Nachteil für die Sicherheit des Bundes oder eines Landes zur Folge hätte, insbesondere bei Sicherheitsüberprüfungen der Bewerberinnen und Bewerber bei den Nachrichtendiensten des Bundes.

(2) Liegen im Hinblick auf die Ehegattin, den Ehegatten, die Lebenspartnerin, den Lebenspartner, die Lebensgefährtin oder den Lebensgefährten tatsächliche Anhaltspunkte im Sinne des § 5 Absatz 1 Satz 1 Nummer 1 bis 3 vor, ist ihr oder ihm Gelegenheit zu geben, sich vor der Feststellung eines Sicherheitsrisikos persönlich zu den für die Entscheidung erheblichen Tatsachen zu äußern. Absatz 1 Satz 2 bis 4 gilt entsprechend.

(3) Die Absätze 1 und 2 sind auch im Falle der Ablehnung einer Weiterbeschäftigung in einer sicherheitsempfindlichen Tätigkeit anzuwenden.

Zweiter Abschnitt **Überprüfungsarten und Durchführungsmaßnahmen**

§ 7 Arten der Sicherheitsüberprüfung

(1) Entsprechend der vorgesehenen sicherheitsempfindlichen Tätigkeit wird entweder eine
1. einfache Sicherheitsüberprüfung oder
2. erweiterte Sicherheitsüberprüfung oder
3. erweiterte Sicherheitsüberprüfung mit Sicherheitsermittlungen

durchgeführt.

(2) Ergeben sich bei der Sicherheitsüberprüfung sicherheitserhebliche Erkenntnisse, die nur durch Maßnahmen der nächsthöheren Art der Sicherheitsüberprüfung geklärt werden können, kann die zuständige Stelle mit Zustimmung der betroffenen Person die nächsthöhere Art der Sicherheitsüberprüfung anordnen. § 2 Absatz 2 Satz 1 bis 6 gilt entsprechend; § 12 Absatz 5 bleibt unberührt.

§ 8 Einfache Sicherheitsüberprüfung

(1) Die einfache Sicherheitsüberprüfung ist für Personen durchzuführen, die
1. Zugang zu VS-VERTRAULICH eingestuften Verschlusssachen erhalten sollen oder ihn sich verschaffen können,
2. Tätigkeiten in einem Bereich, der nach § 1 Absatz 2 Nummer 3 zum VS-Sicherheitsbereich mit dem Erfordernis der Sicherheitsüberprüfung nach § 8 erklärt worden ist, oder Tätigkeiten gemäß § 1 Absatz 2 Nummer 4 wahrnehmen sollen.

(2) Die zuständige Stelle kann von der Sicherheitsüberprüfung absehen, wenn
1. in den Fällen des Absatzes 1 Nummer 1
   a) die Zuverlässigkeit der betroffenen Person durch eine Überprüfung nach dem Luftsicherheitsgesetz festgestellt wurde,
   b) die Betrauung mit der sicherheitsempfindlichen Tätigkeit unaufschiebbar ist,
   c) die Einstufung der Verschlusssache voraussichtlich vor Abschluss der Sicherheitsüberprüfung wieder aufgehoben wird und
   d) das Bundesministerium des Innern dem zugestimmt hat,
2. in den Fällen des Absatzes 1 Nummer 2 Art oder Dauer der Tätigkeit dies zulassen.

§ 2 Absatz 1a bleibt unberührt.

§ 9 Erweiterte Sicherheitsüberprüfung

(1) Eine erweiterte Sicherheitsüberprüfung ist für Personen durchzuführen, die
1. Zugang zu GEHEIM eingestuften Verschlusssachen erhalten sollen oder ihn sich verschaffen können,
2. Zugang zu einer hohen Anzahl VS-VERTRAULICH eingestuften Verschlusssachen erhalten sollen oder ihn sich verschaffen können,
3. Tätigkeiten in Bereichen nach § 1 Absatz 4 wahrnehmen sollen,
4. Tätigkeiten in einem Bereich, der nach § 1 Absatz 2 Nummer 3 zum VS-Sicherheitsbereich mit dem Erfordernis der Sicherheitsüberprüfung nach § 9 erklärt worden ist, wahrnehmen sollen,

soweit nicht die zuständige Stelle in den Fällen der Nummern 1, 2 und 4 im Einzelfall nach Art und Dauer der Tätigkeit eine Sicherheitsüberprüfung nach § 8 für ausreichend hält.

(2) Die Sicherheitsüberprüfung kann unterbleiben, wenn
1. in den Fällen von Absatz 1 Nummer 3
   a) eine Person mit einer unaufschiebbaren sicherheitsempfindlichen Tätigkeit betraut werden soll, für die keine überprüften Personen zur Verfügung stehen, oder
   b) eine Person nur kurzzeitig, höchstens acht Wochen, eine sicherheitsempfindliche Tätigkeit ausüben soll,
2. in den Fällen von Absatz 1 Nummer 4, Art oder Dauer der Tätigkeit dies zulassen,
3. und die nicht überprüfte Person durch eine überprüfte Person ständig begleitet wird.

(3) Sofern eine sicherheitsempfindliche Stelle im Sinne des § 1 Absatz 5 Satz 3 neu festgestellt wird, ist die Sicherheitsüberprüfung für eine dort tätige Person nach Absatz 1 Nummer 3 unverzüglich durchzuführen.

§ 10 Erweiterte Sicherheitsüberprüfung mit Sicherheitsermittlungen

Eine erweiterte Sicherheitsüberprüfung mit Sicherheitsermittlungen ist für Personen durchzuführen,
1. die Zugang zu STRENG GEHEIM eingestuften Verschlusssachen erhalten sollen oder ihn sich verschaffen können,
2. die Zugang zu einer hohen Anzahl GEHEIM eingestuften Verschlusssachen erhalten sollen oder ihn sich verschaffen können,
3. die eine Tätigkeit bei einem oder für einen Nachrichtendienst oder bei einer oder für eine Behörde oder bei einer oder für eine sonstige öffentliche Stelle des Bundes ausüben sollen, die nach Feststellung der Bundesregierung gemäß § 34 Aufgaben von vergleichbarer Sicherheitsempfindlichkeit wahrnimmt,

soweit nicht die zuständige Stelle im Einzelfall nach Art und Dauer der Tätigkeit, bei Personen im Sinne des § 3 Absatz 3 Satz 1 Nummer 2 nach Art oder Dauer der Tätigkeit, eine Sicherheitsüberprüfung nach § 8 oder § 9 für ausreichend hält.

§ 11 Datenerhebung

(1) Die zuständige Stelle und die mitwirkende Behörde dürfen die zur Erfüllung ihrer Aufgaben nach diesem Gesetz erforderlichen Daten erheben. Die betroffene Person sowie die sonstigen zu befragenden Personen und nichtöffentlichen Stellen sind auf den Zweck der Erhebung, die Auskunftspflichten nach diesem Gesetz und auf eine dienst-, arbeitsrechtliche oder sonstige vertragliche Mitwirkungspflicht, ansonsten auf die Freiwilligkeit ihrer Angaben hinzuweisen. Bei Sicherheitsüberprüfungen nach § 3 Absatz 3 Satz 1 kann die Angabe der erhebenden Stelle gegenüber den sonstigen zu befragenden Personen oder öffentlichen und nichtöffentlichen Stellen unterbleiben, wenn dies zum Schutz der betroffenen Person oder des Nachrichtendienstes erforderlich ist.

(2) Die zuständige Stelle erhebt die personenbezogenen Daten bei der betroffenen Person oder bei der mitbetroffenen Person. Reicht diese Erhebung nicht aus oder stehen ihr schutzwürdige Interessen der betroffenen Person oder der mitbetroffenen Person entgegen, können andere geeignete Personen oder Stellen befragt werden.

§ 12 Maßnahmen bei den einzelnen Überprüfungsarten, Überprüfungszeitraum

(1) Bei der Sicherheitsüberprüfung nach § 8 trifft die mitwirkende Behörde folgende Maßnahmen:

1. sicherheitsmäßige Bewertung der Angaben in der Sicherheitserklärung unter Berücksichtigung der Erkenntnisse der Verfassungsschutzbehörden des Bundes und der Länder,
2. Einholung einer unbeschränkten Auskunft aus dem Bundeszentralregister und dem Gewerbezentralregister und Ersuchen um eine Datenübermittlung aus dem Zentralen staatsanwaltschaftlichen Verfahrensregister,

2a. soweit im Einzelfall erforderlich, bei ausländischen betroffenen Personen, die keine freizügigkeitsberechtigten Unionsbürger sind, Ersuchen um eine Übermittlung der nach § 3 Absatz 1 und 2 Nummer 5, 6 und 9 des AZR-Gesetzes gespeicherten Daten,

3. Anfragen an das Bundeskriminalamt, die in der Rechtsverordnung nach § 58 Abs. 1 des Bundespolizeigesetzes bestimmte Bundespolizeibehörde und die Nachrichtendienste des Bundes,
4. Anfragen an ausländische Sicherheitsbehörden oder nach dortigem Recht für solche Anfragen zuständige öffentliche Stellen bei Auslandsaufenthalten von ununterbrochen längerer Dauer als sechs Monaten in den vergangenen fünf Jahren,
5. Recherchen auf allen öffentlich zugänglichen Internetplattformen einschließlich sozialer Netzwerke in erforderlichem Maße,
6. möglichst automatisierter Abruf der in § 34 Absatz 1 Satz 1 Nummer 1 bis 10 und 12 sowie Satz 2 Nummer 1 des Bundesmeldegesetzes bezeichneten Meldedaten, soweit erforderlich.

(1a) Eine Anfrage nach Absatz 1 Nummer 4 bedarf der gesonderten Zustimmung. Bei einer Anfrage dürfen an die ausländischen Sicherheitsbehörden oder an die nach dortigem Recht für eine solche Anfrage zuständigen öffentlichen Stellen nur folgende Daten übermittelt werden:

1. Namen, auch frühere, Vornamen, auch frühere,
2. Geburtsdatum, -ort,
3. Staatsangehörigkeit, auch frühere und weitere Staatsangehörigkeiten,
4. Wohnsitze, Adressen des Aufenthalts in dem Staat, dessen Sicherheitsbehörde oder zuständige öffentliche Stelle angefragt werden soll,
5. aktueller Wohnsitz, sofern erforderlich,
6. Pass- oder Personalausweisnummer oder Kopie des Ausweisdokuments, sofern erforderlich,
7. Angaben zu den Eltern, sofern erforderlich, sowie
8. Anlass der Anfrage.

Die Anfrage unterbleibt, wenn ihr entgegenstehen:

1. auswärtige Belange der Bundesrepublik Deutschland,
2. Sicherheitsinteressen der Bundesrepublik Deutschland oder
3. unter Berücksichtigung des besonderen öffentlichen Interesses der Anfrage überwiegende schutzwürdige Interessen der betroffenen Person oder der mitbetroffenen Person.

Zu den schutzwürdigen Interessen der betroffenen Person oder der mitbetroffenen Person gehört auch das Vorhandensein eines angemessenen Datenschutzniveaus im angefragten Staat. Wird eine Anfrage aus den in Satz 3 genannten Gründen nicht durchgeführt, wird eine Anfrage nicht beantwortet oder kann mit einer Antwort nicht innerhalb einer angemessenen Frist gerechnet werden, so ist Absatz 5 entsprechend anzuwenden.

(2) Bei der Sicherheitsüberprüfung nach § 9 trifft die mitwirkende Behörde zusätzlich zu Absatz 1 folgende Maßnahmen:
1. Anfragen an die Polizeidienststellen der innegehabten Wohnsitze im Inland der betroffenen Person, in der Regel beschränkt auf die letzten fünf Jahre,
2. Prüfung der Identität der betroffenen Person.

(2a) Für die mitbetroffene Person trifft die mitwirkende Behörde die in den Absätzen 1 bis 2 genannten Maßnahmen.

(3) Bei der Sicherheitsüberprüfung nach § 10 befragt die mitwirkende Behörde zusätzlich mindestens eine der von der betroffenen Person in ihrer Sicherheitserklärung angegebenen Referenzpersonen und weitere geeignete Auskunftspersonen, um zu prüfen, ob die Angaben der betroffenen Person zutreffen und ob tatsächliche Anhaltspunkte vorliegen, die auf ein Sicherheitsrisiko schließen lassen. In den Fällen des § 10 Nummer 3 sind diese Maßnahmen in der Regel auch im Hinblick auf die mitbetroffene Person durchzuführen. Die in § 3 Absatz 3 Satz 1 Nummer 1 und 2 genannten Personen können auch selbst befragt werden.

(4) Die zuständige Stelle fragt zur Feststellung einer hauptamtlichen oder inoffiziellen Tätigkeit der betroffenen Person oder der mitbetroffenen Person für den Staatssicherheitsdienst der Deutschen Demokratischen Republik beim Stasi-Unterlagen-Archiv an, wenn die betroffene Person oder die mitbetroffene Person vor dem 1. Januar 1970 geboren wurde und in dem Gebiet der Deutschen Demokratischen Republik wohnhaft war oder Anhaltspunkte für eine Tätigkeit für den Staatssicherheitsdienst der Deutschen Demokratischen Republik vorliegen. Die Anfrage bezieht sich auch auf Hinweise über frühere Verbindungen zu einem ausländischen Nachrichtendienst. Ergibt die Anfrage sicherheitserhebliche Erkenntnisse, übermittelt sie die zuständige Stelle zur Bewertung an die mitwirkende Behörde.

(5) Soweit es eine sicherheitserhebliche Erkenntnis erfordert, können die betroffene und die mitbetroffene Person selbst befragt werden. Reicht diese Befragung nicht aus, stehen ihr schutzwürdige Interessen entgegen oder erfordert es die Prüfung der Identität, kann die mitwirkende Behörde neben den Maßnahmen nach den Absätzen 1 bis 3 weitere geeignete Auskunftspersonen oder andere geeignete Stellen befragen oder Einzelmaßnahmen der nächsthöheren Art der Sicherheitsüberprüfung durchführen. Ferner kann die betroffene Person aufgefordert werden, für die Aufklärung der sicherheitserheblichen Erkenntnis geeignete Unterlagen beizubringen. Zusätzlich können von öffentlichen Stellen Akten beigezogen werden, von Gerichten, Staatsanwaltschaften oder Finanzbehörden auch über Strafverfahren wegen einer Steuerstraftat im Sinne des § 369 der Abgabenordnung.

(6) Die Überprüfung erstreckt sich in der Regel auf den Zeitraum der letzten fünf Jahre, bei den in § 3 Absatz 3 Nummer 1 genannten Personen auf den Zeitraum der letzten zehn Jahre. Internationale Vorschriften, die einen anderen Zeitraum vorsehen, bleiben unberührt.

Dritter Abschnitt **Verfahren**

§ 13 Sicherheitserklärung

(1) In der Sicherheitserklärung sind von der betroffenen Person anzugeben:
1. Namen, auch frühere, Vornamen, auch frühere, akademischer Grad,
2. Geburtsdatum-, -ort,
2a. Geschlechtseintrag,

3. Staatsangehörigkeit, auch frühere und weitere Staatsangehörigkeiten,
4. Familienstand und das Bestehen einer auf Dauer angelegten Gemeinschaft,
5. Wohnsitze und Aufenthalte von längerer Dauer als zwei Monate, und zwar im Inland mindestens in den vergangenen fünf Jahren, im Ausland grundsätzlich ab dem 18. Lebensjahr, in jedem Fall aber in den vergangenen fünf Jahren,
6. ausgeübter Beruf,
7. Arbeitgeber und dessen Anschrift,
8. telefonische und elektronische Erreichbarkeiten,
9. im Haushalt lebende Personen über 14 Jahre (Namen, auch frühere, Vornamen, Geburtsdatum, Geburtsort, Staatsangehörigkeit, Geschlechtseintrag und Verhältnis zu dieser Person),
10. Eltern, Stief- oder Pflegeeltern (Namen, auch frühere, Vornamen, Geburtsdatum, Geburtsort, Staatsangehörigkeit und Wohnsitz),
11. Ausbildungs- und Beschäftigungszeiten, Wehr-, Zivil oder Bundesfreiwilligendienstzeiten mit Angabe der Ausbildungsstätten, Beschäftigungsstellen sowie deren Anschriften, für Zeiten der Nichtbeschäftigung den Aufenthaltsort, sofern der jeweilige Zeitraum ununterbrochen mehr als drei Monate umfasst,
12. Nummer des Personalausweises oder Reisepasses sowie die ausstellende Behörde und das Ausstellungsdatum,
13. laufende oder in den vergangenen fünf Jahren abgeschlossene Insolvenzverfahren, in den vergangenen fünf Jahren gegen sie durchgeführte Zwangsvollstreckungsmaßnahmen und ob zurzeit die finanziellen Verpflichtungen erfüllt werden können,
14. alle Kontakte zu ausländischen Nachrichtendiensten oder zu Nachrichtendiensten der Deutschen Demokratischen Republik,

14a. Beziehungen zu kriminellen oder terroristischen Vereinigungen,

15. Beziehungen zu Personenzusammenschlüssen oder, unter der Voraussetzung des § 4 Absatz 1 Satz 3 und 4 des Bundesverfassungsschutzgesetzes, Beziehungen zu Einzelpersonen, die Bestrebungen im Sinne des § 3 Absatz 1 des Bundesverfassungsschutzgesetzes verfolgen,
16. anhängige Strafverfahren im In- und Ausland einschließlich Ermittlungsverfahren sowie inländische Disziplinarverfahren,

16a. strafrechtliche Verurteilungen im Ausland,

17. Wohnsitze, Aufenthalte, Reisen, nahe Angehörige und sonstige Beziehungen in und zu Staaten, in denen nach Feststellung des Bundesministeriums des Innern besondere Sicherheitsrisiken für die mit sicherheitsempfindlicher Tätigkeit befassten Personen zu besorgen sind,
18. drei Referenzpersonen (Namen, Vornamen, Geburtsdatum, Geburtsort, Geschlechtseintrag, Beruf, berufliche und private Anschrift und telefonische und elektronische Erreichbarkeiten sowie zeitlicher Beginn der Bekanntschaft) nur bei einer Sicherheitsüberprüfung nach § 10,
19. frühere Sicherheitsüberprüfungen und Zuverlässigkeitsüberprüfungen,
20. die Adressen eigener Internetseiten und die Mitgliedschaften in sozialen Netzwerken im Internet einschließlich der Benutzernamen.

Der Sicherheitserklärung sind jeweils ein aktuelles Lichtbild der betroffenen Person und der mitbetroffenen Person mit der Angabe des Jahres der jeweiligen Aufnahme beizufügen. Es können elektronische Lichtbilder verlangt werden. Die Lichtbilder dürfen für einen automatisierten Abgleich mit Datenbanken genutzt werden.

(2) Bei der Sicherheitsüberprüfung nach § 8 entfallen die Angaben zu Absatz 1 Nummer 11 und 12; Angaben zu Absatz 1 Nummer 12 dürfen nachträglich erhoben werden, soweit Maßnahmen nach § 12 Absatz 1 Nummer 4 zu treffen sind.

Angaben zu Absatz 1 Nummer 10 entfallen, soweit die dort genannten Personen nicht in einem Haushalt mit der betroffenen Person leben.
Zur Person der Ehegattin, des Ehegatten, der Lebenspartnerin, des Lebenspartners, der Lebensgefährtin oder des Lebensgefährten sind mit deren Einverständnis die in Absatz 1 Nummer 1 bis 4, 8,14, 14a, 15 und 17 genannten Daten anzugeben.

(3) Zur mitbetroffenen Person sind zusätzlich die in Absatz 1 Nummer 5 bis 7, 12, 13, 16, 16a und 20 genannten Daten anzugeben.

(4) Bei Sicherheitsüberprüfungen der in § 3 Absatz 3 Satz 1 Nummer 1 genannten sowie den diesen gemäß § 3 Absatz 3 Satz 4 gleichgestellten Personen sind zusätzlich anzugeben:
1. die Wohnsitze seit der Geburt,
2. die Kinder,
3. die Geschwister,
4. abgeschlossene Strafverfahren einschließlich Ermittlungsverfahren und Disziplinarverfahren,
5. zwei Auskunftspersonen (Namen, Vornamen, Geburtsdatum, Geburtsort, Anschrift, telefonische und elektronische Erreichbarkeit und Verhältnis zur Person) zur Identitätsprüfung der betroffenen Person,
6. im Falle des Vorhandenseins einer mitbetroffenen Person zwei Auskunftspersonen (Namen, Vornamen, Geburtsdatum, Geburtsort, Anschrift, telefonische und elektronische Erreichbarkeit und Verhältnis zur Person) zu deren Identitätsprüfung.

(4a) Von Angehörigen des Geschäftsbereichs des Bundesministeriums der Verteidigung sowie von Angehörigen der Behörden des Bundes mit Aufgaben von vergleichbarer Sicherheitsempfindlichkeit wie die der Nachrichtendienste des Bundes sind zusätzlich die Anzahl der Kinder anzugeben.

(5) Die betroffene Person kann Angaben verweigern, die für sie, eine nahe Angehörige oder einen nahen Angehörigen im Sinne des § 52 Absatz 1 der Strafprozessordnung oder die Lebensgefährtin oder den Lebensgefährten die Gefahr strafrechtlicher oder disziplinarischer Verfolgung, der Entlassung oder Kündigung begründen könnten. Dies gilt auch, soweit für eine nahe Angehörige oder einen nahen Angehörigen der mitbetroffenen Person eine solche Gefahr begründet werden könnte. Über das Verweigerungsrecht ist die betroffene Person zu belehren.

(6) Die Sicherheitserklärung ist von der betroffenen Person der zuständigen Stelle zuzuleiten. Sie prüft die Angaben der betroffenen Person auf ihre Vollständigkeit und Richtigkeit. Zu diesem Zweck kann die Personalakte eingesehen werden. Die zuständige Stelle leitet die Sicherheitserklärung an die mitwirkende Behörde weiter und beauftragt diese, eine Sicherheitsüberprüfung durchzuführen, es sei denn, die zuständige Stelle hat bereits bei der Prüfung der Sicherheitserklärung festgestellt, dass ein Sicherheitsrisiko vorliegt, das einer sicherheitsempfindlichen Tätigkeit entgegensteht. Die mitwirkende Behörde kann mit Zustimmung der zuständigen Stelle und der betroffenen Person in die Personalakte Einsicht nehmen, wenn dies zur Klärung oder Beurteilung sicherheitserheblicher Erkenntnisse unerlässlich ist.

§ 14 Abschluss der Sicherheitsüberprüfung

(1) Kommt die mitwirkende Behörde zu dem Ergebnis, dass kein Sicherheitsrisiko nach § 5 Absatz 1 vorliegt, so teilt sie dies der zuständigen Stelle mit. Fallen Erkenntnisse an, die kein Sicherheitsrisiko begründen, aber weiterhin sicherheitserheblich sind, so werden diese mitgeteilt.

(2) Kommt die mitwirkende Behörde zu dem Ergebnis, dass ein Sicherheitsrisiko vorliegt, unterrichtet sie schriftlich oder elektronisch unter Darlegung der Gründe und ihrer Bewertung die zuständige Stelle. Bei nachgeordneten Stellen erfolgt die Unterrichtung über deren oberste Bundesbehörde.

(2a) Kommt die mitwirkende Behörde zu dem Ergebnis, dass die Sicherheitsüberprüfung nicht abgeschlossen werden kann, unterrichtet sie unter Darlegung der Gründe die zuständige Stelle. Kommt die mitwirkende Behörde zu dem Ergebnis, dass die Sicherheitsüberprüfung nicht abgeschlossen werden kann, weil die betroffene Person in Bezug auf den in § 12 Absatz 6 genannten Zeitraum nicht überprüfbar ist, teilt sie der zuständigen Stelle zusätzlich mit, welche Maßnahmen sie nach § 12 getroffen hat und welche sicherheitserheblichen Erkenntnisse sich hieraus ergeben haben. Die Mitteilungen erfolgen schriftlich oder elektronisch.

(3) Die zuständige Stelle entscheidet, ob ein Sicherheitsrisiko vorliegt, das der sicherheitsempfindlichen Tätigkeit der betroffenen Person entgegensteht. Die Bewertung der übermittelten Erkenntnisse erfolgt auf Grund einer am Zweck der Sicherheitsüberprüfung orientierten Gesamtwürdigung des Einzelfalles, insbesondere im Hinblick auf die vorgesehene Tätigkeit. Im Zweifel hat das Sicherheitsinteresse Vorrang vor anderen Belangen. § 6 Absatz 1 und 2 ist zu beachten. Zur Vermeidung der Feststellung von Sicherheitsrisiken kann die zuständige Stelle Anforderungen festlegen, die zur Aufnahme oder bei Ausübung der sicherheitsempfindlichen Tätigkeit erfüllt sein müssen. Weicht die zuständige Stelle vom Votum der mitwirkenden Behörde ab, unterrichtet die zuständige Stelle die mitwirkende Behörde unter Darlegung der Gründe. Bei nachgeordneten Stellen erfolgt die Unterrichtung über deren oberste Bundesbehörde. Die mitwirkende Behörde erfasst diese Abweichungsfälle in einem Dateisystem.

(4) Die zuständige Stelle stellt die Sicherheitsüberprüfung ein, wenn die betroffene Person oder die mitbetroffene Person
1. der für den Abschluss der Sicherheitsüberprüfung erforderlichen Mitwirkung an der Sicherheitsüberprüfung nicht nachkommt oder
2. in Bezug auf den in § 12 Absatz 6 genannten Zeitraum nicht überprüfbar ist.

Ohne eine abgeschlossene Sicherheitsüberprüfung, die zum Ergebnis hat, dass kein Sicherheitsrisiko vorliegt, darf die betroffene Person nicht mit einer sicherheitsempfindlichen Tätigkeit betraut werden. § 2 Absatz 1a, § 8 Absatz 2, § 9 Absatz 2 und 3 und § 15 bleiben unberührt.

(5) Die zuständige Stelle unterrichtet die betroffene Person über das Ergebnis der Sicherheitsüberprüfung. Die Unterrichtung unterbleibt für Bewerberinnen und Bewerber bei den Nachrichtendiensten des Bundes sowie für Personen im Sinne des § 3 Absatz 3 Satz 1 Nummer 2.

§ 15 Vorläufige Zuweisung einer sicherheitsempfindlichen Tätigkeit

Die zuständige Stelle kann in Ausnahmefällen abweichend von § 2 Absatz 1 die betroffene Person vor Abschluss der Sicherheitsüberprüfung mit einer sicherheitsempfindlichen Tätigkeit betrauen, wenn die mitwirkende Behörde
1. bei der einfachen Sicherheitsüberprüfung die Angaben in der Sicherheitserklärung unter Berücksichtigung der eigenen Erkenntnisse bewertet hat oder
2. bei der erweiterten Sicherheitsüberprüfung und bei der erweiterten Sicherheitsüberprüfung mit Sicherheitsermittlungen die Maßnahmen der nächstniederen Art der Sicherheitsüberprüfung abgeschlossen hat

und sich daraus keine Anhaltspunkte für ein Sicherheitsrisiko ergeben haben.

§ 15a Unterrichtung durch die personalverwaltende Stelle

Die personalverwaltende Stelle unterrichtet die für die Sicherheitsüberprüfung zuständige Stelle unverzüglich über Veränderungen der persönlichen, dienstlichen und arbeitsrechtlichen Verhältnisse der Personen, die mit einer sicherheitsempfindlichen Tätigkeit betraut werden sollen oder bereits betraut sind. Dazu zählen:
1. Umsetzung, Abordnung, Versetzung und Ausscheiden aus dem Dienst,
2. Änderungen des Familienstandes, des Namens, des Vornamens, des Geschlechtseintrages, eines Wohnsitzes und der Staatsangehörigkeit,
3. Anhaltspunkte für Überschuldung, insbesondere Pfändungs- und Überweisungsbeschlüsse, Mitteilungen über abgeschlossene Insolvenzverfahren sowie Beschlüsse zur Eröffnung eines Insolvenzverfahrens und zur Restschuldbefreiung,
4. Strafverfahren und Disziplinarsachen sowie dienst- und arbeitsrechtliche Maßnahmen,
5. Nebentätigkeiten,
6. sonstige Erkenntnisse, die für die sicherheitsmäßige Beurteilung erheblich sein können.

§ 15b Durchgängige Anzeigepflicht

Die betroffene Person ist ab dem Zeitpunkt der Abgabe der Sicherheitserklärung fortlaufend verpflichtet, der zuständigen Stelle unverzüglich die folgenden eintretenden oder bekanntgewordenen Umstände, auch im Hinblick auf die mitbetroffene Person, in Textform anzuzeigen:
1. Kontakte zu ausländischen Nachrichtendiensten,
2. Beziehungen zu kriminellen oder terroristischen Vereinigungen,
3. Beziehungen zu Personenzusammenschlüssen oder Einzelpersonen im Sinne des § 13 Absatz 1 Satz 1 Nummer 15,
4. Zwangsvollstreckungsmaßnahmen oder Insolvenzverfahren und
5. anhängige und abgeschlossene Strafverfahren im In- und Ausland einschließlich Ermittlungsverfahren sowie inländische Disziplinarverfahren.

Die Anzeigepflicht endet, wenn feststeht, dass die betroffene Person keine sicherheitsempfindliche Tätigkeit aufnimmt oder keine sicherheitsempfindliche Tätigkeit mehr wahrnimmt.

§ 16 Sicherheitserhebliche Erkenntnisse nach Abschluss der Sicherheitsüberprüfung

(1) Die zuständige Stelle und die mitwirkende Behörde haben sich unverzüglich gegenseitig zu unterrichten, wenn sicherheitserhebliche Erkenntnisse über die betroffene Person oder die mitbetroffene Person bekanntwerden oder sich mitgeteilte Erkenntnisse als unrichtig erweisen.

(2) Die mitwirkende Behörde prüft die sicherheitserheblichen Erkenntnisse und stellt fest, ob ein Sicherheitsrisiko nach § 5 Absatz 1 vorliegt und unterrichtet die zuständige Stelle über das Ergebnis der Prüfung. Im Übrigen ist § 14 Absatz 3 und 5 entsprechend anzuwenden.

(3) Liegt eine sicherheitserhebliche Erkenntnis vor, kann die zuständige Stelle die weitere Betrauung der betroffenen Person mit der sicherheitsempfindlichen Tätigkeit bis zu einer endgültigen Entscheidung über das Vorliegen eines Sicherheitsrisikos untersagen, sofern die besondere Bedeutung der Erkenntnis und die Art der

sicherheitsempfindlichen Tätigkeit dies erfordern und die Untersagung keinen Aufschub duldet. § 6 Absatz 1 und 2 bleibt unberührt.

§ 17 Aktualisierung und Wiederholungsüberprüfung

(1) Die Sicherheitserklärung ist der betroffenen Person, die eine sicherheitsempfindliche Tätigkeit ausübt, in der Regel nach fünf Jahren erneut zuzuleiten und im Falle eingetretener Veränderungen von der betroffenen Person zu aktualisieren. Die zuständige Stelle prüft die Aktualisierungen auf ihre Vollständigkeit und Richtigkeit; § 13 Absatz 6 gilt entsprechend. Die zuständige Stelle beauftragt die mitwirkende Behörde, die Maßnahmen nach § 12 Absatz 1 im erforderlichen Umfang für die betroffene Person und für die mitbetroffene Person erneut durchzuführen und zu bewerten.

(2) Im Abstand von in der Regel zehn Jahren ist eine Wiederholungsüberprüfung einzuleiten. Im Übrigen kann die zuständige Stelle eine Wiederholungsüberprüfung einleiten, wenn sicherheitserhebliche Erkenntnisse dies nahelegen. Die Maßnahmen bei der Wiederholungsüberprüfung entsprechen denen der Erstüberprüfung; bei der Sicherheitsüberprüfung nach den §§ 9 oder 10 kann die mitwirkende Behörde von einer erneuten Identitätsprüfung absehen. Die Wiederholungsüberprüfung erfolgt nur mit Zustimmung

1. der betroffenen Person, soweit gesetzlich nichts anderes bestimmt ist, und
2. der mitbetroffenen Person.

§ 14 Absatz 4 Satz 2 findet keine Anwendung.

(3) Die zuständige Stelle kontrolliert die Einhaltung der Fristen gemäß Absatz 1 Satz 1 und Absatz 2 Satz 1 in der Regel mithilfe einer elektronischen Erinnerungsfunktion.

(4) Verweigert die betroffene Person oder die mitbetroffene Person die erforderliche Mitwirkung bei den Maßnahmen nach den Absätzen 1 und 2, ist die weitere Betrauung der betroffenen Person mit einer sicherheitsempfindlichen Tätigkeit unzulässig. § 14 Absatz 5 Satz 2 gilt entsprechend.

Vierter Abschnitt **Akten über die Sicherheitsüberprüfung, Datenverarbeitung**

§ 18 Sicherheitsakte und Sicherheitsüberprüfungsakte

(1) Die zuständige Stelle führt über die betroffene Person eine Sicherheitsakte, in die alle die Sicherheitsüberprüfung betreffenden Informationen aufzunehmen sind.

(2) Informationen über die persönlichen, dienstlichen und arbeitsrechtlichen Verhältnisse der Personen, die mit einer sicherheitsempfindlichen Tätigkeit befasst sind, sind zur Sicherheitsakte zu nehmen, soweit sie für die sicherheitsmäßige Beurteilung erheblich sind. Dazu zählen insbesondere:

1. Zuweisung, Übertragung einer sicherheitsempfindlichen Tätigkeit, die dazu erteilte Ermächtigung sowie deren Änderungen und Beendigung,
2. Umsetzung, Abordnung, Versetzung und Ausscheiden,
3. Änderungen des Namens, des Vornamens, des Geschlechtseintrages, eines Wohnsitzes und der Staatsangehörigkeit,
4. Beginn oder Ende einer Ehe, einer Lebenspartnerschaft oder einer auf Dauer angelegten Gemeinschaft,

5. Anhaltspunkte für Überschuldung, insbesondere Pfändungs- und Überweisungsbeschlüsse, Mitteilungen über abgeschlossene Insolvenzverfahren sowie Beschlüsse zur Eröffnung eines Insolvenzverfahrens und zur Restschuldbefreiung sowie
6. Strafverfahren und Disziplinarsachen sowie dienst- und arbeitsrechtliche Maßnahmen.

(3) Die Sicherheitsakte ist keine Personalakte. Sie ist gesondert zu führen und darf weder der personalverwaltenden Stelle noch der betroffenen Person zugänglich gemacht werden; § 23 Absatz 6 bleibt unberührt. Im Falle des Wechsels der Dienststelle oder des Dienstherrn ist die Sicherheitsakte nach dorthin abzugeben, wenn auch dort eine sicherheitsempfindliche Tätigkeit ausgeübt werden soll. Zum Zwecke der Prüfung nach § 2 Absatz 1a Satz 1 Nummer 1 kann der anfordernden Stelle die Sicherheitsakte zur Einsichtnahme übersandt werden.

(3a) Im Geschäftsbereich des Bundesministeriums der Verteidigung ist im Falle des Wechsels der Dienststelle die Sicherheitsakte stets an die neue Dienststelle abzugeben. Die neue Dienststelle darf den Inhalt der Sicherheitsakte nur dann zur Kenntnis nehmen, wenn die betroffene Person dort mit einer sicherheitsempfindlichen Tätigkeit betraut werden soll. Sofern keine Betrauung mit einer sicherheitsempfindlichen Tätigkeit erfolgen soll, ist die Sicherheitsakte dort bis zur Vernichtung aufzubewahren.

(4) Die mitwirkende Behörde führt über die betroffene Person eine Sicherheitsüberprüfungsakte, in die aufzunehmen sind:
1. Informationen, die die Sicherheitsüberprüfung, die durchgeführten Maßnahmen und das Ergebnis betreffen,
2. das Ausscheiden aus oder die Nichtaufnahme der sicherheitsempfindlichen Tätigkeit,
3. Änderungen des Namens, des Vornamens, des Geschlechtseintrages, eines Wohnsitzes und der Staatsangehörigkeit,
4. Beginn oder Ende einer Ehe, einer Lebenspartnerschaft oder einer auf Dauer angelegten Gemeinschaft.

Die in Absatz 2 Nummer 5 und 6 genannten Daten sind zur Sicherheitsüberprüfungsakte zu nehmen, wenn sie sicherheitserheblich sind. Absatz 3 Satz 1 und 2 gilt entsprechend. Im Falle des Wechsels der Dienststelle oder des Dienstherrn ist die Sicherheitsüberprüfungsakte auf Anforderung an die zuständige mitwirkende Behörde abzugeben, wenn eine sicherheitsempfindliche Tätigkeit nicht nur vorübergehend ausgeübt werden soll.

(5) Die zuständige Stelle ist verpflichtet, die in Absatz 4 Satz 1 Nummer 2 bis 4 und Satz 2 genannten Daten mit Ausnahme der Änderung eines Wohnsitzes unverzüglich der mitwirkenden Behörde zu übermitteln.

(6) Die Sicherheitsakte und die Sicherheitsüberprüfungsakte dürfen auch in elektronischer Form geführt werden. § 20 Absatz 1 Satz 1 gilt entsprechend.

(7) Bei jeder Abfrage einer Sicherheitsüberprüfungsakte nach Absatz 6 sind für Zwecke der Datenschutzkontrolle der Zeitpunkt, die Angaben, die die Feststellung der abgefragten Daten ermöglichen, sowie Angaben zur Feststellung des Abfragenden zu protokollieren. Die protokollierten Daten dürfen nur für Zwecke der Datenschutzkontrolle, der Datensicherung oder zur Sicherstellung eines ordnungsgemäßen Betriebs der Datenverarbeitungsanlage verwendet werden. Die Protokolldaten sind am Ende des Kalenderjahres, das dem Jahr der Protokollierung folgt, zu löschen.

(8) Der Bundesnachrichtendienst, das Bundesamt für Verfassungsschutz und der Militärische Abschirmdienst dürfen bei der Sicherheitsüberprüfung von Personen im

Sinne des § 3 Absatz 3 die Sicherheitsakte zusammen mit der Sicherheitsüberprüfungsakte in einem gemeinsamen Aktenvorgang unter Beachtung der für die jeweiligen Akten geltenden unterschiedlichen Verwendungs- und Auskunftsregelungen führen.

§ 19 Aufbewahrung und Vernichtung der Unterlagen

(1) Die Unterlagen über die Sicherheitsüberprüfung sind gesondert aufzubewahren und gegen unbefugten Zugriff zu schützen.

(2) Die Unterlagen über die Sicherheitsüberprüfung sind bei der zuständigen Stelle innerhalb eines Jahres zu vernichten, wenn bekannt wird, dass die betroffene Person keine sicherheitsempfindliche Tätigkeit aufgenommen hat. Im Übrigen sind die Unterlagen über die Sicherheitsüberprüfung bei der zuständigen Stelle fünf Jahre nach dem Ausscheiden der betroffenen Person aus der sicherheitsempfindlichen Tätigkeit zu vernichten. Eine Vernichtung unterbleibt, wenn

1. die betroffene Person in die weitere Aufbewahrung einwilligt,
2. ein Verwaltungsstreitverfahren oder ein Gerichtsverfahren anhängig ist, für das die Unterlagen über die Sicherheitsüberprüfung von Bedeutung sind,
3. beabsichtigt ist, die betroffene Person in absehbarer Zeit mit einer sicherheitsempfindlichen Tätigkeit zu betrauen oder
4. Grund zu der Annahme besteht, dass durch sie schutzwürdige Interessen der betroffenen Person beeinträchtigt würden.

Im Falle des Satzes 3 Nummer 4 ist die Verarbeitung der Daten einzuschränken; die Akte ist mit einem entsprechenden Sperrvermerk zu versehen. Die Daten dürfen nur noch mit Einwilligung der betroffenen Person gespeichert, genutzt, verändert, übermittelt und gelöscht werden.

(3) Die Unterlagen über die Sicherheitsüberprüfung bei der mitwirkenden Behörde sind nach den in § 22 Absatz 2 Nummer 2 genannten Fristen zu vernichten. Gleiches gilt bezüglich der Unterlagen zu den in § 3 Absatz 3 genannten Personen. Absatz 2 Satz 3 bis 5 gilt entsprechend.

(4) Im Falle des Todes einer betroffenen Person sind die Unterlagen über die Sicherheitsüberprüfung unverzüglich zu vernichten.

(5) Das Bundesarchivgesetz findet auf die Unterlagen der Sicherheitsüberprüfung keine Anwendung.

§ 20 Verarbeitung personenbezogener Daten in Dateisystemen

(1) Die zuständige Stelle und die mitwirkende Behörde dürfen personenbezogene Daten in Dateisystemen verarbeiten, soweit dies zur Erfüllung der ihnen nach diesem Gesetz obliegenden Aufgaben erforderlich ist. § 19 Absatz 1 gilt entsprechend. Die gemäß § 13 Absatz 1 Satz 1 Nummer 1 bis 8 und 20 sowie Absatz 4 Nummer 1 erhobenen Daten dürfen auch in die nach § 6 Absatz 2 des Bundesverfassungsschutzgesetzes zulässigen Verbunddateien gespeichert werden.

(2) Informationen gemäß § 18 Absatz 1, 2 und 4 dürfen auch dann gemäß Absatz 1 Satz 1 verarbeitet werden, wenn weitere personenbezogene Daten Dritter enthalten sind. Eine Abfrage personenbezogener Daten ist nur zulässig für die Daten der betroffenen und mitbetroffenen Person. Die eigenständige Verarbeitung personenbezogener Daten unbeteiligter Dritter ist unzulässig."

§ 21 Übermittlung und Zweckbindung

(1) Die im Rahmen der Sicherheitsüberprüfung gespeicherten personenbezogenen Daten dürfen von der zuständigen Stelle oder mitwirkenden Behörde nur für
1. die mit der Sicherheitsüberprüfung verfolgten Zwecke,
2. die mit Zuverlässigkeitsüberprüfungen nach dem Luftsicherheitsgesetz und dem Atomgesetz verfolgten Zwecke,
3. die mit sonstigen gesetzlich geregelten Überprüfungsverfahren zur Feststellung der Zuverlässigkeit verfolgten Zwecke,
4. Zwecke der Verhinderung und Verfolgung von Straftaten von erheblicher Bedeutung sowie
5. Zwecke parlamentarischer Untersuchungsausschüsse und des Parlamentarischen Kontrollgremiums sowie im Geschäftsbereich des Bundesministeriums der Verteidigung für Zwecke der oder des Wehrbeauftragten des Deutschen Bundestages

genutzt und übermittelt werden. Die Übermittlung und Nutzung nach Satz 1 Nummer 2 und 3 ist auf sicherheitserhebliche Erkenntnisse zu beschränken, die für die Bewertung der Zuverlässigkeit für die vorgesehene Verwendung von Bedeutung sein können. Die Strafverfolgungsbehörden dürfen die ihnen nach Satz 1 Nummer 4 übermittelten Daten für Zwecke eines Strafverfahrens nur verwenden, wenn die Strafverfolgung auf andere Weise erheblich weniger erfolgversprechend oder wesentlich erschwert wäre. Die zuständige Stelle darf die gespeicherten personenbezogenen Daten darüber hinaus für Zwecke der disziplinarrechtlichen Verfolgung sowie dienst- oder arbeitsrechtlicher Maßnahmen nutzen und übermitteln, wenn dies zu dem mit der Überprüfung verfolgten Zweck oder zur Verfolgung von konkreten Verstößen gegen die Verpflichtung zur Verfassungstreue erforderlich ist. Die mitwirkende Behörde darf die gespeicherten personenbezogenen Daten darüber hinaus im Rahmen des erforderlichen Umfangs nutzen und übermitteln zur Aufklärung
1. von sicherheitsgefährdenden oder geheimdienstlichen Tätigkeiten für eine fremde Macht,
2. von Bestrebungen, die darauf gerichtet sind, Gewalt anzuwenden oder Gewaltanwendung vorzubereiten, oder
3. sonstiger Bestrebungen von erheblicher Bedeutung.

(2) Die Übermittlung der nach § 20 in Dateisystemen gespeicherten Daten ist nur zulässig, soweit sie für die Erfüllung der in Absatz 1 genannten Zwecke erforderlich ist. Die nach § 20 Absatz 1 Satz 3 gespeicherten Daten dürfen zur Erfüllung aller Zwecke des Verfassungsschutzes genutzt und übermittelt werden.

(3) Die mitwirkende Behörde darf personenbezogene Daten nach den Absätzen 1 und 2 nur an öffentliche Stellen übermitteln.

(4) Die Nutzung oder Übermittlung unterbleibt, soweit gesetzliche Verwendungsregelungen entgegenstehen.

(5) Der Empfänger darf die übermittelten Daten nur für den Zweck speichern, nutzen, verändern und übermitteln, zu dessen Erfüllung sie ihm übermittelt werden, und zum Zweck der Strafverfolgung gemäß Absatz 1 Satz 1 Nummer 4. Eine nichtöffentliche Stelle ist darauf hinzuweisen.

§ 22 Berichtigen, Löschen und Einschränken der Verarbeitung personenbezogener Daten

(1) Die zuständige Stelle und die mitwirkende Behörde haben personenbezogene Daten zu berichtigen, wenn sie unrichtig sind. Wird festgestellt, dass personenbezo-

gene Daten unrichtig sind oder wird ihre Richtigkeit von der betroffenen Person bestritten, so ist dies, soweit sich die personenbezogenen Daten in Akten befinden, dort zu vermerken oder auf sonstige Weise festzuhalten.

(2) In Dateisysteme gespeicherte personenbezogene Daten sind zu löschen

1. von der zuständigen Stelle
   a) innerhalb eines Jahres, wenn bekannt wird, dass die betroffene Person keine sicherheitsempfindliche Tätigkeit aufgenommen hat,
   b) nach Ablauf von fünf Jahren nach dem Ausscheiden der betroffenen Person aus der sicherheitsempfindlichen Tätigkeit,
2. von der mitwirkenden Behörde
   a) bei allen Überprüfungsarten innerhalb eines Jahres, im Geschäftsbereich des Bundesministeriums der Verteidigung innerhalb von fünf Jahren, wenn bekannt wird, dass die betroffene Person keine sicherheitsempfindliche Tätigkeit aufgenommen hat und keine sicherheitserheblichen Erkenntnisse angefallen sind,
   b) bei allen Überprüfungsarten nach Ablauf von fünf Jahren, wenn die betroffene Person keine sicherheitsempfindliche Tätigkeit aufgenommen hat und sicherheitserhebliche Erkenntnisse angefallen sind; in diesem Fall dürfen die personenbezogenen Daten nur nach Maßgabe des § 21 Absatz 1 und 2 genutzt und übermittelt werden,
   c) bei einfachen Sicherheitsüberprüfungen nach Ablauf von fünf Jahren nach dem Ausscheiden der betroffenen Person aus der sicherheitsempfindlichen Tätigkeit,
   d) bei erweiterten Sicherheitsüberprüfungen und erweiterten Sicherheitsüberprüfungen mit Sicherheitsermittlungen nach Ablauf von 15 Jahren, beim Bundesnachrichtendienst nach Ablauf von 30 Jahren nach dem Ausscheiden der betroffenen Person aus der sicherheitsempfindlichen Tätigkeit.

Die mitwirkende Behörde hat bei allen Überprüfungsarten in Dateisystemen gespeicherte personenbezogene Daten über sicherheitserhebliche Erkenntnisse und Erkenntnisse, die ein Sicherheitsrisiko begründen, unverzüglich zu löschen, wenn die betroffene Person keine sicherheitsempfindliche Tätigkeit aufnimmt oder aus ihr ausgeschieden ist.

Im Übrigen sind in Dateisystemen gespeicherte personenbezogene Daten zu löschen, wenn ihre Speicherung unzulässig ist.

(3) Die Löschung nach Absatz 2 Satz 1 unterbleibt, wenn

1. die betroffene Person in die weitere Speicherung einwilligt,
2. ein Verwaltungsstreitverfahren oder ein Gerichtsverfahren anhängig ist, für das die gespeicherten personenbezogenen Daten von Bedeutung sind,
3. beabsichtigt ist, die betroffene Person in absehbarer Zeit mit einer sicherheitsempfindlichen Tätigkeit zu betrauen oder
4. Grund zu der Annahme besteht, dass durch sie schutzwürdige Interessen der betroffenen Person beeinträchtigt würden.

Im Falle des Satzes 1 Nummer 4 ist die Verarbeitung der Daten einzuschränken. Sie dürfen nur noch mit Einwilligung der betroffenen Person genutzt, verändert, übermittelt und gelöscht werden.

(4) Das Bundesarchivgesetz findet auf in Dateisystemen gespeicherte personenbezogene Daten keine Anwendung.

§ 23 Auskunft über gespeicherte personenbezogene Daten

(1) Auf Antrag ist von der zuständigen Stelle oder mitwirkenden Behörde unentgeltlich Auskunft zu erteilen, welche Daten über die anfragende Person im Rahmen der Sicherheitsüberprüfung gespeichert wurden.

(2) Bezieht sich die Auskunftserteilung auf die Übermittlung personenbezogener Daten an die mitwirkenden Behörden, ist sie nur mit deren Zustimmung zulässig. Dies gilt auch für die Auskunftserteilung zu solchen Daten, die von der mitwirkenden Behörde an die zuständige Stelle übermittelt wurden. Die Zustimmung nach den Sätzen 1 und 2 ist zu erteilen, soweit kein Ausschlussgrund nach Absatz 3 vorliegt.

(3) Die Auskunftserteilung unterbleibt, soweit
1. die Auskunft die ordnungsgemäße Erfüllung der in der Zuständigkeit der speichernden Stelle liegenden Aufgaben gefährden würde,
2. die Auskunft die öffentliche Sicherheit gefährden oder sonst dem Wohle des Bundes oder eines Landes Nachteile bereiten würde oder
3. die Daten oder die Tatsache ihrer Speicherung nach einer Rechtsvorschrift oder ihrem Wesen nach, insbesondere wegen der überwiegenden berechtigten Interessen eines Dritten, geheimgehalten werden müssen

und deswegen das Interesse der anfragenden Person an der Auskunftserteilung zurücktreten muss.

(4) Die Ablehnung der Auskunftserteilung bedarf einer Begründung nicht, soweit durch die Mitteilung der tatsächlichen und rechtlichen Gründe, auf die die Entscheidung gestützt wird, der mit der Auskunftsverweigerung verfolgte Zweck gefährdet würde. In diesem Fall sind die Gründe der Auskunftsverweigerung aktenkundig zu machen. Die anfragende Person ist auf die Rechtsgrundlage für das Fehlen der Begründung und darauf hinzuweisen, dass sie sich an die Bundesbeauftragte oder den Bundesbeauftragten für den Datenschutz und die Informationsfreiheit wenden kann.

(5) Wird der anfragenden Person keine Auskunft erteilt, so ist sie auf ihr Verlangen der oder dem Bundesbeauftragten für den Datenschutz und die Informationsfreiheit zu erteilen, soweit nicht die jeweils zuständige oberste Bundesbehörde im Einzelfall feststellt, dass dadurch die Sicherheit des Bundes oder eines Landes gefährdet würde. Die Mitteilung der oder des Bundesbeauftragten für den Datenschutz und die Informationsfreiheit an die anfragende Person darf keine Rückschlüsse auf den Erkenntnisstand der speichernden Stelle zulassen, sofern diese nicht einer weitergehenden Auskunft zustimmt.

(6) Die zuständige Stelle gewährt der anfragenden Person Einsicht in die Sicherheitsakte, soweit eine Auskunft für die Wahrnehmung ihrer rechtlichen Interessen nicht ausreicht und sie hierfür auf die Einsichtnahme angewiesen ist. Die Regelungen der Absätze 2 bis 5 gelten entsprechend.

(7) (weggefallen)

Fünfter Abschnitt **Sonderregelungen für den nichtöffentlichen Bereich**

§ 24 Anwendungsbereich

(1) Die Sonderregelungen dieses Abschnitts gelten bei Sicherheitsüberprüfungen von betroffenen Personen, die

1. von der zuständigen Stelle zu einer sicherheitsempfindlichen Tätigkeit nach § 1 Absatz 2 Nummer 1 und 2 in einer nichtöffentlichen Stelle ermächtigt werden sollen oder
2. von einer nichtöffentlichen Stelle mit einer sicherheitsempfindlichen Tätigkeit nach § 1 Absatz 2 Nummer 5 oder Absatz 4 betraut werden sollen.

(2) Sofern sicherheitsempfindliche Tätigkeiten im Sinne von § 1 Absatz 2 Nummer 1 bis 3 und 5 durch nichtöffentliche Stellen in öffentlichen Stellen durchgeführt werden, finden diese Sonderregelungen nur mit Zustimmung des Bundesministeriums für Wirtschaft und Energie Anwendung.

§ 25 Zuständigkeit

(1) Zuständige Stelle für sicherheitsempfindliche Tätigkeiten nach § 1 Absatz 2 Nummer 1 bis 3 und Nummer 5 ist das Bundesministerium für Wirtschaft und Energie, soweit gesetzlich nichts anderes bestimmt ist oder nicht im Einvernehmen mit dem Bundesministerium für Wirtschaft und Energie eine andere Bundesbehörde die Aufgabe als zuständige Stelle wahrnimmt.

(2) Zuständige Stelle für sicherheitsempfindliche Tätigkeiten nach § 1 Absatz 4 ist dasjenige Bundesministerium, dessen Zuständigkeit für die nichtöffentliche Stelle in einer Rechtsverordnung nach § 34 festgelegt ist. Das zuständige Bundesministerium kann seine Befugnis auf eine von ihm bestimmte sonstige öffentliche Stelle des Bundes übertragen.

(3) Die Aufgaben der nichtöffentlichen Stelle nach diesem Gesetz übernimmt
1. für den Bereich des Geheimschutzes nach § 1 Absatz 2 Nummer 1, 2 und 3 eine Sicherheitsbevollmächtigte oder ein Sicherheitsbevollmächtigter,
2. für den Bereich des vorbeugenden personellen Sabotageschutzes nach § 1 Absatz 4 eine Sabotageschutzbeauftragte oder ein Sabotageschutzbeauftragter und
3. für Bereiche nach § 1 Absatz 2 Nummer 5 eine hierfür Beauftragte oder ein hierfür Beauftragter.

(4) Für die Sicherheitsbevollmächtigte oder den Sicherheitsbevollmächtigten ist eine zur Vertretung berechtigte Person zu bestellen. Für Bereiche außerhalb des Geheimschutzes soll eine zur Vertretung berechtigte Person bestellt werden.

(5) § 3 Absatz 1a gilt für die nichtöffentliche Stelle entsprechend. Die zuständige Stelle kann Ausnahmen von § 3 Absatz 1a zulassen, wenn die nichtöffentliche Stelle sich verpflichtet, Informationen, die ihr im Rahmen der Sicherheitsüberprüfung bekannt werden, nur für solche Zwecke zu gebrauchen, die mit der Sicherheitsüberprüfung verfolgt werden.

§ 25a Meldung von sicherheitsempfindlichen Stellen in lebens- oder verteidigungswichtigen Einrichtungen

Die Betreiber von lebens- oder verteidigungswichtigen Einrichtungen nach § 1 Absatz 4 Satz 1 in Verbindung mit § 34 Nummer 1 sind verpflichtet, sicherheitsempfindliche Stellen der zuständigen Stelle unverzüglich, spätestens aber innerhalb von einem Jahr nach Erlangung der Eigenschaft als lebens- oder verteidigungswichtige Einrichtung, mitzuteilen.

§ 26 Sicherheitserklärung

Abweichend von § 13 Absatz 6 Satz 1 leitet die betroffene Person ihre Sicherheitserklärung der nichtöffentlichen Stelle zu, in der sie beschäftigt ist oder beschäftigt werden soll. Die Sicherheitserklärung kann in den Fällen des Satzes 1 mit Zustimmung der zuständigen Stelle auch der nichtöffentlichen Stelle zugeleitet werden, bei der die betroffene Person tätig werden soll. Die Zustimmung der mitbetroffenen Person ist beizufügen. Die nichtöffentliche Stelle prüft die Vollständigkeit und Richtigkeit der Angaben und darf, soweit dies erforderlich ist, die Personalunterlagen beiziehen. Sie gibt die Sicherheitserklärung an die zuständige Stelle weiter und teilt dieser vorhandene sicherheitserhebliche Erkenntnisse mit.

§ 27 Abschluss der Sicherheitsüberprüfung, Weitergabe sicherheitserheblicher Erkenntnisse

Die zuständige Stelle unterrichtet die nichtöffentliche Stelle nur darüber, dass die betroffene Person

1. nach § 1 Absatz 2 Nummer 1 bis 3 zur sicherheitsempfindlichen Tätigkeit ermächtigt oder nicht ermächtigt wird oder
2. mit der sicherheitsempfindlichen Tätigkeit nach § 1 Absatz 2 Nummer 5 oder Absatz 4 betraut oder nicht betraut werden darf.

Erkenntnisse, die die Ablehnung oder Aufhebung der Ermächtigung zur sicherheitsempfindlichen Tätigkeit oder der Betrauung mit der sicherheitsempfindlichen Tätigkeit betreffen, dürfen nicht mitgeteilt werden. Sofern es zu dem mit der Überprüfung verfolgten Zweck zwingend erforderlich ist, können abweichend von Satz 2 sicherheitserhebliche Erkenntnisse an die nichtöffentliche Stelle übermittelt werden und dürfen von ihr ausschließlich zu diesem Zweck genutzt werden. Die nichtöffentliche Stelle hat die zuständige Stelle unverzüglich zu unterrichten, wenn sicherheitserhebliche Erkenntnisse über die betroffene Person oder die mitbetroffene Person bekanntwerden.

§ 27a Einsatz an sicherheitsempfindlicher Stelle

(1) Eine Person darf durch die nichtöffentliche Stelle erst nach der Mitteilung durch die zuständige Stelle nach § 27 Satz 1 Nummer 2 an sicherheitsempfindlicher Stelle eingesetzt werden. Ein Einsatz darf bei einer Untersagung durch die zuständige Stelle nicht erfolgen. § 9 Absatz 2 und 3 bleibt unberührt.

(2) Die Betreiber lebens- oder verteidigungswichtiger Einrichtungen sind verpflichtet, den Einsatz von nichtüberprüften oder abgelehnten Personen unverzüglich zu unterbinden, wenn sie von diesem Einsatz Kenntnis erlangen. Dies gilt nicht in den Fällen des § 9 Absatz 2 und 3.

§ 28 Aktualisierung

(1) Die nichtöffentliche Stelle leitet der betroffenen Person, die eine sicherheitsempfindliche Tätigkeit ausübt, auf Anforderung der zuständigen Stelle die Sicherheitserklärung in der Regel nach fünf Jahren erneut zu.

(2) Die betroffene Person hat die in der Sicherheitserklärung angegebenen Daten im Falle eingetretener Veränderungen zu aktualisieren. Die nichtöffentliche Stelle prüft die Vollständigkeit und Richtigkeit der Aktualisierungen und darf, sofern dies erfor-

derlich ist, die Personalunterlagen beiziehen. Die zuständige Stelle beauftragt die mitwirkende Behörde, die Maßnahmen nach § 12 Absatz 1 im erforderlichen Umfang für die betroffene Person und für die mitbetroffene Person erneut durchzuführen und zu bewerten.

§ 29 Übermittlung von Informationen über persönliche und arbeitsrechtliche Verhältnisse

(1) Die nichtöffentliche Stelle hat der zuständigen Stelle unverzüglich mitzuteilen
1. das Ausscheiden aus oder die Nichtaufnahme der sicherheitsempfindlichen Tätigkeit,
2. Änderungen des Namens, des Vornamens, des Geschlechtseintrages, eines Wohnsitzes oder der Staatsangehörigkeit,
3. Beginn oder Ende einer Ehe, einer Lebenspartnerschaft oder einer auf Dauer angelegten Gemeinschaft und
4. auf Anfrage der zuständigen Stelle weitere bei der nichtöffentlichen Stelle vorhandene Informationen zur Aufklärung sicherheitserheblicher Erkenntnisse.

(2) § 2 Absatz 2 Satz 6 und 7, § 14 Absatz 5 Satz 1 und die §§ 15a und 15b gelten mit der Maßgabe, dass an die Stelle der zuständigen Stelle die nichtöffentliche Stelle tritt.

§ 30 Sicherheitsakte der nichtöffentlichen Stelle

Für die Sicherheitsakte in der nichtöffentlichen Stelle gelten die Vorschriften dieses Gesetzes über die Sicherheitsakte entsprechend mit der Maßgabe, dass die Sicherheitsakte der nichtöffentlichen Stelle dem oder der Datenschutzbeauftragten nicht zugänglich gemacht werden darf und bei einem Wechsel des Arbeitgebers nicht abgegeben wird.

§ 31 Datenverarbeitung in Dateisystemen

§ 20 Absatz 1 Satz 1 und 2 und Absatz 2 gilt für die nichtöffentliche Stelle mit der Maßgabe, dass eine Abfrage und ein automatisierter Abgleich der personenbezogenen Daten nur hinsichtlich der betroffenen Person zulässig sind. Die nach § 22 für die zuständige Stelle geltenden Vorschriften zum Berichtigen, Löschen und Einschränken der Verarbeitung personenbezogener Daten finden Anwendung.

Sechster Abschnitt Reisebeschränkungen, Sicherheitsüberprüfungen auf Antrag ausländischer Dienststellen und Schlussvorschriften

§ 32 Reisebeschränkungen

(1) Personen, die eine sicherheitsempfindliche Tätigkeit ausüben, die eine Sicherheitsüberprüfung nach § 9 und § 10 erfordert, können verpflichtet werden, Dienst- und Privatreisen in und durch Staaten, für die besondere Sicherheitsregelungen gelten, der zuständigen Stelle oder der nichtöffentlichen Stelle rechtzeitig vorher anzu-

zeigen. Die Verpflichtung kann auch für die Zeit nach dem Ausscheiden aus der sicherheitsempfindlichen Tätigkeit angeordnet werden.

(2) Die Reise kann von der zuständigen Stelle untersagt werden, wenn Anhaltspunkte zur Person oder eine besondere sicherheitsempfindliche Tätigkeit vorliegen, die eine erhebliche Gefährdung durch ausländische Nachrichtendienste erwarten lassen.

(3) Ergeben sich bei einer Reise in und durch Staaten, für die besondere Sicherheitsregelungen gelten, Anhaltspunkte, die auf einen Anbahnungs- und Werbungsversuch ausländischer Nachrichtendienste hindeuten können, so ist die zuständige Stelle nach Abschluss der Reise unverzüglich zu unterrichten.

§ 33 Sicherheitsüberprüfung auf Antrag ausländischer Dienststellen

(1) Ersucht eine ausländische Dienststelle die mitwirkenden Behörden um die Mitwirkung bei einer Sicherheitsüberprüfung, so richtet sie sich nach den Bestimmungen dieses Gesetzes, soweit nicht in Rechtsvorschriften über- oder zwischenstaatlicher Einrichtungen oder völkerrechtlichen Verträgen, denen die gesetzgebenden Körperschaften gemäß Artikel 59 Absatz 2 des Grundgesetzes zugestimmt haben, etwas anderes bestimmt ist. Die mitwirkende Behörde trifft die je nach Ersuchen erforderlichen Maßnahmen gemäß § 12 Absatz 1 oder 2.

(2) Die Mitwirkung unterbleibt, wenn auswärtige Belange der Bundesrepublik Deutschland oder überwiegende schutzwürdige Interessen der betroffenen Person entgegenstehen. Dies gilt auch bei der Übermittlung personenbezogener Daten an die ausländische Dienststelle.

(3) Die ausländische Dienststelle ist darauf hinzuweisen, dass die im Rahmen der Sicherheitsüberprüfung übermittelten personenbezogenen Daten nur für Zwecke der Sicherheitsüberprüfung verwendet werden dürfen und die mitwirkende Behörde sich vorbehält, um Auskunft über die vorgenommene Verwendung der Daten zu bitten.

(4) Die mitwirkende Behörde hat die zur Bearbeitung des Ersuchens verarbeiteten personenbezogenen
Daten innerhalb eines Jahres nach Beantwortung des Ersuchens zu vernichten oder zu löschen.

§ 34 Verordnungsermächtigung

Die Bundesregierung wird ermächtigt, durch Rechtsverordnung ohne Zustimmung des Bundesrates festzustellen,

1. welche Behörden oder sonstigen öffentlichen Stellen des Bundes oder nichtöffentlichen Stellen oder Teile von ihnen lebens- oder verteidigungswichtige Einrichtungen mit sicherheitsempfindlichen Stellen im Sinne des § 1 Absatz 4 sind,
2. welches Bundesministerium für die nichtöffentliche Stelle zuständig ist und
3. welche Behörden oder sonstigen öffentlichen Stellen des Bundes Aufgaben im Sinne des § 10 Nummer 3 wahrnehmen.

§ 35 Allgemeine Verwaltungsvorschriften

(1) Die allgemeinen Verwaltungsvorschriften zur Ausführung dieses Gesetzes erlässt das Bundesministerium des Innern, soweit in den Absätzen 2 bis 4 nichts anderes bestimmt ist.

(2) Die allgemeinen Verwaltungsvorschriften zur Ausführung dieses Gesetzes im nichtöffentlichen Bereich mit Ausnahme der Fälle des § 4 Absatz 6 Nummer 1 Buchstabe a erlässt das Bundesministerium für Wirtschaft und Energie im Einvernehmen mit dem Bundesministerium des Innern.

(3) Die allgemeinen Verwaltungsvorschriften zur Ausführung dieses Gesetzes im Geschäftsbereich des Bundesministeriums der Verteidigung erlässt das Bundesministerium der Verteidigung im Einvernehmen mit dem Bundesministerium des Innern.

(4) Die allgemeinen Verwaltungsvorschriften zur Ausführung dieses Gesetzes bei den Nachrichtendiensten des Bundes erlässt die jeweils zuständige oberste Bundesbehörde im Einvernehmen mit dem Bundesministerium des Innern.

§ 36 Anwendung des Bundesdatenschutzgesetzes, Bundesverfassungsschutzgesetzes, MAD-Gesetzes und BND-Gesetzes

(1) Die Vorschriften des Bundesdatenschutzgesetzes finden wie folgt Anwendung:
1. § 1 Absatz 8, § 16 Absatz 1 und 4 und die §§ 17 bis 21 sowie § 85 finden keine Anwendung,
2. die §§ 42, 46, 51 Absatz 1 und 3, die §§ 52, 53, 54 Absatz 1 und 2 sowie die §§ 62, 64, 83 sind entsprechend anzuwenden.

(2) Zudem sind anzuwenden:
1. die Vorschriften des Ersten Abschnitts und die §§ 14 und 23 Absatz 1 Satz 2 des Bundesverfassungsschutzgesetzes,
2. § 2 sowie § 24 Absatz 1 und die §§ 30, 36, 37, 40 und 49 des MAD-Gesetzes und
3. § 8 sowie § 9e Absatz 1 Satz 2 des BND-Gesetzes.

§ 36a Unabhängige Datenschutzkontrolle

(1) Jede Person kann sich an die Bundesbeauftragte oder den Bundesbeauftragten für den Datenschutz und die Informationsfreiheit wenden, wenn sie der Ansicht ist, bei der Verarbeitung ihrer personenbezogenen Daten nach diesem Gesetz durch öffentliche oder nichtöffentliche Stellen in ihren Rechten verletzt worden zu sein.

(2) Die oder der Bundesbeauftragte für den Datenschutz und die Informationsfreiheit kontrolliert bei den öffentlichen und den nichtöffentlichen Stellen die Einhaltung der anzuwendenden Vorschriften über den Datenschutz bei der Erfüllung der Aufgaben dieses Gesetzes. Soweit die Einhaltung von Vorschriften der Kontrolle durch die G 10-Kommission unterliegt, unterliegt sie nicht der Kontrolle durch die Bundesbeauftragte oder den Bundesbeauftragten für den Datenschutz und die Informationsfreiheit, es sei denn, die G 10-Kommission ersucht die Bundesbeauftragte oder den Bundesbeauftragten für den Datenschutz und die Informationsfreiheit, sie bei bestimmten Vorgängen oder in bestimmten Bereichen zu kontrollieren und ausschließlich ihr darüber zu berichten. Die betroffene Person kann Kontrollen der auf sie bezogenen Daten durch die Bundesbeauftragte oder den Bundesbeauftragten für den Datenschutz und die Informationsfreiheit gegenüber der zuständigen Stelle oder im nichtöffentlichen Bereich gegenüber der nichtöffentlichen Stelle widersprechen. Die nichtöffentliche Stelle leitet den Widerspruch an die zuständige Stelle und die zuständige Stelle an die mitwirkende Behörde weiter. In diesem Fall unterliegen der Kontrolle nur die nicht personenbezogenen Daten in Akten und Dateien über die Sicherheitsüberprüfung.

(2a) Stellt die oder der Bundesbeauftragte für den Datenschutz und die Informationsfreiheit bei Datenverarbeitungen der öffentlichen oder nichtöffentlichen Stellen Verstöße gegen die Vorschriften über den Datenschutz fest, beanstandet sie oder er dies gegenüber der obersten Bundesbehörde oder der zuständigen Stelle nach § 25 Absatz 1 und 2.

(3) Die öffentlichen und nichtöffentlichen Stellen sind verpflichtet, die Bundesbeauftragte oder den Bundesbeauftragten für den Datenschutz und die Informationsfreiheit und ihre oder seine schriftlich besonders Beauftragten bei der Erfüllung ihrer oder seiner Aufgaben zu unterstützen. Den in Satz 1 genannten Personen ist dabei insbesondere
1. Auskunft zu ihren Fragen sowie Einsicht in alle Unterlagen, insbesondere in die gespeicherten Daten und in die Datenverarbeitungsprogramme, zu gewähren, die im Zusammenhang mit der Kontrolle nach Absatz 2 stehen,
2. jederzeit Zutritt in alle Diensträume zu gewähren.

Dies gilt nicht, soweit die zuständige oberste Bundesbehörde im Einzelfall feststellt, dass die Auskunft oder Einsicht die Sicherheit des Bundes oder eines Landes gefährden würde.

§ 37 Strafvorschriften

(1) Wer unbefugt von diesem Gesetz geschützte personenbezogene Daten, die nicht offenkundig sind,
1. speichert, verändert oder übermittelt,
2. zum Abruf mittels automatisierten Verfahrens bereithält oder
3. abruft oder sich oder einem anderen aus Dateisystemen verschafft,

wird mit Freiheitsstrafe bis zu einem Jahr oder mit Geldstrafe bestraft.

(2) Ebenso wird bestraft, wer
1. die Übermittlung von durch dieses Gesetz geschützten personenbezogenen Daten, die nicht offenkundig sind, durch unrichtige Angaben erschleicht oder
2. entgegen § 21 Absatz 1 oder § 27 Satz 3 Daten für andere Zwecke nutzt, indem er sie innerhalb der Stelle an einen anderen weitergibt.

(3) Handelt der Täter gegen Entgelt oder in der Absicht, sich oder einen anderen zu bereichern oder einen anderen zu schädigen, so ist die Strafe Freiheitsstrafe bis zu zwei Jahren oder Geldstrafe.

(4) Die Tat wird nur auf Antrag verfolgt.

§ 38 Bußgeldvorschriften

(1) Ordnungswidrig handelt, wer
1. entgegen § 25a in Verbindung mit einer Rechtsverordnung nach § 34 Nummer 1 eine Mitteilung nicht, nicht richtig, nicht vollständig oder nicht rechtzeitig macht oder
2. entgegen § 27a Absatz 2 den Einsatz einer dort genannten Person nicht, nicht richtig oder nicht rechtzeitig unterbindet.

(2) Die Ordnungswidrigkeit kann in den Fällen des Absatzes 1 Nummer 1 mit einer Geldbuße bis zu fünfzigtausend Euro und in den Fällen des Absatzes 1 Nummer 2 mit einer Geldbuße bis zu zehntausend Euro geahndet werden.

§ 39 Übergangsvorschrift

Für Sicherheitsüberprüfungen auf Grundlage von Sicherheitserklärungen, die vor dem 16. Januar 2026 unterzeichnet wurden, finden § 12 Absatz 1 bis 2a und 3a bis 6 sowie § 13 in der bis zu diesem Tag geltenden Fassung Anwendung. Ansonsten finden die Vorschriften in der nach dem 16. Januar 2026 geltenden Fassung Anwendung.

2.6 Verordnung zur intensivierten erweiterten Sicherheitsüberprüfung mit Sicherheitsermittlungen für Soldatinnen und Soldaten (Soldatensicherheitsüberprüfungsverordnung – SoldSÜV)

Soldatensicherheitsüberprüfungsverordnung vom 26. April 2024 (BGBl. 2024 I Nr. 141), die durch Artikel 6 des Gesetzes vom 9. Januar 2026 (BGBl. 2026 I Nr. 7) geändert worden ist.

Eingangsformel

Auf Grund § 93 Absatz 4 des Soldatengesetzes, der durch Artikel 1 Nummer 3 Buchstabe b des Gesetzes vom 20. August 2021 (BGBl. I S. 3930) eingefügt worden ist, in Verbindung mit § 1 Absatz 2 des Zuständigkeitsanpassungsgesetzes vom 16. August 2002 (BGBl. I S. 3165) und dem Organisationserlass vom 8. Dezember 2021 (BGBl. I S. 5176) verordnet das Bundesministerium der Verteidigung im Einvernehmen mit dem Bundesministerium des Innern und für Heimat:

§ 1 Verwendungen mit besonders hohen Sicherheitsanforderungen

Die intensivierte erweiterte Sicherheitsüberprüfung für Verwendungen mit besonders hohen Sicherheitsanforderungen nach § 5 Absatz 2 des Bundeswehr-Schutz-Gesetzes ist bei Soldatinnen und Soldaten durchzuführen, die

1. als Kommandosoldatin, Kommandosoldat, Kampfschwimmerin oder Kampfschwimmer für Einsatzaufgaben der Spezialkräfte der Bundeswehr verwendet oder dazu ausgebildet werden,
2. nach abgeschlossener Ausbildung für eine Verwendung im Sinne der Nummer 1 nicht entsprechend dieser Ausbildung verwendet werden, jedoch zum Erhalt der erworbenen Fähigkeiten, Fertigkeiten und Kenntnisse verpflichtet sind,
3. für Computernetzwerkoperationen im Rahmen der Cyberverteidigung verwendet oder dazu ausgebildet werden,
4. für die Entwicklung und Bereitstellung informationstechnischer Systeme und Verfahren für die Aufgaben nach Nummer 3 verwendet oder dazu ausgebildet werden oder
5. für die Aus- und Fortbildung für Computernetzwerkoperationen im Rahmen der Cyberverteidigung verwendet oder dazu ausgebildet werden.

§ 2 Inkrafttreten

Diese Verordnung tritt am Tag nach der Verkündung in Kraft.

2.7 Gesetz über den militärischen Abschirmdienst (MAD-Gesetz – MADG)

MAD-Gesetz vom 9. Januar 2026 (BGBl. 2026 I Nr. 7, S. 2)

Inhaltsübersicht

Teil 1 **Organisation und Aufgaben**

§ 1 Organisation des Militärischen Abschirmdienstes

(1) Der Bund unterhält als Verfassungsschutzbehörde und abschirmenden Nachrichtendienst der Bundeswehr das Bundesamt für den Militärischen Abschirmdienst (Militärischer Abschirmdienst) als zivile Bundesoberbehörde im Geschäftsbereich des Bundesministeriums der Verteidigung. Der Militärische Abschirmdienst kann Außenstellen einrichten.

(2) Der Militärische Abschirmdienst darf einer polizeilichen Dienststelle nicht angegliedert werden.

§ 2 Aufgaben

(1) Aufgabe des Militärischen Abschirmdienstes ist die Sammlung und Auswertung von Informationen, einschließlich personenbezogener Daten, über

1. politisch bestimmte, zielgerichtete Verhaltensweisen, die von Einzelpersonen oder Personenzusammenschlüssen ausgehen und die
   a) gegen die freiheitliche demokratische Grundordnung oder den Bestand oder die Sicherheit des Bundes oder eines Landes einschließlich der Sicherheit der sich in der Bundesrepublik Deutschland aufhaltenden verbündeten Truppen gerichtet sind oder
   b) gegen den Gedanken der Völkerverständigung (Artikel 9 Absatz 2 des Grundgesetzes) oder gegen das friedliche Zusammenleben der Völker (Artikel 26 Absatz 1 des Grundgesetzes) gerichtet sind

   (Bestrebungen) und
2. sicherheitsgefährdende oder geheimdienstliche Tätigkeiten für eine fremde Macht, insbesondere Sabotage oder Spionage (Tätigkeiten),

sofern die Bestrebungen oder Tätigkeiten von Personen ausgehen oder ausgehen sollen, die dem Geschäftsbereich des Bundesministeriums der Verteidigung angehören oder in ihm tätig sind und sich gegen Personen, Dienststellen, Einrichtungen oder Gegenstände des Geschäftsbereichs des Bundesministeriums der Verteidigung richten können. Zur Wahrnehmung dieser Aufgabe kann der Militärische Abschirmdienst seine Befugnisse im Benehmen mit der zuständigen Verfassungsschutzbehörde auch gegenüber Personen ausüben, die nicht dem Geschäftsbereich des Bundesministeriums der Verteidigung angehören oder nicht in ihm tätig sind, sofern von diesen Personen Bestrebungen ausgehen oder diese Personen Tätigkeiten ausüben, die sich gegen Personen, Dienststellen, Einrichtungen oder Gegenstände dieses Geschäftsbereichs richten können. Das Benehmen kann für eine Reihe gleichgelagerter Fälle hergestellt werden. Der Militärische Abschirmdienst wirkt an der Vorsorge gegen diese Bestrebungen und Tätigkeiten mit. Darüber hinaus ist es Aufgabe des Militärischen Abschirmdienstes, die disziplinarrechtlich zuständigen und personalbearbeitenden Stellen im Geschäftsbereich des Bundesministeriums der Verteidigung über seine Erkenntnisse zu informieren.

(2) Der Militärische Abschirmdienst führt die auf die Bundeswehr im In- und Ausland wirkenden Einflüsse in einem Lagebild zusammen und bewertet diese Einflüsse aus nachrichtendienstlicher Sicht (Abschirmlage).

(3) Der Militärische Abschirmdienst wirkt bei Sicherheitsüberprüfungen sowie Maßnahmen des materiellen Geheim- und Sabotageschutzes nach dem Sicherheitsüberprüfungsgesetz und bei Personenüberprüfungen nach dem Bundeswehr-Schutz-Gesetz mit.

(4) Der Militärische Abschirmdienst schützt seine Bediensteten, Einrichtungen, Gegenstände, menschliche Quellen und amtlichen Informationen gegen die Sicherheit gefährdende Bedrohungen (Eigensicherung).

(5) Der Militärische Abschirmdienst
1. sichert die Einsatzbereitschaft der Bundeswehr außerhalb des deutschen Hoheitsgebietes und
2. schützt die Geschäftsbereichsangehörigen des Bundesministeriums der Verteidigung und deren Angehörigen, die Dienststellen und die Einrichtungen der Bundeswehr außerhalb des deutschen Hoheitsgebietes.

Soweit auch die Zuständigkeit des Bundesnachrichtendienstes betroffen ist, nimmt der Militärische Abschirmdienst seine Befugnisse im Einvernehmen mit dem Bundesnachrichtendienst wahr. Das Einvernehmen kann für eine Reihe gleichgelagerter Fälle hergestellt werden. Der Militärische Abschirmdienst nimmt die Aufgabe nach Satz 1 während Einsätzen der Bundeswehr sowie während deren Vor- und Nachbereitung wahr. Die Aufgabenwahrnehmung ist dabei auf die Orte des Einsatzes, an denen Geschäftsbereichsangehörige des Bundesministeriums der Verteidigung ihren Dienst leisten (Einsatzgebiet), begrenzt. § 1 Absatz 2 des BND-Gesetzes bleibt unberührt. Die Aufgabenwahrnehmung nach Satz 1 erfolgt nur auf Weisung des Bundesministeriums der Verteidigung.

§ 3 Zusammenarbeit

(1) Der Militärische Abschirmdienst und die anderen Verfassungsschutzbehörden des Bundes und der Länder arbeiten bei der Erfüllung ihrer Aufgaben zusammen. Die Zusammenarbeit besteht auch in der gemeinsamen Teilnahme am nachrichtendienstlichen Informationssystem der Verfassungsschutzbehörden sowie in gegenseitiger Unterstützung und Hilfeleistung. Der Militärische Abschirmdienst und die anderen Verfassungsschutzbehörden unterrichten einander über alle Angelegenheiten, deren Kenntnis für die Erfüllung ihrer jeweiligen Aufgaben erforderlich ist. Dies gilt im Einzelfall auch für Angelegenheiten von Reservistinnen und Reservisten nach § 1 des Reservistengesetzes. Der Militärische Abschirmdienst und die anderen Verfassungsschutzbehörden des Bundes und der Länder können zudem gemeinsam Befähigungen entwickeln und gemeinsam Operationen im Rahmen und in den Grenzen ihrer jeweiligen Zuständigkeiten durchführen.

(2) Der Militärische Abschirmdienst und der Bundesnachrichtendienst arbeiten bei der Erfüllung ihrer Aufgaben zusammen. Sie unterrichten einander über Angelegenheiten, deren Kenntnis für die Erfüllung ihrer jeweiligen Aufgaben erforderlich ist. Der Militärische Abschirmdienst übermittelt dem Bundesnachrichtendienst Informationen, einschließlich personenbezogener Daten, soweit sich aus ihnen Erkenntnisse über das Ausland von außen- und sicherheitspolitischer Bedeutung ergeben.

Teil 2 **Befugnisse und Schranken**

Abschnitt 1 **Allgemeine Befugnisse**

§ 4 Allgemeine Befugnisse zur Datenerhebung

(1) Der Militärische Abschirmdienst darf zur Erfüllung seiner Aufgaben Informationen einschließlich personenbezogener Daten erheben; eine Erhebung ist auch zulässig,

wenn die betroffene Person eingewilligt hat. Er darf von öffentlichen und nichtöffentlichen Stellen personenbezogene Daten entgegennehmen, die ihm zur Erfüllung seiner Aufgaben übermittelt wurden.

(2) Der Militärische Abschirmdienst darf öffentliche Stellen um Übermittlung der zur Erfüllung seiner Aufgaben erforderlichen Informationen einschließlich personenbezogener Daten ersuchen, wenn die Daten nicht aus allgemein zugänglichen Quellen oder nur mit übermäßigem Aufwand oder nur durch eine die betroffene Person stärker belastende Maßnahme erhoben werden können. Würde durch die Übermittlung nach Satz 1 der Zweck der Maßnahme gefährdet oder die betroffene Person unverhältnismäßig beeinträchtigt, darf der Militärische Abschirmdienst bei der Wahrnehmung seiner Aufgaben amtliche Register einsehen. Im Rahmen der Beantwortung des Ersuchens nach Satz 1 dürfen nur diejenigen Informationen einschließlich personenbezogener Daten übermittelt werden, die der ersuchten Stelle bekannt sind oder aus allgemein zugänglichen Quellen entnommen werden können; dies gilt nicht für Ersuchen um solche Daten, die bei der Wahrnehmung grenzpolizeilicher Aufgaben bekannt werden. Die Zulässigkeit dieser besonderen Ersuchen und ihrer Erledigung regelt das Bundesministerium des Innern im Benehmen mit dem Bundeskanzleramt und dem Bundesministerium der Verteidigung in einer Dienstanweisung.

(3) Der Militärische Abschirmdienst darf personenbezogene Daten aus öffentlich zugänglichen Quellen automatisiert erheben, wenn tatsächliche Anhaltspunkte dafür vorliegen, dass dies im Einzelfall zur Erfüllung seiner Aufgaben erforderlich ist.

(4) Der Militärische Abschirmdienst darf zur Erfüllung seiner Aufgaben Einsicht in die Personalakten der Personen nehmen, die dem Geschäftsbereich des Bundesministeriums der Verteidigung angehören oder in ihm tätig sind. Über die Akteneinsicht erfolgt keine Mitteilung an die betroffene Person. Die Einsichtnahme in die Personalakte ist aktenkundig zu machen. § 108 Absatz 1 Satz 4, auch in Verbindung mit Absatz 3, des Bundesbeamtengesetzes bleibt unberührt.

(5) Erhebt der Militärische Abschirmdienst personenbezogene Daten bei der betroffenen Person mit ihrer Kenntnis, so ist der betroffenen Person der Erhebungszweck mitzuteilen. Die betroffene Person ist auf die Freiwilligkeit ihrer Angaben hinzuweisen. Der Hinweis ist aktenkundig zu machen.

(6) Soweit es für die Erfüllung der Aufgaben des Militärischen Abschirmdienstes erforderlich ist, kann er eine Person, bargeldlose Zahlungsmittel oder eine Sache, die genannt sind in Artikel 36 Absatz 1 der Verordnung (EU) 2018/1862 nach § 33b Absatz 2 des Bundeskriminalamtgesetzes durch das Bundeskriminalamt im polizeilichen Informationsverbund zur verdeckten Kontrolle ausschreiben lassen, wenn die Voraussetzungen des Artikels 36 Absatz 4 der Verordnung (EU) 2018/1862 sowie tatsächliche Anhaltspunkte für einen grenzüberschreitenden Verkehr vorliegen. Die um Mitteilung ersuchte Stelle kann dem Militärischen Abschirmdienst die Informationen nach Artikel 37 der Verordnung (EU) 2018/1862 übermitteln. Ausschreibungen ordnet die Leitung des Militärischen Abschirmdienstes oder eine von ihr bestimmte Vertretung, die die Befähigung zum Richteramt hat, an. Die Ausschreibung ist auf höchstens sechs Monate zu befristen und kann wiederholt angeordnet werden. Liegen die Voraussetzungen für die Ausschreibung nicht mehr vor, ist der Zweck der Maßnahme erreicht oder zeigt sich, dass er nicht erreicht werden kann, ist die Ausschreibung unverzüglich zu löschen.

§ 5 Vorprüfung

(1) Der Militärische Abschirmdienst kann tatsächliche Anhaltspunkte darauf prüfen, ob sie den Verdacht einer Bestrebung oder einer Tätigkeit begründen (Vorprüfung).

(2) Die Dauer der Vorprüfung soll sechs Monate nicht überschreiten. Eine längere Vorprüfung muss von der Leitung des Militärischen Abschirmdienstes gebilligt werden.

(3) Ergibt die Vorprüfung, dass keine tatsächlichen Anhaltspunkte für Bestrebungen oder Tätigkeiten vorliegen, ist die Vorprüfung abzuschließen; personenbezogene Daten sind unverzüglich nach Abschluss der Vorprüfung zu löschen. Die Tatsache der Erhebung und Löschung ist zu protokollieren. Die Protokollierung ist nach Ablauf von fünf Jahren nach Abschluss der Vorprüfung zu löschen.

Abschnitt 2 **Besondere Befugnisse**

§ 6 Besondere Befugnisse

Die besonderen Befugnisse des Militärischen Abschirmdienstes untergliedern sich in
1. nachrichtendienstliche Mittel und
2. besondere Auskunftsverlangen.

§ 7 Maßnahmerichtung

(1) Maßnahmen unter Einsatz besonderer Befugnisse dürfen sich gezielt nur gegen eine Person richten, zu der tatsächliche Anhaltspunkte dafür vorliegen, dass
1. sie Bestrebungen betreibt oder Tätigkeiten ausübt oder
2. sie Bestrebungen oder Tätigkeiten nachdrücklich unterstützt

(Zielperson).

(2) Maßnahmen unter Einsatz nachrichtendienstlicher Mittel dürfen sich über Absatz 1 hinaus gegen eine Person richten, bei der tatsächliche Anhaltspunkte dafür vorliegen, dass
1. sie mit der Zielperson in Verbindung steht und von den Bestrebungen oder Tätigkeiten Kenntnis hat oder
2. sich eine Zielperson ihrer zur Förderung der Bestrebungen oder Tätigkeiten bedient.

Dies gilt nur, soweit eine Maßnahme gegen die Zielperson allein nicht zur Aufklärung der Bestrebung oder Tätigkeit ausreicht.

(3) Maßnahmen unter Einsatz besonderer Auskunftsverlangen dürfen sich über Absatz 1 hinaus gegen eine Person richten, bei der aufgrund tatsächlicher Anhaltspunkte anzunehmen ist, dass
1. sie eine Leistung für die Zielperson in Anspruch nimmt,
2. sie für die Zielperson bestimmte oder von ihr stammende Mitteilungen entgegennimmt oder weitergibt oder
3. die Zielperson ihre Telekommunikationsanschlüsse benutzt.

Unterabschnitt 2 **Nachrichtendienstliche Mittel**

§ 8 Einsatz nachrichtendienstlicher Mittel

(1) Sofern sich aus diesem Unterabschnitt keine darüber hinausgehenden Anforderungen ergeben, darf der Militärische Abschirmdienst zur Aufgabenerfüllung nach

§ 2 Absatz 1 nachrichtendienstliche Mittel wie die folgenden einsetzen, wenn tatsächliche Anhaltspunkte vorliegen, die den Verdacht einer Bestrebung oder einer Tätigkeit begründen, und wenn der Einsatz im Einzelfall zur Aufklärung dieser Bestrebung oder Tätigkeit erforderlich ist:

1. verdeckte Nachforschungen und verdeckte Befragungen,
2. verdecktes Erstellen von Bildaufnahmen und Bildaufzeichnungen,
3. Einsatz von Informanten,
4. Einsatz von Gewährspersonen,
5. Beobachtung des Funkverkehrs im Sinne des § 10 Absatz 1 des Bundespolizeigesetzes,
6. Verwendung fingierter biografischer, beruflicher oder gewerblicher Angaben (Legenden) und Beschaffung, Erstellung und Verwendung von Tarnpapieren und Tarnkennzeichen,
7. Observation (§ 9),
8. Überwachung des gesprochenen Wortes (§ 10),
9. Einsatz technischer Mittel zur Wohnraumüberwachung (§ 11),
10. technische Ortung und Aufenthaltsbestimmung (§ 12),
11. Einsatz von Vertrauenspersonen (§ 13),
12. Einsatz von verdeckten Bediensteten (§ 14),
13. Einsatz virtueller Agenten bei der Aufklärung im Internet (§ 15),
14. Einsichtnahme in Systeme der Informations- und Kommunikationstechnik und Asservatenauswertung (§ 16),
15. Auslesen technischer Spuren informationstechnischer Angriffe fremder Mächte (§ 17).

Weitere als die in Satz 1 Nummer 1 bis 15 genannten nachrichtendienstlichen Mittel hat der Militärische Abschirmdienst vor dem Einsatz in einer Dienstvorschrift zu benennen. Dabei dürfen in der Dienstvorschrift nur solche nachrichtendienstlichen Mittel benannt werden, die in ihrer belastenden Wirkung für die betroffenen Personen mit in Satz 1 Nummer 1 bis 15 genannten nachrichtendienstlichen Mitteln vergleichbar sind, für die nicht zusätzlich die §§ 9 bis 17 in Verbindung mit den Absätzen 2 bis 4 gelten.

(2) Wird aufgrund der erheblichen Eingriffsintensität auf diesen Absatz verwiesen, muss auf Grundlage tatsächlicher Anhaltspunkte der Einsatz des nachrichtendienstlichen Mittels erforderlich sein zur Aufklärung von Personen,

1. deren Handeln auf die Ausübung von Gewalt gegen Personen oder Sachen von bedeutendem Wert gerichtet ist,
2. die mit ihrem Handeln in schwerwiegender Weise rassistische, volksverhetzende, antisemitische, menschenfeindliche oder bestimmte Bevölkerungsgruppen diskriminierende Ziele verfolgen,
3. die aufgrund ihrer dienstlichen oder beruflichen Tätigkeiten Fähigkeiten besitzen, die in erheblichem Maß über die individuellen soldatischen Grundfertigkeiten hinausgehen oder
4. die eigenständigen Zugang zu dienstlichen Waffen, dienstlicher Munition oder dienstlichem Sprengstoff haben.

(3) Wird aufgrund der besonders erheblichen Eingriffsintensität auf diesen Absatz verwiesen, muss auf Grundlage tatsächlicher Anhaltspunkte der Einsatz des nachrichtendienstlichen Mittels erforderlich sein zur Aufklärung von Personen,

1. die Tätigkeiten ausüben oder
2. die zur Zielverfolgung Straftaten vorbereiten oder begehen, die im Höchstmaß mit Freiheitsstrafe von mindestens fünf Jahren bedroht sind.

(4) Wird aufgrund der äußerst erheblichen Eingriffsintensität auf diesen Absatz verwiesen, muss der Einsatz des nachrichtendienstlichen Mittels im Einzelfall zur Abwehr einer dringenden Gefahr erforderlich sein:
1. für Bestand und Sicherheit des Staates,
2. für Leib, Leben oder Freiheit einer Person oder
3. für Sachen von bedeutendem Wert, deren Erhaltung im besonderen öffentlichen Interesse geboten ist.

Geeignete polizeiliche Hilfe darf zudem für das bedrohte Rechtsgut nicht rechtzeitig erlangt werden können.

(5) Der Militärische Abschirmdienst darf nachrichtendienstliche Mittel auch zur Gewinnung von Erkenntnissen über die zur Aufklärung von Bestrebungen oder Tätigkeiten erforderlichen menschlichen Quellen einsetzen.

(6) Nachrichtendienstliche Mittel dürfen auch eingesetzt werden, wenn andere Personen unvermeidbar mit betroffen sind.

(7) Die Dienstvorschrift nach Absatz 1 Satz 2 darf erst erlassen werden, wenn zuvor der Unabhängige Kontrollrat nach § 41 Absatz 1 des BND-Gesetzes bestätigt hat, dass die Dienstvorschrift den Vorgaben des Absatzes 1 Satz 3 entspricht. Satz 1 gilt für die Änderung der Dienstvorschrift entsprechend.

§ 9 Observation

(1) Bei Observationen nach § 8 Absatz 1 Satz 1 Nummer 7 darf der Militärische Abschirmdienst Personen, Objekte oder Ereignisse beobachten, auch unter Einsatz observationsunterstützender technischer Mittel.

(2) Die Observation einer Person durchgehend länger als 72 Stunden oder an mehr als sieben Tagen innerhalb von 30 Tagen ist nur unter den zusätzlichen Voraussetzungen mindestens des § 8 Absatz 2 zulässig.

(3) Die Observation einer Person durchgehend länger als sieben Tage ist nur unter den zusätzlichen Voraussetzungen mindestens des § 8 Absatz 3 zulässig.

§ 10 Überwachung des gesprochenen Wortes

(1) Bei der Überwachung des gesprochenen Wortes nach § 8 Absatz 1 Satz 1 Nummer 8 darf der Militärische Abschirmdienst außerhalb von Wohnungen das gesprochene Wort mithören, auch unter Einsatz technischer Hilfsmittel. Ebenso darf er das öffentlich gesprochene Wort aufzeichnen.

(2) Das Aufzeichnen des nichtöffentlich gesprochenen Wortes außerhalb von Wohnungen ist nur unter den zusätzlichen Voraussetzungen mindestens des § 8 Absatz 2 zulässig.

§ 11 Einsatz technischer Mittel zur Wohnraumüberwachung

(1) Der Militärische Abschirmdienst darf unter den zusätzlichen Voraussetzungen des § 8 Absatz 4 das in einer Wohnung nichtöffentlich gesprochene Wort abhören und aufzeichnen. Satz 1 gilt entsprechend für einen verdeckten Einsatz technischer Mittel zur Anfertigung von Bildaufnahmen und Bildaufzeichnungen.

(2) Neben der Wohnung der Zielperson nach § 7 Absatz 1 darf die Wohnung einer anderen Person abweichend von § 7 Absatz 2 nur in die Überwachung einbezogen

werden, wenn tatsächliche Anhaltspunkte dafür vorliegen, dass die Zielperson sich dort zur Zeit der Überwachung aufhält und diese Maßnahme für die Erforschung des Sachverhalts relevante Informationen ergeben wird, die nicht durch eine Überwachung der Wohnung der Zielperson zu gewinnen sind.

(3) Die erhobenen Daten dürften über den Anlass und Zweck hinaus, zu dem sie erhoben wurden, nur zur Abwehr einer Gefahr im Sinne des § 8 Absatz 4 oder zur Verfolgung einer Straftat, aufgrund derer eine entsprechende Maßnahme nach § 100c der Strafprozessordnung in Verbindung mit § 100b Absatz 2 der Strafprozessordnung angeordnet werden könnte, weiterverarbeitet werden.

§ 12 Technische Ortung; Aufenthaltsbestimmung

(1) Bei der technischen Ortung von Geräten, einschließlich Mobilfunkendgeräten, und bei der Aufenthaltsbestimmung nach § 8 Absatz 1 Satz 1 Nummer 10 darf der Militärische Abschirmdienst technische Mittel einsetzen
1. zur Ermittlung der Geräte- oder Kartennummer eines aktiv geschalteten Mobilfunkendgerätes und
2. für die Bestimmung des Standorts einer Person oder eines Gegenstandes zur Ermöglichung und Durchführung der Observation sowie zur Aufenthaltsbestimmung.

(2) Nur unter den zusätzlichen Voraussetzungen mindestens des § 8 Absatz 2 zulässig ist der Einsatz technischer Mittel zur Bewegungsbestimmung
1. durchgehend länger als sieben Tage,
2. an 14 oder mehr einzelnen Tagen innerhalb eines Zeitraums von 30 Tagen oder
3. in einer Weise, die ein den Nummern 1 und 2 in der Persönlichkeitsrelevanz gleichwertiges Bewegungsprofil ergibt.

(3) Nur unter den zusätzlichen Voraussetzungen mindestens des § 8 Absatz 3 zulässig ist der Einsatz technischer Mittel zur Bewegungsbestimmung
1. durchgehend länger als 30 Tage,
2. an mehr als fünf Wochen innerhalb eines Zeitraums von 60 Tagen oder
3. in einer Weise, die ein den Nummern 1 und 2 in der Persönlichkeitsrelevanz gleichwertiges Bewegungsprofil ergibt.

§ 13 Einsatz von Vertrauenspersonen

(1) Bei dem Einsatz von Vertrauenspersonen nach § 8 Absatz 1 Satz 1 Nummer 11 darf der Militärische Abschirmdienst Personen zum Aufbau und zur Ausnutzung einer Vertrauensbeziehung einsetzen, deren planmäßige, dauerhafte Zusammenarbeit mit dem Militärischen Abschirmdienst Dritten nicht bekannt ist (Vertrauenspersonen). Als Vertrauensperson dürfen nicht Personen angeworben und eingesetzt werden, die
1. nicht voll geschäftsfähig, insbesondere minderjährig sind,
2. von den Geld- oder Sachzuwendungen für die Tätigkeit auf Dauer als alleinige Lebensgrundlage abhängen würden,
3. an einem Aussteigerprogramm teilnehmen,
4. Mitglied des Europäischen Parlaments, des Deutschen Bundestages, eines Landesparlaments oder Mitarbeiter eines solchen Mitglieds sind,
5. im Bundeszentralregister mit einer Verurteilung wegen eines Verbrechens oder zu einer Freiheitsstrafe, deren Vollstreckung nicht zur Bewährung ausgesetzt worden ist, eingetragen sind oder

6. in den §§ 53 und 53a der Strafprozessordnung als Berufsgeheimnisträgerinnen oder Berufsgeheimnisträger und mitwirkende Personen genannt sind, in dieser Eigenschaft zur Beschaffung von Informationen eingesetzt werden sollen und dem Zeugnisverweigerungsrecht unterliegen.

Unter den zusätzlichen Voraussetzungen mindestens des § 8 Absatz 3 kann die Leitung des Militärischen Abschirmdienstes eine Ausnahme zulassen von Satz 2 Nummer 1 bei einer Person, die mindestens 16 Jahre alt ist, und von Satz 2 Nummer 5 bei einer Person, die nicht als Täter eines Totschlags (§§ 212 und 213 des Strafgesetzbuches) oder einer allein mit lebenslanger Haft bedrohten Straftat verurteilt worden ist. Im Fall einer Ausnahme nach Satz 3 ist der Einsatz nach höchstens sechs Monaten zu beenden, wenn er zur Erforschung der Bestrebungen oder Tätigkeiten nicht zureichend gewichtig beigetragen hat.

(2) Der Einsatz von Vertrauenspersonen gegen eine Person länger als sechs Monate ist nur unter den zusätzlichen Voraussetzungen mindestens des § 8 Absatz 2 zulässig. Gleiches gilt, wenn der Einsatz auf die Herstellung von Vertrauensbeziehungen mit der Zielperson oder einer Person nach § 7 Absatz 2 angelegt ist. Der Einsatz einer Vertrauensperson gegen eine Person, zu der die Vertrauensperson eine besonders persönliche Vertrauensbeziehung unterhält, ist nur unter den zusätzlichen Voraussetzungen mindestens des § 8 Absatz 3 zulässig.

(3) Der Aufbau oder Erhalt einer intimen Beziehung oder einer vergleichbar persönlichen Bindung einer Vertrauensperson zur Zielperson oder einer Person nach § 7 Absatz 2 ist unzulässig. Entstehen solche Bindungen zu einer Person, so ist der Einsatz gegen diese abzubrechen. Der Militärische Abschirmdienst hat darauf hinzuwirken, dass die Vertrauensperson zur Einsatzdurchführung gespeicherte kernbereichsrelevante Informationen löscht und ihm solche Informationen nicht übermittelt. Wird dem Militärischen Abschirmdienst bekannt, dass die Vertrauensperson im Einsatz kernbereichsrelevante Informationen gewonnen hat, hat er diesen Umstand auch unabhängig von einer Übermittlung von Inhalten zu dokumentieren.

(4) Vertrauenspersonen dürfen weder zur Gründung von Bestrebungen nach § 2 Absatz 1 Satz 1 Nummer 1 noch zur steuernden Einflussnahme auf diese eingesetzt werden. Sie dürfen auch in solchen Personenzusammenschlüssen oder für solche Personenzusammenschlüsse, einschließlich strafbarer Vereinigungen, eingesetzt werden, um deren Bestrebungen aufzuklären. Im Übrigen ist im Einsatz eine Beteiligung an Bestrebungen oder Tätigkeiten zulässig, wenn sie

1. nicht in Individualrechte eingreift,
2. von den an den Bestrebungen oder Tätigkeiten Beteiligten derart erwartet wird, dass sie zur Gewinnung und Sicherung der Informationszugänge unumgänglich ist, und
3. nicht außer Verhältnis zur Bedeutung des aufzuklärenden Sachverhalts steht.

Sofern zureichende Anhaltspunkte dafür bestehen, dass die Vertrauensperson im Einsatz rechtswidrig einen Straftatbestand von erheblicher Bedeutung verwirklicht hat, soll deren Einsatz unverzüglich beendet und die Strafverfolgungsbehörde unterrichtet werden. Über Ausnahmen nach Satz 3 entscheidet die Leitung des Militärischen Abschirmdienstes.

(5) Hat ein Strafverfahren ein Vergehen zum Gegenstand, das eine Vertrauensperson im Einsatz begangen haben soll, so kann die Staatsanwaltschaft von der Verfolgung absehen, wenn

1. der Einsatz zur Aufklärung von Bestrebungen oder Tätigkeiten erfolgte und
2. die Tat von den übrigen Beteiligten derart erwartet wurde, dass sie zur Gewinnung und Sicherung der Informationszugänge unumgänglich war.

Dabei ist das Verhältnis der Bedeutung der Aufklärung des Sachverhalts zur Schwere der begangenen Straftat und der Schuld der Vertrauensperson zu berücksichtigen. Ein Absehen von der Verfolgung ist ausgeschlossen, wenn eine höhere Strafe als ein Jahr Freiheitsstrafe zu erwarten ist. Ein Absehen von der Verfolgung ist darüber hinaus ausgeschlossen, wenn zu erwarten ist, dass die Strafe nicht zur Bewährung ausgesetzt werden würde. Bei Vergehen, die mit einer im Mindestmaß erhöhten Strafe bedroht sind und bei denen die durch die Tat verursachten Folgen nicht gering sind, bedarf die Einstellung des Verfahrens der Zustimmung des für die Eröffnung des Hauptverfahrens zuständigen Gerichts. Ist die Klage bereits erhoben, so kann das Gericht in jeder Lage des Verfahrens unter den Voraussetzungen des Satzes 1 mit Zustimmung der Staatsanwaltschaft und der oder des Angeschuldigten das Verfahren einstellen.

§ 14 Einsatz von verdeckten Bediensteten

Bei dem Einsatz von verdeckten Bediensteten nach § 8 Absatz 1 Satz 1 Nummer 12 darf der Militärische Abschirmdienst eigene Bedienstete unter einer ihnen verliehenen und auf Dauer angelegten Legende einsetzen. Für den Einsatz gilt § 13 Absatz 2 bis 5 entsprechend.

§ 15 Einsatz virtueller Agenten bei der Aufklärung im Internet

Der Militärische Abschirmdienst darf Bedienstete, die verdeckt in sozialen Netzwerken oder sonstigen Kommunikationsplattformen im Internet ein Vertrauen gegenüber einer betroffenen Person aufbauen oder ausnutzen (virtuelle Agenten), nach § 8 Absatz 1 Satz 1 Nummer 13 zur Kommunikation im Internet einsetzen, auch wenn sie nicht unter einer auf Dauer angelegten Legende tätig sind. § 13 Absatz 2 bis 5 gilt entsprechend.

§ 16 Einsichtnahme in Systeme der Informations- und Kommunikationstechnik; Asservatenauswertung

(1) Der Militärische Abschirmdienst darf Systeme der Informations- und Kommunikationstechnik einsehen, soweit die betroffene Person in die Einsichtnahme eingewilligt hat.

(2) Bei der Asservatenauswertung nach § 8 Absatz 1 Satz 1 Nummer 14 darf der Militärische Abschirmdienst in seinem Gewahrsam befindliche informationstechnische Speicher, die nicht in seinem Auftrag beschafft wurden, auslesen und die darauf gespeicherten Daten erheben. Hierfür dürfen Zugangshindernisse überwunden werden. Die erhobenen Daten sind unverzüglich darauf zu prüfen, ob ihre weitere Verarbeitung zulässig ist. Umfassen die erhobenen Informationen personenbezogene Daten, die den höchstprivaten Lebensbereich einer Person betreffen, dürfen diese nur unter den zusätzlichen Voraussetzungen mindestens des § 8 Absatz 3 weiterverarbeitet werden.

§ 17 Auslesen technischer Spuren informationstechnischer Angriffe fremder Mächte

(1) Soweit in den Fällen des § 21 Absatz 1 die technischen Informationen zur Erforschung der Infrastruktur und Technik, die eine fremde Macht zum Angriff auf Tele-

kommunikations- oder Datenverarbeitungssysteme des Geschäftsbereichs des Bundesministeriums der Verteidigung genutzt hat, sowie ihres Vorgehens und der Angriffsziele nicht oder nicht ohne Gefährdung des Zwecks der Maßnahme durch Auskunft des Verpflichteten gewonnen werden können, darf der Militärische Abschirmdienst die Informationen auch mit technischen Mitteln durch heimlichen Eingriff in das System der Informations- und Kommunikationstechnik erheben und Kopien der Informationen erstellen. Die Informationen dürfen nicht fortlaufend erhoben werden.

(2) Der Militärische Abschirmdienst hat technisch sicherzustellen, dass an dem System der Informations- und Kommunikationstechnik nur Veränderungen vorgenommen werden, die für die Datenerhebung unerlässlich sind, und dass die vorgenommenen Veränderungen bei Beendigung der Maßnahme, soweit technisch möglich, rückgängig gemacht werden.

(3) Der Militärische Abschirmdienst prüft die erhobenen Daten unverzüglich darauf, ob sie für die Aufklärung der Tätigkeiten erforderlich sind, und löscht die nicht erforderlichen Daten. Bei Kopien nach Absatz 1 Satz 1 prüft der Militärische Abschirmdienst, ob neben den in § 21 Absatz 1 Satz 2 Nummer 2 bezeichneten Informationen noch weitere Daten erhoben worden sind und löscht diese weiteren Daten. Die Löschung kann unterbleiben, wenn die Trennung von den Informationen, die zur Erfüllung der Aufgaben erforderlich sind, nicht oder nur mit unvertretbarem Aufwand möglich ist. Die weiteren Daten nach Satz 2 dürfen nicht genutzt werden.

§ 18 Überwachung der Telekommunikation sowie des Brief- und Postverkehrs

Für die Überwachung der Telekommunikation sowie des Brief- und Postverkehrs einschließlich der Verarbeitung der durch die Überwachung erlangten personenbezogenen Daten gelten unbeschadet des § 22 die Vorschriften des Artikel 10-Gesetzes.

Unterabschnitt 3 **Besondere Auskunftsverlangen**

§ 19 Besondere Auskunftsverlangen zu Bestandsdaten

(1) Soweit tatsächliche Anhaltspunkte vorliegen, die den Verdacht einer Bestrebung oder Tätigkeit begründen, und wenn es im Einzelfall zur Aufklärung dieser Bestrebung oder Tätigkeit erforderlich ist, darf der Militärische Abschirmdienst zur Aufgabenerfüllung nach § 2 Absatz 1 Auskunft verlangen von

1. der Bundesnetzagentur nach § 173 Absatz 1 in Verbindung mit Absatz 4 Nummer 4 des Telekommunikationsgesetzes,
2. dem Bundeszentralamt für Steuern nach § 93b Absatz 2 der Abgabenordnung und
3. denjenigen, die geschäftsmäßig
   a) Telekommunikationsdienste erbringen oder an der Erbringung mitwirken, über Bestandsdaten nach § 3 Nummer 6 und die nach § 172 Absatz 1 Satz 1 und 2 und Absatz 3 des Telekommunikationsgesetzes erhobenen Daten,

b) digitale Dienste erbringen oder an der Erbringung mitwirken, über Bestandsdaten nach § 2 Absatz 2 Nummer 2 des Telekommunikation-Digitale-Dienste-Datenschutz-Gesetzes,
c) nach § 2 Absatz 1 des Geldwäschegesetzes tätig sind und nicht durch Rechtsverordnung nach § 2 Absatz 2 des Geldwäschegesetzes vom Anwendungsbereich des Geldwäschegesetzes ausgenommen oder entsprechend § 30 Absatz 3 Satz 3 und 4 des Geldwäschegesetzes zur Verweigerung der Auskunft berechtigt sind, über die Personen, denen sie geschäftsmäßig Leistungen erbringen, einschließlich wirtschaftlich Berechtigter, und die Art der zu erbringenden Leistung sowie Vertragsrahmendaten, einschließlich der zur Vertragsdurchführung vergebenen Kennungen, und über die zur Änderung oder Beendigung des Vertragsverhältnisses gespeicherten Daten.

Ein Auskunftsverlangen nach Satz 1 Nummer 3 Buchstabe a und c ist nur zulässig, soweit die Information nicht nach Satz 1 Nummer 1 oder Satz 1 Nummer 2 zu erlangen ist.

(2) Das Auskunftsverlangen darf sich auch auf eine anhand einer zu einem bestimmten Zeitpunkt zugewiesenen Internetprotokoll-Adresse beziehen. Die Rechtsgrundlage und die tatsächlichen Anhaltspunkte, die das Auskunftsverlangen veranlassen, sind aktenkundig zu machen.

(3) Die Auskunft zu Daten, mittels derer der Zugriff auf Endgeräte oder auf Speichereinrichtungen, die in diesen Endgeräten oder hiervon räumlich getrennt eingesetzt werden, geschützt wird, darf nur im Fall des Absatzes 1 Satz 1 Nummer 3 Buchstabe a verlangt werden, wenn die gesetzlichen Voraussetzungen für die Weiterverarbeitung der Daten vorliegen.

(4) Auskünfte nach Absatz 1 Satz 1 Nummer 3 dürfen bei Stellen eingeholt werden, die in der Bundesrepublik Deutschland
1. eine Niederlassung haben oder
2. Leistungen erbringen oder an der Erbringung der Leistungen mitwirken.

(5) Nach Erhalt des Auskunftsverlangens sind die in Absatz 1 Satz 1 Nummer 3 genannten Stellen verpflichtet, die Daten unverzüglich, vollständig und richtig zu übermitteln. Sie dürfen den betroffenen Personen oder Dritten über das Auskunftsverlangen und die Auskunftserteilung keine Mitteilung machen. Ihnen ist es verboten, allein aufgrund eines Auskunftsverlangens nach Absatz 1 einseitige Handlungen vorzunehmen, die für die betroffene Person nachteilig sind und die über die Erteilung der Auskunft hinausgehen, insbesondere bestehende Verträge oder Geschäftsverbindungen zu beenden, ihren Umfang zu beschränken oder ein Entgelt zu erheben oder zu erhöhen. Das Auskunftsverlangen ist mit dem ausdrücklichen Hinweis auf dieses Verbot und darauf zu verbinden, dass das Auskunftsersuchen nicht die Aussage beinhaltet, dass sich die betroffene Person rechtswidrig verhalten hat oder ein darauf gerichteter Verdacht besteht.

(6) Der Militärische Abschirmdienst hat den in Absatz 1 Satz 1 Nummer 3 genannten Stellen für ihm erteilte Auskünfte eine Entschädigung zu gewähren. Der Umfang der Entschädigung bemisst sich nach § 23 und Anlage 3 des Justizvergütungs- und -entschädigungsgesetzes; die Vorschriften über die Verjährung in § 2 Absatz 1 und 4 des Justizvergütungs- und -entschädigungsgesetzes finden entsprechend Anwendung.

§ 20 Besondere Auskunftsverlangen zu sonstigen Daten

(1) Soweit tatsächliche Anhaltspunkte vorliegen, die den Verdacht einer Bestrebung oder Tätigkeit begründen, und wenn dies im Einzelfall zur Aufklärung dieser Bestrebung oder Tätigkeit erforderlich ist, darf der Militärische Abschirmdienst zur Aufgabenerfüllung nach § 2 Absatz 1 nur unter den zusätzlichen Voraussetzungen mindestens des § 8 Absatz 2 Auskunft verlangen von
1. denjenigen, die geschäftsmäßig Leistungen im Personenverkehr erbringen oder an der Erbringung mitwirken, zu
   a) den zur Kundenidentifikation gespeicherten Daten sowie
   b) der Inanspruchnahme und den Umständen von Leistungen, insbesondere dem Zeitpunkt einer Abfertigung und dem Buchungsweg,
2. Kraftfahrzeugherstellern, die aktive Fahrzeugvernetzungen anbieten, zu den an die Hersteller gesendeten Standortdaten,
3. Verpflichteten nach § 2 Absatz 1 des Geldwäschegesetzes, wenn sie nicht durch Rechtsverordnung nach § 2 Absatz 2 des Geldwäschegesetzes vom Anwendungsbereich des Geldwäschegesetzes ausgenommen oder entsprechend § 30 Absatz 3 Satz 3 und 4 des Geldwäschegesetzes zur Verweigerung der Auskunft berechtigt sind, zu
   a) Konten,
   b) Kontoinhabern und sonstigen Berechtigten sowie weiteren am Zahlungsverkehr Beteiligten und
   c) Geldbewegungen und Geldanlagen, insbesondere zum Kontostand sowie zu Zahlungsein- und -ausgängen,
4. denjenigen, die geschäftsmäßig Postdienstleistungen erbringen oder an der Erbringung solcher Dienstleistungen mitwirken, zu
   a) Postsendungen, insbesondere zu Namen und Anschriften von Absendern und Empfängern,
   b) der Art der in Anspruch genommenen Postdienstleistung,
   c) Maße und Gewicht der jeweiligen Postsendung,
   d) zugeteilten Sendungsnummern,
   e) Zeit- und Ortsangaben des jeweiligen Postsendungsverlaufs sowie
   f) Bildaufnahmen von der Postsendung, die zu Zwecken der Erbringung der Postdienstleistung erstellt wurden,
5. denjenigen, die geschäftsmäßig Telekommunikationsdienste erbringen oder an der Erbringung mitwirken, zu Verkehrsdaten nach § 9 Absatz 1 Satz 1 Nummer 1 bis 4 des Telekommunikation-Digitale-Dienste-Datenschutz-Gesetzes und zu sonstigen zum Aufbau und zur Aufrechterhaltung der Telekommunikation notwendigen Verkehrsdaten sowie
6. denjenigen, die geschäftsmäßig digitale Dienste erbringen oder an der Erbringung mitwirken, zu
   a) Merkmalen zur Identifikation der Nutzerin oder des Nutzers eines digitalen Dienstes,
   b) dem Beginn und dem Ende sowie über den Umfang der jeweiligen Nutzung eines digitalen Dienstes und
   c) den von der Nutzerin oder dem Nutzer in Anspruch genommenen digitalen Diensten.

Im Fall von Satz 1 Nummer 2 ist ein Auskunftsverlangen zu Standortdaten länger als 30 Tage oder an mehr als fünf Wochen innerhalb eines Zeitraums von 60 Tagen nur unter den zusätzlichen Voraussetzungen mindestens des § 8 Absatz 3 zulässig.

(2) Auskünfte nach Absatz 1 dürfen bei Stellen eingeholt werden, die in der Bundesrepublik Deutschland

1. eine Niederlassung haben oder
2. Leistungen erbringen oder an der Erbringung mitwirken.

(3) § 19 Absatz 5 und 6 gilt entsprechend.

§ 21 Besondere Auskunftsverlangen bei informationstechnischen Angriffen fremder Mächte

(1) Soweit es im Einzelfall aufgrund tatsächlicher Anhaltspunkte zur Aufklärung eines Angriffs einer fremden Macht auf Telekommunikations- oder Datenverarbeitungssysteme des Geschäftsbereichs des Bundesministeriums der Verteidigung erforderlich ist, darf der Militärische Abschirmdienst von Anbietern, die Systeme der Informations- und Kommunikationstechnik geschäftsmäßig Dritten zur Nutzung überlassen und in der Bundesrepublik Deutschland eine Niederlassung haben oder Leistungen erbringen oder an der Erbringung mitwirken, Auskunft verlangen über technische Informationen zur Erforschung der Infrastruktur und Technik, die eine fremde Macht zum Angriff genutzt hat, sowie über ihr Vorgehen und die Angriffsziele. Das Auskunftsverlangen nach Satz 1 kann sich insbesondere beziehen auf
1. den Verkehrsfluss zu bestimmten Kennungen, für die tatsächliche Anhaltspunkte dafür bestehen, dass die fremde Macht sie für ihren Angriff genutzt hat oder nutzt,
2. Schadprogramme oder sonstige Angriffswerkzeuge und deren Einsatz, einschließlich Steuerungs- und Protokolldateien, und Spuren, die technisch mit dem Angriff verbunden sind, wenn tatsächliche Anhaltspunkte für eine Nutzung des informationstechnischen Systems für Angriffe vorliegen.

Wenn dem Verpflichteten eine Auskunft nach Satz 2 Nummer 2 technisch nicht möglich oder zumutbar ist, kann die Auskunft durch Erstellung und Herausgabe einer Kopie der Teile des Systems der Informations- und Kommunikationstechnik erfolgen, deren Auswertung zum Aufspüren der bezeichneten Informationen erforderlich ist. Stellt der Militärische Abschirmdienst Angriffswerkzeuge oder Daten, die sich die fremde Macht durch ihren Angriff beschafft hat, fest, darf der Verpflichtete diese nur nach Herstellung und Herausgabe einer Sicherungskopie an den Militärischen Abschirmdienst löschen.

(2) Der Militärische Abschirmdienst prüft die erhobenen Daten unverzüglich darauf, ob ihre weitere Verarbeitung zulässig ist. Bei Kopien nach Absatz 1 Satz 3 prüft der Militärische Abschirmdienst, ob neben den in Absatz 1 Satz 2 Nummer 2 bezeichneten Informationen noch weitere Daten erhoben worden sind und löscht diese weiteren Daten. Die Löschung kann unterbleiben, wenn die Trennung von den Informationen, die zur Erfüllung der Aufgaben erforderlich sind, nicht oder nur mit unvertretbarem Aufwand möglich ist. Die weiteren Daten nach Satz 2 dürfen nicht genutzt werden.

(3) § 19 Absatz 5 und 6 gilt entsprechend.

Unterabschnitt 4 **Verfahrensregelungen für besondere Befugnisse**

§ 22 Anordnung von besonderen Befugnissen

(1) Einer gerichtlichen Anordnung bedarf der Einsatz der folgenden besonderen Befugnisse:

1. besondere Befugnisse, die nur unter den zusätzlichen Voraussetzungen mindestens des § 8 Absatz 3 zulässig sind,
2. Vertrauenspersonen gegen eine Person länger als sechs Monate (§ 13 Absatz 2 Satz 1),
3. verdeckte Bedienstete gegen eine Person länger als sechs Monate (§ 14 Satz 2 in Verbindung mit § 13 Absatz 2 Satz 1),
4. virtuelle Agenten (§ 15 Satz 1), wenn ein Einsatz gegen eine Person nach einem realweltlichen Kontakt länger als sechs Monate fortgesetzt wird, und
5. besondere Befugnisse unter Eingriff in nach § 29 Absatz 2 geschützte Berufsgeheimnisse.

Die gerichtliche Anordnung setzt einen Antrag der Leitung des Militärischen Abschirmdienstes oder einer von ihr bestimmten Vertretung voraus. Der Antrag auf gerichtliche Anordnung ist zu begründen; insbesondere sind dem Gericht alle beurteilungsrelevanten Aspekte mitzuteilen. Der Schutz menschlicher Quellen ist im gerichtlichen Verfahren zu berücksichtigen.

(2) Bei Gefahr im Verzug kann der Einsatz der in Absatz 1 Satz 1 genannten besonderen Befugnisse auch durch die Leitung des Militärischen Abschirmdienstes angeordnet werden (Eilanordnung). Eine gerichtliche Bestätigung der Eilanordnung ist unverzüglich nachzuholen. Absatz 1 Satz 3 und 4 gilt entsprechend. Soweit die Eilanordnung nicht binnen drei Werktagen gerichtlich bestätigt wird, tritt sie außer Kraft. Tritt die Eilanordnung nach Satz 4 außer Kraft, dürften die aufgrund dieser Eilanordnung bis zum Zeitpunkt des Außerkrafttretens erhobenen personenbezogenen Daten nur zur Abwehr einer Gefahr für Leib und Leben verwendet werden; im Übrigen sind sie unverzüglich zu löschen.

(3) Sofern eine gerichtliche Anordnung nach Absatz 1 nicht erforderlich ist, ist der Einsatz besonderer Befugnisse durch die Leitung des Militärischen Abschirmdienstes oder durch eine von ihr bestimmte Vertretung anzuordnen.

(4) Besondere Befugnisse können kombiniert angeordnet werden.

(5) Die Anordnungen nach den Absätzen 1 bis 3 ergehen schriftlich. In ihnen sind anzugeben:
1. der Aufklärungsgegenstand, im Fall einer gegen eine Person gerichteten Maßnahme die Person, soweit möglich mit Namen und Anschrift, und
2. Art, Umfang und Dauer der angeordneten Maßnahme.

(6) Der Einsatz eines nachrichtendienstlichen Mittels ist wie folgt zu befristen:
1. bei Vertrauenspersonen, verdeckten Bediensteten und virtuellen Agenten auf höchstens ein Jahr,
2. bei sonstigen nachrichtendienstlichen Mitteln, die nur unter den zusätzlichen Voraussetzungen des § 8 Absatz 2 zulässig sind, auf höchstens sechs Monate,
3. bei sonstigen nachrichtendienstlichen Mitteln, die nur unter den zusätzlichen Voraussetzungen des § 8 Absatz 3 zulässig sind, auf höchstens drei Monate,
4. bei nachrichtendienstlichen Mitteln, die nur unter den zusätzlichen Voraussetzungen des § 8 Absatz 4 zulässig sind, auf höchstens einen Monat.

Verlängerungen um jeweils höchstens denselben Zeitraum sind zulässig, wenn die Voraussetzungen der Anordnung unter Berücksichtigung der gewonnenen Erkenntnisse weiterhin erfüllt sind. Die Absätze 1 bis 5 gelten bei Verlängerungen entsprechend. Liegen die Voraussetzungen für den Einsatz nachrichtendienstlicher Mittel nicht mehr vor oder ist der Zweck des Einsatzes erreicht oder ergibt sich, dass er nicht erreicht werden kann, so ist der Einsatz auch vor Ablauf der Anordnungsdauer einzustellen.

(7) Auskunftsverlangen über künftig anfallende Daten sind auf höchstens drei Monate zu befristen. Absatz 6 Satz 2 bis 4 gilt entsprechend.

§ 23 Mitteilungspflichten

(1) Erhebt der Militärische Abschirmdienst personenbezogene Daten durch den Einsatz der nachfolgenden besonderen Befugnisse, so hat er dies der betroffenen Person nach Einstellung der Maßnahme mitzuteilen:
1. besondere Auskunftsverlangen
   a) nach § 20 Absatz 1,
   b) nach § 21 Absatz 1, soweit nachträglich ausgeschlossen werden kann, dass ein informationstechnischer Angriff einer fremden Macht vorgelegen hat,
2. Auslesen technischer Spuren informationstechnischer Angriffe nach § 17 Absatz 1, wenn nachträglich ausgeschlossen werden kann, dass ein Angriff einer fremden Macht vorgelegen hat, und
3. besondere Befugnisse, deren Einsatz nur unter den zusätzlichen Voraussetzungen mindestens des § 8 Absatz 3 zulässig sind.

Eine Mitteilungspflicht besteht nicht über den Einsatz menschlicher Quellen. Eine Mitteilung erfolgt nur an Personen nach § 7.

(2) Die Mitteilung nach Absatz 1 kann zurückgestellt werden, solange
1. eine Gefährdung des Zwecks der Maßnahme nicht ausgeschlossen werden kann oder
2. der Eintritt übergreifender Nachteile für das Wohl des Bundes oder eines Landes absehbar ist.

(3) Erfolgt die nach Absatz 2 zurückgestellte Mitteilung nicht binnen zwölf Monaten nach Beendigung der Maßnahme, bedarf die weitere Zurückstellung einer gerichtlichen Zustimmung. Das Gericht bestimmt die Dauer der weiteren Zurückstellung. Mit gerichtlicher Zustimmung kann endgültig von einer Mitteilung abgesehen werden, wenn
1. ine der Voraussetzungen der Zurückstellung auch nach fünf Jahren nach Beendigung der Maßnahme noch vorliegt und
2. sie mit an Sicherheit grenzender Wahrscheinlichkeit auch in Zukunft vorliegt.

(4) Von einer Mitteilung nach Absatz 1 kann der Militärische Abschirmdienst mit gerichtlicher Zustimmung absehen, wenn
1. aufgrund der Umstände des jeweiligen Einzelfalls zum Zeitpunkt der Begründung der Mitteilungspflicht mit an Sicherheit grenzender Wahrscheinlichkeit feststeht, dass die Voraussetzungen der Zurückstellung dauerhaft vorliegen, oder
2. tatsächliche Anhaltspunkte dafür bestehen, dass eine Mitteilung für die betroffene Person mit nachteiligen Folgen verbunden wäre.

(5) Wurden Daten, die auf Grundlage der besonderen Befugnis erhoben wurden, an eine andere Stelle übermittelt, erfolgt die Mitteilung im Benehmen mit der empfangenden Stelle.

Abschnitt 3 **Weitere Befugnisse**

§ 24 Automatisierter Abruf aus dem Personalwirtschaftssystem

(1) Der Militärische Abschirmdienst darf zur Feststellung, ob eine Person dem Geschäftsbereich des Bundesministeriums der Verteidigung angehört oder in ihm tätig ist, zu dieser Person folgende Daten automatisiert aus dem Personalwirtschaftssystem der Bundeswehr abrufen:
1. den Familiennamen,

2. den Vornamen,
3. frühere Namen,
4. das Geburtsdatum,
5. die Personenkennziffer oder Personalnummer,
6. den Wohnort und weitere Adressmerkmale,
7. das Dienst- oder Arbeitsverhältnis,
8. das Eintrittsdatum,
9. die Amtsbezeichnung oder den Dienstgrad,
10. die Dienststellennummer und
11. das Dienstzeitende.

(2) Liegen tatsächliche Anhaltspunkte vor, die den Verdacht einer Bestrebung oder einer Tätigkeit begründen, darf der Militärische Abschirmdienst zur Aufgabenerfüllung erforderliche Daten aus dem Personalwirtschaftssystem der Bundeswehr automatisiert abrufen.

(3) Die Verantwortung für den einzelnen Abruf trägt der Militärische Abschirmdienst. Er regelt in einer Dienstvorschrift
1. den Kreis der zum Abruf berechtigten Angehörigen des Militärischen Abschirmdienstes,
2. das bei einem Abruf zu beachtende Verfahren,
3. die bei einem Abruf einzeln oder kumulativ einzugebenden Daten einschließlich der Suche mit unvollständigen Angaben,
4. die Begrenzung der aufgrund eines Abrufs zu übermittelnden Personendatensätze auf das für eine Bearbeitung notwendige Maß,
5. die Löschung der auf einen Abruf übermittelten, aber nicht mehr benötigten Daten und
6. die Protokollierung aller Abrufe und die Kontrolle.

§ 25 Besondere Eigensicherungsbefugnisse

(1) Der Militärische Abschirmdienst darf zur Erfüllung seiner Aufgabe nach § 2 Absatz 4 zur Eigensicherung Befugnisse nach Maßgabe der folgenden Absätze nutzen.

(2) Der Militärische Abschirmdienst darf Personen, die seine Dienststellen, Grundstücke und sonstigen Einrichtungen (Eigensicherungsbereich) betreten oder sich dort aufhalten, und von diesen Personen mitgeführte Taschen und sonstige Gegenstände sowie von diesen Personen genutzte Fahrzeuge
1. verdachtsunabhängig kontrollieren sowie
2. durchsuchen, wenn tatsächliche Anhaltspunkte für sicherheitsgefährdende oder geheimdienstliche Tätigkeiten vorliegen.

(3) Eine Kontrolle nach Absatz 2 Nummer 1 ist die oberflächliche Suche nach Gegenständen an Personen, an oder in Taschen, mitgeführten Gegenständen und Fahrzeugen, auch unter Einsatz technischer Mittel, ohne dass ein Körperkontakt mit der betroffenen Person stattfindet. Eine Durchsuchung nach Absatz 2 Nummer 2 ist die zielgerichtete und planmäßige Suche, auch unter Einsatz technischer Mittel,
1. am äußeren Körper der betroffenen Person,
2. in Kleidung und Taschen der betroffenen Person,
3. an und in Fahrzeugen einschließlich der dort befindlichen Gegenstände der betroffenen Person sowie
4. in sonstigen Gegenständen der betroffenen Person, die zur unbefugten Verbringung von amtlichen Informationen geeignet sind.

(4) Gegenstände, die sich im Eigensicherungsbereich befinden, darf der Militärische Abschirmdienst sicherstellen und untersuchen, wenn
1. tatsächliche Anhaltspunkte dafür vorliegen, dass sie für eine sicherheitsgefährdende oder geheimdienstliche Tätigkeit verwendet werden oder mit solchen Tätigkeiten gewonnen worden sind, oder
2. diese keiner bestimmten Person zuzuordnen sind und die Sicherstellung und Untersuchung zum Schutz vor einer sicherheitsgefährdenden oder geheimdienstlichen Tätigkeit erforderlich ist.

Bei Geräten der Informations- und Kommunikationstechnik umfasst das Untersuchen auch das Eingreifen mit technischen Mitteln sowie das Verarbeiten der auf dem Gerät gespeicherten Informationen einschließlich personenbezogener Daten.

(5) Personen, die sich im Eigensicherungsbereich aufhalten, sind verpflichtet, Maßnahmen nach den Absätzen 2 und 4 zu dulden. Entziehen sich Personen Maßnahmen nach den Absätzen 2 und 4 im Eigensicherungsbereich, darf der Militärische Abschirmdienst die Maßnahmen auch noch in unmittelbarer Nähe des Eigensicherungsbereichs vornehmen.

(6) Der Militärische Abschirmdienst darf optisch-elektronische Einrichtungen zur offenen Überwachung des Eigensicherungsbereichs nach Maßgabe einer Dienstvorschrift einsetzen. In der Dienstvorschrift sind die Voraussetzungen, das Verfahren und die Grenzen der Maßnahme zu regeln. Eine Überwachung höchstpersönlich genutzter Räume ist unzulässig.

(7) Liegen tatsächliche Anhaltspunkte vor, dass dies zur Aufgabenerfüllung nach § 2 Absatz 4 erforderlich ist, darf der Militärische Abschirmdienst besondere Befugnisse nach Abschnitt 2 einsetzen. Beim Einsatz besonderer Befugnisse zum Zwecke der Eigensicherung gilt Folgendes:
1. der Einsatz von besonderen Befugnissen mit erheblicher Eingriffsintensität, die nur unter den zusätzlichen Voraussetzungen des § 8 Absatz 2 zulässig sind, ist nur dann gerechtfertigt, wenn auf Grundlage tatsächlicher Anhaltspunkte der Einsatz dieser Befugnis zur Aufklärung von Personen erforderlich ist, deren Handeln auf Ausübung von Gewalt gegen Personen oder Sachen von bedeutendem Wert gerichtet ist,
2. der Einsatz von besonderen Befugnissen mit besonders erheblicher Eingriffsintensität, die nur unter den zusätzlichen Voraussetzungen des § 8 Absatz 3 zulässig sind, ist nur dann gerechtfertigt, wenn auf Grundlage tatsächlicher Anhaltspunkte der Einsatz dieser Befugnis zur Aufklärung von Personen erforderlich ist, die der Vorbereitung oder Begehung von Straftaten verdächtigt werden, die nach deutschem Strafrecht im Höchstmaß mit Freiheitsstrafe von mindestens fünf Jahren bedroht sind.

§ 26 Verfahren für den Einsatz der Eigensicherungsbefugnisse

(1) Maßnahmen nach § 25 Absatz 2 Nummer 2 und Absatz 4 bedürfen der Anordnung der für die Eigensicherung zuständigen Abteilungsleitung oder einer von ihr bestimmten Vertretung. Maßnahmen nach § 25 Absatz 6 bedürfen der Anordnung der Leitung des Militärischen Abschirmdienstes oder einer von ihr bestimmten Vertretung.

(2) Ist eine Anordnung nach Absatz 1 Satz 1 aufgrund besonderer Eilbedürftigkeit nicht rechtzeitig zu erlangen, kann die Maßnahme auch ohne vorherige Anordnung durchgeführt werden, wenn ansonsten der Zweck der Maßnahme vereitelt oder wesentlich erschwert würde. Bei informationstechnischen Speichern und Systemen

der Informations- und Kommunikationstechnik darf in diesen Fällen lediglich das betroffene Gerät sichergestellt werden. Die Anordnung ist unverzüglich nachzuholen. Wird die Anordnung nach Absatz 1 Satz 1 nicht nachgeholt, so hat der Militärische Abschirmdienst unverzüglich bereits erhobene Daten zu löschen und sichergestellte Gegenstände an die betroffene Person herauszugeben.

(3) Sichergestellte Gegenstände sind unverzüglich an die betroffene Person herauszugeben, sobald der Zweck der Sicherstellung entfällt. Satz 1 gilt nicht, wenn die Gegenstände zur Einleitung oder Durchführung eines strafrechtlichen Ermittlungsverfahrens an die Strafverfolgungsbehörden weitergegeben werden müssen.

(4) Bei Maßnahmen nach § 25 Absatz 2 Nummer 2 hat die betroffene Person das Recht, anwesend zu sein. Über eine Durchsuchung nach § 25 Absatz 2 Nummer 2 oder eine Sicherstellung nach § 25 Absatz 4 Satz 1 ist der betroffenen Person auf Verlangen eine Bescheinigung über die Maßnahme und den Grund der Maßnahme zu erteilen. Maßnahmen nach § 25 Absatz 4, die in Abwesenheit der betroffenen Person durchgeführt worden sind, sind ihr schriftlich mitzuteilen, wenn hierdurch nicht der Zweck der Maßnahme gefährdet wird.

(5) Bei der Untersuchung von informationstechnischen Speichern sowie Systemen der Informations- und Kommunikationstechnik, die nicht ausschließlich zur dienstlichen Nutzung überlassen wurden, ist sicherzustellen, dass an dem Gerät nur Veränderungen vorgenommen werden, die für die Datenverarbeitung unerlässlich sind. Vorgenommene Veränderungen sind bei Beendigung der Maßnahme, soweit technisch möglich, rückgängig zu machen. Sichergestellte Telekommunikationsendgeräte sind abweichend von Absatz 3 Satz 1 unabhängig von dem Abschluss der Maßnahmen nach § 25 Absatz 4 spätestens nach zwei Wochen an die betroffene Person herauszugeben. Macht die betroffene Person in den Fällen des Satzes 3 Gründe glaubhaft, nach denen für sie eine Aufrechterhaltung der Sicherstellung nicht zumutbar ist, so ist das Telekommunikationsendgerät innerhalb von 48 Stunden nach Darlegung der Gründe an die betroffene Person zurückzugeben. Der Militärische Abschirmdienst darf vor der Rückgabe ein Abbild der auf dem Gerät gespeicherten Informationen einschließlich personenbezogener Daten zur Datensicherung erzeugen.

(6) Der Militärische Abschirmdienst kann zur Durchsetzung von Maßnahmen gegenüber Personen, die nach § 25 Absatz 5 duldungspflichtig sind, folgende Mittel anwenden:

1. unmittelbare Einwirkung auf die betroffene Person oder Gegenstände (körperliche Gewalt) oder Hilfsmittel der körperlichen Gewalt; eine Fesselung der betroffenen Person ist nur dann zulässig, wenn tatsächliche Anhaltspunkte die Annahme rechtfertigen, dass sie die mit der Durchsetzung der Maßnahme beauftragten Personen oder Dritte angreifen, Widerstand leisten oder sich der Kontrolle entziehen wird,
2. unmittelbare Einwirkung auf Gegenstände mittels körperlicher Gewalt oder durch Hilfsmittel der körperlichen Gewalt.

Mittel nach Satz 1 dürfen nur durch besonders qualifizierte und geschulte Personen angewandt werden, die durch die Leitung des Militärischen Abschirmdienstes hierzu besonders ermächtigt wurden.

(7) Widerspruch und Anfechtungsklage gegen Maßnahmen nach § 25 haben keine aufschiebende Wirkung.

(8) Im Fall des Einsatzes besonderer Befugnisse nach § 25 Absatz 7 gelten die §§ 22 und 23 entsprechend.

§ 27 Weitere Befugnisse im Ausland

(1) Auf dem Hoheitsgebiet eines Bündnispartners oder eines sonstigen Verbündeten stehen dem Militärischen Abschirmdienst Befugnisse nach diesem Gesetz nur im Einvernehmen mit diesem Staat zu.

(2) Liegen tatsächliche Anhaltspunkte vor, dass dies zur Aufgabenerfüllung nach § 2 Absatz 1 außerhalb des deutschen Hoheitsgebietes erforderlich ist, gelten für den Einsatz besonderer Befugnisse die zusätzlichen Voraussetzungen des § 8 Absatz 2 bis 4 nur gegenüber deutschen Staatsangehörigen.

(3) Liegen tatsächliche Anhaltspunkte vor, dass dies zur Aufgabenerfüllung nach § 2 Absatz 5 erforderlich ist, darf der Militärische Abschirmdienst besondere Befugnisse nach Abschnitt 2 einsetzen. Beim Einsatz besonderer Befugnisse gilt gegenüber deutschen Staatsangehörigen im Ausland Folgendes:
1. der Einsatz von besonderen Befugnissen mit erheblicher Eingriffsintensität, die nur unter den zusätzlichen Voraussetzungen des § 8 Absatz 2 zulässig sind, ist nur dann gerechtfertigt, wenn auf Grundlage tatsächlicher Anhaltspunkte der Einsatz dieser Befugnis zur Aufklärung von Personen erforderlich ist, deren Handeln auf die Ausübung von Gewalt gegen Personen oder Sachen von bedeutendem Wert gerichtet ist,
2. der Einsatz von besonderen Befugnissen mit besonders erheblicher Eingriffsintensität, die nur unter den zusätzlichen Voraussetzungen des § 8 Absatz 3 zulässig sind, ist nur dann gerechtfertigt, wenn auf Grundlage tatsächlicher Anhaltspunkte der Einsatz dieser Befugnis zur Aufklärung von Personen erforderlich ist, die Straftaten vorbereiten oder begehen, die nach deutschem Strafrecht im Höchstmaß mit Freiheitsstrafe von mindestens fünf Jahren bedroht sind,
3. der Einsatz von besonderen Befugnissen mit äußerst erheblicher Eingriffsintensität, die nur unter den zusätzlichen Voraussetzungen des § 8 Absatz 4 zulässig sind, ist nur dann gerechtfertigt, wenn der Einsatz der Befugnis im Einzelfall zur Abwehr einer dringenden Gefahr für Leib, Leben oder Freiheit einer Person oder für Sachen von bedeutendem Wert, deren Erhaltung im besonderen öffentlichen Interesse geboten ist, erforderlich ist.

Abschnitt 4 **Schranken**

§ 28 Schutz des Kernbereichs privater Lebensgestaltung

(1) Die Datenerhebung zur Erlangung von Erkenntnissen über den Kernbereich privater Lebensgestaltung (kernbereichsrelevante Informationen) ist unzulässig. Eine Maßnahme ist unzulässig, soweit tatsächliche Anhaltspunkte dafür vorliegen, dass durch sie allein kernbereichsrelevante Informationen gewonnen werden würden. Bei einer Planung von Einsatzumständen ist darauf hinzuwirken, dass die Erlangung kernbereichsrelevanter Informationen vermieden wird.

(2) Der Einsatz technischer Mittel zur Wohnraumüberwachung nach § 11 Absatz 1 ist nur zulässig, wenn tatsächliche Anhaltspunkte die Annahme rechtfertigen, dass durch die Überwachung Informationen, die dem Kernbereich privater Lebensgestaltung zuzurechnen sind, nicht erhoben werden.

(3) Bei der Asservatenauswertung nach § 16 Absatz 2 Satz 1 ist der informationstechnische Speicher der Aufsichtsperson zur Durchführung einer Vorprüfung vorzu-

legen, soweit nach den Umständen des Einzelfalles zu erwarten ist, dass der informationstechnische Speicher Informationen enthält, die
1. kernbereichsrelevant sind oder
2. den Verarbeitungsbeschränkungen nach § 16 Absatz 2 Satz 4 unterliegen.
Aufsichtsperson ist eine von der Leitung des Militärischen Abschirmdienstes damit besonders beauftragte Person, die die Befähigung zum Richteramt hat und die in dieser Funktion keinen Weisungen unterliegt.

(4) Ergeben sich während der Durchführung einer Maßnahme tatsächliche Anhaltspunkte dafür, dass kernbereichsrelevante Informationen erfasst werden, so ist die Maßnahme zu unterbrechen. Die Fortführung ist nur zulässig, wenn und solange dies zum Schutz von Leib, Leben oder Freiheit einer eingesetzten Person oder ihrer weiteren Einsetzbarkeit erforderlich ist. Die Unterbrechung und eine Fortführung nach Satz 2 sind unter Angabe der Gründe zu dokumentieren. Beim Einsatz technischer Mittel dürfen automatische Aufzeichnungen ohne unmittelbare Kenntnisnahme fortgesetzt werden, wenn Zweifel am Vorliegen kernbereichsrelevanter Informationen bestehen.

(5) Bestehen Zweifel, ob bei einer Maßnahme kernbereichsrelevante Informationen gewonnen worden sind, entscheidet die Aufsichtsperson. Aufzeichnungen nach Absatz 4 Satz 3 sind der Aufsichtsperson unverzüglich vorzulegen. Die Aufzeichnungen und sonstigen Informationen, bei denen Zweifel zur Kernbereichsrelevanz bestehen, dürfen nur mit ihrer Zustimmung verwendet werden.

(6) Alle nach § 11 erhobenen Daten müssen dem nach § 45 Absatz 1 zuständigen Gericht unverzüglich und vor Kenntnisnahme durch den Militärischen Abschirmdienst zur Überprüfung vorgelegt werden, ob sie kernbereichsrelevante Informationen enthalten.

(7) Hat der Militärische Abschirmdienst kernbereichsrelevante Informationen gewonnen, so dürfen diese Daten nicht verwendet werden; sie sind unverzüglich zu löschen. Die Tatsache ihrer Erhebung und Löschung ist zu protokollieren. Die Protokolldaten dürfen ausschließlich für Zwecke der Datenschutzkontrolle verwendet werden. Im Falle der Mitteilung an die betroffene Person nach § 23 Absatz 1 erfolgt die Löschung sechs Monate nach der Mitteilung. Wird nach § 23 Absatz 3 Satz 3 oder § 23 Absatz 4 endgültig von einer Mittelung abgesehen, erfolgt die Löschung sechs Monate nach dem abschließenden Absehen von der Mitteilung. In allen anderen Fällen erfolgt die Löschung am Ende des zweiten Kalenderjahres, das dem Kalenderjahr der Protokollierung folgt.

§ 29 Schutz von zeugnisverweigerungsberechtigten Berufsgeheimnisträgerinnen und Berufsgeheimnisträgern

(1) Eine Maßnahme gegen eine Rechtsanwältin oder einen Rechtsanwalt, einen Kammerrechtsbeistand oder eine Berufsgeheimnisträgerin oder einen Berufsgeheimnisträger, die oder der in § 53 Absatz 1 Satz 1 Nummer 1, 2 oder 4 der Strafprozessordnung genannt ist, ist unzulässig, wenn sie voraussichtlich Informationen erbringen würde, über die diese Person das Zeugnis verweigern dürfte.

(2) Bei einer Maßnahme gegen in § 53 Absatz 1 Satz 1 Nummer 3 bis 3b oder Nummer 5 der Strafprozessordnung genannte Berufsgeheimnisträgerinnen oder Berufsgeheimnisträger, bei der voraussichtlich Erkenntnisse erlangt würden, über die diese Person das Zeugnis verweigern dürfte, sind das öffentliche Interesse an den von dieser Person wahrgenommenen Aufgaben und das Interesse an der Geheim-

haltung der dieser Person anvertrauten oder bekannt gewordenen Tatsachen zu berücksichtigen. Die Maßnahme ist nur zulässig, wenn sie
1. unter den zusätzlichen Voraussetzungen mindestens von § 8 Absatz 2 erfolgt und
2. keinen Nachteil herbeiführt, der erkennbar außer Verhältnis zu dem beabsichtigten Erfolg steht.

Für Rechtsanwältinnen oder Rechtsanwälte und Kammerrechtsbeistände gilt Absatz 1.

(3) Die Absätze 1 und 2 sind auf die in § 53a der Strafprozessordnung genannten Personen entsprechend anzuwenden.

(4) Die Absätze 1 bis 3 sind nicht anzuwenden, wenn die Maßnahme wegen tatsächlicher Anhaltspunkte dafür, dass die Person an den Bestrebungen oder Tätigkeiten beteiligt ist, durchgeführt wird.

(5) Hat der Militärische Abschirmdienst von einer in den Absätzen 1 bis 3 genannten Person Informationen gewonnen, die von ihr nach den Absätzen 1 bis 4 nicht gezielt erhoben werden dürfen, gilt § 28 Absatz 7 entsprechend. Bestehen Zweifel, ob die Information hätte gezielt erhoben werden dürfen, gilt § 28 Absatz 5 entsprechend.

Teil 3 **Übermittlungen**

§ 30 Übermittlungsverbote

(1) Eine Übermittlung unterbleibt, wenn
1. erkennbar ist, dass unter Berücksichtigung der Art der Informationen und ihrer Erhebung die schutzwürdigen Interessen der betroffenen Person das Interesse des Empfängers an der Übermittlung überwiegen,
2. überwiegende Sicherheitsinteressen, insbesondere Gründe des Schutzes menschlicher Quellen oder des Schutzes operativer Maßnahmen, dies erfordern oder
3. besondere gesetzliche Regelungen entgegenstehen oder die zu übermittelnden Daten nicht der Verfügungsberechtigung des Militärischen Abschirmdienstes unterliegen; die Verpflichtung zur Wahrung gesetzlicher Geheimhaltungspflichten oder von Berufs- oder besonderen Amtsgeheimnissen, die nicht auf gesetzlichen Vorschriften beruhen, bleibt unberührt.

Der Bezug einer Information zum Aufgabenbereich des Militärischen Abschirmdienstes stellt als solcher keinen Grund nach Satz 1 dar.

(2) Sofern Gründe nach Absatz 1 Satz 1 einer Übermittlung nach diesem Abschnitt entgegenstehen, sind diese aktenkundig zu machen.

§ 31 Übermittlung an inländische öffentliche Stellen zur Gefahrenabwehr

(1) Der Militärische Abschirmdienst darf personenbezogene Daten an eine inländische öffentliche Stelle übermitteln, soweit dies im Einzelfall aufgrund tatsächlicher Anhaltspunkte zur Abwehr einer zumindest konkretisierten Gefahr für ein besonders gewichtiges Rechtsgut erforderlich ist. Im Fall einer unmittelbar bevorstehenden Gefahr oder einer im Einzelfall bestehenden Gefahr, die von einer Bestrebung oder Tätigkeit ausgeht, ist der Militärische Abschirmdienst zur Übermittlung verpflichtet.

(2) Eine konkretisierte Gefahr nach Absatz 1 Satz 1 liegt vor, wenn sich der zum Schaden führende Kausalverlauf zwar noch nicht mit hinreichender Wahrscheinlichkeit vorhersehen lässt, aber bereits tatsächliche Anhaltspunkte im Einzelfall auf die Entstehung einer konkreten Gefahr für ein besonders gewichtiges Rechtsgut hinweisen.

(3) Besonders gewichtige Rechtsgüter nach Absatz 1 sind:
1. die freiheitliche demokratische Grundordnung, einschließlich des Gedankens der Völkerverständigung und des friedlichen Zusammenlebens der Völker,
2. der Bestand und die Sicherheit des Bundes, der Länder sowie überstaatlicher und internationaler Organisationen, denen die Bundesrepublik Deutschland angehört,
3. sonstige Güter der Allgemeinheit, deren Bedrohung die Grundlagen der Existenz der Menschen berührt, Sachen von bedeutendem Wert und bedeutende Vermögenswerte, deren Erhaltung im besonderen öffentlichen Interesse geboten ist,
4. das Leben sowie bei einer erheblichen Gefährdung im Einzelfall die körperliche Integrität und die Freiheit einer Person.

(4) Der Militärische Abschirmdienst darf die durch eine Maßnahme nach § 11 Absatz 1 erlangten personenbezogenen Daten an eine inländische öffentliche Stelle zur Gefahrenabwehr nur übermitteln, soweit dies zur Abwehr einer dringenden Gefahr für ein in Absatz 3 genanntes Rechtsgut erforderlich ist.

§ 32 Übermittlung an inländische öffentliche Stellen zum administrativen Rechtsgüterschutz

(1) Der Militärische Abschirmdienst darf personenbezogene Daten an eine inländische öffentliche Stelle übermitteln, soweit dies aufgrund tatsächlicher Anhaltspunkte im Einzelfall zum Schutz besonders gewichtiger Rechtsgüter im Sinne des § 31 Absatz 3 erforderlich ist
1. zur Überprüfung der Verfassungstreue von Bewerberinnen und Bewerbern und Beschäftigten des öffentlichen Dienstes sowie von Reservistinnen und Reservisten nach § 1 des Reservistengesetzes,
2. zur Vorbereitung oder Durchführung einer Maßnahme nach dem Vereinsgesetz,
3. zur Vorbereitung oder Stellung eines Antrags nach Artikel 18 Satz 2 des Grundgesetzes,
4. zur Vorbereitung oder Stellung eines Antrags nach Artikel 21 Absatz 4 des Grundgesetzes,
5. zur Durchführung einer Eignungs- oder Zuverlässigkeitsüberprüfung,
   a) die gesetzlich vorgesehen ist, insbesondere nach dem Waffenrecht, Jagdrecht, Sprengstoffrecht, Atomrecht, Luftsicherheitsrecht, Außenwirtschaftsrecht, Sicherheitsgewerberecht, Aufenthaltsrecht oder Staatsangehörigkeitsrecht oder den Sicherheitsüberprüfungsgesetzen, oder
   b) die für gesetzliche Aufgaben des Objekt- oder Personenschutzes erforderlich ist,
6. zur Vorbereitung oder Durchführung der Aufhebung eines begünstigenden Verwaltungsakts, der aufgrund einer Überprüfung im Sinne von Nummer 5 erlassen wurde,
7. zur Wahrnehmung von gesetzlichen Befugnissen des Empfängers beim aufsichtlichen Schutz vor missbräuchlicher Nutzung von Einrichtungen und Dienstleistungen der Unternehmen im Finanzsektor in Bezug auf Terrorismusfinanzierung,

8. zur Vorbereitung oder Durchführung der Strafvollstreckung, einschließlich der Vollzugsplanung, gegen die unmittelbar betroffene Person oder zur Gewährleistung der Sicherheit des Vollzugs freiheitsentziehender Maßnahmen gegen Gefährdungen durch diese Person, oder
9. zur Durchsetzung von im Bereich der Gemeinsamen Außen- und Sicherheitspolitik der Europäischen Union beschlossenen wirtschaftlichen Sanktionsmaßnahmen.

In den Fällen des Satzes 1 Nummer 1 und 9 oder auf ein Ersuchen einer zuständigen Stelle im Rahmen eines gesetzlich besonders geregelten Anfrageverfahrens ist der Militärische Abschirmdienst zu der Übermittlung verpflichtet.

(2) Der Militärische Abschirmdienst darf personenbezogene Daten an eine inländische öffentliche Stelle zur Vorbereitung, Durchführung oder Überprüfung einer begünstigenden Maßnahme übermitteln, wenn dies aufgrund tatsächlicher Anhaltspunkte im Einzelfall zum Schutz besonders gewichtiger Rechtsgüter im Sinne des § 31 Absatz 3 erforderlich ist. Auf ein Ersuchen einer zuständigen Stelle ist der Militärische Abschirmdienst zu einer Übermittlung nach Satz 1 verpflichtet.

(3) § 31 Absatz 4 bleibt unberührt.

§ 33 Übermittlung an Strafverfolgungsbehörden zur Strafverfolgung

(1) Der Militärische Abschirmdienst übermittelt personenbezogene Daten an eine zuständige inländische Strafverfolgungsbehörde, wenn bestimmte Tatsachen den Verdacht einer besonders schweren Straftat begründen und soweit die Daten zur Verfolgung dieser Straftat erforderlich sind.

(2) Eine besonders schwere Straftat nach Absatz 1 ist eine Straftat, die im Höchstmaß mit Freiheitsstrafe von mehr als fünf Jahren bedroht ist.

(3) Abweichend von Absatz 1 übermittelt der Militärische Abschirmdienst personenbezogene Daten, die er durch eine Maßnahme nach § 11 Absatz 1 Satz 1 erhoben hat, an eine im Einzelfall für die Strafverfolgung zuständige Behörde, wenn tatsächliche Anhaltspunkte den Verdacht einer in § 100b Absatz 2 der Strafprozessordnung bezeichneten Straftat begründen und soweit die Daten zur Verfolgung dieser Straftat erforderlich sind. Eine Übermittlung von personenbezogenen Daten, die der Militärische Abschirmdienst durch eine Maßnahme nach § 11 Absatz 1 Satz 2 erhoben hat, ist nicht zulässig.

§ 34 Übermittlung an inländische öffentliche Stellen ohne belastende Maßnahmen mit Außenwirkung

(1) Der Militärische Abschirmdienst darf personenbezogene Daten an eine inländische öffentliche Stelle übermitteln, wenn dies aufgrund tatsächlicher Anhaltspunkte zur eigenen Aufklärung einer Bestrebung oder Tätigkeit, insbesondere zur Vorbereitung oder Konkretisierung eines Auskunftsersuchens, erforderlich ist. Darf der Militärische Abschirmdienst eine besondere Befugnis nur unter den Voraussetzungen mindestens des § 8 Absatz 2 einsetzen, so darf er die durch den Einsatz dieser besonderen Befugnis erhobenen personenbezogenen Daten nach Satz 1 nur zur Aufklärung einer ebenso qualifizierten Bestrebung oder Tätigkeit übermitteln.

(2) Der Militärische Abschirmdienst darf personenbezogene Daten an inländische öffentliche Stellen übermitteln, wenn dies aufgrund tatsächlicher Anhaltspunkte im Einzelfall zum Schutz besonders gewichtiger Rechtsgüter im Sinne des § 31 Absatz 3 vor Bestrebungen oder Tätigkeiten für Aufgaben erforderlich ist, die die emp-

fangende Stelle ohne unmittelbar außenwirksame Maßnahmen zu Lasten der betroffenen Person wahrnimmt. Liegen die Voraussetzungen nach den §§ 31 und 32 nicht vor, darf der Empfänger die übermittelten Daten nicht für Maßnahmen nutzen, die die betroffene Person mit unmittelbarer Außenwirkung belasten.

§ 35 Übermittlung an inländische nichtöffentliche Stellen

(1) Eine Übermittlung personenbezogener Daten an inländische nichtöffentliche Stellen ist unzulässig, es sei denn, es bestehen im Einzelfall tatsächliche Anhaltspunkte dafür, dass die Übermittlung zum Schutz besonders gewichtiger Rechtsgüter im Sinne des § 31 Absatz 3 erforderlich ist

1. zur Aufklärung einer Bestrebung oder Tätigkeit durch den Militärischen Abschirmdienst, insbesondere zur Vorbereitung oder Konkretisierung eines Auskunftsersuchens,
2. zur Abwendung einer zumindest konkretisierten Gefahr für ein besonders gewichtiges Rechtsgut,
3. zur Erreichung eines der folgenden Zwecke:
   a) Schutz lebenswichtiger und verteidigungsrelevanter Einrichtungen und kritischer Infrastrukturen,
   b) Schutz der Sicherheit in der Informationstechnik gegen erhebliche Gefährdungen,
   c) Schutz rechtlich gewährleisteter Geheimnisse,
   d) wissenschaftliche Erforschung und Bewertung von Bestrebungen und Tätigkeiten nach § 2 Absatz 1 Satz 1,
   e) Schutz konkreter Präventions-, Ausstiegs- oder Deradikalisierungsprojekte, die finanziell oder organisatorisch mit öffentlichen Stellen kooperieren,
   f) Schutz des Kindeswohls bei der Erbringung von Leistungen und Erfüllung der Aufgaben der Kinder- und Jugendhilfe,
   g) Schutz der gesetzlichen Erziehungs- und Bildungsziele der Schulen und der Einrichtungen der Kindertagesbetreuung,
   h) Schutz der zweckgemäßen Verwendung öffentlicher Fördermittel oder sonstiger öffentlicher Vorteilszuwendungen.

(2) Eine nichtöffentliche Stelle, die personenbezogene Daten nach Absatz 1 Nummer 3 Buchstabe a bis g erhalten hat, darf diese Daten für Handlungen, die für die betroffene Person eine nachteilige rechtliche Wirkung entfalten oder diese Person in anderer Weise erheblich beeinträchtigen, nur verwenden, wenn dies zur Abwendung einer zumindest konkretisierten Gefahr für ein besonders gewichtiges Rechtsgut im Sinne des § 31 Absatz 3 erforderlich ist und der Militärische Abschirmdienst zustimmt. Bei einer unmittelbar bevorstehenden Gefahr ist die vorherige Zustimmung des Militärischen Abschirmdienstes entbehrlich. Die nichtöffentliche Stelle hat den Militärischen Abschirmdienst unverzüglich über ihre Handlungen und deren Anlass zu unterrichten.

§ 36 Minderjährigenschutz bei Inlandsübermittlungen

Der Militärische Abschirmdienst darf personenbezogene Daten, die sich auf das Verhalten Minderjähriger beziehen, nur in den folgenden Fällen übermitteln:

1. zur Abwehr einer Gefahr nach § 31 Absatz 1 Satz 1,
2. zum administrativen Rechtsgüterschutz nach § 32 Absatz 1 Satz 1 Nummer 1 und 8 oder
3. zur Verfolgung einer besonders schweren Straftat nach § 33.

§ 37 Weiterverarbeitung durch die empfangende Stelle

(1) Die empfangende Stelle prüft, ob die nach den §§ 31 bis 36 übermittelten personenbezogenen Daten für die Erfüllung ihrer Aufgaben erforderlich sind. Ergibt die Prüfung, dass die Daten nicht erforderlich sind, hat sie sie zu löschen. Die Löschung kann unterbleiben, wenn die Trennung von anderen Informationen, die zur Erfüllung der Aufgaben erforderlich sind, nicht oder nur mit unvertretbarem Aufwand möglich ist. Die empfangende Stelle darf die Daten, die für die Erfüllung ihrer Aufgaben nicht erforderlich sind, jedoch nicht nutzen.

(2) Die empfangende Stelle darf die übermittelten Daten, soweit gesetzlich nicht etwas anderes bestimmt ist, nur verarbeiten
1. zu dem Zweck, zu dem sie ihr übermittelt wurden, oder
2. zu einem anderen Zweck, wenn sie ihr auch zu diesem Zweck übermittelt werden dürften unter der Voraussetzung, dass der Militärische Abschirmdienst der Verarbeitung zu dem abgeänderten Zweck für den Einzelfall oder für eine Reihe gleichgelagerter Fälle zugestimmt hat.

Der Militärische Abschirmdienst hat die empfangende Stelle auf den Zweck der Übermittlung und die Zweckbindung nach Satz 1 hinzuweisen. Dies gilt nicht für Übermittlungen im Rahmen verdeckter Ermittlungen. Die empfangende Stelle ist verpflichtet, dem Militärischen Abschirmdienst auf dessen Verlangen Auskunft über die weitere Verarbeitung der übermittelten personenbezogenen Daten zu geben.

(3) Hat die Übermittlung personenbezogener Daten in einem Verfahren zur vorbeugenden Personenüberprüfung nachteilige Folgen für die betroffene Person, so schließt das Auskunftsrecht der betroffenen Person auch das Recht auf Auskunft ein, dass die Folge durch eine Übermittlung des Militärischen Abschirmdienstes veranlasst ist.

§ 38 Übermittlung an ausländische sowie über- und zwischenstaatliche Stellen

(1) Der Militärische Abschirmdienst darf personenbezogene Daten an ausländische öffentliche Stellen sowie an über- und zwischenstaatliche Stellen zur Weiterverarbeitung ohne Folgemaßnahmen mit unmittelbarer Außenwirkung übermitteln, wenn dies aufgrund tatsächlicher Anhaltspunkte im Einzelfall zum Schutz besonders gewichtiger Rechtsgüter im Sinne des § 31 Absatz 3 oder zum Schutz der Sicherheit eines anderen Staates oder einer über- und zwischenstaatlichen Einrichtung erforderlich ist. Eine Übermittlung zum Schutz eines anderen Staates oder zur Aufklärung von Staatsschutzdelikten, die gegen einen anderen Staat begangen worden sind, ist unbeschadet des Absatzes 2 nur zulässig, wenn in dem anderen Staat die grundlegenden demokratischen und rechtsstaatlichen Prinzipien sowie die elementaren Menschenrechte gewährleistet sind.

(2) Die Übermittlung unterbleibt, wenn folgende Belange entgegenstehen:
1. besondere gesetzliche Regelungen zur Verarbeitung personenbezogener Daten oder eine fehlende Verfügungsberechtigung des Militärischen Abschirmdienstes über die zu übermittelnden Daten,
2. wesentliche auswärtige Belange der Bundesrepublik Deutschland oder
3. überwiegende schutzwürdige Interessen einer Person.

Überwiegende schutzwürdige Interessen stehen insbesondere entgegen, wenn Leib, Leben oder Freiheit einer Person oder sonstige elementare Menschenrechte gefährdet würden oder Verletzungen von elementaren rechtsstaatlichen Grundsätzen drohen. Bei der Prüfung, ob eine Übermittlung zu unterbleiben hat, berücksichtigt der Militärische Abschirmdienst insbesondere den bisherigen Umgang des Empfängers mit übermittelten Daten und die Gewährleistung eines zum Schutz der Menschenrechte angemessenen Datenschutzes. Ein die elementaren Menschenrechte wahrender Umgang mit den übermittelten Daten ist insbesondere dann nicht gewährleistet, wenn zu besorgen ist, dass die Daten zu politischer Verfolgung oder zu unmenschlicher oder erniedrigender Bestrafung oder Behandlung verwendet werden. Verbleiben aufgrund der Einschätzung Zweifel an der Vereinbarkeit der Übermittlung mit den Anforderungen nach Satz 1 Nummer 3, so dürfen die Daten nur auf der Grundlage einer belastbaren verbindlichen Zusicherung des Empfängers und nur mit Zustimmung des Bundesministeriums der Verteidigung übermittelt werden.

(3) Die übermittelten personenbezogenen Daten dürfen nur zu dem Zweck weiterverarbeitet werden, zu dem sie übermittelt wurden. Unbeschadet des Absatzes 4 dürfen die übermittelten personenbezogenen Daten nicht für Folgemaßnahmen mit unmittelbarer Außenwirkung zu Lasten der betroffenen Person weiterverarbeitet werden. Der Militärische Abschirmdienst hat den Empfänger hierauf hinzuweisen. Er hat ihn ferner darauf hinzuweisen, dass er sich vorbehält, um Auskunft über die erfolgte Verwendung der Daten zu bitten.

(4) Der Militärische Abschirmdienst darf einer Verwendung der personenbezogenen Daten für Maßnahmen mit unmittelbarer Außenwirkung zu Lasten der betroffenen Person zustimmen

1. zur Abwehr einer zumindest konkretisierten Gefahr für ein Schutzgut, dessen Gewicht besonders gewichtigen Rechtsgütern im Sinne des § 31 Absatz 3 entspricht,
2. zum administrativen Rechtsgüterschutz in Verfahren, die den in § 32 Absatz 1 benannten entsprechen,
3. aufgrund eines durch tatsächliche Anhaltspunkte begründeten Verdachts zur Verfolgung einer Straftat, deren Gewicht besonders schweren Straftaten entspricht.

(5) Der Militärische Abschirmdienst darf personenbezogene Daten, die sich auf das Verhalten Minderjähriger beziehen, nur unter den Voraussetzungen des § 36 Nummer 1 und 3 übermitteln, zur Strafverfolgung jedoch nur bei dringendem Tatverdacht. Bei einer Übermittlung an einen Staat, der unmittelbar an die Bundesrepublik Deutschland angrenzt oder Mitgliedstaat der Europäischen Union oder des Nordatlantikvertrages ist, ist § 36 entsprechend anzuwenden.

(6) Der Militärische Abschirmdienst darf personenbezogene Daten an eine nichtöffentliche Stelle im Ausland übermitteln, wenn dies aufgrund tatsächlicher Anhaltspunkte im Einzelfall zur Abwehr einer dringenden Gefahr für ein besonders gewichtiges Rechtsgut nach § 31 Absatz 3 Nummer 4 unerlässlich ist und überwiegende schutzwürdige Interessen der betroffenen Person nach § 30 Absatz 1 Satz 1 Nummer 1 nicht entgegenstehen.

(7) Der Militärische Abschirmdienst darf personenbezogene Daten auch an inländische Stellen übermitteln, wenn dies zur Vorbereitung einer Übermittlung nach den vorstehenden Absätzen erforderlich ist. § 37 Absatz 2 ist anzuwenden.

§ 39 Übermittlung zum Schutz der betroffenen Person

Der Militärische Abschirmdienst darf personenbezogene Daten auch übermitteln, wenn offensichtlich ist, dass die Übermittlung im Interesse der betroffenen Person liegt, die Einwilligung der betroffenen Person nicht oder nicht rechtzeitig eingeholt werden kann und kein Grund zu der Annahme besteht, dass die betroffene Person in Kenntnis der Übermittlung ihre Einwilligung verweigern würde.

§ 40 Weitere Verfahrensregelungen

(1) Der Militärische Abschirmdienst protokolliert den Empfänger, die Rechtsgrundlage sowie den Zeitpunkt der Übermittlung. Die Protokolldaten müssen danach auswertbar sein, ob die Übermittlung nach den §§ 31, 32, 33, 34, 35 oder § 38 erfolgt ist. Der Militärische Abschirmdienst darf Protokolldaten, die ausschließlich zu Zwecken der Datenschutzkontrolle gespeichert werden, nur für diesen Zweck verarbeiten. Die Protokolldaten sind bis zum Ablauf des zweiten Kalenderjahres, das auf das Kalenderjahr der Protokollierung folgt, aufzubewahren und nach Ablauf dieser Aufbewahrungsfrist unverzüglich zu löschen.

(2) Sind mit personenbezogenen Daten, die übermittelt werden dürfen, weitere Daten der betroffenen Person oder Dritter so verbunden, dass eine Trennung nicht oder nur mit unverhältnismäßigem Aufwand möglich ist, ist die Übermittlung auch dieser weiteren Daten zulässig, soweit nicht berechtigte Interessen der betroffenen Person oder Dritter an der Geheimhaltung offensichtlich überwiegen. Der Empfänger darf diese weiteren Daten nicht nutzen.

(3) Eine Übermittlung an nichtöffentliche Stellen bedarf der Zustimmung der Leitung des Militärischen Abschirmdienstes. Für Übermittlungen an inländische nichtöffentliche Stellen kann die Zustimmung auch allgemein für gleichgelagerte Fälle erfolgen. Die Übermittlung ist der betroffenen Person durch den Militärischen Abschirmdienst mitzuteilen, sobald eine Gefährdung der Aufgabenerfüllung durch die Mitteilung nicht zu besorgen ist.

(4) Erweisen sich personenbezogene Daten nach ihrer Übermittlung als unvollständig oder unrichtig, so hat der Militärische Abschirmdienst unverzüglich der empfangenden Stelle, der er diese personenbezogenen Daten übermittelt hat, die vervollständigten oder berichtigten Daten zu übermitteln. Auf die Übermittlung der vervollständigten oder berichtigten Daten kann verzichtet werden, wenn dies für die Beurteilung eines Sachverhalts offensichtlich ohne Bedeutung ist und keine Auswirkungen auf andere Sachverhalte erkennbar sind.

§ 41 Übermittlung von personenbezogenen Daten aus allgemein zugänglichen Quellen

(1) Der Militärische Abschirmdienst darf personenbezogene Daten, die er aus allgemein zugänglichen Quellen erhoben hat, einer anderen Stelle übermitteln, wenn dies erforderlich ist

1. zur Erfüllung seiner Aufgaben oder
2. zur Erfüllung der Aufgaben der empfangenden Stelle.

Eine automatisierte Übermittlung ist zulässig.

(2) Absatz 1 gilt nicht für personenbezogene Daten, die aus allgemein zugänglichen Quellen systematisch erhoben oder zusammengeführt wurden. Die Übermittlung richtet sich in diesen Fällen nach den §§ 31 bis 40.

§ 42 Übermittlungen von Informationen an den Militärischen Abschirmdienst

(1) Die Behörden des Bundes und der bundesunmittelbaren juristischen Personen des öffentlichen Rechts unterrichten von sich aus den Militärischen Abschirmdienst über die ihnen bekanntgewordenen Tatsachen, die Bestrebungen oder Tätigkeiten erkennen lassen, wenn tatsächliche Anhaltspunkte dafür bestehen, dass die Unterrichtung zur Erfüllung der Aufgaben des Militärischen Abschirmdienstes erforderlich sein könnte. Gleiches gilt für Staatsanwaltschaften und, vorbehaltlich der staatsanwaltschaftlichen Sachleitungsbefugnis, für Polizeien, die Behörden des Zollfahndungsdienstes sowie andere Zolldienststellen, soweit diese Aufgaben nach dem Bundespolizeigesetz wahrnehmen.

(2) Der Militärische Abschirmdienst überprüft die übermittelten Informationen nach ihrem Eingang unverzüglich darauf, ob sie für die Erfüllung seiner Aufgaben erforderlich sind. Ergibt die Prüfung, dass die Informationen nicht erforderlich sind, sind sie unverzüglich zu löschen. Die Löschung kann unterbleiben, wenn die Trennung von anderen Informationen, die zur Erfüllung der Aufgaben erforderlich sind, nicht oder nur mit unvertretbarem Aufwand erfolgen kann; die nicht erforderlichen Informationen dürfen nicht verwendet werden.

(3) Übermittlungsvorschriften anderer Gesetze bleiben unberührt.

Teil 4 Kontrolle und allgemeiner Datenschutz

§ 43 Exekutivkontrolle

(1) Die Tätigkeit des Militärischen Abschirmdienstes unterliegt der Dienst-, Fach- und Rechtsaufsicht des Bundesministeriums der Verteidigung. Es kann gegenüber dem Militärischen Abschirmdienst Weisungen erteilen.

(2) Dienstvorschriften des Militärischen Abschirmdienstes bedürfen der Zustimmung des Bundesministeriums der Verteidigung.

§ 44 Parlamentarische Kontrolle

(1) Die Bundesregierung trägt dem Parlamentarischen Kontrollgremium mindestens einmal im Jahr einen Lagebericht zum Einsatz von Vertrauenspersonen durch die Nachrichtendienste vor.

(2) Das Bundesministerium der Verteidigung unterrichtet das Parlamentarische Kontrollgremium über den Erlass und die Änderung der Dienstvorschrift nach § 8 Absatz 1 Satz 2.

(3) Das Bundesministerium der Verteidigung unterrichtet im Abstand von höchstens sechs Monaten das Parlamentarische Kontrollgremium über

1. Ausschreibungen nach § 4 Absatz 6,
2. Anordnungen zu besonderen Auskunftsverlangen zu sonstigen Daten nach § 20 Absatz 1 und
3. Anordnungen zu besonderen Auskunftsverlangen bei informationstechnischen Angriffen fremder Mächte nach § 21 Absatz 1.

Dabei ist insbesondere ein Überblick über Anlass, Umfang, Dauer, Ergebnis und Kosten der im Berichtszeitraum durchgeführten Auskunftsverlangen zu geben.

§ 45 Gerichtliche Kontrolle

(1) Das Amtsgericht, in dessen Bezirk der Militärische Abschirmdienst seinen Sitz hat, ist zuständig für

1. die Anordnung nach § 22 Absatz 1 Satz 1,
2. die Bestätigung nach § 22 Absatz 2 Satz 2,
3. die Zustimmung nach § 23 Absatz 3 und 4 und
4. die Überprüfung nach § 28 Absatz 6.

Soweit nicht durch dieses Gesetz anderes bestimmt ist, gelten für das Verfahren die Vorschriften des Buches 1 des Gesetzes über das Verfahren in Familiensachen und in den Angelegenheiten der freiwilligen Gerichtsbarkeit mit Ausnahme des § 23 Absatz 2, des § 37 Absatz 2 und des § 41 entsprechend. Die gerichtliche Entscheidung ergeht ohne Anhörung der betroffenen Person und wird mit Erlass wirksam. Ein Rechtsmittel gegen die Entscheidung ist nicht statthaft.

(2) Geheimschutzbelangen des Militärischen Abschirmdienstes ist im gerichtlichen Verfahren Rechnung zu tragen. Der Militärische Abschirmdienst hat dem Gericht die für seine unabhängige Kontrolle notwendige personelle und sachliche Ausstattung zur Verfügung zu stellen. Entscheidungen nach Absatz 1 und entscheidungsvorbereitende Unterlagen werden nur beim Militärischen Abschirmdienst verwahrt; eine Speicherung oder Verwahrung in den Akten des Gerichts ist unzulässig.

§ 46 Unabhängige Datenschutzkontrolle

(1) Die oder der Bundesbeauftragte für den Datenschutz und die Informationsfreiheit kontrolliert beim Militärischen Abschirmdienst die Einhaltung der Vorschriften über den Datenschutz. Soweit die Einhaltung von Vorschriften der Kontrolle durch die G 10-Kommission unterliegt, unterliegt sie nicht der Kontrolle durch die Bundesbeauftragte oder den Bundesbeauftragten für den Datenschutz und die Informationsfreiheit, es sei denn die G 10-Kommission ersucht die Bundesbeauftragte oder den Bundesbeauftragten für den Datenschutz und die Informationsfreiheit, die Einhaltung der Vorschriften über den Datenschutz bei bestimmten Vorgängen oder in bestimmten Bereichen zu kontrollieren und ausschließlich ihr darüber zu berichten.

(2) Der Militärische Abschirmdienst ist verpflichtet, die Bundesbeauftragte oder den Bundesbeauftragten für den Datenschutz und die Informationsfreiheit und ihre oder seine schriftlich besonders Beauftragten bei der Erfüllung ihrer oder seiner Aufgaben zu unterstützen. Den in Satz 1 genannten Personen ist dabei insbesondere

1. Auskunft zu ihren Fragen sowie Einsicht in alle Unterlagen, insbesondere in die gespeicherten Daten und in die Datenverarbeitungsprogramme, zu gewähren, die im Zusammenhang mit der Kontrolle nach Absatz 1 stehen, und
2. jederzeit Zutritt in alle Diensträume zu gewähren.

Dies gilt nicht, soweit das Bundesministerium der Verteidigung im Einzelfall feststellt, dass die Auskunft oder Einsicht die Sicherheit des Bundes oder eines Landes gefährden würde.

(3) Die Absätze 1 und 2 gelten ohne Beschränkung auf die Erfüllung der Aufgaben nach § 2. Sie gelten entsprechend für die Verarbeitung personenbezogener Daten durch andere Stellen, wenn diese der Erfüllung der Aufgaben des Militärischen Abschirmdienstes nach § 2 dient. § 16 Absatz 1 und 4 des Bundesdatenschutzgesetzes findet keine Anwendung.

§ 47 Weiterverarbeitung personenbezogener Daten

(1) Der Militärische Abschirmdienst darf zur Erfüllung seiner Aufgaben personenbezogene Daten weiterverarbeiten. Eine Weiterverarbeitung ist auch zulässig, wenn die betroffene Person eingewilligt hat.

(2) Sind mit personenbezogenen Daten, die nach Absatz 1 weiterverarbeitet werden dürfen, weitere personenbezogene Daten von Unbeteiligten oder Dritten dergestalt verbunden, dass sie nicht oder nur mit unverhältnismäßigem Aufwand getrennt werden können, dürfen sie gemeinsam mit den personenbezogenen Daten nach Absatz 1 gespeichert werden; sie sind nach Maßgabe von § 48 Absatz 3 in ihrer Verarbeitung einzuschränken.

§ 48 Berichtigung, Löschung und Einschränkung der Verarbeitung von personenbezogenen Daten

(1) Der Militärische Abschirmdienst hat personenbezogene Daten zu berichtigen, wenn sie unrichtig sind. Er hat sie zu ergänzen, wenn sie unvollständig sind und dadurch schutzwürdige Interessen der betroffenen Person beeinträchtigt sein können.

(2) Der Militärische Abschirmdienst hat personenbezogene Daten zu löschen, wenn ihre Verwendung unzulässig ist oder ihre Kenntnis für die Aufgabenerfüllung nicht mehr erforderlich ist. Die Löschung unterbleibt, wenn Grund zu der Annahme besteht, dass durch sie schutzwürdige Interessen der betroffenen Person beeinträchtigt würden; insoweit sind die betreffenden personenbezogenen Daten nach Maßgabe von Absatz 3 in ihrer Verarbeitung einzuschränken.

(3) In ihrer Verarbeitung eingeschränkte personenbezogene Daten sind mit einem Vermerk über die Einschränkung der Verarbeitung zu versehen. Im Fall einer automatisierten Verarbeitung ist die Einschränkung der Verarbeitung durch zusätzliche technische Maßnahmen zu gewährleisten. In ihrer Verarbeitung eingeschränkte personenbezogene Daten darf der Militärische Abschirmdienst nur in behördlichen und gerichtlichen Verfahren, mit denen eine Person ein schutzwürdiges Interesse nach Absatz 2 verfolgt, oder mit Einwilligung der betroffenen Person verarbeiten.

(4) Der Militärische Abschirmdienst prüft spätestens nach jeweils fünf Jahren, ob personenbezogene Daten zu berichtigen oder zu ergänzen, zu löschen oder nach Absatz 3 in ihrer Verarbeitung einzuschränken sind.

(5) In Dateien gespeicherte personenbezogene Daten über Bestrebungen sind spätestens zehn Jahre nach der letzten gespeicherten relevanten Information zu löschen, es sei denn, zwingende Gründe des Gemeinwohls gebieten die weitere Speicherung; die Ausnahmeentscheidung ist zu begründen und zu dokumentieren. Vor der Löschung sind die Daten dem Bundesarchiv nach § 5 des Bundesarchivgesetzes zur Übernahme anzubieten. Für in Akten vorgehaltene personenbezogene Daten gilt Satz 1 mit der Maßgabe entsprechend, dass die Akte zu vernichten ist, sofern nicht die Regelungen des Bundesarchivgesetzes entgegenstehen.

§ 49 Dateianordnungen

(1) Für jede automatisierte Datei des Militärischen Abschirmdienstes sind in einer Dateianordnung, die der Zustimmung des Bundesministeriums der Verteidigung bedarf, festzulegen:

1. Bezeichnung der Datei,

2. Zweck der Datei,
3. Voraussetzungen der Speicherung, Übermittlung und Nutzung (betroffener Personenkreis, Arten der Daten),
4. Anlieferung oder Eingabe,
5. Zugangsberechtigung,
6. Überprüfungsfristen,
7. Speicherungsdauer,
8. Protokollierung und
9. die technischen Schutzvorkehrungen.

(2) Die oder der Bundesbeauftragte für den Datenschutz und die Informationsfreiheit ist vor dem Erlass und der Änderung einer Dateianordnung anzuhören.

(3) Der Militärische Abschirmdienst führt ein Verzeichnis der geltenden Dateianordnungen.

(4) Die Speicherung personenbezogener Daten ist auf das erforderliche Maß zu beschränken. In Abständen von mindestens fünf Jahren ist die Notwendigkeit der Weiterführung oder Änderung der Dateien zu überprüfen.

(5) Ist im Hinblick auf die Dringlichkeit der Aufgabenerfüllung die vorherige Mitwirkung der in den Absätzen 1 und 2 genannten Stellen an einer Dateianordnung nicht möglich, so kann der Militärische Abschirmdienst eine Sofortanordnung treffen. Das Verfahren nach den Absätzen 1 und 2 ist unverzüglich nachzuholen. Wird die Zustimmung nach Absatz 1 nicht erteilt, ist die Dateianordnung zu löschen.

§ 50 Auskunft an die betroffene Person

(1) Der Militärische Abschirmdienst erteilt einer betroffenen Person über die zu ihr gespeicherten Daten auf Antrag unentgeltlich Auskunft, soweit die Person hierzu auf einen konkreten Sachverhalt verweist und ein besonderes Interesse an einer Auskunft darlegt. Zu personenbezogenen Daten in Akten erstreckt sich die Auskunft auf alle Daten, die strukturiert in automatisierten Dateien gespeichert sind. Die Auskunftsverpflichtung erstreckt sich nicht auf die Herkunft der Daten und die Empfänger von Übermittlungen.

(2) § 30 gilt entsprechend.

(3) Die Ablehnung der Auskunftserteilung bedarf keiner Begründung. Sie muss einen Hinweis auf die Rechtsgrundlage für das Fehlen der Begründung und darauf enthalten, dass sich die betroffene Person an die Bundesbeauftragte oder den Bundesbeauftragten für den Datenschutz und die Informationsfreiheit wenden kann. Der oder dem Bundesbeauftragten für den Datenschutz und die Informationsfreiheit ist auf Verlangen Auskunft zu erteilen, soweit nicht das Bundesministerium der Verteidigung im Einzelfall feststellt, dass dadurch die Sicherheit des Bundes oder eines Landes gefährdet würde. Mitteilungen der oder des Bundesbeauftragten für den Datenschutz und die Informationsfreiheit an die betroffene Person dürfen keine Rückschlüsse auf den Erkenntnisstand des Militärischen Abschirmdienstes zulassen, sofern der Militärische Abschirmdienst nicht einer weitergehenden Auskunft zustimmt.

§ 51 Anwendbarkeit des allgemeinen Datenschutzrechts

Bei der Erfüllung der Aufgaben des Militärischen Abschirmdienstes findet das Bundesdatenschutzgesetz wie folgt Anwendung:

1. § 1 Absatz 8, die §§ 4, 16 Absatz 1 und 4 und die §§ 17 bis 21 sowie § 85 finden keine Anwendung,
2. die §§ 46, 51 Absatz 1 bis 4 und die §§ 52 bis 54, 62, 64, 83, 84 sind entsprechend anzuwenden.

Teil 5 **Landes- und Bündnisverteidigung**

§ 52 Spannungs- und Verteidigungsfall

(1) Im Spannungsfall (Artikel 80a des Grundgesetzes) und im Verteidigungsfall (Artikel 115a des Grundgesetzes)
1. findet § 2 Absatz 1 Satz 1 mit der Maßgabe Anwendung, dass der Militärische Abschirmdienst für die Erfüllung der dort genannten Aufgaben zuständig ist, sofern sich Bestrebungen oder Tätigkeiten gegen Personen, Dienststellen oder Einrichtungen des Geschäftsbereichs des Bundesministeriums der Verteidigung richten können,
2. finden die Herausgabefristen für Systeme der Informationstechnik nach § 26 Absatz 5 Satz 3 und 4 keine Anwendung,
3. findet die Übermittlung von personenbezogenen Daten nach § 31 Absatz 1 Satz 1 mit der Maßgabe Anwendung, dass das Vorliegen einer konkretisierten Gefahr für ein besonders gewichtiges Rechtsgut vermutet wird und
4. finden die Mitteilungspflichten nach § 23 Absatz 1 und das Auskunftsrecht nach § 50 Absatz 1 Satz 1 mit der Maßgabe Anwendung, dass eine Mitteilung oder Auskunftserteilung nicht vor Beendigung des Spannungs- und Verteidigungsfalls erfolgen muss.

(2) Soweit im Spannungs- und im Verteidigungsfall die Bundesregierung mit Zustimmung des Parlamentarischen Kontrollgremiums festgestellt hat, dass dies aus Gründen der Verteidigung zwingend notwendig ist,
1. findet die Vorschrift des § 22 Absatz 1 über die Anordnung von besonderen Befugnissen mit der Maßgabe Anwendung, dass eine gerichtliche Anordnung nur in den Fällen des § 11 erforderlich ist, und
2. finden die Vorschriften über die unabhängige Datenschutzkontrolle nach § 46 Absatz 1 und 2 keine Anwendung.

Die Bundesregierung hat die Feststellung aufzuheben, wenn die Voraussetzungen hierfür entfallen sind oder wenn der Deutsche Bundestag es verlangt.

(3) Die Absätze 1 und 2 gelten auch für den Fall, dass der Spannungs- und der Verteidigungsfall unmittelbar bevorsteht und die Bundesregierung mit Zustimmung des Parlamentarischen Kontrollgremiums festgestellt hat, dass dies aus Gründen der Verteidigung zwingend notwendig ist. Die Bundesregierung hat die Feststellung aufzuheben, wenn die Voraussetzungen hierfür entfallen sind oder wenn der Deutsche Bundestag es verlangt.

Teil 6 Schlussvorschriften

§ 53 Verfassungsschutz durch Aufklärung der Öffentlichkeit

(1) Der Militärische Abschirmdienst informiert die Öffentlichkeit jährlich zu aktuellen Entwicklungen, insbesondere über Bestrebungen und Tätigkeiten nach § 2 Absatz 1 Satz 1, soweit hinreichend gewichtige tatsächliche Anhaltspunkte hierfür vorliegen. In dem Bericht ist der Zuschuss des Bundeshaushalts an den Militärischen Abschirmdienst sowie die Gesamtzahl der Bediensteten anzugeben.

(2) Bei der Information nach Absatz 1 dürfen auch personenbezogene Daten bekanntgegeben werden, wenn die Bekanntgabe für das Verständnis des Zusammenhangs oder der Darstellung von Organisationen oder unorganisierten Gruppierungen erforderlich ist und die Interessen der Allgemeinheit das schutzwürdige Interesse der betroffenen Personen überwiegen.

§ 54 Strafvorschriften

Mit Freiheitsstrafe bis zu zwei Jahren oder mit Geldstrafe wird bestraft, wer entgegen § 19 Absatz 5 Satz 2, auch in Verbindung mit § 20 Absatz 3 oder § 21 Absatz 3, eine Mitteilung macht.

§ 55 Bußgeldvorschriften

(1) Ordnungswidrig handelt, wer einer vollziehbaren Anordnung nach § 19 Absatz 1 Satz 1 Nummer 3, § 20 Absatz 1 Satz 1 oder § 21 Absatz 1 Satz 1 zuwiderhandelt.

(2) Die Ordnungswidrigkeit kann mit einer Geldbuße bis zu zwanzigtausend Euro geahndet werden.

(3) Verwaltungsbehörde im Sinne des § 36 Absatz 1 Nummer 1 des Gesetzes über Ordnungswidrigkeiten ist das Bundesministerium der Verteidigung.

§ 56 Einschränkung von Grundrechten

Die Grundrechte auf körperliche Unversehrtheit (Artikel 2 Absatz 2 Satz 1 des Grundgesetzes), der Freiheit der Person (Artikel 2 Absatz 2 Satz 2 des Grundgesetzes), der Versammlungsfreiheit (Artikel 8 Absatz 2 des Grundgesetzes), des Brief-, Post- und Fernmeldegeheimnisses (Artikel 10 Absatz 1 des Grundgesetzes) und der Unverletzlichkeit der Wohnung (Artikel 13 Absatz 1 des Grundgesetzes) werden nach Maßgabe dieses Gesetzes eingeschränkt.

§ 57 Übergangsvorschriften

(1) Maßnahmen nach den §§ 4 und 4a des MAD-Gesetzes in der bis zum 15. Januar 2026 geltenden Fassung in Verbindung mit § 8 Absatz 2, 4 und 5 und den §§ 8a und 8b des Bundesverfassungsschutzgesetzes, die vor dem 16. Januar 2026 begonnen wurden, dürfen vorbehaltlich von Satz 2 längstens bis zum 16. April 2026 fortgeführt werden. Ist die Maßnahme nach Satz 1 befristet und endet die Befristung vor dem 16. April 2026, so darf diese bis zum Zeitpunkt des Befristungsendes fortgeführt werden. Soll eine Maßnahme nach Satz 1 oder Satz 2 über die jeweils dort genann-

ten Zeitpunkte hinaus verlängert werden, so richtet sich die Verlängerung nach den Vorschriften dieses Gesetzes.

(2) Für Maßnahmen nach § 4a des MAD-Gesetzes in der bis zum 15. Januar 2026 geltenden Fassung in Verbindung mit den §§ 8a und 8b des Bundesverfassungsschutzgesetzes, die vor dem 15. Januar 2026 angeordnet wurden und die nach Ablauf der Anordnungsdauer nicht verlängert werden, ist § 4a des MAD-Gesetzes in der bis zum 15. Januar 2026 in Verbindung mit § 8b Absatz 7 des Bundesverfassungsschutzgesetzes und § 12 des Artikel 10-Gesetzes weiterhin anzuwenden.

2.8 Wehrdisziplinarordnung (WDO)

Wehrdisziplinarordnung vom 17. Dezember 2024 (BGBl. 2024 I Nr. 424), das durch Artikel 8 des Gesetzes vom 9. Januar 2026 (BGBl. 2026 I Nr. 7) geändert worden ist.

Teil 1 **Einleitende Bestimmungen**

§ 1 Sachlicher und persönlicher Geltungsbereich

(1) Dieses Gesetz regelt die Würdigung besonderer Leistungen durch förmliche Anerkennungen und die Ahndung von Dienstvergehen durch Disziplinarmaßnahmen.

(2) Das Gesetz gilt für Soldatinnen und Soldaten. Es gilt ferner für diejenigen, die in einem Wehrdienstverhältnis gestanden haben (frühere Soldatinnen und frühere Soldaten), soweit sich aus diesem Gesetz nicht etwas anderes ergibt.

(3) Frühere Soldatinnen und frühere Soldaten, die keinen Anspruch auf Ruhegehalt, jedoch einen sonstigen Anspruch auf Dienstzeitversorgung, Altersgeld nach dem Altersgeldgesetz oder auf Berufsförderung haben, gelten bis zur Beendigung der Gewährung dieser Leistungen im Sinne dieses Gesetzes als Soldatinnen im Ruhestand und Soldaten im Ruhestand. Die gewährten Leistungen gelten als Ruhegehalt.

§ 2 Früher begangene Dienstvergehen

(1) Wer nach Beendigung eines früheren Wehrdienstverhältnisses erneut in einem Wehrdienstverhältnis steht, kann auch wegen solcher Dienstvergehen oder als Dienstvergehen geltender Handlungen verfolgt werden, die in dem früheren Wehrdienstverhältnis oder danach begangen wurden.

(2) Gegen Berufssoldatinnen und Berufssoldaten sowie gegen Soldatinnen auf Zeit und Soldaten auf Zeit können gerichtliche Disziplinarverfahren nach diesem Gesetz auch wegen solcher Dienstvergehen geführt werden, die sie begangen haben
1. in einem früheren Beamten- oder Richterverhältnis oder
2. als Versorgungsberechtigte aus einem solchen Dienstverhältnis.

Auch bei aus einem solchen Dienstverhältnis Ausgeschiedenen oder Entlassenen gelten die in § 77 Absatz 2 des Bundesbeamtengesetzes bezeichneten Handlungen als Dienstvergehen. Ein Wechsel des Dienstherrn steht der Anwendung dieses Gesetzes nicht entgegen. Als einfache Disziplinarmaßnahmen darf das Wehrdienstgericht nur den Verweis oder die Disziplinarbuße verhängen.

§ 3 Akteneinsicht

(1) Der Soldatin oder dem Soldaten ist zu gestatten, die Akten einzusehen, soweit dies ohne Gefährdung des Ermittlungszwecks möglich ist. Bei der Anhörung nach § 14 Absatz 1 Satz 3, nach § 32 Absatz 5 Satz 1 oder nach der Zustellung der Anschuldigungsschrift oder des Antrags der Wehrdisziplinaranwaltschaft auf Erlass eines Disziplinargerichtsbescheids ist die Einsicht ohne diese Einschränkung zu gestatten. Einsicht in elektronische Akten kann dadurch gewährt werden, dass der Inhalt der Akte zum Abruf bereitgestellt oder auf einem sicheren Übermittlungsweg übermittelt wird. Soweit die Akten eingesehen werden können, dürfen daraus Ab-

schriften gefertigt werden. Insoweit darf sich die Soldatin oder der Soldat auch auf eigene Kosten Kopien oder einen Aktenausdruck anfertigen lassen.

(2) Akten und Schriftstücke, die nicht eingesehen werden dürfen, dürfen weder beigezogen noch verwertet werden.

§ 4 Beteiligung der Vertrauensperson

Für die Beteiligung der Vertrauensperson bei Entscheidungen nach diesem Gesetz gelten die §§ 28 und 29 des Soldatinnen- und Soldatenbeteiligungsgesetzes. Das Ergebnis der Anhörung der Vertrauensperson ist der Soldatin oder dem Soldaten vor deren oder dessen Anhörung nach § 14 Absatz 1 Satz 3 oder nach § 32 Absatz 5 Satz 1 bekannt zu geben.

§ 5 Zustellungen

(1) Die in diesem Gesetz vorgeschriebenen Zustellungen werden ausgeführt

1. durch Übergabe an die Empfängerin oder den Empfänger gegen Empfangsbekenntnis oder, wenn sie oder er die Annahme oder die Ausstellung des Empfangsbekenntnisses verweigert, durch Anfertigung eines Protokolls hierüber,
2. nach den Vorschriften der Zivilprozessordnung über die Zustellung von Amts wegen oder
3. an Behörden und Dienststellen auch durch Vorlage der Akten mit den Urschriften der zuzustellenden Schriftstücke; die Empfängerin oder der Empfänger hat den Tag der Vorlage in den Akten zu vermerken.

(2) Die Zustellung nach Absatz 1 Nummer 2 kann auch durch eine Soldatin oder einen Soldaten ausgeführt werden. Die öffentliche Zustellung wird auf Antrag der Wehrdisziplinaranwaltschaft von der oder dem Vorsitzenden der Truppendienstkammer bewilligt.

(3) Hat die oder der Empfangsberechtigte ein Schriftstück nachweislich erhalten, gilt es spätestens zu diesem Zeitpunkt als zugestellt.

§ 6 Belehrung über Rechtsmittel und Rechtsbehelfe

Bei allen nach diesem Gesetz anfechtbaren Entscheidungen ist die Soldatin oder der Soldat über die Möglichkeit der Anfechtung, über die Stellen, bei denen das Rechtsmittel oder der Rechtsbehelf einzulegen ist, und über die Form und Frist der Anfechtung schriftlich oder elektronisch zu belehren.

§ 7 Disziplinarbuch

Förmliche Anerkennungen, unanfechtbar verhängte Disziplinarmaßnahmen und rechtskräftig ausgesprochene Strafen sind in das Disziplinarbuch einzutragen.

§ 8 Tilgung

(1) Förmliche Anerkennungen sind zu tilgen, wenn ihre Rücknahme unanfechtbar geworden ist.

(2) Es sind zu tilgen

1. eine einfache Disziplinarmaßnahme nach drei Jahren,
2. eine Kürzung der Dienstbezüge nach fünf Jahren,
3. ein Beförderungsverbot, auch in Verbindung mit einer Kürzung der Dienstbezüge, nach sieben Jahren und
4. eine Herabsetzung in der Besoldungsgruppe nach zehn Jahren.

Der Lauf der Tilgungsfrist beginnt mit dem Tag, an dem die Disziplinarmaßnahme verhängt wird, oder mit der Verkündung des ersten Urteils. Wird die Soldatin oder der Soldat während der Tilgungsfrist wegen einer anderen Tat rechtskräftig bestraft oder wird gegen sie oder ihn eine Disziplinarmaßnahme unanfechtbar verhängt, beginnt die Tilgungsfrist von neuem. Für den Beginn der Tilgungsfrist gilt Satz 2.

(3) Wird eine Disziplinarmaßnahme aufgehoben, ist sie zu tilgen. Hat sie sich auf die Berechnung von Tilgungsfristen ausgewirkt, sind diese erneut zu berechnen.

(4) Strafen sind zu tilgen
1. nach fünf Jahren, wenn eine Verurteilung zu Freiheitsstrafe von mehr als einem Jahr erfolgte, und
2. nach drei Jahren in allen übrigen Fällen.

Die Tilgungsfrist beginnt mit der Verkündung des ersten Urteils, bei Strafbefehlen mit dem Tag der Unterzeichnung durch die Richterin oder den Richter.

(5) Ist bei einer Kürzung der Dienstbezüge nach fünf Jahren die Vollstreckung noch nicht beendet, verlängert sich die Tilgungsfrist bis zum Ende der Vollstreckung.

(6) Einfache Disziplinarmaßnahmen, die nach einer Kürzung der Dienstbezüge, nach einem Beförderungsverbot oder nach einer Herabsetzung in der Besoldungsgruppe verhängt werden, sind erst zu tilgen, wenn die Kürzung der Dienstbezüge, das Beförderungsverbot oder die Herabsetzung in der Besoldungsgruppe getilgt werden darf.

(7) Förmliche Anerkennungen, Disziplinarmaßnahmen und Strafen dürfen nicht mehr berücksichtigt werden, wenn sie getilgt worden oder zu tilgen sind. Sie sind aus dem Disziplinarbuch und aus den Personalakten zu entfernen.

(8) Nach Ablauf der jeweiligen Tilgungsfrist darf jede Auskunft über die Disziplinarmaßnahme sowie über den zu Grunde liegenden Sachverhalt verweigert werden. Die Soldatin oder der Soldat darf erklären, dass sie oder er nicht gemaßregelt worden ist.

(9) Unterlagen über die Feststellung eines Dienstvergehens sind nach zwei Jahren aus den Personalakten zu entfernen. Absatz 2 Satz 2 sowie die Absätze 7 und 8 gelten entsprechend.

§ 9 Auskünfte

(1) Auskünfte über förmliche Anerkennungen, über Disziplinarmaßnahmen und über im Disziplinarbuch eingetragene gerichtliche Strafen, Mitteilungen über Ermittlungen der oder des Disziplinarvorgesetzten, über Vorermittlungen der Wehrdisziplinaranwaltschaft und über gerichtliche Disziplinarverfahren sowie Mitteilungen über Tatsachen aus solchen Verfahren werden ohne Zustimmung der Soldatin oder des Soldaten nur erteilt
1. an Dienststellen im Geschäftsbereich des Bundesministeriums der Verteidigung, an Gerichte und Staatsanwaltschaften, soweit dies zur Erfüllung der in der Zuständigkeit der Empfängerin oder des Empfängers liegenden Aufgaben erforderlich ist, sowie
2. an Verletzte zur Wahrnehmung ihrer Rechte.

Unter diesen Voraussetzungen ist auch die Übermittlung von Unterlagen zulässig.

(2) Die Empfängerin oder der Empfänger darf die übermittelten Auskünfte nur für den Zweck verarbeiten oder nutzen, zu dessen Erfüllung sie ihr oder ihm übermittelt wurden.

(3) Andere Rechtsvorschriften, die eine Auskunftserteilung zulassen, bleiben unberührt. Auskünfte über förmliche Anerkennungen, über Disziplinarmaßnahmen und über im Disziplinarbuch eingetragene gerichtliche Strafen, die getilgt oder tilgungsreif sind, werden nur mit Zustimmung der Soldatin oder des Soldaten erteilt.

§ 10 Entschädigung von Zeuginnen, Zeugen und Sachverständigen

Werden Zeuginnen, Zeugen oder Sachverständige nicht dienstlich gestellt, so erhalten sie eine Entschädigung oder Vergütung in entsprechender Anwendung des Justizvergütungs- und -entschädigungsgesetzes.

Teil 2 Würdigung besonderer Leistungen durch förmliche Anerkennungen

§ 11 Voraussetzungen und Arten der förmlichen Anerkennungen

(1) Vorbildliche Pflichterfüllung oder hervorragende Einzeltaten können durch förmliche Anerkennungen gewürdigt werden.

(2) Förmliche Anerkennungen erfolgen durch Kompanie- oder Tagesbefehl.

(3) Mit einer förmlichen Anerkennung kann Sonderurlaub bis zu 14 Arbeitstagen verbunden werden.

(4) Gute Leistungen können auch durch Auszeichnungen anderer Art gewürdigt werden.

§ 12 Zuständigkeit zum Erteilen förmlicher Anerkennungen

(1) Es können erteilen
1. Disziplinarvorgesetzte mit der Disziplinarbefugnis nach § 28 Absatz 1 Satz 2 Nummer 1 oder einer höheren Disziplinarbefugnis eine Anerkennung im Kompanie- oder Tagesbefehl,
2. die Bundesministerin der Verteidigung oder der Bundesminister der Verteidigung eine Anerkennung im Tagesbefehl.

(2) Es können gewähren
1. Disziplinarvorgesetzte mit der Disziplinarbefugnis nach § 28 Absatz 1 Satz 2 Nummer 1 Sonderurlaub bis zu fünf Arbeitstagen,
2. Disziplinarvorgesetzte mit der Disziplinarbefugnis nach § 28 Absatz 1 Satz 2 Nummer 2 Sonderurlaub bis zu sieben Arbeitstagen,
3. Disziplinarvorgesetzte mit der Disziplinarbefugnis nach § 28 Absatz 1 Satz 2 Nummer 3 Sonderurlaub bis zu 14 Arbeitstagen.

§ 13 Verfahren beim Erteilen förmlicher Anerkennungen

(1) Bei der Entscheidung, ob eine förmliche Anerkennung erteilt werden soll, ist ein strenger Maßstab anzulegen. Die Soldatin oder der Soldat soll ihrer oder seiner Persönlichkeit nach dieser förmlichen Anerkennung würdig sein. Die förmliche Anerkennung soll auch den Kameradinnen und Kameraden gegenüber gerechtfertigt erscheinen.

(2) Den Zeitpunkt des Sonderurlaubs bestimmt die oder der für die Bewilligung des Erholungsurlaubs zuständige Vorgesetzte.

(3) Wird die förmliche Anerkennung von einer oder einem höheren Disziplinarvorgesetzten erteilt, ist die oder der nächste Disziplinarvorgesetzte der Soldatin oder des Soldaten anzuhören.

§ 14 Rücknahme förmlicher Anerkennungen

(1) Die förmliche Anerkennung ist zurückzunehmen, wenn sich nachträglich herausstellt, dass die Voraussetzungen, unter denen sie erteilt wurde, nicht vorlagen. Die Rücknahme ist zu begründen. Vor der Entscheidung ist die Soldatin oder der Soldat anzuhören.

(2) Über die Rücknahme entscheidet die Einleitungsbehörde. Hat eine höhere Disziplinarvorgesetzte oder ein höherer Disziplinarvorgesetzter die förmliche Anerkennung erteilt, steht ihr oder ihm die Entscheidung zu. Bei Wegfall der Dienststelle der oder des höheren Disziplinarvorgesetzten wird die Zuständigkeit durch die Bundesministerin der Verteidigung oder den Bundesminister der Verteidigung bestimmt.

(3) Wird die förmliche Anerkennung zurückgenommen, ist zugleich darüber zu entscheiden, ob ein in Anspruch genommener Sonderurlaub ganz oder teilweise auf den Erholungsurlaub anzurechnen ist. Eine Anrechnung des in Anspruch genommenen Sonderurlaubs auf den Erholungsurlaub unterbleibt, soweit dies eine besondere Härte bedeuten würde.

(4) Die Entscheidung ist der Soldatin oder dem Soldaten zuzustellen.

Teil 3 Ahndung von Dienstvergehen durch Disziplinarmaßnahmen

Kapitel 1 Allgemeine Bestimmungen

§ 15 Disziplinarmaßnahmen, Ermessensgrundsatz

(1) Dienstvergehen nach § 23 des Soldatengesetzes können geahndet werden durch einfache Disziplinarmaßnahmen nach § 22 oder durch gerichtliche Disziplinarmaßnahmen nach § 60. Gerichtliche Disziplinarmaßnahmen dürfen nur von den Wehrdienstgerichten verhängt werden.

(2) Die oder der zuständige Disziplinarvorgesetzte bestimmt nach pflichtgemäßem Ermessen, ob und wie wegen eines Dienstvergehens nach diesem Gesetz einzuschreiten ist. Dabei ist auch das gesamte dienstliche und außerdienstliche Verhalten zu berücksichtigen.

§ 16 Verhältnis der Disziplinarmaßnahmen zu Strafen und Ordnungsmaßnahmen[1]

(1) Ist durch ein Gericht oder eine Behörde unanfechtbar eine Strafe oder Ordnungsmaßnahme verhängt worden oder kann eine Tat nach § 153a Absatz 1 Satz 5 oder Absatz 2 Satz 2 der Strafprozessordnung nach Erfüllung von Auflagen und Weisungen nicht mehr als Vergehen verfolgt werden, so dürfen wegen desselben Sachverhalts

1. einfache Disziplinarmaßnahmen mit Ausnahme des Disziplinararrests und des strengen Disziplinararrests nicht verhängt werden,
2. Disziplinararrest, strenger Disziplinararrest, Kürzung der Dienstbezüge oder Kürzung des Ruhegehalts nur verhängt werden,
   a) wenn dies zusätzlich erforderlich ist, um die militärische Ordnung aufrechtzuerhalten, oder
   b) wenn durch das Fehlverhalten das Ansehen der Bundeswehr ernsthaft beeinträchtigt worden ist.

(2) Bei der Verhängung von Disziplinararrest oder strengem Disziplinararrest ist eine andere Freiheitsentziehung anzurechnen. Die Dauer des Disziplinararrests oder des strengen Disziplinararrests darf zusammen mit der anderen Freiheitsentziehung drei Wochen nicht übersteigen.

(3) Wird die Soldatin oder der Soldat im Strafverfahren oder im Bußgeldverfahren freigesprochen, darf eine Disziplinarmaßnahme nur verhängt werden oder ein gerichtliches Disziplinarverfahren nur eingeleitet oder fortgesetzt werden, wenn der Sachverhalt ein Dienstvergehen enthält, ohne den Tatbestand einer Strafvorschrift oder einer Bußgeldvorschrift zu erfüllen. Vor Beginn oder Fortsetzung der Ermittlungen ist der Soldatin oder dem Soldaten mitzuteilen, welcher Sachverhalt ihr oder ihm weiterhin als Pflichtverletzung vorgeworfen wird.

§ 17 Beschleunigungsgebot, Fristen

(1) Disziplinarsachen sind beschleunigt zu behandeln.

(2) Sind seit einem Dienstvergehen sechs Monate verstrichen, darf eine einfache Disziplinarmaßnahme nicht mehr verhängt werden.

(3) Gerichtliche Disziplinarmaßnahmen mit Ausnahme der Entfernung aus dem Dienstverhältnis, der Aberkennung des Ruhegehalts und der Aberkennung des Dienstgrades dürfen nur verhängt werden, wenn das gerichtliche Disziplinarverfahren innerhalb von sechs Monaten seit der Mitteilung über die Aufnahme von Vorermittlungen nach § 95 Absatz 2 Satz 2 eingeleitet worden ist. Im Sinne dieses Absatzes gilt das Verfahren bereits mit Erlass der Einleitungsverfügung als eingeleitet, wenn die Zustellung der Verfügung demnächst erfolgt.

(4) Sind seit einem Dienstvergehen drei Jahre verstrichen, dürfen Kürzung der Dienstbezüge und Kürzung des Ruhegehalts nicht mehr verhängt werden.

(5) Sind seit einem Dienstvergehen fünf Jahre verstrichen, darf ein Beförderungsverbot nicht mehr verhängt werden.

(6) Sind seit einem Dienstvergehen sieben Jahre verstrichen, dürfen Dienstgradherabsetzung und Herabsetzung in der Besoldungsgruppe nicht mehr verhängt werden.

---

1 § 16 Abs. 1: Zur Nichtanwendung vgl. § 60 Abs. 4

(7) Ist vor Ablauf der in den Absätzen 2 bis 6 genannten Fristen wegen desselben Sachverhalts ein Strafverfahren, ein Bußgeldverfahren oder ein Entlassungsverfahren gegen die Soldatin oder den Soldaten eingeleitet worden oder ist der Sachverhalt Gegenstand einer Beschwerde, einer militärischen Flugunfall- oder Taucherunfalluntersuchung oder eines Havarieverfahrens, ist die Frist für die Dauer dieses Verfahrens gehemmt. Abweichend von Satz 1 endet bei einem Strafverfahren die Hemmung der in Absatz 3 genannten Frist erst mit Eingang der Mitteilung über den Abschluss des Verfahrens. Satz 1 gilt entsprechend, wenn vor Ablauf der in den Absätzen 2 und 4 bis 6 genannten Fristen ein gerichtliches Disziplinarverfahren gegen die Soldatin oder den Soldaten eingeleitet worden ist.

§ 18 Verbot mehrfacher, Gebot einheitlicher Ahndung

(1) Ein Dienstvergehen darf nur einmal disziplinar geahndet werden. § 99 bleibt unberührt.

(2) Mehrere Pflichtverletzungen einer Soldatin oder eines Soldaten, über die gleichzeitig entschieden werden kann, sind als ein Dienstvergehen zu ahnden.

§ 19 Gnadenrecht

(1) Der Bundespräsidentin oder dem Bundespräsidenten steht das Gnadenrecht hinsichtlich der nach diesem Gesetz verhängten Disziplinarmaßnahmen zu. Sie oder er übt es selbst aus oder überträgt die Ausübung anderen Stellen.

(2) Wird die Entfernung aus dem Dienstverhältnis oder die Aberkennung des Ruhegehalts im Gnadenweg aufgehoben, gilt § 52 des Soldatengesetzes entsprechend.

§ 20 Durchsuchung und Beschlagnahme

(1) Zur Aufklärung eines Dienstvergehens darf die oder der Disziplinarvorgesetzte Durchsuchungen und Beschlagnahmen nur außerhalb von Wohnungen und nur auf richterliche Anordnung des zuständigen, notfalls des nächst erreichbaren Truppendienstgerichts vornehmen. Durchsucht werden darf nur eine Soldatin oder ein Soldat, gegen die oder den sich der Verdacht eines Dienstvergehens richtet. Die Durchsuchung erstreckt sich auf die Person und die Sachen der Soldatin oder des Soldaten. Der Beschlagnahme unterliegen alle Gegenstände, die für die Aufklärung eines Dienstvergehens von Bedeutung sein können. Sie darf gegenüber jeder Soldatin und jedem Soldaten angeordnet werden.

(2) Bei Gefahr im Verzug darf die oder der Disziplinarvorgesetzte Maßnahmen nach Absatz 1 auch ohne richterliche Anordnung treffen. Die richterliche Genehmigung ist unverzüglich zu beantragen. Vor einer Genehmigung von Maßnahmen nach Absatz 1 ist die Soldatin oder der Soldat anzuhören. Genehmigende Entscheidungen sind ihr oder ihm zuzustellen.

(3) Der Antrag auf richterliche Anordnung oder Genehmigung ist zu begründen. Die entstandenen Akten sind beizufügen.

(4) Die Entscheidung, mit welcher die Richterin oder der Richter die Anordnung oder Genehmigung ganz oder teilweise versagt, ist zu begründen. In Verfahren nach Kapitel 2 kann die oder der Disziplinarvorgesetzte dagegen innerhalb von drei Tagen das Truppendienstgericht anrufen. Hierfür gilt Absatz 3 entsprechend. Das Truppen-

dienstgericht entscheidet endgültig durch Beschluss. Für die Entscheidung des Truppendienstgerichts gilt Absatz 2 Satz 3 und 4 entsprechend.

(5) Für die Durchführung von Maßnahmen nach Absatz 1 gilt § 32 Absatz 2 entsprechend. Die Durchsuchung der Person darf nur von Personen gleichen Geschlechts oder von einer Ärztin oder einem Arzt vorgenommen werden. Letztere sollen nicht die Truppenärztin oder der Truppenarzt der zu durchsuchenden Person sein. Satz 2 gilt nicht, wenn die sofortige Durchsuchung zum Schutz vor einer Gefahr für Leib oder Leben erforderlich ist. Die Durchsicht privater Papiere der Soldatin oder des Soldaten steht nur der oder dem Disziplinarvorgesetzten zu. Satz 5 gilt auch für elektronische Speichermedien der Soldatin oder des Soldaten sowie für hiervon räumlich getrennte Speichermedien, soweit auf sie von dem elektronischen Speichermedium aus zugegriffen werden kann.

(6) Der Soldatin oder dem Soldaten, gegen die oder den sich eine Maßnahme nach Absatz 1 richtet, sind die Gründe für die Maßnahme mündlich zu eröffnen, soweit der Ermittlungszweck nicht gefährdet wird. Ihr oder ihm ist die Anwesenheit bei ihrer Durchführung zu gestatten. Ist sie oder er nicht unverzüglich erreichbar, ist eine Zeugin oder ein Zeuge beizuziehen. Über die Durchsuchung und ihr wesentliches Ergebnis sowie über die Beschlagnahme ist unverzüglich ein Protokoll anzufertigen, aus dem sich, falls keine richterliche Anordnung ergangen ist, auch die Tatsachen ergeben müssen, die zur Annahme einer Gefahr im Verzug geführt haben. Der Soldatin oder dem Soldaten ist auf Verlangen eine Abschrift zu erteilen. Die Abschrift kann in Papierform oder als elektronisches Dokument erteilt werden.

(7) Die Bestimmungen der Strafprozessordnung über Durchsuchungen und Beschlagnahmen gelten entsprechend, soweit dieses Gesetz nicht etwas anderes bestimmt und soweit dem nicht die Eigenart des Disziplinarverfahrens entgegensteht.

(8) In Verfahren nach Kapitel 2 ist § 119 entsprechend anzuwenden auf eine richterliche Anordnung oder Genehmigung von Maßnahmen nach Absatz 1.

(9) In Verfahren nach Kapitel 3 stehen der Wehrdisziplinaranwaltschaft auch die Befugnisse der Disziplinarvorgesetzten nach dieser Vorschrift zu. § 119 bleibt unberührt.

§ 21 Vorläufige Festnahme

(1) Die Disziplinarvorgesetzten haben die Befugnis, Soldatinnen und Soldaten, die ihrer Disziplinarbefugnis unterstehen, wegen eines Dienstvergehens vorläufig festzunehmen, wenn es die Aufrechterhaltung der Disziplin gebietet.

(2) Die gleiche Befugnis haben
1. Angehörige des militärischen Ordnungsdienstes einschließlich der militärischen Wachen gegenüber Soldatinnen und Soldaten, deren Disziplinarvorgesetzte nicht auf der Stelle erreichbar sind;
2. wenn an sich zuständige Disziplinarvorgesetzte oder Angehörige des militärischen Ordnungsdienstes einschließlich der militärischen Wachen nicht auf der Stelle erreichbar sind
   a) Vorgesetzte gegenüber Soldatinnen und Soldaten, denen sie Befehle erteilen können,
   b) Offizierinnen und Offiziere sowie Unteroffizierinnen und Unteroffiziere gegenüber Soldatinnen und Soldaten, die im Dienstgrad unter ihnen stehen.

In den Fällen des Satzes 1 Nummer 2 Buchstabe b wird die Person, die die Festnahme erklärt, die oder der Vorgesetzte der festgenommenen Person.

(3) Angehörige einer militärischen Wache dürfen nur von ihren Wachvorgesetzten festgenommen werden.

(4) Die festgenommene Person ist auf freien Fuß zu setzen, sobald die Aufrechterhaltung der Disziplin die Festhaltung nicht mehr erforderlich macht, spätestens jedoch am Ende des Tages nach der vorläufigen Festnahme, wenn nicht zuvor wegen Verdachts einer Straftat ein richterlicher Haftbefehl ergeht. An Bord von Schiffen außerhalb der Hoheitsgewässer der Bundesrepublik Deutschland darf die festgenommene Person nach Anhörung durch die Kommandantin oder den Kommandanten und auf deren oder dessen Anordnung auch ohne richterlichen Haftbefehl über die in Satz 1 genannte Frist hinaus festgehalten werden, wenn und solange sie eine unmittelbare Gefahr für Menschen oder Schiff darstellt, die auf andere Weise nicht abgewendet werden kann. Bei der Anhörung ist die festgenommene Person auf die Umstände hinzuweisen, welche die Annahme eines Dienstvergehens und einer Gefahr für Menschen oder Schiff rechtfertigen. Die Anhörung soll ihr Gelegenheit geben, die Verdachtsgründe zu beseitigen und die Tatsachen geltend zu machen, die zu ihren Gunsten sprechen.

(5) Der Grund der Festnahme und ihr genauer Zeitpunkt sowie der Zeitpunkt der Freilassung sind aktenkundig zu machen. In den Fällen der Absätze 2 und 3 ist die Festnahme unverzüglich der Dienststelle der oder des Festgenommenen zu melden.

Kapitel 2 Die Disziplinarbefugnis der Disziplinarvorgesetzten und ihre Ausübung

Abschnitt 1 Einfache Disziplinarmaßnahmen

§ 22 Arten der einfachen Disziplinarmaßnahmen

(1) Die Disziplinarmaßnahmen, die von den Disziplinarvorgesetzten verhängt werden können (einfache Disziplinarmaßnahmen), sind:
1. Verweis,
2. strenger Verweis,
3. Disziplinarbuße,
4. strenge Disziplinarbuße,
5. Ausgangsbeschränkung,
6. strenge Ausgangsbeschränkung,
7. Disziplinararrest,
8. strenger Disziplinararrest.

(2) Nebeneinander können verhängt werden:
1. Disziplinararrest und Ausgangsbeschränkung oder strenger Disziplinararrest und strenge Ausgangsbeschränkung,
2. bei unerlaubter Abwesenheit von mehr als einem Tag
   a) Ausgangsbeschränkung und Disziplinarbuße,
   b) strenge Ausgangsbeschränkung und strenge Disziplinarbuße,
   c) Disziplinararrest und Disziplinarbuße oder
   d) strenger Disziplinararrest und strenge Disziplinarbuße.

Im Übrigen ist wegen desselben Dienstvergehens nur eine Disziplinarmaßnahme zulässig.

(3) Eine einfache Disziplinarmaßnahme steht der Beförderung nicht entgegen, wenn die Soldatin oder der Soldat sich im Übrigen bewährt hat.

(4) Gegen diejenigen, die in einem Wehrdienstverhältnis nach dem Reservistengesetz stehen, kann außerhalb einer Aktivierung nach § 8 des Reservistengesetzes oder einer Zuziehung nach § 9 des Reservistengesetzes nur ein Verweis verhängt werden.

§ 23 Verweis, strenger Verweis

(1) Der Verweis ist der förmliche Tadel eines bestimmten pflichtwidrigen Verhaltens.

(2) Der strenge Verweis ist der Verweis, der vor der Truppe bekannt gemacht wird.

(3) Missbilligende Äußerungen von Disziplinarvorgesetzten, die nicht ausdrücklich als Verweis oder strenger Verweis bezeichnet werden, wie Belehrungen, Warnungen, Zurechtweisungen oder ähnliche Maßnahmen, sind keine Disziplinarmaßnahmen. Dies gilt auch dann, wenn sie mit einer Entscheidung verbunden werden, mit welcher die oder der Disziplinarvorgesetzte oder die Einleitungsbehörde ein Dienstvergehen feststellt, von der Verhängung einer Disziplinarmaßnahme oder der Einleitung eines gerichtlichen Disziplinarverfahrens aber absieht.

§ 24 Disziplinarbuße, strenge Disziplinarbuße

(1) Die Disziplinarbuße darf den einmonatigen Betrag der Dienstbezüge oder des Wehrsoldes nicht überschreiten. Bei denjenigen, deren Wehrdienstverhältnis weniger als einen Monat dauert, darf die Disziplinarbuße den Betrag nicht übersteigen, der ihnen für die Dauer des Wehrdienstverhältnisses zusteht.

(2) Bei der Bemessung der Disziplinarbuße sind auch die persönlichen und wirtschaftlichen Verhältnisse der Soldatin oder des Soldaten zu berücksichtigen.

(3) Die strenge Disziplinarbuße ist die Disziplinarbuße, die vor der Truppe bekannt gemacht wird.

§ 25 Ausgangsbeschränkung, strenge Ausgangsbeschränkung

(1) Die Ausgangsbeschränkung besteht in dem Verbot, die dienstliche Unterkunft ohne Erlaubnis zu verlassen. Sie kann beim Verhängen durch das Verbot verschärft werden, für die ganze Dauer oder an bestimmten Tagen Gemeinschaftsräume zu betreten und Besuch zu empfangen (verschärfte Ausgangsbeschränkung). Die Verschärfungen nach Satz 2 können auch einzeln angeordnet werden.

(2) Die Ausgangsbeschränkung dauert mindestens einen Tag und höchstens drei Wochen. Sie darf nur gegen diejenigen verhängt werden, die aufgrund dienstlicher Anordnung nach § 18 des Soldatengesetzes verpflichtet sind, in einer Gemeinschaftsunterkunft zu wohnen.

(3) Die strenge Ausgangsbeschränkung ist die Ausgangsbeschränkung, die vor der Truppe bekannt gemacht wird. Absatz 1 Satz 2 und 3 gilt entsprechend.

§ 26 Disziplinararrest, strenger Disziplinararrest

(1) Der Disziplinararrest besteht in einfacher Freiheitsentziehung. Er dauert mindestens drei Tage und höchstens drei Wochen.

(2) Der strenge Disziplinararrest ist der Disziplinararrest, der vor der Truppe bekannt gemacht wird.

Abschnitt 2 **Disziplinarbefugnis**

§ 27 Disziplinarvorgesetzte

(1) Die Befugnis, Disziplinarmaßnahmen zu verhängen und die sonst den Disziplinarvorgesetzten obliegenden Entscheidungen und Maßnahmen zu treffen (Disziplinarbefugnis), haben die Offizierinnen und Offiziere, denen sie nach diesem Gesetz zusteht, deren truppendienstliche Vorgesetzte sowie die Vorgesetzten in vergleichbaren Dienststellungen, denen sie durch die Bundesministerin der Verteidigung oder den Bundesminister der Verteidigung zur Erfüllung besonderer Aufgaben verliehen wird. Die oder der oberste Disziplinarvorgesetzte ist die Bundesministerin der Verteidigung oder der Bundesminister der Verteidigung.

(2) Die Disziplinarbefugnis ist an die Dienststellung gebunden. Sie kann nicht übertragen werden. Sie geht von selbst auf die Stellvertreterin im Kommando oder den Stellvertreter im Kommando über. Hat die Inhaberin oder der Inhaber der Dienststellung oder die Stellvertreterin im Kommando oder der Stellvertreter im Kommando keinen Offiziersrang, geht sie auf die nächsthöhere Disziplinarvorgesetzte oder den nächsthöheren Disziplinarvorgesetzten über.

(3) Verstöße der Sanitätsoffizierinnen und Sanitätsoffiziere gegen ihre ärztlichen Pflichten werden durch vorgesetzte Sanitätsoffizierinnen und Sanitätsoffiziere geahndet. Dies gilt auch dann, wenn mit dem Verstoß gegen ärztliche Pflichten ein Verstoß gegen sonstige Pflichten zusammentrifft.

§ 28 Stufen der Disziplinarbefugnis

(1) Die Disziplinarbefugnis ist nach der Dienststellung der Disziplinarvorgesetzten abgestuft. Es können verhängen

1. die Kompaniechefin oder der Kompaniechef oder eine Offizierin oder ein Offizier in entsprechender Dienststellung
   a) gegen Unteroffizierinnen und Unteroffiziere sowie gegen Mannschaften alle einfachen Disziplinarmaßnahmen, ausgenommen Disziplinararrest und strengen Disziplinararrest von jeweils mehr als sieben Tagen,
   b) gegen Offizierinnen und Offiziere den Verweis,
2. die Bataillonskommandeurin oder der Bataillonskommandeur oder eine Offizierin oder ein Offizier in entsprechender Dienststellung
   a) gegen Unteroffizierinnen und Unteroffiziere sowie gegen Mannschaften alle einfachen Disziplinarmaßnahmen,
   b) gegen Offizierinnen und Offiziere alle einfachen Disziplinarmaßnahmen, ausgenommen Disziplinararrest und strengen Disziplinararrest,
3. die Bundesministerin der Verteidigung oder der Bundesminister der Verteidigung sowie die Regimentskommandeurin oder der Regimentskommandeur, die Brigadekommandeurin oder der Brigadekommandeur, Offizierinnen oder Offiziere von diesen Dienststellungen an aufwärts und die Offizierinnen oder Offiziere in entsprechenden Dienststellungen alle einfachen Disziplinarmaßnahmen.

Die Bundesministerin der Verteidigung oder der Bundesminister der Verteidigung stellt fest, welche Vorgesetzten sich in den in Satz 2 Nummer 1 bis 3 genannten entsprechenden Dienststellungen befinden.

(2) Eine Disziplinarvorgesetzte oder ein Disziplinarvorgesetzter hat die Disziplinarbefugnis der nächsthöheren Stufe, wenn die oder der sonst zuständige Disziplinarvorgesetzte nicht erreichbar ist und die militärische Disziplin ein sofortiges Einschreiten erfordert. Solche Fälle sind unverzüglich der oder dem sonst zuständigen Disziplinarvorgesetzten zu melden.

§ 29 Zuständigkeit der oder des nächsten Disziplinarvorgesetzten

(1) Soweit das Gesetz nicht etwas anderes bestimmt, übt die oder der nächste Disziplinarvorgesetzte die Disziplinarbefugnis aus. Nächste Disziplinarvorgesetzte oder nächster Disziplinarvorgesetzter ist die oder der unterste Vorgesetzte mit Disziplinarbefugnis, der oder dem die Soldatin oder der Soldat unmittelbar unterstellt ist. Die Zuständigkeit für die disziplinare Ahndung von Dienstvergehen der Vertrauensperson regelt § 15 Absatz 2 des Soldatinnen- und Soldatenbeteiligungsgesetzes.

(2) Wechselt vor Erledigung eines Falles das Unterstellungsverhältnis, so wird die oder der neue Disziplinarvorgesetzte zuständig. Dies gilt insbesondere bei Versetzungen oder zeitweiligem Ausscheiden von Truppenteilen aus ihrem Verband sowie bei Kommandierungen, sofern nicht die Dienststelle, die die Kommandierung ausspricht, etwas anderes bestimmt.

(3) In den Fällen einer vorübergehenden Unterstellung kann die Disziplinarbefugnis gegen Dienstgradgleiche und Dienstgradhöhere nicht ausgeübt werden.

§ 30 Zuständigkeit der oder des nächsthöheren Disziplinarvorgesetzten

(1) Die oder der nächsthöhere Disziplinarvorgesetzte ist zuständig, wenn die Tat von der oder dem nächsten Disziplinarvorgesetzten nicht geahndet werden kann, weil
1. diese oder dieser selbst an der Tat beteiligt ist,
2. die Tat im Fall des § 29 Absatz 3 von einer oder einem Dienstgradgleichen oder einer oder einem Dienstgradhöheren begangen worden ist,
3. die Tat von einer Vertrauensperson begangen worden ist, es sei denn, dass die Voraussetzungen des § 15 Absatz 2 Satz 2 des Soldatinnen- und Soldatenbeteiligungsgesetzes vorliegen, oder
4. die oder der nächste Disziplinarvorgesetzte nicht erreichbar ist und die militärische Disziplin ein sofortiges Einschreiten erfordert; solche Fälle sind unverzüglich der oder dem sonst zuständigen Disziplinarvorgesetzten mitzuteilen.

(2) Die oder der nächsthöhere Disziplinarvorgesetzte ist weiterhin für die Ahndung der Tat zuständig, wenn die oder der nächste Disziplinarvorgesetzte meldet, dass
1. ihre oder seine Disziplinarbefugnis nach § 28 Absatz 1 Satz 2 Nummer 1 und 2 nicht ausreicht,
2. sie oder er persönlich durch die Tat verletzt ist oder
3. sie oder er sich für befangen hält.

(3) Die oder der nächste Disziplinarvorgesetzte hat in den Fällen des Absatzes 1 Nummer 1 bis 3 und des Absatzes 2 das Dienstvergehen der oder dem nächsthöheren Disziplinarvorgesetzten zu melden.

§ 31 Disziplinarbefugnis nach dem Dienstgrad

(1) Die örtlichen Befehlshaberinnen und Befehlshaber, die Führerinnen und Führer von besonders zusammengestellten Abteilungen und die Offizierinnen und Offiziere in ähnlichen Dienststellungen haben im Rahmen ihrer Befehlsbefugnis, sofern ihnen nach ihrer sonstigen Dienststellung keine höhere Disziplinarbefugnis zusteht, je nach dem Dienstgrad folgende Disziplinarbefugnis

1. ein Leutnant, Oberleutnant, Hauptmann oder Stabshauptmann oder eine Offizierin oder ein Offizier in entsprechendem Dienstgrad die Disziplinarbefugnis nach § 28 Absatz 1 Satz 2 Nummer 1,
2. ein Major, Oberstleutnant oder eine Offizierin oder ein Offizier in entsprechendem Dienstgrad die Disziplinarbefugnis nach § 28 Absatz 1 Satz 2 Nummer 2,
3. ein Oberst oder eine Offizierin oder ein Offizier in entsprechendem oder höherem Dienstgrad die Disziplinarbefugnis nach § 28 Absatz 1 Satz 2 Nummer 3.

Die Bundesministerin der Verteidigung oder der Bundesminister der Verteidigung stellt fest, wem nach dieser Vorschrift Disziplinarbefugnis zusteht.

(2) Für die Disziplinarbefugnis der Stellvertreterin im Kommando oder des Stellvertreters im Kommando ist ihr oder sein Dienstgrad maßgebend.

(3) Die Disziplinarbefugnis dieser Vorgesetzten besteht nur dann, wenn die militärische Disziplin ein sofortiges Einschreiten erfordert und die oder der an sich zuständige Disziplinarvorgesetzte hierzu nicht erreichbar ist. Solche Fälle sind unverzüglich der oder dem sonst zuständigen Disziplinarvorgesetzten mitzuteilen.

(4) Die Kommandeurin oder der Kommandeur eines Bundeswehrkrankenhauses kann die Disziplinarbefugnis ausüben, wenn die militärische Disziplin ein sofortiges Einschreiten erfordert. Absatz 3 Satz 2 gilt entsprechend.

Abschnitt 3 Ausübung der Disziplinarbefugnis

§ 32 Ermittlungen der Disziplinarvorgesetzten[2]

(1) Werden Tatsachen bekannt, die den Verdacht eines Dienstvergehens rechtfertigen, so muss die oder der Disziplinarvorgesetzte den Sachverhalt durch die erforderlichen Ermittlungen aufklären. Der Inhalt mündlicher Vernehmungen ist aktenkundig zu machen.

(2) Die Aufklärung des Sachverhalts kann einer Offizierin oder einem Offizier übertragen werden. Eine Feldjägeroffizierin oder ein Feldjägeroffizier kann im Rahmen der ihr oder ihm übertragenen Aufklärung des Sachverhalts auch einen Feldjägerfeldwebel mit Vernehmungen beauftragen. In Fällen von geringerer Bedeutung kann die oder der Disziplinarvorgesetzte auch den Kompaniefeldwebel oder eine Unteroffizierin oder einen Unteroffizier in entsprechender Dienststellung mit der Vernehmung von Zeuginnen und Zeugen beauftragen, soweit es sich um Mannschaften oder um Unteroffizierinnen ohne Portepee oder Unteroffiziere ohne Portepee handelt.

(3) Bei der Aufklärung des Sachverhalts sind die belastenden, entlastenden und die für Art und Höhe der Disziplinarmaßnahme bedeutsamen Umstände zu ermitteln.

(4) Die Soldatin oder der Soldat ist über die Ermittlungen zu unterrichten, sobald dies ohne Gefährdung des Ermittlungszwecks möglich ist. Ihr oder ihm ist bei Beginn der ersten Vernehmung zu eröffnen, welche Pflichtverletzungen ihr oder ihm

---

2 § 32 Abs. 2: Zur Geltung vgl. § 20 Abs. 5

zur Last gelegt werden. Es ist gleichzeitig darauf hinzuweisen, dass es ihr oder ihm freisteht, sich zur Sache zu äußern oder nicht auszusagen. Wird ausgesagt, muss in dienstlichen Angelegenheiten die Wahrheit gesagt werden. Ist die nach den Sätzen 2 und 3 vorgeschriebene Belehrung unterblieben oder unrichtig erteilt worden, so darf die Aussage der Soldatin oder des Soldaten nicht zu ihrem oder seinem Nachteil verwertet werden.

(5) Vor der Entscheidung ist die Soldatin oder der Soldat stets zu fragen, ob sie oder er etwas zu ihrer oder seiner Entlastung vorbringen will. Hierüber ist ein Vernehmungsprotokoll aufzunehmen, das von der Soldatin oder dem Soldaten unterschrieben sein soll.

§ 33 Prüfungspflicht der Disziplinarvorgesetzten

(1) Hat eine Soldatin oder ein Soldat ein Dienstvergehen begangen, prüft die oder der Disziplinarvorgesetzte, ob es mit einer erzieherischen Maßnahme sein Bewenden haben kann oder ob eine Disziplinarmaßnahme verhängt werden soll. Sie oder er prüft ferner, ob das Dienstvergehen zur Verhängung einer Disziplinarmaßnahme weiterzumelden oder die Entscheidung der Einleitungsbehörde herbeizuführen ist.

(2) Die oder der Disziplinarvorgesetzte soll erst dann disziplinar einschreiten, wenn andere Maßnahmen erfolglos geblieben sind. Will sie oder er eine Disziplinarmaßnahme verhängen, muss sie oder er die Schuld der Soldatin oder des Soldaten für erwiesen halten.

(3) Ist das Dienstvergehen eine Straftat, so gibt die oder der Disziplinarvorgesetzte die Sache unabhängig von der Prüfung nach Absatz 1 an die zuständige Strafverfolgungsbehörde ab, wenn dies entweder zur Aufrechterhaltung der militärischen Ordnung oder wegen der Art der Tat oder der Schwere des Unrechts oder der Schuld geboten ist. Sie oder er kann die disziplinare Erledigung bis zur Beendigung des auf die Abgabe eingeleiteten oder eines sonstigen wegen derselben Tat schwebenden Strafverfahrens aussetzen. Das gilt nicht, wenn die Sachaufklärung gesichert ist oder wenn im Strafverfahren aus Gründen nicht verhandelt werden kann, die in der Person oder in dem Verhalten der Soldatin oder des Soldaten liegen.

§ 34 Bindung an tatsächliche Feststellungen anderer Entscheidungen

(1) Die tatsächlichen Feststellungen eines rechtskräftigen Urteils im Strafverfahren oder Bußgeldverfahren, auf denen die Entscheidung beruht, sind für die Disziplinarvorgesetzte oder den Disziplinarvorgesetzten bindend, soweit das Dienstvergehen denselben Sachverhalt zum Gegenstand hat.

(2) Das Wehrdienstgericht hat jedoch bei Entscheidungen nach § 40 Absatz 4 und § 43 Absatz 2 und 3 sowie nach § 47 die nochmalige Prüfung solcher Feststellungen zu beschließen, deren Richtigkeit seine Mitglieder mit Stimmenmehrheit, bei Entscheidungen durch eine Truppendienstkammer mit der Stimme der oder des Vorsitzenden, bezweifeln. Dies ist in den Gründen der Entscheidung zum Ausdruck zu bringen.

§ 35 Selbstständigkeit der Disziplinarvorgesetzten

(1) Die oder der zuständige Disziplinarvorgesetzte entscheidet allein verantwortlich. Ihr oder ihm kann nicht befohlen werden, ob und wie geahndet werden soll.

(2) Verhängt die oder der Disziplinarvorgesetzte eine Disziplinarmaßnahme, dürfen höhere Vorgesetzte diese Entscheidung, abgesehen von den Fällen der Beschwerde, nur unter den Voraussetzungen des § 48 Absatz 2 aufheben.

(3) Hält die oder der Disziplinarvorgesetzte ein Dienstvergehen zwar für erwiesen, eine Disziplinarmaßnahme aber nicht für angebracht, dürfen höhere Vorgesetzte diese Entscheidung nicht ändern.

(4) § 95 Absatz 3 und § 99 bleiben unberührt.

§ 36 Absehen von einer Disziplinarmaßnahme

(1) Wird durch die Ermittlungen ein Dienstvergehen nicht festgestellt oder hält die oder der Disziplinarvorgesetzte eine Disziplinarmaßnahme nicht für zulässig oder angebracht, hat sie oder er diese Entscheidung der Soldatin oder dem Soldaten bekannt zu geben, wenn die Soldatin oder der Soldat zuvor angehört wurde.

(2) Die oder der Disziplinarvorgesetzte kann den Fall nur dann erneut verfolgen, wenn erhebliche neue Tatsachen oder Beweismittel bekannt werden.

§ 37 Verhängen der Disziplinarmaßnahme[3]

(1) Eine Disziplinarmaßnahme darf erst nach Ablauf einer Nacht verhängt werden, nachdem die Soldatin oder der Soldat nach § 32 Absatz 5 abschließend angehört wurde. Sobald sie oder er zum Entlassungsort in Marsch gesetzt wird, kann die Disziplinarmaßnahme sofort verhängt werden.

(2) Die Disziplinarmaßnahme wird durch die dienstliche Bekanntgabe der Disziplinarverfügung an die Soldatin oder den Soldaten verhängt. Das Ehrgefühl ist zu schonen.

(3) Die Disziplinarverfügung muss bei der Bekanntgabe schriftlich festgelegt sein. Sie muss Zeit, Ort und Sachverhalt des Dienstvergehens, die Schuldform sowie Art und Höhe der Disziplinarmaßnahme enthalten. Bei der verschärften Ausgangsbeschränkung und bei der verschärften strengen Ausgangsbeschränkung muss sie zusätzlich die Verschärfung enthalten. Eine Abschrift der Disziplinarverfügung ist der Soldatin oder dem Soldaten bei der Verhängung der Disziplinarmaßnahme auszuhändigen. Ist die Vollstreckung zur Bewährung ausgesetzt worden, ist dies hierbei bekannt zu geben.

(4) Sind nach § 22 Absatz 2 mehrere Disziplinarmaßnahmen nebeneinander zulässig, dürfen sie nur gleichzeitig verhängt werden.

(5) Die oder der Disziplinarvorgesetzte kann eine von ihr oder ihm verhängte Disziplinarmaßnahme nicht mehr aufheben, ändern oder unvollstreckt lassen. Die §§ 39, 51 Absatz 3 und § 58 Absatz 3 bleiben unberührt.

§ 38 Bemessung der Disziplinarmaßnahme

(1) Bei der Bemessung von Art und Höhe der Disziplinarmaßnahme sind Eigenart und Schwere des Dienstvergehens und seine Auswirkungen, das Maß der Schuld, die Persönlichkeit, die bisherige Führung und die Beweggründe der Soldatin oder des Soldaten zu berücksichtigen.

---

3 § 37 Abs. 1: Zur Nichtgeltung vgl. § 40 Abs. 1

(2) In der Regel ist mit den milderen Disziplinarmaßnahmen zu beginnen und erst bei erneuten Dienstvergehen zu schwereren Disziplinarmaßnahmen überzugehen.

(3) Disziplinararrest oder strenger Disziplinararrest soll erst dann verhängt werden, wenn vorausgegangene erzieherische Maßnahmen und Disziplinarmaßnahmen ihren Zweck nicht erreicht haben oder die Aufrechterhaltung der militärischen Ordnung eine disziplinare Freiheitsentziehung gebietet.

§ 39 Anrechnung von Freiheitsentziehung auf die Disziplinarmaßnahme

Auf die Disziplinarmaßnahme kann eine Freiheitsentziehung, die die Soldatin oder der Soldat aus Anlass ihrer oder seiner Tat durch vorläufige Festnahme oder Untersuchungshaft erlitten hat, nach pflichtgemäßem Ermessen in der Weise angerechnet werden, dass die Disziplinarmaßnahme ganz oder teilweise für vollstreckt erklärt wird.

§ 40 Richterliche Mitwirkung bei der Verhängung von Disziplinararrest und strengem Disziplinararrest[4]

(1) Disziplinararrest darf erst verhängt werden, nachdem die Richterin oder der Richter des zuständigen, notfalls des nächsterreichbaren Truppendienstgerichts zugestimmt hat. Hält sie oder er den beabsichtigten Disziplinararrest für zulässig und angebracht, so ist die Zustimmung zu erteilen. Die Zustimmung bedarf keiner Begründung. Wenn es zur Aufrechterhaltung der militärischen Ordnung geboten ist, kann zugleich die sofortige Vollstreckbarkeit angeordnet werden. Die Anordnung ist zu begründen. Ist die sofortige Vollstreckbarkeit angeordnet worden, so gelten § 37 Absatz 1 Satz 1 und § 49 Absatz 1 nicht.

(2) Die oder der Disziplinarvorgesetzte teilt im Antrag auf richterliche Zustimmung die beabsichtigte Dauer des Disziplinararrests mit. Will sie oder er zugleich Ausgangsbeschränkung, strenge Ausgangsbeschränkung, Disziplinarbuße oder strenge Disziplinarbuße verhängen, so ist auch deren Dauer oder deren Betrag mitzuteilen. Ein Antrag auf sofortige Vollstreckbarkeit ist zu begründen. Die Soldatin oder der Soldat ist auch zu diesem Antrag anzuhören. Dem Antrag sind die nach § 32 entstandenen Vorgänge beizufügen. Beizufügen sind ferner ein Auszug über Anerkennungen, Disziplinarmaßnahmen und Bestrafungen aus dem Disziplinarbuch oder den Personalunterlagen und, soweit erforderlich, eine Darstellung des Sachverhalts.

(3) Lehnt die Richterin oder der Richter es ab, dem Disziplinararrest zuzustimmen, oder stimmt sie oder er nur einem kürzeren Disziplinararrest zu, so ist diese Entscheidung zu begründen. Ist sie oder er der Auffassung, dass eine gerichtliche Disziplinarmaßnahme angebracht ist, sind die Akten der Einleitungsbehörde zur weiteren Entschließung zu übersenden.

(4) Die oder der Disziplinarvorgesetzte kann in den Fällen des Absatzes 3 Satz 1 binnen einer Woche nach Bekanntgabe der richterlichen Entscheidung das Truppendienstgericht anrufen. Hält das Truppendienstgericht den beabsichtigten oder einen kürzeren Disziplinararrest für zulässig und angebracht, so verhängt es diesen selbst. Diese Entscheidung ist endgültig. Die Soldatin oder der Soldat ist vor der Entscheidung anzuhören. Die Anhörung kann außerhalb der Verhandlung auch durch die Vorsitzende oder den Vorsitzenden stattfinden. Bei der Anhörung darf nur

---

4 § 40 Abs. 4: Zur Geltung vgl. § 43 Abs. 2
§ 40 Abs. 4: Zur Geltung vgl. § 43 Abs. 3

die Begründung für den verhängten Disziplinararrest mitgeteilt werden. Hält das Truppendienstgericht Disziplinararrest für nicht angebracht, so entscheidet die oder der Disziplinarvorgesetzte, ob eine andere Disziplinarmaßnahme gegen die Soldatin oder den Soldaten verhängt wird. Hält das Truppendienstgericht eine gerichtliche Disziplinarmaßnahme für geboten, übersendet es die Akten der Einleitungsbehörde zur weiteren Entschließung.

(5) An Bord von Schiffen außerhalb der Hoheitsgewässer der Bundesrepublik Deutschland darf Disziplinararrest vor einer richterlichen Zustimmung verhängt werden, wenn die Richterin oder der Richter nicht erreichbar ist und die militärische Disziplin auf andere Weise nicht aufrechterhalten werden kann. § 42 Absatz 3 Satz 1 und § 49 Absatz 1 gelten nicht. Sobald die Richterin oder der Richter erreichbar ist, sind ihr oder ihm die Vorgänge unverzüglich vorzulegen. Wird der verhängten Disziplinarmaßnahme nicht zugestimmt, so ist sie zugleich aufzuheben. Die Absätze 1 bis 4 gelten entsprechend. § 48 Absatz 4 gilt entsprechend mit der Maßgabe, dass die Frist nach § 17 Absatz 2 mit der Aufhebung der Disziplinarmaßnahme beginnt.

(6) Für den strengen Disziplinararrest gelten die Absätze 1 bis 5 entsprechend.

(7) Die Richterin oder der Richter und das Truppendienstgericht können dem Bundesverwaltungsgericht Rechtsfragen von grundsätzlicher Bedeutung vorlegen. § 18 Absatz 4 der Wehrbeschwerdeordnung gilt entsprechend. Von der Vorlage bis zur Entscheidung des Bundesverwaltungsgerichts ist der Lauf der Frist nach § 17 Absatz 2 gehemmt.

§ 41 Disziplinarvorgesetzte und gerichtliches Disziplinarverfahren

Ist die Einleitung eines gerichtlichen Disziplinarverfahrens geboten, führt die oder der zuständige Disziplinarvorgesetzte die Entscheidung der Einleitungsbehörde herbei.

Abschnitt 4 Beschwerden gegen Maßnahmen und Entscheidungen der Disziplinarvorgesetzten

§ 42 Anwendung der Wehrbeschwerdeordnung[5]

(1) Auf Beschwerden gegen Disziplinarmaßnahmen sowie gegen sonstige Maßnahmen und Entscheidungen der Disziplinarvorgesetzten und gegen vorläufige Festnahmen nach diesem Gesetz ist die Wehrbeschwerdeordnung nach Maßgabe dieses Abschnitts anzuwenden.

(2) Beschwerden gegen Disziplinararrest oder gegen strengen Disziplinararrest dürfen vor Ablauf einer Nacht eingelegt werden, sofern die sofortige Vollstreckbarkeit angeordnet worden ist.

(3) Die Beschwerde hemmt die Vollstreckung einer Disziplinarmaßnahme, wenn sie vor Beginn der Vollstreckung eingelegt wird. Dieser Zeitpunkt ist der Soldatin oder dem Soldaten rechtzeitig zu eröffnen, in der Regel bei Verhängung der Disziplinarmaßnahme. Die Vollstreckung wird nicht gehemmt bei Beschwerden gegen Diszipli-

---

5 § 42 Abs. 3: Zur Nichtgeltung vgl. § 40 Abs
§ 42: Zur Geltung vg. § 56 Abs. 7
§ 42 Abs. 4: Zur Geltung vg. § 95 Abs. 4

nararrest oder gegen strengen Disziplinararrest, sofern die sofortige Vollstreckbarkeit nach § 40 Absatz 1 angeordnet worden ist, sowie bei weiteren Beschwerden, bei Rechtsbeschwerden und bei Nichtzulassungsbeschwerden. Im Übrigen hat die Beschwerde keine aufschiebende Wirkung.

(4) Werden missbilligende Äußerungen nach § 23 Absatz 3 Satz 2 mit der Feststellung eines Dienstvergehens verbunden, können sie nur zusammen mit dieser Feststellung angefochten werden.

§ 43 Zuständigkeiten[6]

(1) Über die Beschwerde entscheidet die oder der nächste Disziplinarvorgesetzte der oder des Vorgesetzten, welche oder welcher die angefochtene Disziplinarmaßnahme verhängt hat oder die angefochtene Maßnahme oder Entscheidung getroffen hat.

(2) Über die weitere Beschwerde entscheidet das Truppendienstgericht. Zuständig ist das Truppendienstgericht, das für den Befehlsbereich errichtet ist, zu dem die oder der Vorgesetzte, welche oder welcher die angefochtene Disziplinarmaßnahme verhängt hat oder die angefochtene Maßnahme oder Entscheidung getroffen hat, zum Zeitpunkt des Beschwerdeanlasses gehört. Das Bundesverwaltungsgericht entscheidet über die weitere Beschwerde, wenn über die Beschwerde entschieden wurde durch

1. die Bundesministerin der Verteidigung oder den Bundesminister der Verteidigung oder
2. die Generalinspekteurin der Bundeswehr oder den Generalinspekteur der Bundeswehr.

Die angefochtene Disziplinarmaßnahme, Maßnahme oder Entscheidung unterliegt der Prüfung des Wehrdienstgerichts in vollem Umfang. Das Gericht trifft zugleich die in der Sache erforderliche Entscheidung. § 40 Absatz 4 Satz 8 gilt entsprechend.

(3) Gegen die Rücknahme einer förmlichen Anerkennung, gegen Maßnahmen nach § 20, gegen Disziplinararrest und gegen strengen Disziplinararrest ist nur die Beschwerde an das Truppendienstgericht zulässig. Das Bundesverwaltungsgericht entscheidet über die Beschwerde gegen Maßnahmen oder Entscheidungen nach Satz 1, wenn diese getroffen wurden durch

1. die Bundesministerin der Verteidigung oder den Bundesminister der Verteidigung oder
2. die Generalinspekteurin der Bundeswehr oder den Generalinspekteur der Bundeswehr.

Absatz 2 Satz 4 und 5 sowie § 40 Absatz 4 Satz 8 gelten entsprechend.

§ 44 Entscheidung über die Beschwerde[7]

(1) Die Entscheidung über die Beschwerde darf die Disziplinarmaßnahme nicht verschärfen.

---

6 § 43: Zur Geltung vg. § 56 Abs. 7
§ 42 Abs. 3: Zur Geltung vg. § 95 Abs. 4

7 § 44 Abs. 4: Zur Anwendung vg. § 48 Abs. 3
§ 44 Abs. 2: Zur Geltung vg. § 48 Abs. 4
§ 44 Abs. 4: Zur Geltung vg. § 56 Abs. 5
§ 44: Zur Geltung vg. § 56 Abs. 7

(2) Wird eine Disziplinarmaßnahme aufgrund einer Beschwerde herabgesetzt oder aufgehoben, ist gleichzeitig nach § 56 über die Anrechnung der Vollstreckung und über den Ausgleich für eine zu Unrecht vollstreckte Disziplinarmaßnahme zu entscheiden.

(3) Hebt das Wehrdienstgericht die Disziplinarmaßnahme auf, weil ein Dienstvergehen nicht vorliegt oder nicht erwiesen ist oder weil es ein Dienstvergehen zwar für erwiesen, eine Disziplinarmaßnahme aber nicht für angebracht hält, so kann die oder der Disziplinarvorgesetzte den Fall nur dann erneut verfolgen, wenn erhebliche neue Tatsachen oder Beweismittel bekannt werden.

(4) Wird eine Disziplinarmaßnahme aufgehoben, ohne dass eine andere Disziplinarmaßnahme an ihre Stelle tritt, ist die Aufhebung in derselben Weise bekannt zu geben, in der die Verhängung erfolgte. Ist die Disziplinarmaßnahme nach § 52 Absatz 2, § 53 Absatz 5, § 54 Absatz 5 oder § 55 Absatz 5 bereits bekannt gemacht worden, so ist zusätzlich die Aufhebung entsprechend bekannt zu machen.

(5) Wird über die Beschwerden einer Soldatin oder eines Soldaten gegen mehrere Disziplinarmaßnahmen gleichzeitig entschieden, so sind die Pflichtverletzungen, die jeder Disziplinarmaßnahme zu Grunde liegen, abweichend von § 18 Absatz 2 jeweils als ein Dienstvergehen zu ahnden.

(6) Eine Disziplinarmaßnahme kann auch dann herabgesetzt werden oder statt ihrer kann eine andere, mildere Disziplinarmaßnahme verhängt werden, wenn die Soldatin oder der Soldat zum Zeitpunkt der Entscheidung über die Beschwerde bereits aus dem Dienstverhältnis ausgeschieden ist.

Abschnitt 5 **Nochmalige Prüfung**

§ 45 Aufhebung einer Disziplinarmaßnahme bei nachträglichem Straf- oder Bußgeldverfahren

(1) Ist eine einfache Disziplinarmaßnahme unanfechtbar verhängt worden und wird wegen desselben Sachverhalts nachträglich durch ein Gericht oder eine Behörde eine Strafe oder Ordnungsmaßnahme verhängt oder kann ein Sachverhalt nach § 153a Absatz 1 Satz 5 oder Absatz 2 Satz 2 der Strafprozessordnung nach Erfüllung von Auflagen und Weisungen nicht mehr als Vergehen verfolgt werden, so ist die Disziplinarmaßnahme auf Antrag der Soldatin oder des Soldaten aufzuheben, wenn ihre Verhängung nach Abschluss des Strafverfahrens oder des Bußgeldverfahrens gegen § 16 Absatz 1 verstoßen würde. Die Aufhebung eines Disziplinararrests oder eines strengen Disziplinararrests unterbleibt, wenn die Voraussetzungen für eine zusätzliche disziplinare Ahndung zum Zeitpunkt seiner Verhängung vorgelegen haben.

(2) Disziplinararrest oder strenger Disziplinararrest ist aufzuheben, soweit er zusammen mit einer wegen desselben Sachverhalts nachträglich verhängten Freiheitsentziehung drei Wochen übersteigt.

(3) Die Aufhebung ist ausgeschlossen, wenn die Disziplinarmaßnahme im Strafverfahren oder Bußgeldverfahren erkennbar angerechnet worden ist.

§ 46 Aufhebung oder Änderung einer Disziplinarmaßnahme aus anderen Gründen

(1) Jede und jeder Disziplinarvorgesetzte muss beantragen, die Disziplinarmaßnahme aufzuheben, wenn sie oder er der Auffassung ist, dass gegen eine oder einen ihrer oder seiner Untergebenen eine Disziplinarmaßnahme verhängt worden ist, obwohl diese oder dieser Untergebene unschuldig oder nicht nachweisbar schuldig war. Sie oder er kann dies beantragen, wenn sie oder er der Auffassung ist, dass eine Disziplinarmaßnahme nicht angebracht oder nach § 16 Absatz 1 nicht zulässig war, oder wenn ihre Verhängung nach Abschluss des Strafverfahrens oder des Bußgeldverfahrens gegen § 16 Absatz 1 verstoßen würde. Die Sätze 1 und 2 gelten entsprechend für einen Antrag auf Herabsetzung der Disziplinarmaßnahme, wenn bei mehreren Pflichtverletzungen, die als ein Dienstvergehen geahndet worden sind, bei einer die Voraussetzungen des Satzes 1 oder des Satzes 2 vorliegen.

(2) Die oder der Disziplinarvorgesetzte, die oder der die Disziplinarmaßnahme verhängt hat, oder bei einem Wechsel die nachfolgende Person, ist verpflichtet, einen Antrag nach Absatz 1 Satz 2 zu stellen. Diese oder dieser Vorgesetzte kann auch beantragen, eine von ihr oder ihm verhängte Disziplinarmaßnahme herabzusetzen, wenn sie ihr oder ihm nachträglich zu hart erscheint.

(3) Die Soldatin oder der Soldat kann die Aufhebung einer nicht mehr anfechtbaren Disziplinarmaßnahme beantragen, wenn neue Tatsachen oder Beweismittel beigebracht sind, die zur Aufhebung der Disziplinarmaßnahme führen können. Als neue Tatsachen gelten auch die tatsächlichen Feststellungen eines wegen desselben Sachverhalts ergangenen rechtskräftigen Urteils im Strafverfahren oder im Bußgeldverfahren, soweit sie von denen der Disziplinarverfügung abweichen.

§ 47 Verfahren bei Aufhebung oder Änderung einer Disziplinarmaßnahme[8]

(1) Über den Antrag auf Aufhebung oder Änderung einer Disziplinarmaßnahme entscheidet das Wehrdienstgericht durch Beschluss.

(2) Für das Verfahren gelten die Vorschriften über die Beschwerde entsprechend. § 20 der Wehrbeschwerdeordnung ist anzuwenden, soweit es sich nicht um Anträge einer oder eines Disziplinarvorgesetzten nach § 46 Absatz 1 oder 2 handelt.

(3) Von der Entscheidung über den Antrag sind diejenigen Richterinnen und Richter ausgeschlossen, die bei der Verhängung der Disziplinarmaßnahme nach § 40 Absatz 4 oder in einem Beschwerdeverfahren gegen die Disziplinarmaßnahme mitgewirkt haben.

§ 48 Dienstaufsicht[9]

(1) Die höheren Disziplinarvorgesetzten überwachen, die ihnen unterstellten Disziplinarvorgesetzten in der Ausübung der Disziplinarbefugnis.

(2) Disziplinarmaßnahmen, die von Disziplinarvorgesetzten verhängt sind, sind aufzuheben, wenn
1. sie von einer oder einem Disziplinarvorgesetzten verhängt worden sind, die oder der unzuständig war,
2. sie nach Art oder Höhe im Gesetz nicht vorgesehen sind,

8 § 47 Abs. 3: Zur Geltung vgl. § 132 Abs. 4
9 § 48 Abs. 4: Zur Geltung vgl. § 40 Abs. 5

3. vor der Entscheidung die Vertrauensperson nicht nach § 28 Absatz 1 des Soldatinnen- und Soldatenbeteiligungsgesetzes angehört worden ist, obwohl ihre Anhörung von der Soldatin oder dem Soldaten nicht ausdrücklich abgelehnt worden war,
4. gegen die Soldatin oder den Soldaten wegen des Dienstvergehens bereits eine Disziplinarmaßnahme verhängt worden ist,
5. die oder der Disziplinarvorgesetzte ihre oder seine Disziplinarbefugnis nach § 28 überschritten hat,
6. die oder der Disziplinarvorgesetzte nach § 36 der Soldatin oder dem Soldaten die Entscheidung bekannt gegeben hatte, dass sie oder er wegen eines Dienstvergehens keine Disziplinarmaßnahme verhängen will, und wenn keine erheblichen neuen Tatsachen oder Beweismittel nachträglich bekannt geworden sind,
7. das Dienstvergehen nach § 17 Absatz 2 wegen Zeitablaufs nicht mehr hätte geahndet werden dürfen,
8. die Soldatin oder der Soldat nicht nach § 32 Absatz 5 Satz 1 zuvor angehört worden ist,
9. die Disziplinarverfügung bei der Bekanntgabe nicht nach § 37 Absatz 3 Satz 1 bis 3 schriftlich festgelegt war oder den vorgeschriebenen Inhalt hatte oder
10. der Disziplinararrest oder der strenge Disziplinararrest ohne richterliche Zustimmung verhängt worden ist.

(3) Für das Aufheben der Disziplinarmaßnahmen sind die höheren Disziplinarvorgesetzten zuständig. § 44 Absatz 4 ist anzuwenden.

(4) Die oder der zuständige Disziplinarvorgesetzte prüft, ob anstelle einer aufgehobenen Disziplinarmaßnahme eine neue Disziplinarmaßnahme zulässig und angebracht ist. § 44 Absatz 2 gilt entsprechend.

(5) Die Disziplinarvorgesetzten haben Aufhebungsgründe, die ihnen bekannt werden, der für das Aufheben zuständigen Stelle zu melden.

Abschnitt 6 **Vollstreckung**

§ 49 Vollstreckbarkeit der Disziplinarmaßnahmen[10]

(1) Eine verhängte Disziplinarmaßnahme ist erst dann zu vollstrecken, wenn die Soldatin oder der Soldat an dem auf die Verhängung folgenden Tag ausreichend Zeit und Gelegenheit zur Beschwerde hatte und davon keinen Gebrauch gemacht hat. Vorher kann auf die Beschwerde nicht verzichtet werden.

(2) Disziplinarmaßnahmen, die durch Entscheidung eines Wehrdienstgerichts verhängt sind, werden mit der Rechtskraft der Entscheidung wirksam und vollstreckbar.

§ 50 Zuständigkeit für die Vollstreckung

(1) Einfache Disziplinarmaßnahmen vollstreckt die oder der nächste Disziplinarvorgesetzte. Wird die Disziplinarmaßnahme von einer anderen Stelle verhängt, ersucht diese Stelle die nächste Disziplinarvorgesetzte oder den nächsten Disziplinarvorgesetzten um die Vollstreckung. Andere Dienststellen sollen um die Vollstreckung nur

---

10 § 49 Abs. 1: Zur Nichtgeltung vgl. § 40 Abs. 1
§ 49 Abs. 1: Zur Nichtgeltung vgl. § 40 Abs. 5

dann ersucht werden, wenn die Soldatin oder der Soldat sich nicht innerhalb des Befehlsbereichs der oder des nächsten Disziplinarvorgesetzten befindet und die Vollstreckung keinen Aufschub duldet.

(2) Die oder der nächste Disziplinarvorgesetzte oder, im Fall des Absatzes 1 Satz 3, andere Dienststellen haben auch einfache Disziplinarmaßnahmen, die im gerichtlichen Disziplinarverfahren verhängt sind, auf Ersuchen der Wehrdisziplinaranwaltschaft zu vollstrecken.

§ 51 Aussetzung, Aufschub und Unterbrechung der Vollstreckung

(1) Beim Verhängen einer einfachen Disziplinarmaßnahme kann die Vollstreckung fünf Monate ausgesetzt werden, um der Soldatin oder dem Soldaten Gelegenheit zu geben, sich zu bewähren. Die Aussetzung der Vollstreckung zur Bewährung soll nur einmal und nur dann gewährt werden, wenn gegen die Soldatin oder den Soldaten bisher keine oder nur geringfügige Strafen oder Disziplinarmaßnahmen verhängt worden waren und von der Aussetzung ein günstiger erzieherischer Erfolg zu erwarten ist. Die Aussetzung der Vollstreckung kann mit einer erzieherischen Maßnahme verbunden werden.

(2) Die Bewährungsfrist beginnt mit dem Tag, an dem die Disziplinarmaßnahme unanfechtbar geworden ist. Wird gegen die Soldatin oder den Soldaten bis zum Ablauf der Bewährungsfrist wegen einer Tat, die während der Bewährungsfrist begangen wird, keine Strafe oder Disziplinarmaßnahme unanfechtbar verhängt, so ist die Vollstreckung der Disziplinarmaßnahme erlassen. Anderenfalls ist die Disziplinarmaßnahme zu vollstrecken.

(3) Im Übrigen darf die Vollstreckung nur aus dringenden Gründen aufgeschoben oder unterbrochen werden.

§ 52 Vollstreckung von Verweis und strengem Verweis

(1) Der Verweis ist mit dem Verhängen vollstreckt.

(2) Der strenge Verweis wird vollstreckt durch Bekanntmachung vor den Soldatinnen und Soldaten der Einheit oder des Truppenteils vom Dienstgrad der Soldatin oder des Soldaten an aufwärts. Die Bekanntmachung ist darauf zu beschränken, dass gegen die Soldatin oder den Soldaten ein strenger Verweis verhängt worden ist.

§ 53 Vollstreckung von Disziplinarbuße und strenger Disziplinarbuße

(1) Die Disziplinarbuße kann von den Dienstbezügen oder dem Wehrsold oder, wenn das Dienstverhältnis endet, von dem Entlassungsgeld oder dem Ruhegehalt abgezogen werden. Die Vollstreckung beginnt mit dem für den Abzug oder die Zahlung festgesetzten Zeitpunkt.

(2) Die oder der für die Vollstreckung zuständige Vorgesetzte kann Teilzahlungen bewilligen.

(3) Disziplinarbußen, die nicht fristgemäß entrichtet sind, werden nach dem Verwaltungs-Vollstreckungsgesetz beigetrieben.

(4) Bei dem Abzug und der Beitreibung einer Disziplinarbuße unterliegen die Dienstbezüge, der Wehrsold, das Entlassungsgeld und das Ruhegehalt nicht den Beschränkungen, die für die Pfändung gelten. Der Soldatin oder dem Soldaten sind

jedoch die Mittel zu belassen, die zum eigenen und familiären Unterhalt sowie zur Erfüllung sonstiger gesetzlicher Unterhaltspflichten notwendig sind.

(5) Für die strenge Disziplinarbuße gelten die Absätze 1 bis 4 entsprechend mit der Maßgabe, dass die Vollstreckung mit der Bekanntmachung vor den Soldatinnen und Soldaten der Einheit oder des Truppenteils vom Dienstgrad der Soldatin oder des Soldaten an aufwärts beginnt. Die Bekanntmachung ist darauf zu beschränken, dass gegen die Soldatin oder den Soldaten eine strenge Disziplinarbuße verhängt worden ist.

§ 54 Vollstreckung von Ausgangsbeschränkung und strenger Ausgangsbeschränkung

(1) Die Ausgangsbeschränkung ist an aufeinanderfolgenden Tagen zu vollstrecken. Dieser Zeitraum ist zu befehlen. Bei der verschärften Ausgangsbeschränkung sind Art und Dauer der nach § 25 Absatz 1 Satz 2 und 3 angeordneten Verschärfungen zusätzlich zu befehlen.

(2) Die Ausgangsbeschränkung ist vom Beginn des ersten Tages bis zum Ablauf des letzten Tages des befohlenen Zeitraumes zu vollstrecken.

(3) Der Soldatin oder dem Soldaten kann zur Überwachung befohlen werden, sich in angemessenen Zeitabständen bei Vorgesetzten zu melden.

(4) Die Soldatin oder der Soldat kann aus dringenden Gründen an einem Tag oder an mehreren Tagen für einen bestimmten Zeitraum von den befohlenen Beschränkungen befreit werden. Der Zeitraum der Befreiung ist auf die Vollstreckung anzurechnen.

(5) Für die strenge Ausgangsbeschränkung gelten die Absätze 1 bis 4 entsprechend mit der Maßgabe, dass die Vollstreckung mit der Bekanntmachung vor den Soldatinnen und Soldaten der Einheit oder des Truppenteils vom Dienstgrad der Soldatin oder des Soldaten an aufwärts beginnt. Die Bekanntmachung ist darauf zu beschränken, dass gegen die Soldatin oder den Soldaten eine strenge Ausgangsbeschränkung oder eine verschärfte strenge Ausgangsbeschränkung verhängt worden ist.

§ 55 Vollstreckung und Vollzug von Disziplinararrest und strengem Disziplinararrest; Verordnungsermächtigung

(1) Die Vollstreckung des Disziplinararrests beginnt mit der Freiheitsentziehung.

(2) Die Soldatin oder der Soldat soll während des Vollzugs in ihrer oder seiner Ausbildung gefördert werden. In der Regel soll sie oder er am Dienst teilnehmen. Die Teilnahme kann auf bestimmte Arten des Dienstes oder auf eine bestimmte Zeit beschränkt werden. Ist die Teilnahme am Dienst wegen der Persönlichkeit der Soldatin oder des Soldaten, wegen der Art des Dienstes, wegen der Kürze des Disziplinararrests oder aus anderen Gründen nicht tunlich, so soll die Soldatin oder der Soldat nach Möglichkeit in einer anderen Weise beschäftigt werden, die ihre oder seine Ausbildung fördert. Soweit die Soldatin oder der Soldat nicht am Dienst teilnimmt oder in einer anderen Weise beschäftigt ist, kann sie oder er innerhalb der dienstlichen Unterkünfte und Anlagen zu Arbeiten herangezogen werden, die dem Erziehungszweck und ihren oder seinen Fähigkeiten angemessen sind.

(3) Die nach Absatz 2 erforderlichen Anordnungen trifft die Vollzugsleiterin oder der Vollzugsleiter.

(4) Das Bundesministerium der Verteidigung wird ermächtigt, durch Rechtsverordnung Vorschriften über den Vollzug des Disziplinararrests zu erlassen, die sich auf die Berechnung der Dauer der Freiheitsentziehung, die Art der Unterbringung, die Behandlung, die Beschäftigung, die Gewährung und den Entzug von Vergünstigungen, den Verkehr mit der Außenwelt und die Ordnung und Sicherheit im Vollzug beziehen.

(5) Für den strengen Disziplinarrest gelten die Absätze 1 bis 4 entsprechend mit der Maßgabe, dass die Vollstreckung mit der Bekanntmachung vor den Soldatinnen und Soldaten der Einheit oder des Truppenteils vom Dienstgrad der Soldatin oder des Soldaten an aufwärts beginnt. Die Bekanntmachung ist darauf zu beschränken, dass gegen die Soldatin oder den Soldaten ein strenger Disziplinararrest verhängt worden ist.

§ 56 Ausgleich bei nachträglicher Aufhebung einer vollstreckten Disziplinarmaßnahme[11]

(1) Wird ein Disziplinararrest oder ein strenger Disziplinararrest nachträglich ganz oder teilweise aufgehoben, erhält die Soldatin oder der Soldat einen Ausgleich. Der Ausgleich beträgt für jeden angefangenen Tag, der zu Unrecht vollzogen worden ist, einen Tag Urlaub oder, soweit Urlaub wegen des Endes des Wehrdienstverhältnisses nicht mehr gewährt werden kann, eine Entschädigung in Geld, die der Entschädigung nach § 7 Absatz 3 des Gesetzes über die Entschädigung für Strafverfolgungsmaßnahmen entspricht.

(2) Wird eine Ausgangsbeschränkung oder eine strenge Ausgangsbeschränkung nachträglich ganz oder teilweise aufgehoben, erhält die Soldatin oder der Soldat als Ausgleich für jeden dienstfreien Tag während des Vollzugs, im Übrigen für je zwei Tage, die vollzogen worden sind, einen Tag Urlaub und, soweit Urlaub wegen des Endes des Wehrdienstverhältnisses nicht mehr gewährt werden kann, eine Entschädigung in Geld, die der Entschädigung des Absatzes 1 Satz 2 entspricht.

(3) Wird anstelle eines Disziplinararrests, eines strengen Disziplinararrests, einer Ausgangsbeschränkung oder einer strengen Ausgangsbeschränkung eine Disziplinarbuße oder eine strenge Disziplinarbuße verhängt, so ist sie insoweit für vollstreckt zu erklären, als der Soldatin oder dem Soldaten ein Anspruch auf Entschädigung in Geld zusteht.

(4) Wird eine Disziplinarbuße oder eine strenge Disziplinarbuße nachträglich aufgehoben, ist sie zu erstatten. Wird sie herabgesetzt, ist der Unterschiedsbetrag zu erstatten.

(5) Im Fall der Aufhebung einer Disziplinarmaßnahme nach § 22 Absatz 1 Nummer 2, 4, 6 oder 8 gilt § 44 Absatz 4 entsprechend.

(6) Die Absätze 1 bis 5 gelten auch in den Fällen des § 22 Absatz 2.

(7) Das Wehrdienstgericht, das die Disziplinarmaßnahme ganz oder teilweise aufgehoben hat, entscheidet über den Ausgleich endgültig durch Beschluss. Im Übrigen entscheidet über den Ausgleich die oder der Disziplinarvorgesetzte, die oder der die Disziplinarmaßnahme ganz oder teilweise aufgehoben hat; die §§ 42 bis 44 gelten entsprechend.

---

11 § 56: Zur Geltung vg. § 99 Abs. 2

§ 57 Behelfsvollzug bei Disziplinararrest und strengem Disziplinararrest

(1) Bei Disziplinararrest oder strengem Disziplinararrest ist der Behelfsvollzug zulässig, wenn infolge der Art der Verwendung der Truppe oder aus anderen Gründen kein Disziplinararrestraum zur Verfügung steht und die Vollstreckung aus dienstlichen Gründen nicht aufgeschoben werden kann.

(2) Der Behelfsvollzug ist in den ordentlichen Vollzug zu überführen, wenn die besonderen Gründe hierfür fortfallen.

(3) Als Behelfsvollzug wird der Soldatin oder dem Soldaten während der dienstfreien Zeit der Aufenthalt auf der Wache oder an Bord in einem geeigneten Raum angewiesen. Die oder der vollstreckende Vorgesetzte bestimmt, inwieweit die Soldatin oder der Soldat auch in dieser Zeit zu Dienstleistungen heranzuziehen ist.

§ 58 Vollstreckung im Zusammenhang mit dem Entlassungstag

(1) Eine Disziplinarbuße oder eine strenge Disziplinarbuße kann auch nach dem Entlassungstag vollstreckt werden.

(2) Soweit Disziplinararrest oder strenger Disziplinararrest mit Rücksicht auf den Entlassungstag nicht mehr vollstreckt werden könnte, gelten § 42 Absatz 3 Satz 1 und § 49 Absatz 1 nicht, sofern die Richterin oder der Richter die sofortige Vollstreckbarkeit angeordnet hat. Diese Entscheidung ist zu begründen. Der Entlassungstag verschiebt sich um die Dauer des noch nicht verbüßten Disziplinararrests oder strengen Disziplinararrests.

(3) Die oder der vollstreckende Vorgesetzte soll von der Vollstreckung absehen, wenn hieraus kein Nachteil für die Disziplin zu besorgen ist.

§ 59 Verjährung der Vollstreckung

Einfache Disziplinarmaßnahmen dürfen nach Ablauf von sechs Monaten nicht mehr vollstreckt werden. Die Frist beginnt mit dem Tag, an dem die verhängte Disziplinarmaßnahme unanfechtbar geworden ist. Die Frist wird gewahrt, wenn vor ihrem Ablauf die Vollstreckung beginnt.

Kapitel 3 Das gerichtliche Disziplinarverfahren

Abschnitt 1 Gerichtliche Disziplinarmaßnahmen

§ 60 Arten der gerichtlichen Disziplinarmaßnahmen

(1) Gerichtliche Disziplinarmaßnahmen gegen Berufssoldatinnen und Berufssoldaten sowie gegen Soldatinnen auf Zeit und Soldaten auf Zeit sind:
1. Kürzung der Dienstbezüge,
2. Beförderungsverbot,
3. Herabsetzung in der Besoldungsgruppe,
4. Dienstgradherabsetzung und
5. Entfernung aus dem Dienstverhältnis.

(2) Gerichtliche Disziplinarmaßnahmen gegen Soldatinnen im Ruhestand und Soldaten im Ruhestand sowie gegen Personen nach § 1 Absatz 3 sind:
1. Kürzung des Ruhegehalts,
2. Herabsetzung in der Besoldungsgruppe,
3. Dienstgradherabsetzung und
4. Aberkennung des Ruhegehalts.

(3) Gerichtliche Disziplinarmaßnahmen gegen Reservistinnen und Reservisten sowie gegen in ein Wehrdienstverhältnis nach dem Reservistengesetz berufene Soldatinnen und Soldaten sind:
1. Dienstgradherabsetzung und
2. Aberkennung des Dienstgrades.

Sind sie zugleich Soldatinnen im Ruhestand oder Soldaten im Ruhestand oder Personen nach § 1 Absatz 3 ist nur Absatz 2 anzuwenden.

(4) Wegen desselben Dienstvergehens dürfen nur Kürzung der Dienstbezüge und Beförderungsverbot nebeneinander verhängt werden. Sie sollen insbesondere nebeneinander verhängt werden, wenn erkennbar ist, dass ein Beförderungsverbot keine Auswirkungen auf den weiteren dienstlichen Werdegang der Soldatin oder des Soldaten haben wird; § 16 Absatz 1 ist nicht anzuwenden. Neben oder anstelle der Kürzung des Ruhegehalts kann auf Kürzung des Ausgleichs nach § 53 des Soldatenversorgungsgesetzes erkannt werden. Im Übrigen darf wegen desselben Dienstvergehens nur eine gerichtliche Disziplinarmaßnahme verhängt werden.

(5) Wegen eines Verhaltens, das nach § 17 Absatz 3 in Verbindung mit § 23 Absatz 2 Nummer 2 zweite Alternative des Soldatengesetzes als Dienstvergehen gilt, dürfen bei Soldatinnen im Ruhestand und Soldaten im Ruhestand sowie bei Personen nach § 1 Absatz 3 als gerichtliche Disziplinarmaßnahmen nur Dienstgradherabsetzung oder Aberkennung des Ruhegehalts verhängt werden.

(6) Die Wehrdienstgerichte dürfen auch einfache Disziplinarmaßnahmen verhängen.

(7) Die §§ 38 und 39 gelten auch im gerichtlichen Disziplinarverfahren.

§ 61 Kürzung der Dienstbezüge[12]

Die Kürzung der Dienstbezüge besteht in der bruchteilmäßigen Verminderung der jeweiligen Dienstbezüge um mindestens ein Zwanzigstel und höchstens ein Fünftel für die Dauer von sechs Monaten bis zu fünf Jahren. Besteht ein Versorgungsanspruch aus einem früheren öffentlich-rechtlichen Dienstverhältnis, bleibt bei dessen Regelung die Kürzung der Dienstbezüge unberücksichtigt.

§ 62 Beförderungsverbot[13]

(1) Während der Dauer eines Beförderungsverbots darf kein höherer Dienstgrad verliehen werden. Auch eine Einweisung in eine Planstelle einer höheren Besoldungsgruppe darf nicht erfolgen.

(2) Die Dauer des Beförderungsverbots beträgt mindestens ein Jahr und höchstens vier Jahre. Sie ist nach vollen Monaten zu bemessen.

---

12 § 61: Zur Geltung vgl. § 66
§ 61: Zur Geltung vgl. § 69 Abs. 2

13 § 62 Abs. 1: Zur Geltung vgl. § 64 Abs. 5

§ 63 Herabsetzung in der Besoldungsgruppe

Ist bei einer Soldatin oder einem Soldaten, bei einer Soldatin im Ruhestand oder einem Soldaten im Ruhestand oder bei einer Person nach § 1 Absatz 3 der Dienstgrad in zwei Besoldungsgruppen aufgeführt, so ist die Herabsetzung in die niedrigere Besoldungsgruppe des Dienstgrades zulässig. Durch die Herabsetzung in der Besoldungsgruppe gehen alle Rechte aus der bisherigen Besoldungsgruppe verloren. Der Anspruch auf Dienstbezüge und Dienstzeitversorgung richtet sich nach der Besoldungsgruppe, in die herabgesetzt wird. § 64 Absatz 5 gilt entsprechend.

§ 64 Dienstgradherabsetzung[14]

(1) Bei Offizierinnen und Offizieren ist die Dienstgradherabsetzung um einen oder mehrere Dienstgrade bis zum niedrigsten Offizierdienstgrad ihrer Laufbahn zulässig. Diese Beschränkung gilt auch bei Offizierinnen und Offizieren, gegen die Disziplinarmaßnahmen nach § 60 Absatz 2 und 3 verhängt werden dürfen.

(2) Bei Unteroffizierinnen und Unteroffizieren, die Berufssoldatinnen und Berufssoldaten sind, ist die Dienstgradherabsetzung bis zum Dienstgrad Feldwebel, bei Stabsunteroffizieren zum Dienstgrad Unteroffizier zulässig. Das Gleiche gilt, wenn Berufssoldatinnen im Ruhestand und Berufssoldaten im Ruhestand einen Unteroffizierdienstgrad führen. Eine Dienstgradherabsetzung in den Dienstgrad eines Stabskorporals oder Korporals ist bei Unteroffizierinnen und Unteroffizieren nicht zulässig.

(3) Im Übrigen ist die Dienstgradherabsetzung unbeschränkt zulässig.

(4) Durch die Dienstgradherabsetzung verliert die Soldatin oder der Soldat alle Rechte aus dem bisherigen Dienstgrad. Sie oder er tritt in den Dienstgrad und, wenn dieser in zwei Besoldungsgruppen aufgeführt ist, in die Besoldungsgruppe zurück, die das Wehrdienstgericht bestimmt. Die Ansprüche auf Dienstbezüge und Dienstzeitversorgung richten sich nach dem Dienstgrad und der Besoldungsgruppe, in die sie oder er zurücktritt.

(5) Eine Beförderung ist frühestens drei Jahre nach Rechtskraft des Urteils wieder möglich. § 62 Absatz 1 Satz 2 gilt entsprechend. Aus besonderen Gründen kann das Gericht die Frist im Urteil auf zwei Jahre herabsetzen.

§ 65 Entfernung aus dem Dienstverhältnis[15]

(1) Mit der Entfernung aus dem Dienstverhältnis wird das Dienstverhältnis beendet. Die Entfernung aus dem Dienstverhältnis bewirkt auch den Verlust des Anspruchs auf Dienstbezüge, Berufsförderung und Dienstzeitversorgung sowie den Verlust des Dienstgrades und der sich daraus ergebenden Befugnisse. Die Verpflichtung, aufgrund der Wehrpflicht Wehrdienst zu leisten, wird durch die Entfernung aus dem Dienstverhältnis nicht berührt.

(2) Wer aus dem Dienstverhältnis entfernt wurde, erhält für die Dauer von sechs Monaten einen Unterhaltsbeitrag in Höhe von 50 Prozent der Dienstbezüge, die ihm bei Eintritt der Unanfechtbarkeit der Entscheidung zustehen. Eine Einbehaltung von

---

14 § 64 Abs. 5: Zur Geltung vgl. § 63

15 § 65 Abs. 4: Zur Geltung vgl. § 67 Abs. 1
§ 65 Abs. 2 und 3: Zur Geltung vgl. § 67 Abs. 2
§ 65 Abs. 1: Zur Geltung vgl. § 68
§ 65 Abs. 4: Zur Geltung vgl. § 69 Abs. 4

Dienstbezügen nach § 130 Absatz 2 bleibt unberücksichtigt. Für den Fall, dass Versorgungsbezüge nur für eine bestimmte Zeit zustehen, darf der Unterhaltsbeitrag höchstens für diese Zeit bewilligt werden. Die Gewährung des Unterhaltsbeitrags kann in dem Urteil über den Zeitraum von sechs Monaten hinaus verlängert werden, soweit dies zur Vermeidung einer unbilligen Härte notwendig ist; die oder der Verurteilte hat die Voraussetzungen der unbilligen Härte glaubhaft zu machen.

(3) Die Gewährung des Unterhaltsbeitrags ist in dem Urteil auszuschließen
1. wenn die oder der Verurteilte ihrer nicht würdig ist,
2. wenn die Entfernung aus dem Dienstverhältnis zumindest auch auf einer Verletzung der Pflicht der oder des Verurteilten beruht, die freiheitliche demokratische Grundordnung im Sinne des Grundgesetzes anzuerkennen und durch ihr oder sein gesamtes Verhalten für ihre Erhaltung einzutreten, oder
3. soweit die oder der Verurteilte den erkennbaren Umständen nach nicht bedürftig ist.

(4) In minder schweren Fällen kann das Gericht den Verlust des Dienstgrades ausschließen, jedoch den Dienstgrad herabsetzen, ohne an die Beschränkungen nach § 64 Absatz 1 und 2 gebunden zu sein.

§ 66 Kürzung des Ruhegehalts

Die Kürzung des Ruhegehalts besteht in der bruchteilmäßigen Verminderung des monatlichen Ruhegehalts. Für die Kürzung des Ruhegehalts gilt § 61 entsprechend. Diese Kürzung bleibt bei der Anwendung von Ruhens- und Kürzungsvorschriften nach dem Soldatenversorgungsgesetz unberücksichtigt. Der Ausgleich kann bis zur Hälfte gekürzt werden.

§ 67 Aberkennung des Ruhegehalts

(1) Mit der Aberkennung des Ruhegehalts tritt der Verlust der Rechte als Soldatin im Ruhestand oder als Soldat im Ruhestand ein. Die Aberkennung des Ruhegehalts setzt voraus, dass die Entfernung aus dem Dienstverhältnis gerechtfertigt wäre, falls sich die Soldatin im Ruhestand oder der Soldat im Ruhestand noch im Dienst befände. Die Aberkennung des Ruhegehalts bewirkt auch den Verlust eines noch nicht gezahlten Ausgleichs und des Anspruchs auf Hinterbliebenenversorgung sowie den Verlust des Dienstgrades und der sich daraus ergebenden Befugnisse. § 65 Absatz 4 gilt entsprechend.

(2) Wessen Ruhegehalt aberkannt wird, erhält bis zur Gewährung einer Rente aufgrund der durchgeführten Nachversicherung, längstens jedoch für die Dauer von sechs Monaten, einen Unterhaltsbeitrag in Höhe von 70 Prozent des Ruhegehalts, das ihm bei Eintritt der Unanfechtbarkeit der Entscheidung zusteht. Eine Einbehaltung des Ruhegehalts nach § 130 Absatz 3 bleibt unberücksichtigt. § 65 Absatz 2 Satz 4 und Absatz 3 gilt entsprechend.

§ 68 Aberkennung des Dienstgrades

Die Aberkennung des Dienstgrades bewirkt den Verlust des Dienstgrades und der sich daraus ergebenden Befugnisse. Sie setzt voraus, dass die Entfernung aus dem Dienstverhältnis gerechtfertigt wäre, falls sich die Reservistin oder der Reservist noch im Dienst befände. § 65 Absatz 1 Satz 3 gilt entsprechend.

§ 69 Disziplinarmaßnahmen gegen als im Ruhestand geltende frühere Soldatinnen und frühere Soldaten

(1) Bei Personen nach § 1 Absatz 3 besteht die Kürzung des Ruhegehalts in der Kürzung der Übergangsbeihilfe, der Übergangsgebührnisse, der Ausgleichsbezüge, des Altersgelds nach dem Altersgeldgesetz oder des Unterhaltsbeitrags. Neben der Kürzung der Übergangsgebührnisse oder der Ausgleichsbezüge kann zusätzlich auf Kürzung der Übergangsbeihilfe erkannt werden.

(2) Für die Kürzung der Übergangsgebührnisse, der Ausgleichsbezüge, des Altersgelds nach dem Altersgeldgesetz oder des Unterhaltsbeitrags gilt § 61 entsprechend. Die Übergangsbeihilfe kann bis zur Hälfte gekürzt werden.

(3) Durch die Dienstgradherabsetzung erlöschen die Rechte aus einem Eingliederungs- oder Zulassungsschein, sofern noch keine Einstellung in den öffentlichen Dienst erfolgt ist. Im Übrigen bleibt ein Anspruch auf Berufsförderung unberührt.

(4) Die Aberkennung des Ruhegehalts bewirkt den Verlust des Anspruchs auf eine noch nicht gezahlte Übergangsbeihilfe und der Ansprüche auf Übergangsgebührnisse, Ausgleichsbezüge, Unterhaltsbeitrag, Altersgeld nach dem Altersgeldgesetz und Berufsförderung sowie des Dienstgrades und der sich daraus ergebenden Befugnisse. § 65 Absatz 4 gilt entsprechend.

Abschnitt 2 Wehrdienstgerichte

§ 70 Bestimmung der Wehrdienstgerichte

Dienstgerichte für gerichtliche Disziplinarverfahren gegen Soldatinnen und Soldaten und für Verfahren über Beschwerden von Soldatinnen und Soldaten (Wehrdienstgerichte) sind die Truppendienstgerichte nach Maßgabe der §§ 71 bis 81 und das Bundesverwaltungsgericht nach Maßgabe des § 82.

§ 71 Errichtung der Truppendienstgerichte; Verordnungsermächtigung

(1) Das Bundesministerium der Verteidigung errichtet durch Rechtsverordnung Truppendienstgerichte und bestimmt Anzahl, Sitz und Dienstbereich nach den sachlichen Bedürfnissen der Rechtspflege in der Bundeswehr und in Anlehnung an ihre Gliederung.

(2) Bei Truppendienstgerichten werden Kammern gebildet (Truppendienstkammern). Das Bundesministerium der Verteidigung kann durch Rechtsverordnung Truppendienstkammern bilden, die ihren Sitz außerhalb des Sitzes des Truppendienstgerichts haben, wenn dies den sachlichen Bedürfnissen der Rechtspflege in der Bundeswehr entspricht und wegen der räumlichen Entfernung der Truppenteile oder Dienststellen zum Sitz des Gerichts zweckmäßig ist. Es kann dabei auch den Dienstbereich der auswärtigen Truppendienstkammern bestimmen.

(3) Wird infolge einer Veränderung in der Gliederung der Bundeswehr oder im Interesse einer geordneten Rechtspflege die Gerichtsorganisation geändert, kann das Bundesministerium der Verteidigung durch Rechtsverordnung bestimmen, dass schwebende Verfahren auf ein anderes Truppendienstgericht oder eine andere Truppendienstkammer übergehen, wenn dies zur sachdienlichen Förderung der Verfahren zweckmäßig ist.

(4) Truppendienstgerichte gehören zum Geschäftsbereich des Bundesministeriums der Verteidigung.

(5) Bei jedem Truppendienstgericht wird eine Hauptgeschäftsstelle eingerichtet. An jedem Kammerstandort wird mindestens eine Geschäftsstelle eingerichtet. Die Hauptgeschäftsstelle des Truppendienstgerichts nimmt zugleich die Aufgaben der Geschäftsstelle einer Truppendienstkammer am Sitz des Gerichts wahr.

§ 72 Zuständigkeit der Truppendienstgerichte

(1) Zuständig ist das Truppendienstgericht, das für den Befehlsbereich errichtet ist, zu dem der Truppenteil oder die Dienststelle der Soldatin oder des Soldaten bei Einleitung des gerichtlichen Disziplinarverfahrens gehört.

(2) Für frühere Soldatinnen und frühere Soldaten ist das Truppendienstgericht zuständig, in dessen Dienstbereich sich der Wohnsitz der früheren Soldatin oder des früheren Soldaten befindet. Besteht kein Wohnsitz im Inland oder ist der Aufenthalt unbekannt, ist das für den Dienstsitz des Bundesministeriums der Verteidigung in Bonn zuständige Truppendienstgericht zuständig.

(3) Fehlt ein Gerichtsstand, ist er zweifelhaft oder streitig oder bestehen bei zusammenhängenden Dienstvergehen mehrerer Soldatinnen und Soldaten unterschiedliche Gerichtsstände, bestimmt auf Antrag eines Truppendienstgerichts oder einer anderen am Verfahren beteiligten Behörde oder Dienststelle das Bundesverwaltungsgericht durch Beschluss das zuständige Truppendienstgericht.

§ 73 Zusammensetzung

(1) Das Truppendienstgericht besteht aus der Präsidentin oder dem Präsidenten und weiteren Richterinnen und Richtern in erforderlicher Anzahl. Die Präsidentin oder der Präsident übernimmt am Sitz des Truppendienstgerichts den Vorsitz einer Kammer.

(2) Beim Truppendienstgericht wirken ehrenamtliche Richterinnen und ehrenamtliche Richter mit.

(3) Beim Truppendienstgericht können Richterinnen kraft Auftrags und Richter kraft Auftrags verwendet werden. Sie dürfen bei der großen Besetzung nach § 78 nicht den Vorsitz führen.

(4) Beim Truppendienstgericht können Richterinnen auf Zeit und Richter auf Zeit verwendet werden. Zur Deckung eines nur vorübergehenden Personalbedarfs kann für die Dauer von mindestens zwei Jahren, längstens jedoch für die Dauer des Hauptamtes, ernannt werden

1. eine Beamtin auf Lebenszeit mit der Befähigung zum Richteramt nach dem Deutschen Richtergesetz zur Richterin auf Zeit oder
2. ein Beamter auf Lebenszeit mit der Befähigung zum Richteramt nach dem Deutschen Richtergesetz zum Richter auf Zeit.

§ 15 Absatz 1 Satz 1 und 3 sowie Absatz 2 des Deutschen Richtergesetzes ist entsprechend anzuwenden.

(5) Zusätzlich zu dem Richteramt bei einem Truppendienstgericht kann ein weiteres Richteramt bei einem anderen Truppendienstgericht übertragen werden.

§ 74 Präsidialverfassung

(1) Bei jedem Truppendienstgericht wird ein Präsidium gebildet.

(2) Die vom Präsidium getroffenen Anordnungen können im Laufe des Geschäftsjahres geändert werden, wenn dies infolge einer Veränderung in der Gliederung der Bundeswehr erforderlich wird.

(3) Der Zweite Titel des Gerichtsverfassungsgesetzes gilt entsprechend, soweit sich aus diesem Gesetz nicht etwas anderes ergibt.

§ 75 Dienstaufsicht

Die Präsidentin oder der Präsident übt die Dienstaufsicht über die Angehörigen des jeweiligen Truppendienstgerichts aus.

§ 76 Ehrenamtliche Richterinnen und ehrenamtliche Richter[16]

(1) Die ehrenamtlichen Richterinnen und ehrenamtlichen Richter werden für zwei Kalenderjahre berufen. Wird die Berufung neuer ehrenamtlicher Richterinnen und ehrenamtlicher Richter erforderlich, so werden sie nur für den Rest der zwei Kalenderjahre berufen.

(2) Die Kommandeurinnen und Kommandeure der Truppenteile und die Leitungen der Dienststellen, für die das Truppendienstgericht zuständig ist, benennen dem Truppendienstgericht

1. möglichst die dreifache Anzahl der erforderlichen ehrenamtlichen Richterinnen und ehrenamtlichen Richter und
2. möglichst die dreifache Anzahl der erforderlichen ehrenamtlichen Richterinnen und ehrenamtlichen Richter aus der Laufbahn des Sanitätsdienstes, die entweder Ärztinnen oder Ärzte oder Zahnärztinnen oder Zahnärzte sind.

Außerdem benennen die Karrierecenter der Bundeswehr die erforderliche Anzahl von Reservistinnen und Reservisten. Die ehrenamtlichen Richterinnen und ehrenamtlichen Richter sind getrennt nach Dienstgradgruppen zu benennen.

(3) Nicht benannt werden dürfen Soldatinnen und Soldaten sowie frühere Soldatinnen und frühere Soldaten,

1. die im laufenden oder vorangegangenen Kalenderjahr in einem Strafverfahren zu einer Freiheitsentziehung oder in einem gerichtlichen Disziplinarverfahren zu einer gerichtlichen Disziplinarmaßnahme rechtskräftig verurteilt worden sind,
2. gegen die im laufenden oder vorangegangenen Kalenderjahr unanfechtbar Disziplinararrest verhängt worden ist oder
3. über deren Antrag auf Anerkennung als Kriegsdienstverweigerin oder Kriegsdienstverweigerer noch nicht rechtskräftig entschieden worden ist.

(4) Aus den nach Absatz 2 benannten Personen werden zunächst nach § 82 Absatz 4 von einer Richterin oder einem Richter eines Wehrdienstsenats die ehrenamtlichen Richterinnen und ehrenamtlichen Richter für die Wehrdienstsenate ausgelost. Im Anschluss bestimmt die Präsidentin oder der Präsident des Truppendienstge-

---

16 § 76 Abs. 1 und 4: Zur Geltung vgl. § 77 Abs. 5
§ 76 Abs. 6: Zur Geltung vgl. § 77 Abs. 5
§ 76 Abs. 4: Zur Geltung vgl. § 82 Abs. 4
§ 76 Abs. 1: Zur Geltung vgl. § 82 Abs. 5
§ 76 Abs. 6 bis 8: Zur Geltung vgl. § 82 Abs. 6

richts zwei Richterinnen und Richter, welche die Benannten, die nicht für die Wehrdienstsenate ausgelost worden sind, auf die Truppendienstkammern aufteilen. Die oder der Vorsitzende der jeweiligen Truppendienstkammer lost in öffentlicher Sitzung aus:

1. die ehrenamtlichen Richterinnen und ehrenamtlichen Richter der einzelnen Dienstgradgruppen in der jeweils erforderlichen Anzahl sowie
2. die ehrenamtlichen Richterinnen und ehrenamtlichen Richter der Laufbahn des Sanitätsdienstes nach den einzelnen Dienstgradgruppen in der jeweils erforderlichen Anzahl.

Die ausgelosten Personen sind getrennt in der Reihenfolge der Auslosung in die Liste der ehrenamtlichen Richterinnen und ehrenamtlichen Richter der Truppendienstkammer einzutragen. Über die Auslosung wird von der Urkundsbeamtin oder dem Urkundsbeamten der Geschäftsstelle ein Protokoll erstellt.

(5) Sind Soldatinnen oder Soldaten sowie frühere Soldatinnen oder frühere Soldaten entgegen Absatz 3 benannt worden oder ist bei ihnen zwischen ihrer Benennung und der Auslosung einer der in Absatz 3 genannten Hinderungsgründe eingetreten, so sind sie bei der Auslosung nicht zu berücksichtigen oder von der oder dem Vorsitzenden der Truppendienstkammer von der Liste der ehrenamtlichen Richterinnen und ehrenamtlichen Richter zu streichen. Die Nichtberücksichtigung oder Streichung ist unanfechtbar.

(6) Nach der Reihenfolge der Liste der ehrenamtlichen Richterinnen und ehrenamtlichen Richter werden die ausgelosten ehrenamtlichen Richterinnen und ehrenamtlichen Richter zu den einzelnen Sitzungen herangezogen. Von der Reihenfolge darf nur aus zwingenden Gründen und nur mit Zustimmung der oder des Vorsitzenden der Truppendienstkammer abgewichen werden. Militärischer Dienst bildet nur dann einen zwingenden Grund, wenn die Ausübung gerade durch die Person besonders wichtig ist, die als ehrenamtliche Richterin oder ehrenamtlicher Richter in Frage kommt. Der Grund für die Abweichung und die Zustimmung der oder des Vorsitzenden sind aktenkundig zu machen. Wird von der Liste der ehrenamtlichen Richterinnen und ehrenamtlichen Richter abgewichen, ist die übergangene Person zu der nächsten Sitzung heranzuziehen.

(7) Als ehrenamtliche Richterin oder ehrenamtlicher Richter soll nur herangezogen werden, wer mindestens sechs Monate Wehrdienst geleistet hat.

(8) Bei unvorhergesehener Verhinderung einer ehrenamtlichen Richterin oder eines ehrenamtlichen Richters oder bei kurzfristiger Anberaumung einer Hauptverhandlung wegen bevorstehender Entlassung der Soldatin oder des Soldaten kann kurzfristig eine Vertretungsperson herangezogen werden. Für diese Fälle kann eine Liste von ehrenamtlichen Richterinnen und ehrenamtlichen Richtern aufgestellt werden, die Truppenteilen oder Dienststellen angehören, die ihren Standort am Sitz oder in der Nähe der Truppendienstkammer haben. Für die Aufstellung dieser Liste gelten die Absätze 1 bis 5 entsprechend.

§ 77 Besetzung

(1) Die Truppendienstkammer entscheidet in der Hauptverhandlung

1. mit einer Richterin als Vorsitzender oder einem Richter als Vorsitzenden und
2. mit zwei Personen als ehrenamtlichen Richterinnen und ehrenamtlichen Richtern.

Außerhalb der Hauptverhandlung entscheidet die oder der Vorsitzende allein, soweit nicht nach diesem Gesetz das Truppendienstgericht zu entscheiden hat.

(2) Eine der in Absatz 1 Satz 1 Nummer 2 genannten Personen muss der Dienstgradgruppe der Soldatin oder des Soldaten angehören. Bei Verfahren gegen eine Sanitätsoffizierin, die Ärztin oder Zahnärztin ist, oder gegen einen Sanitätsoffizier, der Arzt oder Zahnarzt ist, soll sie nach Möglichkeit außerdem die Anforderungen an die in § 76 Absatz 2 Satz 1 Nummer 2 genannten Personen erfüllen, wenn das Verfahren Verstöße gegen ärztliche Pflichten zum Gegenstand hat.

(3) Die andere Person nach Absatz 1 Satz 1 Nummer 2 muss Stabsoffizierin oder Stabsoffizier sein und im Dienstgrad über der Soldatin oder dem Soldaten stehen. In Verfahren gegen Offizierinnen und Offiziere vom Dienstgrad Oberst oder einem entsprechenden Dienstgrad an aufwärts muss sie der Dienstgradgruppe der Generale angehören.

(4) Beide Personen nach Absatz 1 Satz 1 Nummer 2 sollen dem Uniformträgerbereich der Soldatin oder des Soldaten angehören, jedoch nicht beide
1. demselben Bataillon oder dem entsprechenden Truppenteil oder
2. derselben Dienststelle.

Die eine Person darf nicht die oder der Disziplinarvorgesetzte der anderen Person sein. In Verfahren gegen eine frühere Soldatin oder einen früheren Soldaten wegen eines Verhaltens, das als Dienstvergehen gilt, soll eine der beiden Personen Reservistin oder Reservist sein. Zudem muss sie der Dienstgradgruppe der früheren Soldatin oder des früheren Soldaten angehören.

(5) Soweit bei einer Truppendienstkammer ehrenamtliche Richterinnen und ehrenamtliche Richter, die die Voraussetzungen nach den Absätzen 2 bis 4 erfüllen, nicht zur Verfügung stehen, sind Personen zu berufen, die bereits als ehrenamtliche Richterinnen und ehrenamtliche Richter einer anderen Kammer des Truppendienstgerichts ausgelost sind. Insoweit findet eine besondere Auslosung statt. Für diese Auslosung gilt § 76 Absatz 1 Satz 2 und Absatz 4 Satz 2 bis 5 entsprechend. Für die Heranziehung der ausgelosten Personen gilt § 76 Absatz 6 entsprechend. Das Amt als ehrenamtliche Richterin oder ehrenamtlicher Richter bei einer anderen Truppendienstkammer bleibt unberührt.

§ 78 Große Besetzung

Vor Anberaumung der Hauptverhandlung kann die oder der Vorsitzende der Truppendienstkammer durch Beschluss zwei weitere Richterinnen und Richter heranziehen, wenn dies nach Umfang oder Bedeutung der Sache geboten ist.

§ 79 Ausschluss von der Ausübung des Richteramtes[17]

(1) Eine Richterin oder ein Richter oder eine ehrenamtliche Richterin oder ein ehrenamtlicher Richter ist von der Ausübung des Richteramtes kraft Gesetzes ausgeschlossen,
1. in Fällen, in denen eine Richterin oder ein Richter im Strafverfahren von der Ausübung des Richteramtes ausgeschlossen ist, oder
2. wenn sie oder er
   a) selbst an der Tat beteiligt ist,
   b) in einem sachgleichen Strafverfahren oder Bußgeldverfahren gegen die Soldatin oder den Soldaten beteiligt war oder

---

17 § 79: Zur Geltung vgl. § 82 Abs. 7

c) in einem früheren, dieselbe Sache betreffenden Beschwerdeverfahren, Verfahren auf Aufhebung oder Änderung einer einfachen Disziplinarmaßnahme oder in einem dieselbe Sache betreffenden Verfahren nach § 40 Absatz 4 mitgewirkt hat.

(2) Eine ehrenamtliche Richterin oder ein ehrenamtlicher Richter ist auch ausgeschlossen, wenn sie oder er

1. in derselben Sache als Disziplinarvorgesetzte oder Disziplinarvorgesetzter Disziplinarbefugnis ausgeübt hat, bei disziplinaren Ermittlungen oder als Vertrauensperson mitgewirkt hat oder in dem gerichtlichen Disziplinarverfahren gegen die Soldatin oder den Soldaten tätig gewesen ist,
2. Disziplinarvorgesetzte oder Disziplinarvorgesetzter der Soldatin oder des Soldaten ist oder
3. dem Bataillon oder dem entsprechenden Truppenteil oder der Dienststelle der Soldatin oder des Soldaten angehört.

§ 80 Säumige ehrenamtliche Richterinnen und säumige ehrenamtliche Richter[18]

(1) Gegen ehrenamtliche Richterinnen und ehrenamtliche Richter, die sich ohne genügende Entschuldigung zu den Sitzungen nicht rechtzeitig einfinden oder die sich ihren Pflichten auf andere Weise entziehen, kann ein Ordnungsgeld festgesetzt werden. Zugleich können ihnen die dadurch verursachten Kosten auferlegt werden.

(2) Die Entscheidung nach Absatz 1 trifft die oder der Vorsitzende. Gegen die Festsetzung und die Kostenauferlegung kann die ehrenamtliche Richterin oder der ehrenamtliche Richter die Entscheidung des Truppendienstgerichts beantragen. Der Antrag ist innerhalb von zwei Wochen nach Zustellung der Entscheidung zu stellen. Das Truppendienstgericht entscheidet endgültig.

§ 81 Ruhen und Erlöschen des Amtes von ehrenamtlichen Richterinnen und ehrenamtlichen Richtern[19]

(1) Eine ehrenamtliche Richterin oder ein ehrenamtlicher Richter, gegen die oder den ein gerichtliches Disziplinarverfahren eingeleitet ist oder wegen einer vorsätzlich begangenen Straftat die öffentliche Klage erhoben oder der Erlass eines Strafbefehls beantragt worden ist oder der oder dem die Ausübung des Dienstes nach § 22 des Soldatengesetzes verboten ist, ist während dieser Verfahren oder der Dauer des Verbots zur Ausübung ihres oder seines Amtes nicht heranzuziehen. Eine ehrenamtliche Richterin oder ein ehrenamtlicher Richter, die oder der einen Antrag auf Anerkennung als Kriegsdienstverweigerin oder Kriegsdienstverweigerer gestellt hat, kann bis zum rechtskräftigen Abschluss des Anerkennungsverfahrens und im Fall der Anerkennung bis zur Entlassung ihr oder sein Amt nicht ausüben.

(2) Das Amt einer ehrenamtlichen Richterin oder eines ehrenamtlichen Richters erlischt, wenn

1. sie oder er im Strafverfahren rechtskräftig zu einer Freiheitsstrafe verurteilt worden ist,

---

18 § 80: Zur Geltung vgl. § 82 Abs. 7
19 § 81: Zur Geltung vgl. § 82 Abs. 7

2. sie oder er im gerichtlichen Disziplinarverfahren zu einer gerichtlichen Disziplinarmaßnahme verurteilt wird oder wenn gegen sie oder ihn unanfechtbar Disziplinararrest oder strenger Disziplinararrest verhängt wird,
3. sie oder er nicht mehr einem Truppenteil oder einer Dienststelle angehört, für die das Truppendienstgericht zuständig ist,
4. sie oder er den Dienstgrad einer anderen Dienstgradgruppe erhält oder
5. für sie oder ihn das Wehrdienstverhältnis oder die Wehrpflicht endet.

(3) Abweichend von Absatz 2 Nummer 3 erlischt bei einer Versetzung der ehrenamtlichen Richterin oder des ehrenamtlichen Richters aus dem Zuständigkeitsbereich des Truppendienstgerichts heraus ihr oder sein Amt erst nach Ablauf eines Monats nach Dienstantritt bei dem neuen Truppenteil oder der neuen Dienststelle. Bis zu diesem Zeitpunkt kann die ehrenamtliche Richterin oder der ehrenamtliche Richter dem Erlöschen des Amtes widersprechen.

§ 82 Errichtung, Zusammensetzung und Zuständigkeit der Wehrdienstsenate

(1) Für Wehrdisziplinarsachen und Wehrbeschwerdesachen werden beim Bundesverwaltungsgericht Wehrdienstsenate gebildet. Für die Gerichtsverfassung gelten, soweit in diesem Gesetz nicht etwas anderes geregelt ist, der Zweite Titel des Gerichtsverfassungsgesetzes und § 11 Absatz 2 bis 5 der Verwaltungsgerichtsordnung.

(2) Die Wehrdienstsenate entscheiden in der Besetzung von
1. drei Richterinnen und Richtern sowie
2. zwei ehrenamtlichen Richterinnen und ehrenamtlichen Richtern; § 77 Absatz 2 bis 4 ist entsprechend anzuwenden.

Bei Beschlüssen außerhalb der Hauptverhandlung entscheiden die Wehrdienstsenate in der Besetzung von drei Richterinnen und Richtern.

(3) Bei den Wehrdienstsenaten können nur Richterinnen und Richter mitwirken, die vom Bundesministerium der Justiz hierfür bestimmt sind. Die Bestimmung wird bei der Übertragung des Richteramtes beim Bundesverwaltungsgericht getroffen. Sie kann auf Vorschlag oder mit Zustimmung des Präsidiums des Bundesverwaltungsgerichts auch später ergehen oder aufgehoben werden. Ist ein Wehrdienstsenat nicht beschlussfähig, da von seinen Mitgliedern und deren regulären Vertreterinnen und Vertretern zu viele Personen verhindert sind, so können durch Beschluss des Präsidiums auch Richterinnen und Richter anderer Senate zu zeitweiligen Mitgliedern eines Wehrdienstsenats bestellt werden.

(4) Die ehrenamtlichen Richterinnen und ehrenamtlichen Richter für die Wehrdienstsenate werden von einer Richterin oder einem Richter eines Wehrdienstsenats aus den nach § 76 Absatz 2 benannten Personen ausgelost. Diese Auslosung erfolgt vor der in § 76 Absatz 4 geregelten Auslosung für die Truppendienstgerichte. Für die Auslosung gilt § 76 Absatz 4 Satz 3 bis 5 und Absatz 5 entsprechend.

(5) Die ausgelosten Personen werden zu ehrenamtlichen Richterinnen und ehrenamtlichen Richtern bei den Wehrdienstsenaten berufen. Die Berufung erfolgt
1. bei Soldatinnen und Soldaten, die aufgrund der Wehrpflicht Wehrdienst leisten, für die Zeit ihres Grundwehrdienstes,
2. bei den anderen Soldatinnen und Soldaten sowie bei den früheren Soldatinnen und früheren Soldaten für zwei Jahre.

§ 76 Absatz 1 Satz 2 gilt entsprechend.

(6) Für die Heranziehung der ehrenamtlichen Richterinnen und ehrenamtlichen Richter gilt § 76 Absatz 6 bis 8 entsprechend.

(7) Die §§ 79 bis 81 gelten entsprechend.

Abschnitt 3 **Wehrdisziplinaranwaltschaften, Bundeswehrdisziplinaranwaltschaft**

§ 83 Wehrdisziplinaranwaltschaften

(1) Durch das Bundesministerium der Verteidigung werden Wehrdisziplinaranwaltschaften eingerichtet. Es bestellt Beamtinnen und Beamte für die Dauer ihres Hauptamtes als Wehrdisziplinaranwältinnen und Wehrdisziplinaranwälte bei den Truppendienstgerichten. Die bestellten Beamtinnen und Beamten sind Angehörige der Rechtspflege der Bundeswehr und müssen die Befähigung zum Richteramt nach dem Deutschen Richtergesetz haben.

(2) Die Wehrdisziplinaranwaltschaften vertreten die der Bundesministerin der Verteidigung oder dem Bundesminister der Verteidigung nachgeordneten Einleitungsbehörden im gerichtlichen Disziplinarverfahren. Die Wehrdisziplinaranwaltschaften vertreten auch die Bundesministerin der Verteidigung oder den Bundesminister der Verteidigung, wenn sie oder er selbst Einleitungsbehörde ist. Sie haben den Ersuchen der Einleitungsbehörde zu entsprechen. Ihnen obliegt die Vollstreckung von Disziplinarmaßnahmen, die im gerichtlichen Disziplinarverfahren verhängt worden sind.

§ 84 Bundeswehrdisziplinaranwaltschaft

(1) Beim Bundesverwaltungsgericht wird eine Bundeswehrdisziplinaranwältin oder ein Bundeswehrdisziplinaranwalt bestellt.

(2) Die Bundeswehrdisziplinaranwältin oder der Bundeswehrdisziplinaranwalt vertritt die oberste Dienstbehörde und die anderen Einleitungsbehörden in jeder Lage des Verfahrens vor dem Bundesverwaltungsgericht. Sie oder er untersteht der Bundesministerin der Verteidigung oder dem Bundesminister der Verteidigung und ist nur an deren oder dessen Weisungen gebunden.

(3) Für die Bundeswehrdisziplinaranwältin oder den Bundeswehrdisziplinaranwalt und ihre oder seine hauptamtlichen Mitarbeiterinnen und Mitarbeiter des höheren Dienstes gilt § 83 Absatz 1 Satz 3.

(4) Die Bundeswehrdisziplinaranwältin oder der Bundeswehrdisziplinaranwalt leitet die Bundeswehrdisziplinaranwaltschaft beim Bundesverwaltungsgericht. Ihr oder ihm unterstehen die Wehrdisziplinaranwältinnen und Wehrdisziplinaranwälte der Wehrdisziplinaranwaltschaften.

(5) Die Einleitungsbehörde hat auf Verlangen der Bundeswehrdisziplinaranwaltschaft ein gerichtliches Disziplinarverfahren einzuleiten, wenn im Verfahren voraussichtlich auf Entfernung aus dem Dienstverhältnis, auf Aberkennung des Ruhegehalts, auf Aberkennung des Dienstgrades oder auf Dienstgradherabsetzung erkannt werden wird und wenn die Einleitungsbehörde die Einleitung des Verfahrens zuvor entgegen einem Vorschlag der Wehrdisziplinaranwaltschaft abgelehnt hat. Auf Ersuchen der Bundeswehrdisziplinaranwaltschaft sind dieser die Akten, die für die Beur-

teilung eines Dienstvergehens von Bedeutung sein können, sowie die Personalakten vorzulegen. Absatz 2 Satz 2 und § 101 Absatz 1 und 2 bleiben unberührt.

Abschnitt 4 Allgemeine Vorschriften für das gerichtliche Disziplinarverfahren

§ 85 Verfahren gegen frühere Soldatinnen und frühere Soldaten

(1) Durch eine Versetzung in den Ruhestand oder ein sonstiges Ausscheiden aus dem Dienstverhältnis ohne Verlust des Dienstgrades wird die Fortsetzung eines schwebenden gerichtlichen Disziplinarverfahrens nicht berührt.

(2) Ein Ausgleich oder eine Übergangsbeihilfe darf vor rechtskräftigem Abschluss des Verfahrens nicht gezahlt werden. Auf Antrag der früheren Soldatin oder des früheren Soldaten kann die Wehrdisziplinaranwaltschaft es für zulässig erklären, dass der Ausgleich oder die Übergangsbeihilfe ganz oder teilweise zu einem früheren Zeitpunkt gezahlt wird. Die Entscheidung der Wehrdisziplinaranwaltschaft ist der früheren Soldatin oder dem früheren Soldaten zuzustellen. Lehnt die Wehrdisziplinaranwaltschaft den Antrag ab, so kann die frühere Soldatin oder der frühere Soldat innerhalb eines Monats nach Zustellung die Entscheidung der oder des Vorsitzenden der Truppendienstkammer beantragen. Die Entscheidung der oder des Vorsitzenden ist endgültig. Ist das Verfahren beim Bundesverwaltungsgericht anhängig, treten an die Stelle der Wehrdisziplinaranwaltschaft die Bundeswehrdisziplinaranwältin oder der Bundeswehrdisziplinaranwalt und an die Stelle des Truppendienstgerichts das Bundesverwaltungsgericht.

(3) Gegen eine frühere Soldatin oder einen früheren Soldaten kann ein gerichtliches Disziplinarverfahren nur wegen eines vor Beendigung des Dienstverhältnisses begangenen Dienstvergehens oder wegen einer Handlung eingeleitet werden, die nach § 23 Absatz 2 des Soldatengesetzes als Dienstvergehen gilt.

§ 86 Aussetzung des gerichtlichen Disziplinarverfahrens

(1) Ist gegen die Soldatin oder den Soldaten wegen des Sachverhalts, der dem gerichtlichen Disziplinarverfahren zu Grunde liegt, im Strafverfahren die öffentliche Klage erhoben worden, so wird das gerichtliche Disziplinarverfahren ausgesetzt. Die Aussetzung unterbleibt oder das Verfahren ist fortzusetzen, wenn die Sachaufklärung gesichert ist oder wenn im Strafverfahren aus Gründen nicht verhandelt werden kann, die in der Person oder in dem Verhalten der Soldatin oder des Soldaten liegen.

(2) Das gerichtliche Disziplinarverfahren ist spätestens nach Abschluss des Verfahrens, das zur Aussetzung geführt hat, fortzusetzen.

(3) Das gerichtliche Disziplinarverfahren kann ausgesetzt werden, wenn in einem anderen gesetzlich geordneten Verfahren über eine Frage zu entscheiden ist, deren Beurteilung für die Entscheidung im gerichtlichen Disziplinarverfahren von wesentlicher Bedeutung ist. Absatz 1 Satz 2 und Absatz 2 gelten entsprechend.

(4) Die Soldatin oder der Soldat kann gegen eine Aussetzung durch die Einleitungsbehörde die Entscheidung der oder des Vorsitzenden der Truppendienstkammer beantragen. Die Entscheidung ist endgültig.

§ 87 Bindung an tatsächliche Feststellungen anderer Entscheidungen[20]

(1) Die tatsächlichen Feststellungen eines rechtskräftigen Urteils im Strafverfahren oder im Bußgeldverfahren, auf denen die Entscheidung beruht, sind im gerichtlichen Disziplinarverfahren, das denselben Sachverhalt zum Gegenstand hat, für die Einleitungsbehörde, die Wehrdisziplinaranwaltschaft und das Wehrdienstgericht bindend. Das Wehrdienstgericht hat jedoch die nochmalige Prüfung solcher Feststellungen zu beschließen, deren Richtigkeit seine Mitglieder mit Stimmenmehrheit, bei einfacher Besetzung der Truppendienstkammer mit der Stimme der oder des Vorsitzenden, bezweifeln. Dies ist in den Urteilsgründen zum Ausdruck zu bringen.

(2) Die in einem anderen gesetzlich geordneten Verfahren getroffenen tatsächlichen Feststellungen sind nicht bindend, können aber der Entscheidung im gerichtlichen Disziplinarverfahren ohne nochmalige Prüfung zu Grunde gelegt werden.

§ 88 Verhandlungsunfähigkeit oder Abwesenheit der Soldatin oder des Soldaten bei gerichtlichen Disziplinarverfahren

(1) Der Einleitung oder Fortsetzung eines gerichtlichen Disziplinarverfahrens steht nicht entgegen, dass die Soldatin oder der Soldat
1. verhandlungsunfähig ist oder
2. durch Abwesenheit an der Wahrnehmung ihrer oder seiner Rechte gehindert ist.

(2) Auf Antrag bestellt das Betreuungsgericht, damit die Soldatin oder der Soldat ihre oder seine Rechte in dem gerichtlichen Disziplinarverfahren wahrnehmen kann, als gesetzlichen Vertreter
1. im Fall des Absatzes 1 Nummer 1 einen Betreuer oder
2. im Fall des Absatzes 1 Nummer 2 einen Pfleger.

Ist die Soldatin oder der Soldat noch nicht 18 Jahre alt, so erfolgt die Bestellung durch das Familiengericht auf Antrag.

(3) Als gesetzlicher Vertreter darf nur eine Soldatin oder ein Soldat bestellt werden.

(4) § 16 Absatz 2 des Verwaltungsverfahrensgesetzes gilt entsprechend.

§ 89 Zeuginnen und Zeugen sowie Sachverständige

(1) Die Vereidigung von Zeuginnen und Zeugen sowie Sachverständigen ist nur zulässig, wenn sie zur Sicherung des Beweises oder mit Rücksicht auf die Bedeutung der Aussage oder als Mittel zur Herbeiführung einer wahren Aussage erforderlich ist.

(2) Im Wege der Rechtshilfe können außer den Truppendienstgerichten im Inland nur die Amtsgerichte um die eidliche Vernehmung von Zeuginnen und Zeugen sowie von Sachverständigen ersucht werden. Ein an das Truppendienstgericht gerichtetes Ersuchen wird durch eine Richterin oder einen Richter ausgeführt.

§ 90 Unzulässigkeit der Verhaftung

Die Soldatin oder der Soldat darf im gerichtlichen Disziplinarverfahren nicht verhaftet werden.

---

20 § 87 Abs. 2: Zur Geltung vgl. § 147 Abs. 1

§ 91 Gutachten über den psychischen Zustand

Das Truppendienstgericht kann die Soldatin oder den Soldaten nach Anhörung einer oder eines Sachverständigen und der Verteidigerin oder des Verteidigers zur Vorbereitung eines Gutachtens über ihren oder seinen psychischen Zustand in ein öffentliches psychiatrisches Krankenhaus oder in ein Bundeswehrkrankenhaus zur Beobachtung einweisen. Hat die Soldatin oder der Soldat keine Verteidigerin oder keinen Verteidiger, ist ihr oder ihm eine Verteidigerin oder ein Verteidiger zu bestellen. Der Aufenthalt in dem öffentlichen psychiatrischen Krankenhaus oder dem Bundeswehrkrankenhaus darf die Dauer von sechs Wochen nicht überschreiten.

§ 92 Ladungen

Soldatinnen und Soldaten werden zur Hauptverhandlung sowie zu sonstigen Vernehmungen dienstlich gestellt, auch wenn sie Zeuginnen und Zeugen oder Sachverständige sind oder als Vertrauenspersonen in der Hauptverhandlung angehört werden. Bei der Bekanntgabe des Termins ist der Soldatin oder dem Soldaten die Ladung auszuhändigen. Frühere Soldatinnen und frühere Soldaten sowie andere Personen werden unmittelbar geladen.

§ 93 Verteidigung

(1) In jeder Lage des Verfahrens hat die Soldatin oder der Soldat das Recht, sich des Beistands einer Verteidigerin oder eines Verteidigers zu bedienen.

(2) Hat die Soldatin oder der Soldat noch keine Verteidigerin oder keinen Verteidiger gewählt, so muss ihr oder ihm die oder der Vorsitzende der Truppendienstkammer auf Antrag oder von Amts wegen eine Verteidigerin oder einen Verteidiger bestellen, wenn die Mitwirkung einer Verteidigerin oder eines Verteidigers geboten erscheint. In jedem Fall ist eine Verteidigerin oder ein Verteidiger zu bestellen, wenn die Soldatin oder der Soldat
1. verhandlungsunfähig ist,
2. durch Abwesenheit an der Wahrnehmung ihrer oder seiner Rechte gehindert ist oder
3. noch nicht 18 Jahre alt ist.

(3) Verteidigerin oder Verteidiger vor dem Truppendienstgericht kann sein
1. eine Rechtsanwältin oder ein Rechtsanwalt,
2. eine andere Person, die die Befähigung zum Richteramt nach dem Deutschen Richtergesetz hat, oder
3. eine Soldatin oder ein Soldat.

Als Verteidigerin oder Verteidiger vor dem Bundesverwaltungsgericht ist nur eine Person zugelassen, die die Befähigung zum Richteramt nach dem Deutschen Richtergesetz hat.

(4) Der Verteidigerin oder dem Verteidiger steht das Recht, Einsicht in die Akten zu nehmen, im gleichen Umfang zu wie der Soldatin oder dem Soldaten.

(5) Es sind ermächtigt, für die Soldatin oder für den Soldaten Zustellungen und sonstige Mitteilungen, nicht aber Ladungen in Empfang zu nehmen:
1. die bestellte Verteidigerin oder der bestellte Verteidiger,
2. mit nachgewiesener Bevollmächtigung die gewählte Verteidigerin oder der gewählte Verteidiger.

Für den Nachweis der Bevollmächtigung in den Fällen des Satzes 1 Nummer 2 genügt die Übermittlung einer Kopie der Vollmacht durch die Verteidigerin oder den Verteidiger. Die Nachreichung der Vollmacht im Original kann verlangt werden; hierfür kann eine Frist bestimmt werden.

(6) Wird der Verteidigerin oder dem Verteidiger zugestellt, so wird die Soldatin oder der Soldat hiervon zugleich unterrichtet; dabei erhält sie oder er formlos eine Abschrift der Entscheidung. Wird eine Entscheidung der Soldatin oder dem Soldaten zugestellt, so wird die Verteidigerin oder der Verteidiger hiervon zugleich unterrichtet, auch wenn eine Vollmacht bei den Akten nicht vorliegt; dabei erhält sie oder er formlos eine Abschrift der Entscheidung.

(7) Wird eine Zustellung an mehrere Empfangsberechtigte bewirkt, so richtet sich die Berechnung einer Frist nach der zuletzt bewirkten Zustellung.

§ 94 Ergänzende Vorschriften

(1) Zur Ergänzung der Vorschriften dieses Gesetzes über das gerichtliche Disziplinarverfahren sind die Vorschriften des Gerichtsverfassungsgesetzes, insbesondere über Sitzungspolizei, Gerichtssprache, Beratung und Abstimmung, und die Vorschriften der Strafprozessordnung anzuwenden, soweit dem nicht die Eigenart des gerichtlichen Disziplinarverfahrens entgegensteht. An die Stelle der in diesen Gesetzen genannten Fristen von einer Woche tritt jeweils eine Frist von zwei Wochen. Der Siebzehnte Titel des Gerichtsverfassungsgesetzes ist entsprechend anzuwenden mit der Maßgabe, dass an die Stelle des Bundesgerichtshofs die Wehrdienstsenate beim Bundesverwaltungsgericht treten und an die Stelle der Zivilprozessordnung die Verwaltungsgerichtsordnung tritt; auf das Verfahren der Wehrdisziplinaranwaltschaft vor Vorlage der Anschuldigungsschrift beim Truppendienstgericht sind sie jedoch nicht anzuwenden.

(2) Die Wehrdienstgerichte entscheiden mit einfacher Stimmenmehrheit.

Abschnitt 5 Einleitung des Verfahrens

§ 95 Vorermittlungen[21]

(1) Zur Vorbereitung ihrer Entschließung über die Einleitung eines gerichtlichen Disziplinarverfahrens kann die Einleitungsbehörde die Wehrdisziplinaranwaltschaft um die Aufnahme von Vorermittlungen ersuchen. Werden der Wehrdisziplinaranwaltschaft Tatsachen bekannt, welche die Verhängung einer gerichtlichen Disziplinarmaßnahme erwarten lassen, so nimmt sie unbeschadet des Satzes 1 Vorermittlungen auf und führt die Entscheidung der Einleitungsbehörde herbei.

(2) Für die Vorermittlungen gilt § 100 entsprechend. Der Soldatin oder dem Soldaten ist die Aufnahme von Vorermittlungen und das Dienstvergehen, dessen sie oder er verdächtigt wird, schriftlich mitzuteilen, sobald dies ohne Gefährdung des Ermittlungszwecks möglich ist. Die Mitteilung ist zuzustellen.

(3) Sieht die Einleitungsbehörde nach Abschluss der Vorermittlungen von der Einleitung eines gerichtlichen Disziplinarverfahrens ab, hat sie diese Entscheidung der

---

21 § 95 Abs. 4: Zur Geltung vg. § 98 Abs. 2
§ 95 Abs. 4: Zur Geltung vg. § 101 Abs. 3

Soldatin oder dem Soldaten bekannt zu geben. Ebenso ist zu verfahren, wenn ein Dienstvergehen vorliegt und ein Disziplinarvorgesetzter wegen dieses Verhaltens bereits eine Disziplinarmaßnahme verhängt hat. Darf im Fall eines Dienstvergehens eine einfache Disziplinarmaßnahme nicht mehr verhängt werden, weil der Verhängung ein Verbot nach § 16 Absatz 1 oder § 17 Absatz 2 entgegensteht oder weil es sich um eine frühere Soldatin oder einen früheren Soldaten handelt, so stellt die Einleitungsbehörde ein Dienstvergehen fest. Dies gilt auch dann, wenn die oder der Disziplinarvorgesetzte zuvor ein Dienstvergehen verneint und seine Entscheidung der Soldatin oder dem Soldaten bekannt gegeben hat. Die Entscheidung ist zu begründen und der Soldatin oder dem Soldaten zuzustellen. In allen übrigen Fällen bleibt die oder der Disziplinarvorgesetzte für die disziplinare Erledigung zuständig.

(4) Die Soldatin oder der Soldat kann gegen die Feststellung eines Dienstvergehens die Entscheidung des Truppendienstgerichts beantragen. § 42 Absatz 4 und § 43 Absatz 3 Satz 2 gelten entsprechend. Der Antrag ist innerhalb eines Monats nach Zustellung der Entscheidung zu stellen. Das Truppendienstgericht entscheidet endgültig, ob ein Dienstvergehen vorliegt und, wenn dies zutrifft, ob missbilligende Äußerungen angebracht waren. Die Entscheidung ist der Soldatin oder dem Soldaten zuzustellen und der Einleitungsbehörde bekannt zu geben.

§ 96 Einleitungsverfügung

(1) Das gerichtliche Disziplinarverfahren wird durch schriftliche Verfügung der Einleitungsbehörde eingeleitet. Der Soldatin oder dem Soldaten ist vorher Gelegenheit zu geben, sich zu äußern, sofern sie oder er nicht bereits zu dem Sachverhalt, der der Einleitung zu Grunde liegt, vernommen worden ist. Die Einleitung wird mit der Zustellung der Verfügung an die Soldatin oder den Soldaten wirksam.

(2) Wird eine militärische Flugunfalluntersuchung durchgeführt, ist für die disziplinare Erledigung der damit zusammenhängenden Dienstvergehen die Einleitungsbehörde zuständig, soweit diese die disziplinare Erledigung nicht der oder dem sonst zuständigen Disziplinarvorgesetzten überlässt.

(3) Wird ein Havarieverfahren durchgeführt, ist für die disziplinare Erledigung der damit zusammenhängenden Dienstvergehen die Einleitungsbehörde zuständig, die im Havarieverfahren die Entscheidung trifft. Sie kann auch ein gerichtliches Disziplinarverfahren einleiten, sofern nicht eine höhere Vorgesetzte oder ein höherer Vorgesetzter Einleitungsbehörde ist.

§ 97 Einleitungsbehörden

(1) Einleitungsbehörde ist

1. für Offizierinnen und Offiziere vom Dienstgrad eines Obersten und eines entsprechenden Dienstgrades an aufwärts die Bundesministerin der Verteidigung oder der Bundesminister der Verteidigung; sie oder er kann diese Befugnisse auf nachgeordnete Einleitungsbehörden übertragen, sie jedoch im Einzelfall wieder an sich ziehen;
2. für andere Soldatinnen und Soldaten die Kommandeurin der Division oder der Kommandeur der Division, eine höhere Vorgesetzte oder ein höherer Vorgesetzter oder Vorgesetzte in entsprechender oder vergleichbarer Dienststellung;
3. für Soldatinnen und Soldaten, für die keine der in den Nummern 1 oder 2 genannten Einleitungsbehörden zuständig ist, sowie für frühere Soldatinnen und

frühere Soldaten die Bundesministerin der Verteidigung oder der Bundesminister der Verteidigung oder die von ihr oder ihm bestimmte Dienststelle.

§ 96 Absatz 3 bleibt unberührt.

(2) Die Bundesministerin der Verteidigung oder der Bundesminister der Verteidigung bestimmt, welche Vorgesetzten sich in den in Absatz 1 Satz 1 Nummer 2 genannten entsprechenden oder vergleichbaren Dienststellungen befinden.

(3) Zuständig ist die Einleitungsbehörde, der die Soldatin oder der Soldat im Zeitpunkt der Einleitung untersteht. Die Zuständigkeit der Einleitungsbehörde wird durch eine Kommandierung oder Beurlaubung der Soldatin oder des Soldaten nicht berührt.

(4) Ist zweifelhaft oder streitig, welche Einleitungsbehörde zuständig ist, bestimmt die Bundesministerin der Verteidigung oder der Bundesminister der Verteidigung die zuständige Einleitungsbehörde.

(5) Besteht zwischen den Dienstvergehen mehrerer Soldatinnen und Soldaten, die verschiedenen Einleitungsbehörden unterstehen, ein Zusammenhang, so kann die gemeinsame höhere Einleitungsbehörde die zuständige Einleitungsbehörde bestimmen.

§ 98 Antrag auf Einleitung des Verfahrens

(1) Jede Soldatin und jeder Soldat, gegen die oder den eine gerichtliche Disziplinarmaßnahme verhängt werden kann, kann die Einleitung eines gerichtlichen Disziplinarverfahrens gegen sich beantragen, um sich von dem Verdacht eines Dienstvergehens zu reinigen. Die Einleitungsbehörde hat den Sachverhalt aufzuklären und festzustellen, ob die Soldatin oder der Soldat ein Dienstvergehen begangen hat. Lehnt die Einleitungsbehörde die Einleitung ab, hat sie diese Entscheidung zu begründen und der Soldatin oder dem Soldaten zuzustellen. Sie ist in diesem Fall für die disziplinare Erledigung zuständig.

(2) Hat die Einleitungsbehörde eine einfache Disziplinarmaßnahme verhängt oder ein Dienstvergehen festgestellt, eine Disziplinarmaßnahme aber nicht verhängt, gilt § 95 Absatz 4 entsprechend.

(3) Die Absätze 1 und 2 gelten nicht für Verfahren nach § 148 dieses Gesetzes in Verbindung mit § 88 des Soldatengesetzes.

§ 99 Nachträgliches gerichtliches Disziplinarverfahren

(1) Hält die Einleitungsbehörde eine gerichtliche Disziplinarmaßnahme für geboten, kann sie das gerichtliche Disziplinarverfahren auch einleiten, wenn eine Disziplinarvorgesetzte oder ein Disziplinarvorgesetzter wegen der Tat bereits eine Disziplinarmaßnahme verhängt oder eine Disziplinarmaßnahme nicht für zulässig oder angebracht gehalten und diese Entscheidung der Soldatin oder dem Soldaten bekannt gegeben hat. Dies gilt nicht, wenn das Wehrdienstgericht auf Beschwerde oder im Fall des § 40 Absatz 4 entschieden hat.

(2) Führt das gerichtliche Disziplinarverfahren zur Verhängung einer gerichtlichen Disziplinarmaßnahme oder wird die Soldatin oder der Soldat freigesprochen, so hebt das Wehrdienstgericht in seinem Urteil die bereits verhängte Disziplinarmaßnahme auf; ansonsten wird das Verfahren eingestellt. § 56 gilt entsprechend, es sei denn, ein vollstreckter Disziplinararrest oder ein vollstreckter strenger Disziplinarar-

rest wird aufgehoben, der in einem sachgleichen Strafverfahren oder Bußgeldverfahren erkennbar angerechnet worden ist.

Abschnitt 6 Ermittlungen der Wehrdisziplinaranwaltschaft

§ 100 Ermittlungsgrundsätze[22]

(1) Die Wehrdisziplinaranwaltschaft hat die belastenden, entlastenden und die für Art und Höhe der Disziplinarmaßnahme bedeutsamen Umstände zu ermitteln.

(2) Sobald es ohne Gefährdung des Ermittlungszwecks möglich ist, ist der Soldatin oder dem Soldaten Gelegenheit zu geben, sich zu äußern. Vor Beginn der ersten Vernehmung ist ihr oder ihm zu eröffnen, welche Pflichtverletzungen ihr oder ihm zur Last gelegt werden. Es ist gleichzeitig darauf hinzuweisen, dass es ihr oder ihm freisteht, sich zur Sache zu äußern oder nicht auszusagen. In geeigneten Fällen soll auch darauf hingewiesen werden, dass eine Äußerung schriftlich erfolgen kann. In der ersten Ladung ist die Soldatin oder der Soldat darüber zu belehren, dass sie oder er jederzeit, auch schon vor der ersten Vernehmung, eine Verteidigerin oder einen Verteidiger befragen kann. Über die Vernehmung ist ein Protokoll aufzunehmen, von dem der Soldatin oder dem Soldaten auf Verlangen eine Abschrift zu erteilen ist.

(3) Nach Abschluss der Ermittlungen ist der Soldatin oder dem Soldaten das wesentliche Ergebnis bekannt zu geben. Sie oder er ist abschließend anzuhören. Die Soldatin oder der Soldat kann weitere Ermittlungen beantragen. Die Wehrdisziplinaranwaltschaft entscheidet, ob sie dem Antrag stattgibt. Bei der abschließenden Vernehmung und etwa erforderlichen weiteren Vernehmungen der Soldatin oder des Soldaten ist der Verteidigerin oder dem Verteidiger die Anwesenheit zu gestatten.

Abschnitt 7 Verfahren bis zur Hauptverhandlung

§ 101 Einstellung

(1) Die Einleitungsbehörde hat das gerichtliche Disziplinarverfahren einzustellen, wenn

1. ein Verfahrenshindernis besteht,
2. eine gerichtliche Disziplinarmaßnahme nicht zulässig ist,
3. nur Kürzung der Dienstbezüge oder Kürzung des Ruhegehalts zu erwarten ist, diese Disziplinarmaßnahmen aber nach § 16 nicht verhängt werden dürfen oder
4. ein Dienstvergehen nicht vorliegt oder nicht erwiesen ist.

(2) Die Einleitungsbehörde kann das gerichtliche Disziplinarverfahren einstellen, wenn sie dies nach dem Ergebnis der Ermittlungen oder aus anderen Gründen für angebracht hält. Sie ist in diesem Fall für die disziplinare Erledigung zuständig; dies gilt nicht im Fall des § 99.

(3) Die Einstellungsverfügung ist zu begründen und der Soldatin oder dem Soldaten zuzustellen. Verhängt die Einleitungsbehörde im Fall des Absatzes 2 Satz 2 eine einfache Disziplinarmaßnahme oder stellt sie ein Dienstvergehen fest und sieht von der Verhängung einer Disziplinarmaßnahme ab, so hat sie diese Entscheidung

22 § 100: Zur Geltung vgl. § 95 Abs. 2

gleichzeitig mit der Einstellungsverfügung zuzustellen; § 95 Absatz 4 gilt entsprechend.

§ 102 Anschuldigung

(1) Stellt die Einleitungsbehörde das gerichtliche Disziplinarverfahren nicht ein, legt die Wehrdisziplinaranwaltschaft eine Anschuldigungsschrift mit den Akten dem Truppendienstgericht vor, sofern sie nicht nach § 116 verfährt. Die Anschuldigungsschrift soll die Tatsachen, in denen ein Dienstvergehen erblickt wird, und die Beweismittel geordnet darstellen. Sie darf diese Tatsachen zu Ungunsten der Soldatin oder des Soldaten nur insoweit verwerten, als ihr oder ihm Gelegenheit gegeben worden ist, sich dazu zu äußern. Mit dem Eingang der Anschuldigungsschrift ist das Verfahren beim Truppendienstgericht anhängig.

(2) Teilt die Wehrdisziplinaranwaltschaft mit, dass neue Pflichtverletzungen zum Gegenstand der Verhandlung gemacht werden sollen, setzt die oder der Vorsitzende der Truppendienstkammer das Verfahren aus, bis die Wehrdisziplinaranwaltschaft nach Ergänzung der Ermittlungen einen Nachtrag zur Anschuldigungsschrift vorlegt oder die Fortsetzung des Verfahrens beantragt.

(3) Verwertet die Anschuldigungsschrift Tatsachen, zu denen sich die Soldatin oder der Soldat vorher nicht hat äußern können, oder leidet das in zulässiger Weise eingeleitete Verfahren an anderen Verfahrensmängeln, kann die oder der Vorsitzende der Truppendienstkammer die Wehrdisziplinaranwaltschaft zur Beseitigung der Mängel auffordern. Absatz 2 gilt entsprechend.

(4) Die oder der Vorsitzende kann zur Vorbereitung der Hauptverhandlung einzelne Beweiserhebungen anordnen.

§ 103 Zustellung der Anschuldigungsschrift

Die oder der Vorsitzende der Truppendienstkammer stellt der Soldatin oder dem Soldaten die Anschuldigungsschrift und die nach § 102 Absatz 2 vorgelegten Nachträge zu und bestimmt eine Frist, innerhalb derer sie oder er sich schriftlich äußern kann. Hierbei ist auf das Recht, nach § 93 Absatz 2 Satz 1 die Bestellung einer Verteidigerin oder eines Verteidigers zu beantragen, hinzuweisen.

§ 104 Antrag auf gerichtliche Fristsetzung

(1) Ist die Anschuldigungsschrift der Soldatin oder dem Soldaten innerhalb von sechs Monaten nach der Zustellung der Einleitungsverfügung nicht zugestellt, kann sie oder er die Entscheidung der oder des Vorsitzenden der Truppendienstkammer beantragen. Der Wehrdisziplinaranwaltschaft ist Gelegenheit zu geben, sich innerhalb von zwei Wochen zu dem Antrag zu äußern. Die oder der Vorsitzende kann die Vorlage aller bisher entstandenen Vorgänge verlangen.

(2) Stellt die oder der Vorsitzende eine unangemessene Verzögerung fest, bestimmt sie oder er eine Frist, in der entweder die Anschuldigungsschrift vorzulegen oder das Verfahren einzustellen ist. Andernfalls wird der Antrag zurückgewiesen. Die Entscheidung ist endgültig. Der Beschluss ist der Soldatin oder dem Soldaten sowie der Wehrdisziplinaranwaltschaft zuzustellen.

(3) Der Lauf der in Absatz 1 Satz 1 genannten Frist ist gehemmt, solange das Verfahren nach § 86 ausgesetzt ist.

§ 105 Ladung zur Hauptverhandlung, Ladungsfrist

(1) Nach Ablauf der Frist nach § 103 setzt die oder der Vorsitzende, sofern kein Disziplinargerichtsbescheid nach § 114 ergeht, den Termin zur Hauptverhandlung an. Zur Hauptverhandlung werden geladen:
1. die Wehrdisziplinaranwaltschaft, die Soldatin oder der Soldat, die Verteidigerin oder der Verteidiger,
2. die Vertrauensperson, sofern die Soldatin oder der Soldat ihre Anhörung nicht ausdrücklich abgelehnt hat,
3. die Zeuginnen und Zeugen sowie Sachverständige, deren Erscheinen von der oder dem Vorsitzenden für erforderlich gehalten wird, wobei ihre Namen in den Ladungen der unter Nummer 1 Genannten anzugeben sind.

Weiterhin lässt die oder der Vorsitzende die von ihr oder ihm für notwendig gehaltenen Beweismittel herbeischaffen.

(2) Zwischen der Zustellung oder Bekanntgabe der Ladung und der Hauptverhandlung muss eine Frist von mindestens einer Woche liegen, wenn die Soldatin oder der Soldat nicht auf die Einhaltung der Frist verzichtet. Es gilt als Verzicht, wenn sie oder er sich auf die Hauptverhandlung eingelassen hat, ohne zu rügen, dass die Frist nicht eingehalten sei.

Abschnitt 8 Hauptverhandlung

§ 106 Teilnahme der Soldatin oder des Soldaten an der Hauptverhandlung

(1) Die Hauptverhandlung findet auch ohne Anwesenheit der Soldatin oder des Soldaten statt, wenn
1. sie oder er auf eigenen Antrag von der Verpflichtung zum Erscheinen in der Hauptverhandlung entbunden worden ist,
2. die Gestellung der Soldatin oder des Soldaten nicht ausführbar oder nicht angemessen ist, weil der Aufenthalt unbekannt ist oder weil sie oder er sich außerhalb des Geltungsbereichs dieses Gesetzes aufhält,
3. die frühere Soldatin oder der frühere Soldat zu dem Termin ordnungsgemäß geladen worden und in der Ladung darauf hingewiesen worden ist, dass in ihrer oder seiner Abwesenheit verhandelt werden kann, oder
4. die Soldatin oder der Soldat nach § 88 vertreten wird.

(2) In den Fällen des Absatzes 1 kann sich die Soldatin oder der Soldat durch eine Verteidigerin oder einen Verteidiger vertreten lassen.

(3) Bei einer früheren Soldatin oder einem früheren Soldaten kann die oder der Vorsitzende das persönliche Erscheinen anordnen. Ist die frühere Soldatin oder der frühere Soldat vorübergehend verhandlungsunfähig oder aus zwingenden Gründen am Erscheinen verhindert, findet keine Hauptverhandlung statt, solange diese Hinderungsgründe bestehen.

§ 107 Grundsatz der Nichtöffentlichkeit

(1) Die Hauptverhandlung ist nicht öffentlich. Die Anwesenheit der Vertrauensperson nach § 28 Absatz 2 des Soldatinnen- und Soldatenbeteiligungsgesetzes bleibt unberührt. Disziplinarvorgesetzten und ihren Beauftragten ist die Anwesenheit zu gestatten. Die oder der Vorsitzende der Truppendienstkammer kann weitere Personen

zulassen, die ein berechtigtes persönliches oder dienstliches Interesse an dem Gegenstand der Verhandlung haben.

(2) Auf Antrag der Soldatin oder des Soldaten ist die Öffentlichkeit herzustellen. Die §§ 171a bis 174 und 175 Absatz 1 und 3 des Gerichtsverfassungsgesetzes gelten entsprechend. Das Gericht kann für die Hauptverhandlung oder einen Teil davon die Öffentlichkeit auch dann ausschließen, wenn dies zum Schutz der Bundeswehr oder ihrer Einrichtungen zwingend geboten ist.

§ 108 Beweisaufnahme

(1) Das Gericht hat zur Erforschung der Wahrheit die Beweisaufnahme von Amts wegen auf alle Tatsachen und Beweismittel zu erstrecken, die für die Entscheidung von Bedeutung sind.

(2) In der Hauptverhandlung können Protokolle über Beweiserhebungen aus einem gerichtlichen Verfahren durch Verlesen zum Gegenstand der Hauptverhandlung gemacht werden. Einer nochmaligen Vernehmung von Personen, deren Aussage in einem richterlichen Protokoll enthalten ist, bedarf es nicht. Für Protokolle aus dem gerichtlichen Disziplinarverfahren gelten die Sätze 1 und 2 nur, wenn die Hauptverhandlung ohne Anwesenheit der Soldatin oder des Soldaten stattfindet. In diesem Fall können alle Protokolle aus dem gerichtlichen Disziplinarverfahren, den Vorermittlungen und den Ermittlungen des Disziplinarvorgesetzten sowie aus einem anderen gesetzlich geordneten Verfahren verlesen werden. § 251 der Strafprozessordnung bleibt im Übrigen unberührt. Soweit die Personalunterlagen der Soldatin oder des Soldaten Tatsachen enthalten, die für die Gesamtbeurteilung erheblich sein können, sind sie vorzutragen.

(3) Wird ohne Anwesenheit der Soldatin oder des Soldaten verhandelt, trägt die oder der Vorsitzende zu Beginn der Hauptverhandlung in Abwesenheit der Zeuginnen und Zeugen das Ergebnis des bisherigen Verfahrens vor. Sie oder er kann im Fall der großen Besetzung eine weitere Richterin oder einen weiteren Richter mit der Berichterstattung beauftragen.

(4) Zeuginnen und Zeugen sowie Sachverständige werden vernommen, soweit nicht die Soldatin oder der Soldat und die Wehrdisziplinaranwaltschaft auf die Vernehmung verzichten oder das Truppendienstgericht sie für unerheblich erklärt. Der wesentliche Inhalt der Vernehmungen ist in das Protokoll über die Hauptverhandlung aufzunehmen. Satz 2 gilt entsprechend für die Anhörung der Vertrauensperson.

§ 109 Gegenstand der Urteilsfindung

(1) Zum Gegenstand der Urteilsfindung können nur die Pflichtverletzungen gemacht werden, die in der Anschuldigungsschrift und ihren Nachträgen der Soldatin oder dem Soldaten als Dienstvergehen zur Last gelegt werden.

(2) Nach Anhörung der Wehrdisziplinaranwaltschaft kann das Truppendienstgericht solche Pflichtverletzungen aus dem gerichtlichen Disziplinarverfahren ausklammern, die für die Art und Höhe der zu erwartenden Disziplinarmaßnahme nicht oder voraussichtlich nicht ins Gewicht fallen. Die ausgeklammerten Pflichtverletzungen können nicht wieder in das gerichtliche Disziplinarverfahren einbezogen werden, es sei denn, die Beschränkungsvoraussetzungen entfallen nachträglich. Eine Verfolgung der ausgeklammerten Pflichtverletzungen ist nach dem unanfechtbaren Abschluss des gerichtlichen Disziplinarverfahrens nicht mehr zulässig.

(3) Der Urteilsfindung können auch die Beweise zu Grunde gelegt werden, die nach § 108 Absatz 2 Gegenstand der Hauptverhandlung waren.

(4) Der Urteilsfindung kann auch das Ergebnis einer Verständigung im Sinne der Strafprozessordnung zu Grunde gelegt werden.

§ 110 Entscheidung des Truppendienstgerichts

(1) Das Urteil kann nur auf eine Disziplinarmaßnahme, auf Freispruch oder auf Einstellung des Verfahrens lauten.

(2) Auf Freispruch ist zu erkennen, wenn ein Dienstvergehen nicht vorliegt oder nicht erwiesen ist.

(3) Das Verfahren ist einzustellen, wenn ein Verfahrenshindernis besteht, eine Disziplinarmaßnahme nicht zulässig ist oder nach § 16 nicht verhängt werden darf. Das Gericht kann das Verfahren mit Zustimmung der Wehrdisziplinaranwaltschaft einstellen, wenn es ein Dienstvergehen zwar für erwiesen, eine Disziplinarmaßnahme aber nicht für angebracht hält.

(4) Besteht ein Verfahrenshindernis, kann die oder der Vorsitzende der Truppendienstkammer das Verfahren außerhalb der Hauptverhandlung durch Beschluss einstellen.

§ 111 Zahlung des Unterhaltsbeitrags

(1) Die Zahlung eines Unterhaltsbeitrags nach § 65 Absatz 2 oder § 67 Absatz 2 beginnt, soweit in dem Urteil nicht etwas anderes bestimmt ist, im Zeitpunkt des Verlustes der Dienst- oder Versorgungsbezüge.

(2) Die Zahlung des Unterhaltsbeitrags nach § 67 Absatz 2 steht unter dem Vorbehalt der Rückforderung, wenn für denselben Zeitraum eine Rente aufgrund der Nachversicherung gewährt wird. Zur Sicherung des Rückforderungsanspruchs hat die oder der Verurteilte eine entsprechende Abtretungserklärung abzugeben.

(3) Das Gericht kann in dem Urteil bestimmen, dass der Unterhaltsbeitrag ganz oder teilweise an Personen gezahlt wird, zu deren Unterhalt die oder der Verurteilte gesetzlich verpflichtet ist. Nach Rechtskraft des Urteils kann dies das Bundesministerium der Verteidigung bestimmen.

(4) Auf den Unterhaltsbeitrag werden Erwerbs- und Erwerbsersatzeinkommen im Sinne des § 18a Absatz 2 und Absatz 3 Satz 1 und 2 des Vierten Buches Sozialgesetzbuch angerechnet. Die oder der Verurteilte ist verpflichtet, der Stelle, die für die Zahlung des Unterhaltsbeitrags zuständig ist, alle Änderungen in ihren oder seinen Verhältnissen anzuzeigen, die für die Zahlung des Unterhaltsbeitrags bedeutsam sein können. Kommt sie oder er dieser Pflicht schuldhaft nicht nach, kann der Unterhaltsbeitrag ganz oder teilweise mit Wirkung für die Vergangenheit entzogen werden. Die Entscheidung trifft das Bundesministerium der Verteidigung.

(5) Das Bundesministerium der Verteidigung kann die Befugnisse nach Absatz 3 Satz 2 und Absatz 4 Satz 4 auf andere Behörden seines Geschäftsbereichs übertragen.

(6) Der Anspruch auf Unterhaltsbeitrag erlischt, wenn die oder der Verurteilte wieder zur Soldatin oder zum Soldaten ernannt oder sonst in ein öffentlich-rechtliches Amts- oder Dienstverhältnis berufen wird.

§ 112 Unterhaltsleistung bei Mithilfe zur Aufdeckung von Straftaten

(1) Im Fall der Entfernung aus dem Dienstverhältnis kann das Bundesministerium der Verteidigung der früheren Berufssoldatin oder dem früheren Berufssoldaten, die oder der gegen das Verbot der Annahme von Belohnungen oder Geschenken nach § 19 des Soldatengesetzes verstoßen hat, die Gewährung einer monatlichen Unterhaltsleistung zusagen, wenn sie oder er Wissen über Tatsachen offenbart hat, deren Kenntnis dazu beigetragen hat, Straftaten, insbesondere nach den §§ 331 bis 335 des Strafgesetzbuches, zu verhindern oder über den eigenen Tatbeitrag hinaus aufzuklären. Die Nachversicherung ist durchzuführen.

(2) Die Unterhaltsleistung ist als Prozentsatz der sich aus der Nachversicherung ergebenden Anwartschaft auf eine Altersrente oder einer entsprechenden Leistung aus der berufsständischen Alterssicherung mit den folgenden Maßgaben festzusetzen:
1. die Unterhaltsleistung darf die Höhe der Rentenanwartschaft aus der Nachversicherung nicht erreichen,
2. Unterhaltsleistung und Rentenanwartschaft aus der Nachversicherung dürfen zusammen den Betrag nicht übersteigen, der sich als Ruhegehalt nach § 40 Absatz 1 des Soldatenversorgungsgesetzes ergäbe.

Die Unterhaltsleistung wird gezahlt, wenn die frühere Berufssoldatin oder der frühere Berufssoldat das 65. Lebensjahr vollendet hat oder eine Rente wegen Erwerbsminderung aus der gesetzlichen Rentenversicherung oder eine entsprechende Leistung aus der berufsständischen Versorgung erhält. Die Höchstgrenzen nach Satz 1 gelten auch für die Zeit des Bezugs der Unterhaltsleistung; an die Stelle der Rentenanwartschaft aus der Nachversicherung tritt die anteilige Rente.

(3) Der Anspruch auf die Unterhaltsleistung erlischt bei erneutem Eintritt in den öffentlichen Dienst sowie in den Fällen, die bei einer Berufssoldatin im Ruhestand oder einem Berufssoldaten im Ruhestand das Erlöschen der Versorgungsbezüge nach § 53 des Soldatengesetzes zur Folge hätten. Bestand zum Zeitpunkt der Entfernung aus dem Dienst eine Ehe, erhält die hinterbliebene Ehegattin oder der hinterbliebene Ehegatte 55 Prozent der Unterhaltsleistung. Entsprechendes gilt im Fall einer Lebenspartnerschaft.

§ 113 Unterzeichnung des Urteils, Zustellung

(1) Das mit Gründen versehene Urteil der Truppendienstkammer ist von der oder dem Vorsitzenden, im Fall der großen Besetzung auch von den beiden weiteren Richterinnen und Richtern zu unterzeichnen.

(2) Der Soldatin oder dem Soldaten sowie der Wehrdisziplinaranwaltschaft ist eine Ausfertigung des Urteils mit Gründen zuzustellen.

Abschnitt 9 Verfahren bei Disziplinargerichtsbescheid

§ 114 Entscheidung durch Disziplinargerichtsbescheid

(1) Weist die Sache keine besonderen Schwierigkeiten tatsächlicher oder rechtlicher Art auf, kann die oder der Vorsitzende ohne Hauptverhandlung durch Disziplinargerichtsbescheid
1. jede erforderliche Disziplinarmaßnahme verhängen,

2. auf Freispruch erkennen oder
3. das Verfahren einstellen, wenn
   a) dies aus den in § 101 Absatz 1 Nummer 1 bis 3 genannten Gründen geboten ist,
   b) eine einfache Disziplinarmaßnahme wegen Zeitablaufs nach § 17 Absatz 2 nicht verhängt werden darf oder
   c) eine Disziplinarmaßnahme nicht angebracht erscheint.

(2) Ein Disziplinargerichtsbescheid darf nur ergehen, wenn die Wehrdisziplinaranwaltschaft sowie die Soldatin oder der Soldat der beabsichtigten Rechtsfolge nicht innerhalb einer von der oder dem Vorsitzenden gesetzten angemessenen Frist schriftlich widersprechen. Mit der Fristsetzung ist die Soldatin oder der Soldat auf die Rechtsfolgen eines Widerspruchs sowie auf die sich aus Absatz 4 ergebende Rechtswirkung des Disziplinargerichtsbescheids schriftlich hinzuweisen.

(3) Im Fall eines Widerspruchs ist nach § 105 zu verfahren.

(4) Der Disziplinargerichtsbescheid ergeht durch Beschluss. Er steht mit seiner Zustellung an die Soldatin oder den Soldaten einem rechtskräftigen Urteil gleich.

§ 115 Inhalt des Disziplinargerichtsbescheids

Der Disziplinargerichtsbescheid enthält
1. die Angaben zur Person der Soldatin oder des Soldaten,
2. den Namen der Verteidigerin oder des Verteidigers,
3. die Bezeichnung des Dienstvergehens, das der Soldatin oder dem Soldaten zur Last gelegt wird, Zeit und Ort der Begehung, die Form des Verschuldens sowie die Bezeichnung der gesetzlichen Merkmale der verletzten Dienstpflicht,
4. die angewendeten Gesetzesvorschriften,
5. die Beweismittel,
6. die verhängte Disziplinarmaßnahme,
7. die Entscheidung über die Kosten des Verfahrens,
8. den Hinweis auf die Rechtswirkung nach § 114 Absatz 4.

§ 116 Disziplinargerichtsbescheid auf Antrag der Wehrdisziplinaranwaltschaft

(1) Hält die Wehrdisziplinaranwaltschaft nach dem Ergebnis der Ermittlungen unter Beachtung der Voraussetzungen des § 114 Absatz 1 eine Hauptverhandlung nicht für erforderlich, beantragt sie schriftlich den Erlass eines Disziplinargerichtsbescheids. Der Antrag muss den Vorgaben des § 115 entsprechen und ist auf bestimmte Rechtsfolgen zu richten. Er ist mit den Akten dem Truppendienstgericht vorzulegen. Mit dem Eingang des Antrags ist das Verfahren anhängig.

(2) § 102 Absatz 3 gilt entsprechend.

(3) Wenn dem Erlass des Disziplinargerichtsbescheids keine Bedenken entgegenstehen, stellt die oder der Vorsitzende der Soldatin oder dem Soldaten den Antrag der Wehrdisziplinaranwaltschaft zu und bestimmt eine angemessene Frist, innerhalb derer die Soldatin oder der Soldat dem Erlass des Disziplinargerichtsbescheids schriftlich widersprechen kann. Hierbei ist schriftlich auf die Rechtsfolgen eines Widerspruchs, auf die sich aus § 114 Absatz 4 ergebende Rechtswirkung des Disziplinargerichtsbescheids sowie auf das Recht hinzuweisen, nach § 93 Absatz 2 Satz 1 die Bestellung einer Verteidigerin oder eines Verteidigers zu beantragen. Widerspricht die Soldatin oder der Soldat nicht innerhalb der Frist, ist dem Antrag der

Wehrdisziplinaranwaltschaft zu entsprechen und der Disziplinargerichtsbescheid nach § 114 Absatz 4 zu erlassen. Widerspricht die Soldatin oder der Soldat innerhalb der Frist, verfährt die oder der Vorsitzende nach § 103 Satz 1 und § 105.

(4) Die oder der Vorsitzende verfährt nach den §§ 103 und 105, wenn sie oder er
1. Bedenken hat, ohne eine Hauptverhandlung zu entscheiden,
2. von der rechtlichen Beurteilung im Antrag der Wehrdisziplinaranwaltschaft abweichen will und die Wehrdisziplinaranwaltschaft an ihrem Antrag festhält oder
3. eine andere Rechtsfolge festsetzen will und die Wehrdisziplinaranwaltschaft an ihrem Antrag festhält.

(5) Hält die Wehrdisziplinaranwaltschaft in den Fällen des Absatzes 4 Nummer 2 und 3 nicht an ihrer rechtlichen Beurteilung oder an der von ihr beantragten Rechtsfolge fest, so legt sie einen abgeänderten Antrag vor. Die oder der Vorsitzende verfährt anschließend nach Absatz 3.

(6) In den Fällen des Absatzes 3 Satz 4 und des Absatzes 4 tritt der Antrag der Wehrdisziplinaranwaltschaft an die Stelle der Anschuldigungsschrift. Er ist ohne die beantragte Rechtsfolge zuzustellen. § 102 Absatz 2 und 4 gilt entsprechend.

Abschnitt 10 **Gerichtliches Antragsverfahren**

§ 117 Antragstellung[23]

Ein nach Kapitel 3 vorgesehener Antrag auf gerichtliche Entscheidung ist schriftlich oder zu Protokoll der Geschäftsstelle des Wehrdienstgerichts zu stellen. Soldatinnen und Soldaten können den Antrag auch schriftlich oder mündlich bei ihrer oder ihrem nächsten Disziplinarvorgesetzten oder in den Fällen des § 5 Absatz 2 und des § 11 Buchstabe b der Wehrbeschwerdeordnung bei den dort bezeichneten Vorgesetzten stellen; wird er mündlich gestellt, ist ein Protokoll aufzunehmen, das die oder der Vorgesetzte unterschreiben muss und die Soldatin oder der Soldat unterschreiben soll. Von dem Protokoll ist der Soldatin oder dem Soldaten auf Verlangen eine Abschrift zu erteilen.

§ 118 Verfahren

In gerichtlichen Antragsverfahren kann das Wehrdienstgericht Beweise erheben und mündliche Verhandlung anordnen. Es entscheidet durch Beschluss.

---

23 § 117: Zur Geltung vgl. § 119 Abs. 2
§ 117: Zur Geltung vgl. § 120 Abs. 2
§ 117: Zur Geltung vgl. § 121 Abs. 2
§ 117: Zur Geltung vgl. § 135 Abs. 4
§ 117: Zur Geltung vgl. § 146 Abs. 2

Abschnitt 11 **Rechtsmittel**

Unterabschnitt 1 **Beschwerde gegen gerichtliche Entscheidungen**

§ 119 Bestimmungen für das Beschwerdeverfahren[24]

(1) Gegen Beschlüsse des Truppendienstgerichts und gegen richterliche Verfügungen ist die Beschwerde an das Bundesverwaltungsgericht zulässig, soweit das Gesetz nicht ausdrücklich etwas anderes bestimmt. Entscheidungen, die der Urteilsfällung vorausgehen, unterliegen der Beschwerde nur, soweit sie die Einweisung in ein öffentliches psychiatrisches Krankenhaus oder in ein Bundeswehrkrankenhaus, eine Beschlagnahme oder Durchsuchung, eine Straffestsetzung oder eine dritte Person betreffen.

(2) Die Beschwerde ist innerhalb eines Monats nach der Bekanntgabe der Entscheidung beim Truppendienstgericht einzulegen. Die Beschwerdefrist wird auch gewahrt, wenn während ihres Laufs die Beschwerde beim Bundesverwaltungsgericht eingelegt wird. § 117 gilt entsprechend. Die Beschwerde gegen die Einweisung in ein öffentliches psychiatrisches Krankenhaus oder in ein Bundeswehrkrankenhaus hat aufschiebende Wirkung.

(3) Hält die oder der Vorsitzende der Truppendienstkammer eine Abhilfe für angebracht, kann das Truppendienstgericht der Beschwerde abhelfen. Anderenfalls entscheidet das Bundesverwaltungsgericht durch Beschluss.

(4) Ist die Beschwerde verspätet eingelegt, verwirft sie die oder der Vorsitzende der Truppendienstkammer durch Beschluss als unzulässig. Die Entscheidung ist zuzustellen.

Unterabschnitt 2 **Berufung**

§ 120 Einlegung und Frist der Berufung[25]

(1) Gegen das Urteil des Truppendienstgerichts ist bis zum Ablauf einer Woche nach seiner Verkündung die Berufung an das Bundesverwaltungsgericht zulässig. Abweichend von Satz 1 beginnt die Frist für die Soldatin oder den Soldaten mit der Zustellung des Urteils, wenn sie oder er bei der Verkündung nicht anwesend war und auch nicht vertreten wurde. Befindet sich die Soldatin oder der Soldat aus dienstlichen Gründen im Ausland, kann die oder der Vorsitzende der Truppendienstkammer die Berufungsfrist durch eine Verfügung, die zugleich mit dem Urteil zuzustellen ist, angemessen verlängern.

(2) Die Berufung ist beim Truppendienstgericht einzulegen. Die Berufungsfrist wird auch gewahrt, wenn während ihres Laufs die Berufung beim Bundesverwaltungsgericht eingelegt wird. § 117 gilt entsprechend.

(3) In der Berufungsschrift ist das angefochtene Urteil zu bezeichnen.

---

24 § 119: Zur Anwendung vgl. § 20 Abs. 8

25 § 120 Abs. 1 und 2: Zur Geltung vgl. § 121 Abs. 2

§ 121 Begründung der Berufung

(1) Innerhalb eines Monats nach Zustellung des Urteils ist beim Truppendienstgericht anzugeben, inwieweit das Urteil angefochten wird und welche Änderungen beantragt werden. Die Anträge sind zu begründen.

(2) Die §§ 117 und 120 Absatz 1 Satz 3 und Absatz 2 Satz 2 gelten entsprechend.

§ 122 Zulässigkeitsprüfung

(1) Die oder der Vorsitzende der Truppendienstkammer verwirft die Berufung durch Beschluss als unzulässig, wenn sie nicht statthaft oder nicht in der gesetzlichen Form oder Frist eingelegt und begründet ist. Der Beschluss ist zuzustellen.

(2) Wird die Berufung nicht als unzulässig verworfen, so ist jeweils eine Abschrift der Berufungsschrift und der Berufungsbegründung der Wehrdisziplinaranwaltschaft oder, wenn diese die Berufung eingelegt hat, der Soldatin oder dem Soldaten zuzustellen. Nach Ablauf der Frist nach § 121 Absatz 1 Satz 1 sind die Akten der Wehrdisziplinaranwaltschaft zu übersenden. Diese legt die Akten unverzüglich der Bundeswehrdisziplinaranwaltschaft vor, welche sie an das Bundesverwaltungsgericht weiterleitet.

§ 123 Beschluss des Berufungsgerichts

(1) Das Bundesverwaltungsgericht kann durch Beschluss
1. die Berufung aus den Gründen des § 122 Absatz 1 als unzulässig verwerfen,
2. die Berufung zurückweisen, wenn es sie einstimmig für offensichtlich unbegründet und eine mündliche Verhandlung nicht für erforderlich hält, oder
3. das Urteil des Truppendienstgerichts aufheben und die Sache an eine andere Kammer desselben oder eines anderen Truppendienstgerichts zur nochmaligen Verhandlung und Entscheidung zurückverweisen, wenn es weitere Aufklärungen für erforderlich hält oder wenn schwere Mängel des Verfahrens vorliegen.

(2) Vor der Beschlussfassung ist den Beteiligten Gelegenheit zur Äußerung zu geben.

(3) Der Beschluss ist zu begründen und den Beteiligten zuzustellen.

§ 124 Urteil des Berufungsgerichts

(1) Soweit das Bundesverwaltungsgericht die Berufung für zulässig und begründet hält, hat es das Urteil des Truppendienstgerichts aufzuheben und in der Sache selbst zu entscheiden.

(2) Hat die Soldatin oder der Soldat das Urteil angefochten, kann die Gewährung eines Unterhaltsbeitrags zu ihrem oder seinem Nachteil nur geändert werden, wenn die Bundeswehrdisziplinaranwältin oder der Bundeswehrdisziplinaranwalt dies bis zum Schluss der Hauptverhandlung beantragt.

(3) Hält das Bundesverwaltungsgericht weitere Aufklärungen für erforderlich oder liegen schwere Mängel des Verfahrens vor, so kann es das Urteil des Truppendienstgerichts aufheben und die Sache an eine andere Kammer desselben oder eines anderen Truppendienstgerichts zur nochmaligen Verhandlung und Entscheidung zurückverweisen.

§ 125 Abhilfe bei Verletzung des Anspruchs auf rechtliches Gehör

Hat das Bundesverwaltungsgericht bei einer Berufungsentscheidung den Anspruch einer oder eines Beteiligten auf das rechtliche Gehör in entscheidungserheblicher Weise verletzt, versetzt es, sofern die oder der Beteiligte noch beschwert ist, von Amts wegen oder auf Antrag insoweit das Verfahren durch Beschluss in die Lage zurück, die vor dem Erlass der Entscheidung bestand. Der Antrag ist innerhalb von zwei Wochen nach Zustellung der Entscheidung schriftlich oder zu Protokoll der Geschäftsstelle beim Berufungsgericht zu stellen und zu begründen.

§ 126 Bindung des Truppendienstgerichts

Wird die Sache an ein Truppendienstgericht zurückverwiesen, ist es an die rechtliche Beurteilung gebunden, die der Entscheidung des Bundesverwaltungsgerichts zu Grunde liegt.

§ 127 Verfahrensgrundsätze

Im Verfahren vor dem Bundesverwaltungsgericht dürfen Protokolle über die Aussagen der in der Hauptverhandlung des ersten Rechtszugs vernommenen Zeuginnen und Zeugen sowie Sachverständigen und das Protokoll über die Anhörung der Vertrauensperson in der Hauptverhandlung des ersten Rechtszugs bei der Berichterstattung und bei der Beweisaufnahme verlesen werden. Wiederholte Vorladungen, Vernehmungen und Anhörungen dieser Personen können unterbleiben, wenn sie zur Erforschung der Wahrheit nicht erforderlich sind. Im Übrigen gelten die Vorschriften über das Verfahren vor dem Truppendienstgericht entsprechend.

§ 128 Ausbleiben der Soldatin oder des Soldaten

Außer in den Fällen des § 106 Absatz 1 findet die Berufungshauptverhandlung auch dann ohne die Soldatin oder den Soldaten statt, wenn sie oder er ordnungsgemäß geladen worden und in der Ladung darauf hingewiesen worden ist, dass in ihrer oder seiner Abwesenheit verhandelt werden kann.

Unterabschnitt 3 **Rechtskraft**

§ 129 Rechtskraft gerichtlicher Entscheidungen

(1) Die Entscheidungen des Truppendienstgerichts werden mit Ablauf der Rechtsmittelfrist rechtskräftig, wenn kein Rechtsmittel eingelegt worden ist. Wird auf Rechtsmittel verzichtet oder ein Rechtsmittel zurückgenommen, so ist der Zeitpunkt maßgeblich, in dem die Erklärung des Verzichts oder der Rücknahme beim Wehrdienstgericht eingeht.

(2) Entscheidungen des Truppendienstgerichts, die mit Rechtsmitteln nicht mehr anfechtbar sind, werden mit ihrer Bekanntgabe rechtskräftig.

(3) Die Beschlüsse des Bundesverwaltungsgerichts werden mit der Zustellung rechtskräftig, die Urteile mit der Verkündung.

Abschnitt 12 Vorläufige Dienstenthebung, Einbehaltung von Dienstbezügen

§ 130 Zulässigkeit, Wirksamkeit, Beendigung

(1) Die Einleitungsbehörde kann eine Soldatin oder einen Soldaten vorläufig des Dienstes entheben, wenn das gerichtliche Disziplinarverfahren gegen sie oder ihn eingeleitet wird oder eingeleitet worden ist. Mit der vorläufigen Dienstenthebung kann das Verbot, Uniform zu tragen, verbunden werden.

(2) Die Einleitungsbehörde kann gleichzeitig mit der vorläufigen Dienstenthebung oder später anordnen, dass ein Teil, höchstens jedoch die Hälfte der jeweiligen Dienstbezüge der Soldatin oder des Soldaten einbehalten wird, wenn im gerichtlichen Disziplinarverfahren voraussichtlich auf Entfernung aus dem Dienstverhältnis oder auf Aberkennung des Ruhegehalts erkannt werden wird. Tritt die Soldatin oder der Soldat während des gerichtlichen Disziplinarverfahrens in den Ruhestand, hebt die Einleitungsbehörde ihre Anordnung über die Einbehaltung der Dienstbezüge auf; gleichzeitig kann sie anordnen, dass ein Teil des Ruhegehalts einbehalten wird.

(3) Die Einleitungsbehörde kann bei einer früheren Soldatin oder einem früheren Soldaten gleichzeitig mit der Einleitung des gerichtlichen Disziplinarverfahrens oder später anordnen, dass ein Teil, höchstens jedoch 30 Prozent des Ruhegehalts einbehalten wird.

(4) Die Verfügung der Einleitungsbehörde über die getroffenen Anordnungen ist der Soldatin oder dem Soldaten zuzustellen. Die Anordnung der vorläufigen Dienstenthebung wird mit der Zustellung an die Soldatin oder den Soldaten wirksam. Die Anordnung der Einbehaltung der Dienstbezüge und des Ruhegehalts wird mit dem auf die Zustellung folgenden nächsten Fälligkeitstag wirksam.

(5) Die Einleitungsbehörde kann eine nach den Absätzen 1 bis 3 getroffene Anordnung jederzeit auf Antrag oder von Amts wegen aufheben. Die Entscheidung ist der Soldatin oder dem Soldaten zuzustellen. Lehnt die Einleitungsbehörde einen Antrag auf Aufhebung ab, kann die Soldatin oder der Soldat innerhalb eines Monats nach Zustellung der Ablehnung die Entscheidung des Truppendienstgerichts beantragen. Ist das Verfahren beim Bundesverwaltungsgericht anhängig, tritt dieses Gericht an die Stelle des Truppendienstgerichts.

(6) Mit dem rechtskräftigen Abschluss des Verfahrens enden die Anordnungen kraft Gesetzes.

§ 131 Verfall und Nachzahlung der einbehaltenen Beträge

(1) Die nach § 130 einbehaltenen Beträge verfallen, wenn
1. im gerichtlichen Disziplinarverfahren auf Entfernung aus dem Dienstverhältnis oder auf Aberkennung des Ruhegehalts erkannt worden ist,
2. in einem wegen desselben Sachverhalts eingeleiteten Strafverfahren auf eine Strafe erkannt worden ist, die
   a) den Verlust der Rechte als Berufssoldatin oder Berufssoldat oder als Soldatin auf Zeit oder Soldat auf Zeit zur Folge hat, oder
   b) den Verlust der Ansprüche auf Versorgung zur Folge hat,
3. das gerichtliche Disziplinarverfahren eingestellt worden ist, weil die Soldatin oder der Soldat auf andere Weise den Dienstgrad und die sonstigen Rechte aus dem Dienstverhältnis verloren hat und die Einleitungsbehörde oder nach Rechtshängigkeit das Wehrdienstgericht festgestellt hat, dass die Entfernung

aus dem Dienstverhältnis oder die Aberkennung des Ruhegehalts gerechtfertigt gewesen wäre,
4. das gerichtliche Disziplinarverfahren wegen eines Verfahrensmangels eingestellt worden ist und ein innerhalb von drei Monaten nach der Einstellung wegen desselben Dienstvergehens eingeleitetes neues Verfahren zur Entfernung aus dem Dienstverhältnis oder zur Aberkennung des Ruhegehalts geführt hat oder
5. in einem gerichtlichen Disziplinarverfahren unter den Voraussetzungen des § 68 auf Aberkennung des Dienstgrades erkannt worden ist.

(2) Die einbehaltenen Bezüge sind nachzuzahlen, wenn das gerichtliche Disziplinarverfahren auf andere Weise rechtskräftig abgeschlossen oder von der Einleitungsbehörde oder nach Rechtshängigkeit vom Wehrdienstgericht im Fall des Absatzes 1 Nummer 3 ohne die dort bezeichnete Feststellung eingestellt worden ist. Die Kosten des gerichtlichen Disziplinarverfahrens, soweit die oder der Verurteilte sie zu tragen hat, und eine ihr oder ihm auferlegte Disziplinarbuße oder strenge Disziplinarbuße können von den nachzuzahlenden Beträgen abgezogen werden.

(3) Auf die nach Absatz 2 nachzuzahlenden Beträge sind die Einkünfte aus einer während der vorläufigen Dienstenthebung ausgeübten und nach § 20 des Soldatengesetzes genehmigungspflichtigen Tätigkeit anzurechnen, wenn ein Dienstvergehen oder eine als Dienstvergehen geltende Handlung erwiesen ist. Die Soldatin oder der Soldat ist verpflichtet, über die Höhe solcher Einkünfte Auskunft zu geben.

(4) Die Feststellung der Einleitungsbehörde nach Absatz 1 Nummer 3 und die Entscheidung der Einleitungsbehörde nach Absatz 3 sind der Soldatin oder dem Soldaten zuzustellen. Sie oder er kann innerhalb eines Monats nach Zustellung die Entscheidung des Truppendienstgerichts beantragen. Dieses entscheidet endgültig.

Abschnitt 13 **Antragsverfahren vor dem Wehrdienstgericht bei nachträglicher strafgerichtlicher Ahndung**

§ 132 Voraussetzungen und Zuständigkeit

(1) Ist im gerichtlichen Disziplinarverfahren eine einfache Disziplinarmaßnahme, Kürzung der Dienstbezüge oder Kürzung des Ruhegehalts rechtskräftig verhängt worden und wird wegen desselben Sachverhalts nachträglich durch ein Gericht oder eine Behörde eine Strafe oder Ordnungsmaßnahme verhängt oder kann ein Sachverhalt nach § 153a Absatz 1 Satz 5 oder Absatz 2 Satz 2 der Strafprozessordnung nach Erfüllung von Auflagen und Weisungen nicht mehr als Vergehen verfolgt werden, so ist die Disziplinarmaßnahme auf Antrag der Soldatin oder des Soldaten aufzuheben, wenn ihre Verhängung nach Abschluss des Strafverfahrens oder des Bußgeldverfahrens gegen § 16 Absatz 1 verstoßen würde. Die Aufhebung einer der in § 16 Absatz 1 Nummer 2 genannten Disziplinarmaßnahmen unterbleibt, wenn die Voraussetzungen für eine zusätzliche disziplinare Ahndung zum Zeitpunkt ihrer Verhängung vorgelegen haben.

(2) Ein unanfechtbar verhängter Disziplinararrest oder ein unanfechtbar verhängter strenger Disziplinararrest ist aufzuheben, wenn und soweit er zusammen mit einer Freiheitsentziehung, die wegen desselben Sachverhalts nachträglich verhängt wurde, drei Wochen übersteigt.

(3) Die Aufhebung ist ausgeschlossen, wenn die Disziplinarmaßnahme im Strafverfahren oder im Bußgeldverfahren erkennbar angerechnet worden ist.

(4) Über den Antrag auf Aufhebung entscheidet das Gericht, das die Disziplinarmaßnahme verhängt hat. Im Fall des Absatzes 1 gilt § 47 Absatz 3 entsprechend.

Abschnitt 14 Wiederaufnahme des gerichtlichen Disziplinarverfahrens

§ 133 Wiederaufnahmegründe

(1) Die Wiederaufnahme eines durch rechtskräftiges Urteil abgeschlossenen gerichtlichen Disziplinarverfahrens ist zulässig, wenn
1. in dem Urteil eine Disziplinarmaßnahme verhängt worden ist, die nach Art oder Höhe im Gesetz nicht vorgesehen ist,
2. Tatsachen oder Beweismittel erbracht werden, die erheblich und neu sind,
3. das Urteil auf dem Inhalt einer unechten oder verfälschten Urkunde oder auf einem vorsätzlich oder fahrlässig falsch abgegebenen Zeugnis oder Gutachten beruht,
4. ein Urteil, auf dessen tatsächlichen Feststellungen das Urteil im gerichtlichen Disziplinarverfahren beruht, durch ein anderes rechtskräftiges Urteil aufgehoben worden ist,
5. bei dem Urteil eine Richterin oder ein Richter oder eine ehrenamtliche Richterin oder ein ehrenamtlicher Richter mitgewirkt hat, die oder der sich in dieser Sache der strafbaren Verletzung einer Amtspflicht schuldig gemacht hat,
6. bei dem Urteil eine Richterin oder ein Richter oder eine ehrenamtliche Richterin oder ein ehrenamtlicher Richter mitgewirkt hat, die oder der von der Ausübung des Richteramtes kraft Gesetzes ausgeschlossen war, es sei denn, dass die Gründe für den gesetzlichen Ausschluss bereits erfolglos geltend gemacht worden waren, oder
7. die oder der Verurteilte nachträglich glaubhaft ein Dienstvergehen eingestanden hat, das in dem durch das rechtskräftige Urteil abgeschlossenen gerichtlichen Disziplinarverfahren nicht festgestellt werden konnte.

(2) Erheblich im Sinne des Absatzes 1 Nummer 2 sind Tatsachen und Beweismittel, wenn sie allein oder in Verbindung mit den früher getroffenen Feststellungen geeignet sind, eine andere Entscheidung zu begründen, die Ziel der Wiederaufnahme des gerichtlichen Disziplinarverfahrens sein kann. Neu im Sinne des Absatzes 1 Nummer 2 sind Tatsachen und Beweismittel, die dem Gericht bei seiner Entscheidung nicht bekannt gewesen sind. Ergeht nach Eintritt der Rechtskraft des Urteils im gerichtlichen Disziplinarverfahren in einem wegen desselben Sachverhalts eingeleiteten Straf- oder Bußgeldverfahren ein rechtskräftiges Urteil aufgrund von tatsächlichen Feststellungen, die von denjenigen tatsächlichen Feststellungen des Urteils im gerichtlichen Disziplinarverfahren, auf denen es beruht, abweichen, so gelten die abweichenden Feststellungen des Urteils im Straf- oder Bußgeldverfahren als neue Tatsachen im Sinne des Absatzes 1 Nummer 2.

(3) In den Fällen des Absatzes 1 Nummer 3 und 5 ist die Wiederaufnahme des gerichtlichen Disziplinarverfahrens nur zulässig, wenn wegen der behaupteten Handlung eine rechtskräftige Verurteilung erfolgt ist oder wenn ein strafgerichtliches Verfahren aus anderen Gründen als wegen Mangels an Beweisen nicht eingeleitet oder nicht durchgeführt werden kann.

§ 134 Unzulässigkeit der Wiederaufnahme

(1) Die Wiederaufnahme eines durch rechtskräftiges Urteil abgeschlossenen gerichtlichen Disziplinarverfahrens ist unzulässig, wenn nach Eintritt der Rechtskraft
1. ein Urteil im Straf- oder Bußgeldverfahren ergangen ist, das sich auf denselben Sachverhalt gründet und diesen ebenso würdigt, oder
2. ein Urteil im Strafverfahren ergangen ist, durch das die oder der Verurteilte
   a) die Rechtsstellung als Berufssoldatin oder als Berufssoldat, die Rechtsstellung als Soldatin auf Zeit oder als Soldat auf Zeit oder einen Anspruch auf Versorgung verloren hat oder
   b die Rechtsstellung als Berufssoldatin oder als Berufssoldat, die Rechtsstellung als Soldatin auf Zeit oder als Soldat auf Zeit oder einen Anspruch auf Versorgung verloren hätte, wäre sie oder er noch im Dienst gewesen oder hätte sie oder er noch Ruhegehalt bezogen.

Satz 1 ist anzuwenden, solange das im Straf- oder Bußgeldverfahren ergangene Urteil nicht rechtskräftig aufgehoben worden ist.

(2) Die Wiederaufnahme des gerichtlichen Disziplinarverfahrens zu Ungunsten der oder des Verurteilten ist außerdem unzulässig, wenn seit dem Eintritt der Rechtskraft des Urteils drei Jahre vergangen sind.

§ 135 Antrag auf Wiederaufnahme

(1) Zur Wiederaufnahme des gerichtlichen Disziplinarverfahrens bedarf es eines Antrags. Antragsberechtigt sind
1. die oder der Verurteilte und ihr oder sein gesetzlicher Vertreter,
2. die Wehrdisziplinaranwaltschaft auf Ersuchen der Einleitungsbehörde und
3. die Bundeswehrdisziplinaranwältin oder der Bundeswehrdisziplinaranwalt auf Anordnung der Bundesministerin der Verteidigung oder des Bundesministers der Verteidigung, wenn eine Entscheidung des Bundesverwaltungsgerichts angefochten wird.

(2) Nach dem Tod der oder des Verurteilten sind antragsberechtigt deren oder dessen
1. Ehegatte oder Ehegattin,
2. Lebenspartnerin oder Lebenspartner,
3. Verwandte auf- und absteigender Linie und
4. Geschwister.

(3) Besteht die Einleitungsbehörde nicht mehr, bestimmt die Bundesministerin der Verteidigung oder der Bundesminister der Verteidigung die Dienststelle, die ihre Befugnisse ausübt.

(4) Der Antrag muss innerhalb von drei Monaten bei dem Wehrdienstgericht, dessen Entscheidung angefochten wird, schriftlich oder zu Protokoll der Geschäftsstelle eingereicht werden. § 117 gilt entsprechend. Die Frist beginnt mit dem Tag, an dem die oder der Antragsberechtigte von dem Grund für die Wiederaufnahme Kenntnis erhalten hat.

(5) In dem Antrag ist das angefochtene Urteil zu bezeichnen und anzugeben, inwieweit es angefochten wird und welche Änderungen beantragt werden. Die Anträge sind unter Bezeichnung der Beweismittel zu begründen.

(6) Für das weitere Verfahren gelten die Vorschriften über das gerichtliche Disziplinarverfahren vor dem Truppendienstgericht und dem Bundesverwaltungsgericht entsprechend.

§ 136 Entscheidung durch Beschluss

(1) Das Wehrdienstgericht kann den Antrag auf Wiederaufnahme des gerichtlichen Disziplinarverfahrens, auch nach Eröffnung der mündlichen Verhandlung, durch Beschluss verwerfen, wenn es die gesetzlichen Voraussetzungen für seine Zulassung nicht für gegeben oder ihn für offensichtlich unbegründet hält.

(2) Das Wehrdienstgericht kann vor Eröffnung der mündlichen Verhandlung mit Zustimmung der Wehrdisziplinaranwaltschaft oder der Bundeswehrdisziplinaranwältin oder des Bundeswehrdisziplinaranwalts durch Beschluss das angefochtene Urteil aufheben oder das gerichtliche Disziplinarverfahren einstellen. Der Beschluss ist unanfechtbar.

(3) Der rechtskräftige Beschluss nach Absatz 1 sowie der Beschluss nach Absatz 2 stehen einem rechtskräftigen Urteil gleich.

§ 137 Mündliche Verhandlung, Entscheidung durch Urteil

(1) Das Wehrdienstgericht entscheidet, wenn das Wiederaufnahmeverfahren nicht auf andere Weise abgeschlossen wird, aufgrund mündlicher Verhandlung durch Urteil.

(2) Gegen das Urteil des Truppendienstgerichts ist die Berufung zulässig.

§ 138 Rechtswirkungen, Entschädigung

(1) Wird in einem Wiederaufnahmeverfahren das angefochtene Urteil zu Gunsten der oder des Verurteilten aufgehoben, so erhält die oder der Verurteilte von dem Eintritt der Rechtskraft des aufgehobenen Urteils an die Rechtsstellung, die sie oder er erhalten hätte, wenn das aufgehobene Urteil der Entscheidung entsprochen hätte, die im Wiederaufnahmeverfahren ergangen ist. Wurde in dem aufgehobenen Urteil auf Entfernung aus dem Dienstverhältnis oder auf Aberkennung des Ruhegehalts erkannt, gilt § 52 des Soldatengesetzes entsprechend.

(2) Die oder der Verurteilte und die Personen, denen sie oder er kraft Gesetzes unterhaltspflichtig ist, können im Fall des Absatzes 1 neben den nachträglich zu gewährenden Bezügen in entsprechender Anwendung des Gesetzes über die Entschädigung für Strafverfolgungsmaßnahmen Ersatz des sonstigen Schadens vom Bund verlangen. Der Anspruch ist innerhalb von drei Monaten nach dem rechtskräftigen Abschluss des Wiederaufnahmeverfahrens bei der nach § 135 Absatz 1 Nummer 2 oder Absatz 3 zuständigen Einleitungsbehörde geltend zu machen. Die Entscheidung ist der Antragstellerin oder dem Antragsteller zuzustellen. Lehnt die Einleitungsbehörde den Anspruch ab, gelten für seine Weiterverfolgung die Vorschriften über den Rechtsweg für Klagen aus dem Wehrdienstverhältnis entsprechend.

Abschnitt 15 Vollstreckung von Disziplinarmaßnahmen

§ 139 Durchführung der Vollstreckung

(1) Um die Vollstreckung von einfachen Disziplinarmaßnahmen ersucht die Wehrdisziplinaranwaltschaft die nächste Disziplinarvorgesetzte oder den nächsten Diszipli-

narvorgesetzten der Soldatin oder des Soldaten, im Fall des § 50 Absatz 1 Satz 3 eine andere Dienststelle.

(2) Die Vollstreckung der Kürzung der Dienstbezüge beginnt in der Regel mit dem auf den Eintritt der Rechtskraft des Urteils folgenden Monat. Endet das Dienstverhältnis vor oder nach der Rechtskraft des Urteils und steht der Soldatin oder dem Soldaten ein Anspruch auf Dienstzeitversorgung zu, so werden die aus den ungekürzten Dienstbezügen errechneten laufenden Versorgungsbezüge während der Dauer der Kürzung der Dienstbezüge in demselben Verhältnis gekürzt wie die Dienstbezüge. Besteht kein Anspruch auflaufende Versorgungsbezüge, aber ein Anspruch auf Übergangsbeihilfe, so wird diese um den Betrag gekürzt, um den die Übergangsgebührnisse zu kürzen gewesen wären, wenn die Soldatin oder der Soldat, während der im Urteil für die Kürzung der Dienstbezüge festgesetzten Dauer Übergangsgebührnisse in Höhe von 75 Prozent der Dienstbezüge des letzten Monats erhalten hätte. Endet der Anspruch auf Übergangsgebührnisse vor Ablauf der Vollstreckung, wird die Übergangsbeihilfe um den Betrag gekürzt, um den die Übergangsgebührnisse noch zu kürzen gewesen wären, wenn die Soldatin oder der Soldat sie weiterhin erhalten hätte. In beiden Fällen muss der Soldatin oder dem Soldaten mindestens die Hälfte der Übergangsbeihilfe bleiben. Sterbegeld, Witwen- und Witwergeld sowie Waisengeld werden nicht gekürzt.

(3) Die Frist für das Beförderungsverbot beginnt mit der Rechtskraft des Urteils, jedoch nicht vor Beendigung der Vollstreckung eines früher verhängten Beförderungsverbots.

(4) Die Herabsetzung in der Besoldungsgruppe und die Dienstgradherabsetzung werden mit der Rechtskraft des Urteils wirksam. Die laufenden Dienst- oder Versorgungsbezüge nach der neuen Besoldungsgruppe oder dem neuen Dienstgrad werden vom Ersten des Monats angezahlt, der der Rechtskraft des Urteils folgt.

(5) Die Entfernung aus dem Dienstverhältnis wird mit der Rechtskraft des Urteils wirksam. Die Zahlung der Dienstbezüge wird mit dem Ende des Monats eingestellt, in dem das Urteil rechtskräftig wird. Ein auf Entfernung lautendes Urteil gilt, wenn die Soldatin oder der Soldat vor Eintritt der Rechtskraft in den Ruhestand tritt, als Urteil auf Aberkennung des Ruhegehalts.

(6) Für die Kürzung des Ruhegehalts gilt Absatz 2 Satz 1 und 6 entsprechend, für die Aberkennung des Ruhegehalts gilt Absatz 5 Satz 1 und 2 entsprechend und für die Aberkennung des Dienstgrades gilt Absatz 5 Satz 1 entsprechend.

Abschnitt 16 **Kosten des Verfahrens**

§ 140 Erhebung von Kosten

Kosten werden nur im gerichtlichen Disziplinarverfahren erhoben.

§ 141 Umfang der Kostenpflicht

(1) Gerichtliche Disziplinarverfahren sind gebührenfrei.

(2) Als Auslagen werden im gerichtlichen Disziplinarverfahren erhoben:
1. Auslagen, die nach den Vorschriften des Gerichtskostengesetzes erhoben werden,

2. Kosten, die durch dienstliche Gestellungen nach § 92 Satz 1 entstanden sind, mit Ausnahme der dienstlichen Gestellung von Vertrauenspersonen und der Postgebühren,
3. die während der Ermittlungen der Wehrdisziplinaranwaltschaft entstandenen Reisekosten der Wehrdisziplinaranwaltschaft, einer ersuchten Richterin oder eines ersuchten Richters und ihrer Schriftführerinnen und Schriftführer,
4. die Kosten für die Unterbringung und Untersuchung der Soldatin oder des Soldaten in einem öffentlichen psychiatrischen Krankenhaus oder in einem Bundeswehrkrankenhaus,
5. die an eine Rechtsanwältin oder einen Rechtsanwalt zu zahlenden Beträge sowie die baren Auslagen einer sonst bestellten Verteidigerin oder eines sonst bestellten Verteidigers,
6. die Auslagen, die einem nach § 88 Absatz 2 Bestellten entstanden sind.

§ 142 Kostenpflicht der Soldatin oder des Soldaten sowie des Bundes

(1) Die Kosten des Verfahrens sind der Soldatin oder dem Soldaten aufzuerlegen, wenn sie oder er verurteilt wird. Sie sind jedoch dem Bund teilweise oder ganz aufzuerlegen, soweit es unbillig wäre, die Soldatin oder den Soldaten damit zu belasten. Satz 2 gilt auch, wenn durch Untersuchungen zur Aufklärung bestimmter belastender oder entlastender Umstände besondere Kosten entstanden und diese Untersuchungen zu Gunsten der Soldatin oder des Soldaten ausgegangen sind.

(2) Absatz 1 gilt entsprechend, wenn das Wehrdienstgericht das gerichtliche Disziplinarverfahren einstellt, weil die Soldatin oder der Soldat auf andere Weise als durch eine Verurteilung in einem gerichtlichen Disziplinarverfahren den Dienstgrad und die sonstigen Rechte aus dem Dienstverhältnis verloren hat und nach dem Ergebnis der Ermittlungen ein Dienstvergehen oder eine als Dienstvergehen geltende Handlung erwiesen ist.

(3) Wird die Soldatin oder der Soldat freigesprochen oder stellt das Wehrdienstgericht das gerichtliche Disziplinarverfahren in anderen als den in Absatz 2 bezeichneten Fällen ein, so sind ihr oder ihm nur solche Kosten aufzuerlegen, die sie oder er durch schuldhafte Säumnis verursacht hat.

(4) Kosten des Verfahrens, die nicht nach den Absätzen 1 bis 3 der Soldatin oder dem Soldaten zur Last fallen, sind dem Bund aufzuerlegen, es sei denn, dass sie ganz oder teilweise von einer oder einem Dritten zu tragen sind.

§ 143 Kosten bei Rechtsmitteln und Rechtsbehelfen

(1) Die Kosten eines erfolgreichen Rechtsmittels der Soldatin oder des Soldaten oder der Wehrdisziplinaranwaltschaft, soweit diese es zu Gunsten der Soldatin oder des Soldaten eingelegt hat, sind dem Bund aufzuerlegen. Die Kosten eines zu Ungunsten der Soldatin oder des Soldaten eingelegten und erfolgreichen Rechtsmittels der Wehrdisziplinaranwaltschaft trägt die Soldatin oder der Soldat. Sie sind jedoch dem Bund teilweise oder ganz aufzuerlegen, soweit es unbillig wäre, die Soldatin oder den Soldaten damit zu belasten.

(2) Die Kosten eines zurückgenommenen oder erfolglos gebliebenen Rechtsmittels trägt die Soldatin oder der Soldat, wenn sie oder er es eingelegt hat. Die Kosten sind dem Bund aufzuerlegen, wenn die Wehrdisziplinaranwaltschaft das Rechtsmittel eingelegt hat.

(3) Hat das Rechtsmittel teilweise Erfolg, so hat das Wehrdienstgericht die Kosten teilweise oder ganz dem Bund aufzuerlegen, soweit es unbillig wäre, die Soldatin oder den Soldaten damit zu belasten.

(4) Hat das Wehrdienstgericht das gerichtliche Disziplinarverfahren eingestellt, weil gegen die Soldatin oder den Soldaten, die oder der nach Einlegung der Berufung in den Ruhestand getreten ist, ein verwirktes Beförderungsverbot nicht verhängt werden darf, so hat die Soldatin oder der Soldat die Kosten des Verfahrens zu tragen. Soweit es unbillig wäre, die Soldatin oder den Soldaten mit den Kosten des Verfahrens zu belasten, sind sie dem Bund ganz oder teilweise aufzuerlegen.

(5) Die Absätze 1 bis 4 gelten entsprechend für die Kosten des Verfahrens, die durch einen Antrag auf gerichtliche Entscheidung in den Fällen des § 95 Absatz 4, § 98 Absatz 2, § 101 Absatz 3 Satz 2, § 125, § 131 Absatz 4 und § 132 oder durch einen Antrag auf Wiederaufnahme des Verfahrens entstanden sind.

§ 144 Notwendige Auslagen

(1) Die notwendigen Auslagen der Soldatin oder des Soldaten sind dem Bund aufzuerlegen, wenn die Soldatin oder der Soldat freigesprochen oder das gerichtliche Disziplinarverfahren aus anderen als den in § 142 Absatz 2 genannten Gründen eingestellt wird.

(2) Die notwendigen Auslagen der verurteilten Soldatin oder des verurteilten Soldaten sind teilweise oder ganz dem Bund aufzuerlegen, soweit es unbillig wäre, die Soldatin oder den Soldaten damit zu belasten. Satz 1 gilt auch, wenn die zur Anschuldigung gestellten Pflichtverletzungen nur zum Teil die Grundlage der Verurteilung bilden oder durch Untersuchungen zur Aufklärung bestimmter belastender oder entlastender Umstände der Soldatin oder dem Soldaten besondere Auslagen erwachsen und diese Untersuchungen zu Gunsten der Soldatin oder des Soldaten ausgegangen sind.

(3) Wird ein Rechtsmittel von der Wehrdisziplinaranwaltschaft zu Ungunsten der Soldatin oder des Soldaten eingelegt und wird es zurückgenommen oder bleibt es erfolglos, so sind die notwendigen Auslagen, die der Soldatin oder dem Soldaten im Rechtsmittelverfahren erwachsen sind, dem Bund aufzuerlegen. Dasselbe gilt, wenn ein von der Wehrdisziplinaranwaltschaft zu Gunsten der Soldatin oder des Soldaten eingelegtes Rechtsmittel Erfolg hat. Hat ein zu Ungunsten der Soldatin oder des Soldaten eingelegtes Rechtsmittel der Wehrdisziplinaranwaltschaft Erfolg, so sind die notwendigen Auslagen, die der Soldatin oder dem Soldaten im Rechtsmittelverfahren erwachsen sind, teilweise oder ganz dem Bund aufzuerlegen, soweit es unbillig wäre, die Soldatin oder den Soldaten damit zu belasten.

(4) Hat die Soldatin oder der Soldat das Rechtsmittel beschränkt und hat es Erfolg, sind die notwendigen Auslagen der Soldatin oder des Soldaten dem Bund aufzuerlegen.

(5) Hat ein Rechtsmittel teilweise Erfolg, gilt § 143 Absatz 3 entsprechend. Bei einem in vollem Umfang erfolglosen Rechtsmittel der Soldatin oder des Soldaten ist es unzulässig, die notwendigen Auslagen, die dieser oder diesem im Rechtsmittelverfahren erwachsen sind, ganz oder teilweise dem Bund aufzuerlegen.

(6) Notwendige Auslagen, die der Soldatin oder dem Soldaten durch schuldhafte Säumnis erwachsen sind, werden dem Bund nicht auferlegt.

(7) Die notwendigen Auslagen der Soldatin oder des Soldaten werden dem Bund nicht auferlegt, wenn die Soldatin oder der Soldat die Einleitung des gerichtlichen

Disziplinarverfahrens dadurch veranlasst hat, dass sie oder er vorgetäuscht hat, das ihr oder ihm zur Last gelegte Dienstvergehen begangen zu haben. Es kann davon abgesehen werden, die notwendigen Auslagen der Soldatin oder des Soldaten dem Bund aufzuerlegen, wenn
1. die Soldatin oder der Soldat das gerichtliche Disziplinarverfahren dadurch veranlasst hat, dass sie oder er sich selbst in wesentlichen Punkten wahrheitswidrig oder im Widerspruch zu späteren Erklärungen belastet hat oder wesentliche entlastende Umstände verschwiegen hat, obwohl sie oder er sich zu dem gegen sie oder ihn erhobenen Vorwurf geäußert hat,
2. gegen die Soldatin oder den Soldaten wegen eines Dienstvergehens eine Disziplinarmaßnahme im gerichtlichen Disziplinarverfahren nur deshalb nicht verhängt wird, weil ein Verfahrenshindernis besteht,
3. das Wehrdienstgericht das Verfahren nach § 110 Absatz 3 Satz 2 einstellt oder
4. die Einleitungsbehörde das gerichtliche Disziplinarverfahren einstellt und eine einfache Disziplinarmaßnahme verhängt oder ein Dienstvergehen feststellt.

(8) Zu den notwendigen Auslagen gehören auch
1. die Entschädigung für eine notwendige Zeitversäumnis nach den Vorschriften, die für die Entschädigung von Zeuginnen und Zeugen gelten, wenn kein Anspruch auf Dienst- oder Versorgungsbezüge besteht,
2. die Gebühren und Auslagen einer Rechtsanwältin oder eines Rechtsanwalts, soweit sie nach § 91 Absatz 2 der Zivilprozessordnung zu erstatten wären, sowie die Auslagen einer sonstigen Verteidigerin oder eines sonstigen Verteidigers.

(9) Für die Vorermittlungen nach § 95, die Antragsverfahren nach § 95 Absatz 4, § 98 Absatz 2, § 101 Absatz 3 Satz 2, § 125, § 131 Absatz 4 und § 132 sowie im Wiederaufnahmeverfahren gelten die Absätze 1 bis 8 entsprechend.

§ 145 Entscheidung über die Kosten

(1) Jede Entscheidung in der Hauptsache muss bestimmen, wer die Kosten des Verfahrens zu tragen hat.

(2) Die Entscheidung darüber, wer die notwendigen Auslagen trägt, trifft das Wehrdienstgericht in dem Urteil oder in dem Beschluss, der das Verfahren abschließt.

(3) Die Kosten können von den Dienst- oder Versorgungsbezügen oder von einem gewährten Unterhaltsbeitrag abgezogen werden. § 65 des Soldatenversorgungsgesetzes gilt insofern nicht. Soweit erforderlich, werden Geldbeträge nach dem Verwaltungs-Vollstreckungsgesetz beigetrieben.

(4) Sieht die Einleitungsbehörde nach Abschluss der Vorermittlungen nach § 95 von der Einleitung eines gerichtlichen Disziplinarverfahrens ab oder stellt sie das gerichtliche Disziplinarverfahren ein, entscheidet auf ihren Antrag oder auf Antrag der Soldatin oder des Soldaten die zuständige Richterin oder der zuständige Richter des Truppendienstgerichts, das zur Entscheidung über die Hauptsache zuständig gewesen wäre, wer die notwendigen Auslagen trägt. Der Antrag auf Erstattung der notwendigen Auslagen ist innerhalb eines Monats nach Zustellung der Entscheidung beim Truppendienstgericht einzureichen. Beabsichtigt die Richterin oder der Richter, die notwendigen Auslagen nicht in vollem Umfang dem Bund aufzuerlegen, ist der Soldatin oder dem Soldaten Gelegenheit zur Äußerung zu geben. Der Beschluss ist der Soldatin oder dem Soldaten zuzustellen und der Einleitungsbehörde bekannt zu geben.

(5) Gegen die Entscheidung des Truppendienstgerichts oder der Richterin oder des Richters des Truppendienstgerichts über die Kosten und die notwendigen Auslagen ist die Beschwerde zulässig. Die Beschwerde ist bis zum Ablauf eines Monats nach Zustellung der Entscheidung beim Truppendienstgericht einzulegen. Über die Beschwerde entscheidet das Truppendienstgericht.

§ 146 Kostenfestsetzung

(1) Die Höhe der Kosten und notwendigen Auslagen, die nach der Kostenentscheidung zu erstatten sind, wird von der Urkundsbeamtin oder dem Urkundsbeamten der Geschäftsstelle des Truppendienstgerichts festgesetzt. Auf Antrag ist auszusprechen, dass die festgesetzten notwendigen Auslagen von der Anbringung des Festsetzungsantrags an zu verzinsen sind. Auf die Höhe des Zinssatzes ist § 104 Absatz 1 Satz 2 der Zivilprozessordnung entsprechend anzuwenden.

(2) Gegen die Entscheidung über die Kostenfestsetzung ist die Erinnerung zulässig. Die Erinnerung ist bis zum Ablauf von zwei Wochen nach Zustellung der Entscheidung beim Truppendienstgericht einzulegen. Über die Erinnerung entscheidet die oder der Vorsitzende der Truppendienstkammer endgültig. § 117 gilt entsprechend.

Teil 4 **Schlussvorschriften**

§ 147 Sonderbestimmung für Soldatinnen auf Zeit und Soldaten auf Zeit

(1) Wird einer Soldatin auf Zeit oder einem Soldaten auf Zeit während der ersten vier Dienstjahre eine Entlassungsverfügung nach § 55 Absatz 5 des Soldatengesetzes zugestellt, kann gegen sie oder ihn wegen derselben Tat ein gerichtliches Disziplinarverfahren erst eingeleitet oder fortgesetzt werden, wenn unanfechtbar feststeht, dass die Entlassungsverfügung nicht zur Beendigung des Dienstverhältnisses führt. Hebt das Verwaltungsgericht die Entlassungsverfügung auf, darf wegen derselben Tat nicht auf Entfernung aus dem Dienstverhältnis erkannt werden. § 87 Absatz 2 gilt entsprechend.

(2) Wird gegen eine Soldatin auf Zeit oder einen Soldaten auf Zeit ein gerichtliches Disziplinarverfahren anhängig, kann sie oder er wegen derselben Tat nicht mehr nach § 55 Absatz 5 des Soldatengesetzes entlassen werden.

§ 148 Besondere Entlassung einer Soldatin oder eines Soldaten

Auf das Verfahren der Wehrdienstgerichte in den Fällen des § 88 des Soldatengesetzes sind die Vorschriften über das gerichtliche Disziplinarverfahren entsprechend anzuwenden. Das Urteil stellt fest, dass die Soldatin oder der Soldat aufgrund ihres oder seines Verhaltens vor der Ernennung der Berufung in das Dienstverhältnis unwürdig ist, oder es weist den Antrag auf eine solche Feststellung ab.

§ 149 Bindung der Gerichte an Disziplinarentscheidungen

(1) Für die Entscheidungen im gerichtlichen Disziplinarverfahren, für die richterliche Nachprüfung der Entscheidungen der Disziplinarvorgesetzten sowie für die sonst in

diesem Gesetz vorgesehenen richterlichen Entscheidungen sind die Wehrdienstgerichte ausschließlich zuständig.

(2) Die aufgrund dieses Gesetzes ergehenden Entscheidungen der Disziplinarvorgesetzten und der Wehrdienstgerichte sind für die Beurteilung der vor einem Gericht geltend gemachten Rechte aus dem Dienstverhältnis bindend.

§ 150 Verordnungsermächtigung

Das Bundesministerium der Verteidigung wird ermächtigt, durch Rechtsverordnung im Einvernehmen mit dem Bundesministerium des Innern und für Heimat zu bestimmen, welche Bezüge einschließlich der Sachbezüge als Dienstbezüge und Wehrsold im Sinne der §§ 24 und 130 sowie von Teil 3 Kapitel 3 Abschnitt 1 anzusehen sind.

§ 151 Übergangsvorschriften

(1) Die Tilgung einer Herabsetzung in der Besoldungsgruppe, die vor dem 1. April 2025 verhängt wurde, richtet sich nach den Vorschriften dieses Gesetzes.

(2) § 17 Absatz 3 ist nicht anzuwenden auf gerichtliche Disziplinarverfahren, bei denen die Vorermittlungen vor dem 1. April 2025 aufgenommen worden sind.

(3) § 48 Absatz 2 Nummer 3 ist nicht anzuwenden auf Disziplinarmaßnahmen, die vor dem 1. April 2025 verhängt worden sind.

(4) Die §§ 76, 77 und 82 sind erstmals auf die am 1. Januar 2026 beginnende Amtsperiode der ehrenamtlichen Richterinnen und ehrenamtlichen Richter anzuwenden. Für die bis zum 31. Dezember 2025 laufende Amtsperiode sind die §§ 74, 75 und 80 in der Fassung der Wehrdisziplinarordnung vom 16. August 2001 (BGBl. I S. 2093), die zuletzt durch Artikel 13 des Gesetzes vom 20. August 2021 (BGBl. I S. 3932) geändert worden ist, weiter anzuwenden.

(5) § 95 Absatz 2 Satz 2 und 3 ist nicht anzuwenden auf gerichtliche Disziplinarverfahren, bei denen die Vorermittlungen vor dem 1. April 2025 aufgenommen worden sind.

(6) § 95 Absatz 3 Satz 1 und 2 ist nicht anzuwenden auf gerichtliche Disziplinarverfahren, bei denen die Vorermittlungen vor dem 1. April 2025 aufgenommen worden sind. Auf diese gerichtlichen Disziplinarverfahren ist § 92 Absatz 3 Satz 1 und 2 in der Fassung der Wehrdisziplinarordnung vom 16. August 2001 (BGBl. I S. 2093), die zuletzt durch Artikel 13 des Gesetzes vom 20. August 2021 (BGBl. I S. 3932) geändert worden ist, weiter anzuwenden.

(7) Für die Berufung gegen Urteile, die vor dem 1. April 2025 verkündet worden sind, sind die §§ 120 bis 124 nicht anzuwenden. Für die Berufung gegen diese Urteile sind die §§ 115 bis 121 in der Fassung der Wehrdisziplinarordnung vom 16. August 2001 (BGBl. I S. 2093), die zuletzt durch Artikel 13 des Gesetzes vom 20. August 2021 (BGBl. I S. 3932) geändert worden ist, weiter anzuwenden.

(8) Für die Erinnerung gegen Entscheidungen über die Kostenfestsetzung ist § 146 Absatz 2 Satz 2 nicht anzuwenden, wenn die Entscheidungen vor dem 1. April 2025 zugestellt worden sind.

§ 152 Einschränkung von Grundrechten

Durch dieses Gesetz werden das Grundrecht auf körperliche Unversehrtheit (Artikel 2 Absatz 2 Satz 1 des Grundgesetzes), das Grundrecht der Freiheit der Person

(Artikel 2 Absatz 2 Satz 2 des Grundgesetzes) sowie das Fernmeldegeheimnis (Artikel 10 des Grundgesetzes) eingeschränkt.

2.9 Verordnung zur Bestimmung der Bezüge im Sinne der Wehrdisziplinarordnung (WDO-Bezügeverordnung – WDOBezV)

WDO-Bezügeverordnung vom 17. August 2020 (BGBl. I S. 1964), die durch Artikel 4 Absatz 2 des Gesetzes vom 17. Dezember 2024 (BGBl. 2024 I Nr. 424) geändert worden ist. Geändert durch Art. 4 Abs. 2 G v. 17.12.2024 I Nr. 424.

Auf Grund des § 146 der Wehrdisziplinarordnung, der durch Artikel 15 Nummer 5 des Gesetzes vom 4. August 2019 (BGBl. I S. 1147) geändert worden ist, verordnet das Bundesministerium der Verteidigung im Einvernehmen mit dem Bundesministerium des Innern, für Bau und Heimat:

§ 1 Dienstbezüge und Wehrsold

(1) Dienstbezüge im Sinne der §§ 24, 61 und 130 der Wehrdisziplinarordnung sind

1. das Grundgehalt der jeweiligen Stufe nach den §§ 20 und 27 des Bundesbesoldungsgesetzes,
2. die Amts- und Stellenzulagen nach den Anlagen I und IX des Bundesbesoldungsgesetzes,
3. die Ausgleichszulage nach den §§ 13 und 19b des Bundesbesoldungsgesetzes,
4. der Auslandszuschlag nach § 53 des Bundesbesoldungsgesetzes,
5. der Auslandsverwendungszuschlag nach § 56 des Bundesbesoldungsgesetzes sowie
6. bei Sanitätsoffizieranwärterinnen und Sanitätsoffizieranwärtern, die unter Wegfall der Geld- und Sachbezüge zum Studium beurlaubt sind, der Grundbetrag des Ausbildungsgeldes nach § 30 Absatz 2 des Soldatengesetzes.

(2) Dienstbezüge im Sinne des § 24 der Wehrdisziplinarordnung sind

1. für Reservistendienst Leistende
   a) die Prämie nach § 11 des Unterhaltssicherungsgesetzes,
   b) der Zuschlag für längeren Dienst nach § 12 des Unterhaltssicherungsgesetzes,
   c) der Zuschlag für die Verpflichtung zu längerem Dienst nach § 13 des Unterhaltssicherungsgesetzes,
   d) das Dienstgeld nach § 14 des Unterhaltssicherungsgesetzes,
   e) der Zuschlag für herausgehobene Funktionen nach § 15 des Unterhaltssicherungsgesetzes,
   f) der Auslandsverwendungszuschlag nach § 18 des Unterhaltssicherungsgesetzes und
   g) der Auslandszuschlag nach § 19 des Unterhaltssicherungsgesetzes;
2. für Soldatinnen und Soldaten, die Grundwehrdienst (§ 5 des Wehrpflichtgesetzes), freiwilligen zusätzlichen Wehrdienst im Anschluss an den Grundwehrdienst (§ 6b des Wehrpflichtgesetzes) oder unbefristeten Wehrdienst im Spannungs- und Verteidigungsfall leisten,
   a) die Prämie nach § 11 des Unterhaltssicherungsgesetzes,
   b) der Auslandsverwendungszuschlag nach § 18 des Unterhaltssicherungsgesetzes und
   c) der Auslandszuschlag nach § 19 des Unterhaltssicherungsgesetzes.

(3) Dienstbezüge im Sinne der §§ 63 bis 65 der Wehrdisziplinarordnung sind alle auf Grund des Soldatenverhältnisses zu gewährenden Bezüge.

(4) Wehrsold im Sinne des § 24 der Wehrdisziplinarordnung sind für freiwilligen Wehrdienst Leistende

1. der Wehrsoldgrundbetrag nach § 4 Absatz 1 des Wehrsoldgesetzes,
2. die Auslandsvergütung nach § 6 des Wehrsoldgesetzes,
3. die Vergütung für herausgehobene Funktionen nach § 9 des Wehrsoldgesetzes und
4. der Auslandsverwendungszuschlag nach § 12 des Wehrsoldgesetzes.

§ 2 Übergangsvorschrift

Die WDO-Bezügeverordnung vom 7. Februar 2016 (BGBl. I S. 178) ist weiter anzuwenden, wenn vor dem 1. September 2020

1. ein Urteil auf Kürzung der Dienstbezüge rechtskräftig geworden ist,
2. eine Disziplinarbuße unanfechtbar geworden ist oder
3. ein Teil der Dienstbezüge auf Grund einer Anordnung der Einleitungsbehörde erstmals einbehalten worden ist.

§ 3 Inkrafttreten, Außerkrafttreten

Diese Verordnung tritt am Tag nach der Verkündung in Kraft. Gleichzeitig tritt die WDO-Bezügeverordnung vom 7. Februar 2016 (BGBl. I S. 178) außer Kraft.

2.10 Wehrstrafgesetz (WStG)

Wehrstrafgesetz in der Fassung der Bekanntmachung vom 24. Mai 1974 (BGBl. I S. 1213), das zuletzt durch Artikel 1 des Gesetzes vom 21. Februar 2025 (BGBl. 2025 I Nr. 55) geändert worden ist, zuletzt geändert durch Art. 1 G v. 21.2.2025 I Nr. 55.

Erster Teil **Allgemeine Bestimmungen**

§ 1 Geltungsbereich

(1) Dieses Gesetz gilt für Straftaten, die Soldaten der Bundeswehr begehen.

(2) Es gilt auch für Straftaten, durch die militärische Vorgesetzte, die nicht Soldaten sind, ihre Pflichten verletzen (§§ 30 bis 41).

(3) Wegen einer Tätigkeit für eine fremde Macht (§ 47) sind auch frühere Soldaten strafbar.

(4) Wegen Verletzung von Privatgeheimnissen (§ 203 Absatz 2, 5 und 6, §§ 204, 205 des Strafgesetzbuches), wegen Verletzung des Post- oder Fernmeldegeheimnisses (§ 206 Abs. 4 des Strafgesetzbuches) und wegen Verletzung des Dienstgeheimnisses (§ 353b Abs. 1 des Strafgesetzbuches) sind nach Maßgabe des § 48 auch frühere Soldaten strafbar, soweit ihnen diese Geheimnisse während des Wehrdienstes anvertraut worden oder sonst bekanntgeworden sind.

(5) Wegen Anstiftung und Beihilfe zu militärischen Straftaten sowie wegen Versuchs der Beteiligung an solchen Straftaten ist nach diesem Gesetz auch strafbar, wer nicht Soldat ist.

§ 1a Auslandstaten

(1) Das deutsche Strafrecht gilt, unabhängig vom Recht des Tatorts, für Taten, die nach diesem Gesetz mit Strafe bedroht sind und im Ausland begangen werden, wenn der Täter

1. Soldat oder früherer Soldat ist oder zu den in § 1 Abs. 2 bezeichneten Personen gehört oder
2. Deutscher ist und seine Lebensgrundlage im räumlichen Geltungsbereich dieses Gesetzes hat.

(2) Das deutsche Strafrecht gilt, unabhängig vom Recht des Tatorts, auch für Taten, die ein Soldat während eines dienstlichen Aufenthalts oder in Beziehung auf den Dienst im Ausland begeht.

§ 2 Begriffsbestimmungen

Im Sinne dieses Gesetzes ist

1. eine militärische Straftat eine Handlung, die der Zweite Teil dieses Gesetzes mit Strafe bedroht;
2. ein Befehl eine Anweisung zu einem bestimmten Verhalten, die ein militärischer Vorgesetzter (§ 1 Abs. 3 des Soldatengesetzes) einem Untergebenen schriftlich, mündlich oder in anderer Weise, allgemein oder für den Einzelfall und mit dem Anspruch auf Gehorsam erteilt;

3. eine schwerwiegende Folge eine Gefahr für die Sicherheit der Bundesrepublik Deutschland, die Schlagkraft der Truppe, Leib oder Leben eines Menschen oder Sachen von bedeutendem Wert, die dem Täter nicht gehören.

§ 3 Anwendung des allgemeinen Strafrechts

(1) Das allgemeine Strafrecht ist anzuwenden, soweit dieses Gesetz nichts anderes bestimmt.

(2) Für Straftaten von Soldaten, die Jugendliche oder Heranwachsende sind, gelten besondere Vorschriften des Jugendgerichtsgesetzes.

§ 4 Militärische Straftaten gegen verbündete Streitkräfte

(1) Die Vorschriften dieses Gesetzes sind auch dann anzuwenden, wenn ein Soldat der Bundeswehr eine militärische Straftat gegen Streitkräfte eines verbündeten Staates oder eines ihrer Mitglieder begeht.

(2) Das Gericht kann von Strafe absehen, wenn die Wahrung der Disziplin in der Bundeswehr eine Bestrafung nicht erfordert.

§ 5 Handeln auf Befehl

(1) Begeht ein Untergebener eine rechtswidrige Tat, die den Tatbestand eines Strafgesetzes verwirklicht, auf Befehl, so trifft ihn eine Schuld nur, wenn er erkennt, daß es sich um eine rechtswidrige Tat handelt oder dies nach den ihm bekannten Umständen offensichtlich ist.

(2) Ist die Schuld des Untergebenen mit Rücksicht auf die besondere Lage, in der er sich bei der Ausführung des Befehls befand, gering, so kann das Gericht die Strafe nach § 49 Abs. 1 des Strafgesetzbuches mildern, bei Vergehen auch von Strafe absehen.

§ 6 Furcht vor persönlicher Gefahr

Furcht vor persönlicher Gefahr entschuldigt eine Tat nicht, wenn die soldatische Pflicht verlangt, die Gefahr zu bestehen.

§ 7 Selbstverschuldete Trunkenheit

(1) Selbstverschuldete Trunkenheit führt nicht zu einer Milderung der angedrohten Strafe, wenn die Tat eine militärische Straftat ist, gegen das Kriegsvölkerrecht verstößt oder in Ausübung des Dienstes begangen wird.

(2) Der Trunkenheit steht ein Rausch anderer Art gleich.

§ 8 *(weggefallen)*

§ 9 Strafarrest

(1) Das Höchstmaß des Strafarrestes ist sechs Monate, das Mindestmaß zwei Wochen.

(2) Der Strafarrest besteht in Freiheitsentziehung. Im Vollzug soll der Soldat, soweit tunlich, in seiner Ausbildung gefördert werden.

(3) Die Vollstreckung des Strafarrestes verjährt in zwei Jahren.

§ 10 Geldstrafe bei Straftaten von Soldaten

Bei Straftaten von Soldaten darf Geldstrafe nicht verhängt werden, wenn besondere Umstände, die in der Tat oder der Persönlichkeit des Täters liegen, die Verhängung von Freiheitsstrafe zur Wahrung der Disziplin gebieten.

§ 11 Ersatzfreiheitsstrafe

Ist wegen einer Tat, die ein Soldat während der Ausübung des Dienstes oder in Beziehung auf den Dienst begangen hat, eine Geldstrafe bis zu einhundertachtzig Tagessätzen verhängt, so ist die Ersatzfreiheitsstrafe Strafarrest. Zwei Tagessätzen entspricht ein Tag Strafarrest.

§ 12 Strafarrest statt Freiheitsstrafe

Darf auf Geldstrafe nach § 10 nicht erkannt werden oder ist bei Straftaten von Soldaten die Verhängung einer Freiheitsstrafe, die nach § 47 des Strafgesetzbuches unerläßlich ist, auch zur Wahrung der Disziplin geboten, so ist, wenn eine Freiheitsstrafe von mehr als sechs Monaten nicht in Betracht kommt, auf Strafarrest zu erkennen.

§ 13 Zusammentreffen mehrerer Straftaten

(1) Wäre nach den Vorschriften des Strafgesetzbuches eine Gesamtstrafe von mehr als sechs Monaten Strafarrest zu bilden, so wird statt auf Strafarrest auf Freiheitsstrafe erkannt. Die Gesamtstrafe darf zwei Jahre nicht übersteigen.

(2) Trifft zeitige Freiheitsstrafe mit Strafarrest zusammen, so ist die Gesamtstrafe durch Erhöhung der Freiheitsstrafe zu bilden. Jedoch ist auf Freiheitsstrafe und Strafarrest gesondert zu erkennen, wenn die Voraussetzungen für die Aussetzung der Vollstreckung des Strafarrestes nicht vorliegen, die Vollstreckung der Gesamtstrafe aber zur Bewährung ausgesetzt werden müßte. In diesem Fall sind beide Strafen so zu kürzen, daß ihre Summe die Dauer der sonst zu bildenden Gesamtstrafe nicht überschreitet.

(3) Die Absätze 1 und 2 sind auch anzuwenden, wenn nach den allgemeinen Vorschriften eine Gesamtstrafe nachträglich zu bilden ist.

§ 14 Strafaussetzung zur Bewährung bei Freiheitsstrafe

(1) Bei der Verurteilung zu Freiheitsstrafe von mindestens sechs Monaten wird die Vollstreckung nicht ausgesetzt, wenn die Wahrung der Disziplin sie gebietet.

(2) Bewährungsauflagen und Weisungen (§§ 56b bis 56d des Strafgesetzbuches) sollen die Besonderheiten des Wehrdienstes berücksichtigen.

(3) Für die Dauer des Wehrdienstverhältnisses kann ein Soldat als ehrenamtlicher Bewährungshelfer (§ 56d des Strafgesetzbuches) bestellt werden. Er untersteht bei der Überwachung des Verurteilten nicht den Anweisungen des Gerichts.

(4) Von der Überwachung durch einen Bewährungshelfer, der nicht Soldat ist, sind für die Dauer des Wehrdienstverhältnisses Angelegenheiten ausgeschlossen, für welche die militärischen Vorgesetzten des Verurteilten zu sorgen haben. Maßnahmen des Disziplinarvorgesetzten haben den Vorrang.

§ 14a Strafaussetzung zur Bewährung bei Strafarrest

(1) Das Gericht setzt die Vollstreckung des Strafarrestes unter den Voraussetzungen des § 56 Abs. 1 Satz 1 des Strafgesetzbuches zur Bewährung aus, wenn nicht die Wahrung der Disziplin die Vollstreckung gebietet. § 56 Abs. 1 Satz 2, Abs. 4, die §§ 56a bis 56c, 56e bis 56g und 58 des Strafgesetzbuches gelten entsprechend.

(2) Das Gericht kann die Vollstreckung des Restes eines Strafarrestes unter den Voraussetzungen des § 57 Abs. 1 Satz 1 des Strafgesetzbuches zur Bewährung aussetzen. § 57 Abs. 1 Satz 2, Abs. 4 und die §§ 56a bis 56c, 56e bis 56g des Strafgesetzbuches gelten entsprechend.

(3) Bewährungsauflagen und Weisungen (§§ 56b und 56c des Strafgesetzbuches) sollen die Besonderheiten des Wehrdienstes berücksichtigen.

Zweiter Teil Militärische Straftaten

Erster Abschnitt Straftaten gegen die Pflicht zur militärischen Dienstleistung

§ 15 Eigenmächtige Abwesenheit

(1) Wer eigenmächtig seine Truppe oder Dienststelle verläßt oder ihr fernbleibt und vorsätzlich oder fahrlässig länger als drei volle Kalendertage abwesend ist, wird mit Freiheitsstrafe bis zu drei Jahren bestraft.

(2) Ebenso wird bestraft, wer außerhalb des räumlichen Geltungsbereichs dieses Gesetzes von seiner Truppe oder Dienststelle abgekommen ist und es vorsätzlich oder fahrlässig unterläßt, sich bei ihr, einer anderen Truppe oder Dienststelle der Bundeswehr oder einer Behörde der Bundesrepublik Deutschland innerhalb von drei vollen Kalendertagen zu melden.

§ 16 Fahnenflucht

(1) Wer eigenmächtig seine Truppe oder Dienststelle verläßt oder ihr fernbleibt, um sich der Verpflichtung zum Wehrdienst dauernd oder für die Zeit eines bewaffneten Einsatzes zu entziehen oder die Beendigung des Wehrdienstverhältnisses zu erreichen, wird mit Freiheitsstrafe bis zu fünf Jahren bestraft.

(2) Der Versuch ist strafbar.

(3) Stellt sich der Täter innerhalb eines Monats und ist er bereit, der Verpflichtung zum Wehrdienst nachzukommen, so ist die Strafe Freiheitsstrafe bis zu drei Jahren.

(4) Die Vorschriften über den Versuch der Beteiligung nach § 30 Abs. 1 des Strafgesetzbuches gelten für Straftaten nach Absatz 1 entsprechend.

§ 17 Selbstverstümmelung

(1) Wer sich oder einen anderen Soldaten mit dessen Einwilligung durch Verstümmelung oder auf andere Weise zum Wehrdienst untauglich macht oder machen läßt, wird mit Freiheitsstrafe bis zu fünf Jahren bestraft. Dies gilt auch dann, wenn der Täter die Untauglichkeit nur für eine gewisse Zeit oder teilweise herbeiführt.

(2) Der Versuch ist strafbar.

§ 18 Dienstentziehung durch Täuschung

(1) Wer sich oder einen anderen Soldaten durch arglistige, auf Täuschung berechnete Machenschaften dem Wehrdienst dauernd oder für eine gewisse Zeit, ganz oder teilweise entzieht, wird mit Freiheitsstrafe bis zu fünf Jahren bestraft.

(2) Der Versuch ist strafbar.

Zweiter Abschnitt **Straftaten gegen die Pflichten der Untergebenen**

§ 19 Ungehorsam

(1) Wer einen Befehl nicht befolgt und dadurch wenigstens fahrlässig eine schwerwiegende Folge (§ 2 Nr. 3) verursacht, wird mit Freiheitsstrafe bis zu drei Jahren bestraft.

(2) Der Versuch ist strafbar.

(3) In besonders schweren Fällen ist die Strafe Freiheitsstrafe von sechs Monaten bis zu fünf Jahren. Ein besonders schwerer Fall liegt in der Regel vor, wenn der Täter durch die Tat

1. wenigstens fahrlässig die Gefahr eines schweren Nachteils für die Sicherheit der Bundesrepublik Deutschland oder die Schlagkraft der Truppe oder
2. fahrlässig den Tod oder eine schwere Körperverletzung eines anderen (§ 226 des Strafgesetzbuches)

verursacht.

(4) Die Vorschriften über den Versuch der Beteiligung nach § 30 Abs. 1 des Strafgesetzbuches gelten für Straftaten nach Absatz 1 entsprechend.

§ 20 Gehorsamsverweigerung

(1) Mit Freiheitsstrafe bis zu drei Jahren wird bestraft,

1. wer die Befolgung eines Befehls dadurch verweigert, daß er sich mit Wort oder Tat gegen ihn auflehnt, oder
2. wer darauf beharrt, einen Befehl nicht zu befolgen, nachdem dieser wiederholt worden ist.

(2) Verweigert der Täter in den Fällen des Absatzes 1 Nr. 1 den Gehorsam gegenüber einem Befehl, der nicht sofort auszuführen ist, befolgt er ihn aber rechtzeitig und freiwillig, so kann das Gericht von Strafe absehen.

§ 21 Leichtfertiges Nichtbefolgen eines Befehls

Wer leichtfertig einen Befehl nicht befolgt und dadurch wenigstens fahrlässig eine schwerwiegende Folge (§ 2 Nr. 3) verursacht, wird mit Freiheitsstrafe bis zu zwei Jahren bestraft.

§ 22 Verbindlichkeit des Befehls, Irrtum

(1) In den Fällen der §§ 19 bis 21 handelt der Untergebene nicht rechtswidrig, wenn der Befehl nicht verbindlich ist, insbesondere wenn er nicht zu dienstlichen Zwecken erteilt ist oder die Menschenwürde verletzt oder wenn durch das Befolgen eine Straftat begangen würde. Dies gilt auch, wenn der Untergebene irrig annimmt, der Befehl sei verbindlich.

(2) Befolgt ein Untergebener einen Befehl nicht, weil er irrig annimmt, daß durch die Ausführung eine Straftat begangen würde, so ist er nach den §§ 19 bis 21 nicht strafbar, wenn er den Irrtum nicht vermeiden konnte.

(3) Nimmt ein Untergebener irrig an, daß ein Befehl aus anderen Gründen nicht verbindlich ist, und befolgt er ihn deshalb nicht, so ist er nach den §§ 19 bis 21 nicht strafbar, wenn er den Irrtum nicht vermeiden konnte und ihm nach den ihm bekannten Umständen auch nicht zuzumuten war, sich mit Rechtsbehelfen gegen den vermeintlich nicht verbindlichen Befehl zu wehren; war ihm dies zuzumuten, so kann das Gericht von einer Bestrafung nach den §§ 19 bis 21 absehen.

§ 23 Bedrohung eines Vorgesetzten

Wer im Dienst oder in Beziehung auf eine Diensthandlung einen Vorgesetzten mit der Begehung einer Straftat bedroht, wird mit Freiheitsstrafe bis zu drei Jahren bestraft.

§ 24 Nötigung eines Vorgesetzten

(1) Wer es unternimmt, durch Gewalt oder Drohung einen Vorgesetzten zu nötigen, eine Diensthandlung vorzunehmen oder zu unterlassen, wird mit Freiheitsstrafe von drei Monaten bis zu drei Jahren bestraft.

(2) Ebenso wird bestraft, wer die Tat gegen einen Soldaten begeht, der zur Unterstützung des Vorgesetzten zugezogen worden ist.

(3) In minder schweren Fällen ist die Strafe Freiheitsstrafe bis zu zwei Jahren.

(4) In besonders schweren Fällen ist die Strafe Freiheitsstrafe von sechs Monaten bis zu fünf Jahren. Ein besonders schwerer Fall liegt in der Regel vor, wenn der Täter durch die Tat eine schwerwiegende Folge (§ 2 Nr. 3) herbeiführt.

§ 25 Tätlicher Angriff gegen einen Vorgesetzten

(1) Wer es unternimmt, gegen einen Vorgesetzten tätlich zu werden, wird mit Freiheitsstrafe von drei Monaten bis zu drei Jahren bestraft.

(2) In minder schweren Fällen ist die Strafe Freiheitsstrafe bis zu zwei Jahren.

(3) In besonders schweren Fällen ist die Strafe Freiheitsstrafe von sechs Monaten bis zu fünf Jahren. Ein besonders schwerer Fall liegt in der Regel vor, wenn der Täter durch die Tat eine schwerwiegende Folge (§ 2 Nr. 3) herbeiführt.

§ 26

(weggefallen)

§ 27 Meuterei

(1) Wenn Soldaten sich zusammenrotten und mit vereinten Kräften eine Gehorsamsverweigerung (§ 20), eine Bedrohung (§ 23), eine Nötigung (§ 24) oder einen tätlichen Angriff (§ 25) begehen, so wird jeder, der sich an der Zusammenrottung beteiligt, mit Freiheitsstrafe von sechs Monaten bis zu fünf Jahren bestraft.

(2) Der Versuch ist strafbar.

(3) In besonders schweren Fällen ist die Strafe Freiheitsstrafe von einem Jahr bis zu zehn Jahren. Ein besonders schwerer Fall liegt in der Regel vor, wenn der Täter Rädelsführer ist oder durch die Tat eine schwerwiegende Folge (§ 2 Nr. 3) herbeiführt.

(4) Wer sich nur an der Zusammenrottung beteiligt, jedoch freiwillig zur Ordnung zurückkehrt, bevor eine der in Absatz 1 bezeichneten Taten begangen wird, wird mit Freiheitsstrafe bis zu drei Jahren bestraft.

§ 28 Verabredung zur Unbotmäßigkeit

(1) Verabreden Soldaten, gemeinschaftlich eine Gehorsamsverweigerung (§ 20), eine Bedrohung (§ 23), eine Nötigung (§ 24), einen tätlichen Angriff (§ 25) oder eine Meuterei (§ 27) zu begehen, so werden sie nach den Vorschriften bestraft, die für die Begehung der Tat gelten. In den Fällen des § 27 kann die Strafe nach § 49 Abs. 1 des Strafgesetzbuches gemildert werden.

(2) Nach Absatz 1 wird nicht bestraft, wer nach der Verabredung freiwillig die Tat verhindert. Unterbleibt sie ohne sein Zutun oder wird sie unabhängig von seinem früheren Verhalten begangen, so genügt zu seiner Straflosigkeit sein freiwilliges und ernsthaftes Bemühen, die Tat zu verhindern.

§ 29 Taten gegen Soldaten mit höherem Dienstgrad

(1) Die §§ 23 bis 28 gelten entsprechend, wenn die Tat gegen einen Soldaten begangen wird, der zur Zeit der Tat nicht Vorgesetzter des Täters, aber

1. Offizier oder Unteroffizier ist und einen höheren Dienstgrad als der Täter hat oder
2. im Dienst dessen Vorgesetzter ist,

und der Täter oder der andere zur Zeit der Tat im Dienst ist oder die Tat sich auf eine Diensthandlung bezieht.

(2) In den Fällen des Absatzes 1 Nr. 1 ist § 4 nicht anzuwenden.

Dritter Abschnitt **Straftaten gegen die Pflichten der Vorgesetzten**

§ 30 Mißhandlung

(1) Wer einen Untergebenen körperlich mißhandelt oder an der Gesundheit beschädigt, wird mit Freiheitsstrafe von drei Monaten bis zu fünf Jahren bestraft.

(2) Ebenso wird bestraft, wer es fördert oder pflichtwidrig duldet, daß ein Untergebener die Tat gegen einen anderen Soldaten begeht.

(3) In minder schweren Fällen ist die Strafe Freiheitsstrafe bis zu drei Jahren.

(4) In besonders schweren Fällen ist die Strafe Freiheitsstrafe von sechs Monaten bis zu fünf Jahren. Ein besonders schwerer Fall liegt in der Regel vor, wenn der Täter sein Verhalten beharrlich wiederholt.

§ 31 Entwürdigende Behandlung

(1) Wer einen Untergebenen entwürdigend behandelt oder ihm böswillig den Dienst erschwert, wird mit Freiheitsstrafe bis zu fünf Jahren bestraft.

(2) Ebenso wird bestraft, wer es fördert oder pflichtwidrig duldet, daß ein Untergebener die Tat gegen einen anderen Soldaten begeht.

(3) In besonders schweren Fällen ist die Strafe Freiheitsstrafe von sechs Monaten bis zu fünf Jahren. Ein besonders schwerer Fall liegt in der Regel vor, wenn der Täter sein Verhalten beharrlich wiederholt.

§ 32 Mißbrauch der Befehlsbefugnis zu unzulässigen Zwecken

Wer seine Befehlsbefugnis oder Dienststellung gegenüber einem Untergebenen zu Befehlen, Forderungen oder Zumutungen mißbraucht, die nicht in Beziehung zum Dienst stehen oder dienstlichen Zwecken zuwiderlaufen, wird mit Freiheitsstrafe bis zu zwei Jahren bestraft, wenn die Tat nicht in anderen Vorschriften mit schwererer Strafe bedroht ist.

§ 33 Verleiten zu einer rechtswidrigen Tat

Wer durch Mißbrauch seiner Befehlsbefugnis oder Dienststellung einen Untergebenen zu einer von diesem begangenen rechtswidrigen Tat bestimmt hat, die den Tatbestand eines Strafgesetzes verwirklicht, wird nach den Vorschriften bestraft, die für die Begehung der Tat gelten. Die Strafe kann bis auf das Doppelte der sonst zulässigen Höchststrafe, jedoch nicht über das gesetzliche Höchstmaß der angedrohten Strafe hinaus erhöht werden.

§ 34 Erfolgloses Verleiten zu einer rechtswidrigen Tat

(1) Wer durch Mißbrauch seiner Befehlsbefugnis oder Dienststellung einen Untergebenen zu bestimmen versucht, eine rechtswidrige Tat, die den Tatbestand eines Strafgesetzes verwirklicht, zu begehen oder zu ihr anzustiften, wird nach den für die Begehung der Tat geltenden Vorschriften bestraft. Jedoch kann die Strafe nach § 49 Abs. 1 des Strafgesetzbuches gemildert werden.

(2) Nach Absatz 1 wird nicht bestraft, wer freiwillig den Versuch aufgibt, den Untergebenen zu bestimmen, und eine etwa bestehende Gefahr, daß der Untergebene die Tat begeht, abwendet. Unterbleibt die Tat ohne Zutun des Zurücktretenden oder wird sie unabhängig von seinem früheren Verhalten begangen, so genügt zu seiner Straflosigkeit sein freiwilliges und ernsthaftes Bemühen, die Tat zu verhindern.

§ 35 Unterdrücken von Beschwerden

(1) Wer einen Untergebenen durch Befehle, Drohungen, Versprechungen, Geschenke oder sonst auf pflichtwidrige Weise davon abhält, Eingaben, Meldungen oder Beschwerden bei der Volksvertretung der Bundesrepublik Deutschland oder eines ihrer Länder, bei dem Wehrbeauftragten des Bundestages, bei einer Dienststelle oder bei einem Vorgesetzten anzubringen, Anzeige zu erstatten oder von einem Rechtsbehelf Gebrauch zu machen, wird mit Freiheitsstrafe bis zu drei Jahren bestraft.

(2) Ebenso wird bestraft, wer eine solche Erklärung, zu deren Prüfung oder Weitergabe er dienstlich verpflichtet ist, unterdrückt.

(3) Der Versuch ist strafbar.

§ 36 Taten von Soldaten mit höherem Dienstgrad

(1) Die §§ 30 bis 35 gelten entsprechend für Taten eines Soldaten, der zur Zeit der Tat nicht Vorgesetzter des anderen, aber

1. Offizier oder Unteroffizier ist und einen höheren Dienstgrad als der andere hat oder
2. im Dienst dessen Vorgesetzter ist

und der bei der Tat seine Dienststellung mißbraucht.

(2) In den Fällen des Absatzes 1 Nr. 1 ist § 4 nicht anzuwenden.

§ 37 Beeinflussung der Rechtspflege

Wer es unternimmt, durch Mißbrauch seiner Befehlsbefugnis oder Dienststellung unzulässigen Einfluß auf Soldaten zu nehmen, die als Organe der Rechtspflege tätig sind, wird mit Freiheitsstrafe bis zu fünf Jahren bestraft, wenn die Tat nicht in anderen Vorschriften mit schwererer Strafe bedroht ist.

§ 38 Anmaßen von Befehlsbefugnissen

Wer sich Befehlsbefugnis oder Disziplinarbefugnis anmaßt oder seine Befehlsbefugnis oder Disziplinarbefugnis überschreitet, wird mit Freiheitsstrafe bis zu zwei Jahren bestraft, wenn die Tat nicht in § 39 mit Strafe bedroht ist.

§ 39 Mißbrauch der Disziplinarbefugnis

Ein Disziplinarvorgesetzter, der absichtlich oder wissentlich
1. einen Untergebenen, der nach dem Gesetz nicht disziplinarrechtlich verfolgt werden darf, disziplinarrechtlich verfolgt oder auf eine solche Verfolgung hinwirkt,
2. zum Nachteil des Untergebenen eine Disziplinarmaßnahme verhängt, die nach Art oder Höhe im Gesetz nicht vorgesehen ist oder die er nicht verhängen darf, oder
3. ein Dienstvergehen mit unerlaubten Maßnahmen ahndet,

wird mit Freiheitsstrafe bis zu fünf Jahren bestraft.

§ 40 Unterlassene Mitwirkung bei Strafverfahren

Wer es seiner Pflicht als Vorgesetzter zuwider unterläßt,
1. den Verdacht zu melden oder zu untersuchen, daß ein Untergebener eine rechtswidrige Tat begangen hat, die den Tatbestand eines Strafgesetzes verwirklicht, oder
2. eine solche Sache an die Strafverfolgungsbehörde abzugeben,

um den Untergebenen der im Gesetz vorgesehenen Strafe oder Maßnahme (§ 11 Abs. 1 Nr. 8 des Strafgesetzbuches) zu entziehen, wird mit Freiheitsstrafe bis zu drei Jahren bestraft.

§ 41 Mangelhafte Dienstaufsicht

(1) Wer es unterläßt, Untergebene pflichtgemäß zu beaufsichtigen oder beaufsichtigen zu lassen, und dadurch wenigstens fahrlässig eine schwerwiegende Folge (§ 2 Nr. 3) verursacht, wird mit Freiheitsstrafe bis zu drei Jahren bestraft.

(2) Der Versuch ist strafbar.

(3) Wer die Aufsichtspflicht leichtfertig verletzt und dadurch wenigstens fahrlässig eine schwerwiegende Folge verursacht, wird mit Freiheitsstrafe bis zu sechs Monaten bestraft.

(4) Die Absätze 1 bis 3 sind nicht anzuwenden, wenn die Tat in anderen Vorschriften mit schwererer Strafe bedroht ist.

Vierter Abschnitt **Straftaten gegen andere militärische Pflichten**

§ 42 Unwahre dienstliche Meldung

(1) Wer
1. in einer dienstlichen Meldung oder Erklärung unwahre Angaben über Tatsachen von dienstlicher Bedeutung macht,
2. eine solche Meldung weitergibt, ohne sie pflichtgemäß zu berichtigen, oder
3. eine dienstliche Meldung unrichtig übermittelt

und dadurch wenigstens fahrlässig eine schwerwiegende Folge (§ 2 Nr. 3) verursacht, wird mit Freiheitsstrafe bis zu drei Jahren bestraft.

(2) Der Versuch ist strafbar.

(3) Wer im Falle des Absatzes 1 leichtfertig handelt und die schwerwiegende Folge wenigstens fahrlässig verursacht, wird mit Freiheitsstrafe bis zu einem Jahr bestraft.

§ 43 Unterlassene Meldung

(1) Wer von dem Vorhaben oder der Ausführung einer Meuterei (§ 27) oder einer Sabotage (§ 109e Abs. 1 des Strafgesetzbuches) zu einer Zeit, zu der die Ausführung oder der Erfolg noch abgewendet werden kann, glaubhaft erfährt und es unterläßt, unverzüglich Meldung zu machen, wird mit Freiheitsstrafe bis zu drei Jahren bestraft.

(2) § 139 des Strafgesetzbuches gilt entsprechend.

§ 44 Wachverfehlung

(1) Wer im Wachdienst
1. als Wachvorgesetzter es unterläßt, die Wache pflichtgemäß zu beaufsichtigen,
2. pflichtwidrig seinen Postenbereich oder Streifenweg verläßt oder
3. sich außerstande setzt, seinen Dienst zu versehen,

wird mit Freiheitsstrafe bis zu drei Jahren bestraft.

(2) Ebenso wird bestraft, wer im Wachdienst in anderen als den in Absatz 1 bezeichneten Fällen Befehle nicht befolgt, die für den Wachdienst gelten, und dadurch wenigstens fahrlässig eine schwerwiegende Folge (§ 2 Nr. 3) verursacht.

(3) Der Versuch ist strafbar.

(4) In besonders schweren Fällen ist die Strafe Freiheitsstrafe von sechs Monaten bis zu fünf Jahren. § 19 Abs. 3 Satz 2 gilt entsprechend.

(5) Wer in den Fällen der Absätze 1 oder 2 fahrlässig handelt und dadurch wenigstens fahrlässig eine schwerwiegende Folge verursacht (§ 2 Nr. 3), wird mit Freiheitsstrafe bis zu zwei Jahren bestraft.

(6) Wird ein Befehl nicht befolgt (Absatz 2), so gelten § 22 sowie die Vorschriften über den Versuch der Beteiligung nach § 30 Abs. 1 des Strafgesetzbuches entsprechend.

§ 45 Pflichtverletzung bei Sonderaufträgen

Nach § 44 Abs. 1, 3 bis 6 wird auch bestraft, wer als Führer eines Kommandos oder einer Abteilung, der einen Sonderauftrag selbständig auszuführen hat und auf seine erhöhte Verantwortung hingewiesen worden ist,
1. sich außerstande setzt, den Auftrag pflichtgemäß zu erfüllen,
2. seinen Posten verläßt oder
3. Befehle nicht befolgt, die für die Ausführung des Auftrags gelten,

und dadurch wenigstens fahrlässig eine schwerwiegende Folge (§ 2 Nr. 3) verursacht.

§ 46 Rechtswidriger Waffengebrauch

Wer von der Waffe einen rechtswidrigen Gebrauch macht, wird mit Freiheitsstrafe bis zu einem Jahr bestraft, wenn die Tat nicht in anderen Vorschriften mit schwererer Strafe bedroht ist.

§ 47 Tätigkeit für eine fremde Macht

(1) Wer als Soldat oder früherer Soldat ohne die nach § 20 oder § 20a des Soldatengesetzes erforderliche Genehmigung eine Tätigkeit für eine fremde Macht oder einen ihrer Mittelsmänner ausübt, wird mit Freiheitsstrafe bis zu drei Jahren oder mit Geldstrafe bestraft.

(2) Wer in den Fällen des Absatzes 1 leichtfertig handelt, wird mit Freiheitsstrafe bis zu einem Jahr oder mit Geldstrafe bestraft.

(3) Die Tat ist nicht strafbar, wenn eine Gefahr für die Sicherheitsinteressen der Bundesrepublik Deutschland auf Grund der ausgeübten Tätigkeit offensichtlich ausgeschlossen werden kann.

(4) Die Tat wird nur mit Ermächtigung des Bundesministeriums der Verteidigung verfolgt.

(5) Das Gericht kann die Strafe nach seinem Ermessen mildern (§ 49 Absatz 2 des Strafgesetzbuches) oder von einer Bestrafung nach diesen Vorschriften absehen, wenn der Täter freiwillig sein Verhalten aufgibt und sein Wissen einer Dienststelle offenbart. Ist der Täter von der fremden Macht oder einem ihrer Mittelsmänner zu seinem Verhalten gedrängt worden, so wird er nach diesen Vorschriften nicht bestraft, wenn er freiwillig sein Verhalten aufgibt und sein Wissen unverzüglich einer Dienststelle offenbart.

§ 48 Verletzung anderer Dienstpflichten

(1) Für die Anwendung der Vorschriften des Strafgesetzbuches über
Gefangenenbefreiung (§ 120 Abs. 2),
Verletzung der Vertraulichkeit des Wortes (§ 201 Abs. 3),
Verletzung von Privatgeheimnissen (§ 203 Absatz 2, 5 und 6, §§ 204, 205),
Verletzung des Post- oder Fernmeldegeheimnisses (§ 206 Abs. 4),
Vorteilsannahme und Bestechlichkeit (§§ 331, 332, 335 Abs. 1 Nr. 1 Buchstabe a, Abs. 2, § 336),
Körperverletzung im Amt (§ 340),
Aussageerpressung (§ 343),
Vollstreckung gegen Unschuldige (§ 345),
Falschbeurkundung im Amt (§ 348) und
Verletzung des Dienstgeheimnisses (§ 353b Abs. 1)
stehen Offiziere und Unteroffiziere den Amtsträgern und ihr Wehrdienst dem Amt gleich.

(2) Für die Anwendung der Vorschriften des Strafgesetzbuches über Gefangenenbefreiung (§ 120 Abs. 2), Vorteilsannahme und Bestechlichkeit (§§ 331, 332, 335 Absatz 1 Nummer 1 Buchstabe a, Absatz 2, § 336), Falschbeurkundung im Amt (§ 348) und Verletzung des Dienstgeheimnisses (§ 353b Abs. 1) stehen auch Mannschaften den Amtsträgern und ihr Wehrdienst dem Amt gleich.

2.11 Truppendienstgerichte-Verordnung (TrDGV)

Truppendienstgerichte-Verordnung vom 1. Juli 2020 (BGBl. I S. 1602).

Auf Grund des § 69 Absatz 1 und 2 Satz 2 der Wehrdisziplinarordnung vom 16. August 2001 (BGBl. I S. 2093) verordnet das Bundesministerium der Verteidigung:

§ 1 Truppendienstgerichte

Truppendienstgerichte sind
1. das Truppendienstgericht Nord mit Sitz in Münster und
2. das Truppendienstgericht Süd mit Sitz in München.

§ 2 Dienstbereiche der Truppendienstgerichte

(1) Der Dienstbereich des Truppendienstgerichts Nord umfasst
1. die Truppenteile und Dienststellen mit Standort oder Sitz
   a) in Berlin,
   b) in Brandenburg,
   c) in Bremen,
   d) in Hamburg,
   e) in Mecklenburg-Vorpommern,
   f) in Niedersachsen,
   g) in Nordrhein-Westfalen mit Ausnahme des Regierungsbezirks Köln,
   h) in Sachsen-Anhalt und
   i) in Schleswig-Holstein;
2. die Schiffe und Boote im Geschäftsbereich des Bundesministeriums der Verteidigung.

(2) Der Dienstbereich des Truppendienstgerichts Süd umfasst
1. die Truppenteile und Dienststellen mit Standort oder Sitz
   a) in Baden-Württemberg,
   b) in Bayern,
   c) in Hessen,
   d) im Regierungsbezirk Köln,
   e) in Rheinland-Pfalz,
   f) im Saarland,
   g) in Sachsen,
   h) in Thüringen und
   i) im Ausland;
2. die Truppenteile und Dienststellen, die sich vorübergehend im Ausland befinden, mit Ausnahme der Schiffe und Boote im Geschäftsbereich des Bundesministeriums der Verteidigung.

§ 3 Auswärtige Truppendienstkammern

Neben den Truppendienstkammern an den Sitzen der Truppendienstgerichte bestehen als auswärtige Truppendienstkammern
1. beim Truppendienstgericht Nord
   a) zwei Truppendienstkammern mit Sitz in Hamburg,

   b) zwei Truppendienstkammern mit Sitz in Potsdam und
   c) eine Truppendienstkammer mit Sitz in Koblenz;
2. beim Truppendienstgericht Süd
   a) zwei Truppendienstkammern mit Sitz in Koblenz,
   b) zwei Truppendienstkammern mit Sitz in Erfurt und
   c) eine Truppendienstkammer mit Sitz in Potsdam.

§ 4 Inkrafttreten, Außerkrafttreten

Diese Verordnung tritt am Tag nach der Verkündung in Kraft. Gleichzeitig treten die Errichtungsverordnung vom 16. Mai 2006 (BGBl. I S. 1262), die durch § 5 Satz 2 der Verordnung vom 15. August 2012 (BGBl. I S. 1714) geändert worden ist, und die Truppendienstgerichte-Verordnung vom 15. August 2012 (BGBl. I S. 1714) außer Kraft.

2.12 Auszug aus der Zentralen Dienstvorschrift A-2180/11 „Die Rechtspflege der Bundeswehr“

3.3 Wehrdisziplinaranwaltschaften

3.3.1 Bestellung und Bezeichnung
307. Wehrdisziplinaranwaltschaften sind den Leiterinnen und Leitern militärischer Dienststellen, die zu Einleitungsbehörden bestimmt sind (§ 94 in Verbindung mit § 81 Absatz 2 WDO), der Generalinspekteurin bzw. dem Generalinspekteur der Bundeswehr (GenInspBw) sowie der im BAPersBw bestimmten Einleitungsbehörde unmittelbar zugeteilt. Zu Wehrdisziplinaranwältinnen und Wehrdisziplinaranwälten (WDA) werden nach § 81 Absatz 1 WDO die RB bei den Einleitungsbehörden im Nebenamt (§ 97 Abs. 2 BBG) bestellt; in diesem Fall umfasst die allgemeine Organisationsverpflichtung, die im Benehmen mit dem BMVg - Abteilung Recht - auszuüben ist, auch die Wehrdisziplinaranwaltschaft.
308. Die WDA führen die Dienststellenbezeichnung „Wehrdisziplinaranwaltschaft“. Der Bereich der Einleitungsbehörde wird der Dienststellenbezeichnung mit den Worten „Wehrdisziplinaranwaltschaft für den Bereich des/der“ hinzugefügt (zum Beispiel: „Wehrdisziplinaranwaltschaft für den Bereich des Marinekommandos“). Dies gilt auch für den Briefkopf im Schriftverkehr.

2.13 Anordnung zur Übertragung disziplinarrechtlicher Zuständigkeiten und Befugnisse im Geschäftsbereich des Bundesministeriums der Verteidigung (BMVgBDGAnO)

Anordnung zur Übertragung disziplinarrechtlicher Zuständigkeiten und Befugnisse im Geschäftsbereich des Bundesministeriums der Verteidigung vom 7. Juni 2013 (BGBl. I S. 1596), die zuletzt durch Artikel 1 der Anordnung vom 4. Juni 2025 (BGBl. 2025 I Nr. 141) geändert worden ist". Zuletzt geändert durch Art. 1 AnO v. 4.6.2025 I Nr. 141.

Nach § 33 Absatz 5, § 34 Absatz 2 Satz 2, § 42 Absatz 1 Satz 2 und § 84 Satz 2 des Bundesdisziplinargesetzes vom 9. Juli 2001 (BGBl. I S. 1510) ordnet das Bundesministerium der Verteidigung an:

§ 1

Die Befugnis zur Kürzung der Dienstbezüge bis zum Höchstmaß nach § 33 Absatz 3 Nummer 1 des Bundesdisziplinargesetzes in der bis zum 31. März 2024 geltenden Fassung und nach § 34 Absatz 2 Nummer 1 des Bundesdisziplinargesetzes in der ab dem 1. April 2024 geltenden Fassung wird für den jeweiligen Kommando- oder Geschäftsbereich übertragen:

1. den Inspekteurinnen oder Inspekteuren
   a) des Heeres,
   b) der Luftwaffe,
   c) der Marine,
   d) des Cyber- und Informationsraums,
2. der Befehlshaberin oder dem Befehlshaber
   a) des Unterstützungskommandos der Bundeswehr,
   b) des Operativen Führungskommandos der Bundeswehr,
3. den Präsidentinnen oder Präsidenten
   a) des Bildungszentrums der Bundeswehr,
   b) des Bundesamtes für Ausrüstung, Informationstechnik und Nutzung der Bundeswehr,
   c) des Bundesamtes für das Personalmanagement der Bundeswehr,
   d) des Bundesamtes für den Militärischen Abschirmdienst,
   e) des Bundesamtes für Infrastruktur, Umweltschutz und Dienstleistungen der Bundeswehr,
   f) des Bundessprachenamtes,
   g) der Truppendienstgerichte,
   h) der Universitäten der Bundeswehr,
4. der Kommandeurin oder dem Kommandeur der Führungsakademie der Bundeswehr,
5. der Kommandeurin oder dem Kommandeur des Zentrums Innere Führung,
6. der Leiterin oder dem Leiter des Evangelischen Kirchenamtes für die Bundeswehr,
7. dem Leiter des Katholischen Militärbischofsamtes,
8. der Leiterin oder dem Leiter des Militärrabbinats,
9. der Bundeswehrdisziplinaranwältin oder dem Bundeswehrdisziplinaranwalt,

10. der dienstaufsichtführenden Rechtsberaterin oder dem dienstaufsichtführenden Rechtsberater in den dem Bundesministerium der Verteidigung unmittelbar nachgeordneten Dienststellen sowie
11. der Leiterin oder dem Leiter des Fachbereichs Bundeswehrverwaltung der Hochschule des Bundes für öffentliche Verwaltung.

§ 2

(1) Die Befugnis zur Erhebung der Disziplinarklage nach § 34 Absatz 2 Satz 1 des Bundesdisziplinargesetzes in der bis zum 31. März 2024 geltenden Fassung wird den in § 1 genannten Dienstvorgesetzten für bis zu diesem Zeitpunkt eingeleitete Disziplinarverfahren übertragen.

(2) Die Befugnis zum Aussprechen der Zurückstufung und der Entfernung aus dem Beamtenverhältnis nach § 34 Absatz 4 Halbsatz 1 des Bundesdisziplinargesetzes wird für ab dem 1. April 2024 eingeleitete Disziplinarverfahren den in § 1 genannten Dienstvorgesetzten übertragen.

§ 3

Die Zuständigkeit zum Erlass des Widerspruchsbescheids nach § 42 Absatz 1 des Bundesdisziplinargesetzes wird der nächsthöheren Behörde übertragen. Ist die nächsthöhere Behörde das Bundesministerium der Verteidigung, erlässt die Behörde, die die angefochtene Entscheidung erlassen hat, den Widerspruchsbescheid.

§ 4

Die Disziplinarbefugnisse gegenüber Ruhestandsbeamtinnen und Ruhestandsbeamten nach § 84 Satz 1 des Bundesdisziplinargesetzes werden der Präsidentin oder dem Präsidenten des Bundesamtes für das Personalmanagement der Bundeswehr übertragen. Für vor dem Ruhestand eingeleitete Disziplinarverfahren werden diese Disziplinarbefugnisse der bzw. dem in § 1 genannten Dienstvorgesetzten übertragen, die bzw. der vor Eintritt der Beamtin oder des Beamten in den Ruhestand disziplinarrechtlich zuständig gewesen ist.

§ 5

Diese Anordnung tritt am 1. Juli 2013 in Kraft. Gleichzeitig tritt die Anordnung zur Übertragung disziplinarrechtlicher Zuständigkeiten und Befugnisse im Geschäftsbereich des Bundesministeriums der Verteidigung vom 16. Januar 2002 (BGBl. I S. 613), die durch die Anordnung vom 15. August 2002 (BGBl. I S. 3668) geändert worden ist, außer Kraft.

2.14 Allgemeine Anordnung über die Übertragung von Zuständigkeiten im Widerspruchsverfahren und über die Vertretung bei Klagen aus dem Beamten- oder Wehrdienstverhältnis im Geschäftsbereich des Bundesministeriums der Verteidigung (BMVgWidKlaZustAnO)

Allgemeine Anordnung über die Übertragung von Zuständigkeiten im Widerspruchsverfahren und über die Vertretung bei Klagen aus dem Beamten- oder Wehrdienstverhältnis im Geschäftsbereich des Bundesministeriums der Verteidigung vom 19. Dezember 2013 (BGBl. 2014 I S. 11)

Gemäß § 126 Absatz 3 Satz 2, § 127 Absatz 3 Satz 1 des Bundesbeamtengesetzes vom 5. Februar 2009 (BGBl. I S. 160) und § 82 Absatz 3 Satz 2 des Soldatengesetzes vom 30. Mai 2005 (BGBl. I S. 1482) ordnet das Bundesministerium der Verteidigung an:

§ 1 Entscheidung über Widersprüche

(1) Die Zuständigkeit für die Entscheidung über Widersprüche aus dem Beamtenverhältnis wird auf die nächsthöhere Behörde der Dienststelle, die die Maßnahme getroffen oder abgelehnt hat, übertragen. Ist die nächsthöhere Behörde das Bundesministerium der Verteidigung, erlässt die Behörde, die die Maßnahme getroffen oder abgelehnt hat, auch den Widerspruchsbescheid.

(2) Die Zuständigkeit für die Entscheidung über Widersprüche in Beurteilungsangelegenheiten der Beamtinnen und Beamten im eigenen Personalführungsbereich wird dem Bundesamt für das Personalmanagement der Bundeswehr übertragen. Gleiches gilt für die Entscheidung über Widersprüche gegen beamtenrechtliche Maßnahmen eines Truppenteils oder einer militärischen Dienststelle.

§ 2 Vertretungsbefugnis

(1) Die Befugnis zur Vertretung des Dienstherrn bei Klagen aus dem Beamten- und Wehrdienstverhältnis im Geschäftsbereich des Bundesministeriums der Verteidigung wird auf die für den Erlass des Widerspruchs- bzw. Beschwerdebescheides zuständige Behörde übertragen.

(2) Bei Klagen von Soldatinnen und Soldaten gegen Maßnahmen eines Truppenteils oder einer militärischen Dienststelle und bei Klagen in Statusangelegenheiten wird die Vertretung des Dienstherrn dem Bundesamt für das Personalmanagement der Bundeswehr übertragen, sofern nicht die Zuständigkeit zur Personalführung des Bundesministeriums der Verteidigung gegeben ist.

§ 3 Ausnahmen

Widersprüche und Klagen in Disziplinarangelegenheiten und in Angelegenheiten der Besoldung, der Versorgung, des Wehrsolds und der Beihilfe sind von dieser Anordnung ausgenommen.

§ 4 Vorbehaltsklausel

Das Bundesministerium der Verteidigung kann in Einzelfällen die Zuständigkeit für die Entscheidung über Widersprüche und die Vertretungsbefugnis einer anderen Dienststelle übertragen oder diese wieder an sich ziehen.

§ 5 Übergangsregelung

(1) Diese Anordnung gilt für Widersprüche, die vor ihrem Inkrafttreten erhoben worden sind, mit der Maßgabe, dass der Behörde die Zuständigkeit für die Entscheidung über den Widerspruch übertragen wird, die zuständig wäre, wenn die Maßnahme nach dem Inkrafttreten dieser Anordnung getroffen oder abgelehnt worden wäre.

(2) Sie gilt für Klagen, die vor ihrem Inkrafttreten anhängig geworden sind, mit der Maßgabe, dass der Behörde die Vertretung des Dienstherrn übertragen wird, die für den Erlass des Widerspruchs- bzw. Beschwerdebescheides nach Inkrafttreten dieser Anordnung zuständig wäre.

§ 6 Inkrafttreten, Außerkrafttreten

Diese Anordnung tritt am 1. Januar 2014 in Kraft. Gleichzeitig tritt die Allgemeine Anordnung über die Übertragung von Zuständigkeiten im Widerspruchsverfahren und über die Vertretung bei Klagen aus dem Beamten- oder Wehrdienstverhältnis im Geschäftsbereich des Bundesministeriums der Verteidigung vom 16. Januar 2006 (BGBl. I S. 273), die durch die Anordnung vom 29. März 2007 (BGBl. I S. 534) geändert worden ist, außer Kraft.

2.15 Gesetz über die Beschränkung von Grundeigentum für die militärische Verteidigung (Schutzbereichgesetz – SchBerG)

Schutzbereichgesetz in der im Bundesgesetzblatt Teil III, Gliederungsnummer 54-2, veröffentlichten bereinigten Fassung, das zuletzt durch Artikel 11 des Gesetzes vom 13. Mai 2015 (BGBl. I S. 706) geändert worden ist. Zuletzt geändert durch Art. 11 G v. 13.5.2015 I 706.

Erster Abschnitt **Schutzbereiche**

§ 1

(1) Ein Schutzbereich ist ein Gebiet, in dem die Benutzung von Grundstücken auf Grund besonderer Anordnung der zuständigen Bundesbehörde für Zwecke der Verteidigung, insbesondere auch, um die Verpflichtungen des Bundes aus zwischenstaatlichen Verträgen über die Stationierung und Rechtsstellung von Streitkräften auswärtiger Staaten im Bundesgebiet zu erfüllen, nach Maßgabe dieses Gesetzes beschränkt ist.

(2) Der Schutzbereich dient zum Schutz und zur Erhaltung der Wirksamkeit von Verteidigungsanlagen.

(3) Soll ein Gebiet zum Schutzbereich erklärt werden, so ist die Landesregierung zu hören, die nach Anhörung der betroffenen Gemeinde (Gemeindeverband) unter angemessener Berücksichtigung der Erfordernisse der Raumordnung, insbesondere der Interessen des Städtebaus und des Naturschutzes und der Landschaftspflege sowie der landwirtschaftlichen und wirtschaftlichen Interessen zu dem Vorhaben Stellung nimmt. Will der Bundesverteidigungsminister von dieser Stellungnahme abweichen, so unterrichtet er die betreffende Landesregierung vor seiner Entscheidung.

(4) Ein Gebiet darf zum Schutzbereich nur erklärt werden, wenn der mit dem Schutzbereich erstrebte Erfolg auf andere Weise nicht oder nicht rechtzeitig oder nur mit unverhältnismäßigen Mitteln erreicht werden kann.

§ 2

(1) Ein Gebiet wird zum Schutzbereich durch Anordnung erklärt. Sie muß einen Plan über den Umfang des Schutzbereichs enthalten. Sie ist den Eigentümern von Grundstücken im Schutzbereich und den anderen zum Gebrauch oder zur Nutzung dieser Grundstücke Berechtigten (andere Berechtigte) sowie den dinglich Berechtigten, soweit sie der zuständigen Behörde bekannt oder aus dem Grundbuch ersichtlich sind, bekanntzugeben oder in ortsüblicher Weise öffentlich bekanntzumachen. Der Plan über den Umfang des Schutzbereichs ist den Beteiligten nur, soweit sie davon betroffen sind, bekanntzugeben.

(2) Die Anordnung ist auf das unerläßliche Maß zu beschränken. Sie ist so zu gestalten und durchzuführen, daß keinem der Beteiligten vermeidbare Nachteile entste-

hen. Der Lebensbedarf der Beteiligten muß gewährleistet bleiben. Kulturgut darf nicht gefährdet werden.

(3) Die Eigentümer oder Besitzer sind auf Verlangen der zuständigen Behörde verpflichtet, Namen und Anschrift aller anderen ihnen bekannten Berechtigten und jeden Wechsel im Eigentum oder im Besitz mitzuteilen.

(4) Die zuständige Behörde hat mindestens alle fünf Jahre unter Beachtung der Vorschriften des § 1 Abs. 3 von Amts wegen zu prüfen, ob die Voraussetzungen der Anordnung noch vorliegen. Wird die Anordnung nicht aufgehoben, so ist die Entscheidung darüber zu begründen und den Beteiligten bekanntzugeben.

(5) Die Anordnung ist aufzuheben, wenn der Schutzbereich für die Zwecke des § 1 nicht mehr benötigt wird. Die Aufhebung ist den Beteiligten bekanntzugeben.

§ 3

(1) Wer innerhalb der Schutzbereiche
1. bauliche oder andere Anlagen oder Vorrichtungen über oder unter der Erdoberfläche errichten, ändern oder beseitigen,
2. Inseln, Küsten und Gewässer verändern,
3. in anderer Weise die Bodengestaltung und Bodenbenutzung außer der landwirtschaftlichen Nutzung verändern

will, bedarf hierzu der Genehmigung. Die Genehmigung darf nur versagt werden, soweit es zur Erreichung der Zwecke des Schutzbereichs erforderlich ist.

(2) Befreiungen von der Genehmigungspflicht können zugelassen werden.

§ 4

(1) Soweit es zur Erreichung der Zwecke des Schutzbereichs erforderlich ist, kann auch die landwirtschaftliche Nutzung der innerhalb des Schutzbereichs gelegenen Grundstücke beschränkt werden.

(2) Wird die landwirtschaftliche Nutzung beschränkt, soll auf die landwirtschaftliche Erzeugung Rücksicht genommen werden.

§ 5

(1) Für die Grundstücke und Gewässer eines Schutzbereichs kann, soweit es zur Erreichung der Zwecke des Schutzbereichs dringend erforderlich ist, die Benutzung oder der Gemeingebrauch ausgeschlossen oder eingeschränkt werden.

(2) Es ist verboten, ein als Schutzbereich gekennzeichnetes Gebiet oder seine Anlagen ganz oder teilweise ohne Genehmigung zu fotografieren oder Zeichnungen, Skizzen oder andere bildliche Darstellungen davon anzufertigen.

§ 6

(1) Soweit es zur Erreichung der Zwecke des Schutzbereichs erforderlich ist, haben die Eigentümer von Grundstücken innerhalb des Schutzbereichs und die anderen Berechtigten auf Verlangen der zuständigen Behörde zu dulden, daß
1. bauliche und andere Anlagen errichtet, unterhalten oder beseitigt werden,
2. Wald oder anderer Aufwuchs angepflanzt oder beseitigt wird.

(2) Bei Beseitigung oder Räumung von Wohnungen ist den Bewohnern eine angemessene Räumungsfrist zu gewähren. Die ausreichende anderweitige Unterbringung muß gesichert sein.

§ 7

Bei den Maßnahmen, die nach diesem Gesetz zulässig sind, muß die Unterhaltung und der Betrieb der Verkehrs-, Nachrichten- und Versorgungsanlagen sowie der Anlagen der Abwasserwirtschaft, der Wasser- und Bodenwirtschaft und des Bergbaus gesichert bleiben. Auf Einrichtungen und Anstalten, die mildtätigen, gemeinnützigen oder kirchlichen Zwecken dienen, ist bei der Anwendung dieses Gesetzes Rücksicht zu nehmen.

§ 8

Wer ohne die Genehmigung nach § 3 handelt, muß auf Verlangen der zuständigen Behörde den ursprünglichen Zustand wiederherstellen.

Zweiter Abschnitt **Schutzbereichbehörden**

§ 9

(1) Der Bundesminister für Verteidigung erklärt die Gebiete zu Schutzbereichen.

(2) Die übrigen innerhalb der Schutzbereiche notwendigen und nach diesem Gesetz zulässigen Maßnahmen werden von den Schutzbereichbehörden getroffen und überwacht.

(3) Schutzbereichbehörde ist das Bundesamt für Infrastruktur, Umweltschutz und Dienstleistungen der Bundeswehr. Der Bundesminister der Verteidigung kann Aufgaben der Schutzbereichbehörden auf die unteren Behörden der Bundeswehrverwaltung übertragen.

§ 10

Die Beauftragten der Schutzbereichbehörden sind befugt, Grundstücke zu betreten, die zum Schutzbereich gehören oder für die Erklärung zum Schutzbereich in Betracht kommen. Wohnungen dürfen nur in dringenden Fällen betreten werden, wenn der erstrebte Erfolg auf andere Weise nicht erreicht werden kann.

§ 11

Den Schutzbereichbehörden sind auf Verlangen vorhandene Unterlagen und Pläne zur Einsicht zu überlassen, die zur Vorbereitung der nach diesem Gesetz zulässigen Maßnahmen nötig sind.

Dritter Abschnitt **Entschädigung**

§ 12

(1) Entstehen durch die Einwirkungen nach diesem Gesetz dem Eigentümer oder einem anderen Berechtigten Vermögensnachteile, so ist dafür eine angemessene Entschädigung in Geld zu leisten. Hierbei ist die entzogene Nutzung, die Beschädigung oder Zerstörung einer Sache unter gerechter Abwägung der Interessen der Allgemeinheit und der Beteiligten zu berücksichtigen. Für entgangenen Gewinn und für sonstige Vermögensnachteile, die nicht in unmittelbarem Zusammenhang mit dem Entzug der Nutzung an einem im Schutzbereich gelegenen Gegenstand stehen, ist den in Satz 1 bezeichneten Personen eine Entschädigung zu zahlen, wenn und soweit dies zur Abwendung oder zum Ausgleich unbilliger Härten geboten erscheint.

(2) Dinglich Berechtigte, die durch die Einwirkung in ihren Rechten betroffen werden, sind, soweit sie nicht als andere Berechtigte bereits nach Absatz 1 entschädigt werden, nach Maßgabe der Artikel 52 und 53 des Einführungsgesetzes zum Bürgerlichen Gesetzbuch auf die Entschädigung des Eigentümers angewiesen.

§ 13

(1) Eine Entschädigung nach § 12 wird nicht gezahlt, soweit einem Entschädigungsberechtigten infolge der Einwirkungen Vermögensvorteile erwachsen oder er diese bei gehöriger Sorgfalt in zumutbarer Weise hätte ziehen können.

(2) Hat bei der Entstehung des Vermögensnachteils ein Verschulden des Entschädigungsberechtigten mitgewirkt, so gilt § 254 des Bürgerlichen Gesetzbuchs sinngemäß.

§ 14

(1) Wenn die Entschädigung für den Entzug oder die Beschränkung der Nutzung in einer wiederkehrenden Leistung besteht, ist sie in der Regel vierteljährlich nachträglich zu zahlen.

(2) Vereinbarungen über eine einmalige Abfindung sind zulässig.

§ 15

(1) Wird dem Eigentümer durch eine Einwirkung nach diesem Gesetz die wirtschaftliche Nutzung des Grundstücks nicht nur vorübergehend unzumutbar erschwert, so kann er die Entziehung des Eigentums am Grundstück verlangen. Treffen diese Voraussetzungen nur auf einen Teil des Grundstücks zu, so beschränkt sich das Recht, die Entziehung des Eigentums zu verlangen, auf diesen Teil, es sei denn, daß der übrige Teil für ihn keinen oder nur einen verhältnismäßig geringen Wert hätte.

(2) Andere Berechtigte, denen die Ausübung ihres Rechtes nicht nur vorübergehend unzumutbar erschwert wird, können die Entziehung des Rechtes beantragen.

§ 16

(1) Zahlungspflichtig ist der Bund.

(2) Ist ein Schutzbereich auf Grund der Verpflichtungen des Bundes aus zwischenstaatlichen Verträgen über die Stationierung und die Rechtsstellung von Streitkräften auswärtiger Staaten im Bundesgebiet errichtet, so richtet sich die Zahlungspflicht nach diesen Verträgen unbeschadet § 25 Abs. 4.

Vierter Abschnitt **Festsetzung der Entschädigung**

§ 17

Die Landesregierungen bestimmen die Behörden, die die Entschädigung auf Grund dieses Gesetzes festzusetzen haben (Festsetzungsbehörden), und regeln ihre Zuständigkeiten.

§ 18

(1) Vor der Festsetzung der Entschädigung hat die Festsetzungsbehörde eine gütliche Einigung zu versuchen.

(2) Beteiligte sind der Zahlungspflichtige und die in ihren Rechten Betroffenen (Entschädigungsberechtigte). Der Bundesminister der Finanzen kann für die Festsetzungsverfahren einen Vertreter des Finanzinteresses bestellen. Dieser ist Beteiligter, sofern er nicht auf die Beteiligung verzichtet.

(3) Eine Einigung ist nur rechtswirksam, wenn sie notariell beurkundet ist.

§ 19

(1) Kommt eine Einigung nicht zustande, so setzt die Festsetzungsbehörde die Höhe der Entschädigung fest, nachdem sie den Beteiligten Gelegenheit zur Äußerung gegeben hat.

(2) Festgesetzt wird durch schriftlichen Bescheid, in dem die Festsetzungsbehörde, der Zahlungspflichtige und der Zahlungsempfänger anzugeben sind und der eine Rechtsmittelbelehrung zu enthalten hat. Er ist den Beteiligten zuzustellen.

§ 20

(1) Die Urkunde über die Einigung nach § 18 Abs. 3 ist nach Zustellung an die Beteiligten vollstreckbar. Der Festsetzungsbescheid nach § 19 Abs. 2 ist den Beteiligten gegenüber vollstreckbar, wenn er für sie unanfechtbar geworden ist oder das Gericht ihn für vorläufig vollstreckbar erklärt hat.

(2) Die Zwangsvollstreckung richtet sich nach den Vorschriften der Zivilprozeßordnung über die Vollstreckung von Urteilen in bürgerlichen Rechtsstreitigkeiten. Die vollstreckbare Ausfertigung des Festsetzungsbescheids wird vom Urkundsbeamten der Geschäftsstelle des Amtsgerichts erteilt, in dessen Bezirk das zum Schutzbereich erklärte Grundstück liegt, und, wenn das Verfahren bei einem Gericht anhängig ist, vom Urkundsbeamten der Geschäftsstelle dieses Gerichts. In den Fällen der §§ 731, 767 bis 770, 785, 786, 791 der Zivilprozeßordnung tritt das Amtsgericht, in

dessen Bezirk das zum Schutzbereich erklärte Grundstück liegt, an die Stelle des Prozeßgerichts.

§ 21

(1) Wird die Entschädigung auf Grund dieses Gesetzes nicht innerhalb eines Monats nach Einigung (§ 18) oder Festsetzung (§ 19), bei wiederkehrenden Leistungen nicht innerhalb eines Monats nach der sich aus der Einigung oder Festsetzung ergebenden Fälligkeit gezahlt, so ist sie von diesem Zeitpunkt an mit zwei vom Hundert über dem jeweiligen Basiszinssatz nach § 247 des Bürgerlichen Gesetzbuchs zu verzinsen. Das gilt nicht, soweit den Entschädigungsberechtigten ein Verschulden an der Verzögerung der Zahlung trifft. Soweit der Entschädigungsberechtigte auf die Entschädigung Vorauszahlungen erhalten hat, entfällt die Verpflichtung zur Verzinsung.

(2) Erfolgt die Einigung oder Festsetzung nicht innerhalb dreier Monate nach Bekanntgabe der Anordnung (§ 2) oder der nach diesem Gesetz zulässigen Maßnahmen (§ 9 Abs. 2), so sind die in Absatz 1 genannten Zinsen von diesem Zeitpunkt an zu zahlen.

§ 22

(1) Das Verfahren vor den Verwaltungsbehörden ist kostenfrei. Dem Eigentümer oder einem anderen Berechtigten können jedoch Auslagen insoweit auferlegt werden, als er sie durch grobes Verschulden verursacht hat.

(2) Auslagen, die dem Eigentümer oder einem anderen Berechtigten durch das Verfahren entstanden sind, werden ihm erstattet, wenn sie zur zweckentsprechenden Wahrnehmung seiner Rechte notwendig waren und sich sein Antrag als begründet erweist.

§ 23

(1) Nach diesem Gesetz begründete Zahlungsansprüche verjähren in vier Jahren. Die Verjährung beginnt mit dem Schluß des Jahres, in dem der Anspruch entsteht. §§ 202 bis 225 des Bürgerlichen Gesetzbuchs gelten sinngemäß; der Klageerhebung (§ 209 des Bürgerlichen Gesetzbuchs) steht die Stellung des Antrags bei der Festsetzungsbehörde gleich.

(2) Die Vorschriften über den Verlust von Ansprüchen *nach Artikel 8 Abs. 6 des Finanzvertrags* bleiben unberührt.

Fünfter Abschnitt **Rechtsmittel**

§ 24

(1) Gegen den Festsetzungsbescheid steht den Beteiligten innerhalb zweier Wochen nach Zustellung das Rechtsmittel der Beschwerde zu.

(2) Über die Beschwerde entscheidet die Aufsichtsbehörde.

(3) Die Entscheidung über die Beschwerde ist den am Festsetzungsverfahren Beteiligten zuzustellen.

§ 25

(1) Wegen der Festsetzung der Entschädigung kann ein Beteiligter innerhalb einer Frist von zwei Monaten nach Zustellung der Beschwerdeentscheidung Klage erheben.

(2) Die Klage kann ferner erhoben werden, wenn die Festsetzungsbehörde über einen Festsetzungsantrag oder die Aufsichtsbehörde über eine Beschwerde innerhalb einer Frist von sechs Monaten eine Entscheidung nicht getroffen hat.

(3) Für die Klage ist das Landgericht ohne Rücksicht auf den Wert des Streitgegenstands ausschließlich zuständig. Örtlich ist das Landgericht ausschließlich zuständig, in dessen Bezirk das zum Schutzbereich erklärte Grundstück liegt.

(4) Rechtsstreitigkeiten, welche Entschädigungen betreffen, für die nach zwischenstaatlichen Verträgen nicht der Bund zahlungspflichtig ist (§ 16), werden vom Bund im eigenen Namen geführt, der insoweit für die Erfüllung der Verbindlichkeiten einsteht.

(5) Die Klage des Entschädigungsberechtigten ist auf Zahlung des verlangten Betrags oder Mehrbetrags, die des Zahlungspflichtigen darauf zu richten, daß die Entschädigung unter Aufhebung oder Abänderung des Festsetzungsbescheids anderweitig festgesetzt wird.

(6) Das Gericht kann, falls der zur Entschädigung Verpflichtete Klage erhebt, auf Antrag des Berechtigten den Festsetzungsbescheid ganz oder teilweise für vorläufig vollstreckbar erklären. Über den Antrag kann durch Beschluß vorab entschieden werden; der Beschluß ist nicht anfechtbar. §§ 711 bis 720 der Zivilprozeßordnung sind entsprechend anzuwenden.

(7) Die in Absatz 1 vorgesehene Frist ist eine Notfrist im Sinne der Zivilprozeßordnung. Bei Versäumnis der Frist des § 24 gilt für die Wiedereinsetzung in den vorigen Stand Satz 1 entsprechend.

§ 26

Für die Anfechtung der von den Schutzbereichbehörden erlassenen Verwaltungsakte gilt die Verwaltungsgerichtsordnung.

Sechster Abschnitt **Schlußvorschriften**

§ 27

(1) Ordnungswidrig handelt, wer vorsätzlich oder fahrlässig
1. eine Handlung nach § 3 oder § 5 Abs. 2 ohne Genehmigung vornimmt,
2. einer vollziehbaren Anordnung nach § 4 oder § 5 Abs. 1 zuwiderhandelt oder
3. eine Handlung stört, die nach § 6 oder § 10 zu dulden ist.

(2) Die Ordnungswidrigkeit kann mit einer Geldbuße bis zu fünftausend Euro geahndet werden.

(3) Bildgeräte, die zur Begehung oder Vorbereitung einer Ordnungswidrigkeit nach Absatz 1 Nr. 1 in Verbindung mit § 5 Abs. 2 gebraucht worden oder bestimmt gewesen sind, sowie Lichtbilder, Zeichnungen, Skizzen und andere bildliche Darstellungen, auf die sich eine solche Ordnungswidrigkeit bezieht, können eingezogen werden.

(4) Verwaltungsbehörde im Sinne des § 36 Abs. 1 Nr. 1 des Gesetzes über Ordnungswidrigkeiten ist die Schutzbereichbehörde.

§ 28

(1) Sind Grundstücke von den Streitkräften des Vereinigten Königreichs von Großbritannien und Nordirland, der Vereinigten Staaten von Amerika oder der Französischen Republik zu Schutzbereichen in Anspruch genommen oder in dieser Weise behandelt worden, so gelten diese über die *in Artikel 48 des Vertrags über die Rechte und Pflichten ausländischer Streitkräfte und ihrer Mitglieder in der Bundesrepublik Deutschland (Truppenvertrag)* und in den dazu ergangenen Gesetzen bestimmte Frist hinaus bis zu sechs Monate nach Inkrafttreten dieses Gesetzes als Schutzbereiche im Sinne dieses Gesetzes.

(2) Die Vorschriften dieses Gesetzes über die Entschädigung finden auf die in Absatz 1 genannten Grundstücke mit Wirkung vom 5. Mai 1955, 12 Uhr Anwendung.

§ 29

(1) Bestehen Beschränkungen von Grundeigentum im Sinne dieses Gesetzes auf Grund *des Artikels 48 Abs. 1 des Truppenvertrags* oder des Artikels 13 des Ersten Teiles des Vertrags zur Regelung aus Krieg und Besatzung entstandener Fragen oder sind Grundstücke als Schutzbereiche behandelt worden, bemißt sich die Entschädigung hierfür mit Wirkung vom 5. Mai 1955 12 Uhr nach den Vorschriften dieses Gesetzes. Sofern dem Entschädigungsberechtigten bisher eine höhere laufende Entschädigung gezahlt worden ist, als nach § 12 zu zahlen wäre, ist die Entschädigung weiterhin in dieser Höhe zu gewähren, längstens jedoch bis zu dem in § 28 Abs. 1 genannten Zeitpunkt.

(2) Die in § 21 Abs. 2 genannte Frist läuft in den Fällen des Absatzes 1 nicht vor dem 1. Januar 1957, sofern bis zum Inkrafttreten dieses Gesetzes eine angemessene Abschlagszahlung geleistet ist.

§ 30

Zustellungen durch die Verwaltungsbehörden werden nach dem Verwaltungszustellungsgesetz bewirkt.

§ 31

Der Senat der Freien und Hansestadt Hamburg wird ermächtigt, durch Rechtsverordnung eine von § 24 Abs. 1 und 2 abweichende Regelung zu treffen.

§ 32

–

§ 33

Soweit durch die Vorschriften dieses Gesetzes das Grundrecht nach Artikel 13 des Grundgesetzes berührt wird, wird dieses Grundrecht eingeschränkt.

§ 34

–

§ 35

Dieses Gesetz tritt am Tage nach seiner Verkündung in Kraft.

2.16 Bundesleistungsgesetz

Bundesleistungsgesetz in der im Bundesgesetzblatt Teil III, Gliederungsnummer 54-1, veröffentlichten bereinigten Fassung, das zuletzt durch Artikel 19 des Gesetzes vom 15. Juli 2024 (BGBl. 2024 I Nr. 236) geändert worden ist.

Grundvorschrift

§ 1

(1) Leistungen können angefordert werden
1. zur Abwendung einer drohenden Gefahr für den Bestand oder die freiheitliche demokratische Grundordnung des Bundes oder eines Landes oder zur Abwendung oder Beseitigung einer die Sicherheit der Grenzen gefährdenden Störung der öffentlichen Ordnung im Grenzgebiet;
2. für Zwecke der Verteidigung, im Besonderen zur Abwendung einer Gefahr, durch die von außen der Bestand des Bundes entweder unmittelbar oder mittelbar im Rahmen seiner Einordnung in ein System gegenseitiger kollektiver Sicherheit bedroht wird;
3. zur Erfüllung der Verpflichtungen des Bundes aus zwischenstaatlichen Verträgen über die Stationierung und die Rechtsstellung von Streitkräften auswärtiger Staaten im Bundesgebiet;
4. zur Unterbringung von Personen oder Verlegung von Betrieben und öffentlichen Einrichtungen, die wegen einer Inanspruchnahme von Grundstücken für Zwecke der Nummern 1 bis 3 notwendig ist.

(2) Die in § 5 Abs. 2 und § 38 vorgesehenen Befugnisse dürfen außer im Verteidigungsfall nur in Anspruch genommen werden, wenn die Bundesregierung festgestellt hat, daß dies zur beschleunigten Herstellung der Verteidigungsbereitschaft der Bundesrepublik notwendig ist. Die Bundesregierung hat die Feststellung aufzuheben, wenn die Voraussetzungen hierfür entfallen oder wenn der Bundestag und der Bundesrat es verlangen.

Erster Teil **Die Leistungen**

Erster Abschnitt **Allgemeine Vorschriften**

§ 2

(1) Als Leistungen können angefordert werden
1. die Überlassung von beweglichen Sachen zum Gebrauch, zum Mitgebrauch oder zu anderer Nutzung;
2. die Überlassung beweglicher Sachen zum Eigentum, sofern der Verbrauch, ein langandauernder Gebrauch oder die Durchführung wesentlicher Veränderungen oder die Vornahme erheblicher Aufwendungen für die Sache wahrscheinlich ist;
3. die Überlassung von Funkanlagen zum Gebrauch oder Mitgebrauch sowie die Unterlassung ihres Gebrauchs;
4. die Überlassung von Fernsprech- und Fernschreibteilnehmereinrichtungen zum Gebrauch oder Mitgebrauch im Rahmen der bestehenden Vertragsverhältnisse mit Unternehmen, die Telekommunikationsdienstleistungen erbringen;

5. die Überlassung von baulichen Anlagen oder Teilen von baulichen Anlagen, unbebauten Grundstücken oder freien Flächen von bebauten Grundstücken zum vorübergehenden Gebrauch, Mitgebrauch oder zu einer anderen zeitlich beschränkten Nutzung;
6. die Unterlassung des Gebrauchs, des Mitgebrauchs, der sonstigen Nutzung oder der Änderung von beweglichen und unbeweglichen Sachen;
7. Einbauten, Änderungen oder Wiederherstellungsmaßnahmen an beweglichen und unbeweglichen Sachen, soweit ihre Vornahme dem Leistungspflichtigen selbst zuzumuten ist, sowie die Duldung solcher Maßnahmen;
8. die Duldung von Einwirkungen auf bewegliche und unbewegliche Sachen;
9. Werkleistungen, insbesondere Instandsetzungsleistungen, sowie Verpflegungsleistungen, soweit diese Leistungen im Rahmen des allgemeinen Geschäftsbetriebs des Leistungspflichtigen vorgenommen zu werden pflegen, ferner Verkehrsleistungen von Eigentümern oder Besitzern von Verkehrsmitteln, auch wenn es sich nicht um Verkehrsunternehmen handelt;
10. der Abschluß von Verträgen über wiederkehrende oder Dauerleistungen gemäß Nummer 9 dieses Absatzes.

(2) Die Inanspruchnahme von Räumen, Studios, Sende- und sonstigen technischen Einrichtungen und Anlagen der Rundfunkanstalten zum Gebrauch, zum Mitgebrauch oder zur Unterlassung des Gebrauchs ist nur für die in § 1 Abs. 1 Nr. 1 und 2 bestimmten Zwecke und nur dann zulässig, wenn sie zur Abwendung oder Beseitigung der Bedrohung oder Gefahr nach § 1 Abs. 1 Nr. 1 oder 2 unerläßlich ist.

(3) Leistungen nach Absatz 1 Nr. 1, 3 bis 6 und 8 bis 10 dürfen nur auf bestimmte Zeit, und zwar Leistungen nach Nummer 10 längstens für die Dauer von einem Jahr, im Übrigen längstens für die Dauer von zwei Jahren verlangt werden. Die erneute Anforderung dieser Leistungen auch im Anschluß an die bisherige Anforderung ist zulässig, im Fall der Nummer 5 jedoch nur einmal. Bei Erteilung eines Bereitstellungsbescheids (§ 36 Abs. 3) und während des Verteidigungsfalls oder nach einer Feststellung der Bundesregierung gemäß § 1 Abs. 2 finden die Sätze 1 und 2 keine Anwendung.

§ 3

(1) Leistungen dürfen nur angefordert werden, wenn der Bedarf auf andere Weise nicht oder nicht rechtzeitig oder nur mit unverhältnismäßigen Mitteln gedeckt werden kann. Die Anforderung ist auf das unerläßliche Maß zu beschränken.

(2) Leistungen dürfen nicht angefordert werden, wenn sie nach anderen gesetzlichen Ermächtigungen angeordnet werden können.

(3) Bei allen Anforderungen sind die Interessen der Allgemeinheit und der Beteiligten gerecht abzuwägen. Dabei soll die Leistungsfähigkeit der deutschen Wirtschaft angemessen berücksichtigt werden. Die Bundesregierung regelt durch Rechtsverordnung mit Zustimmung des Bundesrates, wie sachverständige Stellen der gewerblichen Wirtschaft an dem Verfahren der Erteilung von Leistungsbescheiden zu beteiligen sind, wenn wirtschaftliche Unternehmen leistungspflichtig werden. Kulturgut darf nicht gefährdet werden.

(4) Wohnräume, die für den unentbehrlichen Wohnbedarf des Besitzers und der zu seinem Hausstand gehörenden Personen erforderlich sind, dürfen nur angefordert werden, wenn ausreichende anderweitige Unterbringung gesichert ist.

(5) Gewinnungs-, Fertigungs- und Handelsbetriebe, ferner Reparatur- und Reinigungsbetriebe (Werterhaltungsbetriebe) dürfen nicht angefordert werden. Sachen,

die zur Fortführung eines solchen Betriebs unentbehrlich sind, dürfen nur dann angefordert werden, wenn dies für die Zwecke der Verteidigung unumgänglich notwendig ist.

(6) Alle Anforderungen sind so zu gestalten und durchzuführen, daß keinem Betroffenen vermeidbare Nachteile entstehen. Der Lebensbedarf des Betroffenen muß gewährleistet bleiben.

§4

(1) Zu Leistungen können alle natürlichen und juristischen Personen sowie Personenvereinigungen innerhalb und außerhalb des Bundesgebiets mit ihren im Bundesgebiet befindlichen Vermögensgegenständen herangezogen werden. Gehören ihnen Seeschiffe, die die Bundesflagge führen, Binnenschiffe, die in einem Schiffsregister der Bundesrepublik eingetragen sind, oder Luftfahrzeuge, die in die Luftfahrzeugrolle der Bundesrepublik eingetragen sind, so können sie auch dann herangezogen werden, wenn das Schiff oder Luftfahrzeug sich außerhalb des Bundesgebiets befindet.

(2) Zu Leistungen können nicht herangezogen werden

1. ausländische Staatsangehörige, soweit nach Staatsverträgen oder anerkannten Regeln des Völkerrechts Befreiungen bestehen;
2. Bund, Länder, Gemeinden, Gemeindeverbände und andere juristische Personen des öffentlichen Rechts und ihre Verbände hinsichtlich der Sachen und Rechte, die für die Erfüllung ihrer Verwaltungstätigkeit unentbehrlich sind;
3. Parteien, die im Bundestag oder in der Volksvertretung eines Landes vertreten sind, sowie Gewerkschaften und Arbeitgeberverbände wegen der Sachen und Rechte, die für ihre Verwaltungstätigkeit unentbehrlich sind;
4. Kirchen und andere öffentlich-rechtliche Religionsgemeinschaften sowie deren Verbände hinsichtlich der Sachen und Rechte, die kirchlichen Aufgaben dienen oder für die Erfüllung ihrer Verwaltungstätigkeit unentbehrlich sind;
5. Verkehrsunternehmen, die einer gesetzlichen Betriebs- und Beförderungspflicht unterliegen, hinsichtlich der zur Aufrechterhaltung des lebenswichtigen Verkehrs unentbehrlichen Verkehrsmittel, Anlagen, Einrichtungen und Gebäude;
6. Betriebe der öffentlichen Versorgung mit Elektrizität, Gas und Wasser und der Abwässerbeseitigung hinsichtlich der zur Erfüllung ihrer Aufgaben unentbehrlichen Sachen und Rechte einschließlich der zugehörigen Schutzgebiete;
7. andere lebenswichtige Betriebe, soweit die Erfüllung ihrer Aufgaben durch die Leistung wesentlich beeinträchtigt würde nach näherer Bestimmung einer Rechtsverordnung der Bundesregierung, die der Zustimmung des Bundesrates bedarf.

(3) Soweit Gebäude oder bewegliche Sachen gemeinnützigen, religiösen, wohltätigen oder erzieherischen Aufgaben oder dem Unterricht oder der Forschung dienen, sollen sie nur zur Abwendung oder Beseitigung einer Gefahr oder einer Störung im Sinne des § 1 Abs. 1 Nr. 1 oder für Zwecke der Verteidigung im Sinne des § 1 Abs. 1 Nr. 2 angefordert werden; dasselbe gilt hinsichtlich der unmittelbar der Erfüllung der Aufgaben der Sozialversicherungsträger und ihrer Verbände dienenden Gebäude und beweglichen Sachen. Krankenhäuser, Heil- und Pflegeanstalten oder andere der Gesundheitspflege dienende Einrichtungen sollen ebenfalls nur zu den in Satz 1 genannten Zwecken angefordert werden.

§ 5

(1) Leistungen können nur Behörden anfordern, die durch Rechtsverordnung der Bundesregierung mit Zustimmung des Bundesrates bestimmt werden (Anforderungsbehörden). Zu Anforderungsbehörden können auch Bundesbehörden bestimmt werden.

(2) Im Verteidigungsfall oder nach einer Feststellung der Bundesregierung gemäß § 1 Abs. 2 sind die Behörden der Bundeswehrverwaltung als Anforderungsbehörden zuständig für die Anforderung der nachstehenden Gegenstände und Leistungen, soweit diese für die Herstellung und Aufrechterhaltung der Einsatzbereitschaft der Streitkräfte benötigt werden:

1. Waffen und Munition, ausgenommen Jagd- und Zierwaffen;
2. Zelte;
3. sonstige Ausrüstungsgegenstände und Unterkunftsgeräte für Truppen;
4. Kraftfahrzeuge nebst Zubehör, sonstige Verkehrsmittel mit Ausnahme der See- und Binnenschiffe, der Seefischereifahrzeuge, Luftfahrzeuge und Straßenbahnen, sowie Umschlagsanlagen und -einrichtungen für Kraftfahrzeuge und die vorgenannten sonstigen Verkehrsmittel;
5. optisches Gerät und Fernmeldegeräte mit Ausnahme der in § 2 Abs. 1 Nr. 3 und § 2 Abs. 2 bezeichneten Anlagen und Einrichtungen;
6. Stromerzeugungsanlagen (Notstrom-Aggregate), soweit sie nicht wesentlicher Bestandteil eines Grundstücks sind;
7. Werkzeuge, Gerätschaften und Maschinen, die zur Instandsetzung und Instandhaltung der unter Nummer 1 bis 6 aufgeführten Gegenstände erforderlich sind, einschließlich des Zubehörs und der Ersatzteile für die vorgenannten Gegenstände;
8. Betriebs- und Brennstoffe;
9. Baustoffe, Bauhilfsstoffe, Werkzeuge, Gerätschaften und Maschinen zur Herstellung oder Wiederherstellung von Gebäuden, Verkehrswegen und sonstigen Anlagen, einschließlich der hierfür benötigten Ersatz- und Zubehörteile;
10. Leistungen gemäß § 2 Abs. 1 Nr. 4 bis 10, Verkehrsleistungen jedoch nur, soweit diese mit Kraftfahrzeugen und den unter Nummer 4 genannten sonstigen Verkehrsmitteln ausgeführt werden.

(3) Die Anforderungen nach Absatz 2 erfolgen im Benehmen mit den Behörden, die nach der gemäß Absatz 1 zu erlassenden Rechtsverordnung für die Anforderungen solcher Gegenstände und Leistungen sonst zuständig sind.

(4) Bei Anforderungen nach Absatz 2 haben die Behörden der Bundeswehrverwaltung die Bedürfnisse für andere verteidigungswichtige Aufgaben und für den Schutz der Zivilbevölkerung zu berücksichtigen.

§ 6

(1) Obliegt die Ausführung dieses Gesetzes Anforderungsbehörden der Länder, so handeln sie im Auftrag des Bundes, soweit der Vollzug des Gesetzes der Verteidigung einschließlich des Schutzes der Zivilbevölkerung dient. Im Übrigen kann die Bundesregierung Einzelweisungen erteilen, wenn und soweit die Anforderung der Leistung oder die Festsetzung der Entschädigung oder der Ersatzleistung eine einheitliche oder planmäßige Handhabung des Gesetzesvollzugs erfordert.

(2) Anforderungsbehörden, die keine staatlichen Behörden sind, handeln kraft staatlichen Auftrags unter Haftung des Auftraggebers. Die Verwaltungskosten der Gemeinden und der Gemeindeverbände werden vom Land erstattet.

§ 7

(1) Die Anforderungsbehörden fordern die Leistungen in der Regel auf Antrag von Bedarfsträgern an. In dem Antrag sind der Grund der Anforderung, Art und Umfang des durch die Anforderung zu deckenden Bedarfs und der Zeitpunkt für die Bewirkung der Leistung anzugeben.

(2) Die Bedarfsträger werden durch Rechtsverordnung der Bundesregierung mit Zustimmung des Bundesrates bestimmt. Die Ermächtigung zum Erlaß der Rechtsverordnung kann auf die Landesregierungen übertragen werden.

§ 8

(1) Leistungsempfänger ist der Bedarfsträger, in den Fällen des § 1 Abs. 1 Nr. 3 der auswärtige Staat, für dessen Streitkräfte die Leistung angefordert wird.

(2) Werden bauliche Anlagen oder Teile von baulichen Anlagen, Hausrat, Verkehrsmittel oder Verkehrsleistungen für die in § 1 Abs. 1 Nr. 1, 2 und 4 bezeichneten Zwecke auf Grund des § 2 Abs. 1 Nr. 1, 5 und 9 angefordert, so kann die Anforderungsbehörde denjenigen als Leistungsempfänger bestimmen, dem die genannten Anforderungsgegenstände zum Gebrauch überlassen oder für den die Verkehrsleistungen erbracht werden sollen. Satz 1 gilt entsprechend für die Anforderung von Verkehrsmitteln auf Grund des § 2 Abs. 1 Nr. 2 des Gesetzes.

§ 9

(1) Leistungspflichtiger ist
1. bei Anforderungen nach § 2 Abs. 1 Nr. 1 und 3 bis 5, wer die tatsächliche Gewalt über die Sache ausübt;
2. bei Anforderungen nach § 2 Abs. 1 Nr. 2 und 8 der Eigentümer der Sache;
3. bei Anforderungen nach § 2 Abs. 1 Nr. 6 derjenige, dem ein dingliches oder ein persönliches Recht zusteht, das zum Gebrauch, zum Mitgebrauch oder zur sonstigen Nutzung der Sache berechtigt;
4. bei Anforderungen nach § 2 Abs. 1 Nr. 7 der Eigentümer der Sache oder der Träger der Bau- und Unterhaltungslast für die Verkehrsanlagen;
5. bei Anforderungen nach § 2 Abs. 1 Nr. 9 der Inhaber des Betriebs sowie der Eigentümer oder Besitzer des Verkehrsunternehmens oder des Verkehrsmittels;
6. bei Anforderungen nach § 2 Abs. 1 Nr. 10, wer durch den Vertrag verpflichtet werden soll.

(2) Im Einzelfall wird der Leistungspflichtige nach Maßgabe des Absatzes 1 von der Anforderungsbehörde bestimmt. Die Anforderungsbehörde überläßt die Bestimmung der einzelnen Leistungspflichtigen einer Gemeinde oder einem Gemeindeverband, wenn in deren Bezirk eine Mehrzahl von gleichartigen Leistungen erbracht werden soll und die Übertragung zur Beschleunigung der Anforderung erforderlich ist.

§ 10

(1) Der Eigentümer kann eine Anforderung nach § 2 Abs. 1 Nr. 2 verlangen, wenn eine Anforderung nach § 2 Abs. 1 Nr. 1 erfolgt ist und ihm die Leistung zum Gebrauch, zum Mitgebrauch oder zu anderer Nutzung nicht zugemutet werden kann. Das gleiche gilt, wenn infolge von Maßnahmen nach § 2 Abs. 1 Nr. 6 bis 8 die Sache

nicht mehr in ihrer bisherigen oder in einer anderen dem Leistungspflichtigen zumutbaren Weise verwendet werden kann. Zuständig bleibt die Behörde, die die ursprüngliche Anforderung ausgesprochen hat.

(2) Der Eigentümer eines Gebäudes oder Grundstücks kann die Entziehung des Eigentums nach den hierfür geltenden besonderen gesetzlichen Vorschriften verlangen, wenn ihm die Überlassung zum Gebrauch, zum Mitgebrauch oder zur anderen Nutzung über die Dauer der ersten Anforderung hinaus nicht zugemutet werden kann. Absatz 1 Satz 2 gilt entsprechend.

(3) Wer zur Nutzung einer Sache berechtigt ist, kann der Anforderung eines Teils dieser Sache zum Gebrauch, zum Mitgebrauch oder zur anderen Nutzung widersprechen und die Anforderung der ganzen Sache verlangen, wenn sein wirtschaftliches Interesse an der Ausübung seines Rechtes durch die Anforderung des Teils entfallen oder unverhältnismäßig vermindert werden würde.

(4) Der Eigentümer kann der Anforderung eines Teils der Sache zu Eigentum widersprechen und die Anforderung der ganzen Sache zu Eigentum verlangen, wenn der andere Teil für ihn keinen oder nur einen unverhältnismäßig geringen Wert hätte.

Zweiter Abschnitt **Rechtliche Wirkungen der Leistungsanforderung**

§ 11

Eine Anforderung nach § 2 Abs. 1 Nr. 1 und 3 bis 6 bewirkt nicht, daß Rechtsverhältnisse erlöschen, die den Leistungspflichtigen gegenüber Dritten zur Nutzung der Sache berechtigen. Der Leistungspflichtige ist jedoch von der Verpflichtung zu wiederkehrenden Leistungen aus einem Miet- oder Pachtverhältnis befreit, solange ihm durch die Anforderung die Nutzung der Sache in vollem Umfang entzogen wird.

§ 12

Im Falle einer Anforderung nach § 2 Abs. 1 Nr. 1, 3 bis 5, 7 und 8 dürfen auch diejenigen, die nicht Leistungspflichtige sind, Rechte zur Nutzung der Sache nicht ausüben, soweit diese den Rechten des Leistungsempfängers entgegenstehen würden. § 11 gilt sinngemäß.

§ 13

(1) Auf Grund einer Anforderung nach § 2 Abs. 1 Nr. 2 hat der Leistungspflichtige dem Leistungsempfänger die angeforderte Sache herauszugeben. Übt ein anderer die tatsächliche Gewalt über die Sache aus, so ist auch dieser zur Herausgabe verpflichtet.

(2) Der Leistungsempfänger erwirbt das Eigentum an einer verbrauchbaren Sache, sobald er auf Grund der Anforderung in ihren Besitz gelangt. War der Leistungsempfänger bereits im Besitz der Sache, bevor der Leistungsbescheid zugestellt worden ist, so erwirbt er das Eigentum erst mit der Zustellung.

(3) Wird eine nicht verbrauchbare Sache angefordert, so erwirbt der Leistungsempfänger das Eigentum an der Sache, sobald der Leistungsbescheid gegenüber den Anfechtungsberechtigten, denen er zugestellt wurde, unanfechtbar geworden ist. Der Eigentumserwerb tritt nicht ein, solange der Leistungsempfänger nicht den Be-

sitz an der Sache erlangt hat. Die Sache gilt bis zum Eintritt des Eigentumserwerbs als zum Gebrauch oder zu anderer Nutzung angefordert.

(4) Werden Sachen aus einem Vorrat angefordert, so hat der Leistungspflichtige Sachen von mittlerer Art und Güte aus dem Vorrat auszusondern und herauszugeben. Absatz 1 Satz 2 gilt sinngemäß.

(5) Mit dem Eigentumserwerb nach Absatz 2 oder 3 erlöschen die bisherigen Rechte an der angeforderten Sache und die persönlichen Rechte, die zum Besitz oder zur Nutzung der Sache berechtigen. Im Fall des Absatzes 3 gilt bis zum Eigentumserwerb des Leistungsempfängers § 11 sinngemäß.

§ 14

Der Leistungsbescheid auf Grund einer Anforderung nach § 2 Abs. 1 Nr. 10 gilt als bindendes Vertragsangebot des Leistungspflichtigen. Eine Annahme des Angebots hat der Leistungsempfänger dem Leistungspflichtigen gegenüber unverzüglich zu erklären.

Dritter Abschnitt **Auskunftspflicht**

§ 15

(1) Alle natürlichen und juristischen Personen, Personenvereinigungen, Behörden und Einrichtungen haben, soweit sie nicht einer gesetzlichen Schweigepflicht unterliegen, den Anforderungsbehörden auf Verlangen alle zur Durchführung dieses Gesetzes erforderlichen Auskünfte zu erteilen und die vorhandenen Unterlagen vorzulegen. Die Auskunfts- und Vorlagepflicht erstreckt sich auch auf Planungen für die Herstellung oder Veränderung von Gegenständen, für die ein Bedarf festgestellt ist, der nach diesem Gesetz gedeckt werden soll.

(2) Die Anforderungsbehörden können ferner die Vorführung von Tieren, Verkehrsmitteln, Maschinen und Geräten aller Art an einem von ihnen zu bestimmenden Ort sowie die Duldung der Besichtigung von Anlagen und Gegenständen, die nach diesem Gesetz angefordert werden sollen, verlangen. Zu diesem Zweck haben die Auskunftspflichtigen das Betreten von Grundstücken und Fahrzeugen zu gestatten.

(3) Die Auskunftspflichtigen können die Auskunft auf solche Fragen verweigern, deren Beantwortung sie selbst oder einen der in § 383 Abs. 1 Nr. 1 bis 3 der Zivilprozeßordnung bezeichneten Angehörigen der Gefahr strafgerichtlicher Verfolgung oder eines Verfahrens nach dem Gesetz über Ordnungswidrigkeiten aussetzen würde.

(4) Auf die nach den Absätzen 1 und 2 erlangten Kenntnisse und Unterlagen sind §§ 93, 97, 105 Abs. 1, § 111 Abs. 5 in Verbindung mit § 105 Abs. 1 sowie § 116 Abs. 1 der Abgabenordnung nicht anzuwenden. Dies gilt nicht, soweit die Finanzbehörden die Kenntnisse für die Durchführung eines Verfahrens wegen einer Steuerstraftat sowie eines damit zusammenhängenden Besteuerungsverfahrens benötigen, an deren Verfolgung ein zwingendes öffentliches Interesse besteht, oder soweit es sich um vorsätzlich falsche Angaben des Auskunftspflichtigen oder der für ihn tätigen Personen handelt.

Vierter Abschnitt **Leistungsvorbereitungen**

§ 16

(1) Der Leistungspflichtige ist zu Handlungen, Duldungen und Unterlassungen verpflichtet, die zur ordnungsmäßigen Vorbereitung der Leistung notwendig sind.

(2) Die Anforderung der Leistungsvorbereitungen wird unwirksam, wenn nicht binnen drei Monaten eine Anforderung nach § 2 ausgesprochen wird.

(3) Anforderungsbehörde für die Leistungsvorbereitungen ist die für die Anforderung der Leistung zuständige Behörde.

Fünfter Abschnitt **Pflichten der Beteiligten**

§ 17

(1) Auf Grund der Anforderung hat der Leistungspflichtige die angeforderte Leistung rechtzeitig, ordnungsgemäß und vollständig zu bewirken. Ist kein Zeitpunkt oder keine Frist für die Leistung bestimmt, so ist sie unverzüglich zu erbringen.

(2) Erfüllt der Leistungspflichtige die ihm gegenüber dem Leistungsempfänger obliegenden Verpflichtungen nicht, so hat er dem Leistungsempfänger den dadurch entstehenden Schaden zu ersetzen, es sei denn, daß er die Nichterfüllung bei sinngemäßer Anwendung der Vorschriften des bürgerlichen Rechts nicht zu vertreten hat. Aus Mängeln einer angeforderten Sache kann eine solche Ersatzpflicht nur hergeleitet werden, wenn der Leistungspflichtige den Mangel arglistig verschwiegen hat.

(3) Dem Leistungspflichtigen steht ein Recht, die Leistung bis zur Bewirkung der ihm geschuldeten Gegenleistung zu verweigern, nicht zu.

(4) Hat der Leistungsempfänger auf eine zum Gebrauch angeforderte Sache Verwendungen gemacht, so kann er hierfür Ersatz in entsprechender Anwendung der § 536a Abs. 2 Nr. 2, § 539 Abs. 1 des Bürgerlichen Gesetzbuchs verlangen. Der Anspruch richtet sich gegen den Leistungspflichtigen; ist dieser nicht Eigentümer, so richtet sich der Anspruch gegen den Eigentümer, es sei denn, daß im Verhältnis zwischen diesem und dem Leistungspflichtigen der Leistungspflichtige die Aufwendungen zu tragen hat.

(5) Der Leistungsempfänger ist berechtigt und auf Verlangen des Leistungspflichtigen verpflichtet, eine Einrichtung, mit der er die Sache versehen hat, wegzunehmen. Im Fall der Wegnahme ist er verpflichtet, die Sache auf seine Kosten in den vorigen Stand zu versetzen. § 258 Satz 2 des Bürgerlichen Gesetzbuchs gilt sinngemäß.

§ 18

(1) Der Leistungsempfänger ist verpflichtet, die Leistung abzunehmen und dem Leistungspflichtigen ihren Empfang schriftlich zu bestätigen.

(2) Im Fall einer Anforderung nach § 2 Abs. 1 Nr. 1 und 3 bis 5 ist der Leistungsempfänger zur Rückgabe der Sache an den Leistungspflichtigen nach Ablauf der für den Gebrauch, den Mitgebrauch oder die andere Nutzung bestimmten Frist oder bei Beendigung der Anforderung verpflichtet. Ist dem Leistungsempfänger bekannt, daß der Leistungspflichtige nicht zum Besitz der Sache berechtigt ist, so kann sich der Leistungsempfänger durch die Herausgabe an die Anforderungsbehörde von

dieser Verpflichtung befreien. Die Anforderungsbehörde hat die Sache an den zum Besitz Berechtigten herauszugeben.

(3) Die Verpflichtungen des Leistungsempfängers, für die empfangene Leistung eine Entschädigung zu zahlen oder Ersatz zu leisten, bestimmen sich nach den Vorschriften des Sechsten Abschnitts.

§ 19

Die Vorschriften des § 17 Abs. 1 und 2 über die Pflichten des Leistungspflichtigen gelten sinngemäß für den nach § 13 Abs. 1 Satz 2 Herausgabepflichtigen. Ihm ist gleichfalls der Empfang der Leistung schriftlich zu bestätigen.

Sechster Abschnitt **Die Abgeltung**

§ 20

(1) Im Fall der Anforderung nach § 2 Abs. 1 Nr. 1 und 3 bis 8 hat der Leistungsempfänger eine Entschädigung zu zahlen, die sich nach dem für vergleichbare Leistungen im Wirtschaftsverkehr üblichen Entgelt bemißt. Fehlt es an vergleichbaren Leistungen oder ist ein übliches Entgelt nicht zu ermitteln, so ist die Entschädigung unter gerechter Abwägung der Interessen der Allgemeinheit und der Beteiligten zu bestimmen. Die Entschädigung ist für die Zeit bis zur Rückgabe der angeforderten Sache oder, wenn die Rückgabe der angeforderten Sache unmöglich wird, bis zum Eintritt des Umstands zu gewähren, der die Unmöglichkeit der Rückgabe zur Folge hat; bei Anforderungen nach § 2 Abs. 1 Nr. 6 bis 8 ist an Stelle des Zeitpunkts der Rückgabe der Zeitpunkt maßgeblich, in dem die Verpflichtung zur Unterlassung oder zur Duldung wegfällt. Die Entschädigung ist in der Regel in monatlichen Teilbeträgen nachträglich zu zahlen.

(2) Im Falle der Anforderung nach § 2 Abs. 1 Nr. 2 hat der Leistungsempfänger eine Entschädigung für den Verlust des Eigentums zu zahlen, die sich nach dem gemeinen Wert der Sache in dem Zeitpunkt bemißt, in dem er das Eigentum an der Sache erwirbt. Wenn der Leistungsempfänger mit dem Besitz nicht gleichzeitig das Eigentum erwirbt, so ist der Zustand der Sache im Zeitpunkt des Besitzerwerbs maßgebend; war er schon vor Zustellung des Leistungsbescheids im Besitz der Sache, so ist der Zeitpunkt der Zustellung zugrunde zu legen. Soweit die Sache nach § 13 Abs. 3 Satz 3 als zum Gebrauch oder zu anderer Nutzung angefordert gilt, ist hierfür eine Entschädigung unter sinngemäßer Anwendung des Absatzes 1 zu zahlen.

(3) Bei der Bemessung der Entschädigung werden Mängel der Sache nur berücksichtigt, wenn der Leistungsempfänger dem Leistungspflichtigen die Mängel rechtzeitig angezeigt hat. Eine Anzeige ist rechtzeitig, wenn sie bei Mängeln, die bei der Überlassung erkennbar waren, innerhalb von zwei Wochen seit der Überlassung, bei anderen Mängeln innerhalb von zwei Wochen seit der Entdeckung, spätestens jedoch innerhalb von sechs Monaten seit der Überlassung erfolgt. Zur Wahrung der Frist genügt die rechtzeitige Absendung der Anzeige.

§ 21

Für Vermögensnachteile, die nicht schon durch die Entschädigung nach § 20 abgegolten sind, hat der Leistungsempfänger eine Entschädigung zu zahlen, die unter gerechter Abwägung der Interessen der Allgemeinheit und der Beteiligten zu bestimmen ist. Für entgangenen Gewinn und für sonstige Vermögensnachteile, die nicht in unmittelbarem Zusammenhang mit dem Entzug der Nutzung stehen, ist eine Entschädigung zu zahlen, wenn und soweit dies zur Abwendung oder zum Ausgleich unbilliger Härten geboten erscheint. Die üblichen Umzugskosten sind in jedem Fall zu ersetzen.

§ 22

(1) Im Falle einer Anforderung nach § 2 Abs. 1 Nr. 9 hat der Leistungsempfänger eine Entschädigung zu zahlen, die sich nach den im Wirtschaftsverkehr für vergleichbare Leistungen üblichen Entgelten und Tarifen bemißt.

(2) Im Fall einer Anforderung nach § 2 Abs. 1 Nr. 10 hat der Leistungsempfänger für Leistungen, die auf Grund des Vertrags erbracht werden, eine nach Absatz 1 zu bemessende Entschädigung zu zahlen, sofern nicht ein Entgelt vereinbart ist.

§ 23

(1) Die Entschädigung nach § 20 kann verlangen
1. für Leistungen nach § 2 Abs. 1 Nr. 1, 5, 6 und 8 der Eigentümer; die Entschädigung steht dem Mieter oder Pächter zu, wenn er nicht nach § 11 Satz 2 von der Verpflichtung zu wiederkehrenden Leistungen befreit ist;
2. für Leistungen nach § 2 Abs. 1 Nr. 3 und 4 der Nutzungsberechtigte;
3. für Leistungen nach § 2 Abs. 1 Nr. 2 und 7 der Eigentümer.

(2) Eine Entschädigung nach § 21 können verlangen der Eigentümer, sonstige an der Sache zur Nutzung Berechtigte, Dienstbarkeitsberechtigte und diejenigen, die auf Grund eines persönlichen Rechtes die Sache besitzen.

(3) Die Entschädigung nach § 22 kann der Leistungspflichtige verlangen.

(4) Dinglich an der Sache Berechtigte, die durch die Anforderung in ihren Rechten betroffen werden, sind nach Maßgabe der Artikel 52, 53 und 53a des Einführungsgesetzes zum Bürgerlichen Gesetzbuch auf die Entschädigung des Eigentümers nach § 20 angewiesen.

§ 24

Für Leistungsvorbereitungen (§ 16) sowie für Schäden, die infolge einer Beschlagnahme (§ 45) entstehen, ist dem Leistungspflichtigen eine angemessene Entschädigung zu zahlen.

§ 25

Im Fall einer Anforderung nach § 2 Abs. 1 Nr. 7 ist dem Eigentümer für seine zur Durchführung dieser Maßnahmen notwendigen besonderen Aufwendungen auf Verlangen angemessenen Vorschuß zu leisten. Dies gilt sinngemäß im Fall des § 16 Abs. 1.

§ 26

(1) Kann der Leistungsempfänger eine angeforderte Sache, zu deren Rückgabe er verpflichtet ist, nicht zurückgeben oder gibt er sie in verschlechtertem oder beschädigtem Zustand zurück, so hat er dem Eigentümer Ersatz zu leisten.

(2) Kann die Sache nicht zurückgegeben werden, so bemißt sich die Höhe der Ersatzleistung nach dem gemeinen Wert der Sache im Zeitpunkt der Fälligkeit des Rückgabeanspruchs (§ 18 Abs. 2 Satz 1). Eine vor diesem Zeitpunkt eingetretene Wertminderung, die über die gewöhnliche Abnutzung hinausgeht, bleibt bei der Bemessung unberücksichtigt.

(3) Wird die Sache in verschlechtertem oder beschädigtem Zustand zurückgegeben, so bemißt sich die Höhe der Ersatzleistung nach den für eine sachgemäße Instandsetzung erforderlichen Kosten. Bei der Bemessung ist eine durch die Instandsetzung nicht zu behebende Wertminderung zu berücksichtigen. Die Höhe der Ersatzleistung darf den gemeinen Wert nicht übersteigen, den die Sache ohne die Verschlechterung oder Beschädigung im Zeitpunkt der Rückgabe gehabt hätte.

(4) Für die gewöhnliche Abnutzung der Sache während der Zeit, für die Entschädigung nach § 20 Abs. 1 gewährt wird, ist kein Ersatz zu leisten.

(5) Eine Ersatzleistung durch Herstellung in Natur kann nicht verlangt werden.

(6) § 23 Abs. 4 gilt sinngemäß für die Ersatzleistung.

(7) Kann eine angeforderte Sache nach Rückgabe ganz oder zum Teil nicht alsbald wieder genutzt werden, weil Schäden an ihr behoben werden müssen, so hat der Leistungsempfänger für die hierdurch entstehenden Vermögensnachteile nach Maßgabe des § 21 Entschädigung zu leisten.

§ 27

Hat die Anforderungsbehörde einen anderen als einen Bedarfsträger zum Leistungsempfänger bestimmt (§ 8 Abs. 2), so hat der Leistungsempfänger Ersatz nach § 26 Abs. 1 nur zu leisten, wenn sich eine Ersatzpflicht bei sinngemäßer Anwendung der Vorschriften des bürgerlichen Rechts ergibt.

§ 28[1]

(1) Körper- und Gesundheitsschäden, Schäden durch Verlust, Beschädigung oder Verschlechterung anderer als der angeforderten Sachen sowie Haftpflichtschäden, die der Leistungspflichtige, seine Erfüllungsgehilfen oder der nach § 13 Abs. 1 Satz 2 Herausgabepflichtige infolge der Erfüllung einer auf der Anforderung beruhenden Leistung erleiden, hat der Leistungsempfänger, in den Fällen des § 8 Abs. 2 der Bedarfsträger den Geschädigten angemessen zu ersetzen, soweit diese nicht auf andere Weise Ersatz zu erlangen vermögen.

(2) Für Körper- und Gesundheitsschäden gelten die §§ 843 bis 846 des Bürgerlichen Gesetzbuchs sinngemäß. Bei der Bemessung des Ersatzes für Sachschäden sind die Vorschriften des § 26 Abs. 2, 3 und 5 sinngemäß anzuwenden.

(3) Trifft die Ersatzpflicht nach Absatz 1 mit einer Ersatzpflicht auf Grund fahrlässiger Amtspflichtverletzung zusammen, so wird die Ersatzpflicht nach § 839 Abs. 1 des

---

1 § 28 Abs. 3: Aufgeh. durch § 34 Abs. 1 Satz 2 Nr. 7 G v. 26.6.1981 I 553, gem. BVerfGE v. 19.10.1982 I 1493 mit Art. 70 GG unvereinbar und daher nichtig

Bürgerlichen Gesetzbuchs nicht dadurch ausgeschlossen, daß die Voraussetzungen des Absatzes 1 vorliegen.

§ 29

(1) Wird die Entschädigung oder Ersatzleistung nicht innerhalb eines Monats nach Einigung (§ 51) oder Festsetzung, bei wiederkehrenden Leistungen nicht innerhalb eines Monats nach der sich aus der Einigung oder Festsetzung ergebenden Fälligkeit gezahlt, so ist sie von diesem Zeitpunkt an mit zwei vom Hundert über dem jeweiligen Basiszinssatz nach § 247 des Bürgerlichen Gesetzbuchs zu verzinsen. Das gilt nicht, soweit den zur Entschädigung oder Ersatzleistung Berechtigten ein Verschulden an der Verzögerung der Zahlung trifft. Soweit der Berechtigte auf die Entschädigung oder Ersatzleistung Vorauszahlungen erhalten hat, entfällt die Verpflichtung zur Verzinsung.

(2) Erfolgt die Einigung oder Festsetzung nicht innerhalb dreier Monate nach Bewirkung der Leistung oder der Fälligkeit des Ersatzanspruchs in den Fällen der §§ 26, 27 und 28, so sind die in Absatz 1 genannten Zinsen von diesem Zeitpunkt an zu zahlen.

§ 30

In den Fällen der §§ 26 und 28 ist der Leistungsempfänger zur Ersatzleistung nur gegen Abtretung der Ansprüche verpflichtet, die dem Ersatzberechtigten auf Grund des Ereignisses, auf dem die Ersatzpflicht des Leistungsempfängers beruht, gegen andere Personen zustehen. Dies gilt im Fall des § 26 nicht für Ansprüche aus einem Versicherungsverhältnis.

§ 31

Soweit Preisvorschriften bestehen, unterliegt ihnen die Bemessung der Entschädigung und Ersatzleistung.

§ 32

(1) Eine Entschädigung nach den §§ 20 bis 22 und 24 sowie eine Ersatzleistung nach den §§ 26 und 27 wird nicht gezahlt, soweit einem Entschädigungs- oder Ersatzberechtigten infolge der Anforderung Vermögensvorteile erwachsen.

(2) Hat in den Fällen der §§ 21 und 26 bis 28 bei der Entstehung des Schadens ein Verschulden des Entschädigungs- oder Ersatzberechtigten mitgewirkt, so gilt § 254 des Bürgerlichen Gesetzbuchs sinngemäß.

(3) Eine Pflicht zur Ersatzleistung nach den §§ 26 bis 28 besteht nicht, wenn der Schaden auch ohne die Anforderung eingetreten wäre.

§ 33

(1) Hat die Anforderungsbehörde einen anderen als einen Bedarfsträger zum Leistungsempfänger bestimmt (§ 8 Abs. 2) und erfüllt dieser seine Verbindlichkeiten nicht binnen drei Wochen seit ihrer Fälligkeit, so haftet für die Erfüllung dieser Ver-

bindlichkeiten der Bedarfsträger; im Fall des § 27 haftet er jedoch nur nach Maßgabe des § 26.

(2) Soweit der Leistungsempfänger nach § 27 zum Ersatz nicht verpflichtet ist, trifft die in § 26 vorgesehene Ersatzpflicht den Bedarfsträger.

(3) Soweit der Bedarfsträger den Entschädigungs- oder Ersatzberechtigten nach Absatz 1 befriedigt, gehen dessen Ansprüche gegen den Leistungsempfänger auf den Bedarfsträger über. Der Übergang kann nicht zum Nachteil des Berechtigten geltend gemacht werden.

(4) Im Fall des Absatzes 2 gilt § 30 sinngemäß.

Siebenter Abschnitt **Verjährung**

§ 34

(1) Nach diesem Gesetz begründete Zahlungsansprüche verjähren in vier Jahren. Die Verjährung beginnt mit dem Schluß des Jahres, in dem der Anspruch entsteht. Die §§ 202 bis 225 des Bürgerlichen Gesetzbuchs gelten sinngemäß; der Klageerhebung (§ 209 des Bürgerlichen Gesetzbuchs) steht die Stellung des Antrags bei der Anforderungsbehörde gleich.

(2) Auf die Verjährung anderer nach diesem Gesetz begründeter Ansprüche sind die Vorschriften des Bürgerlichen Gesetzbuchs anzuwenden.

(3) Die Vorschriften über den Verlust von Ansprüchen *nach Artikel 8 Abs. 6 des Finanzvertrags sowie* nach Artikel 6 und 7 des Gesetzes vom 18. August 1961 zum NATO-Truppenstatut und zu den Zusatzvereinbarungen (Bundesgesetzbl. II S. 1183) bleiben unberührt.

Zweiter Teil **Verfahren**

Erster Abschnitt **Durchführung der Anforderung**

§ 35

Leistungen werden von der Anforderungsbehörde durch Leistungsbescheid angefordert.

§ 36

(1) Der Leistungsbescheid bedarf der Schriftform. In ihm müssen der Grund der Anforderung, die Anforderungsbehörde, der Gegenstand und der Zeitpunkt der Leistung, der Bedarfsträger, der Leistungspflichtige und der Leistungsempfänger bezeichnet werden.

(2) Der Leistungsbescheid kann auch bedingt, befristet oder auf Widerruf erlassen werden.

(3) Wenn sich der Zeitpunkt der Leistung bei der Anforderung für die in § 1 Abs. 1 Nr. 1 bis 3 genannten Zwecke noch nicht bestimmen läßt, kann der Leistungsbe-

scheid auch in der Form ergehen, daß die Bestimmung des Zeitpunkts der Leistung einer späteren Benachrichtigung vorbehalten bleibt (Bereitstellungsbescheid). Für die in § 5 Abs. 2 bezeichneten Gegenstände und Leistungen können die Behörden der Bundeswehrverwaltung Bereitstellungsbescheide vor dem Eintritt des Verteidigungsfalls oder vor einer Feststellung der Bundesregierung gemäß § 1 Abs. 2 erlassen. Diese Bereitstellungsbescheide ergehen im Einvernehmen mit den gemäß § 5 Abs. 1 sonst zuständigen Behörden.

(4) Durch den Bereitstellungsbescheid wird die Veräußerung oder eine sonstige Verfügung über den betroffenen Gegenstand nicht gehindert; dem Leistungspflichtigen kann jedoch auferlegt werden, die Veräußerung oder Verfügung der Anforderungsbehörde anzuzeigen.

(5) Die Anforderungsbehörde ist verpflichtet, in dem Leistungsbescheid die gesetzlichen Grundlagen der Anforderung zu bezeichnen. Sie muß eine Rechtsmittelbelehrung erteilen.

§ 37

(1) Der Leistungsbescheid ist dem Leistungspflichtigen (§ 9) zuzustellen.

(2) Kann ein Leistungsbescheid, der sich auf eine Anforderung nach § 2 Abs. 1 Nr. 2, 7 und 8 bezieht, dem Leistungspflichtigen nicht oder nicht ohne eine ihren Zweck gefährdende Verzögerung zugestellt werden, so kann er demjenigen zugestellt werden, der die tatsächliche Gewalt über die Sache ausübt. Erfolgt die Zustellung nicht an den Leistungspflichtigen selbst, so ist dieser durch Übersendung einer Abschrift unverzüglich zu benachrichtigen.

(3) Kann unter den Voraussetzungen des Absatzes 2 ein Leistungsbescheid, der sich auf eine Anforderung nach § 2 Abs. 1 Nr. 9 bezieht, nicht dem Leistungspflichtigen zugestellt werden, so kann er dem Leiter der Werkstatt, des Betriebs oder des Verkehrsunternehmens und, wenn auch bei ihm diese Voraussetzungen vorliegen, seinem Stellvertreter oder dem Leiter einer örtlichen selbständigen Abteilung zugestellt werden.

(4) In den Fällen der Absätze 2 und 3 treten dieselben rechtlichen Wirkungen ein, wie wenn der Leistungsbescheid dem Leistungspflichtigen zugestellt wäre.

(5) Der Leistungsbescheid soll auch allen der Anforderungsbehörde bekannten Personen zugestellt werden, die durch die Anforderung in ihren Rechten betroffen werden.

§ 38

Soll im Verteidigungsfall oder nach einer Feststellung der Bundesregierung gemäß § 1 Abs. 2 ein Verkehrsmittel nach § 2 Abs. 1 Nr. 1 angefordert werden und kann der Leistungsbescheid dem Leistungspflichtigen nicht oder nicht ohne eine den Zweck der Anforderung gefährdende Verzögerung zugestellt werden, so kann die Zustellung an die in § 37 Abs. 3 bezeichneten Personen oder – wenn die Zustellung an diese Personen aus den gleichen Gründen undurchführbar wäre – an den Führer des Verkehrsmittels erfolgen. Unter denselben Voraussetzungen ist die Zustellung an den Führer des Verkehrsmittels auch bei der Anforderung von Verkehrsleistungen gemäß § 2 Abs. 1 Nr. 9 zulässig, sofern die Ausführung von Verkehrsleistungen zum Gewerbebetrieb gehört oder das Fahrzeug dem Werkverkehr dient. § 37 Abs. 2 Satz 2, Abs. 4 und 5 gilt entsprechend.

§ 39

Auf Antrag des Bedarfsträgers hat die Anforderungsbehörde die sofortige Vollziehung des Leistungsbescheids anzuordnen. In diesem Fall kann die Widerspruchsbehörde die Vollziehung nicht aussetzen.

§ 40

Leistungsvorbereitungen nach § 16 sind schriftlich anzufordern.

§ 41

Zur Sicherung des Beweises soll, soweit es sachdienlich und unter den gegebenen Umständen möglich ist, der Zustand einer angeforderten Sache auf Antrag der Beteiligten durch Sachverständige festgestellt und ihr Wert geschätzt werden. Hierüber ist eine Niederschrift aufzunehmen, die den Beteiligten zuzustellen ist.

§ 42

Bietet der Leistungspflichtige dem Leistungsempfänger zu angemessenen Bedingungen den Abschluß eines Rechtsgeschäfts an, auf Grund dessen die angeforderte Leistung fortan zu erbringen ist, und erscheint die Erfüllung des Rechtsgeschäfts hinreichend gesichert, so ist der Leistungsbescheid aufzuheben, wenn der Leistungsempfänger den Abschluß des Rechtsgeschäfts ohne berechtigten Grund ablehnt.

§ 43

(1) Fallen die Voraussetzungen der Anforderung weg, so hat die Anforderungsbehörde

1. bei Anforderung von Leistungen nach § 2 Abs. 1 Nr. 1 und 3 bis 8 auf Antrag des Leistungsempfängers oder des Entschädigungsberechtigten die Beendigung der Anforderung anzuordnen;
2. bei Anforderung von Leistungen nach § 2 Abs. 1 Nr. 2 auf Antrag des Leistungspflichtigen eine Anordnung zu erlassen, kraft deren dieser das Eigentum an der angeforderten Sache wieder erwirbt, sofern die Sache sich noch im Eigentum und im Besitz des Leistungsempfängers befindet und er der Sache für die im Leistungsbescheid angegebenen Zwecke nicht mehr bedarf, es sei denn, daß die Leistung im öffentlichen Interesse für einen anderen der in § 1 Abs. 1 genannten Zwecke dringend benötigt wird. Eine Änderung des Zweckes der angeforderten Leistung im Rahmen des § 1 Abs. 1 ist ausgeschlossen, wenn sie zu einer unzumutbaren Härte für den Leistungspflichtigen führen würde;
3. bei Anforderung von Leistungen nach § 2 Abs. 1 Nr. 9 auf Antrag des Leistungspflichtigen diesen von der Erbringung weiterer Leistungen zu entbinden;
4. bei Anforderung von Leistungen nach § 2 Abs. 1 Nr. 10 auf Antrag des Leistungspflichtigen diesem das Recht einzuräumen, den Vertrag zu kündigen.

Bei Anforderung von Wohnraum ist in Abständen von längstens sechs Monaten, beginnend mit dem Zeitpunkt der Zustellung des Leistungsbescheids, von Amts wegen zu prüfen, ob die Voraussetzungen der Anforderung noch vorliegen.

(2) Anordnungen nach Absatz 1 sind dem Leistungsempfänger und dem Leistungspflichtigen, im Fall des Absatzes 1 Nr. 1 an Stelle des Leistungspflichtigen dem Entschädigungsberechtigten zuzustellen. Sie werden wirksam, sobald sie für diese unanfechtbar geworden sind.

(3) In den Fällen des Absatzes 1 Nr. 2 sind die für die Anforderung einer Sache zu Eigentum geltenden Vorschriften sinngemäß anzuwenden. Bei der Bemessung der dem Leistungsempfänger zu zahlenden Entschädigung ist der Betrag der auf Grund der Anforderung nach § 20 Abs. 2 gezahlten Entschädigung zugrunde zu legen. Eine in der Zwischenzeit eingetretene Veränderung des Wertes der Sache ist zu berücksichtigen.

§ 44

(1) Auf die Erzwingung von Handlungen, Duldungen oder Unterlassungen, die nach diesem Gesetz angefordert werden, sind die Vorschriften des Verwaltungs-Vollstreckungsgesetzes vom 27. April 1953 (Bundesgesetzbl. I S. 157) entsprechend anzuwenden. Gegen Leistungsempfänger, die Bedarfsträger sind, darf der Verwaltungszwang nicht angewandt werden.

(2) Vollzugsbehörde ist die Anforderungsbehörde oder die Behörde, die von der Landesregierung bestimmt wird. Die Vollzugsbehörde kann die Verwaltungshilfe anderer Behörden in Anspruch nehmen.

§ 45

(1) Die Anforderungsbehörde kann zur Sicherstellung einer anzufordernden Leistung die Beschlagnahme der Sache anordnen, auf die sich ein zu erlassender Leistungsbescheid beziehen soll. Die Beschlagnahme wird mit der Zustellung der Anordnung an denjenigen wirksam, der bei einer Anforderung Leistungspflichtiger sein würde.

(2) Die Beschlagnahme bewirkt, daß Rechtsgeschäfte über die beschlagnahmte Sache insoweit unwirksam sind, als sie dem mit den ergehenden Anforderungen verfolgten Zweck zuwiderlaufen; auch dürfen wesentliche Veränderungen an der Sache ohne Genehmigung der Anforderungsbehörde nicht vorgenommen werden. Den Rechtsgeschäften in diesem Sinne stehen auch Verfügungen im Wege der Zwangsvollstreckung oder Arrestvollziehung gleich.

(3) Beschlagnahmen werden unwirksam, wenn die Leistung nicht innerhalb zweier Monate angefordert wird.

§ 46 *(weggefallen)*

§ 47

Für die Zustellungen durch die Verwaltungsbehörde nach diesem Gesetz gelten die Vorschriften des Verwaltungszustellungsgesetzes mit folgender Maßgabe:

1. In dringenden Fällen kann, soweit eine Zustellung gemäß den §§ 3 bis 5 des Verwaltungszustellungsgesetzes nicht möglich ist, die Zustellung durch schriftliche oder fernschriftliche Mitteilung oder – ohne daß die Voraussetzungen für eine öffentliche Zustellung nach § 15 des Verwaltungszustellungsgesetzes vorzuliegen brauchen – durch öffentliche Bekanntmachung in der Presse, im Rundfunk oder in einer sonstigen ortsüblichen und geeigneten Weise erfolgen. In

diesen Fällen gilt die Zustellung mit dem auf die Bekanntgabe folgenden Tag als bewirkt, sofern nicht der Betroffene glaubhaft macht, daß die Bekanntgabe überhaupt nicht oder erst in einem späteren Zeitpunkt zu seiner Kenntnis gelangt ist.
2. Zustellungen an Führer von Seeschiffen, Binnenschiffen und Luftfahrzeugen können auch durch Funkspruch vorgenommen werden. Eine Ausfertigung des Bescheids ist gleichzeitig dem leistungspflichtigen Eigentümer oder Besitzer zu übermitteln.

§ 48

(1) Das Verfahren vor den Verwaltungsbehörden ist kostenfrei. Dem Leistungspflichtigen können jedoch Auslagen insoweit auferlegt werden, als er sie durch grobes Verschulden verursacht hat.

(2) Auslagen, die dem Leistungspflichtigen durch das Verfahren entstanden sind, werden ihm erstattet, wenn sie zur zweckentsprechenden Wahrnehmung seiner Rechte notwendig waren und sich sein Antrag als begründet erweist.

Zweiter Abschnitt **Festsetzung von Entschädigung und Ersatzleistung**

§ 49

Entschädigung und Ersatzleistung werden durch die Anforderungsbehörden festgesetzt.

§ 50

Wer Anspruch auf Entschädigung oder Ersatzleistung erhebt, hat der Anforderungsbehörde schriftlich oder zur Niederschrift zu erklären, ob und welche anderen Personen nach seiner Kenntnis ein Recht auf die Entschädigung oder Ersatzleistung geltend machen oder geltend machen können. Die Erklärung ist dem Zahlungspflichtigen und den als Berechtigte benannten Personen zuzustellen.

§ 51

(1) Vor der Festsetzung der Entschädigung oder der Ersatzleistung hat die Anforderungsbehörde durch einen Vorschlag auf eine gütliche Einigung der Beteiligten hinzuwirken. Beteiligte sind der Zahlungspflichtige und die der Anforderungsbehörde bekannten Berechtigten.

(2) Kommt eine Einigung zustande, so hat die Anforderungsbehörde diese zu beurkunden und den Beteiligten eine beglaubigte Abschrift der Urkunde zuzustellen.

(3) Kommt eine Einigung nicht zustande, so setzt die Anforderungsbehörde die Höhe der Entschädigung oder der Ersatzleistung fest, nachdem sie den Beteiligten Gelegenheit zur Stellungnahme gegeben hat.

(4) Die Festsetzung erfolgt durch schriftlichen Bescheid, in dem die Anforderungsbehörde, der Zahlungspflichtige, der Zahlungsempfänger, die Gründe der Entscheidung und die zulässigen Rechtsmittel anzugeben sind. Er ist den Beteiligten zuzustellen.

(5) Besteht bei der Anforderungsbehörde Ungewißheit über die Person des Zahlungsempfängers, so hat sie anzuordnen, daß der als Entschädigung oder Ersatzleistung zu zahlende Geldbetrag unter Verzicht auf das Recht der Rücknahme zu hinterlegen ist.

§ 52

(1) Die Niederschrift über die Einigung nach § 51 Abs. 2 ist nach Zustellung an die Beteiligten vollstreckbar. Der Festsetzungsbescheid nach § 51 Abs. 3 ist den Beteiligten gegenüber vollstreckbar, wenn er für diese unanfechtbar geworden ist oder das Gericht ihn für vorläufig vollstreckbar erklärt hat.

(2) Die Zwangsvollstreckung richtet sich nach den Vorschriften der Zivilprozeßordnung über die Vollstreckung von Urteilen in bürgerlichen Rechtsstreitigkeiten. Die vollstreckbare Ausfertigung wird von dem Urkundsbeamten der Geschäftsstelle des Amtsgerichts erteilt, in dessen Bezirk die mit dem Festsetzungsverfahren befaßte Behörde ihren Sitz hat, und, wenn das Verfahren bei einem Gericht anhängig ist, von dem Urkundsbeamten der Geschäftsstelle dieses Gerichts. In den Fällen der §§ 731, 767 bis 770, 785, 786, 791 der Zivilprozeßordnung tritt das Amtsgericht, in dessen Bezirk die mit dem Festsetzungsverfahren befaßte Behörde ihren Sitz hat, an die Stelle des Prozeßgerichts.

§ 53

(1) Hat der Entschädigungsberechtigte im Fall einer Anforderung nach § 2 Abs. 1 Nr. 2 gegenüber der Anforderungsbehörde gemäß § 50 erklärt, daß er infolge der Anforderung eine Verpflichtung zur Übereignung der Sache nicht erfüllen könne oder daß ihm die Sache zur Sicherung übereignet sei, so hat die Behörde anzuordnen, daß der Entschädigungsbetrag unter Verzicht auf das Recht der Rücknahme zu hinterlegen ist. Das gleiche gilt, wenn ein Dritter gegenüber der Behörde Rechte aus einem Rechtsverhältnis der in Satz 1 bezeichneten Art angemeldet hat.

(2) Im Verhältnis zwischen den Beteiligten tritt der hinterlegte Betrag an die Stelle der Sache. Im übrigen bestimmen sich die Rechte auf den hinterlegten Betrag nach dem zwischen den Beteiligten bestehenden Rechtsverhältnis.

§ 54

(1) Durch Hinterlegung in den Fällen des § 51 Abs. 5 und des § 53 wird der Zahlungspflichtige von seiner Zahlungspflicht befreit.

(2) Die Pflicht zur Hinterlegung nach § 51 Abs. 5 und § 53 entfällt, soweit eine Einigung der Beteiligten über die Auszahlung nachgewiesen ist.

(3) Andere Vorschriften, nach denen die Hinterlegung geboten oder statthaft ist, bleiben unberührt.

§ 55

Wird der als Entschädigung oder Ersatzleistung zu zahlende Betrag nach Maßgabe der Vorschriften dieses Gesetzes hinterlegt, so kann jeder Beteiligte sein Recht an dem hinterlegten Betrag gegen einen Mitbeteiligten, der dieses Recht bestreitet, vor den ordentlichen Gerichten geltend machen oder die Einleitung des gerichtlichen

Verteilungsverfahrens beantragen. Für das Verteilungsverfahren ist das Amtsgericht zuständig, bei dem der Betrag hinterlegt worden ist. Die Vorschriften der Zivilprozeßordnung über das Verteilungsverfahren sind sinngemäß anzuwenden; ist die Hinterlegung durch die Anforderung eines Grundstücks, eines eingetragenen Schiffes oder Schiffbauwerks oder eines in der Luftfahrzeugrolle oder im Register für Pfandrechte an Luftfahrzeugen eingetragenen Luftfahrzeugs oder durch die Anforderung einer Sache veranlaßt, auf die sich ein Grundpfandrecht, eine Schiffshypothek oder ein Registerpfandrecht eines Beteiligten erstreckt, so sind auf das Verteilungsverfahren die Vorschriften über die Verteilung des Erlöses im Fall der Zwangsversteigerung sinngemäß anzuwenden.

§ 56

(1) Der Bundesminister der Finanzen kann bei den Anforderungsbehörden Vertreter des Finanzinteresses bestellen.

(2) Der Vertreter des Finanzinteresses ist Beteiligter am Festsetzungsverfahren im Sinne des § 51, sofern er nicht auf die Beteiligung verzichtet.

§ 57

(1) Ist ein Festsetzungsbescheid von der unteren Verwaltungsbehörde erlassen worden, so können die am Festsetzungsverfahren Beteiligten innerhalb zweier Wochen seit Zustellung des Festsetzungsbescheids Beschwerde einlegen. Über die Beschwerde entscheidet die Aufsichtsbehörde.

(2) Die Entscheidung über die Beschwerde ist den am Festsetzungsverfahren Beteiligten zuzustellen.

§ 58

(1) Wegen der Festsetzung der Entschädigung oder der Ersatzleistung kann ein Beteiligter binnen einer Frist von zwei Monaten nach Zustellung der Beschwerdeentscheidung Klage erheben. Ist eine Beschwerde gegen den Festsetzungsbescheid nicht zulässig, so beginnt der Lauf der Frist mit der Zustellung des Festsetzungsbescheids. Die Klage kann auch erhoben werden, wenn die Anforderungsbehörde über einen Festsetzungsantrag oder die Aufsichtsbehörde über eine Beschwerde innerhalb einer Frist von drei Monaten eine Entscheidung nicht getroffen hat.

(2) Für die Klage ist das Landgericht ohne Rücksicht auf den Wert des Streitgegenstands ausschließlich zuständig. Örtlich ist das Landgericht ausschließlich zuständig, in dessen Bezirk die Anforderungsbehörde ihren Sitz hat. Hat die Anforderungsbehörde ihren Sitz nicht im Inland, so ist örtlich das Landgericht ausschließlich zuständig, in dessen Bezirk sich der Sitz der Bundesregierung befindet.

(3) Die Klage gegen den zur Entschädigung oder Ersatzleistung Verpflichteten ist auf Zahlung des verlangten Betrags bzw. Mehrbetrags zu richten. Die Klage gegen den zur Entschädigung oder Ersatzleistung Berechtigten ist darauf zu richten, daß die Entschädigung oder die Ersatzleistung unter Aufhebung oder Abänderung des Festsetzungsbescheids anderweit festgesetzt wird.

(4) Das Gericht kann im Fall des Absatzes 3 Satz 2 auf Antrag des Berechtigten den Festsetzungsbescheid für vorläufig vollstreckbar erklären. Über den Antrag kann

durch Beschluß vorab entschieden werden. Der Beschluß ist nicht anfechtbar. Die §§ 711 bis 720 der Zivilprozeßordnung sind entsprechend anzuwenden.

§ 59

Hat eine oberste Bundes- oder Landesbehörde die Entschädigung oder Ersatzleistung festgesetzt, so ist die Klage vor dem ordentlichen Gericht binnen zwei Monaten nach Zustellung des Festsetzungsbescheids zu erheben.

§ 60

(1) Die Festsetzung von Entschädigungen für Leistungen zugunsten der in § 1 Abs. 1 Nr. 3 bezeichneten Streitkräfte erfolgt im Benehmen mit den Behörden der beteiligten Macht *(Artikel 12 Abs. 3 des Finanzvertrages vom 26. Mai 1952).* In diesen Fällen steht die Bundesrepublik für die Erfüllung der Verpflichtung ein. Rechtsstreitigkeiten wegen der Festsetzung der Entschädigung oder Ersatzleistung werden von der Bundesrepublik im eigenen Namen geführt.

(2) Das Verfahren für die Festsetzung des Ersatzes von Schäden, für welche die in § 1 Abs. 1 Nr. 3 bezeichneten Streitkräfte nach den §§ 26 und 28 ersatzpflichtig sind, sowie die Fristen für die Geltendmachung der Ansprüche auf solche Ersatzleistungen werden durch Artikel 8 des Finanzvertrags vom 26. Mai 1952 bestimmt. Sind die Schäden nach dem Inkrafttreten des NATO-Truppenstatuts und des Zusatzabkommens zum NATO-Truppenstatut verursacht worden oder gelten sie als nach diesem Zeitpunkt verursacht, so treten an die Stelle des Artikels 8 des Finanzvertrags Artikel VIII des NATO-Truppenstatuts, Artikel 41 des Zusatzabkommens zum NATO-Truppenstatut nebst Unterzeichnungsprotokoll sowie Artikel 6 bis 15 des Gesetzes vom 18. August 1961 zum NATO-Truppenstatut und zu den Zusatzvereinbarungen (Bundesgesetzbl. II S. 1183). Absatz 1 Satz 2 findet Anwendung.

§ 61

–

§ 62

(1) Ist durch Vorauszahlungen auf eine noch nicht festgesetzte Entschädigung oder Ersatzleistung eine Überzahlung eingetreten, so hat die Anforderungsbehörde die Rückzahlung des zuviel gezahlten Betrags durch Rückzahlungsbescheid anzuordnen. Von der Anordnung ist abzusehen, wenn die Rückforderung zu einer unbilligen Härte führen würde.

(2) Wird ein Festsetzungsbescheid berichtigt, geändert oder widerrufen und ist der Zahlungsempfänger zur Rückzahlung eines auf Grund des Bescheids zuviel gezahlten Betrags verpflichtet, so hat auf Antrag des Zahlungspflichtigen die Anforderungsbehörde die Rückzahlung des auf Grund des Bescheids zuviel gezahlten Betrags durch Rückzahlungsbescheid anzuordnen. Die Anordnung der Rückzahlung ist mit dem Bescheid, durch den die Berichtigung, die Änderung oder der Widerruf ausgesprochen wird, zu verbinden.

(3) Auf das Verfahren einschließlich der Zwangsvollstreckung sind die Vorschriften der §§ 51 bis 61 sinngemäß anzuwenden.

§ 63

Die Vorschriften dieses Abschnitts gelten für den Anspruch auf Ersatz von Verwendungen (§ 17 Abs. 2 und 4) sinngemäß.

§ 64

Für die Zustellungen im Festsetzungsverfahren gilt § 47 entsprechend.

§ 65

Für die Kosten des Festsetzungsverfahrens gilt § 48 entsprechend.

Dritter Teil **Manöver und andere Übungen**

§ 66

(1) Wenn uniformierte Verbände oder Einheiten (Truppen), die berechtigt sind, im Bundesgebiet Manöver oder andere Übungen abzuhalten, solche Manöver oder andere Übungen durchführen, gelten unbeschadet einschränkender Bedingungen, die für den Einzelfall von den zuständigen zivilen Verwaltungsbehörden festgelegt werden, die Vorschriften dieses Teils. Das gleiche gilt für die von der Truppe zugezogenen Hilfskräfte, soweit diese an Manövern oder anderen Übungen von Truppen teilnehmen, sowie für die Verbände und Einheiten des zivilen Bevölkerungsschutzes.

(2) Manöver oder andere Übungen dürfen in der Regel die Dauer von dreißig Tagen nicht überschreiten. Die Truppen haben sicherzustellen, daß bei Manövern oder anderen Übungen soweit wie möglich Schäden vermieden werden und die wirtschaftliche Nutzung von Grundstücken nicht wesentlich beeinträchtigt wird. Ein Grundstück, auf dem infolge eines Manövers oder einer anderen Übung erhebliche Schäden entstanden sind, darf innerhalb dreier Monate nicht wieder benutzt werden, es sei denn, daß die zuständigen Landesbehörden zustimmen. Ist durch ein Manöver oder eine andere Übung die wirtschaftliche Nutzung eines Grundstücks wesentlich beeinträchtigt worden, so dürfen die Truppen auf diesem Grundstück Manöver oder ander Übungen so lange nicht durchführen, als zu besorgen ist, daß diese zu einer weiteren oder erneuten wesentlichen Beeinträchtigung der wirtschaftlichen Nutzung des Grundstücks führen könnten.

§ 67

Die Vorschriften des Ersten und Zweiten Teils finden nur insoweit Anwendung, als in diesem Teil auf sie Bezug genommen ist.

§ 68

(1) Die Truppen dürfen Grundstücke überqueren, vorübergehend besetzen oder zeitweilig sperren.

(2) Ohne eine besondere Einwilligung des Berechtigten dürfen die Truppen die ihnen nach Absatz 1 zustehenden Rechte nicht ausüben auf

1. bebauten Grundstücken;
2. Grundstücken, die wegen der land- oder forstwirtschaftlichen Nutzung oder als Wasserschutzgebiet durch die zuständigen Behörden als besonders schutzbedürftig erklärt worden sind;
3. Naturschutzgebieten, Nationalparken, Naturdenkmalen oder geschützten Landschaftsbestandteilen sowie Tierschutzgebieten;
4. Stätten von religiöser, kultureller oder geschichtlicher Bedeutung;
5. Friedhöfen;
6. Anlagen, welche bestimmt sind, die Sicherheit des Straßen-, Eisenbahn-, Wasserstraßen-, See- oder Luftverkehrs zu gewährleisten, und Verkehrsflughäfen;
7. Anlagen, welche bestimmt sind, die Nachrichtenübermittlung zu gewährleisten;
8. Anlagen zur Ent- oder Bewässerung sowie zur Abwässerbeseitigung;
9. Anlagen zum Schutz gegen Naturgewalten;
10. Anlagen zur Versorgung mit Wasser oder Energie.

Unter den in Artikel 45 Abs. 3 des Zusatzabkommens zum NATO-Truppenstatut als Naturschutzpark bezeichneten Gebieten sind Nationalparke zu verstehen.

(3) Grundstücke dürfen in geringerer als der sonst zulässigen Höhe überflogen werden, soweit die Bedingungen für die Durchführung der Manöver dies ausdrücklich gestatten.

§ 69

Manöver oder andere Übungen sind rechtzeitig bei den zuständigen Behörden anzumelden. Dabei ist anzugeben, in welchem Umfang Straßen voraussichtlich mehr als verkehrsüblich benutzt werden sollen. Zeit, Ort und Durchführungsbedingungen der Manöver sollen mindestens 2 Wochen vor Beginn in ortsüblicher Weise durch die zuständige Landesbehörde bekanntgemacht werden. Davon abweichend können über die Anmeldung und Bekanntgabe von Übungen die Truppen mit den zuständigen Behörden besondere Vereinbarungen treffen.

§ 70

(1) Die Truppen dürfen bei Manövern oder anderen Übungen, die nach § 69 angemeldet sind, die öffentlichen Verkehrswege mehr als verkehrsüblich benutzen, soweit es zur Erreichung des Übungszwecks unter gebührender Berücksichtigung der öffentlichen Sicherheit und Ordnung dringend geboten ist und nicht einschränkende Bedingungen nach § 66 Abs. 1 oder Beschränkungen nach § 68 Abs. 2 entgegenstehen. Öffentliche Verkehrswege dürfen nur auf Grund einer Vereinbarung mit den zuständigen Behörden ganz oder teilweise für den öffentlichen Verkehr gesperrt werden; die erforderlichen Maßnahmen zur Durchführung dieser Vereinbarung treffen die zuständigen Behörden.

(2) Das Überqueren der Gleise von Schienenbahnen außerhalb der dazu bestimmten Übergänge ist verboten. Jedoch können Einzelgruppen zu Fuß, wenn die Erfordernisse der Manöver oder anderen Übungen es dringend verlangen, die Gleise außerhalb der dazu bestimmten Übergänge unter Beachtung der notwendigen Vorsichtsmaßnahmen überschreiten; die Haftung für alle entstehenden Schäden übernimmt die Körperschaft, in deren Dienst die Truppe steht, die das Manöver oder die Übung durchführt.

(3) Die Truppen dürfen Gebiete der Hoheitsgewässer benutzen, soweit die Bedingungen für die Durchführung der Manöver dies ausdrücklich vorsehen. Die zuständigen Behörden können auf Verlangen der Truppen solche Teilgebiete sperren.

§ 71

(1) Zur Unterbringung von Dienststellen, Personen, Tieren, Fahrzeugen, Waffen sowie Gerät und sonstigen Bedarfsgegenständen sind der Truppe die erforderlichen Räume zur Verfügung zu stellen. Die Truppe hat die bisherige Zweckbestimmung zu beachten.

(2) Als behelfsmäßige Unterkünfte sind auch solche Räume zur Verfügung zu stellen, die üblicherweise anders verwendet werden.

(3) Nach den vorhandenen Möglichkeiten sind zur Verfügung zu stellen
bei der Unterbringung nach Absatz 1 Beleuchtung, Wasser und Heizung,
bei der Unterbringung nach Absatz 2 Beleuchtung, Wasser und Lagerstroh.

(4) § 3 Abs. 1, 4 bis 6, § 4 Abs. 2, § 11 Satz 1, § 12, § 13 Abs. 1 Satz 1, Abs. 2, Abs. 4 Satz 1 und Abs. 5, § 16, § 17 Abs. 1 und § 18 Abs. 1 und 2 gelten sinngemäß. Gebäude oder bewegliche Sachen im Sinne des § 4 Abs. 3 dürfen nur angefordert werden, soweit Körperschaften, Anstalten oder Verbände, die diese Gebäude oder Sachen benutzen, durch die Anforderung in der Erfüllung ihrer Aufgaben nicht wesentlich beeinträchtigt werden.

§ 72

Die Träger örtlicher Wasserversorgungsanlagen haben den Truppen nach den vorhandenen Möglichkeiten Wasser für den Quartier-, Biwak- und sonstigen Bedarf zu liefern. § 13 Abs. 1 Satz 1, Abs. 2, Abs. 4 Satz 1 und Abs. 5 gilt sinngemäß.

§ 73

(1) Sachen und Leistungen, für die ein Bereitstellungsbescheid (§ 36 Abs. 3) ergangen ist, können nach § 2 Abs. 1 Nr. 1, 8 und 9 für Manöver oder andere Übungen in Anspruch genommen werden, wenn der Zweck der Übung es erfordert. Dabei sind die militärischen und zivilen Belange gerecht abzuwägen.

(2) § 71 Abs. 4 gilt entsprechend; § 3 Abs. 1 Satz 1 findet keine Anwendung.

§ 74

Leistungspflichtig ist, wer die tatsächliche Gewalt über die angeforderte Sache ausübt.

§ 75

Leistungsempfänger ist die Körperschaft, in deren Dienst die Truppen stehen. Die zuständigen Stellen dieser Körperschaft bestimmen die Einheiten, Dienststellen oder Personen, zu deren Gunsten die Leistungen erbracht werden sollen.

§ 76

(1) Für die Leistungen, die nach §§ 71, 72 erbracht werden müssen, ist eine angemessene Entschädigung zu gewähren. In den Fällen des § 73 gelten für die Entschädigung die §§ 20 bis 22 entsprechend.

(2) Die Entschädigung ist an den Leistungspflichtigen zu zahlen, es sei denn, daß dieser einen anderen als Entschädigungsberechtigten bezeichnet oder der Anforderungsbehörde bekannt ist, daß die Leistung aus dem Vermögen eines anderen erbracht ist. Hält der Leistungsempfänger den Leistungspflichtigen ohne grobe Fahrlässigkeit für entschädigungsberechtigt, so wird er durch die Zahlung an diesen befreit. Etwaige Ansprüche des Entschädigungsberechtigten gegen den Leistungspflichtigen als Empfänger der Zahlung bleiben unberührt.

§ 77

(1) Für Schäden, die an Grundstücken, baulichen Anlagen, Straßen, Brücken, Wasserläufen, Häfen und sonstigen Verkehrsanlagen oder Verkehrseinrichtungen einschließlich ihres Zubehörs durch Manöver oder andere Übungen verursacht werden, ist Ersatz zu leisten. Die Ersatzleistung bemißt sich im Fall der Zerstörung nach dem gemeinen Wert, im Fall der Beschädigung nach der Höhe der notwendigen Kosten der Wiederherstellung oder der Instandsetzung.

(2) Im Fall der Beschädigung eines land- oder forstwirtschaftlichen Grundstücks durch die Benutzung zu Manövern oder anderen Übungen ist außerdem für eine infolge der Beschädigung eingetretene Ertragsminderung angemessener Ersatz zu leisten. Bei Beschädigungen von Verkehrsanlagen oder Verkehrseinrichtungen sind auch die Kosten zu ersetzen, die zur Aufrechterhaltung des öffentlichen Verkehrs notwendig sind, es sei denn, daß die Beschädigung durch eine Benutzung im Rahmen des Gemeingebrauchs verursacht wurde.

(3) Wird eine nach § 71 oder § 73 zum Gebrauch überlassene Sache verschlechtert oder beschädigt oder kann sie nicht zurückgegeben werden, so gilt § 26 Abs. 2 und 3 sinngemäß.

§ 78

Wird durch die Benutzung eines Grundstücks zu Manövern oder anderer Übungen dessen gewöhnliche Nutzung derart beeinträchtigt, daß dadurch eine Ertragsminderung oder ein sonstiger Nutzungsausfall verursacht wird, so ist eine Entschädigung zu gewähren, die diesen Nachteil angemessen ausgleicht.

§ 79

Leistungen nach den §§ 71, 72 werden durch Behörden angefordert, die gemäß § 5 Abs. 1 durch Rechtsverordnung bestimmt werden. Für die Anforderung der in § 73 aufgeführten Manöverleistungen sind die in § 5 Abs. 2 bezeichneten Behörden zuständig. Die Vorschriften des § 6 finden sinngemäß Anwendung.

§ 80

Die Vorschriften des § 7 Abs. 1 und 2 und des § 9 Abs. 2 finden Anwendung.

§ 81

(1) Für die Durchführung der Anforderung gelten die Vorschriften der §§ 35, 36 Abs. 1 bis 2, der §§ 37, 39, 40, 44, 46 und 47.

(2) Für die Entschädigung nach §§ 76 und 78 und die Ersatzleistung nach § 77 gelten die Vorschriften des § 23 Abs. 4, der §§ 29, 32 Abs. 2, der §§ 34, 50, 52 bis 59, 60 Abs. 1 und der §§ 61 bis 65. § 49 gilt mit der Maßgabe, daß die in § 79 Satz 2 genannten Behörden nur für die Festsetzung von Entschädigungen bei der Anforderung von Sachen und Leistungen gemäß § 73 zuständig sind. § 58 Abs. 2 gilt mit der Maßgabe, daß in den Fällen des § 77 Abs. 1 das Landgericht, in dessen Bezirk der Schaden entstanden ist, in den Fällen des § 78 das Landgericht, in dessen Bezirk das Grundstück belegen ist, örtlich ausschließlich zuständig ist.

(3) Die Entschädigung oder Ersatzleistung soll tunlichst im Wege der Vereinbarung geregelt werden. Der Zahlungspflichtige hat auf den Abschluß einer Vereinbarung mit den Berechtigten hinzuwirken. Kommt eine Vereinbarung nicht zustande, so gilt § 51 Abs. 3 bis 5.

§ 82

(1) Das Verfahren für die Abgeltung der Schäden, für welche die Streitkräfte nach § 77 ersatzpflichtig sind, sowie die Fristen für die Geltendmachung der Ansprüche auf Ersatzleistung werden, soweit die Stationierungstruppen in Betracht kommen, nach *Artikel 8 des Finanzvertrags vom 26. Mai 1952* bestimmt. Sind die Schäden nach dem Inkrafttreten des NATO-Truppenstatuts und des Zusatzabkommens zum NATO-Truppenstatut verursacht worden, so treten an die Stelle des Artikels 8 des Finanzvertrages Artikel VIII des NATO-Truppenstatuts, Artikel 41 des Zusatzabkommens zum NATO-Truppenstatut nebst Unterzeichnungsprotokoll sowie Artikel 6 bis 15 des Gesetzes vom 18. August 1961 zum NATO-Truppenstatut und zu den Zusatzvereinbarungen (Bundesgesetzbl. II S. 1183).

(2) Stehen uniformierte Verbände oder Einheiten im Dienst eines Landes, so gelten die landesrechtlichen Vorschriften.

§ 83

Wenn die Bundesregierung feststellt, dass die Herstellung der Einsatzfähigkeit der Streitkräfte notwendig ist, finden die Vorschriften des § 66 Abs. 2, des § 68 Abs. 2 Nr. 1 bis 5 und der §§ 69 und 70 Abs. 1 Satz 2 keine Anwendung.

Vierter Teil **Bußgeld- und Strafbestimmungen**

§ 84

(1) Ordnungswidrig handelt, wer als Leistungspflichtiger vorsätzlich oder fahrlässig

1. eine Leistung, die nicht lediglich durch Bereitstellungsbescheid angefordert ist, nicht, nicht rechtzeitig, nicht ordnungsgemäß oder nicht vollständig bewirkt oder einer ihm auf Grund des § 2 auferlegten Verpflichtung zur Duldung oder Unterlassung zuwiderhandelt;
2. der schriftlichen Anordnung, eine Leistung vorzubereiten (§ 16), zuwiderhandelt;

3. entgegen einer ihm nach § 36 Abs. 4 auferlegten Verpflichtung eine Veräußerung oder Verfügung nicht anzeigt.

(2) Ordnungswidrig handelt ferner, wer
1. ohne Leistungspflichtiger zu sein, in Kenntnis der Leistungspflicht eines anderen einen Gegenstand, der nicht lediglich durch Bereitstellungsbescheid angefordert ist, beiseite schafft, beschädigt, zerstört, unbrauchbar macht oder verderben läßt;
2. entgegen § 15 Abs. 1 die Auskunft nicht, unrichtig, unvollständig oder nicht fristgemäß erteilt, die vorhandenen Unterlagen nicht, unvollständig oder nicht fristgemäß vorlegt oder einem Verlangen nach § 15 Abs. 2 Satz 1 oder einer Verpflichtung nach § 15 Abs. 2 Satz 2 zuwiderhandelt.

(3) Die Ordnungswidrigkeit kann mit einer Geldbuße bis zu fünfundzwanzigtausend Euro geahndet werden.

(4) Die Vorschrift des Absatzes 1 Nr. 1 in Verbindung mit Absatz 3 gilt in den Fällen einer Anforderung nach § 2 Abs. 1 Nr. 2 und 8 auch für den, der die tatsächliche Gewalt über die Sache ausübt.

(5) Anforderungsbehörden, die Bundesbehörden sind, nehmen die Befugnisse der Verwaltungsbehörde im Sinne des § 36 Abs. 1 Nr. 1 des Gesetzes über Ordnungswidrigkeiten wahr.

§ 85

Wer in der Absicht, die angeforderte Leistung zu vereiteln, eine der in § 84 Abs. 1 Nr. 1 oder Abs. 2 bezeichneten Handlungen oder Unterlassungen begeht und dadurch das öffentliche Wohl erheblich gefährdet, wird mit Freiheitsstrafe bis zu einem Jahr oder mit Geldstrafe bestraft.

§ 86

–

Fünfter Teil **Übergangs- und Schlußvorschriften**

§ 87

Das Gesetz über Sachleistungen für Reichsaufgaben (Reichsleistungsgesetz) vom 1. September 1939 (Reichsgesetzbl. I S. 1645) und die zu seiner Durchführung ergangenen Vorschriften werden, soweit sie Bundesrecht geworden sind, aufgehoben.

§ 88

(1) Werden Grundstücke im Eigentum von Gebietskörperschaften nach diesem Gesetz angefordert, so bemißt sich die Entschädigung, wenn und soweit diese Grundstücke nicht Erwerbszwecken dienen, nach dem Ersatz der fortlaufenden Aufwendungen, insbesondere Schuldzinsen für Fremdkapital, Betriebskosten und

Versicherungsbeiträge, sowie einem angemessenen Betrag für Abnutzung. Darüber hinaus sind die durch die Anforderung verursachten Aufwendungen, soweit sie den Umständen nach notwendig waren und der Höhe nach angemessen sind, zu erstatten. Die Miete für Ersatzräume ist insoweit zu erstatten, als sie die fortlaufenden Aufwendungen für das angeforderte Grundstück übersteigt.

(2) Für Sachen im Eigentum der Bundesrepublik, die für Zwecke der Streitkräfte angefordert oder nach § 89 Abs. 1 weiter in Anspruch genommen werden, werden Entschädigung und Ersatzleistung insoweit nicht gewährt, als sich die Bundesrepublik in zwischenstaatlichen Verträgen mit der unentgeltlichen Nutzung dieser Sachen durch die Streitkräfte und ihrer Mitglieder einverstanden erklärt und auf den Ersatz von Schäden an diesen Sachen verzichtet hat.

(3) Absatz 2 findet auf Sachen, die im Eigentum des früheren Deutschen Reichs standen und auf Grund des Bundesgesetzes zur vorläufigen Regelung der Rechtsverhältnisse des Reichsvermögens und der preußischen Beteiligung vom 21. Juli 1951 (Bundesgesetzbl. I S. 467) und der Verordnung zur Durchführung des § 6 dieses Gesetzes vom 26. Juli 1951 (Bundesgesetzbl. I S. 471) der Verwaltung des Bundes unterliegen, sinngemäß Anwendung.

§ 89

(1) weggefallen

(2) weggefallen

(3) Wohnungen, die für Zwecke der ausländischen Streitkräfte oder ihrer Mitglieder errichtet worden sind, sowie Wohnungen, die im Rahmen der Ersatzbauprogramme für Altbesatzungsverdrängte errichtet, jedoch den ausländischen Streitkräften oder ihren Mitgliedern zur Nutzung überlassen worden sind, können ohne die sich aus §§ 2, 3 Abs. 1 und diesem Paragraphen ergebenden Beschränkungen angefordert werden.

§ 90

–

§ 91

–

§ 92

(1) Bei Sachen, die nach *Artikel 48 Abs. 1 des Truppenvertrags* oder nach Artikel 13 des Ersten Teils des Vertrags zur Regelung aus Krieg und Besatzung entstandener Fragen zur Nutzung oder zum Gebrauch in Anspruch genommen waren, bemißt sich mit Wirkung vom 5. Mai 1955 12 Uhr die Entschädigung und Ersatzleistung nach den Vorschriften dieses Gesetzes. Sofern dem Entschädigungsberechtigten bisher eine höhere laufende Entschädigung gezahlt worden ist, als nach § 20 zu zahlen wäre, ist die Entschädigung weiterhin in dieser Höhe zu gewähren.

(2) Die Manöverschäden, die nach dem 5. Mai 1955 12 Uhr verursacht worden sind, werden nach den Vorschriften dieses Gesetzes abgegolten.

(3) Die in § 29 Abs. 2 genannte Frist läuft in den Fällen der Absätze 1 und 2 nicht vor dem 1. Januar 1957, sofern bis zum Inkrafttreten dieses Gesetzes eine angemessene Abschlagszahlung geleistet ist.

§ 93

Auf Grundstücke, die von den Behörden einer beteiligten Macht zur Errichtung von nicht nur vorübergehenden Zwecken dienenden Bauwerken und Anlagen in Anspruch genommen worden sind, und auf Grundstücke, die von den Behörden einer beteiligten Macht zu Schutzbereichzwecken in Anspruch genommen oder in dieser Weise behandelt worden sind, finden §§ 89 bis 92 keine Anwendung.

§ 94

–

§ 95

Die nach Kapitel 12 des Postgesetzes oder Teil 10 Abschnitt 2 des Telekommunikationsgesetzes verpflichteten Unternehmen sowie öffentliche Eisenbahnen können nicht zu Leistungen nach diesem Gesetz herangezogen werden.

§ 96

Der Senat der Freien und Hansestadt Hamburg wird ermächtigt, durch Rechtsverordnung eine von § 57 Abs. 1 abweichende Regelung zu treffen.

§ 97

Soweit durch die Vorschriften dieses Gesetzes das Grundrecht der Unverletzlichkeit der Wohnung (Artikel 13 des Grundgesetzes) berührt wird, wird dieses Grundrecht eingeschränkt.

2.17 Gesetz zur Stärkung des personellen Schutzes in der Bundeswehr (Bundeswehr-Schutz-Gesetz – BwSchutzG

Das G wurde als Artikel 2 des G v. 9.1.2026 I Nr. 7 vom Bundestag beschlossen. Es tritt gem. Art. 17 Abs. 1 dieses G am 16.1.2026 in Kraft. Abweichend hiervon tritt Abschn. 1 Unterabschn. 1 Titel 1 gem. Art. 17 Abs. 2 am 1.7.2026 in Kraft.

Abschnitt 1 **Stärkung des personellen Schutzes**[1]

Unterabschnitt 1 **Personenüberprüfung**[2]

Titel 1 Unterstützte Verfassungstreueprüfung[3]

§ 1 Personenkreis

(1) Für Personen, die aufgrund freiwilliger Verpflichtung erstmalig in ein Wehrdienstverhältnis berufen werden sollen, ist vor dem Beginn des Wehrdienstverhältnisses eine unterstützte Verfassungstreueprüfung durchzuführen.

(2) Für Personen, die erneut in ein Wehrdienstverhältnis berufen werden sollen, ist eine unterstützte Verfassungstreueprüfung durchzuführen, sofern zwischen dem letzten aktiven Wehrdienstverhältnis und dem vorgesehenen erneuten Dienstantritt mehr als fünf Jahre liegen.

(3) Die unterstützte Verfassungstreueprüfung kann unterbleiben, wenn
1. hierfür ein dienstliches Bedürfnis besteht oder
2. für die Person nach den Absätzen 1 oder 2 (betroffene Person) bereits vor weniger als fünf Jahren vor dem vorgesehenen Dienstantritt eine Sicherheitsüberprüfung abgeschlossen wurde, ohne dass ein Sicherheitsrisiko festgestellt worden ist.

§ 2 Inhalt der unterstützten Verfassungstreueprüfung

Im Rahmen der unterstützten Verfassungstreueprüfung werden Informationen zur Bewertung herangezogen, ob die betroffene Person Gewähr dafür bietet, jederzeit für die freiheitliche demokratische Grundordnung im Sinne des Grundgesetzes einzutreten.

§ 3 Zuständigkeiten

(1) Zuständig für Sammlung und Auswertung der Informationen ist der Militärische Abschirmdienst.

(2) Zuständig für die Bewertung nach § 2 ist die für die Ernennung oder Heranziehung zuständige Stelle.

---

1 Abschnitt 1 (vor § 1): Tritt gem. Art. 17 Abs. 2 G v. 9.1.2026 I Nr. 7 am 1.7.2026 in Kraft
2 Unterabschnitt 1 (vor § 1): Tritt gem. Art. 17 Abs. 2 G v. 9.1.2026 I Nr. 7 am 1.7.2026 in Kraft
3 Titel 1 (vor § 1): Tritt gem. Art. 17 Abs. 2 G v. 9.1.2026 I Nr. 7 am 1.7.2026 in Kraft

§ 4 Durchführung

(1) Die betroffene Person hat
1. ihre Beziehungen zu verfassungsfeindlichen Organisationen zu erklären,
2. die Adressen sämtlicher eigener Internetseiten sowie die Mitgliedschaften in sozialen Netzwerken im Internet einschließlich der verwendeten Benutzernamen mitzuteilen sowie
3. eine Ablichtung eines amtlichen Identitätsdokuments zu überlassen.

(2) Die für die Ernennung oder Heranziehung zuständige Stelle übermittelt dem Militärischen Abschirmdienst die folgenden Angaben und Dokumente zu der betroffenen Person:
1. den oder die Namen, auch frühere,
2. den oder die Vornamen, auch frühere,
3. den oder die Geburtsnamen,
4. das Geburtsdatum,
5. den Geburtsort,
6. den Geschlechtseintrag,
7. die Staatsangehörigkeiten, auch frühere,
8. den Wohnsitz,
9. die Adressen eigener Internetseiten und die Mitgliedschaften in sozialen Netzwerken im Internet, einschließlich der verwendeten Benutzernamen,
10. eine Ablichtung eines amtlichen Identitätsdokuments.

(3) Der Militärische Abschirmdienst darf zur Unterstützung der für die Ernennung und Heranziehung zuständigen Stelle:
1. Auskünfte bei den Verfassungsschutzbehörden des Bundes und der Länder und dem Bundesnachrichtendienst einholen,
2. eine unbeschränkte Auskunft aus dem Bundeszentralregister einholen sowie
3. personenbezogene Daten aus öffentlich zugänglichen Quellen systematisch erheben oder zusammenführen und dazu auch auf allen öffentlich zugänglichen Internetplattformen und in allen öffentlich zugänglichen sozialen Netzwerken in erforderlichem Maße recherchieren.

Das nach Absatz 1 Nummer 3 durch die Ablichtung eines amtlichen Identitätsdokumentes überlassene Lichtbild darf bei der Auskunft nach Satz 1 Nummer 1 und der systematischen Erhebung oder Zusammenführung nach Satz 1 Nummer 3 für einen automatisierten Abgleich mit Datenbanken genutzt werden.

(4) Der Militärische Abschirmdienst wertet die nach Absatz 3 erlangten Informationen aus und übermittelt der für die Ernennung oder Heranziehung zuständigen Stelle zur Bewertung nach § 2 ausgewertete entscheidungserhebliche Erkenntnisse.

(5) Der Militärische Abschirmdienst darf die ihm nach Absatz 2 übermittelten Angaben und Dokumente nur für die Sammlung und Auswertung von Informationen nach § 2 verarbeiten. Die für die Ernennung oder Heranziehung zuständige Stelle darf die vom Militärischen Abschirmdienst übermittelten ausgewerteten entscheidungserheblichen Informationen und Erkenntnisse nur für das Verfahren zur Begründung eines Wehrdienstverhältnisses oder zur Heranziehung verarbeiten. Alle übermittelten Informationen und Erkenntnisse sind nach Begründung des Wehrdienstverhältnisses oder nach Heranziehung oder nach unanfechtbarer Ablehnung der Begründung des Wehrdienstverhältnisses oder der Heranziehung unverzüglich zu löschen.

(6) Die für die Ernennung oder Heranziehung zuständige Stelle unterrichtet die betroffene Person vor Durchführung der unterstützten Verfassungstreueprüfung über die beabsichtigte Datenverarbeitung nach Absatz 5 sowie über den Umfang und die Dauer der anschließenden Datenverarbeitung.

Titel 2 Intensivierte erweiterte Sicherheitsüberprüfung mit Sicherheitsermittlungen

§ 5 Personenkreis; Verordnungsermächtigung[4]

(1) Für eine Soldatin oder einen Soldaten, die oder der in einer Verwendung mit besonders hohen Sicherheitsanforderungen eingesetzt werden soll (zu überprüfende Person), ist vor dieser Verwendung eine intensivierte erweiterte Sicherheitsüberprüfung mit Sicherheitsermittlungen durchzuführen.

(2) Das Bundesministerium der Verteidigung legt im Einvernehmen mit dem Bundesministerium des Innern die Verwendungen mit besonders hohen Sicherheitsanforderungen durch Rechtsverordnung fest, die nicht der Zustimmung des Bundesrates bedarf.

(3) § 1 Absatz 3 Nummer 1 gilt entsprechend.

§ 6 Durchführung nach dem Sicherheitsüberprüfungsgesetz[5]

Für die intensivierte erweiterte Sicherheitsüberprüfung mit Sicherheitsermittlungen finden die Vorschriften der erweiterten Sicherheitsüberprüfung mit Sicherheitsermittlungen nach dem Sicherheitsüberprüfungsgesetz mit der Maßgabe Anwendung, dass

1. abweichend von § 12 Absatz 5 Satz 1 des Sicherheitsüberprüfungsgesetzes die mitwirkende Behörde die zu überprüfende Person auch dann selbst befragt, wenn eine sicherheitserhebliche Erkenntnis für das Erfordernis einer solchen Befragung nicht vorliegt,
2. abweichend von § 17 Absatz 1 Satz 1 des Sicherheitsüberprüfungsgesetzes der zu überprüfenden Person bereits nach 30 Monaten ihre Sicherheitserklärung zur Aktualisierung zugeleitet wird,
3. abweichend von § 17 Absatz 1 Satz 3 des Sicherheitsüberprüfungsgesetzes anlässlich der Aktualisierung der Sicherheitserklärung zusätzlich bei der zu überprüfenden Person und mitbetroffenen Person im Sinne des § 2 Absatz 2 des Sicherheitsüberprüfungsgesetzes die Maßnahmen nach § 12 Absatz 1 Nummer 1 bis 3, 5 und 6 sowie Absatz 2 des Sicherheitsüberprüfungsgesetzes durchgeführt werden,
4. abweichend von § 17 Absatz 2 Satz 1 des Sicherheitsüberprüfungsgesetzes Wiederholungsprüfungen bereits nach fünf Jahren eingeleitet werden und
5. die Aktualisierung der Sicherheitserklärung mit den Maßnahmen der Wiederholungsüberprüfung nach Nummer 3 nicht eingeleitet wird, solange
   a) die Wiederholungsüberprüfung noch nicht abgeschlossen ist oder
   b) nach dem Abschluss der letzten Wiederholungsüberprüfung noch nicht 30 Monate vergangen sind.

---

4 §§ 5 und 6: Treten gem. Art. 17 Abs. 2 G v. 9.1.2026 I Nr. 7 am 1.7.2026 in Kraft

5 §§ 5 und 6: Treten gem. Art. 17 Abs. 2 G v. 9.1.2026 I Nr. 7 am 1.7.2026 in Kraft

Unterabschnitt 2 **Reisebeschränkungen**

§ 7 Personenkreis[6]

Die Regelungen dieses Unterabschnitts gelten für alle Beschäftigten des Geschäftsbereichs des Bundesministeriums der Verteidigung.

§ 8 Reiseanzeigen, Zustimmungsvorbehalt, Reiseverbot

(1) Beschäftigte des Bundesministeriums der Verteidigung können verpflichtet werden, Privatreisen in und durch Regionen oder Staaten, für die eine Gefährdungslage besteht, rechtzeitig vorher anzuzeigen.

(2) Privatreisen in und durch Regionen oder Staaten, für die eine erhebliche Gefährdungslage besteht, können unter einen Zustimmungsvorbehalt gestellt werden.

(3) Privatreisen in und durch Regionen oder Staaten, für die eine besonders erhebliche Gefährdungslage besteht, können verboten werden.

§ 9 Anzeige eines Vorkommnisses

Ergeben sich für Personen nach § 7 im Zusammenhang mit einer Reise in oder durch Regionen oder Staaten, für die mindestens eine Gefährdungslage nach § 8 Absatz 1 besteht, Anhaltspunkte, die auf einen Anbahnungs- oder Werbungsversuch ausländischer Nachrichtendienste hindeuten können, so hat die Person dies unverzüglich, spätestens nach ihrer Rückkehr, anzuzeigen.

§ 10 Verordnungsermächtigung

Das Bundesministerium der Verteidigung wird ermächtigt, im Einvernehmen mit dem Bundeskanzleramt durch Rechtsverordnung ohne Zustimmung des Bundesrates das Nähere zu Reisebeschränkungen nach § 8 zu bestimmen. In der Rechtsverordnung nach Satz 1 ist insbesondere festzulegen

1. für welche Regionen oder Staaten Gefährdungslagen, erhebliche Gefährdungslagen und besonders erhebliche Gefährdungslagen bestehen,
2. für welche Regionen oder Staaten eine Anzeigepflicht, ein grundsätzlicher Zustimmungsvorbehalt oder ein grundsätzliches Reiseverbot besteht,
3. welcher Stelle die Reise nach § 8 Absatz 1 anzuzeigen ist,
4. welche Stelle für die Zustimmung nach § 8 Absatz 2 zuständig ist,
5. unter welchen Voraussetzungen aufgrund einer besonderen Härte im Einzelfall eine Ausnahme des Reiseverbots nach § 8 Absatz 3 zuzulassen ist und welche Stelle für die Entscheidung über das Vorliegen eines Härtefalls zuständig ist,
6. ob und welche Einschränkungen des betroffenen Personenkreises vorzunehmen sind und
7. welcher Stelle ein Vorkommnis nach § 9 anzugeigen ist.

---

6 § 7: Tritt gem. Art. 17 Abs. 2 G v. 9.1.2026 I Nr. 7 am 1.7.2026 in Kraft

Abschnitt 2 Schlussbestimmungen

§ 11 Übergangsvorschriften

Vor dem 1. Juli 2026 nach § 37 Absatz 3 des Soldatengesetzes in der bis zum 30. Juni 2026 geltenden Fassung eingeleitete einfache Sicherheitsüberprüfungen nach dem Sicherheitsüberprüfungsgesetz sind noch nach dem bis zum 30. Juni 2026 geltenden Recht abzuschließen. § 1 Absatz 1 ist in diesen Fällen nicht anzuwenden.

2.18 Gesetz zur Sicherstellung von Arbeitsleistungen für Zwecke der Verteidigung einschließlich des Schutzes der Zivilbevölkerung (Arbeitssicherstellungsgesetz)

Arbeitssicherstellungsgesetz vom 9. Juli 1968 (BGBl. I S. 787), das zuletzt durch Artikel 13 des Gesetzes vom 22. Dezember 2025 (BGBl. 2025 I Nr. 370) geändert worden ist. Zuletzt geändert durch Art. 6 G v. 22.12.2025 I Nr. 345.

Inhaltsübersicht

Eingangsformel

Der Bundestag hat mit Zustimmung des Bundesrates das folgende Gesetz beschlossen:

Erster Abschnitt **Grundsätzliche Vorschriften**

§ 1 Vorrang des freien Arbeitsvertrags

Das Grundrecht der freien Wahl des Arbeitsplatzes (Artikel 12 des Grundgesetzes) gilt auch in Spannungszeiten und im Verteidigungsfall. Von den in § 2 geregelten Verpflichtungsbefugnissen darf nur Gebrauch gemacht werden, wenn und soweit die in der genannten Vorschrift aufgeführten Arbeitsleistungen nicht auf der Grundlage der Freiwilligkeit sichergestellt werden können.

§ 2 Maßnahmen der Sicherstellung von Arbeitsleistungen

Für Zwecke der Verteidigung einschließlich des Schutzes der Zivilbevölkerung kann nach den Vorschriften dieses Gesetzes

1. das Recht zur Beendigung des Arbeitsverhältnisses vom vollendeten 18. Lebensjahr bis zum Erreichen der Regelaltersgrenze nach dem Sechsten Buch Sozialgesetzbuch beschränkt werden,
2. ein Wehrpflichtiger in ein Arbeitsverhältnis verpflichtet werden,
3. eine Frau vom vollendeten achtzehnten bis zum vollendeten fünfundfünfzigsten Lebensjahr im zivilen Sanitäts- oder Heilwesen sowie in der ortsfesten militärischen Lazarettorganisation in ein Arbeitsverhältnis verpflichtet werden.

§ 3 Voraussetzungen für die Sicherstellung von Arbeitsleistungen

Beschränkungen und Verpflichtungen nach § 2 sind im Verteidigungsfall zulässig. Beschränkungen und Verpflichtungen nach § 2 Nr. 1 und 2 sind außerdem nach Maßgabe des Artikels 12a Abs. 5 Satz 1 und Abs. 6 Satz 2 des Grundgesetzes zulässig. Die Verpflichtung zu Ausbildungsveranstaltungen (§ 29) ist auch zulässig, wenn die Voraussetzungen der Sätze 1 und 2 nicht gegeben sind.

§ 4 Anwendungsbereich

(1) Verpflichtungen und Beschränkungen nach § 2 sind zulässig zur Sicherstellung von Arbeitsleistungen

1. bei der Bundeswehr und bei den verbündeten Streitkräften,

1a. bei mehrheitlich im Eigentum des Bundes befindlichen Gesellschaften, soweit sie zur Versorgung der Bundeswehr und der verbündeten Streitkräfte dienen,

1b. bei sonstigen Unternehmen, soweit deren Leistungserbringung im Rahmen von Vertragsverhältnissen zur Versorgung der Bundeswehr und der verbündeten Streitkräfte erforderlich ist,

1c. bei Betrieben, soweit sie Militärausrüstung, einschließlich dazugehöriger Teile, Bauteile oder Bausätze liefern, erzeugen oder Dienstleistungen in unmittelbarem Zusammenhang dazu erbringen, sowie

1d. bei Forschungseinrichtungen, soweit sie militärisch forschen,

2. bei Dienststellen des Bundes, der Länder, der Gemeindeverbände, der Gemeinden und der sonstigen juristischen Personen des öffentlichen Rechts,
3. bei Verbänden und Einrichtungen des Zivilschutzes,
4. in Betrieben der Wasser- und Energieversorgung sowie der Abwasser- und Abfallbeseitigung,

4a. in Ernährungsunternehmen nach § 2 Nummer 6 des Ernährungssicherstellungs- und -vorsorgegesetzes,

5. in Krankenanstalten und anderen Einrichtungen, in denen pflegebedürftige Personen betreut werden,
6. in Betrieben der Mineralöl-, Gas-, Kohle- und Wasserstoffversorgung,
7. in Verkehrsunternehmen einschließlich Unternehmen des Personen- und Güterbeförderungsgewerbes in der See- und Binnenschifffahrt,
8. bei der Deutschen Telekom AG sowie bei Unternehmen, die nach Kapitel 12 des Postgesetzes oder Teil 10 Abschnitt 2 des Telekommunikationsgesetzes verpflichtet sind,
9. bei der nach § 31b Abs. 1 des Luftverkehrsgesetzes beauftragten Flugsicherungsorganisation und, soweit die Flugsicherungsorganisationen hoheitliche

Aufgaben betreffend den Luftraum über dem Hoheitsgebiet der Bundesrepublik Deutschland wahrnehmen, bei den nach § 31f Absatz 1, auch in Verbindung mit Absatz 2 Satz 2, des Luftverkehrsgesetzes oder durch internationale Vereinbarung beauftragten Flugsicherungsorganisationen,
10. bei Betrieben, soweit sie Leistungen zur Sicherstellung der Funktionsfähigkeit oder der Sicherheit der Informationstechnik gegenüber Betrieben oder Dienststellen im Sinne der Nummern 1a bis 9 erbringen.

Militärausrüstung im Sinne des Satzes 1 Nummer 1c ist jede Ausrüstung, die eigens zu militärischen Zwecken konzipiert oder für militärische Zwecke angepasst wird und zum Einsatz als Waffe, Munition oder Kriegsmaterial bestimmt ist.

(2) Über Absatz 1 hinaus kann die Bundesregierung nach Eintritt der Voraussetzungen für die Sicherstellung von Arbeitsleistungen (§ 3) durch Rechtsverordnung bestimmen, daß Verpflichtungen und Beschränkungen auch in anderen Bereichen innerhalb des Anwendungsbereichs nach Artikel 12a Abs. 3, 4 und 6 des Grundgesetzes zulässig sind. Die Rechtsverordnung kann den Anwendungsbereich auch einschränken oder abgrenzen. Die Bundesregierung hat die Rechtsverordnung aufzuheben, wenn der Bundestag es verlangt.

(3) Verpflichtungen und Beschränkungen nach § 2 sind gegenüber deutschen Staatsangehörigen bei einem Beschäftigungsort außerhalb des Hoheitsgebietes der Bundesrepublik Deutschland auch zulässig zur Sicherstellung von Arbeitsleistungen
1. nach Absatz 1 Satz 1 Nummer 1 sowie, wenn der versorgende Betrieb der Gesellschaft oder des
Unternehmens seinen Sitz im Gebiet der Bundesrepublik Deutschland hat, nach Absatz 1 Satz 1
Nummer 1a und 1b und
2. nach Absatz 1 Satz 1 Nummer 9.

§ 5 Befreiungen

(1) § 2 gilt nicht für
1. schwerbehinderte Menschen im Sinne des § 2 Abs. 2 des Neunten Buches Sozialgesetzbuch,
2. sonstige Personen, deren Minderung der Erwerbsfähigkeit oder deren Grad der Schädigungsfolgen nicht nur vorübergehend mindestens 50 beträgt,
3. Personen, die hilfsbedürftige Angehörige oder andere hilfsbedürftige Personen aus rechtlicher oder sittlicher Verpflichtung zu pflegen haben, es sei denn, daß die erforderliche Pflege gewährleistet ist,
4. Mitglieder oberster Verfassungsorgane des Bundes und der Länder,
5. Richter auf Lebenszeit oder auf Zeit,
6. ordinierte Geistliche evangelischen Bekenntnisses,
7. Geistliche römisch-katholischen Bekenntnisses, die die Subdiakonatsweihe empfangen haben,
8. hauptamtlich tätige Geistliche anderer Bekenntnisse, deren Amt dem eines ordinierten Geistlichen evangelischen oder eines Geistlichen römisch-katholischen Bekenntnisses, der die Subdiakonatsweihe empfangen hat, entspricht.

(2) § 2 Nr. 2 und 3 gilt nicht für Mitglieder der Betriebs- und Personalräte.

(3) § 2 Nr. 2 und 3 gilt nicht für Personen, deren Verpflichtung einen bereits weitgehend geförderten Ausbildungsabschnitt unterbrechen würde, wenn dies für sie eine unzumutbare Härte bedeutet.

(4) § 2 Nr. 1 und 3 gilt nicht für Frauen vom Beginn der Schwangerschaft an bis vier Monate nach der Niederkunft sowie Frauen mit einem Kind unter 15 Jahren, das mit ihnen in häuslicher Gemeinschaft lebt.
(5) Das Bundesministerium für Arbeit und Soziales kann durch Rechtsverordnung weitere Personengruppen von der Anwendung des § 2 Nr. 2 und 3 befreien, wenn die Fortführung ihrer Tätigkeit oder Berufsausbildung im öffentlichen Interesse liegt und mit der Verpflichtung nach dieser Vorschrift unvereinbar ist.

§ 6 Abgrenzung zum Wehrdienst und anderen Dienstleistungen

Die Verpflichtung zum Dienst in den Streitkräften, im Bundespolizei, in einem Zivilschutzverband und im Zivildienst geht einer Maßnahme zur Sicherstellung von Arbeitsleistungen nach § 2 vor. Die §§ 13 und 13a des Wehrpflichtgesetzes und die §§ 14 und 16 des Zivildienstgesetzes bleiben unberührt.

Zweiter Abschnitt Beschränkung der Beendigung eines Arbeitsverhältnisses im Verteidigungsfall und in Spannungszeiten

§ 7 Zustimmungsbedürftigkeit der Beendigung eines Arbeitsverhältnisses

(1) Arbeitnehmer und private Arbeitgeber im Anwendungsbereich des Gesetzes (§ 4) bedürfen nach Eintritt der Voraussetzungen für die Sicherstellung von Arbeitsleistungen (§ 3) für die Beendigung eines Arbeitsverhältnisses der Zustimmung der Agentur für Arbeit. Die Agentur für Arbeit hat der Beendigung zuzustimmen, sofern durch sie die Sicherstellung von Arbeitsleistungen nicht beeinträchtigt wird oder die Fortsetzung des Arbeitsverhältnisses unzumutbar ist. § 1 ist zu beachten.
(2) Durch die Zustimmung wird nicht über die arbeitsrechtliche Berechtigung der Beendigung des Arbeitsverhältnisses entschieden.

§ 8 Ausnahmen von der Zustimmungsbedürftigkeit

(1) Eine Zustimmung nach § 7 ist nicht erforderlich
1. bei Arbeitsverhältnissen auf bestimmte Zeit, wenn die Zeit abgelaufen ist,
2. bei gelegentlichen Dienstleistungen oder Beschäftigungen gegen geringfügiges Entgelt, die der Krankenversicherungspflicht nicht unterliegen.

(2) Die Bundesagentur für Arbeit kann Arbeitnehmer und Arbeitgeber bestimmter Betriebe und Bereiche von der Verpflichtung befreien, vor Lösung eines Arbeitsverhältnisses die Zustimmung der Agentur für Arbeit einzuholen. Die Befreiung ist dem Arbeitgeber und dem Betriebsrat (Personalrat) schriftlich mitzuteilen. Der Arbeitgeber hat sie den Arbeitnehmern auf betriebsübliche Weise bekanntzumachen. Die Befreiung kann befristet und für bestimmte Betriebsabteilungen erteilt werden; sie ist jederzeit widerruflich.

§ 9 Zustimmungsverfahren

(1) Die Zustimmung zu der Beendigung eines Arbeitsverhältnisses ist von dem Vertragsteil, der die Beendigung beabsichtigt, bei der Agentur für Arbeit schriftlich zu

beantragen, in deren Bezirk seine Dienststelle oder sein Betrieb liegt; für das fahrende Personal der See- und Binnenschiffahrt ist in dringenden Fällen auch die Agentur für Arbeit zuständig, in deren Bezirk das Schiff liegt.

(2) Die Zustimmung soll beiden Teilen schriftlich mitgeteilt werden. Sie gilt als erteilt, wenn die Ablehnung des Antrags nicht binnen zwei Wochen, im Falle der außerordentlichen Kündigung binnen einer Woche nach seinem Eingang bei der Agentur für Arbeit dem Antragsteller zugegangen ist.

(3) Wird der Antrag abgelehnt, so ist die Entscheidung dem Antragsteller zuzustellen.

Dritter Abschnitt **Verpflichtung in ein Arbeitsverhältnis im Verteidigungsfall und in Spannungszeiten**

1. Unterabschnitt **Verpflichtungsvorschriften**

§ 10 Inhalt der Verpflichtung

Durch den Verpflichtungsbescheid (§ 13) wird ein Arbeitsverhältnis begründet.

§ 11 Verpflichtungsbehörden

(1) Verpflichtungsbehörde ist die Agentur für Arbeit. Örtlich zuständig ist die Agentur für Arbeit, in deren Bezirk der Betrieb oder die Dienststelle liegt, in dem der zu Verpflichtende beschäftigt ist. Für das fahrende Personal der See- und Binnenschiffahrt ist in dringenden Fällen auch die Agentur für Arbeit zuständig, in deren Bezirk das Schiff liegt. Für Grenzarbeitnehmer und für Nichtbeschäftigte ist die Agentur für Arbeit zuständig, in deren Bezirk sie ihren ständigen Aufenthalt oder mangels eines solchen ihren jeweiligen Aufenthalt haben.

(2) Bei Gefahr im Verzug können auch die Gemeinden, in den Ländern Berlin, Bremen und Hamburg die von den Senaten bestimmten Stellen, sowie die Behörden der allgemeinen Verwaltung auf der Kreisstufe Verpflichtungen bis zu einer Dauer von drei Tagen vornehmen. In diesem Fall haben sie die der Agentur für Arbeit als Verpflichtungsbehörde zustehenden Aufgaben.

§ 12 Grundsätze für die Verpflichtung

(1) Die Verpflichtungsbehörde darf Personen nur in zumutbare Arbeitsverhältnisse verpflichten. Dabei sind Ausbildung, berufliche Tätigkeit, körperliche und geistige Fähigkeiten und die sozialen und wirtschaftlichen Verhältnisse der zu verpflichtenden Person sowie die besonderen Verhältnisse des Arbeitsplatzes zu berücksichtigen. § 1 ist zu beachten. Den Belangen des bisherigen Arbeitgebers ist nach Möglichkeit Rechnung zu tragen. Das Bundesministerium für Arbeit und Soziales kann hierzu allgemeine Verwaltungsvorschriften erlassen; für die in § 11 Abs. 2 genannten Verpflichtungsbehörden bedürfen sie der Zustimmung des Bundesrates.

(2) Bei Personen, die in einem Dienst- oder Arbeitsverhältnis mit dem Bund, einem Land, einer Gemeinde oder einem Gemeindeverband stehen, bedarf die Verpflichtung der vorherigen Zustimmung der für Personalangelegenheiten zuständigen Be-

hörde. Die Zustimmung kann nur verweigert werden, wenn die Person lebens- und verteidigungswichtige Aufgaben der Behörde wahrzunehmen hat.

§ 13 Verpflichtungsbescheid

(1) Der Verpflichtungsbescheid hat zu bezeichnen
1. die gesetzliche Grundlage der Verpflichtung,
2. die Verpflichtungsbehörde,
3. den Verpflichteten,
4. den Arbeitgeber,
5. die Art der Beschäftigung,
6. die für das Arbeitsverhältnis wesentlichen Bedingungen,
7. Ort und Zeit des Arbeitsantritts,
8. die voraussichtliche Dauer der Verpflichtung.

Der Verpflichtungsbescheid muß außerdem einen Hinweis auf die Vorschriften zur wirtschaftlichen und sozialen Sicherung des Verpflichteten, eine Rechtsmittelbelehrung und eine Unterrichtung darüber enthalten, daß eine Zuwiderhandlung gegen die Verpflichtung als Ordnungswidrigkeit oder als Straftat geahndet werden kann.

(2) Der Verpflichtungsbescheid kann Auflagen für den Arbeitgeber, insbesondere zum Schutz des Verpflichteten enthalten.

(3) Der Verpflichtungsbescheid ist schriftlich zu erteilen und Arbeitnehmer und Arbeitgeber sowie dem bisherigen Arbeitgeber oder Dienstherrn und, bei in Heimarbeit Beschäftigten, dem bisherigen Auftraggeber (Zwischenmeister) zuzustellen, der sie mindestens ein Jahr ausschließlich oder überwiegend beschäftigt hat.

(4) Bei Gefahr im Verzug kann die Verpflichtung auch mündlich oder fernmündlich ausgesprochen werden. Sie ist unverzüglich schriftlich zu bestätigen.

2. Unterabschnitt **Rechtsstellung der verpflichteten Person**

§ 14 Inhalt des durch Verpflichtung begründeten Arbeitsverhältnisses

(1) Die gegenseitigen Rechte und Pflichten aus dem Arbeitsverhältnis richten sich nach den Bedingungen, die im Betrieb, in der Dienststelle oder in entsprechenden Betrieben oder Dienststellen für Arbeitsleistungen vergleichbarer Art üblich sind; bei dem Arbeitgeber bestehende Regelungen über eine zusätzliche Alters- und Hinterbliebenenversorgung werden nicht angewendet. Der Arbeitgeber hat dem Arbeitnehmer die aus der An- und Abreise entstehenden notwendigen Aufwendungen einschließlich der Umzugskosten zu erstatten und ihm eine Trennungsentschädigung zu zahlen.

(2) Das Bundesministerium für Arbeit und Soziales wird ermächtigt, durch Rechtsverordnung nähere Bestimmungen über Voraussetzungen, Höhe und Umfang der Trennungsentschädigung und den Ersatz von Umzugskosten zu erlassen.

§ 15 Einfluß der Verpflichtung auf ein Arbeits- oder Vertragsverhältnis in der privaten Wirtschaft

(1) Wird ein Arbeitnehmer in ein Arbeitsverhältnis verpflichtet, so ruht sein bisheriges Arbeitsverhältnis während der Dauer der Verpflichtung. § 1 Absatz 4 und 5, die §§ 2,

3 und 4 Absatz 1 Satz 1, Absatz 2 bis 4, die §§ 5, 6, 12 Absatz 1 und § 13 des Arbeitsplatzschutzgesetzes gelten entsprechend; § 14a Absatz 3 und § 14b Absatz 1 des Arbeitsplatzschutzgesetzes gelten mit der Maßgabe entsprechend, dass der neue Arbeitgeber erstattungspflichtig ist. Dieser darf etwaige Arbeitnehmeranteile von dem Arbeitsentgelt der verpflichteten Personen einbehalten.

(2) Für in Heimarbeit Beschäftigte und für Handelsvertreter gelten die §§ 7 und 8 des Arbeitsplatzschutzgesetzes entsprechend.

§ 16 Einfluß der Verpflichtung auf ein Dienst- oder Arbeitsverhältnis im öffentlichen Dienst

(1) Wird ein Beamter oder ein Richter auf Probe in ein Arbeitsverhältnis verpflichtet, so ist er für die Dauer der Verpflichtung mit Dienstbezügen oder Unterhaltszuschuß beurlaubt; § 9 Abs. 3 bis 11 des Arbeitsplatzschutzgesetzes gilt entsprechend, Absatz 8 nur, soweit er die Einberufung zu Wehrübungen betrifft, und Absatz 9, soweit er auf § 4 Abs. 1, 2 und 4 verweist. Für einen Lehrer an einer privaten genehmigten Ersatzschule, der nach § 6 Abs. 1 Nr. 5 des Fünften Buches Sozialgesetzbuch versicherungsfrei ist, gilt Satz 1 entsprechend.

(2) Wird ein Arbeitnehmer des öffentlichen Dienstes in ein Arbeitsverhältnis verpflichtet, so hat der Arbeitgeber des fortbestehenden Arbeitsverhältnisses für die Dauer der Verpflichtung das Arbeitsentgelt weiterzuzahlen. Nach dem Ende der Verpflichtung ist das Arbeitsentgelt weiterzuzahlen, solange Krankengeld aus der gesetzlichen Krankenversicherung oder entsprechende Leistungen aus der gesetzlichen Unfallversicherung gewährt werden; insgesamt darf der Arbeitnehmer bei Arbeitsunfähigkeit nicht mehr erhalten, als er erhalten würde, wenn er nicht in ein Arbeitsverhältnis verpflichtet worden wäre. Für das fortbestehende Arbeitsverhältnis gelten § 1 Abs. 1, 4 und 5, die §§ 2, 3, 4 Abs. 1 bis 4, die §§ 5, 6, 12, 13 und 14a Absatz 1 des Arbeitsplatzschutzgesetzes entsprechend.

(3) Auf die nach den Absätzen 1 und 2 weiter zu gewährenden Dienstbezüge, Unterhaltszuschüsse, Vergütungen oder Arbeitsentgelte werden die dem verpflichteten Arbeitnehmer gewährten laufenden Geldbezüge aus dem Arbeitsverhältnis angerechnet. Diesen Geldbezügen stehen gleich das Krankengeld aus der gesetzlichen Krankenversicherung, entsprechende Leistungen aus der gesetzlichen Unfallversicherung, das Kurzarbeitergeld und das Schlechtwettergeld.

§ 17 Zahlung von Unterschiedsbeträgen und Ersatz für Vertreterkosten und laufende Betriebsausgaben

(1) Ein in ein Arbeitsverhältnis Verpflichteter, der nicht unter § 16 fällt, erhält, soweit sich sein Arbeitsentgelt, gemindert um die hierauf zu entrichtende Einkommensteuer, den Solidaritätszuschlag, die Arbeitnehmeranteile zur gesetzlichen Sozialversicherung und die Kirchensteuer durch die Verpflichtung vermindert, den Unterschiedsbetrag von der zuständigen Unterhaltssicherungsbehörde zu Lasten des Bundes; dieser ist auch nach dem Ende der Verpflichtung weiterzuzahlen, solange Krankengeld aus der gesetzlichen Krankenversicherung oder entsprechende Leistungen aus der gesetzlichen Unfallversicherung gewährt werden; § 16 Abs. 2 Satz 2 zweiter Halbsatz gilt entsprechend. Der Unterschiedsbetrag darf zusammen mit den laufenden Nettogeldbezügen aus dem neuen Arbeitsverhältnis je Kalendertag der Verpflichtung den in § 5 Absatz 3 des Unterhaltssicherungsgesetzes bestimmten

Höchstbetrag jeweils nicht mehr als um 135 Prozent übersteigen. Der Unterschiedsbetrag unterliegt nicht den Steuern vom Einkommen und Ertrag.

(2) Ein in ein Arbeitsverhältnis Verpflichteter, der Inhaber eines Betriebs der Land- und Forstwirtschaft oder eines Gewerbebetriebs ist oder eine selbständige Arbeit ausübt, erhält Leistungen entsprechend § 6 des Unterhaltssicherungsgesetzes. Die laufenden Nettogeldbezüge aus dem neuen Arbeitsverhältnis sind anzurechnen.

(3) Für das Verfahren nach den Absätzen 1 und 2 gilt Kapitel 3 des Unterhaltssicherungsgesetzes.

(4) § 3 des Unterhaltssicherungsgesetzes gilt entsprechend.

(5) (weggefallen)

3. Unterabschnitt **Sozialversicherung, Arbeitslosenversicherung, Pflegeversicherung**

§ 18 Allgemeines

Personen, die in ein Arbeitsverhältnis verpflichtet werden, unterliegen der Versicherungspflicht in der gesetzlichen Kranken-, Unfall- und Rentenversicherung sowie in der Arbeitslosenversicherung und sozialen Pflegeversicherung nach Maßgabe der allgemeinen Vorschriften, soweit die nachfolgenden Vorschriften nichts Abweichendes bestimmen.

§ 19 Krankenversicherung

(1) Beamte, Lehrer an privaten genehmigten Ersatzschulen, Richter auf Probe und Arbeitnehmer im öffentlichen Dienst, die auf Grund des § 6 Abs. 1 Nr. 2, 5 oder 6 des Fünften Buches Sozialgesetzbuch in der gesetzlichen Krankenversicherung versicherungsfrei sind, bleiben auch während ihrer Verpflichtung in ein Arbeitsverhältnis versicherungsfrei, solange sie nach § 16 mit Dienstbezügen oder Unterhaltszuschuß beurlaubt sind oder ihr Arbeitsentgelt weiter erhalten.

(2) Personen, die nicht unselbständig beschäftigt und aus anderen Gründen als wegen Überschreitens der Jahresarbeitsentgeltgrenze in der gesetzlichen Krankenversicherung versicherungsfrei sind, werden während ihrer Verpflichtung in ein Arbeitsverhältnis auf ihren Antrag von der Versicherungspflicht in der gesetzlichen Krankenversicherung befreit. Die Befreiung wirkt vom Beginn der Verpflichtung an, wenn der Antrag innerhalb eines Monats nach diesem Zeitpunkt gestellt wird, andernfalls vom Eingang des Antrags an. Über den Antrag entscheidet die zuständige Krankenkasse. Sie hat dem Antragsteller eine Bescheinigung über die Befreiung auszustellen, die dem neuen Arbeitgeber vorgelegt werden muß.

(3) Die Leistungen nach § 16, welche die laufenden Geldbezüge aus dem Arbeitsverhältnis übersteigen, und die Unterschiedsbeträge nach § 17 Abs. 1 werden als Entgelt nur bei der Berechnung der Jahresarbeitsentgeltgrenze (§ 6 Abs. 6 oder 7 des Fünften Buches Sozialgesetzbuch) berücksichtigt.

§ 20 Unfallversicherung

(1) In der gesetzlichen Unfallversicherung gilt während der Verpflichtung in ein Arbeitsverhältnis als Jahresarbeitsverdienst eines Versicherten, der im Zeitpunkt sei-

ner Verpflichtung bereits versichert war, der in der Versicherung zuletzt vor der Verpflichtung maßgebende Jahresarbeitsverdienst, wenn es für den Berechtigten günstiger ist.

(2) Erleidet jemand, dem sonst Unfallfürsorge nach beamtenrechtlichen Vorschriften oder Grundsätzen gewährleistet ist, während seiner Verpflichtung in ein Arbeitsverhältnis einen Versicherungsfall, gelten § 61 Abs. 1 und § 82 Abs. 4 des Siebten Buches Sozialgesetzbuch mit der Maßgabe, daß sich der Jahresarbeitsverdienst nach § 82 Abs. 1 und 2 des Siebten Buches Sozialgesetzbuch errechnet, wenn es für den Berechtigten günstiger ist.

§ 21 Rentenversicherung Versicherungsfreiheit und Zuständigkeit

(1) In der gesetzlichen Rentenversicherung sind während der Verpflichtung in ein Arbeitsverhältnis auch versicherungsfrei

1. Personen, die im Zeitpunkt ihrer Verpflichtung unselbständig beschäftigt und nach § 5 Abs. 1 des Sechsten Buches Sozialgesetzbuch versicherungsfrei oder auf Antrag von der Versicherungspflicht in der Rentenversicherung nach § 6 des Sechsten Buches Sozialgesetzbuch befreit sind,
2. Personen, die im Zeitpunkt ihrer Verpflichtung als selbständig Tätige aufgrund einer durch Gesetz angeordneten oder auf Gesetz beruhenden Verpflichtung Mitglied einer öffentlich-rechtlichen Versicherungseinrichtung oder Versorgungseinrichtung ihrer Berufsgruppe sind,
3. Personen, die vor der Verpflichtung nur versicherungspflichtig nach dem Gesetz über die Alterssicherung der Landwirte waren und dies weiterhin sind.

(2) Für Personen, die im Zeitpunkt ihrer Verpflichtung in ein Arbeitsverhältnis in der gesetzlichen Rentenversicherung pflichtversichert sind, ändert sich während der Verpflichtung die Zugehörigkeit zu dem Zweig der gesetzlichen Rentenversicherung nicht, es sei denn, daß sie auf Grund der Verpflichtung eine Beschäftigung ausüben, die anders als bisher in der knappschaftlichen Rentenversicherung zu versichern ist.

§ 22 Rentenversicherung Entgelt und Beiträge

(1) Bei Personen, die während ihrer Verpflichtung in ein Arbeitsverhältnis in der gesetzlichen Rentenversicherung pflichtversichert sind, gelten auch die Leistungen nach § 16, welche die laufenden Geldbezüge aus dem Arbeitsverhältnis übersteigen, und die Unterschiedsbeträge nach § 17 Abs. 1 als Entgelt, wenn diese Personen bereits im Zeitpunkt ihrer Verpflichtung in der gesetzlichen Rentenversicherung pflichtversichert waren. Für Handwerker, die in die Handwerksrolle eingetragen sind, gilt Satz 1 nicht.

(2) Der bisherige Dienstherr oder Arbeitgeber und der Versicherte tragen für die Leistungen nach § 16, welche die laufenden Geldbezüge aus dem Arbeitsverhältnis übersteigen, die Pflichtbeiträge zur allgemeinen Rentenversicherung je zur Hälfte und die Pflichtbeiträge zur knappschaftlichen Rentenversicherung nach dem im Sechsten Buch Sozialgesetzbuch hierfür bestimmten Verhältnis. Die auf die Unterschiedsbeträge nach § 17 Abs. 1 entfallenden Pflichtbeiträge trägt der Bund.

(3) und (4)

§ 23 Arbeitslosenversicherung

(1) Personen, die unmittelbar vor der Verpflichtung in ein Arbeitsverhältnis nicht als Arbeitnehmer oder nicht zu ihrer Berufsausbildung beschäftigt waren, bleiben auch während ihrer Verpflichtung in ein Arbeitsverhältnis versicherungsfrei.

(2) Bei der Bemessung des Beitrages zur Bundesagentur für Arbeit werden die Leistungen nach den §§ 16 und 17 nicht berücksichtigt.

(3) Wird ein Arbeitnehmer in ein Arbeitsverhältnis verpflichtet, so darf ihm daraus im Falle der Arbeitslosigkeit hinsichtlich der Höhe des Arbeitslosengelds kein Nachteil entstehen. Das Nähere bestimmt die Bundesagentur für Arbeit mit Zustimmung des Bundesministeriums für Arbeit und Soziales. Mehraufwendungen, die der Bundesagentur in Auswirkung des Satzes 1 entstehen, trägt der Bund.

§ 23a Pflegeversicherung

§ 61 des Elften Buches Sozialgesetzbuch ist mit der Maßgabe anzuwenden, daß der Dienstherr oder Arbeitgeber des öffentlichen Dienstes, der nach § 16 Dienstbezüge, Unterhaltszuschuß oder Arbeitsentgelt weiter zu zahlen hat, und der neue Arbeitgeber den Beitragszuschuß anteilig nach der Höhe der jeweils zu gewährenden Dienstbezüge, Unterhaltszuschüsse und Arbeitsentgelte zu zahlen haben.

Vierter Abschnitt **Ergänzende Vorschriften**

§ 24 Auskunftspflicht

(1) Wehrpflichtige und Frauen, die in ein Arbeitsverhältnis verpflichtet werden können, haben der Agentur für Arbeit auf Verlangen die Auskünfte zu erteilen und zu belegen, die zur Durchführung des Gesetzes erforderlich sind. Die gleiche Verpflichtung haben Dienstherren des öffentlichen Rechts und Arbeitgeber; sie haben den Betriebs- oder Personalrat vor Erteilung der Auskunft zu unterrichten.

(2) Der zur Erteilung einer Auskunft Verpflichtete kann die Auskunft auf solche Fragen verweigern, deren Beantwortung ihn selbst oder einen der in § 383 Abs. 1 Nr. 1 bis 3 der Zivilprozeßordnung bezeichneten Angehörigen der Gefahr strafgerichtlicher Verfolgung oder eines Verfahrens nach dem Gesetz über Ordnungswidrigkeiten aussetzen würde.

(3) Die nach Absatz 1 erlangten Kenntnisse und Unterlagen dürfen nicht für ein Besteuerungsverfahren, ein Strafverfahren wegen einer Steuerstraftat oder ein Bußgeldverfahren wegen einer Steuerordnungswidrigkeit verwendet werden. Die Vorschriften der §§ 93, 97, 105 Abs. 1, § 111 Abs. 5 in Verbindung mit § 105 Abs. 1 sowie § 116 Abs. 1 der Abgabenordnung gelten insoweit nicht.

§ 25 Persönliche Vorstellung

(1) Nach Eintritt der Voraussetzungen für die Sicherstellung von Arbeitsleistungen (§ 3) müssen Wehrpflichtige, die in ein Arbeitsverhältnis verpflichtet werden können, sich auf Aufforderung der Agentur für Arbeit melden oder vorstellen. Die Aufforderung ergeht schriftlich; sie kann bei Gefahr im Verzug auch mündlich, fernmündlich

oder durch öffentlichen Aufruf in der Presse, im Rundfunk oder in anderer Art ergehen.

(2) Nach Eintritt der Voraussetzungen für die Sicherstellung von Arbeitsleistungen (§ 3) sind die in Absatz 1 genannten Personen verpflichtet, sich auf Anordnung der Agentur für Arbeit zur Feststellung ihrer körperlichen Tauglichkeit und geistigen Leistungsfähigkeit ärztlich und fachpsychologisch untersuchen zu lassen und hierbei auch ärztliche Untersuchungsmaßnahmen zu dulden, soweit diese Untersuchungen und Maßnahmen zur Feststellung der Vermittlungsfähigkeit eines Arbeitnehmers erforderlich und üblich sind.

(3) Die Agentur für Arbeit kann die Vorführung einer Person anordnen, die einer Aufforderung, sich vorzustellen oder ärztlich untersuchen zu lassen, ohne hinreichenden Grund nicht folgt.

(4) Für die durch die Verpflichtungen nach den Absätzen 1 und 2 ausfallende Arbeitszeit hat der Dienstherr oder Arbeitgeber die Dienstbezüge oder das Arbeitsentgelt weiter zu zahlen. Das gleiche gilt bei in Heimarbeit Beschäftigten für den Auftraggeber oder, falls sie von einem Zwischenmeister beschäftigt werden, für den Zwischenmeister, der sie mindestens ein Jahr ausschließlich oder überwiegend beschäftigt hat. Die von der Agentur für Arbeit geladene Person hat die schriftliche Ladung ihrem Dienstherrn, ihrem Arbeitgeber oder ihrem Auftraggeber (Zwischenmeister) unverzüglich vorzulegen, im Falle einer Aufforderung nach Absatz 1 Satz 2 zweiter Halbsatz diese Person unverzüglich zu unterrichten.

§ 26 Kosten des Verpflichtungs- und Zustimmungsverfahrens

Das Verfahren vor der Agentur für Arbeit ist kostenfrei. Notwendige Auslagen, die einer Person durch das Verfahren entstanden sind, werden ihr von der Agentur für Arbeit erstattet. Die Kosten der Untersuchungen nach § 25 Abs. 2 übernimmt die Agentur für Arbeit. Die Agentur für Arbeit ersetzt im Auftrag des Bundes Grenzarbeitnehmern, in Heimarbeit Beschäftigten, soweit sie nicht durch § 25 Abs. 4 erfaßt werden, sowie Selbständigen den Verdienstausfall; die Vorschriften des Justizvergütungs- und -entschädigungsgesetzes finden sinngemäß Anwendung. Diese Aufwendungen werden der Bundesagentur für Arbeit vom Bund erstattet.

§ 27 Rechtsweg

(1) Für Rechtsstreitigkeiten über Maßnahmen nach diesem Gesetz oder einer auf diesem Gesetz beruhenden Rechtsverordnung ist der Verwaltungsrechtsweg gegeben.

(2) Widerspruch und Anfechtungsklage haben keine aufschiebende Wirkung.

(3) Absatz 2 gilt nicht für Rechtsstreitigkeiten über Leistungen nach § 17 dieses Gesetzes.

Fünfter Abschnitt **Besondere Vorschriften**

1. Unterabschnitt **Freiwillig begründete Arbeitsverhältnisse**

§ 28 Anwendung der §§ 14 bis 23

Wird nach Eintritt der Voraussetzungen für die Sicherstellung von Arbeitsleistungen (§ 3) im Anwendungsbereich des Gesetzes (§ 4) freiwillig ein Arbeitsverhältnis begründet, in das ein Wehrpflichtiger verpflichtet werden könnte, so kann die Agentur für Arbeit auf Antrag des Arbeitnehmers anordnen, daß die §§ 14 bis 23a anzuwenden sind. Dem Antrag soll, solange das bisherige Arbeitsverhältnis besteht, nicht entsprochen werden, wenn der bisherige Arbeitgeber widerspricht und die Anordnung für ihn eine unzumutbare Belastung zur Folge hätte. Für die Anordnung gelten die §§ 11 und 13 Abs. 3 und 4 sinngemäß.

2. Unterabschnitt **Ausbildungsveranstaltungen Bereithaltungsbescheid**

§ 29 Ausbildungsveranstaltungen

(1) Wehrpflichtige, die nach Eintritt der Voraussetzungen für die Sicherstellung von Arbeitsleistungen (§ 3) im Anwendungsbereich des Gesetzes (§ 4) für eine Aufgabe verwandt werden sollen, die besondere Kenntnisse und Fertigkeiten erfordert, können zu Ausbildungsveranstaltungen verpflichtet werden. Der Vorrang der Freiwilligkeit (§ 1) gilt entsprechend. Die Erstausbildung darf 28 Tage, Wiederholungsveranstaltungen dürfen 14 Tage jährlich nicht überschreiten.

(2) Die Bundesregierung kann durch Rechtsverordnung
1. bestimmen, für welche der in Absatz 1 genannten Aufgaben Ausbildungsveranstaltungen durchgeführt werden können,
2. die Träger der Ausbildung bestimmen und die Kostentragung regeln,
3. das Verfahren bei der Verpflichtung zur Teilnahme an Ausbildungsveranstaltungen regeln und
4. die Rechte und Pflichten der Teilnehmer nach folgenden Grundsätzen regeln:
   a) dem Teilnehmer dürfen in seinem Dienst- oder Arbeitsverhältnis keine Nachteile entstehen,
   b) die Heranziehung von Versicherten der gesetzlichen Kranken- und Rentenversicherung sowie der Arbeitslosenversicherung und der sozialen Pflegeversicherung berührt das Versicherungsverhältnis nicht,
   c) dem Teilnehmer ist ein Anspruch auf Weiterzahlung des Arbeitsentgelts zu gewähren, wobei dem privaten Arbeitgeber das weitergezahlte Arbeitsentgelt einschließlich der vom Arbeitgeber zu tragenden Beiträge zur Sozial- und Arbeitslosenversicherung sowie zur sozialen Pflegeversicherung für einen Ausfall von mehr als zwei Stunden erstattet wird,
   d) dem Teilnehmer ist ein Ersatz des Verdienstausfalls zu gewähren, wobei ein Höchstbetrag festgesetzt werden kann,
   e) dem Teilnehmer sind die notwendigen Auslagen und Schäden an mitgebrachten Sachen zu ersetzen,
   f) während der Ausbildung ist der Schutz der gesetzlichen Unfallversicherung sicherzustellen.

§ 30 Bereithaltungsbescheid

(1) Soll ein Wehrpflichtiger, auf den die in § 29 Abs. 2 genannte Rechtsverordnung angewandt werden kann und der für Zwecke der Verteidigung einschließlich des Schutzes der Zivilbevölkerung ausgebildet ist, zu einem bestimmten Zeitpunkt nach Eintritt der Voraussetzungen für die Sicherstellung von Arbeitsleistungen (§ 3) im Anwendungsbereich des Gesetzes (§ 4) in ein Arbeitsverhältnis verpflichtet werden, so kann der Verpflichtungsbescheid nach Abschluß der Ausbildung zugestellt werden (Bereithaltungsbescheid). Die Bestimmung des Zeitpunkts kann einem öffentlichen Aufruf in der Presse, im Rundfunk oder in anderer Art vorbehalten werden.

(2) Ein Bereithaltungsbescheid kann auch Wehrpflichtigen zugestellt werden, die sich freiwillig zu Arbeitsleistungen gemeldet haben, zu deren Sicherstellung Verpflichtungen vorgenommen werden können.

(3) Aus der Zustellung eines Bereithaltungsbescheids dürfen dem Empfänger keine Nachteile innerhalb eines bestehenden Dienst- oder Arbeitsverhältnisses, Heimarbeitsverhältnisses oder Handelsvertreterverhältnisses erwachsen.

3. Unterabschnitt **Sonderregelungen**

§ 31 Zumutung von Gefahren

Nach Eintritt der Voraussetzungen für die Sicherstellung von Arbeitsleistungen (§ 3) ist ein Arbeitnehmer im Anwendungsbereich des Gesetzes (§ 4) verpflichtet, bei der Erfüllung von Aufgaben, die Zwecken des Gesetzes dienen, soweit nach den Umständen und seinen persönlichen Verhältnissen zumutbar, Gefahren und Erschwernisse auf sich zu nehmen.

Sechster Abschnitt **Datenverarbeitung**

§ 31a Datenübermittlung von den Meldebehörden

(1) Die Bundesagentur für Arbeit ist berechtigt, im Verteidigungsfall und nach Maßgabe von Artikel 80a Absatz 1 des Grundgesetzes die folgenden Daten aller männlichen Personen vom vollendeten 18. Lebensjahr bis zum Ablauf des Jahres, in dem die Person das 60. Lebensjahr vollendet, bei den Meldebehörden abzurufen:
1. Familienname,
2. Vornamen,
3. Geburtsdatum und Geburtsort,
4. derzeitige Staatsangehörigkeiten,
5. derzeitige Anschriften, gekennzeichnet nach Haupt- und Nebenwohnung.

(2) Die Bundesagentur für Arbeit ist berechtigt, im Verteidigungsfall die in Absatz 1 Satz 1 genannten Daten aller weiblichen Personen vom vollendeten 18. Lebensjahr bis zum vollendeten 55. Lebensjahr bei den Meldebehörden abzurufen.

(3) Ist der Datenabruf nicht möglich, so erfolgt die Datenübermittlung durch elektronische Datenübertragung nach § 34 Absatz 2 Satz 1 Nummer 2 des Bundesmeldegesetzes.

§ 31b Datenübermittlung durch die Jobcenter; Verordnungsermächtigung

Die Jobcenter sind verpflichtet, im Verteidigungsfall oder nach Maßgabe von Artikel 80a Absatz 1 des Grundgesetzes die zur Durchführung dieses Gesetzes erforderlichen Daten an die Bundesagentur für Arbeit zu übermitteln. Das Bundesministerium für Arbeit und Soziales legt durch Rechtsverordnung mit Zustimmung des Bundestages und des Bundesrates die erforderlichen Daten fest.

§ 31c Zweck der Verarbeitung und Löschung der Daten

(1) Die nach § 15d des Wehrpflichtgesetzes und den §§ 31a und 31b dieses Gesetzes erhobenen Daten
dürfen durch die Bundesagentur für Arbeit ausschließlich zur Erfüllung der Aufgaben nach diesem Gesetz
verarbeitet werden.

(2) Die nach § 15d des Wehrpflichtgesetzes und den §§ 31a und 31b dieses Gesetzes erhobenen Daten einer
Person sind zu löschen, wenn die jeweilige Person das in § 31a Absatz 1 oder 2 genannte Lebensjahr vollendet
hat.

(3) Die nach § 15d des Wehrpflichtgesetzes und den §§ 31a und 31b dieses Gesetzes erhobenen Daten einer
Person sind nach Beendigung des Verteidigungsfalls oder eines Falls nach Maßgabe von Artikel 80a Absatz 1
des Grundgesetzes zu löschen, soweit diese nicht für aufgrund dieses Gesetzes begründete individuelle
Rechtsverhältnisse weiter erforderlich sind.

Siebter Abschnitt **Schlussvorschriften**

§ 32 Verletzung von Sicherstellungsvorschriften

(1) Ordnungswidrig handelt, wer
1. als Arbeitnehmer, der in ein Arbeitsverhältnis verpflichtet ist oder zur Beendigung seines Arbeitsverhältnisses der Zustimmung der Agentur für Arbeit bedarf, ohne anerkennenswerten Grund
   a) seine Arbeitsstelle verläßt oder ihr fernbleibt und vorsätzlich oder fahrlässig länger als drei volle Kalendertage abwesend ist oder
   b) sich beharrlich weigert, eine ihm aufgetragene und zumutbare Arbeit zu verrichten, die Zwecken der Verteidigung einschließlich des Schutzes der Zivilbevölkerung dient,
2. als Arbeitgeber, der zur Beendigung eines Arbeitsverhältnisses der Zustimmung der Agentur für Arbeit bedarf, einen Arbeitnehmer zu einer Handlung nach Nummer 1 anleitet oder ihn dabei fördert.

(2) Ordnungswidrig handelt auch, wer vorsätzlich oder fahrlässig
1. einer Auflage nach § 13 Abs. 2 zuwiderhandelt,
2. entgegen § 24 Abs. 1 eine Auskunft nicht, unrichtig, nicht vollständig oder nicht rechtzeitig erteilt oder Unterlagen nicht, nicht vollständig oder nicht rechtzeitig vorlegt,

3. eine Meldung nach § 25 Abs. 1 unterläßt oder
4. eine Ausbildungsveranstaltung nach § 29, zu der er verpflichtet worden ist, verläßt oder ihr fernbleibt und vorsätzlich oder fahrlässig länger als drei volle Kalendertage abwesend ist.

(3) Die Ordnungswidrigkeit kann mit einer Geldbuße geahndet werden.

(4) Verwaltungsbehörde im Sinne des § 36 Abs. 1 Nr. 1 des Gesetzes über Ordnungswidrigkeiten ist die Agentur für Arbeit.

(5) Wer eine der in Absatz 1 bezeichneten Handlungen begeht, wird mit Freiheitsstrafe bis zu einem Jahr oder mit Geldstrafe bestraft, wenn die Tat geeignet ist, die Verwirklichung der Ziele, denen die Sicherstellung von Arbeitsleistungen im Allgemeinen oder im Einzelfall zu dienen bestimmt ist, merkbar zu beeinträchtigen.

§ 33

–

§ 34 Koordinierung und Bedarfsdeckung

Die Bundesregierung erläßt durch Rechtsverordnung Vorschriften über die Zusammenarbeit der Bundesagentur für Arbeit mit den fachlich zuständigen Bundes- und Landesbehörden bei der Feststellung und Deckung des Arbeitskräftebedarfs. Sie regelt hierbei, wie die zur Verfügung stehenden Arbeitskräfte zu verteilen sind, wenn diese nicht ausreichen, den Bedarf zu decken.

§ 35 Weisungsrecht gegenüber der Bundesagentur für Arbeit

(1) Das Bundesministerium für Arbeit und Soziales kann zur Durchführung des Gesetzes der Bundesagentur für Arbeit Weisungen erteilen. Es führt insoweit auch die Dienstaufsicht.

(2) Die Bundesagentur für Arbeit übernimmt die ihr aus der Durchführung dieses Gesetzes entstehenden Kosten. Sie werden ihr vom Bund erstattet.

§ 36 Begriffsbestimmung

Arbeitnehmer im Sinne dieses Gesetzes sind Arbeiter und Angestellte einschließlich der zu ihrer Berufsausbildung Beschäftigten.

§ 37 Öffentlich-rechtliche Dienstverhältnisse

Soweit nach Artikel 12a Abs. 3 des Grundgesetzes öffentlich-rechtliche Dienstverhältnisse begründet werden können, werden diese nach den Vorschriften geregelt, die für die Dienstverhältnisse im jeweiligen Bereich gelten.

§ 38 Rechtsverordnung

(1) Für Arbeitnehmer bei der Bundeswehr und den verbündeten Streitkräften sowie bei Gesellschaften im Sinne von § 4 Absatz 1 Satz 1 Nummer 1a und bei sonstigen

Unternehmen im Sinne von § 4 Absatz 1 Satz 1 Nummer 1b, deren Leistungserbringung im Rahmen von Vertragsverhältnissen zur Versorgung der Bundeswehr und der verbündeten Streitkräfte erforderlich ist, gelten § 7 Absatz 1, § 9 Absatz 1 und 2 sowie § 32 Absatz 1 Nummer 1 und Absatz 4 mit der Maßgabe, dass an die Stelle der Agentur für Arbeit die vom Bundesministerium der Verteidigung durch Rechtsverordnung bestimmte Stelle tritt.

(2) Die Rechtsverordnung bedarf nicht der Zustimmung des Bundesrates.

§ 39 Einschränkung von Grundrechten

Die Grundrechte der körperlichen Unversehrtheit (Artikel 2 Abs. 2 Satz 1 des Grundgesetzes), der Freiheit der Person (Artikel 2 Abs. 2 Satz 2 des Grundgesetzes), der Freizügigkeit (Artikel 11 Abs. 1 des Grundgesetzes) und der freien Wahl des Arbeitsplatzes (Artikel 12 Abs. 1 des Grundgesetzes) werden nach Maßgabe dieses Gesetzes eingeschränkt.

§ 40 Inkrafttreten

Dieses Gesetz tritt am Tage nach seiner Verkündung in Kraft.

3. Besoldung, Versorgung und soziale Absicherung

3.1 Wehrsoldgesetz (WSG)

Wehrsoldgesetz vom 4. August 2019 (BGBl. I S. 1147, 1158), das zuletzt durch Artikel 5 des Gesetzes vom 22. Dezember 2025 (BGBl. 2025 I Nr. 370) geändert worden ist.

Inhaltsübersicht

Abschnitt 1 Allgemeine Vorschriften

§ 1 Anwendungsbereich

(1) Wehrsold erhalten Soldatinnen und Soldaten, die Wehrdienst nach § 58b des Soldatengesetzes leisten.

(2) Zum Wehrsold gehören folgende Geldbezüge:
1. Wehrsoldgrundbetrag,
2. Kinderzuschlag,
3. Erstattung der Beiträge zur Kranken- und Pflegeversicherung für Angehörige,
4. Auslandsvergütung,
5. Entlassungsgeld,

6. Vergütung für herausgehobene Funktionen,
7. Vergütung für besondere Erschwernisse,
8. Vergütung für besondere zeitliche Belastungen,
9. Auslandsverwendungszuschlag.

(3) Zum Wehrsold gehören ferner folgende Sachbezüge:
1. Unterkunft,
2. Dienstkleidung und Ausrüstung,
3. Heilfürsorge,
4. Verpflegung.

§ 2 Anspruch auf Wehrsold

Soweit gesetzlich nichts anderes bestimmt ist, besteht der Anspruch auf Wehrsold für die Zeit vom Tag des Dienstantritts bis zum Ablauf des Tages, an dem das Wehrdienstverhältnis endet.

§ 3 Anwendung von Vorschriften des Bundesbesoldungsgesetzes

(1) § 3 Absatz 3 bis 6, § 6 Absatz 1 Satz 1 sowie die §§ 9, 9a, 11, 12, 17, 17a und 42b des Bundesbesoldungsgesetzes gelten entsprechend.

(2) Sofern dieses Gesetz auf Leistungen nach dem Bundesbesoldungsgesetz Bezug nimmt und diese Leistungen nach Besoldungsgruppen differenziert sind, gilt folgende Zuordnung:
1. die Wehrsoldgruppen 1 und 2 entsprechen der Besoldungsgruppe A 3,
2. die Wehrsoldgruppen 3 und 4 entsprechen der Besoldungsgruppe A 4.

Abschnitt 2 **Geldbezüge**

§ 4 Wehrsoldgrundbetrag, Kinderzuschlag

(1) Soldatinnen und Soldaten erhalten einen monatlichen Wehrsoldgrundbetrag. Die Höhe des Wehrsoldgrundbetrags richtet sich nach Spalte 3 der Tabelle in der Anlage.

(2) Der Wehrsoldgrundbetrag erhöht sich für jedes Kind, für das der Soldatin oder dem Soldaten Kindergeld nach dem Einkommensteuergesetz oder nach dem Bundeskindergeldgesetz zusteht oder ohne Berücksichtigung der §§ 64 und 65 des Einkommensteuergesetzes oder der §§ 3 und 4 des Bundeskindergeldgesetzes zustehen würde, um einen monatlichen Zuschlag. Die Höhe des Zuschlags richtet sich nach Spalte 4 der Tabelle in der Anlage.

§ 5 Erstattung der Beiträge zur Kranken- und Pflegeversicherung für Angehörige

Für Personen ohne eigenes Einkommen, die nach § 4 der Bundesbeihilfeverordnung in Verbindung mit § 31 Absatz 2 des Soldatengesetzes berücksichtigungsfähig wären, wenn die Soldatin Soldatin auf Zeit oder der Soldat Soldat auf Zeit wäre, werden der Soldatin oder dem Soldaten die Beiträge zu einer gesetzlichen oder privaten Kranken- und Pflegeversicherung bis zur Höhe des Basistarifs ohne Zusatzbeiträge erstattet.

§ 6 Auslandsvergütung

(1) Soldatinnen und Soldaten, die an einer allgemeinen Verwendung im Ausland im Sinne des § 52 Absatz 1 Satz 1 des Bundesbesoldungsgesetzes teilnehmen, erhalten eine Auslandsvergütung unter den gleichen Voraussetzungen, unter denen Besoldungsempfängerinnen und Besoldungsempfängern an demselben Dienstort Auslandsdienstbezüge nach § 52 des Bundesbesoldungsgesetzes zustehen.

(2) Die Höhe der Auslandsvergütung bemisst sich nach Spalte 5 der Tabelle in der Anlage.

§ 7 Anpassung des Wehrsoldes[1]

Im Fall einer Besoldungsanpassung nach § 14 Absatz 1 des Bundesbesoldungsgesetzes erhöhen oder verringern sich der Wehrsoldgrundbetrag, der Kinderzuschlag und die Auslandsvergütung im gleichen Umfang, um den das Grundgehalt, der Familienzuschlag und der Auslandszuschlag für eine dienstgradgleiche Soldatin auf Zeit oder einen dienstgradgleichen Soldaten auf Zeit erhöht oder verringert werden. Das Bundesministerium der Verteidigung macht die jeweils geltenden Monatsbeträge im Bundesgesetzblatt bekannt.

§ 8 Entlassungsgeld

(1) Soldatinnen und Soldaten, die mehr als sechs Monate Wehrdienst leisten, erhalten bei der Entlassung ein Entlassungsgeld. Als Entlassung gilt auch der Eintritt in ein Wehrdienstverhältnis besonderer Art nach § 6 des Einsatz-Weiterverwendungsgesetzes.

(2) Das Entlassungsgeld beträgt für jeden Monat des freiwilligen Wehrdienstes mit Anspruch auf Wehrsold 100 Euro.

(3) Bei der Berechnung des Entlassungsgelds bleibt die Zeit der Verlängerung des Wehrdienstes wegen stationärer truppenärztlicher Behandlung (§ 75 Absatz 6 in Verbindung mit § 58h Absatz 1 des Soldatengesetzes) unberücksichtigt.

(4) Soldatinnen und Soldaten erhalten kein Entlassungsgeld, wenn sie

1. entlassen werden nach
    a) § 46 Absatz 1 in Verbindung mit § 58h Absatz 1 des Soldatengesetzes,
    b) § 75 Absatz 1 Satz 2 Nummer 5 in Verbindung mit § 58h Absatz 1 des Soldatengesetzes,
    c) § 75 Absatz 1 Satz 2 Nummer 6 in Verbindung mit § 58h Absatz 1 des Soldatengesetzes,
    d) § 75 Absatz 1 Satz 2 Nummer 7 in Verbindung mit § 58h Absatz 1 des Soldatengesetzes,

---

1 Hinweis: Zur Bekanntmachung der nach § 7 Satz 2 geltenden Beträge
ab 1.4.2021 u. 1.4.2022 vgl. Bek. v. 31.8.2021 I 4188 (WSG2020§ 7Satz 2Bek 2021) u.
ab 1.3.2024 vgl. Bek. v. 19.1.2024 I Nr. 20 (WSG2020§ 7Satz 2Bek 2024)

e) § 75 Absatz 1 Satz 2 Nummer 11 in Verbindung mit § 58h Absatz 1 des Soldatengesetzes, sofern sie ihre Dienstunfähigkeit vorsätzlich herbeigeführt haben, oder
f) § 75 Absatz 2 Nummer 2 oder Nummer 3 jeweils in Verbindung mit § 58h Absatz 1 des Soldatengesetzes,
2. nach § 76 in Verbindung mit § 58h Absatz 1 des Soldatengesetzes aus der Bundeswehr ausgeschlossen werden oder
3. (weggefallen)

§ 9 Vergütung für herausgehobene Funktionen

(1) Soldatinnen und Soldaten, die mehr als sechs Monate Wehrdienst geleistet haben, erhalten für die Dauer der Wahrnehmung einer herausgehobenen Funktion eine widerrufliche Vergütung unter den gleichen Voraussetzungen, unter denen Besoldungsempfängerinnen und Besoldungsempfängern eine Stellenzulage im Sinne des § 42 Absatz 1 und 3 des Bundesbesoldungsgesetzes zusteht.

(2) Die Höhe der Vergütung entspricht 80 Prozent der Beträge der jeweiligen Stellenzulage nach Anlage IX des Bundesbesoldungsgesetzes.

§ 10 Vergütung für besondere Erschwernisse

(1) Soldatinnen und Soldaten erhalten zur Abgeltung besonderer Erschwernisse eine widerrufliche Vergütung unter den gleichen Voraussetzungen, unter denen Besoldungsempfängerinnen und Besoldungsempfängern eine Erschwerniszulage nach § 47 des Bundesbesoldungsgesetzes zusteht.

(2) Für die Höhe der Vergütung gilt die auf Grund des § 47 des Bundesbesoldungsgesetzes erlassene Rechtsverordnung entsprechend.

§ 11 Vergütung für besondere zeitliche Belastungen

(1) Soldatinnen und Soldaten erhalten eine Vergütung für jede Dienstleistung, für die Besoldungsempfängerinnen und Besoldungsempfängern unter gleichen Voraussetzungen und im gleichen Umfang nach den §§ 50, 50a und 50d des Bundesbesoldungsgesetzes und den dazu erlassenen Rechtsverordnungen eine Vergütung gewährt wird.

(2) Die Höhe der Vergütung entspricht 80 Prozent der Leistungen, die dienstgradgleichen Soldatinnen auf Zeit und Soldaten auf Zeit gewährt werden.

§ 12 Auslandsverwendungszuschlag

Soldatinnen und Soldaten, die an einer besonderen Verwendung im Ausland im Sinne des § 56 Absatz 1 des Bundesbesoldungsgesetzes teilnehmen, erhalten einen Auslandsverwendungszuschlag unter den gleichen Voraussetzungen, in der gleichen Höhe und in dem gleichen Umfang wie Besoldungsempfängerinnen und Besoldungsempfänger. § 56 des Bundesbesoldungsgesetzes und die dazu erlassene Rechtsverordnung gelten entsprechend.

§ 13 Kaufkraftausgleich

Geldbezüge nach den §§ 4, 6, 9, 10 und 11 unterliegen dem Kaufkraftausgleich in entsprechender Anwendung des § 55 des Bundesbesoldungsgesetzes, wenn auch die Besoldung der an demselben Dienstort stationierten Soldatinnen und Soldaten dem Kaufkraftausgleich unterliegt.

Abschnitt 3 Sachbezüge

§ 14 Unterkunft

(1) Soldatinnen und Soldaten, die auf Grund dienstlicher Anordnung verpflichtet sind, in einer Gemeinschaftsunterkunft zu wohnen, wird die Unterkunft unentgeltlich bereitgestellt.

(2) Soldatinnen und Soldaten werden die notwendigen Kosten für die Fahrten zur Unterkunft und zurückerstattet. Näheres bestimmt das Bundesministerium der Verteidigung durch Verwaltungsvorschrift.

§ 15 Dienstkleidung und Ausrüstung

(1) Soldatinnen und Soldaten werden die Dienstkleidung und die Ausrüstung unentgeltlich bereitgestellt.

(2) Soldatinnen und Soldaten, die auf dienstliche Anordnung im Dienst Zivilkleidung tragen, erhalten für deren Abnutzung eine angemessene Entschädigung. Die Höhe der Entschädigung bestimmt das Bundesministerium der Verteidigung durch Verwaltungsvorschrift.

§ 16 Heilfürsorge

(1) Soldatinnen und Soldaten haben Anspruch auf Heilfürsorge in Form der unentgeltlichen truppenärztlichen Versorgung. § 69a des Bundesbesoldungsgesetzes gilt entsprechend.

(2) Soldatinnen und Soldaten, deren Dienstzeit auf bis zu sechs Monate festgesetzt worden ist, wird zahnärztliche Versorgung nur bei akuter Behandlungsbedürftigkeit und nur insoweit gewährt, als sie zur Wiederherstellung der Dienstfähigkeit erforderlich ist, es sei denn, es handelt sich um die Behandlung der Folgen einer Wehrdienstbeschädigung.

§ 17 Verpflegung, Verpflegungsgeld

(1) Soldatinnen und Soldaten, die für die Dauer eines auswärtigen Dienstgeschäftes außerhalb von Dienstreisen auf Grund dienstlicher Anordnung verpflichtet sind, an einer Gemeinschaftsverpflegung teilzunehmen, wird die Verpflegung unentgeltlich bereitgestellt.

(2) Anspruchsberechtigte nach Absatz 1 erhalten in entsprechender Anwendung der §§ 6 und 8 des Bundesreisekostengesetzes ein Verpflegungsgeld in Höhe der Beträge, die nach § 16 des Bundesreisekostengesetzes festgesetzt sind, wenn

1. sie aus dienstlichen Gründen von der Teilnahme an der Gemeinschaftsverpflegung befreit sind oder
2. ihnen keine Gemeinschaftsverpflegung bereitgestellt werden kann.

(3) Als Verpflegungsgeld für eine Mahlzeit erhalten sie den entsprechenden Teiltagessatz. Bei Dienstgeschäften im Inland gelten die §§ 3 und 4 der Trennungsgeldverordnung und bei Dienstgeschäften im Ausland die §§ 7 und 12 Absatz 7 der Auslandstrennungsgeldverordnung entsprechend.

Abschnitt 4 *(weggefallen)*

§ 18 *(weggefallen)*

§ 19 *(weggefallen)*

Anlage
(zu den §§ 4 und 6)

Wehrsoldgrundbetrag, Kinderzuschlag, Auslandsvergütung[2]

(Fundstelle: BGBl. 2025 I Nr. 370, S. 14)

		Monatsbetrag in Euro		
1	2	3	4	5
Wehrsoldgruppe	Dienstgrad	Wehrsoldgrundbetrag (§ 4 Absatz 1)	Kinderzuschlag je Kind (§ 4 Absatz 2)	Auslandsvergütung (§ 6 Absatz 2)
1	Jäger, Panzerschütze, Panzergrenadier, Kanonier, Pionier, Panzerpionier, Funker, Schütze, Flieger, Sanitätssoldat, Matrose	2 600	115	495
2	Gefreiter	2 630		495
3	Obergefreiter	2 650		542

2 Hinweis: Zur Bekanntmachung der nach § 7 Satz 2 geltenden Beträge nach der Tabelle dieser Anlage
ab 1.4.2021 u. 1.4.2022 vgl. Bek. v. 31.8.2021 I 4188 (WSG2020§ 7Satz 2Bek 2021) u.
ab 1.3.2024 vgl. Bek. v. 19.1.2024 I Nr. 20 (WSG2020§ 7Satz 2Bek 2024)

3.2 Allgemeine Verwaltungsvorschrift zu § 5 des Wehrsoldgesetzes

Zweck der Regelung:	Ausgestaltung des Anspruchs der Soldatinnen und Soldaten auf unentgeltliche Dienstkleidung und Ausrüstung nach § 5 Wehrsoldgesetz (WSG) – Verwaltungsvorschrift (VwV) zu § 5 WSG
Herausgegeben durch:	Bundesministerium der Verteidigung
Beteiligte Interessenvertretungen:	Gesamtvertrauenspersonenausschuss beim BMVg, Hauptschwerbehindertenvertretung beim BMVg:
Gebilligt durch:	Referatsleiterin P III 2
Herausgebende Stelle:	BMVg P III 2
Geltungsbereich:	Geschäftsbereich des Bundesministeriums der Verteidigung
Einstufung:	Offen
Einsatzrelevanz:	Ja
Berichtspflichten:	Nein
Gültig ab:	6.12.2017
Datum nächste Überprüfung:	5.12.2022
Version:	3
Ersetzt:	A-1457/2, Version 2
Aktenzeichen:	19-11-07
Identifikationsnummer:	A.14572.3I

Nach § 10 des Wehrsoldgesetzes in der Fassung der Bekanntmachung vom 13. August 2008 (BGBl. I S. 1718), das durch Artikel 9 des Gesetzes vom 5. Januar 2017 (BGBl. I S. 17) geändert worden ist, wird zu § 5 des Wehrsoldgesetzes folgende allgemeine Verwaltungsvorschrift erlassen:

1 Umfang der bereitgestellten Bekleidung und Ausrüstung

101. Der Umfang der den Soldatinnen und Soldaten (Offiziere, Unteroffiziere und Mannschaften), die Leistungen nach dem Wehrsoldgesetz erhalten, zum unentgeltlichen Gebrauch zu gewährenden Dienstbekleidung und Ausrüstung wird durch den dienstlichen Bedarf nach Maßgabe des Ausstattungssolls und durch die Bestandslage bestimmt. Ein nach Art und Zahl bestimmter Ausstattungsanspruch besteht daher nicht. An den bereitgestellten Stücken erwerben die Soldatinnen bzw. Soldaten kein Eigentum, es sei denn, dass für einzelne Artikel ausdrücklich eine abweichende Regelung getroffen ist.

2 Tragen von Zivilkleidung im Dienst

201. Das Tragen von Zivilkleidung im Dienst kann aus dienstlichen Gründen angeordnet werden; Zivilkleidung wird von Amts wegen nicht bereitgestellt. Soldatinnen bzw. Soldaten, die auf dienstliche Anordnung im Dienst eigene Zivilkleidung tragen, erhalten für deren besondere Abnutzung eine Entschädigung von 1,20 Euro täglich. Die Entschädigung wird halbmonatlich nachträglich gezahlt. Durch besonderen Erlass wird bestimmt, wer das Tragen von Zivilkleidung im Dienst anordnet.[1]

3 Anlagen

3.1 Änderungsjournal

Version	Gültig ab	Geänderter Inhalt
1	4.7.2014	– Formale Überführung – Erstveröffentlichung
2	Vorläufig 1.11.2015	– Vorläufige Veröffentlichung
3	6.12.2017	– Formale Anpassung nach vorläufiger Veröffentlichung

1 Zentralvorschrift A1-1000/0-7000 „Bekleidung der Bundeswehr"

3.3 Gesetz über die Leistungen zur Sicherung des Unterhalts von Reservistendienst Leistenden – Unterhaltssicherungsgesetz

Unterhaltssicherungsgesetz vom 4. August 2019 (BGBl. I S. 1147, 1179), das zuletzt durch Artikel 6 des Gesetzes vom 22. Dezember 2025 (BGBl. 2025 I Nr. 370) geändert worden ist.

Inhaltsübersicht

Kapitel 1 **Allgemeine Vorschriften**

§ 1 Anwendungsbereich, Begriffsbestimmung

(1) Dieses Gesetz gilt für Reservistendienst Leistende. Reservistendienst Leistende sind Personen, die Wehrdienst nach dem Vierten Abschnitt des Soldatengesetzes leisten. Teilnehmerinnen oder Teilnehmer an dienstlichen Veranstaltungen nach § 81 des Soldatengesetzes sind keine Reservistendienst Leistenden im Sinne dieses Gesetzes.

(2) Die Vorschriften des Kapitels 2 Abschnitt 3 sind mit Ausnahme von § 23 Absatz 1 auf Teilnehmerinnen oder Teilnehmer an dienstlichen Veranstaltungen nach § 81 des Soldatengesetzes anzuwenden.

(3) Im Spannungs- oder Verteidigungsfall gilt dieses Gesetz auch für
1. Grundwehrdienst Leistende nach § 5 des Wehrpflichtgesetzes,
2. Wehrübende nach § 6 des Wehrpflichtgesetzes,
3. freiwillig verlängerten Grundwehrdienst Leistende nach § 6a des Wehrpflichtgesetzes und
4. unbefristeten Wehrdienst Leistende nach § 4 Absatz 1 Nummer 4 des Wehrpflichtgesetzes.

(4) Im Spannungs- oder Verteidigungsfall sind die §§ 12 bis 17a nicht anzuwenden. Abweichend von § 25 Absatz 1 werden die Leistungen nach § 19 von Amts wegen gewährt.

§ 2 Teilzeit

Bei Teilzeitbeschäftigung nach § 30a Absatz 1 des Soldatengesetzes werden Leistungen nach den §§ 5 bis 9, 11 und 14 anteilig gewährt. Die Leistungen nach den §§ 12 bis 17 und 23 Absatz 3 werden anteilig zur vollen Dienstzeit am jeweiligen Tag gewährt. Die Tage nach den §§ 12 und 13 werden bei Teilzeit anteilig gezählt.

§ 3 Härteausgleich

Wenn die Durchführung der Vorschriften dieses Gesetzes im Einzelfall zu einer offenbar nicht beabsichtigten Härte führen würde, kann im Einvernehmen mit dem Bundesministerium der Verteidigung ein Ausgleich für jeden Wehrdiensttag gewährt werden.

§ 4 Ruhen der Leistungen

Die Leistungen nach diesem Gesetz ruhen
1. während einer Beurlaubung ohne Geld- und Sachbezüge,
2. während einer gerichtlich angeordneten Freiheitsentziehung,
3. während eines eigenmächtigen Fernbleibens der Truppe oder der Dienststelle.

Kapitel 2 **Leistungen**

Abschnitt 1 **Leistungen zur Sicherung des Einkommens**

§ 5 Leistungen an Arbeitnehmerinnen und Arbeitnehmer

(1) Arbeitnehmerinnen und Arbeitnehmern, die Reservistendienst leisten, wird der Verdienstausfall in Höhe des um die gesetzlichen Abzüge verminderten Arbeitsentgelts (§ 14 des Vierten Buches Sozialgesetzbuch) ersetzt.

(2) Reservistendienst Leistenden, die infolge der Dienstleistung Entgeltersatzleistungen einbüßen, wird die Einbuße ersetzt.

(3) Die Leistungen nach den Absätzen 1 und 2 betragen je Tag der Dienstleistung höchstens 301 Euro.

§ 6 Leistungen an Selbständige

Reservistendienst Leistende, die Inhaberinnen oder Inhaber eines Betriebs der Land- und Forstwirtschaft oder eines Gewerbebetriebs sind oder die eine selbständige Arbeit ausüben, erhalten für die ihnen infolge der Dienstleistung entgehenden Einkünfte für jeden Tag der Dienstleistung eine Entschädigung in Höhe von einem Dreihundertsechzigstel der Summe der sich aus dem letzten Einkommensteuerbescheid ergebenden Einkünfte nach § 2 Absatz 1 Satz 1 Nummer 1 bis 3 des Einkommensteuergesetzes, höchstens jedoch 430 Euro je Tag der Dienstleistung. Für die Erhaltung der Betriebsstätte erhalten Reservistendienst Leistende zusätzlich für jeden Tag der Dienstleistung pauschal 0,15 Dreihundertsechzigstel der Summe der nach Satz 1 ermittelten Einkünfte.

§ 7 Zusammentreffen mehrerer Leistungen

Neben Leistungen nach § 6 werden Leistungen nach § 5 nur bis zu 70 Prozent des nicht ausgeschöpften Höchstbetrags nach § 6 Satz 1 gewährt.

§ 8 Mindestleistung

(1) Reservistendienst Leistende erhalten nach ihrer Wahl statt der Leistungen nach den §§ 5 und 6 für jeden Tag der Dienstleistung einen Tagessatz, dessen Höhe sich aus der Tabelle in Anlage 1 ergibt. Der Tagessatz wird in Anlehnung an die regelmäßigen Anpassungen der entsprechenden Grundgehälter und des Familienzuschlags nach § 14 Absatz 1 des Bundesbesoldungsgesetzes angepasst. Das Bundesminis-

terium der Verteidigung regelt den jeweils geltenden Tagessatz durch Rechtsverordnung ohne Zustimmung des Bundesrates.

(2) Auf die Leistung nach Absatz 1 Satz 1 werden die folgenden Leistungen, jeweils gemindert um die gesetzlichen Abzüge, angerechnet:

1. Leistungen nach § 1 Absatz 2 Satz 1 und § 9 Absatz 2 Satz 2, auch in Verbindung mit Absatz 11, des Arbeitsplatzschutzgesetzes und
2. Ruhegehälter nach § 27 Absatz 1 des Soldatenversorgungsgesetzes einschließlich des Unterschiedsbetrags nach § 64 Absatz 1 Satz 2 und 3 des Soldatenversorgungsgesetzes sowie Ruhegehälter nach § 4 des Beamtenversorgungsgesetzes einschließlich des Unterschiedsbetrags nach § 50 Absatz 1 Satz 2 und 3 des Beamtenversorgungsgesetzes und Ruhegehälter nach den entsprechenden Vorschriften der Beamtenversorgungsgesetze der Länder, die der oder dem Reservistendienst Leistenden weitergewährt werden.

§ 9 Leistungen für Versorgungsempfänger

Leisten Versorgungsempfängerinnen und Versorgungsempfänger Reservistendienst, so erhalten sie mindestens die Differenz aus

1. der Summe aus
   a) ihren ruhegehaltfähigen Dienstbezügen nach der Endstufe der Besoldungsgruppe, aus der das Ruhegehalt berechnet ist, und
   b) dem Unterschiedsbetrag nach § 64 Absatz 1 Satz 2 und 3 des Soldatenversorgungsgesetzes,
   wobei von dieser Summe der Betrag subtrahiert wird, der als Lohnsteuer, Solidaritätszuschlag und Kirchensteuer von den Dienstbezügen abzuziehen wäre, und
2. ihren Versorgungsbezügen, von denen die Lohnsteuer, der Solidaritätszuschlag und die Kirchensteuer abgezogen wird.

Abschnitt 2 Prämie, Dienstgeld, Zuschläge

§ 10 Kaufkraftausgleich

Die Leistungen nach den §§ 11 sowie 15 bis 19 unterliegen dem Kaufkraftausgleich in entsprechender Anwendung von § 55 des Bundesbesoldungsgesetzes, wenn auch die Besoldung der an demselben Dienstort stationierten Berufssoldatinnen und Berufssoldaten sowie Soldatinnen auf Zeit und Soldaten auf Zeit dem Kaufkraftausgleich unterliegt.

§ 11 Prämie

Reservistendienst Leistende erhalten für jeden Tag Reservistendienst eine Prämie nach Spalte 2 der Tabelle in Anlage 2.

§ 11a Prämie für besondere Einsatzbereitschaft

(1) Reservistendienst Leistenden kann für ihre Verwendung bei der Herbeiführung eines im besonderen öffentlichen Interesse liegenden unaufschiebbaren und zeitge-

bundenen Ergebnisses im Inland eine Prämie gewährt werden. Voraussetzung ist eine Entscheidung nach § 42b Absatz 3 des Bundesbesoldungsgesetzes für die entsprechende Verwendung von Soldatinnen und Soldaten.

(2) Die Prämie beträgt 70 Prozent der entsprechenden Prämie für Soldatinnen und Soldaten nach § 42b Absatz 2 Satz 1 des Bundesbesoldungsgesetzes. Abweichend von Satz 1 beträgt die Prämie 100 Prozent, wenn sie für Soldatinnen und Soldaten nicht steuerpflichtig ist. § 42b Absatz 2 Satz 2 bis 4 des Bundesbesoldungsgesetzes gilt entsprechend.

§ 12 Zuschlag für längeren Dienst[1]

Reservistendienst Leistende erhalten einen Zuschlag von 70 Euro pro Tag ab dem 15. Tag Reservistendienst im Kalenderjahr, höchstens jedoch 700 Euro im Kalenderjahr. Die Leistung ist ausgeschlossen, soweit eine Verpflichtungsvereinbarung nach § 13 abgeschlossen ist.

§ 13 Zuschlag für die Verpflichtung zu längerem Dienst[2]

Reservistendienst Leistende, die sich vor dem ersten Tag eines Reservistendienstes auf Grund eines entsprechenden Angebots verpflichtet haben, in einem Kalenderjahr mindestens 33 Tage Reservistendienst zu leisten, erhalten nach Erfüllung der Verpflichtung einen Zuschlag von 35 Euro je Tag, höchstens jedoch 1 470 Euro je Kalenderjahr. Eine Verpflichtung ist nur wirksam, wenn

1. die Annahme des Verpflichtungsangebots vor dem 15. Tag Reservistendienst im Kalenderjahr beim Bundesamt für das Personalmanagement der Bundeswehr (Bundesamt) eingeht und
2. im Kalenderjahr nicht bereits Leistungen nach § 12 gewährt worden sind.

§ 14 Dienstgeld[3]

Reservistendienst Leistende erhalten für Dienstleistungen an einem Samstag, einem Sonntag oder einem gesetzlichen Feiertag sowie für eine eintägige Dienstleistung an einem Freitag eine zweite Prämie nach Spalte 3 der Tabelle in Anlage 2. Für Tage, an denen kein Dienst geleistet wird, wird die zweite Prämie nicht gewährt. Satz 1 gilt nicht bei Anspruch auf den Auslandsverwendungszuschlag nach § 18.

§ 15 Zuschlag für herausgehobene Funktionen[4]

(1) Reservistendienst Leistende erhalten einen widerruflichen Zuschlag für die Dauer der Wahrnehmung einer herausgehobenen Funktion unter den gleichen Voraussetzungen, unter denen Besoldungsempfängerinnen und Besoldungsempfängern eine Stellenzulage im Sinne des § 42 Absatz 1 und 3 des Bundesbesoldungsgesetzes zusteht.

1 §§ 12 bis 17: Zur Nichtanwendung vgl. § 1 Abs. 4
2 §§ 12 bis 17: Zur Nichtanwendung vgl. § 1 Abs. 4
3 §§ 12 bis 17: Zur Nichtanwendung vgl. § 1 Abs. 4
4 §§ 12 bis 17: Zur Nichtanwendung vgl. § 1 Abs. 4

(2) Der Zuschlag beträgt 70 Prozent der entsprechenden Stellenzulage nach Anlage IX des Bundesbesoldungsgesetzes.

§ 16 Zuschlag für besondere Erschwernisse[5]

(1) Reservistendienst Leistende erhalten einen widerruflichen Zuschlag zur Abgeltung besonderer Erschwernisse, sofern sie Aufgaben unter den gleichen Voraussetzungen wahrnehmen, unter denen Besoldungsempfängerinnen und Besoldungsempfängern eine Erschwerniszulage nach § 47 des Bundesbesoldungsgesetzes zusteht.

(2) Der Zuschlag beträgt 70 Prozent der entsprechenden Zulage nach der auf Grund des § 47 des Bundesbesoldungsgesetzes erlassenen Rechtsverordnung. Abweichend von Satz 1 beträgt der Zuschlag 100 Prozent, wenn dieser für Soldatinnen und Soldaten nicht steuerpflichtig ist.

§ 17 Zuschlag für besondere zeitliche Belastungen[6]

(1) Reservistendienst Leistende erhalten einen Zuschlag für jede Dienstleistung, für die Besoldungsempfängerinnen und Besoldungsempfängern unter gleichen Voraussetzungen und im gleichen Umfang nach den §§ 50 bis 50b sowie 50d des Bundesbesoldungsgesetzes und den dazu erlassenen Rechtsverordnungen eine Vergütung gewährt wird.

(2) Der Zuschlag beträgt 70 Prozent der Leistungen, die dienstgradgleichen Besoldungsempfängerinnen und Besoldungsempfängern gewährt werden.

§ 17a Zuschlag für Fahrtkosten

Reservistendienst Leistende, die aus persönlichen oder dienstlichen Gründen von der Pflicht zum Wohnen in einer Gemeinschaftsunterkunft befreit sind und täglich von der Dienststätte zu ihrer Wohnung zurückkehren, erhalten pro Tag der Dienstleistung einen Zuschlag in Höhe von 20 Cent je Kilometer der mit einem privaten Kraftfahrzeug zurückgelegten Strecke der einfachen Entfernung zwischen Dienststätte und Wohnung. Der Zuschlag ist je Tag der Dienstleistung an der Dienststätte auf höchstens 20 Euro begrenzt. Entstandene Kosten für Fahrten auf dem Land- oder Wasserweg mit regelmäßig verkehrenden Beförderungsmitteln werden bis zur Höhe der niedrigsten Beförderungsklasse entsprechend Satz 2 erstattet. Ist die Wohnung auf einer üblicherweise befahrenen Strecke weniger als 30 Kilometer von der Dienststätte entfernt oder liegt sie im Dienstort, wird der Zuschlag nicht gewährt.

§ 18 Auslandsverwendungszuschlag

(1) Reservistendienst Leistende, die an einer besonderen Verwendung im Ausland im Sinne des § 56 Absatz 1 des Bundesbesoldungsgesetzes teilnehmen, erhalten einen Auslandsverwendungszuschlag unter den gleichen Voraussetzungen, in der gleichen Höhe und in dem gleichen Umfang wie Besoldungsempfängerinnen und

---

5 §§ 12 bis 17: Zur Nichtanwendung vgl. § 1 Abs. 4
6 §§ 12 bis 17: Zur Nichtanwendung vgl. § 1 Abs. 4

Besoldungsempfänger. § 56 Absatz 3 Satz 1 und 2 des Bundesbesoldungsgesetzes und die dazu erlassene Rechtsverordnung gelten entsprechend.

(2) Reservistendienst Leistende, die während einer besonderen Auslandsverwendung wegen Verschleppung, Gefangenschaft oder aus sonstigen mit dem Dienst zusammenhängenden Gründen, die sie nicht zu vertreten haben, dem Einflussbereich des Dienstherrn entzogen sind, wird für diesen Zeitraum die höchste Stufe des Auslandsverwendungszuschlags gewährt.

§ 19 Auslandszuschlag

(1) Reservistendienst Leistende erhalten einen Zuschlag, wenn Berufssoldatinnen und Berufssoldaten sowie Soldatinnen auf Zeit und Soldaten auf Zeit an diesem Dienstort Auslandsdienstbezüge oder Auslandstrennungsgeld erhalten. Satz 1 gilt nicht bei Anspruch auf den Auslandsverwendungszuschlag nach § 18.

(2) Die Höhe des Zuschlags bemisst sich nach Spalte 3 der Tabelle in Anlage 2.

Abschnitt 3 Sachleistungen

§ 20 Unterkunft

(1) Reservistendienst Leistenden, die auf Grund dienstlicher Anordnung verpflichtet sind, in einer Gemeinschaftsunterkunft zu wohnen, wird die Unterkunft unentgeltlich bereitgestellt.

(2) Reservistendienst Leistenden werden die notwendigen Kosten für die Fahrten zur Unterkunft und zurück erstattet. Näheres bestimmt das Bundesministerium der Verteidigung durch Verwaltungsvorschrift.

§ 21 Dienstkleidung und Ausrüstung

Reservistendienst Leistenden werden die Dienstkleidung und die Ausrüstung unentgeltlich bereitgestellt. Reservistendienst Leistende, die auf dienstliche Anordnung im Dienst eigene Zivilkleidung tragen, erhalten für deren Abnutzung eine angemessene Entschädigung. Die Höhe der Entschädigung bestimmt das Bundesministerium der Verteidigung durch Verwaltungsvorschrift.

§ 22 Heilfürsorge

(1) Reservistendienst Leistende haben Anspruch auf Heilfürsorge in Form der unentgeltlichen truppenärztlichen Versorgung. § 69a des Bundesbesoldungsgesetzes gilt entsprechend.

(2) Reservistendienst Leistenden mit festgesetzter Dienstzeit von bis zu sechs Monaten wird zahnärztliche Versorgung nur bei akuter Behandlungsbedürftigkeit und zur Wiederherstellung der Dienstfähigkeit gewährt, es sei denn, es handelt sich um die Behandlung der Folgen einer Wehrdienstbeschädigung.

§ 23 Verpflegung, Verpflegungsgeld

(1) Reservistendienst Leistende, die für die Dauer eines auswärtigen Dienstgeschäftes außerhalb von Dienstreisen auf Grund dienstlicher Anordnung verpflichtet sind, an einer Gemeinschaftsverpflegung teilzunehmen, wird die Verpflegung unentgeltlich bereitgestellt.

(2) Teilnehmerinnen oder Teilnehmer an dienstlichen Veranstaltungen nach § 81 des Soldatengesetzes haben während der Dauer ihres Wehrdienstes Anspruch auf unentgeltliche Verpflegung.

(3) Anspruchsberechtigte nach den Absätzen 1 und 2 erhalten in entsprechender Anwendung der §§ 6 und 8 des Bundesreisekostengesetzes ein Verpflegungsgeld in Höhe der Beträge, die durch eine allgemeine Verwaltungsvorschrift nach § 16 des Bundesreisekostengesetzes festgesetzt sind, wenn

1. sie aus dienstlichen Gründen von der Teilnahme an der Gemeinschaftsverpflegung befreit sind oder
2. ihnen keine Gemeinschaftsverpflegung bereitgestellt werden kann.

(4) Als Verpflegungsgeld für eine Mahlzeit erhalten sie den entsprechenden Teiltagessatz. Bei Dienstgeschäften im Inland gelten die §§ 3 und 4 der Trennungsgeldverordnung und im Ausland die §§ 7 und 12 Absatz 7 der Auslandstrennungsgeldverordnung entsprechend.

(5) Bei dienstlichem Aufenthalt im Ausland unterliegt das nach Absatz 2 auszuzahlende Verpflegungsgeld dem Kaufkraftausgleich nach § 10.

Kapitel 3 **Verfahren**

§ 24 Zuständigkeit

Die Aufgaben dieses Gesetzes werden in bundeseigener Verwaltung durchgeführt und den Behörden der Bundeswehrverwaltung übertragen, die dem Bundesministerium der Verteidigung unterstehen.

§ 25 Antrag

(1) Die Leistungen nach den §§ 5 bis 9, 14, 17a und 19 werden auf Antrag gewährt.

(2) Das Antragsrecht endet mit Ablauf des sechsten Monats nach Beendigung des geleisteten Reservistendienstes.

§ 26 Leistungsberechnung

Bemisst sich der Anspruch auf Leistungen nach Tagen, wird der Monat mit 30 Tagen berechnet.

§ 27 Auskunfts- und Mitteilungspflichten

(1) Reservistendienst Leistende, die Leistungen nach § 8 Absatz 1 Satz 1 beantragen, haben Leistungen nach § 1 Absatz 2 Satz 1 und § 9 Absatz 2 Satz 2, auch in

Verbindung mit Absatz 11, des Arbeitsplatzschutzgesetzes sowie Ruhegehälter nach § 27 Absatz 1 des Soldatenversorgungsgesetzes einschließlich des Unterschiedsbetrags nach § 64 Absatz 1 Satz 2 des Soldatenversorgungsgesetzes anzugeben, die sie für die Zeit des Reservistendienstes erhalten.

(2) Empfängerinnen und Empfänger von Leistungen nach Kapitel 2 Abschnitt 1 und 2 haben dem Bundesamt unverzüglich jede Änderung der tatsächlichen oder rechtlichen Verhältnisse mitzuteilen, die der Leistungserbringung zugrunde liegen.

(3) Die Arbeitgeberinnen und Arbeitgeber von Leistungsempfängerinnen und Leistungsempfängern haben dem Bundesamt auf Anforderung Auskunft über die Art und die Dauer der Beschäftigung, über die Arbeitsstätte und die Höhe des Arbeitsentgelts der Leistungsempfängerin oder des Leistungsempfängers zu erteilen, soweit die Kenntnis dieser Daten für die Berechnung der Leistungen nach diesem Gesetz erforderlich ist.

(4) Die Sozialleistungsträger übermitteln dem Bundesamt auf Ersuchen die ihnen bekannten Sozialdaten zu Leistungsempfängerinnen und Leistungsempfängern, soweit die Kenntnis dieser Daten für die Berechnung der Leistungen nach diesem Gesetz erforderlich ist.

(5) Die Finanzbehörden erteilen dem Bundesamt auf Ersuchen Auskunft über die ihnen bekannten Einkommens- und Vermögensverhältnisse der Leistungsempfängerinnen und Leistungsempfänger, soweit die Kenntnis dieser Verhältnisse für die Berechnung der Leistungen nach diesem Gesetz erforderlich ist.

(6) Die für die Aufforderung zum Dienstantritt, die Einberufung, die Heranziehung oder die Entlassung von Reservistendienst Leistenden zuständige Stelle übermittelt dem Bundesamt auf Ersuchen unverzüglich die Tatsachen, deren Kenntnis für die Berechnung der Leistungen nach diesem Gesetz erforderlich ist.

§ 28 Folgen fehlender Mitwirkung

(1) Kommt eine Antragstellerin oder ein Antragsteller oder eine Leistungsempfängerin oder ein Leistungsempfänger einer Mitwirkungspflicht nach § 27 Absatz 1 oder 2 dieses Gesetzes oder nach § 27 Absatz 2 des Verwaltungsverfahrensgesetzes nicht nach und wird hierdurch die Aufklärung des Sachverhalts erheblich erschwert, so kann die Leistung ohne weitere Ermittlungen, bis die Mitwirkung nachgeholt wird, versagt oder entzogen werden. Dies gilt entsprechend, wenn die Aufklärung des Sachverhalts in anderer Weise absichtlich erheblich erschwert wird.

(2) Leistungen nach diesem Gesetz dürfen wegen fehlender Mitwirkung nur versagt oder entzogen werden, wenn die Antragstellerin oder der Antragsteller oder die Leistungsempfängerin oder der Leistungsempfänger auf diese Folge schriftlich oder elektronisch hingewiesen worden und ihrer oder seiner Mitwirkungspflicht nicht innerhalb einer ihr oder ihm gesetzten angemessenen Frist nachgekommen ist.

(3) Wird die Mitwirkung nachgeholt und liegen die Leistungsvoraussetzungen vor, kann die Leistung nachträglich gewährt werden.

§ 29 Vertretung der Bundesrepublik Deutschland

Die Bundesministerin der Verteidigung oder der Bundesminister der Verteidigung kann die Vertretung der Bundesrepublik Deutschland in Rechtsstreitigkeiten nach diesem Gesetz durch allgemeine Anordnung übertragen. Die Anordnung ist im Bundesgesetzblatt zu veröffentlichen.

Kapitel 4 **Bußgeldvorschriften**

§ 30 Bußgeldvorschriften

(1) Ordnungswidrig handelt, wer vorsätzlich oder fahrlässig
1. entgegen § 27 Absatz 1 eine Angabe nicht richtig macht,
2. entgegen § 27 Absatz 2 eine Mitteilung nicht, nicht richtig, nicht vollständig oder nicht rechtzeitig macht oder
3. entgegen § 27 Absatz 3 eine Auskunft nicht, nicht richtig, nicht vollständig oder nicht rechtzeitig erteilt.

(2) Die Ordnungswidrigkeit kann mit einer Geldbuße bis zu dreitausend Euro geahndet werden.

(3) Verwaltungsbehörde im Sinne des § 36 Absatz 1 Nummer 1 des Gesetzes über Ordnungswidrigkeiten ist das Bundesamt für das Personalmanagement der Bundeswehr.

Anlage 1
(zu § 8 Absatz 1)

Mindestleistung

(Fundstelle: BGBl. 2025 I Nr. 370, S. 16)

	Dienstgrad	Tagessatz			
	1	2	3	4	5
		Reservistendienst Leistende oder Reservistendienst Leistender			
		ohne unterhaltsberechtigtes Kind	mit einem unterhaltsberechtigten Kind	mit zwei unterhaltsberechtigten Kindern	mit drei unterhaltsberechtigten Kindern[17]
1	Jäger, Panzerschütze, Panzergrenadier, Kanonier, Pionier, Panzerpionier, Funker, Schütze, Flieger, Sanitätssoldat, Matrose, Gefreiter, Grenadier, Panzerjäger, Panzerkanonier, Panzerfunker	76,85 €	89,52 €	93,90 €	105,34 €
2	Obergefreiter, Hauptgefreiter	78,04 €	90,88 €	95,10 €	106,29 €
3	Stabsgefreiter, Oberstabsgefreiter, Unteroffizier, Maat,	78,48 €	91,39 €	95,40 €	106,44 €

7 Bei mehr als drei unterhaltsberechtigten Kindern wird der Tagessatz für jedes weitere Kind um die Differenz zwischen den Tagessätzen nach den Spalten 4 und 5 erhöht.

	Dienstgrad	Tagessatz			
	1	2	3	4	5
		Reservistendienst Leistende oder Reservistendienst Leistender			
		ohne unterhaltsberechtigtes Kind	mit einem unterhaltsberechtigten Kind	mit zwei unterhaltsberechtigten Kindern	mit drei unterhaltsberechtigten Kindern[17]
	Fahnenjunker, Seekadett				
4	Stabsunteroffizier, Obermaat, Korporal, Stabskorporal	80,31 €	93,29 €	96,76 €	107,26 €
5	Feldwebel, Bootsmann, Fähnrich, Fähnrich zur See, Oberfeldwebel, Oberbootsmann	82,74 €	96,04 €	99,48 €	109,89 €
6	Hauptfeldwebel, Hauptbootsmann, Oberfähnrich, Oberfähnrich zur See	86,35 €	100,09 €	103,44 €	113,81 €
7	Stabsfeldwebel, Stabsbootsmann, Oberstabsfeldwebel, Oberstabsbootsmann, Leutnant, Leutnant zur See	91,66 €	106,29 €	109,62 €	119,88 €
8	Oberleutnant, Oberleutnant zur See	96,75 €	111,74 €	115,27 €	125,24 €
9	Hauptmann, Kapitänleutnant	106,84 €	123,11 €	126,51 €	136,56 €
10	Stabsarzt, Stabsapotheker, Stabsveterinär, Stabshauptmann, Stabskapitänleutnant, Major, Korvettenkapitän	126,36 €	145,38 €	148,81 €	158,91 €
11	Oberstabsarzt, Oberstabsapotheker, Oberstabsveterinär, Oberstleutnant, Fregattenkapitän	128,97 €	148,44 €	151,90 €	161,76 €
12	Oberfeldarzt, Flottillenarzt, Oberfeldapotheker, Flottillenapotheker, Oberfeldveterinär	148,97 €	172,69 €	176,03 €	185,57 €
13	Oberst, Kapitän zur See, Oberstarzt, Flottenarzt, Ober-	160,07 €	186,02 €	189,34 €	189,70 €

	Dienstgrad	Tagessatz			
	1	2	3	4	5
		Reservistendienst Leistende oder Reservistendienst Leistender			
		ohne unterhaltsberechtigtes Kind	mit einem unterhaltsberechtigten Kind	mit zwei unterhaltsberechtigten Kindern	mit drei unterhaltsberechtigten Kindern[17]
	stapotheker, Flottenapotheker, Oberstveterinär und höhere Dienstgrade				

Anlage 2
(zu den §§ 11, 14 und 19 Absatz 2)

Prämie, Dienstgeld, Auslandszuschlag

(Fundstelle: BGBl. 2025 I Nr. 370, S. 17)

		Tagessatz		
	1	2	3	4
	Dienstgrad	Prämie nach § 11	Prämie nach § 14	Auslandszuschlag nach § 19
1	Jäger, Panzerschütze, Panzergrenadier, Kanonier, Pionier, Panzerpionier, Funker, Schütze, Flieger, Sanitätssoldat, Matrose, Gefreiter, Grenadier, Panzerjäger, Panzerkanonier, Panzerfunker	23,53 €	18,82 €	10,18 €
2	Obergefreiter, Hauptgefreiter	25,84 €	20,67 €	11,71 €
3	Stabsgefreiter, Oberstabsgefreiter, Unteroffizier, Maat, Fahnenjunker, Seekadett	26,99 €	21,59 €	13,25 €
4	Stabsunteroffizier, Obermaat, Korporal, Stabskorporal	29,31 €	23,45 €	13,25 €
5	Feldwebel, Bootsmann, Fähnrich, Fähnrich zur See, Oberfeldwebel, Oberbootsmann	30,08 €	24,06 €	13,76 €
6	Hauptfeldwebel, Hauptbootsmann, Oberfähnrich, Oberfähnrich zur See	30,48 €	24,38 €	14,27 €
7	Stabsfeldwebel, Stabsbootsmann, Oberstabsfeldwebel, Oberstabsbootsmann, Leutnant, Leutnant zur See	30,85 €	24,68 €	14,27 €
8	Oberleutnant, Oberleutnant zur See	31,61 €	25,29 €	14,78 €
9	Hauptmann, Kapitänleutnant	32,39 €	25,91 €	15,29 €
10	Stabsarzt, Stabsapotheker, Stabsveterinär, Stabshauptmann, Stabskapitänleutnant, Major, Korvettenkapitän	33,15 €	26,52 €	15,80 €
11	Oberstabsarzt, Oberstabsapotheker, Oberstabsveterinär, Oberstleutnant, Fregattenkapitän	33,94 €	27,15 €	16,32 €

		Tagessatz		
	1	2	3	4
	Dienstgrad	Prämie nach § 11	Prämie nach § 14	Auslandszuschlag nach § 19
12	Oberfeldarzt, Flottillenarzt, Oberfeldapotheker, Flottillenapotheker, Oberfeldveterinär	34,71 €	27,77 €	16,32 €
13	Oberst, Kapitän zur See, Oberstarzt, Flottenarzt, Oberstabsapotheker, Flottenapotheker, Oberstveterinär und höhere Dienstgrade	36,25 €	29,00 €	16,83 €

3.4 Gesetz über die Entschädigung der Soldatinnen und Soldaten (Soldatenentschädigungsgesetz – SEG)

Soldatenentschädigungsgesetz vom 20. August 2021 (BGBl. I S. 3932, 3933), das zuletzt durch Artikel 1 der Verordnung vom 10. Juni 2025 (BGBl. 2025 I Nr. 143) geändert worden ist.

Zuletzt geändert durch Art. 1 V v. 10.6.2025 I Nr. 143.

Kapitel 1 **Allgemeine Vorschriften**

§ 1 Persönlicher Geltungsbereich

Dieses Gesetz gilt für
1. Personen, die eine Wehrdienstbeschädigung erlitten haben,
2. Angehörige und Hinterbliebene der in Nummer 1 genannten Personen.

§ 2 Begriffsbestimmungen

(1) Geschädigte Person ist eine Person, die eine Wehrdienstbeschädigung erlitten hat.

(2) Primäre Gesundheitsstörungen sind solche, die nach dem aktuellen Stand der medizinischen Wissenschaft durch ein schädigendes Ereignis hervorgerufen werden können und zeitlich als erste auftreten.

(3) Sekundäre Gesundheitsstörungen sind solche, die nach dem aktuellen Stand der medizinischen Wissenschaft aus der primären Gesundheitsstörung entstehen können.

(4) Angehörige sind
1. die Ehegattin oder der Ehegatte einer Soldatin oder eines Soldaten,
2. die Kinder einer Soldatin oder eines Soldaten,
3. die Stiefkinder einer Soldatin oder eines Soldaten, die in den Haushalt aufgenommen worden sind,
4. die Pflegekinder einer Soldatin oder eines Soldaten.

(5) Andere zur häuslichen Gemeinschaft gehörende Personen sind Personen, auf die sich die Umzugskostenzusage des Dienstherrn nach § 6 Absatz 3 Satz 3 des Bundesumzugskostengesetzes bezieht oder beziehen würde.

(6) Hinterbliebene sind
1. die Witwe oder der Witwer der geschädigten Person,
2. die Waisen der geschädigten Person,
3. die Stiefkinder, die in den Haushalt der geschädigten Person aufgenommen worden sind,
4. die Pflegekinder der geschädigten Person,
5. die Eltern der geschädigten Person,
6. die Stiefeltern oder Pflegeeltern der geschädigten Person, wenn sie der geschädigten Person zum Zeitpunkt des Versterbens unentgeltlich Unterhalt geleistet haben,
7. die Großeltern der geschädigten Person, wenn die verstorbene geschädigte Person ihnen Unterhalt geleistet hat oder hätte.

Stiefkinder nach Satz 1 Nummer 3 und Pflegekinder nach Satz 1 Nummer 4 stehen den Waisen nach Satz 1 Nummer 2 gleich. Berechtigte nach Satz 1 Nummer 6 und 7 stehen den Eltern nach Satz 1 Nummer 5 gleich.

(7) Pflegekinder sind Personen, mit denen eine Soldatin oder ein Soldat oder eine geschädigte Person durch ein familienähnliches, auf Dauer angelegtes Band verbunden ist, sofern die Soldatin oder der Soldat oder die geschädigte Person die Personen nicht zu Erwerbszwecken in den Haushalt aufgenommen hat und das Obhuts- und Pflegeverhältnis zu den Eltern nicht mehr besteht.

§ 3 Wehrdienstbeschädigung

(1) Eine Wehrdienstbeschädigung liegt vor, wenn die primäre Gesundheitsstörung durch eines der folgenden schädigenden Ereignisse verursacht worden ist:
1. einen Unfall während der Ausübung des Wehrdienstes,
2. eine Wehrdienstverrichtung,
3. die dem Wehrdienst eigentümlichen Verhältnisse,
4. einen Angriff auf die Soldatin oder den Soldaten
   a) wegen des pflichtgemäßen dienstlichen Verhaltens oder
   b) wegen des Status als Soldatin oder als Soldat,
5. gesundheitsschädigende Verhältnisse während der Verwendung im Ausland oder
6. einen Angriff auf die Soldatin oder den Soldaten bei Kriegshandlungen, Aufruhr oder Unruhen während der Verwendung im Ausland.

Eine Wehrdienstbeschädigung liegt nicht vor, wenn die geschädigte Person die Gesundheitsstörung vorsätzlich herbeigeführt hat.

(2) Zum Wehrdienst gehören auch
1. Dienstreisen und die dienstliche Tätigkeit am Bestimmungsort,
2. die Teilnahme an dienstlichen Veranstaltungen,
3. Nebentätigkeiten im öffentlichen Dienst oder in dem ihm gleichstehenden Dienst, zu deren Übernahme die Soldatin oder der Soldat nach § 20 Absatz 7 des Soldatengesetzes verpflichtet ist,
4. Nebentätigkeiten, deren Wahrnehmung von der Soldatin oder dem Soldaten im Zusammenhang mit den Dienstgeschäften erwartet wird, sofern die Soldatin oder der Soldat hierbei nicht in der gesetzlichen Unfallversicherung nach dem Siebten Buch Sozialgesetzbuch versichert ist, sowie
5. das Erscheinen zur Feststellung der Wehrdienstfähigkeit, zur Eignungsuntersuchung und Eignungsfeststellung oder im Rahmen der Dienstleistungs- oder Wehrüberwachung auf Anordnung einer zuständigen Dienststelle.

(3) Als Wehrdienst gilt auch das Zurücklegen des mit dem Dienst zusammenhängenden Weges zu und von der Dienststelle. Hat die Soldatin oder der Soldat wegen der Entfernung ihrer oder seiner ständigen Familienwohnung vom Dienstort am Dienstort oder in dessen Nähe eine Unterkunft, so gilt Satz 1 auch für den Weg zwischen der Familienwohnung und der Dienststelle oder der Unterkunft am Dienstort. Der Zusammenhang mit dem Dienst gilt als nicht unterbrochen, wenn die Soldatin oder der Soldat
1. von dem unmittelbaren Weg zwischen der Wohnung und der Dienststelle in vertretbarem Umfang abweicht,
   a) um ein eigenes Kind, für das ihr oder ihm dem Grunde nach Kindergeld zusteht, wegen ihrer oder seiner eigenen Berufstätigkeit oder der Berufstätigkeit ihres oder seines Ehegatten in fremde Obhut zu geben oder aus fremder Obhut abzuholen oder

   b) weil sie oder er mit anderen berufstätigen oder in der gesetzlichen Unfallversicherung versicherten Personen gemeinsam ein Fahrzeug für den Weg zu und von der Dienststelle benutzt oder
2. in ihrer oder seiner Wohnung Dienst leistet und Wege zurücklegt, um ein Kind im Sinne der Nummer 1 Buchstabe a in fremde Obhut zu geben oder aus fremder Obhut abzuholen.

(4) Von Absatz 1 Satz 1 Nummer 1 sind auch Unfälle erfasst, welche die geschädigte Person erleidet
1. während einer Maßnahme nach den Kapiteln 3 bis 5,
2. während des Erscheinens auf Anordnung einer Behörde oder eines Gerichts wegen der Wehrdienstbeschädigung oder
3. auf dem jeweils erforderlichen Hin- und Rückweg.

Ein Unfall, den die Soldatin oder der Soldat bei der Gewährung der unentgeltlichen truppenärztlichen Versorgung oder auf einem hierzu notwendigen Weg erleidet, gilt ebenfalls als Unfall nach Absatz 1 Satz 1 Nummer 1.

(5) Als Wehrdienstbeschädigung gilt auch, wenn statt der primären Gesundheitsstörung die Beschädigung oder der Verlust eines im oder am Körper getragenen Hilfsmittels vorliegt.

§ 4 Besondere Fallgestaltungen

(1) Als Wehrdienstbeschädigung gilt die bei einer Verwendung im Ausland außerhalb des Dienstes erlittene primäre Gesundheitsstörung, wenn sie verursacht worden ist durch

1 vom Inland wesentlich abweichende Verhältnisse während einer besonderen Verwendung nach § 87 Absatz 1 des Soldatenversorgungsgesetzes oder

2 einen Unfall oder eine Erkrankung im Zusammenhang mit einer Verschleppung oder einer Gefangenschaft in dem ausländischen Staat, in dem die Soldatin oder der Soldat verwendet wird, oder den Umstand, dass die Soldatin oder der Soldat aus sonstigen, mit dem Dienst zusammenhängenden Gründen, die sie oder er nicht zu vertreten hat, dem Einflussbereich des Dienstherrn entzogen ist, oder

3. einen gegen die Soldatin oder den Soldaten oder eine andere Person gerichteten vorsätzlichen, rechtswidrigen tätlichen Angriff oder durch dessen rechtmäßige Abwehr; einem tätlichen Angriff steht die vorsätzliche Beibringung von Gift sowie die wenigstens fahrlässige Herbeiführung einer Gefahr für Leib und Leben eines anderen durch ein mit gemeingefährlichen Mitteln begangenes Verbrechen gleich.

Satz 1 Nummer 3 gilt auch, wenn sich der tätliche Angriff oder dessen rechtmäßige Abwehr auf dem Hinweg ins Ausland oder auf dem Rückweg ereignet.

(2) Als Wehrdienstbeschädigung gilt auch, wenn
1. die Soldatin oder der Soldat zur Wahrnehmung einer Tätigkeit, die öffentlichen Belangen oder dienstlichen Interessen dient, vom Wehrdienst beurlaubt wird und auf Grund dieser Tätigkeit, durch einen Unfall während der Ausübung dieser Tätigkeit oder auf dem jeweils erforderlichen Hin- und Rückweg eine primäre Gesundheitsstörung erleidet,
2. eine nicht nach § 2 Absatz 1 Nummer 1 oder Nummer 9 des Siebten Buches Sozialgesetzbuch versicherte Begleitperson einer geschädigten Person im Falle von § 3 Absatz 3 einen Unfall und dadurch eine primäre Gesundheitsstörung erleidet,
3. Angehörige oder andere zur häuslichen Gemeinschaft der Soldatin oder des Soldaten gehörende Personen, die in dem ausländischen Staat, in dem die Soldatin oder der Soldat verwendet wird, oder auf dem Hin- und Rückweg infolge

eines gegen sie oder eine andere Person gerichteten vorsätzlichen, rechtswidrigen tätlichen Angriffs oder durch dessen rechtmäßige Abwehr eine primäre Gesundheitsstörung erleiden,
4. das Kind einer Soldatin durch eine Wehrdienstbeschädigung der Mutter während der Schwangerschaft unmittelbar eine primäre Gesundheitsstörung erleidet.

(3) Absatz 1 Satz 1 Nummer 3 und Absatz 2 Nummer 1 bis 3 gelten nicht, soweit in diesen Fällen Ansprüche nach anderen gesetzlichen Regelungen bestehen oder Leistungen von anderer Seite gewährt werden. Schadensersatzansprüche auf Grund fahrlässiger Amtspflichtverletzung nach § 839 Absatz 1 des Bürgerlichen Gesetzbuchs sind nicht ausgeschlossen.

§ 5 Anerkennung der Schädigungsfolgen[1]

(1) Als Schädigungsfolge wird die sekundäre Gesundheitsstörung anerkannt, die in ursächlichem Zusammenhang mit der Wehrdienstbeschädigung steht.

(2) Zur Anerkennung der Schädigungsfolge genügt die Wahrscheinlichkeit des ursächlichen Zusammenhangs zwischen der sekundären Gesundheitsstörung mit der Wehrdienstbeschädigung.

(3) Wenn die zur Anerkennung einer Schädigungsfolge erforderliche Wahrscheinlichkeit nur deshalb nicht gegeben ist, weil über die Ursache der primären oder der sekundären Gesundheitsstörung in der medizinischen Wissenschaft Ungewissheit besteht, kann mit Zustimmung des Bundesministeriums der Verteidigung die Schädigungsfolge anerkannt werden. Die Zustimmung kann allgemein erteilt werden.

(4) War die Soldatin oder der Soldat durch eine Wehrdienstverrichtung oder durch die dem Wehrdienst eigentümlichen Verhältnisse besonderen Einwirkungen ausgesetzt und erkrankt sie oder er infolgedessen an einer Krankheit, die in Anlage 1 der Berufskrankheiten-Verordnung aufgeführt ist, so wird die Schädigungsfolge nach Maßgabe des § 9 Absatz 1 und 2 des Siebten Buches Sozialgesetzbuch anerkannt. Bei der Entscheidung über die Anerkennung sind auch Tätigkeiten zu berücksichtigen, die den Versicherungsschutz nach den § 2, § 3 oder § 6 des Siebten Buches Sozialgesetzbuch begründen, wenn
1. diese Tätigkeiten ihrer Art nach geeignet waren, die Berufskrankheit nach § 9 Absatz 1 Satz 1 des Siebten Buches Sozialgesetzbuch zu verursachen, und
2. die besondere Einwirkung überwiegend durch ein schädigendes Ereignis nach § 3 Absatz 1 verursacht worden ist.

(5) Die Entscheidung über die Anerkennung einer Schädigungsfolge gilt für die Zeit nach Beendigung des Wehrdienstverhältnisses fort.

§ 6 Grad der Schädigungsfolgen[2]

(1) Ist für eine geschädigte Person die Schädigungsfolge anerkannt worden, so wird für sie der Grad der Schädigungsfolgen festgesetzt.

(2) Der Grad der Schädigungsfolgen ist nach den allgemeinen Auswirkungen der körperlichen, seelischen, geistigen oder Sinnesbeeinträchtigungen, die durch die Schädigungsfolge bedingt sind, in allen Lebensbereichen zu beurteilen. Er ist nach

---

1 § 5: Zur Geltung vgl. § 1 SEV
2 § 6 Abs. 2: Zur Geltung vgl. § 1 SEV

Zehnerwerten von 10 bis 100 zu bemessen. Ein bis zu 5 Grad geringerer Grad der Schädigungsfolgen wird vom höheren Zehnergrad mit umfasst. Bei geschädigten Kindern und Jugendlichen ist der Grad der Schädigungsfolgen nach dem Grad zu bemessen, der sich bei Erwachsenen mit gleichen Schädigungsfolgen ergibt, soweit damit keine Schlechterstellung der Kinder und Jugendlichen verbunden ist.

(3) Vorübergehende sekundäre Gesundheitsstörungen sind nicht zu berücksichtigen; als vorübergehend gilt ein Zeitraum von bis zu sechs Monaten.

(4) Ist bei der geschädigten Person neben einer Schädigungsfolge auf Grund einer Wehrdienstbeschädigung auch eine Schädigungsfolge auf Grund eines schädigenden Ereignisses nach dem Vierzehnten Buch Sozialgesetzbuch oder nach einem Gesetz, welches die Anwendung des Vierzehnten Buches Sozialgesetzbuch vorsieht, anerkannt worden, so ist ein einheitlicher Grad der Schädigungsfolgen festzusetzen.

(5) Das Bundesministerium der Verteidigung wird ermächtigt, durch Rechtsverordnung ohne Zustimmung des Bundesrates Folgendes zu regeln:

1. die Grundsätze für die Beurteilung und Bemessung des Grades der Schädigungsfolgen im Sinne des Absatzes 2,
2. die Grundsätze für die Anerkennung einer sekundären Gesundheitsstörung als Schädigungsfolge sowie
3. das Verfahren für die Fortentwicklung der in den Nummern 1 und 2 genannten Grundsätze.

§ 7 Leistungen der Soldatenentschädigung

(1) Eine geschädigte Person hat wegen der anerkannten Schädigungsfolge und deren wirtschaftlicher Folgen Anspruch auf folgende Leistungen:

1. Ausgleich für gesundheitliche Schädigungsfolgen nach Maßgabe des Kapitels 2,
2. Leistungen der medizinischen Versorgung nach Maßgabe des Kapitels 3,
3. Leistungen zur Teilhabe am Arbeitsleben nach Maßgabe des Kapitels 4,
4. Leistungen zur Sozialen Teilhabe nach Maßgabe des Kapitels 5,
5. Leistungen des Erwerbsschadensausgleichs nach Maßgabe des Kapitels 6,
6. Leistungen nach Maßgabe der §§ 52 bis 55.

(2) Angehörige, die selbst keine geschädigte Person sind, haben Anspruch auf Erstattung von Kosten für psychotherapeutische Leistungen in besonderen Fällen nach Maßgabe des § 51.

(3) Hinterbliebene haben Anspruch auf folgende Leistungen:

1. Leistungen an Hinterbliebene nach Maßgabe des Kapitels 7,
2. Sterbegeld nach Maßgabe des Kapitels 9,
3. Anspruch auf Erstattung von Kosten für psychotherapeutische Leistungen in besonderen Fällen nach Maßgabe des § 51.

(4) Die Partnerin oder der Partner einer mit der verstorbenen geschädigten Person verfestigten Lebensgemeinschaft hat Anspruch auf Ausgleichszahlung nach Maßgabe des § 50.

(5) Anspruch auf Leistungen bei Überführung und Bestattung nach Kapitel 8 hat die Person, die zunächst die Überführung oder Bestattung einer geschädigten Person bezahlt hat.

§ 8 Antragserfordernis

(1) Leistungen nach diesem Gesetz werden auf Antrag gewährt.

(2) Während des Wehrdienstverhältnisses kann das Verwaltungsverfahren zur Prüfung der Gewährung von Leistungen nach diesem Gesetz auch von Amts wegen eingeleitet werden.

§ 9 Anspruchskonkurrenz

Ansprüche auf Leistungen der Soldatenentschädigung gehen Ansprüchen auf Leistungen der Sozialen Entschädigung vor, soweit sie auf derselben Ursache beruhen.

§ 10 Verhältnis zu Leistungen anderer Träger

(1) Die Leistungen der Soldatenentschädigung gehen Leistungen anderer Träger, insbesondere anderer Sozialleistungsträger, vor.

(2) Ausgleichszahlungen nach den §§ 11 und 43 Absatz 1 sowie den §§ 44 und 45 werden nicht als Einkommen oder Vermögen auf andere Sozialleistungen oder auf Leistungen nach dem Asylbewerberleistungsgesetz angerechnet.

(3) Leistungsansprüche aus privaten Sicherungs- und Versorgungssystemen sind auf Leistungen der Soldatenentschädigung nicht anzurechnen.

Kapitel 2 Ausgleich für gesundheitliche Schädigungsfolgen

§ 11 Ausgleich für gesundheitliche Schädigungsfolgen

(1) Geschädigte Personen erhalten einen Ausgleich für gesundheitliche Schädigungsfolgen als monatliche Zahlung in Höhe von

1. 434 Euro bei einem Grad der Schädigungsfolgen von 30 und 40,
2. 868 Euro bei einem Grad der Schädigungsfolgen von 50 und 60,
3. 1 302 Euro bei einem Grad der Schädigungsfolgen von 70 und 80,
4. 1 736 Euro bei einem Grad der Schädigungsfolgen von 90,
5. 2 169 Euro bei einem Grad der Schädigungsfolgen von 100.

(2) Der Ausgleich nach Absatz 1 Nummer 5 erhöht sich für geschädigte Personen mit besonderer Belastung durch schwerste Schädigungsfolgen um 20 Prozent. Eine besondere Belastung durch schwerste Schädigungsfolgen liegt insbesondere dann vor, wenn in mindestens zwei Funktionssystemen eine Schädigungsfolge anerkannt ist, die bei Einzelbewertung bereits einen Grad der Schädigungsfolgen von 100 und zusätzlich von mindestens 80 bedingt.

§ 12 Abfindung

(1) Einer geschädigten Person, die das 18. Lebensjahr vollendet hat und einen Anspruch auf eine monatliche Zahlung nach § 11 Absatz 1 hat, kann auf Antrag eine Abfindung gezahlt werden, wenn nicht zu erwarten ist, dass innerhalb der nächsten fünf Jahre der Grad der Schädigungsfolgen wesentlich sinkt.

(2) Die Zahlung der Abfindung erfolgt jeweils für fünf Jahre (Abfindungszeitraum). Der Abfindungszeitraum beginnt mit dem auf den Antrag folgenden Monat.

(3) Die Höhe der Abfindung beträgt das 60-Fache der monatlichen Entschädigungszahlung nach § 11 Absatz 1. Auf die Abfindung sind bereits geleistete monatliche Entschädigungszahlungen anzurechnen.

(4) Mit Zahlung der Abfindung sind die Ansprüche auf die monatlichen Entschädigungszahlungen für die Dauer von fünf Jahren abgegolten.

§ 13 Höhe und Zeitpunkt der Anpassung, Verordnungsermächtigung

(1) Die Höhe der monatlichen Zahlungen nach § 11 Absatz 1 wird jeweils entsprechend dem Prozentsatz angepasst, um den sich der aktuelle Rentenwert in der gesetzlichen Rentenversicherung verändert. Die sich durch die Anpassung ergebenden Beträge sind bis 0,49 Euro auf volle Euro abzurunden und ab 0,50 Euro auf volle Euro aufzurunden.

(2) Die Anpassung erfolgt durch Rechtsverordnung des Bundesministeriums der Verteidigung, die nicht der Zustimmung des Bundesrates bedarf, jeweils zum gleichen Zeitpunkt, zu dem die Renten der gesetzlichen Rentenversicherung angepasst werden.

Kapitel 3 Leistungen der medizinischen Versorgung

Abschnitt 1 Medizinische Versorgung während des Wehrdienstverhältnisses

§ 14 Medizinische Versorgung

Für die anerkannte Schädigungsfolge erhalten Soldatinnen und Soldaten während des Wehrdienstverhältnisses Leistungen der medizinischen Versorgung im Rahmen der unentgeltlichen truppenärztlichen Versorgung nach § 69a des Bundesbesoldungsgesetzes.

Abschnitt 2 Medizinische Versorgung außerhalb des Wehrdienstverhältnisses

Unterabschnitt 1 Grundsatz und Leistungen

§ 15 Grundsätze der medizinischen Versorgung

(1) Für die anerkannte Schädigungsfolge erhalten geschädigte Personen, die sich nicht im Wehrdienstverhältnis befinden, medizinische Versorgung nach dem Ersten, Zweiten und Fünften Unterabschnitt des Ersten Abschnitts des Dritten Kapitels des Siebten Buches Sozialgesetzbuch unter Beachtung des Neunten Buches Sozialgesetzbuch, soweit sich aus diesem Gesetz nichts anderes ergibt. Dabei gelten die Grundsätze der Leistungserbringung der gesetzlichen Unfallversicherung.

(2) Die Leistungen werden mit allen geeigneten Mitteln möglichst frühzeitig erbracht, um
1. die Gesundheitsstörung zu beseitigen oder zu bessern, die Verschlimmerung zu verhüten und die Folgen zu mildern sowie
2. den Pflegebedarf zu decken.

(3) Qualität und Wirksamkeit der Leistungen der medizinischen Versorgung haben dem allgemein anerkannten Stand der medizinischen Erkenntnisse zu entsprechen und den medizinischen Fortschritt zu berücksichtigen. Sie werden ohne Kostenbeteiligung der geschädigten Person als Dienst- und Sachleistung zur Verfügung gestellt, soweit dieses Gesetz nichts anderes bestimmt.

§ 16 Katalog der Leistungen der medizinischen Versorgung

Die Leistungen der medizinischen Versorgung umfassen insbesondere:
1. ärztliche, zahnärztliche und psychotherapeutische Behandlung nach den § 27 Absatz 1 Nummer 2 und Nummer 3 und § 28 des Siebten Buches Sozialgesetzbuch,
2. Versorgung mit Arznei- und Verbandmitteln nach den § 27 Absatz 1 Nummer 4 und § 29 des Siebten Buches Sozialgesetzbuch,
3. Versorgung mit Heilmitteln nach den § 27 Absatz 1 Nummer 4 und § 30 des Siebten Buches Sozialgesetzbuch,
4. Versorgung mit Hilfsmitteln und Körperersatzstücken sowie die Gewährung einer Pauschale zum Kleider- und Wäscheverschleiß nach den § 27 Absatz 1 Nummer 4, Absatz 2 und § 31 des Siebten Buches Sozialgesetzbuch,
5. stationäre Behandlung nach den § 27 Absatz 1 Nummer 6 und § 33 des Siebten Buches Sozialgesetzbuch,
6. Leistungen der medizinischen Rehabilitation nach § 27 Absatz 1 Nummer 7 des Siebten Buches Sozialgesetzbuch in Verbindung mit § 42 Absatz 2 Nummer 1 und 3 bis 7 und Absatz 3 des Neunten Buches Sozialgesetzbuch,
7. häusliche Krankenpflege nach den § 27 Absatz 1 Nummer 5 und § 32 des Siebten Buches Sozialgesetzbuch,
8. Leistungen bei Pflegebedürftigkeit nach § 44 des Siebten Buches Sozialgesetzbuch nach Maßgabe des § 17,
9. Leistungen zur Mobilität nach § 18,
10. Leistungen der Haushaltshilfe und Übernahme der Kinderbetreuungskosten nach § 74 Absatz 1 bis 3 des Neunten Buches Sozialgesetzbuch,
11. Reisekosten nach § 43 des Siebten Buches Sozialgesetzbuch,
12. Krankengeld der Soldatenentschädigung nach Kapitel 3 Abschnitt 2 Unterabschnitt 2,
13. sonstige Leistungen zur Erreichung und Sicherstellung des Erfolges der Leistungen zur medizinischen Rehabilitation.

§ 17 Leistungen bei Pflegebedürftigkeit

(1) § 44 des Siebten Buches Sozialgesetzbuch gilt entsprechend. Für die Berechnung der Höhe des Pflegegeldes ist ein Mindestbetrag von 467 Euro und ein Höchstbetrag von 2 075 Euro zugrunde zu legen.

(2) § 13 gilt entsprechend.

(3) Für die Dauer einer Heimpflege von mehr als einem Monat können einkommensabhängige Geldleistungen nach diesem Gesetz um höchstens die Hälfte gemindert

werden, soweit dies nach den persönlichen Bedürfnissen und Verhältnissen der geschädigten Person angemessen ist. Der Ausgleich für gesundheitliche Schädigungsfolgen bleibt bei der Minderung außer Betracht.

§ 18 Leistungen zur Mobilität[3]

(1) Für die Leistungen zur Mobilität gilt § 40 des Siebten Buches Sozialgesetzbuch entsprechend.

(2) Das Bundesministerium der Verteidigung wird ermächtigt, durch Rechtsverordnung ohne Zustimmung des Bundesrates Folgendes zu regeln:
1. die Grundsätze, die für die Leistungen zur Mobilität maßgebend sind,
2. die Höhe der Leistungen und das Bewilligungsverfahren.

Unterabschnitt 2 **Krankengeld der Soldatenentschädigung**

§ 19 Krankengeld der Soldatenentschädigung

(1) Geschädigte Personen, die infolge der anerkannten Schädigungsfolge arbeitsunfähig sind, erhalten Krankengeld der Soldatenentschädigung. Die geschädigte Person hat das Vorliegen der Arbeitsunfähigkeit nachzuweisen.

(2) Arbeitsunfähigkeit liegt vor, wenn die geschädigte Person auf Grund der anerkannten Schädigungsfolge ihre zuletzt vor der Arbeitsunfähigkeit ausgeübte Erwerbstätigkeit nicht mehr oder nur unter der Gefahr der Verschlimmerung des Gesundheitszustands ausführen kann.

(3) Frühere Soldatinnen und frühere Soldaten, die nach Beendigung des Wehrdienstverhältnisses infolge der anerkannten Schädigungsfolge arbeitsunfähig sind und vor Beginn des Wehrdienstverhältnisses keine Erwerbstätigkeit ausgeübt haben, gelten auch dann als arbeitsunfähig, wenn sie nicht oder nur mit der Gefahr einer Verschlimmerung des Gesundheitszustands fähig sind, einer Erwerbstätigkeit oder Berufsausbildung nachzugehen.

(4) Als arbeitsunfähig gelten auch geschädigte Personen, die, ohne arbeitsunfähig zu sein, wegen einer Maßnahme der medizinischen Versorgung nach diesem Gesetz keine ganztägige Erwerbstätigkeit ausüben können. Dies gilt nicht für Maßnahmen zur Anpassung oder Instandsetzung von Hilfsmitteln und Körperersatzstücken. Insoweit gelten § 43 des Siebten Buches Sozialgesetzbuch und § 65a Absatz 1 Satz 1 und Absatz 2 des Ersten Buches Sozialgesetzbuch entsprechend.

(5) Das Krankengeld der Soldatenentschädigung wird auch gewährt, wenn die Arbeitsunfähigkeit während einer Maßnahme der medizinischen Versorgung oder einer Maßnahme der Teilhabeleistung am Arbeitsleben nach diesem Gesetz eintritt.

§ 20 Berechnung und Höhe des Krankengeldes der Soldatenentschädigung

(1) Das Krankengeld der Soldatenentschädigung beträgt 80 Prozent des erzielten regelmäßigen Entgelts (Regelentgelt) und darf das entgangene regelmäßige Nettoarbeitsentgelt nicht übersteigen. Das Regelentgelt wird bis zur Höhe der jeweils

---

3 § 18: Zur Geltung vgl. § 2 SEV

geltenden Leistungsbemessungsgrenze berücksichtigt. Leistungsbemessungsgrenze ist der 360. Teil der jährlichen Beitragsbemessungsgrenze der allgemeinen Rentenversicherung. Im Übrigen berechnet sich das Krankengeld der Soldatenentschädigung entsprechend § 47 des Fünften Buches Sozialgesetzbuch.

(2) Bei geschädigten Personen, die geringfügig beschäftigt sind, entspricht das zugrunde zu legende Regelentgelt dem Nettoentgelt. Bei geschädigten Personen, die nicht der Versicherungspflicht in der gesetzlichen Krankenversicherung unterliegen, wird das Krankengeld der Soldatenentschädigung auf Grundlage der nachgewiesenen Einnahmen berechnet, die beitragspflichtig wären, wenn die geschädigte Person gesetzlich krankenversichert wäre.

(3) Für den Fall, dass die geschädigte Person im Zeitpunkt der Beendigung des Wehrdienstverhältnisses infolge einer anerkannten Wehrdienstbeschädigung arbeitsunfähig ist, gelten, wenn dies für die Person günstiger ist, als Regelentgelt die bei der Beendigung des Wehrdienstverhältnisses bezogenen Geld- und Sachbezüge.

(4) Ein Anspruch auf Krankengeld der Soldatenentschädigung besteht nicht, wenn unmittelbar vor der Arbeitsunfähigkeit Bürgergeld bezogen wurde.

(5) Die Berechnungsgrundlage, die dem Krankengeld der Soldatenentschädigung zugrunde liegt, wird entsprechend § 70 des Neunten Buches Sozialgesetzbuch angepasst.

§ 21 Beginn und Ende des Krankengeldes der Soldatenentschädigung

(1) Das Krankengeld der Soldatenentschädigung ist von dem Tag an zu erbringen, von dem an die Voraussetzungen des § 19 erfüllt sind, wenn es innerhalb von zwei Wochen nach Eintritt der Arbeitsunfähigkeit oder nach Beginn einer Maßnahme der medizinischen Versorgung nach diesem Gesetz oder nach Wegfall des Anspruchs auf Fortzahlung des Entgelts beantragt wird, ansonsten von dem Tag des Antrags. Als Antrag gilt auch die Vorlage der ärztlichen Feststellung der Arbeitsunfähigkeit.

(2) Ist der Antrag nicht fristgerecht gestellt, ist das Krankengeld der Soldatenentschädigung für die zurückliegende Zeit nur zu erbringen, wenn die geschädigte Person ohne ihr Verschulden an der Einhaltung der Frist gehindert war.

(3) Das Krankengeld der Soldatenentschädigung endet mit dem letzten Tag der Arbeitsunfähigkeit.

(4) Das Krankengeld der Soldatenentschädigung endet bei Vorliegen der folgenden Voraussetzungen mit dem Tag, der dem Beginn der Zahlung dieser Leistungen vorausgeht, wenn die geschädigte Person

1. Rente wegen voller Erwerbsminderung oder Rente wegen Alters in voller Höhe nach dem Sechsten Buch Sozialgesetzbuch bezieht,
2. eine der Altersrente entsprechende oder der Altersversorgung dienende Leistung erhält,
3. aufgrund eines Gesetzes, eines Tarifvertrags, einer Betriebsvereinbarung oder einer Vereinbarung mit dem Arbeitgeber von der Möglichkeit des vorzeitigen Übergangs in den Ruhestand unter Verzicht auf Erwerbseinkommen Gebrauch macht und deswegen ihre Erwerbstätigkeit aufgibt oder
4. die Regelaltersgrenze nach § 35 Satz 2 des Sechsten Buches Sozialgesetzbuch erreicht hat.

Satz 1 Nummer 4 gilt nicht, wenn die geschädigte Person im Zeitpunkt des Erreichens der Regelaltersgrenze nach § 35 Satz 2 des Sechsten Buches Sozialgesetzbuch, die für sie maßgebliche Regelaltersgrenze ihrer berufsständischen Versicherungs- oder Versorgungseinrichtung noch nicht erreicht hat.

(5) Wenn mit dem Wiedereintritt der Arbeitsfähigkeit nicht zu rechnen ist und Leistungen zur Teilhabe am Arbeitsleben nicht zu erbringen sind, endet das Krankengeld der Soldatenentschädigung

1. mit dem Tag, an dem die Leistungen der medizinischen Versorgung soweit abgeschlossen sind, dass die geschädigte Person eine zumutbare, zur Verfügung stehende Berufs- oder Erwerbstätigkeit aufnehmen könnte,
2. im Übrigen mit Ablauf der 78. Woche, gerechnet vom Tag des Beginns der Arbeitsunfähigkeit an, jedoch nicht vor dem Ende der stationären Behandlung.

§ 22 Krankengeld der Soldatenentschädigung bei Wiedererkrankung

Im Fall einer Wiedererkrankung gelten die §§ 19 bis 21 mit der Maßgabe entsprechend, dass anstelle des Zeitpunkts der ersten Arbeitsunfähigkeit auf den Zeitpunkt der Wiedererkrankung abzustellen ist.

§ 23 Ruhen des Anspruchs auf Krankengeld der Soldatenentschädigung

(1) Der Anspruch ruht, solange die geschädigte Person Mutterschaftsgeld, Arbeitslosengeld oder Kurzarbeitergeld bezieht. Dies gilt nicht für die Dauer einer stationären Behandlungsmaßnahme oder einer medizinischen Rehabilitationsleistung.

(2) Der Anspruch auf Krankengeld der Soldatenentschädigung ruht auch während der Elternzeit nach dem Bundeselterngeld- und Elternzeitgesetz. Dies gilt nicht, wenn die Arbeitsunfähigkeit vor Beginn der Elternzeit eingetreten ist oder das Krankengeld der Soldatenentschädigung aus dem Arbeitsentgelt zu berechnen ist, das durch Erwerbstätigkeit während der Elternzeit erzielt wurde.

§ 24 Kürzung des Krankengeldes der Soldatenentschädigung

Das Krankengeld der Soldatenentschädigung wird um die Zahlbeträge der folgenden Leistungen gekürzt, wenn die Leistungen von einem Zeitpunkt nach dem Beginn der Arbeitsunfähigkeit oder der stationären Behandlung an zuerkannt werden:

1. Rente wegen teilweiser Erwerbsminderung oder Teilrente nach dem Sechsten Buch Sozialgesetzbuch,
2. vergleichbare Leistungen, die von einem Träger oder einer staatlichen Stelle im Inland oder Ausland als Teilrente gezahlt werden.

§ 25 Soziale Sicherung der Bezieher von Krankengeld der Soldatenentschädigung

(1) Personen sind in der Zeit, in der sie Krankengeld der Soldatenentschädigung beziehen,

1. nach Maßgabe des § 26 Absatz 2 Nummer 1 des Dritten Buches Sozialgesetzbuch nach dem Recht der Arbeitsförderung und
2. nach Maßgabe des § 3 Satz 1 Nummer 3 des Sechsten Buches Sozialgesetzbuch in der gesetzlichen Rentenversicherung

versichert. Die Leistungsträger entrichten für die Leistungsberechtigten die Beiträge an die Bundesagentur für Arbeit. Näheres zu den Beiträgen und zum Verfahren regeln die §§ 345, 347 und 349 des Dritten Buches Sozialgesetzbuch. Ferner entrichten die Leistungsträger für die Leistungsberechtigten die Beiträge an die Träger der Rentenversicherung. Näheres zu diesen Beiträgen und zum Verfahren regeln die §§ 166, 170 und 173 des Sechsten Buches Sozialgesetzbuch.

(2) Geschädigten Personen, die wegen einer Beschäftigung oder selbstständigen Tätigkeit Pflichtmitglied in einer berufsständischen Versicherungs- oder Versorgungseinrichtung sind oder wären, wenn sie ihre Tätigkeit im Zuständigkeitsbereich der Versicherungs- oder Versorgungseinrichtung, der sie freiwillig angehören, ausübten, werden auf Antrag für die Zeit, für die sie Krankengeld der Soldatenentschädigung erhalten, die Aufwendungen für die Alterssicherung erstattet. Die Erstattung erfolgt bis zur Höhe der Beiträge, die zur gesetzlichen Rentenversicherung für die Zeit des Bezugs von Krankengeld der Soldatenentschädigung zu entrichten wären, wenn die geschädigte Person rentenversicherungspflichtig wäre.

(3) Geschädigten Personen, die nicht rentenversicherungspflichtig sind oder von der Rentenversicherungspflicht befreit sind, werden auf Antrag für die Zeit, für die sie Krankengeld der Soldatenentschädigung erhalten, die nachgewiesenen Aufwendungen für die Alterssicherung erstattet. Aufwendungen für die Alterssicherung sind insbesondere
1. freiwillige Beiträge zur gesetzlichen Rentenversicherung,
2. Beiträge für eine eigene kapitalgedeckte Altersvorsorge in Form einer lebenslangen Leibrente, wenn der Vertrag nur die Zahlung einer monatlichen auf das Leben der geschädigten Person bezogenen lebenslangen Leibrente nicht vor Vollendung des 60. Lebensjahres vorsieht.

Die Erstattung erfolgt bis zur Höhe der Beiträge, die zur gesetzlichen Rentenversicherung für die Zeit des Bezugs von Krankengeld der Soldatenentschädigung zu entrichten wären, wenn die geschädigte Person rentenversicherungspflichtig wäre.

Unterabschnitt 3 **Kostenerstattung**

§ 26 Erstattung der Kosten selbstbeschaffter Maßnahmen der medizinischen Versorgung

(1) Entstehen der geschädigten Person Kosten für eine selbstbeschaffte notwendige Leistung der medizinischen Versorgung der Schädigungsfolge nach Antragstellung, jedoch vor Anerkennung der Schädigungsfolge, werden ihr die entstandenen Kosten im angemessenen Umfang erstattet. Dies gilt auch, wenn nach Abschluss der selbstbeschafften Leistung der medizinischen Versorgung keine Schädigungsfolge mehr vorliegt. Angemessen sind die Kosten, die auch bei der Inanspruchnahme der Sachleistung nach diesem Gesetz angefallen wären. Absatz 2 Nummer 1 und § 59 Absatz 2 gelten entsprechend.

(2) Entstehen die Kosten einer selbstbeschafften notwendigen Leistung der medizinischen Versorgung nach Anerkennung der Schädigungsfolge, werden sie der geschädigten Person in der entstandenen Höhe erstattet, wenn
1. die Leistung unaufschiebbar war und nicht rechtzeitig erbracht werden konnte oder
2. die Leistung zu Unrecht abgelehnt wurde.

(3) Werden Kosten nach Absatz 1 oder Absatz 2 erstattet, besteht nach Maßgabe der §§ 19 bis 24 ein Anspruch auf Krankengeld der Soldatenentschädigung.

(4) Die Kosten für selbstbeschaffte Leistungen zur medizinischen Rehabilitation nach dem Neunten Buch Sozialgesetzbuch werden nach § 18 des Neunten Buches Sozialgesetzbuch erstattet.

§ 27 Erstattung von Kosten für medizinische Versorgung bei vorübergehendem Auslandsaufenthalt

(1) Geschädigten Personen werden bei einem vorübergehenden Aufenthalt im Ausland die Kosten einer im Ausland notwendigen medizinischen Versorgung der anerkannten Schädigungsfolge erstattet. Der Anspruch auf Erstattung besteht bis zur Höhe der Vergütung, die der Leistungsträger bei Erbringung als Sachleistung im Inland zu tragen hätte. § 63 gilt entsprechend.

(2) Abweichend von Absatz 1 können die Kosten bis zur Höhe der tatsächlich entstandenen Kosten erstattet werden, wenn
1. eine dem allgemein anerkannten Stand der medizinischen Erkenntnisse entsprechende Behandlung im Inland nicht möglich ist oder
2. ein unaufschiebbarer Behandlungsbedarf bestand.

(3) Bei einer Erstattung der Kosten nach Absatz 1 oder Absatz 2 können auch weitere im Ausland im Zusammenhang mit der Leistung der medizinischen Versorgung anfallende notwendige Kosten der geschädigten Person und der Begleitperson ganz oder teilweise erstattet werden.

(4) Werden Kosten nach Absatz 1 oder Absatz 2 erstattet, besteht nach Maßgabe der §§ 19 bis 24 ein Anspruch auf Krankengeld der Soldatenentschädigung.

(5) Geschädigte Personen können stationäre Krankenhausleistungen im Ausland abweichend von Absatz 1 in Anspruch nehmen, wenn zuvor die zuständige Behörde zugestimmt hat. Die Zustimmung darf nur versagt werden, wenn die gleiche Behandlung oder eine Behandlung, die für die geschädigte Person ebenso wirksam ist und dem allgemein anerkannten Stand der medizinischen Erkenntnisse entspricht, rechtzeitig im Inland erlangt werden kann. War die stationäre Krankenhausbehandlung im Ausland unaufschiebbar, so darf der geschädigten Person das Fehlen der vorherigen Zustimmung nicht entgegengehalten werden, soweit und solange sie daran gehindert war, die Zustimmung einzuholen.

Kapitel 4 **Leistungen zur Teilhabe am Arbeitsleben**

Abschnitt 1 **Grundsatz und Leistungen**

§ 28 Voraussetzungen

Geschädigte Personen erhalten Leistungen zur Teilhabe am Arbeitsleben, wenn sie diese auf Grund der anerkannten Schädigungsfolge benötigen, um die Erwerbsfähigkeit entsprechend ihrer Leistungsfähigkeit zu erhalten, zu verbessern, herzustellen oder wiederherzustellen und dadurch ihre Teilhabe am Arbeitsleben möglichst auf Dauer zu sichern.

§ 29 Umfang der Leistungen

(1) Die Leistungen für geschädigte Personen, die sich nicht in einem Wehrdienstverhältnis befinden, werden nach Maßgabe der §§ 49 bis 59 des Neunten Buches Sozialgesetzbuch, bei anderen Leistungsanbietern nach § 60 des Neunten Buches Sozialgesetzbuch sowie als Budget für Arbeit nach § 61 des Neunten Buches Sozialgesetzbuch erbracht.

(2) Die Leistungen zur Teilhabe am Arbeitsleben umfassen insbesondere
1. Hilfen zur Erhaltung und Erlangung eines Arbeitsplatzes einschließlich Leistungen zur Aktivierung und beruflichen Eingliederung,
2. eine Berufsvorbereitung,
3. die individuelle betriebliche Qualifizierung im Rahmen Unterstützter Beschäftigung,
4. die berufliche Ausbildung, berufliche Anpassung und Weiterbildung sowie
5. die Förderung der Aufnahme einer selbstständigen Tätigkeit und sonstige Hilfen zur Förderung der Teilhabe am Arbeitsleben.

Bei der Auswahl der Leistungen werden Eignung, Neigung, bisherige Tätigkeit sowie Lage und Entwicklung auf dem Arbeitsmarkt angemessen berücksichtigt. Soweit notwendig, wird dabei die berufliche Eignung abgeklärt oder eine Arbeitserprobung durchgeführt.

(3) Soweit erforderlich, enthalten die Leistungen zur Teilhabe am Arbeitsleben auch die notwendigen Leistungen zur Teilhabe an Bildung.

§ 30 Übergangsgeld bei Leistungen zur Teilhabe am Arbeitsleben

(1) Geschädigte Personen, die sich nicht in einem Wehrdienstverhältnis befinden, erhalten Übergangsgeld für die Dauer einer Maßnahme zur Teilhabe am Arbeitsleben nach diesem Gesetz.

(2) Für die Höhe und die Berechnung des Übergangsgeldes gilt § 20 entsprechend. Schließt sich eine Maßnahme nach Kapitel 4 unmittelbar an den Bezug von Krankengeld der Soldatenentschädigung an, entspricht die Höhe des Übergangsgeldes der Höhe des zuletzt gezahlten Krankengeldes der Soldatenentschädigung.

(3) Wird die geschädigte Person während einer Maßnahme zur Teilhabe am Arbeitsleben infolge der anerkannten Schädigungsfolge arbeitsunfähig, wird Krankengeld der Soldatenentschädigung in der Höhe des Übergangsgeldes gewährt.

(4) § 71 Absatz 1 bis 3 und § 72 des Neunten Buches Sozialgesetzbuch gelten entsprechend.

§ 31 Soziale Sicherung der Bezieher von Übergangsgeld

Für die Zeit des Bezugs von Übergangsgeld werden zusätzlich Leistungen zur Alterssicherung entsprechend § 25 Absatz 1 Nummer 2, Absatz 2 und 3 geleistet.

Abschnitt 2 Ergänzende Leistungen

§ 32 Ergänzende Leistungen zur Teilhabe am Arbeitsleben

Leistungen zur Teilhabe am Arbeitsleben nach den §§ 6 bis 10 des Soldatenversorgungsgesetzes, nach § 3 des Einsatz-Weiterverwendungsgesetzes und nach die-

sem Gesetz können bei Vorliegen der anerkannten Schädigungsfolge ergänzt werden durch:
1. Leistungen zur Mobilität nach § 18,
2. Leistungen der Wohnungshilfe nach § 41 des Siebten Buches Sozialgesetzbuch,
3. Reisekosten und Verdienstausfall nach § 43 des Siebten Buches Sozialgesetzbuch,
4. Leistungen der Haushaltshilfe und Übernahme der Kinderbetreuungskosten nach § 42 des Siebten Buches Sozialgesetzbuch in Verbindung mit § 74 Absatz 1 bis 3 des Neunten Buches Sozialgesetzbuch,

soweit diese nicht bereits anderweitig erbracht werden.

Kapitel 5 **Soziale Teilhabe und besondere Leistungen im Einzelfall**

§ 33 Leistungen zur Sozialen Teilhabe und ergänzende Leistungen

(1) Geschädigte Personen erhalten Leistungen zur Sozialen Teilhabe und ergänzende Leistungen, um ihnen eine gleichberechtigte Teilhabe am Leben in der Gemeinschaft zu ermöglichen oder zu erleichtern, wenn
1. diese Leistungen auf Grund der anerkannten Schädigungsfolge notwendig sind und
2. die Leistungen nicht bereits im Rahmen der medizinischen Versorgung oder im Zusammenhang mit Maßnahmen zur Teilhabe am Arbeitsleben erbracht worden sind.

(2) Leistungen zur Sozialen Teilhabe nach Absatz 1 sind insbesondere:
1. Leistungen zur Mobilität nach § 18,
2. Leistungen der Wohnungshilfe nach § 41 des Siebten Buches Sozialgesetzbuch.

(3) Ergänzende Leistungen nach Absatz 1 sind insbesondere
1. Reisekosten nach § 43 des Siebten Buches Sozialgesetzbuch,
2. Leistungen der Haushaltshilfe oder Übernahme der Kinderbetreuungskosten nach § 42 des Siebten Buches Sozialgesetzbuch in Verbindung mit § 74 Absatz 1 bis 3 des Neunten Buches Sozialgesetzbuch.

§ 34 Leistungen der Eingliederungshilfe

Geschädigte Personen, die auf Grund der anerkannten Schädigungsfolge Eingliederungshilfe benötigen, erhalten die Leistungen der Eingliederungshilfe nach Teil 2 Kapitel 1, 2 und 6 des Neunten Buches Sozialgesetzbuch, soweit dieses Gesetz keine abweichende Regelung trifft. Die Leistungen der Eingliederungshilfe gehen anderen Leistungen nach diesem Gesetz nach.

§ 35 Leistungen zur Überwindung besonderer sozialer Schwierigkeiten

(1) Geschädigte Personen, bei denen auf Grund der anerkannten Schädigungsfolge eine besondere Lebenslage vorliegt, die mit sozialen Schwierigkeiten verbunden ist,

können Leistungen zur Überwindung dieser Schwierigkeiten erhalten, wenn sie aus eigener Kraft hierzu nicht fähig sind. Soweit der Bedarf durch Leistungen nach anderen Vorschriften gedeckt wird, gehen diese der Leistung nach Satz 1 vor.

(2) Die Leistungen umfassen alle Maßnahmen, die notwendig sind, um die Schwierigkeiten abzuwenden, zu beseitigen, zu mildern oder ihre Verschlimmerung zu verhüten, insbesondere Beratung und persönliche Betreuung der geschädigten Person. Die §§ 68 und 69 des Zwölften Buches Sozialgesetzbuch gelten entsprechend.

§ 36 Leistungen in sonstigen Lebenslagen

Leistungen können zur Deckung des schädigungsbedingten Bedarfs auch in sonstigen Lebenslagen erbracht werden, wenn sie den Einsatz öffentlicher Mittel unter Berücksichtigung der Ziele dieses Gesetzes rechtfertigen.

Kapitel 6 **Erwerbsschadensausgleich**

§ 37 Anspruch auf Erwerbsschadensausgleich

(1) Hat die geschädigte Person, die sich nicht in einem Wehrdienstverhältnis befindet, einen Erwerbsschaden infolge der anerkannten Schädigungsfolge, erhält sie einen monatlichen Erwerbsschadensausgleich, wenn

1. ein Grad der Schädigungsfolgen von mindestens 30 anerkannt worden ist und
2. Leistungen zur medizinischen Rehabilitation oder zur Teilhabe am Arbeitsleben nicht erfolgversprechend sind oder ihr nicht zugemutet werden können.

(2) Der Erwerbsschaden ist der schädigungsbedingte Unterschiedsbetrag zwischen dem derzeitigen Einkommen und dem Referenzeinkommen.

(3) Eine durch schädigungsunabhängige Einwirkungen, Ereignisse oder Verfügungen, insbesondere durch das Hinzutreten von schädigungsunabhängigen Gesundheitsstörungen, bewirkte Minderung des derzeitigen Einkommens bleibt bei der Berechnung des Erwerbsschadensausgleichs unberücksichtigt. In diesem Fall wird das derzeitige Einkommen (§ 38), das vor dem Eintritt der schädigungsunabhängigen Einwirkung, des Ereignisses oder der Verfügung erzielt worden ist, fiktiv angerechnet und jährlich nach § 39 Absatz 4 angepasst.

§ 38 Derzeitiges Einkommen

Derzeitiges Einkommen sind die in § 18a des Vierten Buches Sozialgesetzbuch genannten Einkommensarten, mit Ausnahme der in § 18a Absatz 1 Satz 1 Nummer 3 und Absatz 3 Satz 1 Nummer 10 des Vierten Buches Sozialgesetzbuch genannten Einkommensarten. Die §§ 18b und 18c des Vierten Buches Sozialgesetzbuch gelten entsprechend.

§ 39 Referenzeinkommen

(1) Das monatliche Referenzeinkommen beträgt bei einer geschädigten Person

1. ohne abgeschlossene Schulausbildung 2 300 Euro,
2. ohne abgeschlossene Berufsausbildung 2 379 Euro,

3. mit abgeschlossener Berufsausbildung 2 710 Euro,
4. mit Techniker- oder Meisterprüfung 3 178 Euro,
5. mit einem Bachelor- oder vergleichbaren Hochschulabschluss 3 971 Euro und
6. mit einem Master- oder vergleichbaren Hochschulabschluss 5 277 Euro.

Die Zuordnung des monatlichen Referenzeinkommens zu der geschädigten Person erfolgt anhand der Verhältnisse vor der erstmaligen Auswirkung der Schädigungsfolgen.

(2) Hat eine geschädigte Person in dem Beruf, den sie vor der Auswirkung der Schädigungsfolge ausgeübt hat, ein höheres Einkommen als das nach Absatz 1 festgelegte Referenzeinkommen erzielt, ist als Referenzeinkommen das vor der Auswirkung der Schädigungsfolge in den letzten zwölf Monaten oder, wenn dies günstiger ist, in den letzten 36 Monaten vor der Auswirkung der Schädigungsfolgen regelmäßig erzielte und nach § 38 zu ermittelnde Einkommen, höchstens jedoch 6 638 Euro, zugrunde zu legen. Bei monatlich feststehendem Einkommen wird auf die Ermittlung eines durchschnittlichen Einkommens verzichtet, wenn dies günstiger ist.

(3) Wirkt sich die anerkannte Schädigungsfolge vor dem Abschluss einer Berufs- oder Hochschulausbildung auf die Fähigkeit aus, eine solche zu absolvieren, wird das Referenzeinkommen wie folgt festgesetzt: Bei geschädigten Personen,

1. die über das Zeugnis der Hauptschule, den qualifizierendenden Hauptschulabschluss oder über einen als gleichwertig anerkannten Bildungsstand verfügen, zunächst nach Absatz 1 Nummer 2 und nach Ablauf von drei Jahren nach Absatz 1 Nummer 3,
2. die über das Zeugnis der Realschule oder über einen als gleichwertig anerkannten Bildungsstand verfügen, zunächst nach Absatz 1 Nummer 2, nach Ablauf von drei Jahren nach Absatz 1 Nummer 3 und nach Ablauf von weiteren sechs Jahren nach Absatz 1 Nummer 4,
3. die über das Zeugnis der allgemeinen Hochschulreife, der fachgebundenen Hochschulreife, der Fachhochschulreife oder über einen als gleichwertig anerkannten Bildungsstand verfügen, zunächst nach Absatz 1 Nummer 2, nach Ablauf von drei Jahren nach Absatz 1 Nummer 4 und nach Ablauf von weiteren sechs Jahren nach Absatz 1 Nummer 5.

Die Ermittlung des Referenzeinkommens Absatz 2 bleibt unberührt.

(4) Das Referenzeinkommen wird mit einem Anpassungsfaktor an die Veränderung der Bruttolöhne und -gehälter je Arbeitnehmer angepasst. Bruttolöhne und -gehälter je Arbeitnehmer sind die durch das Statistische Bundesamt ermittelten Bruttolöhne und -gehälter je Arbeitnehmer ohne Personen in Arbeitsgelegenheiten mit Entschädigungen für Mehraufwendungen jeweils nach der Systematik der Volkswirtschaftlichen Gesamtrechnungen (§ 68 Absatz 2 Satz 1 des Sechsten Buches Sozialgesetzbuch). Der Anpassungsfaktor für die Veränderung der Bruttolöhne und -gehälter je Arbeitnehmer wird ermittelt, indem deren Wert für das vergangene Kalenderjahr durch den Wert für das vorvergangene Kalenderjahr geteilt wird. § 68 Absatz 7 und § 121 Absatz 1 des Sechsten Buches Sozialgesetzbuch gelten entsprechend. Eine Minderung des aktuellen Referenzeinkommens erfolgt nicht.

(5) Die Anpassung erfolgt durch Rechtsverordnung des Bundesministeriums der Verteidigung, die nicht der Zustimmung des Bundesrates bedarf, jeweils zum gleichen Zeitpunkt, zu dem die Renten der gesetzlichen Rentenversicherung angepasst werden.

§ 40 Dauer des Bezugs von Erwerbsschadensausgleich

Der Anspruch auf Erwerbsschadensausgleich endet mit Ablauf des Kalendermonats, der dem Kalendermonat vorausgeht, ab dem die geschädigte Person
1. Altersrente nach dem Sechsten Buch Sozialgesetzbuch bezieht,
2. eine der Altersrente entsprechende oder der Altersversorgung dienende Leistung erhält,
3. auf Grund eines Gesetzes, eines Tarifvertrags, einer Betriebsvereinbarung oder einer Vereinbarung mit dem Arbeitgeber von der Möglichkeit des vorzeitigen Übergangs in den Ruhestand unter Verzicht auf Erwerbseinkommen Gebrauch macht und deswegen ihre Erwerbstätigkeit aufgibt oder
4. die Regelaltersgrenze nach § 35 Satz 2 des Sechsten Buches Sozialgesetzbuch erreicht hat.

Satz 1 Nummer 4 gilt nicht, wenn die geschädigte Person zum Zeitpunkt des Erreichens der Regelaltersgrenze nach § 35 Satz 2 des Sechsten Buches Sozialgesetzbuch die für sie maßgebliche Regelaltersgrenze ihrer berufsständischen Versicherungs- oder Versorgungseinrichtung noch nicht erreicht hat.

§ 41 Soziale Sicherung der Erwerbsschadensausgleichsempfänger

(1) Die zuständige Behörde hat die Versicherungspflicht nach § 4 Absatz 3 Satz 1 Nummer 3 des Sechsten Buches Sozialgesetzbuch für geschädigte Personen für die Zeit, für die sie Erwerbsschadensausgleich erhalten, zu beantragen.

(2) Absatz 1 gilt nicht für geschädigte Personen,
1. die neben dem Bezug des Erwerbsschadensausgleichs wegen einer Beschäftigung oder selbstständigen Tätigkeit Pflichtmitglied in einer öffentlich-rechtlichen berufsständischen Versicherungs- oder Versorgungseinrichtung sind oder wären, wenn sie ihre Tätigkeit im Zuständigkeitsbereich der Versicherungs- oder Versorgungseinrichtung, der sie freiwillig angehören, ausübten, die für den Bezug von Erwerbsschadensausgleich zusätzliche Beiträge entgegennimmt, und
2. die einen Antrag auf Erstattung der zusätzlich für den Bezug von Erwerbsschadensausgleich an die öffentlich-rechtliche berufsständische Versicherungs- und Versorgungseinrichtung zu entrichtenden Beiträge stellen.

Die Erstattung erfolgt für nachgewiesene entrichtete Beiträge bis zur Höhe der Beiträge, die zur gesetzlichen Rentenversicherung für die Zeit des Bezugs von Erwerbsschadensausgleich zu entrichten wären, wenn für die geschädigte Person nach Absatz 1 eine Rentenversicherungspflicht beantragt worden wäre.

(3) In der gesetzlichen Krankenversicherung nach § 5 Absatz 1 Nummer 13 des Fünften Buches Sozialgesetzbuch versicherungspflichtig oder freiwillig in der gesetzlichen Krankenversicherung versicherte Empfängerinnen und Empfänger von Erwerbsschadensausgleich können auf Antrag einen Beitragszuschuss zu ihren Beiträgen zur gesetzlichen Kranken- und zur sozialen Pflegeversicherung in Höhe desjenigen Betrages erhalten, um den sich die Beiträge durch Berücksichtigung des Erwerbsschadensausgleichs bei der Beitragsbemessung erhöhen. Der Beitragszuschuss ist bei der Beitragsbemessung nach § 240 des Fünften Buches Sozialgesetzbuch nicht zu berücksichtigen. Der Anspruch nach Satz 1 ist ausgeschlossen, wenn die Empfängerin oder der Empfänger einen Anspruch auf einen Beitragszuschuss des Arbeitgebers nach § 257 Absatz 1 Satz 1 des Fünften Buches Sozialgesetzbuch und § 61 Absatz 1 Satz 1 des Elften Buches Sozialgesetzbuch hat.

Kapitel 7 **Leistungen an Hinterbliebene**

§ 42 Anspruchsvoraussetzungen[4]

(1) Ist der Tod der geschädigten Person Folge einer Wehrdienstbeschädigung oder stirbt die geschädigte Person an der anerkannten Schädigungsfolge, erhalten die Hinterbliebenen Leistungen nach diesem Kapitel.

(2) Der Tod gilt als Schädigungsfolge, wenn die geschädigte Person an einer Gesundheitsstörung verstirbt, für die zum Zeitpunkt des Versterbens Ausgleich für gesundheitliche Schädigungsfolgen gewährt wurde.

§ 43 Ausgleichszahlung an Witwen und Witwer

(1) Die Witwe oder der Witwer der geschädigten Person erhält eine monatliche Ausgleichszahlung in Höhe von 778 Euro. § 13 gilt entsprechend.

(2) Der Anspruch auf die monatliche Ausgleichszahlung erlischt, wenn die Witwe oder der Witwer wieder heiratet.

(3) Die Witwe oder der Witwer hat zusätzlich zur Leistung nach Absatz 1 Anspruch auf eine monatliche Ausgleichszahlung in Höhe von 50 Prozent des zugrunde zu legenden Referenzeinkommens der geschädigten Person nach § 39 Absatz 1, soweit sie oder er

1. Waisen der verstorbenen geschädigten Person bis zur Vollendung des 12. Lebensjahres erzieht oder
2. Waisen der verstorbenen geschädigten Person, die wegen körperlicher, geistiger oder seelischer Behinderung außerstande sind, sich selbst zu unterhalten, erzieht und mit diesen Waisen in häuslicher Gemeinschaft lebt oder
3. voll erwerbsgemindert oder erwerbsunfähig nach dem Sechsten Buch Sozialgesetzbuch ist.

Mit Erreichen der Regelaltersgrenze beträgt die Ausgleichszahlung 30 Prozent des zugrunde zu legenden Referenzeinkommens der geschädigten Person nach § 39 Absatz 1.

(4) Für die Dauer des Bezugs der Ausgleichszahlung nach Absatz 3 wird folgendes Einkommen auf diese Leistung angerechnet:

1. Renten der Rentenversicherung wegen Todes, gekürzt um 14 Prozent,
2. Renten der Alterssicherung der Landwirte wegen Todes, gekürzt um 14 Prozent,
3. Witwen- und Witwerrente der Unfallversicherung, gekürzt um den Anteil der von der Witwe oder dem Witwer zu tragenden Beiträge zur Bundesagentur für Arbeit und, soweit Beiträge zur sonstigen Sozialversicherung oder zu einem Krankenversicherungsunternehmen gezahlt werden, zusätzlich um 10 Prozent,
4. Witwen- und Witwergeld und vergleichbare Bezüge aus einem öffentlich-rechtlichen Dienst- oder Amtsverhältnis oder aus einem versicherungsfreien Arbeitsverhältnis mit Anspruch auf Versorgung nach beamtenrechtlichen Vorschriften oder Grundsätzen und vergleichbare Bezüge aus der Versorgung der Abgeordneten sowie Leistungen nach dem Bundesversorgungsteilungsgesetz und vergleichbare Leistungen nach entsprechenden länderrechtlichen Regelungen, gekürzt um 25 Prozent,
5. Unfall-Hinterbliebenenversorgung und vergleichbare Bezüge aus einem öffentlich-rechtlichen Dienst- oder Amtsverhältnis oder aus einem versicherungsfreien

---

4 § 42 Abs. 2: Zur Anwendung vgl. § 47 Abs. 3
§ 42 Abs. 2: Zur Anwendung vgl. § 48 Abs. 3

Arbeitsverhältnis mit Anspruch auf Versorgung nach beamtenrechtlichen Vorschriften oder Grundsätzen sowie vergleichbare Bezüge aus der Versorgung der Abgeordneten, gekürzt um 25 Prozent,
6. Renten der öffentlich-rechtlichen Versicherungs- oder Versorgungseinrichtungen bestimmter Berufsgruppen wegen Todes, gekürzt um 29,6 Prozent,
7. Entschädigungszahlungen an Hinterbliebene nach dem Vierzehnten Buch Sozialgesetzbuch sowie nach Gesetzen, die die entsprechende Anwendung des Vierzehnten Buches Sozialgesetzbuch vorsehen,
8. Renten wegen Todes, die aus Anlass eines Arbeitsverhältnisses zugesagt worden sind, sowie Leistungen aus der Versorgungsausgleichskasse, gekürzt um 17,5 Prozent; sofern es sich dabei um Leistungen handelt, die der nachgelagerten Besteuerung unterliegen, gekürzt um 23 Prozent,
9. Leistung nach § 46 Absatz 1 in Verbindung mit § 30.

(5) Die Witwe oder der Witwer hat die Leistungen nach Absatz 4 nachzuweisen. Sie oder er kann verlangen, dass die Zahlstelle eine Bescheinigung über die von ihr im maßgebenden Zeitraum gezahlte Leistung und den Zeitraum, für den diese gezahlt wurde, ausstellt.

(6) § 41 Absatz 3 gilt entsprechend.

§ 44 Ausgleichszahlung an Waisen

(1) Waisen erhalten eine monatliche Ausgleichszahlung in Höhe von 415 Euro. § 13 gilt entsprechend.

(2) Waisen, die durch das Versterben des anderen Elternteils zu Vollwaisen werden, erhalten eine monatliche Ausgleichszahlung in Höhe von 674 Euro. § 13 gilt entsprechend.

(3) Die Ausgleichszahlung wird bis zu dem Kalendermonat gezahlt, in dem die Waise das 27. Lebensjahr vollendet.

(4) (weggefallen)

§ 45 Ausgleichszahlung an Eltern

(1) Ist die geschädigte Person an der Schädigungsfolge verstorben, so erhalten die Eltern eine monatliche Ausgleichszahlung, wenn sie
1. voll erwerbsgemindert im Sinne des Sechsten Buches Sozialgesetzbuch sind,
2. aus anderen zwingenden Gründen eine zumutbare Erwerbstätigkeit nicht ausüben können oder
3. das 60. Lebensjahr vollendet haben,

frühestens jedoch von dem Kalendermonat an, in dem die geschädigte Person das 18. Lebensjahr vollendet hätte.

(2) Die monatliche Ausgleichszahlung an Eltern beträgt für jedes Kind, das an der Schädigungsfolge der Wehrdienstbeschädigung verstorben ist, 311 Euro. Sind mehrere anspruchsberechtigte Elternteile vorhanden, so wird die monatliche Ausgleichszahlung unter den anspruchsberechtigten Elternteilen zu gleichen Teilen aufgeteilt.

(3) § 13 gilt entsprechend.

§ 46 Leistungen zur Teilhabe am Arbeitsleben für Witwen und Witwer

(1) Witwen und Witwer können einmalig Leistungen zur Teilhabe am Arbeitsleben entsprechend der §§ 28 bis 32 erhalten. Wenn unmittelbar vor den Leistungen zur Teilhabe am Arbeitsleben kein Regelentgelt bezogen wurde, wird als Regelentgelt ein Betrag in Höhe der monatlichen Ausgleichszahlung nach § 43 Absatz 3 zugrunde gelegt.

(2) § 43 Absatz 1 bis 3 des Siebten Buches Sozialgesetzbuch und § 74 Absatz 1 bis 3 des Neunten Buches Sozialgesetzbuch gelten entsprechend.

Kapitel 8 **Überführung und Bestattung**

§ 47 Überführung

(1) Verstirbt die geschädigte Person an der Schädigungsfolge, werden derjenigen Person, die die Überführung bezahlt hat, die Überführungskosten erstattet. Der Anspruch auf Erstattung umfasst die tatsächlich entstandenen Kosten der Überführung an den Ort der Bestattung, soweit sie notwendig und angemessen sind.

(2) Auf den Betrag nach Absatz 1 werden einmalige Leistungen angerechnet, die anlässlich des Todes auf Grund öffentlich-rechtlicher Vorschriften zum Zweck der Übernahme der Kosten der Überführung erbracht werden.

(3) § 42 Absatz 2 ist anzuwenden.

§ 48 Bestattung

(1) Verstirbt die geschädigte Person an der Schädigungsfolge, werden derjenigen Person, die die Bestattung bezahlt hat, die Bestattungskosten erstattet. Der Anspruch auf Erstattung umfasst die Kosten der Bestattung bis zur Höhe eines Siebtels der im Zeitpunkt des Todes geltenden jährlichen Bezugsgröße nach § 18 Absatz 1 des Vierten Buches Sozialgesetzbuch.

(2) Auf den Betrag nach Absatz 1 werden einmalige Leistungen angerechnet, die anlässlich des Todes auf Grund öffentlich-rechtlicher Vorschriften zum Zweck der Übernahme der Kosten der Bestattung erbracht werden.

(3) § 42 Absatz 2 ist anzuwenden.

Kapitel 9 **Sterbegeld**

§ 49 Sterbegeld

(1) Beim Tod der geschädigten Person wird Sterbegeld in Höhe des Zweifachen der monatlichen Zahlung des Ausgleichs für gesundheitliche Schädigungsfolgen und des Erwerbsschadensausgleichs gewährt, soweit diese Leistungen der geschädigten Person für den Sterbemonat bewilligt waren. Für den Fall, dass der geschädigten Person zum Zeitpunkt des Versterbens Leistungen nach Kapitel 15 bewilligt waren, tritt an die Stelle des Ausgleichs für gesundheitliche Schädigungsfolgen der

Gesamtbetrag nach § 83 Absatz 1 und an die Stelle des Erwerbsschadensausgleichs der Berufsschadensausgleich nach § 82.

(2) Anspruchsberechtigt sind in nachstehender Rangfolge
1. die Witwe oder der Witwer der geschädigten Person,
2. die Waisen der geschädigten Person,
3. die Eltern der geschädigten Person,

wenn sie mit der geschädigten Person zum Zeitpunkt des Todes in häuslicher Gemeinschaft gelebt haben. Hat die geschädigte Person mit keiner dieser Personen in häuslicher Gemeinschaft gelebt, so ist das Sterbegeld nach der Rangfolge des Satzes 1 derjenigen Person zu zahlen, die von der geschädigten Person unterhalten wurde.

(3) Der Anspruch auf Sterbegeld ruht in Höhe der Leistung des Sterbegeldes nach den §§ 56 und 59 des Soldatenversorgungsgesetzes.

Kapitel 10 Sonstige Vorschriften

§ 50 Ausgleichszahlung an Partnerinnen und Partner einer verfestigten Lebensgemeinschaft

Die monatliche Ausgleichszahlung nach § 43 Absatz 1 erhalten auch Partnerinnen und Partner einer zum Zeitpunkt des Versterbens der geschädigten Person verfestigten Lebensgemeinschaft, sofern die geschädigte Person an den Schädigungsfolgen einer Wehrdienstbeschädigung verstorben ist und die Partnerin oder der Partner einer verfestigten Lebensgemeinschaft unter Verzicht auf eine Erwerbstätigkeit die Betreuung eines gemeinsamen Kindes ausübt. Dieser Anspruch besteht für die ersten drei Lebensjahre des Kindes. § 59 Absatz 2 gilt mit der Maßgabe entsprechend, dass der Antrag auf Gewährung der Ausgleichszahlung innerhalb eines Jahres nach dem schädigungsbedingten Tod der geschädigten Person zu stellen ist.

§ 51 Erstattung von Kosten für psychotherapeutische Leistungen in besonderen Fällen

(1) Angehörigen und Hinterbliebenen werden die Kosten für psychotherapeutische Leistungen in angemessenem Umfang erstattet, wenn
1. die Leistungen zum Ausgleich psychischer Beeinträchtigungen, die mittelbar auf die für die Soldatin oder den Soldaten anerkannte Schädigungsfolge zurückzuführen sind, oder zur Erreichung oder Sicherung des Behandlungserfolgs notwendig sind und
2. der zuständige Leistungsträger oder das private Krankenversicherungsunternehmen seine Leistungspflicht verneint hat.

(2) § 26 Absatz 1 Satz 3 gilt entsprechend.

§ 52 Leistungen bei Wohnsitz oder gewöhnlichem Aufenthalt im Ausland für geschädigte Personen, die sich nicht in einem Wehrdienstverhältnis befinden

(1) Geschädigte Personen, die sich nicht in einem Wehrdienstverhältnis befinden und ihren Wohnsitz oder gewöhnlichen Aufenthalt im Ausland haben, erhalten Leistungen nach Maßgabe der Absätze 2 bis 8.

(2) Die nachgewiesenen Kosten für medizinisch notwendige und angemessene Leistungen der medizinischen Versorgung der anerkannten Schädigungsfolge nach § 16 Nummer 1 und 5 werden bis zur Höhe des Zweifachen der Vergütung erstattet, die bei Erbringung als Sachleistung im Inland angefallen wären. In besonders begründeten Fällen kann auch der darüberhinausgehende Betrag teilweise oder ganz erstattet werden. Leistungen der medizinischen Versorgung können auch im Inland nach vorheriger Genehmigung durch die zuständige Behörde durchgeführt werden, wenn medizinische Gründe oder Kostengründe dies erfordern. Reisekosten können in diesem Fall in angemessenem Umfang erstattet werden. § 63 gilt entsprechend.

(3) Die notwendigen Kosten für Arzneimittel und Verbandmittel sowie für Heilmittel und Hilfsmittel werden in voller Höhe erstattet.

(4) Die Kosten für weitere Leistungen der medizinischen Versorgung nach § 16 Nummer 6 bis 12 werden bis zu der Höhe erstattet, die bei Erbringung im Inland angefallen wären.

(5) Erstattungen werden nur erbracht, soweit die Bedarfe nicht durch bestehende gesetzliche oder private Versicherungen oder staatliche Leistungen des Wohnsitzstaates im Wohnsitzstaat gedeckt werden können.

(6) Ist im Wohnsitzstaat weder eine Leistung zweckentsprechend der Leistung des Krankengeldes der Soldatenentschädigung zu verwirklichen, noch können geschädigte Personen diesen Bedarf durch einen bestehenden privaten oder gesetzlichen Versicherungsschutz decken und entsteht ihnen hieraus ein Nachteil, wird ihnen Krankengeld der Soldatenentschädigung gewährt, wie es auch bei einem Wohnsitz oder gewöhnlichen Aufenthalt im Inland gezahlt worden wäre.

(7) Ausgleich für gesundheitliche Schädigungsfolgen wird gewährt, soweit der Leistungszweck erreicht werden kann. Der Leistungszweck wird insbesondere dann nicht erreicht, wenn der Wohnsitz- oder Aufenthaltsstaat Zahlungen nach diesem Gesetz auf eigene Sozialleistungen ganz oder teilweise anrechnet.

(8) Ein Anspruch auf Erwerbsschadensausgleich besteht nicht. Verlegen geschädigte Personen, für die bereits ein Erwerbsschadensausgleich bewilligt wurde, ihren Wohnsitz oder gewöhnlichen Aufenthalt ins Ausland, so ist ihnen auf Antrag eine Abfindung in Höhe des 30-fachen des festgestellten monatlichen Erwerbsschadensausgleichs auszuzahlen. Der Antrag auf Auszahlung der Abfindung ist bei der zuständigen Behörde bis spätestens drei Monate nach Verlegung des Wohnsitzes oder gewöhnlichen Aufenthalts ins Ausland zu stellen. Durch die Zahlung der Abfindung sind alle Ansprüche der geschädigten Person auf Erwerbsschadensausgleich abgegolten.

§ 53 Schadensersatz

(1) Geschädigte Personen haben auf Grund der anerkannten Schädigungsfolge gegen den Bund nur die auf diesem Gesetz beruhenden Ansprüche.

(2) Weitergehende Ansprüche nach allgemeinen gesetzlichen Vorschriften können gegen einen öffentlich-rechtlichen Dienstherrn im Bundesgebiet oder gegen die in seinem Dienst stehenden Personen nur dann geltend gemacht werden, wenn die als Schädigungsfolge anerkannte Gesundheitsstörung

1. durch eine vorsätzliche unerlaubte Handlung einer solchen Person verursacht worden ist oder
2. bei der Teilnahme am allgemeinen Verkehr eingetreten ist.

(3) Im Fall des Absatzes 2 Nummer 2 sind Leistungen nach diesem Gesetz auf die weitergehenden Ansprüche anzurechnen.

(4) Ersatzansprüche gegen andere Personen sowie nach § 31a des Soldatengesetzes bleiben unberührt.

§ 54 Erstattung von Sachschäden und besonderen Aufwendungen

(1) Werden bei einem während der Ausübung des Wehrdienstes erlittenen Unfall neben der gesundheitlichen Schädigung Kleidungsstücke oder andere Gegenstände, welche die Soldatin oder der Soldat mit sich geführt hat, beschädigt, zerstört oder sind solche Gegenstände abhandengekommen, kann auf Antrag Ersatz in angemessener Höhe geleistet werden. Der Ersatz ist in der Regel auf Kleidungsstücke und sonstige Gegenstände des täglichen Bedarfs zu beschränken, welche die geschädigte Person im Dienst benötigt oder üblicherweise mit sich führt; hierzu gehört auch ein Kraftfahrzeug.

(2) Absatz 1 gilt für Soldatinnen und Soldaten auch bei Vorliegen der Voraussetzungen des § 4.

(3) Sind einer Soldatin oder einem Soldaten nach einem Unfall während der Ausübung des Wehrdienstes besondere Kosten entstanden, weil Dritte erste Hilfe geleistet haben, sind die nachweisbar notwendigen Aufwendungen zu ersetzen.

(4) Hat die Soldatin oder der Soldat den Unfall vorsätzlich oder grob fahrlässig herbeigeführt, so ist ein Ersatz des Schadens und der notwendigen Aufwendungen ausgeschlossen.

§ 55 Ansprüche gegen Schadensersatzpflichtige

(1) Für den Übergang eines Anspruchs der geschädigten Person auf Ersatz eines Schadens auf den Kostenträger der Soldatenentschädigung gilt § 116 des Zehnten Buches Sozialgesetzbuch entsprechend.

(2) Ein Ersatzanspruch nach Absatz 1 kann nicht zum Nachteil der geschädigten Person geltend gemacht werden. Dies gilt insbesondere, wenn die Schadensersatzleistungen nicht ausreichen, um den gesamten Schaden zu ersetzen. In diesen Fällen sind die Schadensersatzansprüche der geschädigten Person vorrangig gegenüber den Ansprüchen des Kostenträgers der Soldatenentschädigung.

(3) Die Krankenkassen und die Unfallversicherung Bund und Bahn haben der zuständigen Behörde die Tatsachen mitzuteilen, aus denen sich ergibt, dass ein Dritter den Schaden verursacht hat. Auf Anfrage haben die Krankenkassen und die Unfallversicherung Bund und Bahn der zuständigen Behörde Angaben darüber zu machen, in welcher Höhe ihnen Kosten für Leistungen der medizinischen Versorgung entstanden sind. Dies gilt nicht für nichtstationäre ärztliche Behandlungen und die Versorgung mit Arznei- und Verbandmitteln.

§ 56 Erstattung des fortgezahlten Arbeitsentgelts an den privaten Arbeitgeber

(1) Ist die frühere Soldatin oder der frühere Soldat ab dem Tag nach dem Ende des auf einer Dienstpflicht beruhenden Wehrdienstverhältnisses arbeitsunfähig, wird dem privaten Arbeitgeber, der auf Grund eines bereits vor Beginn des Wehrdienstverhältnisses bestehenden Arbeitsverhältnisses zur Fortzahlung des Arbeitsentgelts

im Krankheitsfall verpflichtet ist, das fortgezahlte Arbeitsentgelt erstattet. Die darauf entfallenden, vom Arbeitgeber zu tragenden und abgeführten Beiträge zur Sozialversicherung und zur Arbeitsförderung sowie zu Einrichtungen der zusätzlichen Alters- und Hinterbliebenenversorgung werden ebenfalls erstattet.

(2) Die Erstattung nach Absatz 1 ist auf den Zeitraum beschränkt, für den der Arbeitgeber zur Fortzahlung des Arbeitsentgelts im Krankheitsfall verpflichtet ist. Die Erstattung endet schon früher, wenn die am Tag nach dem Ende des Wehrdienstverhältnisses bestehende Arbeitsunfähigkeit entfällt oder nicht mehr durch die anerkannte Schädigungsfolge verursacht ist.

(3) Kann die frühere Soldatin oder der frühere Soldat auf Grund gesetzlicher Vorschriften von einem Dritten Ersatz wegen des Verdienstausfalls, der ihm durch die Arbeitsunfähigkeit entstanden ist, verlangen, so kann der Arbeitgeber die Erstattung nur gegen Abtretung des nach § 6 Absatz 1 des Entgeltfortzahlungsgesetzes übergegangenen Anspruchs im Umfang der durch Absatz 1 begründeten Erstattungspflicht verlangen.

(4) Die Aufwendungen des Arbeitgebers werden durch die zuständige Behörde erstattet. Die Erstattung wird erst nach Anerkennung der Schädigungsfolge geleistet. Der Anspruch auf die Erstattung verjährt mit Ablauf von vier Jahren nach dem Ende des Jahres, in dem das Wehrdienstverhältnis beendet worden ist.

Kapitel 11 **Härtefallregelung**

§ 57 Ausgleich in Härtefällen

(1) Soweit sich im Einzelfall bei Vorliegen der anerkannten Schädigungsfolge aus der Anwendung dieses Gesetzes eine besondere Härte ergibt, kann mit Zustimmung des Bundesministeriums der Verteidigung ein angemessener Ausgleich erbracht werden.

(2) Eine besondere Härte ist gegeben, wenn der Ausschluss von Leistungen insgesamt oder der Ausschluss von einzelnen Leistungen dem Sinn und Zweck dieses Gesetzes widerspricht.

(3) Das Bundesministerium der Verteidigung kann Härteausgleichen in gleichgelagerten Fallgestaltungen allgemein zustimmen.

Kapitel 12 **Verfahrensvorschriften**

Abschnitt 1 **Allgemeine Verfahrensvorschriften**

§ 58 Beweiserhebung und Beweiserleichterung

(1) Ist eine notwendige Anhörung der geschädigten Person, der Hinterbliebenen oder anderer Personen vor der zuständigen Behörde mit unverhältnismäßigem Aufwand verbunden, insbesondere wegen der Entfernung des Aufenthaltsorts der zu hörenden Personen, so kann eine andere Behörde um die Erledigung der Anhörung ersucht werden.

(2) Die Angaben der geschädigten Person oder ihrer Hinterbliebenen, die sich auf die mit der Gesundheitsstörung oder mit dem Wehrdienst im Zusammenhang stehenden Tatsachen beziehen, sind, wenn Beweismittel nicht vorhanden oder nicht zu beschaffen oder ohne Verschulden der geschädigten Person oder ihrer Hinterbliebenen verlorengegangen sind, der Entscheidung zu Grunde zu legen, soweit sie nach den Umständen des Falles glaubhaft erscheinen.

(3) Die zuständige Behörde kann von der geschädigten Person, den Hinterbliebenen und anderen Personen die Abgabe einer Versicherung an Eides statt über die Richtigkeit ihrer Angaben nach Absatz 2 verlangen. In gleicher Weise kann von den Sachverständigen die Abgabe einer Versicherung an Eides statt über die Richtigkeit ihrer Angaben verlangt werden.

§ 59 Leistungsbeginn und vorläufige Entscheidung

(1) Bei erstmaligem Antrag auf Anerkennung der Schädigungsfolge sind Leistungen ab dem Kalendermonat zu erbringen, in dem die Voraussetzungen vorliegen, frühestens ab dem Kalendermonat, in dem der Antrag gestellt wird. Wird das Verwaltungsverfahren von Amts wegen eingeleitet, beginnt die Leistung mit dem Kalendermonat, in dem die anspruchsbegründenden Tatsachen der zuständigen Behörde bekannt geworden sind.

(2) Stellt die geschädigte Person den Antrag auf Anerkennung der Schädigungsfolge innerhalb eines Jahres nach Eintritt der sekundären Gesundheitsstörung, werden Leistungen ab dem Zeitpunkt des Eintritts der Schädigungsfolge erbracht. War die geschädigte Person ohne ihr Verschulden an der Antragstellung innerhalb der Jahresfrist nach Satz 1 gehindert, verlängert sich diese Frist um den Zeitraum der Verhinderung.

(3) Über die Erbringung von Leistungen kann auf Antrag vorläufig entschieden werden,

1. wenn zur Feststellung der Voraussetzungen des Leistungsanspruchs oder eines Teils des Leistungsanspruchs weitere Ermittlungen notwendig sind,
2. die Voraussetzungen für den Anspruch oder einen Teil des Anspruchs mit hinreichender Wahrscheinlichkeit vorliegen,
3. die Antragstellerin oder der Antragsteller ein berechtigtes Interesse an der vorläufigen Entscheidung hat und
4. die Antragstellerin oder der Antragsteller die Umstände, die einer sofortigen abschließenden Entscheidung entgegenstehen, nicht zu vertreten hat.

(4) Der Grund der Vorläufigkeit ist in der Entscheidung anzugeben. Nach Abschluss der Ermittlungen ist eine endgültige Entscheidung zu treffen. Auf Grund der vorläufigen Entscheidung erbrachte Leistungen sind auf die zustehende Leistung anzurechnen. Soweit mit der endgültigen Entscheidung ein Leistungsanspruch nicht oder nur in geringerer Höhe zuerkannt wird und ein Erstattungsanspruch gegen einen anderen Leistungsträger nach den §§ 102 bis 114 des Zehnten Buches Sozialgesetzbuch nicht in Betracht kommt, sind Leistungen, die auf Grund der vorläufigen Entscheidung erbracht worden sind, vom Empfänger zu erstatten. § 50 des Zehnten Buches Sozialgesetzbuch ist zu beachten.

§ 60 Änderungen und Ende von Leistungen

(1) Ändern sich aus tatsächlichen oder rechtlichen Gründen die Voraussetzungen für die Höhe einer Leistung nach ihrer Feststellung, so wird die Leistung in neuer

Höhe nach Ablauf des Kalendermonats gewährt, in dem diese Änderung eingetreten ist.

(2) Fallen aus tatsächlichen oder rechtlichen Gründen die Anspruchsvoraussetzungen für eine Leistung weg, so wird die Leistung bis zum Ende des Kalendermonats gewährt, in dem die Anspruchsvoraussetzungen weggefallen sind.

(3) Beruht die Minderung oder der Wegfall der Leistungen, deren Höhe vom Einkommen beeinflusst wird, auf einer Erhöhung dieses Einkommens, so tritt die Minderung oder der Wegfall mit dem Kalendermonat ein, in dem das Einkommen sich erhöht hat.

(4) Leistungen werden bis zum Ende des Kalendermonats gewährt, in dem die geschädigte Person verstorben ist, die Zahlung von Dienstbezügen nach § 60 des Soldatenversorgungsgesetzes endet oder der Tod der geschädigten Person nach dem Verschollenheitsgesetz erklärt wurde. Kehrt die verschollene geschädigte Person zurück, lebt der Anspruch auf Leistungen nach diesem Gesetz wieder auf.

§ 61 Beginn der Leistungen an Hinterbliebene

(1) Die Leistungen an Hinterbliebene beginnen frühestens mit dem auf den Sterbemonat folgenden Kalendermonat. Kinder, die nach dem Versterben der geschädigten Person geboren werden, erhalten Leistungen vom ersten Tag des Geburtsmonats an.

(2) § 59 Absatz 2 gilt mit der Maßgabe entsprechend, dass der Antrag auf Gewährung der Ausgleichszahlung innerhalb eines Jahres nach dem schädigungsbedingten Tod der geschädigten Person zu stellen ist.

§ 62 Auszahlung, Geldleistungen

(1) In Ergänzung zu § 47 des Ersten Buches Sozialgesetzbuch gilt § 118 Absatz 3 bis 4a des Sechsten Buches Sozialgesetzbuch entsprechend.

(2) Alle laufenden Geldleistungen werden monatlich im Voraus geleistet, und zwar am letzten Arbeitstag des Kalendermonats, der dem Kalendermonat vorausgeht, für den sie bestimmt sind.

§ 63 Umrechnung von ausländischem Einkommen

(1) Ist Einkommen zu berücksichtigen, das in fremder Währung erzielt wird, wird es nach dem Referenzkurs in Euro umgerechnet, den die Europäische Zentralbank öffentlich bekannt gibt. Wird für die fremde Währung von der Europäischen Zentralbank ein Referenzkurs nicht veröffentlicht, wird das Einkommen nach dem von der Deutschen Bundesbank ermittelten Mittelkurs für die Währung des betreffenden Landes umgerechnet; für Länder mit differenziertem Kurssystem ist der Kurs für den nichtkommerziellen Bereich zugrunde zu legen.

(2) Bei Berücksichtigung von Einkommen ist in den Fällen, in denen der Beginn der Leistung oder der neu berechneten Leistung in der Vergangenheit liegt, der Umrechnungskurs für den Kalendermonat maßgebend, in dem die Anrechnung des Einkommens beginnt. Bei Berücksichtigung von Einkommen ist in den Fällen, in denen der Beginn der Leistung oder der neu berechneten Leistung nicht in der Vergangenheit liegt, der Umrechnungskurs für den ersten Kalendermonat des Ka-

lendervierteljahres maßgebend, das dem Beginn der Berücksichtigung von Einkommen vorausgeht. Überstaatliches Recht bleibt unberührt.

(3) Der angewandte Umrechnungskurs bleibt so lange maßgebend, bis
1. die Geldleistung zu ändern ist,
2. sich das zu berücksichtigende Einkommen ändert oder
3. eine Kursveränderung von mehr als 10 Prozent gegenüber der letzten Umrechnung eintritt, jedoch nicht vor Ablauf von drei Kalendermonaten.

(4) Die Kursveränderung nach Absatz 3 Nummer 3 sowie der neue Umrechnungskurs werden in entsprechender Anwendung von Absatz 2 ermittelt.

§ 64 Pfändbarkeit von Ansprüchen

Ansprüche auf Leistungen nach den §§ 11, 43 Absatz 1, §§ 44, 45, 50 und 83 Absatz 1 können nicht gepfändet werden.

§ 65 Ruhensregelung

Soweit Ansprüche der geschädigten Person nach diesem Gesetz und Ansprüche der geschädigten Person aus dem Beamtenverhältnis nach der beamtenrechtlichen Unfallfürsorge auf derselben Ursache beruhen, ruhen die Ansprüche nach diesem Gesetz insoweit, als auf Grund derselben Ursache Ansprüche auf entsprechende Leistungen nach den beamtenrechtlichen Vorschriften über die Unfallfürsorge bestehen.

§ 66 Zuständigkeit und Kostentragung beim Zusammentreffen von Ansprüchen

Für die Festsetzung nach § 6 Absatz 4 ist die Behörde zuständig, die auf Grund der weiteren Gesundheitsstörung über Ansprüche entscheidet. Die durch das Hinzutreten einer weiteren Gesundheitsstörung verursachten Kosten sind von dem Leistungsträger zu tragen, der für die Entscheidung über Ansprüche auf Grund der weiteren gesundheitlichen Schädigung zuständig ist.

§ 67 Fallmanagement

(1) Die zuständige Behörde führt auf Verlangen oder mit Einwilligung der geschädigten Person oder deren Hinterbliebenen ein Fallmanagement durch.

(2) Das Fallmanagement ist die aktivierende und koordinierende Begleitung der geschädigten Person oder der Hinterbliebenen im Verwaltungsverfahren. Ergänzend sind die Vorschriften zum Verfahren bei einer Mehrheit von Rehabilitationsträgern nach dem Neunten Buch Sozialgesetzbuch zu beachten.

§ 68 Erstattung von Leistungen durch öffentlich-rechtliche Stellen

(1) Hat die zuständige Behörde als Träger der Soldatenentschädigung Leistungen erbracht und stellt sich nachträglich heraus, dass eine andere öffentlich-rechtliche Stelle, die nicht Leistungsträger nach § 12 des Ersten Buches Sozialgesetzbuch ist, zur Leistung verpflichtet gewesen wäre, hat die zur Leistung verpflichtete Stelle

die Aufwendungen zu erstatten. Der Umfang der Erstattung richtet sich nach den Rechtsvorschriften, die für die zur Leistung verpflichtete Stelle gelten.

(2) Hat eine öffentlich-rechtliche Stelle, die nicht Leistungsträger nach § 12 des Ersten Buches Sozialgesetzbuch ist, Leistungen erbracht und stellt sich nachträglich heraus, dass die zuständige Behörde als Träger der Soldatenentschädigung zur Leistung verpflichtet gewesen wäre, so hat die zuständige Behörde der Soldatenentschädigung die Aufwendungen zu erstatten. Der Umfang der Erstattung richtet sich nach den Rechtsvorschriften dieses Gesetzes.

(3) In den Fällen der Absätze 1 und 2 werden Verwaltungskosten nicht erstattet.

§ 69 Erlass von Verwaltungsvorschriften

Das Bundesministerium der Verteidigung erlässt die zur Durchführung dieses Gesetzes notwendigen allgemeinen Verwaltungsvorschriften.

§ 70 Zuständigkeit

(1) Die Durchführung der Aufgaben nach diesem Gesetz erfolgt durch die Bundeswehrverwaltung. Diese ist Träger der Soldatenentschädigung.

(2) Die Erbringung der folgenden Leistungen wird auf die Unfallversicherung Bund und Bahn übertragen:

1. Leistungen der medizinischen Versorgung nach Kapitel 3 Abschnitt 2 Unterabschnitt 1 und 2 und die Leistungen der Hilfsmittelversorgung nach den Kapiteln 3 bis 5 für alle früheren Soldatinnen und Soldaten nach § 31 Absatz 2 des Siebten Buches Sozialgesetzbuch,
2. Leistungen zur Teilhabe am Arbeitsleben nach Kapitel 4 für geschädigte Personen, die sich nicht im Wehrdienstverhältnis befinden,
3. Leistungen zur Teilhabe am Arbeitsleben nach § 46 sowie
4. Leistungen der Wohnungshilfe.

(3) Die Unfallversicherung Bund und Bahn kann mit Zustimmung des Bundesministeriums der Verteidigung andere Sozialleistungsträger mit einer ihr obliegenden Aufgabe, beispielsweise mit der Berechnung und Gewährung des Krankengeldes der Soldatenentschädigung oder des Übergangsgeldes, beauftragen. Die Einzelheiten der Beauftragung einschließlich der Erstattung der Aufwendungen und Verwaltungskosten werden durch Vereinbarung geregelt.

Abschnitt 2 Vorverfahren und Rechtsweg

§ 71 Vorverfahren

(1) § 78 des Sozialgerichtsgesetzes gilt mit der Maßgabe, dass

1. es eines Vorverfahrens auch dann bedarf, wenn das Bundesministerium der Verteidigung den Verwaltungsakt erlassen hat,
2. das Bundesministerium der Verteidigung den Widerspruchsbescheid erlässt,
3. für Soldatinnen und Soldaten, solange sie sich in einem Wehrdienstverhältnis befinden, die Wehrbeschwerdeordnung anzuwenden ist und die Beschwerde keine aufschiebende Wirkung hat.

(2) Das Bundesministerium der Verteidigung kann die Zuständigkeit für die Entscheidung im Rechtsbehelfsverfahren durch allgemeine Anordnung auf eine andere Behörde übertragen. Die Anordnung ist im Bundesgesetzblatt zu veröffentlichen.

§ 72 Rechtsweg und Vertretung

(1) Das Bundessozialgericht entscheidet im ersten und letzten Rechtszug über Klagen von
1. Soldatinnen und Soldaten, die dem Bundesnachrichtendienst angehören oder angehört haben,
2. Hinterbliebenen der in Nummer 1 genannten Personen.

(2) Bei Rechtsstreitigkeiten in Angelegenheiten nach diesem Gesetz wird die Bundesrepublik Deutschland durch die Bundesministerin oder den Bundesminister der Verteidigung vertreten. Diese oder dieser kann die Vertretung durch allgemeine Anordnung an eine Behörde übertragen. Die allgemeine Anordnung ist im Bundesgesetzblatt zu veröffentlichen.

Kapitel 13 Datenverarbeitung

§ 73 Übermittlung zwischen der nach § 70 Absatz 1 zuständigen Behörde und der Unfallversicherung Bund und Bahn

Die im Rahmen der Aufgabenerfüllung nach diesem Gesetz erhobenen und gespeicherten Sozialdaten dürfen im Rahmen der Aufgabenerfüllung nach diesem Gesetz zwischen der nach § 70 Absatz 1 zuständigen Behörde und der Unfallversicherung Bund und Bahn übermittelt werden. Im Übrigen gelten die Vorschriften des Zweiten Kapitels des Zehnten Buches Sozialgesetzbuch.

§ 74 Erhebung, Speicherung und Übermittlung von Daten durch Ärztinnen und Ärzte, Zahnärztinnen und Zahnärzte und Psychotherapeutinnen und Psychotherapeuten

Ärztinnen und Ärzte, Zahnärztinnen und Zahnärzte sowie Psychologische Psychotherapeutinnen und Psychologische Psychotherapeuten, die nach diesem Gesetz an der medizinischen Versorgung beteiligt sind, erheben, speichern und übermitteln an die zuständige Behörde oder die Unfallversicherung Bund und Bahn Daten über die Behandlung und den Gesundheitszustand der geschädigten Person sowie andere personenbezogene Daten, soweit dies für Zwecke der medizinischen Versorgung und die Erbringung sonstiger Leistungen nach diesem Gesetz einschließlich der Überprüfung der Leistungsvoraussetzungen und der Abrechnung der Leistungen erforderlich ist. Ferner erheben, speichern und übermitteln sie die Daten, die für ihre Entscheidung, eine medizinische Versorgung durchzuführen, maßgeblich waren, an die in Satz 1 genannten Stellen.

§ 75 Auskunftspflicht von Ärztinnen und Ärzten, Zahnärztinnen und Zahnärzten und Psychotherapeutinnen und Psychotherapeuten

Ärztinnen und Ärzte, Zahnärztinnen und Zahnärzte sowie Psychologische Psychotherapeutinnen und Psychologische Psychotherapeuten, die nicht an einer medizinischen Versorgung nach diesem Gesetz beteiligt sind, sind verpflichtet, der nach § 70 Absatz 1 zuständigen Behörde und der Unfallversicherung Bund und Bahn auf Verlangen Auskunft über die Behandlung, den Gesundheitszustand sowie über Erkrankungen und frühere Erkrankungen der geschädigten Person zu erteilen, soweit dies für Zwecke der medizinischen Versorgung und die Erbringung sonstiger Leistungen nach diesem Gesetz einschließlich der Überprüfung der Leistungsvoraussetzungen erforderlich ist. Das Auskunftsverlangen ist auf solche Erkrankungen oder auf solche Bereiche von Erkrankungen zu beschränken, die mit der Wehrdienstbeschädigung in einem ursächlichen Zusammenhang stehen können. § 98 Absatz 2 Satz 2 des Zehnten Buches Sozialgesetzbuch gilt entsprechend.

§ 76 Auskunftspflicht der Krankenkassen und privaten Krankenversicherungen

Die nach § 70 Absatz 1 zuständige Behörde und die Unfallversicherung Bund und Bahn können von den Krankenkassen und privaten Krankenversicherungen, den Trägern der Unfallversicherung und der Rentenversicherung Auskunft über die Behandlung, den Gesundheitszustand sowie über Erkrankungen und frühere Erkrankungen der geschädigten Person verlangen, soweit dies für die Feststellung von Ansprüchen nach diesem Gesetz erforderlich ist. Das Auskunftsverlangen zur Feststellung einer Gesundheitsstörung ist auf solche Erkrankungen oder auf solche Bereiche von Erkrankungen zu beschränken, die mit der Wehrdienstbeschädigung in einem ursächlichen Zusammenhang stehen können.

§ 77 Übermittlung innerhalb der Bundeswehr

(1) Die nach § 70 Absatz 1 zuständige Behörde teilt der nach dem Soldatengesetz für die Führung der Gesundheitsakte zuständigen Stelle zum Zweck der Bewertung der medizinischen oder psychologischen Eignung die Anerkennung der Schädigungsfolge und den Grad der Schädigungsfolgen mit.

(2) Truppenärztinnen und Truppenärzte, Vertragsärztinnen und Vertragsärzte der Bundeswehr, Truppenzahnärztinnen und Truppenzahnärzte sowie Vertragszahnärztinnen und Vertragszahnärzte der Bundeswehr sind berechtigt, der nach § 70 Absatz 1 zuständigen Behörde Fälle einer möglichen Wehrdienstbeschädigung anzuzeigen.

§ 78 Auskunftsrecht

Für die Auskunft an die geschädigte Person auf Grund ihres Auskunftsrechts nach Artikel 15 der Verordnung (EU) 2016/679 des Europäischen Parlaments und des Rates vom 27. April 2016 zum Schutz natürlicher Personen bei der Verarbeitung personenbezogener Daten, zum freien Datenverkehr und zur Aufhebung der Richtlinie 95/46/EG (Datenschutz-Grundverordnung) (ABl. L 119 vom 4.5.2016, S. 1; L 314 vom 22.11.2016, S. 72; L 127 vom 23.5.2018, S. 2) in der jeweils geltenden Fassung über die nach den §§ 73 bis 77 übermittelten Angaben zu ihren gesundheitlichen

Verhältnissen gilt § 25 Absatz 2 des Zehnten Buches Sozialgesetzbuch entsprechend.

Kapitel 14 Statistische Erhebungen

§ 79 Statistik

(1) Die zuständige Behörde ist im Rahmen der Aufgabenerfüllung nach diesem Gesetz befugt, statistische Daten zum Umfang und zur Qualität der Aufgabenerledigung zu erheben und als amtliche Statistik zu veröffentlichen.

(2) Das Bundesministerium der Verteidigung wird ermächtigt, durch Rechtsverordnung, die nicht der Zustimmung des Bundesrates bedarf, das Nähere über die zu erhebenden Merkmale und die Durchführung des Verfahrens, insbesondere Erhebung, Übermittlung und Speicherung der erhobenen Daten zu regeln. Die erhobenen Daten dürfen ausschließlich für statistische Zwecke verwendet werden. Die Vorschriften der Geheimhaltung nach § 16 des Bundesstatistikgesetzes gelten entsprechend. Das Statistikgeheimnis ist durch technische und organisatorische Maßnahmen der Trennung zwischen statistischen und nichtstatistischen Aufgaben einzuhalten.

Kapitel 15 Übergangsvorschriften und Fortgeltung

§ 80 Grundsätze

(1) Personen, die im Dezember 2024 Leistungen nach § 80 des Soldatenversorgungsgesetzes in der am 31. Dezember 2024 geltenden Fassung erhalten und deren Ansprüche vor dem 1. Januar 2025 unanfechtbar festgestellt sind, erhalten diese Leistungen weiter nach Maßgabe des Kapitels 15. Kurzfristige Unterbrechungen im Leistungsbezug unmittelbar vor dem 31. Dezember 2024 lassen die Ansprüche auf Leistungen nach Satz 1 unberührt.

(2) Über einen bis zum 31. Dezember 2024 gestellten und nicht bestandskräftig beschiedenen Antrag auf Leistungen nach dem Soldatenversorgungsgesetz in Verbindung mit dem Bundesversorgungsgesetz ist nach dem zum Zeitpunkt der Antragstellung geltenden Recht zu entscheiden. Bei rückwirkender Leistungsfeststellung und Leistungsgewährung für Dezember 2024 werden die Berechtigten so gestellt, als hätten sie die Geldleistung im Dezember 2024 bezogen.

(3) Geldleistungen nach § 11 erhalten die Personen, deren Ansprüche vor dem 1. Januar 2025 unanfechtbar festgestellt worden sind und die

1. im Dezember 2024 ausschließlich Leistungen nach § 85 oder § 80 in Verbindung mit § 108 Absatz 2 Satz 1 Nummer 1 bis 3 des Soldatenversorgungsgesetzes in der am 31. Dezember 2024 geltenden Fassung oder
2. Leistungen nach § 80 in Verbindung mit § 108 Absatz 2 Satz 1 Nummer 1 bis 3 des Soldatenversorgungsgesetzes in der am 31. Dezember 2024 geltenden Fassung sowie Berufsschadensausgleich nach § 80 des Soldatenversorgungsgesetzes in der am 31. Dezember 2024 geltenden Fassung in Verbindung mit

§ 30 des Bundesversorgungsgesetzes in der am 31. Dezember 2023 geltenden Fassung

erhalten. Die bisher anerkannten Schädigungsfolgen sowie die Bemessung des Grades der Schädigungsfolgen für die Entscheidung über die Leistungen gelten als rechtsverbindlich festgestellt. Führt die Anwendung des § 11 zu geringeren Leistungen, werden mindestens die Leistungen in Höhe eines monatlichen Gesamtbetrages nach § 83 Absatz 1 erbracht.

(4) Hinterbliebene, die im Dezember 2024 ausschließlich Leistungen nach § 80 in Verbindung mit § 108 Absatz 2 Satz 1 Nummer 4 und 5 des Soldatenversorgungsgesetzes in der am 31. Dezember 2024 geltenden Fassung erhalten und deren Ansprüche vor dem 1. Januar 2025 unanfechtbar festgestellt worden sind, erhalten Geldleistungen nach § 43 Absatz 1 oder § 44. Führt die Anwendung des § 43 Absatz 1 oder des § 44 zu geringeren Leistungen, werden mindestens die Leistungen in Höhe eines monatlichen Gesamtbetrages nach § 83 Absatz 1 erbracht. Satz 1 gilt nicht für Waisen, die im Dezember 2024 Leistungen nach § 80 in Verbindung mit § 108 Absatz 1 des Soldatenversorgungsgesetzes in der am 31. Dezember 2024 geltenden Fassung in Verbindung mit § 45 Absatz 3 Satz 1 Buchstabe d des Bundesversorgungsgesetzes in der bis zum 31. Dezember 2023 geltenden Fassung erhalten.

§ 81 Leistungen der Heil- und Krankenbehandlung

(1) Personen, deren Anspruch auf Heilbehandlung nach § 80 des Soldatenversorgungsgesetzes in der am 31. Dezember 2024 geltenden Fassung in Verbindung mit § 10 Absatz 1 des Bundesversorgungsgesetzes in der bis zum 31. Dezember 2023 geltenden Fassung unanfechtbar festgestellt worden ist, erhalten ab dem 1. Januar 2025 Leistungen der medizinischen Versorgung nach Kapitel 3.

(2) Personen, deren Ansprüche auf einzelne Leistungen der Heil- oder Krankenbehandlung nach dem Soldatenversorgungsgesetz in der am 31. Dezember 2024 geltenden Fassung in Verbindung mit dem Bundesversorgungsgesetz in der bis zum 31. Dezember 2023 geltenden Fassung bis zum 31. Dezember 2024 unanfechtbar festgestellt worden sind, erhalten diese Leistungen in dem bewilligten Umfang weiter, längstens jedoch bis zum 31. Dezember 2025. Personen, deren Ansprüche auf einzelne Leistungen nach den §§ 82 und 83 des Soldatenversorgungsgesetzes in der am 31. Dezember 2024 geltenden Fassung in Verbindung mit dem Bundesversorgungsgesetz in der bis zum 31. Dezember 2023 geltenden Fassung bis zum 31. Dezember 2024 bestandskräftig festgestellt worden sind, erhalten diese Leistungen in dem bewilligten Umfang weiter, längstens jedoch bis zum 31. Dezember 2027. Eine Verlängerung über den Drei-Jahres-Zeitraum hinaus ist nicht zulässig. Dies gilt auch für Ansprüche auf einzelne Leistungen der Heil- oder Krankenbehandlung, die bis zum 31. Dezember 2024 beantragt, aber noch nicht bestandskräftig beschieden worden sind. Die Anpassung des Versorgungskrankengeldes nach § 83 Absatz 1 des Soldatenversorgungsgesetzes erfolgt nach § 70 des Neunten Buches Sozialgesetzbuch.

(3) Personen mit Wohnsitz im Inland, die bis zum 31. Dezember 2024 Heil- oder Krankenbehandlung für Nichtschädigungsfolgen nach § 80 des Soldatenversorgungsgesetzes in der am 31. Dezember 2024 geltenden Fassung in Verbindung mit § 10 Absatz 2 sowie 4 bis 6 des Bundesversorgungsgesetzes in der bis zum 31. Dezember 2023 geltenden Fassung erhalten, haben Anspruch auf Leistungen bei Krankheit durch die gesetzliche Krankenkasse nach dem Dritten Kapitel des Fünften Buches Sozialgesetzbuch. Die Leistungen werden ohne Kostenbeteiligung als

Dienst- und Sachleistung zur Verfügung gestellt. Der Anspruch nach Satz 1 ruht für die Dauer einer Mitgliedschaft in der gesetzlichen Krankenversicherung. Personen, die Leistungen nach Satz 1 in Anspruch nehmen, haben die Berechtigung entsprechend § 15 Absatz 2 bis 6 des Fünften Buches Sozialgesetzbuch nachzuweisen. Personen mit Wohnsitz oder gewöhnlichem Aufenthalt im Ausland, die bis zum 31. Dezember 2024 Heil- oder Krankenbehandlung für Nichtschädigungsfolgen nach § 80 des Soldatenversorgungsgesetzes in der am 31. Dezember 2024 geltenden Fassung in Verbindung mit § 10 Absatz 2 sowie 4 bis 6 des Bundesversorgungsgesetzes in der bis zum 31. Dezember 2023 geltenden Fassung erhalten, haben Anspruch auf Leistungen bei Krankheit nach dem Dritten Kapitel des Fünften Buches Sozialgesetzbuch ohne Kostenbeteiligung durch die zuständige Behörde in entsprechender Anwendung des § 52.

(4) Die Leistung nach Absatz 3 Satz 1 wird von der entsprechend § 173 des Fünften Buches Sozialgesetzbuch gewählten Krankenkasse erbracht. § 175 Absatz 4 Satz 1 bis 5 des Fünften Buches Sozialgesetzbuch gilt entsprechend. Die Berechtigten erhalten von der gewählten Krankenkasse eine elektronische Gesundheitskarte nach § 291 des Fünften Buches Sozialgesetzbuch.

(5) Den Krankenkassen werden von der zuständigen Behörde nach § 70 Absatz 1 halbjährlich die Aufwendungen erstattet, die ihnen durch die Übernahme der Leistungen nach den Absätzen 2 und 3 entstehen. Als angemessene Verwaltungskosten werden ihnen von der zuständigen Behörde halbjährlich 5 Prozent des Erstattungsbetrags nach Satz 1 erstattet.

§ 82 Berufsschadensausgleich

Personen, die im Dezember 2024 Berufsschadensausgleich nach § 30 Absatz 3 bis 12 des Bundesversorgungsgesetzes in der bis zum 31. Dezember 2023 geltenden Fassung beziehen, erhalten weiterhin einen Betrag, der dem um 25 Prozent erhöhten Betrag des Berufsschadensausgleichs entspricht. Die Zahlung nach Satz 1 vermindert sich mit dem Erreichen der Regelaltersgrenze um 50 Prozent. Dies gilt nicht, wenn die Zahlung nach Satz 1 bereits wegen Erreichens der Regelaltersgrenze gemindert wurde. § 13 gilt entsprechend. Ein Anspruch auf Zahlung eines Erwerbsschadensausgleichs nach § 37 besteht nicht, wenn die Zahlung nach Satz 1 bezogen wird.

§ 83 Geldleistungen

(1) Personen, die im Dezember 2024 folgende einkommensunabhängige Geldleistungen beziehen, erhalten einen monatlichen Gesamtbetrag, der sich aus der Summe dieser Geldleistungen ergibt:

1. die Grundrente nach § 31 Absatz 1 Satz 1 des Bundesversorgungsgesetzes,
2. die Alterszulage nach § 31 Absatz 1 Satz 2 des Bundesversorgungsgesetzes,
3. die Schwerstbeschädigtenzulage nach § 31 Absatz 4 des Bundesversorgungsgesetzes,
4. die Leistungen nach den §§ 38, 40, 42, 43, 45 und 46 des Bundesversorgungsgesetzes,
5. der Pflegeausgleich nach § 40b des Bundesversorgungsgesetzes.

Ist eine Rente nach § 72 oder § 78a des Bundesversorgungsgesetzes in der bis zum 31. Dezember 2023 geltenden Fassung oder nach § 1 Absatz 1 der Rentenkapitalisierungsgesetz-KOV vom 27. April 1970 (BGBl. I S. 413) kapitalisiert, verringert sich der Betrag nach Satz 1 während des Abfindungszeitraums um den kapitalisierten Betrag.

(2) Personen, die im Dezember 2024 folgende einkommensabhängige Geldleistungen beziehen, erhalten einen monatlichen Gesamtbetrag, der sich aus der Summe dieser Geldleistungen ergibt:
1. die Ausgleichsrente nach den §§ 32, 34, 41 und 47 des Bundesversorgungsgesetzes,
2. der Ehegattenzuschlag nach § 33a des Bundesversorgungsgesetzes,
3. der Kinderzuschlag nach § 33b des Bundesversorgungsgesetzes,
4. der Schadensausgleich nach § 40a des Bundesversorgungsgesetzes sowie
5. die Elternrente nach den §§ 49 bis 52 des Bundesversorgungsgesetzes.

Der so errechnete Gesamtbetrag wird um 25 Prozent erhöht. Wird an eine Witwe oder einen Witwer die Leistung nach Satz 1 gewährt, besteht kein Anspruch auf eine zusätzliche Ausgleichszahlung nach § 43 Absatz 3.

(3) Personen, die im Dezember 2024 Witwen- oder Waisenbeihilfe nach § 48 des Bundesversorgungsgesetzes beziehen, erhalten ab dem 1. Januar 2025 monatlich 125 Prozent dieser Geldleistungen. § 80 Absatz 4 und § 85 gelten nicht.

(4) Bei der Berechnung der einkommensabhängigen Leistungen nach den Absätzen 2 und 3 bleiben Anrechnungen von einmaligen Leistungen unberücksichtigt. Bei der Feststellung der Geldleistungen nach den Absätzen 1 bis 3 bleiben Beträge unberücksichtigt, die nach § 65 des Bundesversorgungsgesetzes zum Ruhen der Versorgungsleistungen geführt haben.

(5) Die Ansprüche nach den Absätzen 1 bis 3 erlöschen
1. bei Witwen und Witwern durch Wiederverheiratung einer Witwe oder eines Witwers,
2. bei Waisen durch Wegfall der Voraussetzungen nach § 45 des Bundesversorgungsgesetzes.

(6) Der Betrag nach Absatz 2 verringert sich um
1. den Anteil des Ehegattenzuschlags nach § 33a des Bundesversorgungsgesetzes sowie
2. den Anteil des Kinderzuschlags nach § 33b des Bundesversorgungsgesetzes,

wenn die Anspruchsvoraussetzungen der Leistungen dem Grunde nach wegfallen. Der Betrag nach Absatz 2 verringert sich nicht, wenn die Voraussetzungen auf Grund einer Neufestsetzung des Grades der Schädigungsfolgen nach § 86 wegfallen.

(7) Die nach den Absätzen 1 bis 3 errechneten Beträge werden jährlich nach § 13 angepasst.

§ 84 Befristete oder auf Zeit erbrachte Leistungen

(1) Personen, die im Dezember 2024 eine befristete Geldleistung oder eine befristete Sachleistung nach dem Soldatenversorgungsgesetz in Verbindung mit dem Bundesversorgungsgesetz erhalten haben oder denen eine solche Leistung nach dem 1. Januar 2025 bewilligt worden ist, erhalten diese Leistungen längstens bis zum 31. Dezember 2033 weiter, wenn
1. sie binnen zwei Wochen nach Ablauf der Befristung die Weiterbewilligung der Leistung beantragen und
2. die Voraussetzungen, die nach dem Soldatenversorgungsgesetz in Verbindung mit dem Bundesversorgungsgesetz gegolten haben, weiterhin vorliegen.

(2) Leistungen nach Absatz 1 sind insbesondere folgende Leistungen nach dem Bundesversorgungsgesetz in der am 31. Dezember 2023 geltenden Fassung:
1. Hilfe zur Pflege nach § 26c des Bundesversorgungsgesetzes,
2. Leistungen zur Weiterführung des Haushalts nach § 26d des Bundesversorgungsgesetzes für Hinterbliebene,
3. Erziehungsbeihilfe nach § 27 des Bundesversorgungsgesetzes,
4. Ergänzende Hilfe zum Lebensunterhalt nach § 27a des Bundesversorgungsgesetzes sowie
5. Eingliederungshilfe für Menschen mit Behinderungen nach § 27d Absatz 1 Nummer 3 des Bundesversorgungsgesetzes.

(3) Soweit die Weiterbewilligung der Leistung für Zeiten ab dem 1. Januar 2025 beantragt wird, richtet sich der Einsatz von Einkommen und Vermögen nach dem Bundesversorgungsgesetz und nach der Verordnung zur Kriegsopferfürsorge jeweils in der am 31. Dezember 2023 geltenden Fassung. Soweit es für die berechtigte Person günstiger ist, richtet sich der Einsatz von Einkommen und Vermögen mit der Maßgabe nach Satz 1, dass
1. an die Stelle der Einkommensgrenze nach § 25e Absatz 1 des Bundesversorgungsgesetzes in der am 31. Dezember 2023 geltenden Fassung die Einkommensgrenze nach § 107 Absatz 1 des Vierzehnten Buches Sozialgesetzbuch tritt,
2. an die Stelle des Grundbetrags nach § 26c Absatz 5 Satz 1 Nummer 1 des Bundesversorgungsgesetzes in der am 31. Dezember 2023 geltenden Fassung ein Betrag in Höhe des Vierfachen der Regelbedarfsstufe 1 nach der Anlage zu § 28 des Zwölften Buches Sozialgesetzbuch tritt,
3. an die Stelle des Grundbetrags nach § 26c Absatz 5 Satz 1 Nummer 2 des Bundesversorgungsgesetzes in der am 31. Dezember 2023 geltenden Fassung ein Betrag in Höhe des Achtfachen der Regelbedarfsstufe 1 nach der Anlage zu § 28 des Zwölften Buches Sozialgesetzbuch tritt,
4. an die Stelle der Einkommensfreibeträge nach der Verordnung zur Kriegsopferfürsorge in der am 31. Dezember 2023 geltenden Fassung die Einkommensfreibeträge der Verordnung nach § 109 des Vierzehnten Buches Sozialgesetzbuch treten und
5. bei der Ermittlung der Vermögensschonbeträge nach § 25f des Bundesversorgungsgesetzes in der am 31. Dezember 2023 geltenden Fassung anstelle des Betrages von
   a) 40 Prozent des Bemessungsbetrages ein Betrag in Höhe des 40-Fachen der Regelbedarfsstufe 1 nach der Anlage zu § 28 des Zwölften Buches Sozialgesetzbuch zugrunde gelegt wird,
   b) 35 Prozent des Bemessungsbetrages ein Betrag in Höhe des 35-Fachen der Regelbedarfsstufe 1 nach der Anlage zu § 28 des Zwölften Buches Sozialgesetzbuch zugrunde gelegt wird,
   c) 20 Prozent des Bemessungsbetrages ein Betrag in Höhe des 20-Fachen der Regelbedarfsstufe 1 nach der Anlage zu § 28 des Zwölften Buches Sozialgesetzbuch zugrunde gelegt wird und
   d) 2 Prozent des Bemessungsbetrages ein Betrag in Höhe des Zweifachen der Regelbedarfsstufe 1 nach der Anlage zu § 28 des Zwölften Buches Sozialgesetzbuch zugrunde gelegt wird.

(4) Für den Einsatz von Einkommen und Vermögen bei der Erbringung der Leistungen der Eingliederungshilfe für Menschen mit Behinderungen nach Absatz 2 Nummer 5 gilt § 27d Absatz 5 des Bundesversorgungsgesetzes in der am 31. Dezember 2023 geltenden Fassung.

§ 85 Wahlrecht

(1) Personen, deren Ansprüche nach dem Soldatenversorgungsgesetz in Verbindung mit dem Bundesversorgungsgesetz in der bis zum 31. Dezember 2023 geltenden Fassung vor dem 1. Januar 2025 unanfechtbar festgestellt worden sind und die nicht unter den Anwendungsbereich des § 80 Absatz 3 oder 4 fallen, können anstelle der Leistungen nach § 83 Absatz 1 und 2 Geldleistungen nach den §§ 11 und 43 Absatz 1 und 2 sowie nach § 44 oder § 45 erhalten. Bei geschädigten Personen gelten die bisher anerkannten Schädigungsfolgen sowie die Bemessung des Grades der Schädigungsfolgen für die Entscheidung über die Leistungen als rechtsverbindlich festgestellt.

(2) Das Wahlrecht ist innerhalb von zwölf Monaten nach Inkrafttreten dieses Gesetzes auszuüben, spätestens jedoch sechs Monate nach der Bestandskraft der letzten nach § 80 Absatz 2 ergangenen Entscheidung. Die Wahlentscheidung wirkt zurück auf den 1. Januar 2025. Bereits erbrachte Leistungen nach § 83 werden angerechnet. Die Wahlentscheidung ist unwiderruflich, bedarf der Schriftform und ist gegenüber der zuständigen Behörde zu erklären.

§ 86 Neufeststellung

(1) Die Neufeststellung der Anspruchsberechtigung und des Grades der Schädigungsfolgen erfolgt auf Antrag und richtet sich nach diesem Gesetz. Eine Neufeststellung kann auch von Amts wegen erfolgen.

(2) Wäre nach Durchführung des Verfahrens Absatz 1 die Geldleistung nach § 83 Absatz 1 Nummer 1 zu erhöhen oder zu mindern, wird der Betrag nach § 83 Absatz 1 für jeden Zehnergrad der Änderung des Grades der Schädigungsfolgen um den entsprechenden Anteil erhöht oder gemindert.

(3) Werden bei einer Neufeststellung von Pflegeleistungen auf Grund der Rechtsänderung in § 17 keine oder geringere Geldleistungen festgestellt, so werden mindestens die vor der Neufeststellung bezogenen Geldleistungen nach den Vorschriften des Soldatenversorgungsgesetzes in der am 31. Dezember 2024 geltenden Fassung in Verbindung mit dem Bundesversorgungsgesetz in der bis zum 31. Dezember 2023 geltenden Fassung weiter erbracht. Dies gilt nicht für den Fall, dass keine oder geringere Pflegeleistungen festgestellt werden, weil bei der zu pflegenden Person tatsächliche Änderungen eingetreten sind.

§ 87 Anrechnungsvorschrift

Die Geldleistung nach § 83 bleibt bei anderen Sozialleistungen und bei den Leistungen nach dem Asylbewerberleistungsgesetz als Einkommen unberücksichtigt, soweit sie den Betrag von 1 209 Euro nicht überschreitet. § 13 gilt entsprechend.

§ 88 Pflegeausgleich

Witwen und Witwer erhalten einen monatlichen Pflegeausgleich, wenn
1. die geschädigte Person schädigungsbedingt pflegebedürftig war,
2. sie die geschädigte Person während ihrer Ehe bereits vor dem 1. Januar 2025 gepflegt haben,
3. die Pflegezeit insgesamt mehr als zehn Jahre betragen hat und

4. sie nicht eine monatliche Geldleistung nach § 83 Absatz 1 erhalten, in der eine Geldleistung nach § 83 Absatz 1 Satz 1 Nummer 5 enthalten ist.

Der monatliche Pflegeausgleich beträgt für jedes Jahr der über zehn Jahre hinausgehenden Pflegezeit 20 Euro. Kalendermonate, in denen die Pflege nicht unentgeltlich geleistet wurde, werden dabei nicht mitgezählt. Die anzurechnende Gesamtpflegezeit wird auf volle Jahre aufgerundet.

§ 89 Ausgleichszahlung für Witwen und Witwer bei nicht schädigungsbedingtem Tod

(1) Witwen und Witwer einer nicht schädigungsbedingt verstorbenen geschädigten Person erhalten eine monatliche Ausgleichszahlung, wenn

1. die Schädigung bereits vor dem 1. Januar 2025 eingetreten ist,
2. die Ehe bereits vor dem 1. Januar 2025 bestand,
3. die Witwe oder der Witwer keine monatliche Geldleistung nach § 83 Absatz 3 erhält und
4. die geschädigte Person Anspruch hatte
   a) im Zeitpunkt ihres Todes
      aa) auf eine Leistung nach § 83 Absatz 1 oder § 11 Absatz 1, der ein Grad der Schädigungsfolgen von 100 zu Grunde liegt, oder
      bb) auf Pflegegeld nach § 17 oder
   b) mindestens fünf Jahre auf Berufsschadensausgleich nach § 80 des Soldatenversorgungsgesetzes in der am 31. Dezember 2024 geltenden Fassung in Verbindung mit § 30 des Bundesversorgungsgesetzes in der am 31. Dezember 2023 geltenden Fassung oder nach § 82.

(2) Die monatliche Ausgleichszahlung beträgt

1. für Witwen und Witwer von geschädigten Personen mit einem Grad der Schädigungsfolgen von unter 100: 500 Euro,
2. für Witwen und Witwer von geschädigten Personen mit einem Grad der Schädigungsfolgen von 100: 750 Euro.

(3) Berechtigte nach Absatz 1 erhalten auf Antrag anstelle der monatlichen Ausgleichszahlung eine einmalige Abfindung. Der Antrag ist innerhalb eines Jahres nach Bewilligung der Ausgleichszahlung zu stellen.

(4) Die Abfindung beträgt

1. bei einem Anspruch auf die monatliche Ausgleichszahlung nach Absatz 2 Nummer 1: 60 000 Euro,
2. bei einem Anspruch auf die monatliche Ausgleichszahlung nach Absatz 2 Nummer 2: 90 000 Euro.

(5) Auf die Abfindung sind bereits geleistete monatliche Ausgleichszahlungen anzurechnen. Mit der Zahlung der Abfindung sind alle Ansprüche auf die monatlichen Ausgleichszahlungen bei nicht schädigungsbedingtem Tod abgegolten.

3.5 Gesetz über die Versorgung der früheren Soldatinnen und früheren Soldaten und ihrer Hinterbliebenen (Soldatenversorgungsgesetz – SVG)

Soldatenversorgungsgesetz vom 20. August 2021 (BGBl. I S. 3932, 3958), das zuletzt durch Artikel 7 des Gesetzes vom 22. Dezember 2025 (BGBl. 2025 I Nr. 370) geändert worden ist.

Inhaltsübersicht

Unterabschnitt 8 **Berufsförderung der Berufssoldatinnen und Berufssoldaten**

§ 54 Berufsförderung der Berufssoldatinnen und Berufssoldaten

§ 55 Eingliederung von Berufssoldatinnen und Berufssoldaten in das Erwerbsleben

Abschnitt 3 **Versorgung der Hinterbliebenen von Soldatinnen und Soldaten**

§ 56 Bezüge für den Sterbemonat und Sterbegeld für Hinterbliebene von Soldatinnen auf Zeit, Soldaten auf Zeit und von Soldatinnen und Soldaten, die Wehrdienst nach dem Wehrpflichtgesetz oder Wehrdienst nach dem Vierten Abschnitt des Soldatengesetzes leisten

§ 57 Laufende Unterstützung für Hinterbliebene von Soldatinnen auf Zeit und Soldaten auf Zeit

§ 58 Versorgung der Hinterbliebenen nach einem Einsatzunfall von Soldatinnen auf Zeit, Soldaten auf Zeit und von Soldatinnen und Soldaten, die Wehrdienst nach dem Wehrpflichtgesetz oder nach dem Vierten Abschnitt des Soldatengesetzes leisten

§ 59 Hinterbliebene von Berufssoldatinnen und Berufssoldaten

§ 60 Bezüge bei Verschollenheit

§ 61 Hinterbliebene von Soldatinnen

Abschnitt 4 **Gemeinsame Vorschriften für Soldatinnen und Soldaten und ihre Hinterbliebenen**

§ 62 Anwendungsbereich

§ 63 Festsetzung und Zahlung der Versorgungsbezüge, Versorgungsauskunft

§ 64 Familienzuschlag und Ausgleichsbetrag

§ 65 Pfändung, Abtretung und Verpfändung

§ 66 Rückforderung

§ 67 Aufrechnung und Zurückbehaltung

§ 68 Zusammentreffen von Versorgungsbezügen mit Erwerbs- oder Erwerbsersatzeinkommen

§ 69 Zusammentreffen von Versorgungsbezügen mit Altersgeld, Witwenaltersgeld oder Waisenaltersgeld

§ 70 Zusammentreffen mehrerer Versorgungsbezüge aus dem öffentlichen Dienst

§ 71 Zusammentreffen von Versorgungsbezügen und Renten

§ 72 Zusammentreffen von Versorgungsbezügen mit einer laufenden Alterssicherungsleistung aus zwischenstaatlicher oder überstaatlicher Verwendung

§ 73 Kürzung der Versorgungsbezüge nach der Ehescheidung

§ 74 Abwendung der Kürzung der Versorgungsbezüge

§ 75 Anwendung des Bundesversorgungsteilungsgesetzes

§ 76 Abzug für Pflegeleistungen

§ 76a Zusammentreffen von Versorgungsbezügen mit Versorgungsabfindungen

§ 77 Erlöschen der Versorgungsbezüge wegen Verurteilung

§ 78 Erlöschen der Versorgungsbezüge bei Ablehnung einer erneuten Berufung

§ 79 Entziehung der Versorgung

§ 80 Erlöschen und Wiederaufleben der Versorgungsbezüge für Hinterbliebene

§ 81 Anzeigepflicht

§ 82 Nichtberücksichtigung der Versorgungsbezüge

Teil 1 **Einleitende Vorschriften**

§ 1 Persönlicher Geltungsbereich

(1) Dieses Gesetz gilt für die früheren Soldatinnen und Soldaten und ihre Hinterbliebenen, soweit es im Einzelnen nichts anderes bestimmt.

(2) Teil 2 mit Ausnahme der §§ 4 und 5 Absatz 1, der §§ 6 und 7 Absatz 2, der §§ 9, 11 und 56 Absatz 1 Satz 1 erster Halbsatz und Absatz 2 sowie der §§ 63, 65, 84 bis 87 und 89 bis 91 gilt nicht für Soldatinnen auf Zeit und Soldaten auf Zeit, die keinen Anspruch auf Besoldung haben (§ 3 Absatz 2 des Bundesbesoldungsgesetzes).

§ 2 Regelung auf Grund Gesetzes

(1) Die Versorgung der Soldatinnen und Soldaten sowie ihrer Hinterbliebenen wird nur auf Grund eines Gesetzes gewährt.

(2) Zusicherungen, Vereinbarungen und Vergleiche, die der Soldatin oder dem Soldaten oder ihren oder seinen Hinterbliebenen eine höhere als die ihr oder ihm gesetzlich zustehende Versorgung verschaffen sollen, sind unwirksam. Das Gleiche gilt für Versicherungsverträge, die zu diesem Zweck abgeschlossen werden.

(3) Auf die gesetzlich zustehende Versorgung kann weder ganz noch teilweise verzichtet werden, soweit in diesem Gesetz nichts anderes bestimmt ist.

§ 3 Wehrdienstzeit

(1) Wehrdienstzeit ist die Zeit vom Tag des tatsächlichen Diensteintritts bis zum Ablauf des Tages, an dem das Dienstverhältnis endet. Der Grundwehrdienst wird jedoch mit seiner gesetzlich festgesetzten Dauer, die Probezeit des freiwilligen Wehrdienstes nach § 58b des Soldatengesetzes mit sechs Monaten angerechnet. Nicht angerechnet wird die Zeit, um deren Dauer sich der Tag der Beendigung des Wehrdienstverhältnisses nach § 58 Absatz 2 Satz 3 der Wehrdisziplinarordnung verschiebt. Die für die Versorgung der Soldatinnen auf Zeit und Soldaten auf Zeit maßgebliche Wehrdienstzeit beginnt für diejenigen, die am 3. Oktober 1990 als Berufssoldatin oder Berufssoldat der Nationalen Volksarmee oder Soldatin auf Zeit oder Soldat auf Zeit der Nationalen Volksarmee Soldatinnen oder Soldaten der Bundeswehr geworden sind, abweichend von Satz 1 am Tage ihrer Ernennung zur Soldatin auf Zeit oder zum Soldaten auf Zeit der Bundeswehr.

(2) Bei Anwendung des § 11 ist für Soldatinnen auf Zeit und Soldaten auf Zeit mit Vordienstzeiten in der Nationalen Volksarmee als anrechenbare Wehrdienstzeit auch die Zeit des in der Nationalen Volksarmee geleisteten Wehrdienstes bis zur Dauer des Grundwehrdienstes zu berücksichtigen. Maßgeblich für den Umfang der Anrechnung ist die jeweilige Dauer des Grundwehrdienstes im früheren Bundesgebiet im Zeitpunkt der Begründung des Wehrdienstverhältnisses in der Nationalen Volksarmee.

Teil 2 Berufsförderung und Dienstzeitversorgung

Abschnitt 1 Berufsförderung und Dienstzeitversorgung der Soldatinnen auf Zeit und Soldaten auf Zeit

Unterabschnitt 1 Allgemeine Vorschriften

§ 4 Zweck und Arten

(1) Die Leistungen der Berufsförderung und der befristeten Dienstzeitversorgung sollen den Soldatinnen auf Zeit und Soldaten auf Zeit nach Eignung, Neigung und Leistungsfähigkeit eine individuelle Qualifizierung ermöglichen, sie auf die Zeiten der zivilberuflichen Bildung und der Tätigkeits- oder Beschäftigungssuche vorbereiten, diese Zeiten finanziell absichern und die Soldatinnen auf Zeit und Soldaten auf Zeit bei der Tätigkeits- und Beschäftigungssuche unterstützen. Alle Leistungen der Berufsförderung dienen der angemessenen Eingliederung in das zivile Erwerbsleben.

(2) Die Berufsförderung der Soldatinnen auf Zeit und Soldaten auf Zeit umfasst
1. die Beratung in Fragen der schulischen und beruflichen Bildung sowie der Eingliederung in das zivile Erwerbsleben (§ 5),
2. die Teilnahme an dienstzeitbegleitenden Bildungs- und Eingliederungsmaßnahmen (§§ 6, 7 Absatz 2 und § 9 Absatz 4),
3. den Besuch von Lehrgängen an einer Bundeswehrfachschule (§ 7),
4. die Förderung der beruflichen Bildung in öffentlichen und privaten Bildungseinrichtungen (§ 7) und
5. Hilfen zur Eingliederung in das zivile Erwerbsleben (§§ 9 bis 14).

(3) Soldatinnen und Soldaten, die freiwilligen Wehrdienst nach § 58b des Soldatengesetzes leisten, können als Berufsförderung die Teilnahme an dienstzeitbegleitenden Bildungs- und Eingliederungsmaßnahmen (§§ 6 und 9 Absatz 2) sowie Hilfen zur Eingliederung in das zivile Erwerbsleben (§ 9 Absatz 1 und 7) gewährt werden. § 5 Absatz 1 Satz 2 gilt entsprechend.

(4) Die Dienstzeitversorgung der Soldatinnen auf Zeit und Soldaten auf Zeit umfasst
1. die Übergangsgebührnisse,
2. die Ausgleichsbezüge,
3. die Übergangsbeihilfe,
4. den Unterhaltsbeitrag für Soldatinnen auf Zeit und Soldaten auf Zeit,
5. den Unterschiedsbetrag nach § 64 Absatz 1 Satz 2,
6. die Einmalzahlungen nach § 105.

§ 5 Berufsberatung der Soldatinnen auf Zeit und Soldaten auf Zeit

(1) Die Soldatinnen auf Zeit und Soldaten auf Zeit sind über die Bedeutung und die für sie wesentlichen Möglichkeiten ihrer zivilberuflichen Bildung, Eingliederung sowie deren Förderung nach den §§ 6 bis 14 frühzeitig und umfassend zu beraten. Die Berufsberatung ist verbindliche Voraussetzung für die Bewilligung von Leistungen der Berufsförderung.

(2) Im Rahmen der Berufsberatung sollen das Berufs- und Eingliederungsziel festgelegt, die anzustrebenden Bildungsziele bestimmt und ein einvernehmlicher Förderungsplan erstellt werden.

(3) Soldatinnen auf Zeit und Soldaten auf Zeit mit einer festgesetzten Wehrdienstzeit von mindestens 20 Jahren sind verpflichtet, spätestens ein Jahr vor Ablauf ihrer

Wehrdienstzeit an einem Beratungsgespräch des Karrierecenters der Bundeswehr – Berufsförderungsdienst – teilzunehmen.

§ 6 Dienstzeitbegleitende Förderung der schulischen und beruflichen Bildung

(1) Während der Wehrdienstzeit bieten die Karrierecenter der Bundeswehr – Berufsförderungsdienste – interne Maßnahmen der schulischen und beruflichen Bildung an, an denen nach § 58b des Soldatengesetzes freiwilligen Wehrdienst Leistende sowie Soldatinnen auf Zeit und Soldaten auf Zeit unentgeltlich teilnehmen können. Sofern eine Wehrdienstzeit mit weniger als vier Jahren festgesetzt wurde, können Maßnahmen zum Berufseinstieg unterhalb der Erlangung von schulischen und beruflichen Abschlüssen, von Abschlüssen im Rahmen des Hochschulrahmengesetzes sowie von Fahrerlaubnissen angeboten werden. Über die Art der Maßnahmen nach Satz 2 entscheidet das Bundesministerium der Verteidigung oder die von ihm benannte Stelle.

(2) Ist für freiwilligen Wehrdienst Leistende nach § 58b des Soldatengesetzes im Förderungsplan im Sinne des § 5 Absatz 2 vorgesehen, dass ein bestimmtes schulisches oder berufliches Bildungsziel im Rahmen der dienstzeitbegleitenden Förderung erreicht werden soll, und kann dieses Bildungsziel nicht oder nicht planmäßig durch Teilnahme an internen Maßnahmen erreicht werden, so kann im Einzelfall die Teilnahme an Maßnahmen der schulischen und beruflichen Bildung anderer Anbieter gefördert werden."

(3) Auf die dienstzeitbegleitende Förderung nach den Absätzen 1 und 2 besteht kein Anspruch. Sie steht unter dem Vorbehalt ausreichend verfügbarer Haushaltsmittel.

(4) Bei internen Maßnahmen der schulischen und beruflichen Bildung, die auf Grund ihres Inhalts geeignet sind, für eine Vielzahl von Berufen förderlich zu sein (Basisqualifizierungen) ist abweichend von § 5 Absatz 1 Satz 2 eine vorherige Berufsberatung nicht notwendig. Zu den Basisqualifizierungen zählen nicht Maßnahmen zur Erlangung von schulischen und beruflichen Abschlüssen, von Abschlüssen im Rahmen des Hochschulrahmengesetzes sowie von Fahrerlaubnissen. Über die Eignung einer Maßnahme im Sinne des Satzes 1 entscheidet das Bundesministerium der Verteidigung oder die von ihm benannte Stelle.

§ 7 Förderung der schulischen und beruflichen Bildung der Soldatinnen auf Zeit und Soldaten auf Zeit

(1) Soldatinnen auf Zeit und Soldaten auf Zeit, die nicht Inhaberinnen oder Inhaber eines Eingliederungsscheins sind, haben Anspruch auf Förderung ihrer schulischen und beruflichen Bildung nach der Wehrdienstzeit, wenn die Wehrdienstzeit auf mindestens ein Jahr festgesetzt worden ist. Die Förderung wird auf Antrag gewährt. Die Förderung beruflicher Erfahrungszeiten ist ausgeschlossen.

(2) Sieht der Förderungsplan nach § 5 Absatz 2 vor, dass ein bestimmtes schulisches oder berufliches Bildungsziel schon während der Wehrdienstzeit erreicht werden soll, und kann dieses Bildungsziel nicht oder nicht planmäßig durch Teilnahme an internen Maßnahmen erreicht werden, so kann die Teilnahme an Maßnahmen der schulischen und beruflichen Bildung nach Absatz 1 gefördert werden, wenn dienstliche Gründe dem nicht entgegenstehen. Eine zeitliche Anrechnung auf den Anspruch nach Absatz 5 findet während der Wehrdienstzeit nicht statt.

(3) Schulische Maßnahmen sind grundsätzlich an einer Bundeswehrfachschule zu durchlaufen.

(4) Der Anspruch entsteht nicht, wenn das Dienstverhältnis aus anderen Gründen endet als wegen
1. Ablaufs der festgesetzten Wehrdienstzeit,
2. Entlassung infolge einer Dienstunfähigkeit nach § 55 Absatz 2 des Soldatengesetzes oder
3. Entlassung nach § 55 Absatz 4 Satz 2 des Soldatengesetzes auf Grund des Nichtbestehens der Laufbahnprüfung nach Laufbahnaufstieg und mindestens vierjähriger Wehrdienstzeit in der vorherigen Laufbahn.

Sind bei einer Entlassung auf eigenen Antrag Übergangsgebührnisse nach § 16 Absatz 5 bewilligt worden, kann die Förderung der schulischen oder beruflichen Bildung bis zur Dauer des Zeitraums gewährt werden, für den Übergangsgebührnisse zustehen.

(5) Die Förderungsdauer nach der Wehrdienstzeit beträgt nach einer Wehrdienstzeit von

1.	1 und weniger als 2 Jahren	bis zu 1 Monat
2.	2 und weniger als 3 Jahren	bis zu 2 Monate
3.	3 und weniger als 4 Jahren	bis zu 3 Monate
4.	4 und weniger als 5 Jahren	bis zu 12 Monate
5.	5 und weniger als 6 Jahren	bis zu 18 Monate
6.	6 und weniger als 7 Jahren	bis zu 24 Monate
7.	7 und weniger als 8 Jahren	bis zu 30 Monate
8.	8 und weniger als 9 Jahren	bis zu 36 Monate
9.	9 und weniger als 10 Jahren	bis zu 42 Monate
10.	10 und weniger als 11 Jahren	bis zu 48 Monate
11.	11 und weniger als 12 Jahren	bis zu 54 Monate
12.	12 und mehr Jahren	bis zu 60 Monate.

(6) Die Förderungsdauer nach Absatz 5 wird nach Maßgabe der Absätze 7 bis 9 und 11 vermindert. Für Soldatinnen auf Zeit und Soldaten auf Zeit mit einer Gesamtdienstzeit von mindestens 20 Jahren reduziert sich der Umfang der Minderung nach den Absätzen 7 bis 9 um 50 Prozent. Die Förderungsdauer nach Absatz 5 soll in unmittelbarem Anschluss an das Dienstzeitende, kann aber noch innerhalb von sieben Jahren nach dem Dienstzeitende, bei Soldatinnen auf Zeit und Soldaten auf Zeit mit einer Gesamtdienstzeit von mindestens 20 Jahren innerhalb von acht Jahren nach dem Dienstzeitende, genutzt werden.

(7) Die Förderungsdauer nach Absatz 5 vermindert sich um neun Monate, wenn die militärfachliche Ausbildung zum Bestehen einer Abschlussprüfung in einem anerkannten Ausbildungsberuf, zu einem vergleichbaren bundes- oder landesrechtlich geregelten Berufsabschluss, einer Laufbahnprüfung im mittleren Dienst oder einem Abschluss nach den Empfehlungen der Deutschen Krankenhausgesellschaft geführt hat. Hat die zum Bestehen der Abschlussprüfung nach Satz 1 führende Maßnahme der militärischen Ausbildung zwischen drei und zwölf Monaten gedauert, beschränkt sich die Minderung auf drei Monate. Eine Minderung entfällt, wenn die Maßnahme weniger als drei Monate gedauert hat. Im Falle des Erreichens mehrerer Abschlüsse im Sinne der Sätze 1 und 2 beschränkt sich die Minderung nach diesem Absatz auf höchstens neun Monate.

(8) Die Förderungsdauer nach Absatz 5 vermindert sich ferner um sechs Monate, wenn die Soldatin oder der Soldat im Rahmen der militärfachlichen Ausbildung eine Fortbildungsmaßnahme öffentlicher oder privater Träger abgeschlossen hat, die

1. als Regelzugang einen Abschluss nach einem nach § 4 des Berufsbildungsgesetzes oder nach § 25 der Handwerksordnung anerkannten Ausbildungsberuf, einen vergleichbaren bundes- oder landesrechtlich geregelten Berufsabschluss oder einen Abschluss der ersten oder zweiten beruflichen Fortbildungsstufe nach dem Berufsbildungsgesetz oder der Handwerksordnung voraussetzt und
2. in einer fachlichen Richtung gezielt auf öffentlich-rechtliche Prüfungen zu Abschlüssen auf der Grundlage der §§ 53 bis 53d, 54 oder 106 Absatz 3 des Berufsbildungsgesetzes oder der §§ 42 bis 42d, 42f, 45, 51a, 122 oder 125 Absatz 2 der Handwerksordnung, auf gleichwertige Abschlüsse nach bundes- und landesrechtlichen Regelungen, auf Weiterbildungen nach den Empfehlungen der Deutschen Krankenhausgesellschaft oder auf Fortbildungen auf der Grundlage staatlich genehmigter Prüfungsordnungen an anerkannten Ergänzungsschulen vorbereitet.

Im Falle des Erreichens mehrerer Abschlüsse im Sinne des Satzes 1 beschränkt sich die Minderung nach diesem Absatz auf sechs Monate. Bei Nichterreichen des Abschlusses wird die Förderungsdauer nach Absatz 5 im Umfang der tatsächlichen Teilnahme bis zu sechs Monaten gemindert, es sei denn, die Teilnahme musste aus dienstlichen Gründen vor Erreichen des Abschlusses beendet werden. Dies gilt auch, wenn bereits ein Minderungstatbestand nach Absatz 7 erfüllt ist.

(9) Die Förderungsdauer nach Absatz 5 vermindert sich ferner um sechs Monate, wenn die militärische Ausbildung zum Erwerb einer Fahrlehrerlaubnis geführt hat.

(10) Für Soldatinnen auf Zeit und Soldaten auf Zeit, die einen Studienabschluss oder vergleichbaren Abschluss an einer staatlichen Hochschule, an einer staatlich anerkannten Hochschule oder an einer vergleichbaren Bildungseinrichtung auf Kosten des Bundes erworben haben, beträgt die Förderungsdauer zwölf Monate in den Fällen des Absatzes 5 Nummer 1 bis 8 und 24 Monate in den Fällen des Absatzes 5 Nummer 9. Für Soldatinnen auf Zeit und Soldaten auf Zeit, die auf Grund eines nach den Laufbahnvorschriften geforderten Studienabschlusses oder vergleichbaren Abschlusses an einer staatlichen Hochschule, an einer staatlich anerkannten Hochschule oder an einer vergleichbaren Bildungseinrichtung in die Bundeswehr eingestellt worden sind, und für Unteroffizierinnen und Unteroffiziere des Militärmusikdienstes, die im Rahmen ihrer militärfachlichen Ausbildung eine staatliche Hochschule, eine staatlich anerkannte Hochschule oder eine vergleichbare Bildungseinrichtung besucht und das vorgegebene Studienziel unterhalb eines Studienabschlusses oder vergleichbaren Abschlusses auf Kosten des Bundes erreicht haben, beträgt die Förderungsdauer nach einer Wehrdienstzeit von

1.	4 und weniger als 5 Jahren	bis zu 7 Monate,
2.	5 und weniger als 6 Jahren	bis zu 10 Monate,
3.	6 und weniger als 7 Jahren	bis zu 12 Monate,
4.	7 und weniger als 8 Jahren	bis zu 17 Monate,
5.	8 und weniger als 9 Jahren	bis zu 21 Monate,
6.	9 und weniger als 10 Jahren	bis zu 25 Monate,
7.	10 und weniger als 11 Jahren	bis zu 29 Monate,
8.	11 und weniger als 12 Jahren	bis zu 33 Monate und
9.	12 und mehr Jahren	bis zu 36 Monate.

(11) Für die Teilnahme an Studiengängen oder vergleichbaren Bildungsgängen an einer staatlichen Hochschule, an einer staatlich anerkannten Hochschule oder an einer vergleichbaren Bildungseinrichtung im Rahmen der militärischen Ausbildung der Soldatinnen auf Zeit und Soldaten auf Zeit und der Unteroffizierinnen und Unteroffiziere des Militärmusikdienstes wird die Förderungsdauer nach Absatz 5 auch dann im Umfang der Dauer der tatsächlichen Teilnahme vermindert, wenn der vorgesehene Abschluss nicht erreicht wurde, es sei denn, die Teilnahme musste aus dienstlichen Gründen vor Erreichen des Abschlusses beendet werden. Unbeschadet einer Verminderung nach Satz 1 verbleibt bei einer Wehrdienstzeit von vier bis sechs Jahren stets ein zeitlicher Anspruch von sechs Monaten, jedes weitere vollständig abgeleistete Dienstjahr erhöht den Anspruch um einen weiteren Monat.

(12) Soweit es zur Umsetzung des Förderungsplans erforderlich ist, kann Soldatinnen auf Zeit und Soldaten auf Zeit, deren Wehrdienstzeit auf mindestens vier Jahre festgesetzt wurde, ausnahmsweise eine Freistellung vom militärischen Dienst gewährt werden. Der Freistellungszeitraum verkürzt nach § 16 Absatz 2 Satz 3 den Bezugszeitraum der Übergangsgebührnisse. Satz 2 gilt nicht für Soldatinnen auf Zeit und Soldaten auf Zeit mit einer Gesamtdienstzeit von mindestens 20 Jahren.

(13) Das Bundesministerium der Verteidigung oder die von ihm bestimmte Behörde der Bundeswehrverwaltung kann auf Antrag zum Ausgleich von Störungen im Förderungsverlauf die Förderung der Teilnahme an einer bewilligten Maßnahme der schulischen und beruflichen Bildung über die nach Absatz 5 vorgesehenen Zeiträume hinaus verlängern. Die Verlängerung kommt grundsätzlich nur einmal in dem im Einzelfall notwendigen Umfang in Betracht.

§ 8 Kosten der schulischen und beruflichen Bildung

(1) Die notwendigen Kosten der Teilnahme an Maßnahmen der schulischen und beruflichen Bildung werden grundsätzlich bis zu den Kostenhöchstbeträgen, die nach der im Einzelfall nach § 7 zustehenden Förderungsdauer gestaffelt sind, vom Bund übernommen. Maßnahmen der schulischen Bildung an Bundeswehrfachschulen sind kostenfrei. Die Kosten des Besuchs von Maßnahmen der beruflichen Bildung an einer Bundeswehrfachschule können auf die Kostenhöchstbeträge in pauschalierter Form angerechnet werden.

(2) Das Bundesministerium der Verteidigung kann für die Förderung Pauschalbeträge festsetzen.

(3) Für die reisekosten- und trennungsgeldrechtliche Abfindung der Förderungsberechtigten sind das Bundesreisekostengesetz und die Trennungsgeldverordnung entsprechend anzuwenden, soweit in der Berufsförderungsverordnung nichts anderes bestimmt ist.

Unterabschnitt 2 **Eingliederung in das spätere Berufsleben**

§ 9 Eingliederungsmaßnahmen

(1) Soldatinnen auf Zeit, Soldaten auf Zeit und freiwilligen Wehrdienst nach § 58b des Soldatengesetzes Leistende werden während der ersten acht Jahre nach dem Ende ihrer Wehrdienstzeit, Soldatinnen auf Zeit und Soldaten auf Zeit mit einer Gesamtdienstzeit von mindestens 20 Jahren während der ersten neun Jahre nach dem Ende ihrer Wehrdienstzeit, dabei unterstützt, einen Arbeitsplatz zu finden, der ihrem

Qualifikationsprofil entspricht. Hierzu gehört auch die vermittlerische Betreuung durch das Karrierecenter der Bundeswehr – Berufsförderungsdienst –.

(2) Soldatinnen auf Zeit und Soldaten auf Zeit, die nicht auf Grund ihrer zivilberuflichen Vorbildung mit höherem Dienstgrad eingestellt wurden oder die während ihrer Wehrdienstzeit keine zivilberuflich anerkannte militärfachliche Aus- oder Weiterbildung im Sinne des § 7 Absatz 7 bis 10 erhalten haben, haben Anspruch darauf, vor dem Ende ihrer Wehrdienstzeit unter Freistellung vom Dienst an Berufsorientierungspraktika teilzunehmen, und zwar

1. bei einer Verpflichtungsdauer von mindestens zwölf Jahren an drei Berufsorientierungspraktika mit einer Dauer von jeweils einem Monat und
2. bei einer Gesamtdienstzeit von mindestens 20 Jahren an vier Berufsorientierungspraktika mit einer Dauer von jeweils einem Monat.

Ein Praktikum kann in Abschnitte aufgeteilt oder mit einem anderen Praktikum nach Satz 1 zu einem Gesamtpraktikum verbunden werden, wenn die Aufteilung oder die Verbindung zur Umsetzung des Förderungsplans zweckmäßig ist. Berufsorientierungspraktika können auch nach Ablauf der Wehrdienstzeit gefördert werden. § 8 Absatz 3 gilt entsprechend.

(3) Soldatinnen auf Zeit und Soldaten auf Zeit mit einer Verpflichtungsdauer von mindestens vier Jahren, die keinen Anspruch nach Absatz 2, aber einen erhöhten Berufsorientierungsbedarf haben, kann ermöglicht werden, vor dem Ende ihrer Wehrdienstzeit unter Freistellung vom militärischen Dienst an einem Berufsorientierungspraktikum mit einer Dauer von einem Monat teilzunehmen. Absatz 2 Satz 2 bis 4 gilt entsprechend. Soldatinnen auf Zeit und Soldaten auf Zeit mit einer Gesamtdienstzeit von mindestens 20 Jahren kann abweichend von Satz 1 die Teilnahme an zwei Berufsorientierungspraktika ermöglicht werden.

(4) Bereits vor dem Ende ihrer Wehrdienstzeit sind Maßnahmen einzuleiten oder durchzuführen, die eine Arbeitsaufnahme im Anschluss an das Dienstverhältnis erleichtern (Eingliederungsmaßnahmen). Vor oder nach der Förderung einer schulischen oder beruflichen Bildungsmaßnahme kann die Teilnahme an Berufsorientierungs- oder Berufsvorbereitungsmaßnahmen und an Bewerbertrainingsprogrammen mit den gleichen Leistungen wie für die Teilnahme an Maßnahmen der schulischen und beruflichen Bildung nach den §§ 6 und 7 gefördert werden. Für Soldatinnen auf Zeit und Soldaten auf Zeit, die keinen Anspruch auf Förderung der schulischen und beruflichen Bildung nach § 7 Absatz 5 haben, gilt Satz 2 nur unter der Voraussetzung, dass die Maßnahme innerhalb eines Jahres nach Dienstzeitende beginnt. Für Soldatinnen auf Zeit und Soldaten auf Zeit mit einer Gesamtdienstzeit von mindestens 20 Jahren sowie für Soldatinnen auf Zeit und Soldaten auf Zeit mit einer Verpflichtungsdauer von mindestens vier Jahren, die am Ende ihrer Wehrdienstzeit das 50. Lebensjahr vollendet haben, gilt bei Teilnahme an Eingliederungsmaßnahmen § 8 Absatz 3 entsprechend.

(5) Soldatinnen auf Zeit und Soldaten auf Zeit mit einer Gesamtdienstzeit von mindestens 20 Jahren sind verpflichtet, im Zeitraum von zwei bis vier Jahren vor Ablauf ihrer Wehrdienstzeit an einem Eingliederungsseminar teilzunehmen, das das Karrierecenter der Bundeswehr – Berufsförderungsdienst – unter Beteiligung des Sozialdienstes der Bundeswehr anbietet. § 8 Absatz 3 gilt entsprechend. Die Ehegattin, der Ehegatte und Personen, mit denen die Soldatin oder der Soldat in einem gemeinsamen Haushalt zusammenlebt, können auf Antrag der Soldatin auf Zeit oder des Soldaten auf Zeit ebenfalls teilnehmen; die ihnen durch die Teilnahme entstehenden Kosten werden nicht erstattet.

(6) Soldatinnen auf Zeit und Soldaten auf Zeit mit einer Verpflichtungsdauer von mindestens vier Jahren haben nach Ablauf ihrer Wehrdienstzeit einen Anspruch auf

Teilnahme an drei Betriebspraktika mit einer Dauer von jeweils einem Monat. Soldatinnen auf Zeit und Soldaten auf Zeit mit einer Gesamtdienstzeit von mindestens 20 Jahren haben nach Ablauf ihrer Wehrdienstzeit einen Anspruch auf Teilnahme an höchstens vier Betriebspraktika mit einer Dauer von jeweils höchstens einem Monat. Absatz 2 Satz 2 und § 8 Absatz 3 gelten entsprechend.

(7) Für frühere Soldatinnen auf Zeit und frühere Soldaten auf Zeit und für freiwilligen Wehrdienst nach § 58b des Soldatengesetzes Leistende, die ihre volle berufliche Leistungsfähigkeit erst nach einer Einarbeitungszeit erlangen können, kann nach Ablauf ihrer Wehrdienstzeit einem Arbeitgeber ein Einarbeitungszuschuss gewährt werden. Der Zuschuss ist innerhalb einer Frist von sechs Monaten nach Abschluss der Maßnahme geltend zu machen.

(8) Bewirbt sich eine Soldatin auf Zeit oder ein Soldat auf Zeit mit einer festgesetzten Wehrdienstzeit von mindestens zwölf Jahren innerhalb von sechs Monaten nach Beendigung ihres oder seines Wehrdienstverhältnisses oder nach dem Ende der Förderung ihrer oder seiner Maßnahme der schulischen und beruflichen Bildung um Einstellung in den öffentlichen Dienst, so gelten für die Einstellung keine Höchstaltersgrenzen. Dies gilt auch dann, wenn die Soldatin oder der Soldat im Anschluss an den Wehrdienst eine für den künftigen Beruf vorgeschriebene, über die allgemeinbildende Schulbildung hinausgehende Ausbildung ohne unzulässige Überschreitung der Regelzeit durchführt und sich innerhalb von sechs Monaten nach Beendigung der Ausbildung um Einstellung in den öffentlichen Dienst bewirbt.

(9) Arbeitgeberinnen und Arbeitgebern kann auf Antrag ein Lohnkostenzuschuss für eine Dauer von bis zu 24 Monaten gewährt werden, wenn sie eine frühere Soldatin auf Zeit oder einen früheren Soldaten auf Zeit mit einer Gesamtdienstzeit von mindestens 20 Jahren einstellen, deren oder dessen Eingliederung in das zivile Erwerbsleben zusätzlicher Unterstützung bei dem Erwerb eines angemessenen Arbeitsplatzes bedarf. Die Erforderlichkeit zusätzlicher Unterstützung der früheren Soldatin auf Zeit oder des früheren Soldaten auf Zeit ist vor Abschluss eines Arbeitsvertrags auf deren oder dessen Antrag festzustellen. Absatz 7 Satz 2 und § 8 Absatz 3 gelten entsprechend.

§ 10 Förderung zur Teilhabe am zivilberuflichen Erwerbsleben

(1) Soldatinnen und Soldaten, die

1. infolge eines während ihrer Wehrdienstzeit erlittenen Gesundheitsschadens behindert oder von Behinderung bedroht sind und
2. deshalb nach ihrem Ausscheiden aus dem Dienst in ihrer Fähigkeit, am Erwerbsleben teilzuhaben, nicht nur vorübergehend wesentlich gemindert sein werden,

erhalten während der verbleibenden Wehrdienstzeit die erforderlichen Beratungen, Anpassungs-, Umschulungs- oder Eingliederungsmaßnahmen. Die §§ 5 bis 7, 9 und 11 sind mit dem Ziel entsprechend anzuwenden, die Erwerbsfähigkeit der Soldatinnen oder der Soldaten entsprechend ihrer Leistungsfähigkeit zu erhalten, zu verbessern, herzustellen oder wiederherzustellen und ihre Teilhabe am Erwerbsleben möglichst auf Dauer zu sichern.

(2) Über die erforderlichen Beratungen, Anpassungs-, Umschulungs- oder Eingliederungsmaßnahmen entscheidet das Karrierecenter der Bundeswehr – Berufsförderungsdienst. Die Eignung, die Neigungen und die bisherigen Tätigkeiten der Soldatin oder des Soldaten sowie die Lage und voraussichtliche Entwicklung des Arbeitsmarktes sind angemessen zu berücksichtigen.

(3) Die Maßnahmen werden für die Zeit gefördert, die vorgeschrieben oder allgemein üblich ist, um das angestrebte Teilhabeziel zu erreichen. Eine längere Förderung kann erfolgen, wenn besondere Umstände dies rechtfertigen. Die Maßnahmen nach den Absätzen 1 und 4 enden mit dem Ausscheiden aus dem Dienst.

(4) Kosten, die mit einer Maßnahme in unmittelbarem Zusammenhang stehen, insbesondere Lehrgangskosten, Prüfungsgebühren, Lernmittelkosten sowie Kosten der Leistungen zur Aktivierung und beruflichen Eingliederung der Soldatin oder des Soldaten, werden erstattet. § 8 Absatz 3 gilt entsprechend.

(5) Andere Ansprüche nach diesem Gesetz bleiben von der Förderung zum Erhalt oder zur Verbesserung, zur Herstellung oder zur Wiederherstellung der Erwerbsfähigkeit unberührt.

(6) Das Karrierecenter der Bundeswehr – Berufsförderungsdienst – kann Soldatinnen und Soldaten mit Behinderung oder von Behinderung bedrohte Soldatinnen und Soldaten für die Teilnahme an Maßnahmen nach Absatz 2 vom militärischen Dienst freistellen. Die Entscheidung ergeht auf der Grundlage einer Stellungnahme der Disziplinarvorgesetzten oder des Disziplinarvorgesetzten und im Einvernehmen mit der personalbearbeitenden Stelle. Die Freistellung kann widerrufen werden, wenn

1. sich nachträglich Gründe ergeben, die die volle Erfüllung der Dienstleistungspflicht erfordern, und
2. ohne den Widerruf die Erfüllung der dienstlichen Belange erheblich gefährdet wäre.

§ 11 Anrechnung der Zeit der Förderung der beruflichen Bildung und des Wehrdienstes auf die Berufs- und Betriebszugehörigkeit bei anschließenden Beschäftigungsverhältnissen

(1) Die Zeit einer nach § 7 geförderten Maßnahme der beruflichen Bildung wird auf die Berufszugehörigkeit angerechnet, wenn die frühere Soldatin oder der frühere Soldat im Anschluss daran in dem erlernten oder einem vergleichbaren Beruf sechs Monate tätig ist. Eine vorübergehende berufsfremde Beschäftigung bleibt außer Betracht.

(2) Die Zeit des Grundwehrdienstes, der Probezeit des freiwilligen Wehrdienstes nach § 58b des Soldatengesetzes oder die nach § 7 Absatz 1 des Wehrpflichtgesetzes auf den Grundwehrdienst anrechenbare Zeit des Wehrdienstes als Soldatin auf Zeit oder Soldat auf Zeit wird bei früheren Soldatinnen auf Zeit und früheren Soldaten auf Zeit auf die Berufszugehörigkeit angerechnet. Soweit Wehrdienstzeiten nicht nach Satz 1 oder als Zeit einer nach § 7 geförderten Maßnahme der beruflichen Bildung nach Absatz 1 voll zu berücksichtigen sind, werden sie zu einem Drittel auf die Berufszugehörigkeit angerechnet.

(3) Die Zeiten einer nach § 7 geförderten Maßnahme der beruflichen Bildung und des Wehrdienstes werden nach den Absätzen 1 und 2 auch auf die Betriebszugehörigkeit angerechnet, wenn die frühere Soldatin oder der frühere Soldat nach Beendigung des Dienstverhältnisses sechs Monate dem Betrieb angehört. In einer betrieblichen oder überbetrieblichen Altersversorgung beschränkt sich eine Anrechnung nach Satz 1 auf die Berücksichtigung bei den Unverfallbarkeitsfristen nach dem Gesetz zur Verbesserung der betrieblichen Altersversorgung.

(4) Bei Arbeitnehmerinnen und Arbeitnehmern im öffentlichen Dienst werden Zeiten einer nach § 7 geförderten Maßnahme der beruflichen Bildung und des Wehrdienstes nach Maßgabe der Absätze 1 und 2 auf die Dienst- und Beschäftigungszeit

angerechnet, wenn die frühere Soldatin oder der frühere Soldat nach Beendigung des Dienstverhältnisses sechs Monate im öffentlichen Dienst beschäftigt ist.

(5) Die Absätze 1 bis 4 gelten entsprechend, wenn eine Soldatin oder ein Soldat im Anschluss an eine nach § 7 geförderte Maßnahme der beruflichen Bildung oder an den Wehrdienst eine für den künftigen Beruf förderliche Ausbildung ohne unzulässige Überschreitung der Regelzeit durchführt. Auf Probe- und Ausbildungszeiten sowie auf Wartezeiten für den Erwerb des Urlaubsanspruchs werden Zeiten einer nach § 7 geförderten Maßnahme der beruflichen Bildung und des Wehrdienstes nicht angerechnet.

(6) Die Absätze 1 bis 5 gelten nicht für eine frühere Soldatin auf Zeit oder einen früheren Soldaten auf Zeit, deren oder dessen Wehrdienstzeit für einen Zeitraum bis zu zwei Jahren festgesetzt oder nach § 54 Absatz 3 des Soldatengesetzes über diesen Zeitraum hinaus verlängert worden ist.

§ 12 Anrechnung der Zeit der Förderung der beruflichen Bildung und des Wehrdienstes bei nachfolgenden Dienstverhältnissen

(1) Bewirbt sich eine Soldatin auf Zeit oder ein Soldat auf Zeit oder eine frühere Soldatin auf Zeit oder ein früherer Soldat auf Zeit bis zum Ablauf von sechs Monaten nach Beendigung des Dienstverhältnisses um Einstellung als Beamtin oder Beamter, gilt § 9 Absatz 8 Satz 4 des Arbeitsplatzschutzgesetzes entsprechend.

(2) Die Zeit der Probezeit des freiwilligen Wehrdienstes nach § 58b des Soldatengesetzes oder die nach § 7 Absatz 1 des Wehrpflichtgesetzes auf den Grundwehrdienst anrechenbare Zeit wird auf die bei der Zulassung zu weiterführenden Prüfungen im Beruf nachzuweisende Zeit einer mehrjährigen Tätigkeit nach der Berufsabschlussprüfung angerechnet, soweit eine Zeit von einem Jahr nicht unterschritten wird.

(3) Beginnt eine frühere Soldatin auf Zeit oder ein früherer Soldat auf Zeit im Anschluss an den Wehrdienst eine für den künftigen Beruf als Beamtin oder Beamter vorgeschriebene, über die allgemeinbildende Schulbildung hinausgehende Ausbildung oder wird diese durch den Wehrdienst unterbrochen, so gilt Absatz 1 entsprechend, wenn sie oder er sich bis zum Ablauf von sechs Monaten nach Beendigung der Ausbildung um Einstellung als Beamtin oder Beamter bewirbt und auf Grund dieser Bewerbung eingestellt wird. Dienstzeiten, die Voraussetzung für eine Beförderung sind, beginnen für eine Richterin oder einen Richter, die oder der unter den dem Satz 1 entsprechenden Voraussetzungen eingestellt worden ist, mit dem Zeitpunkt, zu dem sie oder er ohne Ableisten der Probezeit des freiwilligen Wehrdienstes nach § 58b des Soldatengesetzes oder des nach § 7 Absatz 1 des Wehrpflichtgesetzes auf den Grundwehrdienst anrechenbaren Wehrdienstes als Soldatin auf Zeit oder Soldat auf Zeit zur Ernennung auf Lebenszeit herangestanden hätte.

(4) Die Absätze 1 und 3 gelten entsprechend für eine Arbeitnehmerin oder einen Arbeitnehmer, deren oder dessen Ausbildung für ein späteres Beamtenverhältnis durch eine festgesetzte mehrjährige Tätigkeit im Arbeitsverhältnis an Stelle des sonst vorgeschriebenen Vorbereitungsdienstes durchgeführt wird.

(5) Die Absätze 1 bis 4 gelten nicht für eine Soldatin auf Zeit oder einen Soldaten auf Zeit oder eine frühere Soldatin auf Zeit oder einen früheren Soldaten auf Zeit, deren oder dessen Wehrdienstzeit für einen Zeitraum bis zu zwei Jahren festgesetzt oder nach § 54 Absatz 3 des Soldatengesetzes über diesen Zeitraum hinaus verlängert worden ist.

§ 13 Eingliederungsschein und Zulassungsschein

(1) Soldatinnen auf Zeit und Soldaten auf Zeit, die im unmittelbaren Anschluss an ihr Wehrdienstverhältnis Beamtinnen oder Beamte werden wollen, erhalten auf Antrag einen Eingliederungsschein für den öffentlichen Dienst, wenn
1. ihr Dienstverhältnis wegen Ablaufs einer festgesetzten Wehrdienstzeit von zwölf oder mehr Jahren endet oder
2. ihre Entlassung wegen Dienstunfähigkeit verfügt wird, nachdem
   a) ihre Wehrdienstzeit für einen Zeitraum von zwölf oder mehr Jahren festgesetzt worden ist oder
   b) sie sich zwar für eine Wehrdienstzeit von zwölf oder mehr Jahren verpflichtet haben, ihre Wehrdienstzeit aber im Hinblick auf eine besondere Ausbildung zunächst auf einen kürzeren Zeitraum festgesetzt worden ist, und
3. sie eine Wehrdienstzeit von mindestens vier Jahren abgeleistet haben.

(2) Soldatinnen auf Zeit und Soldaten auf Zeit, die Tarifbeschäftigte im öffentlichen Dienst oder ohne Inanspruchnahme eines Eingliederungsscheins Beamtinnen oder Beamte werden wollen, erhalten auf Antrag einen Zulassungsschein für den öffentlichen Dienst, wenn ihr Dienstverhältnis aus den in Absatz 1 Nummer 1 oder Nummer 2 genannten Gründen endet.

(3) Der Eingliederungsschein oder der Zulassungsschein ist bei Ablauf der festgesetzten Wehrdienstzeit oder bei Zustellung der Entlassungsverfügung zu erteilen. Der Zulassungsschein ist auch nach Rückgabe des Eingliederungsscheins auf Antrag, der innerhalb eines Monats nach Unanfechtbarkeit der Feststellung nach Absatz 5 Nummer 2, 3 oder Nummer 4 zu stellen ist, zu erteilen; die Erteilung eines Zulassungsscheins ist nicht mehr zulässig, wenn nach § 19 Absatz 4 Satz 1 ein Antrag auf Zahlung der Übergangsbeihilfe gestellt ist. Die Erteilung eines Eingliederungsscheins oder Zulassungsscheins ist ausgeschlossen, wenn die Soldatin oder der Soldat rechtskräftig zur Dienstgradherabsetzung verurteilt worden ist.

(4) Die Inhaberinnen und Inhaber eines Eingliederungsscheins, eines Zulassungsscheins oder einer Bestätigung nach § 14 Absatz 3 Satz 4 sind auf die nach § 14 Absatz 1 vorbehaltenen Stellen als Beamtinnen oder Beamte oder Tarifbeschäftigte in das Arbeitsverhältnis auf unbestimmte Zeit zu übernehmen, wenn sie die beamtenrechtlichen oder tarifvertraglichen Voraussetzungen erfüllen.

(5) Das Recht aus dem Eingliederungsschein einschließlich des Anspruchs nach § 17 erlischt für seine Inhaberin oder seinen Inhaber, wenn
1. sie oder er schuldhaft einer Aufforderung zur Mitwirkung im Eingliederungsverfahren nicht Folge geleistet hat,
2. sie oder er eine Einstellung als Beamtin oder Beamter nicht mehr oder nicht mehr mit Hilfe des Eingliederungsscheins anstrebt,
3. ihre oder seine Einstellung aus beamtenrechtlichen Gründen abgelehnt worden ist,
4. das mit Hilfe des Eingliederungsscheins begründete Beamtenverhältnis aus einem von ihr oder ihm zu vertretenden Grund vor der Ernennung zur Beamtin auf Lebenszeit oder zum Beamten auf Lebenszeit geendet hat oder
5. das mit Hilfe des Eingliederungsscheins begründete Beamtenverhältnis aus disziplinarischen Gründen geendet hat.

(6) Das Recht aus dem Zulassungsschein erlischt für seine Inhaberin oder seinen Inhaber nach Ablauf von acht Jahren nach dessen Erteilung oder wenn sie oder er auf eigenen Antrag aus dem Beamtenverhältnis auf Probe, während der Probezeit als Tarifbeschäftigte oder als Tarifbeschäftigter oder aus einem Arbeitsverhältnis ohne vorgeschaltete Ausbildung nach Ablauf der Probezeit entlassen wird. Es er-

lischt ferner, wenn das Beamtenverhältnis aus disziplinarischen Gründen endet oder das Arbeitsverhältnis aus verhaltensbedingten Gründen gekündigt wird.

§ 14 Stellenvorbehalt

(1) Den Inhaberinnen und Inhabern eines Eingliederungsscheins oder Zulassungsscheins sind vorzubehalten

1. bei Einstellungen in den Vorbereitungsdienst bei den Einstellungsbehörden des Bundes, der Länder, der Gemeinden (Gemeindeverbände) mit mehr als 10 000 Einwohnerinnen und Einwohnern sowie anderer Körperschaften, Anstalten und Stiftungen des öffentlichen Rechts mit jeweils mehr als 20 planmäßigen Beamtenstellen oder entsprechenden mit Tarifbeschäftigten zu besetzenden Stellen mit Ausnahme der öffentlich-rechtlichen Religionsgesellschaften und ihrer Verbände jede sechste Stelle bei der Einstellung für den einfachen und mittleren Dienst und jede neunte Stelle bei der Einstellung für den gehobenen Dienst,
2. von den durch Tarifbeschäftigte zu besetzenden freien, frei werdenden und neu geschaffenen Stellen des Bundes, der Länder, der Gemeinden (Gemeindeverbände) mit mehr als 10 000 Einwohnerinnen und Einwohnern sowie anderer Körperschaften, Anstalten und Stiftungen des öffentlichen Rechts mit jeweils mehr als 20 planmäßigen Beamtenstellen oder entsprechenden mit Tarifbeschäftigten zu besetzenden Stellen mit Ausnahme der öffentlich-rechtlichen Religionsgesellschaften und ihrer Verbände jeweils jede zehnte Stelle innerhalb der Entgeltgruppen 1 bis 9a oder P 5 bis P 10 und 9b bis 12 oder P 11 bis P 16 des Tarifvertrags für den öffentlichen Dienst oder der entsprechenden Vergütungsgruppen anderer Tarifverträge, wenn diese Stellen nicht einem vorübergehenden Bedarf dienen.

Soweit eine Einstellung nicht unmittelbar in ein Beamtenverhältnis oder ein Arbeitsverhältnis im Sinne des Satzes 1 vorgesehen, sondern zunächst ein vorgeschaltetes Ausbildungsverhältnis zu durchlaufen ist, sind an Stelle der nach Satz 1 vorzubehaltenden Stellen in entsprechender Anzahl Stellen bei Einstellungen in die vorgeschalteten Ausbildungsverhältnisse vorzubehalten. Wird die Ausbildung für eine Beamtenlaufbahn ausschließlich in einem anderen Ausbildungsverhältnis als dem einer Beamtin auf Widerruf oder eines Beamten auf Widerruf im Vorbereitungsdienst durchgeführt, gilt bei Einstellungen in dieses Ausbildungsverhältnis Satz 1 Nummer 1 entsprechend.

(2) Der Stellenvorbehalt des Absatzes 1 gilt nicht

1. bei Einstellungen in den Polizeivollzugsdienst,
2. bei Einstellungen in den Schuldienst für eine Verwendung als Lehrerin oder als Lehrer und
3. für Stellen des Deutschen Roten Kreuzes in Bayern.

(3) Für die Erfassung der Stellen und der Inhaberinnen und Inhaber eines Eingliederungsscheins oder Zulassungsscheins sind Vormerkstellen beim Bund und bei den Ländern einzurichten. Die Inhaberinnen oder Inhaber eines Eingliederungsscheins oder Zulassungsscheins bewerben sich bei den Vormerkstellen und sind von diesen nach Eignung und Neigung den Einstellungsbehörden zuzuweisen. Sie sind von diesen zum nächstmöglichen Zeitpunkt nach § 13 Absatz 3 Satz 1 einzustellen. Das gilt auch, wenn eine Soldatin oder ein Soldat nach § 7 Absatz 12 vom militärischen Dienst freigestellt wird; an die Stelle des Eingliederungsscheins oder Zulassungsscheins tritt in diesem Falle bis zu dessen Erteilung eine Bestätigung über den bei Ablauf der festgesetzten Wehrdienstzeit bestehenden Anspruch. Die Feststellungen nach § 13 Absatz 5 trifft das Bundesministerium der Verteidigung oder die von ihm

bestimmte Stelle im Einvernehmen mit der für die Einstellungsbehörde zuständigen Vormerkstelle.

§ 15 Ermächtigung zum Erlass von Rechtsverordnungen

(1) Das Nähere zur Durchführung der Förderung nach den §§ 5 bis 9, 54 und 55 bestimmt die Bundesregierung durch Rechtsverordnung mit Zustimmung des Bundesrates.

(2) Das Bundesministerium des Innern, für Bau und Heimat regelt im Einvernehmen mit dem Bundesministerium der Verteidigung durch Rechtsverordnung mit Zustimmung des Bundesrates das Nähere über die Vormerkstelle des Bundes sowie über die Aufgaben der Vormerkstellen der Länder, über die Bewerbung, Erfassung, Zuweisung und Einstellung der Inhaberinnen und Inhaber eines Eingliederungsscheins, eines Zulassungsscheins oder einer Bestätigung nach § 14 Absatz 3 Satz 4 sowie die Erfassung und Bekanntgabe der Stellen.

(3) Das Nähere über die Lehrgänge an den Bundeswehrfachschulen und die hierbei abzulegenden Prüfungen bestimmt die Bundesregierung durch Rechtsverordnung mit Zustimmung des Bundesrates.

(4) Die zur Durchführung dieses Gesetzes erforderlichen allgemeinen Verwaltungsvorschriften erlässt das Bundesministerium der Verteidigung im Benehmen mit dem Bundesministerium des Innern und für Heimat und dem Bundesministerium der Finanzen.

Unterabschnitt 3 Dienstzeitversorgung der Soldatinnen auf Zeit und Soldaten auf Zeit

§ 16 Übergangsgebührnisse

(1) Soldatinnen auf Zeit und Soldaten auf Zeit erhalten Übergangsgebührnisse, wenn ihr Dienstverhältnis wegen Ablaufs der festgesetzten Wehrdienstzeit, wegen Dienstunfähigkeit oder wegen Entlassung nach § 55 Absatz 4 Satz 2 des Soldatengesetzes auf Grund des Nichtbestehens der Laufbahnprüfung nach Laufbahnaufstieg und mindestens vierjähriger Wehrdienstzeit in der vorherigen Laufbahn endet. Dies gilt nicht, wenn im Anschluss an die Beendigung des Dienstverhältnisses als Soldatin auf Zeit oder Soldat auf Zeit ein Dienstverhältnis als Berufssoldatin oder Berufssoldat begründet wird. Der Anspruch auf Übergangsgebührnisse endet, wenn die frühere Soldatin auf Zeit oder der frühere Soldat auf Zeit während des Bezugszeitraums erneut in ein Dienstverhältnis als Soldatin auf Zeit oder als Soldat auf Zeit berufen wird.

(2) Übergangsgebührnisse werden gewährt nach einer Wehrdienstzeit von

1.	1 und weniger als 2 Jahren	für 1 Monat
2.	2 und weniger als 3 Jahren	für 2 Monate
3.	3 und weniger als 4 Jahren	für 3 Monate
4.	4 und weniger als 5 Jahren	für 12 Monate
5.	5 und weniger als 6 Jahren	für 18 Monate
6.	6 und weniger als 7 Jahren	für 24 Monate

7.	7 und weniger als 8 Jahren	für 30 Monate
8.	8 und weniger als 9 Jahren	für 36 Monate
9.	9 und weniger als 10 Jahren	für 42 Monate
10.	10 und weniger als 11 Jahren	für 48 Monate
11.	11 und weniger als 12 Jahren	für 54 Monate
12.	12 und mehr Jahren	für 60 Monate.

Soldatinnen auf Zeit und Soldaten auf Zeit mit einem Förderungsanspruch nach § 7 Absatz 10 erhalten Übergangsgebührnisse entsprechend der dort festgelegten Dauer der Förderung. Die Bezugszeiträume nach den Sätzen 1 und 2 verkürzen sich um

1. Zeiten einer Verlängerung nach § 40 Absatz 3 des Soldatengesetzes, in der während einer Beurlaubung ohne Geld- und Sachbezüge Verwendungseinkommen im Sinne des § 68 Absatz 4 erzielt wird,
2. Zeiten einer Freistellung vom militärischen Dienst nach § 7 Absatz 12.

Die Bezugszeiträume verkürzen sich ferner um den Umfang einer Minderung nach Maßgabe des § 7 Absatz 6 Satz 2, Absatz 7 bis 9 und 11; bei einer Verkürzung nach Absatz 11 verbleibt ein Anspruch auf Übergangsgebührnisse von mindestens sechs Monaten, jedes weitere vollständig abgeleistete Dienstjahr erhöht den Anspruch um einen weiteren Monat.

(3) Die Übergangsgebührnisse betragen 75 Prozent der Dienstbezüge des letzten Monats; war eine Soldatin auf Zeit oder ein Soldat auf Zeit im letzten Monat ohne Dienstbezüge beurlaubt oder teilzeitbeschäftigt, gelten als Dienstbezüge die dem letzten Dienstgrad entsprechenden Dienstbezüge. Bei der Berechnung ist der Familienzuschlag (§ 64 Absatz 1 Satz 1) bis zur Stufe 1 zugrunde zu legen. Die Übergangsgebührnisse erhöhen sich um einen Bildungszuschuss, wenn und solange während des Bezugszeitraums an einer nach § 7 geförderten Maßnahme der schulischen und beruflichen Bildung in Vollzeitform teilgenommen wird; in diesem Fall beträgt der Bildungszuschuss 25 Prozent der Dienstbezüge des letzten Monats.

(4) Wird die Förderungsdauer nach § 7 Absatz 13 zu Gunsten einer Vollzeitausbildung verlängert, sind für die Zeit der Verlängerung gekürzte Übergangsgebührnisse über die in Absatz 2 bestimmten Zeiträume hinaus zu gewähren. Die Höhe der Übergangsgebührnisse begrenzt sich auf die Anwärterbezüge nach § 59 Absatz 2 und § 61 des Bundesbesoldungsgesetzes einer Beamtin auf Widerruf oder eines Beamten auf Widerruf im Vorbereitungsdienst des gehobenen nichttechnischen Verwaltungsdienstes des Bundes unter Berücksichtigung des Familienzuschlages bis zur Stufe 1; ein Einkommen aus der Maßnahme der schulischen und beruflichen Bildung ist anzurechnen. Soldatinnen auf Zeit und Soldaten auf Zeit mit einer Gesamtdienstzeit von mindestens 20 Jahren werden Übergangsgebührnisse nach § 16 Absatz 3 gewährt.

(5) Übergangsgebührnisse können auf Antrag den Soldatinnen auf Zeit und Soldaten auf Zeit, die nach einer Wehrdienstzeit von mindestens vier Jahren auf eigenen Antrag nach § 55 Absatz 3 des Soldatengesetzes entlassen worden sind, in den Grenzen der Absätze 2 und 3 in dem zeitlichen und finanziellen Umfang bewilligt werden, wie es übergangsweise zur Sicherung des Lebensunterhalts notwendig ist.

(6) Die Übergangsgebührnisse werden in Monatsbeträgen wie die Dienstbezüge gezahlt. Die Zahlung kann auf Antrag höchstens zweimal für insgesamt längstens 24 Monate aufgeschoben oder unterbrochen werden. Soweit es der Eingliederung in das zivile Erwerbsleben dient, kann die für die Zahlung von Übergangsgebührnissen zuständige Stelle in begründeten Einzelfällen, insbesondere zur Schaffung oder Ver-

besserung einer Existenzgrundlage, die Zahlung für den gesamten Anspruchszeitraum oder für mehrere Monate in einer Summe zulassen; für diesen Zeitraum gilt der Anspruch auf Übergangsgebührnisse mit der Zahlung als abgegolten. Beim Tod der oder des Berechtigten ist der noch nicht ausgezahlte Betrag der überlebenden Ehegattin oder dem überlebenden Ehegatten und ihren oder seinen Abkömmlingen weiterzuzahlen. Sind Anspruchsberechtigte nach Satz 4 nicht vorhanden, sind die Übergangsgebührnisse den Eltern weiterzuzahlen. Sind Personen vorhanden, die Anspruch auf Witwen- oder Waisengeld oder Unterhaltsbeitrag nach § 58 haben, sind die Sätze 4 und 5 nicht anzuwenden.

(7) Übergangsgebührnisse stehen für einen Zeitraum nicht zu, für den Krankengeld der Soldatenentschädigung nach § 19 des Soldatenentschädigungsgesetzes, Krankengeld der Sozialen Entschädigung nach § 47 des Vierzehnten Buches Sozialgesetzbuch, Übergangsgeld nach § 30 des Soldatenentschädigungsgesetzes oder Übergangsgeld nach § 64 des Vierzehnten Buches Sozialgesetzbuch gewährt wird. Dieser Zeitraum wird in die Zeiträume nach den Absätzen 2 und 4 nicht eingerechnet.

§ 17 Ausgleichsbezüge

(1) Inhaberinnen und Inhaber eines Eingliederungsscheins erhalten nach Beendigung des Wehrdienstverhältnisses an Stelle von Übergangsgebührnissen Ausgleichsbezüge. Die Ausgleichsbezüge werden gewährt beim Bezug

1. von Anwärterbezügen als Beamtin auf Widerruf oder als Beamter auf Widerruf im Vorbereitungsdienst oder von Bezügen in einem sonstigen Ausbildungsverhältnis als Beamtin auf Widerruf oder als Beamter auf Widerruf in Höhe des Unterschiedsbetrages zwischen diesen Bezügen und dem Grundgehalt der Dienstbezüge des letzten Monats als Soldatin auf Zeit oder als Soldat auf Zeit,
2. von Dienstbezügen als Beamtin oder als Beamter in Höhe des Unterschiedsbetrages zwischen dem Grundgehalt dieser Dienstbezüge und dem Grundgehalt der Dienstbezüge des letzten Monats als Soldatin auf Zeit oder als Soldat auf Zeit,

längstens jedoch für die Dauer von zehn Jahren. Auf die Ausgleichsbezüge finden die Vorschriften des Bundesbesoldungsgesetzes über den Kaufkraftausgleich entsprechende Anwendung. Bei Teilzeitbeschäftigung ist § 6 Absatz 1 des Bundesbesoldungsgesetzes entsprechend anzuwenden. Der Anspruch auf Ausgleichsbezüge erlischt, wenn das Beamtenverhältnis nach der Ernennung zur Beamtin auf Lebenszeit oder zum Beamten auf Lebenszeit endet.

(2) Stirbt eine frühere Soldatin auf Zeit oder ein früherer Soldat auf Zeit, der einen Anspruch auf Ausgleichsbezüge hat, ist § 16 Absatz 6 Satz 4 und 5 mit der Maßgabe entsprechend anzuwenden, dass den anspruchsberechtigten Hinterbliebenen vom Ersten des auf den Sterbemonat folgenden Monats an Übergangsgebührnisse für einen Zeitraum zu zahlen sind, für den sie der oder dem Verstorbenen ohne Inanspruchnahme eines Eingliederungsscheins künftig noch zugestanden hätten. Sind Personen vorhanden, die Anspruch auf Witwen- oder Waisengeld oder Unterhaltsbeitrag nach § 58 haben, ist Satz 1 nicht anzuwenden.

§ 18 Beitragszuschüsse zur Kranken- und Pflegeversicherung sowie Beiträge an berufsständische Versorgungseinrichtungen

(1) In der gesetzlichen Krankenversicherung und in der sozialen Pflegeversicherung versicherte Empfängerinnen oder Empfänger von Übergangsgebührnissen erhalten

während des regelmäßigen Bezugs von Übergangsgebührnissen einen Beitragszuschuss zu ihren Beiträgen zur Kranken- und Pflegeversicherung in Höhe der Hälfte der auf Grundlage der Übergangsgebührnisse zu entrichtenden Beiträge zur gesetzlichen Krankenversicherung und zur sozialen Pflegeversicherung, wenn sie

1. nach § 5 Absatz 1 Nummer 13 des Fünften Buches Sozialgesetzbuch versicherungspflichtig sind oder
2. freiwillig in der gesetzlichen Krankenversicherung versichert sind.

Beitragszuschussempfängerinnen und Beitragszuschussempfänger nach Satz 1, denen der Unterschiedsbetrag nach § 64 Absatz 1 Satz 2 zusteht, erhalten daneben einen Zuschuss in Höhe der Hälfte der auf Grundlage des Unterschiedsbetrags nach § 64 Absatz 1 Satz 2 zu entrichtenden Beiträge zur gesetzlichen Krankenversicherung und zur sozialen Pflegeversicherung. Der Anspruch nach den Sätzen 1 und 2 ist ausgeschlossen, wenn ein Anspruch auf einen Beitragszuschuss des Arbeitgebers nach § 257 Absatz 1 Satz 1 des Fünften Buches Sozialgesetzbuch und § 61 Absatz 1 Satz 1 des Elften Buches Sozialgesetzbuch besteht.

(2) Bei einem privaten Krankenversicherungsunternehmen versicherte Empfängerinnen oder Empfänger von Übergangsgebührnissen erhalten während des regelmäßigen Bezugs der Übergangsgebührnisse einen Zuschuss zu ihren Beiträgen zur Kranken- und Pflegeversicherung, wenn sie Vertragsleistungen beanspruchen können, die der Art nach den Leistungen nach dem Fünften und dem Elften Buch Sozialgesetzbuch entsprechen. Der Anspruch erstreckt sich auch auf einen Zuschuss zu Kranken- und Pflegeversicherungsbeiträgen für Angehörige, die bei Versicherung der Empfängerin oder des Empfängers von Übergangsgebührnissen in der gesetzlichen Krankenversicherung und in der sozialen Pflegeversicherung nach § 10 des Fünften Buches Sozialgesetzbuch und nach § 25 des Elften Buches Sozialgesetzbuch familienversichert wären. Der Anspruch ist ausgeschlossen, wenn ein Anspruch auf einen Beitragszuschuss des Arbeitgebers nach § 257 Absatz 2 Satz 1 des Fünften Buches Sozialgesetzbuch und § 61 Absatz 2 Satz 1 des Elften Buches Sozialgesetzbuch oder auf Beihilfe nach beamtenrechtlichen Vorschriften besteht. Die Höhe des Zuschusses entspricht der Hälfte des ermäßigten Beitragssatzes nach § 243 des Fünften Buches Sozialgesetzbuch zuzüglich der Hälfte des durchschnittlichen Zusatzbeitragssatzes nach § 242a des Fünften Buches Sozialgesetzbuch sowie der Hälfte des Beitragssatzes nach § 55 Absatz 1 des Elften Buches Sozialgesetzbuch unter Zugrundelegung der Übergangsgebührnisse als beitragspflichtige Einnahme. Beitragszuschussempfängerinnen oder Beitragszuschussempfänger nach Satz 1, denen der Unterschiedsbetrag nach § 64 Absatz 1 Satz 2 zusteht, erhalten daneben einen Zuschuss, dessen Höhe sich nach den in Satz 4 benannten Kriterien bei Zugrundelegung des Unterschiedsbetrags nach § 64 Absatz 1 Satz 2 als beitragspflichtige Einnahme richtet. Sind die Beiträge zur privaten Kranken- und Pflegeversicherung niedriger als die Beiträge, die auf der Grundlage der Übergangsgebührnisse und des Unterschiedsbetrags nach § 64 Absatz 1 Satz 2 als Beitrag zur gesetzlichen Krankenversicherung und zur sozialen Pflegeversicherung zu entrichten wären, werden als Zuschüsse nach den Sätzen 1, 2 und 5 höchstens die Hälfte der Beiträge gezahlt, die die Empfängerin oder der Empfänger von Übergangsgebührnissen für die private Kranken- und Pflegeversicherung zu zahlen hat.

(3) Absatz 2 gilt auch für einen Zeitraum, für den nach § 16 Absatz 7 Satz 1 Übergangsgebührnisse nicht zustehen. Bei der Bemessung des Zuschusses ist in diesem Zeitraum das Versorgungskrankengeld, Krankengeld der Soldatenentschädigung nach § 19 des Soldatenentschädigungsgesetzes, Krankengeld der Sozialen Entschädigung nach § 47 des Vierzehnten Buches Sozialgesetzbuch, Übergangsgeld nach § 30 des Soldatenentschädigungsgesetzes oder Übergangsgeld nach

§ 64 des Vierzehnten Buches Sozialgesetzbuch als beitragspflichtige Einnahme zugrunde zu legen.

(4) In der gesetzlichen Krankenversicherung freiwillig versicherte frühere Soldatinnen auf Zeit und frühere Soldaten auf Zeit, die eine Rente der gesetzlichen Rentenversicherung beziehen, können auf Antrag ab dem Beginn der Rente einen Unterhaltsbeitrag zu ihren Beiträgen zur Krankenversicherung und sozialen Pflegeversicherung erhalten, sofern sie die Vorversicherungszeit zur Krankenversicherung der Rentner nach § 5 Absatz 1 Nummer 11 des Fünften Buches Sozialgesetzbuch nur auf Grund ihrer Wehrdienstzeit nicht erfüllt haben. Der Unterhaltsbeitrag darf nicht höher sein als der Unterschiedsbetrag zwischen den tatsächlich zu entrichtenden Beiträgen und den Beiträgen, die bei einer Mitgliedschaft in der Krankenversicherung der Rentner zu entrichten wären. Ein Unterhaltsbeitrag wird nicht gewährt, sofern die beitragspflichtigen Einnahmen der früheren Soldatin auf Zeit oder des früheren Soldaten auf Zeit 50 Prozent der Beitragsbemessungsgrenze nach § 223 Absatz 3 des Fünften Buches Sozialgesetzbuch überschreiten. Bei Unterschreiten dieser Grenze kommt ein Unterhaltsbeitrag dann in Betracht, wenn die zu entrichtenden Beiträge mehr als 15 Prozent der beitragspflichtigen Einnahmen der früheren Soldatin auf Zeit oder des früheren Soldaten auf Zeit betragen. Die wirtschaftlichen Verhältnisse der früheren Soldatinnen auf Zeit und früheren Soldaten auf Zeit sind angemessen zu berücksichtigen.

(5) Für Empfängerinnen und Empfänger von Übergangsgebührnissen sind Beiträge zur berufsständischen Versorgungseinrichtung zu zahlen, wenn wegen einer durchgeführten Nachversicherung in einer berufsständischen Versorgungseinrichtung nach § 3 Satz 1 Nummer 2b des Sechsten Buches Sozialgesetzbuch keine Versicherungspflicht in der gesetzlichen Rentenversicherung besteht. Dies gilt auch für Zeiten vor Durchführung der Nachversicherung, wenn auf Grund des mit der Durchführung der Nachversicherung nach § 3 Satz 1 Nummer 2b des Sechsten Buches Sozialgesetzbuch eingetretenen rückwirkenden Wegfalls der Versicherungspflicht in der gesetzlichen Rentenversicherung für die Zeit des Bezugs der Übergangsgebührnisse Beiträge von der gesetzlichen Rentenversicherung zu erstatten sind.

(6) Die Beiträge nach Absatz 5 werden nach dem jeweils gültigen Beitragssatz zur allgemeinen Rentenversicherung von der Beitragsbemessungsgrundlage erhoben, die nur bis zur jeweiligen Beitragsbemessungsgrenze berücksichtigt wird. § 166 Absatz 1 Nummer 1c des Sechsten Buches Sozialgesetzbuch gilt entsprechend. Für Empfängerinnen und Empfänger von Übergangsgebührnissen, denen auf Grund von Absatz 5 Beitragszahlungen an eine berufsständische Versorgungseinrichtung zustehen und die auf Grund einer selbständigen Tätigkeit nicht in der gesetzlichen Rentenversicherung versicherungspflichtig sind, gilt § 166 Absatz 1 Nummer 1c des Sechsten Buches Sozialgesetzbuch mit der Maßgabe, dass anstelle des Einkommens aus weiteren Versicherungsfällen das Arbeitseinkommen nach § 15 des Vierten Buches Sozialgesetzbuch zu berücksichtigen ist.

§ 19 Übergangsbeihilfe

(1) Soldatinnen auf Zeit und Soldaten auf Zeit mit einer Wehrdienstzeit von mehr als sechs Monaten erhalten eine Übergangsbeihilfe, wenn ihr Dienstverhältnis endet wegen Ablaufs der Zeit, für die sie in dieses berufen sind (§ 54 Absatz 1 des Soldatengesetzes), wegen Dienstunfähigkeit oder wegen Entlassung nach § 55 Absatz 4 Satz 2 des Soldatengesetzes auf Grund des Nichtbestehens der Laufbahnprüfung nach Laufbahnaufstieg und mindestens vierjähriger Wehrdienstzeit in der vorherigen Laufbahn. Der Anspruch auf Übergangsbeihilfe entsteht am Tage des Ausscheidens

aus dem Dienst; die Übergangsbeihilfe wird in einer Summe gezahlt. § 16 Absatz 1 Satz 2 gilt entsprechend.

(2) Die Übergangsbeihilfe beträgt für Soldatinnen auf Zeit und Soldaten auf Zeit, die nicht Inhaberinnen oder Inhaber eines Eingliederungsscheins oder Zulassungsscheins (§ 13) sind, nach einer Wehrdienstzeit von

1.	weniger als 18 Monaten	das 1,5fache,
2.	18 Monaten und weniger als 2 Jahren	das 1,8fache,
3.	2 und weniger als 4 Jahren	das 2fache,
4.	4 und weniger als 5 Jahren	das 4fache,
5.	5 und weniger als 6 Jahren	das 4,5fache,
6.	6 und weniger als 7 Jahren	das 5fache,
7.	7 und weniger als 8 Jahren	das 5,5fache,
8.	8 und weniger als 9 Jahren	das 6fache,
9.	9 und weniger als 10 Jahren	das 6,5fache,
10.	10 und weniger als 11 Jahren	das 7fache,
11.	11 und weniger als 12 Jahren	das 7,5fache,
12.	12 und weniger als 13 Jahren	das 8fache,
13.	13 und weniger als 14 Jahren	das 8,5fache,
14.	14 und weniger als 15 Jahren	das 9fache,
15.	15 und weniger als 16 Jahren	das 9,5fache,
16.	16 und weniger als 17 Jahren	das 10fache,
17.	17 und weniger als 18 Jahren	das 10,5fache,
18.	18 und weniger als 19 Jahren	das 11fache,
19.	19 und weniger als 20 Jahren	das 11,5fache,
20.	20 und weniger als 21 Jahren	das 12fache,
21.	21 und weniger als 22 Jahren	das 12,5fache,
22.	22 und weniger als 23 Jahren	das 13fache,
23.	23 und weniger als 24 Jahren	das 13,5fache,
24.	24 und weniger als 25 Jahren	das 14fache,
25.	25 und mehr Jahren	das 15fache

der Dienstbezüge des letzten Monats. § 16 Absatz 3 Satz 1 zweiter Halbsatz gilt entsprechend.

(3) Für Inhaberinnen und Inhaber eines Eingliederungsscheins beträgt die Übergangsbeihilfe 25 Prozent und für Inhaberinnen und Inhaber eines Zulassungsscheins 50 Prozent des nach Absatz 2 zustehenden Betrages. Bei Inhaberinnen und Inhabern eines Eingliederungsscheins steht der Beendigung des Dienstverhältnisses nach Absatz 1 die Beendigung nach § 55 Absatz 1 in Verbindung mit § 46 Absatz 3a Satz 1 des Soldatengesetzes gleich.

(4) Die frühere Soldatin auf Zeit oder der frühere Soldat auf Zeit erhält in den Fällen des § 13 Absatz 5 sowie in den Fällen der Beendigung des Dienstverhältnisses wegen Zeitablaufs nach § 40 Absatz 3 des Soldatengesetzes oder wegen Dienstunfähigkeit nach § 55 Absatz 2 in Verbindung mit Absatz 6 Satz 3 des Soldatengesetzes nach Rückgabe des Eingliederungsscheins Versorgung nach den §§ 7 und 16 sowie

Übergangsbeihilfe nach Absatz 2 oder, sofern sie oder er nach § 13 Absatz 3 Satz 2 die Erteilung eines Zulassungsscheins beantragt hat, nach Absatz 3; in den Fällen des § 13 Absatz 5 Nummer 2 bis 4 ist die Übergangsbeihilfe nach Absatz 2 jedoch nur auf Antrag zu gewähren. Bemessungsgrundlage sind die Dienstbezüge und die Wehrdienstzeit, die der Berechnung der Übergangsbeihilfe nach Absatz 3 zugrunde gelegen haben. Die bisher gewährten Leistungen (Übergangsbeihilfe nach Absatz 3 und Ausgleichsbezüge) sind anzurechnen.

(5) Inhaberinnen und Inhaber des Zulassungsscheins können innerhalb eines Zeitraums von acht Jahren nach Erteilung des Zulassungsscheins unter dessen Rückgabe die Übergangsbeihilfe nach Absatz 2 wählen, es sei denn, dass das Recht aus dem Zulassungsschein im Sinne des § 13 Absatz 6 erloschen ist. Der nachträgliche Erwerb des Zulassungsscheins gegen Rückzahlung der nach Absatz 2 gewährten Übergangsbeihilfe ist nicht zulässig.

(6) Sind Übergangsgebührnisse nach § 16 Absatz 5 ganz oder zum Teil bewilligt, so wird die Übergangsbeihilfe in dem entsprechenden Umfang gewährt.

(7) Die in § 16 Absatz 6 Satz 4 genannten Hinterbliebenen einer Soldatin auf Zeit oder eines Soldaten auf Zeit, die oder der nach einer Wehrdienstzeit von mehr als sechs Monaten verstorben ist, erhalten die Übergangsbeihilfe, die der oder dem Verstorbenen nach Absatz 2 zugestanden hätte, wenn im Zeitpunkt ihres oder seines Todes ihr oder sein Dienstverhältnis unter den Voraussetzungen des Absatzes 1 geendet hätte; Absatz 5 Satz 1 gilt entsprechend. Sind Anspruchsberechtigte nach Satz 1 nicht vorhanden, ist die Übergangsbeihilfe den Eltern zu gewähren. Sind Personen vorhanden, die Anspruch auf Witwen- oder Waisengeld oder Unterhaltsbeitrag nach § 58 Absatz 4 haben, sind die Sätze 1 und 2 nicht anzuwenden.

(8) Schwebt im Zeitpunkt der Beendigung des Dienstverhältnisses gegen die Soldatin auf Zeit oder den Soldaten auf Zeit ein Verfahren, das nach § 54 Absatz 2 Nummer 2 des Soldatengesetzes zum Verlust der Rechtsstellung oder nach § 55 Absatz 1 oder 5 des Soldatengesetzes zur Entlassung führen könnte, so darf die Übergangsbeihilfe erst nach dem rechtskräftigen Abschluss des Verfahrens und nur gewährt werden, wenn kein Verlust der Versorgungsbezüge eingetreten ist.

(9) § 66 Absatz 2 gilt entsprechend.

Unterabschnitt 4 **Berufsförderung und Dienstzeitversorgung der Soldatinnen auf Zeit und Soldaten auf Zeit in besonderen Fällen**

§ 20 Übergangsbeihilfe bei kurzer Wehrdienstzeit

Übergangsbeihilfe erhalten

1. Soldatinnen auf Zeit und Soldaten auf Zeit mit einer Wehrdienstzeit bis zu sechs Monaten, wenn ihr Dienstverhältnis endet
   a) wegen Ablaufs der festgesetzten Wehrdienstzeit oder
   b) wegen Dienstunfähigkeit,
2. Eignungsübende nach dem Eignungsübungsgesetz, die nach der Eignungsübung nicht als Soldatinnen auf Zeit oder als Soldaten auf Zeit übernommen werden.

Die Übergangsbeihilfe beträgt 105 Euro für jeden vollen Monat der Wehrdienstzeit nach Satz 1, im Übrigen 3,50 Euro je Tag. Zusätzlich wird für die folgenden Personen ein Überbrückungszuschuss gewährt, wenn sie mit der anspruchsberechtigten

Person nach Satz 1 zum Zeitpunkt der Entlassung in einem gemeinsamen Haushalt leben:

1. ein Überbrückungszuschuss von 400 Euro
   a) für die Ehegattin oder den Ehegatten oder
   b) für die Mutter oder den Vater eines Kindes der anspruchsberechtigten Person nach Satz 1 sowie
2. ein Überbrückungszuschuss in Höhe von 200 Euro
   a) für unterhaltsberechtigte Kinder der anspruchsberechtigten Person nach Satz 1 sowie
   b) für die unterhaltsberechtigten Kinder der Ehegattin oder des Ehegatten, die von der anspruchsberechtigten Person nach Satz 1 zwar nicht abstammen, aber bis zum Dienstantritt ganz oder überwiegend unterhalten worden sind oder ohne den Wehrdienst ganz oder überwiegend unterhalten worden wären.

Der Überbrückungszuschuss nach Satz 3 wird nicht gewährt, wenn die Soldatin oder der Soldat im unmittelbaren Anschluss an das nach Satz 1 beendete Dienstverhältnis freiwilligen Wehrdienst nach § 58b des Soldatengesetzes leistet. § 19 Absatz 8 gilt entsprechend.

§ 21 Berücksichtigung früherer Dienstverhältnisse

(1) Hat eine Soldatin auf Zeit oder ein Soldat auf Zeit vor ihrer oder seiner Berufung in das Dienstverhältnis bereits Wehrdienst geleistet, bestimmen sich ihre oder seine Ansprüche auf Berufsförderung und Dienstzeitversorgung nach den §§ 7, 16 und 19 nach der Gesamtdienstzeit. Entlassungsgeld, das der Soldatin oder dem Soldaten auf Grund des früheren Dienstverhältnisses nach dem Wehrsoldgesetz zugestanden hat, wird angerechnet. Ein Anspruch auf Erteilung eines Eingliederungsscheins besteht nur, wenn nach Beendigung des früheren Dienstverhältnisses Übergangsgebührnisse nach § 16 nicht zugestanden haben oder das letzte Dienstverhältnis nach einer ununterbrochenen Wehrdienstzeit von zwölf oder mehr Jahren geendet hat. Die Anspruchszeiten auf Berufsförderung, die auf Grund des früheren Dienstverhältnisses gewährt wurden, sind von der nunmehr zustehenden Förderungsdauer abzuziehen. Der Bezugszeitraum der Übergangsgebührnisse verkürzt sich um die Zeit, für die früher Übergangsgebührnisse gezahlt wurden. Ausgleichsbezüge, die ihr oder ihm auf Grund des früheren Dienstverhältnisses nach § 17 zugestanden haben, sind auf den Anspruch auf Übergangsgebührnisse oder Ausgleichsbezüge aus dem neuen Dienstverhältnis anzurechnen. Die Übergangsbeihilfe verringert sich um den früher gezahlten Betrag.

(2) Einer Soldatin oder einem Soldaten mit einer Gesamtdienstzeit von mehr als zwölf Jahren zum Dienstzeitende kann auf Antrag eine weitere Förderung im Umfang von insgesamt höchstens sechs Monaten nach Dienstzeitende gewährt werden, wenn

1. sie oder er entweder den Anspruch auf Förderung nach § 7 bereits vollständig ausgeschöpft oder nur noch einen Restanspruch auf Förderung im Umfang von bis zu sechs Monaten hat und
2. ein Bedarf für weitere Maßnahmen der schulischen und beruflichen Bildung zum Zweck der beruflichen Eingliederung besteht und
3. sie oder er im neuen Dienstverhältnis eine Wehrdienstzeit von mindestens sechs Monaten abgeleistet hat.

Beträgt die Gesamtdienstzeit mindestens 20 Jahre, kann der Förderungsumfang nach Satz 1 um weitere vier Monate verlängert werden. Für den Bewilligungszeitraum stehen auch Übergangsgebührnisse zu.

§ 22 Berufsförderung und Dienstzeitversorgung nach Beurlaubung ohne Dienstbezüge und Teilzeitbeschäftigung

(1) Bei Soldatinnen auf Zeit und Soldaten auf Zeit, die ohne Dienstbezüge oder während eines vorausgegangenen Wehrdienstverhältnisses ohne Wehrsold beurlaubt worden sind, sind die nach den §§ 7, 16 und 64 Absatz 1 Satz 2 zustehenden Versorgungsleistungen in ihrer Bezugsdauer, die nach § 19 zustehende Übergangsbeihilfe hinsichtlich ihres Betrages in dem Verhältnis zu kürzen, das der Zeit der Beurlaubung zur Gesamtdienstzeit (§ 3) entspricht. Dies gilt entsprechend für die Zeit eines unerlaubten schuldhaften Fernbleibens vom Dienst unter Verlust der Dienstbezüge oder des Wehrsoldes. Nachdienzeiten auf Grund der Inanspruchnahme einer Elternzeit nach § 40 Absatz 4 Satz 1 des Soldatengesetzes werden bei der Berechnung der nach den §§ 7, 16, 19 und 64 Absatz 1 Satz 2 zustehenden Versorgungsbezüge nicht berücksichtigt.

(2) Die Kürzung entfällt für die Zeit
1. der Beurlaubung, soweit die Berücksichtigung dieser Zeit allgemein zugestanden ist,
2. einer Elternzeit und
3. einer Kindererziehung von der Geburt des Kindes bis zur gesetzlich festgesetzten Dauer einer Elternzeit, wenn diese Zeit in eine Beurlaubung nach § 28 Absatz 5 des Soldatengesetzes fällt.

(3) Bei Teilzeitbeschäftigung von Soldatinnen auf Zeit oder von Soldaten auf Zeit sind die nach den §§ 7, 16 und 64 Absatz 1 Satz 2 zustehenden Versorgungsleistungen in ihrer Bezugsdauer und die nach § 19 zustehende Übergangsbeihilfe hinsichtlich ihres Betrages in dem Verhältnis zu kürzen, das dem Verhältnis der Ermäßigung der Vollzeitbeschäftigung zur Gesamtdienstzeit (§ 3) entspricht. Soweit die Gesamtdienstzeit Nachdienzeiten nach § 40 Absatz 4 Satz 2 des Soldatengesetzes enthält, unterbleibt die Kürzung nach Satz 1; diese Nachdienzeiten bleiben bei der Bemessung der Versorgungsansprüche unberücksichtigt. Die Berechnung der jeweiligen Zeiträume ist tageweise vorzunehmen. Bruchteile von Tagen sind auf zwei Dezimalstellen auszurechnen, wobei die zweite Dezimalstelle um eins zu erhöhen ist, wenn in der dritten Stelle eine der Ziffern fünf bis neun verbleiben würde. Die Kürzung nach Satz 1 entfällt für die Zeit einer Teilzeitbeschäftigung, die statt einer Elternzeit in Anspruch genommen wird.

§ 23 Berücksichtigung von Beurlaubung ohne Dienstbezüge und Teilzeitbeschäftigung bei Dienstzeiten

(1) Bei Soldatinnen auf Zeit und Soldaten auf Zeit, die ohne Dienstbezüge oder während eines vorausgegangenen Wehrdienstverhältnisses ohne Wehrsold beurlaubt worden sind, wird die Zeit der Beurlaubung bei der Anwendung
1. des § 9 Absatz 8 und des § 13 Absatz 1 Satz 1 Nummer 1 und 2 Buchstabe a nicht in die festgesetzte Wehrdienstzeit,
2. des § 11 Absatz 2 Satz 2 nicht in die Wehrdienstzeit,
3. des § 13 Absatz 1 Satz 1 Nummer 2 Buchstabe b nicht in die Verpflichtungszeit,
4. des § 13 Absatz 1 Satz 1 Nummer 2 und des § 16 Absatz 5 nicht in die Mindestdienstzeit und
5. des § 21 Absatz 1 Satz 3 nicht in die ununterbrochene Wehrdienstzeit

eingerechnet. Satz 1 gilt entsprechend für die Zeit eines unerlaubten schuldhaften Fernbleibens vom Dienst unter Verlust der Dienstbezüge oder des Wehrsoldes.

(2) Absatz 1 gilt nicht für die Zeit

1. einer Beurlaubung zu öffentlichen zwischenstaatlichen oder überstaatlichen Einrichtungen,
2. einer Beurlaubung, wenn spätestens bei Beendigung des Urlaubs schriftlich oder elektronisch zugestanden worden ist, dass diese öffentlichen Belangen oder dienstlichen Interessen dient,
3. einer Beurlaubung bis zur Dauer von drei Monaten im Entlassungsverfahren wegen Dienstunfähigkeit,
4. einer Elternzeit,
5. einer Kindererziehung in dem in § 22 Absatz 2 Nummer 3 bestimmten Umfang und
6. einer Abwesenheit sonstiger Art bis zur Dauer von 30 Tagen.

Absatz 1 Satz 1 Nummer 1 und 3 gilt ferner nicht bei Beurlaubungen nach § 28 Absatz 5 des Soldatengesetzes.

(3) Bei Teilzeitbeschäftigungen werden die Ansprüche nach § 7 sowie in den Fällen des Absatzes 1 Satz 1 Nummer 2, 4 und 5 die dort genannten Zeiten in dem Umfang gekürzt, der dem Verhältnis der Ermäßigung der Vollzeitbeschäftigung zur Gesamtdienstzeit (§ 3) entspricht. Die Ansprüche sind auf volle Monate aufzurunden. § 22 Absatz 3 Satz 2 bis 4 gilt entsprechend. Satz 1 gilt nicht bei Teilzeitbeschäftigung statt einer Elternzeit.

§ 24 Versorgung beim Ruhen der Rechte und Pflichten

(1) Auf eine Soldatin auf Zeit oder einen Soldaten auf Zeit, deren oder dessen Rechte und Pflichten aus dem Wehrdienstverhältnis nach dem Abgeordnetengesetz oder entsprechenden Rechtsvorschriften geruht haben, ist, soweit die Zeit des Ruhens nicht als Dienstzeit im Sinne des Versorgungsrechts gilt, § 22 Absatz 1 Satz 1 entsprechend anzuwenden.

(2) Die Zeit, die eine Soldatin oder ein Soldat als Mitglied der Bundesregierung oder als Parlamentarische Staatssekretärin oder als Parlamentarischer Staatssekretär bei einem Mitglied der Bundesregierung zurückgelegt hat, gilt für die Versorgung als Wehrdienstzeit. Dies gilt auch für die Zeit als Mitglied einer Landesregierung oder als Inhaberin oder als Inhaber eines Amtes, das dem einer Parlamentarischen Staatssekretärin oder eines Parlamentarischen Staatssekretärs im Sinne des Gesetzes über die Rechtsverhältnisse der Parlamentarischen Staatssekretäre entspricht. In den Fällen des § 25 Absatz 4 Satz 3 des Soldatengesetzes ist § 22 Absatz 1 Satz 1 entsprechend anzuwenden hinsichtlich der Zeit, um die die Zeit des Dienstverhältnisses bis zum Ende der Amtszeit kürzer ist als die festgesetzte Dienstzeit.

§ 25 Unterhaltsbeitrag für Soldatinnen auf Zeit und Soldaten auf Zeit

Einer früheren Soldatin auf Zeit oder einem früheren Soldaten auf Zeit kann nach Beendigung der Zahlung der Übergangsgebührnisse nach § 16 auf Antrag ein Unterhaltsbeitrag bis zur Höhe von 75 Prozent der Mindestversorgung einer Soldatin im Ruhestand oder eines Soldaten im Ruhestand nach § 40 Absatz 5 Satz 2 bewilligt werden, wenn deren oder dessen Dienstverhältnis

1. nach einer Gesamtdienstzeit von mindestens 20 Jahren endet wegen
   a) Ablaufs der festgesetzten Wehrdienstzeit oder
   b) Entlassung nach § 55 Absatz 4 Satz 2 des Soldatengesetzes auf Grund des Nichtbestehens der Laufbahnprüfung nach Laufbahnaufstieg und mindestens vierjähriger Wehrdienstzeit in der vorherigen Laufbahn oder

2. wegen Dienstunfähigkeit endet, nachdem ihre oder seine Dienstzeit auf mindestens 20 Jahre festgesetzt wurde.

§ 18 gilt entsprechend. Die wirtschaftlichen Verhältnisse und die zumutbaren Bemühungen zur Arbeitsaufnahme der früheren Soldatin auf Zeit oder des früheren Soldaten auf Zeit sind angemessen zu berücksichtigen. Der Unterhaltsbeitrag entfällt spätestens ab dem Zeitpunkt, zu dem die frühere Soldatin auf Zeit oder der frühere Soldat auf Zeit die Regelaltersgrenze nach § 35 Satz 2 oder § 235 Absatz 2 des Sechsten Buches Sozialgesetzbuch erreicht hat.

Abschnitt 2 Dienstzeitversorgung der Berufssoldatinnen und Berufssoldaten

Unterabschnitt 1 Arten der Dienstzeitversorgung

§ 26 Arten der Dienstzeitversorgung

Die Dienstzeitversorgung der Berufssoldatinnen und Berufssoldaten umfasst:
1. Ruhegehalt oder Unterhaltsbeitrag,
2. Unfallruhegehalt,
3. Übergangsgeld,
4. Ausgleich bei Altersgrenzen,
5. Erhöhungsbetrag nach § 40 Absatz 5 Satz 3 erster Halbsatz,
6. Unterschiedsbetrag nach § 64 Absatz 1 Satz 2 und 3,
7. Ausgleichsbetrag nach § 64 Absatz 2,
8. Anpassungszuschlag nach § 117 Satz 5,
9. Leistungen nach den §§ 96 bis 100,
10. Einmalzahlungen nach § 105.

Unterabschnitt 2 Ruhegehalt

§ 27 Entstehen des Anspruchs

(1) Nach Eintritt oder Versetzung in den Ruhestand besteht Anspruch auf Ruhegehalt, im Falle der Versetzung in den einstweiligen Ruhestand erst nach Ablauf der Zeit, für die Dienstbezüge gezahlt werden. Bezüge, die einer Soldatin im Ruhestand oder einem Soldaten im Ruhestand nach oder entsprechend § 4 Absatz 1 Satz 1 des Bundesbesoldungsgesetzes gewährt werden, gelten als Ruhegehalt.

(2) Als Dienstzeit nach § 44 Absatz 5 des Soldatengesetzes wird die Zeit berücksichtigt, die ruhegehaltfähig ist; § 31 Absatz 1 Satz 3 ist nicht anzuwenden. Zeiten, die kraft gesetzlicher Vorschrift als ruhegehaltfähige Dienstzeit gelten oder nach § 34 als ruhegehaltfähige Dienstzeit berücksichtigt werden, sind einzurechnen; § 34 Satz 3 und § 92 Absatz 1 Satz 2 sind nicht anzuwenden. Satz 2 gilt nicht für Zeiten, die die Berufssoldatin oder der Berufssoldat bis zum 2. Oktober 1990 in dem in Artikel 3 des Einigungsvertrags genannten Gebiet zurückgelegt hat.

§ 28 Berechnung des Ruhegehalts[1]

Das Ruhegehalt wird auf der Grundlage der ruhegehaltfähigen Dienstbezüge und der ruhegehaltfähigen Dienstzeit berechnet.

§ 29 Ruhegehaltfähige Dienstbezüge

(1) Ruhegehaltfähige Dienstbezüge sind
1. das Grundgehalt,
2. der Familienzuschlag (§ 64 Absatz 1 Satz 1) bis zur Stufe 1,
3. der Betrag nach Nummer 6 der Vorbemerkungen zu den Bundesbesoldungsordnungen A und B (Anlage I zum Bundesbesoldungsgesetz) für Offizierinnen und Offiziere, die in strahlgetriebenen Kampfflugzeugen als Flugzeugführerin, Flugzeugführer, Waffensystemoffizierin oder Waffensystemoffizier verwendet wurden und als solche in den Ruhestand versetzt werden, wenn die Voraussetzungen für eine Weitergewährung nach Absatz 2 dieser Nummer vorliegen,
4. sonstige Dienstbezüge, die im Besoldungsrecht als ruhegehaltfähig bezeichnet sind,

die der Soldatin oder dem Soldaten in den Fällen der Nummern 1, 3 und 4 zuletzt zugestanden haben oder in den Fällen der Nummer 2 nach dem Besoldungsrecht zustehen würden; sie werden mit dem Faktor 0,9901 vervielfältigt. Bei Teilzeitbeschäftigung und Beurlaubung ohne Dienstbezüge (Freistellung) gelten als ruhegehaltfähige Dienstbezüge die dem letzten Dienstgrad entsprechenden vollen ruhegehaltfähigen Dienstbezüge.

(2) Ist die Berufssoldatin oder der Berufssoldat wegen Dienstunfähigkeit infolge Wehrdienstbeschädigung in den Ruhestand versetzt worden, so ist das Grundgehalt der nach Absatz 1 Satz 1 Nummer 1 oder § 30 Absatz 1 maßgebenden Besoldungsgruppe nach der Stufe zugrunde zu legen, die sie oder er bis zum Eintritt in den Ruhestand wegen Erreichens der jeweils für sie oder ihn nach den Vorschriften des Soldatengesetzes geltenden besonderen oder allgemeinen Altersgrenze hätte erreichen können. Für Offizierinnen und Offiziere, die in strahlgetriebenen Kampfflugzeugen als Flugzeugführerin, Flugzeugführer, Waffensystemoffizierin oder Waffensystemoffizier verwendet werden, gelten hierbei die dienstgradbezogenen Altersgrenzen.

§ 30 Zweijahresfrist

(1) Hat eine Berufssoldatin oder ein Berufssoldat die Dienstbezüge ihres oder seines letzten Dienstgrades vor dem Eintritt in den Ruhestand nicht mindestens zwei Jahre erhalten, so sind nur die Bezüge ihres oder seines vorletzten Dienstgrades ruhegehaltfähig, wenn die Dienstbezüge des letzten Dienstgrades nicht der Eingangsbesoldungsgruppe ihrer oder seiner Laufbahn entsprechen. Hat die Berufssoldatin oder der Berufssoldat vorher einen Dienstgrad nicht gehabt, so setzt das Bundesministerium der Verteidigung im Einvernehmen mit dem Bundesministerium des Innern, für Bau und Heimat die ruhegehaltfähigen Dienstbezüge bis zur Höhe der ruhegehaltfähigen Dienstbezüge der nächstniedrigeren Besoldungsgruppe fest. In die Zweijahresfrist einzurechnen ist die innerhalb dieser Frist liegende Zeit einer Beurlaubung ohne Dienstbezüge, soweit sie als ruhegehaltfähig berücksichtigt worden ist.

---

1 § 28: Zur Anwendung vgl. § 6 Abs. 2 SKPersStruktAnpG

(2) Absatz 1 gilt nicht, wenn die Berufssoldatin oder der Berufssoldat vor Ablauf der Frist wegen Dienstunfähigkeit infolge Wehrdienstbeschädigung in den Ruhestand versetzt worden ist.

(3) Das Ruhegehalt einer Berufssoldatin oder eines Berufssoldaten, die oder der früher einen mit höheren Dienstbezügen verbundenen Dienstgrad innegehabt und diese Bezüge mindestens zwei Jahre erhalten hat, wird, sofern die Berufssoldatin oder der Berufssoldat in einen mit geringeren Dienstbezügen verbundenen Dienstgrad nicht lediglich auf ihren oder seinen im eigenen Interesse gestellten Antrag übergetreten ist, nach den höheren ruhegehaltfähigen Dienstbezügen des früheren Dienstgrades und der gesamten ruhegehaltfähigen Dienstzeit berechnet. Absatz 1 Satz 3 und Absatz 2 gelten entsprechend. Das Ruhegehalt darf jedoch die ruhegehaltfähigen Dienstbezüge des letzten Dienstgrades nicht übersteigen.

§ 31 Regelmäßige ruhegehaltfähige Dienstzeit

(1) Ruhegehaltfähig ist die Wehrdienstzeit (§ 3 Absatz 1). Dies gilt nicht für die Zeit
1. einer Beurlaubung ohne Dienstbezüge oder ohne Wehrsold; Zeiten einer Beurlaubung ohne Dienstbezüge, die keine Zeiten im öffentlichen Dienst einer zwischenstaatlichen oder überstaatlichen Einrichtung sind, können berücksichtigt werden, wenn
   a) spätestens bei Beendigung des Urlaubs schriftlich oder elektronisch anerkannt worden ist, dass dieser dienstlichen Interessen oder öffentlichen Belangen dient, und
   b) die Soldatin oder der Soldat für die Dauer des Urlaubs monatlich im Voraus einen Versorgungszuschlag in Höhe von 30 Prozent der ohne die Beurlaubung zustehenden ruhegehaltfähigen Dienstbezüge zahlt; das Bundesministerium der Verteidigung kann Ausnahmen zulassen,
2. eines unerlaubten schuldhaften Fernbleibens vom Dienst unter Verlust der Dienstbezüge oder des Wehrsoldes,
3. eines Wehrdienstes im Sinne des § 51 Absatz 6 und § 54 Absatz 4 des Soldatengesetzes.

Zeiten einer Teilzeitbeschäftigung sind nur zu dem Teil ruhegehaltfähig, der dem Verhältnis der Teilzeitbeschäftigung zur Vollzeitbeschäftigung entspricht.

(2) Nicht ruhegehaltfähig sind Wehrdienstzeiten
1. in einem Soldatenverhältnis, das durch eine Entscheidung der in § 48 des Soldatengesetzes bezeichneten Art oder durch Disziplinarurteil beendet worden ist,
2. im Dienstverhältnis einer Berufssoldatin, eines Berufssoldaten, einer Soldatin auf Zeit oder eines Soldaten auf Zeit, das durch Entlassung auf Antrag der Soldatin oder des Soldaten beendet worden ist, wenn ihr oder ihm ein Verfahren mit der Folge des Verlustes ihrer oder seiner Rechte oder der Entfernung aus dem Dienstverhältnis drohte.

Das Bundesministerium der Verteidigung kann Ausnahmen zulassen.

(3) Ruhegehaltfähig ist die während der Wehrdienstzeit zurückgelegte Zeit
1. als Mitglied der Bundesregierung oder einer Landesregierung,
2. der Bekleidung des Amtes einer Parlamentarischen Staatssekretärin oder eines Parlamentarischen Staatssekretärs bei einem Mitglied der Bundesregierung nach dem 14. Dezember 1972 oder bei einem Mitglied einer Landesregierung, soweit entsprechende Voraussetzungen vorliegen,
3. in einem kommunalen Wahlbeamtenverhältnis auf Zeit.

Die Absätze 1 und 2 gelten entsprechend.

§ 32 Zeiten im öffentlichen Dienst einer zwischenstaatlichen oder überstaatlichen Einrichtung

(1) Zeiten einer hauptberuflichen Tätigkeit, die vor Beginn des Ruhestandes im öffentlichen Dienst einer zwischenstaatlichen oder überstaatlichen Einrichtung zurückgelegt worden sind, werden auf Antrag als ruhegehaltfähige Dienstzeit berücksichtigt. § 31 Absatz 1 Satz 3 gilt entsprechend.

(2) Hat die Soldatin oder der Soldat bei ihrem oder seinem Ausscheiden aus dem öffentlichen Dienst bei einer zwischenstaatlichen oder überstaatlichen Einrichtung einen Anspruch auf eine Alterssicherungsleistung in Form eines Kapitalbetrages, ist dem Antrag nach Absatz 1 Satz 1 grundsätzlich nur dann stattzugeben, wenn die Soldatin oder der Soldat den ihr oder ihm insgesamt zustehenden Betrag innerhalb von sechs Monaten nach Antragstellung an den Dienstherrn abführt. Dauerte die Verwendung nach Beginn des Ruhestandes an, bleibt der Kapitalbetrag in Höhe des auf die Dauer der Verwendung nach Beginn des Ruhestandes entfallenden Anteils unberücksichtigt. Bei der Anwendung des Satzes 2 gilt § 40 Absatz 1 Satz 2 und 3 entsprechend. Hat die Soldatin oder der Soldat oder die Soldatin im Ruhestand oder der Soldat im Ruhestand vor ihrem oder seinem Ausscheiden aus dem öffentlichen Dienst der zwischenstaatlichen oder überstaatlichen Einrichtung unmittelbar oder mittelbar Zahlungen aus der einmaligen Leistung erhalten oder hat die Einrichtung diese durch Aufrechnung oder in anderer Form verringert, ist bei der Anwendung der Sätze 1 und 2 der ungekürzte Betrag zu berücksichtigen; entsprechendes gilt, sofern die Soldatin oder der Soldat oder die Soldatin im Ruhestand oder der Soldat im Ruhestand auf die einmalige Alterssicherungsleistung verzichtet oder diese nicht beantragt. Auf freiwilligen Beiträgen beruhende Anteile, einschließlich darauf entfallender Erträge, bleiben außer Betracht.

(3) Liegt die Zeit der Verwendung bei einer zwischenstaatlichen oder überstaatlichen Einrichtung vor der Versetzung in den Bundesdienst, ist der Kapitalbetrag vom Beginn des auf die Beendigung der Verwendung folgenden Monats bis zum Ablauf des Monats, der dem Eintritt in den Bundesdienst vorausgeht, zu verzinsen. Der Zinssatz beträgt für das Jahr zwei Prozentpunkte über dem Basiszinssatz, mindestens aber zwei Prozent. § 40 Absatz 1 Satz 2 und 3 gilt entsprechend.

(4) Der Antrag kann im Fall des Anspruchs auf eine einmalige Alterssicherungsleistung in Form eines Kapitalbetrages (Absatz 2) nur bis zum Ablauf des zwölften Kalendermonats nach Beendigung der Verwendung bei einer zwischenstaatlichen oder überstaatlichen Einrichtung gestellt werden. In den übrigen Fällen kann der Antrag nur bis zum Ablauf des zwölften Monats nach Beginn des Ruhestandes nach § 43 Absatz 1 des Soldatengesetzes gestellt werden; dauert die Verwendung über den Beginn des Ruhestandes hinaus an, tritt an die Stelle des Ruhestandsbeginns die Beendigung der Verwendung bei einer zwischenstaatlichen oder überstaatlichen Einrichtung. Der Antrag wirkt ab Ruhestandsbeginn.

§ 33 Erhöhung der ruhegehaltfähigen Dienstzeit

Die ruhegehaltfähige Dienstzeit nach § 31 erhöht sich um die Zeit, die

1. eine Soldatin im Ruhestand oder ein Soldat im Ruhestand in einem ihre oder seine Arbeitskraft voll beanspruchenden Dienstverhältnis als Berufssoldatin, Berufssoldat, Beamtin, Beamter, Richterin, Richter oder in einem Amtsverhältnis im Sinne des § 31 Absatz 3 Satz 1 Nummer 1 oder 2 zurückgelegt hat, ohne einen neuen Versorgungsanspruch zu erlangen,

2. im einstweiligen Ruhestand zurückgelegt worden ist, bis zu drei Jahren, wenn die Versetzung in den einstweiligen Ruhestand nach dem 31. Dezember 2011 erfolgt ist.

§ 31 Absatz 1 Satz 2 Nummer 1 und 2 sowie Absatz 2 gilt entsprechend. Für die Anwendung des Satzes 1 Nummer 1 Buchstabe a gilt außerdem § 92 Absatz 2 Satz 2 entsprechend.

§ 34 Zeiten im privatrechtlichen Arbeitsverhältnis im öffentlichen Dienst

Als ruhegehaltfähig sollen auch folgende Zeiten berücksichtigt werden, in denen eine Berufssoldatin oder ein Berufssoldat vor der Berufung in das Dienstverhältnis einer Soldatin auf Zeit, eines Soldaten auf Zeit, einer Berufssoldatin oder eines Berufssoldaten im privatrechtlichen Arbeitsverhältnis im Dienst eines öffentlich-rechtlichen Dienstherrn ohne von der Soldatin oder dem Soldaten zu vertretende Unterbrechung tätig war, wenn diese Tätigkeit zu ihrer oder seiner Einstellung als Soldatin auf Zeit, Soldat auf Zeit, als Berufssoldatin oder Berufssoldat geführt hat:

1. Zeiten einer hauptberuflichen in der Regel einer Beamtin, einem Beamten, einer Unteroffizierin, einem Unteroffizier oder einer Offizierin oder einem Offizier obliegenden oder später einer Beamtin, einem Beamten, einer Unteroffizierin, einem Unteroffizier oder einer Offizierin oder einem Offizier übertragenen entgeltlichen Beschäftigung oder
2. Zeiten einer für ihre oder seine Laufbahn förderlichen Tätigkeit.

Der Tätigkeit im Dienst eines öffentlich-rechtlichen Dienstherrn steht die Tätigkeit im Dienst von Einrichtungen gleich, die von mehreren der im Satz 1 bezeichneten Dienstherrn durch Staatsvertrag oder Verwaltungsabkommen zur Erfüllung oder Koordinierung ihnen obliegender hoheitsrechtlicher Aufgaben geschaffen worden sind. Zeiten mit einer geringeren als der regelmäßigen Arbeitszeit dürfen nur zu dem Teil als ruhegehaltfähig berücksichtigt werden, der dem Verhältnis der tatsächlichen zur regelmäßigen Arbeitszeit entspricht.

§ 35 Ausbildungszeiten

(1) Bei einer Berufssoldatin oder einem Berufssoldaten kann die verbrachte Mindestzeit

1. der außer der allgemeinen Schulbildung vorgeschriebenen Ausbildung (Fachschul-, Hochschul- und praktische Ausbildung, übliche Prüfungszeit),
2. einer praktischen hauptberuflichen Tätigkeit, die für die Übernahme in das Soldatenverhältnis vorgeschrieben ist,

als ruhegehaltfähig berücksichtigt werden, die Zeit einer Fachschulausbildung einschließlich der Prüfungszeit bis zu 1 095 Tagen und die Zeit einer Hochschulausbildung einschließlich der Prüfungszeit bis zu 855 Tagen, insgesamt höchstens 1 095 Tagen. Wird die allgemeine Schulbildung durch eine andere Art der Ausbildung ersetzt, so steht diese der Schulbildung gleich. Zum Zeitpunkt des Ruhestandseintritts ist das Ruhegehalt unter Berücksichtigung von Hochschulausbildungszeiten nach Satz 1 zu berechnen. Auf eine praktische Tätigkeit nach Satz 1 Nummer 2 ist § 31 Absatz 1 Satz 3 anzuwenden.

(2) Ergibt eine Berechnung des Ruhegehalts unter Berücksichtigung von Hochschulausbildungszeiten nach Absatz 1 Satz 1 in der bis zum 11. Februar 2009 geltenden Fassung gegenüber der Ruhegehaltsberechnung nach Absatz 1 Satz 3 einen Differenzbetrag, der größer ist als der Rentenbetrag, der sich durch Vervielfältigung des aktuellen Rentenwertes mit dem Faktor 2,25 ergibt, bleibt es

bei der Berechnung des Ruhegehalts unter Berücksichtigung von Hochschulausbildungszeiten nach Absatz 1 Satz 1 in der bis zum 11. Februar 2009 geltenden Fassung, soweit dadurch mit Ausnahme der Fälle des § 42 der Höchstruhegehaltssatz im Sinne des § 40 Absatz 1 Satz 1 und Absatz 2 Satz 2 nicht überschritten wird. Die der Berechnung nach Satz 1 zugrunde gelegten Hochschulausbildungszeiten sind um die Hochschulausbildungszeiten zu vermindern, die dem Rentenbetrag entsprechen, der sich durch Vervielfältigung des aktuellen Rentenwertes mit dem Faktor 2,25 ergibt.

(3) An Stelle einer Berücksichtigung nach Absatz 1 können einer Berufssoldatin oder einem Berufssoldaten verbrachte Zeiten einer praktischen Ausbildung und einer praktischen hauptberuflichen Tätigkeit bis zu einer Gesamtzeit von fünf Jahren als ruhegehaltfähige Dienstzeit berücksichtigt werden, wenn sie für die Wahrnehmung der ihr oder ihm als Soldatin auf Zeit, Soldat auf Zeit, Berufssoldatin oder Berufssoldat übertragenen Aufgaben förderlich sind. Absatz 1 Satz 2 und 4 gilt entsprechend.

(4) Hat die Berufssoldatin oder der Berufssoldat ihr oder sein Studium nach der Festsetzung von Regelstudienzeiten in dem jeweiligen Studiengang begonnen, kann die tatsächliche Studiendauer nur insoweit berücksichtigt werden, als die Regelstudienzeit einschließlich der Prüfungszeit nicht überschritten ist.

§ 36 Sonstige Zeiten

Die Zeit, während der eine Berufssoldatin oder ein Berufssoldat vor dem Eintritt in die Bundeswehr

1. besondere Fachkenntnisse erworben hat, die die notwendige Voraussetzung für ihre oder seine Verwendung in einem Fachgebiet in der Bundeswehr bilden, oder
2. als Entwicklungshelferin oder Entwicklungshelfer im Sinne des Entwicklungshelfer-Gesetzes tätig gewesen ist,

kann als ruhegehaltfähige Dienstzeit, jedoch höchstens bis zur Hälfte und in der Regel nicht über zehn Jahre hinaus, berücksichtigt werden.

§ 37 Nicht zu berücksichtigende Zeiten

Zeiten nach § 30 des Bundesbesoldungsgesetzes sind nicht ruhegehaltfähig.

§ 38 Zeiten in dem in Artikel 3 des Einigungsvertrags genannten Gebiet

(1) Dienstzeiten nach § 92 Absatz 1, Beschäftigungszeiten nach § 34 und sonstige Zeiten nach den §§ 36 und 94, die die Berufssoldatin oder der Berufssoldat bis zum 2. Oktober 1990 in dem in Artikel 3 des Einigungsvertrags genannten Gebiet zurückgelegt hat, werden nicht als ruhegehaltfähige Dienstzeit berücksichtigt, soweit die allgemeine Wartezeit für die gesetzliche Rentenversicherung erfüllt ist und diese Zeiten als rentenrechtliche Zeiten berücksichtigungsfähig sind; Ausbildungszeiten nach § 35 sind nicht ruhegehaltfähig, soweit die allgemeine Wartezeit für die gesetzliche Rentenversicherung erfüllt ist. Rentenrechtliche Zeiten sind auch solche im Sinne des Artikels 2 des Renten-Überleitungsgesetzes.

(2) Soweit die allgemeine Wartezeit für die gesetzliche Rentenversicherung nicht erfüllt ist, können die in Absatz 1 genannten Zeiten im Rahmen der dort genannten

Vorschriften insgesamt höchstens bis zu fünf Jahren als ruhegehaltfähig berücksichtigt werden.

§ 39 Zurechnungszeit und Zeit gesundheitsschädigender Verwendung

(1) Ist die Berufssoldatin oder der Berufssoldat vor Vollendung des 60. Lebensjahres wegen Dienstunfähigkeit in den Ruhestand versetzt worden, wird die Zeit vom Beginn des Ruhestandes bis zum Ablauf des Monats der Vollendung des 60. Lebensjahres für die Berechnung des Ruhegehalts der ruhegehaltfähigen Dienstzeit zu zwei Dritteln hinzugerechnet (Zurechnungszeit), soweit diese Zeit nicht nach anderen Vorschriften als ruhegehaltfähig berücksichtigt wird. Ist die Berufssoldatin oder der Berufssoldat nach § 51 Absatz 4 des Soldatengesetzes erneut in das Dienstverhältnis einer Berufssoldatin oder eines Berufssoldaten berufen worden, so wird eine der Berechnung des früheren Ruhegehalts zugrunde gelegene Zurechnungszeit insoweit berücksichtigt, als die Zahl der dem neuen Ruhegehalt zugrundeliegenden Dienstjahre hinter der Zahl der dem früheren Ruhegehalt zugrunde gelegenen Dienstjahre zurückbleibt.

(2) Die Zeit der Verwendung einer Soldatin oder eines Soldaten in Ländern, in denen sie oder er gesundheitsschädigenden klimatischen Einflüssen ausgesetzt ist, kann bis zum Doppelten als ruhegehaltfähige Dienstzeit berücksichtigt werden, wenn sie ununterbrochen mindestens ein Jahr gedauert hat. Entsprechendes gilt für eine beurlaubte Soldatin oder einen beurlaubten Soldaten, deren oder dessen Tätigkeit in den in Satz 1 genannten Gebieten öffentlichen Belangen oder dienstlichen Interessen diente, wenn dies spätestens bei Beendigung des Urlaubs anerkannt worden ist. Zeiten einer besonderen Auslandsverwendung können bis zum Doppelten als ruhegehaltfähige Dienstzeit berücksichtigt werden, wenn sie insgesamt mindestens 180 Tage und jeweils ununterbrochen mindestens 30 Tage gedauert haben. Eine besondere Auslandsverwendung ist eine Verwendung nach § 87 Absatz 1 in der während der Verwendung geltenden Fassung. Als Verwendung im Sinne des Satzes 4 gilt auch eine besondere Auslandsverwendung nach § 63c Absatz 1 des Soldatenversorgungsgesetzes in der am 31. Dezember 2024 geltenden Fassung.

(3) Sind sowohl die Voraussetzungen des Absatzes 1 als auch die Voraussetzungen des Absatzes 2 erfüllt, findet nur die für die Soldatin oder den Soldaten günstigere Vorschrift Anwendung.

§ 40 Höhe des Ruhegehalts[2]

(1) Das Ruhegehalt beträgt für jedes Jahr ruhegehaltfähiger Dienstzeit 1,79375 Prozent, insgesamt jedoch höchstens 71,75 Prozent der ruhegehaltfähigen Dienstbezüge. Bei der Berechnung der Jahre ruhegehaltfähiger Dienstzeit werden unvollständige Jahre als Dezimalzahl angegeben. Dabei wird ein Jahr mit 365 Tagen angesetzt und das Ergebnis kaufmännisch auf zwei Dezimalstellen gerundet. Der Ruhegehaltssatz wird ebenfalls kaufmännisch auf zwei Dezimalstellen gerundet.

(2) Das Ruhegehalt nach Absatz 1 wird nach Maßgabe der Absätze 3 und 4 für die Berufssoldatinnen und die Berufssoldaten erhöht, die nach den Vorschriften des Soldatengesetzes wegen Erreichens der für sie unterhalb des 60. Lebensjahres festgesetzten besonderen Altersgrenze in den Ruhestand versetzt werden. Das Ruhegehalt darf 71,75 Prozent der ruhegehaltfähigen Dienstbezüge nicht übersteigen.

---

2 § 40 Abs. 2 u. 3: Zur Anwendung vgl. § 7 Abs. 2 SKPersStruktAnpG

(3) Die Erhöhung beträgt für die Berufssoldatinnen und die Berufssoldaten, die wegen Erreichens der besonderen Altersgrenze des 53. Lebensjahres in den Ruhestand versetzt werden, 12,55625 Prozent der ruhegehaltfähigen Dienstbezüge (§§ 29, 30). Die Erhöhung vermindert sich für die Berufssoldatinnen und die Berufssoldaten, für die als besondere Altersgrenze ein höheres Lebensalter festgesetzt ist, um 1,79375 Prozent für jedes Jahr, um das diese Altersgrenze über dem 53. Lebensjahr liegt, wobei verbleibende Monate unter Benutzung des Nenners 12 umzurechnen sind; Absatz 1 Satz 2 gilt entsprechend. Die Erhöhung vermindert sich ferner bei einer Berufssoldatin oder einem Berufssoldaten, die oder der mehr als zwei Jahre nach dem frühestmöglichen Zeitpunkt nach Erreichen der für sie oder ihn festgesetzten besonderen Altersgrenze in den Ruhestand versetzt wird, in dem Umfang, um den sich das Ruhegehalt durch die Dienstzeit, die über diesen Zweijahreszeitraum hinausgeht, nach Absatz 1 erhöht.

(4) Die Erhöhung beträgt für Offizierinnen und Offiziere, die in strahlgetriebenen Kampfflugzeugen als Flugzeugführerin, Flugzeugführer, Waffensystemoffizierin oder Waffensystemoffizier verwendet wurden und als solche in den Ruhestand versetzt werden, 16,86131 Prozent der ruhegehaltfähigen Dienstbezüge (§§ 29, 30). Die Erhöhung vermindert sich bei Zurruhesetzung nach Vollendung des 45. Lebensjahres um zwei Drittel der Steigerung des Ruhegehalts nach Absatz 1, soweit sie auf der Dienstzeit nach Vollendung des 45. Lebensjahres beruht.

(5) Das Ruhegehalt beträgt mindestens 35 Prozent der ruhegehaltfähigen Dienstbezüge (§§ 29, 30). An die Stelle des Ruhegehalts nach Satz 1 treten, wenn dies günstiger ist, 65 Prozent der jeweils ruhegehaltfähigen Dienstbezüge aus der Endstufe der Besoldungsgruppe A 4. Die Mindestversorgung nach Satz 2 erhöht sich um 30,68 Euro für die Soldatin im Ruhestand oder den Soldaten im Ruhestand und die Witwe oder den Witwer; der Erhöhungsbetrag bleibt bei einer Kürzung nach § 59 dieses Gesetzes in Verbindung mit § 25 des Beamtenversorgungsgesetzes außer Betracht. Die Sätze 1 bis 3 sind nicht anzuwenden, wenn die Berufssoldatin oder der Berufssoldat eine ruhegehaltfähige Dienstzeit nach den §§ 31, 32, 34, 92, 93 und 95 von weniger als fünf Jahren zurückgelegt hat oder das erdiente Ruhegehalt allein wegen fehlender Berücksichtigung von Zeiten nach § 32 als ruhegehaltfähig hinter der Mindestversorgung nach den Sätzen 1 bis 3 zurückbleibt. Satz 4 gilt nicht, wenn in Fällen des § 44 Absatz 5 Satz 1 Nummer 2 des Soldatengesetzes die Berufssoldatin oder der Berufssoldat wegen Dienstunfähigkeit in den Ruhestand versetzt worden ist.

(6) Übersteigt beim Zusammentreffen von Mindestversorgung nach Absatz 5 mit einer Rente nach Anwendung des § 71 die Versorgung das Ruhegehalt nach den Absätzen 1 bis 4 und 8, so ruht die Versorgung bis zur Höhe des Unterschieds zwischen diesem Ruhegehalt und der Mindestversorgung; in den von § 115 erfassten Fällen tritt das nach dieser Vorschrift maßgebliche Ruhegehalt an die Stelle des Ruhegehalts nach den Absätzen 1 bis 4 und 8. Der Erhöhungsbetrag nach Absatz 5 Satz 3 und der Unterschiedsbetrag nach § 64 Absatz 1 bleiben bei der Berechnung außer Betracht. Die Summe aus Versorgung und Rente darf nicht hinter dem Betrag der Mindestversorgung zuzüglich des Unterschiedsbetrages nach § 64 Absatz 1 zurückbleiben. Zahlbar bleibt mindestens das Ruhegehalt nach den Absätzen 1 bis 4 und 8 zuzüglich des Unterschiedsbetrages nach § 64 Absatz 1. Die Sätze 1 bis 4 gelten entsprechend für Witwen, Witwer und Waisen.

(7) Bei einer oder einem nach § 50 des Soldatengesetzes in den einstweiligen Ruhestand versetzten Berufssoldatin oder Berufssoldaten beträgt das Ruhegehalt für die Dauer der Zeit, die die Soldatin oder der Soldat den Dienstgrad, mit dem sie oder er in den einstweiligen Ruhestand versetzt wurde, innehatte, mindestens für die

Dauer von sechs Monaten, längstens für die Dauer von drei Jahren, 71,75 Prozent der ruhegehaltfähigen Dienstbezüge der Besoldungsgruppe, in der sie oder er sich zur Zeit seiner Versetzung in den einstweiligen Ruhestand befunden hat. Das erhöhte Ruhegehalt darf die Dienstbezüge, die der Berufssoldatin oder dem Berufssoldaten in diesem Zeitpunkt zustanden, nicht übersteigen; das nach sonstigen Vorschriften ermittelte Ruhegehalt darf nicht unterschritten werden.

(8) Das Ruhegehalt vermindert sich um 3,6 Prozent für jedes Jahr, um das die Berufssoldatin oder der Berufssoldat vor Erreichen der für sie oder ihn geltenden besonderen oder allgemeinen Altersgrenze wegen Dienstunfähigkeit, die nicht auf einer Wehrdienstbeschädigung beruht, in den Ruhestand versetzt wird. Die Minderung des Ruhegehalts darf 10,8 Prozent nicht übersteigen. Absatz 1 Satz 2 und 4 gilt entsprechend.

§ 41 Vorübergehende Erhöhung des Ruhegehaltssatzes[3]

(1) Der nach § 40 Absatz 1 bis 4, § 42 Absatz 1 Satz 1 dieses Gesetzes in Verbindung mit § 36 Absatz 3 Satz 1 des Beamtenversorgungsgesetzes und § 115 Absatz 3 berechnete Ruhegehaltssatz erhöht sich vorübergehend, wenn die Soldatin im Ruhestand oder der Soldat im Ruhestand

1. bis zum Beginn des Ruhestandes die Wartezeit von 60 Kalendermonaten für eine Rente der gesetzlichen Rentenversicherung erfüllt hat,
2. wegen
   a) Dienstunfähigkeit im Sinne des § 44 Absatz 3 des Soldatengesetzes in den Ruhestand versetzt worden ist oder
   b) Erreichens einer Altersgrenze in den Ruhestand getreten ist und
3. einen Ruhegehaltssatz von 66,97 Prozent noch nicht erreicht hat.

Bei Offizierinnen und Offizieren, die in strahlgetriebenen Kampfflugzeugen als Flugzeugführerin, Flugzeugführer, Waffensystemoffizierin oder Waffensystemoffizier verwendet wurden und als solche in den Ruhestand versetzt werden, gilt Satz 1 mit der Maßgabe, dass sich der Ruhegehaltssatz frühestens von dem Zeitpunkt an erhöht, zu dem sie als Offizierinnen oder Offiziere des Truppendienstes wegen Dienstunfähigkeit in den Ruhestand versetzt worden wären oder wegen Erreichens der ihrem Dienstgrad entsprechenden besonderen Altersgrenze in den Ruhestand hätten versetzt werden können.

(2) Die Erhöhung des Ruhegehaltssatzes beträgt 0,95667 Prozent für je zwölf Kalendermonate der für die Erfüllung der Wartezeit (Absatz 1 Nummer 1) anrechnungsfähigen Pflichtbeitragszeiten, soweit sie vor Begründung des Soldatenverhältnisses zurückgelegt worden sind; unberücksichtigt bleiben

1. Pflichtbeitragszeiten, die als ruhegehaltfähig berücksichtigt worden sind,
2. Pflichtbeitragszeiten, für die Leistungen nach § 100 Absatz 1 Satz 1 vorübergehend gewährt werden.

Die Erhöhung ist kaufmännisch auf zwei Dezimalstellen zu runden; der erhöhte Ruhegehaltssatz darf 66,97 Prozent nicht überschreiten. In den Fällen des § 40 Absatz 8 ist das Ruhegehalt, das sich nach Anwendung der Sätze 1 und 2 ergibt, entsprechend zu vermindern. Für die Berechnung nach Satz 1 wird die Gesamtzahl der Kalendermonate in Jahre umgerechnet. Dabei werden unvollständige Jahre als Dezimalzahl angegeben. Das Ergebnis wird kaufmännisch auf zwei Dezimalstellen gerundet.

---

3 § 41: Zur Anwendung vgl. § 6 Abs. 2 u. § 7 Abs. 2 SKPersStruktAnpG

(3) Die Erhöhung fällt spätestens mit Ablauf des Monats weg, in dem die Soldatin im Ruhestand oder der Soldat im Ruhestand die für Bundesbeamtinnen und Bundesbeamte geltende Regelaltersgrenze nach § 51 Absatz 1 und 2 des Bundesbeamtengesetzes erreicht. Sie endet vorher, wenn die Soldatin im Ruhestand oder der Soldat im Ruhestand

1. aus den anrechnungsfähigen Pflichtbeitragszeiten eine Versichertenrente einer inländischen oder ausländischen Alterssicherungseinrichtung bezieht, mit Ablauf des Tages vor dem Beginn der Rente, oder
2. in den Fällen des Absatzes 1 Nummer 2 Buchstabe a nicht mehr dienstunfähig ist, mit Ablauf des Monats, in dem ihr oder ihm der Wegfall der Erhöhung mitgeteilt wird.

§ 35 Absatz 3 Satz 2 des Beamtenversorgungsgesetzes gilt sinngemäß.

(4) Die Erhöhung des Ruhegehaltssatzes wird auf Antrag vorgenommen. Anträge, die innerhalb von drei Monaten nach Eintritt der Berufssoldatin oder des Berufssoldaten in den Ruhestand gestellt werden, gelten als zum Zeitpunkt des Ruhestandseintritts gestellt. Wird der Antrag zu einem späteren Zeitpunkt gestellt, tritt die Erhöhung vom Beginn des Antragsmonats an ein.

Unterabschnitt 3 **Unfallruhegehalt**

§ 42 Unfallruhegehalt

(1) Auf eine Berufssoldatin oder einen Berufssoldaten, die oder der wegen Dienstunfähigkeit infolge eines als Berufssoldatin oder Berufssoldat oder als Soldatin auf Zeit oder als Soldat auf Zeit erlittenen Dienstunfalles in den Ruhestand versetzt worden ist, sind die §§ 36, 37, 44 Absatz 1 und 2 sowie die §§ 45 und 87 des Beamtenversorgungsgesetzes entsprechend anzuwenden. In den Fällen des § 37 des Beamtenversorgungsgesetzes bemisst sich das Unfallruhegehalt für Berufssoldatinnen und Berufssoldaten in der Laufbahngruppe der Unteroffizierinnen und Unteroffiziere und für Berufssoldatinnen und Berufssoldaten mit dem Dienstgrad Fähnrich oder Oberfähnrich mindestens nach der Besoldungsgruppe A 9, für Berufsoffizierinnen und Berufsoffiziere mindestens nach der Besoldungsgruppe A 12, jedoch für Stabsoffizierinnen, Stabsoffiziere, Offizierinnen des Sanitätsdienstes und Offiziere des Sanitätsdienstes mindestens nach der Besoldungsgruppe A 16. Im Übrigen gelten die Vorschriften über das Ruhegehalt.

(2) Dienstunfall ist ein auf äußerer Einwirkung beruhendes, plötzliches, örtlich und zeitlich bestimmbares, einen Körperschaden verursachendes Ereignis, das in Ausübung des Dienstes eingetreten ist. Zum Dienst gehören auch

1. Dienstreisen und die dienstliche Tätigkeit am Bestimmungsort,
2. die Teilnahme an dienstlichen Veranstaltungen,
3. Nebentätigkeiten im öffentlichen Dienst oder in dem ihm gleichstehenden Dienst, zu deren Übernahme die Soldatin oder der Soldat gemäß § 20 Absatz 7 des Soldatengesetzes in Verbindung mit § 98 des Bundesbeamtengesetzes verpflichtet ist oder Nebentätigkeiten, deren Wahrnehmung von ihr oder ihm im Zusammenhang mit den Dienstgeschäften erwartet wird, sofern die Soldatin oder der Soldat hierbei nicht in der gesetzlichen Unfallversicherung versichert ist (§ 2 des Siebten Buches Sozialgesetzbuch).

(3) Als Dienst gilt auch das Zurücklegen des mit dem Dienst zusammenhängenden Weges zu und von der Dienststelle. Hat die Soldatin oder der Soldat wegen der Entfernung ihrer oder seiner ständigen Familienwohnung vom Dienstort an diesem

oder in dessen Nähe eine Unterkunft, so gilt Satz 1 auch für den Weg zwischen der Familienwohnung und der Dienststelle. Der Zusammenhang mit dem Dienst gilt als nicht unterbrochen, wenn die Soldatin oder der Soldat

1. von dem unmittelbaren Weg zwischen der Wohnung und der Dienststelle in vertretbarem Umfang abweicht,
   a) um ein eigenes Kind, für das ihr oder ihm dem Grunde nach Kindergeld zusteht, wegen ihrer oder seiner eigenen Berufstätigkeit oder der Berufstätigkeit ihres oder seines Ehegatten in fremde Obhut zu geben oder aus fremder Obhut abzuholen oder
   b) weil sie oder er mit anderen berufstätigen oder in der gesetzlichen Unfallversicherung versicherten Personen gemeinsam ein Fahrzeug für den Weg zu und von der Dienststelle benutzt, oder
2. in ihrer oder seiner Wohnung Dienst leistet und Wege zurücklegt, um ein Kind im Sinne des Satzes 3 Nummer 1 Buchstabe a in fremde Obhut zu geben oder aus fremder Obhut abzuholen.

Ein Unfall, den die Verletzte oder der Verletzte bei der Gewährung der unentgeltlichen truppenärztlichen Versorgung oder auf einem hierzu notwendigen Wege erleidet, gilt als Folge eines Dienstunfalles. Satz 4 gilt entsprechend, wenn die Verletzte oder der Verletzte dem Verlangen einer zuständigen Behörde oder eines Gerichts, wegen der Dienstunfallversorgung persönlich zu erscheinen, folgt und dabei einen Unfall erleidet.

(4) Erkrankt eine Soldatin oder ein Soldat, die oder der wegen der Art ihrer oder seiner dienstlichen Verrichtungen der Gefahr der Erkrankung an einer bestimmten Krankheit besonders ausgesetzt ist, an dieser Krankheit, so gilt die Erkrankung als Dienstunfall, es sei denn, dass die Soldatin oder der Soldat sich die Krankheit außerhalb des Dienstes zugezogen hat. Die Erkrankung gilt jedoch stets als Dienstunfall, wenn sie durch gesundheitsschädigende Verhältnisse verursacht worden ist, denen die Soldatin oder der Soldat am Ort ihres oder seines dienstlich angeordneten Aufenthalts im Ausland besonders ausgesetzt war. Als Krankheiten im Sinne des Satzes 1 kommen die in Anlage 1 zur Berufskrankheiten-Verordnung vom 31. Oktober 1997 (BGBl. I S. 2623) in der jeweils geltenden Fassung genannten Krankheiten mit den dort bezeichneten Maßgaben in Betracht. Für die Feststellung einer Krankheit als Dienstunfall sind auch den Versicherungsschutz nach § 2, § 3 oder § 6 des Siebten Buches Sozialgesetzbuch begründende Tätigkeiten zu berücksichtigen, wenn sie ihrer Art nach geeignet waren, die Krankheit zu verursachen, und die schädigende Einwirkung überwiegend durch dienstliche Verrichtungen nach Satz 1 verursacht worden ist.

(5) Dem durch Dienstunfall verursachten Körperschaden gleichzuachten ist ein Körperschaden, den eine Soldatin oder ein Soldat außerhalb ihres oder seines Dienstes erleidet, wenn sie oder er im Hinblick auf ihr oder sein pflichtgemäßes dienstliches Verhalten oder wegen ihrer oder seiner Eigenschaft als Soldatin oder Soldat angegriffen wird. Gleichzuachten ist ferner ein Körperschaden, den eine Soldatin oder ein Soldat im Ausland erleidet, wenn sie oder er bei Kriegshandlungen, Aufruhr oder Unruhen, denen sie oder er am Ort ihres oder seines dienstlich angeordneten Aufenthalts im Ausland besonders ausgesetzt war, angegriffen wird.

(6) Einer Soldatin oder einem Soldaten, die oder der zur Wahrnehmung einer Tätigkeit, die öffentlichen Belangen oder dienstlichen Interessen dient, beurlaubt worden ist und in Ausübung dieser Tätigkeit einen Körperschaden erleidet, kann Versorgung nach dieser Vorschrift gewährt werden.

Unterabschnitt 4 **Kapitalabfindung**

§ 43 Allgemeines

(1) Die Soldatin im Ruhestand oder der Soldat im Ruhestand kann auf Antrag statt eines Teils des Ruhegehalts eine Kapitalabfindung erhalten
1. zur Schaffung oder Verbesserung einer Existenzgrundlage,
2. zum Erwerb oder zur wirtschaftlichen Stärkung eigenen Grundbesitzes,
3. zum Erwerb grundstücksgleicher Rechte,
4. zur Beschaffung einer Wohnstätte.

Handelt es sich in den Fällen des Satzes 1 um ein Vorhaben im Zusammenhang mit Grundeigentum, das von der Soldatin im Ruhestand oder vom Soldaten im Ruhestand nicht zur gewerblichen Nutzung vorgesehen ist, soll eine Kapitalabfindung nur bei dessen Eigennutzung bewilligt werden.

(2) Eine Kapitalabfindung ist in der Regel zu versagen, wenn die Soldatin im Ruhestand oder der Soldat im Ruhestand das 57. Lebensjahr überschritten hat.

§ 44 Ausschluss

(1) Eine Kapitalabfindung soll nur bewilligt werden, wenn die bestimmungsgemäße Verwendung des Geldes gewährleistet erscheint.

(2) Eine Kapitalabfindung darf nicht gewährt werden, wenn die Soldatin im Ruhestand oder der Soldat im Ruhestand wieder in die Bundeswehr eingestellt ist oder als Beamtin, Beamter, Arbeitnehmerin oder Arbeitnehmer im öffentlichen Dienst verwendet wird.

§ 45 Höhe der Kapitalabfindung

(1) Der Teilbetrag des Ruhegehalts, an dessen Stelle die Kapitalabfindung tritt, darf 50 Prozent des Ruhegehalts und 2 455 Euro jährlich nicht übersteigen.

(2) Der Anspruch auf den Teil des Ruhegehalts, an dessen Stelle die Kapitalabfindung tritt, erlischt mit Ablauf des Monats der Auszahlung für zehn Jahre. Als Abfindungssumme wird das Neunfache des ihr zugrundeliegenden Jahresbetrages gezahlt.

§ 46 Sicherung bei Grundstückskauf

Die bestimmungsgemäße Verwendung des Kapitals ist durch die Form der Auszahlung und in der Regel durch Maßnahmen zur Verhinderung alsbaldiger Weiterveräußerung des Grundstücks oder des an einem Grundstück bestehenden Rechts zu sichern. Hierzu kann vor allem angeordnet werden, dass die Weiterveräußerung und Belastung des Grundstücks oder des an einem Grundstück bestehenden Rechts innerhalb einer Frist bis zu fünf Jahren nur mit Genehmigung des Bundesministeriums der Verteidigung zulässig ist. Diese Anordnung wird mit der Eintragung in das Grundbuch wirksam. Eingetragen wird auf Ersuchen des Bundesministeriums der Verteidigung.

§ 47 Rückzahlung

(1) Die Kapitalabfindung ist insoweit zurückzuzahlen, als
1. sie nicht bis zu dem Zeitpunkt, der vom Bundesministerium der Verteidigung festgesetzt ist, bestimmungsgemäß verwendet worden ist oder
2. der Anspruch auf Ruhegehalt vor Ablauf der in § 45 Absatz 2 bezeichneten Frist aus anderen Gründen als durch Tod der oder des Berechtigten wegfällt.

(2) Die Kapitalabfindung ist abweichend von Absatz 1 Nummer 2 nicht zurückzuzahlen, wenn der Ruhestand gemäß § 51 Absatz 5 des Soldatengesetzes endet. Der der Kapitalabfindung zugrundeliegende Teil des Ruhegehalts ist für die Zeit der Wiederverwendung von den Dienstbezügen einzubehalten und an die Kasse abzuführen, die für die Zahlung des Ruhegehalts zuständig war. Wird die wiederverwendete Berufssoldatin oder der wiederverwendete Berufssoldat erneut in den Ruhestand versetzt, so sind hinsichtlich der restlichen Kapitalabfindung die §§ 45 bis 49 anzuwenden; wird sie oder er ohne einen Anspruch auf Ruhegehalt entlassen, so ist sie oder er nach Maßgabe des § 48 zur Rückzahlung verpflichtet.

(3) Der oder dem Abgefundenen kann vor Ablauf von zehn Jahren auf Antrag der Teil des Ruhegehalts, der durch die Kapitalabfindung erloschen ist, gegen Rückzahlung der Abfindungssumme wieder bewilligt werden, wenn wichtige Gründe vorliegen.

§ 48 Höhe der Rückzahlung

(1) Die Verpflichtung zur Rückzahlung (§ 47) beschränkt sich nach Ablauf des ersten Jahres auf 91 Prozent der Abfindungssumme, des zweiten Jahres auf 82 Prozent der Abfindungssumme, des dritten Jahres auf 72 Prozent der Abfindungssumme, des vierten Jahres auf 62 Prozent der Abfindungssumme, des fünften Jahres auf 52 Prozent der Abfindungssumme, des sechsten Jahres auf 42 Prozent der Abfindungssumme, des siebenten Jahres auf 32 Prozent der Abfindungssumme, des achten Jahres auf 22 Prozent der Abfindungssumme, des neunten Jahres auf 11 Prozent der Abfindungssumme. Die Zeiten rechnen vom Ersten des auf die Auszahlung der Abfindungssumme folgenden Monats bis zum Ende des Monats, in dem die Abfindungssumme zurückgezahlt worden ist.

(2) Wird die Abfindungssumme nicht zum Schluss eines Jahres zurückgezahlt, so sind neben den Prozentsätzen für volle Jahre noch die Prozentsätze zu berücksichtigen, die auf die bis zum Rückzahlungszeitpunkt verstrichenen Monate des angefangenen Jahres entfallen. Entsprechendes gilt, wenn die Abfindungssumme vor Ablauf des ersten Jahres zurückgezahlt wird.

(3) Nach Rückzahlung der Abfindungssumme lebt der Anspruch auf den der Abfindung zugrundeliegenden Teil des Ruhegehalts mit dem Ersten des auf die Rückzahlung folgenden Monats wieder auf.

(4) Das Bundesministerium der Verteidigung kann in den Fällen des § 47 Absatz 1 Nummer 2 Teilzahlungen zulassen.

§ 49 Berechnung bei Ruhen des Ruhegehalts

(1) Ruht das Ruhegehalt ganz oder zum Teil, weil die Empfängerin oder der Empfänger im Wehrdienst oder im anderen öffentlichen Dienst wiederverwendet wird, so ist der der Kapitalabfindung zugrundeliegende Teil des Ruhegehalts insoweit von den Dienstbezügen einzubehalten, als er den nicht ruhenden Teil übersteigt. Die

einbehaltenen Beträge sind an die Kasse abzuführen, die für die Zahlung des Ruhegehalts zuständig ist.

(2) Ruht das Ruhegehalt aus anderen Gründen ganz oder zum Teil, so ist der der Kapitalabfindung zugrundeliegende Teil des Ruhegehalts insoweit zurückzuzahlen, als er den nicht ruhenden Teil übersteigt. Das Bundesministerium der Verteidigung kann Teilzahlungen zulassen.

§ 50 Kosten der Beurkundung

(1) Alle gerichtlichen und außergerichtlichen Beurkundungen, Urkunden, Vollmachten, amtlichen Bescheinigungen, Eintragungen und Löschungen im Grundbuch, die zur Durchführung des § 46 erforderlich sind, sind kostenfrei.

(2) Die Vorschriften über die Gebühren und Auslagen der Notare werden hierdurch nicht berührt.

Unterabschnitt 5 **Unterhaltsbeitrag**

§ 51 Unterhaltsbeitrag für entlassene Berufssoldatinnen und Berufssoldaten

Einer Berufssoldatin oder einem Berufssoldaten kann auf Antrag ein Unterhaltsbeitrag bis zur Höhe des Ruhegehalts bewilligt werden, wenn sie oder er vor Ableistung einer Wehrdienstzeit von fünf Jahren (§ 27 Absatz 2 dieses Gesetzes in Verbindung mit § 44 Absatz 5 Satz 1 Nummer 1 des Soldatengesetzes) wegen Erreichens der für ihren oder seinen Dienstgrad bestimmten Altersgrenze oder wegen Dienstunfähigkeit entlassen worden ist.

Unterabschnitt 6 **Übergangsgeld**

§ 52 Übergangsgeld für entlassene Berufssoldatinnen und Berufssoldaten

(1) Eine Berufssoldatin oder ein Berufssoldat, die oder der

1. wegen Dienstunfähigkeit mit einer Wehrdienstzeit von weniger als fünf Jahren (§ 27 Absatz 2 dieses Gesetzes in Verbindung mit § 44 Absatz 5 Satz 1 Nummer 1 des Soldatengesetzes) oder
2. wegen mangelnder Eignung (§ 46 Absatz 8 des Soldatengesetzes)

entlassen worden ist, erhält ein Übergangsgeld. Das Übergangsgeld wird auch dann gewährt, wenn die Berufssoldatin oder der Berufssoldat im Zeitpunkt der Entlassung ohne Dienstbezüge beurlaubt war.

(2) Das Übergangsgeld beträgt nach vollendeter einjähriger Wehrdienstzeit das Einfache und bei längerer Wehrdienstzeit für jedes weitere volle Jahr ihrer Dauer die Hälfte, insgesamt höchstens das Fünffache der Dienstbezüge (§ 1 Absatz 2 Nummer 1, 3 und 4 des Bundesbesoldungsgesetzes), die die Soldatin oder der Soldat im letzten Monat erhalten hat oder erhalten hätte. § 29 Absatz 1 Satz 2 gilt entsprechend.

(3) Als Wehrdienstzeit (Absatz 2) gilt die Zeit eines ununterbrochenen Wehrdienstes in der Bundeswehr. Zeiten einer Teilzeitbeschäftigung sind nur zu dem Teil anzu-

rechnen, der dem Verhältnis der Teilzeitbeschäftigung zur Vollzeitbeschäftigung entspricht.

(4) Das Übergangsgeld wird nicht gewährt, wenn
1. ein Unterhaltsbeitrag nach § 51 bewilligt wird oder
2. die Wehrdienstzeit bei der Bemessung einer gewährten Versorgung als ruhegehaltfähige Dienstzeit angerechnet wird.

(5) Das Übergangsgeld wird in Monatsbeträgen für die der Entlassung folgende Zeit wie die Dienstbezüge gezahlt. Es ist längstens bis zum Ende des Monats zu zahlen, in dem die Berufssoldatin oder der Berufssoldat die für ihren oder seinen Dienstgrad vorgeschriebene Altersgrenze erreicht hat. Beim Tode der Empfängerin oder des Empfängers ist der noch nicht ausgezahlte Betrag den Hinterbliebenen in einer Summe zu zahlen.

(6) Bezieht die entlassene Berufssoldatin oder der entlassene Berufssoldat Erwerbs- oder Erwerbsersatzeinkommen im Sinne des § 68 Absatz 3, verringert sich das Übergangsgeld um den Betrag dieser Einkünfte.

Unterabschnitt 7 **Ausgleich bei Altersgrenzen**

§ 53 Ausgleich bei Altersgrenzen[4]

(1) Eine Berufssoldatin oder ein Berufssoldat, die oder der vor Vollendung des 67. Lebensjahres nach § 44 Absatz 1 oder 2 des Soldatengesetzes in den Ruhestand getreten ist, erhält neben ihrem oder seinem Ruhegehalt einen einmaligen Ausgleich in Höhe des Fünffachen der Dienstbezüge (§ 1 Absatz 2 Nummer 1, 3 und 4 des Bundesbesoldungsgesetzes) des letzten Monats, jedoch nicht über 4 091 Euro. Dieser Betrag verringert sich um jeweils ein Fünftel mit jedem Dienstjahr, das über das vollendete 62. Lebensjahr hinaus geleistet wird. Er ist beim Eintritt in den Ruhestand in einer Summe auszuzahlen. § 29 Absatz 1 Satz 2 gilt entsprechend. Der Ausgleich wird nicht neben einer einmaligen Unfallentschädigung (§ 84) oder einer einmaligen Entschädigung (§ 85) gewährt.

(2) Schwebt im Zeitpunkt des Eintritts in den Ruhestand gegen die Berufssoldatin oder den Berufssoldaten ein Verfahren, das nach § 46 Absatz 1 oder Absatz 2 Nummer 1 bis 3 des Soldatengesetzes zur Entlassung oder nach § 48 des Soldatengesetzes zum Verlust der Rechtsstellung führen könnte, so darf der Ausgleich erst nach dem rechtskräftigen Abschluss des Verfahrens und nur gewährt werden, wenn kein Verlust der Versorgungsbezüge eingetreten ist.

(3) Der Ausgleich wird im Falle der Bewilligung von Urlaub bis zum Eintritt in den Ruhestand nach § 28a des Soldatengesetzes nicht gewährt.

(4) Der Ausgleich nach Absatz 1 erhöht sich um 528 Euro für jedes Jahr, um das die Zurruhesetzung vor dem Ende des Monats liegt, in dem die Regelaltersgrenze für Polizeivollzugsbeamtinnen und Polizeivollzugsbeamte nach § 5 des Bundespolizeibeamtengesetzes vollendet wird; für restliche Kalendermonate wird jeweils ein Zwölftel dieses Betrages gewährt. Für Offizierinnen und Offiziere im Sinne des § 40 Absatz 4 gilt Satz 1 mit der Maßgabe, dass sie für die Berechnung des Erhöhungsbetrages so zu behandeln sind, als wären sie zum frühestmöglichen Zeitpunkt wegen Überschreitens der für ihren Dienstgrad jeweils geltenden Altersgrenze in den Ruhestand versetzt worden. Die Absätze 2 und 3 gelten entsprechend.

---

4 § 53: Zur Anwendung vgl. § 7 Abs. 2 SKPersStruktAnpG

Unterabschnitt 8 Berufsförderung der Berufssoldatinnen und Berufssoldaten

§ 54 Berufsförderung der Berufssoldatinnen und Berufssoldaten

(1) Einer Berufssoldatin oder einem Berufssoldaten, deren oder dessen Dienstverhältnis vor Vollendung des 45. Lebensjahres wegen Dienstunfähigkeit infolge einer Wehrdienstbeschädigung endet, wird auf Antrag die Förderung der schulischen oder beruflichen Bildung in dem Umfang gewährt, wie sie einer Soldatin auf Zeit oder einem Soldaten auf Zeit mit einer Wehrdienstzeit von acht Jahren zusteht.

(2) Die Dauer der Förderung beträgt

1. 24 Monate bei einer Berufssoldatin oder einem Berufssoldaten, die oder der einen Studienabschluss oder vergleichbaren Abschluss an einer staatlichen Hochschule, an einer staatlich anerkannten Hochschule oder an einer vergleichbaren Bildungseinrichtung auf Kosten des Bundes erworben hat,
2. 36 Monate
   a) bei einer Berufssoldatin oder einem Berufssoldaten, die oder der auf Grund eines nach den Laufbahnvorschriften geforderten Studienabschlusses oder vergleichbaren Abschlusses an einer staatlichen Hochschule, an einer staatlich anerkannten Hochschule oder an einer vergleichbaren Bildungseinrichtung eingestellt worden ist, und
   b) bei einer Unteroffizierin oder einem Unteroffizier des Militärmusikdienstes, die oder der im Rahmen der militärfachlichen Ausbildung eine staatliche Hochschule, eine staatlich anerkannte Hochschule oder eine vergleichbare Bildungseinrichtung besucht und das vorgegebene Studienziel unterhalb eines Studienabschlusses oder vergleichbaren Abschlusses auf Kosten des Bundes erreicht hat.

(3) Endet das Dienstverhältnis vor Vollendung des 40. Lebensjahres wegen Dienstunfähigkeit infolge Wehrdienstbeschädigung, ist auf Antrag auch der Zulassungsschein zu erteilen. Beruht die Dienstunfähigkeit nicht auf einer Wehrdienstbeschädigung, können die Leistungen nach Satz 1 sowie den Absätzen 1 und 2 gewährt werden.

(4) Die Absätze 1 bis 3 gelten entsprechend für eine Offizierin oder einen Offizier, die oder der wegen Überschreitens der besonderen Altersgrenze nach § 45 Absatz 2 Nummer 6 des Soldatengesetzes in den Ruhestand versetzt wird. Zudem können ihr oder ihm auch die Leistungen nach den §§ 5, 6 Absatz 1 und 3 sowie § 9 Absatz 1, 3, 4 und 7 gewährt werden.

(5) § 7 gilt entsprechend. Bei der Anwendung des Absatzes 3 Satz 1 gelten auch § 6 Absatz 1 und 3 sowie die §§ 13 und 14 entsprechend.

(6) Für die Dauer der Teilnahme an einer nach den Absätzen 1 und 2 geförderten Maßnahme der schulischen und beruflichen Bildung in Vollzeitform wird ein Zuschlag zum Ruhegehalt in Höhe von 15 Prozent der jeweils ruhegehaltfähigen Dienstbezüge gewährt; Einkommen aus der Bildungsmaßnahme ist anzurechnen.

§ 55 Eingliederung von Berufssoldatinnen und Berufssoldaten in das Erwerbsleben

Jeder Berufssoldatin und jedem Berufssoldaten, deren oder dessen Dienstverhältnis wegen Dienstunfähigkeit endet, wird die Eingliederung in das spätere Berufsleben nach den §§ 5, 6, 9 und 11 erleichtert. Freistellung vom militärischen Dienst zur

Teilnahme an einem notwendigen Berufsorientierungspraktikum kann im Umfang des § 9 Absatz 3 gewährt werden. § 10 gilt entsprechend.

Abschnitt 3 Versorgung der Hinterbliebenen von Soldatinnen und Soldaten

§ 56 Bezüge für den Sterbemonat und Sterbegeld für Hinterbliebene von Soldatinnen auf Zeit, Soldaten auf Zeit und von Soldatinnen und Soldaten, die Wehrdienst nach dem Wehrpflichtgesetz oder Wehrdienst nach dem Vierten Abschnitt des Soldatengesetzes leisten

(1) Stirbt eine Soldatin auf Zeit, ein Soldat auf Zeit, eine Soldatin oder ein Soldat, der Wehrdienst nach dem Wehrpflichtgesetz, nach § 58b oder nach dem Vierten Abschnitt des Soldatengesetzes leistet, während des Wehrdienstes, sind auf die Hinterbliebenen die Vorschrift des § 17 des Beamtenversorgungsgesetzes über die Bezüge im Sterbemonat und auf die Hinterbliebenen einer Soldatin auf Zeit oder eines Soldaten auf Zeit auch die Vorschrift des § 18 des Beamtenversorgungsgesetzes über das Sterbegeld entsprechend anzuwenden.

(2) Stirbt eine Soldatin oder ein Soldat, die oder der Wehrdienst nach dem Wehrpflichtgesetz oder nach § 58b des Soldatengesetzes leistet, oder eine Soldatin auf Zeit oder ein Soldat auf Zeit mit einer Wehrdienstzeit bis zu sechs Monaten während des Wehrdienstverhältnisses an den Folgen einer Wehrdienstbeschädigung, so erhalten die Eltern, wenn sie mit der oder dem Verstorbenen zur Zeit des Todes in häuslicher Gemeinschaft gelebt haben, ein Sterbegeld in Höhe von 2 557 Euro. Das Sterbegeld wird nicht gewährt, wenn eine einmalige Unfallentschädigung nach § 84 oder eine einmalige Entschädigung nach § 85 zusteht. Das Sterbegeld vermindert sich um Leistungen, die nach Absatz 1 Satz 1 Halbsatz 2 zu gewähren sind. Der Anspruch auf Sterbegeld kann weder abgetreten noch verpfändet noch gepfändet werden. Im Übrigen gilt § 63 Absatz 1 entsprechend sowie § 67 mit der Maßgabe, dass mit einer Forderung auf Rückerstattung zu viel gezahlten Sterbegeldes gegenüber einem Anspruch auf Sterbegeld aufgerechnet werden kann.

§ 57 Laufende Unterstützung für Hinterbliebene von Soldatinnen auf Zeit und Soldaten auf Zeit

(1) Ist eine Soldatin auf Zeit oder ein Soldat auf Zeit, die oder der in der Bundeswehr mindestens sechs Jahre Wehrdienst geleistet hat, während der Dauer ihres oder seines Dienstverhältnisses verstorben und ist der Tod nicht Folge einer Wehrdienstbeschädigung, so können die überlebende Ehegattin oder der überlebende Ehegatte und die unterhaltsberechtigten Kinder auf Antrag eine laufende Unterstützung erhalten. Die Unterstützung darf nach Höhe und Dauer die Übergangsgebührnisse nicht übersteigen, die die verstorbene Soldatin oder der verstorbene Soldat auf Grund der im Zeitpunkt des Todes von ihr oder ihm abgeleisteten Wehrdienstzeit hätte erhalten können.

(2) § 66 Absatz 2 sowie die §§ 67 und 81 gelten entsprechend. Für die Mindestdienstzeit im Sinne des Absatzes 1 Satz 1 gilt § 23 mit Ausnahme des Absatzes 1 Satz 2 entsprechend.

§ 58 Versorgung der Hinterbliebenen nach einem Einsatzunfall von Soldatinnen auf Zeit, Soldaten auf Zeit und von Soldatinnen und Soldaten, die Wehrdienst nach dem Wehrpflichtgesetz, nach § 58b oder nach dem Vierten Abschnitt des Soldatengesetzes leisten

(1) Stirbt eine Soldatin auf Zeit, ein Soldat auf Zeit oder eine Soldatin oder ein Soldat, die oder der Wehrdienst nach dem Wehrpflichtgesetz, nach § 58b des Soldatengesetzes oder nach dem Vierten Abschnitt des Soldatengesetzes leistet oder sich in einem Wehrdienstverhältnis besonderer Art nach § 6 des Einsatz-Weiterverwendungsgesetzes befindet, an den Folgen eines Einsatzunfalls nach § 87 Absatz 2, den sie oder er während dieses Wehrdienstverhältnisses oder während eines unmittelbar vorangegangenen Wehrdienstverhältnisses der genannten Art erlitten hat, sind die Vorschriften dieses Abschnitts und des Abschnitts 4 nach Maßgabe der folgenden Absätze anzuwenden.

(2) § 56 Absatz 1 ist nicht anzuwenden.

(3) § 59 Absatz 1 und 3 sowie § 61 gelten entsprechend.

(4) Das Witwen- und Waisengeld und der Unterhaltsbeitrag werden wie bei Hinterbliebenen einer Berufssoldatin oder eines Berufssoldaten berechnet, die oder der an den Folgen eines Dienstunfalls gestorben ist und ein erhöhtes Unfallruhegehalt im Sinne des § 42 Absatz 1 dieses Gesetzes in Verbindung mit § 37 Absatz 1 des Beamtenversorgungsgesetzes erhalten hätte, wenn sie oder er nicht gestorben, sondern am Todestag wegen Dienstunfähigkeit infolge des Dienstunfalls in den Ruhestand versetzt worden wäre. § 29 Absatz 1 und § 105 gelten entsprechend. Hat die oder der Verstorbene am Todestag keinen Anspruch auf Besoldung, treten an deren Stelle für die Berechnung der Versorgung die Dienstbezüge aus der Besoldungsgruppe, der das Amt der oder des Verstorbenen zugeordnet war. Bei Hinterbliebenen von Soldatinnen und Soldaten der Laufbahngruppe der Mannschaften bemisst sich das Witwen- und Waisengeld oder der Unterhaltsbeitrag mindestens nach der Besoldungsgruppe A 6.

(5) Neben einer Versorgung nach diesem Paragrafen wird keine Versorgung nach § 59 gewährt.

(6) Die Witwe oder der Witwer und die Waisen gelten für die Anwendung des Abschnitts 4 als Witwe oder Witwer und Waisen einer Soldatin, eines Soldaten, einer Soldatin im Ruhestand oder eines Soldaten im Ruhestand.

§ 59 Hinterbliebene von Berufssoldatinnen und Berufssoldaten

(1) Auf die Hinterbliebenen von Berufssoldatinnen und Berufssoldaten und Soldatinnen im Ruhestand und Soldaten im Ruhestand sind die §§ 16 bis 25, 27, 28, 31 Absatz 5, §§ 39, 40, 42 Satz 1 bis 3 sowie die §§ 44, 45 und 86 des Beamtenversorgungsgesetzes entsprechend anzuwenden.

(2) Der Witwe, dem Witwer, der geschiedenen Ehegattin, dem geschiedenen Ehegatten und den Kindern einer verstorbenen Berufssoldatin oder eines verstorbenen Berufssoldaten, der oder dem nach § 51 ein Unterhaltsbeitrag bewilligt worden ist oder hätte bewilligt werden können, kann auf Antrag die in den §§ 19, 20 und 22 bis 25 des Beamtenversorgungsgesetzes vorgesehene Versorgung bis zu der dort bezeichneten Höhe als Unterhaltsbeitrag bewilligt werden. Dies gilt auch für die frühere Ehegattin oder den früheren Ehegatten einer verstorbenen Berufssoldatin oder eines verstorbenen Berufssoldaten oder Soldatin im Ruhestand oder Soldaten im Ruhestand, deren oder dessen Ehe mit dieser oder diesem aufgehoben oder für

nichtig erklärt war. Die §§ 21, 27 und 86 des Beamtenversorgungsgesetzes gelten entsprechend.

(3) Waisengeld wird nicht gewährt, wenn der Ehemann der Mutter während der gesetzlichen Empfängniszeit verschollen war. Dies gilt nicht, wenn der Verschollene zurückgekehrt ist, es sei denn, dass seine Vaterschaft später angefochten worden ist.

(4) Auf die Hinterbliebenen von Berufssoldatinnen, Berufssoldaten, Soldatinnen im Ruhestand und Soldaten im Ruhestand finden § 40 Absatz 7 und § 41 keine Anwendung.

§ 60 Bezüge bei Verschollenheit

(1) Eine Berufssoldatin, eine Soldatin auf Zeit, eine Soldatin im Ruhestand oder eine andere Versorgungsempfängerin, welche verschollen ist sowie ein Berufssoldat, ein Soldat auf Zeit, ein Soldat im Ruhestand oder anderer Versorgungsempfänger, welcher verschollen ist, erhält die ihr oder ihm zustehenden Dienst- oder Versorgungsbezüge bis zum Ablauf des Monats, in dem das Bundesministerium der Verteidigung feststellt, dass ihr oder sein Ableben mit Wahrscheinlichkeit anzunehmen ist.

(2) Vom Ersten des Monats an, der dem in Absatz 1 bestimmten Zeitpunkt folgt, erhalten die Personen, die im Falle des Todes der oder des Verschollenen nach § 16 Absatz 6 Satz 4 oder Satz 5 oder nach § 17 Absatz 2 Übergangsgebührnisse, nach § 19 Absatz 7 eine Übergangsbeihilfe, nach § 57 eine Unterstützung, nach § 59 Witwen- oder Waisengeld oder einen Unterhaltsbeitrag erhalten würden, diese Bezüge. Ist eine Soldatin auf Zeit oder ein Soldat auf Zeit während einer besonderen Auslandsverwendung nach § 87 Absatz 1 verschollen gegangen, erhalten Personen, die im Falle des Todes der oder des Verschollenen nach § 58 Witwen- oder Waisengeld oder einen Unterhaltsbeitrag erhalten würden, diese Leistungen anstelle der Leistungen nach Satz 1; Leistungen nach Satz 1 an andere Personen werden daneben nicht gezahlt. Die Bezüge für den Sterbemonat und das Sterbegeld werden nicht gewährt.

(3) Kehrt die oder der Verschollene zurück, so lebt ihr oder sein Anspruch auf Dienst- oder Versorgungsbezüge, soweit nicht besondere gesetzliche Gründe entgegenstehen, wieder auf. Nachzahlungen an Dienst- oder Versorgungsbezügen sind längstens für ein Jahr zu leisten; die nach Absatz 2 und nach anderen Gesetzen auf Grund der Verschollenheit für den gleichen Zeitraum gewährten Bezüge sind anzurechnen.

(4) Ergibt sich, dass bei einer Soldatin oder einem Soldaten die Voraussetzungen des § 9 des Bundesbesoldungsgesetzes vorliegen, so können die nach Absatz 2 gezahlten Bezüge von ihm zurückgefordert werden.

(5) Wird die oder der Verschollene für tot erklärt oder die Todeszeit gerichtlich festgestellt oder eine Sterbeurkunde über den Tod der oder des Verschollenen ausgestellt, so ist die Hinterbliebenenversorgung von dem Ersten des auf die Rechtskraft der gerichtlichen Entscheidung oder die Ausstellung der Sterbeurkunde folgenden Monats an unter Berücksichtigung des festgestellten Todeszeitpunktes neu festzusetzen.

(6) Die Absätze 2 bis 5 gelten entsprechend, wenn eine Soldatin oder ein Soldat, die oder der Wehrdienst nach § 58b des Soldatengesetzes oder nach dem Vierten Abschnitt des Soldatengesetzes leistet, während einer besonderen Auslandsverwendung nach § 87 Absatz 1 verschollen gegangen ist.

§ 61 Hinterbliebene von Soldatinnen

Bei Hinterbliebenen von Frauen tritt im Sinne der Vorschriften dieses Gesetzes an die Stelle des Witwengeldes das Witwergeld. Dies gilt nicht für hinterbliebene Lebenspartnerinnen. Im Fall eines hinterbliebenen Lebenspartners tritt an die Stelle des Witwengeldes das Witwergeld.

Abschnitt 4 Gemeinsame Vorschriften für Soldatinnen und Soldaten und ihre Hinterbliebenen

§ 62 Anwendungsbereich

(1) Bei der Anwendung der gemeinsamen Vorschriften gelten
1. ein Unterhaltsbeitrag nach § 51 als Ruhegehalt,
2. ein Unterhaltsbeitrag, der im Gnadenwege gewährt wird, als Ruhegehalt, Witwen- oder Waisengeld,
3. die Übergangsgebührnisse als Ruhegehalt.

Satz 1 Nummer 3 gilt auch bei Weiterzahlung an die Hinterbliebenen (§ 16 Absatz 6 Satz 4 und 5, § 17 Absatz 2), außer für die Anwendung des § 68.

(2) Wegen der Unterhaltsbeiträge für Hinterbliebene (§ 59) gilt § 63 des Beamtenversorgungsgesetzes entsprechend. Hierbei gilt ein nach § 59 Absatz 2 gewährter Unterhaltsbeitrag als Witwen- oder Waisengeld.

(3) Die Empfängerinnen oder Empfänger der Versorgungsbezüge nach den Absätzen 1 und 2 gelten als Soldatinnen im Ruhestand, Soldaten im Ruhestand, als Witwen, Witwer oder Waisen.

§ 63 Festsetzung und Zahlung der Versorgungsbezüge, Versorgungsauskunft

(1) Das Bundesministerium der Verteidigung entscheidet über die Bewilligung von Versorgungsbezügen auf Grund von Kannvorschriften sowie über die Berücksichtigung von Zeiten als ruhegehaltfähige Dienstzeit, setzt die Versorgungsbezüge fest und bestimmt die Person der Zahlungsempfängerin oder des Zahlungsempfängers. Es entscheidet ferner über die Bewilligung einer Kapitalabfindung und einer Umzugskostenvergütung. Das Bundesministerium der Verteidigung kann diese Aufgaben sowie seine Befugnisse nach Absatz 5, § 46 Satz 2 und 4, § 47 Absatz 1 Nummer 1, § 48 Absatz 4, § 49 Absatz 2 Satz 2 sowie § 81 Absatz 4 im Einvernehmen mit dem Bundesministerium des Innern, für Bau und Heimat auf andere Behörden seines Geschäftsbereichs oder nach Maßgabe des § 102 Absatz 1 Satz 2 auf Behörden im Geschäftsbereich eines anderen Bundesministeriums übertragen. Im Fall der Übertragung auf Behörden im Geschäftsbereich eines anderen Bundesministeriums bedarf die Übertragung des Einvernehmens des anderen Bundesministeriums.

(2) Entscheidungen über die Bewilligung von Versorgungsbezügen auf Grund von Kannvorschriften dürfen erst beim Eintritt des Versorgungsfalles getroffen werden; vorherige Zusicherungen sind unwirksam. Über die Berücksichtigung von Zeiten nach den §§ 32, 34 bis 36, 39 und 94 als ruhegehaltfähig ist vor Beginn des Ruhestandes nur auf Antrag der Soldatin oder des Soldaten vorab zu entscheiden. Die

Entscheidungen stehen unter dem Vorbehalt des Gleichbleibens der Sach- und Rechtslage, die diesen Entscheidungen zugrunde liegt.

(3) Entscheidungen in versorgungsrechtlichen Angelegenheiten, die eine grundsätzliche, über den Einzelfall hinausgehende Bedeutung haben, sind vom Bundesministerium der Verteidigung im Einvernehmen mit dem Bundesministerium des Innern, für Bau und Heimat zu treffen.

(4) Die Versorgungsbezüge sind, soweit nichts anderes bestimmt ist, für die gleichen Zeiträume und im gleichen Zeitpunkt zu zahlen wie die Dienstbezüge der Soldatinnen und Soldaten. Werden Versorgungsbezüge nach dem Tage der Fälligkeit gezahlt, so besteht kein Anspruch auf Verzugszinsen.

(5) Hat eine Versorgungsberechtigte oder ein Versorgungsberechtigter ihren oder seinen Wohnsitz oder dauernden Aufenthalt nicht im Bundesgebiet, so kann das Bundesministerium der Verteidigung die Zahlung der Versorgungsbezüge davon abhängig machen, dass im Bundesgebiet eine Empfangsbevollmächtigte oder ein Empfangsbevollmächtigter bestellt wird.

(6) Bei der Berechnung von Versorgungsbezügen sind die sich ergebenden Bruchteile eines Cents unter 0,5 abzurunden und ab 0,5 aufzurunden. Zwischenrechnungen werden jeweils auf zwei Dezimalstellen durchgeführt. Jeder Versorgungsbestandteil ist einzeln zu runden. Abweichend von den Sätzen 1 und 2 sind bei der Berechnung von Leistungen nach den §§ 96 bis 100 die Regelungen des § 121 des Sechsten Buches Sozialgesetzbuch anzuwenden.

(7) Beträge von weniger als 5 Euro sind nur auf Verlangen der oder des Empfangsberechtigten auszuzahlen.

(8) Die zuständige Dienstbehörde hat der Berufssoldatin oder dem Berufssoldaten auf schriftlichen oder elektronischen Antrag eine Auskunft zum Anspruch auf Versorgungsbezüge nach der Sach- und Rechtslage zum Zeitpunkt der Auskunftserteilung zu erteilen. Die Auskunft steht unter dem Vorbehalt künftiger Sach- und Rechtsänderungen sowie der Richtigkeit und Vollständigkeit der zugrundeliegenden Daten.

§ 64 Familienzuschlag und Ausgleichsbetrag

(1) Auf den Familienzuschlag (§ 16 Absatz 3 Satz 2 und § 29 Absatz 1 Satz 1 Nummer 2) sind die für Soldatinnen und Soldaten geltenden Vorschriften des Besoldungsrechts anzuwenden. Der Unterschiedsbetrag zwischen der Stufe 1 und der nach dem Besoldungsrecht in Betracht kommenden Stufe des Familienzuschlages wird nach Anwendung des Faktors nach § 29 Absatz 1 Satz 1 neben dem Ruhegehalt gezahlt. Er wird unter Berücksichtigung der nach den Verhältnissen der Soldatin, des Soldaten, der Soldatin im Ruhestand oder des Soldaten im Ruhestand für die Stufen des Familienzuschlages in Betracht kommenden Kinder neben dem Witwengeld gezahlt, soweit die Witwe oder der Witwer Anspruch auf Kindergeld für diese Kinder hat oder ohne Berücksichtigung der §§ 64 und 65 des Einkommensteuergesetzes oder der §§ 3 und 4 des Bundeskindergeldgesetzes haben würde; soweit hiernach ein Anspruch auf den Unterschiedsbetrag nicht besteht, wird er neben dem Waisengeld gezahlt, wenn die Waise bei den Stufen des Familienzuschlages zu berücksichtigen ist oder zu berücksichtigen wäre, wenn die Soldatin, der Soldat, die Soldatin im Ruhestand oder der Soldat im Ruhestand noch lebte. Sind mehrere Anspruchsberechtigte vorhanden, wird der Unterschiedsbetrag auf die Anspruchsberechtigten nach der Zahl der auf sie entfallenden Kinder zu glei-

chen Teilen aufgeteilt. § 40 Absatz 7 des Bundesbesoldungsgesetzes gilt entsprechend.

(2) Neben dem Waisengeld wird ein Ausgleichsbetrag gezahlt, der dem Betrag für das erste Kind nach § 66 Absatz 1 des Einkommensteuergesetzes entspricht, wenn in der Person der Waise die Voraussetzungen des § 32 Absatz 1 bis 5 des Einkommensteuergesetzes erfüllt sind, Ausschlussgründe nach § 65 des Einkommensteuergesetzes nicht vorliegen, keine Person vorhanden ist, die nach § 62 des Einkommensteuergesetzes oder nach § 1 des Bundeskindergeldgesetzes anspruchsberechtigt ist, und die Waise keinen Anspruch auf Kindergeld nach § 1 Absatz 2 des Bundeskindergeldgesetzes hat. Der Ausgleichsbetrag gilt für die Anwendung der §§ 68 und 70 nicht als Versorgungsbezug. Im Falle des § 70 wird er nur zu den neuen Versorgungsbezügen gezahlt.

§ 65 Pfändung, Abtretung und Verpfändung[5]

(1) Ansprüche auf Versorgungsbezüge können, wenn bundesgesetzlich nichts anderes bestimmt ist, nur insoweit abgetreten oder verpfändet werden, als sie der Pfändung unterliegen.

(2) Ansprüche auf Übergangsbeihilfe, Sterbegeld, einmalige Unfallentschädigung, einmalige Entschädigung und auf Schadensausgleich in besonderen Fällen können weder gepfändet noch abgetreten noch verpfändet werden. Ansprüche auf einen Ausbildungszuschuss, auf Übergangsgebührnisse und auf Grund einer Bewilligung einer Unterstützung nach § 57 können weder abgetreten noch verpfändet werden. Forderungen des Dienstherrn gegen die Verstorbene oder den Verstorbenen aus Vorschuss- oder Darlehensgewährungen sowie aus Überzahlungen von Dienst- oder Versorgungsbezügen können auf das Sterbegeld angerechnet werden.

§ 66 Rückforderung

(1) Wird eine Versorgungsberechtigte oder ein Versorgungsberechtigter durch eine gesetzliche Änderung ihrer oder seiner Versorgungsbezüge mit rückwirkender Kraft schlechter gestellt, so sind die Unterschiedsbeträge nicht zu erstatten.

(2) Im Übrigen regelt sich die Rückforderung zu viel gezahlter Versorgungsbezüge nach den Vorschriften des Bürgerlichen Gesetzbuchs über die Herausgabe einer ungerechtfertigten Bereicherung, soweit gesetzlich nichts anderes bestimmt ist. Der Kenntnis des Mangels des rechtlichen Grundes der Zahlung steht es gleich, wenn der Mangel so offensichtlich war, dass die Empfängerin oder der Empfänger ihn hätte erkennen müssen. Von der Rückforderung kann mit Zustimmung des Bundesministeriums der Verteidigung aus Billigkeit ganz oder zum Teil abgesehen werden.

(3) Die Rückforderung von Beträgen von weniger als 5 Euro unterbleibt. Treffen mehrere Einzelbeträge zusammen, gilt die Grenze für die Gesamtrückforderung.

(4) § 118 Absatz 3 bis 5 des Sechsten Buches Sozialgesetzbuch gilt entsprechend.

§ 67 Aufrechnung und Zurückbehaltung

Ein Aufrechnungs- oder Zurückbehaltungsrecht gegenüber Ansprüchen auf Versorgungsbezüge kann nur insoweit geltend gemacht werden, als sie pfändbar sind. Ein

---

5 § 65: Zur Anwendung vgl. § 145 Abs. 1 WDO 2025

Aufrechnungs- oder Zurückbehaltungsrecht gegenüber einem Anspruch auf Übergangsbeihilfe kann gegen die Empfängerin oder den Empfänger nur wegen eines Anspruchs aus dem Dienstverhältnis geltend gemacht werden. Diese Einschränkungen gelten nicht, soweit gegen die Empfängerin oder den Empfänger ein Anspruch auf Schadenersatz wegen vorsätzlicher unerlaubter Handlung besteht.

§ 68 Zusammentreffen von Versorgungsbezügen mit Erwerbs- oder Erwerbsersatzeinkommen[6]

(1) Bezieht eine Soldatin im Ruhestand oder ein Soldat im Ruhestand, die oder der wegen Dienstunfähigkeit, die nicht auf einer Wehrdienstbeschädigung beruht, in den Ruhestand versetzt worden ist, Erwerbs- oder Erwerbsersatzeinkommen nach Absatz 3 oder Absatz 4, erhält sie oder er daneben ihre oder seine Versorgungsbezüge nach Maßgabe der Sätze 2 bis 6. Die Versorgungsbezüge werden bis zum Ablauf des Monats, in dem die für Bundesbeamtinnen und Bundesbeamte geltende Regelaltersgrenze nach § 51 Absatz 1 und 2 des Bundesbeamtengesetzes erreicht wird, bis zum Erreichen der maßgeblichen Höchstgrenze gezahlt. Die Höchstgrenze beträgt 71,75 Prozent der ruhegehaltfähigen Dienstbezüge aus der Endstufe der Besoldungsgruppe, aus der sich das Ruhegehalt berechnet. Die Mindesthöchstgrenze beträgt 71,75 Prozent des Eineinhalbfachen der jeweils ruhegehaltfähigen Dienstbezüge aus der Endstufe der Besoldungsgruppe A 4. Zu dem Betrag nach Satz 3 oder 4 kommen der jeweils zustehende Unterschiedsbetrag nach § 64 Absatz 1 sowie ein Betrag in Höhe von monatlich 14 Zwölfteln der Geringfügigkeitsgrenze im Sinne des § 8 Absatz 1a des Vierten Buches Sozialgesetzbuch hinzu. Mindestens ist ein Betrag in Höhe von 20 Prozent der Versorgungsbezüge zu belassen.

(2) Bezieht eine Berufssoldatin im einstweiligen Ruhestand oder ein Berufssoldat im einstweiligen Ruhestand Erwerbs- und Erwerbsersatzeinkommen nach Absatz 3 oder Absatz 4, ruhen die Versorgungsbezüge in Höhe von 50 Prozent des Betrages, um den die Versorgungsbezüge und das Einkommen zusammengerechnet die Höchstgrenze übersteigen. Als Höchstgrenze gelten die ruhegehaltfähigen Dienstbezüge der Besoldungsgruppe, die die Berufssoldatin oder der Berufssoldat zum Zeitpunkt der Versetzung in den einstweiligen Ruhestand innehatte, zuzüglich des jeweils zustehenden Unterschiedsbetrages nach § 64 Absatz 1.

(3) Erwerbseinkommen sind Einkünfte aus nichtselbständiger Arbeit einschließlich Abfindungen, aus selbständiger Arbeit sowie aus Gewerbebetrieb und aus Land- und Forstwirtschaft. Nicht als Erwerbseinkommen gelten

1. Aufwandsentschädigungen,
2. im Rahmen der Einkunftsarten nach Satz 1 anerkannte Betriebsausgaben und Werbungskosten nach dem Einkommensteuergesetz,
3. Jubiläumszuwendungen,
4. ein Unfallausgleich nach § 35 des Beamtenversorgungsgesetzes,
5. steuerfreie Einnahmen für Leistungen zur Grundpflege oder hauswirtschaftlichen Versorgung nach § 3 Nummer 36 des Einkommensteuergesetzes,
6. Einkünfte aus Tätigkeiten, die nach Art und Umfang Nebentätigkeiten im Sinne des § 20 Absatz 6 Satz 1 Nummer 2 des Soldatengesetzes entsprechen,
7. als Einmalzahlung gewährte Leistungsbezüge im Sinne der Bundesleistungsbesoldungsverordnung und des § 18 (Bund) des Tarifvertrags für den öffentlichen

6 § 68: Zur Anwendung vgl. § 6 Abs. 2 u. § 7 Abs. 2 SKPersStruktAnpG

Dienst und vergleichbare Leistungen aus einer Beschäftigung im öffentlichen Dienst sowie

8. Bezüge nach den §§ 52 bis 56 des Bundesbesoldungsgesetzes, wenn eine Versorgungsberechtigte oder ein Versorgungsberechtigter auf Grund ihrer oder seiner Verwendung außerhalb des Geltungsbereiches des Grundgesetzes ein Einkommen nach Absatz 1 bezieht.

Erwerbsersatzeinkommen sind Leistungen, die auf Grund oder in entsprechender Anwendung öffentlich-rechtlicher Vorschriften kurzfristig erbracht werden, um Erwerbseinkommen zu ersetzen. Erwerbs- und Erwerbsersatzeinkommen werden in den Monaten des Zusammentreffens mit Versorgungsbezügen mit einem Zwölftel des im Kalenderjahr erzielten Einkommens angerechnet.

(4) Verwendungseinkommen ist Erwerbseinkommen aus einer Verwendung im öffentlichen Dienst. Dies ist jede Beschäftigung im Dienst von Körperschaften, Anstalten und Stiftungen des deutschen öffentlichen Rechts oder ihrer Verbände. Ausgenommen ist die Beschäftigung bei öffentlich-rechtlichen Religionsgesellschaften oder ihren Verbänden. Der Verwendung im öffentlichen Dienst steht die Verwendung im öffentlichen Dienst einer zwischenstaatlichen oder überstaatlichen Einrichtung gleich, an der eine Körperschaft oder ein Verband im Sinne des Satzes 2 durch Zahlung von Beiträgen oder Zuschüssen oder in anderer Weise beteiligt ist. Ob die Voraussetzungen vorliegen, entscheidet auf Antrag der zuständigen Stelle oder der oder des Versorgungsberechtigten das Bundesministerium der Verteidigung im Einvernehmen mit dem Bundesministerium des Innern und für Heimat.

§ 69 Zusammentreffen von Versorgungsbezügen mit Altersgeld, Witwenaltersgeld oder Waisenaltersgeld

Bezieht eine Versorgungsempfängerin oder ein Versorgungsempfänger Altersgeld, Witwenaltersgeld oder Waisenaltersgeld nach dem Altersgeldgesetz vom 28. August 2013 (BGBl. I S. 3386) in der jeweils geltenden Fassung oder eine vergleichbare Alterssicherungsleistung, ruhen ihre oder seine Versorgungsbezüge nach Anwendung des § 71 in Höhe des jeweiligen Betrages des Altersgelds, Witwenaltersgelds oder Waisenaltersgelds. Beim Zusammentreffen von Ruhegehalt mit Witwenaltersgeld wird mindestens ein Betrag in Höhe des Ruhegehalts zuzüglich 20 Prozent des Witwenaltersgelds gezahlt. Beim Zusammentreffen von Witwen- oder Witwergeld mit Altersgeld wird mindestens ein Betrag in Höhe des Altersgelds zuzüglich 20 Prozent des Witwen- oder Witwergelds gezahlt.

§ 70 Zusammentreffen mehrerer Versorgungsbezüge aus dem öffentlichen Dienst

(1) Erhalten aus einer Verwendung im öffentlichen Dienst (§ 68 Absatz 4) an neuen Versorgungsbezügen

1. eine Soldatin im Ruhestand oder ein Soldat im Ruhestand Ruhegehalt oder eine ähnliche Versorgung,
2. eine Witwe, ein Witwer oder eine Waise aus der Verwendung der verstorbenen Soldatin, des verstorbenen Soldaten, der Soldatin im Ruhestand oder des Soldaten im Ruhestand Witwengeld, Waisengeld oder eine ähnliche Versorgung,
3. eine Witwe oder ein Witwer Ruhegehalt oder eine ähnliche Versorgung,

so sind neben den neuen Versorgungsbezügen die früheren Versorgungsbezüge nur bis zu der in Absatz 2 bezeichneten Höchstgrenze zu zahlen. Dabei darf die Gesamtversorgung nicht hinter der früheren Versorgung zurückbleiben.

(2) Als Höchstgrenze gelten
1. für Soldatinnen im Ruhestand und Soldaten im Ruhestand (Absatz 1 Satz 1 Nummer 1) das Ruhegehalt, das sich unter Zugrundelegung der gesamten ruhegehaltfähigen Dienstzeit und der ruhegehaltfähigen Dienstbezüge aus der Endstufe der Besoldungsgruppe, aus der sich das frühere Ruhegehalt berechnet, ergibt, zuzüglich des Unterschiedsbetrages nach § 64 Absatz 1,
2. für Witwen, Witwer und Waisen (Absatz 1 Satz 1 Nummer 2) das Witwen- oder Waisengeld, das sich aus dem Ruhegehalt nach Nummer 1 ergibt, zuzüglich des Unterschiedsbetrages nach § 64 Absatz 1,
3. für Witwen und Witwer (Absatz 1 Satz 1 Nummer 3) 71,75 Prozent, in den Fällen des § 42 Absatz 1 dieses Gesetzes in Verbindung mit § 36 des Beamtenversorgungsgesetzes 75 Prozent und in den Fällen des § 42 Absatz 1 dieses Gesetzes in Verbindung mit § 37 des Beamtenversorgungsgesetzes oder den Fällen des § 58 dieses Gesetzes 80 Prozent, der ruhegehaltfähigen Dienstbezüge aus der Endstufe der Besoldungsgruppe, aus der sich das dem Witwengeld zugrundeliegende Ruhegehalt bemisst, zuzüglich des Unterschiedsbetrages nach § 64 Absatz 1.

Ist bei einem an der Ruhensregelung nach Satz 1 Nummer 1 oder Nummer 2 beteiligten Versorgungsbezug das Ruhegehalt nach § 40 Absatz 8 gemindert, ist das für die Höchstgrenze maßgebende Ruhegehalt in sinngemäßer Anwendung dieser Vorschrift festzusetzen. Ist bei der Ruhensregelung nach Satz 1 Nummer 3 das dem Witwengeld zugrundeliegende Ruhegehalt nach § 40 Absatz 8 gemindert, ist die Höchstgrenze entsprechend dieser Vorschrift zu berechnen, wobei dem zu vermindernden Ruhegehalt mindestens ein Ruhegehaltssatz von 71,75 Prozent zugrunde zu legen ist. Ist bei einem an der Ruhensregelung nach Satz 1 Nummer 1 oder Nummer 2 beteiligten Versorgungsbezug der Ruhegehaltssatz nach § 26 Absatz 1 Satz 1 Halbsatz 2 in der bis zum 31. Dezember 1991 geltenden Fassung gemindert, ist der für die Höchstgrenze maßgebende Ruhegehaltssatz in sinngemäßer Anwendung dieser Vorschrift festzusetzen. Ist bei der Ruhensregelung nach Satz 1 Nummer 3 der Ruhegehaltssatz des dem Witwengeld zugrundeliegenden Ruhegehalts nach § 26 Absatz 1 Satz 1 Halbsatz 2 in der bis zum 31. Dezember 1991 geltenden Fassung gemindert, ist die Höchstgrenze entsprechend dieser Vorschrift zu berechnen, wobei der zu vermindernde Ruhegehaltssatz mindestens 71,75 Prozent beträgt.

(3) Im Falle des Absatzes 1 Nummer 3 ist neben dem neuen Versorgungsbezug mindestens ein Betrag in Höhe von 20 Prozent des früheren Versorgungsbezuges zu belassen.

(4) Erwirbt eine Soldatin im Ruhestand oder ein Soldat im Ruhestand einen Anspruch auf Witwergeld, Witwengeld oder eine ähnliche Versorgung, so erhält sie oder er daneben ihr oder sein Ruhegehalt zuzüglich des Unterschiedsbetrages nach § 64 Absatz 1 nur bis zum Erreichen der in Absatz 2 Satz 1 Nummer 3 und Satz 3 und 5 bezeichneten Höchstgrenze. Beruht das Witwergeld, das Witwengeld oder die ähnliche Versorgung auf dem Recht eines anderen Dienstherrn und gewährt dieser eine einmalige Sonderzahlung, so ist die monatliche Höchstgrenze, um ein Zwölftel der tatsächlich an die Witwe oder den Witwer gewährten Sonderzahlung zu erhöhen. Die Gesamtbezüge dürfen nicht hinter ihrem oder seinem Ruhegehalt zuzüglich des Unterschiedsbetrages nach § 64 Absatz 1 sowie eines Betrages in Höhe von 20 Prozent des neuen Versorgungsbezuges zurückbleiben.

(5) Ist ein an der Ruhensregelung beteiligter Versorgungsbezug auf Grund eines Versorgungsausgleichs zu kürzen, bleibt die Kürzung bei der Anwendung der Absätze 1 bis 4 unberücksichtigt. § 73 ist auf den nach Anwendung der Absätze 1 bis 4 verbleibenden Versorgungsbezug anzuwenden.

(6) Auf Empfängerinnen und Empfänger von Übergangsgebührnissen und ihre Hinterbliebenen sind die Absätze 1 bis 4 mit der Maßgabe anzuwenden, dass an die Stelle der Höchstgrenzen des Absatzes 2 die Dienstbezüge treten, aus denen die Übergangsgebührnisse berechnet sind, zuzüglich des Unterschiedsbetrages nach § 64 Absatz 1.

§ 71 Zusammentreffen von Versorgungsbezügen und Renten

(1) Versorgungsbezüge werden neben Renten nur bis zum Erreichen der in Absatz 2 bezeichneten Höchstgrenze gezahlt. Als Renten gelten

1. Renten aus den gesetzlichen Rentenversicherungen,
2. Renten aus einer zusätzlichen Alters- oder Hinterbliebenenversorgung für Angehörige des öffentlichen Dienstes,
3. Renten aus der gesetzlichen Unfallversicherung, wobei für die Ruhegehaltsempfängerin oder den Ruhegehaltsempfänger ein dem Ausgleich für gesundheitliche Schädigungsfolgen nach § 11 des Soldatenentschädigungsgesetzes entsprechender Betrag, mindestens aber in Höhe des Betrages nach § 11 Absatz 1 Nummer 1 des Soldatenentschädigungsgesetzes, unberücksichtigt bleibt,
4. Leistungen aus einer berufsständischen Versorgungseinrichtung oder aus einer befreienden Lebensversicherung, zu denen die Arbeitgeberin oder der Arbeitgeber auf Grund eines Beschäftigungsverhältnisses im öffentlichen Dienst mindestens die Hälfte der Beiträge oder Zuschüsse in dieser Höhe geleistet hat.

Wird eine Rente im Sinne des Satzes 2 nicht beantragt oder auf sie verzichtet oder wird an deren Stelle ein Kapitalbetrag gezahlt, so tritt an die Stelle der Rente der Betrag, der vom Leistungsträger ansonsten zu zahlen wäre. Erfolgt die Zahlung eines Kapitalbetrages, weil kein Anspruch auf eine laufende Rente besteht, so ist der Betrag zugrunde zu legen, der sich bei einer Verrentung der einmaligen Zahlung ergibt. Die Sätze 3 und 4 gelten nicht, wenn die Soldatin im Ruhestand oder der Soldat im Ruhestand innerhalb von drei Monaten nach Zufluss den Kapitalbetrag zuzüglich der hierauf gewährten Zinsen an den Dienstherrn abführt. Zu den Renten und den Leistungen nach Nummer 4 rechnet nicht der Kinderzuschuss. Renten, Rentenerhöhungen und Rentenminderungen, die auf § 1587b des Bürgerlichen Gesetzbuchs oder § 1 des Gesetzes zur Regelung von Härten im Versorgungsausgleich, jeweils in der bis zum 31. August 2009 geltenden Fassung, beruhen, sowie übertragene Anrechte nach Maßgabe des Versorgungsausgleichsgesetzes und Zuschläge oder Abschläge beim Rentensplitting unter Ehegatten nach § 76c des Sechsten Buches Sozialgesetzbuch bleiben unberücksichtigt. Der Verrentungsbetrag nach Satz 4 berechnet sich nach folgender Formel:

$$EP \times aRW = VrB.$$

In dieser Formel bedeutet:

EP:	Entgeltpunkte, die sich ergeben durch Multiplikation des Kapitalbetrages in Euro mit dem für dessen Auszahlungsjahr maßgeblichen Faktor zur Umrechnung von Kapitalwerten in Entgeltpunkte nach § 187 Absatz 3 des Sechsten Buches Sozialgesetzbuch und anschließende Division durch Euro; die Entgeltpunkte werden kaufmännisch auf vier Dezimalstellen gerundet;
aRW:	aktueller Rentenwert in Euro,
VrB:	Verrentungsbetrag in Euro.

(2) Als Höchstgrenze gilt
1. für Soldatinnen im Ruhestand und Soldaten im Ruhestand der Betrag, der sich als Ruhegehalt zuzüglich des Unterschiedsbetrages nach § 64 Absatz 1 ergeben würde, wenn der Berechnung zugrunde gelegt werden
   a) bei den ruhegehaltfähigen Dienstbezügen die Endstufe der Besoldungsgruppe, aus der das Ruhegehalt berechnet ist,
   b) als ruhegehaltfähige Dienstzeit die Zeit vom vollendeten 17. Lebensjahr bis zum Eintritt des Versorgungsfalles abzüglich von Zeiten nach § 37 und nicht ruhegehaltfähiger Zeiten im Sinne des § 32, jedoch zuzüglich ruhegehaltfähiger Dienstzeiten vor Vollendung des 17. Lebensjahres sowie der Zeiten, um die sich die ruhegehaltfähige Dienstzeit erhöht, und der bei der Rente berücksichtigten Zeiten einer rentenversicherungspflichtigen Beschäftigung oder Tätigkeit nach Eintritt des Versorgungsfalles,
2. für Witwen und Witwer der Betrag, der sich als Witwengeld zuzüglich des Unterschiedsbetrages nach § 64 Absatz 1, für Waisen der Betrag, der sich als Waisengeld zuzüglich des Unterschiedsbetrages nach § 64 Absatz 1, wenn dieser neben dem Waisengeld gezahlt wird, aus dem Ruhegehalt nach Nummer 1 ergeben würde.

Ist bei einem an der Ruhensregelung beteiligten Versorgungsbezug das Ruhegehalt nach § 40 Absatz 8 gemindert, ist das für die Höchstgrenze maßgebende Ruhegehalt in sinngemäßer Anwendung dieser Vorschrift festzusetzen. Ist bei einem an der Ruhensregelung beteiligten Versorgungsbezug der Ruhegehaltssatz nach § 26 Absatz 1 Satz 1 Halbsatz 2 in der bis zum 31. Dezember 1991 geltenden Fassung gemindert, ist der für die Höchstgrenze maßgebende Ruhegehaltssatz in sinngemäßer Anwendung dieser Vorschrift festzusetzen.

(3) Als Renten im Sinne des Absatzes 1 gelten nicht
1. bei Soldatinnen im Ruhestand und Soldaten im Ruhestand (Absatz 2 Nummer 1) die Hinterbliebenenrenten aus einer Beschäftigung oder Tätigkeit der Ehegattin oder des Ehegatten,
2. bei Witwen, Witwern und Waisen (Absatz 2 Nummer 2) Renten auf Grund einer eigenen Beschäftigung oder Tätigkeit.

(4) Bei Anwendung der Absätze 1 und 2 bleibt außer Ansatz der Teil der Rente (Absatz 1), der
1. dem Verhältnis der Versicherungsjahre auf Grund freiwilliger Weiterversicherung oder Selbstversicherung zu den gesamten Versicherungsjahren oder, wenn sich die Rente nach Werteinheiten berechnet, dem Verhältnis der Werteinheiten für freiwillige Beiträge zu der Summe der Werteinheiten für freiwillige Beiträge, Pflichtbeiträge, Ersatzzeiten und Ausfallzeiten oder, wenn sich die Rente nach Entgeltpunkten berechnet, dem Verhältnis der Entgeltpunkte für freiwillige Beiträge zu der Summe der Entgeltpunkte für freiwillige Beiträge, Pflichtbeiträge, Ersatzzeiten, Zurechnungszeiten und Anrechnungszeiten entspricht,
2. auf einer Höherversicherung beruht,
3. auf Entgeltpunkten beruht, die auf Zeiten einer Verwendung bei einer Einrichtung im Sinne des § 32 zurückzuführen sind, sofern diese Zeiten nicht als ruhegehaltfähige Dienstzeiten nach § 32 berücksichtigt werden.

Dies gilt nicht, soweit die Arbeitgeberin oder der Arbeitgeber mindestens die Hälfte der Beiträge oder Zuschüsse in dieser Höhe geleistet hat.

(5) Bei Anwendung des § 68 ist von der nach Anwendung der Absätze 1 bis 4 verbleibenden Gesamtversorgung auszugehen.

(6) Beim Zusammentreffen von zwei Versorgungsbezügen mit einer Rente ist zunächst der neuere Versorgungsbezug nach den Absätzen 1 bis 4 und danach der

frühere Versorgungsbezug unter Berücksichtigung des gekürzten neueren Versorgungsbezuges nach § 70 zu regeln. Der hiernach gekürzte frühere Versorgungsbezug ist unter Berücksichtigung des gekürzten neueren Versorgungsbezuges nach den Absätzen 1 bis 4 zu regeln; für die Berechnung der Höchstgrenze nach Absatz 2 ist hierbei die Zeit bis zum Eintritt des neueren Versorgungsfalles zu berücksichtigen.

(7) Den in Absatz 1 bezeichneten Renten stehen entsprechende wiederkehrende Geldleistungen gleich, die auf Grund der Zugehörigkeit zu Zusatz- und Sonderversorgungssystemen der ehemaligen Deutschen Demokratischen Republik geleistet werden oder die von einem ausländischen Versicherungsträger nach einem für die Bundesrepublik Deutschland wirksamen zwischenstaatlichen oder überstaatlichen Abkommen gewährt werden. Für die Umrechnung von Renten ausländischer Versorgungsträger gilt § 17a Absatz 1 des Vierten Buches Sozialgesetzbuch entsprechend.

(8) Auf Empfängerinnen und Empfänger von Übergangsgebührnissen und ihre Hinterbliebenen sind die Absätze 1 bis 7 und 9 mit der Maßgabe anzuwenden, dass an die Stelle der Höchstgrenzen des Absatzes 2 die Dienstbezüge treten, aus denen die Übergangsgebührnisse berechnet sind, zuzüglich des Unterschiedsbetrages nach § 64 Absatz 1.

(9) Auf Verlangen der Regelungsbehörde ist der Träger einer Leistung im Sinne des Absatzes 1 Satz 2 verpflichtet, Auskunft über die Höhe und den Anspruchszeitraum der zustehenden Leistung zu erteilen, wenn diese Daten der Regelungsbehörde nicht durch die oder den Versorgungsberechtigten übermittelt werden. Satz 1 gilt in den Fällen des Absatzes 1 Satz 3 entsprechend.

§ 72 Zusammentreffen von Versorgungsbezügen mit einer laufenden Alterssicherungsleistung aus zwischenstaatlicher oder überstaatlicher Verwendung

(1) Steht einer Soldatin im Ruhestand oder einem Soldaten im Ruhestand auf Grund einer Verwendung im öffentlichen Dienst einer zwischenstaatlichen oder überstaatlichen Einrichtung von dieser Einrichtung eine laufende Alterssicherungsleistung zu und ist die Zeit dieser Verwendung nach § 32 Absatz 1 ruhegehaltfähig, ruht ihr oder sein deutsches Ruhegehalt in Höhe des in Absatz 2 bezeichneten Betrages.

(2) Das Ruhegehalt ruht nach Anwendung von § 40 Absatz 8 in Höhe der aus einer Verwendung bei der zwischenstaatlichen oder überstaatlichen Einrichtung zustehenden laufenden Alterssicherungsleistung. Beruht diese Leistung auch auf Zeiten nach Beginn des Ruhestandes, bleibt die laufende Alterssicherungsleistung in Höhe des auf die Dauer der Verwendung nach Beginn des Ruhestandes entfallenden Anteils unberücksichtigt; § 40 Absatz 1 Satz 2 und 3 gilt entsprechend. Bei der Anwendung des Satzes 1 werden auch Ansprüche aus Alterssicherungsleistungen berücksichtigt, die die Berufssoldatin oder der Berufssoldat während der Zeit erworben hat, in der sie oder er, ohne ein Amt bei der zwischenstaatlichen oder überstaatlichen Einrichtung auszuüben, dort einen Anspruch auf Vergütung oder sonstige Entschädigung hat. Satz 3 gilt entsprechend für nach dem Ausscheiden aus dem Dienst einer zwischenstaatlichen oder überstaatlichen Einrichtung erworbene und bei der Berechnung der Alterssicherungsleistung berücksichtigte Ansprüche. Ist die Alterssicherungsleistung durch Teilkapitalisierung, Aufrechnung oder in anderer Form verringert worden, ist bei der Anwendung der Sätze 1 und 2 der ungekürzt zustehende Betrag zugrunde zu legen. Satz 5 gilt entsprechend, sofern die Soldatin

oder der Soldat oder die Soldatin oder der Soldat im Ruhestand auf die laufende Alterssicherungsleistung verzichtet oder diese nicht beantragt. Auf freiwilligen Beiträgen beruhende Anteile, einschließlich darauf entfallender Erträge, bleiben außer Betracht.

(3) Absatz 2 gilt ungeachtet der Ruhegehaltfähigkeit einer Verwendungszeit nach § 32 entsprechend, wenn die Soldatin oder der Soldat im Ruhestand Anspruch auf Invaliditätspension aus seinem Amt bei der zwischenstaatlichen oder überstaatlichen Einrichtung hat.

(4) Steht der Witwe, dem Witwer oder den Waisen einer Soldatin, eines Soldaten, einer Soldatin im Ruhestand oder eines Soldaten im Ruhestand eine laufende Alterssicherungsleistung der zwischenstaatlichen oder überstaatlichen Einrichtung für Hinterbliebene zu und ist die Zeit der Verwendung der Soldatin oder des Soldaten nach § 32 Absatz 1 ruhegehaltfähig, ruhen das deutsche Witwengeld und Waisengeld in Höhe der Alterssicherungsleistung der zwischenstaatlichen oder überstaatlichen Einrichtung. Absatz 2 Satz 2 bis 5 und Absatz 3 gelten entsprechend.

(5) Der sich nach den Absätzen 1 bis 4 ergebende Ruhensbetrag ist von den nach Anwendung der §§ 68 bis 71 verbleibenden Versorgungsbezügen abzuziehen.

§ 73 Kürzung der Versorgungsbezüge nach der Ehescheidung

(1) Sind durch Entscheidung des Familiengerichts
1. Anwartschaften in einer gesetzlichen Rentenversicherung nach § 1587b Absatz 2 des Bürgerlichen Gesetzbuchs in der bis zum 31. August 2009 geltenden Fassung oder
2. Anrechte nach dem Versorgungsausgleichsgesetz

übertragen oder begründet worden, werden nach Wirksamkeit dieser Entscheidung die Versorgungsbezüge der ausgleichspflichtigen Person und ihrer Hinterbliebenen nach Anwendung von Ruhens-, Kürzungs- und Anrechnungsvorschriften um den nach Absatz 2 oder Absatz 3 berechneten Betrag gekürzt. Das Ruhegehalt, das die ausgleichspflichtige Person im Zeitpunkt der Wirksamkeit der Entscheidung des Familiengerichts über den Versorgungsausgleich erhält, wird erst gekürzt, wenn aus der Versicherung der ausgleichsberechtigten Person eine Rente zu gewähren ist; dies gilt nur, wenn der Anspruch auf Ruhegehalt vor dem 1. September 2009 entstanden und das Verfahren über den Versorgungsausgleich zu diesem Zeitpunkt eingeleitet worden ist. Bei Soldatinnen und Soldaten, die wegen Überschreitens der für sie festgesetzten besonderen Altersgrenze in den Ruhestand versetzt worden sind, wird die Kürzung nach Satz 1 bis zum Ende des Monats, in dem sie die Altersgrenze für Polizeivollzugsbeamtinnen auf Lebenszeit und Polizeivollzugsbeamte auf Lebenszeit (§ 5 des Bundespolizeibeamtengesetzes) erreichen, ausgesetzt. Satz 3 ist nicht anzuwenden, sobald Leistungen aus den durch das Familiengericht übertragenen oder begründeten Anwartschaften oder Anrechten aus der Versicherung der ausgleichsberechtigten Person oder nach dem Bundesversorgungsteilungsgesetz gewährt werden. Das einer Vollwaise zu gewährende Waisengeld wird nicht gekürzt, wenn nach dem Recht der gesetzlichen Rentenversicherungen die Voraussetzungen für die Gewährung einer Waisenrente aus der Versicherung der ausgleichsberechtigten Person des berechtigten Ehegatten nicht erfüllt sind.

(2) Der Kürzungsbetrag für das Ruhegehalt berechnet sich aus dem Monatsbetrag der durch die Entscheidung des Familiengerichts begründeten Anwartschaften oder übertragenen Anrechte; in den Fällen des § 10 Absatz 2 des Versorgungsausgleichsgesetzes berechnet sich der Kürzungsbetrag aus dem Monatsbetrag, der

sich nach Verrechnung ergibt. Der Monatsbetrag erhöht oder vermindert sich bei einer Berufssoldatin oder einem Berufssoldaten um die Prozentsätze der nach dem Ende der Ehezeit bis zum Zeitpunkt des Eintritts in den Ruhestand eingetretenen Erhöhungen oder Verminderungen der soldatenrechtlichen Versorgungsbezüge, die in festen Beträgen festgesetzt sind. Vom Zeitpunkt des Eintritts in den Ruhestand an, bei einer Soldatin im Ruhestand oder einem Soldaten im Ruhestand vom Tage nach dem Ende der Ehezeit an, erhöht oder vermindert sich der Kürzungsbetrag in dem Verhältnis, in dem sich das Ruhegehalt vor Anwendung von Ruhens-, Kürzungs- und Anrechnungsvorschriften durch Anpassung der Versorgungsbezüge erhöht oder vermindert.

(3) Der Kürzungsbetrag für das Witwen- und Waisengeld berechnet sich aus dem Kürzungsbetrag nach Absatz 2 für das Ruhegehalt, das die Berufssoldatin oder der Berufssoldat erhalten hat oder hätte erhalten können, wenn sie oder er am Todestage in den Ruhestand getreten wäre, nach den Anteilssätzen des Witwen- oder Waisengeldes.

(4) Ein Unterhaltsbeitrag nach § 59 dieses Gesetzes in Verbindung mit § 22 Absatz 2 oder Absatz 3 des Beamtenversorgungsgesetzes wird nicht gekürzt.

(5) In den Fällen des Absatzes 1 hat die ausgleichspflichtige Person den Versorgungsträger unverzüglich zu unterrichten, sobald sie Leistungen aus den durch das Familiengericht übertragenen oder begründeten Anwartschaften aus der Versicherung der ausgleichsberechtigten Person bezieht. In den Fällen des Absatzes 1 Satz 2 sowie des § 5 des Gesetzes zur Regelung von Härten im Versorgungsausgleich vom 21. Februar 1983 in der bis zum 31. August 2009 geltenden Fassung steht die Zahlung des Ruhegehalts der ausgleichspflichtigen Person für den Fall rückwirkender oder erst nachträglich bekanntwerdender Rentengewährung an die ausgleichsberechtigte Person oder deren Hinterbliebene unter dem Vorbehalt der Rückforderung. Entsprechendes gilt im Fall des Absatzes 1 Satz 3 für den Fall, dass rückwirkend Leistungen aus durch das Familiengericht übertragenen oder begründeten Anwartschaften oder Anrechten aus der Versicherung der berechtigten Ehegattin oder des berechtigten Ehegatten an die Versorgungsempfängerin oder den Versorgungsempfänger erbracht werden oder dies erst nachträglich bekannt wird.

§ 74 Abwendung der Kürzung der Versorgungsbezüge

(1) Die Kürzung der Versorgungsbezüge nach § 73 kann von der Berufssoldatin, dem Berufssoldaten, der Soldatin im Ruhestand oder dem Soldaten im Ruhestand ganz oder teilweise durch Zahlung eines Kapitalbetrages an den Dienstherrn abgewendet werden.

(2) Als voller Kapitalbetrag wird der Betrag angesetzt, der auf Grund der Entscheidung des Familiengerichts zu leisten gewesen wäre, erhöht oder vermindert um die Prozentsätze der nach dem Ende der Ehezeit bis zum Tage der Zahlung des Kapitalbetrages eingetretenen Erhöhungen oder Verminderungen der soldatenrechtlichen Versorgungsbezüge, die in festen Beträgen festgesetzt sind. Vom Zeitpunkt des Eintritts in den Ruhestand an, bei einer Soldatin im Ruhestand oder einem Soldaten im Ruhestand vom Tage nach dem Ende der Ehezeit an, erhöht oder vermindert sich der Kapitalbetrag in dem Verhältnis, in dem sich das Ruhegehalt vor Anwendung von Ruhens-, Kürzungs- und Anrechnungsvorschriften durch Anpassung der Versorgungsbezüge erhöht oder vermindert.

(3) Bei teilweiser Zahlung vermindert sich die Kürzung der Versorgungsbezüge in dem entsprechenden Verhältnis; der Betrag der teilweisen Zahlung soll den Monats-

betrag der Dienstbezüge der Berufssoldatin oder des Berufssoldaten oder des Ruhegehalts der Soldatin im Ruhestand oder des Soldaten im Ruhestand nicht unterschreiten.

(4) Ergeht nach der Scheidung eine Entscheidung zur Abänderung des Wertausgleichs und sind Zahlungen nach Absatz 1 erfolgt, sind im Umfang der Abänderung zu viel gezahlte Beiträge unter Anrechnung der nach § 73 anteilig errechneten Kürzungsbeträge zurückzuzahlen.

§ 75 Anwendung des Bundesversorgungsteilungsgesetzes

Für die Ansprüche von ausgleichsberechtigten Personen und deren Hinterbliebenen aus dem Versorgungsausgleich gegenüber dem Träger der Soldatenversorgung als Versorgungsträger der ausgleichspflichtigen Person gelten die Bestimmungen des Bundesversorgungsteilungsgesetzes vom 3. April 2009 (BGBl. I S. 700, 716) in der jeweils geltenden Fassung entsprechend.

§ 76 Abzug für Pflegeleistungen

Die zu zahlenden Versorgungsbezüge vermindern sich um den hälftigen Prozentsatz nach § 55 Absatz 1 Satz 1 des Elften Buches Sozialgesetzbuch. Versorgungsbezüge nach Satz 1 sind
1. Ruhegehalt, Witwengeld, Waisengeld, Unterhaltsbeitrag zuzüglich des Unterschiedsbetrages nach § 64 Absatz 1 Satz 2 bis 4,
2. Leistungen nach § 4 Absatz 2 Nummer 3 bis 7 des Gesetzes über die Gewährung einer jährlichen Sonderzuwendung in der Fassung der Bekanntmachung vom 15. Dezember 1998 (BGBl. I S. 3642), das zuletzt durch Artikel 18 des Gesetzes vom 10. September 2003 (BGBl. I S. 1798) geändert worden ist, sofern eine Beihilfeberechtigung nach § 2 der Bundesbeihilfeverordnung besteht.

Die Verminderung darf den Betrag, der sich aus dem hälftigen Prozentsatz nach § 55 Absatz 1 Satz 1 des Elften Buches Sozialgesetzbuch des zwölften Teils der jährlichen Beitragsbemessungsgrenze nach § 55 Absatz 2 des Elften Buches Sozialgesetzbuch errechnet, nicht übersteigen.

§ 76a Zusammentreffen von Versorgungsbezügen mit Versorgungsabfindungen

(1) Neben einer nach Landesrecht gezahlten ergänzenden Versorgungsabfindung wird das Ruhegehalt nur bis zum Erreichen der in Absatz 2 genannten Höchstgrenzen gezahlt. Auf die ergänzende Versorgungsabfindung sind dabei die Vorgaben des § 71 Absatz 1 Satz 4, 8 und 9 anzuwenden. Dies gilt nicht, wenn die Berufssoldatin oder der Berufssoldat den erhaltenen Betrag innerhalb eines Jahres nach Berufung in den Dienst des Bundes an den Dienstherrn abführt; § 32 Absatz 3 findet entsprechende Anwendung.

(2) Als Höchstgrenzen gelten die in § 71 Absatz 2 Satz 1 Nummer 1 bezeichneten Höchstgrenzen sinngemäß.

(3) § 71 Absatz 3 gilt entsprechend.

§ 77 Erlöschen der Versorgungsbezüge wegen Verurteilung

Eine frühere Soldatin oder ein früherer Soldat verliert das Recht auf Berufsförderung und Dienstzeitversorgung in den Fällen des § 53 Absatz 1 und des § 57 Absatz 1 des Soldatengesetzes oder durch Entscheidung eines Wehrdienstgerichts. § 19 Absatz 8 und § 53 Absatz 2 bleiben unberührt.

§ 78 Erlöschen der Versorgungsbezüge bei Ablehnung einer erneuten Berufung

Kommt eine Soldatin im Ruhestand oder ein Soldat im Ruhestand entgegen den Vorschriften des § 50 Absatz 2 des Soldatengesetzes in Verbindung mit § 57 des Bundesbeamtengesetzes und des § 51 des Soldatengesetzes einer erneuten Berufung in das Dienstverhältnis einer Berufssoldatin oder eines Berufssoldaten schuldhaft nicht nach, obwohl sie oder er auf die Folgen eines solchen Verhaltens schriftlich oder elektronisch hingewiesen worden ist, so verliert sie oder er für diese Zeit ihre oder seine Versorgungsbezüge und einen Anspruch auf Berufsförderung. Das Bundesministerium der Verteidigung stellt ihren Verlust fest. Eine wehrstrafrechtliche oder disziplinarrechtliche Verfolgung wird dadurch nicht ausgeschlossen.

§ 79 Entziehung der Versorgung

(1) Das Bundesministerium der Verteidigung kann früheren Soldatinnen oder früheren Soldaten, gegen die ein disziplinargerichtliches Verfahren auf Grund des § 23 Absatz 2 Nummer 2 des Soldatengesetzes nicht durchgeführt werden kann, das Recht auf Berufsförderung und Dienstzeitversorgung ganz oder zum Teil auf Zeit entziehen, wenn sie sich gegen die freiheitliche demokratische Grundordnung im Sinne des Grundgesetzes betätigt haben. Tatsachen, die diese Maßnahme rechtfertigen, müssen in einem Untersuchungsverfahren festgestellt worden sein, in dem die eidliche Vernehmung von Zeuginnen, Zeugen und Sachverständigen zulässig ist.

(2) Absatz 1 gilt entsprechend für Empfängerinnen und Empfänger von Hinterbliebenenversorgung.

§ 80 Erlöschen und Wiederaufleben der Versorgungsbezüge für Hinterbliebene

(1) Der Anspruch der Witwen, Witwer und Waisen auf Versorgungsbezüge erlischt
1. für jede Berechtigte und jeden Berechtigten mit dem Ende des Monats, in dem sie oder er stirbt,
2. für jede Witwe und jeden Witwer außerdem mit dem Ende des Monats, in dem sie oder er heiratet,
3. für jede Waise außerdem mit dem Ende des Monats, in dem sie das 18. Lebensjahr vollendet,
4. für jede Berechtigte und jeden Berechtigten, die oder der durch ein deutsches Gericht im ordentlichen Strafverfahren wegen Verbrechens zu Freiheitsstrafe von mindestens zwei Jahren oder wegen einer vorsätzlichen Tat, die nach den Vorschriften über Friedensverrat, Hochverrat, Gefährdung des demokratischen Rechtsstaates oder Landesverrat, Gefährdung der äußeren Sicherheit oder

Volksverhetzung strafbar ist, zu Freiheitsstrafe von mindestens sechs Monaten verurteilt worden ist, mit der Rechtskraft des Urteils,
5. für jede Berechtigte und jeden Berechtigten, die oder der auf Grund einer Entscheidung des Bundesverfassungsgerichts nach Artikel 18 des Grundgesetzes ein Grundrecht verwirkt hat.

Die §§ 5 und 52 des Soldatengesetzes gelten entsprechend.

(2) Waisengeld wird nach Vollendung des 18. Lebensjahres auf Antrag gewährt, solange die Waise
1. das 27. Lebensjahr noch nicht vollendet hat und
   a) sich in Schulausbildung oder Berufsausbildung befindet,
   b) sich in einer Übergangszeit von höchstens vier Kalendermonaten befindet, die zwischen zwei Ausbildungsabschnitten oder zwischen einem Ausbildungsabschnitt und der Ableistung des gesetzlichen Wehr- oder Zivildienstes oder der Ableistung eines freiwilligen Dienstes im Sinne des Buchstaben c liegt, oder
   c) einen freiwilligen Dienst im Sinne des § 32 Absatz 4 Satz 1 Nummer 2 Buchstabe d des Einkommensteuergesetzes leistet;
2. wegen körperlicher, geistiger oder seelischer Behinderung außerstande ist, sich selbst zu unterhalten; Waisengeld wird auch über das 27. Lebensjahr hinaus gewährt, wenn
   a) die Behinderung vor Vollendung des 27. Lebensjahres eingetreten ist und
   b) die Waise ledig oder verwitwet ist oder ihre Ehegattin, ihr Ehegatte, ihre frühere Ehegattin oder ihr früherer Ehegatte ihr keinen ausreichenden Unterhalt leisten kann oder dem Grunde nach nicht unterhaltspflichtig ist und sie auch nicht unterhält.

In den Fällen des Satzes 1 Nummer 1 Buchstabe a und b und Nummer 2 erhöht sich die für den Anspruch auf Waisengeld oder den Eintritt der Behinderung maßgebende Altersbegrenzung für eine Waise, die einen der in § 32 Absatz 5 Satz 1 Nummer 1 und 2 des Einkommensteuergesetzes genannten Dienste geleistet oder eine in § 32 Absatz 5 Satz 1 Nummer 3 des Einkommensteuergesetzes genannte Tätigkeit als Entwicklungshelferin oder Entwicklungshelfer ausgeübt hat, um den Zeitraum, der der Dauer des jeweiligen Dienstes oder der jeweiligen Tätigkeit entspricht. Die Altersgrenze erhöht sich jedoch höchstens um den Zeitraum, der der Dauer des gesetzlichen Grundwehrdienstes oder bei anerkannten Kriegsdienstverweigerern des gesetzlichen Zivildienstes entspricht; § 32 Absatz 5 Satz 2 des Einkommensteuergesetzes gilt entsprechend. Im Fall des Satzes 1 Nummer 2 wird Waisengeld ungeachtet der Höhe des Einkommens der Waise gewährt. Soweit ihr Einkommen jedoch das Zweifache des Mindestvollwaisengeldes nach § 40 Absatz 5 Satz 2 und § 59 Absatz 1 dieses Gesetzes in Verbindung mit § 24 Absatz 1 des Beamtenversorgungsgesetzes übersteigt, wird es zur Hälfte auf das Waisengeld zuzüglich des Unterschiedsbetrages nach § 64 Absatz 1 angerechnet. Waisengeld wird nach Vollendung des 18. Lebensjahres auf Antrag gewährt, wenn die Waise vor Ablauf des Monats, in dem sie das 27. Lebensjahr vollendet, einen freiwilligen Wehrdienst nach § 58b des Soldatengesetzes als Probezeit leistet oder sich in einer Übergangszeit von höchstens vier Kalendermonaten zwischen einem Ausbildungsabschnitt und der Ableistung eines freiwilligen Wehrdienstes nach § 58b des Soldatengesetzes befindet; die Sätze 2 und 3 gelten entsprechend.

(3) Hat eine Witwe oder ein Witwer geheiratet und wird die Ehe aufgelöst, so lebt der Anspruch auf Witwengeld wieder auf; ein von der Witwe oder dem Witwer infolge Auflösung der Ehe erworbener neuer Versorgungs-, Unterhalts- oder Rentenanspruch ist auf das Witwengeld und den Unterschiedsbetrag nach § 64 Absatz 1 anzurechnen. Wird eine in Satz 1 genannte Leistung nicht beantragt oder wird auf

sie verzichtet oder wird an ihrer Stelle eine Abfindung, Kapitalleistung oder Beitragserstattung gezahlt, ist der Betrag anzurechnen, der ansonsten zu zahlen wäre. Der Auflösung der Ehe steht die Nichtigerklärung gleich.

(4) Absatz 1 Satz 1 Nummer 1 und 2 und Absatz 2 und 3 gelten nicht in den Fällen des § 16 Absatz 6 Satz 4 und des § 17 Absatz 2.

§ 81 Anzeigepflicht

(1) Die Beschäftigungsstelle hat der die Versorgungsbezüge anweisenden Stelle (Regelungsbehörde) jede Verwendung einer oder eines Versorgungsberechtigten unter Angabe der gewährten Bezüge, ebenso jede spätere Änderung der Bezüge oder die Zahlungseinstellung sowie die Gewährung einer Versorgung unverzüglich anzuzeigen.

(2) Die oder der Versorgungsberechtigte ist verpflichtet, der Regelungsbehörde unverzüglich anzuzeigen:

1. die Verlegung des Wohnsitzes,
2. den Bezug von Krankengeld der Soldatenentschädigung (§ 16 Absatz 7) und den Bezug und jede Änderung von Einkünften nach § 17 Absatz 1 Satz 2, den §§ 34 und 40 Absatz 6, den §§ 52 und 59 sowie den §§ 68 bis 72 und 80 Absatz 2,
3. die Begründung eines neuen öffentlich-rechtlichen Dienstverhältnisses oder eines privatrechtlichen Arbeitsverhältnisses im öffentlichen Dienst in den Fällen des § 52 Absatz 6,
4. die Erfüllung der allgemeinen Wartezeit nach dem Sechsten Buch Sozialgesetzbuch,
5. den Bezug von beitragspflichtigen Einnahmen zur Sozialversicherung, sofern diese zusammen mit den Übergangsgebührnissen die maßgebliche Beitragsbemessungsgrenze der gesetzlichen Rentenversicherung nach § 159 des Sechsten Buches Sozialgesetzbuch überschreiten.

Die Witwe oder der Witwer hat der Regelungsbehörde auch eine erneute Heirat (§ 80 Absatz 1 Satz 1 Nummer 2) sowie im Fall der Auflösung dieser Ehe den Erwerb und jede Änderung eines neuen Versorgungs-, Unterhalts- oder Rentenanspruchs (§ 80 Absatz 3 Satz 1 zweiter Halbsatz) unverzüglich anzuzeigen. Auf Verlangen der Regelungsbehörde ist die oder der Versorgungsberechtigte verpflichtet, Nachweise vorzulegen oder der Erteilung erforderlicher Nachweise oder Auskünfte, die für die Versorgungsbezüge erheblich sind, durch Dritte zuzustimmen. Die Regelungsbehörde oder die für das Bezügezahlungsverfahren zuständige Stelle darf diejenigen Daten übermitteln, die für Datenübermittlungen nach § 69 Absatz 1 Nummer 1 und 2 des Zehnten Buches Sozialgesetzbuch oder nach § 151 des Sechsten Buches Sozialgesetzbuch erforderlich sind.

(3) Wer Dienstunfallfürsorgeleistungen nach § 42 beantragt oder erhält, hat gegenüber der obersten Dienstbehörde oder der von ihr bestimmten Stelle alle Tatsachen anzugeben, die für die Leistung erheblich sind. Absatz 2 Satz 3 gilt entsprechend.

(4) Kommt eine Versorgungsberechtigte oder ein Versorgungsberechtigter der ihr oder ihm nach Absatz 2 Satz 1 Nummer 2 und Satz 2 auferlegten Verpflichtung schuldhaft nicht nach, so kann ihr oder ihm die Versorgung ganz oder teilweise auf Zeit oder Dauer entzogen werden. Beim Vorliegen besonderer Verhältnisse kann die Versorgung ganz oder teilweise wieder zuerkannt werden. Die Entscheidung trifft das Bundesministerium der Verteidigung.

(5) Frühere Soldatinnen und frühere Soldaten, die einen Anspruch auf Förderung nach § 7 haben oder hatten, sind verpflichtet, dem Karrierecenter der Bundeswehr

– Berufsförderungsdienst – nach Aufforderung, die in der Regel ein Jahr nach Dienstzeitende oder nach dem Abschluss einer Maßnahme der schulischen oder beruflichen Bildung nach § 7 erfolgt, den Stand ihrer zivilberuflichen Eingliederung mitzuteilen.

§ 82 Nichtberücksichtigung der Versorgungsbezüge

Werden Versorgungsberechtigte im öffentlichen Dienst (§ 68 Absatz 4) verwendet, so sind ihre Bezüge aus dieser Beschäftigung ohne Rücksicht auf die Versorgungsbezüge zu bemessen. Das Gleiche gilt für eine Versorgung, die auf Grund der Beschäftigung zu gewähren ist.

Abschnitt 5 Umzugskostenvergütung, Unfallentschädigung, Schadensausgleich in besonderen Fällen

§ 83 Umzugskostenvergütung

(1) Eine frühere Soldatin auf Zeit oder ein früherer Soldat auf Zeit, deren oder dessen Dienstverhältnis wegen Ablaufs der Zeit, für die sie oder er in das Dienstverhältnis berufen worden ist, nach § 55 Absatz 1 in Verbindung mit § 46 Absatz 3a Satz 1 des Soldatengesetzes oder wegen Dienstunfähigkeit geendet hat, erhält Umzugskostenvergütung wie die in § 1 Absatz 1 Satz 2 Nummer 5 des Bundesumzugskostengesetzes bezeichneten Personen. Ihre oder seine Hinterbliebenen erhalten Umzugskostenvergütung wie die in § 1 Absatz 1 Satz 2 Nummer 6 des Bundesumzugskostengesetzes bezeichneten Hinterbliebenen.

(2) Einer früheren Berufssoldatin, einem früheren Berufssoldaten, einer früheren Soldatin auf Zeit oder einem früheren Soldaten auf Zeit, die oder der Anspruch auf Förderung der schulischen oder beruflichen Bildung nach § 7 hat, Inhaberin oder Inhaber eines Eingliederungsscheins nach § 13 ist oder Anspruch auf Leistungen zur Teilhabe am Arbeitsleben nach § 28 des Soldatenentschädigungsgesetzes hat, können auf Antrag einmalig die Leistungen nach den §§ 6 bis 8 und 9 Absatz 1 des Bundesumzugskostengesetzes bewilligt werden. Die Bewilligung ist nur zulässig, wenn der Umzug

1. vor Beendigung des Dienstverhältnisses aus Anlass der Durchführung einer nach § 7 geförderten Maßnahme der schulischen und beruflichen Bildung oder einer Maßnahme zur Teilhabe am Arbeitsleben auf Grund des § 28 des Soldatenentschädigungsgesetzes an den Ort der Durchführung dieser Maßnahmen oder in dessen Nähe,
2. aus besonderen Gründen innerhalb eines Jahres vor Beendigung des Dienstverhältnisses,
3. nach Beendigung des Dienstverhältnisses bei Gewährung von Maßnahmen nach Nummer 1 bis zu zwei Jahren nach Beendigung dieser Maßnahmen oder
4. in den sonstigen Fällen innerhalb von zwei Jahren nach Beendigung des Dienstverhältnisses

durchgeführt worden ist. Die Umzugskostenvergütung kann ausnahmsweise mit Zustimmung des Bundesministeriums des Innern, für Bau und Heimat neben einer bereits nach Absatz 1 gewährten Umzugskostenvergütung bewilligt werden.

(3) Einer Berufssoldatin oder einem Berufssoldaten, die oder der vor Erreichen der nach § 45 Absatz 1 des Soldatengesetzes geltenden allgemeinen Altersgrenze in

den Ruhestand getreten oder wegen Dienstunfähigkeit entlassen worden ist, können auf Antrag einmalig die Leistungen nach den §§ 6 bis 8 und 9 Absatz 1 des Bundesumzugskostengesetzes bewilligt werden. Die Bewilligung ist nur zulässig, wenn der Umzug an einen anderen Ort als den bisherigen Wohnort zur Begründung eines neuen Berufs erforderlich gewesen und

1. aus besonderen Gründen innerhalb eines Jahres vor Beendigung des Dienstverhältnisses oder
2. innerhalb von zwei Jahren nach Eintritt in den Ruhestand oder nach der Entlassung

durchgeführt und Umzugskostenvergütung nach § 3 Absatz 1 Nummer 3, § 4 Absatz 2 Nummer 2 und Absatz 3 Satz 1 Nummer 1 des Bundesumzugskostengesetzes noch nicht gewährt worden ist.

(4) Der Umzugskostenvergütung nach den Absätzen 1 bis 3 werden die Auslagen zugrunde gelegt, die für den Umzug entstehen

1. nach einem Ort innerhalb des Bundesgebietes bis zum Zielort,
2. nach einem Ort außerhalb des Bundesgebietes bis zum Ort des Grenzübergangs.

(5) Soweit sich die Umzugskostenvergütung nach Tarifklassen, dem Familienstand oder der Wohnung richtet, sind die Verhältnisse zum Zeitpunkt der Beendigung des Dienstverhältnisses zugrunde zu legen.

(6) Die Bewilligung der Leistungen nach den Absätzen 2 und 3 ist vor Durchführung des Umzugs bei der zuständigen Stelle zu beantragen. Sie werden nach Beendigung des Umzugs auf schriftlichen oder elektronischen Antrag gewährt, der innerhalb einer Ausschlussfrist von einem Jahr zu stellen ist. Die Frist beginnt mit dem Tag nach Beendigung des Umzugs.

§ 84 Einmalige Unfallentschädigung für besonders gefährdete Soldatinnen und Soldaten

(1) Eine Soldatin oder ein Soldat, die oder der

1. als Angehörige oder Angehöriger des fliegenden Personals von einsitzigen und zweisitzigen strahlgetriebenen Kampfflugzeugen während des Flugdienstes,
2. als Angehörige oder Angehöriger des besonders gefährdeten sonstigen fliegenden Personals während des Flugdienstes,
3. als Angehörige oder Angehöriger des springenden Personals der Luftlandetruppen während des Sprungdienstes,
4. im Bergrettungsdienst während des Einsatzes und der Ausbildung,
5. als Kampfschwimmerin, Kampfschwimmer, Minentaucherin oder Minentaucher während des Kampfschwimmer- oder Minentaucherdienstes,
6. als Minendemonteurin oder Minendemonteur während des dienstlichen Einsatzes an Minen unter Wasser,
7. als Angehörige oder Angehöriger des Versuchspersonals während der dienstlichen Erprobung von Minen und ähnlichen Kampfmitteln,
8. als Angehörige oder Angehöriger des besonders gefährdeten Munitionsuntersuchungspersonals während des dienstlichen Umgangs mit Munition,
9. im besonders gefährlichen Einsatz mit tauchfähigen Landfahrzeugen oder schwimmfähigen gepanzerten Landfahrzeugen,
10. als Besatzungsmitglied eines U-Bootes während des besonders gefährlichen Dienstes,
11. als Helmtaucherin, Helmtaucher, Schwimmtaucherin oder Schwimmtaucher während des besonders gefährlichen Tauchdienstes,

12. im Einsatz beim Ein- oder Aushängen von Außenlasten bei einem Drehflügelflugzeug,
13. als Angehörige oder als Angehöriger der Spezialkräfte der Bundeswehr im Einsatz oder in der Ausbildung für den Einsatz oder
14. bei mehrtägigen Ausbildungs- oder Übungsvorhaben

einen Unfall erleidet, erhält eine einmalige Unfallentschädigung, wenn sie oder er nach Feststellung des Bundesministeriums der Verteidigung oder der von diesem bestimmten Stelle infolge des Unfalles in ihrer oder seiner Erwerbsfähigkeit dauerhaft um wenigstens 50 Prozent beeinträchtigt ist.

(2) Ist eine Soldatin oder ein Soldat an den Folgen eines Unfalles der in Absatz 1 bezeichneten Art verstorben und hat sie oder er eine einmalige Unfallentschädigung nach Absatz 1 nicht erhalten, so erhalten eine einmalige Unfallentschädigung

1. die Witwe oder der Witwer sowie die nach diesem Gesetz versorgungsberechtigten Kinder,
2. die Eltern sowie die nicht nach diesem Gesetz versorgungsberechtigten Kinder, wenn Hinterbliebene der in Nummer 1 bezeichneten Art nicht vorhanden sind,
3. die Großeltern und Enkel, wenn Hinterbliebene der in den Nummern 1 und 2 bezeichneten Art nicht vorhanden sind.

(3) Die einmalige Unfallentschädigung beträgt

1. 150 000 Euro für die Soldatin oder den Soldaten,
2. insgesamt 100 000 Euro im Falle des Absatzes 2 Nummer 1,
3. insgesamt 40 000 Euro im Falle des Absatzes 2 Nummer 2 und
4. insgesamt 20 000 Euro im Falle des Absatzes 2 Nummer 3.

Sie wird nicht gewährt, wenn die oder der Verletzte den Unfall vorsätzlich herbeigeführt hat.

(4) Das Bundesministerium der Verteidigung bestimmt im Einvernehmen mit dem Bundesministerium des Innern, für Bau und Heimat durch Rechtsverordnung, die nicht der Zustimmung des Bundesrates bedarf, die Gruppen von Soldatinnen und Soldaten, die zu dem Personenkreis des Absatzes 1 gehören, und die Verrichtungen, die Dienst im Sinne des Absatzes 1 sind.

(5) Eine einmalige Unfallentschädigung nach den Absätzen 1 bis 4 kann auch gewährt werden, wenn eine Soldatin oder ein Soldat, die oder der zur Wahrnehmung einer Tätigkeit, die öffentlichen Belangen oder dienstlichen Interessen dient, beurlaubt worden ist und in Ausübung oder infolge dieser Tätigkeit einen Unfall entsprechend Absatz 1 mit den dort genannten Folgen erleidet.

(6) Die Absätze 1 bis 5 gelten entsprechend für andere Angehörige des öffentlichen Dienstes im Bereich der Bundeswehr, zu deren Dienstobliegenheiten Tätigkeiten der in Absatz 1 bezeichneten Art gehören.

(7) Besteht auf Grund derselben Ursache Anspruch sowohl auf eine einmalige Unfallentschädigung nach den Absätzen 1 bis 6 als auch auf eine einmalige Entschädigung nach § 85, wird nur die einmalige Unfallentschädigung gewährt.

(8) § 63 gilt entsprechend.

§ 85 Einmalige Entschädigung

(1) Setzt sich eine Soldatin oder ein Soldat bei Ausübung einer Diensthandlung einer damit verbundenen besonderen Lebensgefahr aus und erleidet sie oder er infolge dieser Gefährdung einen Unfall, erhält sie oder er eine einmalige Entschädigung in Höhe von 150 000 Euro, wenn sie oder er nach Feststellung des Bundesministeriums der Verteidigung oder der von diesem bestimmten Stelle infolge des Unfalles

in ihrer oder seiner Erwerbsfähigkeit dauerhaft um wenigstens 50 Prozent beeinträchtigt ist.

(2) Die einmalige Entschädigung nach Absatz 1 wird auch gewährt, wenn die Soldatin oder der Soldat einen Unfall mit den in Absatz 1 genannten Folgen erleidet
1 in Ausübung des Dienstes durch einen rechtswidrigen Angriff,
2 außerhalb ihres oder seines Dienstes durch einen Angriff im Sinne des § 42 Absatz 5.

(3) Ist eine Soldatin oder ein Soldat an den Folgen eines Unfalles oder einer Erkrankung der in Absatz 1 oder 2 bezeichneten Art verstorben und hat sie oder er eine einmalige Entschädigung nach Absatz 1 oder 2 nicht erhalten, so erhalten eine einmalige Entschädigung
1 die Witwe, der Witwer sowie die nach diesem Gesetz versorgungsberechtigten Kinder in Höhe von insgesamt 100 000 Euro,
2 die Eltern sowie die nicht nach diesem Gesetz versorgungsberechtigten Kinder in Höhe von insgesamt 40 000 Euro, wenn Hinterbliebene der in Nummer 1 bezeichneten Art nicht vorhanden sind,
3 die Großeltern und Enkel in Höhe von insgesamt 20 000 Euro, wenn Hinterbliebene der in den Nummern 1 und 2 bezeichneten Art nicht vorhanden sind.

(4) Eine einmalige Entschädigung nach den Absätzen 1 bis 3 kann gewährt werden, wenn eine Soldatin oder ein Soldat, die oder der zur Wahrnehmung einer Tätigkeit, die öffentlichen Belangen oder dienstlichen Interessen dient, beurlaubt worden ist und in Ausübung oder infolge dieser Tätigkeit einen Unfall entsprechend Absatz 1 oder Absatz 2 mit den dort genannten Folgen erleidet.

(5) § 63 gilt entsprechend.

§ 85a Kompensationszahlung für bestimmte Statusgruppen

(1) Eine Soldatin oder ein Soldat, die oder der keine Berufssoldatin oder kein Berufssoldat ist, erhält neben der sonstigen Versorgung nach diesem Gesetz eine Kompensationszahlung, wenn sie oder er

1. einen Unfall erlitten hat, während sie oder er bei einer Diensthandlung einer besonderen Lebensgefahr ausgesetzt war,
2. infolge des Unfalls nach Nummer 1 dienstunfähig geworden ist und
3. im Zeitpunkt der Beendigung des Dienstverhältnisses auf Grund des Unfalls nach Nummer 1 in ihrer oder seiner Erwerbsfähigkeit um mindestens 50 Prozent beeinträchtigt ist.

(2) Die Kompensationszahlung beträgt 50 000 Euro. Sie erhöht sich für Soldatinnen auf Zeit und Soldaten auf Zeit um 7 500 Euro für jedes vor dem Unfall vollendete Dienstjahr und um 625 Euro für jeden weiteren vor dem Unfall vollendeten Dienstmonat. Für nach § 58b und dem Vierten Abschnitt des Soldatengesetzes Wehrdienstleistende erhöht sich die Kompensationszahlung für jeden vor dem Unfall vollendeten Dienstmonat um 625 Euro. Für Zeiten der Beurlaubung ohne Dienstbezüge oder Wehrsold werden von der Erhöhung für jeweils 30 Tage Urlaub 625 Euro abgezogen. Der Abzug entfällt für die Zeit

1. einer Beurlaubung, die öffentlichen Belangen oder dienstlichen Interessen dient,
2. einer Elternzeit,
3. einer Freistellung wegen Kindererziehung bis zu einer Dauer von drei Jahren für jedes Kind und
4. der tatsächlichen Betreuung und Pflege eines nach einem ärztlichen Gutachten pflegebedürftigen Angehörigen.

Bei der Berechnung der Erhöhung der Kompensationszahlung bleiben früher abgeleistete Dienstverhältnisse unberücksichtigt.

(3) Ist die Soldatin oder der Soldat an den Folgen des Dienstunfalls gestorben und hat sie oder er eine Kompensationszahlung nach Absatz 1 nicht erhalten, steht die Kompensationszahlung dem hinterbliebenen Ehegatten und den nach diesem Gesetz versorgungsberechtigten Kindern zu.

(4) Die Kompensationszahlung wird nicht in den Fällen gewährt, in denen Anspruch auf erhöhtes Unfallruhegehalt nach § 42 in Verbindung mit § 37 des Beamtenversorgungsgesetzes oder auf erhöhte Unfall-Hinterbliebenenversorgung nach § 59 in Verbindung mit § 39 des Beamtenversorgungsgesetzes besteht, die sich unter Zugrundelegung des erhöhten Unfallruhegehalts nach § 37 des Beamtenversorgungsgesetzes berechnet.

(5) Besteht auf Grund derselben Ursache Anspruch sowohl auf die Ausgleichzahlung nach § 90 des Soldatenversorgungsgesetzes als auch auf die Kompensationszahlung, wird nur die Ausgleichzahlung gewährt.

§ 86 Schadensausgleich in besonderen Fällen

(1) Schäden, die einer Soldatin oder einem Soldaten während einer besonderen Auslandsverwendung im Sinne des § 87 Absatz 1 infolge von besonderen, vom Inland wesentlich abweichenden Verhältnissen, insbesondere infolge von Kriegshandlungen, kriegerischen Ereignissen, Aufruhr, Unruhen oder Naturkatastrophen oder als Folge eines Einsatzunfalls im Sinne des § 87 Absatz 2 entstehen, werden ihr oder ihm in angemessenem Umfang ersetzt. Gleiches gilt für Schäden der Soldatin oder des Soldaten durch einen Gewaltakt gegen staatliche Amtsträgerinnen und Amtsträger, Einrichtungen oder Maßnahmen, wenn die Soldatin oder der Soldat von dem Gewaltakt in Ausübung des Dienstes oder wegen ihrer oder seiner Eigenschaft als Soldatin oder Soldat betroffen ist.

(2) Im Falle einer besonderen Auslandsverwendung im Sinne des § 87 Absatz 1 wird der Ausgleich auch für Schäden infolge von Maßnahmen einer ausländischen Regierung, die sich gegen die Bundesrepublik Deutschland richten, gewährt.

(3) Ist eine Soldatin oder ein Soldat an den Folgen des schädigenden Ereignisses der in Absatz 1 oder Absatz 2 bezeichneten Art verstorben, wird ein Ausgleich in angemessenem Umfang gewährt

1. der Witwe, dem Witwer sowie den nach diesem Gesetz versorgungsberechtigten Kindern,
2. den Eltern sowie den nach diesem Gesetz nicht versorgungsberechtigten Kindern, wenn Hinterbliebene der in Nummer 1 bezeichneten Art nicht vorhanden sind.

Der Ausgleich für ausgefallene Versicherungen wird der natürlichen Person gewährt, die die Soldatin oder der Soldat im Versicherungsvertrag begünstigt hat. Sind Versicherungsansprüche zur Finanzierung des Erwerbs von Wohneigentum an eine juristische Person abgetreten worden, wird der Ausgleich für die ausgefallene Versicherung an diese juristische Person gezahlt, wenn die Abtretung durch die Soldatin oder den Soldaten dazu gedient hat, eine natürliche Person von Zahlungspflichten auf Grund der Finanzierung des Wohneigentums freizustellen. Satz 3 gilt entsprechend für eine ausgefallene Lebens-, Restschuld- oder Restkreditversicherung von Selbstständigen, die zur Finanzierung der Anschaffung von Betriebseinrichtungen abgetreten worden ist.

(4) Schadensausgleich in entsprechender Anwendung der Absätze 1 bis 3 kann auch gewährt werden, wenn eine Soldatin oder ein Soldat, die oder der zur Wahrnehmung einer Tätigkeit, die öffentlichen Belangen oder dienstlichen Interessen dient, beurlaubt worden ist und in Ausübung oder infolge dieser Tätigkeit einen Schaden erlitten hat.

(5) Im Falle einer besonderen Auslandsverwendung im Sinne des § 87 Absatz 1 gelten die Absätze 1 bis 4 entsprechend für Schäden, die anderen Angehörigen des Geschäftsbereichs des Bundesministeriums der Verteidigung entstehen.

(6) Die Absätze 1 bis 5 sind auch auf Schäden bei dienstlicher Verwendung im Ausland anzuwenden, die im Zusammenhang mit einer Verschleppung oder einer Gefangenschaft entstanden sind oder die darauf beruhen, dass die oder der Geschädigte aus sonstigen mit dem Dienst zusammenhängenden Gründen dem Einflussbereich des Dienstherrn entzogen ist.

Abschnitt 6 **Versorgung bei besonderen Auslandsverwendungen**

§ 87 Besondere Auslandsverwendung, dem Einsatz vergleichbare Verwendung, Einsatzunfall, Einsatzversorgung

(1) Eine besondere Auslandsverwendung ist eine Verwendung auf Grund eines Übereinkommens oder einer Vereinbarung mit einer über- oder zwischenstaatlichen Einrichtung oder mit einem auswärtigen Staat im Ausland oder außerhalb des deutschen Hoheitsgebietes auf Schiffen oder in Luftfahrzeugen,
1. für die ein Beschluss der Bundesregierung vorliegt oder
2. die im Rahmen von Maßnahmen nach § 56 Absatz 1 Satz 2 Nummer 4 des Bundesbesoldungsgesetzes stattfindet.

Dem steht eine sonstige Verwendung im Ausland oder außerhalb des deutschen Hoheitsgebietes auf Schiffen oder in Luftfahrzeugen gleich,
1. für die ein Zuschlag gezahlt wird
   a) auf Grundlage einer Rechtsverordnung nach § 53 Absatz 7 des Bundesbesoldungsgesetzes zur Abgeltung immaterieller Belastungen wegen der Auswirkungen eines bewaffneten Konflikts oder
   b) auf Grundlage einer Rechtsverordnung nach § 56 Absatz 6 des Bundesbesoldungsgesetzes zur Abgeltung hoher immaterieller Belastungen, insbesondere durch bürgerkriegsähnliche Auseinandersetzungen, terroristische Handlungen, außerordentliche Gewaltkriminalität, Piraterie, Minen oder vergleichbare gesundheitliche Gefährdungen, oder
2. bei der eine gesteigerte Gefährdungslage, die der Gefährdungslage bei einer Verwendung nach Satz 1 vergleichbar ist, festgestellt wird
   a) durch die oberste Dienstbehörde, die für die sonstige Verwendung im Ausland zuständig ist, im Benehmen mit dem Bundesministerium des Innern und für Heimat, dem Auswärtigen Amt und dem Bundesministerium der Verteidigung oder
   b) durch das Bundesministerium der Verteidigung bei einer militärischen Verwendung oder Maßnahme, die kurzzeitig ist oder von der auf Grund von besonderen militärischen oder operativen Rahmenbedingungen nur das Bundesministerium der Verteidigung Kenntnis haben darf.

Die Verwendung im Sinne der Sätze 1 und 2 beginnt mit dem Eintreffen im Einsatzgebiet und endet mit dem Verlassen des Einsatzgebietes.

(2) Erleidet eine Soldatin oder ein Soldat während einer Verwendung im Sinne von Absatz 1 in Ausübung oder infolge eines militärischen Dienstes eine gesundheitliche Schädigung auf Grund eines Unfalls oder einer Erkrankung im Sinne von § 42, liegt ein Einsatzunfall vor. Satz 1 gilt auch, wenn eine Erkrankung oder ihre Folgen oder ein Unfall auf gesundheitsschädigende oder sonst vom Inland wesentlich abweichende Verhältnisse bei einer Verwendung im Sinne des Absatzes 1 zurückzuführen sind oder wenn eine gesundheitliche Schädigung bei dienstlicher Verwendung im Ausland auf einen Unfall oder eine Erkrankung im Zusammenhang mit einer Verschleppung oder einer Gefangenschaft zurückzuführen ist oder darauf beruht, dass die Soldatin oder der Soldat aus sonstigen mit dem Dienst zusammenhängenden Gründen dem Einflussbereich des Dienstherrn entzogen ist. Einem Einsatzunfall gleichgestellt ist ein Unfall, der durch die Erhebung oder Auswertung von Video-, Bild- und Tondokumenten aus einem Einsatzgebiet erlitten wurde.

(3) Das Bundesministerium der Verteidigung bestimmt im Einvernehmen mit dem Bundesministerium für Gesundheit und dem Bundesministerium für Arbeit und Soziales unter Beachtung des Stands der Erkenntnisse der medizinischen Wissenschaft durch Rechtsverordnung, unter welchen Voraussetzungen vermutet wird, dass eine Posttraumatische Belastungsstörung oder eine andere in der Rechtsverordnung zu bezeichnende psychische Störung durch einen Einsatzunfall verursacht worden ist. Es kann bestimmen, dass die Verursachung durch einen Einsatzunfall nur dann vermutet wird, wenn die Soldatin oder der Soldat an einem Einsatz bewaffneter Streitkräfte im Ausland teilgenommen hat und dabei von einem bewaffneten Konflikt betroffen war oder an einem solchen Konflikt teilgenommen hat.

(4) Bei einem Einsatzunfall werden bei Vorliegen der jeweils vorgeschriebenen Voraussetzungen folgende besondere Leistungen als Einsatzversorgung gewährt. Die Einsatzversorgung umfasst

1. die Hinterbliebenenversorgung (§§ 58 und 59),
2. den Schadensausgleich in besonderen Fällen (§ 86),
3. das Unfallruhegehalt (§ 88),
4. die einmalige Entschädigung (§ 89) und
5. die Ausgleichszahlung für bestimmte Statusgruppen (§ 90).

Entschädigungsleistungen nach dem Soldatenentschädigungsgesetz bleiben unberührt.

(5) Einsatzversorgung in entsprechender Anwendung der Absätze 1 bis 4 kann auch gewährt werden, wenn eine Soldatin oder ein Soldat, die oder der zur Wahrnehmung einer Tätigkeit, die öffentlichen Belangen oder dienstlichen Interessen dient, beurlaubt worden ist und in Ausübung oder infolge dieser Tätigkeit einen Schaden erlitten hat.

(6) Die Absätze 1 bis 4 Satz 2 Nummer 2, 4 und 5 und Absatz 5 gelten entsprechend für andere Angehörige des Geschäftsbereichs des Bundesministeriums der Verteidigung.

(7) Die Einsatzversorgung ist ausgeschlossen, wenn sich die Soldatin, der Soldat oder die oder der andere Angehörige des öffentlichen Dienstes vorsätzlich oder grob fahrlässig der Gefährdung ausgesetzt oder die Gründe für eine Verschleppung, Gefangenschaft oder sonstige Einflussbereichsentziehung herbeigeführt hat, es sei denn, dass der Ausschluss für sie oder ihn eine unbillige Härte wäre.

§ 88 Unfallruhegehalt

Einer Berufssoldatin oder einem Berufssoldaten, die oder der als Berufssoldatin oder als Berufssoldat oder als Soldatin auf Zeit oder als Soldat auf Zeit einen Einsatzunfall im Sinne von § 87 Absatz 2 erlitten hat, wird Unfallruhegehalt nach § 42 dieses Gesetzes in Verbindung mit § 37 Absatz 1 des Beamtenversorgungsgesetzes gewährt, wenn sie oder er auf Grund dieses Einsatzunfalls dienstunfähig geworden und in den Ruhestand versetzt worden und im Zeitpunkt der Versetzung in den Ruhestand infolge des Einsatzunfalls in ihrer oder seiner Erwerbsfähigkeit um mindestens 50 Prozent beschränkt ist.

§ 89 Einmalige Entschädigung

Erleidet eine Soldatin oder ein Soldat einen Einsatzunfall im Sinne von § 87 Absatz 2 mit den in § 85 Absatz 1 genannten Folgen, gilt § 85 entsprechend.

§ 90 Ausgleichszahlung für bestimmte Statusgruppen

(1) Im Falle eines Einsatzunfalls im Sinne des § 87 Absatz 2 erhält eine Soldatin oder ein Soldat, die oder der keinen Anspruch auf Unfallruhegehalt nach § 88 hat, neben der sonstigen Versorgung nach diesem Gesetz sowie den Entschädigungsleistungen nach dem Soldatenentschädigungsgesetz eine Ausgleichszahlung, wenn sie oder er infolge des Einsatzunfalls dienstunfähig geworden und im Zeitpunkt der Beendigung des Dienstverhältnisses infolge des Einsatzunfalls in ihrer oder seiner Erwerbsfähigkeit um mindestens 50 Prozent beeinträchtigt ist. Bei Anwendung des Einsatz-Weiterverwendungsgesetzes vom 12. Dezember 2007 (BGBl. I S. 2861) gilt als Beendigung des Dienstverhältnisses
1. die Beendigung eines Wehrdienstverhältnisses besonderer Art ohne Weiterverwendung oder
2. im Falle einer Weiterverwendung deren Beendigung.

(2) Die Ausgleichszahlung beträgt 50 000 Euro. Sie erhöht sich für Soldatinnen auf Zeit und Soldaten auf Zeit um 7 500 Euro für jedes vor dem Einsatzunfall zurückgelegte Dienstjahr als Soldatin oder Soldat, für jeden weiteren vor dem Einsatzunfall vollendeten Dienstmonat um 625 Euro. Für nach § 58b und dem Vierten Abschnitt des Soldatengesetzes Wehrdienstleistende erhöht sie sich für jeden vor dem Einsatzunfall vollendeten Dienstmonat um 625 Euro. Für Zeiten der Beurlaubung ohne Dienstbezüge oder Wehrsold werden von der Erhöhung für jeweils 30 Tage Urlaub 625 Euro abgezogen. Der Abzug entfällt für die Zeit
1. einer Beurlaubung, die öffentlichen Belangen oder Interessen dient,
2. einer Elternzeit,
3. einer Freistellung wegen Kindererziehungszeiten bis zu einer Dauer von drei Jahren für jedes Kind und
4. der tatsächlichen Betreuung und Pflege eines nach einem ärztlichen Gutachten pflegebedürftigen Angehörigen.

Bei der Berechnung der Erhöhung der Ausgleichszahlung bleiben früher abgeleistete Dienstverhältnisse unberücksichtigt.

(3) Für andere Angehörige des Geschäftsbereichs des Bundesministeriums der Verteidigung gelten die Absätze 1 und 2 entsprechend mit der Maßgabe, dass als Ausgleichszahlung nur der Grundbetrag nach Absatz 2 Satz 1 gewährt wird. Ist die oder der andere Angehörige des Geschäftsbereichs des Bundesministeriums der Verteidigung an den Folgen des Einsatzunfalls gestorben und hat sie oder er eine Ausgleichszahlung nach Absatz 1 nicht erhalten, steht die Ausgleichszahlung der hinterbliebenen Ehegattin oder dem hinterbliebenen Ehegatten und den nach diesem Gesetz versorgungsberechtigten Kindern zu.

(4) Die Ausgleichszahlung steht in den Fällen nicht zu, in denen Anspruch auf Unfallruhegehalt nach § 37 des Beamtenversorgungsgesetzes oder erhöhte Unfall-Hinterbliebenenversorgung nach § 39 in Verbindung mit § 37 des Beamtenversorgungsgesetzes besteht. Sie steht ferner in den Fällen nicht zu, in denen wegen der besonderen Auslandsverwendung Anspruch auf eine erhöhte Leistung aus der gesetzlichen Unfallversicherung besteht.

(5) Absatz 2 gilt entsprechend, wenn der Anspruch auf die Ausgleichszahlung in der Zeit vom 1. Dezember 2002 bis zum 12. Dezember 2011 entstanden ist. Dies gilt nicht, falls ein Anspruch auf Hinterbliebenenversorgung nach § 58 besteht.

§ 91 Anrechnung von Geldleistungen

§ 106 gilt entsprechend.

Abschnitt 7 Anrechnung sonstiger Zeiten als ruhegehaltfähige Dienstzeit

§ 92 Zeiten im öffentlichen Dienst und vergleichbare Zeiten

(1) Als ruhegehaltfähig gilt die Dienstzeit, in der eine Berufssoldatin oder ein Berufssoldat vor ihrem oder seinem Eintritt in die Bundeswehr

1. im Dienst eines öffentlich-rechtlichen Dienstherrn als Beamtin, Beamter, Richterin oder Richter gestanden hat,
2. im Vollzugsdienst der Polizei gestanden hat,
3. Dienst in der Nationalen Volksarmee geleistet hat,
4. als volksdeutsche Vertriebene, volksdeutscher Vertriebener, Umsiedlerin oder Umsiedler Wehrdienst des Herkunftslandes geleistet hat oder
5. zivilen Ersatzdienst nach dem Zivildienstgesetz geleistet hat.

Zeiten einer Teilzeitbeschäftigung sind nur zu dem Teil ruhegehaltfähig, der dem Verhältnis der ermäßigten zur regelmäßigen Arbeitszeit entspricht. Die Zeit einer ehrenamtlichen Tätigkeit ist nicht ruhegehaltfähig.

(2) § 31 gilt entsprechend. Nicht ruhegehaltfähig ist die Zeit nach Absatz 1 Satz 1 Nummer 1, 2 und 4 bis 6, für die eine Abfindung aus öffentlichen Mitteln gewährt worden ist.

§ 93 Krankheits- und Gewahrsamszeiten

Als ruhegehaltfähig gilt die Zeit, während der sich eine Berufssoldatin oder ein Berufssoldat vor ihrem oder seinem Eintritt in die Bundeswehr

1. insgesamt länger als drei Monate in einem Gewahrsam (§ 1 Absatz 1 Nummer 1 in Verbindung mit § 9 des Häftlingshilfegesetzes in der bis zum 28. Dezember 1991 geltenden Fassung) oder
2. auf Grund einer Krankheit oder Verwundung als Folge eines Dienstes im Sinne der §§ 31, 92 Absatz 1 Nummer 2, 4 und 5 oder als Folge eines Gewahrsams im Sinne der Nummer 1 im Anschluss an die Entlassung arbeitsunfähig in einer Heilbehandlung

befunden hat.

§ 94 Zeiten eines sonstigen hauptberuflichen Dienstes

Die Zeit, während der eine Berufssoldatin oder ein Berufssoldat vor ihrem oder seinem Eintritt in die Bundeswehr

1. hauptberuflich im Dienst öffentlich-rechtlicher Religionsgesellschaften oder ihrer Verbände (Artikel 140 des Grundgesetzes) oder im öffentlichen oder nichtöffentlichen Schuldienst oder
2. hauptberuflich im Dienst der Fraktionen des Bundestages oder der Landtage oder kommunaler Vertretungskörperschaften oder
3. hauptberuflich im Dienst von kommunalen Spitzenverbänden oder ihren Landesverbänden sowie von Spitzenverbänden der Sozialversicherung oder ihren Landesverbänden tätig gewesen ist oder
4. hauptberuflich im ausländischen öffentlichen Dienst gestanden hat,

kann als ruhegehaltfähige Dienstzeit berücksichtigt werden.

§ 95 Sonderregelungen für volksdeutsche Vertriebene und Umsiedler

Dem Dienst bei einem öffentlich-rechtlichen Dienstherrn im Sinne der §§ 34, 92 Absatz 1 Nummer 1 steht für volksdeutsche Vertriebene, Umsiedlerinnen oder Umsiedler der gleichartige Dienst bei einem öffentlich-rechtlichen Dienstherrn im Herkunftsland gleich. § 38 ist entsprechend anzuwenden.

Abschnitt 8 **Besondere Leistungen**

§ 96 Kindererziehungszuschlag

(1) Das Ruhegehalt erhöht sich für jeden Monat einer der Berufssoldatin oder dem Berufssoldaten zuzuordnenden Kindererziehungszeit um einen Kindererziehungszuschlag. Dies gilt nicht, wenn die Berufssoldatin oder der Berufssoldat wegen der Erziehung des Kindes in der gesetzlichen Rentenversicherung versicherungspflichtig (§ 3 Satz 1 Nummer 1 des Sechsten Buches Sozialgesetzbuch) war und die allgemeine Wartezeit für eine Rente der gesetzlichen Rentenversicherung erfüllt ist. § 249 Absatz 4 bis 6 und § 249a des Sechsten Buches Sozialgesetzbuch gelten entsprechend.

(2) Die Kindererziehungszeit beginnt mit dem ersten Kalendermonat, der auf die Geburt folgt und endet

1. für ein vor dem 1. Januar 1992 geborenes Kind nach 30 Kalendermonaten,
2. für ein nach dem 31. Dezember 1991 geborenes Kind nach 36 Kalendermonaten.

Die Kindererziehungszeit endet vorzeitig mit dem

1. Tod des Kindes,
2. Eintritt oder der Versetzung des Anspruchsberechtigten in den Ruhestand,
3. Tod des Anspruchsberechtigten oder
4. Wechsel der Zuordnung der Erziehungszeit zu einem anderen Elternteil.

Wird während einer Kindererziehungszeit vom erziehenden Elternteil ein weiteres Kind erzogen, für das dem erziehenden Elternteil eine Kindererziehungszeit zuzuordnen ist, wird die Kindererziehungszeit für dieses und jedes weitere Kind um die Anzahl der Kalendermonate der gleichzeitigen Erziehung verlängert.

(3) Für die Zuordnung der Kindererziehungszeit zu einem Elternteil (§ 56 Absatz 1 Satz 1 Nummer 3 und Absatz 3 Nummer 2 und 3 des Ersten Buches Sozialgesetzbuch) gilt § 56 Absatz 2 des Sechsten Buches Sozialgesetzbuch entsprechend.

(4) Die Höhe des Kindererziehungszuschlags entspricht für jeden Monat der Kindererziehungszeit dem in § 70 Absatz 2 Satz 1 des Sechsten Buches Sozialgesetzbuch bestimmten Bruchteil des aktuellen Rentenwerts.

(5) Der um den Kindererziehungszuschlag erhöhte Betrag, der sich unter Berücksichtigung der ruhegehaltfähigen Dienstbezüge und der auf die Kindererziehungszeit entfallenden ruhegehaltfähigen Dienstzeit als Ruhegehalt ergeben würde, darf die Höchstgrenze nicht übersteigen. Als Höchstgrenze gilt der Betrag, der sich unter Berücksichtigung des aktuellen Rentenwerts nach dem Sechsten Buch Sozialgesetzbuch und des auf die Jahre der Kindererziehungszeit entfallenden Höchstwerts an Entgeltpunkten in der Rentenversicherung nach Anlage 2b zum Sechsten Buch Sozialgesetzbuch als Rente ergeben würde.

(6) Das um den Kindererziehungszuschlag erhöhte Ruhegehalt darf nicht höher sein als das Ruhegehalt, das sich unter Berücksichtigung des Höchstruhegehaltssatzes und der ruhegehaltfähigen Dienstbezüge aus der Endstufe der Besoldungsgruppe, aus der sich das Ruhegehalt berechnet, ergeben würde.

(7) Der Kindererziehungszuschlag gilt als Teil des Ruhegehalts. Auf das Mindestruhegehalt ist die Erhöhung nach Absatz 1 nicht anzuwenden.

§ 97 Kindererziehungsergänzungszuschlag

(1) Das Ruhegehalt erhöht sich um einen Kindererziehungsergänzungszuschlag, wenn

1. nach dem 31. Dezember 1991 liegende Zeiten der Erziehung eines Kindes bis zur Vollendung des zehnten Lebensjahres oder Zeiten der nichterwerbsmäßigen Pflege eines pflegebedürftigen Kindes (§ 3 des Sechsten Buches Sozialgesetzbuch) bis zur Vollendung des 18. Lebensjahres
   a) mit entsprechenden Zeiten für ein anderes Kind zusammentreffen oder
   b) mit Zeiten im Soldatenverhältnis, die als ruhegehaltfähig berücksichtigt werden, oder Zeiten nach § 99 Absatz 1 Satz 1 zusammentreffen und
2. für diese Zeiten kein Anspruch nach § 70 Absatz 3a Satz 2 des Sechsten Buches Sozialgesetzbuch besteht und
3. der Berufssoldatin oder dem Berufssoldaten die Zeiten nach § 96 Absatz 3 zuzuordnen sind.

Der Kindererziehungsergänzungszuschlag wird nicht für Zeiten gewährt, für die ein Kindererziehungszuschlag zusteht.

(2) Die Höhe des Kindererziehungsergänzungszuschlags entspricht für jeden angefangenen Monat, in dem die Voraussetzungen nach Absatz 1 erfüllt waren,

1. im Falle des Absatzes 1 Satz 1 Nummer 1 Buchstabe a dem in § 70 Absatz 3a Satz 2 Buchstabe b des Sechsten Buches Sozialgesetzbuch bestimmten Bruchteil des aktuellen Rentenwerts,
2. im Falle des Absatzes 1 Satz 1 Nummer 1 Buchstabe b einem Bruchteil in Höhe von 0,0208 des aktuellen Rentenwerts.

(3) § 96 Absatz 5 gilt entsprechend mit der Maßgabe, dass in Satz 1 neben dem Kindererziehungszuschlag der Kindererziehungsergänzungszuschlag und eine Leistung nach § 99 Absatz 1 sowie bei der Ermittlung der Höchstgrenze an die Stelle des in Satz 2 genannten Höchstwerts an Entgeltpunkten der in § 70 Absatz 2 Satz 1 des Sechsten Buches Sozialgesetzbuch bestimmte Bruchteil des aktuellen Renten-

werts für jeden Monat des Zusammentreffens der Leistungen tritt. § 96 Absatz 6 und 7 gilt entsprechend.

§ 98 Kinderzuschlag zum Witwengeld

(1) Das Witwengeld nach § 59 dieses Gesetzes in Verbindung mit § 20 des Beamtenversorgungsgesetzes erhöht sich für jeden Monat einer nach § 96 Absatz 3 zuzuordnenden Kindererziehungszeit bis zum Ablauf des Monats, in dem das Kind das dritte Lebensjahr vollendet hat, um einen Kinderzuschlag. Der Zuschlag ist Bestandteil der Versorgung. Satz 1 gilt nicht bei Bezügen nach § 59 dieses Gesetzes in Verbindung mit § 20 Absatz 1 des Beamtenversorgungsgesetzes und in Verbindung mit § 40 Absatz 5 Satz 2 dieses Gesetzes.

(2) War die Kindererziehungszeit der oder dem vor Vollendung des dritten Lebensjahres des Kindes Verstorbenen zugeordnet, erhalten Witwen und Witwer den Kinderzuschlag anteilig mindestens für die Zeit, die bis zum Ablauf des Monats, in dem das Kind das dritte Lebensjahr vollendet hat, fehlt. Stirbt eine Berufssoldatin oder ein Berufssoldat vor der Geburt des Kindes, sind der Berechnung des Kinderzuschlags 36 Kalendermonate zugrunde zu legen, wenn das Kind innerhalb von 300 Tagen nach dem Tod geboren wird. Ist das Kind später geboren, wird der Zuschlag erst nach Ablauf des in § 96 Absatz 2 Satz 1 genannten Zeitraums gewährt. Verstirbt das Kind vor der Vollendung des dritten Lebensjahres, ist der Kinderzuschlag anteilig zu gewähren.

(3) Die Höhe des Kinderzuschlags entspricht für jeden Monat der Kindererziehungszeit, in dem die Voraussetzungen des Absatzes 1 erfüllt waren, 55 Prozent des in § 78a Absatz 1 Satz 3 des Sechsten Buches Sozialgesetzbuch bestimmten Bruchteils des aktuellen Rentenwerts.

(4) § 96 Absatz 7 Satz 1 gilt entsprechend.

§ 99 Pflege- und Kinderpflegeergänzungszuschlag

(1) War eine Berufssoldatin oder ein Berufssoldat nach § 3 Satz 1 Nummer 1a des Sechsten Buches Sozialgesetzbuch versicherungspflichtig, weil sie oder er eine Pflegebedürftige oder einen Pflegebedürftigen nicht erwerbsmäßig gepflegt hat, erhält sie oder er für die Zeit der Pflege einen Pflegezuschlag zum Ruhegehalt. Dies gilt nicht, wenn die allgemeine Wartezeit in der gesetzlichen Rentenversicherung erfüllt ist.

(2) Hat eine Berufssoldatin oder ein Berufssoldat ein ihr oder ihm nach § 96 Absatz 3 zuzuordnendes pflegebedürftiges Kind nicht erwerbsmäßig gepflegt (§ 3 des Sechsten Buches Sozialgesetzbuch), erhält sie oder er neben dem Pflegezuschlag einen Kinderpflegeergänzungszuschlag. Dieser wird längstens für die Zeit bis zur Vollendung des 18. Lebensjahres des pflegebedürftigen Kindes und nicht neben einem Kindererziehungsergänzungszuschlag oder einer Leistung nach § 70 Absatz 3a des Sechsten Buches Sozialgesetzbuch gewährt.

(3) Die Höhe des Pflegezuschlags ergibt sich aus der Vervielfältigung der nach § 166 Absatz 2 in Verbindung mit § 70 Absatz 1 des Sechsten Buches Sozialgesetzbuch für die Zeit der Pflege nach Absatz 1 ermittelten Entgeltpunkte mit dem aktuellen Rentenwert. Die Höhe des Kinderpflegeergänzungszuschlags ergibt sich aus dem in § 70 Absatz 3a Satz 2 Buchstabe a und Satz 3 des Sechsten Buches Sozialgesetzbuch bestimmten Bruchteil des aktuellen Rentenwerts.

(4) § 96 Absatz 5 bis 7 gilt entsprechend. § 96 Absatz 5 gilt bei der Anwendung des Absatzes 2 mit der Maßgabe, dass an die Stelle der Höchstgrenze nach § 96 Absatz 5 Satz 2 der in § 70 Absatz 2 Satz 1 des Sechsten Buches Sozialgesetzbuch bestimmte Bruchteil des aktuellen Rentenwerts für jeden Monat des Zusammentreffens der Leistungen tritt.

(5) Die Absätze 1 bis 4 gelten entsprechend für die Zeit einer Pflege in einem dem Berufssoldatenverhältnis unmittelbar vorhergegangenen Dienstverhältnis als Soldatin auf Zeit oder Soldat auf Zeit.

§ 100 Vorübergehende Gewährung von Zuschlägen

(1) Versorgungsempfängerinnen und Versorgungsempfänger erhalten vorübergehend Leistungen entsprechend den §§ 96, 97 und 99, wenn

1. bis zum Beginn des Ruhestandes die allgemeine Wartezeit für eine Rente der gesetzlichen Rentenversicherung erfüllt ist,
2. sie wegen
   a) Dienstunfähigkeit im Sinne des § 44 Absatz 3 des Soldatengesetzes in den Ruhestand versetzt worden sind oder
   b) Erreichen einer Altersgrenze in den Ruhestand getreten sind,
3. entsprechende Leistungen nach dem Sechsten Buch Sozialgesetzbuch dem Grunde nach zustehen, jedoch vor dem Erreichen der maßgebenden Altersgrenze noch nicht gewährt werden und
4. sie einen Ruhegehaltssatz von 66,97 Prozent noch nicht erreicht haben.

Durch die Leistung nach Satz 1 darf der Betrag nicht überschritten werden, der sich bei Berechnung des Ruhegehalts mit einem Ruhegehaltssatz von 66,97 Prozent ergibt. Bei Soldatinnen und Soldaten, die wegen Überschreitens der für sie festgesetzten besonderen Altersgrenze in den Ruhestand versetzt worden sind, wird bei Anwendung von Satz 1 Nummer 5 bis zum Ende des Monats, in dem sie die Altersgrenze für Polizeivollzugsbeamtinnen auf Lebenszeit und Polizeivollzugsbeamte auf Lebenszeit (§ 5 des Bundespolizeibeamtengesetzes) erreichen, lediglich Verwendungseinkommen im Sinne von § 68 Absatz 4 berücksichtigt.

(2) Die Leistung entfällt spätestens mit Ablauf des Monats, in dem die Versorgungsempfängerin oder der Versorgungsempfänger die für Bundesbeamtinnen und Bundesbeamte geltende Regelaltersgrenze nach § 51 Absatz 1 und 2 des Bundesbeamtengesetzes erreicht. Sie endet vorher, wenn die Versorgungsempfängerin oder der Versorgungsempfänger eine Versichertenrente der gesetzlichen Rentenversicherung bezieht, mit Ablauf des Tages vor dem Beginn der Rente.

(3) Die Leistung wird auf Antrag gewährt. Anträge, die innerhalb von drei Monaten nach Eintritt der Berufssoldatin oder des Berufssoldaten in den Ruhestand gestellt werden, gelten als zum Zeitpunkt des Ruhestandseintritts gestellt. Wird der Antrag zu einem späteren Zeitpunkt gestellt, so wird die Leistung vom Beginn des Antragsmonats an gewährt.

Teil 3 **Fürsorgeleistungen in besonderen Fällen**

§ 101 Arbeitslosenbeihilfe

(1) Frühere Soldatinnen auf Zeit und frühere Soldaten auf Zeit, die nach Beendigung einer Wehrdienstzeit von mindestens zwei Jahren arbeitslos sind, erhalten eine Ar-

beitslosenbeihilfe. Auf die Arbeitslosenbeihilfe sind die Vorschriften des Sozialgesetzbuches und sonstiger Gesetze mit Ausnahme des Einkommensteuergesetzes über das Arbeitslosengeld und für die Empfängerinnen und Empfänger dieser Leistung mit folgenden Maßgaben entsprechend anzuwenden:

1. Für den Anspruch auf Arbeitslosenbeihilfe steht die Wehrdienstzeit als Soldatin auf Zeit oder Soldat auf Zeit einschließlich der nach § 40 Absatz 5 des Soldatengesetzes eingerechneten Wehrdienstzeiten der Zeit eines Versicherungspflichtverhältnisses gleich.
2. Die Dauer des Anspruchs auf Arbeitslosenbeihilfe mindert sich um die Zahl von Tagen, die auf den Zeitraum entfallen, für den Übergangsgebührnisse laufend oder in einer Summe gewährt werden. Für Soldatinnen auf Zeit und Soldaten auf Zeit mit einer Wehrdienstzeit von zwei Jahren wird der Anspruch auf Arbeitslosenbeihilfe auf 180 Tage begrenzt.
3. Bei der Feststellung des Bemessungsentgelts sind für die Wehrdienstzeit im Sinne der Nummer 1 die Dienstbezüge zugrunde zu legen.
4. Bei der Anwendung des § 156 des Dritten Buches Sozialgesetzbuch steht der Anspruch auf Übergangsgebührnisse dem dort genannten Anspruch auf Berufsausbildungsbeihilfe für Arbeitslose gleich. Dies gilt auch für einen Zeitraum, für den Übergangsgebührnisse in einer Summe gewährt werden.
5. Der Anspruch auf Arbeitslosenbeihilfe ruht während des Zeitraums, für den die oder der Arbeitslose die Voraussetzungen für einen Anspruch auf Arbeitslosengeld erfüllt oder nur deshalb nicht erfüllt, weil sie oder er Arbeitslosengeld nicht beantragt hat.
6. Der Bezug von Arbeitslosenbeihilfe begründet keinen Anspruch auf Förderung der beruflichen Aus- und Weiterbildung nach dem Dritten Buch Sozialgesetzbuch.

Satz 1 gilt nicht für die Zeit eines Aufschubs oder einer Unterbrechung der Zahlung der Übergangsgebührnisse nach § 16 Absatz 6 Satz 2.

(2) Absatz 1 gilt nicht, wenn eine Soldatin auf Zeit oder ein Soldat auf Zeit ohne Anspruch auf Versorgung mit Ausnahme der Entschädigungsleistungen nach dem Soldatenentschädigungsgesetz aus dem Dienstverhältnis ausgeschieden oder wenn dieser Anspruch später aus einem anderen Grunde als dem des Ablaufs des Anspruchszeitraums weggefallen ist.

§ 101a Überbrückungsgeld

(1) Einer Berufssoldatin oder einem Berufssoldaten, der oder dem gegenüber eine vollziehbare Entlassungsverfügung nach § 46 Absatz 2a des Soldatengesetzes erlassen wurde, wird bis zur Unanfechtbarkeit der Entlassungsverfügung ein Überbrückungsgeld gewährt. Gleiches gilt für eine Soldatin auf Zeit oder einen Soldaten auf Zeit, der oder dem gegenüber nach Ableisten einer Wehrdienstzeit von mindestens vier Jahren eine vollziehbare Entlassungsverfügung nach § 55 Absatz 1 Satz 1 in Verbindung mit § 46 Absatz 2a des Soldatengesetzes erlassen wurde. War die Soldatin oder der Soldat im Zeitpunkt der Entlassung ohne Dienstbezüge beurlaubt, so erhält sie oder er das Überbrückungsgeld ab dem Zeitpunkt, zu dem die Beurlaubung geendet hätte. Wird die Entlassungsverfügung oder ihre Vollziehbarkeit aufgehoben, ist das geleistete Überbrückungsgeld auf nachzuzahlende Dienstbezüge anzurechnen.

(2) Das Überbrückungsgeld beträgt die Hälfte der Dienstbezüge nach § 1 Absatz 2 Nummer 1, 3 und 4 des Bundesbesoldungsgesetzes, die die Soldatin oder der Soldat im letzten Monat vor Zustellung der Entlassungsverfügung erhalten hat oder

erhalten hätte. § 29 Absatz 1 Satz 2 gilt entsprechend. Mindestens ist der sich aus der Pfändungsfreigrenzenbekanntmachung nach § 850c Absatz 4 Satz 1 Nummer 1 und 2 der Zivilprozessordnung ergebende monatliche Betrag zu gewähren.

(3) Das Überbrückungsgeld wird wie die Dienstbezüge monatlich für die der Entlassung folgende Zeit gezahlt. Der Soldatin auf Zeit oder dem Soldaten auf Zeit ist das Überbrückungsgeld längstens bis zum Ende des Monats zu zahlen, in dem der Anspruch auf Übergangsgebührnisse nach § 16 bei regulärem Ablauf der Zeit, für die sie oder er in das Dienstverhältnis berufen war, geendet hätte. Führen die Hinterbliebenen nach dem Tod der Empfängerin oder des Empfängers das Verfahren fort, so wird das Überbrückungsgeld bis zum rechtskräftigen Abschluss des zugrunde liegenden Verfahrens an die Hinterbliebenen weitergewährt.

(4) Bezieht die Soldatin oder der Soldat Erwerbs- oder Erwerbsersatzeinkommen im Sinne des § 68 Absatz 3, verringert sich das Überbrückungsgeld um den Betrag dieser Einkünfte.

(5) Der Anspruch auf das Überbrückungsgeld entfällt, wenn die Voraussetzungen für den Verlust der Rechtsstellung der Berufssoldatin oder des Berufssoldaten nach § 48 des Soldatengesetzes oder der Soldatin auf Zeit oder des Soldaten auf Zeit nach § 54 Absatz 2 Nummer 2 des Soldatengesetzes vorliegen.

(6) Wird die Entlassungsverfügung nach Abschluss des Verfahrens bestandskräftig, so haben die entlassene Soldatin oder der entlassene Soldat oder im Fall des Absatzes 3 Satz 3 die Hinterbliebenen das seit der Zustellung der Entlassungsverfügung an sie oder ihn gezahlte Überbrückungsgeld zu erstatten. Die Erstattungspflicht besteht nur, soweit die gezahlten Beträge den sich aus Absatz 2 Satz 3 ergebenden Betrag übersteigen.

(7) Das Überbrückungsgeld wird auf Antrag gewährt.

Teil 4 **Organisation, Verfahren, Rechtsweg**

§ 102 Dienstzeitversorgung

(1) Das Bundesministerium der Verteidigung führt die Versorgung nach Teil 2 bei Behörden der Bundeswehrverwaltung durch. Einzelne Aufgaben können durch Behörden im Geschäftsbereich eines anderen Bundesministeriums wahrgenommen werden. § 14 Absatz 3 und § 15 bleiben unberührt.

(2) Bei Streitigkeiten in Angelegenheiten des Absatzes 1 gelten, soweit es sich nicht um Angelegenheiten des § 56 Absatz 2 handelt, die §§ 126 bis 128 des Bundesbeamtengesetzes entsprechend; bis zur Beendigung des Dienstverhältnisses sind jedoch die Vorschriften der Wehrbeschwerdeordnung über das verwaltungsgerichtliche Vorverfahren (§ 23 der Wehrbeschwerdeordnung) anzuwenden.

§ 103 Arbeitslosenbeihilfe

Mehraufwendungen, die der Bundesagentur für Arbeit durch die Gewährung der Arbeitslosenbeihilfe (§ 101 Absatz 1) entstehen, erstattet der Bund. Verwaltungskosten werden nicht erstattet.

Teil 5 Schlussvorschriften

§ 104 Dienstbezüge

Dienstbezüge im Sinne der §§ 16 und 19 sind die Dienstbezüge nach § 1 Absatz 2 Nummer 1 und 3 des Bundesbesoldungsgesetzes sowie Amtszulagen, Stellenzulagen und Ausgleichszulagen. Zu den Dienstbezügen im Sinne des § 17 Absatz 1 Satz 2 gehören auch Amtszulagen. Für die Berechnung der Übergangsgebührnisse nach § 16 und der Ausgleichsbezüge nach § 17 sind die Dienstbezüge mit dem Faktor 0,9901 zu multiplizieren.

§ 105 Anpassung der Versorgungsbezüge

Auf die Versorgungsbezüge der Berufssoldatinnen und Berufssoldaten, der Soldatinnen auf Zeit und Soldaten auf Zeit und ihrer Hinterbliebenen sind die §§ 70 und 71 des Beamtenversorgungsgesetzes entsprechend anzuwenden.

§ 106 Anrechnung von Geldleistungen

Auf laufende und einmalige Geldleistungen, die nach diesem Gesetz wegen eines Körper-, Sach- oder Vermögensschadens gewährt werden, sind Geldleistungen anzurechnen, die wegen desselben Schadens von anderer Seite erbracht werden. Hierzu gehören insbesondere Geldleistungen, die von Drittstaaten oder von zwischenstaatlichen oder überstaatlichen Einrichtungen gewährt oder veranlasst werden. Nicht anzurechnen sind Leistungen privater Schadensversicherungen, die auf Beiträgen der Soldatinnen und Soldaten oder anderen Angehörigen des Geschäftsbereichs des Bundesministeriums der Verteidigung beruhen; dies gilt nicht in den Fällen des § 53 des Soldatenentschädigungsgesetzes.

§ 107 Bußgeldvorschrift

(1) Ordnungswidrig handelt, wer vorsätzlich oder fahrlässig entgegen § 81 Absatz 5 eine Mitteilung nicht, nicht richtig, nicht vollständig oder nicht rechtzeitig macht.

(2) Die Ordnungswidrigkeit kann mit einer Geldbuße geahndet werden.

(3) Verwaltungsbehörde im Sinne des § 36 Absatz 1 Nummer 1 des Gesetzes über Ordnungswidrigkeiten ist das Karrierecenter der Bundeswehr.

§ 108 Erlass von Verwaltungsvorschriften

(1) Das Bundesministerium der Verteidigung erlässt die zur Durchführung dieses Gesetzes mit Ausnahme des Teils 3 erforderlichen allgemeinen Verwaltungsvorschriften im Einvernehmen mit dem Bundesministerium des Innern, für Bau und Heimat und dem Bundesministerium der Finanzen.

(2) Das Bundesministerium für Arbeit und Soziales kann im Einvernehmen mit dem Bundesministerium der Verteidigung allgemeine Verwaltungsvorschriften zur Durchführung des Teils 3 erlassen.

(3) Soweit sich die allgemeinen Verwaltungsvorschriften an die Landesbehörden wenden, werden sie von der Bundesregierung mit Zustimmung des Bundesrates erlassen.

§ 109 Übergangsregelungen aus Anlass der Herstellung der Einheit Deutschlands

Die Bundesregierung wird ermächtigt, durch Rechtsverordnung, die bis zum 31. Dezember 2009 zu erlassen ist, für die Soldatenversorgung Übergangsregelungen zu bestimmen, die den besonderen Verhältnissen in dem in Artikel 3 des Vertrages genannten Gebiet Rechnung tragen. Die Verordnungsermächtigung erstreckt sich insbesondere auf Art, Berechnungsgrundlagen, Höhe von Versorgungsleistungen und Ruhensregelungen abweichend von diesem Gesetz.

§ 110 Verteilung der Versorgungslasten bei Übernahme von Berufssoldatinnen und Berufssoldaten in ein öffentlich-rechtliches Dienstverhältnis zu einem anderen Dienstherrn

Wird eine Berufssoldatin oder ein Berufssoldat der Bundeswehr in ein öffentlich-rechtliches Dienstverhältnis eines anderen Dienstherrn übernommen und stimmt das Bundesministerium der Verteidigung der Übernahme vorher zu, ist § 107b des Beamtenversorgungsgesetzes mit folgenden Maßgaben entsprechend anzuwenden:

1. An die Stelle der Vorschriften des Beamtenversorgungsgesetzes treten die entsprechenden soldatenversorgungsrechtlichen Vorschriften.
2. An die Stelle der in § 107b Absatz 1 Satz 1 des Beamtenversorgungsgesetzes geforderten Voraussetzungen tritt eine Wehrdienstzeit von mindestens drei Jahren ab der Ernennung zur Berufssoldatin oder zum Berufssoldaten.
3. Bei Anwendung des § 107b Absatz 2 Satz 2 des Beamtenversorgungsgesetzes ist der Vergleich auf der Grundlage der jeweiligen Besoldungsgruppe vorzunehmen.

Bei einem bundesübergreifenden Dienstherrenwechsel gilt Satz 1 nur, wenn der Versorgungsfall vor dem 1. Januar 2011 eingetreten ist. In diesem Fall ist § 10 des Versorgungslastenteilungs-Staatsvertrags anzuwenden.

§ 111 Verteilung der Versorgungslasten bei erneuter Berufung in ein öffentlich-rechtliches Dienstverhältnis eines anderen Dienstherrn in dem in Artikel 3 des Einigungsvertrags genannten Gebiet

Erwirbt eine Soldatin im Ruhestand oder ein Soldat im Ruhestand auf Grund einer zwischen dem 3. Oktober 1990 und dem 31. Dezember 1999 erfolgten Berufung in ein öffentlich-rechtliches Dienstverhältnis zu einem anderen Dienstherrn in dem in Artikel 3 des Einigungsvertrags genannten Gebiet gegen diesen einen weiteren Versorgungsanspruch, ist § 107c des Beamtenversorgungsgesetzes mit der Maßgabe entsprechend anzuwenden, dass die Ruhensvorschrift des § 70 an die Stelle des § 54 des Beamtenversorgungsgesetzes tritt.

§ 112 Benennung eines Kontos

Die Zahlung von Leistungen nach diesem Gesetz kann davon abhängig gemacht werden, dass die Empfängerin oder der Empfänger ein Konto im Bundesgebiet benennt, auf das die Überweisung erfolgen kann. Die Übermittlungskosten mit Ausnahme der Kosten für die Gutschrift auf dem Konto der Empfängerin oder des Empfängers trägt die zahlende Stelle; bei einer Überweisung der Leistungen auf ein im Ausland geführtes Konto trägt die Empfängerin oder der Empfänger die Kosten und die Gefahr der Übermittlung sowie die Kosten einer Meldung nach § 11 Absatz 2 des Außenwirtschaftsgesetzes in Verbindung mit einer auf Grund dieser Vorschrift erlassenen Rechtsverordnung. Die Kontoeinrichtungs-, Kontoführungs- oder Buchungsgebühren trägt die Empfängerin oder der Empfänger. Eine Auszahlung auf andere Weise kann nur zugestanden werden, wenn der Empfängerin oder dem Empfänger die Einrichtung oder Benutzung eines Kontos aus wichtigem Grunde nicht zugemutet werden kann.

§ 113 Anwendung bisherigen und neuen Rechts für am 1. Januar 1977 vorhandene Versorgungsempfängerinnen und Versorgungsempfänger

(1) Die Rechtsverhältnisse der am 1. Januar 1977 vorhandenen Empfängerinnen und Empfänger von Versorgungsbezügen regeln sich nach dem bis zum 31. Dezember 1976 geltenden Recht mit folgenden Maßgaben:

1. Die Witwen- und Witwerabfindung richtet sich nach diesem Gesetz in seiner jeweiligen Fassung.
2. Die §§ 2, 29 Absatz 2 Satz 2, die §§ 62 bis 66, 71 Absatz 1 Satz 7, Absatz 2 bis 7, die §§ 73 bis 77, 79 Absatz 2, die §§ 80 bis 82, 105, 120 Absatz 3, 4 und 9 sowie § 59 dieses Gesetzes in Verbindung mit § 22 Absatz 1 Satz 2 und 3 und § 42 Satz 2 des Beamtenversorgungsgesetzes sind anzuwenden. § 20 Absatz 1 Satz 4, § 22 Absatz 2, § 26a Absatz 1, 3 und 4, § 55a Absatz 1 Satz 1 und 2 und § 55b sind in der bis zum 31. Dezember 1991 geltenden Fassung anzuwenden. § 26a Absatz 2 Satz 1 und 2, § 53 Absatz 1 und 2 Nummer 1 bis 3 erste Höchstgrenzenalternative sowie die Absätze 3 bis 8 und § 55 sind in der am 1. Januar 2002 geltenden Fassung anzuwenden; § 68 Absatz 1 Satz 3 zweite Höchstgrenzenalternative ist mit der Maßgabe anzuwenden, dass an die Stelle der Zahl „71,75“ die Zahl „75“ tritt. In den Fällen des § 42 Absatz 1 dieses Gesetzes in Verbindung mit den §§ 140 und 141a des Bundesbeamtengesetzes in der Fassung vom 28. Juli 1972 (BGBl. I S. 1288) richten sich die ruhegehaltfähigen Dienstbezüge und der maßgebende Ruhegehaltssatz nach den §§ 36 und 37 des Beamtenversorgungsgesetzes in der bis zum 31. Dezember 1991 geltenden Fassung; § 120 Absatz 3 und 4 ist in diesen Fällen nicht anzuwenden. Satz 4 Halbsatz 2 gilt entsprechend für die von den §§ 77a und 77b in der bis zum 31. Dezember 1991 geltenden Fassung erfassten Versorgungsempfängerinnen und Versorgungsempfänger. Ist in den Fällen des § 70 die Ruhensregelung nach dem bis zum 31. Dezember 1976 geltenden Recht für die Versorgungsempfängerin oder den Versorgungsempfänger günstiger, verbleibt es dabei, solange eine weitere Versorgung besteht. Solange ein über den 1. Januar 1999 hinaus bestehendes Beschäftigungsverhältnis andauert, sind, wenn dies für die Versorgungsempfängerin oder den Versorgungsempfänger günstiger ist, die §§ 53 und 54 in der bis zum 31. Dezember 1998 geltenden Fassung, längstens für weitere sieben Jahre ab dem 1. Januar 1999, mit folgenden Maßgaben anzuwenden:
   a) Ist in den Fällen des § 53 die Ruhensregelung nach dem bis zum 31. Dezember 1976 geltenden Recht für die Versorgungsempfängerin oder den Versorgungsempfänger günstiger, verbleibt es dabei, solange ein über den 31. Dezember 1976 hinaus bestehendes Beschäftigungsverhältnis andauert.
   b) Ist in den Fällen des § 53 die Ruhensregelung nach dem bis zum 31. Dezember 1991 geltenden Recht günstiger, verbleibt es dabei, solange ein über den 31. Dezember 1991 hinaus bestehendes Beschäftigungsverhältnis andauert.

c) Bei der Anwendung des § 54 Absatz 1 Satz 1 treten an die Stelle der dort genannten Vorschriften die entsprechenden Vorschriften des bis zum 31. Dezember 1976 geltenden Rechts.
d) § 54 gilt nicht, solange eine am 31. Dezember 1991 über diesen Zeitpunkt hinaus bestehende Beschäftigung oder Tätigkeit einer Soldatin im Ruhestand oder eines Soldaten im Ruhestand andauert.

3. Die Mindestversorgungsbezüge (§ 40 Absatz 5 Satz 2 und 3) und die Mindestunfallversorgungsbezüge bestimmen sich nach diesem Gesetz in seiner jeweiligen Fassung.
4. Die Rechtsverhältnisse der Hinterbliebenen einer Soldatin im Ruhestand oder eines Soldaten im Ruhestand, die oder der nach dem 31. Dezember 1976 und vor dem 1. Januar 1992 verstorben ist, regeln sich nach diesem Gesetz in der bis zum 31. Dezember 1991 geltenden Fassung, jedoch unter Zugrundelegung des bisherigen Ruhegehalts; § 43 dieses Gesetzes in Verbindung mit § 22 Absatz 1 Satz 2 des Beamtenversorgungsgesetzes sowie § 55a Absatz 4 dieses Gesetzes sind in der ab 1. Januar 1992 geltenden Fassung anzuwenden. § 68 ist anzuwenden. § 53 in der bis zum 31. Dezember 1998 geltenden Fassung ist, wenn dies für die Versorgungsempfängerin oder den Versorgungsempfänger günstiger ist, längstens für weitere sieben Jahre ab dem 1. Januar 1999, anzuwenden, solange ein über den 1. Januar 1999 hinaus bestehendes Beschäftigungsverhältnis andauert. § 53 in der bis zum 31. Dezember 1991 geltenden Fassung ist, wenn dies für die Versorgungsempfängerin oder den Versorgungsempfänger günstiger ist, längstens für weitere sieben Jahre ab dem 1. Januar 1999, anzuwenden, solange ein über den 31. Dezember 1991 hinaus bestehendes Beschäftigungsverhältnis andauert. § 59 Absatz 2 gilt entsprechend.
5. Die Rechtsverhältnisse der Hinterbliebenen einer Soldatin oder eines Soldaten im Ruhestand, die oder der nach dem 31. Dezember 1991 verstorben ist, regeln sich nach diesem Gesetz, jedoch unter Zugrundelegung des bisherigen Ruhegehalts; § 55b findet in der bis zum 31. Dezember 1991 geltenden Fassung Anwendung.

(2) Haben nach dem bis zum 31. Dezember 1976 geltenden Recht Versorgungsbezüge nicht zugestanden, werden Zahlungen nur auf Antrag gewährt, und zwar vom Ersten des Monats an, in dem der Antrag gestellt worden ist. Anträge, die bis zum 31. Dezember 1977 gestellt werden, gelten als am 1. Januar 1977 gestellt.

(3) Für am 1. Januar 1977 vorhandene Berufssoldatinnen und Berufssoldaten können zum Ausgleich von Härten Zeiten, die nach dem bis zum 31. Dezember 1976 geltenden Recht ruhegehaltfähig waren, als ruhegehaltfähig galten oder als ruhegehaltfähig berücksichtigt werden konnten und bis zum 31. Dezember 1976 zurückgelegt worden sind, als ruhegehaltfähig berücksichtigt werden. Die Entscheidung trifft das Bundesministerium der Verteidigung im Einvernehmen mit dem Bundesministerium des Innern, für Bau und Heimat.

(4) Absatz 1 Nummer 2 Satz 3 ist ab dem Inkrafttreten der achten auf den 31. Dezember 2002 folgenden Anpassung nach § 105 dieses Gesetzes in Verbindung mit § 70 des Beamtenversorgungsgesetzes nicht mehr anzuwenden. Ab dem genannten Zeitpunkt sind § 41 Absatz 1 Nummer 3 und Absatz 2 Satz 1 und 2 sowie die §§ 68 und 70 anzuwenden; bei der Anwendung von § 55b Absatz 1 Satz 1 in der bis zum 31. Dezember 1991 geltenden Fassung gilt § 120 Absatz 4 für die Verminderung der Prozentsätze entsprechend.

§ 114 Anwendung bisherigen und neuen Rechts für am 1. Januar 1992 vorhandene Versorgungsempfängerinnen und Versorgungsempfänger

Die Rechtsverhältnisse der am 1. Januar 1992 vorhandenen Empfängerinnen und Empfänger von Versorgungsbezügen regeln sich, sofern der Versorgungsfall nach dem 31. Dezember 1976 eingetreten ist, nach dem bis zum 31. Dezember 1991 geltenden Recht mit folgenden Maßgaben:

1. Die §§ 63, 64, 66, 71 Absatz 1 Satz 7, Absatz 2 bis 7, die §§ 73 bis 75, 80, 81, 96, 120 Absatz 3, 4, 6 und 9 sowie § 59 dieses Gesetzes in Verbindung mit § 22 Absatz 1 Satz 2 und 3 und § 42 Satz 2 des Beamtenversorgungsgesetzes sind anzuwenden. § 26a Absatz 2 Satz 1 und 2, § 53 Absatz 1 und 2 Nummer 1 bis 3 erste Höchstgrenzenalternative sowie die Absätze 3 bis 8 und § 55 sind in der am 1. Januar 2002 geltenden Fassung anzuwenden; § 68 Absatz 1 Satz 3 zweite Höchstgrenzenalternative ist mit der Maßgabe anzuwenden, dass an die Stelle der Zahl „71,75" die Zahl „75" tritt. Auf die von den §§ 77a und 77b in der bis zum 31. Dezember 1991 geltenden Fassung erfassten Versorgungsfälle ist § 120 Absatz 3 und 4 nicht anzuwenden.
2. Solange ein über den 1. Januar 1999 hinaus bestehendes Beschäftigungsverhältnis andauert, sind, wenn dies für die Versorgungsempfängerin oder den Versorgungsempfänger günstiger ist, die §§ 53 und 54 in der bis zum 31. Dezember 1998 geltenden Fassung, längstens für weitere sieben Jahre ab dem 1. Januar 1999, mit folgenden Maßgaben anzuwenden:
   a) Ist in den Fällen des § 53 die Ruhensregelung nach dem bis zum 31. Dezember 1991 geltenden Recht günstiger, verbleibt es dabei, solange ein über den 31. Dezember 1991 hinaus bestehendes Beschäftigungsverhältnis andauert.
   b) Bei der Anwendung des § 54 Absatz 1 Satz 1 treten an die Stelle der dort genannten Vorschriften die entsprechenden Vorschriften des § 54 Absatz 1 Satz 1 des bis zum 31. Dezember 1991 geltenden Rechts.
   c) § 54 gilt nicht, solange eine am 31. Dezember 1991 über diesen Zeitpunkt hinaus bestehende Beschäftigung oder Tätigkeit einer Soldatin im Ruhestand oder eines Soldaten im Ruhestand andauert.
3. Die Rechtsverhältnisse der Hinterbliebenen einer Soldatin im Ruhestand oder eines Soldaten im Ruhestand, die oder der nach dem 31. Dezember 1991 verstorben ist, regeln sich nach den ab dem 1. Januar 1992 geltenden Vorschriften, jedoch unter Zugrundelegung des bisherigen Ruhegehalts. § 55b ist in der bis zum 31. Dezember 1991 geltenden Fassung anzuwenden.
4. § 113 Absatz 1 Nummer 3 gilt entsprechend.
5. Nummer 1 Satz 2 ist ab dem Inkrafttreten der achten auf den 31. Dezember 2002 folgenden Anpassung nach § 105 dieses Gesetzes in Verbindung mit § 70 des Beamtenversorgungsgesetzes nicht mehr anzuwenden. Ab dem genannten Zeitpunkt sind § 41 Absatz 1 Satz 1 Nummer 3 und Absatz 2 Satz 1 und 2 sowie die §§ 68 und 70 anzuwenden; bei der Anwendung von § 55b Absatz 1 Satz 1 in der bis zum 31. Dezember 1991 geltenden Fassung gilt § 120 Absatz 4 für die Verminderung der Prozentsätze entsprechend.

§ 115 Ruhegehaltssatz für am 31. Dezember 1991 vorhandene Berufssoldatinnen und Berufssoldaten

(1) Hat das Dienstverhältnis der Berufssoldatin oder des Berufssoldaten, aus dem sie oder er in den Ruhestand tritt, oder ein unmittelbar vorangehendes anderes öffentlich-rechtliches Dienstverhältnis bereits am 31. Dezember 1991 bestanden,

bleibt der zu diesem Zeitpunkt erreichte Ruhegehaltssatz gewahrt. Dabei richtet sich die Berechnung der ruhegehaltfähigen Dienstzeit und des Ruhegehaltssatzes nach dem bis zum 31. Dezember 1991 geltenden Recht; § 26 Absatz 1 Satz 1 zweiter und dritter Teilsatz ist hierbei nicht anzuwenden. Der sich nach den Sätzen 1 und 2 ergebende Ruhegehaltssatz steigt mit jedem Jahr, das vom 1. Januar 1992 an nach dem von diesem Zeitpunkt an geltenden Recht als ruhegehaltfähige Dienstzeit zurückgelegt wird, um ein Prozent der ruhegehaltfähigen Dienstbezüge bis zum Höchstsatz von 75 Prozent; insoweit gilt § 40 Absatz 1 Satz 2 und 4 entsprechend. Bei der Anwendung von Satz 3 bleiben Zeiten bis zur Vollendung einer zehnjährigen ruhegehaltfähigen Dienstzeit außer Betracht; § 25 Absatz 1 und § 26 Absatz 2 sind in der bis zum 31. Dezember 1991 geltenden Fassung anzuwenden.

(2) Hat das Dienstverhältnis der Berufssoldatin oder des Berufssoldaten, aus dem sie oder er in den Ruhestand tritt, oder ein unmittelbar vorangehendes anderes öffentlich-rechtliches Dienstverhältnis bereits am 31. Dezember 1991 bestanden und liegt der Eintritt in den Ruhestand auf Grund der für sie oder ihn geltenden Altersgrenzenregelung vor dem 1. Januar 2002, so richtet sich die Berechnung der ruhegehaltfähigen Dienstzeit und des Ruhegehaltssatzes nach dem bis zum 31. Dezember 1991 geltenden Recht. Satz 1 gilt entsprechend, wenn eine von dieser Vorschrift erfasste Berufssoldatin oder ein von dieser Vorschrift erfasster Berufssoldat vor Eintritt in den Ruhestand wegen Dienstunfähigkeit in den Ruhestand versetzt wird oder verstirbt.

(3) Der sich nach Absatz 1 oder Absatz 2 ergebende Ruhegehaltssatz wird der Berechnung des Ruhegehalts zugrunde gelegt, wenn er höher ist als der Ruhegehaltssatz, der sich nach diesem Gesetz für die gesamte ruhegehaltfähige Dienstzeit ergibt. Der sich nach Absatz 1 ergebende Ruhegehaltssatz darf den Ruhegehaltssatz, der sich nach dem bis zum 31. Dezember 1991 geltenden Recht ergäbe, nicht übersteigen.

(4) Errechnet sich der Ruhegehaltssatz nach Absatz 1 in Verbindung mit Absatz 3 Satz 2 oder nach Absatz 2, ist entsprechend diesen Vorschriften auch der Ruhegehaltssatz für die Höchstgrenze nach § 70 Absatz 2 und § 71 Absatz 2 zu berechnen. § 40 Absatz 1 Satz 2 und 4 gilt entsprechend.

(5) Bei der Anwendung der Absätze 1 und 2 bleibt der am 31. Dezember 1991 erreichte Ruhegehaltssatz auch dann gewahrt, wenn dem Dienstverhältnis der Berufssoldatin oder des Berufssoldaten, aus dem sie oder er in den Ruhestand tritt, mehrere öffentlich-rechtliche Dienstverhältnisse in unmittelbarem zeitlichen Zusammenhang, mit dem am 31. Dezember 1991 bestehenden öffentlich-rechtlichen Dienstverhältnis vorangegangen sind.

(6) Einem öffentlich-rechtlichen Dienstverhältnis steht ein Beschäftigungsverhältnis im Sinne des § 5 Absatz 1 Nummer 2 und des § 6 Absatz 1 Nummer 2 des Sechsten Buches Sozialgesetzbuch gleich.

(7) Für den nach den Absätzen 1 bis 3 ermittelten Ruhegehaltssatz gilt § 120 Absatz 4 entsprechend.

(8) Die §§ 37 und 38 sind anzuwenden.

§ 116 Erneute Berufung in das Dienstverhältnis einer Berufssoldatin oder eines Berufssoldaten

Ist eine Soldatin im Ruhestand oder ein Soldat im Ruhestand erneut in das Dienstverhältnis einer Berufssoldatin oder eines Berufssoldaten berufen worden, bleibt der am Tag vor der erneuten Berufung in das Dienstverhältnis einer Berufssoldatin oder eines Berufssoldaten vor Anwendung von Ruhens-, Kürzungs- und Anrechnungsvorschriften zustehende Betrag des Ruhegehalts gewahrt. Tritt die Berufssoldatin oder der Berufssoldat erneut in den Ruhestand, wird die ruhegehaltfähige Dienstzeit und das Ruhegehalt, nach dem im Zeitpunkt der Zurruhesetzung geltenden Recht berechnet. Bei der Anwendung des § 115 Absatz 1 und 2 gilt die Zeit des Ruhestandes nicht als Unterbrechung des Dienstverhältnisses; die Zeit im Ruhestand ist nicht ruhegehaltfähig. Das höhere Ruhegehalt wird gezahlt.

§ 117 Übergangsregelungen für vor dem 1. Juli 1997 eingetretene Versorgungsfälle

Für Versorgungsfälle, die vor dem 1. Juli 1997 eingetreten sind, ist § 17 Absatz 2, § 23 Absatz 1 Satz 1, § 25 Absatz 1 Satz 1 und § 27 in der bis zum 30. Juni 1997 geltenden Fassung in Verbindung mit § 36 Absatz 2 des Beamtenversorgungsgesetzes in der bis zum 30. Juni 1997 geltenden Fassung anzuwenden. Satz 1 gilt entsprechend für künftige Hinterbliebene einer vor dem 1. Juli 1997 vorhandenen Versorgungsempfängerin oder eines vor dem 1. Juli 1997 vorhandenen Versorgungsempfängers. Versorgungsempfängerinnen und Versorgungsempfänger, die am 28. Februar 1997 einen Erhöhungsbetrag nach § 11 Absatz 2 Satz 6 oder § 26 Absatz 5 in der jeweils an diesem Tag geltenden Fassung bezogen haben, erhalten diesen weiter mit der Maßgabe, dass sich dieser Erhöhungsbetrag bei der nächsten allgemeinen Erhöhung der Versorgungsbezüge um die Hälfte verringert; die Verringerung darf jedoch die Hälfte der allgemeinen Erhöhung nicht übersteigen. Bei einer weiteren allgemeinen Erhöhung der Versorgungsbezüge entfällt der verbleibende Erhöhungsbetrag. Versorgungsempfängerinnen und Versorgungsempfänger, die am 30. Juni 1997 einen Anpassungszuschlag nach § 89b in der an diesem Tag geltenden Fassung in Verbindung mit § 71 des Beamtenversorgungsgesetzes in der an diesem Tag geltenden Fassung bezogen haben, erhalten diesen in Höhe des zu diesem Zeitpunkt zustehenden Betrages weiter. Künftige Hinterbliebene der in den Sätzen 3 und 5 genannten Versorgungsempfängerinnen und Versorgungsempfänger erhalten die jeweiligen Beträge entsprechend anteilig.

§ 118 Übergangsregelungen für vor dem 1. Januar 1999 eingetretene Versorgungsfälle und für am 1. Januar 1999 vorhandene Soldatinnen und Soldaten

(1) Für Versorgungsfälle, die vor dem 1. Januar 1999 eingetreten sind, sind die §§ 18, 21, 26 Absatz 9 und die §§ 63, 63a in der bis zum 31. Dezember 1998 geltenden Fassung anzuwenden. Satz 1 gilt entsprechend für künftige Hinterbliebene einer vor dem 1. Januar 1999 vorhandenen Versorgungsempfängerin oder eines vor dem 1. Januar 1999 vorhandenen Versorgungsempfängers.

(2) Für Soldatinnen und Soldaten, die vor dem 1. Januar 2001 befördert oder in eine höhere Besoldungsgruppe eingewiesen wurden, ist § 18 in der bis zum 31. Dezember 1998 geltenden Fassung anzuwenden.

(3) Für Berufssoldatinnen und Berufssoldaten im Sinne des § 50 des Soldatengesetzes, die erstmals vor dem 1. Januar 1999 zu einem Dienstgrad im Sinne dieser Vorschrift ernannt wurden, sind die §§ 21 und 26 Absatz 9 in der bis zum 31. Dezember 1998 geltenden Fassung anzuwenden.

(4) Die §§ 53, 54 und 94b Absatz 4 in der bis zum 31. Dezember 1998 geltenden Fassung sind, wenn dies für die Versorgungsempfängerin oder den Versorgungs-

empfänger günstiger ist, längstens für weitere sieben Jahre ab dem 1. Januar 1999, anzuwenden, solange eine am 31. Dezember 1998 über diesen Zeitpunkt hinaus ausgeübte Beschäftigung oder Tätigkeit der Versorgungsempfängerin oder des Versorgungsempfängers andauert. Satz 1 gilt entsprechend für die Anwendung des § 6 Absatz 6 des Personalstärkegesetzes vom 20. Dezember 1991 (BGBl. I S. 2376) in der bis zum 31. Dezember 1998 geltenden Fassung.

§ 119 Übergangsregelungen für vor dem 1. Januar 2001 eingetretene Versorgungsfälle und für am 1. Januar 2001 vorhandene Berufssoldatinnen und Berufssoldaten

(1) Auf Versorgungsfälle, die vor dem 1. Januar 2001 eingetreten sind, ist § 25 Absatz 1 Satz 1, § 26 Absatz 10 und § 27 Absatz 1 Satz 1 in der bis zum 31. Dezember 2000 geltenden Fassung in Verbindung mit § 36 Absatz 2 des Beamtenversorgungsgesetzes in der bis zum 31. Dezember 2000 geltenden Fassung anzuwenden; § 94c ist in der bis zum 31. Dezember 2000 geltenden Fassung anzuwenden, wenn dies für die Versorgungsempfängerin oder den Versorgungsempfänger günstiger ist. Satz 1 gilt entsprechend für künftige Hinterbliebene einer vor dem 1. Januar 2001 vorhandenen Versorgungsempfängerin oder eines vor dem 1. Januar 2001 vorhandenen Versorgungsempfängers.

(2) Für am 1. Januar 2001 vorhandene Berufssoldatinnen und Berufssoldaten, die bis zum 31. Dezember 2003 wegen Dienstunfähigkeit in den Ruhestand versetzt werden, gilt Folgendes:

1. § 40 Absatz 8 ist mit folgenden Maßgaben anzuwenden:

Zeitpunkt der Versetzung in den Ruhestand	Minderung des Ruhegehalts für jedes Jahr des vorgezogenen Ruhestandes (Prozent)	Höchstsatz der Gesamtminderung des Ruhegehalts (Prozent)
vor dem 1.1.2002	1,8	3,6
vor dem 1.1.2003	2,4	7,2
vor dem 1.1.2004	3,0	10,8

2. § 39 Absatz 1 Satz 1 ist mit folgenden Maßgaben anzuwenden:

Zeitpunkt der Versetzung in den Ruhestand	Umfang der Berücksichtigung als Zurechnungszeit in Zwölfteln
vor dem 1.1.2002	5
vor dem 1.1.2003	6
vor dem 1.1.2004	7

§ 120 Übergangsregelungen aus Anlass des Versorgungsänderungsgesetzes 2001 sowie des Dienstrechtsneuordnungsgesetzes

(1) Die Rechtsverhältnisse der am 1. Januar 2002 vorhandenen Soldatinnen im Ruhestand und Soldaten im Ruhestand, Witwen, Witwer, Waisen und sonstigen Ver-

sorgungsempfängerinnen und Versorgungsempfängern regeln sich nach dem bis zum 31. Dezember 2001 geltenden Recht mit folgenden Maßgaben:

1. Die Absätze 3, 4, 6 und 9, die §§ 21, 22, 63, 64, 66, 71 Absatz 1 Satz 3 bis 7, die §§ 73 bis 76, 80, 81, 96, 97, 99, 100 und 115 Absatz 9 sowie § 59 dieses Gesetzes in Verbindung mit § 22 Absatz 1 Satz 3 und § 42 Satz 2 des Beamtenversorgungsgesetzes sind anzuwenden. Artikel 11 des Gesetzes zur Änderung des Beamtenversorgungsgesetzes, des Soldatenversorgungsgesetzes sowie sonstiger versorgungsrechtlicher Vorschriften vom 20. September 1994 (BGBl. I S. 2442) bleibt unberührt.
2. § 26a Absatz 1 Satz 1 Nummer 3 und Absatz 2 Satz 1 und 2 sowie § 53 Absatz 1 Satz 2, Absatz 2 Nummer 1 bis 3 erste Höchstgrenzenalternative sowie die Absätze 3 bis 8 sind in der am 1. Januar 2002 geltenden Fassung anzuwenden; § 68 Absatz 1 Satz 3 zweite Höchstgrenzenalternative ist mit der Maßgabe anzuwenden, dass an die Stelle der Zahl „71,75" die Zahl „75" tritt. § 100 Absatz 1 ist mit der Maßgabe anzuwenden, dass an die Stelle der Zahl „66,97" jeweils die Zahl „70" tritt; § 55 ist in der am 1. Januar 2003 geltenden Fassung mit der Maßgabe anzuwenden, dass an die Stelle der Zahl „71,75" jeweils die Zahl „75" tritt. Die Sätze 1 und 2 sind mit dem Inkrafttreten der achten auf den 31. Dezember 2002 folgenden Anpassung nach § 105 dieses Gesetzes in Verbindung mit § 70 des Beamtenversorgungsgesetzes nicht mehr anzuwenden. Ab dem genannten Zeitpunkt sind § 41 Absatz 1 Satz 1 Nummer 3 und Absatz 2 Satz 1 und 2, § 68 Absatz 1 Satz 6, Absatz 2 bis 4 und § 70 dieses Gesetzes anzuwenden.
3. Ab dem Inkrafttreten der achten auf den 31. Dezember 2002 folgenden Anpassung nach § 105 dieses Gesetzes in Verbindung mit § 70 des Beamtenversorgungsgesetzes ist § 55b Absatz 1 und 7 in der bis zum 31. Dezember 2001 geltenden Fassung mit der Maßgabe anzuwenden, dass an die Stelle der Zahl „1,875" die Zahl „1,79375" sowie an die Stelle der Zahl „2,5" die Zahl „2,39167" tritt.

(2) Auf Versorgungsfälle, die nach dem 31. Dezember 2001 eintreten, sind § 26 Absatz 1 bis 4 und 9, § 26a Absatz 1 Satz 1 Nummer 3 und Absatz 2 Satz 1 und 2, § 53 Absatz 2 Nummer 3 erste Höchstgrenzenalternative und Absatz 7 Satz 2 Nummer 3 sowie § 74 in der bis zum 31. Dezember 2002 geltenden Fassung anzuwenden; § 26a Absatz 2 Satz 3 ist in der am 1. Januar 2003 geltenden Fassung anzuwenden, § 68 Absatz 1 Satz 3 zweite Höchstgrenzenalternative sowie § 70 Absatz 2 sind mit der Maßgabe anzuwenden, dass an die Stelle der Zahl „71,75" jeweils die Zahl „75" tritt. § 72 Absatz 1 und 6 ist mit der Maßgabe anzuwenden, dass an die Stelle der Zahl „1,79375" die Zahl „1,875" sowie an die Stelle der Zahl „2,39167" die Zahl „2,5" tritt. § 100 Absatz 1 ist mit der Maßgabe anzuwenden, dass an die Stelle der Zahl „66,97" jeweils die Zahl „70" tritt. Die Sätze 1 bis 3 sind ab dem Inkrafttreten der achten auf den 31. Dezember 2002 folgenden Anpassung nach § 105 dieses Gesetzes in Verbindung mit § 70 des Beamtenversorgungsgesetzes nicht mehr anzuwenden.

(3) Ab dem Inkrafttreten der ersten auf den 31. Dezember 2002 folgenden Anpassung nach § 105 dieses Gesetzes in Verbindung mit § 70 des Beamtenversorgungsgesetzes werden die der Berechnung der Versorgungsbezüge zugrundeliegenden ruhegehaltfähigen Dienstbezüge bis zur siebten Anpassung nach § 105 dieses Gesetzes in Verbindung mit § 70 des Beamtenversorgungsgesetzes durch einen Anpassungsfaktor nach Maßgabe der folgenden Tabelle vermindert:

Anpassung nach dem 31. Dezember 2002	Anpassungsfaktor
1.	0,99458
2.	0,98917
3.	0,98375
4.	0,97833
5.	0,97292
6.	0,96750
7.	0,96208

Dies gilt nicht für das Ruhegehalt, das durch Anwendung des § 40 Absatz 5 Satz 1 und 2 ermittelt ist. Bei der Anwendung von Ruhensvorschriften (§§ 68 bis 72) gelten die Sätze 1 und 2 entsprechend. Zu den ruhegehaltfähigen Dienstbezügen im Sinne des Satzes 1 gehören auch die Anpassungszuschläge, der Strukturausgleich sowie Erhöhungszuschläge nach den Artikeln 5 und 6 des Siebenten Gesetzes zur Änderung des Bundesbesoldungsgesetzes vom 15. April 1970 (BGBl. I S. 339).

(4) In Versorgungsfällen, die vor dem Inkrafttreten der achten auf den 31. Dezember 2002 folgenden Anpassung nach § 105 dieses Gesetzes in Verbindung mit § 70 des Beamtenversorgungsgesetzes eingetreten sind, wird der den Versorgungsbezügen zugrundeliegende Ruhegehaltssatz mit dem Inkrafttreten und vor dem Vollzug der achten Anpassung nach § 105 dieses Gesetzes in Verbindung mit § 70 des Beamtenversorgungsgesetzes mit dem Faktor 0,95667 vervielfältigt; § 40 Absatz 1 Satz 2 ist anzuwenden. Satz 1 gilt nicht für das Ruhegehalt, das durch Anwendung des § 40 Absatz 5 Satz 1 oder Satz 2 ermittelt ist. Der nach Satz 1 verminderte Ruhegehaltssatz gilt als neu festgesetzt. Er ist ab dem Inkrafttreten der achten Anpassung nach § 105 dieses Gesetzes in Verbindung mit § 70 des Beamtenversorgungsgesetzes der Berechnung der Versorgungsbezüge zugrunde zu legen.

(5) § 43 in der bis zum 31. Dezember 2001 geltenden Fassung in Verbindung mit § 19 Absatz 1 Satz 2 Nummer 1 des Beamtenversorgungsgesetzes ist in der bis zum 31. Dezember 2001 geltenden Fassung anzuwenden, wenn die Ehe vor dem 1. Januar 2002 geschlossen wurde. § 43 in der bis zum 31. Dezember 2001 geltenden Fassung in Verbindung mit § 20 Absatz 1 Satz 1 des Beamtenversorgungsgesetzes ist in der bis zum 31. Dezember 2001 geltenden Fassung anzuwenden, wenn die Ehe vor dem 1. Januar 2002 geschlossen wurde und mindestens eine Ehegattin oder ein Ehegatte vor dem 2. Januar 1962 geboren ist. § 98 ist in diesen Fällen nicht anzuwenden. In den Fällen des § 58 Absatz 1 gilt Satz 1 entsprechend.

(6) In den Fällen des § 42 Absatz 1 dieses Gesetzes in Verbindung mit § 36 Absatz 3 des Beamtenversorgungsgesetzes gilt unbeschadet des § 115 der § 26 Absatz 1 Satz 1 in der bis zum 31. Dezember 2002 geltenden Fassung. In den Fällen des Satzes 1 sowie des § 42 Absatz 1 dieses Gesetzes in Verbindung mit § 37 des Beamtenversorgungsgesetzes sind die Absätze 3, 4 und 9 sowie § 115 Absatz 8 nicht anzuwenden.

(7) § 53 Absatz 4 ist mit folgenden Maßgaben anzuwenden:

1. Für Zurruhesetzungen in der Zeit bis zum 31. Dezember 2009 treten an die Stelle des jährlichen Erhöhungsbetrages von 528 Euro für die Kalenderjahre bis 2009 die aus der folgenden Tabelle ersichtlichen Beträge:

Kalenderjahr	Erhöhungsbetrag
2002	0
2003	66
2004	132
2005	198
2006	264
2007	330
2008	396
2009	462

2. Berufssoldatinnen und Berufssoldaten, die nach § 1 des Personalanpassungsgesetzes in den Ruhestand versetzt werden, sind für die Berechnung des Erhöhungsbetrages so zu behandeln, als wären sie zum frühestmöglichen Zeitpunkt wegen Überschreitens der für sie jeweils geltenden Altersgrenze in den Ruhestand versetzt worden.

(8) Für die Verteilung der Versorgungslasten bei Berufssoldatinnen und Berufssoldaten, die vor dem 1. Januar 2002 in den Dienst eines anderen Dienstherrn übernommen worden sind, gilt § 92b dieses Gesetzes in der bis zum 31. Dezember 2001 geltenden Fassung in Verbindung mit § 107b Absatz 1 des Beamtenversorgungsgesetzes in der bis zum 31. Dezember 2001 geltenden Fassung.

(9) Die Wirkungen der Minderungen der der Berechnung der Versorgungsbezüge zugrundeliegenden ruhegehaltfähigen Dienstbezüge sind bis zum 31. Dezember 2011 unter Berücksichtigung der allgemeinen Entwicklung der Alterssicherungssysteme und der Situation in den öffentlich-rechtlichen Versorgungssystemen sowie der Entwicklung der allgemeinen wirtschaftlichen und finanziellen Verhältnisse zu prüfen.

§ 121 Übergangsregelungen aus Anlass des Berufsförderungsfortentwicklungsgesetzes

(1) Die Rechtsverhältnisse der am 1. Juni 2005 vorhandenen Versorgungsempfängerinnen und Versorgungsempfänger regeln sich nach bisherigem Recht, wenn dies für die Versorgungsempfängerin oder den Versorgungsempfänger günstiger ist; dies gilt für die erweiterte Dauer der Förderung am Ende der Wehrdienstzeit allerdings nur, soweit dies mit ihrem Dienstzeitende kalendarisch vereinbar ist. Entsprechendes gilt für weggefallene Minderungstatbestände und verringerte Minderungsumfänge. Soweit neue Minderungstatbestände oder größere Minderungsumfänge in § 7 eingeführt worden sind, werden diese erst bei Förderungsmaßnahmen wirksam, die nach dem 31. Mai 2005 begonnen haben.

(2) § 87 Absatz 2 und 3 Satz 2 in der bis zum 31. Mai 2005 geltenden Fassung ist auf Inhaberinnen und Inhaber von Eingliederungsscheinen, die bis zum 31. Dezember 2005 ihren Dienst auf der vorbehaltenen Stelle angetreten oder ohne Inanspruchnahme einer vorbehaltenen Stelle bei einem Dienstantritt vor dem 1. Januar 2006 ihren Eingliederungsschein zum Zweck des Erhalts von Ausgleichsbezügen zur Personalakte bei dem neuen Dienstherrn gegeben haben, weiter anzuwenden.

§ 122 Übergangsregelung aus Anlass des Wegfalls des Instituts der Anstellung

Auf Bundesbeamtinnen und Bundesbeamte, denen mit der Begründung eines Beamtenverhältnisses auf Probe nicht gleichzeitig ein Amt verliehen wird, ist § 8a Absatz 1, § 9 Absatz 4 und 5 sowie § 11a in der bis zum 11. Februar 2009 geltenden Fassung anzuwenden.

§ 123 Übergangsregelungen zur Berücksichtigung von Hochschulausbildungszeiten

(1) Auf Versorgungsfälle, die vor dem 12. Februar 2009 eingetreten sind, ist § 23 Absatz 1 Satz 1 in der bis zum 11. Februar 2009 geltenden Fassung anzuwenden.

(2) Für Versorgungsfälle, die nach dem 11. Februar 2009 und bis zum 31. Dezember 2012 eintreten, ist § 23 Absatz 1 Satz 1 in der bis zum 11. Februar 2009 geltenden Fassung mit der Maßgabe anzuwenden, dass sich die danach höchstens anrechenbare Zeit einer Hochschulausbildung für jeden nach diesem Tag beginnenden Kalendermonat bis einschließlich des Kalendermonats, in dem der Versorgungsfall eintritt, um jeweils fünf Tage vermindert.

§ 124 Versorgungsüberleitungsregelungen aus Anlass des Dienstrechtsneuordnungsgesetzes

(1) Für Versorgungsfälle, die vor dem 1. Juli 2009 eingetreten sind, gilt:

1. § 29 Absatz 1 dieses Gesetzes ist mit folgenden Maßgaben anzuwenden:
   a) § 2 Absatz 1 Satz 1 sowie Absatz 2 Satz 1, 2 und 4 des Besoldungsüberleitungsgesetzes gilt entsprechend. Die Zuordnung im Sinne des § 2 Absatz 3 des Besoldungsüberleitungsgesetzes erfolgt innerhalb der Besoldungsgruppe, aus der sich das Ruhegehalt berechnet, zu dem Betrag der Stufe, der dem Betrag nach § 2 Absatz 2 Satz 1, 2 und 4 des Besoldungsüberleitungsgesetzes entspricht oder unmittelbar darunterliegt. Liegt der zugeordnete Betrag nach Satz 2 unter dem Betrag nach § 2 Absatz 2 Satz 1, 2 und 4 des Besoldungsüberleitungsgesetzes, wird in Höhe der Differenz ein Überleitungsbetrag als ruhegehaltfähiger Dienstbezug gewährt. Der Überleitungsbetrag ist bei allgemeinen Erhöhungen oder Verminderungen der Versorgungsbezüge nach § 105 dieses Gesetzes in Verbindung mit § 70 des Beamtenversorgungsgesetzes entsprechend anzupassen. Der Überleitungsbetrag gehört zu den der Bemessung nach § 2 der Zweiten Besoldungs-Übergangsverordnung zugrunde zu legenden Dienstbezügen. Auf die ruhegehaltfähigen Dienstbezüge nach Satz 1, die nicht von Satz 2 erfasst werden, ist § 2 Absatz 2 Satz 2 des Besoldungsüberleitungsgesetzes entsprechend anzuwenden.
   b) Für Versorgungsbezüge, deren Berechnung ruhegehaltfähige Dienstbezüge nach der Bundesbesoldungsordnung B zugrunde liegen, gelten die Beträge nach § 20 Absatz 2 des Bundesbesoldungsgesetzes.
   c) Für die nicht von den Buchstaben a und b erfassten ruhegehaltfähigen Dienstbezüge mit Ausnahme des Familienzuschlages der Stufe 1 gilt § 2 Absatz 2 Satz 2 des Besoldungsüberleitungsgesetzes entsprechend. Zu den ruhegehaltfähigen Dienstbezügen nach Satz 1 gehören auch die Anpassungszuschläge, der Strukturausgleich sowie Erhöhungszuschläge nach

den Artikeln 5 und 6 des Siebenten Gesetzes zur Änderung des Bundesbesoldungsgesetzes vom 15. April 1970 (BGBl. I S. 339).
2. Für Versorgungsbezüge, die in festen Beträgen festgesetzt sind, gelten § 2 Absatz 2 Satz 2 des Besoldungsüberleitungsgesetzes sowie der Faktor nach § 29 Absatz 1 Satz 1 entsprechend.

(2) Für Versorgungsfälle, die ab dem 1. Juli 2009 eintreten, gilt:
1. § 29 Absatz 1 ist für Berufssoldatinnen und Berufssoldaten, die aus einer zugeordneten Überleitungsstufe nach § 2 Absatz 3 des Besoldungsüberleitungsgesetzes in den Ruhestand treten oder versetzt werden, mit folgenden Maßgaben anzuwenden: Ruhegehaltfähig ist das Grundgehalt der Stufe, die unmittelbar unter der nach § 2 Absatz 3 des Besoldungsüberleitungsgesetzes zugeordneten Überleitungsstufe liegt. In Höhe der Differenz zu dem Betrag der Überleitungsstufe nach Satz 1 wird ein Überleitungsbetrag als ruhegehaltfähiger Dienstbezug gewährt. Absatz 1 Nummer 1 Buchstabe a Satz 4 und 5 ist anzuwenden.
2. Absatz 1 Nummer 2 gilt entsprechend.

(3) Für die Empfängerinnen und Empfänger von Übergangsgebührnissen nach § 16 oder Ausgleichsbezügen nach § 17 gilt Absatz 1 Nummer 1 Buchstabe a entsprechend. Ist der Versorgungsfall ab dem 1. Juli 2009 eingetreten, gilt Absatz 2 Nummer 1 entsprechend.

(4) Für Versorgungsfälle, die vor dem 1. Januar 2012 eingetreten sind, werden die Bezüge und Bezügebestandteile nach den Absätzen 1 bis 3 mit Ausnahme der Bezüge nach Absatz 1 Nummer 1 Buchstabe b sowie nach Absatz 2 Nummer 2 um 2,44 Prozent erhöht.

§ 125 Übergangsregelungen aus Anlass des Einsatzversorgungs-Verbesserungsgesetzes

Ist der Anspruch auf eine einmalige Unfallentschädigung nach § 84 oder auf eine einmalige Entschädigung nach § 85 in der Zeit vom 1. Dezember 2002 bis zum 12. Dezember 2011 entstanden, beträgt die Entschädigung

1.	nach § 84 Absatz 3 Nummer 1 und § 85 Absatz 1	150 000 Euro,
2.	nach § 84 Absatz 3 Nummer 2 und § 85 Absatz 3 Nummer 1	100 000 Euro,
3.	nach § 84 Absatz 3 Nummer 3 und § 85 Absatz 3 Nummer 2	40 000 Euro,
4.	nach § 84 Absatz 3 Nummer 4 und § 85 Absatz 3 Nummer 3	20 000 Euro.

Aus gleichem Anlass bereits gewährte Leistungen nach § 84 oder § 85 sind anzurechnen. Die Sätze 1 und 2 gelten für die einmalige Entschädigung nach § 89 entsprechend.

§ 126 Übergangsregelungen aus Anlass des Bundeswehrreform-Begleitgesetzes

(1) Für die am 26. Juli 2012 vorhandenen Versorgungsempfängerinnen und Versorgungsempfänger sowie für die Soldatinnen und Soldaten, die vor dem 26. Juli 2012 in das Dienstverhältnis einer Soldatin auf Zeit oder eines Soldaten auf Zeit berufen worden sind oder freiwilligen Wehrdienst nach Abschnitt 7 des Wehrpflichtgesetzes in der bis zum 12. April 2013 geltenden Fassung angetreten oder eine Eignungsübung nach dem Eignungsübungsgesetz geleistet haben, gilt weiterhin das bishe-

rige Recht, sofern zwischen den Dienstverhältnissen keine Unterbrechung bestand. Der Bemessungssatz der Übergangsgebührnisse vermindert sich nach § 11 Absatz 3 Satz 4 des Soldatenversorgungsgesetzes in der bis zum 25. Juli 2012 geltenden Fassung, solange auf Grund einer Maßnahme der schulischen und beruflichen Bildung Einkünfte erzielt werden, die höher sind als der Betrag dieser Verminderung. Die Sätze 1 und 2 gelten auch für die am 26. Juli 2012 vorhandenen Berufssoldatinnen und Berufssoldaten, deren Dienstverhältnis nach § 45a des Soldatengesetzes bis zum 31. Dezember 2017 umgewandelt wird. § 4 Absatz 1, § 5 Absatz 3, § 7 Absatz 7, 9 und 12, § 8 Absatz 1 und 2, die §§ 9, 10 und 16 Absatz 4 und 6, die §§ 17 und 19 Absatz 7 sowie die §§ 21, 22, 25, 33, 60, 62, 68, 80, 104 und 125 sind nach diesem Gesetz in der jeweils geltenden Fassung anzuwenden.

(2) Abweichend von Absatz 1 Satz 1 gilt für Soldatinnen auf Zeit und Soldaten auf Zeit, die vor dem 26. Juli 2012 in das Dienstverhältnis einer Soldatin auf Zeit oder eines Soldaten auf Zeit berufen worden sind oder freiwilligen Wehrdienst nach Abschnitt 7 des Wehrpflichtgesetzes in der bis zum 12. April 2013 geltenden Fassung angetreten haben, dieses Gesetz in seiner jeweiligen Fassung, wenn

1. ihr Dienstverhältnis nach dem 23. Mai 2015 nach § 40 Absatz 2 des Soldatengesetzes verlängert wird oder
2. sie dies beantragen, ihre Wehrdienstzeit mindestens auf sechs Jahre festgesetzt ist und die Weiterverwendung zur Sicherstellung der Deckung des Personalbedarfs erforderlich ist.

Die Höhe des Anspruchs nach § 7 Absatz 11 darf in den Fällen des Satzes 1 die Höhe des Förderungsanspruchs nach § 5 Absatz 10 in der vor dem 26. Juli 2012 geltenden Fassung nicht unterschreiten.

(3) Auf Soldatinnen auf Zeit und Soldaten auf Zeit, die nach dem 25. Juli 2012 erneut in ein Dienstverhältnis einer Soldatin auf Zeit oder eines Soldaten auf Zeit berufen werden, ist § 21 Absatz 1 Satz 5 mit der Maßgabe anzuwenden, dass der Bezugszeitraum der Übergangsgebührnisse die nach § 21 Absatz 1 Satz 4 zustehende Förderungsdauer nicht übersteigen darf. Wenn Soldatinnen auf Zeit oder Soldaten auf Zeit nach dem 25. Juli 2012 erneut in ein Dienstverhältnis als Soldatinnen auf Zeit oder als Soldaten auf Zeit berufen werden und dieses Dienstverhältnis weniger als sechs Monate dauert, gilt § 20 Satz 2 bis 4 entsprechend. Übergangsgebührnisse stehen nicht zu.

§ 127 Übergangsregelungen aus Anlass des Bundeswehr-Attraktivitätssteigerungsgesetzes

(1) § 58 ist auch anzuwenden, wenn der Tod in der Zeit vom 1. Dezember 2002 bis zum 12. Dezember 2011 eingetreten ist. Ein bereits nach § 56 Absatz 1 gewährtes Sterbegeld ist zu belassen.

(2) Für eine gesundheitliche Schädigung, die in der Zeit vom 1. November 1991 bis zum 30. November 2002 erlitten worden ist, ist § 87 mit folgenden Maßgaben anzuwenden:

1. ist im Fall des § 86 bereits ein Schadensausgleich gewährt worden, wird insoweit kein weiterer Schadensausgleich vorgenommen;
2. ist im Fall des § 88 bereits ein erhöhtes Unfallruhegehalt gewährt worden, hat es damit sein Bewenden;
3. im Fall des § 89
   a) gilt § 85 Absatz 3 entsprechend, wenn die geschädigte Person, nachdem die in § 85 Absatz 1 genannten Schädigungsfolgen eingetreten sind, nicht an diesen, sondern aus anderen Gründen gestorben ist und aus Anlass der

Schädigung weder eine einmalige Entschädigung nach § 85 noch eine vergleichbare Entschädigung nach anderen Vorschriften erhalten hat,
b) sind einmalige Entschädigungszahlungen anzurechnen, die der geschädigten Person oder ihren Hinterbliebenen aus Anlass derselben Schädigung nach anderen Vorschriften zustehen oder bereits gewährt worden sind;
4. im Fall des § 90 steht die Ausgleichszahlung der hinterbliebenen Ehegattin, dem hinterbliebenen Ehegatten und den nach diesem Gesetz versorgungsberechtigten Kindern zu, wenn die geschädigte Person nach Erfüllung der in § 90 Absatz 1 genannten Voraussetzungen nicht an den Schädigungsfolgen, sondern aus anderen Gründen gestorben ist;
5. eine Ausgleichszahlung nach § 90 steht im Fall des Anspruchs auf Hinterbliebenenversorgung nach § 58 nicht zu.

Die Leistungen werden auf Antrag gewährt.

§ 128 Befristete Ausnahme für Verwendungseinkommen aus einer Beschäftigung in der Flüchtlingshilfe

Für Soldatinnen im Ruhestand und Soldaten im Ruhestand, die ein Verwendungseinkommen aus einer Beschäftigung erzielen, die unmittelbar oder mittelbar
1. im Zusammenhang steht mit der Aufnahme, Betreuung oder Rückführung von Flüchtlingen und ihren Angehörigen oder
2. der Durchführung von migrationsspezifischen Sicherheitsaufgaben im Ausland dient,

beträgt die Höchstgrenze nach § 68 Absatz 2 Nummer 1 erste Alternative bis zum 31. Dezember 2023 120 Prozent der ruhegehaltfähigen Dienstbezüge aus der Endstufe der Besoldungsgruppe, aus der sich das Ruhegehalt berechnet, zuzüglich des jeweils zustehenden Unterschiedsbetrages nach § 64 Absatz 1. Satz 1 gilt für Berufssoldatinnen und Berufssoldaten, die wegen Dienstunfähigkeit in den Ruhestand versetzt worden sind, erst nach Ablauf des Monats, in dem sie die Regelaltersgrenze nach § 51 Absatz 1 und 2 des Bundesbeamtengesetzes erreicht haben.

§ 129 Übergangsregelung aus Anlass des Gesetzes zur Änderung des Versorgungsrücklagegesetzes und weiterer dienstrechtlicher Vorschriften

Für Versorgungsfälle, die vor dem 11. Januar 2017 eingetreten sind, sind § 20 Absatz 1 Satz 2 Nummer 1 und § 55a Absatz 2 in der bis zum 10. Januar 2017 geltenden Fassung anzuwenden. Satz 1 gilt entsprechend für künftige Hinterbliebene einer vor dem 11. Januar 2017 vorhandenen Versorgungsempfängerin oder eines vor dem 11. Januar 2017 vorhandenen Versorgungsempfängers.

§ 130 Übergangsregelung aus Anlass des GKV-Versichertenentlastungsgesetzes sowie des Bundeswehr-Einsatzbereitschaftsstärkungsgesetzes

(1) Auf die am 31. Dezember 2018 vorhandenen Empfängerinnen und Empfänger von Übergangsgebührnissen ist das Soldatenversorgungsgesetz in der bis dahin geltenden Fassung weiter anzuwenden.

(2) § 18 Absatz 4 findet Anwendung auf frühere Soldatinnen auf Zeit und frühere Soldaten auf Zeit, die ab dem 31. Dezember 2018 aus dem Dienstverhältnis ausgeschieden sind.

§ 131 Übergangsregelung aus Anlass des Besoldungsstrukturenmodernisierungsgesetzes

(1) § 32 ist auf am 30. Juni 2020 vorhandene Soldatinnen und Soldaten anzuwenden, wenn eine Verwendung im Sinne des § 32 Absatz 1 vor dem 1. Juli 2020
1. begonnen hat und über diesen Zeitpunkt hinaus andauert oder
2. bereits beendet war und die Soldatin oder der Soldat auf Grund dieser Verwendung einen Anspruch auf eine laufende Alterssicherungsleistung hat oder
3. bereits beendet war und die Soldatin oder der Soldat auf Grund dieser Verwendung einen Anspruch auf eine einmalige Alterssicherungsleistung in Form eines Kapitalbetrages hat mit den Maßgaben, dass
   a) abweichend von § 32 Absatz 3 Satz 1 der Kapitalbetrag vom Beginn des auf die Beendigung der Verwendung folgenden Monats bis zum 30. Juni 2020 zu verzinsen ist und
   b) der Antrag nach § 32 Absatz 4 Satz 1 bis zum 31. Januar 2022 gestellt werden kann. Die Zeit einer vor dem 1. Juli 2020 bereits beendeten Verwendung im Dienst einer zwischenstaatlichen oder überstaatlichen Einrichtung ist ungeachtet des § 32 ruhegehaltfähig, sofern die für diese Zeit zustehende Alterssicherungsleistung im Sinne des § 32 Absatz 2 bereits vor dem 1. Juli 2020 an den Dienstherrn abgeführt worden ist.

(2) Für am 30. Juni 2020 vorhandene Versorgungsempfängerinnen und Versorgungsempfänger sind vorbehaltlich von Satz 2 § 20 Absatz 3 Satz 1 Nummer 3, § 21 Satz 1 Nummer 1 Buchstabe b, § 55a Absatz 1 Satz 8 und 9, die §§ 55b, 94b Absatz 5 Satz 2 bis 4 sowie § 96 Absatz 5 in der bis zum 30. Juni 2020 geltenden Fassung weiter anzuwenden; dabei bleiben § 113 Absatz 1 Nummer 2 und 5, Absatz 4 Satz 2, § 114 Nummer 3 Satz 2, Nummer 5 Satz 2 zweiter Halbsatz sowie § 120 Absatz 1 Nummer 3 Satz 1 unberührt. Versorgungsempfängerinnen und Versorgungsempfänger nach Satz 1, deren Ruhensbetrag mittels Höchstgrenzenberechnung nach § 55b Absatz 1 Satz 1 in Verbindung mit Absatz 2 in einer zwischen dem 1. Oktober 1994 und dem 30. Juni 2020 anzuwendenden Fassung beziehungsweise § 72 der ab dem 1. Januar 2025 geltenden Fassung ermittelt wird, können einmalig für die Zukunft beantragen, dass ihr Ruhegehalt in Höhe von 1,79375 Prozent der ruhegehaltfähigen Dienstbezüge für jedes Jahr einer Verwendung im öffentlichen Dienst einer zwischenstaatlichen oder überstaatlichen Einrichtung ruht; der Unterschiedsbetrag nach § 47 Absatz 1 in einer vor dem 1. Januar 2025 gültigen Fassung ruht für jedes Jahr einer Verwendung im öffentlichen Dienst einer zwischenstaatlichen oder überstaatlichen Einrichtung in Höhe von 2,5 Prozent. Bei der Anwendung von Satz 2 ist § 96 Absatz 5 in der bis zum 30. Juni 2020 geltenden Fassung vorrangig zu berücksichtigen. Dienstzeiten, die über volle Jahre hinausgehen, sind einzubeziehen; § 40 Absatz 1 Satz 2 und 3 gilt entsprechend. Zeiten ab Beginn des Ruhestandes sind nicht zu berücksichtigen, es sei denn, sie führen zu einer Erhöhung des Ruhegehaltssatzes. Die zuständige Behörde erteilt auf schriftlichen oder elektronischen Antrag Auskunft zur Höhe des Ruhensbetrages nach Satz 2 zu dem nach Satz 7 oder Satz 8 maßgeblichen Zeitpunkt. Anträge, die bis zum 31. Juli 2021 gestellt werden, gelten als zum 1. Juli 2020 gestellt. Wird der Antrag später gestellt, tritt die Änderung mit Beginn des Antragsmonats ein. Vor dem Änderungszeitpunkt entstandene Ruhensbeträge bleiben unberührt. Die

Sätze 1 bis 9 gelten entsprechend für künftige Hinterbliebene einer oder eines vor dem 1. Juli 2020 vorhandenen Soldatin im Ruhestand oder Soldaten im Ruhestand.

(3) Versorgungsempfänger nach Absatz 2 Satz 1, deren Ruhensbetrag nach § 55b in einer bis zum 30. September 1994 geltenden Fassung oder auf Grund der verwendungszeitbezogenen Mindestbestimmung nach § 55b Absatz 1 Satz 1 erster Halbsatz in einer zwischen dem 1. Oktober 1994 und dem 30. Juni 2020 anzuwendenden Fassung bestimmt wird, können einmalig für die Zukunft beantragen, dass bei der Ermittlung des Ruhensbetrages Zeiten ab Beginn des Ruhestandes nicht zu berücksichtigen sind. Dies gilt nicht, wenn die Zeiten nach Beginn des Ruhestandes zu einer Erhöhung des Ruhegehaltssatzes führen. Absatz 2 Satz 4 und 6 bis 9 gilt entsprechend. Die Sätze 1 bis 3 gelten entsprechend für Hinterbliebene einer Soldatin im Ruhestand oder eines Soldaten im Ruhestand nach Absatz 2 Satz 1.

(4) Für am 31. August 2020 vorhandenen Soldatinnen im Ruhestand und Soldaten im Ruhestand, bei denen eine ruhegehaltfähige Zeit nach § 94b Absatz 6 in der bis zum 31. August 2020 geltenden Fassung berücksichtigt worden ist, ist § 96 auf schriftlichen oder elektronischen Antrag anzuwenden. Dem Antrag ist stattzugeben, wenn am 1. September 2020 das Ruhegehalt ohne Zeiten nach § 94b Absatz 6 Satz 1 in der bis zum 31. August 2020 geltenden Fassung zusammen mit dem Kindererziehungszuschlag nach § 96 Absatz 1 in Verbindung mit Absatz 2 Satz 1 Nummer 1 und Absatz 5 und 6 das Ruhegehalt übersteigt, das sich unter Berücksichtigung des § 94b Absatz 6 Satz 1 in der bis zum 31. August 2020 geltenden Fassung ergibt. Anträge, die innerhalb von drei Monaten ab dem 1. September 2020 gestellt werden, gelten als zum 1. September 2020 gestellt. Wird der Antrag zu einem späteren Zeitpunkt gestellt, tritt die Änderung mit Beginn des Antragsmonats ein. Wurde dem Antrag stattgegeben, ist § 94b Absatz 6 in der bis zum 31. August 2020 geltenden Fassung ab dem Zeitpunkt der Gewährung eines Kindererziehungszuschlags nach § 96 nicht mehr anzuwenden. Die Sätze 1 bis 5 gelten entsprechend für vor dem 1. September 2020 vorhandene Hinterbliebene.

§ 132 Übergangsregelung zur Minderung der Förderungsdauer

§ 7 Absatz 7 Satz 2 und 3 gilt nur für Maßnahmen der militärischen Ausbildung derjenigen Soldatinnen auf Zeit und Soldaten auf Zeit, die am oder nach dem 1. Oktober 2021 in einem Dienstverhältnis als Soldatin auf Zeit oder Soldat auf Zeit stehen. Für Maßnahmen der militärischen Ausbildung der Soldatinnen auf Zeit und Soldaten auf Zeit, deren Dienstverhältnis vor dem 1. Oktober 2021 endete, gilt § 5 Absatz 6 Satz 2 in der bis zum 30. September 2021 geltenden Fassung.

§ 133 Übergangsregelung aus Anlass der Einführung der Ruhegehaltfähigkeit von Stellenzulagen

(1) Die Stellenzulagen nach Anlage I Vorbemerkung Nummer 8 und 9 des Bundesbesoldungsgesetzes gehören für diejenigen am 31. Dezember 2023 vorhandenen Soldatinnen und Soldaten im Ruhestand zu den ruhegehaltfähigen Dienstbezügen,

1. deren Ruhestand nach dem 31. Dezember 2007 oder, sofern dem Ruhegehalt eine der Besoldungsgruppen A 1 bis A 9 zugrunde liegt, nach dem 31. Dezember 2010 begann, und
2. die bei Versetzung oder Eintritt in den Ruhestand die Voraussetzungen der Anlage I Vorbemerkung Nummer 3a des Bundesbesoldungsgesetzes in der ab 1. Januar 2024 geltenden Fassung erfüllt haben.

In den Fällen des § 81 Satz 2 des Bundesbesoldungsgesetzes ist Nummer 1 nicht anzuwenden. Der als ruhegehaltfähiger Dienstbezug zu berücksichtigende Betrag der jeweiligen Stellenzulage ergibt sich aus der zum Zeitpunkt des letztmaligen Bezuges der jeweiligen Stellenzulage geltenden Anlage IX des Bundesbesoldungsgesetzes. Eine Nachzahlung für Zeiträume vor dem 1. Januar 2024 erfolgt nicht.

(2) Die Berücksichtigung der Stellenzulagen nach Anlage I Vorbemerkung Nummer 8 und 9 des Bundesbesoldungsgesetzes gemäß Absatz 1 als ruhegehaltfähiger Dienstbezug erfolgt nur auf schriftlichen oder elektronischen Antrag, der bei der für die Festsetzung der Versorgungsbezüge zuständigen Stelle einzureichen ist. Anträge, die bis zum 31. Dezember 2024 gestellt werden, gelten als zum 1. Januar 2024 gestellt. Wird der Antrag zu einem späteren Zeitpunkt gestellt, tritt die Änderung zum Beginn des Antragsmonats ein.

§ 134 Übergangsregelung zur Anerkennung einer besonderen Auslandsverwendung als ruhegehaltfähige Dienstzeit

Für Versorgungsfälle, die vor dem 13. Dezember 2011 eingetreten sind, gilt § 109 des Soldatenversorgungsgesetzes in der bis zum 31. Dezember 2024 geltenden Fassung.

§ 135 Übergangsregelung aus Anlass des Gesetzes zur weiteren Stärkung der personellen Einsatzbereitschaft und zur Änderung von Vorschriften für die Bundeswehr

(1) Für am 1. April 2025 vorhandene Soldatinnen im Ruhestand und Soldaten im Ruhestand, die nicht bereits ein Unfallruhegehalt oder ein erhöhtes Unfallruhegehalt erhalten, gelten die §§ 42 und 88. Hat die Soldatin im Ruhestand oder der Soldat im Ruhestand eine Ausgleichszahlung nach § 63f des Soldatenversorgungsgesetzes in der bis zum 31. Dezember 2024 geltenden Fassung oder nach § 90 oder eine Kompensationszahlung nach § 85a erhalten, so wird das erhöhte Unfallruhegehalt monatlich um 250 Euro gekürzt, bis der Betrag der gewährten Ausgleichs- oder Kompensationszahlung erreicht ist. Beträgt der Unterschiedsbetrag zwischen dem erhöhten Unfallruhegehalt und dem zuletzt bezogenen Ruhegehalt weniger als 250 Euro im Monat, wird das erhöhte Unfallruhegehalt nur bis zur Höhe des Unterschiedsbetrags gekürzt. Der Betrag der gewährten Ausgleichs- oder Kompensationszahlung ist zuvor um 250 Euro für jeden Monat, der zwischen der Auszahlung der Ausgleichs- oder Kompensationszahlung und dem Beginn der Gewährung des erhöhten Unfallruhegehaltes liegt, zu mindern.

(2) Die Leistungen werden ab dem Ersten des Monats gewährt, in dem ein schriftlicher oder elektronischer Antrag von der Soldatin im Ruhestand oder dem Soldaten im Ruhestand bei der für die Festsetzung der Versorgungsbezüge zuständigen Stelle gestellt wurde. Eine Nachzahlung für davorliegende Zeiträume erfolgt nicht.

(3) Auf am 1. April 2025 vorhandene Hinterbliebene, die bisher keine Unfall-Hinterbliebenenversorgung erhalten, ist § 59 anzuwenden, wenn die Berufssoldatin oder der Berufssoldat die Voraussetzungen des § 42 oder § 88 erfüllt hätte. Absatz 2 gilt entsprechend.

Anlage

Anlage I Kapitel XIX Sachgebiet B Abschnitt III des Einigungsvertrags

(Fundstelle: BGBl. I 2021, 4009–4010)

(BGBl. II 1990, 889, 1146)
– Auszug –
Abschnitt III
Bundesrecht tritt in dem in Artikel 3 des Vertrages genannten Gebiet mit folgenden Maßgaben in Kraft:
…
5. Soldatenversorgungsgesetz in der Fassung der Bekanntmachung vom 5. März 1987 (BGBl. I S. 842), zuletzt geändert durch Artikel 4 des Gesetzes vom 26. Juni 1990 (BGBl. I S. 1211),
mit folgenden Maßgaben:
   a) Das Gesetz findet in der ab 1. Januar 1992 geltenden Fassung Anwendung.
   b) Das Gesetz findet nicht Anwendung auf Soldaten, die aus einem Wehrdienstverhältnis der ehemaligen Nationalen Volksarmee ausgeschieden sind, und auf Soldaten auf Zeit und Berufssoldaten der ehemaligen Nationalen Volksarmee, die auf Grund der Regelung in Abschnitt II Nummer 2 § 1 dieser Anlage Soldaten der Bundeswehr sind und für die weder ein Dienstverhältnis als Soldat auf Zeit mit einer Wehrdienstzeit von mehr als zwei Jahren noch ein solches als Berufssoldat der Bundeswehr begründet wird; dies gilt nicht für die Beschädigtenversorgung von Soldaten, die nach Wirksamwerden des Beitritts eine Wehrdienstbeschädigung erleiden.
   c) (gegenstandslos)
   d) Nicht anzuwenden sind die Vorschriften des § 43 des Soldatenversorgungsgesetzes in Verbindung mit § 86 des Beamtenversorgungsgesetzes sowie der §§ 64, 67 bis 79, 91, 94 bis 94c und des § 97 des Soldatenversorgungsgesetzes.

3.6 Gesetz zur Regelung der Weiterverwendung nach Einsatzunfällen (Einsatz-Weiterverwendungsgesetz – EinsatzWVG)

Einsatz-Weiterverwendungsgesetz in der Fassung der Bekanntmachung vom 4. September 2012 (BGBl. I S. 2070), das zuletzt durch Artikel 13 des Gesetzes vom 27. Februar 2025 (BGBl. 2025 I Nr. 72) geändert worden ist. Zuletzt geändert durch Art. 13 G v. 27.2.2025 I Nr. 72.

Abschnitt 1 **Allgemeine Vorschriften**

§ 1 Begriffsbestimmung

Einsatzgeschädigte im Sinne dieses Gesetzes sind
1. Soldatinnen und Soldaten,
2. Beamtinnen und Beamte des Bundes,
3. Richterinnen und Richter des Bundes,
4. Arbeitnehmerinnen und Arbeitnehmer des Bundes, mit Ausnahme der bei deutschen Dienststellen im Ausland eingestellten Ortskräfte, sowie
5. Helferinnen und Helfer des Technischen Hilfswerks nach § 2 Absatz 1 des THW-Gesetzes,

die eine nicht nur geringfügige gesundheitliche Schädigung durch einen Einsatzunfall im Sinne von § 87 des Soldatenversorgungsgesetzes oder § 31a des Beamtenversorgungsgesetzes erlitten haben.

§ 2 Anwendungsbereich

(1) Dieses Gesetz gilt entsprechend für Einsatzgeschädigte, die zur Ausübung einer Tätigkeit, die öffentlichen Belangen oder dienstlichen Interessen dient, beurlaubt worden sind und bei oder infolge dieser Tätigkeit einen Einsatzunfall nach § 1 erlitten haben.

(2) Einsatzgeschädigte nach § 1 Nummer 1, die zugleich unter § 1 Nummer 2, 3 oder 4 fallen, gelten für die Anwendung dieses Gesetzes ausschließlich als Einsatzgeschädigte nach § 1 Nummer 1, wenn sie den Einsatzunfall in einem Wehrdienstverhältnis erlitten haben. Haben Einsatzgeschädigte nach § 1 Nummer 1 bis 4 den Einsatzunfall in einem Dienstverhältnis nach dem THW-Gesetz erlitten, sind auf sie die für Einsatzgeschädigte nach § 1 Nummer 5 geltenden Vorschriften anzuwenden.

(3) § 87 Absatz 7 des Soldatenversorgungsgesetzes und § 31a Absatz 4 des Beamtenversorgungsgesetzes gelten entsprechend.

§ 3 Berufliche Qualifizierung

(1) Einsatzgeschädigte haben einen Anspruch gegen den Bund auf die erforderlichen Leistungen zur beruflichen Qualifizierung, um ihre Erwerbsfähigkeit entsprechend ihrer Leistungsfähigkeit zu erhalten, zu verbessern, herzustellen oder wiederherzustellen und ihre Weiterverwendung nach diesem Gesetz oder ihre sonstige Eingliederung in das Arbeitsleben möglichst auf Dauer zu sichern, soweit kein

gleichartiger Anspruch nach deutschen, überstaatlichen oder zwischenstaatlichen Vorschriften besteht.

(2) Die Leistungen nach Absatz 1 umfassen insbesondere
1. Hilfen zur Erhaltung oder Erlangung eines Arbeitsplatzes einschließlich der Beratung und Vermittlung,
2. die Berufsvorbereitung einschließlich einer erforderlichen Grundausbildung,
3. die berufliche Anpassung und Weiterbildung, auch soweit sie einen zur Teilnahme erforderlichen schulischen Abschluss einschließen,
4. die berufliche Ausbildung, auch soweit sie schulisch durchgeführt wird, und
5. die Schulausbildung, wenn der in Aussicht genommene Beruf dies erfordert.

(3) Über die Gewährung der Leistungen entscheidet die oberste Dienstbehörde. Dabei berücksichtigt sie angemessen die Eignung, persönliche Neigung und bisherige Tätigkeit der Einsatzgeschädigten sowie die Lage und Entwicklung auf dem Arbeitsmarkt. Soweit erforderlich klärt sie die berufliche Eignung oder führt eine Arbeitserprobung durch.

(4) Die oberste Dienstbehörde legt den Umfang der Leistungen in einem beruflichen Förderungsplan fest. Dieser wird bei Bedarf fortgeschrieben und den fachlichen und persönlichen Entwicklungen angepasst.

(5) Die oberste Dienstbehörde beendet die Gewährung von Leistungen der beruflichen Qualifizierung, sobald diese erfolgreich abgeschlossen ist oder deren Fortsetzung keinen Erfolg mehr verspricht.

(6) Die oberste Dienstbehörde kann die in den Absätzen 3 bis 5 genannten Aufgaben einer ihr nachgeordneten Behörde übertragen.

§ 4 Schutzzeit

(1) Schutzzeit im Sinne dieses Gesetzes ist die Zeit, in der Einsatzgeschädigte
1. medizinische Leistungen zur Behandlung der gesundheitlichen Schädigung oder
2. Leistungen zur beruflichen Qualifizierung nach § 3 oder anderen Gesetzen

benötigen, um die Aufnahme der bisherigen beruflichen Tätigkeit, eine Weiterverwendung nach diesem Gesetz oder eine sonstige Eingliederung in das Arbeitsleben zu erreichen. Die Schutzzeit beginnt mit der Feststellung des Einsatzunfalls.

(2) Während der Schutzzeit dürfen
1. Einsatzgeschädigte nach § 1 Nummer 1 bis 3 oder 5, die in einem öffentlich-rechtlichen Dienstverhältnis zum Bund stehen, wegen durch den Einsatzunfall bedingter Dienstunfähigkeit nur auf eigenen Antrag in den Ruhestand versetzt oder entlassen werden, wobei § 34 Absatz 1 Satz 1 Nummer 2 des Bundesbeamtengesetzes bei mangelnder Bewährung wegen allein fehlender gesundheitlicher Eignung, die auf dem Einsatzunfall beruht, nicht anzuwenden ist, und
2. die Arbeitsverhältnisse von Einsatzgeschädigten nach § 1 Nummer 4 oder 5 mit dem Bund nicht wegen der durch den Einsatzunfall bedingten Arbeitsunfähigkeit gekündigt werden.

(3) Die Schutzzeit endet mit der Feststellung, dass die Ziele nach Absatz 1
1. erreicht sind oder
2. voraussichtlich nicht mehr erreicht werden können.

Außer in den Fällen des § 3 Absatz 3 Satz 3 endet die Schutzzeit spätestens fünf Jahre nach Beginn des Bezugs von Leistungen nach § 3. Sie kann um bis zu drei Jahre verlängert werden, wenn festgestellt wird, dass in dieser Zeit das Erreichen der Ziele nach Absatz 1 zu erwarten ist. Sie endet in jedem Fall spätestens mit

Ablauf des Monats, in dem die oder der Einsatzgeschädigte das 65. Lebensjahr vollendet.

(4) Die Feststellungen nach Absatz 3 Satz 1 und 3 trifft die Stelle, die für die Kündigung, Entlassung oder Versetzung in den Ruhestand zuständig ist. Für Einsatzgeschädigte nach § 1 Nummer 5 trifft die Feststellung die Bundesanstalt Technisches Hilfswerk.

§ 5 Einbeziehung in Personalauswahlentscheidungen

(1) Der Bezug von Leistungen nach § 4 Absatz 1 Satz 1 darf nicht zur Beeinträchtigung des Werdegangs der Einsatzgeschädigten nach § 1 Nummer 1 bis 4 führen. Diese sind während der Schutzzeit in Personalauswahlentscheidungen einzubeziehen.

(2) Absatz 1 gilt bei Einsatzgeschädigten nach § 2 Absatz 2 Satz 1 auch für deren zivilberuflichen Werdegang beim Bund.

Abschnitt 2 Regelungen für Soldatinnen und Soldaten sowie frühere Soldatinnen und frühere Soldaten

§ 6 Wehrdienstverhältnis besonderer Art

(1) Endet das Wehrdienstverhältnis Einsatzgeschädigter nach § 1 Nummer 1, die nicht in einem auf Lebenszeit begründeten Wehrdienstverhältnis stehen, während der Schutzzeit durch Zeitablauf oder wäre es aus diesem Grund zu beenden, treten sie zu diesem Zeitpunkt in ein Wehrdienstverhältnis besonderer Art ein, wenn sie dem nicht schriftlich widersprechen. § 75 Absatz 6 des Soldatengesetzes und § 29a des Wehrpflichtgesetzes sind nicht anzuwenden.

(2) Das Wehrdienstverhältnis besonderer Art begründet die Rechtsstellung einer Soldatin auf Zeit oder eines Soldaten auf Zeit. Die für den Zeitraum des Wehrdienstverhältnisses besonderer Art angeordnete Rechtsstellung nach Satz 1 berührt nicht den sozialversicherungsrechtlichen Status.

(3) Das Wehrdienstverhältnis besonderer Art endet
1. durch eine Berufung in das Dienstverhältnis einer Berufssoldatin oder eines Berufssoldaten nach § 7 Absatz 1,
2. durch eine Berufung in das Dienstverhältnis einer Beamtin oder eines Beamten nach § 8 Absatz 1 Satz 1 Nummer 1,
3. durch eine Einstellung als Arbeitnehmerin oder Arbeitnehmer nach § 8 Absatz 1 Satz 1 Nummer 2 mit dem Beginn des Arbeitsverhältnisses oder
4. mit Ablauf des Monats, in dem die oder der Einsatzgeschädigte das 65. Lebensjahr vollendet.

(4) Das Wehrdienstverhältnis besonderer Art ist zu beenden
1. zum Ende der Schutzzeit, wenn kein Antrag auf Weiterverwendung nach § 7 gestellt wird,
2. bei Nichtbewährung in der Probezeit nach § 7 Absatz 1 Satz 1 oder
3. durch Entlassung auf entsprechenden schriftlichen Antrag der Soldatin oder des Soldaten.

(5) Einsatzgeschädigte nach § 1 Nummer 1,

1. deren Wehrdienstverhältnis durch Zeitablauf geendet hat oder aus diesem Grund beendet worden ist oder
2. die sich auf eigenen Antrag haben entlassen lassen oder deren Entlassung als Entlassung auf eigenen Antrag gilt

und deren gesundheitliche Schädigung jeweils erst danach erkannt worden ist, sind auf schriftlichen oder elektronischen Antrag in ein Wehrdienstverhältnis besonderer Art einzustellen. Die §§ 37 und 38 des Soldatengesetzes gelten ungeachtet der Voraussetzungen der körperlichen Eignung nach § 37 Absatz 1 Nummer 3 des Soldatengesetzes entsprechend. Satz 1 gilt nicht, wenn

1. die gesundheitliche Schädigung nicht ausschlaggebend für die Nichteingliederung in das Arbeitsleben ist,
2. die gesundheitliche Schädigung eine bereits erfolgte Eingliederung in das Arbeitsleben nicht behindert,
3. die Einstellung nicht das Erreichen eines der Ziele des § 4 Absatz 1 erwarten lässt,
4. Einsatzversorgung nach § 90 des Soldatenversorgungsgesetzes gewährt worden ist oder
5. eine Einstellung nach Satz 1 bereits zu einem inzwischen wieder beendeten Wehrdienstverhältnis geführt hat.

Die Einstellung erfolgt mit dem Dienstgrad, der endgültig verliehen worden ist. Ist dieser niedriger als der Dienstgrad, der am Ende des Wehrdienstverhältnisses geführt wurde, erfolgt die Einstellung mit dem höheren Dienstgrad.

(6) Der Antrag nach Absatz 5 Satz 1 ist innerhalb einer Ausschlussfrist von zwei Jahren nach Eintritt des Einsatzunfalls zu stellen. Bei einer Erkrankung, die nach § 87 Absatz 2 des Soldatenversorgungsgesetzes als Einsatzunfall gilt, beginnt die Ausschlussfrist im Zeitpunkt der erstmaligen ärztlichen Diagnose der Erkrankung, sofern die oder der Einsatzgeschädigte zu diesem Zeitpunkt zumindest annehmen kann, dass die Erkrankung im Zusammenhang mit einem Einsatz steht. Nach Ablauf der Ausschlussfrist erfolgt die Einstellung nur, wenn seit dem Eintritt des Einsatzunfalls noch nicht zehn Jahre vergangen sind und gleichzeitig mit dem Antrag Umstände glaubhaft gemacht werden, nach denen die oder der Einsatzgeschädigte mit der Möglichkeit einer den Anspruch auf die Einstellung nach Absatz 5 begründenden Folge des Unfalls nicht rechnen konnte oder durch die sie oder er gehindert war, den Antrag zu stellen. Der Antrag muss, nachdem mit der Möglichkeit einer den Anspruch auf die Einstellung begründenden Folge des Unfalls gerechnet werden konnte oder das Hindernis für den Antrag weggefallen ist, innerhalb von sechs Monaten gestellt werden.

§ 7 Weiterverwendung als Berufssoldatin oder Berufssoldat

(1) Einsatzgeschädigte nach § 1 Nummer 1, deren Erwerbsfähigkeit infolge des Einsatzunfalls am Ende der Schutzzeit um mindestens 30 Prozent gemindert ist, sind ungeachtet der in § 39 des Soldatengesetzes genannten Voraussetzungen auf schriftlichen oder elektronischen Antrag in das Dienstverhältnis einer Berufssoldatin oder eines Berufssoldaten zu berufen, sofern sie sich in einer an das Ende der Schutzzeit anschließenden Probezeit von sechs Monaten bewährt haben. Endet das Wehrdienstverhältnis Einsatzgeschädigter nach § 1 Nummer 1, die nicht in einem auf Lebenszeit begründeten Wehrdienstverhältnis stehen, während der Probezeit durch Zeitablauf oder wäre es aus diesem Grund zu beenden, treten sie zu diesem Zeitpunkt in ein Wehrdienstverhältnis besonderer Art nach § 6 ein. In den Fällen des Satzes 2 gelten die §§ 37 und 38 des Soldatengesetzes entsprechend. § 37 Ab-

satz 1 Nummer 3 des Soldatengesetzes gilt in den Fällen der Sätze 1 und 2 mit der Maßgabe, dass an die Stelle der körperlichen Eignung die Dienstfähigkeit tritt.

(2) Absatz 1 gilt nicht für Einsatzgeschädigte nach § 1 Nummer 1, die

1. aus einem früheren öffentlich-rechtlichen Dienstverhältnis bereits in den Ruhestand getreten waren oder versetzt worden waren oder
2. die für sie jeweils festgesetzte soldatische Altersgrenze erreicht oder überschritten haben.

(3) Für Mannschaften gilt als Altersgrenze im Sinne des § 45 Absatz 2 des Soldatengesetzes die Vollendung des 54. Lebensjahres.

§ 8 Weiterverwendung als Beamtin, Beamter, Arbeitnehmerin oder Arbeitnehmer

(1) Einsatzgeschädigte nach § 1 Nummer 1, die nicht in einem auf Lebenszeit begründeten Wehrdienstverhältnis stehen und deren Erwerbsfähigkeit infolge des Einsatzunfalls am Ende der Schutzzeit um mindestens 30 Prozent gemindert ist, sind auf schriftlichen oder elektronischen Antrag

1. in ein Beamtenverhältnis auf Probe mit einer Probezeit von sechs Monaten zu berufen, sofern sie nicht wegen ihres körperlichen Zustandes oder aus gesundheitlichen Gründen zur Erfüllung der mit dem neuen Amt verbundenen Dienstpflichten dauernd unfähig sind, oder
2. als Arbeitnehmerin oder Arbeitnehmer mit einer Probezeit von sechs Monaten einzustellen, wenn sie in Bezug auf die künftige Tätigkeit arbeitsfähig sind und keine Beeinträchtigung entsprechend Nummer 1 vorliegt.

§ 7 des Bundesbeamtengesetzes bleibt unberührt. Die Zuordnung zur jeweiligen Laufbahn richtet sich nach der spätestens während der Schutzzeit erworbenen Laufbahnbefähigung. Der Anspruch nach Satz 1 setzt voraus, dass die Einsatzgeschädigten nach § 1 Nummer 1 nicht bereits nach § 7 Absatz 1 berufen worden sind und kein Fall des § 7 Absatz 2 vorliegt. Bei Einstellungen nach Satz 1 Nummer 2 gilt § 6 Absatz 3 Nummer 3 für andere als das dort bezeichnete Wehrdienstverhältnis entsprechend.

(2) Mit erfolgreichem Abschluss der Probezeit ist das Beamtenverhältnis auf Probe unter den Voraussetzungen des § 11 Absatz 1 des Bundesbeamtengesetzes in ein Beamtenverhältnis auf Lebenszeit umzuwandeln. Bei mangelnder Bewährung ist die Beamtin auf Probe oder der Beamte auf Probe zu entlassen. Dies gilt nicht bei mangelnder Bewährung wegen allein fehlender gesundheitlicher Eignung, die auf dem Einsatzunfall beruht, wenn die Beamtin auf Probe oder der Beamte auf Probe dienstfähig ist. Die Ernennung erfolgt im Eingangsamt der Laufbahn. Die laufbahnrechtlichen Bestimmungen für die Einstellung in ein höheres Amt als das Eingangsamt gelten entsprechend. Im Falle der Einstellung als Arbeitnehmerin oder Arbeitnehmer nach Absatz 1 Satz 1 Nummer 2 richten sich Art und Inhalt der zu übertragenden Tätigkeiten nach der individuellen Eignung und den tatsächlichen Beschäftigungsmöglichkeiten.

(3) Für Einsatzgeschädigte nach § 2 Absatz 2 Satz 1 gilt Absatz 1 mit der Maßgabe, dass ein Statuswechsel nur erfolgt, wenn eine unbefristete Weiterverwendung im bisherigen Status nicht möglich ist. Einsatzgeschädigte nach § 1 Nummer 1, die Beamtinnen oder Beamte anderer Dienstherren, Richterinnen oder Richter der Länder sowie Arbeitnehmerinnen oder Arbeitnehmer anderer öffentlicher Arbeitgeber sind, haben einen Weiterbeschäftigungsanspruch nach Absatz 1 nur dann, wenn sie aufgrund der gesundheitlichen Schädigung nicht in ihrem bisherigen Dienst- oder Arbeitsverhältnis weiterverwendet werden können.

§ 9 Versorgung der Soldatinnen und Soldaten und ihrer Hinterbliebenen

(1) Im Falle einer Weiterverwendung nach § 7 oder § 8 entfallen die Ansprüche auf Berufsförderung und Dienstzeitversorgung nach Teil 2 Abschnitt 1 des Soldatenversorgungsgesetzes.

(2) Die Versorgung Einsatzgeschädigter nach § 1 Nummer 1, die sich in einer Schutzzeit nach § 4 befinden und nicht nach § 7 oder § 8 weiterverwendet werden, sowie ihrer Hinterbliebenen richtet sich nach dem Soldatenversorgungsgesetz mit folgenden Maßgaben:

1. Wer aus einem Dienstverhältnis als Soldatin auf Zeit oder Soldat auf Zeit nach § 6 in ein Wehrdienstverhältnis besonderer Art eintritt, erhält die Leistungen der Berufsförderung und Dienstzeitversorgung nach Teil 2 Abschnitt 1 des Soldatenversorgungsgesetzes, die bei Beendigung des Wehrdienstverhältnisses durch Zeitablauf zustehen, erst, wenn auch das Wehrdienstverhältnis besonderer Art endet.
2. Wer nach § 6 in ein Wehrdienstverhältnis besonderer Art eintritt, erwirbt dadurch keine Ansprüche auf Berufsförderung und Dienstzeitversorgung. Zeiten in einem Wehrdienstverhältnis besonderer Art führen nicht zur Eingliederungsberechtigung nach den §§ 13 und 14 des Soldatenversorgungsgesetzes.
3. Durch ein Wehrdienstverhältnis besonderer Art nach § 6 ist der Anspruch auf Freistellung vom militärischen Dienst nach § 7 Absatz 6 des Soldatenversorgungsgesetzes in der bis einschließlich 25. Juli 2012 geltenden Fassung unabhängig von seiner Dauer abgegolten und die Gesamtförderungsdauer nach § 7 Absatz 5 des Soldatenversorgungsgesetzes entsprechend herabgesetzt.
4. Endet die Schutzzeit nach § 4 bei einer Soldatin auf Zeit oder einem Soldaten auf Zeit vor Ablauf der Zeit, für die sie oder er in das Dienstverhältnis berufen ist, und wurden während der Schutzzeit berufliche Qualifikationen im Sinne des § 7 Absatz 7 bis 11 des Soldatenversorgungsgesetzes erworben, vermindern sich der Anspruch auf Freistellung vom militärischen Dienst nach § 7 Absatz 6 des Soldatenversorgungsgesetzes in der bis einschließlich 25. Juli 2012 geltenden Fassung und die Gesamtförderungsdauer nach § 7 Absatz 5 des Soldatenversorgungsgesetzes entsprechend.
5. § 57 des Soldatenversorgungsgesetzes ist auf die Hinterbliebenen der Einsatzgeschädigten nach § 1 Nummer 1, die während der Schutzzeit nach § 4 verstorben sind, unbeachtlich einer Wehrdienstzeit von mindestens sechs Jahren und hinsichtlich der Dauer unbeachtlich des Anspruchs auf Übergangsgebührnisse entsprechend anzuwenden.
6. § 83 Absatz 1 des Soldatenversorgungsgesetzes gilt entsprechend für Einsatzgeschädigte nach § 1 Nummer 1, deren Wehrdienstverhältnis besonderer Art anders als durch eine Berufung nach § 7 Absatz 1 oder § 8 Absatz 1 Satz 1 Nummer 1 oder durch eine Einstellung nach § 8 Absatz 1 Satz 1 Nummer 2 geendet hat, und für die Hinterbliebenen der Einsatzgeschädigten nach § 1 Nummer 1, die während des Wehrdienstverhältnisses besonderer Art verstorben sind.

Abschnitt 3 Regelungen für Beamtinnen, Beamte, Richterinnen und Richter sowie für frühere Beamtinnen, Beamte, Richterinnen und Richter

§ 10 Verlängerung des Dienstverhältnisses, erneute Berufung

(1) Ein Beamtenverhältnis auf Zeit, das während der Schutzzeit durch Zeitablauf endet, verlängert sich um die Dauer der restlichen Schutzzeit.

(2) Einsatzgeschädigte nach § 1 Nummer 2, deren Beamtenverhältnis durch Zeitablauf oder auf ihr Verlangen hin geendet hat und deren gesundheitliche Schädigung erst nach Ende dieses Dienstverhältnisses erkannt worden ist, sind auf schriftlichen oder elektronischen Antrag in ihrem ehemaligen Geschäftsbereich unter den Voraussetzungen des § 7 des Bundesbeamtengesetzes unter erneuter Verleihung ihres zuletzt wahrgenommenen Amtes in ein Beamtenverhältnis auf Widerruf zu berufen. § 6 Absatz 6 gilt entsprechend. Satz 1 gilt nicht, wenn

1. die gesundheitliche Schädigung nicht ausschlaggebend für die Nichteingliederung in das Arbeitsleben ist,
2. die gesundheitliche Schädigung eine bereits erfolgte Eingliederung in das Arbeitsleben nicht behindert,
3. die Einstellung nicht das Erreichen eines der Ziele des § 4 Absatz 1 Satz 1 erwarten lässt,
4. Einsatzversorgung nach § 37 Absatz 3 des Beamtenversorgungsgesetzes oder nach § 90 des Soldatenversorgungsgesetzes gewährt wird oder wurde oder
5. eine Einstellung nach Satz 1 bereits zu einem inzwischen wieder beendeten Beamtenverhältnis geführt hat.

(3) Das Beamtenverhältnis auf Widerruf endet

1. durch eine Berufung in ein Beamtenverhältnis auf Probe nach § 11 Absatz 3 Satz 1,
2. durch eine Einstellung als Arbeitnehmerin oder Arbeitnehmer nach § 11 Absatz 3 Satz 6 mit dem Beginn des Arbeitsverhältnisses oder
3. mit Ablauf des Monats, in dem die oder der Einsatzgeschädigte das 65. Lebensjahr vollendet.

(4) Das Beamtenverhältnis auf Widerruf nach Absatz 2 ist zu beenden, wenn

1. kein Antrag auf Weiterverwendung nach § 11 Absatz 3 gestellt wird, mit dem Ende der Schutzzeit,
2. die Beamtin oder der Beamte schriftlich die Entlassung aus dem Beamtenverhältnis verlangt oder
3. ein Fall des § 34 Absatz 1 Satz 1 Nummer 1 des Bundesbeamtengesetzes vorliegt.

§ 11 Weiterverwendung nach der Schutzzeit

(1) Einsatzgeschädigte nach § 1 Nummer 2, die sich in einem Beamtenverhältnis auf Zeit befinden und deren Erwerbsfähigkeit infolge des Einsatzunfalls bei Beendigung der Schutzzeit um mindestens 30 Prozent gemindert ist, sind auf schriftlichen oder elektronischen Antrag unter den Voraussetzungen des § 7 des Bundesbeamtengesetzes in ein Beamtenverhältnis auf Probe mit einer Probezeit von sechs Monaten zu berufen, sofern sie nicht wegen ihres körperlichen Zustandes oder aus gesundheitlichen Gründen zur Erfüllung der mit dem neuen Amt verbundenen Dienstpflichten dauernd unfähig sind. Die Zuordnung zur jeweiligen Laufbahn richtet sich nach der spätestens im Rahmen der Schutzzeit erworbenen Laufbahnbefähigung. Mit

erfolgreichem Abschluss der Probezeit ist unter den Voraussetzungen des § 11 Absatz 1 des Bundesbeamtengesetzes das Beamtenverhältnis auf Probe unter Verleihung eines Amtes in ein Beamtenverhältnis auf Lebenszeit umzuwandeln. Bei mangelnder Bewährung ist die Beamtin oder der Beamte zu entlassen. Dies gilt nicht bei mangelnder Bewährung wegen allein fehlender gesundheitlicher Eignung, die auf dem Einsatzunfall beruht, wenn die Beamtin auf Probe oder der Beamte auf Probe dienstfähig ist. Die Ernennung erfolgt im Eingangsamt der Laufbahn. Die laufbahnrechtlichen Bestimmungen für die Einstellung in ein höheres Amt als das Eingangsamt gelten entsprechend. Das Beamtenverhältnis auf Zeit ruht mit allen Rechten und Pflichten für die Dauer des Beamtenverhältnisses auf Probe mit Ausnahme der Pflicht zur Amtsverschwiegenheit und des Verbotes der Annahme von Belohnungen und Geschenken. Es endet mit der Ernennung zur Beamtin auf Lebenszeit oder zum Beamten auf Lebenszeit, sofern es nicht zuvor durch Zeitablauf geendet hat. Bis zum Ende der Schutzzeit können sich die in Satz 1 genannten Personen statt für die Berufung in ein Beamtenverhältnis auch für eine Weiterverwendung als Arbeitnehmerin oder Arbeitnehmer mit einer Probezeit von sechs Monaten entscheiden. § 8 Absatz 1 Satz 1 Nummer 2 und Absatz 2 Satz 6 gilt entsprechend.

(2) Das Beamtenverhältnis Einsatzgeschädigter, die sich in einem Beamtenverhältnis auf Probe befinden und deren Erwerbsfähigkeit infolge des Einsatzunfalls am Ende der Schutzzeit um mindestens 30 Prozent gemindert ist, ist auf schriftlichen oder elektronischen Antrag unter Verleihung eines Amtes in ein Beamtenverhältnis auf Lebenszeit umzuwandeln, sofern sie nicht wegen ihres körperlichen Zustandes oder aus gesundheitlichen Gründen zur Erfüllung der mit dem neuen Amt verbundenen Dienstpflichten dauernd unfähig sind und sich in einer an das Ende der Schutzzeit anschließenden weiteren Probezeit von sechs Monaten bewährt haben. § 11 des Bundesbeamtengesetzes bleibt unberührt. Wurde die Probezeit infolge des Einsatzunfalls während der Schutzzeit verlängert, verlängert sich die Frist des § 11 Absatz 2 Satz 1 des Bundesbeamtengesetzes entsprechend.

(3) Einsatzgeschädigte Beamtinnen auf Widerruf und einsatzgeschädigte Beamte auf Widerruf nach § 10 Absatz 2 Satz 1, deren Erwerbsfähigkeit infolge des Einsatzunfalls am Ende der Schutzzeit um mindestens 30 Prozent gemindert ist, sind auf schriftlichen oder elektronischen Antrag unter den Voraussetzungen des § 7 des Bundesbeamtengesetzes in das Dienstverhältnis einer Beamtin auf Probe oder eines Beamten auf Probe mit einer Probezeit von sechs Monaten zu berufen, sofern sie nicht wegen ihres körperlichen Zustandes oder aus gesundheitlichen Gründen zur Erfüllung der mit dem neuen Amt verbundenen Dienstpflichten dauernd unfähig sind. Die Zuordnung zur jeweiligen Laufbahn richtet sich nach der spätestens während der Schutzzeit erworbenen Laufbahnbefähigung. Mit erfolgreichem Abschluss der Probezeit ist unter den Voraussetzungen des § 11 Absatz 1 des Bundesbeamtengesetzes das Beamtenverhältnis auf Probe unter Verleihung eines Amtes in ein Beamtenverhältnis auf Lebenszeit umzuwandeln. Bei mangelnder Bewährung ist die Beamtin auf Probe oder der Beamte auf Probe zu entlassen. Dies gilt nicht bei mangelnder Bewährung wegen allein fehlender gesundheitlicher Eignung, die auf dem Einsatzunfall beruht, wenn die Beamtin auf Probe oder der Beamte auf Probe dienstfähig ist. Die Ernennung erfolgt im Eingangsamt der Laufbahn. Die laufbahnrechtlichen Bestimmungen für die Einstellung in ein höheres Amt als das Eingangsamt gelten entsprechend. Bis zum Ende der Schutzzeit können sich die in Satz 1 genannten Personen statt für die Berufung in ein Beamtenverhältnis auch für eine Weiterverwendung als Arbeitnehmerin oder Arbeitnehmer mit einer Probezeit von sechs Monaten entscheiden. § 8 Absatz 1 Satz 1 Nummer 2 und § 8 Absatz 2 Satz 6 gelten entsprechend.

(4) Die Absätze 1 und 2 gelten für Einsatzgeschädigte nach § 1 Nummer 3 entsprechend.

Abschnitt 4 Regelungen für Arbeitnehmerinnen und Arbeitnehmer sowie frühere Arbeitnehmerinnen und frühere Arbeitnehmer

§ 12 Verlängerung von Arbeitsverhältnissen, erneute Einstellung

(1) Befristete Arbeitsverhältnisse Einsatzgeschädigter nach § 1 Nummer 4 werden bis zum Ende der Schutzzeit verlängert. Leistungen nach § 4 Absatz 1 Satz 1 sind sachliche Gründe einer weiteren Befristung von Arbeitsverträgen.

(2) Einsatzgeschädigte nach § 1 Nummer 4, deren Arbeitsverhältnis durch Ablauf der Befristung oder ihre eigene Kündigung geendet hat und deren gesundheitliche Schädigung erst nach Ende dieses Arbeitsverhältnisses erkannt worden ist, sind auf schriftlichen oder elektronischen Antrag in ihrem ehemaligen Geschäftsbereich in ein befristetes Arbeitsverhältnis im Sinne von Absatz 1 aufgrund des seinerzeitigen Vertragsinhaltes einzustellen. § 6 Absatz 6 gilt entsprechend. Satz 1 gilt nicht, wenn

1. die gesundheitliche Schädigung nicht ausschlaggebend für die Nichteingliederung in das Arbeitsleben ist,
2. die gesundheitliche Schädigung eine bereits erfolgte Eingliederung in das Arbeitsleben nicht behindert,
3. die Einstellung nicht das Erreichen eines der Ziele des § 4 Absatz 1 erwarten lässt,
4. Einsatzversorgung nach § 90 des Soldatenversorgungsgesetzes gewährt worden ist oder die altersmäßigen Voraussetzungen des Bezugs einer ungekürzten Vollrente wegen Alters nach dem Sechsten Buch Sozialgesetzbuch erfüllt sind oder
5. eine Einstellung nach Satz 1 bereits zu einem inzwischen wieder beendeten Arbeitsverhältnis geführt hat.

§ 13 Ausgleichsbetrag während der Schutzzeit

(1) Soweit während der Schutzzeit nach § 4 das Entgelt im Krankheitsfall einschließlich Entgeltersatzleistungen nach dem Siebten Buch Sozialgesetzbuch die Höhe des bisherigen monatlichen Nettoentgelts unterschreitet, erhalten Einsatzgeschädigte nach § 1 Nummer 4 vom Arbeitgeber einen Ausgleichsbetrag in Höhe des Unterschiedsbetrages zwischen dem Entgelt im Krankheitsfall einschließlich Entgeltersatzleistungen nach dem Siebten Buch Sozialgesetzbuch und dem Nettoentgelt.

(2) Entgeltersatzleistungen im Sinne von Absatz 1 sind das Verletztengeld, das Übergangsgeld sowie die Verletztenrente aus der gesetzlichen Unfallversicherung. Eine Verletztenrente ist nur zu berücksichtigen, soweit sie den Betrag übersteigt, der bei gleichem Grad der Minderung der Erwerbsfähigkeit als Ausgleich für gesundheitliche Schädigungsfolgen nach dem Soldatenentschädigungsgesetz geleistet würde.

(3) Nettoentgelt im Sinne von Absatz 1 ist das um die gesetzlichen Abzüge geminderte Entgelt. Bei freiwillig gesetzlich Krankenversicherten ist dabei deren Gesamtkranken- und Pflegeversicherungsbeitrag abzüglich des Beitragszuschusses des

Arbeitgebers nach dem Fünften Buch Sozialgesetzbuch und dem Elften Buch Sozialgesetzbuch zu berücksichtigen. Der Zusatzbeitrag nach § 242 des Fünften Buches Sozialgesetzbuch bleibt unberücksichtigt. Satz 2 gilt für Versicherte eines privaten Krankenversicherungsunternehmens, das die Voraussetzungen nach § 257 Absatz 2a des Fünften Buches Sozialgesetzbuch erfüllt, entsprechend mit der Maßgabe, dass als Krankenversicherungsbeitrag nur der nach § 257 Absatz 2 des Fünften Buches Sozialgesetzbuch zuschussfähige Betrag und als Pflegeversicherungsbeitrag nur der nach § 61 Absatz 2 des Elften Buches Sozialgesetzbuch zuschussfähige Betrag zu berücksichtigen ist. Entgelt sind das Tabellenentgelt und die sonstigen in Monatsbeträgen festgelegten Entgeltbestandteile zuzüglich des Durchschnitts der nicht in Monatsbeträgen festgelegten Entgeltbestandteile der dem Einsatzunfall vorangegangenen drei Kalendermonate. Ausgenommen hiervon sind das zusätzlich für Mehrarbeit und Überstunden gezahlte Entgelt, Leistungsentgelte, Jahressonderzahlungen sowie sonstige besondere Zahlungen. Entgeltbestandteile, die ausschließlich aufgrund der Beschäftigung im Ausland gezahlt werden, bleiben außer Ansatz.

§ 14 Weiterbeschäftigung einsatzgeschädigter Arbeitnehmerinnen und einsatzgeschädigter Arbeitnehmer nach der Schutzzeit

Einsatzgeschädigte nach § 1 Nummer 4, deren Erwerbsfähigkeit infolge eines Einsatzunfalls am Ende der Schutzzeit um mindestens 30 Prozent gemindert ist, haben, wenn sie infolge des Einsatzunfalls nicht mehr in der Lage sind, die geschuldete Arbeitsleistung zu erbringen, einen Anspruch auf Weiterbeschäftigung zu geänderten Bedingungen, sofern sie über ein Maß an gesundheitlicher Eignung im Sinne des § 8 Absatz 1 Satz 1 Nummer 2 verfügen. In Bezug auf Art und Inhalt der zu übertragenden Tätigkeiten gilt § 8 Absatz 2 Satz 6 entsprechend. Führt die Weiterbeschäftigung zu einer niedrigeren Entgeltgruppe, wird der Unterschiedsbetrag zwischen dem jeweiligen Tabellenentgelt der bisherigen und der neuen Entgeltgruppe als persönliche Zulage gezahlt.

§ 15 Befristete Arbeitsverhältnisse

Einsatzgeschädigte nach § 1 Nummer 4, deren Erwerbsfähigkeit infolge des Einsatzunfalls am Ende der Schutzzeit um mindestens 30 Prozent gemindert ist, können eine an das befristete Arbeitsverhältnis unmittelbar anschließende Weiterverwendung entsprechend § 8 beanspruchen. Erfolgt die Weiterverwendung in einem Arbeitsverhältnis, gilt § 14 Satz 3 entsprechend.

Abschnitt 5 Regelungen für Helferinnen und Helfer des Technischen Hilfswerks

§ 16 Beschäftigungsanspruch für einsatzgeschädigte Helferinnen und Helfer des Technischen Hilfswerks

(1) Einsatzgeschädigte nach § 1 Nummer 5, die in keinem Beschäftigungsverhältnis stehen oder deren Beschäftigungsverhältnis aufgrund ihrer Einsatzschädigung endet und deren Erwerbsfähigkeit infolge des Einsatzunfalls am Ende der Schutzzeit

um mindestens 30 Prozent gemindert ist, sind auf schriftlichen oder elektronischen Antrag
1. in ein Beamtenverhältnis auf Probe mit einer Probezeit von sechs Monaten zu berufen, sofern sie nicht wegen ihres körperlichen Zustandes oder aus gesundheitlichen Gründen zur Erfüllung der mit dem neuen Amt verbundenen Dienstpflichten dauernd unfähig sind, oder
2. als Arbeitnehmerin oder Arbeitnehmer mit einer Probezeit von sechs Monaten einzustellen, wenn sie in Bezug auf die künftige Tätigkeit arbeitsfähig sind und keine Beeinträchtigung entsprechend Nummer 1 vorliegt.

Der Anspruch nach Satz 1 setzt voraus, dass die oder der Einsatzgeschädigte nach § 1 Nummer 5 nicht bereits aus einem früheren öffentlich-rechtlichen Dienstverhältnis in den Ruhestand getreten oder versetzt worden war und sie oder er nicht die für ihr oder sein Beschäftigungsverhältnis geltende Regelaltersgrenze erreicht oder überschritten hat. § 8 Absatz 2 und 3 gilt entsprechend.

(2) Absatz 1 gilt auch für Einsatzgeschädigte nach § 1 Nummer 5, die zum Zeitpunkt des Einsatzunfalls in einem Beschäftigungsverhältnis gestanden haben und deren gesundheitliche Schädigung erst nach Beendigung dieses Beschäftigungsverhältnisses erkannt worden ist. § 6 Absatz 6 und § 10 Absatz 2 gelten entsprechend.

§ 17 Erstattungsanspruch

Soweit ein Dienstherr oder Arbeitgeber das Beschäftigungsverhältnis mit einer oder einem Einsatzgeschädigten nach § 1 Nummer 5 nach Maßgabe der §§ 4 und 5 fortführt, ohne nach diesen Vorschriften hierzu verpflichtet zu sein, hat er Anspruch auf Erstattung der ihm durch die Weiterbeschäftigung während der Schutzzeit entstehenden Mehraufwendungen durch die Bundesanstalt Technisches Hilfswerk.

§ 18 Entschädigung

(1) Einsatzgeschädigte nach § 1 Nummer 5 erhalten von der Bundesanstalt Technisches Hilfswerk auf Antrag für die Dauer der Schutzzeit eine Entschädigung in Höhe
1. des Verletztengeldes nach § 47 des Siebten Buches Sozialgesetzbuch, wenn ihr Dienstherr oder Arbeitgeber das Dienst- oder Arbeitsverhältnis aufgrund des Einsatzunfalls beendet,
2. des Verdienstausfalls nach § 3 Absatz 3 Satz 2 und 3 des THW-Gesetzes, der ihnen als beruflich selbstständigen Helferinnen oder Helfern infolge des Einsatzunfalls entsteht, oder
3. der nach § 3 Absatz 4 des THW-Gesetzes fortzugewährenden Leistungen, soweit ihnen Leistungen der Bundesagentur für Arbeit, Sozialhilfe sowie sonstige Unterstützungen oder Bezüge aus öffentlichen Mitteln infolge des Einsatzunfalls nicht fortgewährt werden.

(2) Beeinträchtigt der Bezug von Leistungen nach § 4 Absatz 1 Satz 1 den beruflichen Werdegang von Einsatzgeschädigten nach § 1 Nummer 5, erhalten diese einen angemessenen Ausgleich ihrer Nachteile von der Bundesanstalt Technisches Hilfswerk.

Abschnitt 6 Besondere Personengruppen

§ 19 Vorübergehend im Auswärtigen Dienst verwendete Beschäftigte des Bundes

(1) Für Einsatzgeschädigte, die den Einsatzunfall während einer zeitlich befristeten Verwendung im Auswärtigen Dienst nach § 13 Absatz 1 des Gesetzes über den Auswärtigen Dienst erlitten haben, gelten die Vorschriften dieses Gesetzes mit der Maßgabe, dass sie in dem Geschäftsbereich wieder eingestellt werden, dem sie vor der Verwendung im Auswärtigen Dienst angehört haben.

(2) Soweit nach den Abschnitten 1, 3 und 4 dieses Gesetzes Leistungen zu gewähren und Feststellungen zu treffen sind sowie über Anträge zu entscheiden ist, ist der Geschäftsbereich zuständig, dem die in Absatz 1 genannten Personen vor der Verwendung im Auswärtigen Dienst angehört haben.

§ 20 Zum Bund abgeordnete Beschäftigte

(1) Beamtinnen und Beamte anderer Dienstherren, Richterinnen und Richter der Länder sowie Arbeitnehmerinnen und Arbeitnehmer anderer öffentlicher Arbeitgeber, die während einer Abordnung an eine Bundesbehörde ohne eigenes grobes Verschulden einen Einsatzunfall im Sinne von § 31a des Beamtenversorgungsgesetzes erlitten haben und infolge des Einsatzunfalls nicht in ihrem bisherigen Dienst- oder Arbeitsverhältnis weiterverwendet werden können, haben Ansprüche nach § 3. Sie haben mit Beendigung ihres bisherigen Dienst- oder Arbeitsverhältnisses einen Weiterverwendungsanspruch gegen den Bund. Für die Einstellung und die Rechtsstellung der Betroffenen gelten je nach Art des bisherigen Dienstverhältnisses § 10 Absatz 2, §§ 11, 12 Absatz 2, §§ 14 und 15 entsprechend. Ab der Einstellung beim Bund gelten die in Satz 1 genannten Personen als Einsatzgeschädigte nach § 1 Nummer 2 bis 4.

(2) Absatz 1 gilt nicht im Falle geringfügiger gesundheitlicher Schädigungen.

(3) Soweit nach den Absätzen 1 und 2 Leistungen zu gewähren und Feststellungen zu treffen sind sowie über Anträge zu entscheiden ist, ist der Geschäftsbereich zuständig, zu dem die in Absatz 1 Satz 1 genannten Personen abgeordnet waren. Werden zum Bund abgeordnete Beschäftigte zeitlich befristet im Auswärtigen Dienst verwendet und erleiden sie während dieser Beschäftigung einen Einsatzunfall, ist der Geschäftsbereich zuständig, dem die Beschäftigten vor der Verwendung im Auswärtigen Dienst angehört haben.

(4) Personen, die nach Absatz 1 Satz 4 als Einsatzgeschädigte gelten, erhalten eine einmalige Unfallentschädigung von 150 000 Euro, wenn sie nach Feststellung der obersten Dienstbehörde oder der von ihr bestimmten Stelle infolge des Unfalls in ihrer Erwerbsfähigkeit dauerhaft um wenigstens 50 Prozent beeinträchtigt sind und keine entsprechende Leistung vom vormaligen Dienstherrn oder öffentlichen Arbeitgeber erhalten.

(5) Ist eine Person, die nach Absatz 1 Satz 4 als Einsatzgeschädigte gilt, an den Folgen eines Einsatzunfalls der in § 31a des Beamtenversorgungsgesetzes bezeichneten Art verstorben und hat sie eine einmalige Unfallentschädigung nach Absatz 4 oder eine entsprechende Leistung vom vormaligen Dienstherrn oder öffentlichen Arbeitgeber nicht erhalten, wird ihren Hinterbliebenen eine einmalige Unfallentschädigung nach Maßgabe des § 43 Absatz 2 des Beamtenversorgungsgesetzes gewährt.

§ 20a Bezugspersonen

(1) Bezugspersonen, deren Einbeziehung in die Therapie Einsatzgeschädigter medizinisch indiziert ist, haben Anspruch auf Erstattung folgender Aufwendungen, soweit diese notwendig waren:
1. Fahrtkosten für die Hin- und Rückreise in entsprechender Anwendung der §§ 4 und 5 des Bundesreisekostengesetzes,
2. Unterbringungskosten einschließlich Kurtaxe,
3. Mehraufwendungen für Verpflegung in Höhe der Pauschbeträge nach § 9 Absatz 4a des Einkommensteuergesetzes und
4. Aufwendungen für Kinderbetreuung.

Bezugspersonen sind:
1. Verwandte ersten Grades,
2. die Ehegattin oder der Ehegatte,
3. die Lebenspartnerin oder der Lebenspartner,
4. die Lebensgefährtin oder der Lebensgefährte, sofern sie oder er mit dem oder der Einsatzgeschädigten in häuslicher Gemeinschaft lebt.

(2) Bei stationären Rehabilitationsmaßnahmen werden die Aufwendungen für eine Bezugsperson für bis zu drei Maßnahmen von jeweils höchstens dreiwöchiger Dauer erstattet.

Abschnitt 7 Schlussvorschriften

§ 21 Umzüge aus gesundheitlichen Gründen

Wird die Zusage der Umzugskostenvergütung nach § 4 Absatz 2 Nummer 3 des Bundesumzugskostengesetzes wegen des Gesundheitszustandes infolge des Einsatzunfalls erteilt, ist § 8 des Bundesumzugskostengesetzes entsprechend anzuwenden.

§ 22 Übergangsregelung

(1) Für gesundheitliche Schädigungen, die bei einem Einsatzunfall erlittenen Schädigungen vergleichbar sind und in der Zeit vom 1. November 1991 bis zum 30. November 2002 erlitten worden sind, gilt dieses Gesetz entsprechend.

(2) Soweit ein Dienst- oder Arbeitsverhältnis vor dem 18. Dezember 2007 geendet hat oder beendet worden ist, ist es
1. abweichend von § 6 Absatz 5 Satz 1, § 10 Absatz 2 Satz 1 und § 12 Absatz 2 Satz 1 unerheblich, wann die Schädigung erkannt worden ist,
2. abweichend von § 6 Absatz 6 Satz 3 unerheblich, ob seit dem schädigenden Ereignis mehr als zehn Jahre vergangen sind.

(3) In den Fällen des Absatzes 1 gelten die Maßgaben des Absatzes 2 für eine Wiedereinstellung auch dann, wenn das Dienst- oder Arbeitsverhältnis nach dem 18. Dezember 2007 geendet hat oder beendet worden ist und die Geschädigten sich zu diesem Zeitpunkt bei Anwendung des Absatzes 1 in der Schutzzeit befunden hätten.

(4) Ist der Anspruch auf eine einmalige Unfallentschädigung nach § 20 Absatz 4 oder Absatz 5 in der Zeit vom 1. Dezember 2002 bis zum 12. Dezember 2011 entstanden, beträgt die Entschädigung

1. nach § 20 Absatz 4
   150 000 Euro,
2. nach § 20 Absatz 5 dieses Gesetzes in Verbindung mit § 43 Absatz 2 Nummer 1 des Beamtenversorgungsgesetzes
   100 000 Euro,
3. nach § 20 Absatz 5 dieses Gesetzes in Verbindung mit § 43 Absatz 2 Nummer 2 des Beamtenversorgungsgesetzes
   40 000 Euro,
4. nach § 20 Absatz 5 dieses Gesetzes in Verbindung mit§ 43 Absatz 2 Nummer 3 des Beamtenversorgungsgesetzes
   20 000 Euro.

Aus gleichem Anlass bereits gewährte Leistungen nach § 20 Absatz 4 oder Absatz 5 sind anzurechnen.

§ 23 Zuständiger Geschäftsbereich

Die Weiterverwendung nach diesem Gesetz erfolgt
1. bei Einsatzgeschädigten nach § 1 Nummer 1 im Geschäftsbereich des Bundesministeriums der Verteidigung,
2. bei Einsatzgeschädigten nach § 1 Nummer 5 im Geschäftsbereich des Bundesministeriums des Innern, für Bau und Heimat,
3. in den Fällen des § 20 in dem Geschäftsbereich, in den die Einsatzgeschädigten zum Zeitpunkt des Einsatzunfalls abgeordnet waren, und
4. im Übrigen in dem Geschäftsbereich, dem die Einsatzgeschädigten angehören.

Für Einsatzgeschädigte nach § 2 Absatz 2 Satz 1 gilt Satz 1 Nummer 1 mit der Maßgabe, dass sie, wenn sie zivilberuflich nicht dem Geschäftsbereich des Bundesministeriums der Verteidigung angehören, in ihrem bisherigen Geschäftsbereich weiterzuverwenden sind. Werden zum Bund abgeordnete Beschäftigte zeitlich befristet im Auswärtigen Dienst verwendet, erfolgt die Weiterverwendung im Geschäftsbereich des Bundesministeriums, dem sie vor der Verwendung im Auswärtigen Dienst angehört haben.

3.7 Verordnung über das Trennungsgeld bei Versetzungen und Abordnungen im Inland (Trennungsgeldverordnung – TGV)

Trennungsgeldverordnung in der Fassung der Bekanntmachung vom 29. Juni 1999 (BGBl. I S. 1533), die zuletzt durch Artikel 1 der Verordnung vom 18. September 2024 (BGBl. 2024 I Nr. 287) geändert worden ist; zuletzt geändert durch Art. 1 V v. 18.9.2024 I Nr. 287:

§ 1 Anwendungsbereich

(1) Berechtigte nach dieser Verordnung sind
1. Bundesbeamte und in den Bundesdienst abgeordnete Beamte,
2. Richter im Bundesdienst und in den Bundesdienst abgeordnete Richter und
3. Berufssoldaten und Soldaten auf Zeit.

(2) Trennungsgeld wird gewährt aus Anlaß der
1. Versetzung aus dienstlichen Gründen,
2. Aufhebung einer Versetzung nach einem Umzug mit Zusage der Umzugskostenvergütung,
3. Verlegung der Beschäftigungsbehörde,
4. nicht nur vorübergehenden Zuteilung aus dienstlichen Gründen zu einem anderen Teil der Beschäftigungsbehörde,
5. Übertragung eines anderen Richteramtes nach § 32 Abs. 2 des Deutschen Richtergesetzes oder eines weiteren Richteramtes nach § 27 Abs. 2 des vorgenannten Gesetzes,
6. Abordnung oder Kommandierung, auch im Rahmen der Aus- und Fortbildung,
7. Zuweisung nach § 29 des Bundesbeamtengesetzes und § 20 des Beamtenstatusgesetzes,
8. vorübergehenden Zuteilung aus dienstlichen Gründen zu einem anderen Teil der Beschäftigungsbehörde,
9. vorübergehenden dienstlichen Tätigkeit bei einer anderen Stelle als einer Dienststelle,
10. Aufhebung oder Beendigung einer Maßnahme nach den Nummern 6 bis 9 nach einem Umzug mit Zusage der Umzugskostenvergütung,
11. Versetzung mit Zusage der Umzugskostenvergütung nach § 4 Abs. 2 Nr. 3 des Bundesumzugskostengesetzes,
12. Einstellung mit Zusage der Umzugskostenvergütung,
13. Einstellung ohne Zusage der Umzugskostenvergütung bei vorübergehender Dauer des Dienstverhältnisses, der vorübergehenden Verwendung am Einstellungsort oder während der Probezeit; die Gewährung von Trennungsgeld in diesen Fällen bedarf der Zustimmung der obersten Dienstbehörde oder der von ihr ermächtigten nachgeordneten Behörde,
14. Räumung einer Dienstwohnung auf dienstliche Weisung, solange der zur Führung eines Haushalts notwendige Teil der Wohnungseinrichtung untergestellt werden muß.

(3) Trennungsgeld wird nur gewährt, wenn
1. bei Maßnahmen nach Absatz 2 Nr. 1 bis 13 der neue Dienstort ein anderer als der bisherige Dienstort ist und bei Maßnahmen nach Absatz 2 Nummer 1 bis 5 sowie den Nummern 10 bis 13 die Wohnung nicht im Einzugsgebiet (§ 3 Abs. 1 Nr. 1 Buchstabe c des Bundesumzugskostengesetzes) liegt,

2. bei Maßnahmen nach Absatz 2 Nr. 1 bis 5 der Berechtigte nicht unwiderruflich auf die Zusage der Umzugskostenvergütung verzichtet und dienstliche Gründe den Umzug nicht erfordern (§ 3 Abs. 1 Nr. 1 Buchstabe d des Bundesumzugskostengesetzes).

(4) Die Absätze 2 und 3 gelten auch für im Grenzverkehr tätige Beamte im Bereich ausländischer Lokalgrenzbehörden, zwischen solchen Bereichen und zwischen diesen und dem Inland.

§ 2 Trennungsgeld nach Zusage der Umzugskostenvergütung[1]

(1) Ist Umzugskostenvergütung zugesagt, steht Trennungsgeld zu,
1. wenn der Berechtigte seit dem Tag des Wirksamwerdens der Zusage oder, falls für ihn günstiger, der Maßnahme nach § 1 Abs. 2 uneingeschränkt umzugswillig ist und
2. solange er wegen Wohnungsmangels im Einzugsgebiet (§ 3 Abs. 1 Nr. 1 Buchstabe c des Bundesumzugskostengesetzes) nicht umziehen kann.

Uneingeschränkt umzugswillig ist, wer sich unter Ausschöpfung aller Möglichkeiten nachweislich und fortwährend um eine angemessene Wohnung bemüht. Angemessen ist eine Wohnung, die den familiären Bedürfnissen des Berechtigten entspricht. Dabei ist von der bisherigen Wohnungsgröße auszugehen, es sei denn, daß sie in einem erheblichen Mißverhältnis zur Zahl der zum Haushalt gehörenden Personen steht. Die Lage des Wohnungsmarktes im Einzugsgebiet (§ 3 Abs. 1 Nr. 1 Buchstabe c des Bundesumzugskostengesetzes) ist zu berücksichtigen. Bei unverheirateten Berechtigten ohne Wohnung im Sinne des § 10 Abs. 3 des Bundesumzugskostengesetzes gilt als Wohnung auch ein möbliertes Zimmer oder eine bereitgestellte Gemeinschaftsunterkunft.

(2) Nach Wegfall des Wohnungsmangels darf Trennungsgeld nur weitergewährt werden, wenn und solange dem Umzug des umzugswilligen Berechtigten im Zeitpunkt des Wegfalls des Wohnungsmangels einer der folgenden Hinderungsgründe entgegensteht:
1. vorübergehende schwere Erkrankung des Berechtigten oder eines seiner Familienangehörigen (§ 6 Abs. 3 Satz 2 und 3 des Bundesumzugskostengesetzes) bis zur Dauer von einem Jahr;
2. Beschäftigungsverbote für die Berechtigte oder eine Familienangehörige (§ 6 Abs. 3 Satz 2 und 3 des Bundesumzugskostengesetzes) für die Zeit vor oder nach einer Entbindung nach mutterschutzrechtlichen Vorschriften oder entsprechendem Landesrecht;
3. Schul- oder Berufsausbildung eines Kindes (§ 6 Abs. 3 Satz 2 und 3 des Bundesumzugskostengesetzes) bis zum Ende des Schul- oder Ausbildungsjahres. Befindet sich das Kind in der Jahrgangsstufe 12 einer Schule, so verlängert sich die Gewährung des Trennungsgeldes bis zum Ende des folgenden Schuljahres; befindet sich das Kind im vorletzten Ausbildungsjahr eines Berufsausbildungsverhältnisses, so verlängert sich die Gewährung des Trennungsgeldes bis zum Ende des folgenden Ausbildungsjahres;
4. Schul- oder Berufsausbildung eines schwerbehinderten Kindes (§ 6 Abs. 3 Satz 2 und 3 des Bundesumzugskostengesetzes). Trennungsgeld wird bis zur Beendigung der Ausbildung gewährt, solange diese am neuen Dienst- oder Wohnort oder in erreichbarer Entfernung davon wegen der Behinderung nicht fortgesetzt werden kann;

---

1 § 2 Abs. 3: Zur Anwendung vgl. DBeglG § 2 Abs. 2 Buchst. a

5. akute lebensbedrohende Erkrankung eines Elternteils des Berechtigten, seines Ehegatten oder Lebenspartners, wenn dieser in hohem Maße Hilfe des Ehegatten, Lebenspartners oder Familienangehörigen des Berechtigten erhält;
6. Schul- oder erste Berufsausbildung des Ehegatten oder Lebenspartners in entsprechender Anwendung der Nummer 3.

Trennungsgeld darf auch gewährt werden, wenn zum Zeitpunkt des Wirksamwerdens der dienstlichen Maßnahme kein Wohnungsmangel, aber einer oder mehrere dieser Hinderungsgründe vorliegen. Liegt bei Wegfall des Hinderungsgrundes ein neuer Hinderungsgrund vor, kann mit Zustimmung der obersten Dienstbehörde Trennungsgeld bis zu längstens einem Jahr weiterbewilligt werden. Nach Wegfall des Hinderungsgrundes darf Trennungsgeld auch bei erneutem Wohnungsmangel nicht gewährt werden.

(3) Ist ein Umzug, für den Umzugskostenvergütung zugesagt ist, aus Anlaß einer Maßnahme nach § 1 Abs. 2 vor deren Wirksamwerden durchgeführt, kann Trennungsgeld in sinngemäßer Anwendung dieser Verordnung bis zum Tag vor der Dienstantrittsreise, längstens für sechs Monate gewährt werden.

(4) Wird die Zusage der Umzugskostenvergütung außerhalb eines Rechtsbehelfsverfahrens aufgehoben, wird dadurch ein Trennungsgeldanspruch nicht begründet; ein erloschener Trennungsgeldanspruch lebt nicht wieder auf.

§ 3 Trennungsgeld beim auswärtigen Verbleiben

(1) Ein Berechtigter, der nicht täglich zum Wohnort zurückkehrt und dem die tägliche Rückkehr nicht zuzumuten oder aus dienstlichen Gründen nicht gestattet ist, erhält für die ersten 14 Tage nach beendeter Dienstantrittsreise als Trennungsgeld die gleiche Vergütung wie bei Dienstreisen (Trennungsreisegeld). Die tägliche Rückkehr zum Wohnort ist in der Regel nicht zuzumuten, wenn beim Benutzen regelmäßig verkehrender Beförderungsmittel die Abwesenheit von der Wohnung mehr als 12 Stunden oder die benötigte Zeit für das Zurücklegen der Strecke zwischen Wohnung und Dienststätte und zurück mehr als 3 Stunden beträgt. Ändert sich vorübergehend der Beschäftigungsort auf Grund einer Maßnahme nach § 1 Abs. 2 oder für volle Kalendertage der Abwesenheit wegen einer Dienstreise für längstens drei Monate, wird bei Rückkehr nach Beendigung der Maßnahme oder Dienstreise Trennungsreisegeld gewährt, soweit der Anspruchszeitraum nach Satz 1 noch nicht ausgeschöpft war.

(2) Vom 15. Tag, im Falle des § 2 Abs. 3 vom Tag nach Beendigung des Umzuges an wird unter der Voraussetzung, daß eine Wohnung oder Unterkunft am bisherigen Wohnort beibehalten wird, als Trennungsgeld Trennungstagegeld und Trennungsübernachtungsgeld nach Maßgabe des § 8 des Bundesreisekostengesetzes gewährt. Ist Umzugskostenvergütung nicht zugesagt, wird vom 15. Tage an Trennungsgeld nach Maßgabe des § 8 des Bundesreisekostengesetzes auch gewährt, solange nach dem Umzug eine Wohnung oder Unterkunft außerhalb des neuen Dienstortes einschließlich des Einzugsgebietes (§ 3 Abs. 1 Nr. 1 Buchstabe c des Bundesumzugskostengesetzes) weiter besteht und mehrere Haushalte geführt werden; § 7 Abs. 2 ist zu beachten. § 6 Absatz 2 und § 7 Absatz 2 des Bundesreisekostengesetzes gelten entsprechend.

(3) Notwendige Fahrtkosten zwischen der außerhalb des Dienstortes bereitgestellten Unterkunft und der Dienststätte werden in entsprechender Anwendung des § 5 Absatz 4 erstattet.

§ 4 Sonderbestimmungen beim auswärtigen Verbleiben

(1) Das Tagegeld des Trennungsreisegeldes und das Trennungstagegeld werden für volle Kalendertage

1. der Abwesenheit vom neuen Dienstort und dem Ort der auf Grund einer dienstlichen Maßnahme nach § 1 Abs. 2 bezogenen Unterkunft,
2. des Aufenthaltes in einem Krankenhaus, einer Sanatoriumsbehandlung oder einer Heilkur,
3. der Beschäftigungsverbote nach den mutterschutzrechtlichen Bestimmungen

nicht gewährt.

(2) Auf das Tagegeld des Trennungsreisegeldes ist die für eine Dienstreise oder einen Dienstgang von weniger als 24 Stunden Dauer zustehende Reisekostenvergütung für Verpflegungsmehraufwand anzurechnen.

(3) Das Übernachtungsgeld des Trennungsreisegeldes und das Trennungsübernachtungsgeld werden bei einer Änderung des Dienstortes auf Grund einer Maßnahme nach § 1 Abs. 2 und in den Fällen des Absatzes 1 weitergewährt, solange die Aufgabe einer entgeltlichen Unterkunft nicht zumutbar oder wegen der mietvertraglichen Bindung nicht möglich ist.

(4) Wird der Dienstort in den Fällen des Absatzes 1 Nr. 3 oder auf Grund einer Erkrankung verlassen, werden die Fahrauslagen bis zur Höhe der Kosten für die Fahrt zum Wohnort und zurück wie bei einer Dienstreise erstattet. Nach Rückkehr steht dem Berechtigten kein Trennungsreisegeld zu, wenn die Unterkunft wieder in Anspruch genommen werden kann, für die das Trennungsgeld nach Absatz 3 bis zur Rückkehr gewährt wird.

(5) Berechtigte, denen erfahrungsgemäß geringere Aufwendungen für Verpflegung als allgemein entstehen, erhalten nach näherer Bestimmung der obersten Dienstbehörde oder der von ihr ermächtigten nachgeordneten Behörde entsprechend den notwendigen Mehrauslagen ein ermäßigtes Trennungsgeld.

(6) Ändert sich der neue Dienstort auf Grund einer Maßnahme nach § 1 Abs. 2 für längstens drei Monate, werden nachgewiesene notwendige Kosten für das Beibehalten der Unterkunft erstattet. Bei tatsächlicher oder zumutbarer täglicher Rückkehr wird neben dem Trennungsgeld nach § 3 eine Entschädigung nach § 6 Abs. 1, 3 und 4 gewährt.

(7) Bei Elternzeit und bei Freistellungen nach dem Pflegezeitgesetz werden die nachgewiesenen notwendigen Kosten für das Beibehalten der Unterkunft für längstens drei Monate erstattet.

(8) Wird nach einem Umzug mit Zusage der Umzugskostenvergütung kein Trennungsgeld für die bisherige Unterkunft mehr gewährt, werden die notwendigen Auslagen für diese Unterkunft längstens bis zu dem Zeitpunkt erstattet, zu dem das Mietverhältnis frühestens gelöst werden kann.

§ 5 Reisebeihilfe für Heimfahrten[2]

(1) Ein Berechtigter nach § 3 hat einen Anspruch auf Reisebeihilfen nach Maßgabe des § 8 des Bundesreisekostengesetzes.

(2) Verzichtet ein Berechtigter bei Maßnahmen nach § 1 Abs. 2 Nr. 1 bis 5 unwiderruflich auf die Zusage der Umzugskostenvergütung, und ist aus dienstlichen Grün-

2 § 5: Zur Anwendung vgl. DBeglG § 2 Abs. 2 Buchst. b

den ein Umzug nicht erforderlich (§ 3 Abs. 1 Nr. 1 Buchstabe d des Bundesumzugskostengesetzes), gilt Absatz 1 mit der Maßgabe, daß Reisebeihilfe für längstens ein Jahr gewährt wird.

(3) Anstelle einer Reise des Berechtigten kann eine Reise folgender Personen berücksichtigt werden:
1. des Ehegatten, des Lebenspartners oder eines Kindes oder
2. eines Verwandten bis zum vierten Grad, eines Verschwägerten bis zum zweiten Grad, eines Pflegekindes oder von Pflegeeltern, wenn der Berechtigte mit diesen Personen in häuslicher Gemeinschaft lebt und ihnen aus gesetzlicher oder sittlicher Verpflichtung nicht nur vorübergehend Unterkunft und Unterhalt ganz oder überwiegend gewährt.

(4) Als Reisebeihilfe werden pro Heimfahrt Fahrt- oder Flugkosten nach Maßgabe des § 8 des Bundesreisekostengesetzes gewährt. § 4 Absatz 2 des Bundesreisekostengesetzes gilt entsprechend.

§ 5a Reisebeihilfe für Heimfahrten bei Einsatz im Rahmen von Unterstützungsmaßnahmen zur Bewältigung der steigenden Zahl von Asylbewerbern[3]

Berechtigte nach § 3, die zur Bewältigung der steigenden Zahl von Asylbewerbern für von der obersten Dienstbehörde beschlossene personelle Unterstützungsmaßnahmen eingesetzt werden, erhalten eine Reisebeihilfe für jede Woche. § 5 Absatz 2 bis 4 bleibt unberührt.

§ 5b *(weggefallen)*

§ 6 Trennungsgeld bei täglicher Rückkehr zum Wohnort

(1) Ein Berechtigter, der täglich an den Wohnort zurückkehrt oder dem die tägliche Rückkehr zuzumuten ist (§ 3 Abs. 1 Satz 2), erhält als Trennungsgeld Fahrtkostenerstattung oder Wegstreckenentschädigung wie bei Dienstreisen. Hierauf sind die Fahrauslagen anzurechnen, die für das Zurücklegen der Strecke zwischen Wohnung und der bisherigen, bei einer Kette von Maßnahmen nach § 1 Abs. 2 der ursprünglichen Dienststätte entstanden wären, wenn die Entfernung mindestens fünf Kilometer beträgt. Dabei ist als Aufwand ein Betrag von 0,08 Euro je Entfernungskilometer und Arbeitstag zugrunde zu legen. Von der Anrechnung ist ganz oder teilweise abzusehen, wenn der Berechtigte nachweist, daß er bei Fahrten zwischen Wohnung und bisheriger Dienststätte üblicherweise keinen entsprechenden Aufwand hätte.

(2) Zusätzlich wird ein Verpflegungszuschuß von 2,05 Euro je Arbeitstag gewährt, wenn die notwendige Abwesenheit von der Wohnung mehr als 11 Stunden beträgt, es sei denn, daß Anspruch auf Reisekostenvergütung für Verpflegungsmehraufwand besteht.

(3) Muß aus dienstlichen Gründen am Dienstort übernachtet werden, werden die dadurch entstandenen notwendigen Mehraufwendungen erstattet.

(4) Das Trennungsgeld nach den Absätzen 1 und 2 darf das in einem Kalendermonat zustehende Trennungsgeld nach den §§ 3 und 4 sowie das Tage- und Übernachtungsgeld für die Hin- und Rückreise nicht übersteigen. Als Übernachtungsgeld wird

3 § 5a: Zur Anwendung vgl. § 10 TGV 1986

für die ersten 14 Tage höchstens der Betrag nach § 7 Abs. 1 Satz 1 des Bundesreisekostengesetzes und ab dem 15. Tag als Trennungsübernachtungsgeld 75 Prozent dieses Betrages berücksichtigt.

§ 7 Sonderfälle

(1) Anspruch auf Trennungsgeld besteht weiter, wenn sich aus Anlaß einer neuen Maßnahme nach § 1 Abs. 2 der neue Dienstort nicht ändert.

(2) Nach einem Umzug, für den Umzugskostenvergütung nicht zu gewähren ist, darf das Trennungsgeld nicht höher sein als das bisherige.

(3) Das Trennungsgeld kann ganz oder teilweise versagt werden, wenn die Führung der Dienstgeschäfte verboten ist oder infolge einer vorläufigen Dienstenthebung oder einer gesetzmäßig angeordneten Freiheitsentziehung der Dienst nicht ausgeübt werden kann. Das gilt nicht, wenn der Berechtigte auf Grund einer dienstlichen Weisung am Dienstort bleibt.

(4) Anspruch auf Trennungsgeld besteht nur, solange Anspruch auf Besoldung besteht; § 4 Absatz 7 bleibt hiervon unberührt.

§ 8 Ende des Trennungsgeldanspruchs

(1) Das Trennungsgeld wird bis zum Tag des Wegfalls der maßgebenden Voraussetzungen gewährt.

(2) Bei einem Umzug mit Zusage der Umzugskostenvergütung wird Trennungsgeld längstens gewährt bis vor dem Tag, für den der Berechtigte für seine Person Reisekostenerstattung nach § 7 Abs. 1 des Bundesumzugskostengesetzes erhält, im übrigen bis zum Tag des Ausladens des Umzugsgutes.

(3) Bei einer neuen dienstlichen Maßnahme nach § 1 Abs. 2 wird Trennungsgeld bis zu dem Tag gewährt, an dem der Dienstort verlassen wird, bei Gewährung von Reisekostenvergütung für diesen Tag bis zum vorausgehenden Tag.

§ 9 Verfahrensvorschriften

(1) Das Trennungsgeld ist innerhalb einer Ausschlußfrist von einem Jahr nach Beginn der Maßnahme nach § 1 Abs. 2 schriftlich oder elektronisch zu beantragen. Trennungsgeld wird monatlich nachträglich auf Grund von Forderungsnachweisen gezahlt, die der Berechtigte innerhalb einer Ausschlußfrist von einem Jahr nach Ablauf des maßgeblichen Kalendermonats abzugeben hat. Satz 2 gilt entsprechend für Anträge auf Reisebeihilfe nach Ablauf des maßgebenden Anspruchszeitraums.

(2) Der Berechtigte hat nachzuweisen, daß die Voraussetzungen für die Trennungsgeldgewährung vorliegen, insbesondere hat er das fortwährende Bemühen um eine Wohnung (§ 2 Abs. 1) zu belegen.

(3) Die oberste Dienstbehörde bestimmt die Behörde, die das Trennungsgeld gewährt.

§ 10 Anwendungsvorschrift

§ 5a ist bis einschließlich 31. Dezember 2028 anzuwenden.

§§ 11 bis 15 *(weggefallen)*

3.8 Verordnung über die einmalige Unfallentschädigung nach § 84 des Soldatenversorgungsgesetzes (Soldaten-Unfallentschädigungsverordnung – SUEV)

Soldaten-Unfallentschädigungsverordnung in der Fassung der Bekanntmachung vom 29. Juni 1977 (BGBl. I S. 1178), die zuletzt durch Artikel 14 des Gesetzes vom 20. August 2021 (BGBl. I S. 3932) geändert worden ist.

§ 1 Flugdienst

(1) Flugdienst im Sinne des § 84 Absatz 1 Nummer 1 und 2 des Soldatenversorgungsgesetzes ist jeder Aufenthalt, der an Bord eines Luftfahrzeugs zur Durchführung eines Flugauftrags oder eines sonstigen Befehls vom Beginn des Starts bis zur Beendigung der Landung erforderlich ist.

(2) Der Start beginnt nach der Freigabe zum Start oder aus eigenem Entschluß des verantwortlichen Luftfahrzeugführers mit der Bewegung des Luftfahrzeugs zum Zwecke des Abhebens und endet mit Erreichen der Reiseflughöhe oder der durch Flugauftrag vorgeschriebenen Mindestflughöhe. Die Landung beginnt mit der Freigabe zur Landung oder aus eigenem Entschluß des verantwortlichen Luftfahrzeugführers und endet bei Starrflüglern mit dem Verlassen der Start- und Landebahn, bei Drehflüglern mit dem Aufsetzen oder dem Ausrollen.

(3) Zum Flugdienst gehören auch

1. bei Luftfahrzeugen mit Strahl- oder Turbinenantrieb
   a) das Rollen, Schweben oder Anschwimmen von der Park- zur Startposition und das Rollen, Schweben oder Abschwimmen nach dem Verlassen der Start- und Landebahn oder des Landepunkts zur Parkposition,
   b) der Betrieb im Stand vom Anlassen des Triebwerks bis zum Stillstand des Triebwerks sowie die Bewegung bei laufendem Triebwerk zum Zwecke von Funktionsprüfungen oder Positionswechsel,
2. bei Starrflüglern mit Kolbentriebwerk das Rollen auf nicht ordnungsgemäß ausgebauter und befestigter Oberfläche, die nicht durch Angehörige des Flugbetriebspersonals oder durch einen Luftfahrzeugführer vorher erkundet ist,
3. im Luftnotfall der Absprung mit dem Fallschirm,
4. im Luftrettungsdienst oder in der Ausbildung zum Luftrettungsdienst Dienstverrichtungen im Gefahrenbereich der Rotoren eines Drehflüglers oder beim Ab- oder Aufseilen an einem Drehflügler.

§ 2 Fliegendes Personal

(1) Soldaten, die zur Besatzung eines einsitzigen oder zweisitzigen strahlgetriebenen Kampfflugzeugs gehören oder in der Ausbildung zum Angehörigen der Besatzung eines solchen Luftfahrzeugs stehen, sind Angehörige des fliegenden Personals von einsitzigen und zweisitzigen strahlgetriebenen Kampfflugzeugen.

(2) Soldaten, die

1. zur Besatzung eines mehr als zweisitzigen strahlgetriebenen Kampfflugzeugs oder eines sonstigen Starrflüglers im Strahl- oder Turbinenantrieb gehören,

2. in der Ausbildung zum Angehörigen der Besatzung eines Luftfahrzeugs, zum Fluglehrer oder zum Testpiloten stehen oder auf einen anderen Luftfahrzeugtyp umgeschult werden,
3. zum Lehrpersonal für die fliegerische Ausbildung oder zum Prüfpersonal für die Abnahme fliegerischer Prüfungen gehören,
4. Dienstverrichtungen nach § 1 Abs. 3 vornehmen,
5. einen besonders gefährlichen Auftrag (§ 3 Abs. 1) durchführen,
6. zur Besatzung eines Luftfahrzeugs gehören, das sich in einem besonders gefährlichen Flug- oder Betriebszustand (§ 3 Abs. 3) befindet,

sind Angehörige des besonders gefährdeten sonstigen fliegenden Personals.

(3) Für Soldaten, die auf Grund eines Befehls in einem Luftfahrzeug des Bundes, eines Landes oder der verbündeten Streitkräfte mitfliegen, gelten die Absätze 1 und 2 sinngemäß.

§ 3 Besonders gefährlicher Auftrag, Flug- oder Betriebszustand

(1) Ein besonders gefährlicher Auftrag (§ 2 Abs. 2 Nr. 5) liegt vor bei vorgeschriebenen Flügen

1. in einer Flughöhe von weniger als 500 Meter über Grund,
2. mit Verlastung oder Abwurf von Gegenständen,
3. als Luftzielschleppflugzeug während des Beschusses,
4. im Luftrettungseinsatz, dessen Durchführung mit einer besonderen Lebensgefahr verbunden ist,
5. im Langsamflug, Kunstflug oder Verbandsflug,
6. zur Durchführung von Messungen im Rahmen der Flugsicherung oder Wettererkundung (Meßflug),
7. im Gebirge bei einem seitlichen Abstand von weniger als 20 Meter zu einer Steilwand,
8. zur Erprobung oder zum Nachfliegen von neuen Luftfahrzeugtypen oder Luftfahrzeugen im Rahmen einer beabsichtigten Änderung des bisherigen Verwendungszwecks,
9. zur Abnahme von neuen Luftfahrzeugen,
10. zur Überprüfung von überholten Luftfahrzeugen oder neuen oder erneuerten wesentlichen Luftfahrzeugteilen,
11. zur Durchführung von Triebwerks- und Geräteerprobungen.

(2) Einem besonders gefährlichen Auftrag im Sinne des Absatzes 1 Nr. 1, 4, 5 und 7 stehen die Fälle gleich, in denen sich abweichend von dem erteilten Flugauftrag die Notwendigkeit der dort bezeichneten Flugarten erst nach dem Start auf Grund der die Flugbedingungen beeinflussenden Umstände ergibt.

(3) Ein besonders gefährlicher Flug- oder Betriebszustand (§ 2 Abs. 2 Nr. 6) liegt vor

1. für die Dauer des Start- und Landevorgangs (§ 1 Abs. 2),
2. für die Dauer eines zur Durchführung des Flugauftrags notwendigen Durchfliegens von Schlechtwettergebieten, wenn das Luftfahrzeug nach Instrumentenflugregeln fliegen muß,
3. wenn das Luftfahrzeug steuerungsunfähig ist.

§ 4 Springendes Personal der Luftlandetruppen

Soldaten, die

1. einer springenden Einheit der Bundeswehr angehören,

2. im Fallschirmsprung ausgebildet werden,
3. zum Lehr- oder Ausbildungspersonal für die Sprungausbildung gehören,
4. mit der Erprobung oder Abnahme von Fallschirmen betraut sind,

sind für die Dauer des Sprungdiensts (§ 5) springendes Personal der Luftlandetruppen.

§ 5 Sprungdienst

Sprungdienst ist
1. die Übung an der Landefallgrube, an der Pendelvorrichtung oder am Sprungturm,
2. der Fallschirmabsprung vom Zeitpunkt des Absprungs aus dem Luftfahrzeug bis zur Beendigung des Gesamtabsetzvorgangs.

§ 6 Soldaten im Bergrettungsdienst

(1) Soldaten, die
1. Heeresbergführer oder Angehörige der Heeresbergführerlehrgänge,
2. Angehörige der Hochgebirgszüge der Gebirgstruppe,
3. auf Befehl zur Bergnothilfe eingesetzt,
4. in der Ausbildung für die Bergnothilfe oder
5. Ausbildungspersonal für die Fels- und Eisausbildung sind,

sind während der Dienstverrichtung nach Absatz 2 Soldaten im Bergrettungsdienst.

(2) Bergrettungsdienst ist jede Dienstverrichtung, die beim Einsatz oder bei der Ausbildung zur Bergnothilfe ausgeübt wird, und zwar im Felsklettern ab Schwierigkeitsgrad III, im Eisgehen ab Schwierigkeitsgrad II oder unter sonstigen Bedingungen, mit denen eine besondere Lebensgefahr verbunden ist. Ausbildung sind auch alle Dienstverrichtungen im Sinne des Satzes 1, die notwendig sind, um den Soldaten für die Bergnothilfe in Übung zu halten.

§ 7 Kampfschwimmer und Minentaucher

(1) Soldaten, die als Einzelkämpfer für besondere Aufgaben gegen Schiffe, Unterwasserhindernisse sowie sonstige Anlagen im Wasser ausgebildet, in Übung gehalten und eingesetzt werden, sind Kampfschwimmer.

(2) Soldaten, die unter Wasser Minen suchen, finden und bezeichnen, hierfür ausgebildet, in Übung gehalten und eingesetzt werden, sind Minentaucher.

(3) Der Kampfschwimmerdienst umfaßt
1. Langstreckenschwimmen im offenen Meer, Langstreckentauchen, Anschwimmen von Objekten und sonstigen Einzelkämpfereinsatz im Wasser, soweit diese Dienstverrichtungen unter Fortfall der sonst im Taucherdienst der Marine üblichen Sicherheitsvorkehrungen ausgeübt werden,
2. Orientierungsschwimmen unter Wasser,
3. Sprengtätigkeit im Rahmen von Einsatzaufgaben im Wasser sowie
4. Absetzen und Wiederaufnehmen durch Schiffe, Luftfahrzeuge oder sonstige Transportmittel.

(4) Der Minentaucherdienst der Marine umfaßt das Tauchen nach den verschiedenen Minentauchverfahren in stehenden und strömenden Gewässern unter Fortfall der sonst im Taucherdienst der Marine üblichen Sicherheitsvorkehrungen.

§ 8 Minendemonteure

(1) Minentaucher, die zu Dienstverrichtungen nach Absatz 2 ausgebildet, in Übung gehalten und eingesetzt werden, sind Minendemonteure.

(2) Der dienstliche Einsatz an Minen unter Wasser umfaßt das Klassifizieren, Identifizieren und Beseitigen von Minen.

§ 9 Versuchspersonal für die Erprobung von Minen und ähnlichen Kampfmitteln

(1) Soldaten, die zur Erprobung von Minen und ähnlichen Kampfmitteln planmäßig oder auf dem Kommandoweg vorübergehend eingesetzt sind, sind Angehörige des Versuchspersonals für die dienstliche Erprobung von Minen und ähnlichen Kampfmitteln. Dies gilt auch für Soldaten, die zur dienstlichen Erprobung von Abwehrmitteln an Minen und ähnlichen Kampfmitteln planmäßig oder auf dem Kommandoweg vorübergehend eingesetzt sind, wenn eine Mine oder ein ähnliches Kampfmittel den Unfall verursacht hat.

(2) Minen sind Behälter mit Sprengstoffen oder Formkörper aus Sprengstoffen, die auf dem Land oder im Wasser verlegt und unter Verwendung von Explosivstoffen auf mechanischem, chemischem oder elektrischem Wege durch Berührung, Annäherung oder nach Ablauf einer vorher bestimmten Zeit gezündet werden. Ähnliche Kampfmittel sind sonstige Kampfmittel, die Explosivstoffe oder andere gefährliche Stoffe enthalten oder aus solchen Stoffen bestehen.

(3) Zur dienstlichen Erprobung gehören auch das Befördern, Verlegen, Wiederaufnehmen und sonstige dienstliche Verrichtungen, soweit die Tätigkeiten mit der Erprobung im Zusammenhang stehen.

§ 10 Munitionsuntersuchungspersonal

(1) Soldaten, die zur Untersuchung von Munition eingesetzt, und Soldaten, die dabei als Hilfskräfte tätig sind, gehören während des dienstlichen Umgangs mit Munition (Absatz 3) zum besonders gefährdeten Munitionsuntersuchungspersonal.

(2) Munition sind alle Gegenstände, die Explosivstoffe enthalten oder aus Explosivstoffen bestehen. Zur Erzeugung von Feuer, Rauch, künstlichem Nebel oder einer anderen Wirkung können die Gegenstände auch andere Stoffe enthalten.

(3) Dienstlicher Umgang mit Munition ist das befohlene Untersuchen (Prüfen und Feststellen des Zustands) von Munition, deren Zustand zweifelhaft oder deren Herkunft unbekannt ist. Dazu gehören alle Dienstverrichtungen, die mit der Untersuchung im Zusammenhang stehen, insbesondere das Suchen, Markieren, Freilegen, Befördern, Zerlegen und Vernichten sowie das Entfernen, Auswechseln und Hinzufügen von Teilen.

§ 11 Besonders gefährlicher Einsatz mit tauchfähigen Landfahrzeugen oder schwimmfähigen gepanzerten Landfahrzeugen

(1) Soldaten, die zur Besatzung eines tauchfähigen Landfahrzeugs gehören, befinden sich in besonders gefährlichem Einsatz, wenn sie mit ihrem Fahrzeug zum Tauchen oder Waten eingesetzt sind und die für ihren Ausstieg aus dem Fahrzeug bestimmte Luke unter Wasser gerät.

(2) Soldaten, die zur Besatzung eines schwimmfähigen gepanzerten Landfahrzeugs gehören, befinden sich in besonders gefährlichem Einsatz, wenn sie mit ihrem Fahrzeug zum Schwimmen eingesetzt sind. Der Schwimmvorgang beginnt mit der Einfahrt in das Wasser und endet mit der Ausfahrt aus dem Wasser.

(3) Die Absätze 1 und 2 gelten entsprechend für Soldaten, die auf Grund eines Befehls oder aus sonstigen dienstlichen Gründen in einem tauchfähigen Landfahrzeug oder einem schwimmfähigen gepanzerten Landfahrzeug mitfahren.

§ 12 U-Boot-Besatzungen

(1) Soldaten, die sich auf Grund eines Befehls oder aus sonstigen dienstlichen Gründen an Bord eines U-Bootes befinden, sind Besatzungsmitglieder. Als Besatzungsmitglieder gelten auch die Soldaten, die für eine Verwendung auf einem U-Boot ausgebildet werden.

(2) Als besonders gefährlicher Dienst gilt der dienstliche Aufenthalt auf einem U-Boot während Über- oder Unterwasserfahrten, und zwar vom Ablegen bis zum Anlegen des Bootes. Das gleiche gilt für den dienstlichen Aufenthalt auf dem U-Boot im Hafen während des Ladens der Batterien sowie für die Dienstverrichtungen, die ein Soldat wegen seiner Verwendung auf einem U-Boot im Tauchtopf ausübt, um an einem Rettungsmittel ausgebildet oder in Übung gehalten zu werden.

(3) U-Boote im Sinne der Absätze 1 und 2 sind auch die U-Boote der verbündeten Streitkräfte.

§ 13 Helm- und Schwimmtaucher

(1) Soldaten, die zu Unterwasserarbeiten mit einem Helmtauchgerät ausgebildet, in Übung gehalten oder eingesetzt werden, sind Helmtaucher. Soldaten, die zu Unterwasserarbeiten mit einem Leichttauchgerät ausgebildet, in Übung gehalten oder eingesetzt werden, sind Schwimmtaucher.

(2) Besonders gefährlicher Tauchdienst ist jede Dienstverrichtung
a) des Helmtauchers vom Schließen bis zum Öffnen des Helmfensters;
b) des Schwimmtauchers vom Auf- bis zum Absetzen der Schwimmaske.

§ 14 Einsatz beim Ein- oder Aushängen von Außenlasten bei einem Drehflügelflugzeug

(1) Soldaten, die unterhalb eines Drehflügelflugzeuges im Schwebeflug Außenlasten ein- oder aushängen, befinden sich im Einsatz beim Ein- oder Aushängen von Außenlasten. Der Einsatz umfaßt auch die Ausbildung und Erprobung.

(2) Das Ein- oder Aushängen von Außenlasten ist eine Dienstverrichtung, bei der die Einhängeöse eines Außenlastgerätes in den oder aus dem Lasthaken ein- oder ausgehängt wird.

§ 15 Angehörige des Kommandos Spezialkräfte

(1) Soldaten, die im Rahmen des Kommandos Spezialkräfte in besonderen militärischen Einsätzen verwendet oder hierfür ausgebildet werden, sind Angehörige des Kommandos Spezialkräfte. Entsprechendes gilt für andere Soldaten, die gemein-

sam mit den in Satz 1 genannten Soldaten in besonderen Fällen eingesetzt oder ausgebildet werden.

(2) Besonders gefährlich ist eine Diensthandlung, die bei einem besonderen militärischen Einsatz oder in der Ausbildung dazu vorgenommen wird und die nach der Art des Einsatzes oder der Ausbildung über die im Militärdienst übliche Gefährdung hinausgeht.

§ 16 Andere Angehörige des öffentlichen Dienstes im Bereich der Bundeswehr

Für Beamte, Angestellte und Arbeiter, die ihre Dienstobliegenheiten im Bereich der Bundeswehr verrichten, gelten die §§ 1 bis 15 entsprechend.

§ 17 Inkrafttreten

3.9 Verordnung über die Gewährung von Heilfürsorge für Soldatinnen und Soldaten der Bundeswehr (Bundeswehr-Heilfürsorgeverordnung – BwHFV)

Bundeswehr-Heilfürsorgeverordnung vom 11. August 2017 (BGBl. I S. 3250, 3431), die zuletzt durch Artikel 76 des Gesetzes vom 20. August 2021 (BGBl. I S. 3932) geändert worden ist".

Zuletzt geändert durch Art. 76 G v. 20.8.2021 I 3932.

Auf Grund des § 69a Absatz 7 des Bundesbesoldungsgesetzes, der durch Artikel 1 Nummer 19 des Gesetzes vom 9. Dezember 2015 (BGBl. I S. 2163) eingefügt worden ist, verordnet das Bundesministerium der Verteidigung im Einvernehmen mit dem Bundesministerium des Innern und dem Bundesministerium der Finanzen:

Kapitel 1 **Allgemeines**

§ 1 Zweck

Die Gewährung der Heilfürsorge in Form der unentgeltlichen truppenärztlichen Versorgung dient der Erhaltung, Wiederherstellung und Verbesserung der Gesundheit der Soldatinnen und Soldaten.

§ 2 Unentgeltliche truppenärztliche Versorgung bei gesundheitlichen Schädigungen als Folge von Wehrdienstbeschädigungen

(1) Liegt bei einer Soldatin oder bei einem Soldaten eine gesundheitliche Schädigung als Folge einer Wehrdienstbeschädigung nach § 3 des Soldatenentschädigungsgesetzes vor, sind Leistungen im Rahmen des Kapitels 3 Abschnitt 2 Unterabschnitt 1 des Soldatenentschädigungsgesetzes, mit Ausnahme des § 16 Nummer 12 des Soldatenentschädigungsgesetzes, zu gewähren, soweit diese für die Soldatin oder den Soldaten günstiger sind. Das gilt auch, wenn das Bundesamt für das Personalmanagement der Bundeswehr auf Grund einer truppenärztlichen, truppenzahnärztlichen oder weiteren fachärztlichen oder fachzahnärztlichen Stellungnahme festgestellt hat, dass eine solche gesundheitliche Schädigung wahrscheinlich vorliegt; die Leistungen nach § 16 Nummer 4 des Soldatenentschädigungsgesetzes werden erst nach Anerkennung einer Wehrdienstbeschädigung gewährt.

(2) Ist eine Soldatin oder ein Soldat wegen einer nach den §§ 3 und 4 des Soldatenentschädigungsgesetzes anerkannten gesundheitlichen Schädigung schwerbeschädigt, gilt Absatz 1 auch für die Behandlung einer gesundheitlichen Schädigung, die nicht Folge einer Wehrdienstbeschädigung oder Folge einer Schädigung im Sinne der §§ 3 und 4 des Soldatenentschädigungsgesetzes ist.

(3) Zur Beseitigung von Folgezuständen von Wehrdienstbeschädigungen können auch Behandlungen aus überwiegend kosmetischen Gründen gewährt werden, wenn nach fachärztlichem oder fachzahnärztlichem Gutachten ansonsten die Dienstfähigkeit beeinträchtigt ist.

(4) (weggefallen)

§ 3 Verzicht auf unentgeltliche truppenärztliche Versorgung

(1) Nimmt eine Soldatin oder ein Soldat ohne truppenärztliche oder truppenzahnärztliche Veranlassung eine andere Heilbehandlung als die unentgeltliche truppenärztliche Versorgung in Anspruch, so werden ihr oder ihm die Kosten, die durch die Heilbehandlung entstehen, nicht erstattet. Dies gilt nicht für Notfälle (§ 30).

(2) Nimmt eine Soldatin oder ein Soldat eine andere Heilbehandlung als die unentgeltliche truppenärztliche Versorgung in Anspruch, so hat sie oder er auf Verlangen der Truppenärztin oder des Truppenarztes oder der Truppenzahnärztin oder des Truppenzahnarztes Bescheinigungen oder Befundberichte der behandelnden Ärztin oder des behandelnden Arztes oder der behandelnden Zahnärztin oder des behandelnden Zahnarztes vorzulegen; die hierdurch entstehenden Kosten werden übernommen.

§ 4 Sachleistungsprinzip

(1) Die Leistungen der unentgeltlichen truppenärztlichen Versorgung werden grundsätzlich als Sach- oder Dienstleistungen gewährt.

(2) Kann der Anspruch auf unentgeltliche truppenärztliche Versorgung nicht durch medizinische Einrichtungen der Bundeswehr erfüllt werden, so können Soldatinnen oder Soldaten Leistungserbringer außerhalb der Bundeswehr in Anspruch nehmen, sofern

1. dies von Ärztinnen oder Ärzten oder Zahnärztinnen oder Zahnärzten der Bundeswehr veranlasst wurde oder
2. ein Notfall (§ 30) besteht.

(3) Die Inanspruchnahme von Leistungserbringern außerhalb der Bundeswehr erfolgt grundsätzlich auf Grundlage des § 75 Absatz 3 des Fünften Buches Sozialgesetzbuch.

(4) Für medizinisch notwendige ärztliche oder zahnärztliche Leistungen, die nicht Gegenstand der kassenärztlichen oder kassenzahnärztlichen Versorgung sind und die von der Kassenärztlichen Bundesvereinigung und den Kassenärztlichen Vereinigungen oder der Kassenzahnärztlichen Bundesvereinigung und den Kassenzahnärztlichen Vereinigungen nicht sichergestellt werden, können Soldatinnen oder Soldaten auf Veranlassung von Ärztinnen oder Ärzten oder Zahnärztinnen oder Zahnärzten der Bundeswehr auch Ärztinnen oder Ärzte oder Zahnärztinnen oder Zahnärzte in Anspruch nehmen, die nicht an der vertragsärztlichen oder vertragszahnärztlichen Versorgung teilnehmen.

(5) Auf Veranlassung von Ärztinnen oder Ärzten oder Zahnärztinnen oder Zahnärzten der Bundeswehr werden den Soldatinnen oder Soldaten auf der Grundlage von vertraglichen Vereinbarungen mit einzelnen zivilen Leistungserbringern oder mit Gruppen von zivilen Leistungserbringern auch nichtärztliche Leistungen wie Arznei-, Verband-, Heil- und Hilfsmittel (§§ 14 bis 16) zur Verfügung gestellt.

(6) Vertragliche Vereinbarungen zu den Absätzen 3 bis 5 mit Erbringern ziviler medizinischer Leistungen trifft das Bundesministerium der Verteidigung.

Kapitel 2 Leistungen der unentgeltlichen truppenärztlichen Versorgung

§ 5 Verhütung und Früherkennung von Krankheiten

Zu den Maßnahmen zur Verhütung und Früherkennung von Krankheiten gehören
1. ärztliche Untersuchungen zur Früherkennung von Krankheiten,
2. Schutzimpfungen im notwendigen Umfang einschließlich medikamentöser Prophylaxe, ausgenommen Schutzimpfungen und medikamentöser Prophylaxe und medikamentöser Prophylaxe anlässlich privater Auslandsreisen, und
3. sonstige medizinische Prophylaxemaßnahmen.

§ 6 Medizinische Vorsorgeleistungen

(1) Reichen ärztliche Behandlungen sowie die Versorgung mit Arznei-, Verband-, Heil- und Hilfsmitteln nicht aus oder können sie wegen besonderer beruflicher oder familiärer Umstände nicht durchgeführt werden, können auf ärztliche Verordnung medizinische Vorsorgeleistungen in Anspruch genommen werden, um
1. eine Schwächung der Gesundheit, die in absehbarer Zeit voraussichtlich zu einer Krankheit führen würde, zu beseitigen,
2. Krankheiten zu verhüten oder deren Verschlimmerung zu vermeiden oder
3. Pflegebedürftigkeit zu vermeiden.

(2) Medizinische Vorsorgeleistungen können gewährt werden:
1. ambulant in einem anerkannten Heilbad oder anerkannten Kurort,
2. als vollstationäre Behandlung in einer Vorsorgeeinrichtung, mit der ein Vertrag nach § 111 des Fünften Buches Sozialgesetzbuch besteht, oder
3. als vollstationäre Behandlung in einer anderen Vorsorgeeinrichtung, wenn besondere medizinische Gründe dies erfordern.

(3) Leistungen nach Absatz 2 Nummer 1 können nicht vor Ablauf von drei, Leistungen nach Absatz 2 Nummer 2 und 3 können nicht vor Ablauf von vier Jahren nach Durchführung solcher oder ähnlicher Leistungen erbracht werden, es sei denn, eine vorzeitige Leistung ist aus medizinischen Gründen dringend erforderlich. Medizinische Vorsorgeleistungen werden nicht für die letzten zwölf Monate vor Ende des Wehrdienstverhältnisses gewährt, es sei denn, sie dienen der Behandlung von Folgen einer Wehrdienstbeschädigung.

(4) Unter den Voraussetzungen des Absatzes 1 können Müttern und Vätern auch verordnet werden:
1. medizinische Vorsorgeleistungen in Einrichtungen der Elly Heuss-Knapp-Stiftung – Deutsches Müttergenesungswerk –,
2. medizinische Vorsorgeleistungen in gleichartigen Einrichtungen, mit denen ein Versorgungsvertrag nach § 111a des Fünften Buches Sozialgesetzbuch besteht.

Kosten für die Mitaufnahme von Kindern, die das zwölfte Lebensjahr noch nicht vollendet haben und selbst nicht behandlungsbedürftig sind, werden übernommen. In Ausnahmefällen können auch die Kosten für die Mitaufnahme älterer Kinder übernommen werden. Kosten für die Aufnahme und Behandlung behandlungsbedürftiger Kinder werden nicht übernommen.

(5) Soldatinnen und Soldaten, die sich auf Grund dienstlicher Anordnung im Ausland aufhalten, werden in medizinisch besonders begründeten Einzelfällen medizinische Vorsorgeleistungen auch im Ausland gewährt. Dies gilt nicht, wenn eine erfolgver-

sprechende Maßnahme im Inland geringere Kosten verursachen würde. Die medizinische Vorsorgeleistung im Ausland ist durchzuführen in einem dem ausländischen Dienstort nahegelegenen, vom Bundesministerium der Verteidigung als geeignet anerkannten Kurort oder Heilbad.

(6) Werden für stationäre Aufenthalte von Soldatinnen oder Soldaten in Vorsorgeeinrichtungen, für die weder das Krankenhausentgeltgesetz noch die Bundespflegesatzverordnung gilt, Kosten für die aus medizinischen Gründen notwendige Aufnahme einer Begleitperson in Rechnung gestellt, so werden diese Kosten übernommen. Die Entscheidung über die medizinische Notwendigkeit der Aufnahme einer Begleitperson trifft die behandelnde Ärztin oder der behandelnde Arzt der Rehabilitations- oder Kurklinik im Einvernehmen mit der zuständigen Truppenärztin oder dem zuständigen Truppenarzt; bei der Entscheidung ist ein strenger Maßstab anzulegen.

§ 7 Ambulante allgemeinmedizinische Untersuchungen und Behandlungen

(1) Ambulante allgemeinmedizinische Untersuchungen und Behandlungen können durchgeführt werden:
1. von Truppenärztinnen oder Truppenärzten und
2. von anderen Ärztinnen oder Ärzten, die die Funktion der Truppenärztin oder des Truppenarztes wahrnehmen.

(2) Ambulante allgemeinmedizinische Untersuchungen und Behandlungen werden grundsätzlich von der Truppenärztin oder dem Truppenarzt durchgeführt, die oder der für den Dienstort der Soldatin oder des Soldaten zuständig ist.

(3) Erkrankt die Soldatin oder der Soldat in Deutschland außerhalb des Dienstortes, wird die Untersuchung und Behandlung grundsätzlich von einer Truppenärztin oder einem Truppenarzt bei der für den Aufenthaltsort zuständigen regionalen Sanitätseinrichtung der Bundeswehr oder von einer anderen Ärztin oder einem anderen Arzt durchgeführt, die oder der am Aufenthaltsort die Funktion der Truppenärztin oder des Truppenarztes wahrnimmt. Die oder der nach Absatz 2 Zuständige ist von diesen Stellen über die Erkrankung der Soldatin oder des Soldaten und die durchgeführte Behandlung zu informieren.

(4) Wird einer erkrankten Soldatin oder einem Soldaten der Aufenthalt an einem anderen Ort als dem Dienstort genehmigt, soll die Weiterbehandlung für die Dauer des Aufenthalts in Abstimmung mit der oder dem nach Absatz 2 Zuständigen grundsätzlich übertragen werden
1. einer Truppenärztin oder einem Truppenarzt bei der für den Aufenthaltsort zuständigen regionalen Sanitätseinrichtung der Bundeswehr oder
2. einer anderen Ärztin oder einem anderen Arzt, die oder der am Aufenthaltsort die Funktion der Truppenärztin oder des Truppenarztes wahrnimmt.

§ 8 Ambulante fachärztliche Untersuchungen und Behandlungen

(1) Fachärztinnen und Fachärzte im Sinne dieses Paragrafen sind nicht die Fachärztinnen und Fachärzte für Allgemeinmedizin.

(2) Ambulante fachärztliche Untersuchungen und Behandlungen werden auf Veranlassung der in den §§ 7 und 9 Absatz 2 Nummer 1 Genannten grundsätzlich durch die nächsterreichbaren Fachärztinnen und Fachärzte der Bundeswehr durchgeführt.

(3) Behandlungsbedürftige Soldatinnen und Soldaten können durch die in den §§ 7 und 9 Absatz 2 Nummer 1 Genannten an zivile Fachärztinnen und Fachärzte überwiesen werden, wenn

1. am Standort der Soldatin oder des Soldaten und im Umkreis von 50 Kilometern keine Fachärztin und kein Facharzt der Bundeswehr zur Verfügung steht,
2. in den Sanitätseinrichtungen der Bundeswehr die technischen oder personellen Voraussetzungen für die erforderliche Untersuchung oder Behandlung fehlen,
3. ein Notfall besteht,
4. die Wartezeit für einen Termin in einer Sanitätseinrichtung der Bundeswehr unangemessen lang wäre oder
5. für eine behandlungsbedürftige Soldatin oder einen behandlungsbedürftigen Soldaten während ihres oder seines Urlaubs oder während einer Freistellung vom Dienst am inländischen Aufenthaltsort oder in der näheren Umgebung keine Versorgung in Sanitätseinrichtungen der Bundeswehr möglich ist.

In den Fällen des Satzes 1 Nummer 1 bis 4 ist eine zivile Fachärztin oder ein ziviler Facharzt im Standortbereich auszuwählen, sofern nicht besondere medizinische Gründe vorliegen, die eine Inanspruchnahme einer zivilen Fachärztin oder eines zivilen Facharztes außerhalb des Standortbereiches rechtfertigen.

(4) Zivile Fachärztinnen und Fachärzte sollen zunächst nur zur Konsiliaruntersuchung herangezogen werden. Die gesamte ambulante Behandlung darf ihnen nur dann durch die in den §§ 7 und 9 Absatz 2 Nummer 1 Genannten übertragen werden, wenn besondere medizinische Gründe dies erfordern und die weitere Behandlung in Sanitätseinrichtungen der Bundeswehr nicht möglich ist oder nicht ausreicht.

(5) Untersuchungsmaterial für notwendige bakteriologische, serologische, chemische, histologische oder sonstige besondere Untersuchungen ist von den truppenärztlichen oder fachärztlichen Einrichtungen der Bundeswehr grundsätzlich der nächsterreichbaren Untersuchungseinrichtung der Bundeswehr zu übersenden. Kann eine geeignete Einrichtung der Bundeswehr nicht rechtzeitig erreicht werden, kann eine zivile Einrichtung in Anspruch genommen werden.

(6) Bei Entstellungen werden ärztliche Behandlungen auch dann gewährt, wenn die kosmetischen Gründe überwiegen, aber laut fachärztlichem oder fachzahnärztlichem Gutachten infolge der Entstellung die Dienstfähigkeit beeinträchtigt ist.

§ 9 Ambulante zahnärztliche Untersuchungen und Behandlungen

(1) Die zahnärztliche Versorgung umfasst alle erforderlichen Maßnahmen zur Verhütung, Früherkennung und Behandlung von Zahn-, Mund- und Kieferkrankheiten im Sinne des § 1 Absatz 3 Satz 2 des Gesetzes über die Ausübung der Zahnheilkunde vom 16. April 1987 (BGBl. I S. 1225), das zuletzt durch Artikel 7 des Gesetzes vom 23. Dezember 2016 (BGBl. I S. 3191) geändert worden ist, in der jeweils geltenden Fassung.

(2) Ambulante zahnärztliche Untersuchungen und Behandlungen können durchgeführt werden

1. von Zahnärztinnen und Zahnärzten der Bundeswehr in zahnärztlichen Behandlungseinrichtungen der Bundeswehr,
2. von anderen Zahnärztinnen und Zahnärzten, die die Funktion der Truppenzahnärztin oder des Truppenzahnarztes wahrnehmen, oder
3. von zivilen Zahnärztinnen oder zivilen Zahnärzten, sofern eine Behandlung nach den Nummern 1 und 2 nicht möglich ist und eine Überweisung durch eine Zahn-

ärztin oder einen Zahnarzt der Bundeswehr oder eine Ärztin oder einen Arzt der Bundeswehr vorliegt.

(3) Truppenzahnärztliche und zivile zahnärztliche Behandlungen, die über prophylaktische, chirurgische oder konservierende Behandlungen hinausgehen, dürfen erst begonnen werden, wenn die vom Bundesministerium der Verteidigung bestimmte Stelle den Behandlungsplan genehmigt hat.

(4) Prothetische Versorgung wird gewährt,
1. zur Erhaltung, Wiederherstellung und Verbesserung der Funktionstüchtigkeit des Kauapparats, in den ersten vier Monaten nach Beginn und in den letzten sechs Monaten vor Ende des Wehrdienstverhältnisses jedoch nur zur Erhaltung oder Wiederherstellung der Dienstfähigkeit, oder
2. um eine als Folge einer Wehrdienstbeschädigung anerkannte gesundheitliche Schädigung zu beseitigen oder wesentlich zu bessern, um eine Verschlimmerung der Schädigung zu verhindern oder um durch die Schädigung verursachte körperliche Beschwerden zu beheben oder wesentlich zu lindern.

§ 10 Krankenhausbehandlung

(1) Die Truppenärztin oder der Truppenarzt oder die Truppenzahnärztin oder der Truppenzahnarzt weist die Soldatin oder den Soldaten grundsätzlich in ein Bundeswehrkrankenhaus ein, wenn eine voll-, teil-, vor- oder nachstationäre, stationsäquivalente oder ambulante Behandlung in einem Krankenhaus erforderlich ist.

(2) Die Truppenärztin oder der Truppenarzt, die Truppenzahnärztin oder der Truppenzahnarzt oder das Bundeswehrkrankenhaus können die Soldatin oder den Soldaten auch in das dem Dienstort nächstgelegene geeignete zivile Krankenhaus überweisen, wenn
1. wegen des Gesundheitszustandes der Soldatin oder des Soldaten der Transport in ein Bundeswehrkrankenhaus nach ärztlichem oder zahnärztlichem Urteil nicht zu verantworten ist oder
2. das Bundeswehrkrankenhaus nicht über geeignete Behandlungsmöglichkeiten verfügt.

(3) Im Rahmen der Fürsorgepflicht können Soldatinnen und Soldaten bei voraussichtlich länger dauernder vollstationärer Behandlung in ein dem Heimatort nahegelegenes geeignetes Bundeswehrkrankenhaus oder, wenn ein solches nicht vorhanden ist, in ein dem Heimatort nahegelegenes geeignetes ziviles Krankenhaus eingewiesen oder verlegt werden.

(4) Eine Einweisung in eine Privatklinik kann nur erfolgen, wenn medizinische Gründe die Überweisung dorthin erfordern.

(5) Bei einer Behandlung in einem zivilen Krankenhaus haben Soldatinnen und Soldaten Anspruch auf allgemeine Krankenhausleistungen im Sinne von § 39 Absatz 1 Satz 3 des Fünften Buches Sozialgesetzbuch.

(6) Bieten zivile Krankenhäuser Wahlleistungen an, so haben Soldatinnen und Soldaten Anspruch auf
1. Unterbringung in Zweibettzimmern bei vollstationärer Behandlung und
2. wahlärztliche Leistungen bei voll-, teil-, vor- und nachstationärer Behandlung.

(7) Ist bei einer vollstationären Behandlung/einem vollstationären Krankenhausaufenthalt aus medizinischen Gründen die Mitaufnahme einer Begleitperson erforderlich, so

1. wird bei Krankenhäusern, die nach dem Krankenhausentgeltgesetz abrechnen, für den Aufnahmetag und jeden weiteren Tag des vollstationären Krankenhausaufenthalts ein Zuschlag in Höhe von 45 Euro für die Mitaufnahme der Begleitperson übernommen; das gilt nicht für Entlassungs- und Verlegungstage, die nicht zugleich Aufnahmetag sind,
2. sind bei Krankenhäusern, für die die Bundespflegesatzverordnung gilt, die Kosten für die Mitaufnahme der Begleitperson durch den Pflegesatz abgegolten,
3. werden für vollstationäre Aufenthalte von Soldatinnen oder Soldaten in Krankenhäusern, für die weder das Krankenhausentgeltgesetz noch die Bundespflegesatzverordnung gelten, die Kosten für die Mitaufnahme der Begleitperson übernommen.

Die Entscheidung über die medizinische Notwendigkeit der Mitaufnahme einer Begleitperson trifft die behandelnde Ärztin oder der behandelnde Arzt des Krankenhauses im Einvernehmen mit der zuständigen Truppenärztin oder dem zuständigen Truppenarzt; bei der Entscheidung ist ein strenger Maßstab anzulegen.

§ 11 Palliativversorgung

(1) Spezialisierte ambulante Palliativversorgung wird gewährt, wenn wegen einer nicht heilbaren, fortschreitenden und weit fortgeschrittenen Erkrankung bei einer zugleich begrenzten Lebenserwartung eine besonders aufwändige Versorgung notwendig ist.

(2) Kosten für eine vollstationäre oder teilstationäre Palliativversorgung in einem Hospiz werden in angemessener Höhe übernommen, wenn nach truppenärztlicher Bescheinigung eine ambulante Versorgung im eigenen Haushalt oder in der Familie nicht erbracht werden kann.

§ 12 Organspenden und andere Spenden

(1) Für die Spende, Entnahme und Übertragung von Organen, Geweben, Blutstammzellen oder anderen Blutbestandteilen gilt § 45a der Bundesbeihilfeverordnung entsprechend.

(2) Die Kosten nach Absatz 1 sind nur erstattungsfähig, soweit sie nicht von anderer Seite erstattet werden oder zu erstatten sind.

(3) Die Kosten, die der Spenderin oder dem Spender durch Folge- oder Spätschäden entstehen, sind im Rahmen der unentgeltlichen truppenärztlichen Versorgung nicht erstattungsfähig.

§ 13 Medizinische Rehabilitationsmaßnahmen

(1) Ärztinnen und Ärzte der Bundeswehr können auf Empfehlung einer Fachärztin oder eines Facharztes der Bundeswehr stationäre oder ambulante medizinische Rehabilitationsmaßnahmen verordnen. Zu den medizinischen Rehabilitationsmaßnahmen gehören auch Anschlussheilbehandlungen im Anschluss an stationäre Krankenhausbehandlungen; sie werden durch die behandelnde Krankenhausärztin oder den behandelnden Krankenhausarzt empfohlen. Stationäre medizinische Rehabilitationsmaßnahmen sind grundsätzlich in Einrichtungen durchzuführen, mit denen ein Versorgungsvertrag nach § 111 Absatz 2 des Fünften Buches Sozialgesetzbuch besteht. Bei medizinischem Bedarf können auch ergänzende Leistungen zur Reha-

bilitation im Sinne von § 43 Absatz 1 des Fünften Buches Sozialgesetzbuch gewährt werden.

(2) Für Mütter und Väter können auch aus medizinischen Gründen erforderliche Rehabilitationsmaßnahmen in einer Einrichtung der Elly Heuss-Knapp-Stiftung – Deutsches Müttergenesungswerk – verordnet werden. Rehabilitationsmaßnahmen können auch in gleichartigen Einrichtungen in Anspruch genommen werden, mit denen ein Versorgungsvertrag nach § 111a des Fünften Buches Sozialgesetzbuch besteht. Kosten für die Mitaufnahme von Kindern, die das zwölfte Lebensjahr noch nicht vollendet haben und selbst nicht behandlungsbedürftig sind, werden übernommen. In Ausnahmefällen ist auch die Übernahme von Kosten für die Mitaufnahme älterer Kinder möglich. Kosten für die Mitaufnahme und Behandlung behandlungsbedürftiger Kinder werden nicht übernommen.

(3) Soldatinnen und Soldaten, die sich auf Grund dienstlicher Anordnung im Ausland aufhalten, werden medizinische Rehabilitationsmaßnahmen auch im Ausland gewährt. Dies gilt nicht, wenn eine erfolgversprechende Maßnahme im Inland geringere Kosten verursachen würde. Die medizinische Rehabilitationsmaßnahme im Ausland ist in einem dem ausländischen Dienstort nahegelegenen, vom Bundesministerium der Verteidigung als geeignet anerkannten Kurort oder Heilbad durchzuführen.

(4) Im Rahmen der Behandlung einer Alkohol-, Drogen-, Rauschmittel- oder Medikamentenabhängigkeit einer Soldatin oder eines Soldaten werden die notwendigen Kosten für die von den Rehabilitationseinrichtungen angebotenen Familien- oder Angehörigenseminare übernommen.

(5) Werden für stationäre Aufenthalte in Rehabilitationseinrichtungen, für die weder die Bundespflegesatzverordnung noch das Krankenhausentgeltgesetz gelten, Kosten für aus medizinischen Gründen notwendige Begleitpersonen in Rechnung gestellt, so werden diese Kosten im Rahmen der unentgeltlichen truppenärztlichen Versorgung übernommen. Die Entscheidung über die medizinische Notwendigkeit der Mitaufnahme einer Begleitperson trifft die behandelnde Ärztin oder der behandelnde Arzt der Rehabilitationseinrichtung; bei der Entscheidung ist ein strenger Maßstab anzulegen.

§ 14 Heilmittel

(1) Soldatinnen und Soldaten haben Anspruch auf die medizinisch notwendige Versorgung mit Heilmitteln, sofern sie nicht nach Anlage 1 der Heilmittel-Richtlinie des Gemeinsamen Bundesausschusses in ihrer jeweils jüngsten auf der Internetseite des Gemeinsamen Bundesausschusses (www.g-ba.de) veröffentlichten Fassung ausgeschlossen sind.

(2) Heilmittel werden durch eine Truppenärztin, einen Truppenarzt, eine Truppenzahnärztin oder einen Truppenzahnarzt verordnet, wenn sie notwendig sind, um

1. eine Krankheit zu heilen, ihre Verschlimmerung zu verhüten oder Krankheitsbeschwerden zu lindern,
2. eine Schwächung der Gesundheit, die in absehbarer Zeit voraussichtlich zu einer Krankheit führen würde, zu beseitigen oder
3. Pflegebedürftigkeit zu vermeiden oder zu mindern.

(3) Heilmittel werden wenn möglich in Einrichtungen der Bundeswehr, sonst von zivilen Angehörigen der Medizinfachberufe angewandt.

§ 15 Arzneimittel und Medizinprodukte, einschließlich digitaler Gesundheitsanwendungen

(1) Arzneimittel und Medizinprodukte, einschließlich digitaler Gesundheitsanwendungen im Sinne von § 33a des Fünften Buches Sozialgesetzbuch die von einer Ärztin oder einem Arzt der Bundeswehr oder einer Zahnärztin oder einem Zahnarzt der Bundeswehr verordnet worden sind, werden aus Beständen der Bundeswehr ausgegeben oder, sofern die Ausgabe aus Beständen der Bundeswehr nicht möglich ist, auf Grund ärztlicher oder zahnärztlicher Verordnung von den Soldatinnen und Soldaten in zivilen Apotheken oder bei anderen zugelassenen Leistungserbringern beschafft.

(2) Keine Arzneimittel sind
1. Nahrungsergänzungs- und Stärkungsmittel,
2. Lebensmittel im Sinne des § 2 Absatz 2 des Lebensmittel- und Futtermittelgesetzbuches und
3. kosmetische Mittel im Sinne des § 2 Absatz 5 des Lebensmittel- und Futtermittelgesetzbuches.

§ 16 Hilfsmittel

(1) Soldatinnen und Soldaten haben Anspruch auf eine wirtschaftlich angemessene Versorgung mit
1. Sehhilfen (§ 17),
2. Hörhilfen,
3. Körperersatzstücken,
4. orthopädischen Hilfsmitteln und
5. anderen Hilfsmitteln.

Der Anspruch besteht nur, soweit die Versorgung medizinisch notwendig ist, um
1. den Erfolg der Krankenbehandlung zu sichern,
2. einer drohenden Behinderung vorzubeugen,
3. eine Behinderung auszugleichen,
4. eine Schwächung der Gesundheit zu beseitigen, die in absehbarer Zeit voraussichtlich zu einer Krankheit führen würde,
5. Krankheiten zu verhüten oder deren Verschlimmerung zu vermeiden oder
6. Pflegebedürftigkeit zu vermeiden.

(2) Hilfsmittel, die in Anlage 11 zur Bundesbeihilfeverordnung oder im Hilfsmittelverzeichnis des GKV-Spitzenverbandes in seiner jeweils jüngsten auf der Internetseite des GKV-Spitzenverbandes (www.gkv-spitzenverband.de) veröffentlichten Fassung aufgeführt sind, können durch Truppenärztinnen und Truppenärzte sowie durch Fachärztinnen und Fachärzte der Bundeswehr verordnet werden.

(3) Für Hilfsmittel, die nicht in den in Absatz 2 genannten Regelungswerken aufgeführt sind, gilt Absatz 2 mit der Maßgabe entsprechend, dass sie ausnahmsweise mit vorheriger Zustimmung des Bundesministeriums der Verteidigung nur dann verordnet werden dürfen, wenn es sich nicht um Gegenstände handelt, die
1. einen geringen oder umstrittenen therapeutischen Nutzen haben,
2. der allgemeinen Lebenshaltung zuzurechnen sind oder
3. in Anlage 12 zur Bundesbeihilfeverordnung aufgeführt sind.

(4) Zur Bereitstellung von Hilfsmitteln sollen Miet-, Mietkauf-, Leasing- oder ähnliche Verträge geschlossen werden, sofern dies aus Gründen der Wirtschaftlichkeit geboten ist.

§ 17 Sehhilfen

(1) Fehlsichtigen Soldatinnen und Soldaten werden auf Grund truppenärztlicher Verordnung oder auf Grund der Verordnung einer Fachärztin oder eines Facharztes für Augenheilkunde der Bundeswehr die notwendigen Dienstbrillen zur Wiederherstellung oder Erhaltung der bestmöglichen Sehleistung zur Verfügung gestellt.

(2) Bei dienstlichem Bedarf kann eine Fachärztin oder ein Facharzt für Augenheilkunde der Bundeswehr zusätzlich folgende Sehhilfen verordnen:
1. eine ABC-Schutzmaskenbrille,
2. Brilleneinsätze für sonstige Schutzbrillen,
3. eine zusätzliche Sehhilfe in der für spezielle dienstliche Verwendungen verordneten Sonderausführung sowie
4. für fliegendes Personal eine Ersatzbrille.

(3) Brillenbehälter können bei Erstausstattung mit einer Dienstbrille und bei Verlust oder Bruch eines dienstlich gelieferten Brillenbehälters verordnet werden; sie müssen den dienstlichen Anforderungen genügen.

(4) Kontaktlinsen dürfen nur verordnet werden, wenn
1. die Fehlsichtigkeit aus medizinischen Gründen nicht ausreichend durch eine Brille ausgeglichen werden kann oder
2. dienstliche Umstände das Tragen von Kontaktlinsen anstatt einer Brille erfordern.

(5) Ist eine eigene Sehhilfe einer Soldatin oder eines Soldaten während des Dienstes unbrauchbar geworden oder verloren gegangen, so wird auf Kosten der Bundeswehr Ersatz geleistet, wenn
1. die Soldatin oder der Soldat trotz rechtzeitiger Bemühungen noch keine Dienstbrille erhalten hat oder
2. die vorhandene Dienstbrille zuvor ohne eigenes grobes Verschulden unbrauchbar geworden oder verloren gegangen ist.

§ 86 des Soldatenversorgungsgesetzes bleibt unberührt.

§ 18 Eigentum an Hilfsmitteln

(1) Ein Hilfsmittel geht, soweit nichts anderes bestimmt ist, nicht in das Eigentum der Soldatin oder des Soldaten über.

(2) Wendet eine Soldatin oder ein Soldat für ein verordnetes Hilfsmittel eigene Mittel auf, um eine bessere, aber medizinisch nicht notwendige Ausführung zu erhalten, erwirbt sie oder er an dem Hilfsmittel Miteigentum. Der Eigentumsanteil bestimmt sich nach der Höhe der aufgewendeten eigenen Mittel. Wird das Hilfsmittel im Dienst zerstört oder beschädigt, werden der Soldatin oder dem Soldaten für den Miteigentumsanteil Entschädigungen nach den allgemeinen Vorschriften über Schadensersatzansprüche und Billigkeitszuwendungen bei im Dienst entstandenen Sachschäden gewährt.

(3) Bei Ende des Dienstverhältnisses geht das Hilfsmittel in das Eigentum der Soldatin oder des Soldaten über, wenn sie oder er das Hilfsmittel weiterhin benötigt. Wird eine Soldatin oder ein Soldat erneut zum Wehrdienst herangezogen und ist das Hilfsmittel noch vorhanden, so ist es mitzubringen und gilt nicht als eigenes Hilfsmittel.

§ 19 Häusliche Krankenpflege[1]

(1) Soldatinnen und Soldaten erhalten auf truppenärztliche Verordnung in ihrem Haushalt, in ihrer Familie oder an einem anderen geeigneten Ort neben der ärztlichen Behandlung in erforderlichem Umfang häusliche Krankenpflege durch geeignete Pflegekräfte, wenn
1. eine Krankenhausbehandlung zwar geboten, aber nicht ausführbar ist,
2. die Krankenhausbehandlung durch häusliche Krankenpflege vermieden oder verkürzt werden kann oder
3. häusliche Behandlungspflege zur Sicherung des Ziels der ärztlichen Behandlung erforderlich ist.

Die Kosten der häuslichen Krankenpflege werden bis zur Höhe des tariflichen oder ortsüblichen Entgelts einer Pflegekraft der öffentlichen oder freigemeinnützigen Träger, die für die häusliche Krankenpflege in Betracht kommen, übernommen. Bis zu dieser Höhe werden auch die Kosten für eine Ersatzpflegekraft, die die Truppenärztin oder der Truppenarzt für geeignet erklärt, übernommen.

(2) Die häusliche Krankenpflege nach Absatz 1 umfasst
1. Behandlungspflege, Grundpflege und hauswirtschaftliche Versorgung,
2. verrichtungsbezogene krankheitsspezifische Pflegemaßnahmen,
3. ambulante psychiatrische Krankenpflege und
4. ambulante Palliativversorgung.

(3) Bei schwerer Krankheit oder akuter Verschlimmerung einer Krankheit, insbesondere nach einem Krankenhausaufenthalt, nach einer ambulanten Operation oder nach einer ambulanten Krankenhausbehandlung, erhalten Soldatinnen und Soldaten die erforderliche Grundpflege und hauswirtschaftliche Versorgung an einem geeigneten Ort im Sinne von § 37 Absatz 1 Satz 1 des Fünften Buches Sozialgesetzbuch. Satz 1 gilt nicht, wenn bei der Soldatin oder dem Soldaten eine Pflegebedürftigkeit der Pflegegrade 2, 3, 4 oder 5 vorliegt.

(4) Die häusliche Krankenpflege soll nicht länger als vier Wochen dauern. Das gilt nicht für die häusliche Behandlungspflege zur Sicherung des Ziels der ärztlichen Behandlung und bei ambulanter Palliativversorgung.

(5) Der Anspruch auf häusliche Krankenpflege besteht nur, soweit eine im Haushalt lebende Person die Soldatin oder den Soldaten nicht in dem erforderlichen Umfang pflegen und versorgen kann. Die Verordnung von Grundpflege und hauswirtschaftlicher Versorgung ist im Fall der Sicherungspflege nach Absatz 1 Satz 1 Nummer 3 nur zulässig, wenn keine Pflegebedürftigkeit im Sinne des § 14 des Elften Buches Sozialgesetzbuch festgestellt wurde.

(6) Wird häusliche Krankenpflege im Sinne der Absätze 1 bis 3 durch die Ehegattin, den Ehegatten, die Lebenspartnerin, den Lebenspartner, die Eltern oder die Kinder der gepflegten Person durchgeführt, sind nur erstattungsfähig
1. Fahrtkosten der die häusliche Krankenpflege durchführenden Person und
2. eine angemessene Entschädigung für den Verdienstausfall der Person, die die häusliche Krankenpflege erbringt.

(7) In den Fällen des § 2 Absatz 1 und 2 ist § 10 der Heilverfahrensverordnung anzuwenden.

---

1 § 19 Abs. 1 Satz 2 u. 3: zur Anwendung vgl. § 27 Abs. 1
§ 19 Abs. 4 Satz 1: zur Anwendung vgl. § 27 Abs. 1
§ 19 Abs. 5: zur Anwendung vgl. § 20 Abs. 4

§ 19a Kurzzeitpflege bei fehlender Pflegebedürftigkeit

Reichen Leistungen der häuslichen Krankenpflege nach § 19 Absatz 3 bei schwerer Krankheit oder wegen akuter Verschlimmerung einer Krankheit, insbesondere nach einem Krankenhausaufenthalt, nach einer ambulanten Operation oder nach einer ambulanten Krankenhausbehandlung, nicht aus, werden die Aufwendungen für eine erforderliche Kurzzeitpflege entsprechend § 42 des Elften Buches Sozialgesetzbuch für eine Übergangszeit übernommen, wenn keine Pflegebedürftigkeit mit Pflegegrad 2, 3, 4 oder 5 im Sinne des Elften Buches festgestellt ist. Die Leistung kann in zugelassenen Einrichtungen nach dem Elften Buch Sozialgesetzbuch oder in anderen geeigneten Einrichtungen erbracht werden.

§ 20 Familien- und Haushaltshilfe

(1) Die notwendigen Kosten für eine Familien- und Haushaltshilfe werden übernommen, wenn
1. die den Haushalt führende Soldatin oder der den Haushalt führende Soldat den Haushalt wegen einer medizinisch erforderlichen außerhäuslichen Unterbringung im Sinne von § 6 Absatz 2, §§ 10, 11 Absatz 2, §§ 13, 19a und 27 Absatz 1 Nummer 6 nicht weiterführen kann,
2. im Haushalt mindestens ein Kind, das das zwölfte Lebensjahr noch nicht vollendet hat oder behindert und auf Hilfe angewiesen ist, oder eine andere Person, die pflegebedürftig ist, verbleibt und
3. keine andere im Haushalt lebende Person den Haushalt weiterführen kann.

In Ausnahmefällen kann aus Fürsorgegründen mit Zustimmung der obersten Dienstbehörde von diesen Voraussetzungen abgewichen werden.

(2) Die Kosten für eine erforderliche Familien- und Haushaltshilfe werden bei Inanspruchnahme eines gewerblichen Dienstleisters bis zu der Höhe übernommen, in der sie von den gesetzlichen Krankenkassen erstattet werden.

(3) Die Kosten für eine selbstbeschaffte, nicht berufsmäßige Familien- und Haushaltshilfe werden in der in § 28 Absatz 1 der Bundesbeihilfeverordnung genannten Höhe übernommen.

(4) Wird die Familien- und Haushaltshilfe durch die Ehegattin, den Ehegatten, die Lebenspartnerin, den Lebenspartner, die Eltern oder die Kinder der Soldatin oder des Soldaten durchgeführt, gilt § 19 Absatz 5 entsprechend.

(5) Kosten für eine Familien- und Haushaltshilfe, deren Notwendigkeit ärztlich bescheinigt worden ist, werden in der in den Absätzen 2 bis 4 bestimmten Höhe für höchstens 28 Tage übernommen
1. bei schwerer Krankheit einer Soldatin oder eines Soldaten oder
2. bei akuter Verschlimmerung einer Krankheit einer Soldatin oder eines Soldaten, insbesondere unmittelbar nach einem Krankenhausaufenthalt, unmittelbar nach einer ambulanten Operation oder unmittelbar nach einer ambulanten Krankenhausbehandlung. Satz 1 gilt auch für Alleinstehende. Absatz 1 Satz 2 gilt entsprechend.

(6) Werden statt der Inanspruchnahme einer Familien- und Haushaltshilfe Kinder, die das zwölfte Lebensjahr noch nicht vollendet haben, oder im Haushalt lebende pflegebedürftige Personen in einem Heim oder in einem fremden Haushalt untergebracht, werden die Kosten hierfür bis zur Höhe der sonst notwendigen Kosten einer Familien- und Haushaltshilfe übernommen.

(7) Kosten für notwendige Fahrten sind in Höhe der Reisekostenvergütung nach den §§ 3, 4 und 5 Absatz 1 des Bundesreisekostengesetzes erstattungsfähig.

(8) Für Soldatinnen und Soldaten, die sich auf dienstliche Anordnung im Ausland aufhalten, ist § 29 der Bundesbeihilfeverordnung entsprechend anzuwenden. Abweichend von § 29 Absatz 1 Nummer 2 und § 29 Absatz 3 der Bundesbeihilfeverordnung besteht ein Anspruch auf Gewährung einer Familien- und Haushaltshilfe oder Übernahme von Fahrtkosten, wenn das Kind das zwölfte Lebensjahr noch nicht vollendet hat.

§ 21 Soziotherapie

Soziotherapie kann verordnet werden, wenn die Soldatin oder der Soldat wegen einer schweren psychischen Erkrankung nicht in der Lage ist, ärztliche oder ärztlich verordnete Leistungen selbständig in Anspruch zu nehmen, und durch die Soziotherapie eine Krankenhausbehandlung vermieden oder verkürzt wird. Dies gilt auch, wenn die Krankenhausbehandlung geboten, aber nicht durchführbar ist. Die Soziotherapie umfasst die im Einzelfall erforderliche Koordinierung der verordneten Leistungen sowie Anleitung und Motivation zu deren Inanspruchnahme. Inhalt und Ausgestaltung der Soziotherapie richten sich nach § 37a Absatz 2 des Fünften Buches Sozialgesetzbuch.

§ 22 Behandlung während eines dienstlich angeordneten Aufenthaltes im Ausland

(1) Erkrankt eine Soldatin oder ein Soldat während eines dienstlich angeordneten Aufenthaltes im Ausland, ist ihre oder seine Behandlung durchzuführen
1. von einer Truppenärztin oder einem Truppenarzt oder einer Truppenzahnärztin oder einem Truppenzahnarzt,
2. von einer Ärztin oder einem Arzt oder von einer Zahnärztin oder einem Zahnarzt der ausländischen Streitkräfte oder
3. auf Veranlassung der Bundeswehr von einer zivilen Ärztin oder einem zivilen Arzt, von einer zivilen Zahnärztin oder einem zivilen Zahnarzt, von zivilen Krankenhäusern oder von anderen zivilen Einrichtungen des Gesundheitswesens, mit denen die Bundeswehr jeweils besondere Gebühren vereinbart hat.

(2) Ist eine Behandlung nach Absatz 1 nicht möglich, werden die medizinisch notwendigen und wirtschaftlich angemessenen Kosten für die Behandlung entsprechend den §§ 1 bis 21 und 24 bis 30 übernommen. Sofern nicht zwingende Gründe entgegenstehen, dürfen jedoch nur diejenigen vom Leitenden Sanitätsoffizier beim Streitkräfteamt vorgegebenen Ärztinnen und Ärzte, Zahnärztinnen und Zahnärzte sowie Krankenhäuser in Anspruch genommen werden, die angemessene Honorare und Vergütungen berechnen.

§ 23 Behandlung während eines privaten Aufenthaltes im Ausland

(1) Erkrankt eine Soldatin oder ein Soldat während eines privaten Aufenthaltes im Ausland, werden die notwendigen Kosten ihrer oder seiner Behandlung nur bis zu der Höhe erstattet, wie sie entstanden wären bei einer Erkrankung im Inland und der Inanspruchnahme
1. einer an der vertragsärztlichen Versorgung teilnehmenden Ärztin oder Zahnärztin oder eines an der vertragsärztlichen Versorgung teilnehmenden Arztes oder Zahnarztes oder

2. eines zugelassenen Krankenhauses zu den im Inland geltenden Abrechnungsmodalitäten.

(2) Die behandelte Soldatin oder der behandelte Soldat hat die Kostenerstattung schriftlich zu beantragen. Dem Antrag sind beizufügen:
1. Originalrechnungen, auf denen die Diagnose vermerkt ist,
2. Arztberichte im Original und in deutscher Übersetzung, wobei die Kosten für die Übersetzung von der Antragstellerin oder vom Antragsteller zu tragen sind, sowie
3. der Nachweis des Umrechnungskurses der ausländischen Währung am Tag der Zahlung.

§ 24 Krankentransporte, Reiseauslagen

(1) Krankentransporte, die nach Art der Erkrankung der Soldatin oder des Soldaten notwendig sind, sind grundsätzlich mit bundeswehreigenen Krankentransportmitteln durchzuführen. Stehen solche nicht zur Verfügung, können andere Krankentransportmittel in Anspruch genommen werden.

(2) Für notwendige Fahrten im Zusammenhang mit der Erfüllung des Anspruchs auf unentgeltliche truppenärztliche Versorgung werden der Soldatin oder dem Soldaten Reiseauslagen in sinngemäßer Anwendung des § 2 Absatz 2 und der §§ 4 bis 10 des Bundesreisekostengesetzes erstattet. Wurde die Fahrt zu auswärtigen medizinischen Einrichtungen truppenärztlich oder truppenzahnärztlich angeordnet oder wurde die Notwendigkeit der Fahrt zum truppenärztlichen oder truppenzahnärztlichen Bereich truppenärztlich oder truppenzahnärztlich bestätigt, können gewährt werden:
1. Fahrtkostenerstattung bis zur Höhe der Kosten der niedrigsten Beförderungsklasse regelmäßig verkehrender Beförderungsmittel, es sei denn, die Benutzung einer höheren Beförderungsklasse ist aus medizinischen Gründen truppenärztlich oder truppenzahnärztlich angeordnet; mögliche Fahrpreisermäßigungen sind in Anspruch zu nehmen,
2. Wegstreckenentschädigung bei Benutzung eines Kraftfahrzeugs oder eines anderen motorbetriebenen Fahrzeugs in Höhe von 20 Cent je Kilometer der zurückgelegten Strecke, höchstens jedoch 150 Euro für die Hin- und Rückfahrt zusammen,
3. Tage- und Übernachtungsgelder für die Zeit der Hin- und Rückreise; der Zeitraum des auswärtigen Aufenthalts wird bei der Berechnung des Tage- und Übernachtungsgeldes nur einbezogen, wenn die Übernahme der Kosten für Unterbringung und Verpflegung in dieser Zeit nicht im Rahmen dieser Verordnung sichergestellt ist und amtliche Unterkunft und Gemeinschaftsverpflegung nicht in Anspruch genommen werden können, und
4. die Erstattung von Nebenkosten; die Nebenkosten sind nachzuweisen.

Bei Fahrten anlässlich eines stationären Aufenthaltes gilt der Höchstbetrag der Wegstreckenentschädigung nach Satz 2 Nummer 2 jeweils für die Hin- und Rückreise. Wird die Benutzung eines Kraftfahrzeugs truppenärztlich angeordnet, beträgt die Wegstreckenentschädigung 30 Cent je Kilometer der zurückgelegten Strecke. Fahrtkostenerstattung und Wegstreckenentschädigung nach Satz 2 Nummer 1 und 2 werden nicht gewährt, wenn ein bereitstehendes Dienstkraftfahrzeug oder eine sonstige unentgeltliche Beförderungsmöglichkeit genutzt werden kann.

(3) Für Strecken von weniger als 10 Kilometern pro einfache Fahrt werden keine Kosten erstattet. Das gilt nicht für

1. Fahrten von Soldatinnen und Soldaten zu Behandlungen der Folgen einer Wehrdienstbeschädigung und
2. Fahrten im Sinne von § 8 und Anlage 2 der Krankentransport-Richtlinien des Gemeinsamen Bundesausschusses in der jüngsten auf der Internetseite des Gemeinsamen Bundesausschusses (www.g-ba.de) veröffentlichten Fassung.

(4) Eine Fahrt gilt als an der Dienststätte angetreten oder beendet, wenn sie innerhalb der üblichen Arbeitszeit dort hätte angetreten oder beendet werden können und dies auf Grund des Reiseverlaufs vertretbar gewesen wäre. Satz 1 gilt jedoch nicht, wenn der Beginn oder das Ende der Reise an der berücksichtigungsfähigen Wohnung wirtschaftlicher ist.

(5) Berücksichtigungsfähige Wohnung im Sinne dieser Verordnung ist nur diejenige, von der regelmäßig die tägliche Dienstaufnahme erfolgt.

(6) Benötigt die Soldatin oder der Soldat nach ärztlicher Bescheinigung eine Begleitung, erhält er oder sie für die Begleitperson, für die die Reise nicht als Dienstreise angeordnet werden kann, Fahrtkostenerstattung bis zur Höhe der niedrigsten Beförderungsklasse, sofern nicht zur Begleitung die Benutzung einer höheren Beförderungsklasse erforderlich ist. Mögliche Fahrpreisvergünstigungen sind zu nutzen. Bei Mitnahme der Begleitperson in einem Kraftfahrzeug werden keine Fahrtkosten erstattet. Für die Dauer der Begleitung werden der erkrankten Soldatin oder dem erkrankten Soldaten für die Begleitperson 75 Prozent des Tage- und Übernachtungsgeldes gezahlt, das ihnen für diesen Zeitraum zustehen würde. In den Fällen des § 2 sind die Leistungen nach § 16 Nummer 11 des Soldatenentschädigungsgesetzes zu gewähren, wenn es für die Soldatin oder den Soldaten günstiger ist.

(7) Ist der Soldatin oder dem Soldaten die Benutzung regelmäßig verkehrender Beförderungsmittel nicht möglich oder nicht zumutbar und steht ein Dienstkraftfahrzeug oder ein Fahrzeug der BwFuhrpark Service GmbH nicht zur Verfügung, können die entstandenen notwendigen Kosten für die Benutzung eines Mietwagens oder eines Taxis erstattet werden.

§ 25 Reiseauslagen bei Aufenthalt außerhalb des Dienstortes und der berücksichtigungsfähigen Wohnung

(1) Hält sich eine Soldatin oder ein Soldat außerhalb ihres oder seines Dienstortes auf, werden erforderliche Reiseauslagen höchstens für die Strecke zur nächsterreichbaren Sanitätseinrichtung der Bundeswehr gezahlt.

(2) Für Fahrten zum truppenärztlichen oder truppenzahnärztlichen Bereich am Dienstort werden Kosten höchstens in der Höhe erstattet, in der sie entstanden wären, wenn sich die Soldatin oder der Soldat in der berücksichtigungsfähigen Wohnung aufgehalten hätte.

(3) Die Reiseauslagen einer auf ärztliche Anordnung zum Zweck der Untersuchung oder Behandlung unternommenen Fahrt vom genehmigten Aufenthaltsort aus zu einer anderen militärischen oder zivilen medizinischen Einrichtung werden in der Höhe erstattet, in der sie bei einer Reise von der Dienststätte oder der berücksichtigungsfähigen Wohnung zum Ort der Untersuchung oder Behandlung und zurück zur Dienststätte entstanden wären, höchstens jedoch in Höhe der tatsächlich entstandenen Kosten.

§ 26 Verpflegungsgeld bei stationären Krankenhausbehandlungen, Rehabilitationsmaßnahmen und Vorsorgeleistungen sowie bei Unterbringung in einem Pflegeheim

(1) Für Verpflegung, die bei voll- und teilstationärer Krankenhausbehandlung, bei medizinischer Rehabilitationsbehandlung oder Vorsorgeleistung sowie bei Unterbringung in einem Pflegeheim vom Dienstherrn bereitgestellt oder finanziert wird, hat die Soldatin oder der Soldat Verpflegungsgeld zu zahlen.

(2) Eine Soldatin oder ein Soldat muss kein Verpflegungsgeld zahlen, wenn
1. sie oder er wegen der Folge einer Wehrdienstbeschädigung im Sinne von § 2 Absatz 1 behandelt wird,
2. sie oder er sich in einem Pflegeheim aufhält und die Kosten für Verpflegung weder ganz noch anteilig übernommen werden oder
3. sie oder er sich voll- oder teilstationär in einem Krankenhaus als organspendende Person aufhält.

§ 27 Leistungen bei Schwangerschaft und Mutterschaft

(1) Soldatinnen haben Anspruch auf
1. Leistungen zur Geburtsvorbereitung sowie auf Schwangerschaftsrückbildungsgymnastik, wenn diese ärztlich verordnet wurden,
2. ärztliche Betreuung und Hebammenhilfe während der Schwangerschaft und nach der Entbindung im Rahmen der vom Bundesausschuss der Ärzte und Krankenkassen erlassenen Mutterschaftsrichtlinien und in entsprechender Anwendung des Vertrages über die Versorgung mit Hebammenhilfe nach § 134a des Fünften Buches Sozialgesetzbuch in seiner jeweils jüngsten auf der Internetseite des Spitzenverbandes Bund der Krankenkassen (www.gkv-spitzenverband.de) veröffentlichten Fassung,
3. häusliche Pflege, soweit diese wegen Schwangerschaft oder Entbindung erforderlich ist; § 19 Absatz 1 Satz 2 und 3 und Absatz 4 Satz 1 gilt entsprechend,
4. Hilfe bei der Entbindung durch eine Ärztin oder einen Arzt oder durch eine Hebamme oder einen Entbindungspfleger,
5. Haushaltshilfe unter den Voraussetzungen des § 24h des Fünften Buches Sozialgesetzbuch,
6. Gewährung von Arznei-, Verband-, Hilfs- und Heilmitteln nach ärztlicher Verordnung bei Schwangerschaftsbeschwerden und im Zusammenhang mit der Entbindung,
7. vollstationäre Behandlung im Zusammenhang mit der Entbindung im Rahmen von § 10 Absatz 5 und 6,
8. Ersatz der Auslagen der durch die Entbindung unmittelbar erforderlichen Fahrten und
9. Leistungen bei einem nicht rechtswidrigen Schwangerschaftsabbruch.

(2) Sofern das Krankenhaus bei stationärem Aufenthalt der Soldatin nach der Entbindung für das gesunde, selbst nicht behandlungsbedürftige Neugeborene eine Fallpauschale verlangt, werden diese Kosten übernommen.

§ 28 Leistungen bei Pflegebedürftigkeit

(1) Bei Pflegebedürftigkeit einer Soldatin oder eines Soldaten im Sinne des § 14 des Elften Buches Sozialgesetzbuch werden neben den Leistungen, auf die sie oder er nach den §§ 5 bis 27 Anspruch hat, 50 Prozent der Kosten für eine notwendige

häusliche, teilstationäre oder vollstationäre Pflege in Anwendung von § 28 Absatz 2 des Elften Buches Sozialgesetzbuch übernommen. Soldatinnen und Soldaten erhalten dabei Pflegeleistungen in entsprechender Anwendung der §§ 37 bis 39b der Bundesbeihilfeverordnung.

(2) Ist die Pflegebedürftigkeit eingetreten auf Grund einer gesundheitlichen Schädigung, die Folge einer Wehrdienstbeschädigung oder Folge einer Schädigung im Sinne der §§ 81a bis 81e des Soldatenversorgungsgesetzes ist, erfolgt die Kostenerstattung für eine notwendige häusliche, teilstationäre oder vollstationäre Pflege durch die Bundeswehr. Dabei erhalten die betroffenen Soldatinnen und Soldaten die Leistungen bei Pflegebedürftigkeit nach § 16 Nummer 8 des Soldatenentschädigungsgesetzes, soweit es für die Soldatinnen und Soldaten günstiger ist, mit den nachfolgenden Maßgaben:
1. während einer kombinierten Inanspruchnahme von Hauspflege und Pflegegeld gleichzeitig an einem Tag wird das tageweise berechnete Pflegegeld zur Hälfte gezahlt;
2. bei Verhinderung der nicht berufsmäßigen Pflegehilfen, wird die Hälfte des bisher bezogenen Pflegegeldes während einer tage- oder stundenweise Verhinderungspflege bis zu sechs Wochen und bei einer Kurzzeitpflege bis zu acht Wochen im Kalenderjahr weitergezahlt;
3. Pflegehilfsmittel können durch Truppenärztinnen und Truppenärzte sowie durch Fachärztinnen und Fachärzte der Bundeswehr in analoger Anwendung von § 16 verordnet werden.

(3) Auf die Leistungen der unentgeltlichen truppenärztlichen Versorgung werden folgende Leistungen angerechnet:
1. Leistungen aus einer Pflichtversicherung in der sozialen oder privaten Pflegeversicherung nach dem Elften Buch Sozialgesetzbuch,
2. Leistungen aus einer sonstigen zusätzlichen privaten Pflegeversicherung, wenn sie zusammen mit den Leistungen aus der Pflichtversicherung die entstandenen Pflegekosten übersteigen.

Leistungen aus einer privaten Pflegegeld- oder Pflegetagegeldversicherung werden nicht angerechnet.

§ 29 Künstliche Befruchtung

Vor Beginn der Behandlung ist der Truppenärztin oder dem Truppenarzt ein Behandlungsplan zur Genehmigung vorzulegen. Die Bundeswehr übernimmt 50 Prozent der mit dem Behandlungsplan genehmigten Kosten der Maßnahmen, die bei der Soldatin oder dem Soldaten durchgeführt werden.

§ 30 Behandlung in Notfällen

(1) Bei plötzlichen schweren Erkrankungen und Unglücksfällen können Soldatinnen und Soldaten andere ärztliche oder zahnärztliche Hilfe in Anspruch nehmen, wenn folgende Stellen nicht rechtzeitig erreichbar sind:
1. eine Ärztin oder ein Arzt oder eine Zahnärztin oder ein Zahnarzt der Bundeswehr,
2. andere Ärztinnen und Ärzte, die die Funktion der Truppenärztin oder des Truppenarztes wahrnehmen, oder
3. andere Zahnärztinnen und Zahnärzte, die die Funktion der Truppenzahnärztin oder des Truppenzahnarztes wahrnehmen.

(2) Die andere ärztliche oder zahnärztliche Hilfe nach Absatz 1 darf nur solange in Anspruch genommen werden, bis eine der in Absatz 1 genannten Stellen die medizinische Versorgung übernehmen kann.

(3) Zur anderen ärztlichen oder zahnärztlichen Hilfe nach Absatz 1 gehören neben ärztlicher oder zahnärztlicher Behandlung auch die notwendige Einweisung in ein Krankenhaus, die Verordnung sofort benötigter Arzneimittel und die zur Diagnose sofort notwendigen Maßnahmen.

(4) In einem Notfall hat die Soldatin oder der Soldat, sofern sie oder er dazu in der Lage ist, unverzüglich wenn möglich unter Vorlage des Truppenausweises darauf hinzuweisen, dass

1. sie Soldatin oder er Soldat ist,
2. sich die Behandlung und die Abrechnung der Behandlung nach den für die Bundeswehr geltenden Regelungen richtet und
3. die erforderlichen Überweisungs- und Abrechnungsscheine von der zuständigen Truppenärztin oder dem zuständigen Truppenarzt oder der zuständigen Truppenzahnärztin oder dem zuständigen Truppenzahnarzt nachgereicht werden.

(5) Die Soldatin oder der Soldat hat seine Dienststelle von der Erkrankung oder dem Notfall umgehend zu benachrichtigen oder benachrichtigen zu lassen.

(6) Bei Verstoß gegen diese Regelungen gehen ärztliche oder zahnärztliche Honorarforderungen und Krankenhauskosten, soweit sie die für die Bundeswehr festgesetzten Gebührensätze übersteigen, zu Lasten der Soldatin oder des Soldaten.

Kapitel 3 **Schlussvorschriften**

§ 31 Verwaltungsvorschriften

Die Verwaltungsvorschriften zur Durchführung dieser Verordnung erlässt das Bundesministerium der Verteidigung oder eine von ihm bestimmte Stelle.

§ 32 Inkrafttreten, Außerkrafttreten

Diese Verordnung tritt am Tag nach der Verkündung in Kraft. Gleichzeitig tritt die Allgemeine Verwaltungsvorschrift zu § 69 Abs. 2 des Bundesbesoldungsgesetzes vom 14. Februar 2007 (VMBl S. 54), die zuletzt durch die Allgemeine Verwaltungsvorschrift vom 25. Juni 2009 (VMBl S. 85)

3.10 Verordnung über die Erstattung von Kosten für Familien- und Haushaltshilfen von Soldatinnen und Soldaten mit Familienpflichten bei Auslandseinsätzen (Soldaten-Haushaltshilfen-Verordnung – SHV)

Soldaten-Haushaltshilfen-Verordnung vom 28. Juni 2015 (BGBl. I S. 1132), die durch Artikel 5 des Gesetzes vom 22. Januar 2024 (BGBl. 2024 I Nr. 17) geändert worden ist.

Auf Grund des § 31 Absatz 8 und des § 93 Absatz 3 Nummer 2 des Soldatengesetzes, von denen § 31 Absatz 8 durch Artikel 5 Nummer 8 des Gesetzes vom 13. Mai 2015 (BGBl. I S. 706) eingefügt und § 93 Absatz 3 Nummer 2 durch Artikel 5 Nummer 18 Buchstabe b desselben Gesetzes neu gefasst worden ist, verordnet das Bundesministerium der Verteidigung im Einvernehmen mit dem Bundesministerium des Innern und dem Bundesministerium der Finanzen:

§ 1 Erstattungsvoraussetzungen

(1) Soldatinnen und Soldaten, die Familien- und Pflegeaufgaben im Sinne des § 3 Absatz 6 und 7 des Soldatinnen- und Soldatengleichstellungsgesetzes haben, werden Kosten für eine Familien- und Haushaltshilfe erstattet, soweit diese unmittelbar entstehen durch

1. eine besondere Verwendung im Ausland nach § 56 Absatz 1 des Bundesbesoldungsgesetzes,
2. die Teilnahme an einer einsatzvorbereitenden Ausbildung,
3. die Mitwirkung an der Erfüllung einer einsatzgleichen Verpflichtung der Bundesrepublik Deutschland oder
4. die Mitwirkung an der Erfüllung von Dauereinsatzaufgaben der Bundesrepublik Deutschland.

(2) Die Kosten werden nur erstattet, wenn

1. die Soldatin oder der Soldat der oder dem nächsthöheren Disziplinarvorgesetzten unverzüglich mitteilt, dass eine Betreuungs- oder Pflegesituation vorliegt,
2. die Soldatin oder der Soldat aus zwingenden Gründen nicht aus der Maßnahme nach Absatz 1 herausgelöst werden kann,
3. die Kinderbetreuung oder die Pflege pflegebedürftiger Angehöriger während der Teilnahme an einer Maßnahme nach Absatz 1 nur durch den Einsatz einer Familien- und Haushaltshilfe sichergestellt werden kann und
4. die Kosten nicht nach anderen Vorschriften auch nur teilweise erstattet werden können.

(3) Bei Kindern, die das zwölfte Lebensjahr vollendet haben, ist davon auszugehen, dass die Betreuung ohne den Einsatz einer Familien- und Haushaltshilfe sichergestellt werden kann. In Einzelfällen können aus besonderen Gründen Ausnahmen zugelassen werden.

§ 2 Begriffsbestimmungen

Im Sinne dieser Verordnung ist oder sind
1. Angehörige
   a) die Ehegattin oder der Ehegatte,
   b) die Lebenspartnerin oder der Lebenspartner,
   c) in gerader Linie verwandte oder verschwägerte Personen,
2. Dauereinsatzaufgaben Einsatzaufgaben, die die Streitkräfte aufgrund nationaler oder internationaler Verpflichtungen ständig zu erfüllen haben,
3. einsatzgleiche Verpflichtungen für bestimmte Zeiträume gegenüber den Vereinten Nationen, der NATO oder der Europäischen Union erklärte Übernahme von Aufgaben mit Einsatzcharakter,
4. einsatzvorbereitende Ausbildung die für eine besondere Verwendung im Ausland notwendige Ausbildung,
5. Familien- und Haushaltshilfe eine Betreuungs- oder Pflegekraft, die nicht zu den nahen Bezugspersonen der Soldatin oder des Soldaten zählt,
6. Kinder
   a) leibliche Kinder,
   b) Adoptivkinder,
   c) Kinder in Adoptionspflege oder Vollzeitpflege,
   d) Kinder der Ehegattin des Soldaten oder des Ehegatten der Soldatin,
   e) Kinder der Lebenspartnerin der Soldatin oder des Lebenspartners des Soldaten,
7. nahe Bezugspersonen der Soldatin oder des Soldaten
   a) deren oder dessen Angehörige oder
   b) Personen, die zwar keine Angehörigen sind, zu denen aber ein Vertrauensverhältnis besteht,

wenn sie in der Lage sind, die Betreuungs- oder Pflegeaufgaben zu übernehmen; Personen, die das Sorgerecht für das zu betreuende Kind haben, sind in der Regel nahe Bezugspersonen der Soldatin oder des Soldaten.

§ 3 Antragstellung

(1) Die Kosten werden nur auf Antrag erstattet.

(2) Der Antrag ist über die nächsthöhere Disziplinarvorgesetzte oder den nächsthöheren Disziplinarvorgesetzten beim Bundesamt für das Personalmanagement der Bundeswehr zu stellen. Die oder der nächsthöhere Disziplinarvorgesetzte nimmt dazu Stellung, ob die Voraussetzungen nach § 1 Absatz 2 Nummer 1 und 2 vorliegen.

(3) Der Antrag kann auch unmittelbar beim Bundesamt für das Personalmanagement der Bundeswehr gestellt werden. In diesem Fall ist in dem Antrag anzugeben, wer die nächsthöhere Disziplinarvorgesetzte oder der nächsthöhere Disziplinarvorgesetzte ist. Das Bundesamt für das Personalmanagement der Bundeswehr holt dann die Stellungnahme nach Absatz 2 Satz 2 ein.

§ 4 Inhalt des Antrags und erforderliche Nachweise

(1) In dem Antrag ist darzulegen, dass
1. Betreuungs- oder Pflegebedarf besteht und
2. dieser nur durch den Einsatz einer Familien- und Haushaltshilfe sichergestellt werden kann.

Hat das Kind das zwölfte Lebensjahr vollendet, ist ausführlich zu begründen, weshalb die Betreuung nicht ohne den Einsatz einer Familien- und Haushaltshilfe sichergestellt werden kann.

(2) Der Antrag hat ferner zu enthalten:
1. den Namen und das Alter der oder des zu betreuenden oder zu pflegenden Angehörigen sowie das Verwandtschaftsverhältnis,
2. den Namen und die Anschrift der Familien- und Haushaltshilfe,
3. die Spezifizierung der Betreuungs- oder Pflegeleistungen und
4. die Höhe der Betreuungs- oder Pflegekosten.

(3) Zum Nachweis der Pflegebedürftigkeit der oder des Angehörigen sind dem Antrag beizufügen:
1. eine Bescheinigung der Pflegekasse,
2. eine Bescheinigung des Medizinischen Dienstes der Krankenversicherung,
3. eine Bescheinigung einer privaten Pflegeversicherung oder
4. im Falle eines kurzzeitigen Pflegebedarfs eine ärztliche Bescheinigung.

(4) Es ist nachzuweisen, dass die Betreuungs- oder Pflegekosten tatsächlich entstanden sind.

(5) Auf Antrag können die Kosten monatlich erstattet werden.

§ 5 Antragsfrist

Der Antrag kann nur bis zum Ablauf von sechs Monaten nach Beendigung der Teilnahme an einer der in § 1 Absatz 1 genannten Maßnahmen gestellt werden.

§ 6 Behördliches Verfahren

Über den Antrag entscheidet das Bundesamt für das Personalmanagement der Bundeswehr. Dieses regelt die weiteren Einzelheiten des Verfahrens.

§ 7 Höhe der Kostenerstattung

(1) Die Kosten für eine Familien- und Haushaltshilfe werden bis zu einer Höhe von 50 Euro pro Tag erstattet. Bei Inanspruchnahme eines gewerblichen Dienstleisters werden die Kosten bis zu dem Stundensatz übernommen, den die gesetzlichen Krankenversicherungen erstatten; im Übrigen werden höchstens 10 Euro pro Stunde erstattet.

(2) Wird bereits eine Familien- und Haushaltshilfe in Anspruch genommen, so sind nur die Mehrkosten erstattungsfähig, die durch die Erhöhung der Arbeitszeit wegen der Teilnahme der Soldatin oder des Soldaten an einer der in § 1 Absatz 1 genannten Maßnahmen anfallen.

§ 8 Inkrafttreten

Diese Verordnung tritt am Tag nach der Verkündung in Kraft.

3.11 Verordnung über Zahlung eines Auslandsverwendungszuschlags (Auslandsverwendungszuschlagsverordnung – AuslVZV)

Auslandsverwendungszuschlagsverordnung in der Fassung der Bekanntmachung vom 8. April 2009 (BGBl. I S. 809), die zuletzt durch Artikel 1 der Verordnung vom 6. März 2025 (BGBl. 2025 I Nr. 78) geändert worden ist.

§ 1 Anspruchsvoraussetzungen bei besonderen Verwendungen im Ausland

(1) Auslandsverwendungszuschlag wird regelmäßig nur gezahlt bei Verwendungen in einem Verband, einer Einheit oder Gruppe sowie im polizeilichen Einzeldienst. Bei sonstigen Einzelverwendungen darf Auslandsverwendungszuschlag nur gezahlt werden, wenn fachspezifische Besonderheiten einer besonderen Verwendung im Ausland eine Ausnahme rechtfertigen.

(2) Eine einsatzvorbereitende Verwendung im Sinne des § 56 Absatz 1 Satz 3 Nummer 1 des Bundesbesoldungsgesetzes liegt vor, wenn sie unter vergleichbaren Bedingungen wie die besondere Verwendung im Ausland selbst durchgeführt wird und dieser unmittelbar zeitlich vorgelagert ist. Eine einsatzabschließende Verwendung im Sinne des § 56 Absatz 1 Satz 3 Nummer 2 des Bundesbesoldungsgesetzes liegt vor, wenn sie unter vergleichbaren Bedingungen wie die besondere Verwendung im Ausland selbst durchgeführt wird und dieser unmittelbar zeitlich nachgelagert ist.

§ 2 Materielle Mehraufwendungen und immaterielle Belastungen

Als materielle Mehraufwendungen und immaterielle Belastungen im Verwendungsgebiet und am Ort der besonderen Verwendung werden berücksichtigt:

1. Allgemeine physische und psychische Belastungen, insbesondere durch
   a) Art und Dauer der Verwendung,
   b) Einschränkung der persönlichen Bewegungsfreiheit, der Privatsphäre oder der Freizeitmöglichkeiten,
   c) Unterbringung in Zelten, Containern oder Massenunterkünften,
   d) erhebliche, potenziell gesundheitsgefährdende Mängel der Sanitär- und Hygieneeinrichtungen,
   e) besondere zeitliche Beanspruchung während der gesamten Dauer der Verwendung, hohe Bereitschaftsstufen,
   f) extreme Klimabelastungen;
2. Gefahr für Leib und Leben, insbesondere durch
   a) Seuchen, Epidemien, Tropenkrankheiten, gefährliche Strahlen oder Chemikalien,
   b) minenverseuchtes Gebiet,
   c) Terrorakte, organisierte Kriminalität, hohe Gewaltbereitschaft, Piraterie, Geiselnahme,
   d) bürgerkriegsähnliche und kriegerische Auseinandersetzungen, Bürgerkrieg;
3. Mehraufwendungen, die durch die besonderen Verhältnisse im Verwendungsgebiet, insbesondere durch Mängel und erschwerende Umstände bei Versorgung

und Kommunikation entstehen, soweit keine reisekostenrechtlichen Ansprüche bestehen.

§ 3 Höhe und Festsetzung des Auslandsverwendungszuschlags

(1) Die Mehraufwendungen und Belastungen der Verwendung werden in sechs Stufen des Auslandsverwendungszuschlags wie folgt berücksichtigt:

	Stufe	Mehraufwendungen oder Belastungen	Zuschlag
	1	2	3
1	1	Allgemeine, mit der besonderen Verwendung nach § 56 Absatz 1 des Bundesbesoldungsgesetzes typischerweise verbundene Mehraufwendungen und Belastungen	54 Euro
2	2	Stärker ausgeprägte Mehraufwendungen und Belastungen, insbesondere durch a) besondere zeitliche Beanspruchung während der gesamten Dauer der Verwendung, die im Inland einen Dienstzeitausgleich oder eine finanzielle Abgeltung zur Folge hätte, b) Unterbringung in Zelten, Massenunterkünften oder Containern oder c) hohe Kosten aa) qualitativ angemessener Güter des täglichen Bedarfs und bb) der Kommunikation mit dem Heimatland, sofern nur eine unzureichende militärische oder vergleichbare Infrastruktur vorhanden ist	77 Euro
3	3	Über die Stufe 2 hinausgehende Belastungen, insbesondere durch a) besondere gesundheitliche Risiken, die im Heimatland üblicherweise nicht bestehen, oder b) hohes Potential an Waffen in der Zivilbevölkerung und davon ausgehende Gefährdung, insbesondere bei eingeschränkter Gebietsgewalt des Staates	93 Euro
4	4	Hohe Belastungen, insbesondere durch bürgerkriegsähnliche Auseinandersetzungen, terroristische Handlungen, außerordentliche Gewaltkriminalität, Piraterie, Minen oder vergleichbare gesundheitliche Gefährdungen	111 Euro
5	5	Sehr hohe Belastungen, insbesondere durch Verwendung unter Bürgerkriegsbedingungen, durch organisierte bewaffnete Aktionen, Terrorakte oder bei vergleichbaren gesundheitlichen Gefährdungen	131 Euro
6	6	Extreme Belastungen durch a) Verwendung zwischen den Konfliktparteien unter kriegsähnlichen Bedingungen, konkrete Gefährdung durch Kampfhandlungen, Beschuss oder Luftangriffe oder b) vergleichbare gesundheitliche konkrete Gefährdungen; diese liegen nur vor, wenn der Zweck des Einsatzes auf den direkten Kontakt mit infizierten Personen gerichtet ist und dadurch ein hohes Risiko der Infektion mit einer potenziell tödlich verlaufenden Krankheit besteht und weder eine Prophylaxe noch eine kausale Behandlungsmethode zur Verfügung steht	153 Euro

(2) Die Stufe des Auslandsverwendungszuschlags wird von der für die besondere Verwendung im Ausland zuständigen obersten Dienstbehörde im Benehmen mit dem Bundesministerium des Innern, für Bau und Heimat, dem Bundesministerium der Verteidigung, dem Bundesministerium der Finanzen und dem Auswärtigen Amt festgesetzt. Dies gilt nicht in den Fällen des § 56 Absatz 2 des Bundesbesoldungsgesetzes.

(3) Soweit in der jeweiligen besonderen Verwendung wesentliche Unterschiede in den Verwendungsverhältnissen bestehen, sind diese bei der Festsetzung zu berücksichtigen. Bei einer nicht nur vorübergehenden wesentlichen Änderung der Verwendungsverhältnisse wird die Stufe neu festgesetzt. Für einsatzvorbereitende und einsatzabschließende Verwendungen nach § 1 Absatz 2 ist die Stufe des Auslandsverwendungszuschlags im Verfahren nach Absatz 2 gesondert festzusetzen; dabei ist den Unterschieden zwischen der einsatzvorbereitenden oder der einsatzabschließenden Verwendung und der Verwendung nach § 56 Absatz 1 Satz 2 des Bundesbesoldungsgesetzes Rechnung zu tragen.

(4) Der Auslandsverwendungszuschlag unterliegt nicht dem Kaufkraftausgleich.

§ 4 Dauer des Anspruchs

(1) Der Auslandsverwendungszuschlag steht für die Dauer der besonderen Verwendung im Ausland zu. Er wird vom Tage des Eintreffens im Gebiet oder am Ort der Verwendung bis zum Ende dieser Verwendung oder dem Verlassen dieses Gebietes oder Ortes während fortbestehender Verwendung gezahlt. Während einer Dienstbefreiung oder einer Erkrankung wird der Auslandsverwendungszuschlag weitergezahlt, solange der Beamte oder Soldat sich im Gebiet oder am Ort der besonderen Verwendung aufhält.

(2) Bei Verwendungen auf Schiffen und in Luftfahrzeugen entsteht der Anspruch mit dem Erreichen des zur Erfüllung des Auftrags bestimmten Verwendungsgebietes und/oder des zu diesem Zwecke angelaufenen Hafens oder angeflogenen Flugplatzes/Landeplatzes innerhalb des Verwendungsgebietes. Der Auslandsverwendungszuschlag wird nicht für Tage der Verwendung außerhalb dieses Bereichs gezahlt. Insbesondere wird Auslandsverwendungszuschlag nicht gezahlt für Zeiten der Hin- und Rückreise (Fahrt, Flug) zum oder vom ausländischen Ort oder Gebiet der besonderen Verwendung.

§ 5 Anrechnung anderer Bezüge

(1) Anzurechnen sind Bezüge, mit denen Belastungen abgegolten werden, die beim Auslandsverwendungszuschlag berücksichtigt worden sind.

(2) Der nach § 56 Absatz 3 Satz 9 des Bundesbesoldungsgesetzes weitergezahlte Auslandszuschlag wird auf den Auslandsverwendungszuschlag wie folgt angerechnet:

1. zu 15 Prozent, wenn der Hausstand des Berechtigten am bisherigen Dienstort im Ausland fortgeführt wird und sich im Auslandszuschlag berücksichtigungsfähige Personen (§ 53 Absatz 4 des Bundesbesoldungsgesetzes) weiterhin dort aufhalten;
2. zu 70 Prozent, wenn der Hausstand eines alleinstehenden Berechtigten am bisherigen Dienstort im Ausland beibehalten wird; eine Gemeinschaftsunterkunft gilt nicht als Hausstand;
3. zu 80 Prozent, wenn eine Gemeinschaftsunterkunft gegen Bezahlung am bisherigen Dienstort im Ausland beibehalten wird; handelt es sich um eine unentgeltlich bereitgestellte Gemeinschaftsunterkunft, erhöht sich der Anrechnungsbetrag auf 90 Prozent;
4. zu 90 Prozent, wenn der Hausstand des Berechtigten oder eine Gemeinschaftsunterkunft am bisherigen Dienstort im Ausland aufgegeben wird.

Mindestens sind jedoch 30 Prozent des zustehenden Auslandsverwendungszuschlags zu belassen.

(3) Die rückwirkende Anrechnung ist zulässig. Zahlungen in einer anderen Währung werden nach dem zum Zahlungszeitpunkt geltenden Umrechnungskurs angerechnet.

3.12 Vertretungsanordnung A-2170/24

Allgemeine Regelungen (AR)

Stand: September 2025

Detailinformationen

Zweck der Regelung:	Transparente Darstellung der vertretungsbefugten Behörden
Geltungsbereich:	Geschäftsbereich des Bundesministeriums der Verteidigung
Datum Gültigkeitsbeginn:	11.9.2025
Herausgebende Stelle:	BMVg RO III 5
Einsatzrelevanz:	Nein
Berichtspflichten:	Ja
Regelungsnummer, Version:	A-2170/24, Version 4
Ersetzt:	– A-2170/24, Version 3
	– A-2170/1
Veröffentlichung im:	JURIS WEB Dokumentenklasse 100
Aktenzeichen:	10-01-01
Beteiligte Interessenvertretungen:	Keine
Gebilligt durch:	Referatsleitung RO III 5
Datum nächste Überprüfung:	10.9.2030
Materialnummer:	Keine

Änderungsschwerpunkt zur Vorversion

Die Änderungen zur Version 3 basieren im Wesentlichen auf der Zusammenführung mit der Allgemeinen Regelung (AR) „Vertretung des Bundes als Drittschuldner; Mitteilung über Abtretungserklärungen, Pfändungs- und Überweisungs- sowie Insolvenzbeschlüsse an die Personal bearbeitenden Dienststellen" A-2170/1, da beide Regelungen die Übertragung der Vertretungsbefugnis innerhalb des Geschäftsbereichs des BMVg festlegen.

Die Abschnitte 5 bis 9 der AR A-2170/1, die aus der damaligen AR „Mitteilung über Abtretungserklärungen Pfändungs- und Überweisungsbeschlüsse Insolvenzbeschlüsse" A-1480/1 der Abteilung P mit aufgenommen worden sind, sind wegen des fehlenden inhaltlichen Bezuges nicht übernommen worden.

Aufgrund der Vielzahl der Änderungen in dem gesamten Dokument wurde auf die einzelne Kenntlichmachung dieser Änderungen verzichtet (vgl. Allgemeine Regelung [AR] „Regelungs- und Formularmanagement" A-550/1, Nr. 517). Es wird eine Befassung mit der gesamten AR empfohlen.

1 Übertragung der Vertretungsbefugnis

101. Das Bundesministerium der Verteidigung (BMVg) überträgt den nachfolgend genannten Behörden vorbehaltlich anderer Regelungen[1] für deren jeweiligen Zuständigkeitsbereich die Vertretung der Bundesrepublik Deutschland in Verfahren vor Gerichten, Schiedsgerichten, dem Deutschen Patent- und Markenamt sowie den Vergabekammern:
a) Bundesamt für das Personalmanagement der Bundeswehr (BAPersBw),
b) Bundesamt für Ausrüstung, Informationstechnik und Nutzung der Bundeswehr,
c) Bundesamt für Infrastruktur, Umweltschutz und Dienstleistungen der Bundeswehr,
d) Bildungszentrum der Bundeswehr,
e) Universitäten der Bundeswehr,
f) Katholisches Militärbischofsamt,
g) Evangelisches Kirchenamt für die Bundeswehr,
h) Militärrabbinat,
i) Bundessprachenamt,
j) Hochschule des Bundes – Fachbereich Bundeswehrverwaltung,
k) Luftfahrtamt der Bundeswehr,
l) Bundesamt für den Militärischen Abschirmdienst.

102. Das BMVg behält sich vor, im Einzelfall eine von Nr. 101 abweichende nachgeordnete Behörde mit der Führung eines Prozesses zu beauftragen oder einen Prozess an sich zu ziehen, für den die Vertretungsbefugnis durch diese Allgemeine Regelung (AR) übertragen worden ist.

103. Im Zweifel wird die vertretungsbefugte Behörde durch das BMVg bestimmt.

104. Sollte eine der in Nr. 101 genannten vertretungsbefugten Behörden beabsichtigen, eine Behörde aus ihrem eigenen nachgeordneten Bereich mit der Führung eines Verfahrens zu beauftragen, ist zuvor die Billigung des BMVg einzuholen; hierzu ist dem BMVg ein Bericht zur Entscheidung vorzulegen.

2 Andere Behörden

201. Die Übertragung der Vertretungsbefugnis auf andere als die in der Nr. 101 genannten Behörden im Geschäftsbereich (GB) des BMVg bleibt von dieser Regelung unberührt.

---

1 AR „Allgemeine Anordnung über die Übertragung von Zuständigkeiten im Widerspruchsverfahren und über die Vertretung bei Klagen aus dem Beamten- oder Wehrdienstverhältnis im Geschäftsbereich des Bundesministeriums der Verteidigung“ A-2120/3; Anordnung über die Übertragung von Zuständigkeiten im Widerspruchsverfahren und über die Vertretung der Bundesrepublik Deutschland bei Klagen in Angelegenheiten der Besoldung, der Versorgung, des Wehrsolds, der Beihilfe und der Unterhaltssicherung im Geschäftsbereich des Bundesministeriums der Verteidigung; Anordnung zur Übertragung von Zuständigkeiten auf dem Gebiet der Soldatenentschädigung im Geschäftsbereich des Bundesministeriums der Verteidigung; AR „Verfahren vor Arbeitsgerichten“ A-1430/2.

3 Ausnahmen

301. Ausgenommen von der Übertragung der Vertretungsbefugnis sind:
a) Zivil-, Verwaltungs- oder Arbeitsgerichtsprozesse des Bundes in Angelegenheiten, die unmittelbar im BMVg bearbeitet werden,
b) Prozesse, in denen die Leitung einer unter Nr. 101 genannten Behörden als Partei beteiligt ist.

4 Berichtspflichten

401. Auf die Berichtspflichten bei Verfahren vor den Zivilgerichten gemäß der AR „Verfahren vor Zivilgerichten" C-2170/16 wird hingewiesen.

5 Grundsätze in Bezug auf die Vertretung des Bundes als Drittschuldner

501. Bei der Zustellung von Pfändungs- und Überweisungsbeschlüssen (§ 829 der Zivilprozessordnung [ZPO]), Pfändungsbenachrichtigungen (§ 845 ZPO) sowie sonstigen Pfändungs- und Überweisungsentscheidungen oder -benachrichtigungen wird der Bund als Drittschuldner bei Forderungen gegenüber den Angehörigen oder den ehemaligen Angehörigen des GB BMVg oder den ehemaligen Angehörigen der Nationalen Volksarmee (NVA) wie folgt vertreten:
a) Bei der Pfändung des Wehrsolds der Soldatinnen und Soldaten, die freiwilligen Wehrdienst nach § 58b Soldatengesetz (SG) leisten (sog. Freiwilligen Wehrdienst Leistende [FWDL]) durch das jeweils zuständige Bundeswehr-Dienstleistungszentrum (BwDLZ), das die Zahlung des Wehrsolds der oder des FWDL anzuordnen hat bzw. die zuständige Bundeswehrverwaltungsstelle (BWVSt), wenn die bzw. der FWDL einer Dienststelle im Ausland angehört;
b) bei der Pfändung von Dienstbezügen der Berufssoldatinnen und Berufssoldaten (BS), Soldatinnen und Soldaten auf Zeit (SaZ), Beamtinnen und Beamten, Richterinnen und Richter, von Anwärterbezügen der Beamtinnen und Beamten auf Widerruf im Vorbereitungsdienst, von Versorgungsbezügen der SaZ sowie ihrer Hinterbliebenen, von Entgelt der Arbeitnehmerinnen und Arbeitnehmer sowie Auszubildenden, von nicht in die gesetzliche Rentenversicherung überführten Versorgungsleistungen nach der geschlossenen Versorgungsordnung der NVA an ehemalige Angehörige der NVA (Dienstbeschädigungsausgleich, Übergangsrente)
   - durch diejenige Organisationseinheit des Bundesverwaltungsamtes (BVA), die die Zahlung dieser Bezüge anzuordnen hat (Anschriften siehe Nr. 801 d));
c) bei der Pfändung von Versorgungsbezügen der BS sowie ihrer Hinterbliebenen nach dem Soldatenentschädigungsgesetz (SEG), der Beamtinnen, Beamten, Richterinnen und Richter sowie ihrer Hinterbliebenen nach dem Beamtenversorgungsgesetz
   - durch das Service-Center der Generalzolldirektion, das die Zahlung dieser Bezüge anzuordnen hat (Anschriften siehe Nr. 801 f));

d) bei der Pfändung von Leistungen zur Unterhaltssicherung nach dem Unterhaltssicherungsgesetz (USG) an Personen, die Wehrdienst nach dem Vierten Abschnitt des SG leisten (Reservistendienst Leistende [RDL])
   - durch das BAPersBw (Anschrift siehe Nr. 801 c));
e) bei der Pfändung von Leistungen nach dem SEG
   - durch diejenige Organisationseinheit des BAPersBw, die die Zahlung der Leistungen anzuordnen hat (Anschrift siehe Nr. 801 e));
f) bei der Pfändung sonstiger Ansprüche
   - durch die Behörde, die die geschuldete Leistung, insbesondere die Auszahlung des geschuldeten Geldbetrags, anzuordnen hat.

6 Verfahren

601. Wird ein Pfändungs- und Überweisungsbeschluss oder ein sonstiges der in Nr. 501 genannten Schriftstücke einer Behörde zugestellt, so hat sie auf dem zugestellten Schriftstück den Zeitpunkt des Eingangs nach Tag, Stunde und Minute zu vermerken und dann sofort zu prüfen, ob sie zur Entgegennahme der Zustellung zuständig ist.

602. Ist dies nicht der Fall, so ist zu prüfen, ob eine Behörde innerhalb des GB BMVg zuständig ist. Sofern dies zu bejahen ist, ist der Pfändungs- und Überweisungsbeschluss oder ein sonstiges in Nr. 501 genanntes Schriftstück unverzüglich an die zuständige Vertretungsbehörde nach Abschnitt 5 weiterzuleiten.

603. Ist eine Behörde außerhalb des GB BMVg (z. B. das BVA oder die Generalzolldirektion) für die Vertretung des Bundes zuständig, ist das Schriftstück dem Gläubiger unverzüglich mit einem entsprechenden Anschreiben zurückzusenden. Hierüber ist ein Vermerk zu den Akten zu nehmen. Im Anschreiben an den Gläubiger ist der Grund der Rücksendung anzugeben und die zuständige Vertretungsbehörde zu benennen. Keinesfalls darf eine Behörde, die zur Vertretung des Bundes in der Angelegenheit nicht zuständig ist, das Schriftstück an die zuständige Vertretungsbehörde außerhalb des GB BMVg weiterleiten.

7 Unterrichtung

701. Die für die Entgegennahme von Pfändungs- und Überweisungsbeschlüssen zuständigen Vertretungsbehörden des GB BMVg unterrichten über Pfändungen des Wehrsolds von FWDL/Pfändungen der Leistungen zur Unterhaltssicherung nach dem USG von RDL deren nächste Disziplinarvorgesetzte bzw. deren nächsten Disziplinarvorgesetzten.

702. Im GB BMVg richtet sich die Auskunftserteilung an Gläubiger von Bundeswehrangehörigen nach der AR „Auskünfte an Gläubiger von Beschäftigten" A-1400/6.

8 Anschriften der Vertretungsbehörden nach den Abschnitten 5 bis 7

801. Im Nachfolgenden sind die Anschriften der Vertretungsbehörden aufgelistet:

a) Für die FWDL (vgl. Nr. 501 a)) das jeweils zuständige BwDLZ.

b) Für die bei einer Bundeswehr-Dienststelle im Ausland beschäftigten FWDL die zuständige BWVSt.

c) Für die RDL das BAPersBw – VII 3.2 –, Sankt-Franziskus-Straße 144, 40470 Düsseldorf.

d) Für BS und SaZ, Beamtinnen und Beamte, Arbeitnehmerinnen und Arbeitnehmer sowie für Empfängerinnen oder Empfänger von Dienstzeitversorgung als SaZ oder deren Hinterbliebene, von Dienstbeschädigungsausgleich oder von Übergangsrente nach der geschlossenen Versorgungsordnung der ehemaligen NVA (vgl. Nr. 501 b)) das
Bundesverwaltungsamt
Standort Hannover
Hans-Böckler-Allee 16
30173 Hannover

Bundesverwaltungsamt
Standort Kiel
Feldstraße 234
24106 Kiel

Bundesverwaltungsamt
Standort Düsseldorf
Wilhelm-Raabe-Str. 46
40470 Düsseldorf

Bundesverwaltungsamt
Standort Wiesbaden
Moltkering 9
65189 Wiesbaden.

Bundesverwaltungsamt
Standort Stuttgart
Heilbronner Straße 186
70191 Stuttgart

Bundesverwaltungsamt
Standort München
Dachauer Straße 128
80637 München

Bundesverwaltungsamt
Standort Strausberg
Prötzeler Chaussee 25
15344 Strausberg

e) Für Versorgungsberechtigte nach dem SEG das
Bundesamt für das Personalmanagement der Bundewehr
Wilhelm-Raabe-Str. 46
40470 Düsseldorf.

f) Für Empfängerinnen oder Empfänger von Versorgungsbezügen aus einem Dienstverhältnis als Beamtin, Beamter, Richterin, Richter, BS oder deren Hinterbliebene (vgl. Nr. 501 c)) die
Generalzolldirektion
Service-Center Düsseldorf
Wilhelm-Raabe-Straße 46
40470 Düsseldorf

Generalzolldirektion
Service-Center Stuttgart
Lorenzstraße 7–9
70435 Stuttgart.

9 Anlagen

9.1 Bezugsjournal

(Nr.) Bezugsdokumente	Titel
1. A-2120/3	Allgemeine Anordnung über die Übertragung von Zuständigkeiten im Widerspruchsverfahren und über die Vertretung bei Klagen aus dem Beamten- oder Wehrdienstverhältnis im Geschäftsbereich des Bundesministeriums der Verteidigung
2. A-1430/2	Verfahren vor Arbeitsgerichten
3. BMVgWidVertrAnO	Anordnung über die Übertragung von Zuständigkeiten im Widerspruchsverfahren und über die Vertretung der Bundesrepublik Deutschland bei Klagen in Angelegenheiten der Besoldung, der Versorgung, des Wehrsolds, der Beihilfe und der Unterhaltssicherung im Geschäftsbereich des Bundesministeriums der Verteidigung (BMVgWidVertrAnO)
4. C-2170/16	Verfahren vor Zivilgerichten
5. ZPO	Zivilprozessordnung
6. SG	Gesetz über die Rechtsstellung der Soldaten (Soldatengesetz – SG)
7. USG	Gesetz über die Leistungen zur Sicherung des Unterhalts von Reservistendienst Leistenden (Unterhaltssicherungsgesetz – USG)
8. SEG	Gesetz über die Entschädigung der Soldatinnen und Soldaten (Soldatenentschädigungsgesetz – SEG)
9. BeamtVG	Gesetz über die Versorgung der Beamten und Richter des Bundes (Beamtenversorgungsgesetz – BeamtVG)
10. A-1400/6	Auskünfte an Gläubiger von Beschäftigten
11. BMVgSEGZustAnO	Anordnung zur Übertragung von Zuständigkeiten auf dem Gebiet der Soldatenentschädigung im Geschäftsbereich des Bundesministeriums der Verteidigung (BMVg-Soldatenentschädigungs-Zuständigkeitsanordnung – BMVgSEGZustAnO)

9.2 Änderungsjournal

Version	Gültig ab	Geänderter Inhalt	
1	15.1.2015	–	Formale Überführung
		–	Erstveröffentlichung
2	1.3.2016	–	Vollständige Aktualisierung
2.1	31.10.2018	–	Teilweise Aktualisierung + Nr. 101
3	4.5.2022	–	Vollständige Aktualisierung + Abschnitte 1 und 4
4	11.9.2025	–	Vollständige Aktualisierung + Zusammenführung der A-2170/24 mit der A-2170/1

3.13 Verordnung zur Durchführung der Berufsförderung von Soldatinnen und Soldaten (Berufsförderungsverordnung – BFöV)

Berufsförderungsverordnung vom 23. Oktober 2006 (BGBl. I S. 2336), die zuletzt durch Artikel 10 des Gesetzes vom 22. Dezember 2025 (BGBl. 2025 I Nr. 370) geändert worden ist.

Eingangsformel

Auf Grund des § 10a Abs. 1 und 3 des Soldatenversorgungsgesetzes in der Fassung der Bekanntmachung vom 9. April 2002 (BGBl. I S. 1258, 1909), der durch Artikel 1 Nr. 23 des Gesetzes vom 4. Mai 2005 (BGBl. I S. 1234) eingefügt worden ist, verordnet die Bundesregierung:

Inhaltsübersicht

Teil 1 Allgemeine Vorschriften und Berufsberatung nach § 5 des Soldatenversorgungsgesetzes

§ 1 Maßnahmen der schulischen und beruflichen Bildung

(1) Schulische und berufliche Bildung werden durch Maßnahmen mit einem bestimmten Bildungsziel vermittelt. Gefördert werden nur Maßnahmen, die anhand von Lehrplänen oder Ausbildungsvorschriften oder in einem rechtlich geregelten Ausbildungsgang durchgeführt werden.

(2) Gefördert werden nur Maßnahmen, die eine Befähigung oder Berechtigung vermitteln, über die die Soldatin auf Zeit oder der Soldat auf Zeit noch nicht verfügt.

(3) Eine Maßnahme schulischer und beruflicher Bildung kann auch dann gefördert werden, wenn bereits vermittelte Inhalte wiederholt oder bereits vermittelte Kennt-

nisse aufgefrischt werden, soweit dies voraussichtlich Voraussetzung für den erfolgreichen Abschluss einer anschließend angestrebten Maßnahme der schulischen oder beruflichen Bildung sein wird.

§ 1a Zuständigkeiten

(1) Für die Beratung in Fragen der schulischen und beruflichen Bildung sind die Karrierecenter der Bundeswehr – Berufsförderungsdienst – zuständig.

(2) Die Entscheidungen nach den Teilen 2, 4 und 5 dieser Verordnung trifft, soweit im Folgenden nichts anderes bestimmt ist, das Karrierecenter der Bundeswehr – Berufsförderungsdienst –.

(3) Örtlich zuständig ist das Karrierecenter, in dessen Bereich die Soldatin oder der Soldat ihren oder seinen Standort oder, soweit kein Standort bestimmt werden kann, ihren oder seinen Wohnsitz oder gewöhnlichen Aufenthalt hat. Abweichend von Satz 1 ist zuständig

1. bei einer internen Maßnahme der schulischen und beruflichen Bildung oder einer zivilberuflich anerkannten Aus- oder Weiterbildungsmaßnahme im Rahmen der militärfachlichen Ausbildung grundsätzlich das Karrierecenter der Bundeswehr – Berufsförderungsdienst –, in dessen Zuständigkeitsbereich die Maßnahme stattfindet,
2. das Karrierecenter der Bundeswehr – Berufsförderungsdienst – am Sitz der Bundeswehrfachschule für die Förderungsberechtigten, die an einer Maßnahme der schulischen und beruflichen Bildung der Bundeswehrfachschule teilnehmen,
3. für das Verfahren nach § 32 das Karrierecenter der Bundeswehr – Berufsförderungsdienst –, in dessen Zuständigkeitsbereich die Einarbeitung erfolgen soll.

(4) Das Bundesamt für das Personalmanagement der Bundeswehr trifft die Entscheidungen nach § 7 Absatz 13 des Soldatenversorgungsgesetzes sowie nach § 15 Absatz 6 Satz 2 und nach § 26 dieser Verordnung. Es übt die Fachaufsicht über die Karrierecenter der Bundeswehr – Berufsförderungsdienst – aus.

(5) Das Karrierecenter der Bundeswehr – Berufsförderungsdienst – trifft die Entscheidung nach § 11 Absatz 1 und 2 nach Abstimmung mit der Leiterin oder dem Leiter der Bundeswehrfachschule, die die Förderungsberechtigten besucht haben oder besuchen werden. Die Entscheidung nach § 14 Absatz 1 trifft die Lehrerkonferenz unter Vorsitz der Leiterin oder des Leiters der Bundeswehrfachschule oder deren oder dessen Vertreterin oder Vertreter.

(6) Das Bildungszentrum der Bundeswehr trifft die Entscheidungen über die Einrichtung von Lehrgängen und Studienkursen nach § 9, die Zulassung zu diesen Lehrgängen und Studienkursen sowie den Ausbildungsort. Es übt die Fachaufsicht über die Bundeswehrfachschulen aus.

§ 2 Berufsberatung

(1) Das Beratungsgespräch umfasst:

1. die Erteilung individueller Informationen und Empfehlungen zur Berufsförderung (Absatz 2),
2. die Feststellung der persönlichen Qualifikation und Eignung sowie der persönlichen Zielvorstellungen,
3. die Klärung der beruflichen Anforderungen und Rahmenbedingungen,
4. die Festlegung des schulischen oder beruflichen Bildungsziels,

5. die Erstellung eines Förderungsplans sowie
6. die Evaluation der Umsetzung des Förderungsplans.

(2) Die Informationen und Empfehlungen nach Absatz 1 Nummer 1 erstrecken sich auf
1. die Berufsorientierung und Berufsfindung,
2. die Möglichkeiten der schulischen und beruflichen Bildung und Förderung nach dem Soldatenversorgungsgesetz während und nach der Wehrdienstzeit,
3. die zivilberufliche Verwertbarkeit der Qualifikationen, die im Rahmen der militärischen Ausbildung und Verwendung erworben worden sind,
4. die Möglichkeiten und Rahmenbedingungen des Bildungs- und Arbeitsmarktes sowie
5. die Betreuung und Unterstützung bei der Eingliederung in das zivile Erwerbsleben.

(3) Die Beratung erfolgt kontinuierlich und endet frühestens mit der angemessenen Eingliederung in das zivile Erwerbsleben. Der oder dem Förderungsberechtigten ist auf Antrag zu gestatten, an dem Beratungsgespräch in Begleitung von einer der folgenden Personen teilzunehmen:
1. der Ehegattin oder des Ehegatten,
2. der Lebenspartnerin oder des Lebenspartners,
3. einer Person, mit der die oder der Förderungsberechtigte in einem Haushalt zusammenlebt.

Das Beratungsgespräch kann mittels Video-Konferenz durchgeführt werden.

(4) Die Förderungsberechtigten nach § 5 Absatz 3 des Soldatenversorgungsgesetzes haben an der Berufsberatung teilzunehmen. Das Karrierecenter der Bundeswehr – Berufsförderungsdienst – vereinbart mit den truppendienstlichen Vorgesetzten jeweils einen Termin. Die truppendienstlichen Vorgesetzten stellen die Teilnahme sicher. Die Verpflichtung zur Teilnahme entfällt, wenn im Zeitraum nach § 5 Absatz 3 des Soldatenversorgungsgesetzes bereits eine entsprechende Beratung stattgefunden hat.

(5) Die Berufsberatung kann mit Zustimmung der Förderungsberechtigten zur Feststellung der beruflichen Eignung durch ärztliche und psychologische Untersuchungen unterstützt werden.

(6) Das Karrierecenter der Bundeswehr – Berufsförderungsdienst – kann mit Zustimmung der Förderungsberechtigten Untersuchungs- oder Beratungsleistungen Dritter einleiten, wenn sichergestellt ist, dass die Ergebnisse dem Karrierecenter zur Verfügung gestellt werden.

(7) Das Karrierecenter der Bundeswehr – Berufsförderungsdienst – arbeitet bei der Berufsberatung mit den Institutionen der Wirtschaft und den öffentlichen Verwaltungen sowie den Aus-, Fort- und Weiterbildungspartnern der Erwachsenenbildung zusammen.

(8) Nach der Wehrdienstzeit werden die Aufwendungen für Fahrten zum und vom nächstgelegenen Beratungsort erstattet, wenn die Förderungsberechtigten vereinbarungsgemäß von einem auswärtigen Wohn-, Maßnahme- oder Arbeitsort reisen. Die Erstattung richtet sich nach den für die Beamtinnen und Beamten des Bundes geltenden reisekostenrechtlichen Vorschriften.

(9) Soldatinnen und Soldaten, die freiwilligen Wehrdienst nach § 58b des Soldatengesetzes leisten, werden vor der Inanspruchnahme von Leistungen der Berufsförderung, mit Ausnahme von Leistungen der Basisqualifizierungen nach § 6 Absatz 4 Satz 1 des Soldatenversorgungsgesetzes, und im Übrigen auf Antrag beraten.

§ 2a Erstattung von Aufwendungen für die Berufsberatung

(1) Hat die Soldatin auf Zeit oder der Soldat auf Zeit die Wehrdienstzeit beendet und ist ihr oder ihm gestattet worden, von einem auswärtigen Wohn-, Maßnahme- oder Arbeitsort zur Berufsberatung anzureisen, so werden die Aufwendungen für Fahrten zum und vom nächstgelegenen Beratungsort erstattet. Der Umfang der Erstattung richtet sich nach den für die Beamtinnen und Beamten des Bundes geltenden reisekostenrechtlichen Vorschriften.

(2) Soldatinnen auf Zeit und Soldaten auf Zeit mit einer Verpflichtungszeit von mindestens vier Jahren können auf Antrag für die Teilnahme von Personen nach § 2 Absatz 3 Satz 2 an einem gemeinsamen Beratungsgespräch im Inland Kosten in entsprechender Anwendung des § 8 Absatz 3 des Soldatenversorgungsgesetzes erstattet werden. Der Antrag ist nur zulässig, wenn er vor dem Beratungsgespräch gestellt wird. Absatz 1 gilt entsprechend.

§ 3 Förderungsplan

(1) Die Beratungsergebnisse sind im Einvernehmen mit den Förderungsberechtigten in einer Niederschrift zu dokumentieren und dienen der Erstellung eines Förderungsplans.

(2) Der Förderungsplan ist im Verlauf der Dienstzeit den fachlichen und persönlichen Entwicklungen anzupassen. Ändert sich das im Förderungsplan festgelegte schulische oder berufliche Bildungsziel, ist der Förderungsplan auf der Grundlage einer weiteren Beratung zu aktualisieren.

Teil 2 Dienstzeitbegleitende Förderung der schulischen und beruflichen Bildung nach § 6 des Soldatenversorgungsgesetzes

§ 4 Voraussetzungen der Förderungsfähigkeit[1]

(1) Förderungsfähig sind Bildungsmaßnahmen fachberuflicher und berufsübergreifender Art. Soweit dies im Einzelfall nach dem Förderungsplan notwendig ist, kann im Rahmen der dienstzeitbegleitenden Förderung auch schulische Bildung gefördert werden. § 17 gilt entsprechend.

(2) Nicht förderungsfähig sind
1. Maßnahmen, die ausschließlich der Persönlichkeitsbildung dienen oder dem Freizeitbereich zuzuordnen sind,
2. wissenschaftliche Ausarbeitungen sowie Lernvorgänge, die nicht in einem pädagogisch gestalteten Lehr- und Lernprozess stattfinden, und
3. Maßnahmen, die gegen deutsches Recht oder Recht der Europäischen Union verstoßen.

(3) Dienstzeitbegleitende Förderung außerhalb der Europäischen Union darf nur dort stationierten Förderungsberechtigten und nur im jeweiligen Aufnahmestaat gewährt

---

1 § 4 Abs. 4: Zur Weiteranwendung in der bis zum 27.8.2015 geltenden Fassung vgl. § 38 F. 4.8.2019

werden. Ausnahmen bedürfen der Zustimmung des Bundesministeriums der Verteidigung oder der von ihm benannten Stelle.

(4) (weggefallen)

§ 5 Durchführung der dienstzeitbegleitenden Förderung[2]

(1) Gefördert wird die Teilnahme an Bildungsmaßnahmen der Bundeswehrfachschulen und an Bildungsmaßnahmen, die durch das Karrierecenter der Bundeswehr – Berufsförderungsdienst – geplant und in dessen Auftrag durchgeführt werden (interne Maßnahmen).

(2) Wird der konkrete Bildungsbedarf im Einzelfall durch die Teilnahme an internen Maßnahmen nicht gedeckt, kann das Karrierecenter der Bundeswehr – Berufsförderungsdienst – die Kosten für andere Bildungsmaßnahmen (externe Maßnahmen) grundsätzlich bis zur Höhe des Kostenrichtwertes erstatten. Der Kostenrichtwert bemisst sich nach der Dauer des Dienstverhältnisses.

(3) Ehemalige Soldatinnen auf Zeit und ehemalige Soldaten auf Zeit können im Rahmen freier Kapazitäten innerhalb von sieben Jahren nach Beendigung des Dienstverhältnisses, bei ehemaligen Soldatinnen auf Zeit und ehemaligen Soldaten auf Zeit mit einer Gesamtdienstzeit von mindestens 20 Jahren innerhalb von acht Jahren nach Beendigung des Dienstverhältnisses, an internen Maßnahmen des Karrierecenters der Bundeswehr – Berufsförderungsdienst – teilnehmen. § 6 Absatz 2 ist nicht anzuwenden.

§ 6 Erstattung von Kosten[3]

(1) Die Teilnahme an internen Maßnahmen ist kostenfrei. § 8 Absatz 3 des Soldatenversorgungsgesetzes gilt entsprechend.

(2) Lehrgangs- und Prüfungsgebühren einschließlich Anmelde- und Prüfungskosten werden erstattet, wenn sie auf Grund einer Teilnahme an dienstzeitbegleitenden Maßnahmen entstehen. Kosten für Lernmittel und Verbrauchsmaterial können pauschal erstattet werden. Sonstige Kosten sind nur mit Zustimmung des Bundesministeriums der Verteidigung oder der von ihm bestimmten Stelle erstattungsfähig.

(3) Erstattungsfähige Kosten sind innerhalb einer Frist von sechs Monaten nach Abschluss der Maßnahme schriftlich oder elektronisch beim Karrierecenter der Bundeswehr – Berufsförderungsdienst – geltend zu machen.

§ 7 Bestandteile der Bewilligungen nach § 6 des Soldatenversorgungsgesetzes

(1) Der Bescheid über die Bewilligung der dienstzeitbegleitenden Förderung kann widerrufen werden, wenn
1. nicht regelmäßig an der Maßnahme teilgenommen wird,
2. aufgrund der Leistungen oder des Verhaltens der Förderungsberechtigten nicht zu erwarten ist, dass sie das Ziel der Maßnahme erreichen, oder

---

2 § 5 Abs. 2: Zur Weiteranwendung in der bis zum 27.8.2015 geltenden Fassung vgl. § 38 F. 4.8.2019

3 § 6 Abs. 1 Satz 2: Zur Anwendung vgl. § 38 Abs. 2

3. freiwilligen Wehrdienst nach § 58b des Soldatengesetzes Leistende, die an einer externen Maßnahme teilnehmen, in ein Dienstverhältnis als Soldatin auf Zeit oder Soldat auf Zeit mit einem Förderungsanspruch nach § 7 des Soldatenversorgungsgesetzes berufen worden sind.

(2) Der Bewilligungsbescheid ergeht unter der auflösenden Bedingung, dass die oder der Förderungsberechtigte innerhalb des Bewilligungszeitraums
1. aus der Bundeswehr ausscheidet,
2. als Soldatin auf Zeit zur Berufssoldatin oder als Soldat auf Zeit zum Berufssoldaten ernannt wird,
3. als Berufssoldatin oder Berufssoldat mit verwendungsbezogener Altersgrenze die Zusage der Anschlussverwendung erhält oder
4. an der Maßnahme nicht teilnimmt und deshalb der erfolgreiche Abschluss gefährdet erscheint.

Tritt die auflösende Bedingung ein, kann die weitere Teilnahme an der Maßnahme gestattet werden. Kosten, die nach Eintritt der Bedingung entstehen, werden im Falle des Satzes 1 Nummer 1 und 4 nicht erstattet.

(3) § 28 Absatz 1 gilt entsprechend.

Teil 3 Förderung der schulischen Bildung nach § 7 des Soldatenversorgungsgesetzes

§ 8 Grundsatz zur Förderung der schulischen Bildung

Die Förderung der schulischen Bildung weicht von der Förderung der beruflichen Bildung nur ab, soweit die §§ 9 bis 14 ausdrücklich Anderes regeln.

§ 9 Lehrgänge an Bundeswehrfachschulen

(1) An Bundeswehrfachschulen können folgende Lehrgänge durchgeführt werden:
1. Grundlehrgang von einem Studienhalbjahr zur Vorbereitung auf einen Lehrgang nach den Nummern 4, 5 oder 8 sowie zur Vorbereitung auf Maßnahmen der beruflichen Bildung,
2. Berufsbildungslehrgang von einem Studienhalbjahr zur Vorbereitung auf Berufsbildungsmaßnahmen und zur Eingliederung in das Berufsleben,
3. Vorkurs von einem Studienhalbjahr zur Vorbereitung auf einen Lehrgang nach Nummer 6 sowie auf Berufsbildungsmaßnahmen,
4. Lehrgang von zwei Studienhalbjahren zur Erlangung des Realschulabschlusses,
5. Lehrgang von zwei Studienhalbjahren in bestimmten Fachrichtungen zur Erlangung der Fachschulreife,
6. Lehrgang von zwei Studienhalbjahren in bestimmten Fachrichtungen zur Erlangung der Fachhochschulreife,
7. Maßnahmen der beruflichen Aus-, Fort- und Weiterbildung,
8. Lehrgang zur Erlangung des Hauptschulabschlusses,
9. Lehrgang zur Vorbereitung auf Einstellungsprüfungen,
10. Studienkurse zur Vorbereitung auf Studiengänge oder vergleichbare Ausbildungen.

Die Lehrgänge nach Satz 1 Nummer 1 bis 6 und 8 bis 10 sind

1. schulische Maßnahmen im Sinne des § 7 Absatz 3 des Soldatenversorgungsgesetzes,
2. Maßnahmen der schulischen Bildung im Sinne des § 8 Absatz 1 Satz 1 des Soldatenversorgungsgesetzes.

Bei diesen Maßnahmen wird der Ausbildungsort vorgegeben.

(2) Die Lehrgänge werden nur bei einer ausreichenden Anzahl von Teilnehmenden eingerichtet. Der Grundsatz der Wirtschaftlichkeit und Sparsamkeit ist zu beachten. Ein Anspruch auf Einrichtung bestimmter Lehrgänge besteht nicht.

(3) Die Zulassung zu den Lehrgängen setzt folgende schulische Vorbildung voraus:
1. für den Vorkurs nach Absatz 1 Satz 1 Nr. 3: mittlerer Schulabschluss oder gleichwertiger Bildungsstand,
2. für den Lehrgang nach Absatz 1 Satz 1 Nr. 4: Hauptschulabschluss oder gleichwertiger Bildungsabschluss sowie Grundkenntnisse im Fach Englisch,
3. für den Lehrgang nach Absatz 1 Satz 1 Nr. 5: Hauptschulabschluss oder gleichwertiger Bildungsabschluss sowie Grundkenntnisse im Fach Englisch,
4. für den Lehrgang nach Absatz 1 Satz 1 Nr. 6: mittlerer Schulabschluss oder gleichwertiger Bildungsstand.

Für Maßnahmen nach Absatz 1 Satz 1 Nummer 7 gelten die von der zuständigen Stelle festgelegten Zugangsvoraussetzungen. Die erforderliche Vorbildung ist durch Vorlage der Zeugnisse oder entsprechender Urkunden nachzuweisen.

(4) Die Lehrgänge nach Absatz 1 Satz 1 Nr. 5 und 6 setzen eine abgeschlossene einschlägige Berufsausbildung oder eine mehrjährige einschlägige Berufstätigkeit voraus. Die endgültige Zulassung kann von einer erfolgreichen Probezeit oder Eignungsfeststellung abhängig gemacht werden.

(5) Studienkurse nach Absatz 1 Satz 1 Nummer 10 dauern
1. für Förderungsberechtigte, die die Fachhochschulreife nach Absatz 1 Satz 1 Nummer 6 im Rahmen der Förderung nach § 7 des Soldatenversorgungsgesetzes erworben haben und im folgenden Schulhalbjahr einen Studienkurs besuchen wollen, in der Regel drei Monate,
2. für andere Förderungsberechtigte mit einer Hochschulzugangsberechtigung höchstens zwölf Monate.

§ 10 Zahl der Unterrichtsstunden

Ein Studienhalbjahr an einer Bundeswehrfachschule umfasst je nach Lehrgang bis zu 750 Unterrichtsstunden.

§ 11 Zulassung ab einem höheren Studienhalbjahr und Lehrgangswechsel

(1) Auf Antrag kann bei entsprechender Vorbildung der Förderungsberechtigten die Teilnahme an den Lehrgängen nach § 9 Abs. 1 Satz 1 Nr. 4 bis 6 von einem höheren Studienhalbjahr an zugelassen werden. § 9 Abs. 2 gilt entsprechend.

(2) Auf Antrag kann ein Wechsel des Lehrgangs zugelassen werden. Der Antrag ist von den Förderungsberechtigten zu begründen.

(3) Anträge nach den Absätzen 1 und 2 sind jeweils schriftlich oder elektronisch beim Karrierecenter der Bundeswehr – Berufsförderungsdienst – zu stellen.

§ 12 Kosten der Lehrgangsteilnahme

(1) Bei Maßnahmen nach § 9 Absatz 1 Satz 1 Nummer 7 werden pro angefangenem Monat der Förderung pauschal 200 Euro, höchstens jedoch 1 200 Euro pro Studienhalbjahr auf den Höchstbetrag nach § 19 Absatz 2 angerechnet. Mit Zustimmung des Bundesministeriums der Verteidigung kann in begründeten Fällen bei einzelnen Lehrgängen von der Anrechnung abgesehen werden.

(2) Lehrgangsteilnehmerinnen und Lehrgangsteilnehmer an Bundeswehrfachschulen sind zum Wohnen in der Gemeinschaftsunterkunft berechtigt. Soweit zur Lehrgangsteilnahme kostenfreie Unterkunft oder Gemeinschaftsverpflegung gegen Bezahlung bereitgestellt wird, sind die Förderungsberechtigten auf die Inanspruchnahme zu verweisen. Wird eine der in Satz 2 genannten Leistungen nicht in Anspruch genommen, führt dies nicht zu höheren Leistungen nach § 8 Absatz 3 des Soldatenversorgungsgesetzes.

§ 13 Form und Fristen

(1) Förderungsberechtigte haben dem Karrierecenter der Bundeswehr – Berufsförderungsdienst – spätestens sieben Monate vor Beginn der schulischen Maßnahme schriftlich oder elektronisch mitzuteilen, welchen Lehrgang einer Bundeswehrfachschule sie besuchen wollen.

(2) Das Karrierecenter der Bundeswehr – Berufsförderungsdienst – benennt die an Lehrgängen teilnehmenden Förderungsberechtigten der Schulaufsichtsbehörde der Bundeswehrverwaltung (Schulaufsichtsbehörde) frühestens neun und spätestens fünf Monate vor Beginn der geplanten schulischen Maßnahme. Die Schulaufsichtsbehörde teilt den Förderungsberechtigten und nachrichtlich dem Karrierecenter der Bundeswehr – Berufsförderungsdienst – spätestens zwei Monate vor Beginn der schulischen Maßnahme die Bundeswehrfachschule und die Lehrgangsart mit. Nehmen Förderungsberechtigte vor dem Dienstzeitende an dem Lehrgang teil, veranlasst die Schulaufsichtsbehörde, soweit erforderlich, die Kommandierung zu der zuständigen militärischen Betreuungsstelle.

(3) Von den Fristen der Absätze 1 und 2 kann in begründeten Einzelfällen abgewichen werden.

§ 14 Versetzung und Prüfung

(1) Nach erfolgreichem Unterrichtsbesuch werden die Förderungsberechtigten von einem Studienhalbjahr in das nächstfolgende versetzt oder in einen weiterführenden Lehrgang eingewiesen. Die Versetzung ist in einem Zeugnis auszusprechen, das die Bewertung der Leistungen in den einzelnen Fächern enthält.

(2) Die zweimalige Nichtversetzung in einem Lehrgang schließt grundsätzlich die weitere Teilnahme am Unterricht in gleichartigen Lehrgängen an einer Bundeswehrfachschule aus. Die Schulaufsichtsbehörde kann in Abstimmung mit dem Karrierecenter der Bundeswehr – Berufsförderungsdienst – eine weitere Teilnahme zulassen, wenn besondere Umstände vorliegen.

(3) Die Lehrgänge nach § 9 Abs. 1 Satz 1 Nr. 4 bis 6 und 8 werden durch eine Prüfung an der Bundeswehrfachschule abgeschlossen.

Teil 4 **Förderung der beruflichen Bildung nach § 7 des Soldatenversorgungsgesetzes**

§ 15 Gegenstand der beruflichen Bildung

(1) Gefördert werden die fachberufliche Aus-, Fort- und Weiterbildung sowie die Umschulung der Förderungsberechtigten in öffentlichen und privaten Bildungseinrichtungen, Betrieben oder Verwaltungen im Bundesgebiet sowie an Hochschulen im Sinne des § 1 des Hochschulrahmengesetzes. § 4 Abs. 2 gilt entsprechend. Maßnahmen der beruflichen Bildung, die im eigenen Betrieb der Förderungsberechtigten durchgeführt werden sollen oder auf Verträgen mit der Ehegattin oder dem Ehegatten, der Lebenspartnerin oder dem Lebenspartner (§ 1 Absatz 1 Satz 1 des Lebenspartnerschaftsgesetzes), den Eltern, Großeltern, Geschwistern oder eigenen Kindern beruhen, werden grundsätzlich nicht gefördert.

(2) Eine Maßnahme nach Absatz 1 muss den Anforderungen des Bildungsziels und des Förderungszwecks entsprechen. Sie ist in diesem Sinne als geeignet anzusehen, wenn

1. ihre Dauer angemessen ist und insbesondere Kenntnisse und Fertigkeiten vermittelt werden, die dem angestrebten Bildungsziel unter Berücksichtigung der voraussichtlichen Eingliederungserfordernisse und der beruflichen Entwicklungsmöglichkeiten entsprechen,
2. der Maßnahmeträger nach Art und Einrichtung den Anforderungen entspricht, die für die ordnungsgemäße und erwachsenengerechte Durchführung der Maßnahme der beruflichen Bildung gegeben sein müssen,
3. zwischen dem Maßnahmeträger und den Förderungsberechtigten angemessene Teilnahmebedingungen schriftlich oder elektronisch vereinbart wurden, wobei die Vereinbarung von allgemein vorgeschriebenen oder von üblichen Regelungen nicht zu Ungunsten der Förderungsberechtigten abweichen darf, und
4. sie mit einem Zeugnis oder einer Bestätigung abschließt, das oder die Auskunft über den Inhalt des vermittelten Lehrstoffs gibt.

(3) Die Dauer der Maßnahmen ist angemessen, wenn sie sich auf den für das Erreichen des Bildungsziels erforderlichen Umfang beschränkt. Die Dauer einer Vollzeitmaßnahme, die zu einem Abschluss in einem anerkannten Ausbildungsberuf führt, ist grundsätzlich angemessen, wenn sie gegenüber einer entsprechenden Berufsausbildung um mindestens ein Drittel der Ausbildungszeit verkürzt ist, es sei denn, eine Verkürzung ist aufgrund bundes- oder landesrechtlicher Regelungen ausgeschlossen.

(4) Eine Maßnahme findet in Vollzeitform statt, wenn sie regelmäßig

1. an 4 Tagen pro Woche durchgeführt wird und
2. mindestens 25 Unterrichtsstunden pro Woche umfasst, die jeweils mindestens 45 Minuten dauern.

Dauert die Maßnahme insgesamt weniger als 4 Tage, ist von Vollzeitform auszugehen, wenn sie pro Tag mindestens 6,25 Unterrichtsstunden mit jeweils 45 Minuten umfasst.

(5) Direktunterricht und Fernunterricht werden in gleicher Weise gefördert; die Förderungsberechtigten sind über die besonderen Anforderungen des Fernunterrichts aufzuklären.

(6) Eine Maßnahme innerhalb der Europäischen Union steht förderungs- und abfindungsrechtlich einer Maßnahme im Bundesgebiet gleich. Die Teilnahme an einer Maßnahme der beruflichen Bildung außerhalb der Europäischen Union kann gefördert werden, wenn

1. sie für die beruflichen Qualifizierungs-, Betätigungs- und Entwicklungsabsichten der Förderungsberechtigten zweckmäßiger ist als in Betracht kommende Maßnahmen der beruflichen Bildung innerhalb der Europäischen Union und
2. ihre Dauer und Mehrkosten nach den besonderen berufsbildungs- und eingliederungsrelevanten Umständen vertretbar sind.

§ 16 Durchführung der Förderung der beruflichen Bildung[4]

(1) Maßnahmen der beruflichen Bildung werden nur gefördert, wenn sie bis zum Ablauf von sieben Jahren nach Beendigung des Dienstverhältnisses, bei Soldatinnen auf Zeit und Soldaten auf Zeit mit einer Gesamtdienstzeit von mindestens 20 Jahren bis zum Ablauf von acht Jahren nach Beendigung des Dienstverhältnisses, begonnen werden; die Förderung kann bis zum Erreichen der jeweiligen Förderungshöchstdauer nach § 7 des Soldatenversorgungsgesetzes erfolgen.

(2) Eine Maßnahme der beruflichen Bildung in Vollzeitform kann nach § 7 Absatz 12 des Soldatenversorgungsgesetzes ausnahmsweise bis zu drei Monate vor dem Dienstzeitende gefördert werden, wenn
1. der Beginn der Maßnahme unabänderlich ist und
2. durch die Förderung eine Verzögerung bei der Umsetzung des Förderungsplans vermieden wird.

Satz 1 gilt für Soldatinnen auf Zeit und Soldaten auf Zeit mit einer Gesamtdienstzeit von mindestens 20 Jahren mit der Maßgabe, dass die Förderung bis zu sechs Monate vor dem Dienstzeitende erfolgen kann. Als Ermessensleistung können die Förderungsberechtigten zur Teilnahme an der Maßnahme vom militärischen Dienst freigestellt werden.

(3) Das Karrierecenter der Bundeswehr – Berufsförderungsdienst – entscheidet auf der Grundlage einer Stellungnahme der oder des nächsten Disziplinarvorgesetzten und im Einvernehmen mit der personalbearbeitenden Stelle über die Freistellung. Die Freistellung kann jederzeit auf der Grundlage einer Stellungnahme der oder des nächsten Disziplinarvorgesetzten und im Einvernehmen mit der personalbearbeitenden Stelle widerrufen werden, wenn
1. sich nachträglich dienstliche Gründe ergeben, die die volle Erfüllung der Dienstleistungspflicht erfordern, und
2. ohne den Widerruf die Erfüllung der dienstlichen Aufgaben erheblich gefährdet wäre.

§ 17 Antragstellung

(1) Die Förderung ist vor Beginn der Maßnahme schriftlich oder elektronisch zu beantragen. Wird der Antrag verspätet gestellt und eine Wiedereinsetzung in den vorigen Stand nach § 32 des Verwaltungsverfahrensgesetzes nicht gewährt, ist eine anteilige Förderung ab Antragseingang möglich.

(2) Die Antragstellerin oder der Antragsteller hat die zur Entscheidung über den Antrag erforderlichen Unterlagen vorzulegen. Welche Unterlagen vorzulegen sind, bestimmt das Karrierecenter der Bundeswehr – Berufsförderungsdienst – nach den Umständen des Einzelfalls.

---

4 § 16: Zur Weiteranwendung in der bis zum 27.8.2015 geltenden Fassung vgl. § 38 F. 4.8.2019

§ 18 Persönliche Förderungsvoraussetzungen

(1) Die beantragte Maßnahme der beruflichen Bildung wird bewilligt, wenn
1. die Förderungsberechtigten sich für die entsprechend ihrer Neigung angestrebte berufliche Bildung und die Ausübung der entsprechenden beruflichen Tätigkeit voraussichtlich geistig, charakterlich und gesundheitlich eignen sowie die dafür bestimmten Zulassungsvoraussetzungen erfüllen,
2. nach den persönlichen Gesamtumständen eine erfolgreiche Teilnahme an der Maßnahme der beruflichen Bildung erwartet werden kann und
3. die angestrebte Berufstätigkeit geeignet ist, eine angemessene Lebensgrundlage zu bieten.

(2) Bei Zweifeln an der Eignung der Förderungsberechtigten ist die Maßnahme nur zu bewilligen, wenn das Vorliegen der fraglichen Voraussetzungen in einer Eignungsfeststellung nachgewiesen werden konnte. Wirken die Förderungsberechtigten bei der Feststellung ihrer Eignung nicht mit, wird der Antrag abgelehnt, wenn die Förderungsberechtigten auf diese Folge schriftlich hingewiesen worden sind und ihrer Mitwirkungspflicht nicht innerhalb einer angemessenen Frist nachgekommen sind.

(3) Die Eignung kann auch durch eine probeweise Teilnahme an der beabsichtigten Maßnahme der beruflichen Bildung im Rahmen des § 7 des Soldatenversorgungsgesetzes nachgewiesen werden, die nicht länger als einen Monat dauern sollte. Vor Bewilligung der Förderung der Maßnahme der beruflichen Bildung können die Leiterin oder der Leiter der Bundeswehrfachschule, die Disziplinarvorgesetzten, die Bundesagentur für Arbeit, Ausbildungsbehörden, Schulen, Industrie- und Handelskammern, Handwerks- und Landwirtschaftskammern sowie berufsständische Organisationen gutachtlich gehört werden.

§ 19 Kosten der beruflichen Bildung[5]

(1) Soweit die Soldatinnen auf Zeit und Soldaten auf Zeit oder die zu ihrem Unterhalt Verpflichteten die Kosten selbst tragen müssten, wenn kein Anspruch auf berufliche Förderung bestünde, werden folgende Kosten nach Maßgabe dieser Verordnung erstattet:
1. Lehrgangs- und Studiengebühren (§ 20),
2. Kosten für Ausbildungsmittel (§ 21),
3. Reise- und Trennungsauslagen (§ 23),
4. Kosten für Studienfahrten aus Anlass der Maßnahme der beruflichen Bildung (§ 24),
5. Kosten für Eignungsfeststellungsverfahren (§ 25) und
6. Umzugsauslagen (§ 26).

Sonstige Kosten dürfen nur mit Zustimmung des Bundesministeriums der Verteidigung oder der von ihm bestimmten Stelle erstattet werden. Kosten dürfen nur erstattet werden, wenn sie nach Art und Höhe zur Erreichung des angestrebten schulischen und beruflichen Bildungsziels notwendig sind. Leistungen Dritter, die für denselben Zweck gewährt werden, sind anzurechnen.

(2) Kosten nach Absatz 1 Satz 1 Nummer 1 und 2 werden grundsätzlich nur bis zu folgenden Höchstbeträgen erstattet:

---

5 § 19 Abs. 2: Zur Weiteranwendung in der bis zum 27.8.2015 geltenden Fassung vgl. § 38 F. 4.8.2019

	Dauer der Förderung nach § 7 Absatz 5 des Soldatenversorgungsgesetzes in Monaten	Höchstbetrag in Euro
1	1	1 200
2	2	2 400
3	3	3 600
4	12	5 000
5	18	7 000
6	24	9 000
7	30	11 000
8	36	13 000
9	42	15 000
10	48	17 000
11	54	19 000
12	60	21 000

Wenn sich die Förderungsdauer nicht nach § 7 Absatz 5 des Soldatenversorgungsgesetzes richtet, reduziert oder erhöht sich der Höchstbetrag für jeden Monat, für den Anspruch auf Förderung nicht besteht beziehungsweise besteht, um 333,33 Euro, insbesondere

1. bei einer Verminderung der Förderungsdauer nach § 7 Absatz 7 bis 9 und 11 des Soldatenversorgungsgesetzes,
2. in den Fällen des § 7 Absatz 10 des Soldatenversorgungsgesetzes oder
3. bei einer Kürzung der Förderungsdauer nach den §§ 22 und 23 des Soldatenversorgungsgesetzes.

Der Höchstbetrag erhöht sich bei einer Gesamtdienstzeit von mindestens 15 Jahren um 1 000 Euro, von mindestens 20 Jahren um 2 000 Euro und von 25 Jahren um 3 000 Euro. In Ausnahmefällen kann das Bundesministerium der Verteidigung oder die von ihm bestimmte Stelle eine Überschreitung des Höchstbetrags zulassen. Wird eine ehemalige Soldatin auf Zeit oder ein ehemaliger Soldat auf Zeit erneut in ein Dienstverhältnis als Soldatin auf Zeit oder als Soldat auf Zeit berufen, werden bereits erfolgte Kostenerstattungen nach § 5 des Soldatenversorgungsgesetzes auf den Höchstbetrag angerechnet, der auf Grund der neuen Verpflichtungsdauer besteht. Nicht ausgeschöpfte Beträge werden nicht ausgezahlt.

(3) Ist der Höchstbetrag nach Absatz 2 ausgeschöpft worden und hätte eine sich nachträglich ergebende Verminderung der Förderungsdauer, Kürzung der Förderungshöchstdauer, Dienstzeitverkürzung oder Ernennung zur Berufssoldatin oder zum Berufssoldaten eine geringere Förderung ergeben, führt dies nicht zu einer Rückforderung der Förderungsleistung.

(4) Nach § 5 Absatz 2 gewährte Leistungen werden auf Leistungen nach § 7 Absatz 2 in Verbindung mit Absatz 1 Satz 1 des Soldatenversorgungsgesetzes nicht angerechnet.

§ 20 Lehrgangs- und Studiengebühren

(1) Zu den Lehrgangs- und Studiengebühren gehören auch Aufnahme- und Prüfungsgebühren. Die Prüfungsgebühren und die durch Teilnahme an der Prüfung verursachten weiteren Auslagen sind nach Ablauf der Förderungszeit nach § 7 Absatz 5 des Soldatenversorgungsgesetzes jedoch nur zu erstatten, wenn

1. die Förderung der Berufsbildungsmaßnahme mehr als die Hälfte der Gesamtdauer der Bildungsmaßnahme umfasst und
2. die Prüfung innerhalb eines Jahres nach Beendigung der Maßnahme abgelegt worden ist, nachdem sie innerhalb des Förderungszeitraumes nicht abgelegt werden konnte.

(2) § 6 Absatz 3 gilt entsprechend.

(3) Wird eine ehemalige Soldatin auf Zeit oder ein ehemaliger Soldat auf Zeit, die oder der an einer geförderten Maßnahme nach § 6 Absatz 2 oder § 7 des Soldatenversorgungsgesetzes teilnimmt, erneut bei der Bundeswehr in ein Dienstverhältnis als Beamtin oder Beamter oder als Soldatin oder Soldat berufen oder als Arbeitnehmerin oder Arbeitnehmer eingestellt, erstattet ihr oder ihm der Bund die bis zum Zeitpunkt der Berufung oder Einstellung entstandenen notwendigen Kosten der Maßnahme.

§ 21 Kosten für Ausbildungsmittel

(1) Ausbildungsmittel sind:
1. Berufs- und Schutzkleidung,
2. Lernmittel,
3. Verbrauchsmaterial und
4. sonstige für die Durchführung der Maßnahme der beruflichen Bildung erforderliche Gegenstände (Lernhilfsmittel).

(2) Für Lernmittel und Verbrauchsmaterial ist bei Maßnahmen in Vollzeitform im Sinne des § 15 Absatz 4 eine Pauschale in Höhe von 200 Euro festzusetzen. Findet die Maßnahme in Teilzeitform statt, wird eine Pauschale in Höhe von 100 Euro gewährt. Mit den Pauschalen sind auch Aufwendungen für die Anschaffung und Nutzung eines Datenverarbeitungssystems einschließlich Zubehör sowie eines Taschenrechners abgegolten. Beginnend mit der Förderung nach § 7 des Soldatenversorgungsgesetzes wird die Pauschale jeweils für einen Zeitraum von sechs Monaten gewährt, und zwar unabhängig von der Dauer und der Anzahl der in diesem Zeitraum geförderten Maßnahmen. Findet am Tag nach Ablauf des Zeitraums nach Satz 4 keine Förderung statt, beginnt die Frist mit der nächsten Förderung erneut.

(3) Die Kosten für ein Lernhilfsmittel, das
1. mehr als 50 Euro kostet und
2. in einem nicht unwesentlichen Umfang für private Zwecke oder eine spätere berufliche Tätigkeit verwendet werden kann,

werden nur anteilig erstattet. Die Höhe des zu erstattenden Anteils entspricht dem Verhältnis der Nutzungsdauer im Rahmen der Maßnahme der beruflichen Bildung zur durchschnittlichen Gesamtnutzungsdauer nach der AfA-Tabelle für die allgemein verwendbaren Anlagegüter vom 15. Dezember 2000 (Bundessteuerblatt I S. 1532) in der jeweils geltenden Fassung.

(4) § 20 Absatz 2 gilt entsprechend.

§ 22 *(weggefallen)*

§ 23 Reise- und Trennungsauslagen

(1) Bei der Förderung einer Maßnahme der beruflichen Bildung sind die für die Beamtinnen und Beamten des Bundes geltenden reise- und trennungsgeldrechtlichen Vorschriften anzuwenden.

(2) Wird eine Maßnahme der beruflichen Bildung im Ausland durchgeführt, richten sich die Reisekostenvergütung und der Trennungsgeldbezug nach den für das Inland geltenden Bestimmungen, ohne dass ein Kaufkraftausgleich gewährt wird.

(3) Den Förderungsberechtigten können zusätzliche Nachweispflichten auferlegt werden, insbesondere die Pflicht, die ordnungsgemäße Teilnahme nachzuweisen.

§ 24 Kosten für Studienfahrten aus Anlass der Maßnahme der beruflichen Bildung

(1) Notwendige Kosten für Studienfahrten – auch in das Ausland – aus Anlass der Maßnahme der beruflichen Bildung sind zu übernehmen, wenn solche Reisen in den Ausbildungs- und Prüfungsordnungen oder Studienordnungen vorgesehen sind oder die zuständigen Ausbilderinnen oder Ausbilder bescheinigen, dass die Studienfahrt im konkreten Ausbildungsprogramm für alle Teilnehmenden vorgegeben ist und in dem Zeitraum der Studienfahrt eine anderweitige Unterweisung Zurückbleibender nicht angeboten wird.

(2) Der Antrag ist vor Beginn der Reise schriftlich oder elektronisch beim Karrierecenter der Bundeswehr – Berufsförderungsdienst – zu stellen. § 20 Abs. 2 und § 23 gelten entsprechend.

§ 25 Kosten für Eignungsfeststellungsverfahren

(1) Förderungsberechtigten, die sich vor der Entscheidung über den Antrag auf Förderung einer Maßnahme der beruflichen Bildung mit Zustimmung oder auf Veranlassung des Karrierecenters der Bundeswehr – Berufsförderungsdienst – einem Eignungsfeststellungsverfahren unterziehen, werden die notwendigen Kosten für die Teilnahme erstattet. Dies gilt auch bei Vorliegen der Voraussetzungen nach § 31 Absatz 3 Satz 2.

(2) Der Antrag ist vor Antritt der Reise zum Eignungsfeststellungsverfahren schriftlich oder elektronisch beim Karrierecenter der Bundeswehr – Berufsförderungsdienst – zu stellen. § 20 Abs. 2 und § 23 gelten entsprechend.

§ 26 Zuschuss zu den Umzugsauslagen

Förderungsberechtigte, denen eine Maßnahme der beruflichen Bildung außerhalb ihres Wohnortes bewilligt worden ist, können auf einen Antrag, der vor einem Umzug an den Ort der Maßnahme der beruflichen Bildung einschließlich seines Einzugsgebietes (§ 3 Abs. 1 Nr. 1 Buchstabe c des Bundesumzugskostengesetzes) schriftlich oder elektronisch zu stellen ist, für diesen Umzug einen Zuschuss zu den Umzugsauslagen erhalten, sofern hierfür

1. eine Zusage der Umzugskostenvergütung nicht erteilt worden ist,
2. die bisherige Wohnung nicht im Einzugsgebiet zu der neuen Ausbildungsstätte liegt und
3. dem Grunde nach ein Anspruch auf Erstattung von Trennungsauslagen besteht.

Der Zuschuss wird begrenzt auf den Betrag, der an Trennungsauslagen nach § 23 eingespart wird. Für die Berechnung eingesparter Trennungsauslagen gelten die Bestimmungen für das auswärtige Verbleiben nach der Trennungsgeldverordnung mit der Maßgabe, dass als Übernachtungskosten ab dem 15. Tag ein Betrag von 6,67 Euro je notwendiger Übernachtung berücksichtigt werden kann. Für die Berechnung der Umzugsauslagen können die Kosten berücksichtigt werden, die nach den §§ 6 bis 10 des Bundesumzugskostengesetzes als Umzugskostenvergütung gewährt werden könnten. Ist zum Zeitpunkt der Bewilligung des Zuschusses zu den Umzugsauslagen bereits bekannt, dass zur Berufsbildungsmaßnahme gehörende Ausbildungsanteile an weiteren Orten durchgeführt werden müssen, kann, sofern die Förderungsberechtigten dies schriftlich oder elektronisch beantragen, die Berechnung des zugrunde liegenden Trennungsgeldes auf den Bewilligungszeitraum beschränkt werden, der sich auf den ersten Ort der bewilligten Maßnahme der beruflichen Bildung bezieht. Für weitere Ausbildungsorte bleibt der Anspruch auf Erstattung der Trennungsauslagen erhalten, wenn die übrigen Anspruchsvoraussetzungen erfüllt sind.

§ 27 Verbrauch und Verlängerung der Förderungszeiten[6]

Bei der Berechnung des zeitlichen Umfanges des Verbrauchs sind im Bewilligungsbescheid die Gesamtdauer der bewilligten Maßnahme und bei Beendigung der Maßnahme die Zeiträume der Teilnahme voll zugrunde zu legen, unabhängig davon, ob die Berufsbildungsmaßnahme an einzelnen Wochentagen, halbtags oder stundenweise durchgeführt wird. Maßnahmen der schulischen und beruflichen Bildung sind grundsätzlich unterbrechungsfrei zu fördern. Auf Antrag können unterrichtsfreie Zeiten einer Maßnahme aus der Förderung ausgeklammert werden, soweit dies nach der Förderungsplanung zur Erreichung des Eingliederungsziels zwingend notwendig ist. Unzulässig ist die Beschränkung der Förderung auf kostenintensive Teile der Maßnahme.

§ 28 Pflichten der Förderungsberechtigten

(1) Die Förderungsberechtigten haben dem Karrierecenter der Bundeswehr – Berufsförderungsdienst – alle Umstände, die für die Förderung von Bedeutung sein können, unverzüglich anzuzeigen. Dies gilt insbesondere, wenn sie
1. die Maßnahme nicht oder verspätet antreten,
2. der Maßnahme mindestens einen Tag fernbleiben,
3. die Maßnahme vorzeitig beenden oder
4. das Maßnahmeziel, den Maßnahmeort oder den Maßnahmeträger wechseln.

Meldepflichten nach anderen Vorschriften bleiben unberührt.

(2) Die Förderungsberechtigten haben dem Karrierecenter der Bundeswehr – Berufsförderungsdienst – die Teilnahme an der Maßnahme zwei Wochen nach Antritt sowie halbjährlich nachzuweisen; dies gilt unabhängig davon, ob der Maßnahmeträger dem Karrierecenter der Bundeswehr – Berufsförderungsdienst – Teilnahmenachweise übersendet. Der Abschluss der Maßnahme ist dem Karrierecenter der Bundeswehr – Berufsförderungsdienst – unverzüglich nach deren Beendigung nachzuweisen. Im Ausnahmefall können den Förderungsberechtigten zusätzliche Nachweispflichten, insbesondere die Vorlage von Leistungsnachweisen, auferlegt werden.

(3) Bei einer Maßnahme unter Freistellung vom militärischen Dienst haben sich die Förderungsberechtigten unverzüglich bei der oder dem nächsten Disziplinarvorge-

6 § 27 Abs. 2: Zur Weiteranwendung in der bis zum 27.8.2015 geltenden Fassung vgl. § 38 F. 4.8.2019

setzten oder bei der hierzu bestimmten Stelle persönlich zur Aufnahme des militärischen Dienstes zu melden, wenn sie
1. die Maßnahme nicht oder verspätet antreten,
2. ihr ohne berechtigten Grund einen Tag oder länger fernbleiben oder
3. sie unterbrechen oder vorzeitig beenden.

(4) Die Förderungsberechtigten haben das aus der geförderten Maßnahme der beruflichen Bildung erzielte Einkommen und jede Änderung des Einkommens dem Karrierecenter der Bundeswehr – Berufsförderungsdienst – und der für die Zahlung ihrer Besoldung oder Versorgung zuständigen Stelle unverzüglich schriftlich oder elektronisch anzuzeigen.

(5) Hinsichtlich der Auskunftspflicht nach § 81 Absatz 5 des Soldatenversorgungsgesetzes fordert das Karrierecenter der Bundeswehr – Berufsförderungsdienst – zur Abgabe der Erklärung über den Stand der zivilberuflichen Eingliederung auf und überwacht deren Eingang.

§ 29 Bestandteile der Bewilligungen nach § 7 des Soldatenversorgungsgesetzes

(1) Eine bewilligte Förderung kann auch mit Wirkung für die Vergangenheit widerrufen werden, wenn
1. aufgrund der Leistungen oder des Verhaltens der Förderungsberechtigten,
2. wegen nicht hinreichender Eignung der Ausbildungsstätte,
3. wegen anhaltender Verletzung der Pflichten nach § 28 Abs. 1 bis 4 oder
4. aus sonstigen Gründen

nicht erwartet werden kann, dass das Ziel der Bildungsmaßnahme erreicht wird. Die Bewilligung der Förderung kann auch bei Neufestsetzung der Verpflichtungszeit oder Änderung des Dienstzeitendes widerrufen werden.

(2) Eine bewilligte Förderung endet bei
1. Ernennung zur Berufssoldatin oder zum Berufssoldaten,
2. Entlassung aus der Bundeswehr unter Verlust der Ansprüche auf Berufsförderung,
3. Nichtteilnahme an der Berufsbildungsmaßnahme oder
4. Entstehen des Rechts aus dem Eingliederungsschein.

Bereits entstandene Kosten werden im Fall der Nummern 1 und 4 gegen Nachweis erstattet; dies gilt auch für zwingend notwendige Kosten, die vor Antritt einer Maßnahme entstanden sind.

Teil 5 Eingliederung nach § 9 des Soldatenversorgungsgesetzes

§ 30 Unterstützung zur Erlangung eines Arbeitsplatzes

(1) Für die Unterstützung zur Erlangung eines Arbeitsplatzes wird bei dem Bundesamt für das Personalmanagement der Bundeswehr und bei den Karrierecentern der Bundeswehr – Berufsförderungsdienst – ein Job-Service eingerichtet.

(2) Der Job-Service kann Leistungen privater Arbeitsvermittlerinnen oder Arbeitsvermittler, für die eine erfolgsbezogene Vergütung von nicht mehr als 2 500 Euro anfällt,

in Anspruch nehmen, um eine Soldatin auf Zeit oder einen Soldaten auf Zeit mit einer Gesamtdienstzeit von mindestens 20 Jahren bei der Arbeitssuche zu unterstützen, wenn
1. innerhalb von zwei Jahren nach Dienstzeitende keine Vermittlung durch den Job-Service erfolgt ist und
2. andernfalls die Eingliederung der Soldatin oder des Soldaten in das zivile Erwerbsleben nach Ablauf des Bezugszeitraums der Übergangsgebührnisse zu scheitern droht.

Eine Vergütung der Arbeitsvermittlung darf nicht vereinbart werden für den Fall, dass das Beschäftigungsverhältnis
1. von vornherein auf weniger als sieben Monate begrenzt ist oder
2. bei einer Arbeitgeberin oder einem Arbeitgeber begründet wird, bei der oder dem die ehemalige Soldatin oder der ehemalige Soldat während der letzten vier Jahre vor Aufnahme der Beschäftigung bereits mehr als drei Monate lang beschäftigt war.

Satz 1 gilt entsprechend für Soldatinnen auf Zeit und Soldaten auf Zeit mit einer Mindestverpflichtungszeit von vier Jahren und einem Lebensalter bei Dienstzeitende von mindestens 50 Jahren.

(3) 50 Prozent der Vergütung nach Absatz 2 werden nach sechswöchiger Dauer des Beschäftigungsverhältnisses und die restlichen 50 Prozent nach sechsmonatiger Dauer des Beschäftigungsverhältnisses gezahlt.

§ 31 Eingliederungshilfen

(1) Zu den Eingliederungshilfen zählen neben den Eingliederungsmaßnahmen nach § 9 Absatz 2 des Soldatenversorgungsgesetzes
1. der Einarbeitungszuschuss (§ 32),
2. die Erstattung von Kosten für Vorstellungsreisen (§ 33),
3. Freistellung vom militärischen Dienst zur Teilnahme an Berufsorientierungspraktika (§§ 34 und 35),
4. die Erstattung von Kosten für fachberufliche Prüfungen und für Umschreibungen militärischer Erlaubnisse und Berechtigungen (§ 36) und
5. das Ausstellen von Bescheinigungen und Nachweisen zur zivilberuflichen Anerkennung militärischer Ausbildung und Verwendung (§ 37).

(2) Soldatinnen auf Zeit und Soldaten auf Zeit, die einen Anspruch auf Förderung der schulischen oder beruflichen Bildung nach § 7 des Soldatenversorgungsgesetzes haben, werden Eingliederungshilfen nur innerhalb von acht Jahren nach Beendigung des Dienstverhältnisses, bei Soldatinnen auf Zeit und Soldaten auf Zeit mit einer Gesamtdienstzeit von mindestens 20 Jahren innerhalb von neun Jahren nach Beendigung des Dienstverhältnisses, gewährt. Dies gilt nicht für die Eingliederungshilfen nach Absatz 1 Nummer 3 und 5.

(3) Ist bei Eingliederungsmaßnahmen nach § 9 Absatz 4 Satz 1 des Soldatenversorgungsgesetzes eine Teilnahme an entsprechenden internen Maßnahmen des Karrierecenters der Bundeswehr – Berufsförderungsdienst – nicht oder nicht rechtzeitig möglich, kann eine Förderung nach § 7 des Soldatenversorgungsgesetzes bewilligt werden. Ist die Frist nach § 7 Absatz 6 des Soldatenversorgungsgesetzes abgelaufen oder der Höchstbetrag nach § 19 Absatz 2 ausgeschöpft, können auf schriftlichen Antrag ausnahmsweise die notwendigen Kosten für die Teilnahme erstattet werden. § 20 Absatz 2 und § 23 gelten entsprechend.

(4) Soldatinnen auf Zeit und Soldaten auf Zeit, die keinen Anspruch auf Förderung der schulischen oder beruflichen Bildung nach § 7 des Soldatenversorgungsgeset-

zes erworben haben, sowie Soldatinnen und Soldaten, die freiwilligen Wehrdienst nach § 58b des Soldatengesetzes leisten, werden Eingliederungshilfen nach Absatz 1 mit Ausnahme der Hilfen nach Absatz 1 Nummer 3 und 5 nur gewährt, wenn sie innerhalb eines Jahres nach Beendigung des Dienstverhältnisses mit der Maßnahme beginnen.

§ 32 Einarbeitungszuschuss

(1) Der Einarbeitungszuschuss soll gewährt werden, wenn die Arbeitgeberin oder der Arbeitgeber in einem unbefristeten oder in einem auf die Dauer von mindestens einem Jahr befristeten Arbeitsverhältnis über die übliche – in der Regel kurzfristige – Einweisung hinaus im Rahmen eines Einarbeitungsplanes zunächst das Leistungsvermögen der Förderungsberechtigten an die Anforderungen des Arbeitsplatzes und des Betriebes heranführen muss.

(2) Der Einarbeitungszuschuss wird grundsätzlich nur für das erste Arbeitsverhältnis gewährt. § 15 Abs. 1 Satz 3 gilt entsprechend. Bei einer Verwendung im öffentlichen Dienst wird ein Einarbeitungszuschuss nicht gewährt.

(3) Der Antrag auf Gewährung eines Einarbeitungszuschusses ist vor Beginn des Arbeitsverhältnisses schriftlich oder elektronisch durch die Arbeitgeberin oder den Arbeitgeber zu stellen.

(4) Höhe und Dauer des Einarbeitungszuschusses richten sich nach dem Unterschied zwischen dem vorhandenen Leistungsvermögen, dem beruflichen Kenntnisstand sowie der Lernfähigkeit der Einzuarbeitenden und den Anforderungen des vorgesehenen Arbeitsplatzes.

(5) Der Bewilligungszeitraum ist in jedem Einzelfall festzulegen und soll insgesamt 13 Wochen nicht überschreiten. In begründeten Ausnahmefällen ist eine Verlängerung bis zu insgesamt 26 Wochen möglich.

(6) Der Einarbeitungszuschuss darf zu Beginn der Einarbeitungszeit 50 Prozent, in begründeten Ausnahmefällen 70 Prozent des regelmäßig gezahlten Arbeitsentgelts nicht übersteigen. Er ist mit zunehmender Leistungsfähigkeit der Einzuarbeitenden entsprechend zu verringern. Der Bemessung des Einarbeitungszuschusses ist das zu Beginn der Einarbeitung maßgebliche Arbeitsentgelt zugrunde zu legen. Der Einarbeitungszuschuss wird monatlich nachträglich an die Arbeitgeberin oder den Arbeitgeber gezahlt.

(7) Die Arbeitgeberin oder der Arbeitgeber hat den gewährten Einarbeitungszuschuss sofort zurückzuzahlen, wenn das Arbeitsverhältnis während der Einarbeitungszeit aus Gründen gelöst wird, die die Arbeitgeberin oder der Arbeitgeber zu vertreten hat.

§ 32a Lohnkostenzuschuss

(1) Von einem zusätzlichen Unterstützungsbedarf im Sinne des § 9 Absatz 9 des Soldatenversorgungsgesetzes ist auszugehen, wenn nach den Gesamtumständen des Einzelfalls unter Berücksichtigung der Arbeitsmarktsituation nicht von einer baldigen Eingliederung in das zivile Erwerbsleben auf einen zumutbaren Arbeitsplatz ausgegangen werden kann. Ein zusätzlicher Unterstützungsbedarf liegt nicht vor, wenn die ehemalige Soldatin oder der ehemalige Soldat bisher nicht in zumutbarer Weise an der Eingliederung mitgewirkt hat. Die Feststellung des Unterstützungsbe-

darfs erfolgt schriftlich und ist der ehemaligen Soldatin auf Zeit oder dem ehemaligen Soldaten auf Zeit auszuhändigen.

(2) Der Lohnkostenzuschuss beträgt bei einem regelmäßig gezahlten Arbeitsentgelt von

1.	bis zu 1 000 Euro	400 Euro, höchstens jedoch das tatsächlich gezahlte Arbeitsentgelt,
2.	mehr als 1 000 Euro bis zu 2 000 Euro	700 Euro,
3.	mehr als 2 000 Euro bis zu 3 000 Euro	1 000 Euro,
4.	mehr als 3 000 Euro	1 300 Euro.

Zuschläge und sonstige Lohnersatzleistungen und Sonderzahlungen gelten nicht als Arbeitsentgelt. Die Zahlung des Zuschusses erfolgt monatlich nachträglich an die Arbeitgeberin oder den Arbeitgeber gegen Vorlage eines Nachweises über den gezahlten Lohn.

(3) Ein Lohnkostenzuschuss wird nicht gewährt, wenn
1. es sich um eine selbstständige Tätigkeit handelt,
2. das Arbeitsverhältnis auf weniger als zwölf Monate befristet ist,
3. es sich um eine Nebentätigkeit oder eine geringfügige Beschäftigung handelt oder
4. in der Vergangenheit für die ehemalige Soldatin oder den ehemaligen Soldaten bereits ein Lohnkostenzuschuss an die Arbeitgeberin oder den Arbeitgeber gezahlt worden ist.

Ein Lohnkostenzuschuss wird nicht neben einem Einarbeitungszuschuss gewährt.

(4) Die Arbeitgeberin oder der Arbeitgeber hat dem Karrierecenter der Bundeswehr – Berufsförderungsdienst – eine vorzeitige Beendigung des Arbeitsverhältnisses unverzüglich anzuzeigen; ohne Rechtsgrund gezahlte Leistungen sind zu erstatten.

(5) Die Feststellung des Unterstützungsbedarfs ist nach Abschluss eines Arbeitsvertrages aufzuheben.

§ 33 Erstattung von Kosten für Vorstellungsreisen

(1) Den Förderungsberechtigten können die notwendigen Kosten für Vorstellungsreisen auf schriftlichen Antrag erstattet werden, es sei denn, es bestehen auf Grund des bisherigen Förderungsverlaufs erhebliche Zweifel an der Ernsthaftigkeit der Bewerbung und die Förderungsberechtigten wirken nicht angemessen an der Behebung der Zweifel mit.

(2) Kosten für Vorstellungsreisen werden nur erstattet, wenn eine entsprechende Aufforderung der Arbeitgeberin oder des Arbeitgebers vorliegt und die Kosten von Arbeitgeberseite nicht erstattet werden.

(3) Der Antrag auf Kostenerstattung ist vor Beginn der Vorstellungsreise schriftlich oder elektronisch zu stellen; § 15 Absatz 6 und § 23 gelten entsprechend.

(4) (weggefallen)

§ 34 Berufsorientierungspraktika nach § 9 Absatz 2 des Soldatenversorgungsgesetzes[7]

(1) Über die Freistellung vom militärischen Dienst zur Teilnahme an einem Berufsorientierungspraktikum nach § 9 Absatz 2 des Soldatenversorgungsgesetzes wird auf den vor dem Beginn des Praktikums schriftlich oder elektronisch gestellten Antrag der Förderungsberechtigten entsprechend dem Verfahren nach § 16 Absatz 3 entschieden.

(2) Grundsätzlich wird nur die Teilnahme an kostenfreien Praktika gefördert. Im Einzelfall kann die Teilnahme an einem entgeltlichen Praktikum unter Anrechnung der Kosten auf den Höchstbetrag nach § 19 Absatz 2 bewilligt werden. Hinsichtlich der Fahrtkosten und der Kosten für auswärtige Unterkunft und Verpflegung gilt § 23 entsprechend.

(3) § 4 Abs. 3 und § 15 Abs. 1 Satz 3 gelten entsprechend.

§ 35 Berufsorientierungspraktikum nach § 9 Absatz 3 des Soldatenversorgungsgesetzes[8]

(1) Über die Freistellung vom militärischen Dienst nach § 9 Absatz 3 des Soldatenversorgungsgesetzes zur Teilnahme an einem Berufsorientierungspraktikum entscheidet das Karrierecenter der Bundeswehr – Berufsförderungsdienst –; § 16 Absatz 3 gilt entsprechend. Der Antrag ist vor Beginn des Berufsorientierungspraktikums zu stellen.

(2) Erhöhter Berufsorientierungsbedarf im Sinne des § 9 Absatz 3 des Soldatenversorgungsgesetzes liegt in der Regel vor, wenn die Förderungsberechtigten noch keine abschließende Berufswahlentscheidung getroffen haben, Neigung und Eignung für bestimmte Berufe geklärt oder berufliche Alternativen erprobt werden sollen.

(3) Bei einer Teilnahme an einem Berufsorientierungspraktikum werden Kosten nicht erstattet. Über Ausnahmen entscheidet das Bundesministerium der Verteidigung oder die von ihm bestimmte Stelle.

(4) § 4 Abs. 3 und § 15 Abs. 1 Satz 3 gelten entsprechend.

§ 36 Erstattung von Kosten für fachberufliche Prüfungen und für Umschreibungen militärischer Erlaubnisse und Berechtigungen

Auf schriftlichen oder elektronischen Antrag werden die Kosten für fachberufliche Prüfungen, die unabhängig von Maßnahmen nach den §§ 6 und 7 des Soldatenversorgungsgesetzes für den Zivilberuf abgelegt werden, sowie Kosten für die Umschreibung der im militärischen Bereich erworbenen in die im zivilen Bereich gültigen Berechtigungen im Rahmen der zur Verfügung stehenden Haushaltsmittel erstattet, wenn dadurch die Eingliederung in das zivile Berufsleben voraussichtlich erleichtert wird. Hinsichtlich der Anrechnung der Kosten gilt § 5 Abs. 2 entsprechend. Reise- und Trennungsauslagen werden nicht erstattet.

---

7 § 34 Abs. 1 u. 2: Zur Weiteranwendung in der bis zum 27.8.2015 geltenden Fassung vgl. § 38 F. 4.8.2019

8 § 35 Abs. 1: Zur Weiteranwendung in der bis zum 27.8.2015 geltenden Fassung vgl. § 38 F. 4.8.2019

§ 36a Eingliederungsseminar nach § 9 Absatz 5 des Soldatenversorgungsgesetzes

(1) Das Karrierecenter der Bundeswehr – Berufsförderungsdienst – bietet unter Beteiligung des Sozialdienstes der Bundeswehr regelmäßig zielgruppenspezifische Eingliederungsseminare nach § 9 Absatz 5 des Soldatenversorgungsgesetzes an. Die Teilnahme ist kostenfrei; dies gilt auch für Personen nach § 9 Absatz 5 Satz 3 des Soldatenversorgungsgesetzes.

(2) Die Einladung zum Eingliederungsseminar ist vom Karrierecenter der Bundeswehr – Berufsförderungsdienst – über die truppendienstlichen Vorgesetzten gegen Empfangsbekenntnis auszusprechen.

(3) Die truppendienstlichen Vorgesetzten sorgen dafür, dass die Soldatin auf Zeit oder der Soldat auf Zeit an dem Eingliederungsseminar teilnimmt.

§ 37 Ausstellen von Bescheinigungen und Nachweisen zur zivilberuflichen Anerkennung militärischer Ausbildung und Verwendung

Auf schriftlichen oder elektronischen Antrag bescheinigt das Karrierecenter der Bundeswehr – Berufsförderungsdienst – Art und Umfang der zivilberuflich verwertbaren Anteile der militärischen Ausbildung und Verwendung. Die militärische Ausbildung und Verwendung ist von den Förderungsberechtigten in geeigneter Form nachzuweisen.

Teil 6 **Schlussvorschriften**

§ 38 Übergangsregelungen

(1) Für Soldatinnen auf Zeit und Soldaten auf Zeit, für die nach § 126 des Soldatenversorgungsgesetzes das Soldatenversorgungsgesetz in der bis zum 25. Juli 2012 geltenden Fassung gilt, sind § 4 Absatz 4, § 5 Absatz 2, die §§ 16 und 19 Absatz 2, § 27 Absatz 2, § 34 Absatz 1 und 2 sowie § 35 Absatz 1 in der bis zum 27. August 2015 geltenden Fassung weiter anzuwenden.

(2) § 6 Absatz 1 Satz 2 ist erstmalig anzuwenden bei Maßnahmen, die ab dem 1. Oktober 2019 beginnen.

4. Arbeitszeit

4.1 Verordnung über die Arbeitszeit der Soldatinnen und Soldaten (Soldatenarbeitszeitverordnung – SAZV)

Soldatenarbeitszeitverordnung vom 16. November 2015 (BGBl. I S. 1995), die zuletzt durch Artikel 5 der Verordnung vom 6. März 2025 (BGBl. 2025 I Nr. 78) geändert worden ist, zuletzt geändert durch Art. 5 V v. 6.3.2025 I Nr. 78

Eingangsformel

Auf Grund des § 30c Absatz 5 in Verbindung mit § 93 Absatz 2 Nummer 5 des Soldatengesetzes, von denen § 30c Absatz 5 durch Artikel 5 Nummer 7 und § 93 Absatz 2 Nummer 5 durch Artikel 5 Nummer 18 des Gesetzes vom 13. Mai 2015 (BGBl. I S. 706) eingefügt worden ist, verordnet das Bundesministerium der Verteidigung:

Abschnitt 1 **Allgemeine Vorschriften**

§ 1 Geltungsbereich

(1) Diese Verordnung gilt für alle Soldatinnen und Soldaten, die im Geschäftsbereich des Bundesministeriums der Verteidigung verwendet werden.

(2) § 30c Absatz 1 bis 3 des Soldatengesetzes und diese Verordnung gelten nicht für Soldatinnen und Soldaten, die zur Wahrnehmung internationaler oder supranationaler Aufgaben zu den in der Anlage aufgeführten militärischen Stellen versetzt oder kommandiert sind.

(3) Abweichend von Absatz 2 gilt § 17 für Soldatinnen und Soldaten, die zur Wahrnehmung internationaler oder supranationaler Aufgaben zu den in der Anlage aufgeführten Dienststellen versetzt oder kommandiert sind und für die ein Langzeitkonto eingerichtet worden ist, mit der Maßgabe, dass die Langzeitkonten der betroffenen Personen für die Dauer der Verwendung oder Kommandierung ruhen.

§ 2 Begriffsbestimmungen

Im Sinne dieser Verordnung ist

1. „Abrechnungszeitraum“ bei Gleitzeit der Zeitraum, in dem ein Über- oder Unterschreiten der regelmäßigen wöchentlichen Arbeitszeit auszugleichen ist,
2. „Arbeitsplatz“ die Dienststelle oder ein anderer von der oder dem Vorgesetzten bestimmter Ort, an dem die Soldatin oder der Soldat Dienst zu leisten hat,
3. „Arbeitszeit“ bei seegehenden Einheiten der Marine während ein- oder mehrtägiger Seefahrten die Zeit zwischen dem Ablegen und dem Anlegen der seegehenden Einheiten in Häfen und die Zeiten für die Vor- und Nachbereitung der Seefahrt,
4. „Bereitschaftsdienst“ die Zeit, in der die Soldatin oder der Soldat verpflichtet ist, sich an einem von der oder dem Vorgesetzten bestimmten Ort außerhalb ihres oder seines häuslichen Bereichs aufzuhalten, um bei Bedarf den Dienst aufzunehmen, wenn dabei Zeiten ohne Arbeitsleistung überwiegen,
5. „Dienst zu wechselnden Zeiten“ ein Dienst, bei dem mindestens viermal im Kalendermonat die Differenz zwischen den Anfangsuhrzeiten zweier Dienste min-

destens 7 und höchstens 17 Stunden beträgt und bei dem im Kalendermonat mindestens 5 Stunden Nachtdienst tatsächlich geleistet werden; Rufbereitschaft und Bereitschaftsdienst gelten nicht als Dienst zu wechselnden Zeiten,
6. „Gleittag“ ein ganztägiger Zeitausgleich bei Gleitzeit; dabei gilt ein Tag mit einer Arbeitszeit von weniger als 2 Stunden als Gleittag,
7. „Gleitzeit“ ein Arbeitszeitmodell, bei dem die Soldatinnen und Soldaten Beginn und Ende der täglichen Arbeitszeit in gewissen Grenzen selbst bestimmen können,
8. „Langzeitkonto“ ein personenbezogenes Arbeitszeitkonto zum Ansparen von durch erhöhten Arbeitsanfall bedingten Zeitguthaben, die für zusammengefasste Dienstbefreiungszeiten verwendet werden können,
9. „Nachtdienst“ ein Dienst, der zwischen 20 und 6 Uhr zu leisten ist,
10. „Reisezeit“ die Zeit ohne Wartezeit, die die Soldatin oder der Soldat benötigt für den Weg zwischen
    a) der Wohnung oder der Dienststätte und der Stelle des auswärtigen Dienstgeschäfts oder der auswärtigen Unterkunft,
    b) der Stelle des auswärtigen Dienstgeschäfts oder der auswärtigen Unterkunft und der Stelle eines weiteren auswärtigen Dienstgeschäfts oder einer weiteren auswärtigen Unterkunft,
    c) der Stelle des letzten auswärtigen Dienstgeschäfts oder der letzten auswärtigen Unterkunft und der Wohnung oder Dienststätte,
11. „Rufbereitschaft“ die Zeit, in der die Soldatin oder der Soldat verpflichtet ist, sich außerhalb des Arbeitsplatzes bereitzuhalten, um bei Bedarf sofort zur Dienstleistung abgerufen werden zu können,
12. „Ruhepause“ die Unterbrechung der vorgegebenen täglichen Arbeitszeit, in der die Soldatin oder der Soldat keinen Dienst leistet,
13. „Ruhezeit“ jeder Zeitraum außerhalb der vorgegebenen täglichen Arbeitszeit,
14. „Schichtdienst“ der Dienst nach einem Schichtplan, der den regelmäßigen Wechsel der täglichen Arbeitszeit der Soldatin oder des Soldaten in Zeitabschnitten von längstens drei Monaten festlegt,
15. „Wartezeit“ eine während einer Dienstreise anfallende Zeit ohne Dienstleistung zwischen
    a) der Ankunft und dem Beginn der dienstlichen Tätigkeit,
    b) dem Ende der dienstlichen Tätigkeit an einem Tag und dem Beginn der dienstlichen Tätigkeit an einem anderen Tag,
    c) dem Ende der dienstlichen Tätigkeit und der Abreise,
16. „Zeit der Regeneration“ eine Phase einer Erholung nach einer Belastungssituation, in der die Soldatin oder der Soldat zu keiner konkreten Dienstverrichtung eingeteilt ist, aber lageabhängig jederzeit wieder beansprucht werden kann.

§ 3 Zuständigkeit

Für Maßnahmen nach dieser Verordnung ist das Bundesministerium der Verteidigung zuständig, soweit nichts Abweichendes bestimmt ist. Das Bundesministerium der Verteidigung kann seine Zuständigkeiten auf andere Dienststellen seines Geschäftsbereichs übertragen.

§ 4 Arbeitszeit

Arbeitszeit ist insbesondere nicht:
1. die Teilnahme an freiwilligen Arbeitsgemeinschaften,

2. die freiwillige Teilnahme an im dienstlichen Interesse liegenden dienstlich genehmigten Weiterbildungsveranstaltungen, soweit diese über die regelmäßige tägliche Arbeitszeit hinausgehen,
3. die über die regelmäßige Arbeitszeit hinausgehende Zeit zum Erstellen von Lehrgangsarbeiten, die Erledigung von Hausaufgaben und vergleichbare Tätigkeiten,
4. die über die regelmäßige Arbeitszeit hinausgehende Zeit, die eine Soldatin oder ein Soldat mit einem Studium an einer Hochschule verbringt,
5. über die regelmäßige tägliche Arbeitszeit hinausgehende Zeit ambulanter medizinischer Behandlung, stationärer Aufenthalte in Krankenhäusern und in vergleichbaren Sanitätseinrichtungen einschließlich Wegezeiten,
6. zusätzlicher Dienst, der einer Soldatin oder einem Soldaten als erzieherische Maßnahme angeordnet wird, jegliche Dienstleistung während der Vollstreckung von gerichtlichen Freiheitsentziehungen sowie Disziplinararrest und Ausgangsbeschränkungen,
7. die Zeit, in der Soldatinnen und Soldaten über die regelmäßige tägliche Arbeitszeit hinaus an dienstlichen Veranstaltungen geselliger Art, an Veranstaltungen im Rahmen der Öffentlichkeitsarbeit und an gesellschaftlichen Veranstaltungen teilnehmen, es sei denn, die Teilnahme bei Veranstaltungen im Rahmen der Öffentlichkeitsarbeit und an gesellschaftlichen Veranstaltungen ist als offizielle Repräsentanz der Streitkräfte angeordnet; bei Aufsichts- und Funktionspersonal gilt die genannte Zeit in jedem Fall als Arbeitszeit,
8. die über die regelmäßige tägliche Arbeitszeit hinausgehende Zeit, die eine Soldatin oder ein Soldat im Rahmen eines internationalen Soldatinnen- und Soldatenaustausches im Ausland verbringt,
9. die freiwillige gesellschaftliche Betreuung von Besucherinnen und Besuchern sowie
10. Freizeitsport, auch wenn er dem Erhalt der Gesundheit und der körperlichen Leistungsfähigkeit dient.

Abschnitt 2[1] **Grundbetrieb**

§ 5 Regelmäßige wöchentliche Arbeitszeit

(1) Die regelmäßige wöchentliche Arbeitszeit kann auf Antrag von 41 auf 40 Stunden verkürzt werden für:
1. schwerbehinderte Soldatinnen und schwerbehinderte Soldaten sowie
2. Soldatinnen und Soldaten,
   a) die für ein Kind unter zwölf Jahren Kindergeld erhalten oder
   b) die eine nahe Angehörige oder einen nahen Angehörigen nach § 7 Absatz 3 des Pflegezeitgesetzes in ihrem eigenen Haushalt oder im eigenen Haushalt der oder des nahen Angehörigen tatsächlich betreuen oder pflegen, die oder der
      aa) pflegebedürftig ist und die Pflegebedürftigkeit nach § 18 des Elften Buches Sozialgesetzbuch durch eine Bescheinigung der Pflegekasse, des Medizinischen Dienstes, der Krankenversicherung, nach einer entsprechenden Bescheinigung einer privaten Pflegeversicherung oder nach einem ärztlichen Gutachten festgestellt worden ist, oder

---

1 Abschnitt 2 (§§ 5 bis 19): Zur Anwendung vgl. § 20 Abs. 1

bb) an einer durch ein ärztliches Zeugnis nachgewiesenen Erkrankung nach § 3 Absatz 6 Satz 1 des Pflegezeitgesetzes leidet.

Die Verkürzung beginnt mit Beginn des Monats der Antragstellung, sofern die Voraussetzungen vorliegen. Sie endet mit Ablauf des Monats, in dem die Voraussetzungen nicht mehr vorliegen. § 116 Absatz 1 des Neunten Buches Sozialgesetzbuch ist anwendbar. Die Soldatinnen und Soldaten sind verpflichtet, jede Änderung unverzüglich anzuzeigen und auf Verlangen entsprechende Nachweise zu erbringen. Bei Teilzeitbeschäftigung wird die regelmäßige wöchentliche Arbeitszeit entsprechend dem Umfang der bewilligten Teilzeitbeschäftigung verkürzt.

(2) Bei Vollzeitbeschäftigung sowie bei Teilzeitbeschäftigung wird die regelmäßige wöchentliche Arbeitszeit in der Regel auf Montag bis Freitag verteilt. Aus dienstlichen Gründen kann hiervon abgewichen werden. Eine individuelle Verteilung der regelmäßigen wöchentlichen Arbeitszeit auf Montag bis Freitag kann auf Antrag genehmigt werden, soweit dienstliche Gründe nicht entgegenstehen.

(3) Die regelmäßige wöchentliche Arbeitszeit verkürzt sich für jeden für den jeweiligen Dienstort geltenden gesetzlichen Feiertag sowie für Heiligabend und Silvester um die auf diese Tage entfallende Arbeitszeit. Im selben Umfang wird die Arbeitszeit für Soldatinnen und Soldaten verkürzt, die im Schichtdienst eingesetzt sind. Bei der Verkürzung bleibt unberücksichtigt, ob und wie lange die Soldatin oder der Soldat an diesen Tagen tatsächlich hätte Dienst leisten müssen.

(4) Die regelmäßige wöchentliche Arbeitszeit kann ausnahmsweise verkürzt werden, soweit besondere Erschwernisse, die nicht im persönlichen Bereich der Soldatin oder des Soldaten liegen, dies erfordern.

(5) Die durchschnittliche wöchentliche Arbeitszeit darf in einem Zeitraum von zwölf Monaten einschließlich der geleisteten Mehrarbeit 48 Stunden nicht überschreiten.

§ 5a Höchstzulässige Arbeitszeit bei bestimmten Tätigkeiten

(1) Für Soldatinnen und Soldaten, die Tätigkeiten als fliegende Besatzung zur Überwachung des nationalen Luftraums oder im maritimen Such- und Rettungsdienst der Streitkräfte oder als Schiffsbesatzung zur betriebstechnischen Überwachung seegehender Einheiten während Aufenthalten im Heimathafen, im Marinearsenal oder in einer Werft ausüben, darf bis zum 31. Dezember 2030 abweichend von § 5 Absatz 5 die durchschnittliche wöchentliche Arbeitszeit in einem Zeitraum von zwölf Monaten 54 Stunden nicht überschreiten. Die betroffenen Soldatinnen und Soldaten sind über die für sie geltende höchstzulässige durchschnittliche wöchentliche Arbeitszeit zu unterrichten.

(2) Für Soldatinnen und Soldaten
1. dürfen die in Absatz 1 Satz 1 genannten Tätigkeiten
   a) zusammenhängend längstens für 168 Stunden angeordnet werden und
   b) an insgesamt höchstens 70 Tagen im Kalenderjahr angeordnet werden und
2. darf Mehrarbeit ausschließlich für die in Absatz 1 Satz 1 genannten Tätigkeiten angeordnet werden, wenn die durchschnittliche wöchentliche Arbeitszeit der Soldatinnen und Soldaten zum Zeitpunkt der Mehrarbeit über 48 Stunden liegt.

Wenn nicht voraussehbare und vom Dienstherrn nicht zu vertretende Umstände es erfordern, darf die Höchstgrenze von zusammenhängend 168 Stunden ausnahmsweise um bis zu zwölf Stunden überschritten werden.

(3) Das Kommando Luftwaffe und das Marinekommando übermitteln dem Bundesministerium der Verteidigung im Januar und Juli eines jeden Jahres eine Liste der Soldatinnen und Soldaten, die im Berichtszeitraum die in Absatz 1 Satz 1 genannten

Tätigkeiten ausgeübt haben und deren höchstzulässige durchschnittliche wöchentliche Arbeitszeit mehr als 48 Stunden betragen hat. Berichtszeitraum ist jeweils das vorangegangene Halbjahr. Zu jeder Soldatin und zu jedem Soldaten sind anzugeben:

1. die Zeiträume, in denen eine höchstzulässige durchschnittliche wöchentliche Arbeitszeit mehr als 48 Stunden betragen hat,
2. die Zahl der Tage, an denen eine der in Absatz 1 Satz 1 genannten Tätigkeiten ausgeübt worden ist, und
3. die durchschnittliche wöchentliche Arbeitszeit
   a) am letzten Tag jedes Kalendervierteljahres sowie
   b) am ersten und letzten Tag der ununterbrochenen Geltung der höchstzulässigen Arbeitszeit von 54 Stunden, wenn der Tag in den Berichtszeitraum fällt.

§ 6 Regelmäßige tägliche Arbeitszeit

(1) Die regelmäßige tägliche Arbeitszeit sowie deren Beginn und Ende sind festzulegen. Die regelmäßige tägliche Arbeitszeit darf 13 Stunden einschließlich der Pausen nicht überschreiten. Von Satz 2 kann abgewichen werden, wenn dienstliche Gründe dies erfordern, bei:

1. Wach-, Sonder-, Ordnungs- und Feldjägerdiensten einschließlich Personenschutzdiensten,
2. außergewöhnlichen Ereignissen sowie im Zusammenhang mit Unfällen, die zu einem übermäßigen, nicht vorhersehbaren Arbeitsanfall führen,
3. Tätigkeiten, in denen die Kontinuität des Dienstes gewährleistet sein muss, insbesondere in folgenden Bereichen:
   a) Grund- und Basisausbildung,
   b) Dienstposten- und Laufbahnausbildung,
   c) eintägige Ausbildungs- und Übungsvorhaben im Rahmen der Einsatzausbildung,
   d) militärische Flugsicherung,
   e) Pflege- oder Behandlungsdienste in kurativen Sanitätseinrichtungen und im Rahmen von Rettungsdiensten,
   f) Betrieb von Flughäfen oder Häfen, einschließlich Brandabwehr,
   g) eintägige Seefahrten seegehender Einheiten der Marine,
   h) Durchführung von Langstreckenflügen durch Luftfahrzeugbesatzungen und
   i) Vorbereitung und Durchführung von Veranstaltungen mit erheblichem Öffentlichkeitsinteresse.

(2) Bei Teilzeitbeschäftigung ist die regelmäßige tägliche Arbeitszeit innerhalb der Grenzen nach Absatz 1 individuell festzulegen.

§ 7 Ruhepausen und Ruhezeiten[2]

(1) Die Arbeit ist spätestens nach 6 Stunden durch eine Ruhepause von mindestens 30 Minuten zu unterbrechen. Nach mehr als 9 Stunden muss die Ruhepause insgesamt mindestens 45 Minuten betragen. Ruhepausen können in Zeitabschnitte von jeweils mindestens 15 Minuten aufgeteilt werden.

---

2 § 7 dient der Umsetzung der Richtlinie 2003/88/EG des Europäischen Parlaments und des Rates vom 4. November 2003 über bestimmte Aspekte der Arbeitszeitgestaltung (ABl. L 299 vom 18.11.2003, S. 9).

(2) Ruhepausen werden nur auf die Arbeitszeit angerechnet, wenn die Voraussetzungen des § 17a der Erschwerniszulagenverordnung mit der Maßgabe erfüllt sind, dass im Kalendermonat mindestens 35 Nachtdienststunden geleistet werden. Bei Teilzeitbeschäftigung verringern sich die nach Satz 1 erforderlichen Nachtdienststunden entsprechend dem Verhältnis zwischen der ermäßigten und der regelmäßigen wöchentlichen Arbeitszeit.

(3) Pro 24-Stunden-Zeitraum ist eine Mindestruhezeit von 11 zusammenhängenden Stunden zu gewähren. Pro 7-Tage-Zeitraum ist zusätzlich eine Mindestruhezeit von 24 zusammenhängenden Stunden zu gewähren. Die zusätzliche Mindestruhezeit nach Satz 2 kann ausnahmsweise innerhalb eines Bezugszeitraums von 14 Tagen verschoben werden.

(4) Von den Absätzen 1 und 3 kann in entsprechender Anwendung des § 6 Absatz 1 Satz 3 abgewichen werden.

§ 8 Dienstfreie Tage

Samstag, Heiligabend und Silvester sind grundsätzlich dienstfrei. Aus dienstlichen Gründen kann an diesen Tagen, an Sonntagen und an gesetzlich anerkannten Feiertagen Dienst befohlen oder angeordnet werden.

§ 9 Schichtdienst

(1) Sind die Dienststunden so festgelegt, dass die regelmäßige tägliche Arbeitszeit von Soldatinnen und Soldaten im Rahmen der regelmäßigen wöchentlichen Arbeitszeit dauerhaft überschritten wird, ist der Dienstbetrieb im Schichtdienst durchzuführen.

(2) Von Schichtdienst soll abgesehen werden, wenn die Überschreitung der regelmäßigen täglichen Arbeitszeit durch Dienstbefreiung oder im Rahmen der Gleitzeit ausgeglichen werden kann.

§ 10 Mobiles Arbeiten

Soldatinnen oder Soldaten kann gestattet werden, den Dienst an einem anderen Ort als dem Arbeitsplatz zu leisten, wenn dienstliche Gründe nicht entgegenstehen.

§ 11 Dienstreisen

(1) Bei Dienstreisen ist die Zeit, die zur Erledigung von Dienstgeschäften außerhalb der Dienststätte benötigt wird, Arbeitszeit. Bei ganz- oder mehrtägigen Dienstreisen gilt die regelmäßige tägliche Arbeitszeit als geleistet.

(2) Reisezeiten und Wartezeiten sind grundsätzlich keine Arbeitszeit. Sie werden jedoch insbesondere insoweit als Arbeitszeit berücksichtigt, als sie innerhalb der regelmäßigen täglichen Arbeitszeit anfallen. Reisezeiten werden darüber hinaus als Arbeitszeit berücksichtigt, soweit
1. die Arbeitszeit innerhalb eines Tages durch Dienstreisen unterbrochen wird oder
2. sie als Selbstfahrerzeiten bei Benutzung eines Dienstfahrzeugs entstehen.

(3) Bei Teilzeitbeschäftigung wird die Dauer der Dienstreise bis zur Länge der regelmäßigen täglichen Arbeitszeit bei Vollzeitbeschäftigung zugrunde gelegt, falls dies

für die Soldatin oder den Soldaten günstiger ist als die Berücksichtigung der individuellen regelmäßigen täglichen Arbeitszeit. Fällt eine Dienstreise bei Teilzeitbeschäftigung auf einen nach dem jeweiligen Arbeitszeitmodell dienstfreien Montag bis Freitag, so ist ein anderer dienstfreier Tag zu gewähren.

(4) Bei Dienstreisen, die über die regelmäßige tägliche Arbeitszeit hinausgehen, ist ein Freizeitausgleich in Höhe von einem Drittel der nach Absatz 2 nicht anrechenbaren Reisezeiten zu gewähren. Dies gilt auch für Reisezeiten an Sonnabenden, Sonntagen oder gesetzlichen Feiertagen. Bei Gleitzeit wird ein Drittel der nicht anrechenbaren Reisezeiten dem Gleitzeitkonto gutgeschrieben. Die Soldatin oder der Soldat hat die tatsächlichen Reisezeiten der Dienststelle anzuzeigen; auf Verlangen sind Nachweise vorzulegen. Wird die Dienstreise von der Wohnung aus angetreten oder an der Wohnung beendet, darf höchstens die Reisezeit berücksichtigt werden, die bei einem Antritt der Dienstreise an der Dienststätte oder bei einer Beendigung der Dienstreise an der Dienststätte angefallen wäre. Reisezeiten sind keine Mehrarbeit im Sinne des § 30c Absatz 2 des Soldatengesetzes. Absatz 3 Satz 1 gilt entsprechend. Wird eine Dienstreise mit einer privaten Reise oder einer privaten Fahrt verbunden, so wird für die auf den betroffenen Reiseweg entfallene Reisezeit kein Freizeitausgleich nach Satz 1 gewährt.

§ 12 Rufbereitschaft

(1) Zeiten der Rufbereitschaft sind keine Arbeitszeit. Hat die Soldatin oder der Soldat jedoch über die Arbeitszeit hinaus mehr als 10 Stunden Rufbereitschaft im Kalendermonat, ist innerhalb von zwölf Monaten ein Achtel der über 10 Stunden hinausgehenden Zeit auszugleichen, soweit nicht zwingende dienstliche Gründe entgegenstehen. Bei fester Arbeitszeit ist eine entsprechende Dienstbefreiung zu gewähren. Bei Gleitzeit wird diese Zeit dem Gleitzeitkonto gutgeschrieben.

(2) Wird eine Soldatin oder ein Soldat in Zeiten der Rufbereitschaft tatsächlich beansprucht, ist dies Arbeitszeit und nicht als Zeit der Rufbereitschaft anzurechnen. Als Zeit der tatsächlichen Inanspruchnahme gilt die Zeit vom Eintreffen der Soldatin oder des Soldaten am Ort der Dienstleistung bis zur Beendigung des jeweiligen Auftrages.

§ 13 Bereitschaftsdienst

(1) Bereitschaftsdienst ist Arbeitszeit.

(2) Bei erheblichen Bereitschaftsdienstanteilen an der regelmäßigen wöchentlichen Arbeitszeit kann die regelmäßige tägliche Arbeitszeit und die regelmäßige wöchentliche Arbeitszeit entsprechend den dienstlichen Bedürfnissen angemessen verlängert werden. Bei einem regelmäßigen Bereitschaftsdienstanteil ohne Arbeitsleistung von mindestens einem Drittel der regelmäßigen wöchentlichen Arbeitszeit ist die regelmäßige wöchentliche Arbeitszeit auf 48 Stunden zu erhöhen.

(3) In kurativen Sanitätseinrichtungen der Bundeswehr tätige Soldatinnen und Soldaten, die sich nicht zu einer Verlängerung der Arbeitszeit nach § 30c Absatz 3 Satz 2 des Soldatengesetzes bereit erklären, dürfen daraus keine Nachteile entstehen. Die Erklärung, mit dieser Verlängerung einverstanden zu sein, kann jederzeit mit einer Frist von sechs Monaten bis zum Eintritt der Widerrufswirkung widerrufen werden. Die Soldatinnen und Soldaten sind auf die Widerrufsmöglichkeit schriftlich hinzuweisen.

(4) In den Dienststellen sind Listen aller Soldatinnen und Soldaten zu führen, die eine nach § 30c Absatz 3 Satz 2 des Soldatengesetzes verlängerte Arbeitszeit auf Grund von Bereitschaftsdienst leisten. Die Listen sind zwei Jahre nach ihrer Erstellung aufzubewahren und den zuständigen Behörden auf Ersuchen zur Verfügung zu stellen. Auf Ersuchen sind die zuständigen Behörden über diese Soldatinnen und Soldaten zu unterrichten. Nach Ablauf der Frist nach Satz 2 sind die Listen zu vernichten.

§ 14 Nachtdienst

(1) Die Gestaltung von Nachtdienst muss der besonderen Beanspruchung der Arbeitskraft der Soldatin oder des Soldaten Rechnung tragen. Dabei darf die Arbeitszeit in einem Bezugszeitraum von zwölf Monaten im Durchschnitt 8 Stunden pro 24-Stunden-Zeitraum nicht überschreiten.

(2) Ist die Arbeit mit besonderen Gefahren, mit einer erheblichen körperlichen Belastung oder mit erheblicher geistiger Anspannung verbunden, darf in einem 24-Stunden-Zeitraum, in dem Nachtdienst verrichtet wird, die Arbeitszeit nicht mehr als 8 Stunden betragen. § 6 Absatz 1 Satz 3 gilt entsprechend.

§ 15 Mehrarbeit

(1) Der Dienstbetrieb ist grundsätzlich so auszugestalten, dass die regelmäßige wöchentliche Arbeitszeit oder die im Rahmen der Teilzeitbeschäftigung festgelegte Arbeitszeit hierfür ausreicht.

(2) Für die Anordnung, den Befehl oder die Genehmigung von Mehrarbeit sind Disziplinarvorgesetzte und Dienststellenleitungen zuständig. Diese Befugnis kann im Bundesministerium der Verteidigung, in höheren Kommandobehörden, in Kommandobehörden, in vergleichbaren zivilen Dienststellen sowie in Bundeswehrkrankenhäusern delegiert werden.

(3) Eine Dienstbefreiung nach § 30c Absatz 2 Satz 2 des Soldatengesetzes hat möglichst belastungsnah zu erfolgen, spätestens jedoch innerhalb von zwölf Monaten. Stehen einer Dienstbefreiung ausnahmsweise zwingende dienstliche Gründe entgegen, kann die Mehrarbeit nach den Regelungen des Besoldungsrechts finanziell abgegolten werden. Ein finanzieller Ausgleich für Mehrarbeit wirkt sich nicht reduzierend auf die durchschnittliche wöchentliche Höchstarbeitszeit nach § 5 Absatz 5 oder § 5a Absatz 1 Satz 1 aus.

(4) Der Ausgleich angeordneter, befohlener oder genehmigter Mehrarbeit hat grundsätzlich in der Dienststelle zu erfolgen, in der die Mehrarbeit entstanden ist. Dies gilt auch bei einer Auslandsverwendung; eine auf den Ausgleich von angeordneter, befohlener oder genehmigter Mehrarbeit gestützte Verlängerung des Versetzungs- oder Kommandierungszeitraums ist nicht statthaft.

(5) Bei schwerbehinderten Soldatinnen und Soldaten ist die Anordnung oder der Befehl von Mehrarbeit nur mit Zustimmung der Betroffenen statthaft.

(6) Die Anordnung, der Befehl, die Genehmigung und der Ausgleich von Mehrarbeit sind gesondert zu erfassen. Die hierbei erhobenen und gespeicherten Daten sind nach Ablauf des Jahres, in dem sie entstanden sind, fünf weitere Jahre aufzubewahren und anschließend zu löschen.

§ 16 Gleitzeit

(1) Das Bundesministerium der Verteidigung kann Gleitzeit ermöglichen, soweit dienstliche Gründe dem nicht entgegenstehen. Die zur Erfüllung der Aufgaben erforderliche Anwesenheit in der Dienststelle haben die Vorgesetzten sowie die Soldatinnen und Soldaten sicherzustellen.

(2) Die höchstzulässige tägliche Arbeitszeit sowie der früheste Dienstbeginn und das späteste Dienstende sind festzulegen.

(3) Es sind Kernarbeitszeiten oder Funktionszeiten festzulegen. Kernarbeitszeit ist die Zeitspanne innerhalb der regelmäßigen täglichen Arbeitszeit, während der grundsätzlich alle Soldatinnen und Soldaten in der Dienststelle anwesend sein müssen. Funktionszeit ist die Zeitspanne innerhalb der regelmäßigen täglichen Arbeitszeit, während der der Dienstbetrieb in der jeweiligen Organisationseinheit durch Absprache zwischen den Vorgesetzten und den Soldatinnen und Soldaten sichergestellt wird. Soweit dienstliche Gründe dem nicht entgegenstehen, kann auf die Festlegung von Kernarbeitszeiten und Funktionszeiten verzichtet werden. Für Teilzeitbeschäftigte ist die Kernarbeitszeit individuell festzulegen. Unmittelbare Vorgesetzte können Soldatinnen und Soldaten im Einzelfall die Nichteinhaltung der Kernarbeitszeit genehmigen, wenn wichtige persönliche Gründe dies erfordern.

(4) Innerhalb eines Kalenderjahres darf die regelmäßige Arbeitszeit um bis zu 40 Stunden unterschritten werden. Ein Über- oder Unterschreiten der regelmäßigen wöchentlichen Arbeitszeit ist grundsätzlich innerhalb des Abrechnungszeitraums auszugleichen. Abrechnungszeitraum ist das Kalenderjahr oder ein anderer von der Dienststellenleitung festgelegter Zeitraum von zwölf Monaten. In den nächsten Abrechnungszeitraum werden übertragen:
1. Zeitguthaben bis zu 40 Stunden und
2. Zeitschulden in voller Höhe.

Vor einer Versetzung ist das Gleitzeitkonto grundsätzlich auszugleichen.

(5) Bei automatisierter Zeiterfassung können Soldatinnen und Soldaten bis zu zwölf Gleittage in Anspruch nehmen. Wenn es dienstlichen Belangen förderlich ist oder wenn es nach den dienstlichen Verhältnissen zweckmäßig ist, können bis zu 24 Gleittage zugelassen werden. Ist eine Kernarbeitszeit festgelegt, können auch halbe Gleittage zugelassen werden. Gleittage bedürfen der Zustimmung der oder des Vorgesetzten.

(6) Es kann festgelegt werden, dass an bestimmten Tagen allgemein kein Dienst zu leisten und die ausfallende Zeit vor- oder nachzuarbeiten ist.

(7) Die Anwesenheit in der Dienststelle ist unter Mitwirkung der Soldatinnen und Soldaten automatisiert zu erfassen. Von der automatisierten Erfassung können in Einzelfällen Ausnahmen zugelassen werden. Die erfassten Daten sind mindestens drei Monate nach Ablauf des Kalendermonats, in dem sie erhoben worden sind, aufzubewahren. Das Bundesministerium der Verteidigung legt fest, ob die Daten entweder spätestens sechs Monate nach Ablauf des Abrechnungszeitraums oder spätestens 13 Monate nach Ablauf des Kalendermonats, in dem sie erhoben worden sind, zu löschen sind.

(8) Der oder dem unmittelbaren Vorgesetzten sind die Gleitzeitsalden der Soldatinnen und Soldaten mitzuteilen, sofern sich Zeitguthaben von mehr als 20 Stunden oder Zeitschulden von mehr als 10 Stunden ergeben. Die Gleitzeitsalden dürfen ausschließlich der Wahrung arbeitsschutzrechtlicher Vorschriften, dem gezielten Personaleinsatz und der Steuerung des Ausgleichs dienen. Die Gleitzeitsalden dürfen nicht für eine Kontrolle oder für eine Bewertung der Leistung oder des Verhaltens der Soldatin oder des Soldaten verwendet werden.

(9) Verstöße gegen die Regelungen zur Gleitzeit dürfen der oder dem unmittelbaren Vorgesetzten mitgeteilt werden.

§ 17 Langzeitkonten

(1) Für Berufssoldatinnen und Berufssoldaten sowie für Soldatinnen auf Zeit und Soldaten auf Zeit kann das Bundesministerium der Verteidigung Langzeitkonten führen. Das Bundesministerium der Verteidigung kann den ihm nachgeordneten Dienststellen die Führung von Langzeitkonten für die dort beschäftigten Soldatinnen und Soldaten nach Satz 1 gestatten. Langzeitkonten können nur für einen Zeitraum nach einer Dienstzeit von vier Jahren geführt werden. Die Dienstzeit im Sinne dieser Verordnung beginnt mit dem Tag der Berufung in das Wehrdienstverhältnis; ein vor der Berufung geleisteter früherer Wehrdienst wird angerechnet. Von den Befugnissen nach den Sätzen 1 und 2 darf nur Gebrauch gemacht werden, soweit dienstliche Gründe nicht entgegenstehen.

(2) Die Langzeitkonten werden unabhängig von den im Rahmen der Gleitzeit eingerichteten Gleitzeitkonten und unabhängig vom jeweils vereinbarten Arbeitszeitmodell geführt.

(3) Für Soldatinnen und Soldaten, die jederzeit in den einstweiligen Ruhestand versetzt werden können, werden keine Langzeitkonten eingerichtet. Auf bereits bestehenden Langzeitkonten kann kein weiteres Zeitguthaben angespart werden.

(4) Ein Langzeitkonto ruht, solange die Soldatin oder der Soldat zu einer Stelle außerhalb des Geschäftsbereichs des Bundesministeriums der Verteidigung versetzt oder kommandiert ist.

(5) Soldatinnen und Soldaten, deren Langzeitkonten ruhen, können weder ein weiteres Zeitguthaben nach § 17a ansparen noch Zeitausgleich nach § 17b beantragen.

§ 17a Ansparen bei Langzeitkonten

(1) Für Soldatinnen und Soldaten, für die ein Langzeitkonto geführt wird, kann die regelmäßige wöchentliche Arbeitszeit auf Antrag um bis zu 3 Stunden verlängert werden, wenn die Verlängerung für die Erfüllung der dienstlichen Aufgaben angemessen und zweckmäßig ist. Die Verlängerung kann bis zu vier Wochen rückwirkend erfolgen, in von Vorgesetzten zu begründenden Ausnahmefällen bis zu zwölf Wochen rückwirkend. Das Vorliegen der Voraussetzungen für die Verlängerung der regelmäßigen wöchentlichen Arbeitszeit ist mindestens alle zwei Jahre sowie bei einem Wechsel der Organisationseinheit zu überprüfen. Die Differenz zwischen der regelmäßigen wöchentlichen Arbeitszeit nach § 30c Absatz 1 Satz 1 des Soldatengesetzes in Verbindung mit § 5 Absatz 1 und der tatsächlich geleisteten wöchentlichen Arbeitszeit wird dem Langzeitkonto bis zur Höhe der Verlängerung nach Satz 1 als Zeitguthaben gutgeschrieben. Darüber hinaus geleistete Arbeitszeit wird dem Gleitzeitkonto nach § 16 oder – sofern die Voraussetzungen des § 30c Absatz 2 des Soldatengesetzes vorliegen – dem Mehrarbeitskonto gutgeschrieben. § 5 Absatz 5 und § 6 Absatz 1 Satz 2 bleiben unberührt.

(2) Dem Langzeitkonto können auf Antrag auch gutgeschrieben werden:
1. Ansprüche auf Dienstbefreiung für angeordnete oder genehmigte Mehrarbeit im Umfang von bis zu 100 Stunden im Jahr,
2. Ansprüche auf Freistellung vom Dienst auf Grund von Tätigkeiten nach § 30c Absatz 4 des Soldatengesetzes im Umfang von bis zu 164 Stunden im Jahr.

(3) Zeitguthaben können bis zwölf Monate vor dem Dienstzeitende angespart werden. Auf dem Langzeitkonto können höchstens 1 400 Stunden angespart werden.

(4) Die Salden der Langzeitkonten der Soldatinnen und Soldaten werden durch die Dienststelle erfasst. Die erfassten Daten sind mindestens drei Monate nach Ablauf des Kalendermonats, in dem sie erhoben worden sind, aufzubewahren. Das Bundesministerium der Verteidigung legt fest, ob die Daten entweder spätestens sechs Monate nach Ablauf des Abrechnungszeitraums oder spätestens 13 Monate nach Ablauf des Kalendermonats, in dem sie erhoben worden sind, zu löschen sind.

(5) Der oder dem unmittelbaren Vorgesetzten sind die Salden der Langzeitkonten ihrer oder seiner Soldatinnen und Soldaten ausschließlich zum Zweck des gezielten Personaleinsatzes und für die Überprüfung nach Absatz 1 Satz 3 mitzuteilen. Die Daten dürfen nicht für die Kontrolle oder Bewertung der Leistung oder des Verhaltens der Soldatinnen und Soldaten verwendet werden.

§ 17b Zeitausgleich bei Langzeitkonten

(1) Der Ausgleich für das Zeitguthaben auf dem Langzeitkonto wird auf Antrag durch Dienstbefreiung gewährt. Während der Dienstbefreiung werden Geld- und Sachbezüge, auf die im Zeitraum des Abbaus von Zeitguthaben entsprechend dem diesem Zeitraum zugrundeliegenden Arbeitszeitmodell ein Anspruch besteht, fortgezahlt. Ein Anspruch auf finanziellen Ausgleich von Zeitguthaben besteht nicht. Mehrarbeitsstunden nach § 30c Absatz 2 des Soldatengesetzes sind vorrangig auszugleichen.

(2) Der Antrag auf Dienstbefreiung kann aus dienstlichen Gründen abgelehnt werden. In diesem Fall ist mit Zustimmung der Soldatin oder des Soldaten ein Zeitraum festzulegen, in dem eine Dienstbefreiung im beantragten Umfang möglich ist. In den letzten zwölf Monaten vor Dienstzeitende bedarf es für die Ablehnung zwingender dienstlicher Gründe.

(3) Eine Dienstbefreiung ist für ganze Tage oder durch Verkürzung der Arbeitszeit möglich. Ganztägige Dienstbefreiungen für einen zusammenhängenden Zeitraum sind grundsätzlich auf drei Monate begrenzt. Sofern die ganztägige Dienstbefreiung einen zusammenhängenden Zeitraum von sechs Wochen überschreitet, soll sie mindestens drei Monate vor dem Datum des gewünschten Beginns der Dienstbefreiung beantragt werden. Die Kombination der Dienstbefreiung mit einem Hinausschieben des Ruhestands nach § 44 Absatz 1 Satz 3 oder § 44 Absatz 1 Satz 4 des Soldatengesetzes ist ausgeschlossen.

(4) Eine gewährte Dienstbefreiung wird nur durch Mutterschutz oder Elternzeit unterbrochen.

(5) Eine gewährte Dienstbefreiung kann ausnahmsweise widerrufen oder unterbrochen werden, wenn bei Abwesenheit der Soldatin oder des Soldaten die ordnungsgemäße Erledigung der Dienstgeschäfte nicht gewährleistet wäre. Mehraufwendungen, die der Soldatin oder dem Soldaten durch einen dienstlich begründeten Widerruf oder durch eine dienstlich begründete Unterbrechung der Dienstbefreiung entstehen, werden nach den Bestimmungen des Reisekostenrechts ersetzt.

(6) Ein zum Dienstzeitende noch auf dem Langzeitkonto vorhandenes Zeitguthaben verfällt.

§ 18 Automatisierte Zeiterfassung

(1) Das Bundesministerium der Verteidigung kann eine automatisierte Zeiterfassung auch unabhängig von der Einführung einer Gleitzeit für einzelne Dienststellen, militärische Organisationsbereiche oder seinen gesamten Geschäftsbereich einführen. Die erfassten Daten sind mindestens drei Monate nach Ablauf des Kalendermonats, in dem sie erhoben worden sind, aufzubewahren. Das Bundesministerium der Verteidigung legt fest, ob die Daten entweder spätestens sechs Monate nach Ablauf des Abrechnungszeitraums oder spätestens 13 Monate nach Ablauf des Kalendermonats, in dem sie erhoben worden sind, zu löschen sind.

(2) Der oder dem unmittelbaren Vorgesetzten sind ausschließlich die Zeitsalden der Soldatinnen und Soldaten mitzuteilen. Diese dürfen ausschließlich der Wahrung arbeitsschutzrechtlicher Vorschriften, dem gezielten Personaleinsatz und der Steuerung des Ausgleichs dienen. Die Zeitsalden dürfen nicht für eine Kontrolle oder für eine Bewertung der Leistung oder des Verhaltens der Soldatin oder des Soldaten verwendet werden.

(3) Verstöße gegen Arbeitszeitregelungen dürfen der oder dem unmittelbaren Vorgesetzten mitgeteilt werden.

§ 19 Führungskräfte

(1) Die Regelungen dieses Abschnitts zur regelmäßigen wöchentlichen Arbeitszeit, zur täglichen und wöchentlichen Ruhezeit, zu Ruhepausen, zur wöchentlichen Höchstarbeitszeit und zur Dauer der Nachtarbeit gelten nicht für Soldatinnen und Soldaten von der Besoldungsgruppe B 6 an aufwärts, die verwendet werden

1. auf Dienstposten im Bundesministerium der Verteidigung oder in einer dem Ministerium unmittelbar nachgeordneten höheren Kommandobehörde, Kommandobehörde oder sonstigen Dienststelle,
2. als Befehlshaberin, Befehlshaber, Kommandeurin, Kommandeur, stellvertretende Befehlshaberin, stellvertretender Befehlshaber, stellvertretende Kommandeurin oder stellvertretender Kommandeur eines militärischen Verbandes oder
3. als Leiterin oder Leiter einer Dienststelle, als stellvertretende Leiterin oder stellvertretender Leiter einer Dienststelle oder als Chefin oder Chef des Stabes einer Dienststelle.

(2) Die Generalinspekteurin und der Generalinspekteur der Bundeswehr sowie die Inspekteurinnen und Inspekteure der Teilstreitkräfte und die Befehlshaberinnen und Befehlshaber des Operativen Führungskommandos der Bundeswehr, des Unterstützungskommandos der Bundeswehr und des Zentralen Sanitätsdienstes der Bundeswehr können für ihren jeweiligen Verantwortungsbereich einzelne weitere Dienstposten von der Anwendung der in Absatz 1 bezeichneten Vorschriften dieses Abschnitts ausnehmen, wenn die Dienstposten mit Soldatinnen oder Soldaten von der Besoldungsgruppe B 6 an aufwärts besetzt sind. Die Entscheidung ist zu begründen und aktenkundig zu machen; sie kann nicht delegiert werden.

(3) Die Pflicht der Vorgesetzten der in Absatz 1 genannten Soldatinnen und Soldaten, für die Sicherheit und Gesundheit ihrer Untergebenen zu sorgen, bleibt unberührt.

Abschnitt 3 Tätigkeiten nach § 30c Absatz 4 des Soldatengesetzes

§ 20 Nichtanwendung des Abschnitts 2

(1) Bei Tätigkeiten nach § 30c Absatz 4 des Soldatengesetzes sind die Bestimmungen des Abschnitts 2 nicht anzuwenden.

(2) Zeiten, während derer Tätigkeiten nach § 30c Absatz 4 des Soldatengesetzes verrichtet werden, werden bei der Berechnung der durchschnittlichen wöchentlichen Arbeitszeit nicht berücksichtigt. Das gilt auch für Freistellungszeiten, die aus Diensten nach § 30c Absatz 4 des Soldatengesetzes resultieren.

§ 21 Anordnung von Dienst

(1) Bei den in § 30c Absatz 4 des Soldatengesetzes genannten Tätigkeiten ist der Dienst im Voraus und für ganze Kalendertage anzuordnen. Soweit es zwingend erforderlich ist, darf die Anordnung am selben Kalendertag erfolgen; in diesem Fall gilt der Dienst des gesamten Tages als für die Tätigkeit nach § 30c Absatz 4 des Soldatengesetzes geleistet. Die Anordnung treffen bei den in § 30c Absatz 4 Nummer 2 bis 6 des Soldatengesetzes genannten Tätigkeiten

1. die Inspekteurinnen oder Inspekteure der Teilstreitkräfte,
2. die Befehlshaberin oder der Befehlshaber Operatives Führungskommando der Bundeswehr,
3. die Befehlshaberin oder der Befehlshaber Unterstützungskommando der Bundeswehr,
4. die Befehlshaberin oder der Befehlshaber Zentraler Sanitätsdienst der Bundeswehr oder
5. die Leiterinnen und Leiter der Organisationsbereiche.

Bei den in § 30c Absatz 4 Nummer 1 Buchstabe f und g des Soldatengesetzes genannten Tätigkeiten trifft die Anordnung die Inspekteurin oder der Inspekteur der Luftwaffe. Die zuständigen Personen können die Anordnungsbefugnis einer ihnen unterstellten Person übertragen.

(2) Geleisteter Dienst bei Tätigkeiten nach § 30c Absatz 4 des Soldatengesetzes ist einschließlich seiner Anordnung und seines Ausgleichs zu erfassen. Die hierbei erhobenen Daten sind nach Ablauf des Jahres, in dem der Dienst geleistet worden ist, fünf Jahre aufzubewahren und anschließend zu löschen.

§ 22 Umgang mit besonderen zeitlichen Belastungen

Die Vorgesetzten sollen unter Berücksichtigung der militärischen Lage die besonderen zeitlichen Belastungen der Soldatinnen und Soldaten so gering wie möglich halten und nach Phasen extremer Belastung Zeiten der Regeneration gewähren.

§ 23 Ausgleich besonderer zeitlicher Belastungen bei Tätigkeiten nach § 30c Absatz 4 des Soldatengesetzes[3]

(1) Die oder der zuständige Disziplinarvorgesetzte hat dafür Sorge zu tragen, dass besondere zeitliche Belastungen bei Tätigkeiten nach § 30c Absatz 4 des Soldatengesetzes ausgeglichen werden.

(2) Für jeden Kalendertag, an dem im Rahmen einer Tätigkeit nach § 30c Absatz 4 des Soldatengesetzes Dienst verrichtet worden ist, besteht Anspruch auf Freistellung vom Dienst für einen Tag. Dies gilt nicht

1. für Kalendertage, für die ein Auslandsverwendungszuschlag nach § 56 des Bundesbesoldungsgesetzes gewährt wird,
2. in den in § 30c Absatz 4 Nummer 1 Buchstabe b des Soldatengesetzes genannten Fällen,
3. für Verlegetage, an denen ausschließlich Reise- oder Wartezeiten entstehen, sowie für ganztägige Zeiten der Regeneration.

(3) Für Tätigkeiten nach § 30c Absatz 4 des Soldatengesetzes ist nach Beendigung der Tätigkeit im unmittelbaren Anschluss an diese für mindestens einen Tag, bei besonders hoher individueller Belastung während der Tätigkeit für mehrere Tage, Freistellung vom Dienst aus bestehenden Ansprüchen nach Absatz 2 anzuordnen.

(4) Für Tätigkeiten nach § 30c Absatz 4 Nummer 1 des Soldatengesetzes soll Soldatinnen und Soldaten, auf Antrag

1. innerhalb von einem Monat vor Beginn der Tätigkeit Urlaub, Dienstbefreiung oder Freistellung vom Dienst für mindestens fünf zusammenhängende Tage gewährt werden,
2. innerhalb von zwei Monaten nach Beendigung der Tätigkeit Urlaub, Dienstbefreiung oder Freistellung vom Dienst für mindestens 14 zusammenhängende Tage gewährt werden.

Anlage
(zu § 1 Absatz 2)

(Fundstelle: BGBl. 2025 Nr. 78, S. 4–6)

Nr.	Internationale oder supranationale militärische Stelle	Staat (Kurzform)
1	4th Psychological Operation (Airborne)	Vereinigte Staaten
2	Air Operations Coordination Centre Headquarters NATO Rapid Deployable Corps	Türkei
3	Air Operations Coordination Centre Multi National Corps Northeast	Polen
4	BALTIC Defense College	Estland
5	BICES Group Executive	Belgien
6	Canadian Forces College	Kanada
7	Centre de Formation à ÍAppui Aérien Nancy-Ochey	Frankreich
8	Centre of Excellence Counter Improvised Explosive Devices	Spanien

3 § 23 Abs. 3: Das Textende wurde abweichend vom Bundesgesetzblatt mit einem Punkt versehen

Nr.	Internationale oder supranationale militärische Stelle	Staat (Kurzform)
9	Chemical, Biological, Radiological and Nuclear Centre of Excellence	Tschechien
10	Civil-Military Cooperation Centre of Excellence	Niederlande
11	Combined Air Operations Centre Torrejon	Spanien
12	Combined Joint Operations from the Sea Centre of Excellence	Vereinigte Staaten
13	Commander Strike Force Training Atlantic USA	Vereinigte Staaten
14	Deployable Air Command and Control Centre Poggio Renatico	Italien
15	Deputy Commanding Officer United States Army John F. Kennedy Special Warfare Centre and School	Vereinigte Staaten
16	Escadron de Transport Évreux	Frankreich
17	EUROCONTROL	Belgien
18	European Air Group	Großbritannien
19	European Air Transport Command	Niederlande
20	European Centre of Excellence for Countering Hybrid Threats	Finnland
21	European Commission – Directorate-General for Defence Industry and Space	Belgien
22	European Defence Agency	Belgien
23	European External Action Service	Belgien
24	European Union Military Staff	Belgien
25	Headquarters Department of the Army	Vereinigte Staaten
26	Headquarters Joint Logistic Support Group Brunssum	Niederlande
27	Headquarters Joint Support and Enabling Command	Deutschland
28	Headquarters Supreme Allied Command Transformation	Vereinigte Staaten
29	Internationales Zentrum für Humanitäres Minenräumen	Schweiz
30	Joint Air Power Competence Centre	Deutschland
31	Joint Allied Lessons Learned Centre	Portugal
32	Joint Deployable Exploitation and Analysis Laboratority	Niederlande
33	Joint Electronic Warfare Core Staff	Großbritannien
34	Joint Force Command Naples	Italien
35	Joint Force Command Norfolk	Vereinigte Staaten
36	Joint Forces Training Centre	Polen
37	Joint Warfare Centre	Norwegen
38	Land Command Headquarters Izmir	Türkei
39	Land Warfare Center Amersfoort	Niederlande
40	Maritime Command Headquarters Northwood	Großbritannien
41	Ministery of Defense	Litauen
42	Ministery of Defense	Niederlande
43	Movement Coordination Centre Europe	Niederlande
44	Multinational Multirole Tanker Transport Fleet	Niederlande
45	National Defense Headquarters	Kanada
46	NATO Airborne Early Warning and Control Force	Deutschland
47	NATO Allied Joint Force Command Brunssum	Niederlande

Nr.	Internationale oder supranationale militärische Stelle	Staat (Kurzform)
48	NATO Centre of Excellence for Military Medicine	Ungarn
49	NATO Communications and Information Agency Lissabon	Portugal
50	NATO Communications and Information Agency Brüssel	Belgien
51	NATO Communications and Information Agency Brunssum	Niederlande
52	NATO Communications and Information Agency Norfolk	Vereinigte Staaten
53	NATO Communications and Information Agency Ramstein	Deutschland
54	NATO Communications and Information Agency The Hague	Niederlande
55	NATO Communications and Information Agency Uedem	Deutschland
56	NATO Defence College	Italien
57	NATO Force Integration Unit	Estland
58	NATO Force Integration Unit	Ungarn
59	NATO Force Integration Unit	Litauen
60	NATO Force Integration Unit	Lettland
61	NATO Force Integration Unit	Polen
62	NATO Force Integration Unit	Slowakei
63	NATO Intelligence Fusion Centre Molesworth	Großbritannien
64	NATO Intelligence, Surveillance & Reconnaissance Force	Italien
65	NATO International Military Staff	Belgien
66	NATO International Staff	Belgien
67	NATO Special Operations Headquarters	Belgien
68	NATO Strategic Communications Centre of Excellence	Lettland
69	Naval Postgraduate School	Vereinigte Staaten
70	Commando Landstrijdkrachten	Niederlande
71	Office of the Assistant Secretary of Defense for Health Affairs	Vereinigte Staaten
72	Organisation für Sicherheit und Zusammenarbeit in Europa	Österreich
73	Special Operations Command	Vereinigte Staaten
74	Strategic Airlift Coordination Center	Niederlande
75	Strike Forces NATO Headquarters	Portugal
76	Supreme Headquarters Allied Powers Europe	Belgien
77	Tactical Leadership Programme	Spanien
78	U.S. Army Cyber Center of Excellence	Vereinigte Staaten
79	U.S. Army Maneuver Support Center of Excellence, Fort Leonard Wood, MO	Vereinigte Staaten
80	U.S. Army War College	Vereinigte Staaten
81	United States Air Force Academy	Vereinigte Staaten
82	UNITED STATES Army Sergeants Major Academy	Vereinigte Staaten
83	UNITED STATES Military Academy	Vereinigte Staaten
84	UNITED STATES OF AMERICA Combined Arms Center	Vereinigte Staaten
85	US Central Command	Vereinigte Staaten
86	US Naval War College Newport Senior Enlisted Academy Newport	Vereinigte Staaten

Nr.	Internationale oder supranationale militärische Stelle	Staat (Kurzform)
87	US-ARMY Combined Arms Center	Vereinigte Staaten
88	Zentrum für Sicherheitspolitik	Schweiz

4.2 Verordnung über die Gewährung einer Mehrarbeitsvergütung für Soldaten (Soldatenmehrarbeitsvergütungs-verordnung – SMVergV)

Soldatenmehrarbeitsvergütungsverordnung vom 18. Dezember 2015 (BGBl. I S. 2465), die zuletzt durch Artikel 3 des Gesetzes vom 27. Februar 2025 (BGBl. 2025 I Nr. 72) geändert worden ist, zuletzt geändert durch Art. 3 G v. 27.2.2025 I Nr. 72

Eingangsformel

Auf Grund des § 50 des Bundesbesoldungsgesetzes, der durch Artikel 2 Nummer 3 des Gesetzes vom 13. Mai 2015 (BGBl. I S. 706) eingefügt worden ist, verordnet das Bundesministerium des Innern im Einvernehmen mit dem Bundesministerium der Verteidigung und dem Bundesministerium der Finanzen:

§ 1 Voraussetzungen des Anspruchs

(1) Soldatinnen und Soldaten in Besoldungsgruppen der Bundesbesoldungsordnung A, für die eine regelmäßige wöchentliche Arbeitszeit gilt, kann eine Mehrarbeitsvergütung gewährt werden, soweit Mehrarbeit geleistet wird im Rahmen eines Dienstes

1. im Truppendienst,
2. auf Grund eines Dienstplanes oder
3. zur Herbeiführung eines im öffentlichen Interesse liegenden unaufschiebbaren und termingebundenen Ergebnisses.

(2) Die Vergütung wird gewährt, wenn die Mehrarbeit

1. schriftlich angeordnet oder genehmigt wurde,
2. aus zwingenden dienstlichen Gründen nicht durch Dienstbefreiung innerhalb eines Jahres ausgeglichen werden kann, wobei die Frist für Soldaten in den Streitkräften auf sechs Monate verkürzt werden kann, und
3. die sich aus der regelmäßigen wöchentlichen Arbeitszeit ergebende Arbeitszeit um mehr als fünf Stunden im Kalendermonat (Mindeststundenzahl) übersteigt.

(3) Soweit nur während eines Teils eines Kalendermonats Dienst geleistet wurde, gilt die Mindeststundenzahl für die anteilige Arbeitszeit. Sie verkürzt sich bei Teilzeitbeschäftigung entsprechend dem Umfang der bewilligten Teilzeitbeschäftigung.

(4) Ist keine feste tägliche Arbeitszeit bestimmt, so ist eine Überschreitung der regelmäßigen wöchentlichen Arbeitszeit in einer Kalenderwoche, die im Vormonat begonnen hat, dem laufenden Kalendermonat zuzurechnen.

§ 2 Ermittlung des Anspruchs

(1) Als eine Stunde Mehrarbeit gilt die volle Zeitstunde. Bei einem Bruchteil von mindestens 30 Minuten wird aufgerundet, ansonsten abgerundet.

(2) Bei Dienst in Bereitschaft wird eine Stunde Mehrarbeit nur entsprechend der erfahrungsgemäß bei der betreffenden Tätigkeit durchschnittlich anfallenden Inanspruchnahme berücksichtigt; dabei ist schon die Ableistung eines Dienstes in Bereitschaft als solche angemessen anzurechnen.

§ 3 Höhe des Anspruchs bei Vollzeitbeschäftigung

Die Vergütung beträgt je Stunde für Vollzeitbeschäftigte

1.	in den Besoldungsgruppen A 3 und A 4	15,42 Euro,
2.	in den Besoldungsgruppen A 5 bis A 8	18,22 Euro,
3.	in den Besoldungsgruppen A 9 bis A 12	5,03 Euro,
4.	in den Besoldungsgruppen A 13 bis A 16	34,46 Euro.

§ 4 Höhe des Anspruchs bei Teilzeitbeschäftigung

(1) Teilzeitbeschäftigte erhalten je Stunde Mehrarbeit bis zum Erreichen der regelmäßigen Arbeitszeit von Vollzeitbeschäftigten eine Vergütung in Höhe des auf eine Stunde entfallenden Anteils der Besoldung entsprechender Vollzeitbeschäftigter.

(2) Zur Ermittlung der auf eine Stunde entfallenden anteiligen Besoldung sind die monatlichen Bezüge entsprechender Vollzeitbeschäftigter durch das 4,348-Fache ihrer regelmäßigen wöchentlichen Arbeitszeit zu teilen. Bezüge, die nicht der anteiligen Kürzung nach § 6 Absatz 1 des Bundesbesoldungsgesetzes unterliegen, bleiben unberücksichtigt.

(3) Mehrarbeit, die über die regelmäßige Arbeitszeit von Vollzeitbeschäftigten hinausgeht, wird nach § 3 vergütet.

§ 5 Ausschluss des Anspruchs

(1) Die Vergütung wird nicht gewährt neben
1. einer Vergütung nach § 50a des Bundesbesoldungsgesetzes,
2. Auslandsbesoldung nach Abschnitt 5 des Bundesbesoldungsgesetzes,
3. einer Vergütung nach der Sanitätsdienstvergütungsverordnung.

(2) Abweichend von Absatz 1 Nummer 2 kann eine Mehrarbeitsvergütung neben Auslandsdienstbezügen nach § 52 des Bundesbesoldungsgesetzes für soldatische Tätigkeiten in den Streitkräften gewährt werden, wenn eine Dienstbefreiung aus den folgenden Gründen nicht möglich ist:
1. Sicherstellung der militärischen Einsatzbereitschaft im Rahmen der Landes- und Bündnisverteidigung,
2. Teilnahme an angeordnetem Dienst außerhalb des Grundbetriebs nach § 30c Absatz 4 des Soldatengesetzes oder
3. dienstlich notwendige Teilnahme an militärfachlichen und laufbahnspezifischen Ausbildungen.

§ 6 Inkrafttreten

Diese Verordnung tritt am 1. Januar 2016 in Kraft.

4.3 Verordnung über die Teilzeitbeschäftigung von Soldatinnen und Soldaten der Bundeswehr (Soldatinnen- und Soldatenteilzeitbeschäftigungsverordnung – STzV)

Soldatinnen- und Soldatenteilzeitbeschäftigungsverordnung vom 9. November 2005 (BGBl. I S. 3157), die zuletzt durch Artikel 1 der Verordnung vom 17. März 2025 (BGBl. 2025 I Nr. 89) geändert worden ist, zuletzt geändert durch Art. 1 V v. 17.3.2025 I Nr. 89

Eingangsformel

Auf Grund des § 30a Abs. 5 und des § 93 Abs. 2 Nr. 5 des Soldatengesetzes in der Fassung der Bekanntmachung vom 30. Mai 2005 (BGBl. I S. 1482) verordnet das Bundesministerium der Verteidigung:

§ 1 Zulässigkeit von Teilzeitbeschäftigung

(1) Teilzeitbeschäftigung ist in folgenden Wehrdienstarten zulässig:
1. Wehrdienst als Berufssoldatin oder Berufssoldat,
2. Wehrdienst als Soldatin auf Zeit oder Soldat auf Zeit und
3. Wehrdienst zur temporären Verbesserung der personellen Einsatzbereitschaft.

(2) Die Teilzeitbeschäftigung ist ausnahmsweise über die Dauer von zwölf Jahren hinaus zulässig, wenn
1. mindestens ein Kind unter zwölf Jahren oder
2. ein pflegebedürftiger sonstiger Angehöriger

tatsächlich betreut oder gepflegt wird und zwingende dienstliche Gründe nicht entgegenstehen.

(3) In den Fällen des Absatzes 2 kann die Teilzeitbeschäftigung auch im Umfang von weniger als der Hälfte der regelmäßigen Arbeitszeit bewilligt werden, wenn keine zwingenden dienstlichen Gründe entgegenstehen.

§ 2 Antragsverfahren

(1) Die Teilzeitbeschäftigung ist grundsätzlich spätestens drei Monate vor ihrem beabsichtigten Beginn bei der oder dem nächsten Disziplinarvorgesetzten schriftlich zu beantragen. Dabei sind die Dauer und der Umfang der Teilzeitbeschäftigung anzugeben. Zusätzlich kann eine bestimmte Verteilung der Arbeitszeit während der Dauer der Teilzeitbeschäftigung gewünscht werden.

(2) Anträge sind der Entlassungsdienststelle über die nächsten und die nächsthöheren Disziplinarvorgesetzten mit deren begründeter Stellungnahme, die ein Votum für oder gegen eine Teilzeitbeschäftigung der Antragstellerin oder des Antragstellers zum Ausdruck bringt, sowie im Falle eines Antrages nach § 23 Abs. 1 Satz 1 Nr. 9 des Soldatenbeteiligungsgesetzes mit der Äußerung der Vertrauensperson vorzulegen. Ist die personalbearbeitende Stelle nicht Entlassungsdienststelle, ist sie durch die Disziplinarvorgesetzten gesondert zu unterrichten.

(3) Wer beabsichtigt, Teilzeitbeschäftigung außerhalb der Zuständigkeit der oder des nächsthöheren Disziplinarvorgesetzten wahrzunehmen, kann eine Versetzung unter dem Vorbehalt, auf dem neuen Dienstposten eine Teilzeitbeschäftigung wahrnehmen zu wollen, beantragen. Das Interesse der Antragstellerin oder des Antragstellers an der Teilzeitbeschäftigung ist bei der Prüfung des Versetzungsantrages angemessen zu berücksichtigen. Die im Falle einer Versetzung zuständigen nächsten und nächsthöheren Disziplinarvorgesetzten haben entsprechend Absatz 2 Satz 1 Stellung zu nehmen. Ist die Entlassungsdienststelle nicht die für die Versetzung zuständige Stelle, ist sie durch diese zu unterrichten.

(4) Die Verlängerung einer bewilligten Teilzeitbeschäftigung ist grundsätzlich spätestens drei Monate vor Ablauf des Bewilligungszeitraumes zu beantragen. Die Absätze 1 und 2 gelten entsprechend.

(5) Im Fall des § 1 Nummer 3 kann die Teilzeitbeschäftigung frühestens mit der Erklärung des Einverständnisses zur Ableistung des Wehrdienstes beantragt werden. Über einen Antrag, der mit der Einverständniserklärung gestellt worden ist, ist spätestens mit der Heranziehung zum Wehrdienst zu entscheiden.

§ 3 Antrag auf familienbedingte Teilzeitbeschäftigung

(1) Im Antrag auf familienbedingte Teilzeitbeschäftigung (§ 30a Absatz 1 Satz 2 des Soldatengesetzes) ist darzulegen, dass mindestens ein Kind unter 18 Jahren, eine pflegebedürftige sonstige Angehörige oder ein pflegebedürftiger sonstiger Angehöriger tatsächlich zu betreuen oder zu pflegen ist. Teilzeitbeschäftigung zur Betreuung oder Pflege mindestens eines Kinds unter 18 Jahren kann von beiden in einem Wehrdienstverhältnis stehenden Elternteilen beantragt werden. Beantragt werden kann eine anteilige, jeweils alleinige oder gemeinsame Teilzeitbeschäftigung.

(2) Als Kind nach Absatz 1 gilt neben einem leiblichen Kind ein Adoptivkind, ein Kind in Adoptivpflege oder Vollzeitpflege sowie ein Kind der Ehepartnerin, des Ehepartners, der Lebenspartnerin oder des Lebenspartners.

(3) Als Angehörige nach Absatz 1 gelten
1. Ehepartnerinnen und Ehepartner sowie deren Kinder,
2. Lebenspartnerinnen und Lebenspartner,
3. in gerader Linie verwandte oder verschwägerte Personen,
4. Geschwister und deren Kinder,
5. Ehepartnerinnen und Ehepartner der Geschwister, Lebenspartnerinnen und Lebenspartner der Geschwister, Geschwister der Ehepartnerinnen und Ehepartner und Geschwister der Lebenspartnerinnen und Lebenspartner,
6. Geschwister der Eltern,
7. Personen, die durch ein auf längere Dauer angelegtes Pflegeverhältnis mit häuslicher Gemeinschaft wie Eltern und Kind miteinander verbunden sind (Pflegeeltern und Pflegekinder).

§ 4 Zuständigkeit für die Entscheidung

(1) Über einen Antrag auf Bewilligung einer Teilzeitbeschäftigung entscheidet das Bundesministerium der Verteidigung für alle Soldatinnen und Soldaten, für die es als Entlassungsdienststelle zuständig ist.

(2) Im Übrigen entscheidet die Entlassungsdienststelle über einen Antrag aus dem Kreis des Personals, für das sie zuständig ist.

(3) Die Absätze 1 und 2 gelten entsprechend für die Entscheidung über
1. die Verlängerung,
2. die Änderung und
3. den Widerruf der Bewilligung sowie
4. die vorzeitige Beendigungeiner Teilzeitbeschäftigung.

§ 5 Ausgestaltung der Teilzeitbeschäftigung

(1) Die Teilzeitbeschäftigung kann auf bis zu vier, zur Vermeidung unbilliger Härten auch auf mehr Zeitabschnitte verteilt werden.

(2) Die Ausgestaltung der Teilzeitbeschäftigung kann nach flexiblen Arbeitszeitmodellen, insbesondere Blockzeitbildung, bewilligt werden, soweit wichtige dienstliche Gründe nicht entgegenstehen.

§ 6 Ausschlüsse und Beschränkungen

(1) Teilzeitbeschäftigung ist grundsätzlich nicht möglich
1. für Führungsverwendungen mit Disziplinarbefugnis,
2. bei besonderen Auslandsverwendungen einschließlich Vor- und Nachbereitungsphasen,
3. für Kompaniefeldwebel und in vergleichbarer Funktion mit Anspruch auf Stellenzulage für Kompaniefeldwebel,
4. für Abteilungsleiterinnen und Abteilungsleiter in Bundeswehrkrankenhäusern.

Satz 1 ist nicht anzuwenden, wenn Teilzeitbeschäftigung im Blockmodell (§ 9) beantragt wird.

(2) Für die Dauer der Teilnahme an einer besonderen Auslandsverwendung einschließlich der Vor- und Nachbereitungsphase oder an anderen dienstlichen Vorhaben kann eine bewilligte Teilzeitbeschäftigung durch befristete Rückkehr zur Vollzeitbeschäftigung unterbrochen werden. Die nach der Unterbrechung geleistete Teilzeitbeschäftigung gilt nicht als neuer Zeitabschnitt nach § 5 Abs. 1.

(3) Teilzeitbeschäftigung kann erst für einen Zeitraum nach einer Dienstzeit von vier Jahren bewilligt werden. Satz 1 gilt nicht für Teilzeitbeschäftigung zur Betreuung oder Pflege mindestens eines Kinds unter 18 Jahren, wenn ein Anspruch auf Elternzeit nach § 28 Absatz 7 des Soldatengesetzes besteht. Die Dienstzeit im Sinne dieser Verordnung beginnt mit dem Tag der Berufung in das Wehrdienstverhältnis. Ein vor der Berufung geleisteter früherer Wehrdienst wird angerechnet. Die Sätze 1 bis 4 gelten nicht im Fall des § 1 Nummer 3, sofern die Soldatin oder der Soldat die für die Wehrdienstleistung erforderliche Ausbildung abgeschlossen hat.

(4) Die nach § 4 zuständige Dienststelle kann von den Ausschlüssen des Absatzes 1 im Einzelfall Ausnahmen zulassen, wenn die Versagung der Teilzeitbeschäftigung eine besondere persönliche Härte darstellen würde und keine wichtigen dienstlichen Gründe entgegenstehen. Sie kann von der Beschränkung des Absatzes 3 im Einzelfall Ausnahmen zulassen, wenn dem keine dienstlichen Gründe entgegenstehen.

(5) Ist Teilzeitbeschäftigung zur Betreuung oder Pflege von mindestens einem Kind unter 18 Jahren bewilligt worden, darf über die befristete Rückkehr zur Vollzeitbeschäftigung nach Absatz 2 nur mit Zustimmung des Bundesministeriums der Verteidigung entschieden werden, solange Anspruch auf Elternzeit nach § 28 Absatz 7 des Soldatengesetzes besteht. Andere dienstrechtliche Maßnahmen, die dasselbe

Ziel verfolgen, bedürfen ebenfalls der Zustimmung des Bundesministeriums der Verteidigung.

§ 7 Bewilligung oder Ablehnung des Antrages

(1) Die Bewilligung einer Teilzeitbeschäftigung oder ihrer Verlängerung außerhalb eines Dienstpostens bedarf der vorherigen Zustimmung des Bundesministeriums der Verteidigung. Die zur Bewilligung einer Teilzeitbeschäftigung notwendige Erklärung der Soldatin oder des Soldaten über die Verpflichtung nach § 30a Abs. 2 Satz 3 des Soldatengesetzes ist aktenkundig zu machen.

(2) Vor der Ablehnung haben die in § 2 Abs. 2 Satz 1 genannten Disziplinarvorgesetzten unter Beteiligung der Soldatin oder des Soldaten die Möglichkeit einer Teilzeitbeschäftigung auf einem anderen Dienstposten zu prüfen. Die oder der nächsthöhere Disziplinarvorgesetzte hat die personalbearbeitende Dienststelle zu beteiligen. Ein Antrag auf familienbedingte Teilzeitbeschäftigung soll nicht abgelehnt werden, wenn ein geeigneter Dienstposten in einer Dienststelle verfügbar ist, in deren Einzugsgebiet (§ 3 Absatz 1 Nummer 1 Buchstabe c des Bundesumzugskostengesetzes) sich die Wohnung der Antragstellerin oder des Antragstellers befindet.

(3) Die Entlassungsdienststelle teilt die Entscheidung unverzüglich der Soldatin oder dem Soldaten schriftlich über die nächste Disziplinarvorgesetzte oder den nächsten Disziplinarvorgesetzten mit. Ist die Entlassungsdienststelle nicht zugleich personalbearbeitende Stelle, hat sie diese zu unterrichten.

§ 8 Widerruf und Änderung der Bewilligung sowie vorzeitige Beendigung der Teilzeitbeschäftigung

(1) Bei Entscheidungen nach § 4 Abs. 3 Nr. 2 bis 4 hat die Entlassungsdienststelle, die nicht zugleich personalbearbeitende Stelle ist, diese zu unterrichten. Vor der Entscheidung über die vorzeitige Beendigung der Teilzeitbeschäftigung haben die in § 2 Abs. 2 Satz 1 genannten Disziplinarvorgesetzten Stellung zu nehmen.

(2) Die Teilzeitbeschäftigung ist zu beenden, wenn das tatsächliche Betreuungs- oder Pflegeerfordernis entfallen ist. Die Soldatin oder der Soldat hat der Entlassungsdienststelle über die nächste Disziplinarvorgesetzte oder den nächsten Disziplinarvorgesetzten den Wegfall des tatsächlichen Betreuungs- oder Pflegeerfordernisses unverzüglich schriftlich zu melden. § 2 Abs. 2 Satz 2 gilt entsprechend. Der Zeitpunkt für eine Rückkehr zur Vollzeitbeschäftigung soll innerhalb einer angemessenen Frist nach dem Zugang der Mitteilung nach Satz 2 und nach Stellungnahme der in § 2 Abs. 2 Satz 1 genannten Disziplinarvorgesetzten festgelegt werden.

§ 9 Zusammenfassung der Freistellung von der Arbeit

Bei einer Teilzeitbeschäftigung können Freistellungszeiten zu Freistellungsphasen von bis zu drei Monaten zusammengefasst werden (Blockmodell), sofern dem keine dienstlichen Gründe entgegenstehen. Wird die Freistellungsphase an das Ende der bewilligten Teilzeitbeschäftigung gelegt, können Freistellungszeiten von bis zu einem Jahr zusammengefasst werden. Satz 2 gilt nicht, wenn die Freistellungsphase ganz oder teilweise in die letzten drei Jahre vor Erreichen der besonderen Altersgrenze (§ 45 Absatz 2 des Soldatengesetzes) fallen würde.

§ 10 Soldatinnen und Soldaten in zivilen Dienststellen der Bundeswehrverwaltung

Für Soldatinnen und Soldaten, die in zivilen Dienststellen der Bundeswehrverwaltung im Geschäftsbereich des Bundesministeriums der Verteidigung verwendet werden, gelten die vorstehenden Bestimmungen mit der Maßgabe, dass die Dienststellenleiterin oder der Dienststellenleiter an die Stelle der oder des nächsten und der oder des nächsthöheren Disziplinarvorgesetzten tritt.

4.4 Verordnung über die Elternzeit für Soldatinnen und Soldaten (Elternzeitverordnung für Soldatinnen und Soldaten – EltZSoldV)

Elternzeitverordnung für Soldatinnen und Soldaten in der Fassung der Bekanntmachung vom 18. November 2004 (BGBl. I S. 2855), die zuletzt durch Artikel 58 des Gesetzes vom 23. Oktober 2024 (BGBl. 2024 I Nr. 323) geändert worden ist; neugefasst durch Bek. v. 18.11.2004 I 2855; zuletzt geändert durch Art. 58 G v. 23.10.2024 I Nr. 323

§ 1 Beginn und Ende des Anspruchs

(1) Soldatinnen und Soldaten haben nach Maßgabe des § 15 Absatz 1 oder 1a des Bundeselterngeld- und Elternzeitgesetzes Anspruch auf Elternzeit unter Wegfall der Geld- und Sachbezüge mit Ausnahme der unentgeltlichen truppenärztlichen Versorgung und ohne Leistungen nach dem Unterhaltssicherungsgesetz.

(2) Der Anspruch auf Elternzeit besteht bis zur Vollendung des dritten Lebensjahres des Kindes, bei einem angenommenen, in Vollzeitpflege oder in Adoptionspflege genommenen Kind bis zu drei Jahren ab der Aufnahme bei der berechtigten Person, längstens bis zur Vollendung des achten Lebensjahres des Kindes. Ein Anteil von bis zu 24 Monaten kann jedoch zu einem späteren Zeitpunkt nach Maßgabe des § 28 Abs. 5 Satz 1 Nr. 1 des Soldatengesetzes genommen werden. Insgesamt kann die Elternzeit auf bis zu vier Zeitabschnitte verteilt werden. Die Übertragung eines Anteils der Elternzeit muss rechtzeitig vor Beginn des zu übertragenden Zeitraums beantragt werden. Sie bedarf nicht der Zustimmung der Elternzeit erteilenden Stelle.

(3) Die Elternzeit steht beiden Eltern zu; sie können sie, auch anteilig, jeweils allein oder gemeinsam nehmen. Satz 1 gilt auch für Adoptiveltern, Adoptivpflegeeltern und Vollzeitpflegeeltern.

(4) Die Elternzeit kann vorzeitig beendet oder im Rahmen des Absatzes 2 verlängert werden, wenn die nach § 3 Abs. 1 zuständige Stelle zustimmt. Die vorzeitige Beendigung wegen der Geburt eines weiteren Kindes oder wegen eines besonderen Härtefalles (§ 7 Absatz 2 Satz 3 des Bundeselterngeld- und Elternzeitgesetzes) kann nur innerhalb von vier Wochen nach Antragstellung aus zwingenden dienstlichen Gründen abgelehnt werden. Die Elternzeit kann zur Inanspruchnahme der Schutzfristen nach § 5 Absatz 1 Satz 1 der Mutterschutzverordnung für Soldatinnen auch ohne Zustimmung des Dienstherrn vorzeitig beendet werden; in diesen Fällen soll die Soldatin die Beendigung der Elternzeit rechtzeitig mitteilen. Die Elternzeit ist auf Wunsch zu verlängern, wenn ein vorgesehener Wechsel in der Anspruchsberechtigung aus einem wichtigen Grund nicht erfolgen kann.

(5) Stirbt das Kind während der Elternzeit, so endet diese spätestens drei Wochen nach dem Tod des Kindes.

(6) Die von der Bundeswehr erteilte Elternzeit endet ferner mit der Beendigung des Wehrdienstverhältnisses.

§ 2 Antrag

(1) Die Elternzeit soll, wenn sie unmittelbar nach der Geburt des Kindes oder nach Ablauf der Mutterschutzfrist (§ 5 Abs. 1 Satz 1 der Mutterschutzverordnung für Soldatinnen) beginnen soll, sechs Wochen, andernfalls acht Wochen vor Beginn schriftlich oder elektronisch beantragt werden. Dabei ist anzugeben, für welche Zeiträume innerhalb von zwei Jahren Elternzeit beantragt wird. Nimmt die Mutter die Elternzeit im Anschluss an die Mutterschutzfrist, wird die Zeit der Mutterschutzfrist nach § 5 Abs. 1 der Mutterschutzverordnung für Soldatinnen auf den Zweijahreszeitraum nach Satz 2 angerechnet. Nimmt die Mutter die Elternzeit im Anschluss an einen auf die Mutterschutzfrist folgenden Erholungsurlaub, werden die Zeit der Mutterschutzfrist nach § 5 Abs. 1 der Mutterschutzverordnung für Soldatinnen und die Zeit des Erholungsurlaubs auf den Zweijahreszeitraum nach Satz 2 angerechnet.

(2) Können Soldatinnen und Soldaten aus einem von ihnen nicht zu vertretenden Grund eine sich unmittelbar an das Beschäftigungsverbot des § 6 Abs. 1 des Mutterschutzgesetzes oder des § 5 Abs. 1 der Mutterschutzverordnung für Soldatinnen anschließende Elternzeit nicht rechtzeitig beantragen, können sie dies innerhalb einer Woche nach Wegfall des Grundes nachholen.

(3) Die Soldatin oder der Soldat hat eine Änderung der Anspruchsberechtigung der oder dem nächsten Disziplinarvorgesetzten unverzüglich mitzuteilen.

§ 3 Verfahren

(1) Die Elternzeit erteilt das Bundesministerium der Verteidigung oder eine von ihm beauftragte Stelle.

(2) Aus zwingenden Gründen der Verteidigung kann das Bundesministerium der Verteidigung die Erteilung der beantragten Elternzeit ablehnen oder bereits gewährte Elternzeit widerrufen.

(3) Mit Zustimmung des Bundesministeriums der Verteidigung oder einer von ihm beauftragten Stelle kann auf bereits bewilligte Elternzeit verzichtet werden.

§ 4 Nicht volle Erwerbstätigkeit

Während der Elternzeit darf die Soldatin oder der Soldat mit Zustimmung des Bundesministeriums der Verteidigung oder der von ihm beauftragten Stelle eine Teilzeitbeschäftigung außerhalb des Soldatenverhältnisses ausüben, wenn die Teilzeitbeschäftigung den Umfang von 32 Stunden in der Woche nicht überschreitet.

§ 5 *(weggefallen)*

§ 6 *(weggefallen)*

§ 7

Die Vorschriften dieser Verordnung sind nur in den Fällen anzuwenden, in denen das Kind nach Inkrafttreten dieser Verordnung geboren wird.

§ 7a

Für die vor dem 1. Januar 2004 geborenen Kinder oder für die vor diesem Zeitpunkt mit dem Ziel der Adoption aufgenommenen Kinder sind die Vorschriften dieser Verordnung in der bis zum 31. Dezember 2003 geltenden Fassung weiter anzuwenden.

§ 8

(Aufhebung anderer Vorschriften)

§ 9 (Inkrafttreten)

4.5 Verordnung über den Mutterschutz für Soldatinnen (Mutterschutzverordnung für Soldatinnen – MuSchSoldV)

Mutterschutzverordnung für Soldatinnen in der Fassung der Bekanntmachung vom 18. November 2004 (BGBl. I S. 2858), die zuletzt durch Artikel 4 des Gesetzes vom 24. Februar 2025 (BGBl. 2025 I Nr. 59) geändert worden ist; neugefasst durch Bek. v. 18.11.2004 I 2858; zuletzt geändert durch Art. 4 G v. 24.2.2025 I Nr. 59

§ 1

Sobald einer Soldatin bekannt wird, dass sie schwanger ist, soll sie dies und den mutmaßlichen Tag der Entbindung der oder dem nächsten Disziplinarvorgesetzten oder der Truppenärztin oder dem Truppenarzt mitteilen.

§ 2

(1) Soweit sich aus den §§ 3 und 4 nichts anderes ergibt, nimmt eine Soldatin während der Schwangerschaft bis zum Beginn der Schutzfrist (§ 5 Absatz 1 bis 4) am regelmäßigen Dienst teil. Sie darf jedoch nicht zu zusätzlichem Dienst und nicht in der Nacht zwischen zwanzig und sechs Uhr zum Dienst herangezogen werden. Im Übrigen entscheidet über Art und Dauer der täglichen Dienstleistung die oder der nächste Disziplinarvorgesetzte auf Grund eines ärztlichen Zeugnisses.

(2) Zusätzlicher Dienst im Sinne des Absatzes 1 ist jede Dienstleistung, die über die Dauer der täglichen Rahmendienstzeit hinaus geleistet wird.

(3) Abweichend vom Nachtarbeitsverbot des Absatzes 1 dürfen schwangere Soldatinnen des Militärmusikdienstes in den ersten vier Monaten der Schwangerschaft und stillende Soldatinnen des Militärmusikdienstes als Künstlerinnen bei Musikaufführungen bis 23 Uhr zum Dienst herangezogen werden.

§ 3

(1) Während der Schwangerschaft darf eine Soldatin nicht zu Dienstleistungen herangezogen werden, bei denen sie schweren körperlichen Belastungen, schädlichen Einwirkungen von gesundheitsgefährdenden Stoffen oder Strahlen, von Staub, Gasen oder Dämpfen, von Hitze, Kälte oder Nässe, von Erschütterungen oder Lärm ausgesetzt ist.

(2) Dies gilt besonders für

1. Dienstleistungen, bei denen erfahrungsgemäß die Gefahr einer Infektionskrankheit besteht;
2. den Aufenthalt im Kontrollbereich ionisierender Strahlung, radioaktiver Stoffe oder von Röntgeneinrichtungen, außer zur eigenen röntgenologischen Untersuchung;
3. die Teilnahme an militärischen Übungen unter feldmäßigen Bedingungen sowie
4. Dienstleistungen nach § 4 Absatz 2 des Mutterschutzgesetzes in der jeweils geltenden Fassung.

§ 3a

Die §§ 1 bis 5 der Verordnung zum Schutze der Mütter am Arbeitsplatz vom 15. April 1997 (BGBl. I S. 782) sind entsprechend anzuwenden.

§ 4

Eine Soldatin darf während der Schwangerschaft nicht zu Dienstleistungen herangezogen werden, soweit nach ärztlichem Zeugnis Leben oder Gesundheit von Mutter oder Kind bei Fortdauer der Dienstleistung gefährdet ist.

§ 5

(1) Eine Soldatin ist in den letzten sechs Wochen vor der Entbindung nicht zur Dienstleistung heranzuziehen, soweit sie sich nicht zur Dienstleistung ausdrücklich bereit erklärt. Sie kann die Erklärung nach Satz 1 jederzeit mit Wirkung für die Zukunft widerrufen. Für die Berechnung der Schutzfrist nach Satz 1 ist der voraussichtliche Tag der Entbindung maßgeblich, wie er sich aus dem ärztlichen Zeugnis oder dem Zeugnis einer Hebamme oder eines Entbindungspflegers ergibt. Entbindet eine Frau nicht am voraussichtlichen Tag, verkürzt oder verlängert sich die Schutzfrist nach Satz 1 entsprechend.

(2) Die Soldatin darf bis zum Ablauf von acht Wochen nach der Entbindung nicht zur Dienstleistung herangezogen werden. Die Schutzfrist nach Satz 1 verlängert sich auf zwölf Wochen

1. bei Frühgeburten,
2. bei Mehrlingsgeburten und
3. wenn vor Ablauf von acht Wochen nach der Entbindung bei dem Kind eine Behinderung im Sinne von § 2 Absatz 1 Satz 1 des Neunten Buches Sozialgesetzbuch ärztlich festgestellt wird.

Bei vorzeitiger Entbindung verlängert sich die Schutzfrist nach der Entbindung nach Satz 1 oder nach Satz 2 um den Zeitraum der Verkürzung der Schutzfrist vor der Entbindung nach Absatz 1 Satz 4. Nach Satz 2 Nummer 3 verlängert sich die Schutzfrist nach der Entbindung nur, wenn die Frau dies beantragt. Satz 2 gilt nicht bei einer Totgeburt.

(3) Die Soldatin darf nach dem Tod ihres Kindes bereits nach Ablauf der ersten zwei Wochen nach der Entbindung zur Dienstleistung herangezogen werden, wenn

1. die Frau dies ausdrücklich verlangt und
2. nach ärztlichem Zeugnis nichts dagegen spricht.

Sie kann ihre Erklärung nach Satz 1 Nummer 1 jederzeit mit Wirkung für die Zukunft widerrufen.

(4) Bei einer Fehlgeburt darf die Frau nicht zur Dienstleistung herangezogen werden, soweit sie sich nicht ausdrücklich dazu bereit erklärt,

1. bis zum Ablauf von zwei Wochen bei einer Fehlgeburt ab der 13. Schwangerschaftswoche oder
2. bis zum Ablauf von sechs Wochen bei einer Fehlgeburt ab der 17. Schwangerschaftswoche oder
3. bis zum Ablauf von acht Wochen bei einer Fehlgeburt ab der 20. Schwangerschaftswoche.

Sie kann ihre Erklärung nach Satz 1 jederzeit mit Wirkung für die Zukunft widerrufen. Die Absätze 1 bis 3 gelten nicht.

(5) Eine Soldatin, die in den ersten Monaten nach der Entbindung nach ärztlichem Zeugnis nicht voll dienstfähig ist, darf nicht zu einem ihre Leistungsfähigkeit übersteigenden Dienst herangezogen werden.

(6) Solange eine Soldatin stillt, darf sie nicht zu den in § 3 genannten Dienstleistungen herangezogen werden. Für die zum Stillen erforderliche Zeit gilt § 7 Abs. 1 des Mutterschutzgesetzes entsprechend.

§ 6

Durch die Verbote der §§ 3 bis 5 sowie des § 2 Abs. 1 Satz 2 hinsichtlich des Dienstes zu ungünstigen Zeiten und des Dienstes zu wechselnden Zeiten wird die Zahlung der Dienstbezüge und des Ausbildungsgeldes für Sanitätsoffizier-Anwärter nicht berührt. Das gleiche gilt für die Dienstbefreiung während der Stillzeit (§ 5 Absatz 6 Satz 2). Bemessungsgrundlage für die Zahlung der Erschwerniszulagen für Dienst zu ungünstigen Zeiten und für Dienst zu wechselnden Zeiten ist der Durchschnitt der Zulagen der letzten drei Monate vor Beginn des Monats, in dem die Schwangerschaft eingetreten ist.

§ 6a

Soweit die in § 5 Absatz 1 bis 4 genannten Zeiten sowie der Entbindungstag in eine Elternzeit fallen, erhält die Soldatin einen Zuschuss von 13 Euro je Kalendertag, wenn sie während der Elternzeit nicht eine Teilzeitbeschäftigung als Arbeitnehmerin aufgenommen hat. Bei einer Soldatin, deren Dienstbezüge oder Ausbildungsgeld für Sanitätsoffizier-Anwärter (ohne die mit Rücksicht auf den Familienstand gewährten Zuschläge und ohne Aufwandsentschädigung sowie ohne Auslandsdienstbezüge nach § 52 des Bundesbesoldungsgesetzes) vor Beginn der Elternzeit die Versicherungspflichtgrenze in der gesetzlichen Krankenversicherung überschreiten oder überschreiten würden, ist der Zuschuss auf 210 Euro begrenzt.

§ 6b

(1) Während der Schwangerschaft und innerhalb von vier Monaten nach der Entbindung darf die Entlassung einer Soldatin auf Zeit gegen ihren Willen nicht ausgesprochen werden, wenn der oder dem für die Entlassung zuständigen Vorgesetzten die Schwangerschaft oder die Entbindung bekannt war. Eine ohne diese Kenntnis ergangene Entlassungsverfügung ist zurückzunehmen, wenn der oder dem für die Entlassung zuständigen Vorgesetzten die Schwangerschaft oder die Entbindung innerhalb zweier Wochen nach der Zustellung gemeldet wird; das Überschreiten dieser Frist ist unbeachtlich, wenn es auf einem von der Soldatin nicht zu vertretenden Grund beruht und die Meldung unverzüglich nachgeholt wird.

(2) In besonderen Fällen kann mit vorheriger Zustimmung des Bundesministeriums der Verteidigung auch bei Vorliegen der Voraussetzungen des Absatzes 1 eine Entlassung nach § 55 Abs. 5 des Soldatengesetzes ausgesprochen werden.

(3) § 55 Abs. 1 des Soldatengesetzes bleibt unberührt.

§ 7 *(weggefallen)*

§ 8

(Aufhebung einer anderen Vorschrift)

§ 9 (Inkrafttreten)

4.6 Verordnung über den Urlaub der Soldatinnen und Soldaten (Soldatinnen- und Soldatenurlaubsverordnung – SUV)

Soldatinnen- und Soldatenurlaubsverordnung in der Fassung der Bekanntmachung vom 14. Mai 1997 (BGBl. I S. 1134), die zuletzt durch Artikel 6 des Gesetzes vom 20. August 2021 (BGBl. I S. 3932) geändert worden ist; neugefasst durch Bek. v. 14.5.1997 I 1134, zuletzt geändert durch Art. 6 G v. 20.8.2021 I 3932

Erster Abschnitt **Erholungs- und Heimaturlaub**

§ 1 Erholungsurlaub der Berufssoldatinnen, Berufssoldaten, Soldatinnen auf Zeit und Soldaten auf Zeit

Für den Erholungsurlaub der Berufssoldatinnen, Berufssoldaten, Soldatinnen auf Zeit und Soldaten auf Zeit gelten die Vorschriften für Bundesbeamtinnen und Bundesbeamte entsprechend, sofern sich aus den folgenden Vorschriften nichts anderes ergibt. Die für die Beamtinnen und Beamten geltenden Vorschriften über Zusatzurlaub für Dienst zu wechselnden Zeiten sind mit der Maßgabe anzuwenden, daß Zeiten eines Dienstes zu wechselnden Zeiten, für die Urlaub nach § 6 oder Freistellung zum Ausgleich für besondere zeitliche Belastungen gewährt werden kann, bei der Bemessung des Zusatzurlaubs unberücksichtigt bleiben.

§§ 2 und 3

(weggefallen)

§ 4 Erholungsurlaub der Soldatinnen auf Zeit und Soldaten auf Zeit im letzten Urlaubsjahr und vor Beginn des Fachschulbesuches

(1) Läuft die Zeit, für die eine Soldatin auf Zeit oder ein Soldat auf Zeit in ihr oder sein Dienstverhältnis berufen ist, vor Ende des Urlaubsjahres ab, so beträgt der Erholungsurlaub für dieses Urlaubsjahr ein Zwölftel des Jahresurlaubs für jeden vollen Monat der Dienstzeit.

(2) Soldatinnen und Soldaten, die eine Maßnahme der schulischen oder beruflichen Bildung nach § 7 des Soldatenversorgungsgesetzes in Anspruch nehmen wollen, wird vor Beginn der Maßnahme Erholungsurlaub für dieses Urlaubsjahr nur anteilig gewährt. Für jeden vollen Monat der militärischen Dienstleistung vor Beginn der Maßnahme ist ein Zwölftel des Jahreserholungsurlaubs zu gewähren.

§ 5 Erholungsurlaub der sonstigen Soldatinnen und Soldaten

(1) Soldatinnen und Soldaten, die Wehrdienst nach Maßgabe des Wehrpflichtgesetzes oder des § 58b des Soldatengesetzes leisten, erhalten für jeden vollen Monat ihrer Dienstzeit ein Zwölftel des Jahreserholungsurlaubs nach § 1, wenn die Dauer des ohne Unterbrechung abgeleisteten Wehrdienstes mindestens einen Monat beträgt.

(2) Absatz 1 gilt entsprechend für Soldatinnen und Soldaten, die Dienstleistungen nach § 60 des Soldatengesetzes erbringen.

§ 6 Urlaub zur Erhaltung der Einsatzfähigkeit

(1) Soldatinnen und Soldaten kann nach einem Einsatz, durch dessen Besonderheiten sie außergewöhnlichen Belastungen ausgesetzt waren, zur Erhaltung ihrer Einsatzfähigkeit angemessener Urlaub im Einzelfall bis zu einer Woche unter Belassung der Geld- und Sachbezüge gewährt werden.

(2) Das Bundesministerium der Verteidigung stellt in Verwaltungsvorschriften fest, welcher Einsatz mit außergewöhnlichen Belastungen verbunden ist, und bestimmt, in welchem Umfang Urlaub für die einzelnen Arten eines solchen Einsatzes gewährt werden kann.

§ 7 Urlaub zur Wiederherstellung der vollen Dienstfähigkeit

Soldatinnen und Soldaten kann zur Wiederherstellung der vollen Dienstfähigkeit auf Grund eines truppenärztlichen Vorschlages Urlaub unter Belassung der Geld- und Sachbezüge gewährt werden. Dabei bestimmt die oder der für die Erteilung des Urlaubs zuständige Vorgesetzte, ob und inwieweit der Urlaub auf den Erholungsurlaub anzurechnen ist.

§ 8 Auslandsverwendung

Der Zusatzurlaub nach § 1 der Heimaturlaubsverordnung kann abweichend von § 7 der Erholungsurlaubsverordnung auch zu einem späteren Zeitpunkt angetreten werden, wenn zwingende dienstliche Gründe es erfordern. In diesem Fall ist der Zusatzurlaub nach Wegfall der Hinderungsgründe, spätestens im unmittelbaren Anschluß an die Auslandsverwendung, anzutreten.

Zweiter Abschnitt **Sonderurlaub**

§ 9 Anwendung der Vorschriften für Bundesbeamtinnen und Bundesbeamte

Für den Sonderurlaub der Soldatinnen und Soldaten gelten die Vorschriften für Bundesbeamtinnen und Bundesbeamte entsprechend, sofern sich aus den folgenden Vorschriften nichts anderes ergibt.

§ 10 Sachbezüge

Bei der Gewährung eines Urlaubs unter Wegfall der Geldbezüge entfallen auch die Sachbezüge, soweit nicht ausdrücklich etwas anderes bestimmt worden ist.

§ 11 Urlaub der Sanitätsoffizier-Anwärterinnen und Sanitätsoffizier-Anwärter zum Studium

Sanitätsoffizier-Anwärterinnen und Sanitätsoffizier-Anwärter können zum Studium der Medizin, Zahnmedizin, Veterinärmedizin oder Pharmazie und Lebensmittelchemie unter Wegfall der Geld- und Sachbezüge beurlaubt werden. Sie erhalten unentgeltliche truppenärztliche Versorgung sowie ein Ausbildungsgeld nach Maßgabe des § 30 Abs. 2 des Soldatengesetzes.

§§ 12 u. 16 *(weggefallen)*

§ 13

(weggefallen)

Dritter Abschnitt Schlußvorschriften

§ 14 Zuständigkeit

Der Urlaub wird vom Bundesministerium der Verteidigung oder der von ihm bestimmten Stelle erteilt.

§ 15 Urlaub nach dem Eignungsübungsgesetz

Die §§ 2 und 4 der Verordnung zum Eignungsübungsgesetz vom 15. Februar 1956 (BGBl. I S. 71), zuletzt geändert am 10. Mai 1971 (BGBl. I S. 450), bleiben unberührt. Der nach diesen Vorschriften gewährte Urlaub aus dem früheren Arbeits- oder Dienstverhältnis wird auf einen Erholungsurlaub, der für den gleichen Zeitraum zusteht, angerechnet.

4.7 Verordnung über den Erholungsurlaub der Beamtinnen, Beamten und Richterinnen und Richter des Bundes (Erholungsurlaubsverordnung – EUrlV)

Erholungsurlaubsverordnung in der Fassung der Bekanntmachung vom 11. November 2004 (BGBl. I S. 2831), die zuletzt durch Artikel 6 der Verordnung vom 16. August 2021 (BGBl. I S. 3582) geändert worden ist; neugefasst durch Bek. v. 11.11.2004 I 2831; zuletzt geändert durch Art. 6 V v. 16.8.2021 I 3582

§ 1 Urlaubsjahr

Urlaubsjahr ist das Kalenderjahr. Für die bei den Postnachfolgeunternehmen beschäftigten Beamtinnen und Beamten kann die oberste Dienstbehörde eine abweichende Regelung treffen.

§ 2 Gewährleistung des Dienstbetriebes

(1) Der beantragte Urlaub ist nach den folgenden Vorschriften zu erteilen, sofern die ordnungsmäßige Erledigung der Dienstgeschäfte gewährleistet ist; Stellvertretungskosten sind möglichst zu vermeiden.

(2) Der Erholungsurlaub kann geteilt gewährt werden, soweit dadurch der Urlaubszweck nicht gefährdet wird. Es werden nur ganze Arbeitstage Erholungsurlaub gewährt.

§§ 3 und 4 *(weggefallen)*

§ 5 Urlaubsdauer

(1) Der Erholungsurlaub beträgt für Beamtinnen und Beamte, deren regelmäßige Arbeitszeit auf 5 Tage in der Kalenderwoche verteilt ist, für jedes Urlaubsjahr 30 Arbeitstage.

(2) Beamtinnen und Beamten steht für jeden vollen Monat der Dienstleistungspflicht ein Zwölftel des Jahresurlaubs nach Absatz 1 zu, wenn
1. sie im Laufe des Urlaubsjahres in den öffentlichen Dienst eingetreten sind,
2. ein Urlaub ohne Besoldung durch Aufnahme des Dienstes vorübergehend unterbrochen wird oder
3. das Beamtenverhältnis im Laufe des Urlaubsjahres endet.

(3) Der Jahresurlaub nach Absatz 1 wird für jeden vollen Kalendermonat
1. eines Urlaubs ohne Besoldung oder
2. einer Freistellung von der Arbeit nach § 9 der Arbeitszeitverordnung

um ein Zwölftel gekürzt.

(4) Arbeitstage im Sinne dieser Verordnung sind alle Kalendertage, an denen die Beamtin oder der Beamte Dienst zu leisten hat. Endet ein Dienst erst am folgenden Kalendertag, gilt als Arbeitstag nur der Kalendertag, an dem der Dienst begonnen hat. Ein nach Absatz 1 als Erholungsurlaub zustehender Arbeitstag entspricht einem Fünftel der jeweiligen regelmäßigen Arbeitszeit der Beamtin oder des Beamten; än-

dert sich deren Dauer im Laufe eines Monats, ist die höhere Dauer für den ganzen Monat anzusetzen.

(5) Ist die regelmäßige Arbeitszeit im Durchschnitt des Urlaubsjahres auf mehr oder weniger als fünf Tage in der Kalenderwoche verteilt, ist der Urlaubsanspruch nach Absatz 1 entsprechend umzurechnen. Bei der Umrechnung auf eine Sechs-Tage-Woche gelten alle Kalendertage, die nicht Sonntage sind, als Arbeitstage; ausgenommen sind gesetzlich anerkannte Feiertage, Heiligabend und Silvester, soweit diese zu einer Verminderung der regelmäßigen Arbeitszeit führen. In Verwaltungen, in denen die Verteilung der regelmäßigen Arbeitszeit häufig wechselt, kann der Erholungsurlaub generell auf der Grundlage einer Sechs-Tage-Woche berechnet werden.

(6) Die Dienststelle kann den Erholungsurlaub einschließlich eines Zusatzurlaubs nach Stunden berechnen.

(7) Ergeben sich bei der Berechnung des Urlaubsanspruchs Bruchteile eines Tages oder einer Stunde, wird kaufmännisch gerundet.

(8) In einem Urlaubsjahr zu viel gewährter Erholungsurlaub ist so bald wie möglich durch Anrechnung auf einen neuen Urlaubsanspruch auszugleichen. Soweit Beamtinnen oder Beamte den ihnen zustehenden Erholungsurlaub vor dem Beginn eines Urlaubs ohne Besoldung oder vor Beginn der mutterschutzrechtlichen Beschäftigungsverbote nicht in Anspruch genommen haben, ist der Resturlaub nach dem Ende dieses Urlaubs ohne Besoldung oder dieser Schutzfristen dem Erholungsurlaub des laufenden Urlaubsjahres hinzuzufügen. Der übertragene Resturlaub kann in vollem Umfang nach § 7a angespart werden, soweit der Beamtin oder dem Beamten für das Kalenderjahr, in dem der Urlaubsanspruch entstanden ist, die Personensorge für ein Kind unter zwölf Jahren zusteht.

(9) Für Professorinnen und Professoren sowie Juniorprofessorinnen und Juniorprofessoren an Hochschulen und Lehrerinnen und Lehrer an Bundeswehrfachschulen wird der Anspruch auf Erholungsurlaub durch die vorlesungs- oder unterrichtsfreie Zeit abgegolten. Bei einer Erkrankung während der vorlesungs- oder unterrichtsfreien Zeit gilt § 9 entsprechend. Bleiben wegen einer dienstlichen Inanspruchnahme oder einer Erkrankung die vorlesungs- oder unterrichtsfreien Tage hinter der Zahl der zustehenden Urlaubstage zurück, so ist insoweit Erholungsurlaub außerhalb der vorlesungs- oder unterrichtsfreien Zeit zu gewähren.

§ 5a Urlaubsdauer bei Übergang zu Teilzeit

(1) Verringert sich bei einem Übergang von Vollzeit- zu Teilzeitbeschäftigung die Zahl der wöchentlichen Arbeitstage, so bleibt der bis dahin erworbene Erholungsurlaubsanspruch in Höhe des unionsrechtlich gewährleisteten Mindesturlaubsanspruchs (Artikel 7 Absatz 1 der Richtlinie 2003/88/EG des Europäischen Parlaments und des Rates vom 4. November 2003 über bestimmte Aspekte der Arbeitszeitgestaltung [ABl. L 299 vom 18.11.2003, S. 9]) unberührt, soweit er aus einem der folgenden Gründe nicht erfüllt werden konnte:

1. Ablehnung oder Widerruf des Erholungsurlaubs,
2. durch ein ärztliches Zeugnis nachgewiesene Dienstunfähigkeit infolge von Krankheit (§ 96 Absatz 1 Satz 2 des Bundesbeamtengesetzes),
3. Beschäftigungsverbot nach § 16 Absatz 1 des Mutterschutzgesetzes in Verbindung mit § 2 Absatz 1 Satz 1 Nummer 5 der Mutterschutz- und Elternzeitverordnung.
4. Dienstunfähigkeit nach § 44 des Bundesbeamtengesetzes,

5. begrenzte Dienstfähigkeit nach § 45 des Bundesbeamtengesetzes.

Satz 1 Nummer 4 findet nur Anwendung, wenn eine erneute Berufung in das Beamtenverhältnis nach § 46 des Bundesbeamtengesetzes erfolgt.

(2) Der Urlaubsanspruch, der über den Urlaubsanspruch hinausgeht, der nach Absatz 1 unberührt bleibt, ist ab dem Zeitpunkt des Übergangs im selben Verhältnis zu verringern wie die Zahl der wöchentlichen Arbeitstage. Das gilt nicht, wenn der Erholungsurlaub nach Stunden berechnet wird.

§ 6 Anrechnung und Übertragung von Urlaub aus anderen Beschäftigungsverhältnissen

(1) Erholungsurlaub, den die Beamtin oder der Beamte in einem anderen Beschäftigungsverhältnis für das laufende Urlaubsjahr in Anspruch genommen hat, ist auf den Erholungsurlaub anzurechnen. Erholungsurlaub aus vorangegangenen Urlaubsjahren wird nicht angerechnet.

(2) Erholungsurlaub, den die Beamtin oder der Beamte in einem anderen Beschäftigungsverhältnis während einer Beurlaubung ohne Besoldung aus vorangegangenen Urlaubsjahren erworben und nicht in Anspruch genommen hat, wird nicht übertragen.

§ 7 Inanspruchnahme von Urlaub; Verfall des Urlaubs

(1) Der Urlaub soll grundsätzlich im Urlaubsjahr in Anspruch genommen werden.

(2) Vorbehaltlich des Absatzes 3 verfällt Urlaub, der nicht innerhalb von zwölf Monaten nach dem Ende des Urlaubsjahres in Anspruch genommen worden ist.

(3) Soweit der Erholungsurlaub in Höhe des unionsrechtlich gewährleisteten Mindesturlaubsanspruchs (Artikel 7 Absatz 1 der Richtlinie 2003/88/EG) wegen vorübergehender Dienstunfähigkeit nicht genommen wird, verfällt er spätestens mit Ablauf von 15 Monaten nach dem Ende des Urlaubsjahres.

(4) Für die bei den Postnachfolgeunternehmen beschäftigten Beamtinnen und Beamten kann die oberste Dienstbehörde mit Zustimmung des Bundesministeriums des Innern, für Bau und Heimat und des Bundesministeriums der Finanzen Regelungen treffen, die von den Absätzen 2 und 3 abweichen.

§ 7a Urlaubsansparung zur Kinderbetreuung

(1) Beamtinnen und Beamte können auf Antrag den Erholungsurlaub nach § 5 Abs. 1, der einen Zeitraum von vier Wochen übersteigt, ansparen, solange ihnen für mindestens ein Kind unter zwölf Jahren die Personensorge zusteht.

(2) Der angesparte Erholungsurlaub wird dem Erholungsurlaub des zwölften Urlaubsjahres ab der Geburt des letzten Kindes hinzugefügt, soweit er noch nicht abgewickelt ist. Eine zusammenhängende Inanspruchnahme des angesparten Erholungsurlaubs von mehr als 30 Arbeitstagen soll mindestens drei Monate vorher beantragt werden. Bei der Urlaubsgewährung sind dienstliche Belange zu berücksichtigen.

(3) Der angesparte Erholungsurlaub ist nach Stunden zu berechnen. Bei der Berechnung ist die wöchentliche Arbeitszeit in dem Urlaubsjahr maßgeblich, aus dem Urlaub angespart werden soll.

§ 8 Widerruf und Verlegung

(1) Erholungsurlaub kann ausnahmsweise widerrufen werden, wenn bei Abwesenheit der Beamtin oder des Beamten die ordnungsmäßige Erledigung der Dienstgeschäfte nicht gewährleistet wäre. Mehraufwendungen, die der Beamtin oder dem Beamten durch den Widerruf entstehen, werden nach den Bestimmungen des Reisekostenrechts ersetzt.

(2) Wünscht die Beamtin oder der Beamte aus wichtigen Gründen den Urlaub hinauszuschieben oder abzubrechen, so ist dem Wunsche zu entsprechen, wenn dies mit den Erfordernissen des Dienstes vereinbar ist und die Arbeitskraft der Beamtin oder des Beamten dadurch nicht gefährdet wird.

§ 9 Erkrankung

(1) Werden Beamtinnen oder Beamte während ihres Urlaubs durch Krankheit dienstunfähig und zeigen sie dies unverzüglich an, wird ihnen die Zeit der Dienstunfähigkeit nicht auf den Erholungsurlaub angerechnet. Die Dienstunfähigkeit ist durch ein ärztliches, auf Verlangen durch ein amts- oder vertrauensärztliches Zeugnis nachzuweisen.

(2) Für die Inanspruchnahme von Urlaub wegen der Erkrankung über die bewilligte Zeit hinaus bedarf es einer neuen Bewilligung.

§ 10 Abgeltung

(1) Soweit der Erholungsurlaub in Höhe des unionsrechtlich gewährleisteten Mindesturlaubsanspruchs (Artikel 7 Absatz 1 der Richtlinie 2003/88/EG) vor Beendigung des Beamtenverhältnisses wegen vorübergehender Dienstunfähigkeit nicht genommen worden ist, wird er abgegolten.

(2) Im Urlaubsjahr bereits genommener Erholungsurlaub oder Zusatzurlaub ist auf den unionsrechtlich gewährleisteten Mindesturlaubsanspruch (Artikel 7 Absatz 1 der Richtlinie 2003/88/EG) anzurechnen, unabhängig davon, zu welchem Zeitpunkt der Anspruch entstanden ist.

(3) Die Höhe des Abgeltungsbetrages bemisst sich nach dem Durchschnitt der Bruttobesoldung für die letzten drei Monate vor Beendigung des Beamtenverhältnisses. Bruttobesoldung sind die Dienstbezüge (§ 1 Absatz 2 des Bundesbesoldungsgesetzes), die während eines Erholungsurlaubs weitergezahlt worden wären.

(4) Der Abgeltungsanspruch verjährt innerhalb der regelmäßigen Verjährungsfrist von drei Jahren, beginnend mit dem Ende des Urlaubsjahres, in dem das Beamtenverhältnis beendet wird.

§ 11 *(weggefallen)*

§ 12 Zusatzurlaub

(1) Beamtinnen und Beamte haben Anspruch auf einen halben Arbeitstag zusätzlichen Erholungsurlaub (Zusatzurlaub) im Kalendermonat, wenn sie
1. zu wechselnden Zeiten zum Dienst herangezogen werden und
2. im Kalendermonat mindestens 35 Stunden Dienst in der Zeit zwischen 20 Uhr und 6 Uhr (Nachtdienststunden) leisten.

Dienst zu wechselnden Zeiten wird geleistet, wenn mindestens viermal im Kalendermonat die Differenz zwischen den Anfangsuhrzeiten zweier Dienste mindestens 7 und höchstens 17 Stunden beträgt. Bereitschaftsdienst gilt nicht als Dienst im Sinne dieser Vorschrift. Geleistete Nachtdienststunden, die nicht für einen halben Arbeitstag Zusatzurlaub ausreichen, und Nachtdienststunden, die in einem Kalendermonat über 35 Nachtdienststunden hinaus geleistet worden sind, werden jeweils in den folgenden Kalendermonat übertragen. Der Übertrag ist auf 70 Nachtdienststunden begrenzt. Im Urlaubsjahr werden bis zu sechs Arbeitstage Zusatzurlaub gewährt. Es werden nur ganze Arbeitstage Zusatzurlaub gewährt. Absatz 5 bleibt unberührt. § 5 Absatz 5 ist nicht anzuwenden.

(2) Soweit Beamtinnen und Beamte die Voraussetzungen des Absatzes 1 Satz 1 nicht erfüllen, erhalten sie für jeweils 100 geleistete Nachtdienststunden einen Arbeitstag Zusatzurlaub. Im Urlaubsjahr werden bis zu sechs Arbeitstage Zusatzurlaub gewährt. Nachtdienststunden, die nicht durch die Gewährung eines Arbeitstages Zusatzurlaub abgegolten sind, und Nachtdienststunden, die in einem Urlaubsjahr über 600 Nachtdienststunden hinaus geleistet worden sind, werden in das folgende Urlaubsjahr übertragen. Der Übertrag ist auf 100 Nachtdienststunden begrenzt. Absatz 5 bleibt unberührt. § 5 Absatz 5 ist nicht anzuwenden.

(3) Bei Teilzeitbeschäftigung verringern sich die für die Gewährung von Zusatzurlaub erforderlichen Nachtdienststunden entsprechend dem Verhältnis zwischen der ermäßigten und der regelmäßigen wöchentlichen Arbeitszeit. § 5 Absatz 4 Satz 3 gilt entsprechend. Der Zusatzurlaub ist nach Stunden zu berechnen. Für die Umrechnung entspricht ein als Zusatzurlaub zustehender Arbeitstag der ermäßigten wöchentlichen Arbeitszeit, geteilt durch die Zahl der Wochentage, auf die die ermäßigte Arbeitszeit verteilt ist.

(4) Die Absätze 1 und 2 sind nebeneinander anzuwenden. Der Zusatzurlaub darf insgesamt sechs Arbeitstage je Urlaubsjahr nicht überschreiten. Am Ende des Urlaubsjahres werden übertragene Nachtdienststunden nach Absatz 1 auf übertragene Nachtdienststunden nach Absatz 2 angerechnet, sofern sich hieraus ein Anspruch auf einen weiteren Arbeitstag Zusatzurlaub ergibt und der Anspruch auf maximal sechs Arbeitstage Zusatzurlaub im Urlaubsjahr noch nicht ausgeschöpft ist. Absatz 5 bleibt unberührt.

(5) Der Zusatzurlaub nach den Absätzen 1 und 2 erhöht sich

1. für Beamtinnen und Beamte, die das 50. Lebensjahr im Laufe des Urlaubsjahres vollenden, um einen Arbeitstag,
2. für Beamtinnen und Beamte, die das 60. Lebensjahr im Laufe des Urlaubsjahres vollenden, um einen weiteren Arbeitstag.

§ 13 Sonderregelungen für ehemals bundeseigene Unternehmen

(1) Für den Bereich der Deutschen Bahn Aktiengesellschaft oder einer Gesellschaft, die ausgegliedert worden ist nach § 2 Absatz 1 und § 3 Absatz 3 des Deutsche Bahn Gründungsgesetzes vom 27. Dezember 1993 (BGBl. I S. 2378, 2386), das zuletzt durch Artikel 307 der Verordnung vom 31. Oktober 2006 (BGBl. I S. 2407) geändert worden ist, kann die oberste Dienstbehörde von der Anwendung des § 12 Absatz 1 absehen.

(2) Für Beamtinnen und Beamte, die bei den Postnachfolgeunternehmen beschäftigt sind, kann die oberste Dienstbehörde

1. statt des Zusatzurlaubs Freischichten in entsprechendem Umfang gewähren oder
2. von der Anwendung des § 12 Absatz 1 absehen.

§ 14 Zusatzurlaub für Beamtinnen und Beamte in besonderen Verwendungen

Der Zusatzurlaub für Dienst zu wechselnden Zeiten wird nicht gewährt
1. Beamtinnen und Beamten der Feuerwehr oder des Wachdienstes, wenn sie nach einem Schichtplan eingesetzt sind, der für den Regelfall Schichten von 24 Stunden Dauer vorsieht,
2. Beamtinnen und Beamten, die sich zwischen Dienstende und nächstem Dienstbeginn an Bord von ruhenden Schiffen oder auf ruhenden schwimmenden Geräten bereithalten,
3. Beamtinnen und Beamten, die an Bord von Schiffen oder auf schwimmenden Geräten zur Bord- und Hafenwache oder zur Ankerwache eingesetzt sind.

Dauert mindestens ein Viertel der Schichten, die Beamtinnen und Beamte der Feuerwehr oder des Wachdienstes leisten, weniger als 24, aber mehr als 11 Stunden, erhalten sie für je fünf Monate Schichtdienst im Urlaubsjahr einen Arbeitstag Zusatzurlaub; § 12 Absatz 5 ist nicht anzuwenden.

§ 15 Geltungsbereich

Diese Verordnung gilt auch für die Richterinnen und Richter des Bundes und die Beamtinnen und Beamten der nach Artikel 130 des Grundgesetzes der Bundesregierung unterstehenden Verwaltungsorgane und Einrichtungen.

§ 16 Auslandsverwendung

(1) Für im Ausland tätige Beamtinnen und Beamte, die nicht dem Auswärtigen Dienst angehören, gilt die Heimaturlaubsverordnung entsprechend. Soweit Beamtinnen und Beamte an Dienstorten nach § 1 der Heimaturlaubsverordnung vom 3. Juni 2002 (BGBl. I S. 1784), die zuletzt durch Artikel 1 der Verordnung vom 15. Juni 2010 (BGBl. I S. 792) geändert worden ist, tätig sind, die nicht in der Allgemeinen Verwaltungsvorschrift über zusätzliche Urlaubstage für Beamtinnen und Beamte des Auswärtigen Dienstes an ausländischen Dienstorten erfasst sind, setzt das Bundesministerium des Innern, für Bau und Heimat den Zusatzurlaub im Einvernehmen mit dem Auswärtigen Amt fest.

(2) Im Ausland tätige schwerbehinderte Beamtinnen und Beamte erhalten einen Zusatzurlaub von fünf Arbeitstagen im Jahr; bei Verteilung der regelmäßigen Arbeitszeit auf mehr oder weniger als fünf Arbeitstage in der Kalenderwoche erhöht oder vermindert sich der Zusatzurlaub entsprechend.

§ 17 *(weggefallen)*

4.8 Verordnung über die Nebentätigkeit der Bundesbeamten, Berufssoldaten und Soldaten auf Zeit (Bundesnebentätigkeitsverordnung – BNV)

Bundesnebentätigkeitsverordnung in der Fassung der Bekanntmachung vom 12. November 1987 (BGBl. I S. 2376), die zuletzt durch Artikel 7 des Gesetzes vom 29. März 2017 (BGBl. I S. 626) geändert worden ist, neugefasst durch Bek. v. 12.11.1987 I 2376; zuletzt geändert durch Art. 7 G v. 29.3.2017 I 626

Erster Abschnitt **Ausübung von Nebentätigkeiten**

§ 1 *(weggefallen)*

§ 2 Nebentätigkeit im öffentlichen Dienst

(1) Nebentätigkeit im öffentlichen Dienst ist jede für den Bund, ein Land oder andere Körperschaften, Anstalten oder Stiftungen des öffentlichen Rechts im Bundesgebiet (einschließlich des Landes Berlin) oder für Verbände von solchen ausgeübte Nebentätigkeit; ausgenommen ist eine Nebentätigkeit für öffentlich-rechtliche Religionsgesellschaften oder deren Verbände.

(2) Einer Nebentätigkeit im öffentlichen Dienst steht gleich eine Nebentätigkeit für

1. Vereinigungen, Einrichtungen oder Unternehmen, deren Kapital (Grund- oder Stammkapital) sich unmittelbar oder mittelbar ganz oder überwiegend in öffentlicher Hand befindet oder die fortlaufend ganz oder überwiegend aus öffentlichen Mitteln unterhalten werden,
2. zwischenstaatliche oder überstaatliche Einrichtungen, an denen eine juristische Person oder ein Verband im Sinne des Absatzes 1 Halbsatz 1 durch Zahlung von Beiträgen oder Zuschüssen oder in anderer Weise beteiligt ist,
3. natürliche oder juristische Personen, die der Wahrung von Belangen einer juristischen Person oder eines Verbandes im Sinne des Absatzes 1 Halbsatz 1 dient.

§ 3 Zulässigkeit von Nebentätigkeiten im Bundesdienst

Aufgaben, die für den Bund oder bundesunmittelbare Körperschaften, Anstalten oder Stiftungen des öffentlichen Rechts wahrgenommen werden, sind grundsätzlich in ein Hauptamt einzuordnen. Sie sollen nicht als Nebentätigkeit zugelassen werden, wenn sie mit dem Hauptamt in Zusammenhang stehen.

§ 4 Vergütung

(1) Vergütung für eine Nebentätigkeit ist jede Gegenleistung in Geld oder geldwerten Vorteilen, auch wenn kein Rechtsanspruch auf sie besteht.

(2) Als Vergütung im Sinne des Absatzes 1 gelten nicht

1. der Ersatz von Fahrkosten sowie Tagegelder bis zur Höhe des Betrages, den die Reisekostenvorschriften für Beamte in der höchsten Reisekostenstufe für den vollen Kalendertag vorsehen, oder, sofern bei Anwendung dieser Vorschrif-

ten ein Zuschuß zustehen würde, bis zur Höhe des Gesamtbetrages; entsprechendes gilt für Übernachtungsgelder,
2. der Ersatz sonstiger barer Auslagen, wenn keine Pauschalierung vorgenommen wird.

(3) Pauschalierte Aufwandsentschädigungen sind in vollem Umfang, Tage- und Übernachtungsgelder insoweit, als sie die Beträge nach Absatz 2 Nr. 1 übersteigen, als Vergütung anzusehen.

§ 5 Allgemeine Erteilung, Widerruf der Genehmigung

(1) Die zur Übernahme einer oder mehrerer Nebenbeschäftigungen gegen Vergütung erforderliche Genehmigung gilt allgemein als erteilt, wenn die Nebenbeschäftigungen insgesamt geringen Umfang haben, außerhalb der Dienstzeit ausgeübt werden und kein gesetzlicher Versagungsgrund vorliegt. Der Umfang einer oder mehrerer Nebenbeschäftigungen ist als gering anzusehen, wenn die Vergütung hierfür insgesamt 100 Euro im Monat nicht übersteigt und die zeitliche Beanspruchung durch eine oder mehrere Nebenbeschäftigungen in der Woche ein Fünftel der regelmäßigen wöchentlichen Arbeitszeit nicht überschreitet. In diesen Fällen ist die Nebenbeschäftigung dem Dienstvorgesetzten anzuzeigen, es sei denn, daß es sich um eine einmalige, gelegentliche Nebenbeschäftigung handelt.

(2) Eine als genehmigt geltende Nebenbeschäftigung ist zu untersagen, wenn ihre Ausübung dienstliche Interessen beeinträchtigt.

(3) Wird eine Genehmigung widerrufen oder eine als genehmigt geltende Nebenbeschäftigung oder eine nicht genehmigungspflichtige Nebentätigkeit untersagt, so soll dem Beamten eine angemessene Frist zur Abwicklung der Nebentätigkeit eingeräumt werden, soweit die dienstlichen Interessen dies gestatten.

§ 6 Vergütungen für Nebentätigkeiten und Ablieferungspflicht

(1) Für eine Nebentätigkeit im Bundesdienst (§ 3) wird grundsätzlich eine Vergütung nicht gewährt. Ausnahmen können zugelassen werden für
1. Gutachtertätigkeiten und schriftstellerische Tätigkeiten,
2. Tätigkeiten, deren unentgeltliche Ausübung dem Beamten nicht zugemutet werden kann.

Wird der Beamte für die Nebentätigkeit entsprechend entlastet, darf eine Vergütung nicht gewährt werden.

(2) Werden Vergütungen nach Absatz 1 Satz 2 gewährt, so dürfen sie im Kalenderjahr insgesamt nicht übersteigen

für Beamte in den Besoldungsgruppen	Euro (Bruttobetrag)
A 1 bis A 8	3.700
A 9 bis A 12	4.300
A 13 bis A 16, B 1, C 1, C 2 bis C 3, R 1 und R 2	4.900
B 2 bis B 5, C 4, R 3 bis R 5	5.500
ab B 6, ab R 6	6.100.

Innerhalb des Höchstbetrages ist die Vergütung nach dem Umfang und der Bedeutung der Nebentätigkeit abzustufen. Mit Ausnahme von Tage- und Übernachtungsgeldern dürfen Auslagen nicht pauschaliert werden.

(3) Erhält ein Beamter Vergütungen für eine oder mehrere Nebentätigkeiten im Bundesdienst oder für sonstige Nebentätigkeiten, die er im öffentlichen oder in dem ihm gleichstehenden Dienst oder auf Verlangen, Vorschlag oder Veranlassung seines Dienstvorgesetzten ausübt, so hat er sie insoweit an seinen Dienstherrn im Hauptamt abzuliefern, als sie für die in einem Kalenderjahr ausgeübten Tätigkeiten die in Absatz 2 Satz 1 genannten Bruttobeträge übersteigen. Vor der Ermittlung des abzuliefernden Betrages sind von den Vergütungen abzusetzen die im Zusammenhang mit der Nebentätigkeit entstandenen Aufwendungen für
1. Fahrkosten sowie Unterkunft und Verpflegung bis zur Höhe der in § 4 Abs. 2 Nr. 1 genannten Beträge,
2. die Inanspruchnahme von Einrichtungen, Personal oder Material des Dienstherrn (einschließlich Vorteilsausgleich),
3. sonstige Hilfeleistungen und selbst beschafftes Material.

Voraussetzung ist, daß der Beamte für diese Aufwendungen keinen Auslagenersatz erhalten hat.

(4) Vergütungen im Sinne des Absatzes 3 sind abzuliefern, sobald sie den Betrag übersteigen, der dem Beamten zu belassen ist.

(5) Die Verpflichtungen nach den Absätzen 3 und 4 treffen auch Ruhestandsbeamte und frühere Beamte insoweit, als die Vergütungen für vor der Beendigung des Beamtenverhältnisses ausgeübte Nebentätigkeiten gewährt sind.

§ 7 Ausnahmen von § 6

§ 6 ist mit Ausnahme des Absatzes 1 Satz 3 nicht anzuwenden auf Vergütungen für
1. Lehr-, Unterrichts-, Vortrags- oder Prüfungstätigkeiten,
2. Tätigkeiten als gerichtlicher oder staatsanwaltschaftlicher Sachverständiger,
3. Tätigkeiten auf dem Gebiet der wissenschaftlichen Forschung,
4. Gutachtertätigkeiten von Ärzten, Zahnärzten oder Tierärzten für Versicherungsträger oder für andere juristische Personen des öffentlichen Rechts sowie ärztliche, zahnärztliche oder tierärztliche Verrichtungen dieser Personen, für die nach den Gebührenordnungen Gebühren zu zahlen sind,
5. Tätigkeiten, die während eines unter Wegfall der Besoldung gewährten Urlaubs ausgeübt werden.

§ 8 Abrechnung über die Vergütung aus Nebentätigkeiten

Die Beamten haben nach Ablauf eines jeden Kalenderjahres ihrem Dienstvorgesetzten eine Abrechnung über die ihnen zugeflossenen Vergütungen im Sinne des § 6 vorzulegen, wenn die Vergütungen 500 Euro (brutto) im Kalenderjahr übersteigen. In den Fällen des § 6 Abs. 5 sind auch Ruhestandsbeamte und frühere Beamte hierzu verpflichtet.

Zweiter Abschnitt Inanspruchnahme von Einrichtungen, Personal oder Material des Dienstherrn

§ 9 Genehmigungspflicht

(1) Der Beamte bedarf der vorherigen schriftlichen Genehmigung seiner obersten Dienstbehörde oder der von ihr beauftragten Behörde, wenn er bei der Ausübung

einer Nebentätigkeit Einrichtungen, Personal oder Material seines Dienstherrn in Anspruch nehmen will.

(2) Einrichtungen sind die sächlichen Mittel, insbesondere die Diensträume und deren Ausstattung einschließlich Apparate und Instrumente, mit Ausnahme von Bibliotheken. Material sind die verbrauchbaren Sachen und die Energie.

(3) Aus Anlaß der Mitwirkung an der Nebentätigkeit darf Mehrarbeit, Bereitschaftsdienst oder Rufbereitschaft nicht angeordnet, genehmigt und vergütet werden. Vereinbarungen über eine private Mitarbeit außerhalb der Dienstzeit bleiben unberührt.

(4) Die Genehmigung darf nur erteilt werden, wenn ein öffentliches oder wissenschaftliches Interesse an der Ausübung der Nebentätigkeit besteht. Die Genehmigung ist widerruflich; sie kann befristet werden. In dem Genehmigungsbescheid ist der Umfang der zugelassenen Inanspruchnahme anzugeben. Die Genehmigung darf nur unter der Auflage erteilt werden, daß ein Entgelt für die Inanspruchnahme von Einrichtungen, Personal oder Material gezahlt wird; § 10 Abs. 1 Satz 2 bleibt unberührt.

§ 10 Grundsätze für die Bemessung des Entgelts

(1) Für die Inanspruchnahme von Einrichtungen, Personal oder Material des Dienstherrn hat der Beamte ein angemessenes Entgelt zu entrichten. Auf die Entrichtung eines Entgelts kann verzichtet werden

1. bei einer unentgeltlichen Nebentätigkeit,
2. wenn die Nebentätigkeit auf Verlangen, Vorschlag oder Veranlassung des Dienstvorgesetzten ausgeübt wird oder
3. wenn der Betrag 100 Euro im Kalenderjahr nicht übersteigt.

(2) Die Höhe des Entgelts richtet sich nach den Grundsätzen der Kostendeckung und des Vorteilsausgleichs.

(3) Nehmen mehrere Beamte Einrichtungen, Personal oder Material des Dienstherrn gemeinschaftlich in Anspruch, sind sie als Gesamtschuldner zur Entrichtung des Entgelts verpflichtet.

§ 11 Allgemeines Entgelt

(1) Das Entgelt außerhalb des in § 12 geregelten Bereichs wird pauschaliert nach einem Vomhundertsatz der für die Nebentätigkeit bezogenen (Brutto-) Vergütung bemessen. Es beträgt im Regelfall

5 v. H.	für die Inanspruchnahme von Einrichtungen,
10 v. H.	für die Inanspruchnahme von Personal,
5 v. H.	für den Verbrauch von Material,
10 v. H.	für den durch die Inanspruchnahme von Einrichtungen, Personal oder Material erwachsenen wirtschaftlichen Vorteil.

(2) Die oberste Dienstbehörde kann im Einvernehmen mit dem Bundesminister der Finanzen abweichend von Absatz 1 Gebührenordnungen und sonstige allgemeine Kostentarife, soweit sie die entstandenen Kosten abdecken und Vorteile ausgleichen, für anwendbar erklären; das gleiche gilt für die Aufsichtsbehörde der Träger der Sozialversicherung, soweit der zuständige Fachminister ihr diese Befugnis übertragen hat.

(3) Wird die Nebentätigkeit unentgeltlich ausgeübt, ohne daß auf ein Entgelt nach § 10 Abs. 1 Satz 2 Nr. 1 verzichtet wird, so bemißt sich die Höhe des Entgelts nach dem Wert der Inanspruchnahme von Personal, Einrichtungen oder Material; das Entgelt für den wirtschaftlichen Vorteil entfällt.

(4) Wird nachgewiesen, daß das nach den Vomhundertsätzen des Absatzes 1 berechnete Entgelt offensichtlich um mehr als 25 v. H. niedriger oder höher ist als es dem Wert der Inanspruchnahme entspricht, so ist es von Amts wegen oder auf Antrag des Beamten nach dem Wert
1. der anteiligen Kosten für die Beschaffung, Unterhaltung und Verwaltung der benutzten Einrichtungen,
2. der anteiligen Kosten für das in Anspruch genommene Personal einschließlich der Personalnebenkosten und der Gemeinkosten,
3. der Beschaffungs- und anteiligen Verwaltungskosten für das Material,
4. des durch die Bereitstellung von Einrichtungen, Personal oder Material erwachsenen wirtschaftlichen Vorteils des Beamten (Vorteilsausgleich)

festzusetzen. Der Beamte muß den Nachweis innerhalb einer Ausschlußfrist von drei Monaten nach Festsetzung des Entgelts erbringen. Die Entscheidung trifft die oberste Dienstbehörde. Sie kann diese Befugnis auf unmittelbar nachgeordnete Behörden übertragen.

§ 12 Entgelt für ärztliche und zahnärztliche Nebentätigkeiten

(1) Das Entgelt (Kostenerstattung und Vorteilsausgleich) für ärztliche und zahnärztliche Nebentätigkeiten in Krankenhäusern und in den sanitätsdienstlichen Einrichtungen der Bundeswehr ist zu pauschalieren, soweit in den Absätzen 2 und 3 nichts anderes bestimmt oder zugelassen wird. Für ärztliche und zahnärztliche Nebentätigkeiten in anderen Tätigkeitsbereichen richtet sich die Höhe des Entgelts nach den allgemeinen Bestimmungen des § 11.

(2) Die Höhe der Kostenerstattung bemißt sich nach den vom zuständigen Fachminister zu erlassenden Bestimmungen, die den Grundsätzen der Kostendeckung entsprechen müssen; für die Träger der Sozialversicherung kann die Regelungsbefugnis der Aufsichtsbehörde übertragen werden. Soweit Ärzte oder Zahnärzte für die in Absatz 1 Satz 1 genannten Tätigkeiten bereits nach Rechtsvorschriften des Bundes eine den Grundsätzen der Kostendeckung entsprechende Kostenerstattung leisten, entfällt eine Kostenerstattung nach Satz 1.

(3) Der Vorteilsausgleich beträgt 20 vom Hundert der im Kalenderjahr aus der Nebentätigkeit erzielten Einnahmen bis 100.000 Euro, die dem Beamten nach Abzug der nach Absatz 2 zu erstattenden Kosten verbleiben, und 30 vom Hundert von dem darüber hinausgehenden Mehrbetrag. Bei einem Honorarverzicht ist ein Vorteilsausgleich nicht zu entrichten.

§ 13 Festsetzung des Entgelts

(1) Das zu zahlende Entgelt wird von der für die Genehmigung nach § 9 Abs. 1 zuständigen oder der von ihr mit seiner Berechnung beauftragten Stelle nach dem Ende der Inanspruchnahme, mindestens jedoch halbjährlich festgesetzt. Ist die Höhe des Entgelts bereits im Zeitpunkt der Genehmigung zu übersehen, so soll das Entgelt zugleich mit der Genehmigung festgesetzt werden. Das Entgelt wird einen Monat nach der Festsetzung fällig, im Falle des Satzes 2 einen Monat nach dem Ende der Inanspruchnahme, mindestens jedoch halbjährlich.

(2) Der Beamte ist verpflichtet, das Ende der Inanspruchnahme der nach § 9 Abs. 1 zuständigen Stelle unverzüglich schriftlich oder elektronisch anzuzeigen. Er hat die für die Berechnung des Entgelts notwendigen Aufzeichnungen zu führen und mit den zur Glaubhaftmachung notwendigen Belegen unverzüglich nach Beendigung, bei fortlaufender Inanspruchnahme mindestens halbjährlich vorzulegen. Diese Unterlagen sind fünf Jahre, vom Tage der Festsetzung des Entgelts an gerechnet, aufzubewahren.

Dritter Abschnitt **Geltungsbereich, Berlinklausel, Inkrafttreten**

§ 14 Geltung für Berufssoldaten und Soldaten auf Zeit

Diese Verordnung gilt für Berufssoldaten und Soldaten auf Zeit entsprechend.

§ 15 *(weggefallen)*

§ 16

(Inkrafttreten)

4.9 Verordnung über die Gewährung von Dienstjubiläumszuwendungen (Dienstjubiläumsverordnung – DJubV)

Dienstjubiläumsverordnung vom 18. Dezember 2014 (BGBl. I S. 2267), die durch Artikel 3 des Gesetzes vom 3. Dezember 2015 (BGBl. I S. 2163) geändert worden ist; geändert durch Art. 3 G v. 3.12.2015 I 2163

Eingangsformel

Auf Grund des § 84 des Bundesbeamtengesetzes vom 5. Februar 2009 (BGBl. I S. 160) und des § 30 Absatz 4 in Verbindung mit § 93 Absatz 1 Nummer 5 des Soldatengesetzes in der Fassung der Bekanntmachung vom 30. Mai 2005 (BGBl. I S. 1482) verordnet die Bundesregierung:

§ 1 Persönlicher Geltungsbereich

Diese Verordnung gilt
1. für die Beamtinnen und Beamten des Bundes,
2. für die Soldatinnen und Soldaten.

Für die Richterinnen und Richter im Bundesdienst gelten die für Beamtinnen und Beamte geltenden Vorschriften dieser Verordnung nach § 46 des Deutschen Richtergesetzes entsprechend.

§ 2 Dienstjubiläen, Dankurkunden und Dienstjubiläumszuwendungen

(1) Anlässlich des 25-jährigen, 40-jährigen und 50-jährigen Dienstjubiläums wird eine Dankurkunde ausgehändigt und wird eine Dienstjubiläumszuwendung gewährt.

(2) Die Zuwendung beträgt nach einer Dienstzeit von
1. 25 Jahren 350 Euro,
2. 40 Jahren 500 Euro,
3. 50 Jahren 600 Euro.

(3) Die Absätze 1 und 2 gelten nicht für Personen, denen aus demselben Anlass bereits eine Zuwendung aus öffentlichen Mitteln gewährt worden ist.

(4) § 12 Absatz 3 Satz 1 Nummer 5 der Sonderurlaubsverordnung bleibt unberührt.

§ 3 Berücksichtigungsfähige Zeiten

(1) Bei der Berechnung der Dienstzeit nach § 2 werden berücksichtigt:
1. Zeiten
   a) einer hauptberuflichen Tätigkeit,
   b) einer Ausbildung,
   c) einer Tätigkeit als Ehrenbeamtin oder Ehrenbeamter

   bei einem öffentlich-rechtlichen Dienstherrn (§ 29 Absatz 1 des Bundesbesoldungsgesetzes),
2. Zeiten einer Tätigkeit in einem öffentlich-rechtlichen Amtsverhältnis,
3. Zeiten einer Tätigkeit
   a) als Mitglied des Europäischen Parlaments, des Deutschen Bundestages oder der gesetzgebenden Körperschaft eines Landes,

b) als Mitarbeiterin oder Mitarbeiter einer Fraktion
   aa) des Europäischen Parlaments,
   bb) des Deutschen Bundestages oder
   cc) der gesetzgebenden Körperschaft eines Landes,
4. Zeiten geleisteter Dienste nach § 28 Absatz 1 Satz 1 Nummer 3 des Bundesbesoldungsgesetzes,
5. Zeiten eines Urlaubs ohne Besoldung, soweit die oberste Dienstbehörde oder die von ihr bestimmte Stelle spätestens bei Beendigung des Urlaubs schriftlich oder elektronisch anerkannt hat, dass der Urlaub dienstlichen Interessen oder öffentlichen Belangen dient,
6. Zeiten einer Kinderbetreuung oder einer Pflege der Ehegattin oder des Ehegatten, der Lebenspartnerin oder des Lebenspartners, von Eltern, Schwiegereltern, Geschwistern und Kindern der Dienstjubilarin oder des Dienstjubilars entsprechend § 28 Absatz 1 Satz 4 in Verbindung mit § 17b des Bundesbesoldungsgesetzes, wenn eine Tätigkeit nach den Nummern 1 bis 5 nach dem für das zugrunde liegende Dienstverhältnis geltenden Recht unterbrochen ist.

(2) Auf Antrag der Dienstjubilarin oder des Dienstjubilars werden berücksichtigt:
1. Zeiten, die durch eine nachträgliche Rechtsänderung berücksichtigungsfähig geworden sind,
2. Zeiten eines nach freiheitlich-demokratischer Auffassung nicht selbst zu vertretenden Gewahrsams, der insgesamt länger als drei Monate gedauert hat und infolge dessen die Leistungen nach dem Häftlingshilfegesetz gewährt werden,
3. Zeiten einer Freiheitsentziehung, die insgesamt länger als drei Monate gedauert hat, soweit die Freiheitsentziehung auf einer Entscheidung beruht, die wegen Unvereinbarkeit mit rechtsstaatlichen Maßstäben rechtskräftig aufgehoben worden ist
   a) nach dem Strafrechtlichen Rehabilitierungsgesetz,
   b) nach dem Rehabilitierungsgesetz der Deutschen Demokratischen Republik vom 6. September 1990 (GBl. I Nr. 60 S. 1459) oder
   c) nach den Vorschriften über Kassation (§§ 311 bis 327) der Strafprozessordnung der Deutschen Demokratischen Republik in der Fassung der Bekanntmachung vom 19. Dezember 1974 (GBl. I Nr. 4 S. 62), die zuletzt durch Artikel 4 Nummer 2 der Vereinbarung vom 18. September 1990 (BGBl. 1990 II S. 885, 1243) geändert worden ist.

Zeiten nach Satz 1 Nummer 3 Buchstabe a werden nur berücksichtigt, wenn keine Ausschlussgründe für die Gewährung sozialer Ausgleichsleistungen nach § 16 Absatz 2 des Strafrechtlichen Rehabilitierungsgesetzes vorliegen.

(3) Derselbe Zeitraum wird nur einmal berücksichtigt.

(4) Zeiten einer Teilzeitbeschäftigung werden wie Zeiten einer Vollzeitbeschäftigung berücksichtigt.

(5) § 30 des Bundesbesoldungsgesetzes gilt entsprechend.

§ 4 Aushändigung der Dankurkunde

(1) Die Dankurkunde darf nicht vor dem Tag des Dienstjubiläums ausgehändigt werden.

(2) Im Einvernehmen mit der Dienstjubilarin oder dem Dienstjubilar kann die Dankurkunde nach Eintritt in den Ruhestand ausgehändigt werden.

§ 5 Zurückstellung oder Hinausschiebung der Aushändigung der Dankurkunde und der Gewährung der Zuwendung

(1) Die Aushändigung der Dankurkunde und die Gewährung der Zuwendung werden zurückgestellt, solange gegen die Dienstjubilarin oder den Dienstjubilar ein Straf- oder Disziplinarverfahren anhängig ist.

(2) Wenn gegen die Dienstjubilarin oder den Dienstjubilar eine Disziplinarmaßnahme verhängt worden ist, werden die Aushändigung der Dankurkunde und die Gewährung der Zuwendung hinausgeschoben

1. bei Beamtinnen und Beamten bis zum Ablauf der Frist für ein Verwertungsverbot nach § 16 des Bundesdisziplinargesetzes,
2. bei Soldatinnen und Soldaten bis zum Ablauf einer Frist
   a) von fünf Jahren nach Verhängung einer Kürzung der Dienstbezüge,
   b) von sieben Jahren nach Verhängung eines Beförderungsverbots,
   c) von acht Jahren nach Verhängung einer Herabsetzung in der Besoldungsgruppe oder einer Dienstgradherabsetzung.

Satz 1 gilt entsprechend, wenn eine Disziplinarmaßnahme nur im Hinblick auf § 14 Absatz 1 des Bundesdisziplinargesetzes oder auf § 16 der Wehrdisziplinarordnung nicht verhängt worden ist; in diesem Fall beginnt die Frist mit dem Tag, an dem die Entscheidung über die Einstellung des Disziplinarverfahrens wirksam geworden ist.

§ 6 Zuständigkeit

Zuständig für die Durchführung dieser Verordnung ist die oberste Dienstbehörde. Sie kann die Aufgabe auf nachgeordnete Behörden übertragen.

§ 7 Inkrafttreten, Außerkrafttreten

Diese Verordnung tritt am Tag nach der Verkündung in Kraft. Gleichzeitig treten außer Kraft:

1. die Verordnung über die Gewährung von Jubiläumszuwendungen an Beamte und Richter des Bundes in der Fassung der Bekanntmachung vom 13. März 1990 (BGBl. I S. 487), die zuletzt durch Artikel 15 Absatz 19 des Gesetzes vom 5. Februar 2009 (BGBl. I S. 160) geändert worden ist, sowie
2. die Soldatenjubiläumsverordnung vom 24. Juli 2002 (BGBl. I S. 2806).

5. Wehrpflicht und Reservedienst

5.1 Wehrpflicht und Kriegsdienstverweigerung

5.1.1 Wehrpflichtgesetz (WPflG)

Wehrpflichtgesetz in der Fassung der Bekanntmachung vom 15. August 2011 (BGBl. I S. 1730), das zuletzt durch Artikel 1 des Gesetzes vom 22. Dezember 2025 (BGBl. 2025 I Nr. 370)

Inhaltsübersicht

Abschnitt 1 Wehrpflicht

Unterabschnitt 1 Umfang der Wehrpflicht

§ 1 Allgemeine Wehrpflicht

(1) Wehrpflichtig sind alle Männer vom vollendeten 18. Lebensjahr an, die Deutsche im Sinne des Grundgesetzes sind und

1. ihren ständigen Aufenthalt in der Bundesrepublik Deutschland haben oder
2. ihren ständigen Aufenthalt außerhalb der Bundesrepublik Deutschland haben und entweder
   a) ihren früheren ständigen Aufenthalt in der Bundesrepublik Deutschland hatten oder
   b) einen Pass oder eine Staatsangehörigkeitsurkunde der Bundesrepublik Deutschland besitzen oder sich auf andere Weise ihrem Schutz unterstellt haben.

(2) Die Wehrpflicht ruht, solange Wehrpflichtige ihren ständigen Aufenthalt und ihre Lebensgrundlage außerhalb der Bundesrepublik Deutschland haben, wenn Tatsachen die Annahme rechtfertigen, dass sie beabsichtigen, ihren ständigen Aufenthalt im Ausland beizubehalten.

(3) Die Wehrpflicht ruht nicht, wenn Wehrpflichtige ihren ständigen Aufenthalt

1. während des Wehrdienstes aus der Bundesrepublik Deutschland hinausverlegen,
2. ohne die nach § 3 Absatz 2 erforderliche Genehmigung aus der Bundesrepublik Deutschland hinausverlegen oder
3. aus der Bundesrepublik Deutschland hinausverlegen, ohne sie zu verlassen.

§ 2 Anwendung dieses Gesetzes

(1) Die nachfolgenden Vorschriften gelten nach Maßgabe der folgenden Absätze.

(2) Die §§ 3 bis 52 gelten im Spannungs- oder Verteidigungsfall.

(3) Außerhalb des Spannungs- oder Verteidigungsfalls gelten die §§ 3, 8a bis 20b, 25, 32 bis 35, 44 und 45.

(4) Die §§ 15a und 16 sind nur auf Betroffene anzuwenden, die nach dem 31. Dezember 2007 geboren sind. Satz 1 gilt nicht im Spannungs- oder Verteidigungsfall.

§ 2a Anordnung der Bedarfswehrpflicht durch Gesetz

Der Bundestag entscheidet durch Gesetz über die Einsetzung einer Bedarfswehrpflicht, insbesondere, wenn die verteidigungspolitische Lage oder die Personallage der Streitkräfte dies erforderlich macht. Dabei soll sich die Einberufung unter Beachtung der wehrpflichtrechtlichen Voraussetzungen und dem Nichtvorliegen von Wehrdienstausnahmen gemäß den §§ 9 bis 13b am Bedarf der Streitkräfte orientieren. Übersteigt die Zahl der für den Grundwehrdienst zur Verfügung stehenden geeigneten Wehrpflichtigen den Bedarf, kann für die Auswahl der einzuberufenden Wehrpflichtigen ein Zufallsverfahren vorgesehen werden, wenn alle anderen Maßnahmen ausgeschöpft sind. Die Ausgestaltung dieses Verfahrens bleibt einer weiteren gesetzlichen Regelung vorbehalten.

§ 3 Inhalt und Dauer der Wehrpflicht

(1) Die Wehrpflicht wird durch den Wehrdienst oder im Falle des § 1 des Kriegsdienstverweigerungsgesetzes durch den Zivildienst erfüllt. Sie umfasst die Pflicht, sich zu melden, vorzustellen, nach Maßgabe dieses Gesetzes Auskünfte zu erteilen und Unterlagen vorzulegen, sich auf die geistige und körperliche Tauglichkeit und auf die Eignung für die Verwendungen in den Streitkräften untersuchen zu lassen sowie zum Gebrauch im Wehrdienst bestimmte Bekleidungs- und Ausrüstungsstücke zu übernehmen und entsprechend dem Einberufungsbescheid zum Dienstantritt mitzubringen.

(2) Männliche Personen haben nach Vollendung des 17. Lebensjahres eine Genehmigung des zuständigen Karrierecenters der Bundeswehr einzuholen, wenn sie die Bundesrepublik Deutschland länger als drei Monate verlassen wollen, ohne dass die Voraussetzungen des § 1 Absatz 2 bereits vorliegen. Das Gleiche gilt, wenn sie über einen genehmigten Zeitraum hinaus außerhalb der Bundesrepublik Deutschland verbleiben wollen oder einen nicht genehmigungspflichtigen Aufenthalt außerhalb der Bundesrepublik Deutschland über drei Monate ausdehnen wollen. Die Genehmigung ist für den Zeitraum zu erteilen, in dem die männliche Person für eine Einberufung zum Wehrdienst nicht heransteht. Über diesen Zeitraum hinaus ist sie zu erteilen, soweit die Versagung für die männliche Person eine besondere – im Bereitschafts-, Spannungs- oder Verteidigungsfall eine unzumutbare – Härte bedeuten würde; § 12 Absatz 6 ist entsprechend anzuwenden. Das Bundesministerium der Verteidigung kann Ausnahmen von der Genehmigungspflicht zulassen.

(3) Die Wehrpflicht endet mit Ablauf des Jahres, in dem der Wehrpflichtige das 45. Lebensjahr vollendet.

(4) Bei Offizieren und Unteroffizieren endet die Wehrpflicht mit Ablauf des Jahres, in dem sie das 60. Lebensjahr vollenden.

(5) Im Spannungs- oder Verteidigungsfall endet die Wehrpflicht mit Ablauf des Jahres, in dem der Wehrpflichtige das 60. Lebensjahr vollendet.

Unterabschnitt 2 **Wehrdienst**

§ 4 Arten des Wehrdienstes

(1) Der nach Maßgabe dieses Gesetzes zu leistende Wehrdienst umfasst
1. den Grundwehrdienst (§ 5),
2. die Wehrübungen (§ 6),
3. die freiwillige Verlängerung des Grundwehrdienstes (§ 6a) und
4. den unbefristeten Wehrdienst im Spannungs- oder Verteidigungsfall.

(2) (weggefallen)

(3) Der Wehrdienst kann auch freiwillig geleistet werden. Wer auf Grund freiwilliger Verpflichtung einen Wehrdienst nach Absatz 1 leistet, hat die Rechtsstellung eines Soldaten, der auf Grund der Wehrpflicht Wehrdienst leistet.

§ 5 Grundwehrdienst

(1) Grundwehrdienst leisten Wehrpflichtige, die zu dem für den Diensteintritt festgesetzten Zeitpunkt das 23. Lebensjahr noch nicht vollendet haben. Abweichend hier-

von leisten Grundwehrdienst Wehrpflichtige, die zu dem für den Diensteintritt festgesetzten Zeitpunkt

1. das 25. Lebensjahr noch nicht vollendet haben, wenn sie
   a) wegen einer Zurückstellung nach § 12 nicht vor Vollendung des 23. Lebensjahres zum Grundwehrdienst herangezogen werden konnten und der Zurückstellungsgrund entfallen ist,
   b) wegen eines ungenehmigten Auslandsaufenthalts (§ 3 Absatz 2) nicht bis zur Vollendung des 23. Lebensjahres zum Grundwehrdienst herangezogen werden konnten,
   c) nach § 29 Absatz 6 Satz 1 als aus dem Grundwehrdienst entlassen gelten und nach Absatz 3 Satz 1 eine Nachdienverpflichtung zu erfüllen haben,
   d) nach Vollendung des 22. Lebensjahres auf ihre Anerkennung als Kriegsdienstverweigerer verzichten, es sei denn, dass sie im Zeitpunkt des Verzichts wegen Überschreitens der bis zu diesem Zeitpunkt maßgeblichen Altersgrenze nicht mehr zum Zivildienst einberufbar sind und sich nicht im Zivildienst befinden oder
   e) wegen Aussetzung der Vollziehung des Einberufungsbescheides oder der Anordnung der aufschiebenden Wirkung des Widerspruchs oder der Klage nicht vor Vollendung des 23. Lebensjahres zum Grundwehrdienst herangezogen werden konnten;
2. das 32. Lebensjahr noch nicht vollendet haben, wenn sie wegen ihrer beruflichen Ausbildung während des Grundwehrdienstes vorwiegend militärfachlich verwendet werden;
3. das 28. Lebensjahr noch nicht vollendet haben, wenn sie wegen einer Verpflichtung zur Leistung eines Dienstes als Helfer im Zivilschutz oder Katastrophenschutz (§ 13a) oder wegen einer Verpflichtung zur Leistung eines Entwicklungsdienstes (§ 13b) nicht vor Vollendung des 23. Lebensjahres zum Grundwehrdienst herangezogen worden sind.

Bei Wehrpflichtigen, die wegen eines Anerkennungsverfahrens nach den Vorschriften des Kriegsdienstverweigerungsgesetzes nicht mehr vor Vollendung des 23. Lebensjahres oder vor Eintritt einer bis dahin bestehen gebliebenen Wehrdienstausnahme zum Grundwehrdienst einberufen werden konnten, verlängert sich der Zeitraum, innerhalb dessen Grundwehrdienst zu leisten ist, um die Dauer des Anerkennungsverfahrens, nicht jedoch über die Vollendung des 25. Lebensjahres hinaus.

(2) Der Grundwehrdienst dauert sechs Monate und wird zusammenhängend geleistet. Einem Antrag auf vorzeitige Heranziehung kann nach Vollendung des 17. Lebensjahres und soll nach Vollendung des 18. Lebensjahres entsprochen werden. Der Antrag Minderjähriger bedarf der Zustimmung des gesetzlichen Vertreters.

(3) Tage, an denen ein Wehrpflichtiger während des Grundwehrdienstes infolge

1. schuldhafter Abwesenheit von der Truppe oder Dienststelle,
2. schuldhafter Dienstverweigerung,
3. Aussetzung der Vollziehung des Einberufungsbescheides,
4. Verbüßung von Freiheitsstrafe, Strafarrest, Jugendstrafe, Jugendarrest, Disziplinararrest, strengem Disziplinararrest oder
5. Untersuchungshaft, der eine rechtskräftige Verurteilung gefolgt ist,

keinen Dienst geleistet hat, sind nachzudienen. Tage, an denen der Soldat während der Verbüßung von Disziplinararrest oder strengem Disziplinararrest zu dienstlichen Aufgaben außerhalb der Vollzugseinrichtung herangezogen wird, sind nicht nachzudienen. Dies gilt auch, wenn der Soldat Freiheitsstrafe, Strafarrest oder Jugendarrest in einer Vollzugseinrichtung der Bundeswehr verbüßt oder wenn er aus Gründen, die nicht in seiner Person liegen, während des Vollzuges bei der Bundeswehr nicht zu dienstlichen Aufgaben außerhalb der Vollzugseinrichtung herangezogen wird.

§ 6 Wehrübungen

(1) Eine Wehrübung dauert grundsätzlich höchstens drei Monate. Über Ausnahmen entscheidet das Bundesministerium der Verteidigung.

(2) Die Gesamtdauer der verpflichtenden Wehrübungen beträgt bei Mannschaften höchstens sechs, bei Unteroffizieren höchstens neun und bei Offizieren höchstens zwölf Monate.

(3) Die Gesamtdauer der Wehrübungen verlängert sich bei Wehrpflichtigen, die aus dem Grundwehrdienst vorzeitig entlassen wurden, um die Zeit, um die sie vorzeitig entlassen worden sind, soweit sie nicht für diese Zeit erneut zum Grundwehrdienst einberufen werden.

(4) (weggefallen)

(5) (weggefallen)

(6) Für Wehrübungen, die als Bereitschaftsdienst von der Bundesregierung angeordnet worden sind, gilt die zeitliche Begrenzung des Absatzes 1 nicht. Auf die Gesamtdauer der Wehrübungen nach den Absätzen 2 und 3 werden sie nicht angerechnet; das Bundesministerium der Verteidigung kann eine Anrechnung anordnen.

(7) Das Bundesministerium der Verteidigung kann für Wehrpflichtige, die zu Wehrübungen herangezogen werden sollen, die Verwendungsfähigkeit allgemein oder für den Einzelfall abweichend von § 8a Absatz 2 Satz 1 bestimmen.

§ 6a Freiwillige Verlängerung des Grundwehrdienstes

(1) Wehrpflichtige können ihren Grundwehrdienst freiwillig um mindestens einen, längstens fünf Monate verlängern.

(2) Die Gesamtdauer des Grundwehrdienstes ist im Einberufungsbescheid einheitlich festzusetzen. Wenn der Grundwehrdienst nach Zustellung des Einberufungsbescheides verlängert wird, ändern die Wehrersatzbehörden diesen Bescheid entsprechend.

(3) In der verlängerten Dienstzeit ist § 29 Absatz 4 Nummer 1 mit den Maßgaben anzuwenden, dass der Soldat zu entlassen ist und es der Anhörung der Wehrersatzbehörde sowie der Prüfung, ob die geltend gemachten Gründe die Zurückstellung vom Wehrdienst nach der Entlassung rechtfertigen, nicht bedarf. Die Gesamtdauer des festgesetzten Wehrdienstes kann bis auf die Dauer des Grundwehrdienstes verkürzt werden, wenn dies im dienstlichen Interesse liegt und der Soldat der Verkürzung zustimmt. Die Gesamtdauer des festgesetzten Wehrdienstes soll auch ohne Zustimmung des Soldaten verkürzt werden, wenn er durch sein bisheriges Verhalten oder durch Leistungsdefizite, die auch gesundheitlichen Ursprungs sein können, gezeigt hat, dass er die Eignungs- und Leistungsanforderungen, die an einen Soldaten zu stellen sind, der verlängerten Grundwehrdienst leistet, nicht oder nicht mehr erfüllt. Absatz 2 Satz 2 gilt entsprechend.

§ 7 Anrechnung von freiwillig geleistetem Wehrdienst und von geleistetem Zivildienst

(1) Der auf Grund freiwilliger Verpflichtung in der Bundeswehr geleistete Wehrdienst ist auf den Grundwehrdienst anzurechnen; er kann auch auf Wehrübungen angerechnet werden.

(2) Wehrpflichtige, die auf ihre Anerkennung als Kriegsdienstverweigerer verzichtet haben oder denen die Berechtigung, den Kriegsdienst mit der Waffe zu verweigern, rechtskräftig aberkannt worden ist, werden im Frieden nicht zum Wehrdienst herangezogen, wenn sie Zivildienst von der in § 24 Absatz 2 des Zivildienstgesetzes bestimmten Dauer geleistet haben. Wird der Zivildienst vorzeitig beendet, ist die im Zivildienst zurückgelegte Zeit auf den Wehrdienst anzurechnen.

§ 8 Wehrdienst außerhalb der Bundeswehr; Anrechnung von Wehrdienst und anderen Diensten außerhalb der Bundeswehr

(1) Wehrpflichtige dürfen sich nur mit Zustimmung des Bundesministeriums der Verteidigung zu einem Wehrdienst außerhalb der Bundeswehr verpflichten. Dies gilt nicht bei Wehrdienst, der auf Grund gesetzlicher Vorschrift des Aufenthaltsstaates zu leisten ist.

(2) Das Bundesministerium der Verteidigung kann im Einzelfall außerhalb der Bundeswehr geleisteten Wehrdienst oder anstelle des Wehrdienstes geleisteten anderen Dienst auf den Wehrdienst nach diesem Gesetz ganz oder zum Teil anrechnen. Der Wehrdienst oder der anstelle des Wehrdienstes geleistete andere Dienst soll angerechnet werden, wenn er auf Grund gesetzlicher Vorschrift geleistet worden ist; dies gilt auch, wenn das Bundesministerium der Verteidigung dem Wehrdienst außerhalb der Bundeswehr zugestimmt hat.

(3) Das Bundesministerium der Verteidigung kann die in den Absätzen 1 und 2 genannten Befugnisse auf eine nachgeordnete Stelle übertragen.

(4) Die Anträge auf Zustimmung zur Ableistung von Wehrdienst außerhalb der Bundeswehr und auf Anrechnung des dort geleisteten Wehrdienstes oder des anstelle des Wehrdienstes geleisteten anderen Dienstes sind beim Karrierecenter der Bundeswehr zu stellen. Das Karrierecenter der Bundeswehr kann zum Nachweis des Wehrdienstes außerhalb der Bundeswehr oder des anstelle des Wehrdienstes geleisteten anderen Dienstes eine Versicherung des Wehrpflichtigen an Eides statt verlangen.

§ 8a Tauglichkeitsgrade; Verwendungsgrade

(1) Folgende Tauglichkeitsgrade werden festgesetzt:
- wehrdienstfähig,
- vorübergehend nicht wehrdienstfähig,
- nicht wehrdienstfähig.

(2) Wehrdienstfähige Wehrpflichtige sind nach Maßgabe des ärztlichen Urteils voll verwendungsfähig oder verwendungsfähig mit Einschränkung für bestimmte Tätigkeiten. Im Rahmen ihrer Verwendungsfähigkeit stehen sie für den Wehrdienst zur Verfügung, soweit dieses Gesetz nichts anderes bestimmt.

Unterabschnitt 3 **Wehrdienstausnahmen**

§ 9 Wehrdienstunfähigkeit

Zum Wehrdienst wird nicht herangezogen, wer nicht wehrdienstfähig ist.

§ 10 Ausschluss vom Wehrdienst

Vom Wehrdienst ist ausgeschlossen,
1. wer durch ein deutsches Gericht wegen eines Verbrechens zu Freiheitsstrafe von mindestens einem Jahr oder wegen einer vorsätzlichen Tat, die nach den Vorschriften über Friedensverrat, Hochverrat, Gefährdung des demokratischen Rechtsstaates oder Landesverrat, Gefährdung der äußeren Sicherheit oder Volksverhetzung strafbar ist, zu Freiheitsstrafe von sechs Monaten oder mehr verurteilt worden ist, es sei denn, dass die Eintragung über die Verurteilung im Zentralregister getilgt ist,
2. wer infolge Richterspruchs die Fähigkeit zur Bekleidung öffentlicher Ämter nicht besitzt,
3. wer einer Maßregel der Besserung und Sicherung nach den §§ 64, 66, 66a oder 66b des Strafgesetzbuches unterworfen ist, solange die Maßregel nicht erledigt ist,
4. wer unveränderliche Merkmale des Erscheinungsbilds aufweist, die mit den Vorgaben der Rechtsverordnung nach § 4 Absatz 4 des Soldatengesetzes nicht vereinbar sind.

§ 11 Befreiung vom Wehrdienst

(1) Vom Wehrdienst sind befreit
1. ordinierte Geistliche evangelischen Bekenntnisses,
2. Geistliche römisch-katholischen Bekenntnisses, die die Diakonatsweihe empfangen haben,
3. hauptamtlich tätige Geistliche anderer Bekenntnisse, deren Amt dem eines ordinierten Geistlichen evangelischen oder eines Geistlichen römisch-katholischen Bekenntnisses, der die Diakonatsweihe empfangen hat, entspricht,
4. schwerbehinderte Menschen,
5. Wehrpflichtige, die auf Grund eines völkerrechtlichen Vertrages für die Dauer einer Tätigkeit in einer internationalen Behörde eine entsprechende Befreiung genießen.

(2) Vom Wehrdienst sind Wehrpflichtige auf Antrag zu befreien,
1. deren Vater, Mutter, Bruder oder Schwester an den Folgen einer Wehr- oder Zivildienstbeschädigung verstorben ist,
2. deren zwei Geschwister
   a) Grundwehrdienst von der in § 5 Absatz 1a bestimmten Dauer,
   b) Zivildienst von der in § 24 Absatz 2 des Zivildienstgesetzes bestimmten Dauer,
   c) Dienst im Zivilschutz oder Katastrophenschutz nach § 13a Absatz 1 Satz 1 dieses Gesetzes oder nach § 14 Absatz 1 des Zivildienstgesetzes,
   d) Entwicklungsdienst nach § 13b Absatz 1 dieses Gesetzes oder nach § 14a Absatz 1 des Zivildienstgesetzes,
   e) einen anderen Dienst im Ausland nach § 14b Absatz 1 des Zivildienstgesetzes,

f) einen freiwilligen Dienst nach dem Jugendfreiwilligendienstegesetz oder nach dem Bundesfreiwilligendienstgesetz von jeweils mindestens sechs Monaten,
g) ein freies Arbeitsverhältnis nach § 15a Absatz 1 des Zivildienstgesetzes oder
h) Wehrdienst von höchstens zwei Jahren Dauer als Soldatin auf Zeit oder Soldat auf Zeit

geleistet haben oder
3. die
   a) verheiratet sind,
   b) eingetragene Lebenspartner sind oder
   c) die elterliche Sorge gemeinsam oder als Alleinerziehende ausüben.

Der Antrag ist frühestens nach der Aufforderung nach § 15a Absatz 1 und spätestens bis zum Abschluss der Musterung zu stellen, es sei denn, der Befreiungsgrund tritt erst später ein oder wird später bekannt. Der Antrag ist schriftlich oder zur Niederschrift beim Bundesamt für das Personalmanagement der Bundeswehr zu stellen. Er ist zu begründen.

§ 12 Zurückstellung vom Wehrdienst

(1) Vom Wehrdienst wird zurückgestellt,
1. wer vorübergehend nicht wehrdienstfähig ist,
2. wer, abgesehen von den Fällen des § 10, Freiheitsstrafe, Strafarrest, Jugendstrafe oder Jugendarrest verbüßt, sich in Untersuchungshaft befindet oder nach § 63 des Strafgesetzbuches in einem psychiatrischen Krankenhaus untergebracht ist.

(1a) Vom Wehrdienst wird ferner zurückgestellt, wer auf Grund eines völkerrechtlichen Vertrages für die Dauer einer Tätigkeit in einer internationalen Behörde nicht zum Wehrdienst herangezogen werden kann.

(2) Vom Wehrdienst werden Wehrpflichtige, die sich auf das geistliche Amt (§ 11) vorbereiten, auf Antrag zurückgestellt. Hierzu sind beizubringen:
1. der Nachweis eines ordentlichen theologischen Studiums oder einer ordentlichen theologischen Ausbildung und
2. eine Erklärung des zuständigen Landeskirchenamtes, der bischöflichen Behörde, des Ordensoberen oder der entsprechenden Oberbehörde einer anderen Religionsgemeinschaft, dass sich der Wehrpflichtige auf das geistliche Amt vorbereitet.

(3) Hat ein Wehrpflichtiger seiner Aufstellung für die Wahl zum Deutschen Bundestag, zu einem Landtag oder zum Europäischen Parlament zugestimmt, so ist er bis zur Wahl zurückzustellen. Hat er die Wahl angenommen, so kann er für die Dauer des Mandats nur auf seinen Antrag einberufen werden.

(4) Vom Wehrdienst soll ein Wehrpflichtiger auf Antrag zurückgestellt werden, wenn die Heranziehung zum Wehrdienst für ihn wegen persönlicher, insbesondere häuslicher, wirtschaftlicher oder beruflicher Gründe eine besondere Härte bedeuten würde. Eine solche liegt in der Regel vor,
1. wenn im Falle der Einberufung des Wehrpflichtigen
   a) die Versorgung seiner Familie, hilfsbedürftiger Angehöriger oder anderer hilfsbedürftiger Personen, für deren Lebensunterhalt er aus rechtlicher oder sittlicher Verpflichtung aufzukommen hat, gefährdet würde oder
   b) für Verwandte ersten Grades besondere Notstände zu erwarten sind,

2. wenn der Wehrpflichtige für die Erhaltung und Fortführung eines eigenen Betriebes unentbehrlich ist,
3. wenn die Einberufung des Wehrpflichtigen
   a) eine zu einem schulischen Abschluss führende Ausbildung,
   b) ein Hochschulstudium, bei dem zum vorgesehenen Diensteintritt das dritte Semester erreicht ist,
   c) einen zum vorgesehenen Diensteintritt begonnenen dualen Bildungsgang (Studium mit studienbegleitender betrieblicher Ausbildung), dessen Regelstudienzeit acht Semester nicht überschreitet und bei dem das Studium spätestens drei Monate nach Beginn der betrieblichen Ausbildung aufgenommen wird,
   d) einen zum vorgesehenen Diensteintritt zu einem Drittel absolvierten sonstigen Ausbildungsabschnitt oder
   e) eine bereits begonnene Berufsausbildung

   unterbrechen oder die Aufnahme einer rechtsverbindlich zugesagten oder vertraglich gesicherten Berufsausbildung verhindern würde.

(5) Vom Wehrdienst kann ein Wehrpflichtiger ferner zurückgestellt werden, wenn gegen ihn ein Strafverfahren anhängig ist, in dem Freiheitsstrafe, Strafarrest, Jugendstrafe oder eine freiheitsentziehende Maßregel der Besserung und Sicherung zu erwarten ist, oder wenn seine Einberufung die militärische Ordnung oder das Ansehen der Bundeswehr ernstlich gefährden würde.

(6) In den Fällen des Absatzes 4, ausgenommen Satz 2 Nummer 1 Buchstabe b, Nummer 3, sowie des Absatzes 7, darf der Wehrpflichtige vom Grundwehrdienst höchstens so lange zurückgestellt werden, dass er noch vor der für ihn nach § 5 Absatz 1 Satz 2 und 3 maßgebenden Altersgrenze einberufen werden kann. In Ausnahmefällen, in denen die Einberufung eine unzumutbare Härte bedeuten würde, kann er auch darüber hinaus zurückgestellt werden.

(7) Vom Wehrdienst soll ein Wehrpflichtiger auf Antrag auch zurückgestellt werden, wenn er für die Erhaltung und Fortführung des elterlichen Betriebes oder des Betriebes seines Arbeitgebers oder für die ordnungsgemäße Aufgabenerfüllung seiner Dienstbehörde unentbehrlich ist. In diesem Fall sind die Eltern, der Arbeitgeber oder die Dienstbehörde des Wehrpflichtigen antragsberechtigt und verpflichtet, den Wegfall der Voraussetzungen für die Unentbehrlichkeit der zuständigen Wehrersatzbehörde anzuzeigen. Die Zurückstellung bedarf der Zustimmung des Wehrpflichtigen. Die Einberufung des Wehrpflichtigen ist bis zur Entscheidung über den Antrag auszusetzen.

§ 13 Unabkömmlichstellung

(1) Zum Ausgleich des personellen Kräftebedarfs für die Aufgaben der Bundeswehr und andere Aufgaben kann ein Wehrpflichtiger im Spannungs- oder Verteidigungsfall im öffentlichen Interesse für den Wehrdienst unabkömmlich gestellt werden, wenn und solange er für die von ihm ausgeübte Tätigkeit nicht entbehrt werden kann.

(2) Über die Unabkömmlichstellung entscheidet die Wehrersatzbehörde auf Vorschlag der zuständigen Verwaltungsbehörde. Das Vorschlagsrecht steht auch den Kirchen und Religionsgemeinschaften, soweit sie Körperschaften des öffentlichen Rechts sind, für ihre Bediensteten zu. Die Zuständigkeit und das Verfahren regelt eine Rechtsverordnung. In der Rechtsverordnung kann die Befugnis zur Bestimmung der zuständigen Behörden auf oberste Bundesbehörden oder auf die Landes-

regierungen mit der Befugnis zur Weiterübertragung auf oberste Landesbehörden übertragen werden; die nach dieser Verordnung vorschlagsberechtigte oberste Bundesbehörde oder die Landesregierung kann, soweit Landesrecht dies zulässt, das Vorschlagsrecht auch durch allgemeine Verwaltungsvorschrift regeln. Die Rechtsverordnung regelt auch, wie Meinungsverschiedenheiten zwischen der Wehrersatzbehörde und der vorschlagenden Verwaltungsbehörde unter Abwägung der verschiedenen Belange auszugleichen sind. Die Rechtsverordnung regelt ferner, für welche Fristen die Unabkömmlichstellung ausgesprochen werden kann und welche sachverständigen Stellen der öffentlichen Verwaltung und Wirtschaft zu hören sind.

(3) Die Dienstbehörde oder der Arbeitgeber des Wehrpflichtigen ist verpflichtet, den Wegfall der Voraussetzungen für die Unabkömmlichstellung der zuständigen Wehrersatzbehörde anzuzeigen. Wehrpflichtige, die in keinem Arbeits- oder Dienstverhältnis stehen, haben den Wegfall der Voraussetzungen selbst anzuzeigen.

§ 13a Zivilschutz oder Katastrophenschutz

(1) Wehrpflichtige, die sich vor Vollendung des 23. Lebensjahres mit Zustimmung der zuständigen Behörde auf mindestens vier Jahre zum ehrenamtlichen Dienst als Helfer im Zivilschutz oder Katastrophenschutz verpflichtet haben, werden nicht zum Wehrdienst herangezogen, solange sie als Helfer im Zivilschutz oder Katastrophenschutz mitwirken. Dies gilt auch bei von der zuständigen Behörde genehmigten Unterbrechungen der Mitwirkung, wenn die auf der Mindestverpflichtung beruhende vierjährige Mitwirkung noch bis zur Vollendung des 28. Lebensjahres erfüllt werden kann. Auf Verlangen des Bundesministeriums der Verteidigung ist zwischen diesem und dem Bundesministerium des Innern die Zahl, bis zu der Freistellungen möglich sind, unter angemessener Berücksichtigung des Personalbedarfs der Bundeswehr, des Zivilschutzes und des Katastrophenschutzes zu vereinbaren. Dabei kann auch nach Jahrgängen, beruflicher Tätigkeit und Ausbildungsstand unterschieden sowie die Zustimmung des Karrierecenters der Bundeswehr vorgesehen werden.

(2) Haben Wehrpflichtige vier Jahre im Zivilschutz oder Katastrophenschutz mitgewirkt, so erlischt ihre Pflicht, Grundwehrdienst zu leisten. Genehmigte Unterbrechungen der Mitwirkung (Absatz 1 Satz 2) gelten als Mitwirkung, soweit sie insgesamt einen Zeitraum von sechs Monaten nicht übersteigen. Endet die Mitwirkung aus Gründen, die nicht in der Person oder in dem Verhalten des Wehrpflichtigen liegen, vorzeitig, so ist die im Zivilschutz oder Katastrophenschutz zurückgelegte Zeit, soweit sie die Hälfte der Zeit nach Satz 1 übersteigt, anteilmäßig auf den Grundwehrdienst anzurechnen.

(3) Die zuständigen Behörden sind verpflichtet, der zuständigen Wehrersatzbehörde das Vorliegen sowie den Wegfall der Voraussetzungen für die Nichtheranziehung von Wehrpflichtigen zum Wehrdienst anzuzeigen.

§ 13b Entwicklungsdienst

(1) Wehrpflichtige werden bis zur Vollendung des 28. Lebensjahres nicht zum Wehrdienst herangezogen, wenn sie sich gegenüber einem nach § 2 des Entwicklungshelfer-Gesetzes anerkannten Träger des Entwicklungsdienstes im Rahmen des Bedarfs dieses Trägers vertraglich zur Leistung eines mindestens zweijährigen Entwicklungsdienstes verpflichtet haben, sich in angemessener Weise für die spätere Tätigkeit als Entwicklungshelfer fortbilden und das Bundesministerium für wirtschaftliche Zusammenarbeit und Entwicklung dies bestätigt.

(2) Wehrpflichtige werden ferner nicht zum Wehrdienst herangezogen, wenn und solange sie die Voraussetzungen des § 1 Absatz 1 oder Absatz 2 des Entwicklungshelfer-Gesetzes erfüllen.

(3) Haben Wehrpflichtige Entwicklungsdienst von der in Absatz 1 genannten Mindestdauer geleistet, so erlischt ihre Pflicht, Grundwehrdienst zu leisten. Wird der Entwicklungsdienst aus Gründen, die der Wehrpflichtige nicht zu vertreten hat, vorzeitig beendet, so ist die im Entwicklungsdienst zurückgelegte Zeit, soweit sie die Zeit übersteigt, die der Grundwehrdienst dauert, auf den Wehrdienst anzurechnen.

(4) Die Träger des Entwicklungsdienstes sind verpflichtet, das Vorliegen sowie den Wegfall der Voraussetzungen für die Nichtheranziehung von Wehrpflichtigen der zuständigen Wehrersatzbehörde anzuzeigen.

Abschnitt 2 **Wehrersatzwesen**

§ 14 Wehrersatzbehörden

Die Aufgaben des Wehrersatzwesens werden in bundeseigener Verwaltung durchgeführt und folgenden, dem Bundesministerium der Verteidigung unterstehenden Behörden der Bundeswehrverwaltung übertragen:

1. Bundesamt für das Personalmanagement der Bundeswehr – Bundesoberbehörde –,
2. Karrierecenter der Bundeswehr – Bundesunterbehörden –.

§ 15 Erfassung

(1) Das Bundesamt für das Personalmanagement der Bundeswehr darf zum Zweck der Wehrerfassung im automatisierten Abrufverfahren nach den §§ 34a und 38 des Bundesmeldegesetzes die folgenden Daten Wehrpflichtiger abrufen und weiterverarbeiten:

1. Familienname,
2. frühere Namen,
3. Vornamen,
4. Tag und Ort der Geburt,
5. Geschlecht,
6. gegenwärtige Anschrift, Haupt- und Nebenwohnung,
7. letzte frühere Anschrift im Inland bei Zuzug aus dem Ausland,
8. Familienstand,
9. Staatsangehörigkeiten sowie
10. Sterbetag.

(2) Im Spannungs- oder Verteidigungsfall darf das Bundesamt für das Personalmanagement der Bundeswehr zum Zweck der Wehrerfassung die in Absatz 1 genannten Daten männlicher Personen bereits ein Jahr vor Vollendung ihres 18. Lebensjahres im automatisierten Abrufverfahren nach den §§ 34a und 38 des Bundesmeldegesetzes abrufen und weiterverarbeiten.

(3) Im Falle der Unmöglichkeit des Datenabrufs ist § 34 Absatz 2 Satz 5 des Bundesmeldegesetzes entsprechend anzuwenden.

§ 15a Bereitschaftserklärung

(1) Jede nach § 15 erfasste Person hat auf Aufforderung durch das Bundesamt für das Personalmanagement der Bundeswehr eine Erklärung zur Bereitschaft und Fähigkeit zu einer Wehrdienstleistung abzugeben, die folgende Angaben umfasst:

1. Angaben zur Person, zum Geschlecht, zum Familienstand und zu weiteren Staatsangehörigkeiten, soweit diesbezüglich durch das Bundesamt für das Personalmanagement der Bundeswehr vorausgefüllte Angaben nicht zutreffen oder nicht vollständig sind,
2. Interesse an einem Wehrdienst in der Bundeswehr,
3. Körpergröße und Gewicht,
4. Schwerbehinderung oder eine entsprechende Gleichstellung,
5. Bildungsabschlüsse sowie sonstige Befähigungen und Qualifikationen,
6. Selbsteinschätzung der körperlichen Leistungsfähigkeit,
7. Wehrdienst in fremden Streitkräften.

Die Aufforderung zur Abgabe der Bereitschaftserklärung kann vollständig durch automatische Einrichtungen erlassen werden. Zusammen mit der Aufforderung nach Satz 1 kann das Bundesamt für das Personalmanagement der Bundeswehr Informationen über Laufbahnen und Verwendungen in der Bundeswehr und über gesetzlich geregelte Freiwilligendienste zur Verfügung stellen.

(2) Die Bereitschaftserklärung ist mittels eines zur Verfügung gestellten Online-Fragebogens oder schriftlich abzugeben.

(3) Die Abgabe der Bereitschaftserklärung durch einen Bevollmächtigten ist nur dann zulässig, wenn der Wehrpflichtige infolge seines körperlichen oder geistigen Zustands gehindert ist, sie eigenständig abzugeben.

(4) Kommt der Wehrpflichtige der Aufforderung zur Abgabe einer Bereitschaftserklärung nach Absatz 1 Satz 1 nicht innerhalb eines Monats nach, so erhält er eine erneute Aufforderung mit einer Fristsetzung, innerhalb derer die Bereitschaftserklärung abzugeben ist. Diese erneute Aufforderung ist zuzustellen.

(5) Wehrpflichtige, die weder in einem Wehrdienstverhältnis stehen noch der Dienstleistungsüberwachung nach dem Soldatengesetz unterliegen, haben auf Aufforderung erneut eine Bereitschaftserklärung nach Absatz 1 Satz 1 abzugeben. Die Absätze 2 bis 4 gelten hierfür entsprechend.

(6) Das Verfahren ist kostenfrei. Notwendige Auslagen sind zu erstatten.

§ 15b Datenverarbeitung

(1) Das Bundesamt für das Personalmanagement der Bundeswehr darf die nach den §§ 15 bis 15a erhobenen personenbezogenen Daten neben den dort aufgeführten Zwecken nur für folgende Zwecke verarbeiten:

1. Übersendung von Informationen über Tätigkeiten in den Streitkräften,
2. Personalbearbeitung, wenn der Wehrpflichtige in der Bereitschaftserklärung nach § 15a Interesse an einem Wehrdienst bekundet,
3. Einberufung und Heranziehung zum Wehrdienst im Spannungs- oder Verteidigungsfall,
4. Übermittlung an die Bundesagentur für Arbeit für Zwecke der Durchführung des Arbeitssicherstellungsgesetzes.

(2) § 22 Absatz 2 des Bundesdatenschutzgesetzes gilt entsprechend.

§ 15c Datenaktualisierung

Das Bundesamt für das Personalmanagement der Bundeswehr ist berechtigt, die Daten nach § 15 zum Zweck der Aktualisierung erneut abzurufen. Die Berechtigung zum Datenabruf endet mit dem Ablauf des Jahres, in dem der Wehrpflichtige das 60. Lebensjahr vollendet hat.

§ 15d Datenübermittlung für die Durchführung des Arbeitssicherstellungsgesetzes

(1) Im Verteidigungsfall und nach Maßgabe von Artikel 80a Absatz 1 des Grundgesetzes übermittelt das Bundesamt für das Personalmanagement der Bundeswehr der Bundesagentur für Arbeit zur Erfüllung der Aufgaben nach dem Arbeitssicherstellungsgesetz die folgenden Daten Wehrpflichtiger:

1. Familienname,
2. Vornamen,
3. Staatsangehörigkeiten,
4. Tag und Ort der Geburt,
5. gegenwärtige Anschrift, Haupt- und Nebenwohnung,
6. Angaben gemäß der Bereitschaftserklärung nach § 15a Absatz 1 Satz 1 Nummer 1,
7. Schwerbehinderung oder eine entsprechende Gleichstellung gemäß der Bereitschaftserklärung nach § 15a Absatz 1 Satz 1 Nummer 4,
8. Bildungsabschlüsse sowie sonstige Befähigungen und Qualifikationen gemäß der Bereitschaftserklärung nach § 15a Absatz 1 Satz 1 Nummer 5,
9. Informationen über die Einberufung und Heranziehung zum Wehrdienst,
10. Feststellung einer Befreiung nach § 11 Absatz 1 Nummer 1 bis 3.

(2) Die Wehrersatzbehörden holen im Verteidigungsfall und nach Maßgabe von Artikel 80a Absatz 1 des Grundgesetzes im Rahmen der Musterung nach § 17 für die Zwecke der Durchführung des Arbeitssicherstellungsgesetzes folgende Auskünfte bei den Wehrpflichtigen ein und übermitteln diese an die Bundesagentur für Arbeit:

1. Minderung der Erwerbsfähigkeit oder Grad der Schädigungsfolgen von mindestens 50 für eine nicht nur vorübergehende Zeit,
2. Pflegetätigkeit für hilfsbedürftige Angehörige oder andere hilfsbedürftige Personen aus rechtlicher oder sittlicher Verpflichtung, deren Pflege nicht anderweitig gewährleistet ist,
3. berufliche Tätigkeit,
4. Angaben über Betriebs- oder Personalratszugehörigkeit,
5. Teilnahme an einem weitgehend geförderten Ausbildungsabschnitt und
6. Angaben über Kinder unter 15 Jahren, die mit dem Wehrpflichtigen in häuslicher Gemeinschaft leben.

(3) Ist eine elektronische Datenübermittlung nicht möglich, so erfolgt die Datenübermittlung durch das Bundesamt für das Personalmanagement der Bundeswehr mittels eines schriftlichen Dokuments oder mittels eines Datenträgers, auf dem die Daten gegen unbefugten Zugriff gesichert sind.

§ 16 Zweck der Musterung

(1) Ungediente Wehrpflichtige werden vor der Heranziehung zum Wehrdienst gemustert.

(2) Durch die Musterung entscheiden die Karrierecenter der Bundeswehr, welche ungedienten Wehrpflichtigen für den Wehrdienst zur Verfügung stehen. Weiterhin können Feststellungen über die Eignung der Wehrpflichtigen für Verwendungen in den Streitkräften getroffen werden; dies gilt nicht für Wehrpflichtige, die einen Antrag auf Anerkennung als Kriegsdienstverweigerer gestellt haben.

(3) Männliche Personen können bereits ein halbes Jahr vor Vollendung des 18. Lebensjahres, Minderjährige, die mit Zustimmung des gesetzlichen Vertreters den Antrag stellen, vorzeitig zum Grundwehrdienst herangezogen zu werden, bereits ein halbes Jahr vor Vollendung des 17. Lebensjahres gemustert werden; von diesem Zeitpunkt an finden auf diese männlichen Personen die Absätze 1 und 2, §§ 17, 19, 20a, 21, 24, 24b und 25 Anwendung.

§ 17 Durchführung der Musterung

(1) Die Musterung wird von den Wehrersatzbehörden durchgeführt.

(2) (weggefallen)

(3) Die Wehrersatzbehörden bereiten auf Grundlage der Erfassung und der Bereitschaftserklärung die Musterung vor. Die Wehrpflichtigen haben auch schon vor der Musterung auf Verlangen schriftlich, elektronisch oder mündlich die für die Entscheidung nach § 16 Absatz 2 erforderlichen Auskünfte zu erteilen und die hierzu angeforderten Unterlagen vorzulegen; sie haben sich nach Aufforderung durch die Karrierecenter der Bundeswehr zur Musterung vorzustellen und die in der Ladung angegebenen Unterlagen mitzubringen.

(4) Die Wehrpflichtigen sind vor der Musterungsentscheidung auf ihre geistige und körperliche Tauglichkeit eingehend ärztlich zu untersuchen; sie haben sich dieser Untersuchung zu unterziehen. Dabei sind solche Untersuchungen vorzunehmen, die nach dem Stand der ärztlichen Wissenschaft für die Beurteilung der Tauglichkeit des Wehrpflichtigen für den Wehrdienst notwendig und im Rahmen einer Reihenuntersuchung durchführbar sind. Die Karrierecenter der Bundeswehr können eine nochmalige Untersuchung durch einen anderen Arzt anordnen. Von der Untersuchung nach Satz 1 kann abgesehen werden, wenn aufgrund der Angaben in der Bereitschaftserklärung oder der Angaben nach Absatz 3 Satz 2 eine Heranziehung ausgeschlossen erscheint.

(5) Das Ergebnis der Untersuchung ist unter Angabe des Tauglichkeitsgrades und des Verwendungsgrades schriftlich niederzulegen; dem Wehrpflichtigen ist eine Abschrift auszuhändigen.

(6) Ärztliche Untersuchungsmaßnahmen, die einer ärztlichen Behandlung oder einer Operation gleichkommen, dürfen nicht ohne Zustimmung des Wehrpflichtigen vorgenommen werden. Nicht als ärztliche Behandlung oder als Operation und nicht als Eingriffe in die körperliche Unversehrtheit gelten einfache ärztliche Maßnahmen, wie Blutentnahmen aus dem Ohrläppchen, dem Finger oder einer Blutader oder eine röntgenologische Untersuchung.

(7) (weggefallen)

(8) Soweit erforderlich und notwendig, können die Wehrpflichtigen auf ihre Eignung für Verwendungen in den Streitkräften untersucht werden. Bei einer wissenschaftlich abgesicherten Eignungsuntersuchung können mit Hilfe psychologischer Testverfahren die Fähigkeiten, Fertigkeiten und Kenntnisse der Wehrpflichtigen festgestellt und für die Eignungsfeststellung ausgewertet werden. Die Wehrpflichtigen müssen sich nach Aufforderung durch die zuständigen Wehrersatzbehörden auch

zur Eignungsuntersuchung vorstellen und sich dieser Untersuchung unterziehen. Sie sind auf Verlangen verpflichtet, Auskünfte zu erteilen sowie Unterlagen vorzulegen, soweit dies zur Eignungsfeststellung nach § 16 Absatz 2 Satz 2 erforderlich ist.

(9) Die Eignungsuntersuchung und -feststellung ist vor der ärztlichen Untersuchung des Wehrpflichtigen auf seine Tauglichkeit zulässig, soweit dies erforderlich ist, um die Musterung an einem Tag durchführen zu können. Stellt sich bei der ärztlichen Untersuchung die Wehrdienstunfähigkeit des Wehrpflichtigen heraus, sind die über ihn bei der Eignungsuntersuchung erhobenen Daten unverzüglich zu löschen.

(10) Bleibt der Wehrpflichtige der Musterung unentschuldigt fern und scheitert eine polizeiliche Vorführung oder verspricht diese keinen Erfolg, ist nach Aktenlage zu entscheiden. Dies gilt auch dann, wenn sich der Wehrpflichtige nicht untersuchen lässt.

§ 18 *(weggefallen)*

§ 19 Verfahrensgrundsätze

(1) Das Karrierecenter der Bundeswehr erforscht den Sachverhalt von Amts wegen und erhebt die erforderlichen Beweise. Eine Beeidigung von Zeugen und Sachverständigen durch das Karrierecenter der Bundeswehr findet nicht statt. Die Abgabe eidesstattlicher Versicherungen ist unzulässig.

(2) Alle Behörden und Gerichte haben dem Karrierecenter der Bundeswehr Amts- und Rechtshilfe zu leisten. Das Karrierecenter der Bundeswehr kann insbesondere das Amtsgericht, in dessen Bezirk ein Zeuge oder Sachverständiger seinen Wohnsitz oder dauernden Aufenthalt hat, um Vernehmung des Zeugen oder Sachverständigen ersuchen. Hierbei sind die Tatsachen und Vorgänge anzugeben, über welche die Vernehmung erfolgen soll. Die Vorschriften des Gerichtsverfassungsgesetzes und der Zivilprozessordnung sind sinngemäß anzuwenden. Die Beeidigung eines Zeugen oder Sachverständigen liegt im Ermessen des Amtsgerichts. Das Amtsgericht entscheidet auch über die Rechtmäßigkeit einer Verweigerung des Zeugnisses, des Gutachtens oder der Eidesleistung. Die Entscheidung kann nicht angefochten werden.

(3) (weggefallen)

(4) Über das Ergebnis der Musterung mit Ausnahme der Feststellungen nach § 16 Absatz 2 Satz 2 erhalten die Wehrpflichtigen einen schriftlichen Musterungsbescheid.

(5) Das Musterungsverfahren ist kostenfrei. Notwendige Auslagen sind zu erstatten. Zu den notwendigen Auslagen gehören auch die Kosten für die Beschaffung von Unterlagen, deren Beibringung dem Wehrpflichtigen aufgegeben wird. Einem wehrpflichtigen Arbeitnehmer, der nicht unter das Arbeitsplatzschutzgesetz fällt, wird auch der durch die Musterung entstehende Verdienstausfall erstattet. Einem Wehrpflichtigen, der nicht Arbeitnehmer ist, werden notwendige Aufwendungen, die ihm durch die Bestellung eines Vertreters entstehen, erstattet. Das Nähere über die Erstattung von notwendigen Auslagen, Verdienstausfall und Vertretungskosten regelt eine Rechtsverordnung.

§ 20 Zurückstellungsanträge

Anträge auf Zurückstellung nach § 12 Absatz 2 und 4 sind frühestens nach der Aufforderung nach § 15a Absatz 1 und spätestens bis zum Abschluss der Musterung zu stellen, es sei denn, der Zurückstellungsgrund tritt erst später ein oder wird später bekannt. Anträge auf Zurückstellung sind schriftlich oder zur Niederschrift beim Bundesamt für das Personalmanagement der Bundeswehr zu stellen. Sie sind zu begründen.

§ 20a Eignungsuntersuchung und Eignungsfeststellung nach der Musterung

(1) Ungediente Wehrpflichtige können auch nach ihrer Musterung vor ihrer Einberufung auf ihre Eignung für Verwendungen in den Streitkräften untersucht werden, soweit die Untersuchung erforderlich und notwendig ist. Das gilt auch, soweit die bei der Musterung getroffenen Feststellungen nicht ausreichen.

(2) § 17 Absatz 8 Satz 2 bis 4 und § 19 Absatz 5 Satz 1 bis 5 finden entsprechende Anwendung.

§ 20b Überprüfungsuntersuchung; Anhörung

Ungediente Wehrpflichtige können auch nach ihrer Musterung ärztlich untersucht werden. Ungediente Wehrpflichtige, die nicht innerhalb von drei Jahren nach der Musterung oder nach einer erneuten ärztlichen Untersuchung einberufen worden sind, sind vor ihrer Einberufung zu hören und auf Antrag oder, wenn Anhaltspunkte für eine Veränderung des Gesundheitszustandes vorliegen oder dies für eine vorgesehene Verwendung im Wehrdienst erforderlich ist, erneut ärztlich zu untersuchen. Sie haben sich hierzu nach Aufforderung durch die Karrierecenter der Bundeswehr vorzustellen und ärztlich untersuchen zu lassen. Auf die Untersuchung findet § 17 Absatz 4 Satz 2, Absatz 6 und 10 Anwendung. Das Ergebnis der Untersuchung und die sich daraus ergebenden Rechtsfolgen sind durch schriftlichen Tauglichkeitsüberprüfungsbescheid mitzuteilen. Das gilt auch dann, wenn eine beantragte Überprüfung des Tauglichkeitsgrades ohne ärztliche Untersuchung durchgeführt wird. § 19 Absatz 5 Satz 1 bis 5 gilt entsprechend.

§ 21 Einberufung

(1) Ungediente Wehrpflichtige werden von den Karrierecentern der Bundeswehr in Ausführung des Musterungsbescheides zum Wehrdienst einberufen. Ort und Zeitpunkt des Diensteintritts werden durch Einberufungsbescheid bekannt gegeben. Im Einberufungsbescheid ist auch die Dauer des zu leistenden Wehrdienstes anzugeben; dies gilt nicht für die Einberufung zum Wehrdienst im Spannungs- oder Verteidigungsfall nach § 4 Absatz 1 Nummer 4 und zu Wehrübungen als Bereitschaftsdienst nach § 6 Absatz 6.

(2) Die Wehrpflichtigen haben sich entsprechend dem Einberufungsbescheid zum Wehrdienst in der Bundeswehr zu stellen.

(3) Der Einberufungsbescheid soll vier Wochen vor dem Diensteintrittstermin zugestellt sein. Als Ersatz für Ausfälle vorgesehene Wehrpflichtige sind schriftlich davon zu unterrichten, dass sie kurzfristig einberufen werden können. Wehrpflichtige können ohne Einhaltung einer Frist einberufen werden, wenn

1. Wehrübungen als Bereitschaftsdienst angeordnet sind,
2. die Einberufung zu einer nach den Umständen gebotenen Erhöhung der Einsatzbereitschaft der Streitkräfte notwendig ist,
3. der Spannungs- oder Verteidigungsfall eingetreten ist, oder

4. das Bundesministerium der Verteidigung oder die von ihm bestimmte Stelle Wehrübungen von kurzer Dauer als Alarmübungen angeordnet hat.

§ 22 *(weggefallen)*

§ 23 Heranziehung von gedienten Wehrpflichtigen

Wehrpflichtige, die bereits in der Bundeswehr gedient haben, werden nach Prüfung ihrer Verfügbarkeit durch die zuständigen Wehrersatzbehörden zum Wehrdienst einberufen. Sie sind zu hören, wenn seit dem Ausscheiden aus dem Wehrdienst mehr als drei Jahre verstrichen sind. Auf Antrag oder wenn Anhaltspunkte für eine Veränderung des Gesundheitszustandes vorliegen oder dies für eine vorgesehene Verwendung im Wehrdienst erforderlich ist, sind sie erneut ärztlich zu untersuchen. Auf die Untersuchung findet § 17 Absatz 4 Satz 2, Absatz 6 und 10 Anwendung. § 19 Absatz 5 Satz 1 bis 5 gilt entsprechend. Die Wehrpflichtigen haben sich nach Aufforderung durch die Karrierecenter der Bundeswehr vorzustellen und ärztlich untersuchen zu lassen. Sie haben sich entsprechend dem Einberufungsbescheid zum Wehrdienst in der Bundeswehr zu stellen. § 21 Absatz 3 gilt entsprechend.

§ 24 Wehrüberwachung; Haftung

(1) Die Wehrpflichtigen unterliegen der Wehrüberwachung. Diese endet bei Offizieren mit Ablauf des Jahres, in dem sie das 60., bei Unteroffizieren, in dem sie das 45., und bei Mannschaften sowie ungedienten Wehrpflichtigen, in dem sie das 32. Lebensjahr vollenden. Auch nach diesem Zeitpunkt unterliegen der Wehrüberwachung abweichend von der Regelung in Satz 2 Wehrpflichtige, die für den Spannungs- oder Verteidigungsfall einberufen sind.

(2) Soweit es zur Heranziehung zum Wehrdienst einer Musterung nicht bedarf, unterliegen die Wehrpflichtigen der Wehrüberwachung von dem Zeitpunkt an, an dem erstmalig über ihre Heranziehung entschieden wird. Wehrpflichtige, die dem Vollzugsdienst der Polizei angehören, unterliegen der Wehrüberwachung vom Zeitpunkt ihres Ausscheidens aus diesem Vollzugsdienst an.

(3) Von der Wehrüberwachung sind diejenigen Wehrpflichtigen ausgenommen, die
1. nicht wehrdienstfähig sind (§ 9),
2. vom Wehrdienst dauernd ausgeschlossen sind (§ 10),
3. vom Wehrdienst befreit sind (§ 11),
4. als Kriegsdienstverweigerer anerkannt sind,
5. als Helfer im Zivilschutz oder Katastrophenschutz mindestens vier Jahre mitgewirkt haben (§ 13a) oder
6. als Entwicklungshelfer einen mindestens zweijährigen Entwicklungsdienst geleistet haben (§ 13b).

(4) (weggefallen)

(5) (weggefallen)

(6) Während der Wehrüberwachung haben die Wehrpflichtigen
1. binnen einer Woche jede Änderung ihrer Wohnung dem Karrierecenter der Bundeswehr zu melden, es sei denn, sie sind innerhalb dieser Frist ihrer Meldepflicht nach § 17 Absatz 1 und 2 des Bundesmeldegesetzes nachgekommen,
2. Vorsorge zu treffen, dass Mitteilungen der Wehrersatzbehörde sie unverzüglich erreichen,

3. auf Aufforderung der zuständigen Wehrersatzbehörde sich persönlich zu melden – dabei findet § 19 Absatz 5 Satz 1 bis 5 entsprechend Anwendung –,
4. ausgehändigte Bekleidungs- und Ausrüstungsstücke ohne Entschädigung jederzeit erreichbar sorgfältig aufzubewahren und zu pflegen, sie nicht außerhalb des Wehrdienstes zu verwenden, eine missbräuchliche Benutzung durch Dritte auszuschließen, den Weisungen zur Behandlung der Sachen nachzukommen, die Sachen der zuständigen Dienststelle auf Aufforderung vorzulegen oder zurückzugeben – dabei ist § 19 Absatz 5 Satz 2 bis 5 anzuwenden – und ihr Schäden sowie Verluste unverzüglich zu melden,
5. die Einberufungsbescheide für den Wehrdienst im Spannungsfall und für den Wehrdienst im Verteidigungsfall sorgfältig aufzubewahren, nicht missbräuchlich zu verwenden, auf Aufforderung der zuständigen Dienststelle vorzulegen sowie der Wehrersatzbehörde einen Verlust unverzüglich zu melden,
6. soweit sie in der Bundeswehr gedient haben, sich zur Verhütung übertragbarer Krankheiten impfen zu lassen und insoweit ärztliche Eingriffe in ihre körperliche Unversehrtheit zu dulden,
7. auf Verlangen der zuständigen Wehrersatzbehörde sich im Hinblick auf eine für sie vorgesehene sicherheitsempfindliche Tätigkeit in der Bundeswehr einer erstmaligen Sicherheitsüberprüfung und weiteren Sicherheitsüberprüfungen zu unterziehen. Die Durchführung der Sicherheitsüberprüfung bestimmt sich nach dem Sicherheitsüberprüfungsgesetz. Einer Zustimmung des Wehrpflichtigen bedarf es nicht.

Auf Wehrpflichtige, die nach Ablauf des Jahres, in dem sie das 32. Lebensjahr vollenden, noch der Wehrüberwachung unterliegen, findet Satz 1 Nummer 1 zweiter Halbsatz keine Anwendung. Satz 1 Nummer 4 und 5 gilt auch für die Zeit nach Beendigung der Wehrüberwachung.

(6a) Die Wehrpflichtigen haben für vorsätzlich oder grob fahrlässig verursachte Schäden und Verluste an ausgehändigten Bekleidungs- und Ausrüstungsstücken Geldersatz zu leisten. Die Schadensersatzansprüche verjähren in drei Jahren von dem Zeitpunkt an, in dem die zuständigen Behörden von dem Schaden Kenntnis erlangen, ohne Rücksicht auf diese Kenntnis in zehn Jahren von der Begehung der Handlung an.

(7) Während der Wehrüberwachung haben die Wehrpflichtigen ferner der zuständigen Wehrersatzbehörde unverzüglich schriftlich, elektronisch oder mündlich zu melden

1. den Eintritt von Tatsachen, die eine Wehrdienstausnahme nach den §§ 9 bis 11 Absatz 1 begründen,
2. den Eintritt von Tatsachen, die eine vorübergehende Wehrdienstunfähigkeit von voraussichtlich mindestens sechs Monaten begründen; auf Aufforderung der zuständigen Wehrersatzbehörde Erkrankungen und Verletzungen sowie Verschlimmerungen von Erkrankungen und Verletzungen seit der Musterung, Überprüfungsuntersuchung, Prüfung der Verfügbarkeit oder Entlassungsuntersuchung, von denen der Wehrpflichtige oder sein Arzt annimmt, dass sie für die Beurteilung seiner Tauglichkeit von Belang sind,
3. den vorzeitigen Wegfall der Voraussetzungen für eine Zurückstellung,
4. den Abschluss und einen Wechsel ihrer beruflichen Ausbildung, einen Wechsel ihres Berufes sowie eine weitergehende berufliche Qualifikation; hierüber in ihrem Besitz befindliche Nachweise haben die Wehrpflichtigen auf Aufforderung unverzüglich vorzulegen.

§ 24a *(weggefallen)*

§ 24b Aufenthaltsfeststellungsverfahren

(1) Kann die für die Wehrpflichtigen zuständige Wehrersatzbehörde (ausschreibende Behörde) den ständigen Aufenthaltsort eines Wehrpflichtigen nicht feststellen, übermittelt sie dem Bundesverwaltungsamt zum Zweck der Feststellung des Aufenthaltsortes folgende Daten zur Person des Wehrpflichtigen:
1. Familiennamen, frühere Namen, Vornamen,
2. Geburtsdatum und Geburtsort,
3. letzte, der ausschreibenden Behörde bekannte Anschrift und
4. das Geschäftszeichen.

Das Bundesverwaltungsamt hat diese Daten jeweils unter Angabe der ausschreibenden Behörde zu speichern.

(2) Das Bundesverwaltungsamt hat die Daten zu dem in Absatz 1 genannten Zweck in regelmäßigen Abständen in einer Datei zusammengefasst folgenden Stellen zu übermitteln:
1. den Wehrersatzbehörden,
2. dem Bundesamt für den Zivildienst,
3. dem Auswärtigen Amt, das sie zu dem in Absatz 1 genannten Zweck an die Auslandsvertretungen weiterübermittelt,
4. den Behörden, die für die polizeiliche Kontrolle des grenzüberschreitenden Verkehrs zuständig sind.

Diese Stellen dürfen die Daten zu dem Zweck, zu dem sie ihnen übermittelt worden sind, speichern und nutzen. Wird diesen Stellen der Aufenthaltsort eines Wehrpflichtigen bekannt, haben sie ihn der ausschreibenden Behörde mitzuteilen, soweit keine besonderen Verwendungsregelungen entgegenstehen. Sodann löschen sie unverzüglich die ihnen vom Bundesverwaltungsamt übermittelten Daten des Betroffenen. Die ausschreibende Behörde unterrichtet das Bundesverwaltungsamt sowie die übrigen Stellen nach Satz 1 davon, dass der Aufenthaltsort festgestellt worden und eine weitere Speicherung nicht mehr erforderlich ist. Diese Stellen haben die Daten des Betroffenen nach der Unterrichtung zu löschen.

(3) Die ausschreibende Behörde unterrichtet das Bundesverwaltungsamt rechtzeitig, wenn für einen Betroffenen die Wehrpflicht nach § 3 Absatz 3 bis 5 endet. Das Bundesverwaltungsamt hat die Daten des Betroffenen spätestens mit Ende der Wehrpflicht zu löschen; Gleiches gilt für die übrigen Stellen nach Absatz 2 Satz 1, die durch das Bundesverwaltungsamt über das Ende der Wehrpflicht unverzüglich zu unterrichten sind.

(4) Sobald das Bundesverwaltungsamt eine Datei nach Absatz 2 Satz 1 übermittelt, haben die in Absatz 2 Satz 1 Nummer 1 bis 4 genannten Stellen die ihnen zuvor übermittelte Datei zu löschen.

Abschnitt 3 Personalakten

§ 25 Personalakten ungedienter Wehrpflichtiger

Für die Führung der Personalakten ungedienter Wehrpflichtiger gelten die §§ 29 bis 29f des Soldatengesetzes entsprechend.

§§ 26 und 27 *(weggefallen)*

Abschnitt 4 Beendigung des Wehrdienstes und Verlust des Dienstgrades

§ 28 Beendigungsgründe

Der Wehrdienst endet
1. durch Entlassung (§§ 29 und 29b),
2. im Falle einer Wehrübung, deren Endzeitpunkt kalendermäßig bestimmt ist, durch Ablauf der für den Wehrdienst festgesetzten Zeit, es sei denn, der Bereitschaftsdienst nach § 6 Absatz 6 ist angeordnet oder der Spannungs- oder Verteidigungsfall ist eingetreten,
3. durch Umwandlung des Wehrdienstverhältnisses in ein Zivildienstverhältnis nach § 19 Absatz 2 des Zivildienstgesetzes,
4. durch Ausschluss (§ 30).

§ 29 Entlassung

(1) Ein Soldat, der nach Maßgabe dieses Gesetzes Wehrdienst leistet, ist mit Ablauf der für den Wehrdienst im Einberufungsbescheid festgesetzten Dienstzeit zu entlassen; Zeiten, für die gegenüber einem in die Truppe eingegliederten Soldaten ein Nachdienen gemäß § 5 Absatz 3 Satz 1 Nummer 1, 2, 4 oder Nummer 5 seitens des für die Entlassung zuständigen Vorgesetzten anzuordnen ist, sind, soweit die Nachdienverfügung vor dem Ende der regulären Dienstzeit bekannt gegeben werden kann, in die Entlassungsverfügung einzubeziehen. Satz 1 erster Teilsatz gilt nicht, wenn
1. der Endzeitpunkt kalendermäßig bestimmt ist,
2. eine Wehrübung vor Ablauf der im Einberufungsbescheid festgesetzten Zeit endet (Absatz 7),
3. Bereitschaftsdienst nach § 6 Absatz 6 angeordnet wird oder der Spannungs- oder Verteidigungsfall eingetreten ist.

Im Übrigen ist er zu entlassen, wenn
1. die Anordnung des Bereitschaftsdienstes nach § 6 Absatz 6 aufgehoben wird, es sei denn, dass der Spannungs- oder Verteidigungsfall eingetreten ist,
2. seine Verwendung während des Spannungs- oder Verteidigungsfalles beendet ist,
3. sich herausstellt, dass die Voraussetzungen des § 1 nicht erfüllt sind oder im Frieden die Wehrpflicht des Soldaten endet,
4. der Einberufungsbescheid aufgehoben wird, eine zwingende Wehrdienstausnahme vorliegt – in den Fällen des § 11 erst nach Befreiung durch das Karrierecenter der Bundeswehr – oder wenn innerhalb des ersten Monats des Grundwehrdienstes im Rahmen der Einstellungsuntersuchung festgestellt wird, dass der Soldat wegen einer Gesundheitsstörung dauernd oder voraussichtlich für einen Zeitraum von mehr als einem Monat vorübergehend dienstunfähig ist,
5. nach dem bisherigen Verhalten durch sein Verbleiben in der Bundeswehr die militärische Ordnung oder die Sicherheit der Truppe ernstlich gefährdet würde,
6. bei ihm die Voraussetzungen des § 46 Absatz 2a des Soldatengesetzes vorliegen,
7. er als Kriegsdienstverweigerer anerkannt ist, soweit er nicht nach § 19 Absatz 2 des Zivildienstgesetzes in den Zivildienst überführt wird,
8. er seiner Aufstellung für die Wahl zum Deutschen Bundestag, zu einem Landtag oder zum Europäischen Parlament zugestimmt hat,
9. er unabkömmlich gestellt ist,
10. er nach § 12 Absatz 7 zurückgestellt ist.

(2) Er ist ferner zu entlassen, wenn er wegen seines körperlichen Zustandes oder aus gesundheitlichen Gründen zur Erfüllung seiner Dienstpflichten dauernd unfähig (dienstunfähig) ist. Auf seinen Antrag kann er auch dann entlassen werden, wenn die Wiederherstellung seiner Dienstfähigkeit innerhalb der gesetzlichen Wehrdienstzeit nicht zu erwarten ist. Er ist verpflichtet, sich von Ärzten der Bundeswehr oder von hierzu bestimmten Ärzten untersuchen zu lassen. Auf die Untersuchung ist § 17 Absatz 6 anzuwenden. Das Recht des Soldaten, darüber hinaus Gutachten von Ärzten seiner Wahl einzuholen, bleibt unberührt. Die über die Entlassung entscheidende Dienststelle kann auch andere Beweise erheben.

(3) (weggefallen)

(4) Der Soldat kann entlassen werden, wenn

1. das Verbleiben in der Bundeswehr für ihn wegen persönlicher, insbesondere häuslicher, beruflicher oder wirtschaftlicher Gründe eine besondere Härte bedeuten würde, die Wehrersatzbehörde angehört wurde, er seine Entlassung beantragt hat und dies seine Zurückstellung vom Wehrdienst nach § 12 Absatz 4 rechtfertigt,
2. gegen ihn auf Freiheitsstrafe oder Strafarrest von drei Monaten oder mehr oder auf eine nicht zur Bewährung ausgesetzte Jugendstrafe erkannt ist oder
3. die Aussetzung einer Jugendstrafe zur Bewährung widerrufen wird.

(5) Die Entlassung wird von der Stelle verfügt, die nach § 4 Absatz 2 des Soldatengesetzes für die Ernennung des Soldaten zuständig wäre oder der die Ausübung des Entlassungsrechts übertragen worden ist. Die Entlassung nach Absatz 1 Satz 2 Nummer 1 und 2 aus einer Wehrübung, deren Endzeitpunkt nicht kalendermäßig bestimmt ist oder die vor Ablauf der im Einberufungsbescheid festgesetzten Zeit beendet wird (Absatz 7), sowie die Entlassung nach Absatz 1 Satz 3 Nummer 6, 8 und 9 verfügt der nächste Disziplinarvorgesetzte; das Gleiche gilt, wenn im Rahmen der Einstellungsuntersuchung im Bereitschafts-, Spannungs- oder Verteidigungsfall die vorübergehende Wehrdienstunfähigkeit oder die Wehrdienstunfähigkeit sowie im Frieden im Falle des Grundwehrdienstes die vorübergehende Dienstunfähigkeit oder die Dienstunfähigkeit des Soldaten festgestellt wird.

(6) Ein Soldat, der sich schuldhaft von seiner Truppe oder Dienststelle fernhält oder bei dem die Vollziehung des Einberufungsbescheides ausgesetzt ist, gilt mit dem Tag als entlassen, an dem er hätte entlassen werden müssen, wenn er stattdessen Dienst geleistet hätte. Seine Pflicht, Tage der schuldhaften Abwesenheit nachzudienen (§ 5 Absatz 3), bleibt unberührt.

(7) Vor Ablauf der im Einberufungsbescheid festgesetzten Zeit kann die Wehrübung nach Absatz 1 Satz 2 Nummer 2 beendet werden, wenn ein Vorgesetzter mit der Disziplinarbefugnis mindestens eines Bataillonskommandeurs festgestellt hat, dass der mit der Wehrübung verfolgte Zweck entfallen ist und eine andere Verwendung im Hinblick auf die Ausbildung für die bestehende oder künftige Verwendung in einem Spannungs- oder Verteidigungsfall nicht erfolgen kann.

§ 29a Verlängerung des Wehrdienstes bei stationärer truppenärztlicher Behandlung

Befindet sich ein Soldat, der nach Maßgabe dieses Gesetzes Wehrdienst leistet, im Entlassungszeitpunkt in stationärer truppenärztlicher Behandlung, so endet der Wehrdienst, zu dem er einberufen wurde,

1. wenn die stationäre truppenärztliche Behandlung beendet ist, spätestens jedoch drei Monate nach dem Entlassungszeitpunkt, oder

2. wenn er innerhalb der drei Monate schriftlich erklärt, dass er mit der Fortsetzung des Wehrdienstverhältnisses nicht einverstanden ist, mit dem Tage der Abgabe dieser Erklärung.

Das Wehrdienstverhältnis des Soldaten bleibt hiervon unberührt.

§ 29b Verlängerung des Wehrdienstes aus sonstigen Gründen

Ist ein Soldat im Entlassungszeitpunkt wegen Verschleppung, Gefangenschaft oder aus sonstigen Gründen, die mit dem Dienst zusammenhängen, dem Einflussbereich des Dienstherrn entzogen, so ist er mit Ablauf des auf die Beendigung dieses Zustandes folgenden Monats zu entlassen.

§ 30 Ausschluss aus der Bundeswehr und Verlust des Dienstgrades

(1) Ein Soldat, der nach Maßgabe dieses Gesetzes Wehrdienst leistet, ist aus der Bundeswehr ausgeschlossen, wenn gegen ihn durch Urteil eines deutschen Gerichts auf die in § 10 bezeichneten Strafen, Maßregeln oder Nebenfolgen erkannt wird. Er verliert seinen Dienstgrad; dies gilt auch, wenn er wegen schuldhafter Verletzung seiner Dienstpflichten nach § 29 Absatz 1 Satz 3 Nummer 5 oder nach § 29 Absatz 1 Satz 3 Nummer 6 entlassen wird.

(2) Ein Wehrpflichtiger verliert seinen Dienstgrad, wenn gegen ihn durch ein deutsches Gericht erkannt wird

1. auf die in § 38 Absatz 1 des Soldatengesetzes bezeichneten Strafen, Maßregeln oder Nebenfolgen oder
2. wegen vorsätzlich begangener Tat auf Freiheitsstrafe von mindestens einem Jahr.

(3) Ein Wehrpflichtiger verliert seinen Dienstgrad ferner, wenn er als Kriegsdienstverweigerer anerkannt wird. Leistet er in diesem Zeitpunkt nach Maßgabe dieses Gesetzes Wehrdienst, tritt der Verlust des Dienstgrades mit dem Ende des Wehrdienstes ein.

§ 31 Wiederaufnahme des Verfahrens

Wird ein Urteil mit den Folgen des § 30 im Wiederaufnahmeverfahren durch ein Urteil ersetzt, das diese Folgen nicht hat, so gilt der Verlust des Dienstgrades als nicht eingetreten. Die Beendigung des Wehrdienstes durch einen Ausschluss darf für die Erfüllung der Wehrpflicht nicht zum Nachteil des Betroffenen geltend gemacht werden.

Abschnitt 5 Rechtsbehelfe; Rechtsmittel

§ 32 Rechtsweg

Für Rechtsstreitigkeiten bei der Ausführung dieses Gesetzes ist der Verwaltungsrechtsweg gegeben.

§ 33 Besondere Vorschriften für das Vorverfahren

(1) Der Widerspruch gegen Verwaltungsakte, die auf Grund dieses Gesetzes durch die Wehrersatzbehörden ergehen, ist binnen zwei Wochen nach Zustellung des Bescheides schriftlich oder zur Niederschrift bei der Behörde zu erheben, die den Verwaltungsakt erlassen hat. Die Frist wird auch durch Einlegung bei der Behörde, die den Widerspruchsbescheid zu erlassen hat, gewahrt.

(2) Der Widerspruch gegen den Musterungsbescheid (§ 19 Absatz 4) hat aufschiebende Wirkung.

(3) Über den Widerspruch gegen den Musterungsbescheid entscheidet das Bundesamt für das Personalmanagement der Bundeswehr. § 19 gilt entsprechend.

(4) Über den Widerspruch gegen den Einberufungsbescheid (§§ 21 und 23) entscheidet das Bundesamt für das Personalmanagement der Bundeswehr. Der Widerspruch gegen den Einberufungsbescheid, der Widerspruch gegen die Aufhebung eines Einberufungsbescheides und der Widerspruch gegen den Tauglichkeitsüberprüfungsbescheid haben keine aufschiebende Wirkung.

(5) Ist der Musterungsbescheid unanfechtbar geworden, so ist ein Rechtsbehelf gegen den Einberufungsbescheid nur insoweit zulässig, als eine Rechtsverletzung durch den Einberufungsbescheid selbst geltend gemacht wird.

§ 34 Rechtsmittel gegen Entscheidungen des Verwaltungsgerichts

Die Berufung gegen ein Urteil und die Beschwerde gegen eine andere Entscheidung des Verwaltungsgerichts sind ausgeschlossen. Das gilt nicht für die Beschwerde gegen die Nichtzulassung der Revision nach § 135 in Verbindung mit § 133 der Verwaltungsgerichtsordnung und die Beschwerde gegen Beschlüsse über den Rechtsweg nach § 17a Absatz 2 und 3 des Gerichtsverfassungsgesetzes. Auf die Beschwerde gegen Beschlüsse über den Rechtsweg findet § 17a Absatz 4 Satz 4 bis 6 des Gerichtsverfassungsgesetzes entsprechende Anwendung.

§ 35 Besondere Vorschriften für die Anfechtungsklage

Die Anfechtungsklage gegen den Musterungsbescheid, die Anfechtungsklage gegen den Tauglichkeitsüberprüfungsbescheid, die Anfechtungsklage gegen den Einberufungsbescheid und die Anfechtungsklage gegen die Aufhebung des Einberufungsbescheides haben keine aufschiebende Wirkung. Das Gericht kann auf Antrag die aufschiebende Wirkung anordnen. Vor der Anordnung ist das Bundesamt für das Personalmanagement der Bundeswehr zu hören.

Abschnitt 6 Einschränkung von Grundrechten, Sonder-, Bußgeld- und Übergangsvorschriften

§§ 36 bis 41 *(weggefallen)*

§ 42 Sondervorschriften für Angehörige des Polizeivollzugsdienstes

(1) Wehrpflichtige, die dem Vollzugsdienst der Polizei angehören oder für diesen durch schriftlichen Bescheid angenommen sind, werden für die Dauer ihrer Zugehörigkeit nicht zum Wehrdienst herangezogen.

(2) Die zuständigen Behörden sind verpflichtet, den Widerruf eines Annahmebescheides sowie das Ausscheiden aus dem Vollzugsdienst der Polizei dem zuständigen Karrierecenter der Bundeswehr anzuzeigen. Das Gleiche gilt, wenn Wehrpflichtige trotz Annahmebescheides ihren Dienst im Vollzugsdienst der Polizei nicht antreten.

(3) Für die Heranziehung von Wehrpflichtigen, die im Vollzugsdienst der Polizei Dienst geleistet haben, gilt § 23 entsprechend.

§ 42a Grenzschutzdienstpflicht

Männer, die nach dem Bundesgrenzschutzgesetz vom 18. August 1972 (BGBl. I S. 1834) zum Polizeivollzugsdienst im Bundesgrenzschutz verpflichtet sind (Grenzschutzdienstpflichtige), können nicht zum Wehrdienst herangezogen werden. Der im Bundesgrenzschutz geleistete Dienst ist auf den Grundwehrdienst anzurechnen.

§ 43 *(weggefallen)*

§ 44 Zustellung, Vorführung und Zuführung

(1) Ein Bescheid, der in Ausführung dieses Gesetzes ergeht, ist zuzustellen. Dies gilt nicht für begünstigende Verwaltungsakte und für die Aufforderung zur Abgabe einer Bereitschaftserklärung nach § 15a Absatz 1. Bei einem Minderjährigen ist an diesen selbst zuzustellen. Ein Einberufungsbescheid zu einer Wehrübung, die als Bereitschaftsdienst angeordnet ist (§ 6 Absatz 6) oder die als Alarmübung nicht länger als drei Tage dauert, kann auch mit gewöhnlichem Standardbrief mit dem Vermerk „Vorrangpost“ oder in entsprechender Anwendung des § 5 des Verwaltungszustellungsgesetzes unmittelbar durch die Truppe zugestellt werden.

(2) Bei Wehrpflichtigen, die der Erfassung, der Musterung, einer erneuten ärztlichen Untersuchung, der Prüfung der Verfügbarkeit, der Eignungsuntersuchung oder auf eine Aufforderung der Wehrersatzbehörde, sich persönlich zu melden (§ 24 Absatz 6 Satz 1 Nummer 3), unentschuldigt fernbleiben, kann die Vorführung angeordnet werden. Die Polizei ist um Durchführung zu ersuchen.

(3) Die Polizei kann ersucht werden, Wehrpflichtige, die ihrer Einberufung unentschuldigt nicht Folge leisten, dem nächsten Feldjägerdienstkommando zuzuführen.

(4) Die Polizei ist befugt, zum Zweck der Vorführung oder Zuführung die Wohnung und andere Räume des Wehrpflichtigen zu betreten und nach ihm zu suchen. Das Gleiche gilt, außer zur Nachtzeit, für andere Wohnungen und Räume, wenn sich der Wehrpflichtige einem unmittelbar bevorstehenden Zugriff der Polizei durch Betreten solcher Wohnungen und Räume entzieht. Maßnahmen nach den Sätzen 1 und 2 bedürfen einer durch die Wehrersatzbehörde einzuholenden richterlichen Anordnung. Dabei kann das Gericht von einer vorherigen Anhörung des Wehrpflichtigen oder Wohnungsinhabers absehen, wenn es dies für erforderlich hält, um den Zweck der Maßnahme nicht zu gefährden. Personen, die Mitgewahrsam an der Wohnung des Wehrpflichtigen haben, haben das Betreten und Durchsuchen der Wohnung und anderer Räume zu dulden. Unbillige Härten gegenüber Mitgewahrsamsinhabern sind zu vermeiden. Die Anordnung ist bei der Durchsuchung vorzuzeigen. Für die richterliche Anordnung einer Durchsuchung ist das Verwaltungsgericht zuständig, in dessen Bezirk die Durchsuchung vorgenommen werden soll. Das Grundrecht der Unverletzlichkeit der Wohnung (Artikel 13 des Grundgesetzes) wird insoweit eingeschränkt.

§ 45 Bußgeldvorschriften

(1) Ordnungswidrig handelt, wer vorsätzlich oder fahrlässig
1. entgegen § 15a Absatz 1 Satz 1 oder Absatz 5 Satz 1 eine Bereitschaftserklärung nicht richtig oder nicht vollständig abgibt,
2. einer vollziehbaren Anordnung nach § 15a Absatz 4 Satz 1, auch in Verbindung mit Absatz 5 Satz 2, oder nach § 48 Absatz 1 Satz 1 Nummer 5 zuwiderhandelt,
3. entgegen § 17 Absatz 3 Satz 2 erster Halbsatz oder Absatz 8 Satz 4 eine Auskunft nicht, nicht richtig, nicht vollständig oder nicht rechtzeitig erteilt,
4. entgegen § 24 Absatz 6 Satz 1 Nummer 1, auch in Verbindung mit § 48 Absatz 2 Nummer 1, eine Meldung nicht oder nicht rechtzeitig macht,
5. entgegen § 24 Absatz 6 Satz 1 Nummer 3 sich nicht oder nicht rechtzeitig meldet, oder
6. entgegen § 24 Absatz 6 Satz 1 Nummer 5 einen dort genannten Bescheid nicht oder nicht rechtzeitig vorlegt oder eine Meldung nicht oder nicht rechtzeitig macht.

(2) Die Ordnungswidrigkeit kann mit einer Geldbuße geahndet werden.

(3) Verwaltungsbehörde im Sinne des § 36 Absatz 1 Nummer 1 des Gesetzes über Ordnungswidrigkeiten ist in den Fällen des Absatzes 1 Nummer 1 und 2 das Bundesamt für das Personalmanagement der Bundeswehr und in den übrigen Fällen des Absatzes 1 das Karrierecenter der Bundeswehr.

§§ 46 und 47 *(weggefallen)*

§ 48 Bereitschaftsdienst, Spannungs- oder Verteidigungsfall

(1) Sind Wehrübungen als Bereitschaftsdienst nach § 6 Absatz 6 angeordnet worden,
1. können Zurückstellungen nach § 12 Absatz 2 und 4 widerrufen werden, es sei denn, dass die Heranziehung zum Wehrdienst für den Wehrpflichtigen eine unzumutbare Härte bedeuten würde;
2. können nach § 13b bisher nicht zum Wehrdienst herangezogene Wehrpflichtige gemustert und einberufen werden;
3. hat der Widerspruch gegen den Musterungsbescheid keine aufschiebende Wirkung;
4. ist bei der Einberufung Wehrpflichtiger, die bereits in den Streitkräften gedient haben, § 23 Satz 2 und 3 nicht anzuwenden; als Untersuchung gilt die Einstellungsuntersuchung;
5. haben männliche Personen, die das 17. Lebensjahr vollendet haben, auf Anordnung der Bundesregierung
   a) Vorsorge dafür zu treffen, dass Mitteilungen der Wehrersatzbehörde sie unverzüglich erreichen, auch wenn sie der Wehrüberwachung nicht unterliegen,
   b) die Genehmigung des zuständigen Karrierecenters der Bundeswehr einzuholen, wenn sie die Bundesrepublik Deutschland verlassen wollen,
   c) unverzüglich zurückzukehren, wenn sie sich außerhalb der Bundesrepublik Deutschland aufhalten, und sich beim zuständigen oder nächsten Karrierecenter der Bundeswehr zu melden.

Satz 1 Nummer 5 gilt nicht für männliche Personen, die
1. ihren ständigen Aufenthalt außerhalb der Bundesrepublik Deutschland haben,
2. außerhalb der Bundesrepublik Deutschland bei einer deutschen Dienststelle oder einer über- oder zwischenstaatlichen Organisation beschäftigt sind oder
3. mit Genehmigung einer obersten Bundes- oder Landesbehörde oder einer von ihr bestimmten Stelle

a) sich außerhalb der Bundesrepublik Deutschland aufhalten oder
b) die Bundesrepublik Deutschland verlassen.

(2) Im Spannungs- oder Verteidigungsfall gelten Absatz 1 Satz 1 Nummer 2 bis 5 und folgende Vorschriften:

1. die Meldung nach § 24 Absatz 6 Satz 1 Nummer 1 ist innerhalb von 48 Stunden zu erstatten; § 24 Absatz 6 Satz 1 Nummer 1 zweiter Halbsatz ist nicht anzuwenden;
2. ein Wehrpflichtiger, der seine Anerkennung als Kriegsdienstverweigerer beantragt hat, kann zum Zivildienst einberufen werden, bevor über den Antrag entschieden worden ist;
3. § 10 Nummer 4 ist nicht anzuwenden;
4. eine Befreiung nach § 11 Absatz 2 wird unwirksam;
5. eine Zurückstellung nach § 12 Absatz 2, 4, 5 oder 7 wird unwirksam; eine erneute Zurückstellung nach § 12 Absatz 4 ist zulässig, wenn die Heranziehung zum Wehrdienst für den Wehrpflichtigen eine unzumutbare Härte bedeuten würde;
6. ein Wehrpflichtiger, der nach § 12 Absatz 2 vom Wehrdienst zurückgestellt worden ist, wird auf Antrag zum Sanitätsdienst einberufen;
7. ein Wehrpflichtiger, der sich zum freiwilligen Eintritt in die Bundeswehr meldet, kann von einem Bataillonskommandeur oder einem Offizier in entsprechender Dienststellung als Soldat, der auf Grund der Wehrpflicht Wehrdienst leistet, mit dem untersten Mannschaftsdienstgrad oder mit seinem letzten in der Bundeswehr erreichten Dienstgrad eingestellt werden, wenn die Einberufung durch das Karrierecenter der Bundeswehr nicht möglich ist.

§ 49 *(weggefallen)*

§ 50 Zuständigkeit für den Erlass von Rechtsverordnungen

(1) Die Bundesregierung erlässt die Rechtsverordnungen über die

1. Zuständigkeit und das Verfahren bei der Unabkömmlichstellung (§ 13 Absatz 2) und
2. Erstattung von Auslagen (§ 19 Absatz 5 Satz 6).

(2) Die Rechtsverordnung nach Absatz 1 Nummer 1 bedarf der Zustimmung des Bundesrates.

§ 51 Einschränkung von Grundrechten

Die Grundrechte der körperlichen Unversehrtheit (Artikel 2 Absatz 2 Satz 1 des Grundgesetzes), der Freiheit der Person (Artikel 2 Absatz 2 Satz 2 des Grundgesetzes), der Freizügigkeit (Artikel 11 Absatz 1 des Grundgesetzes) und der Unverletzlichkeit der Wohnung (Artikel 13 des Grundgesetzes) werden nach Maßgabe dieses Gesetzes eingeschränkt.

§ 52 Übergangsvorschrift

Auf Wehrpflichtige, die vor dem Inkrafttreten des Gesetzes vom 31. Juli 2008 (BGBl. I S. 1629) unabkömmlich gestellt worden sind, ist § 13 Absatz 1 Satz 1 in der bis dahin gültigen Fassung weiterhin anzuwenden.

§ 53 *(weggefallen)*

5.1.2 Gesetz über die Verweigerung des Kriegsdienstes mit der Waffe aus Gewissensgründen (Kriegsdienstverweigerungsgesetz – KDVG)

Kriegsdienstverweigerungsgesetz vom 9. August 2003 (BGBl. I S. 1593), das zuletzt durch Artikel 2 des Gesetzes vom 22. Dezember 2025 (BGBl. 2025 I Nr. 370) geändert worden ist.

§ 1 Grundsatz

(1) Wer aus Gewissensgründen unter Berufung auf das Grundrecht der Kriegsdienstverweigerung im Sinne des Artikels 4 Abs. 3 Satz 1 des Grundgesetzes den Kriegsdienst mit der Waffe verweigert, wird nach den Vorschriften dieses Gesetzes als Kriegsdienstverweigerin oder Kriegsdienstverweigerer anerkannt.

(2) Wehrpflichtige, die als Kriegsdienstverweigerer anerkannt worden sind, haben im Spannungs- oder Verteidigungsfall statt des Wehrdienstes Zivildienst außerhalb der Bundeswehr als Ersatzdienst nach Artikel 12a Absatz 2 des Grundgesetzes zu leisten.

§ 2 Antrag

(1) Über die Berechtigung, den Kriegsdienst mit der Waffe zu verweigern, entscheidet das Bundesamt für Familie und zivilgesellschaftliche Aufgaben (Bundesamt) auf Antrag.

(2) Der Antrag ist schriftlich oder zur Niederschrift beim Bundesamt für das Personalmanagement der Bundeswehr zu stellen. Er muss die Berufung auf das Grundrecht der Kriegsdienstverweigerung im Sinne des Artikels 4 Absatz 3 Satz 1 des Grundgesetzes enthalten. Ein vollständiger tabellarischer Lebenslauf und eine persönliche ausführliche Darstellung der Beweggründe für die Gewissensentscheidung sind dem Antrag beizufügen.

(3) Dem Antrag können Stellungnahmen und Beurteilungen Dritter zur Person und zum Verhalten der Antragstellerin oder des Antragstellers beigefügt werden. Außerdem können Personen benannt werden, die zu Auskünften über die Antragstellerin oder den Antragsteller bereit sind.

(4) Der Antrag eines ungedienten Wehrpflichtigen kann frühestens sechs Monate vor Vollendung des 18. Lebensjahres gestellt werden. Einer Zustimmung der gesetzlichen Vertreterin oder des gesetzlichen Vertreters bedarf es nicht.

(5) Abweichend von Absatz 4 kann ein Wehrpflichtiger den Antrag frühestens sechs Monate vor Vollendung des 17. Lebensjahres stellen, wenn er dem Antrag Folgendes beifügt:

1. einen Antrag auf vorgezogene Ableistung des Zivildienstes, dem seine gesetzliche Vertreterin oder sein gesetzlicher Vertreter zugestimmt hat, oder
2. folgende Dokumente:
   a) den Entwurf einer Verpflichtung nach § 14c Absatz 1 des Zivildienstgesetzes,
   b) die Erklärung seiner gesetzlichen Vertreterin oder seines gesetzlichen Vertreters, einer in Buchstabe a genannten Verpflichtung zuzustimmen, und

c) die Erklärung nach § 14c Absatz 3 des Zivildienstgesetzes, eine solche Verpflichtung mit dem Antragsteller nach dessen Anerkennung als Kriegsdienstverweigerer abschließen zu wollen.

Wer einen Antrag nach Satz 1 gestellt hat, kann frühestens sechs Monate vor Vollendung des 17. Lebensjahres gemustert werden.

(6) Das Bundesamt für das Personalmanagement der Bundeswehr bestätigt der Antragstellerin oder dem Antragsteller den Eingang des Antrags, nimmt diesen zur Grundakte der Personalakte und leitet die Grundakte dem Bundesamt zu. Die Zuleitung erfolgt unverzüglich, bei ungedienten Wehrpflichtigen sobald der Musterungsbescheid unanfechtbar geworden ist. Bei Berufssoldatinnen und Berufssoldaten sowie bei Soldatinnen auf Zeit und Soldaten auf Zeit ist den Personalakten eine Stellungnahme der oder des Disziplinarvorgesetzten und der personalbearbeitenden Stelle beizufügen.

§ 3 Folgen des Antrags

(1) Die Antragstellung nach § 2 hindert nicht die Erfassung und befreit einen Wehrpflichtigen nicht von der Pflicht, sich zur Musterung vorzustellen.

(2) Ab Antragstellung ist eine Einberufung zum Grundwehrdienst erst zulässig, wenn der Antrag unanfechtbar abgelehnt oder zurückgenommen worden ist. Der Antrag hindert die Heranziehung zum Grundwehrdienst nicht, wenn der Wehrpflichtige vor dem Zeitpunkt der Antragstellung bereits einberufen oder schriftlich benachrichtigt worden ist, dass er als Ersatz für Ausfälle kurzfristig einberufen werden kann. Satz 2 gilt auch für den Fall, dass ein früherer Antrag des Antragstellers unanfechtbar abgelehnt oder zurückgenommen worden ist.

§ 4 Vorrangige Entscheidung

Beantragt eine Soldatin oder ein Soldat die Anerkennung der Berechtigung, den Kriegsdienst mit der Waffe zu verweigern, ist über diesen Antrag vorrangig zu entscheiden. Das Gleiche gilt für einen ungedienten Wehrpflichtigen, der zum Wehrdienst einberufen oder schriftlich benachrichtigt worden ist, dass er als Ersatz für Ausfälle kurzfristig einberufen werden kann, sowie für Reservistinnen und Reservisten, die zu einer befristeten Übung oder Wehrübung einberufen worden sind.

§ 5 Anerkennung

Die Antragstellerin ist als Kriegsdienstverweigerin und der Antragsteller ist als Kriegsdienstverweigerer anzuerkennen, wenn

1. der Antrag vollständig ist (§ 2 Abs. 2),
2. die dargelegten Beweggründe das Recht auf Kriegsdienstverweigerung zu begründen geeignet sind und
3. das tatsächliche Gesamtvorbringen und die dem Bundesamt bekannten sonstigen Tatsachen keine Zweifel an der Wahrheit der Angaben der Antragstellerin oder des Antragstellers begründen oder die Zweifel aufgrund einer Anhörung nach § 6 nicht mehr bestehen.

§ 6 Anhörung; Verordnungsermächtigung

(1) Hat das Bundesamt Zweifel an der Wahrheit der Angaben der Antragstellerin oder des Antragstellers, gibt es ihr oder ihm Gelegenheit, sich innerhalb eines Monats zu den Zweifeln ergänzend schriftlich zu äußern und die Angaben zu belegen (schriftliche Anhörung). Bestehen weiterhin Zweifel, kann es die Antragstellerin oder den Antragsteller auch mündlich befragen (mündliche Anhörung).

(2) Die mündliche Anhörung ist nicht öffentlich. Das Bundesamt nimmt über die mündliche Anhörung ein Protokoll auf.

(3) Das Bundesamt kann ein Führungszeugnis nach § 31 des Bundeszentralregistergesetzes anfordern, wenn Zweifel an der Wahrheit der Angaben der Antragstellerin oder des Antragstellers bestehen und anzunehmen ist, dass diese Zweifel durch die Einholung eines Führungszeugnisses aufgeklärt werden können. Die Antragstellerin oder der Antragsteller ist über die Einholung des Führungszeugnisses zu unterrichten.

(4) Eine darüber hinausgehende Tatsachenaufklärung findet durch das Bundesamt nicht statt.

(5) Im Falle der Teilnahme an einer mündlichen Anhörung sind der Antragstellerin oder dem Antragsteller die notwendigen Auslagen zu erstatten. Nimmt eine Arbeitnehmerin oder ein Arbeitnehmer an einer mündlichen Anhörung teil, hat die Arbeitgeberin oder der Arbeitgeber für die ausfallende Arbeitszeit das Arbeitsentgelt weiterzuzahlen. Ist eine Antragstellerin oder ein Antragsteller nicht Arbeitnehmerin oder Arbeitnehmer, werden die notwendigen Aufwendungen, die ihr oder ihm durch die Bestellung einer Vertretung entstehen, erstattet, wenn die Fortführung des Geschäftsbetriebs oder der selbstständigen Tätigkeit nicht durch andere Vorkehrungen ermöglicht werden kann.

(6) Das Bundesministerium für Bildung, Familie, Senioren, Frauen und Jugend wird ermächtigt, durch Rechtsverordnung das Nähere zum Verfahren bei der Anhörung sowie zur Erstattung von notwendigen Auslagen, Verdienstausfall und notwendigen Aufwendungen zu regeln.

§ 7 Ablehnung des Antrags

(1) Das Bundesamt lehnt den Antrag ab, wenn
1. der Antragsteller die Musterung verweigert,
2. er nicht vollständig ist (§ 2 Abs. 2) und die Antragstellerin oder der Antragsteller ihn nicht innerhalb einer Frist von einem Monat nach Aufforderung durch das Bundesamt vervollständigt hat,
3. die in ihm dargelegten Beweggründe ein Recht auf Kriegsdienstverweigerung auch nach schriftlicher und gegebenenfalls mündlicher Anhörung der Antragstellerin oder des Antragstellers nicht zu begründen vermögen oder
4. Zweifel an der Wahrheit der Angaben der Antragstellerin oder des Antragstellers trotz der schriftlichen Anhörung oder einer mündlichen Anhörung nicht ausgeräumt wurden.

(2) Folgt die Antragstellerin oder der Antragsteller einer Ladung zur mündlichen Anhörung nicht, entscheidet das Bundesamt nach Aktenlage.

§ 8 Vertretung bei der Anhörung

Zur unentgeltlichen Vertretung der Antragstellerin oder des Antragstellers bei einer Anhörung sind auch die von den Kirchen und Religionsgemeinschaften, die Körperschaften öffentlichen Rechts sind, beauftragten Personen zugelassen.

§ 9 Widerspruchsverfahren

(1) Für das Widerspruchsverfahren gelten die §§ 68 ff. der Verwaltungsgerichtsordnung, soweit in diesem Gesetz nichts anderes bestimmt ist.

(2) Außer der Antragstellerin oder dem Antragsteller kann auch die gesetzliche Vertreterin oder der gesetzliche Vertreter im Widerspruchsverfahren selbstständig Anträge stellen und Rechtsbehelfe einlegen.

(3) § 8 gilt für das Widerspruchsverfahren entsprechend.

§ 10 Verwaltungsgerichtliches Verfahren

(1) Im Verfahren vor dem Verwaltungsgericht und dem Bundesverwaltungsgericht gelten die §§ 8 und 9 Abs. 2 entsprechend. § 67 der Verwaltungsgerichtsordnung bleibt unberührt.

(2) Die Berufung gegen ein Urteil und die Beschwerde gegen eine andere Entscheidung des Verwaltungsgerichts sind ausgeschlossen. Das gilt nicht für die Beschwerde gegen die Nichtzulassung der Revision nach § 135 in Verbindung mit § 133 der Verwaltungsgerichtsordnung und die Beschwerde gegen Beschlüsse über den Rechtsweg nach § 17a Abs. 2 und 3 des Gerichtsverfassungsgesetzes. Auf die Beschwerde gegen Beschlüsse über den Rechtsweg ist § 17a Abs. 4 Satz 4 bis 6 des Gerichtsverfassungsgesetzes entsprechend anzuwenden.

§ 11 Spannungs- und Verteidigungsfall, Bereitschaftsdienst

(1) Im Spannungsfall (Artikel 80a des Grundgesetzes) und im Verteidigungsfall (Artikel 115a des Grundgesetzes)

1. ist § 3 Abs. 2 Satz 1 nicht anzuwenden,
2. kann die Frist nach § 6 Abs. 1 Satz 1 auf zwei Wochen verkürzt werden und
3. ist der Widerspruch gegen eine Entscheidung des Bundesamtes innerhalb einer Woche nach ihrer Bekanntgabe zu erheben.

(2) Absatz 1 ist auf Wehrübungen und Übungen, die von der Bundesregierung als Bereitschaftsdienst angeordnet worden sind (§ 6 Abs. 6 des Wehrpflichtgesetzes, § 61 Abs. 3 des Soldatengesetzes), entsprechend anzuwenden.

§ 12 Aktenführung

(1) Auf die Führung der Personalakte der Antragstellerin oder des Antragstellers im Bundesamt ist § 36 des Zivildienstgesetzes entsprechend anzuwenden.

(2) Der Anerkennungsbescheid wird vom Bundesamt so lange aufbewahrt, wie dies zur Erfüllung der Wehrpflicht (§ 3 Absatz 3 bis 5 des Wehrpflichtgesetzes) erforderlich ist. Die übrigen Akten über das Anerkennungsverfahren eines anerkannten Kriegsdienstverweigerers, der zivildienstpflichtig ist, werden spätestens sechs Monate nach Ableistung des Zivildienstes vernichtet oder gelöscht; wird der aner-

kannte Kriegsdienstverweigerer nicht zum Zivildienst herangezogen, so werden die Akten nach Ablauf des Jahres vernichtet oder gelöscht, in dem er das 32. Lebensjahr vollendet hat. Akten über das Anerkennungsverfahren einer anerkannten Kriegsdienstverweigerin oder eines anerkannten Kriegsdienstverweigerers, die oder der nicht gemäß Artikel 12a Absatz 2 des Grundgesetzes zivildienstpflichtig ist, werden mit Ausnahme des Anerkennungsbescheids ein Jahr nach dem Abschluss des Anerkennungsverfahrens vernichtet. Die gemäß § 2 Absatz 6 übermittelten Personalakten sind der für die Personalführung zuständigen Dienststelle, bei Grundwehrdienstpflichtigen, Reservistinnen und Reservisten dem zuständigen Bundesamt für das Personalmanagement der Bundeswehr zu übermitteln.

(3) Nachdem die Entscheidung über die Ablehnung eines Antrags oder über den Widerruf oder die Rücknahme einer Anerkennung unanfechtbar geworden ist, übermittelt das Bundesamt die Personalakte der oder des Betroffenen ihrer oder seiner für die Personalführung zuständigen Dienststelle, bei Grundwehrdienstpflichtigen, Reservistinnen und Reservisten dem zuständigen Bundesamt für das Personalmanagement der Bundeswehr. Das Gleiche gilt, wenn die Antragstellerin oder der Antragsteller den Antrag zurücknimmt oder auf die Anerkennung als Kriegsdienstverweigerin oder Kriegsdienstverweigerer verzichtet. Eine Ausfertigung der Entscheidung des Bundesamtes ist beizufügen.

(4) Die Akten über das Anerkennungsverfahren von Wehrpflichtigen, die nicht als Kriegsdienstverweigerer anerkannt worden sind, werden vom Bundesamt so lange aufbewahrt, wie dies zur Erfüllung der Wehrpflicht (§ 3 Abs. 3 bis 5 des Wehrpflichtgesetzes) erforderlich ist. Die Akten über das Anerkennungsverfahren von Berufssoldatinnen, Soldatinnen auf Zeit und Reservistinnen sind so lange aufzubewahren wie bei Wehrpflichtigen. Ist die Aufbewahrungsfrist abgelaufen, sind die Akten unverzüglich zu vernichten. Die Sätze 2 und 3 gelten auch für die in Dateien gespeicherten personenbezogenen Daten.

§ 13 Anwendungsvorschrift

(1) Entgegen § 2 Absatz 6 Satz 2 kann die Zuleitung des Antrags bei ungedienten Wehrpflichtigen, die vor dem 1. Januar 2010 geboren sind, ohne vorherige Musterung erfolgen.

(2) Über Anträge, die ohne vorherige Musterung dem Bundesamt zugeleitet werden, soll spätestens innerhalb von neun Monaten seit Eingang beim Bundesamt für das Personalmanagement der Bundeswehr entschieden werden.

(3) § 3 Absatz 2 Satz 2 und § 11 Absatz 1 Nummer 1 sind auf Fälle nach Absatz 1 nicht anzuwenden.

5.1.3 Gesetz über den Zivildienst der Kriegsdienstverweigerer (Zivildienstgesetz – ZDG)

Zivildienstgesetz in der Fassung der Bekanntmachung vom 17. Mai 2005 (BGBl. I S. 1346), das zuletzt durch Artikel 8 des Gesetzes vom 22. Dezember 2025 (BGBl. 2025 I Nr. 370) geändert worden ist.

Inhaltsübersicht

Abschnitt 1 Aufgaben und Organisation des Zivildienstes

§ 1 Aufgaben des Zivildienstes

Im Zivildienst erfüllen anerkannte Kriegsdienstverweigerer Aufgaben, die dem Allgemeinwohl dienen, vorrangig im sozialen Bereich.

§ 1a Anwendung dieses Gesetzes

§ 2 Absatz 2 sowie die §§ 2a und 23 gelten nur im Spannungs- oder Verteidigungsfall.

§ 2 Organisation des Zivildienstes

(1) Dieses Gesetz wird, soweit es nichts anderes bestimmt, in bundeseigener Verwaltung durch das Bundesamt für Familie und zivilgesellschaftliche Aufgaben (Bundesamt) als selbstständige Bundesoberbehörde ausgeführt, die dem Bundesministerium für Bildung, Familie, Senioren, Frauen und Jugend untersteht. Dem Bundesamt können auch andere Aufgaben aus dem Geschäftsbereich des Bundesministeriums für Bildung, Familie, Senioren, Frauen und Jugend übertragen werden.

(2) Auf Vorschlag der Bundesregierung wird im Bundesministerium für Bildung, Familie, Senioren, Frauen und Jugend eine Bundesbeauftragte für den Zivildienst (Bundesbeauftragte) oder ein Bundesbeauftragter für den Zivildienst (Bundesbeauftragter) ernannt. Die oder der Bundesbeauftragte führt die dem Bundesministerium für Bildung, Familie, Senioren, Frauen und Jugend auf dem Gebiet des Zivildienstes obliegenden Aufgaben durch, soweit dieses Gesetz nichts anderes bestimmt. Die oder der Bundesbeauftragte erstattet dem Deutschen Bundestag in jeder Legislaturperiode einen schriftlichen Tätigkeitsbericht.

§ 2a Beirat für den Zivildienst

(1) Bei dem Bundesministerium für Bildung, Familie, Senioren, Frauen und Jugend wird ein Beirat für den Zivildienst gebildet. Der Beirat hat das Bundesministerium für Bildung, Familie, Senioren, Frauen und Jugend in Fragen des Zivildienstes einschließlich der Frage, welche Aufgaben den Zivildienstpflichtigen (Dienstpflichtigen) außerhalb des sozialen Bereichs zugewiesen werden sollen, zu beraten.

(2) Dem Beirat gehören an:
1. sieben Vertreterinnen oder Vertreter von Organisationen, die sich mit der Vertretung der Interessen der Kriegsdienstverweigerer und der Zivildienstleistenden (Dienstleistenden) befassen, darunter vier Dienstleistende,
2. sieben Vertreterinnen oder Vertreter von Verbänden anerkannter Beschäftigungsstellen,
3. je eine Vertreterin oder ein Vertreter der evangelischen Kirche und der katholischen Kirche,
4. je eine Vertreterin oder ein Vertreter der Gewerkschaften und der Arbeitgeberverbände,
5. zwei Vertreterinnen oder Vertreter der Länder und
6. eine Vertreterin oder ein Vertreter der kommunalen Spitzenverbände.

(3) Das Bundesministerium für Bildung, Familie, Senioren, Frauen und Jugend beruft die Mitglieder des Beirates in der Regel für die Dauer von vier Jahren. Die in Ab-

satz 2 genannten Stellen sollen hierzu Vorschläge machen. Die Dienstleistenden (Absatz 2 Nr. 1) sind für die Dauer ihrer Dienstzeit zu berufen. Für jedes Mitglied wird eine persönliche Stellvertretung berufen.

(4) Die Sitzungen des Beirates werden vom Bundesministerium für Bildung, Familie, Senioren, Frauen und Jugend nach Maßgabe einer von ihm zu erlassenden Geschäftsordnung einberufen und geleitet.

§ 3 Dienststellen

Die Dienstpflichtigen leisten den Zivildienst in einer dafür anerkannten Beschäftigungsstelle, in einer Zivildienstschule oder in einer Zivildienstgruppe (Dienststellen). Sie können bei dringendem Bedarf auch in der Verwaltung des Zivildienstes beschäftigt werden.

§ 4 Anerkennung von Beschäftigungsstellen

(1) Eine Beschäftigungsstelle kann auf ihren Antrag anerkannt werden, wenn

1. sie insbesondere Aufgaben im sozialen Bereich, im Bereich des Umweltschutzes, des Naturschutzes und der Landschaftspflege durchführt; überwiegend sollen Beschäftigungsstellen des sozialen Bereichs anerkannt werden,
2. sie die Gewähr bietet, dass Beschäftigung, Leitung und Betreuung der Dienstleistenden dem Wesen des Zivildienstes entsprechen; eine Beschäftigung entspricht insbesondere nicht dem Wesen des Zivildienstes, wenn sie wegen der für den Dienstleistenden mit ihr verbundenen Belastung zu einer offensichtlichen Ungleichbehandlung des Dienstleistenden im Vergleich zu anderen Dienstleistenden oder zu den Wehrdienstleistenden führen würde,

2a. sie die Dienstleistenden nach den §§ 25a und 25b persönlich und fachlich begleitet und für die Betreuung der Dienstleistenden qualifiziertes Personal einsetzt,

3. sie sich bereit erklärt, Dienstpflichtige, die den von ihr geforderten Eignungsvoraussetzungen entsprechen, ohne besondere Zustimmung zur Person des Dienstpflichtigen zu beschäftigen, sofern nicht die Beschäftigung wegen ihrer Eigenart an die Person des Dienstpflichtigen besondere, über die geforderten Voraussetzungen hinausgehende Anforderungen stellt, und
4. sie sich bereit erklärt, Beauftragten des Bundesministeriums für Bildung, Familie, Senioren, Frauen und Jugend und des Bundesamtes Einblick in die Gesamttätigkeit der Dienstleistenden und deren einzelne Aufgaben zu gewähren sowie den Bundesrechnungshof bei der Rechnungsprüfung verausgabter Bundesmittel uneingeschränkt zu unterstützen. Die Anerkennung wird für bestimmte Dienstplätze ausgesprochen. Sie kann mit Auflagen verbunden werden.

(2) Die Anerkennung ist zurückzunehmen oder zu widerrufen, wenn eine der in Absatz 1 genannten Voraussetzungen nicht vorgelegen hat oder nicht mehr vorliegt. Sie kann auch aus anderen wichtigen Gründen widerrufen werden, insbesondere, wenn eine Auflage nicht oder nicht innerhalb einer gesetzten Frist erfüllt worden ist.

§ 5 Aufstellung der Dienstgruppen

Dienstgruppen werden auf Anordnung des Bundesministeriums für Bildung, Familie, Senioren, Frauen und Jugend nach Bedarf aufgestellt. Das Bundesministerium für

Bildung, Familie, Senioren, Frauen und Jugend bestimmt ihren Sitz nach Anhörung des beteiligten Landes.

§ 5a Übertragung von Verwaltungsaufgaben

(1) Die Dienststellen können mit der Wahrnehmung von Verwaltungsaufgaben beauftragt werden. Werden Stellen der Länder beauftragt, so handeln diese im Auftrag des Bundes.

(2) Mit ihrem Einverständnis können mit der Wahrnehmung von Verwaltungsaufgaben beauftragt werden
1. Verbände für die ihnen angehörenden Beschäftigungsstellen,
2. Länder für die Beschäftigungsstellen bei den ihrer Aufsicht unterstehenden öffentlich-rechtlichen Trägern.

Die Verwaltungskosten können in angemessenem Umfang erstattet werden.

§ 6 Kosten

(1) Die Beschäftigungsstellen sorgen auf ihre Kosten für Unterkunft, Verpflegung und Arbeitskleidung der Dienstleistenden. Sie tragen die ihnen aus der Beschäftigung der Dienstleistenden entstehenden Verwaltungskosten.

(2) Die Beschäftigungsstellen zahlen für den Bund den Dienstleistenden die diesen zustehenden Geldbezüge. Den Beschäftigungsstellen werden der Aufwand für den Mobilitätszuschlag in voller Höhe und für die übrigen Geldbezüge in Höhe von 70 vom Hundert vierteljährlich nachträglich erstattet. Das Bundesministerium für Bildung, Familie, Senioren, Frauen und Jugend legt im Einvernehmen mit dem Bundesministerium der Finanzen für die Erstattung einheitliche Pauschalbeträge fest.

(3) Den Beschäftigungsstellen können Zuschüsse zur Entlastung vom Aufwand für Unterkunft, Verpflegung und Arbeitskleidung der Dienstleistenden gewährt werden, wenn und soweit dies erforderlich ist,
1. um eine für die Heranziehung aller verfügbaren anerkannten Kriegsdienstverweigerer zum Zivildienst ausreichende Anzahl von Zivildienstplätzen oder
2. um für den Zivildienst nach Art der Beschäftigung besonders geeignete Zivildienstplätze

zu erhalten. Das Bundesministerium für Bildung, Familie, Senioren, Frauen und Jugend erlässt zur Durchführung von Satz 1 im Einvernehmen mit dem Bundesministerium der Finanzen allgemeine Verwaltungsvorschriften zur Durchführung. Die Zuschüsse dürfen nur insoweit gewährt werden, als der Haushaltsplan hierfür Mittel zur Verfügung stellt.

Abschnitt 2 Tauglichkeit, Zivildienstausnahmen

§ 7 Tauglichkeit

Die Tauglichkeit für den Zivildienst bestimmt sich nach der Tauglichkeit für den Wehrdienst. Wehrdienstfähige gelten als zivildienstfähig, vorübergehend nicht Wehrdienstfähige als vorübergehend nicht zivildienstfähig und nicht Wehrdienstfähige als nicht zivildienstfähig.

§ 8 Zivildienstunfähigkeit

Zum Zivildienst wird nicht herangezogen, wer nicht zivildienstfähig ist.

§ 9 Ausschluss vom Zivildienst

Vom Zivildienst ist ausgeschlossen,

1. wer durch ein deutsches Gericht wegen eines Verbrechens zu Freiheitsstrafe von mindestens einem Jahr oder wegen einer vorsätzlichen Tat, die nach den Vorschriften über Friedensverrat, Hochverrat, Gefährdung des demokratischen Rechtsstaates oder Landesverrat und Gefährdung der äußeren Sicherheit strafbar ist, zu Freiheitsstrafe von sechs Monaten oder mehr verurteilt worden ist, es sei denn, dass die Eintragung über die Verurteilung im Zentralregister getilgt ist,
2. wer infolge Richterspruchs die Fähigkeit zur Bekleidung öffentlicher Ämter nicht besitzt,
3. wer einer Maßregel der Besserung und Sicherung nach den §§ 64, 66, 66a oder § 66b des Strafgesetzbuches unterworfen ist, solange die Maßregel nicht erledigt ist.

§ 10 Befreiung vom Zivildienst

(1) Vom Zivildienst sind befreit

1. ordinierte Geistliche evangelischen Bekenntnisses,
2. Geistliche römisch-katholischen Bekenntnisses, die die Diakonatsweihe empfangen haben,
3. hauptamtlich tätige Geistliche anderer Bekenntnisse, deren Amt dem eines ordinierten Geistlichen evangelischen oder eines Geistlichen römisch-katholischen Bekenntnisses, der die Diakonatsweihe empfangen hat, entspricht,
4. schwerbehinderte Menschen,
5. Zivildienstpflichtige, die auf Grund eines völkerrechtlichen Vertrages für die Dauer einer Tätigkeit in einer internationalen Behörde eine entsprechende Befreiung genießen.

(2) Vom Zivildienst sind anerkannte Kriegsdienstverweigerer auf Antrag zu befreien,

1. deren Vater, Mutter, Bruder oder Schwester an den Folgen einer Wehr- oder Zivildienstbeschädigung verstorben ist,
2. deren zwei Geschwister
   a) Grundwehrdienst von der in § 5 Absatz 2 des Wehrpflichtgesetzes bestimmten Dauer,
   b) Zivildienst von der in § 24 Abs. 2 bestimmten Dauer,
   c) Dienst im Zivilschutz oder Katastrophenschutz nach § 14 Abs. 1 dieses Gesetzes oder nach § 13a Abs. 1 Satz 1 des Wehrpflichtgesetzes,
   d) Entwicklungsdienst nach § 14a Abs. 1 dieses Gesetzes oder nach § 13b Abs. 1 des Wehrpflichtgesetzes,
   e) einen anderen Dienst im Ausland nach § 14b Abs. 1,
   f) einen Freiwilligendienst nach dem Jugendfreiwilligendienstegesetz oder dem Bundesfreiwilligendienstgesetz von mindestens sechs Monaten,
   g) ein freies Arbeitsverhältnis nach § 15a Abs. 1,
   h) Wehrdienst von höchstens zwei Jahren Dauer als Soldatin auf Zeit oder Soldat auf Zeit

   geleistet haben oder

3. die
   a) verheiratet sind,
   b) eingetragene Lebenspartner sind oder
   c) die elterliche Sorge gemeinsam oder als Alleinerziehende ausüben.

§ 11 Zurückstellung vom Zivildienst

(1) Vom Zivildienst wird zurückgestellt,
1. wer vorübergehend nicht zivildienstfähig ist,
2. wer, abgesehen von den Fällen des § 9, Freiheitsstrafe, Strafarrest, Jugendstrafe oder Jugendarrest verbüßt, sich in Untersuchungshaft befindet oder nach § 63 des Strafgesetzbuches in einem psychiatrischen Krankenhaus untergebracht ist.

(1a) Vom Zivildienst wird ferner zurückgestellt, wer auf Grund eines völkerrechtlichen Vertrages für die Dauer einer Tätigkeit in einer internationalen Behörde nicht zum Wehrdienst herangezogen werden kann.

(2) Vom Zivildienst werden anerkannte Kriegsdienstverweigerer, die sich auf das geistliche Amt vorbereiten, auf Antrag zurückgestellt.

(3) Hat ein anerkannter Kriegsdienstverweigerer seiner Aufstellung für die Wahl zum Deutschen Bundestag, zu einem Landtag oder zum Europäischen Parlament zugestimmt, so ist er bis zur Wahl zurückzustellen. Hat er die Wahl angenommen, so kann er für die Dauer des Mandates nur auf seinen Antrag einberufen werden.

(4) Vom Zivildienst soll ein anerkannter Kriegsdienstverweigerer auf Antrag zurückgestellt werden, wenn die Heranziehung für ihn wegen persönlicher, insbesondere häuslicher, wirtschaftlicher oder beruflicher Gründe eine besondere Härte bedeuten würde. Eine solche liegt in der Regel vor,
1. wenn im Falle der Einberufung des anerkannten Kriegsdienstverweigerers
   a) die Versorgung seiner Familie, hilfsbedürftiger Angehöriger oder anderer hilfsbedürftiger Personen, für deren Lebensunterhalt er aus rechtlicher oder sittlicher Verpflichtung aufzukommen hat, gefährdet würde oder
   b) für Verwandte ersten Grades besondere Notstände zu erwarten sind,
2. wenn der anerkannte Kriegsdienstverweigerer für die Erhaltung und Fortführung eines eigenen Betriebes unentbehrlich ist,
3. wenn die Einberufung des anerkannten Kriegsdienstverweigerers
   a) eine zu einem schulischen Abschluss führende Ausbildung,
   b) ein Hochschulstudium, bei dem zum vorgesehenen Diensteintritt das dritte Semester erreicht ist,
   c) einen zum vorgesehenen Diensteintritt begonnenen dualen Bildungsgang (Studium mit studienbegleitender betrieblicher Ausbildung), dessen Regelstudienzeit acht Semester nicht überschreitet und bei dem das Studium spätestens drei Monate nach Beginn der betrieblichen Ausbildung aufgenommen wird,
   d) einen zum vorgesehenen Diensteintritt zu einem Drittel absolvierten sonstigen Ausbildungsabschnitt oder
   e) eine bereits begonnene Berufsausbildung

   unterbrechen oder die Aufnahme einer rechtsverbindlich zugesagten oder vertraglich gesicherten Berufsausbildung verhindern würde.

(5) Vom Zivildienst kann ein anerkannter Kriegsdienstverweigerer zurückgestellt werden, wenn gegen ihn ein Strafverfahren anhängig ist, in dem Freiheitsstrafe, Strafarrest, Jugendstrafe oder eine freiheitsentziehende Maßregel der Besserung

und Sicherung zu erwarten ist, oder wenn seine Einberufung die Ordnung oder das Ansehen des Zivildienstes oder einer Dienststelle ernstlich gefährden würde.

(6) Vom Zivildienst soll ein anerkannter Kriegsdienstverweigerer auf Antrag auch zurückgestellt werden, wenn er für die Erhaltung und Fortführung des elterlichen Betriebes oder des Betriebes seines Arbeitgebers oder für die ordnungsgemäße Aufgabenerfüllung seiner Dienstbehörde unentbehrlich ist. In diesem Fall sind die Eltern, der Arbeitgeber oder die Dienstbehörde des anerkannten Kriegsdienstverweigerers antragsberechtigt und verpflichtet, den Wegfall der Voraussetzungen für die Unentbehrlichkeit dem Bundesamt anzuzeigen. Die Zurückstellung bedarf der Zustimmung des anerkannten Kriegsdienstverweigerers. Die Einberufung des anerkannten Kriegsdienstverweigerers ist bis zur Entscheidung über den Antrag auszusetzen.

§ 12 Befreiungs- und Zurückstellungsanträge

(1) Anträge nach § 10 Absatz 2 und nach § 11 Absatz 2, 4 und 6, die nicht gemäß § 20 des Wehrpflichtgesetzes frühestens nach der Aufforderung nach § 15a Absatz 1 des Wehrpflichtgesetzes und spätestens bis zum Abschluss der Musterung beim Bundesamt für das Personalmanagement der Bundeswehr zu stellen waren, sind schriftlich oder zur Niederschrift beim Bundesamt zu stellen.

(2) Anträgen nach § 10 Abs. 2 und nach § 11 Abs. 4 sind Beweisurkunden, die der Antragsteller besitzt oder ohne unverhältnismäßigen Aufwand beschaffen kann, beizufügen. Bei Anträgen nach § 11 Abs. 2 sind beizubringen

1. der Nachweis eines ordentlichen theologischen Studiums oder einer ordentlichen theologischen Ausbildung und
2. eine Erklärung des zuständigen Landeskirchenamtes, der bischöflichen Behörde, des Ordensoberen oder der entsprechenden Oberbehörde einer anderen Religionsgemeinschaft, dass sich der anerkannte Kriegsdienstverweigerer auf das geistliche Amt vorbereitet.

§ 13 Verfahren bei der Zurückstellung

(1) Zurückstellungen nach § 11 Abs. 1, 4 und 5 sind befristet auszusprechen. In den Fällen des § 11 Abs. 4, ausgenommen Satz 2 Nr. 1 Buchstabe b, Nr. 3, sowie des Absatzes 6, darf der anerkannte Kriegsdienstverweigerer vom Zivildienst so lange zurückgestellt werden, dass er noch vor der für ihn nach § 24 Abs. 1 Satz 1 bis 4 maßgebenden Altersgrenze einberufen werden kann. In Ausnahmefällen, in denen die Einberufung eine unzumutbare Härte bedeuten würde, kann er auch darüber hinaus zurückgestellt werden.

(2) Wird ein Antrag nach § 11 Abs. 2 oder 4 nach der Musterung gestellt, so kann die Entscheidung darüber bis zur Einberufung ausgesetzt werden, es sei denn, dass der Antragsteller ein berechtigtes Interesse an alsbaldiger Entscheidung glaubhaft macht.

(3) Zurückstellungen sind zu widerrufen, wenn der Zurückstellungsgrund weggefallen ist; der anerkannte Kriegsdienstverweigerer ist vorher zu hören.

(4) Nach Ablauf der Zurückstellungsfrist steht der anerkannte Kriegsdienstverweigerer unbeschadet der Vorschrift des § 19 Abs. 4 für den Zivildienst zur Verfügung.

§ 14 Zivilschutz oder Katastrophenschutz

(1) Anerkannte Kriegsdienstverweigerer, die sich vor Vollendung des 23. Lebensjahres mit Zustimmung der zuständigen Behörde auf mindestens vier Jahre zum ehrenamtlichen Dienst als Helfer im Zivilschutz oder Katastrophenschutz verpflichtet haben, werden nicht zum Zivildienst herangezogen, solange sie im Zivilschutz oder Katastrophenschutz mitwirken. Dies gilt auch bei von der zuständigen Behörde genehmigten Unterbrechungen der Mitwirkung, wenn die auf der Mindestverpflichtung beruhende vierjährige tatsächliche Mitwirkung noch bis zur Vollendung des 28. Lebensjahres erfüllt werden kann.

(2) Die zuständigen Behörden sind verpflichtet, dem Bundesamt das Vorliegen sowie den Wegfall der Voraussetzungen für die Nichtheranziehung von anerkannten Kriegsdienstverweigerern zum Zivildienst anzuzeigen.

(3) Zeigt eine zuständige Behörde an, dass ein anerkannter Kriegsdienstverweigerer sich mit der Folge der Nichtheranziehung zum Zivildienst zur Mitwirkung als Helfer im Zivilschutz oder Katastrophenschutz verpflichtet hat, so hat das Bundesamt dem anerkannten Kriegsdienstverweigerer mitzuteilen, dass er für die Dauer seiner Mitwirkung nicht zum Zivildienst herangezogen wird.

(4) Haben anerkannte Kriegsdienstverweigerer vier Jahre im Zivilschutz oder Katastrophenschutz mitgewirkt, so erlischt ihre Pflicht, Zivildienst zu leisten; das gilt nicht für den Zivildienst im Verteidigungsfall. Genehmigte Unterbrechungen der Mitwirkung (Absatz 1 Satz 2) gelten als Mitwirkung, soweit sie insgesamt einen Zeitraum von sechs Monaten nicht übersteigen. Endet die Mitwirkung aus Gründen, die nicht in der Person oder in dem Verhalten des anerkannten Kriegsdienstverweigerers liegen, vorzeitig, so ist die im Zivilschutz oder Katastrophenschutz zurückgelegte Zeit, soweit sie die Hälfte der Zeit nach Satz 1 übersteigt, anteilmäßig auf den Zivildienst anzurechnen.

§ 14a Entwicklungsdienst

(1) Anerkannte Kriegsdienstverweigerer werden bis zur Vollendung des 28. Lebensjahres nicht zum Zivildienst herangezogen, wenn sie sich gegenüber einem nach § 2 des Entwicklungshelfer-Gesetzes anerkannten Träger des Entwicklungsdienstes im Rahmen des Bedarfs dieses Trägers vertraglich zur Leistung eines mindestens zweijährigen Entwicklungsdienstes verpflichtet haben, sich in angemessener Weise für die spätere Tätigkeit als Entwicklungshelfer fortbilden und das Bundesministerium für wirtschaftliche Zusammenarbeit und Entwicklung dies bestätigt.

(2) Anerkannte Kriegsdienstverweigerer werden ferner nicht zum Zivildienst herangezogen, wenn und solange sie die Voraussetzungen des § 1 Abs. 1 oder 2 des Entwicklungshelfer-Gesetzes erfüllen.

(3) Haben anerkannte Kriegsdienstverweigerer Entwicklungsdienst von der in Absatz 1 genannten Mindestdauer geleistet, so erlischt ihre Pflicht, Zivildienst zu leisten; dies gilt nicht für den Zivildienst im Verteidigungsfall. Wird der Entwicklungsdienst aus Gründen, die der anerkannte Kriegsdienstverweigerer nicht zu vertreten hat, vorzeitig beendet, so ist die im Entwicklungsdienst zurückgelegte Zeit, soweit sie die Zeit übersteigt, die der Zivildienst dauert, auf den Zivildienst anzurechnen.

(4) Die Träger des Entwicklungsdienstes sind verpflichtet, dem Bundesamt das Vorliegen sowie den Wegfall der Voraussetzungen für die Nichtheranziehung von anerkannten Kriegsdienstverweigerern zum Zivildienst anzuzeigen.

§ 14b Andere Dienste im Ausland

(1) Anerkannte Kriegsdienstverweigerer werden nicht zum Zivildienst herangezogen, wenn sie

1. sich gegenüber einem nach Absatz 3 anerkannten Träger zur Leistung eines vor Vollendung des 23. Lebensjahres anzutretenden Dienstes im Ausland, der das friedliche Zusammenleben der Völker fördern will und der mindestens zwei Monate länger dauert als der Zivildienst, den sie sonst zu leisten hätten, vertraglich verpflichtet haben und
2. diesen Dienst unentgeltlich leisten.

Die Träger sind verpflichtet, dem Bundesamt das Vorliegen sowie den Wegfall der Voraussetzungen für die Nichtheranziehung von anerkannten Kriegsdienstverweigerern zum Zivildienst anzuzeigen.

(2) Weisen anerkannte Kriegsdienstverweigerer bis zur Vollendung des 24. Lebensjahres nach, dass sie Dienst von der in Absatz 1 Nr. 1 genannten Mindestdauer geleistet haben, so erlischt ihre Pflicht, Zivildienst zu leisten; das gilt nicht für den Zivildienst im Verteidigungsfall. Wird der Dienst vorzeitig beendet, so ist die in dem Dienst zurückgelegte Zeit, soweit sie zwei Monate übersteigt, auf den Zivildienst anzurechnen.

(3) Als Träger eines Dienstes nach Absatz 1 können juristische Personen anerkannt werden, die

1. ausschließlich, unmittelbar und selbstlos steuerbegünstigten Zwecken im Sinne der §§ 51 bis 68 der Abgabenordnung dienen,
2. Gewähr dafür bieten, dass ihre Vorhaben den Interessen der Bundesrepublik Deutschland dienen und
3. ihren Sitz in der Bundesrepublik Deutschland haben.

Über die Anerkennung eines Trägers entscheidet auf dessen Antrag das Bundesministerium für Familie, Senioren, Frauen und Jugend im Einvernehmen mit dem Auswärtigen Amt. Es kann die Anerkennung auf bestimmte Vorhaben des Trägers beschränken. § 4 Abs. 1 Satz 3 und Abs. 2 gelten entsprechend.

§ 14c Freiwilligendienst

(1) Anerkannte Kriegsdienstverweigerer werden nicht zum Zivildienst herangezogen, wenn sie sich nach ihrer Anerkennung als Kriegsdienstverweigerer schriftlich zu einem Freiwilligendienst nach dem Jugendfreiwilligendienstegesetz oder dem Bundesfreiwilligendienstgesetz verpflichtet haben, der mindestens zwei Monate länger dauert als der Zivildienst, den sie sonst zu leisten hätten. Der Dienst ist spätestens ein Jahr nach der Verpflichtung sowie vor Vollendung des 23. Lebensjahres anzutreten. Die Verpflichtung ist bei einem Freiwilligendienst nach dem Jugendfreiwilligendienstegesetz gegenüber einem Träger zu übernehmen, der nach dem Jugendfreiwilligendienstegesetz zugelassen ist, und bei einem Freiwilligendienst nach dem Bundesfreiwilligendienstgesetz gegenüber dem Bund vertreten durch das Bundesamt.

(2) Die in Absatz 1 Satz 3 Genannten sind verpflichtet, dem Bundesamt das Vorliegen sowie den Wegfall der Voraussetzungen für die Nichtheranziehung von anerkannten Kriegsdienstverweigerern zum Zivildienst anzuzeigen.

(3) Weisen anerkannte Kriegsdienstverweigerer bis zur Vollendung des 24. Lebensjahres nach, dass sie Dienst gemäß Absatz 1 geleistet haben, so erlischt ihre Pflicht, Zivildienst zu leisten; das gilt nicht für den Zivildienst im Verteidigungsfall. Wird der

Dienst vorzeitig beendet, so ist die im Dienst zurückgelegte Zeit, soweit sie zwei Monate übersteigt, auf den Zivildienst anzurechnen.

§ 15 Sondervorschriften für Angehörige des Polizeivollzugsdienstes

(1) Anerkannte Kriegsdienstverweigerer, die dem Vollzugsdienst der Polizei angehören oder für diesen durch schriftlichen Bescheid angenommen sind, werden bis zur Beendigung dieses Dienstes nicht zum Zivildienst herangezogen.

(2) Die zuständigen Behörden sind verpflichtet, dem Bundesamt den Widerruf eines Annahmebescheides und das Ausscheiden aus dem Vollzugsdienst der Polizei anzuzeigen; das Gleiche gilt, wenn trotz Annahmebescheides der Dienst nicht angetreten wird.

(3) § 14 Abs. 3 findet entsprechende Anwendung, wenn eine zuständige Behörde anzeigt, dass ein anerkannter Kriegsdienstverweigerer in den Vollzugsdienst der Polizei eingetreten ist oder für diesen durch schriftlichen Bescheid angenommen worden und seine Einstellung innerhalb von sechs Monaten nach der Annahme zu erwarten ist.

§ 15a Freies Arbeitsverhältnis

(1) Anerkannte Kriegsdienstverweigerer, die aus Gewissensgründen gehindert sind, Zivildienst zu leisten, werden zum Zivildienst vorläufig nicht herangezogen, wenn sie erklären, dass sie ein Arbeitsverhältnis mit üblicher Arbeitszeit in einem Krankenhaus oder einer anderen Einrichtung zur Behandlung, Pflege und Betreuung von Personen begründen wollen, oder wenn sie in einem solchen Arbeitsverhältnis tätig sind. Dies gilt nur, wenn das Arbeitsverhältnis nach der Anerkennung als Kriegsdienstverweigerer und vor Vollendung des 22. Lebensjahres mit einer Dauer, die mindestens acht Monate länger ist als der Zivildienst, den der anerkannte Kriegsdienstverweigerer sonst zu leisten hätte, begründet werden soll oder begründet worden ist.

(2) Weist der anerkannte Kriegsdienstverweigerer vor Vollendung des 24. Lebensjahres nach, dass er für die in Absatz 1 genannte Mindestdauer in einem solchen Arbeitsverhältnis tätig war, so erlischt seine Pflicht, Zivildienst zu leisten. Wird das Arbeitsverhältnis aus Gründen, die der anerkannte Kriegsdienstverweigerer nicht zu vertreten hat, vorzeitig beendet, so ist die in dem Arbeitsverhältnis zurückgelegte Zeit, soweit sie acht Monate übersteigt, auf den Zivildienst anzurechnen.

§ 16 Unabkömmlichstellung

(1) Zum Ausgleich des öffentlichen Interesses an der Heranziehung zum Zivildienst und desjenigen an der Deckung des personellen Kräftebedarfs für Aufgaben außerhalb des Zivildienstes kann ein Dienstpflichtiger im Spannungs- und Verteidigungsfall, wenn das letztgenannte öffentliche Interesse überwiegt, für den Zivildienst unabkömmlich gestellt werden, solange er für die von ihm außerhalb des Zivildienstes ausgeübte Tätigkeit nicht entbehrt werden kann.

(2) Über die Unabkömmlichstellung wird auf Vorschlag der zuständigen Verwaltungsbehörde entschieden. Das Vorschlagsrecht steht auch den Kirchen und Religionsgemeinschaften, soweit sie Körperschaften des öffentlichen Rechts sind, für ihre Bediensteten zu. Für die Zuständigkeit und das Verfahren der Unabkömmlichstel-

lung, die Befugnis zur Bestimmung der zuständigen Behörden, die Regelung des Vorschlagsrechts durch allgemeine Verwaltungsvorschrift des Landesrechts, den Ausgleich von Meinungsverschiedenheiten zwischen dem Bundesamt und der vorschlagenden Verwaltungsbehörde, die Zeiträume, für die eine Unabkömmlichstellung ausgesprochen werden kann, und die Anhörung sachverständiger Stellen ist die Verordnung über die Zuständigkeit und das Verfahren bei der Unabkömmlichstellung in der jeweils geltenden Fassung entsprechend anzuwenden.

(3) Die Dienstbehörde oder der Arbeitgeber des Dienstpflichtigen ist verpflichtet, dem Bundesamt den Wegfall der Voraussetzungen für die Unabkömmlichstellung anzuzeigen. Dienstpflichtige, die in keinem Dienst- oder Arbeitsverhältnis stehen, haben den Wegfall der Voraussetzungen selbst anzuzeigen.

§ 17 Entscheidungen über Wehrdienstausnahmen

Entscheidungen der Wehrersatzbehörden über Wehrdienstausnahmen gelten auch für den Zivildienst.

§ 18 Erstattung von Auslagen und Verdienstausfall

Anerkannten Kriegsdienstverweigerern werden die aus Anlass einer Prüfung ihrer Verfügbarkeit für den Zivildienst entstandenen notwendigen Auslagen sowie bei angeordneter persönlicher Vorstellung auch Verdienstausfall nach Maßgabe der für die Musterung bei den Wehrersatzbehörden geltenden Vorschriften erstattet.

Abschnitt 3 Heranziehung zum Zivildienst

§ 19 Einberufung

(1) Die Dienstpflichtigen werden nach den Einberufungsanordnungen des Bundesministeriums für Bildung, Familie, Senioren, Frauen und Jugend zum Zivildienst einberufen, sofern sie nicht nach Absatz 2 in ein Dienstverhältnis nach diesem Gesetz überführt werden. Wer aus dem Grundwehrdienst entlassen wird, weil er als Kriegsdienstverweigerer anerkannt ist, soll unverzüglich zum Zivildienst einberufen werden.

(2) Das Wehrdienstverhältnis kann durch schriftlichen Bescheid im Einvernehmen mit der vom Bundesministerium der Verteidigung bestimmten Stelle in ein Dienstverhältnis nach diesem Gesetz umgewandelt werden, wenn der Soldat als Kriegsdienstverweigerer anerkannt ist. Der Bescheid bestimmt den Zeitpunkt der Umwandlung sowie Ort und Zeitpunkt des Diensteintritts im Zivildienst. Der Dienstpflichtige hat sich entsprechend dem Umwandlungsbescheid zur Aufnahme des Zivildienstes zu melden.

(3) Der Dienstpflichtige kann nicht verlangen, zum Dienst an einem bestimmten Ort herangezogen zu werden. Er darf nicht zu einer Beschäftigungsstelle einberufen werden, bei der er vor seiner Einberufung im Rahmen eines Ausbildungs- oder Beschäftigungsverhältnisses tätig war. Satz 2 gilt nicht, wenn der Dienstpflichtige in der Beschäftigungsstelle Schwerstbehinderte oder Schwerstkranke unmittelbar betreut und bei einer Unterbrechung dieser Betreuung für die Betreuten unvertretbare und unvermeidbare Beeinträchtigungen oder Belastungen eintreten würden.

(4) Dienstpflichtige, deren Verfügbarkeit nicht innerhalb der letzten zwei Jahre vor der Einberufung festgestellt worden ist, sind vor der Einberufung zu hören.

(5) Im Einberufungsbescheid sind Ort und Zeit des Diensteintritts sowie die Dauer des zu leistenden Zivildienstes anzugeben. Auf die strafrechtlichen Folgen des Ausbleibens soll hingewiesen werden.

(6) Der Einberufungsbescheid soll mindestens vier Wochen vor dem Einberufungstermin ergehen. Dies gilt nicht in den Fällen des Absatzes 1 Satz 2.

§ 19a Verlegung des ständigen Aufenthaltes

(1) Die Wehrpflicht erlischt oder ruht nicht, wenn anerkannte Kriegsdienstverweigerer ihren ständigen Aufenthalt

1. während des Zivildienstes aus der Bundesrepublik Deutschland hinausverlegen,
2. ohne die nach § 23 Abs. 4 erforderliche Genehmigung aus der Bundesrepublik Deutschland hinausverlegen oder
3. aus der Bundesrepublik Deutschland hinausverlegen, ohne diese zu verlassen.

(2) Verlegen anerkannte Kriegsdienstverweigerer ihren ständigen Aufenthalt ohne die nach § 23 Abs. 4 erforderliche Genehmigung aus der Bundesrepublik Deutschland hinaus, so werden sie zum Zivildienst nach den Vorschriften dieses Gesetzes herangezogen.

§ 20 Vernehmung von Zeuginnen, Zeugen und Sachverständigen

Ist für die Überprüfung der Verfügbarkeit des anerkannten Kriegsdienstverweigerers die Vernehmung von Zeuginnen, Zeugen oder Sachverständigen erforderlich, kann das Amtsgericht, in dessen Bezirk diese ihren Wohnsitz oder Aufenthalt haben, um deren Vernehmung ersucht werden. Hierbei sind die Tatsachen anzugeben, über welche die Vernehmung erfolgen soll. Die Vorschriften des Gerichtsverfassungsgesetzes über die Rechtshilfe (§§ 156 ff.) und die Vorschriften der Zivilprozessordnung finden entsprechende Anwendung. Die Beeidigung von Zeuginnen, Zeugen oder Sachverständigen liegt im Ermessen des Amtsgerichts. Dieses entscheidet auch über die Rechtmäßigkeit der Verweigerung des Zeugnisses, des Gutachtens oder der Eidesleistung; die Entscheidung kann nicht angefochten werden.

§ 21 Widerruf des Einberufungsbescheides

Wird nach Zustellung des Einberufungsbescheides festgestellt, dass der anerkannte Kriegsdienstverweigerer nicht verfügbar ist, so ist der Einberufungsbescheid zu widerrufen. Der Widerrufsbescheid ist schriftlich zu erteilen und zuzustellen.

§ 22 Anrechnung anderen Dienstes

Geleisteter Wehrdienst und auf Grund der Grenzschutzdienstpflicht geleisteter Grenzschutzdienst werden auf den Zivildienst angerechnet. Dies gilt nicht für Tage, an denen ein Dienstpflichtiger infolge

1. schuldhafter Abwesenheit vom Dienst,
2. schuldhafter Dienstverweigerung,
3. Aussetzung der Vollziehung des Einberufungsbescheides,

4. Beurlaubung unter Wegfall der Geld- und Sachbezüge, soweit diese Tage ohne die Anerkennung als Kriegsdienstverweigerer hätten nachgedient werden müssen,
5. Verbüßung von Freiheitsstrafe, Strafarrest, Jugendstrafe, Jugendarrest oder Disziplinararrest, soweit diese Tage ohne die Anerkennung als Kriegsdienstverweigerer hätten nachgedient werden müssen, oder
6. einer während des Dienstes erlittenen Untersuchungshaft, der eine rechtskräftige Verurteilung gefolgt ist,

keinen Dienst geleistet hat.

§ 22a Anrechnung von Wehr- und Zivildienst anderer Staaten

(1) Das Bundesministerium für Bildung, Familie, Senioren, Frauen und Jugend kann im Einzelfall außerhalb der Bundeswehr geleisteten Wehrdienst oder an Stelle des Wehrdienstes geleisteten anderen Dienst auf den Zivildienst nach diesem Gesetz ganz oder zum Teil anrechnen. Der Wehrdienst oder der an Stelle des Wehrdienstes geleistete andere Dienst soll angerechnet werden, wenn er auf Grund gesetzlicher Vorschriften geleistet worden ist; dies gilt auch, wenn das Bundesministerium der Verteidigung dem Dienst außerhalb der Bundeswehr zugestimmt hat.

(2) Das Bundesministerium für Bildung, Familie, Senioren, Frauen und Jugend kann die in Absatz 1 genannte Befugnis auf das Bundesamt übertragen. Anträge auf Anrechnung von Wehrdienst, der außerhalb der Bundeswehr geleistet worden ist, sowie von anderem Dienst, der an Stelle des Wehrdienstes geleistet worden ist, sind beim Bundesamt zu stellen, das zum Nachweis eine Versicherung des Dienstpflichtigen an Eides statt verlangen kann.

§ 23 Zivildienstüberwachung

(1) Die anerkannten Kriegsdienstverweigerer unterliegen der Zivildienstüberwachung. Diese endet mit Ablauf des Jahres, in dem sie das 32. Lebensjahr vollendet haben.

(2) Während der Zivildienstüberwachung haben die anerkannten Kriegsdienstverweigerer dem Bundesamt binnen einer Woche jede Änderung ihrer Wohnung zu melden, es sei denn, sie sind innerhalb dieser Frist ihrer allgemeinen Meldepflicht nach § 17 des Bundesmeldegesetzes nachgekommen. Ferner haben die anerkannten Kriegsdienstverweigerer dem Bundesamt unverzüglich zu melden

1. den Eintritt von Tatsachen, die eine Zivildienstausnahme nach den §§ 8, 9, 10 Abs. 1, § 11 Abs. 1 und 3, §§ 14 bis 14b sowie § 15 begründen,
2. den vorzeitigen Wegfall der Voraussetzungen einer Zurückstellung,
3. den Abschluss und einen Wechsel ihrer beruflichen Ausbildung sowie einen Wechsel ihres Berufes, wenn sie für besondere Aufgaben im Zivildienst vorgesehen sind.

Die anerkannten Kriegsdienstverweigerer haben Vorsorge zu treffen, dass Mitteilungen des Bundesamtes sie ohne Verzögerung erreichen können.

(3) Die Wehrersatzbehörde teilt dem Bundesamt die ihr von den Meldebehörden nach § 24a des Wehrpflichtgesetzes übermittelten Daten der Personen, die nicht der Wehrüberwachung unterliegen, zum Zweck der Zivildienstüberwachung mit. Das Bundesamt löscht die Daten, die hierzu nicht erforderlich sind.

(4) Während der Zivildienstüberwachung haben anerkannte Kriegsdienstverweigerer ferner eine Genehmigung des Bundesamtes einzuholen, wenn sie die Bundesre-

publik Deutschland länger als drei Monate verlassen wollen, ohne dass die Voraussetzungen des § 1 Abs. 2 des Wehrpflichtgesetzes bereits vorliegen. Sie haben eine Genehmigung auch dann einzuholen, wenn sie über einen genehmigten Zeitraum hinaus außerhalb der Bundesrepublik Deutschland verbleiben wollen oder einen nicht genehmigungspflichtigen Aufenthalt außerhalb der Bundesrepublik Deutschland über drei Monate ausdehnen wollen. Die Genehmigung ist für den Zeitraum zu erteilen, in dem der anerkannte Kriegsdienstverweigerer für eine Einberufung zum Zivildienst nicht heransteht. Über diesen Zeitraum hinaus ist sie zu erteilen, soweit die Versagung für den anerkannten Kriegsdienstverweigerer eine besondere – im Verteidigungsfall eine unzumutbare – Härte bedeuten würde; § 13 Abs. 1 ist entsprechend anzuwenden. Das Bundesministerium für Bildung, Familie, Senioren, Frauen und Jugend kann Ausnahmen von der Genehmigungspflicht zulassen.

(5) Wenn anerkannte Kriegsdienstverweigerer Zivildienst von der in § 24 Abs. 2 Satz 1 bezeichneten Dauer geleistet haben, obliegen ihnen die in Absatz 2 Satz 2 Nr. 1 bis 3 genannten Pflichten nur, soweit dies das Bundesministerium für Bildung, Familie, Senioren, Frauen und Jugend zur Sicherung des Zivildienstes im Verteidigungsfall anordnet.

(6) Von den in den Absätzen 2 und 4 bezeichneten Pflichten sind diejenigen anerkannten Kriegsdienstverweigerer befreit, die
1. nicht zivildienstfähig sind,
2. vom Zivildienst dauernd ausgeschlossen sind,
3. vom Zivildienst befreit sind,
4. wegen einer der in den §§ 14 bis 15a bezeichneten Zivildienstausnahmen nicht zum Zivildienst herangezogen werden, solange sie für eine Einberufung nicht in Betracht kommen.

Dies gilt nicht für die Meldung der die Zivildienstausnahmen begründenden Tatsachen.

(7) (weggefallen)

(8) Für die Aufenthaltsfeststellung von anerkannten Kriegsdienstverweigerern während der Zivildienstüberwachung gilt § 24b des Wehrpflichtgesetzes entsprechend.

§ 23a Zuführung

Die Polizei kann ersucht werden, Dienstpflichtige, die ihrer Einberufung oder einem Umwandlungsbescheid nach § 19 Abs. 2 unentschuldigt nicht Folge leisten, der im Einberufungsbescheid oder Umwandlungsbescheid bezeichneten Stelle zuzuführen. Die Polizei ist befugt, zum Zweck der Zuführung die Wohnung und andere Räume des Dienstpflichtigen zu betreten und nach ihm zu suchen. Das Gleiche gilt, außer zur Nachtzeit, für andere Wohnungen und Räume, wenn sich der Dienstpflichtige einem unmittelbar bevorstehenden Zugriff der Polizei durch Betreten solcher Wohnungen und Räume entzieht. Maßnahmen nach den Sätzen 2 und 3 bedürfen einer durch das Bundesamt einzuholenden richterlichen Anordnung. Dabei kann das Gericht von einer vorherigen Anhörung des Dienstpflichtigen oder Wohnungsinhabers absehen, wenn es dies für erforderlich hält, um den Zweck der Maßnahme nicht zu gefährden. Personen, die Mitgewahrsam an der Wohnung des Dienstpflichtigen haben, haben das Betreten und Durchsuchen der Wohnung und anderer Räume zu dulden. Unbillige Härten gegenüber Mitgewahrsamsinhabern sind zu vermeiden. Die Anordnung ist bei der Durchsuchung vorzuzeigen. Für die richterliche Anordnung einer Durchsuchung ist das Verwaltungsgericht zuständig, in dessen Bezirk die Durchsuchung vorgenommen werden soll. Das Grundrecht der Unverletzlichkeit der Wohnung (Artikel 13 des Grundgesetzes) wird insoweit eingeschränkt.

Abschnitt 4 Rechtsstellung der Dienstpflichtigen

§ 24 Dauer des Zivildienstes

(1) Zivildienst leisten Dienstpflichtige, die zu dem für den Dienstbeginn festgesetzten Zeitpunkt das 23. Lebensjahr noch nicht vollendet haben. Abweichend von Satz 1 leisten Zivildienst Dienstpflichtige, die zu dem für den Dienstbeginn festgesetzten Zeitpunkt das 25. Lebensjahr noch nicht vollendet haben, wenn sie

1. wegen einer Zurückstellung nach § 11 nicht vor Vollendung des 23. Lebensjahres zum Zivildienst herangezogen werden konnten und der Zurückstellungsgrund entfallen ist,
2. wegen einer Verpflichtung zur Leistung eines anderen Dienstes im Ausland (§ 14b), wegen einer Verpflichtung zur Leistung eines freiwilligen Jahres (§ 14c) oder wegen der Ableistung eines freien Arbeitsverhältnisses (§ 15a) nicht bis zur Vollendung des 24. Lebensjahres zum Zivildienst herangezogen werden konnten,
3. wegen eines ungenehmigten Auslandsaufenthaltes (§ 23 Abs. 4) nicht bis zur Vollendung des 23. Lebensjahres zum Zivildienst herangezogen werden konnten oder
4. nach § 44 Abs. 2 als aus dem Zivildienst entlassen gelten und nach Absatz 4 eine Nachdienverpflichtung zu erfüllen haben,
5. wegen Aussetzung der Vollziehung des Einberufungsbescheides oder der Anordnung der aufschiebenden Wirkung des Widerspruchs oder der Klage nicht vor Vollendung des 23. Lebensjahres zum Zivildienst herangezogen werden konnten.

Abweichend von den Sätzen 1 und 2 leisten Zivildienst Dienstpflichtige, die zu dem für den Dienstbeginn festgesetzten Zeitpunkt

1. das 32. Lebensjahr noch nicht vollendet haben, wenn sie wegen ihrer beruflichen Ausbildung während des Grundwehrdienstes vorwiegend militärfachlich verwendet worden wären oder verwendet worden sind, oder
2. das 28. Lebensjahr noch nicht vollendet haben, wenn sie wegen einer Verpflichtung zur Leistung eines Dienstes als Helfer im Zivilschutz oder Katastrophenschutz (§ 14) oder wegen einer Verpflichtung zur Leistung eines Entwicklungsdienstes (§ 14a) vor Vollendung des 23. Lebensjahres nicht zum Zivildienst herangezogen worden sind.

Bei Dienstpflichtigen, die wegen eines Anerkennungsverfahrens nach den Vorschriften des Kriegsdienstverweigerungsgesetzes nicht mehr vor Vollendung des 23. Lebensjahres oder vor Eintritt einer bis dahin bestehen gebliebenen Wehrdienstausnahme zum Grundwehrdienst einberufen werden konnten, verlängert sich der Zeitraum, innerhalb dessen Zivildienst zu leisten ist, um die Dauer des Anerkennungsverfahrens, nicht jedoch über die Vollendung des 25. Lebensjahres hinaus. § 79 Nr. 1 bleibt unberührt.

(2) Die Dauer des Zivildienstes entspricht der Dauer des Grundwehrdienstes (§ 5 Absatz 2 des Wehrpflichtgesetzes). Die §§ 41a und 79 Nummer 1 bleiben unberührt.

(3) Tage, an denen ein Dienstpflichtiger während des Zivildienstverhältnisses infolge

1. schuldhafter Abwesenheit vom Zivildienst,
2. schuldhafter Dienstverweigerung,
3. Aussetzung der Vollziehung des Einberufungsbescheides,
4. Verbüßung von Freiheitsstrafe, Strafarrest, Jugendstrafe oder Jugendarrest oder
5. Untersuchungshaft, der eine rechtskräftige Verurteilung gefolgt ist,

keinen Dienst geleistet hat, sind nachzudienen.

§ 25 Beginn des Zivildienstes

Das Zivildienstverhältnis beginnt mit dem Zeitpunkt, der im Einberufungsbescheid für den Diensteintritt des Dienstpflichtigen oder im Umwandlungsbescheid für die Umwandlung nach § 19 Abs. 2 festgesetzt ist.

§ 25a Einweisung in der Dienststelle

(1) Die Dienstleistenden werden zu Beginn ihres Dienstes in ihrer Dienststelle in die Tätigkeit, für die sie vorgesehen sind, eingewiesen (Einweisungsdienst). Im Einweisungsdienst sind den Dienstleistenden die Kenntnisse und Fertigkeiten zu vermitteln, die sie für die vorgesehene Tätigkeit benötigen. Die Dauer des Einweisungsdienstes richtet sich nach der Art der Tätigkeit und der Vorbildung der Dienstleistenden. Bei pflegenden und betreuenden Tätigkeiten beträgt sie in der Regel mindestens vier Wochen. Den Dienstleistenden darf die Tätigkeit, für die sie vorgesehen sind, erst nach Beendigung des Einweisungsdienstes übertragen werden.

(2) Bei einer Änderung der Art der Tätigkeit des Dienstleistenden gilt Absatz 1 entsprechend.

§ 25b Einführung und Begleitung

(1) Die Dienstleistenden sind zu Beginn ihrer Dienstzeit in einem eintägigen Seminar über ihre Rechte und Pflichten als Dienstleistende sowie die ihnen zustehenden Geld- und Sachbezüge zu informieren. Darüber hinaus sind sie verpflichtet, während ihrer Dienstzeit an

1. einem viertägigen Seminar zur politischen Bildung und
2. einem Seminar zu speziellen Fachthemen, soweit dies erforderlich ist,

teilzunehmen.

(2) Außerdem sind die Dienstleistenden berechtigt, an

1. einem einwöchigen Seminar zur Vertiefung der im Dienst erworbenen persönlichen und sozialen Kompetenzen sowie
2. einem dienstlichen Erfahrungsaustausch, der ihnen die Gelegenheit gibt, das im Dienst Erlebte zu reflektieren,

teilzunehmen. Das Reflexionsangebot gemäß Satz 1 Nr. 2 kann einmalig als dreitägiges Seminar oder dienstbegleitend halb- oder ganztägig in regionalen Gruppen durchgeführt werden.

(3) Mit der Durchführung der in Absatz 1 Satz 2 Nr. 2 genannten Seminare sowie der in Absatz 2 genannten Veranstaltungen können Beschäftigungsstellen und Verbände, denen Beschäftigungsstellen angehören, mit ihrem Einverständnis beauftragt werden. Werden Stellen der Länder beauftragt, handeln diese im Auftrag des Bundes. Die Kosten der Seminare können in angemessenem Umfang erstattet werden. Das Bundesministerium für Bildung, Familie, Senioren, Frauen und Jugend kann einheitliche Erstattungssätze festsetzen.

(4) Bei dem Seminar nach Absatz 1 Satz 2 Nr. 1 darf die Behandlung politischer Fragen nicht auf die Darlegung einer einseitigen Meinung beschränkt werden. Das Gesamtbild des Unterrichts ist so zu gestalten, dass die Dienstleistenden nicht zugunsten oder zuungunsten einer bestimmten politischen Richtung beeinflusst werden.

(5) Die Dienstleistenden sind während der Teilnahme an mehrtägigen Seminaren in einer dienstlichen Unterkunft unterzubringen. § 19 Abs. 3 Satz 1 gilt entsprechend.

§ 25c Staatsbürgerliche Rechte

Der Dienstleistende hat die gleichen staatsbürgerlichen Rechte wie jeder andere Staatsbürger. Seine Rechte werden im Rahmen der Erfordernisse des Zivildienstes durch seine gesetzlich begründeten Pflichten beschränkt.

§ 26 Achtung der demokratischen Grundordnung

Der Dienstleistende hat die freiheitliche demokratische Grundordnung im Sinne des Grundgesetzes in seinem gesamten Verhalten zu achten.

§ 27 Grundpflichten

(1) Der Dienstleistende hat seinen Dienst gewissenhaft zu erfüllen. Er hat sich in die Gemeinschaft, in der er seinen Dienst ableistet, einzufügen. Er darf durch sein Verhalten den Arbeitsfrieden und das Zusammenleben innerhalb der Dienststellen nicht gefährden.

(2) Außer Dienst hat sich der Dienstleistende außerhalb der dienstlichen Unterkünfte so zu verhalten, dass er das Ansehen des Zivildienstes oder der Beschäftigungsstelle, bei der er seinen Dienst leistet, nicht ernsthaft beeinträchtigt.

(3) Er muss die mit dem Dienst verbundenen Gefahren auf sich nehmen, insbesondere, wenn es zur Rettung anderer aus Lebensgefahr oder zur Abwendung von Schäden, die der Allgemeinheit drohen, erforderlich ist.

(4) Er hat sich ausbilden zu lassen, wenn es die Zwecke des Zivildienstes erfordern.

§ 28 Verschwiegenheit

(1) Der Dienstpflichtige hat, auch nach seinem Ausscheiden aus dem Zivildienst, über die ihm bei seiner dienstlichen Tätigkeit bekannt gewordenen Angelegenheiten Verschwiegenheit zu bewahren. Dies gilt nicht für Mitteilungen im dienstlichen Verkehr oder über Tatsachen, die offenkundig sind oder ihrer Bedeutung nach keiner Geheimhaltung bedürfen.

(2) Der Dienstpflichtige darf ohne Genehmigung über solche Angelegenheiten weder vor Gericht noch außergerichtlich aussagen oder Erklärungen abgeben. Die §§ 66 und 67 des Bundesbeamtengesetzes finden entsprechende Anwendung mit der Maßgabe, dass über die Versagung der Genehmigung das Bundesministerium für Bildung, Familie, Senioren, Frauen und Jugend entscheidet.

(3) Unberührt bleibt die gesetzlich begründete Pflicht des Dienstpflichtigen, Straftaten anzuzeigen.

§ 29 Politische Betätigung

(1) Der Dienstleistende darf sich im Dienst nicht zugunsten oder zuungunsten einer politischen Richtung betätigen. Das Recht, im Gespräch mit anderen seine Meinung zu äußern, bleibt unberührt.

(2) Innerhalb der dienstlichen Unterkünfte und Anlagen darf die freie Meinungsäußerung während der Freizeit das Zusammenleben in der Gemeinschaft nicht stören. Der Dienstleistende darf dort insbesondere nicht als Werber für eine politische

Gruppe wirken, indem er Ansprachen hält, Schriften verteilt oder als Vertreter einer politischen Organisation arbeitet. Die gegenseitige Achtung darf nicht gefährdet werden.

§ 30 Dienstliche Anordnungen

(1) Der Dienstleistende hat die dienstlichen Anordnungen der Vorgesetzten zu befolgen. Vorgesetzte sind die Präsidentin oder der Präsident des Bundesamtes, die Leitung der Dienststelle sowie die Personen einschließlich anderer Dienstleistender, die mit Aufgaben der Leitung und Aufsicht beauftragt sind. Die Beauftragung muss dem Dienstleistenden bekannt gemacht worden sein.

(2) Erhebt der Dienstleistende Bedenken gegen die Rechtmäßigkeit einer dienstlichen Anordnung und wird die Anordnung aufrechterhalten, so hat er sie zu befolgen, es sei denn, dass sie nicht zu dienstlichen Zwecken erteilt ist oder die Menschenwürde verletzt oder dass durch das Befolgen eine Straftat oder eine Ordnungswidrigkeit begangen würde.

(3) Befolgt der Dienstleistende eine dienstliche Anordnung, so ist er von der eigenen Verantwortung befreit, sofern nicht die Ausführung der Anordnung strafbar oder ordnungswidrig ist und die Strafbarkeit oder die Ordnungswidrigkeit entweder von ihm erkannt wird oder nach den ihm bekannten Umständen offensichtlich ist.

§ 30a Pflichten der Vorgesetzten

Vorgesetzte sind für die ihnen unterstellten Dienstleistenden verantwortlich. Sie haben die Pflicht zur Dienstaufsicht. Dienstliche Anordnungen dürfen sie nur zu dienstlichen Zwecken und nur unter Beachtung der Gesetze und der Dienstvorschriften erteilen.

§ 31 Dienstliche Unterkunft; Gemeinschaftsverpflegung

Der Dienstleistende ist auf dienstliche Anordnung verpflichtet, in einer dienstlichen Unterkunft zu wohnen und an einer Gemeinschaftsverpflegung teilzunehmen. Dienstliche Unterkunft ist jede vom Bundesamt oder einer Dienststelle zugewiesene Unterkunft.

§ 32 Arbeitszeit; innerer Dienstbetrieb

(1) Die Arbeitszeit des Dienstleistenden richtet sich nach den Vorschriften, die an dem ihm zugewiesenen Arbeitsplatz für vergleichbare Beschäftigte gelten oder gelten würden. Soweit solche Vorschriften nicht bestehen, finden die für Bundesbeamte geltenden Vorschriften über die Arbeitszeit entsprechende Anwendung.

(2) Außerhalb der nach Absatz 1 geltenden Arbeitszeit hat der Dienstleistende am Dienstunterricht teilzunehmen und die Aufgaben zu übernehmen, die sich aus der dienstlichen Unterbringung ergeben oder die sonst zur Durchführung des Dienstes erforderlich sind (innerer Dienstbetrieb).

(3) Die Inanspruchnahme des Dienstleistenden nach Absatz 2 soll zwei Stunden täglich nicht überschreiten.

§ 32a Verwendung bei Arbeitskämpfen

Während der Dauer eines Arbeitskampfes, durch den die Beschäftigungsstelle unmittelbar betroffen ist, darf der Dienstleistende nicht mit einer Tätigkeit beschäftigt werden, die in der Beschäftigungsstelle infolge des Arbeitskampfes nicht ausgeübt wird.

§ 33 Nebentätigkeit

(1) Der Dienstleistende bedarf zur Ausübung einer Nebentätigkeit der Genehmigung; diese darf nur versagt werden, wenn die Nebentätigkeit die Dienstleistung gefährdet oder den dienstlichen Erfordernissen zuwiderläuft.

(2) Keiner Genehmigung bedarf die Verwaltung eigenen oder der eigenen Nutznießung unterliegenden Vermögens sowie eine schriftstellerische, wissenschaftliche, künstlerische oder Vortragstätigkeit. Diese Tätigkeiten können untersagt werden, soweit sie die Dienstleistung gefährden oder den dienstlichen Erfordernissen zuwiderlaufen.

§ 34 Haftung

(1) Verletzt ein Dienstleistender vorsätzlich oder grob fahrlässig die ihm obliegenden Pflichten, so hat er dem Dienstherrn, dessen Aufgaben er wahrgenommen hat, den daraus entstehenden Schaden zu ersetzen. Haben mehrere Dienstleistende gemeinsam den Schaden verursacht, so haften sie als Gesamtschuldner.

(2) Ansprüche nach Absatz 1 verjähren in drei Jahren von dem Zeitpunkt an, in dem der Dienstherr von dem Schaden und der Person des Ersatzpflichtigen Kenntnis erlangt hat, ohne Rücksicht auf diese Kenntnis in zehn Jahren von der Begehung der Handlung an. Hat der Dienstherr einer dritten Person Schadenersatz geleistet, so tritt an die Stelle des Zeitpunktes, in dem der Dienstherr von dem Schaden Kenntnis erlangt, der Zeitpunkt, in dem der Ersatzanspruch der dritten Person dieser gegenüber vom Dienstherrn anerkannt oder dem Dienstherrn gegenüber rechtskräftig festgestellt worden ist.

(3) Leistet der Dienstleistende dem Dienstherrn Ersatz und hat dieser einen Ersatzanspruch gegen eine dritte Person, so geht der Ersatzanspruch auf den Dienstleistenden über.

§ 35 Fürsorge; Geld- und Sachbezüge; Reisekosten; Urlaub

(1) Auf den Dienstpflichtigen finden, soweit dieses Gesetz nichts anderes bestimmt, in Fragen der Fürsorge, der Geld- und Sachbezüge, der Reisekosten sowie des Urlaubs die Bestimmungen entsprechende Anwendung, die für einen Soldaten des untersten Mannschaftsdienstgrades, der auf Grund der Wehrpflicht Wehrdienst leistet, gelten.

(2) Einem Dienstleistenden kann nach einer Dienstzeit von drei Monaten der Sold der Soldgruppe 2 gewährt werden, wenn seine Eignung, Befähigung und Leistung dies rechtfertigen. Einem Dienstleistenden, der Sold nach Soldgruppe 2 erhält, kann nach einer Dienstzeit von sechs Monaten bei Eignung, Befähigung und Leistung der Sold der Soldgruppe 3 gewährt werden. Das Bundesministerium für Bildung, Familie, Senioren, Frauen und Jugend erlässt im Einvernehmen mit dem Bundesmi-

nisterium der Verteidigung und dem Bundesministerium der Finanzen Verwaltungsvorschriften zur Durchführung der Sätze 1 und 2.

(3) Verträge mit Körperschaften und Verbänden der Heilberufe zur Sicherstellung der Heilfürsorge der Dienstleistenden sowie mit öffentlichen Eisenbahnen zur Stundung von Reisekosten schließt das zuständige Bundesministerium ab.

(4) Der Dienstleistende soll unentgeltlich Arbeitskleidung erhalten. Er ist verpflichtet, diese bei der Arbeit und im inneren Dienstbetrieb zu tragen. Ersatzansprüche für Abnutzung und etwaige Beschädigung eigener Kleidung im Dienst stehen ihm nur zu, soweit er Arbeitskleidung nicht erhalten hatte oder diese zu tragen nicht verpflichtet war.

(5) Sind bei einem während der Ausübung des Zivildienstes erlittenen Unfall Gegenstände, die der Dienstleistende mit sich geführt hat, beschädigt oder zerstört worden oder abhanden gekommen, so kann dafür Ersatz geleistet werden. Sind durch die erste Hilfeleistung nach dem Unfall besondere Kosten entstanden, so ist dem Dienstleistenden der nachweisbar notwendige Aufwand zu ersetzen. Ersatz für beschädigte, zerstörte oder abhanden gekommene eigene Kleidungsstücke des Dienstleistenden wird nach den Sätzen 1 und 2 nur unter den Voraussetzungen des Absatzes 4 Satz 3 geleistet. Die Sätze 1 bis 3 finden auch auf andere Unfälle Anwendung, die einen Anspruch auf Entschädigung nach dem Vierzehnten Buch begründen. § 50 Abs. 5 findet entsprechende Anwendung.

(6) (weggefallen)

(7) Beim Tode des Dienstleistenden werden die Vorschriften des § 17 des Beamtenversorgungsgesetzes über die Bezüge für den Sterbemonat entsprechend angewandt.

(8) Stirbt ein Dienstpflichtiger während des Dienstverhältnisses an den Folgen einer Zivildienstbeschädigung, so erhalten die Eltern oder Adoptiveltern, wenn sie mit dem Verstorbenen zur Zeit des Todes in häuslicher Gemeinschaft gelebt haben, ein Sterbegeld, dessen Höhe den Vorschriften für wehrpflichtige Soldaten entspricht. § 50 Abs. 5 findet entsprechende Anwendung.

(9) In Angelegenheiten des § 35 Absatz 5 und 8 sind die §§ 60 bis 62 sowie die §§ 65 bis 67 des Ersten Buches Sozialgesetzbuch und das Zehnte Buch Sozialgesetzbuch entsprechend anzuwenden. Die Durchführung obliegt dem Bundesministerium für Bildung, Familie, Senioren, Frauen und Jugend und der von diesem bestimmten Stelle.

(10) Bei Streitigkeiten in Angelegenheiten des § 35 Absatz 5 und 8 ist der Rechtsweg vor den Gerichten der Sozialgerichtsbarkeit gegeben.

§ 36 Personalakten und Beurteilungen

(1) Über jeden Dienstpflichtigen ist eine Personalakte zu führen. Sie ist vertraulich zu behandeln und durch technische und organisatorische Maßnahmen nach den Artikeln 24, 25 und 32 der Verordnung (EU) 2016/679 des Europäischen Parlaments und des Rates vom 27. April 2016 zum Schutz natürlicher Personen bei der Verarbeitung personenbezogener Daten, zum freien Datenverkehr und zur Aufhebung der Richtlinie 95/46/EG (Datenschutz-Grundverordnung) (ABl. L 119 vom 4.5.2016, S. 1; L 314 vom 22.11.2016, S. 72; L 127 vom 23.5.2018, S. 2) in der jeweils geltenden Fassung vor unbefugter Einsichtnahme zu schützen. Zur Personalakte gehören alle Unterlagen einschließlich der in Dateisystemen gespeicherten Daten, die den Dienstpflichtigen betreffen, soweit sie mit seinem Dienstverhältnis in einem unmit-

telbaren inneren Zusammenhang stehen (Personalaktendaten); hierzu gehören auch die die Feststellung der Tauglichkeit betreffenden Unterlagen aus der Tauglichkeitsakte. Nicht Bestandteil der Personalakte sind Unterlagen, die besonderen, von der Person und dem Dienstverhältnis sachlich zu trennenden Zwecken dienen, insbesondere Unterlagen über die Abrechnung ärztlicher Untersuchungen und Behandlungen; Zugang zu Letzteren haben nur der ärztliche Dienst und das für die Heilfürsorge zuständige Personal. Personalaktendaten dürfen ohne Einwilligung des Dienstpflichtigen nur verarbeitet werden:

1. für die Durchführung dieses Gesetzes,
2. für die Einleitung und Durchführung eines Verfahrens zur Rücknahme oder zum Widerruf der Anerkennung als Kriegsdienstverweigerer.

Satz 5 gilt auch für die Verarbeitung von Personalaktendaten in Dateisystemen.

(2) Personenbezogene Daten über Dienstpflichtige dürfen nur erhoben werden, soweit dies zur Begründung, Durchführung, Beendigung oder Abwicklung des Dienstverhältnisses oder zur Durchführung organisatorischer, personeller und sozialer Maßnahmen, insbesondere auch zu Zwecken der Personalplanung und des Personaleinsatzes, erforderlich ist oder eine Rechtsvorschrift dies erlaubt. Fragebogen, mit denen solche personenbezogenen Daten erhoben werden, bedürfen vom 1. Januar 1994 an der Genehmigung durch die zuständige oberste Dienstbehörde.

(3) Zugang zur Personalakte dürfen nur Personen haben, die für Personalangelegenheiten zuständig sind, und nur soweit dies zu Zwecken der Durchführung dieses Gesetzes erforderlich ist, sowie Personen, die mit dem in Absatz 1 genannten Rücknahme- oder Widerrufsverfahren befasst sind, und nur soweit dies zu Zwecken dieser Verfahren erforderlich ist. Ohne Einwilligung des Dienstpflichtigen darf die Personalakte an andere Stellen und an Ärztinnen und Ärzte im Geschäftsbereich des Bundesministeriums für Bildung, Familie, Senioren, Frauen und Jugend weitergegeben werden, soweit dies im Rahmen der Zweckbestimmung des Dienstverhältnisses erforderlich ist. Ärztinnen und Ärzten, die im Auftrag des Bundesamtes ein medizinisches Gutachten erstellen, darf die Personalakte ohne Einwilligung des Dienstpflichtigen vorgelegt werden. Für Auskünfte aus der Personalakte gelten die Sätze 1 bis 3 entsprechend. Soweit eine Auskunft ausreicht, ist von einer Weitergabe abzusehen. Auskünfte an eine dritte Person dürfen ohne besondere gesetzliche Regelung nur mit Einwilligung des Dienstpflichtigen erteilt werden, es sei denn, dass die Abwehr einer erheblichen Beeinträchtigung des Gemeinwohls oder der Schutz berechtigter, höherrangiger Interessen der dritten Person oder die Durchführung des in Absatz 1 genannten Rücknahme- oder Widerrufsverfahrens dies erfordern. Inhalt, Empfängerinnen und Empfänger der Auskunft sind dem Dienstpflichtigen schriftlich mitzuteilen. Eine Pflicht zur Benachrichtigung besteht nicht, wenn die um Auskunft ersuchende Stelle gegenüber dem Bundesamt erklärt, dass die Benachrichtigung die öffentliche Sicherheit und Ordnung gefährden oder das Gemeinwohl beeinträchtigen würde. Ein automatisierter Datenabruf durch andere Behörden ist unzulässig, soweit durch besondere Rechtsvorschrift nichts anderes bestimmt ist.

(4) Der Dienstpflichtige ist zu Beschwerden, Behauptungen und Bewertungen, die für ihn ungünstig sind oder ihm nachteilig werden können, sowie zu Werturteilen vor deren Aufnahme in die Personalakte zu hören. Seine Äußerung ist zur Personalakte zu nehmen. Die Vorgänge nach den Sätzen 1 und 2 sind auf Antrag des Dienstpflichtigen nach drei Jahren aus der Personalakte zu entfernen und zu vernichten, es sei denn, sie sind in eine dienstliche Beurteilung aufgenommen worden oder unterliegen nach anderen gesetzlichen Bestimmungen einer längeren Tilgungsfrist. Die Frist für die Entfernung wird regelmäßig durch Einleitung eines Straf- oder Disziplinarverfahrens gegen den Dienstpflichtigen unterbrochen.

(5) Die Personalakte des Dienstpflichtigen ist nach Beendigung des Zivildienstverhältnisses so lange aufzubewahren, wie dies insbesondere zur Erfüllung der Dienstpflicht oder aus versorgungsrechtlichen Gründen erforderlich ist. Sie ist spätestens bei Vollendung des 60. Lebensjahres zu vernichten, sofern sie nicht vom Bundesarchiv übernommen wird. Für die in Dateisystemen gespeicherten Informationen gelten die Sätze 1 und 2 entsprechend. § 12 Absatz 4 Satz 1 und 2 des Kriegsdienstverweigerungsgesetzes bleibt unberührt.

(6) Das Recht des Dienstpflichtigen auf Auskunft gemäß Artikel 15 der Verordnung (EU) 2016/679 umfasst auch das Recht auf Einsicht in die vollständige Personalakte. Dies gilt auch nach Beendigung des Zivildienstverhältnisses. Soweit keine dienstlichen Gründe entgegenstehen, werden Kopien oder Ausdrucke aus der Personalakte angefertigt. Dem Dienstpflichtigen ist auf Verlangen ein Ausdruck der Personalaktendaten zu überlassen, die zu seiner Person automatisiert gespeichert sind.

(7) Der Dienstpflichtige hat ein Recht auf Auskunft auch über personenbezogene Daten über ihn, die in anderen Akten enthalten sind und für sein Dienstverhältnis verarbeitet werden, soweit gesetzlich nichts anderes bestimmt ist. Das Recht auf Auskunft umfasst auch das Recht auf Einsicht in die Akten. Keine Einsicht wird gewährt, soweit die anderen Akten personenbezogene Daten Dritter oder geheimhaltungsbedürftige nicht personenbezogene Daten enthalten, die mit den Daten des Dienstpflichtigen derart verbunden sind, dass eine Trennung nicht oder nur mit unverhältnismäßig großem Aufwand möglich ist.

(8) Bevollmächtigten des Dienstpflichtigen ist Auskunft aus der Personalakte zu erteilen, soweit dienstliche Gründe nicht entgegenstehen. Das Recht auf Auskunft umfasst auch das Recht auf Einsicht in die vollständige Personalakte. Entsprechendes gilt für Hinterbliebene des Dienstpflichtigen und für Bevollmächtigte der Hinterbliebenen, wenn ein berechtigtes Interesse glaubhaft gemacht wird.

(9) Das Bundesministerium für Bildung, Familie, Senioren, Frauen und Jugend bestimmt durch Rechtsverordnung, die nicht der Zustimmung des Bundesrates bedarf, nähere Einzelheiten über

1. die Anlage und Führung der Personalakte des Dienstpflichtigen, auch für die Zeit nach der Beendigung des Zivildienstverhältnisses,
2. das Verfahren der Weitergabe, Aufbewahrung und Vernichtung oder den Verbleib der Personalakten einschließlich der Übermittlung und Löschung oder des Verbleibs der in Dateisystemen gespeicherten Informationen sowie die hieran beteiligten Stellen,
3. die Einrichtung und den Betrieb automatisierter Dateisysteme einschließlich der Zugriffsmöglichkeiten auf die gespeicherten Informationen,
4. die Erteilung von Auskünften aus der Personalakte oder aus einem automatisierten Dateisystem und
5. die Befugnis von Personen im Sinne des § 203 Absatz 1 Nummer 1 und 2 des Strafgesetzbuches, die im Rahmen der unentgeltlichen ärztlichen Versorgung des Dienstpflichtigen tätig werden, vom Dienstherrn mit der Untersuchung des Dienstpflichtigen oder mit der Erstellung von Gutachten über ihn beauftragt worden sind, dem Arztgeheimnis unterliegende personenbezogene Daten zu offenbaren.

§ 36a *(weggefallen)*

§ 37 Beteiligung der Dienstleistenden

Die Beteiligung der Dienstleistenden regelt das Gesetz über den Vertrauensmann der Zivildienstleistenden vom 16. Januar 1991 (BGBl. I S. 47, 53).

§ 38 Seelsorge

Der Dienstleistende hat einen Anspruch auf ungestörte Religionsausübung. Die Teilnahme am Gottesdienst ist freiwillig.

§ 39 Ärztliche Untersuchung

(1) Der anerkannte Kriegsdienstverweigerer ist ärztlich zu untersuchen
1. vor der Einberufung, wenn sich Anhaltspunkte dafür ergeben, dass er nicht zivildienstfähig oder vorübergehend nicht zivildienstfähig ist; dies ist anzunehmen, wenn er wegen vorübergehender Zivildienstunfähigkeit vom Zivildienst zurückgestellt war und auf seinen Antrag, wenn seine Verfügbarkeit nicht innerhalb der letzten zwei Jahre vor der Einberufung festgestellt worden ist;
2. unverzüglich nach Dienstantritt;
3. während des Zivildienstes, wenn sich Anhaltspunkte dafür ergeben, dass er
   a) nicht zivildienstfähig oder vorübergehend nicht zivildienstfähig geworden ist oder
   b) eine Zivildienstbeschädigung erlitten hat;
4. vor der Entlassung, wenn sich Anhaltspunkte dafür ergeben, dass er eine Zivildienstbeschädigung erlitten hat oder wenn er es beantragt.

(2) Der anerkannte Kriegsdienstverweigerer hat sich zu einer angeordneten Untersuchung vorzustellen und diese zu dulden; § 23a gilt entsprechend. Ärztliche Untersuchungsmaßnahmen, die einen erheblichen Eingriff in die körperliche Unversehrtheit bedeuten oder mit einer erheblichen Gefahr für Leben oder Gesundheit des Dienstpflichtigen verbunden sind, dürfen nur mit seiner Zustimmung vorgenommen werden. Darunter fallen nicht einfache ärztliche Maßnahmen wie Blutentnahme aus dem Ohrläppchen, dem Finger oder einer Blutader oder eine röntgenologische Untersuchung.

(3) Das Recht des Dienstleistenden, anlässlich der Untersuchung nach Absatz 1 Nr. 4 Gutachten von Ärztinnen oder Ärzten seiner Wahl einzuholen, bleibt unberührt. Das Bundesamt kann auch andere Beweise erheben; § 20 findet entsprechende Anwendung.

§ 40 Erhaltung der Gesundheit; ärztliche Eingriffe

(1) Der Dienstleistende hat alles in seinen Kräften Stehende zu tun, um seine Gesundheit zu erhalten oder wiederherzustellen. Er darf diese nicht vorsätzlich oder grob fahrlässig beeinträchtigen.

(2) Ärztliche Eingriffe in seine körperliche Unversehrtheit muss er nur dulden, wenn es sich um Maßnahmen handelt, die der Verhütung und Bekämpfung übertragbarer Krankheiten dienen. § 25 Absatz 3 Satz 2 des Infektionsschutzgesetzes bleibt unberührt.

(3) Lehnt der Dienstleistende eine zumutbare ärztliche Behandlung ab und wird dadurch seine Dienst- oder Erwerbsfähigkeit ungünstig beeinflusst, so kann ihm eine

sonst zustehende Versorgung insoweit versagt werden. Nicht zumutbar ist eine ärztliche Behandlung, die mit einer erheblichen Gefahr für Leben oder Gesundheit des Dienstleistenden verbunden ist, eine Operation auch dann, wenn sie einen erheblichen Eingriff in die körperliche Unversehrtheit bedeutet.

§ 41 Anträge und Beschwerden

(1) Der Dienstleistende kann Anträge und Beschwerden vorbringen; hierbei hat er den Dienstweg einzuhalten. Der Beschwerdeweg bis zum Bundesministerium für Bildung, Familie, Senioren, Frauen und Jugend steht offen. Außerdem hat jeder Dienstleistende das Recht, sich unmittelbar an die Bundesbeauftragte oder den Bundesbeauftragten für den Zivildienst zu wenden. Wegen des Vorbringens einer Beschwerde nach Satz 1 oder Satz 3 darf der Dienstleistende nicht dienstlich gemaßregelt oder benachteiligt werden.

(2) Richtet sich die Beschwerde gegen die Leitung der Dienststelle, kann sie bei der Präsidentin oder dem Präsidenten des Bundesamtes, richtet sie sich gegen die Präsidentin oder den Präsidenten des Bundesamtes, kann sie beim Bundesministerium für Bildung, Familie, Senioren, Frauen und Jugend unmittelbar eingereicht werden.

(3) Gemeinschaftliche Beschwerden sind unzulässig.

§ 41a Freiwilliger zusätzlicher Zivildienst

(1) Der Dienstpflichtige kann auf Antrag freiwilligen zusätzlichen Zivildienst von mindestens drei bis zu höchstens sechs Monaten Dauer leisten, soweit Haushaltsmittel zur Verfügung gestellt werden und die Dienststelle einverstanden ist.

(2) Der Antrag nach Absatz 1 kann frühestens zwei Monate nach Beginn des Zivildienstverhältnisses gestellt werden. Wird dem Antrag entsprochen, legt das Bundesamt das Ende der Dienstzeit unter Abänderung des Einberufungsbescheids neu fest.

(3) Wer Dienst nach Absatz 1 leistet, hat die Rechtsstellung eines Dienstleistenden, der als anerkannter Kriegsdienstverweigerer Zivildienst leistet. Sozialversicherungsrechtlich gilt er als Person, die auf Grund gesetzlicher Pflicht Zivildienst leistet.

(4) Der Dienst nach Absatz 1 ist Zivildienst im Sinne dieses Gesetzes. Die §§ 52 bis 57 sowie § 59 Absatz 1 Nummer 2 sind auf Dienstleistende nach Absatz 1 nicht anzuwenden.

(5) Liegen besondere Gründe vor, kann die Dienststelle für die Dauer des Dienstes nach Absatz 1 einen Zivildienstzuschlag bis zu der Höhe gewähren, die in § 8c Absatz 2 des Wehrsoldgesetzes vorgesehen ist. Der Zuschlag wird nicht nach § 6 Absatz 2 Satz 2 erstattet. Ein erhöhtes Entlassungsgeld entsprechend § 9 Absatz 3 des Wehrsoldgesetzes wird nicht gezahlt.

(6) Dienstleistende nach Absatz 1 haben Anspruch auf Erholungsurlaub entsprechend § 5 Absatz 2 der Soldatinnen- und Soldatenurlaubsverordnung.

Abschnitt 5 Ende des Zivildienstes; Versorgung

§ 42 Ende des Zivildienstes

Der Zivildienst endet durch Entlassung oder Ausschluss.

§ 43 Entlassung

(1) Ein Dienstleistender ist zu entlassen, wenn
1. die für den Zivildienst festgesetzte Zeit abgelaufen ist,
2. er nicht wehrpflichtig war oder seine Wehrpflicht ruht oder endet,
3. der die Verfügbarkeit feststellende Musterungsbescheid, Einberufungsbescheid oder der Umwandlungsbescheid nach § 19 Abs. 2 aufgehoben wird,
4. er nach § 11 Abs. 2, 4 oder 6 zurückgestellt ist,
5. der Einberufungsbescheid wegen einer der in den §§ 8, 10, 11 Abs. 1 bis 3 sowie den §§ 14 bis 15a bezeichneten Zivildienstausnahmen hätte zurückgenommen oder widerrufen werden müssen,
6. eine der in den §§ 8, 10, 11 Abs. 1 Nr. 2 und Abs. 3 bezeichneten Zivildienstausnahmen eintritt,
7. nach seinem bisherigen Verhalten durch seine weitere Dienstleistung die Ordnung im Zivildienst ernstlich gefährdet würde,
8. er unabkömmlich gestellt ist,
9. der Bescheid über die Anerkennung als Kriegsdienstverweigerer zurückgenommen oder widerrufen ist,
10. er dem Bundesamt gegenüber schriftlich erklärt, dass er den Kriegsdienst mit der Waffe nicht mehr aus Gewissensgründen verweigere,
11. er vorübergehend nicht zivildienstfähig wird, die Wiederherstellung seiner Zivildienstfähigkeit innerhalb der für den Zivildienst festgesetzten Zeit nicht zu erwarten ist und er seine Entlassung beantragt oder ihr zustimmt.

(2) Ein Dienstleistender kann entlassen werden
1. auf seinen Antrag, wenn das Verbleiben im Zivildienst für ihn wegen persönlicher, insbesondere häuslicher, beruflicher oder wirtschaftlicher Gründe, die nach dem für den Diensteintritt festgesetzten Zeitpunkt oder nach der Umwandlung nach § 19 Abs. 2 entstanden oder zu früher entstandenen hinzugetreten sind, eine besondere Härte bedeuten würde; § 11 Abs. 4 Satz 2 Nr. 1 und 2 sowie § 13 Abs. 1 Satz 2 und 3 finden entsprechende Anwendung;
2. wenn gegen ihn auf Freiheitsstrafe oder Strafarrest von drei Monaten oder mehr oder auf eine nicht zur Bewährung ausgesetzte Jugendstrafe erkannt ist; das Gleiche gilt, wenn die Aussetzung einer Jugendstrafe zur Bewährung widerrufen wird.

(3) Wer Dienst nach § 41a leistet, ist auf seinen Antrag vorzeitig zu entlassen, wenn
1. hierüber Einvernehmen mit der Dienststelle besteht oder
2. er Härtegründe nach Absatz 2 Nummer 1 geltend macht; das Bundesamt prüft nicht, ob die geltend gemachten Gründe die Zurückstellung vom Zivildienst nach der Entlassung rechtfertigen.

Er kann auf Antrag der Dienststelle vorzeitig entlassen werden, wenn sich aus seinem Verhalten oder aus Leistungsdefiziten, die auch gesundheitlich bedingt sein können, ergibt, dass er die Eignungs- und Leistungsanforderungen, die an einen Dienstleistenden zu stellen sind, nicht oder nicht mehr erfüllt. § 44 Absatz 3 bleibt unberührt.

§ 44 Zeitpunkt der Beendigung des Zivildienstes

(1) Im Falle der Entlassung endet das Zivildienstverhältnis mit dem Ablauf des Entlassungstages.

(2) Hält sich ein Dienstleistender an dem Tag, an dem er zu entlassen wäre, nicht bei seiner Dienststelle auf, ohne dazu die ausdrückliche Erlaubnis zu besitzen oder ist bei ihm die Vollziehung des Einberufungsbescheides ausgesetzt, so gilt er als mit Ablauf dieses Tages als entlassen. Die Verpflichtung, unter den Voraussetzungen des § 24 Abs. 4 nachzudienen, bleibt unberührt.

(3) Befindet sich ein Dienstleistender im Entlassungszeitpunkt in stationärer Krankenbehandlung auf Grund ärztlicher Einweisung, so endet der Zivildienst, zu dem er einberufen war,

1. wenn die stationäre Krankenbehandlung beendet ist, spätestens jedoch drei Monate nach dem Entlassungszeitpunkt, oder
2. wenn er innerhalb der drei Monate schriftlich erklärt, dass er mit der Fortsetzung des Zivildienstverhältnisses nicht einverstanden ist, mit dem Tag der Abgabe dieser Erklärung.

§ 45 Ausschluss

(1) Ein Dienstleistender ist aus dem Zivildienst ausgeschlossen, wenn gegen ihn durch Urteil eines deutschen Gerichtes im Geltungsbereich des Grundgesetzes auf die in § 9 Abs. 1 bezeichneten Strafen, Maßregeln oder Nebenfolgen erkannt wird. Das Zivildienstverhältnis endet mit dem Ablauf des Tages, an dem das Urteil rechtskräftig geworden ist.

(2) Wird im Wiederaufnahmeverfahren auf keine der genannten Strafen, Maßregeln oder Nebenfolgen erkannt, so dürfen dem Ausgeschlossenen aus dem Ausschluss für die Erfüllung der Wehrpflicht keine nachteiligen Folgen erwachsen.

§ 45a Mitteilungen in Strafsachen

(1) In Strafsachen gegen Zivildienstleistende gilt § 115 des Bundesbeamtengesetzes entsprechend.

(2) Die Mitteilungen sind an das Bundesamt zu richten und als „Vertrauliche Personalsache“ zu kennzeichnen.

§ 46 Dienstzeitbescheinigung und Dienstzeugnis

(1) Wer Zivildienst geleistet hat, erhält nach dessen Beendigung vom Bundesamt eine Dienstzeitbescheinigung und von der Beschäftigungsstelle ein qualifiziertes Dienstzeugnis.

(2) Das Dienstzeugnis hat Angaben über Art und Dauer des Dienstes sowie über Führung, Tätigkeit, Leistung und erworbene Kompetenzen des Dienstleistenden zu enthalten, sofern er mindestens drei Monate tatsächlich Dienst verrichtet hat.

(3) Unter den Voraussetzungen des Absatzes 2 ist ihm eine angemessene Zeit vor Beendigung des Zivildienstes ein vorläufiges Dienstzeugnis zu erteilen.

§ 47 *(weggefallen)*

§ 47a *(weggefallen)*

§ 47b *(weggefallen)*

§ 48 *(weggefallen)*

§ 49 *(weggefallen)*

§ 50 *(weggefallen)*

§ 51 *(weggefallen)*

§ 51a Überleitungsregelungen aus Anlass der Herstellung der Einheit Deutschlands

Die Bundesregierung wird ermächtigt, durch Rechtsverordnung mit Zustimmung des Bundesrates für die Zivildienstbeschädigungen von Dienstpflichtigen Übergangsregelungen zu bestimmen, die den besonderen Verhältnissen in dem in Artikel 3 des Einigungsvertrages genannten Gebiet Rechnung tragen. Die Verordnungsermächtigung erstreckt sich insbesondere auf Art, Berechnungsgrundlagen, Höhe von Versorgungsleistungen und Ruhensregelungen abweichend von diesem Gesetz.

Abschnitt 6 **Straf-, Bußgeld- und Disziplinarvorschriften**

§ 52 Eigenmächtige Abwesenheit

Wer eigenmächtig den Zivildienst verlässt oder ihm fernbleibt und vorsätzlich oder fahrlässig länger als drei volle Kalendertage abwesend ist, wird mit Freiheitsstrafe bis zu drei Jahren bestraft.

§ 53 Dienstflucht

(1) Wer eigenmächtig den Zivildienst verlässt oder ihm fernbleibt, um sich der Verpflichtung zum Zivildienst dauernd oder für den Verteidigungsfall zu entziehen oder die Beendigung des Zivildienstverhältnisses zu erreichen, wird mit Freiheitsstrafe bis zu fünf Jahren bestraft.

(2) Der Versuch ist strafbar.

(3) Stellt sich der Täter innerhalb eines Monats und ist er bereit, der Verpflichtung zum Zivildienst nachzukommen, so ist die Strafe Freiheitsstrafe bis zu drei Jahren.

(4) Die Vorschriften über den Versuch der Beteiligung nach § 30 Abs. 1 des Strafgesetzbuches gelten für Straftaten nach Absatz 1 entsprechend.

§ 54 Nichtbefolgen von Anordnungen

(1) Mit Freiheitsstrafe bis zu drei Jahren wird bestraft,
1. wer die Befolgung einer dienstlichen Anordnung dadurch verweigert, dass er sich mit Wort oder Tat gegen sie auflehnt, oder

2. wer darauf beharrt, eine dienstliche Anordnung nicht zu befolgen, nachdem diese wiederholt worden ist.

(2) Verweigert der Täter in den Fällen des Absatzes 1 Nr. 1 die Befolgung einer dienstlichen Anordnung, die nicht sofort auszuführen ist, befolgt er sie aber rechtzeitig und freiwillig, so kann das Gericht von Strafe absehen.

(3) Im Falle des Absatzes 1 handelt der Dienstleistende nicht rechtswidrig, wenn die dienstliche Anordnung nicht verbindlich ist, insbesondere, wenn sie nicht zu dienstlichen Zwecken erteilt ist oder die Menschenwürde verletzt oder wenn durch das Befolgen eine Straftat oder eine Ordnungswidrigkeit begangen würde. Dies gilt auch, wenn der Dienstleistende irrig annimmt, die dienstliche Anordnung sei verbindlich.

(4) Befolgt ein Dienstleistender eine dienstliche Anordnung nicht, weil er irrig annimmt, dass durch die Ausführung eine Straftat oder eine Ordnungswidrigkeit begangen würde, so ist er nach Absatz 1 nicht strafbar, wenn er den Irrtum nicht vermeiden konnte.

(5) Nimmt ein Dienstleistender irrig an, dass eine dienstliche Anordnung aus anderen Gründen nicht verbindlich ist, und befolgt er sie deshalb nicht, so ist er nach Absatz 1 nicht strafbar, wenn er den Irrtum nicht vermeiden konnte und ihm nach den ihm bekannten Umständen auch nicht zuzumuten war, sich mit Rechtsbehelfen gegen die vermeintlich nicht verbindliche Anordnung zu wehren; war ihm dies zuzumuten, so kann das Gericht von einer Bestrafung nach Absatz 1 absehen.

§ 55 Teilnahme

Wegen Anstiftung und Beihilfe zu einer rechtswidrigen Tat, die einen Straftatbestand nach diesem Gesetz verwirklicht, und wegen Versuchs der Beteiligung an der Dienstflucht (§ 53 Abs. 4) ist auch strafbar, wer nicht Dienstleistender ist.

§ 56 Ausschluss der Geldstrafe

Begeht ein Dienstleistender eine Straftat nach diesem Gesetz, so darf Geldstrafe nach § 47 Abs. 2 des Strafgesetzbuches auch dann nicht verhängt werden, wenn besondere Umstände, die in der Tat oder der Persönlichkeit des Täters liegen, die Verhängung von Freiheitsstrafe zur Wahrung der Disziplin im Zivildienst gebieten.

§ 57 Ordnungswidrigkeiten

(1) Ordnungswidrig handelt, wer vorsätzlich oder fahrlässig
1. eine ihm nach § 23 Abs. 4 Satz 1 oder 2 während der Zivildienstüberwachung obliegende Pflicht verletzt oder
2. der in § 39 Abs. 2 Satz 1 bestimmten Pflicht, sich zu einer angeordneten Untersuchung vorzustellen und diese zu erdulden, zuwiderhandelt.

(2) Die Ordnungswidrigkeit kann mit einer Geldbuße geahndet werden.

(3) Verwaltungsbehörde im Sinne des § 36 Abs. 1 Nr. 1 des Gesetzes über Ordnungswidrigkeiten ist das Bundesamt.

§ 58 Dienstvergehen

Ein Dienstleistender begeht ein Dienstvergehen, wenn er schuldhaft seine Pflichten verletzt.

§ 58a Ahndung von Dienstvergehen

(1) Dienstvergehen können durch Disziplinarmaßnahmen geahndet werden.

(2) Die oder der zuständige Disziplinarvorgesetzte bestimmt nach pflichtgemäßem Ermessen, ob und wie wegen eines Dienstvergehens nach diesem Gesetz einzuschreiten ist. Sie oder er hat dabei auch das gesamte dienstliche und außerdienstliche Verhalten zu berücksichtigen.

(3) Sind seit einem Dienstvergehen sechs Monate verstrichen, so darf eine Disziplinarmaßnahme nicht mehr verhängt werden. Die Frist läuft nicht, solange der Sachverhalt Gegenstand von Ermittlungen nach § 62, einer Beschwerde nach § 65 Abs. 2, eines Verfahrens vor dem Verwaltungsgericht nach § 66, eines Strafverfahrens oder eines Bußgeldverfahrens ist.

(4) Ein Dienstvergehen darf nur einmal disziplinar geahndet werden. Mehrere Pflichtverletzungen eines Dienstleistenden, über die gleichzeitig entschieden werden kann, sind als ein Dienstvergehen zu ahnden.

§ 58b Verhältnis der Disziplinarmaßnahmen zu Strafen und Ordnungsmaßnahmen

(1) Hat ein Gericht oder eine Behörde eine Strafe oder Ordnungsmaßnahme verhängt, so dürfen wegen desselben Sachverhalts Disziplinarmaßnahmen nur verhängt werden, wenn dies zusätzlich erforderlich ist, um die Ordnung im Zivildienst aufrechtzuerhalten oder wenn das Ansehen des Zivildienstes ernsthaft beeinträchtigt ist. Wird der Dienstleistende in einem Straf- oder Bußgeldverfahren freigesprochen oder kann eine Tat nach § 153a Abs. 1 Satz 5 oder Abs. 2 Satz 2 der Strafprozessordnung nach Erfüllung von Auflagen und Weisungen nicht mehr als Vergehen verfolgt werden, dürfen wegen desselben Sachverhalts Disziplinarmaßnahmen nur verhängt werden, wenn dies erforderlich ist, um die Ordnung im Zivildienst aufrechtzuerhalten oder wenn durch das Fehlverhalten das Ansehen des Zivildienstes ernsthaft beeinträchtigt wurde.

(2) Ist eine Disziplinarmaßnahme unanfechtbar verhängt worden und wird wegen desselben Sachverhalts nachträglich durch ein Gericht oder eine Behörde eine Strafe oder Ordnungsmaßnahme verhängt oder kann eine Tat nach § 153a Abs. 1 Satz 5 oder Abs. 2 Satz 2 der Strafprozessordnung nach Erfüllung von Auflagen und Weisungen nicht mehr als Vergehen verfolgt werden, so ist auf Antrag des Dienstleistenden oder des früheren Dienstleistenden die Disziplinarmaßnahme aufzuheben, wenn sie nach Absatz 1 nicht zusätzlich erforderlich ist. Das gilt nicht, wenn die Disziplinarmaßnahme im Strafverfahren oder Bußgeldverfahren ausdrücklich berücksichtigt worden ist.

(3) Der Antrag nach Absatz 2 ist bei der Präsidentin oder dem Präsidenten des Bundesamtes oder, wenn das Verwaltungsgericht entschieden hat (§ 66), bei diesem einzureichen. Die Entscheidung ist dem Dienstleistenden und, wenn sie vom Verwaltungsgericht getroffen wird, auch der Präsidentin oder dem Präsidenten des Bundesamtes zuzustellen.

(4) Lehnt die Präsidentin oder der Präsident des Bundesamtes die Aufhebung der Disziplinarmaßnahme ab, so kann der Dienstleistende die Entscheidung des Verwaltungsgerichts beantragen. Der Antrag ist innerhalb zweier Wochen nach Zustellung des Bescheides schriftlich bei der Präsidentin oder dem Präsidenten des Bundesamtes einzureichen; die Frist ist auch gewahrt, wenn während ihres Laufes der Antrag beim Verwaltungsgericht eingeht. Das Verwaltungsgericht entscheidet ohne mündliche Verhandlung endgültig durch Beschluss. Absatz 3 Satz 2, § 65 Abs. 1 Satz 3 und § 66 Abs. 3 finden entsprechende Anwendung.

§ 58c Förmliche Anerkennungen

(1) Vorbildliche Pflichterfüllung und hervorragende Einzeltaten können durch förmliche Anerkennungen gewürdigt werden.

(2) Eine förmliche Anerkennung ist zurückzunehmen, wenn sich nachträglich herausstellt, dass die Voraussetzungen, unter denen sie erteilt wurde, nicht vorlagen. Die Rücknahme ist zu begründen. Vor der Entscheidung ist der Dienstleistende zu hören.

(3) Wird die förmliche Anerkennung zurückgenommen, ist zugleich darüber zu entscheiden, ob ein in Anspruch genommener Sonderurlaub ganz oder teilweise auf den Erholungsurlaub anzurechnen ist. Eine Anrechnung des in Anspruch genommenen Sonderurlaubs auf den Erholungsurlaub unterbleibt, soweit dies eine besondere Härte bedeuten würde.

(4) Absätze 1 bis 3 gelten auch für frühere Dienstleistende.

§ 59 Disziplinarmaßnahmen

(1) Disziplinarmaßnahmen sind
1. Verweis,
2. Ausgangsbeschränkung,
3. Geldbuße,
4. Nichtgewährung einer höheren Soldgruppe,
5. Rückstufung in eine niedrigere Soldgruppe.

(2) Ausgangsbeschränkung und Geldbuße können nebeneinander verhängt werden.

§ 60 Inhalt und Höhe der Disziplinarmaßnahmen

(1) Verweis ist der förmliche Tadel eines bestimmten pflichtwidrigen Verhaltens des Dienstleistenden. Missbilligende Äußerungen einer oder eines Disziplinarvorgesetzten (Zurechtweisungen, Ermahnungen, Rügen und dergleichen), die nicht ausdrücklich als Verweis bezeichnet werden, sind keine Disziplinarmaßnahmen.

(2) Die Ausgangsbeschränkung besteht in dem Verbot, die dienstliche Unterkunft ohne Erlaubnis zu verlassen. Sie dauert mindestens einen Tag und höchstens 30 Tage. Sie darf nur gegen Dienstleistende verhängt werden, die in einer dienstlichen Unterkunft wohnen.

(3) Die Geldbuße darf die Höhe des Soldes für vier Monate nicht überschreiten.

§ 61 Disziplinarvorgesetzte

(1) Zuständig für die Ausübung der Disziplinarbefugnisse ist die Präsidentin oder der Präsident des Bundesamtes. Sie oder er kann diese Befugnis auf hierfür bestellte Beamtinnen oder Beamte des Bundesamtes, die die Befähigung zum Richteramt haben, übertragen.

(2) Der Leitung von Dienststellen sowie deren Vertretungen und den Regionalbetreuerinnen und Regionalbetreuern des Bundesamtes kann die Präsidentin oder der Präsident des Bundesamtes Disziplinarbefugnis zur Verhängung von Verweisen, Ausgangsbeschränkungen bis zu zehn Tagen und Geldbußen bis zur Höhe eines Monatssoldes übertragen. Die Übertragung kann jederzeit widerrufen werden. Wird der Dienstleistende versetzt, bevor ein eingeleitetes Disziplinarverfahren durch Verhängung einer Disziplinarmaßnahme oder durch Einstellung erledigt ist, geht die Zuständigkeit auf die Disziplinarvorgesetzte oder den Disziplinarvorgesetzten nach Absatz 1 über.

(3) Die oder der in Absatz 1 bezeichnete Disziplinarvorgesetzte ist zuständig, wenn die oder der nach Absatz 2 Satz 1 zuständige Disziplinarvorgesetzte an der Tat beteiligt oder persönlich durch sie verletzt ist oder sich für befangen hält.

§ 62 Ermittlungen

(1) Werden Tatsachen bekannt, die den Verdacht eines Dienstvergehens rechtfertigen, so veranlasst die oder der zuständige Disziplinarvorgesetzte die zur Aufklärung des Sachverhaltes erforderlichen Ermittlungen. Dabei sind nicht nur die belastenden, sondern auch die entlastenden und die für die Bemessung der Disziplinarmaßnahme bedeutsamen Umstände zu ermitteln. § 20 findet entsprechende Anwendung. Der Dienstleistende ist über die Ermittlungen zu unterrichten, sobald dies ohne Gefährdung des Ermittlungszweckes möglich ist. Ihm ist Akteneinsicht zu gewähren, soweit dies ohne Gefährdung des Ermittlungszweckes möglich ist.

(2) Die tatsächlichen Feststellungen eines rechtskräftigen Urteils im Strafverfahren oder Bußgeldverfahren, auf denen die Entscheidung beruht, sind für die Disziplinarvorgesetzte oder den Disziplinarvorgesetzten bindend, soweit das Dienstvergehen denselben Sachverhalt zum Gegenstand hat.

(3) Die in einem anderen gesetzlich geordneten Verfahren getroffenen tatsächlichen Feststellungen sind nicht bindend, können aber der Entscheidung im Disziplinarverfahren ohne nochmalige Prüfung zugrunde gelegt werden.

§ 62a Aussetzung des Verfahrens

Ein eingeleitetes Disziplinarverfahren kann bis zur Beendigung eines wegen derselben Tat schwebenden Strafverfahrens ausgesetzt werden. Dies gilt nicht, wenn die Sachaufklärung gesichert ist oder wenn im Strafverfahren aus Gründen nicht verhandelt werden kann, die in der Person oder im Verhalten des Dienstleistenden liegen.

§ 62b Anhörung

(1) Dem Dienstleistenden ist vor der Entscheidung Gelegenheit zu geben, sich zu äußern. Hierüber ist eine Vernehmungsniederschrift aufzunehmen, die von dem Dienstleistenden unterschrieben sein soll.

(2) Die Beteiligung des Vertrauensmannes bei der Ahndung von Dienstvergehen richtet sich nach § 22 des Gesetzes über den Vertrauensmann der Zivildienstleistenden vom 16. Januar 1991 (BGBl. I S. 47, 53). Fehlt ein Vertrauensmann, so ist der Betriebs- oder Personalrat zur Person des Dienstleistenden und zum Sachverhalt anzuhören; der Sachverhalt ist ihm vorher bekannt zu geben.

§ 63 Einstellung des Verfahrens

Wird durch die Ermittlung ein Dienstvergehen nicht festgestellt oder hält die oder der Disziplinarvorgesetzte eine Disziplinarmaßnahme nicht für zulässig oder angebracht, stellt sie oder er das Verfahren ein und teilt dies dem Dienstleistenden mit.

§ 64 Verhängung der Disziplinarmaßnahme

(1) Wird das Verfahren nicht eingestellt, verhängt die oder der Disziplinarvorgesetzte die Disziplinarmaßnahme.

(2) Halten die nach § 61 Abs. 2 Satz 1 zuständigen Disziplinarvorgesetzten ihre Disziplinarbefugnis nicht für ausreichend, führen sie die Entscheidung der oder des in § 61 Abs. 1 bezeichneten Disziplinarvorgesetzten herbei.

(3) Ungeachtet der Einstellung durch eine andere Disziplinarvorgesetzte oder einen anderen Disziplinarvorgesetzten kann die Präsidentin oder der Präsident des Bundesamtes wegen desselben Sachverhalts eine Disziplinarmaßnahme verhängen.

§ 65 Disziplinarverfügung; Beschwerde

(1) Die Disziplinarmaßnahme wird durch eine schriftliche, mit Gründen versehene Disziplinarverfügung verhängt, die dem Dienstleistenden zuzustellen oder zu eröffnen ist. Über die Eröffnung ist eine Niederschrift aufzunehmen; dem Dienstleistenden ist eine Abschrift der Disziplinarverfügung auszuhändigen. Er ist zugleich über die Möglichkeit der Anfechtung, über die Stelle, der gegenüber die Anfechtung zu erfolgen hat, und über Form und Frist der Anfechtung schriftlich zu belehren.

(2) Der Dienstleistende kann gegen die Disziplinarverfügung der oder des nach § 61 Abs. 2 Satz 1 zuständigen Disziplinarvorgesetzten innerhalb von zwei Wochen nach Zustellung oder Eröffnung schriftlich oder mündlich Beschwerde erheben. Die Beschwerde ist bei der oder dem zuständigen Disziplinarvorgesetzten oder bei der Präsidentin oder dem Präsidenten des Bundesamtes einzulegen. Wird die Beschwerde mündlich erhoben, ist eine Niederschrift aufzunehmen, die der Dienstleistende zu unterschreiben hat. Wird die Beschwerde bei der oder dem nach § 61 Abs. 2 Satz 1 zuständigen Disziplinarvorgesetzten erhoben, ist sie innerhalb einer Woche mit einer Stellungnahme der Präsidentin oder dem Präsidenten des Bundesamtes zur Entscheidung vorzulegen. Die Entscheidung über die Beschwerde darf die Disziplinarmaßnahme nicht verschärfen. Sie ist zuzustellen. Absatz 1 Satz 3 ist entsprechend anzuwenden.

§ 66 Anrufung des Verwaltungsgerichts

(1) Gegen Disziplinarverfügungen der in § 61 Abs. 1 bezeichneten Disziplinarvorgesetzten und gegen Entscheidungen der Präsidentin oder des Präsidenten des Bun-

desamtes nach § 65 Abs. 2 Satz 4 kann innerhalb zweier Wochen nach Zustellung oder Eröffnung die Entscheidung des Verwaltungsgerichts beantragt werden.

(2) Der Antrag ist schriftlich bei der Präsidentin oder dem Präsidenten des Bundesamtes einzureichen und zu begründen; die Antragsfrist wird auch gewahrt, wenn während ihres Laufes der Antrag beim Verwaltungsgericht eingeht. Das Verwaltungsgericht kann mündliche Verhandlung anordnen. Es entscheidet über die Disziplinarverfügung durch Beschluss; der Beschluss ist unanfechtbar. Es kann in dem Beschluss die Disziplinarverfügung aufrechterhalten, aufheben oder zugunsten des Dienstleistenden ändern. Es kann außerdem das Disziplinarverfahren einstellen, wenn es ein Dienstvergehen zwar für erwiesen hält, nach dem gesamten Verhalten des Dienstleistenden eine Disziplinarmaßnahme aber nicht angezeigt erscheint. Die Entscheidung ist dem Dienstleistenden zuzustellen.

(3) Zuständig ist das Verwaltungsgericht, in dessen Bezirk der Antragsteller zum Zeitpunkt des Verhaltens, das ihm als Dienstvergehen zur Last gelegt wird, Dienst geleistet hat. Kommen danach mehrere Verwaltungsgerichte in Betracht, so ist das Verwaltungsgericht zuständig, in dessen Bezirk der Antragsteller zuletzt Dienst geleistet hat. § 45 Satz 3 und 4 des Bundesdisziplinargesetzes gilt entsprechend. Für die Besetzung der Kammer des Verwaltungsgerichts und das Verfahren gelten die Vorschriften des Bundesdisziplinargesetzes, soweit sie nicht zu den Bestimmungen dieses Gesetzes in Widerspruch stehen oder soweit nicht in diesem Gesetz etwas anderes bestimmt ist. An die Stelle der Beamtenbeisitzerin oder des Beamtenbeisitzers, die oder der dem Verwaltungszweig und möglichst auch der Laufbahngruppe des Beamten, gegen den sich das Disziplinarverfahren richtet, angehören soll (§ 46 Abs. 1 Satz 3 des Bundesdisziplinargesetzes), tritt ein Beisitzer, der im Bezirk des zuständigen Verwaltungsgerichts wohnhaft ist und Zivildienst geleistet hat. Das Bundesamt für Justiz bestellt den Beisitzer für die Dauer von fünf Jahren auf Vorschlag des Bundesamtes.

(4) Die Fortführung des Verfahrens und die Sachentscheidung werden nicht dadurch berührt, dass das Dienstverhältnis des Dienstleistenden endet.

§ 67 Aufhebung der Disziplinarverfügung

(1) Bestätigt das Verwaltungsgericht im Falle des § 66 Abs. 2 die angefochtene Entscheidung, mildert es die Disziplinarmaßnahme, stellt es das Disziplinarverfahren nach § 66 Abs. 2 Satz 6 ein oder stellt es ein Dienstvergehen nicht fest und hebt es aus diesem Grunde die Disziplinarverfügung auf, so ist eine erneute Ausübung der Disziplinarbefugnis zugunsten oder zuungunsten des Dienstleistenden nur wegen solcher erheblicher Tatsachen oder Beweismittel zulässig, die dem Gericht bei seiner Entscheidung nicht bekannt waren. Die erneute Ausübung der Disziplinarbefugnis ist der Präsidentin oder dem Präsidenten des Bundesamtes vorbehalten.

(2) Im Übrigen kann die Präsidentin oder der Präsident des Bundesamtes eine Disziplinarverfügung jederzeit aufheben und in der Sache neu entscheiden. Eine Verschärfung der Disziplinarmaßnahme nach Art und Höhe ist nur zulässig, wenn die Disziplinarverfügung innerhalb von sechs Monaten nach ihrem Erlass aufgehoben worden ist.

(3) Die Präsidentin oder der Präsident des Bundesamtes hat eine Disziplinarverfügung aufzuheben und in der Sache neu zu entscheiden, wenn nach Eintritt der Unanfechtbarkeit einer Disziplinarverfügung wegen desselben Sachverhaltes in einem Strafverfahren oder Bußgeldverfahren gegen den Dienstleistenden ein Urteil

ergeht und rechtskräftig wird, dessen tatsächliche Feststellungen, soweit sie erheblich sind, von den in der Disziplinarverfügung getroffenen abweichen.

(4) Der Dienstleistende oder der frühere Dienstleistende kann die Aufhebung einer nicht mehr anfechtbaren Disziplinarmaßnahme beantragen, wenn neue Tatsachen oder Beweismittel beigebracht sind, die zur Aufhebung der Disziplinarmaßnahme führen können.

(5) § 62b Abs. 1, § 65 Abs. 1 Satz 3 und § 66 finden entsprechende Anwendung.

§ 68 Vollstreckung

(1) Die Disziplinarmaßnahmen werden von den Disziplinarvorgesetzten vollstreckt, die sie verhängt haben; diese können die Leitung der Dienststelle oder deren Vertretung mit der Vollstreckung beauftragen, es sei denn, dass diese Personen an der Tat beteiligt waren oder durch sie verletzt worden sind.

(2) Der Verweis gilt als vollstreckt, sobald er unanfechtbar ist.

(3) Ausgangsbeschränkung, Geldbuße, Nichtgewährung einer höheren Soldgruppe und Rückstufung in eine niedrigere Soldgruppe sind erst nach Ablauf des dritten auf die Zustellung oder Eröffnung der Disziplinarverfügung folgenden Tages vollstreckbar. Der für den Beginn der Vollstreckung vorgesehene Zeitpunkt wird von der oder dem nach Absatz 1 zur Vollstreckung befugten Vorgesetzten dienstlich angeordnet.

(4) Die Beschwerde nach § 65 Abs. 2 hemmt die Vollstreckung der Ausgangsbeschränkung nur, wenn sie vor Vollstreckungsbeginn eingelegt worden ist. Der Antrag auf Entscheidung des Verwaltungsgerichts nach § 66 Abs. 1 hemmt die Vollstreckung nicht; das Verwaltungsgericht kann die Vollstreckung aussetzen.

(5) Die Ausgangsbeschränkung ist an aufeinanderfolgenden Tagen zu vollstrecken. Die oder der vollstreckende Vorgesetzte kann zur Überwachung anordnen, dass sich der Dienstleistende in angemessenen Zeitabständen bei Vorgesetzten zu melden hat. Sie oder er kann den Dienstleistenden aus dringenden Gründen an einem oder mehreren Tagen für bestimmte Zeit von den angeordneten Beschränkungen befreien; die Vollstreckungszeit wird dadurch nicht verlängert.

(6) Geldbußen werden nach den Vorschriften des Verwaltungs-Vollstreckungsgesetzes beigetrieben. Sie können von dem Sold oder, wenn das Dienstverhältnis endet, von dem Entlassungsgeld abgezogen werden. Bei Vollstreckung in den Sold darf monatlich nicht mehr als die Hälfte eines Monatssoldes einbehalten werden. Geldbußen können auch nach dem Entlassungstage vollstreckt werden.

(7) Disziplinarmaßnahmen dürfen nach Ablauf von sechs Monaten, nachdem die Disziplinarverfügung unanfechtbar geworden ist, nicht mehr vollstreckt werden. Die Frist ist gewahrt, wenn vor ihrem Ablauf die Vollstreckung beginnt.

§ 69 Auskünfte

(1) Auskünfte über förmliche Anerkennungen und über Disziplinarmaßnahmen werden ohne Zustimmung des Dienstleistenden oder des früheren Dienstleistenden nur erteilt

1. an Stellen innerhalb des Zivildienstes, an Gerichte und Staatsanwaltschaften, soweit dies zur Erfüllung der in der Zuständigkeit der Empfängerin oder des Empfängers liegenden Aufgaben erforderlich ist, sowie
2. an Verletzte zur Wahrnehmung ihrer Rechte.

Unter diesen Voraussetzungen ist auch die Übermittlung von Unterlagen zulässig. Über förmliche Anerkennungen und Disziplinarmaßnahmen, die getilgt oder tilgungsreif sind, werden Auskünfte nur mit Zustimmung des Dienstleistenden oder des früheren Dienstleistenden erteilt.

(2) Die Empfängerin oder der Empfänger darf die übermittelten Auskünfte nur für den Zweck verarbeiten, zu dessen Erfüllung sie ihm übermittelt wurden.

§ 69a Tilgung

(1) Eintragungen in den Personalakten über Disziplinarmaßnahmen sind nach einem Jahr zu tilgen; die darüber entstandenen Vorgänge sind aus den Personalakten zu entfernen und zu vernichten. Disziplinarmaßnahmen, die zu tilgen sind, dürfen nicht mehr berücksichtigt werden.

(2) Die Frist beginnt mit dem Tag, an dem die Disziplinarmaßnahme verhängt wird. Sie endet nicht, solange gegen den Dienstleistenden ein Strafverfahren oder ein Disziplinarverfahren schwebt oder eine andere Disziplinarmaßnahme berücksichtigt werden darf.

(3) Wird eine Disziplinarmaßnahme aufgehoben, ist sie zu tilgen. Hat sie sich auf die Berechnung von Tilgungsfristen ausgewirkt, sind diese erneut zu berechnen. Förmliche Anerkennungen sind zu tilgen, wenn ihre Rücknahme unanfechtbar geworden ist.

(4) Nach Ablauf der Frist gilt der anerkannte Kriegsdienstverweigerer als von Disziplinarmaßnahmen während des Zivildienstes nicht betroffen; er darf jede Auskunft über die Disziplinarmaßnahme und das zugrunde liegende Dienstvergehen verweigern. Insoweit darf er erklären, dass gegen ihn keine Disziplinarmaßnahme verhängt worden ist.

§ 70 Gnadenrecht

Der Bundespräsidentin oder dem Bundespräsidenten steht das Gnadenrecht hinsichtlich der nach diesem Gesetz verhängten Disziplinarmaßnahmen und des Ausschlusses gemäß § 45 Abs. 1 zu. Sie oder er übt es selbst aus oder überträgt die Ausübung anderen Stellen.

Abschnitt 7 Besondere Verfahrensvorschriften

§ 71 Form und Bekanntgabe von Verwaltungsakten; Zustellungen

(1) Nicht begünstigende Verwaltungsakte auf Grund dieses Gesetzes sind schriftlich zu erlassen.

(2) Verwaltungsakte nach Absatz 1 sind zuzustellen. Im Übrigen wird zugestellt, soweit das durch dieses Gesetz oder durch Anordnung einer für den Zivildienst zuständigen Stelle bestimmt wird.

(3) Für die Zustellung gelten die §§ 2 bis 15 des Verwaltungszustellungsgesetzes, § 7 Abs. 1 jedoch mit der Maßgabe, dass an Minderjährige selbst zuzustellen ist. Das Bundesamt veranlasst die Zustellung im Ausland; es bewirkt die öffentliche Zustellung.

§ 72 Widerspruch

(1) Über den Widerspruch gegen Verwaltungsakte auf Grund dieses Gesetzes entscheidet das Bundesamt.

(2) Der Widerspruch gegen Verwaltungsakte, die die Verfügbarkeit, Heranziehung oder Entlassung des anerkannten Kriegsdienstverweigerers betreffen, ist innerhalb zweier Wochen zu erheben.

§ 73 Anfechtung des Einberufungsbescheides

Ist der Musterungsbescheid unanfechtbar geworden, so ist ein Rechtsbehelf gegen den Einberufungsbescheid oder den Umwandlungsbescheid nach § 19 Abs. 2 nur insoweit zulässig, als eine Rechtsverletzung durch diesen selbst geltend gemacht wird.

§ 74 Ausschluss der aufschiebenden Wirkung des Widerspruchs und der Klage

(1) Der Widerspruch gegen den Einberufungsbescheid, der Widerspruch gegen die Aufhebung eines Einberufungsbescheides, der Widerspruch gegen den Tauglichkeitsüberprüfungsbescheid und der Widerspruch gegen den Umwandlungsbescheid nach § 19 Abs. 2 haben keine aufschiebende Wirkung.

(2) Die Anfechtungsklage gegen den Tauglichkeitsüberprüfungsbescheid, die Anfechtungsklage gegen den Einberufungsbescheid, die Anfechtungsklage gegen die Aufhebung des Einberufungsbescheides, die Anfechtungsklage gegen einen Umwandlungsbescheid nach § 19 Abs. 2 sowie die Anfechtungsklage gegen einen die Verfügbarkeit feststellenden Bescheid haben keine aufschiebende Wirkung. Vor Anordnung der aufschiebenden Wirkung oder Aufhebung der Vollziehung hat das Gericht das Bundesamt zu hören.

§ 75 Rechtsmittel gegen Entscheidungen des Verwaltungsgerichts

Die Berufung gegen ein Urteil, soweit es die Verfügbarkeit, die Heranziehung oder die Entlassung des anerkannten Kriegsdienstverweigerers betrifft, und die Beschwerde gegen andere Entscheidungen des Verwaltungsgerichts sind ausgeschlossen. Das gilt nicht für die Beschwerde gegen die Nichtzulassung der Revision nach § 135 in Verbindung mit § 133 der Verwaltungsgerichtsordnung und die Beschwerde gegen Beschlüsse über den Rechtsweg nach § 17a Abs. 2 und 3 des Gerichtsverfassungsgesetzes. Auf die Beschwerde gegen Beschlüsse über den Rechtsweg findet § 17a Abs. 4 Satz 4 bis 6 des Gerichtsverfassungsgesetzes entsprechende Anwendung.

§ 76 Rechte des gesetzlichen Vertreters

Der gesetzliche Vertreter des anerkannten Kriegsdienstverweigerers kann innerhalb der für diesen laufenden Fristen selbständig Anträge stellen, Klagen erheben und von Rechtsbehelfen Gebrauch machen, soweit es sich um die Verfügbarkeit für den Zivildienst handelt.

§ 77 Anwendungsbereich

Die §§ 71 bis 76 finden keine Anwendung, soweit Verwaltungsakte von anderen als den in § 2 Abs. 1 und § 5a bezeichneten Stellen erlassen werden.

Abschnitt 8 Schlussvorschriften

§ 78 Entsprechende Anwendung weiterer Rechtsvorschriften

(1) Für anerkannte Kriegsdienstverweigerer gelten entsprechend

1. das Arbeitsplatzschutzgesetz mit der Maßgabe, dass
   a) in § 14a Absatz 2 an die Stelle des Bundesministeriums der Verteidigung und der von diesem bestimmten Stelle sowie in § 14c Absatz 1 an die Stelle des Bundesamtes für das Personalmanagement der Bundeswehr das Bundesministerium für Bildung, Familie, Senioren, Frauen und Jugend und die von diesem bestimmte Stelle treten und
   b) an die Stelle des Grundwehrdienstes der Zivildienst tritt;
2. das Unterhaltssicherungsgesetz mit der Maßgabe, dass in § 24 an die Stelle des Bundesamtes für das Personalmanagement der Bundeswehr die vom Bundesministerium für Bildung, Familie, Senioren, Frauen und Jugend bestimmte Stelle tritt.

(2) Soweit in diesem Gesetz nichts anderes bestimmt ist, stehen der Zivildienst und der freiwillige zusätzliche Zivildienst bei Anwendung der Vorschriften des öffentlichen Dienstrechts dem Grundwehrdienst nach Maßgabe des Wehrpflichtgesetzes gleich.

§ 79 Vorschriften für den Spannungs- oder Verteidigungsfall

Im Spannungs- oder Verteidigungsfall gelten die folgenden besonderen Vorschriften:

1. § 4 Absatz 1 Nummer 7 des Wehrpflichtgesetzes gilt entsprechend.
2. § 43 Absatz 1 Nummer 1 ist nicht anzuwenden.
3. Wehrpflichtige, die ihre Anerkennung als Kriegsdienstverweigerer beantragt haben, können zum Zivildienst einberufen werden, bevor über den Anerkennungsantrag entschieden ist.
4. Zurückstellungen nach § 11 Abs. 2, 4, 5 und 6 aus der Zeit vor Eintritt des Spannungs- oder Verteidigungsfalles treten außer Kraft; nach § 14a Abs. 1 und 2, § 14b Abs. 1 und § 14c Abs. 1 bisher nicht zum Zivildienst herangezogene Dienstpflichtige können einberufen werden. Zurückstellungen nach § 11 Abs. 2 und 5 finden nicht statt. Zurückstellungen nach § 11 Abs. 4 sind zulässig, wenn die Heranziehung zum Zivildienst im Spannungs- oder Verteidigungsfall eine unzumutbare Härte bedeuten würde.
5. In den Fällen des § 19 Abs. 4 bedarf es der Anhörung nicht.
6. § 15a Abs. 1 findet Anwendung, wenn der anerkannte Kriegsdienstverweigerer, der aus Gewissensgründen gehindert ist, Zivildienst zu leisten, binnen vier Wochen nach Eintritt des Spannungs- oder Verteidigungsfalles nachweist, dass er in einem Arbeitsverhältnis mit üblicher Arbeitszeit in einem Krankenhaus oder einer anderen Einrichtung zur Behandlung, Pflege und Betreuung von Personen tätig ist. § 15a Abs. 2 findet keine Anwendung.

§ 80 Einschränkung von Grundrechten

Die Grundrechte der körperlichen Unversehrtheit (Artikel 2 Abs. 2 Satz 1 des Grundgesetzes), der Freiheit der Person (Artikel 2 Abs. 2 Satz 2 des Grundgesetzes), der Freizügigkeit (Artikel 11 Abs. 1 des Grundgesetzes) und der Unverletzlichkeit der Wohnung (Artikel 13 des Grundgesetzes) sowie das Petitionsrecht (Artikel 17 des Grundgesetzes) werden nach Maßgabe dieses Gesetzes eingeschränkt.

§ 81 Übergangsvorschrift aus Anlass des Wehrrechtsänderungsgesetzes 2010

(1) Dienstleistende, die am 31. Dezember 2010 sechs Monate oder länger Zivildienst geleistet haben, sind mit Ablauf dieses Tages zu entlassen. Sie können auf Antrag Zivildienst mit der bis zum 30. November 2010 vorgeschriebenen Dauer ableisten, wenn sie dies vor ihrer Entlassung beantragen.

(2) Für Dienstpflichtige, die nicht unter Absatz 1 fallen und die zum Zivildienst nach § 24 Absatz 2 Satz 1 dieses Gesetzes in Verbindung mit § 5 Absatz 1a des Wehrpflichtgesetzes in der bis zum 30. November 2010 geltenden Fassung einberufen worden sind, ist die Dienstzeit nach Maßgabe des § 24 Absatz 2 Satz 1 dieses Gesetzes in Verbindung mit § 5 Absatz 2 des Wehrpflichtgesetzes in der ab 1. Dezember 2010 geltenden Fassung neu festzusetzen. Absatz 1 Satz 2 gilt entsprechend.

(3) Dienstleistende, die zum Zivildienst nach § 24 Absatz 2 Satz 1 dieses Gesetzes in Verbindung mit § 5 Absatz 1a des Wehrpflichtgesetzes in der bis zum 30. November 2010 geltenden Fassung einberufen worden sind, nicht nach Absatz 1 Satz 1 entlassen werden und deren Dienstzeit nicht nach Absatz 2 Satz 1 neu festgesetzt worden ist, erhalten die besondere Zuwendung und das Entlassungsgeld entsprechend den §§ 7 und 9 des Wehrsoldgesetzes in der am 30. November 2010 geltenden Fassung.

(4) Dienstleistende, die vor dem 1. Dezember 2010 einberufen worden sind, erhalten Urlaub entsprechend § 5 Absatz 1 Satz 2 der Soldatinnen- und Soldatenurlaubsverordnung, wenn sie nach Absatz 1 entlassen werden. In diesem Fall richtet sich der Urlaubsanspruch für die gesamte Dauer des Zivildienstes nach § 5 Absatz 1 Satz 2 der Soldatinnen- und Soldatenurlaubsverordnung.

(5) Anerkannte Kriegsdienstverweigerer, die sich nach bisherigem Recht zum Dienst im Zivilschutz oder Katastrophenschutz nach § 14 Absatz 1 Satz 1 verpflichtet haben, sind auf Antrag aus ihrer Verpflichtung zu entlassen, wenn sie nach dem 30. November 2010 die vom 1. Dezember 2010 an vorgesehene Verpflichtungszeit erbracht haben. Für anerkannte Kriegsdienstverweigerer, die sich nach bisherigem Recht

1. zum Dienst im Zivilschutz oder Katastrophenschutz nach § 14 Absatz 1 Satz 1,
2. zu einem anderen Dienst im Ausland nach § 14b Absatz 1 Satz 1 oder
3. zu einem freiwilligen Dienst nach dem Jugendfreiwilligendienstegesetz (§ 14c Absatz 1 Satz 1)

verpflichtet haben oder die nach bisherigem Recht ein freies Arbeitsverhältnis nach § 15a Absatz 1 eingegangen sind, erlischt die Pflicht, Zivildienst zu leisten, wenn sie nach dem 30. November 2010 die vom 1. Dezember 2010 an vorgesehene Verpflichtungszeit erbracht haben.

§ 81a Weitere Übergangsvorschrift aus Anlass des Wehrrechtsänderungsgesetzes 2010

Für den freiwilligen Dienst anerkannter Kriegsdienstverweigerer nach § 14c, die ihren Dienst bis zum 31. Dezember 2010 angetreten haben, gelten § 14c Absatz 4 und die Kriegsdienstverweigerer-Zuschussverordnung vom 1. August 2002 in der am 30. November 2010 geltenden Fassung.

§ 82 Übergangsvorschrift aus Anlass des Wehrrechtsänderungsgesetzes 2008

Auf anerkannte Kriegsdienstverweigerer, die vor dem Inkrafttreten des Gesetzes vom 31. Juli 2008 (BGBl. I S. 1629) unabkömmlich gestellt worden sind, ist § 16 Abs. 1 Satz 1 in der bis dahin gültigen Fassung weiterhin anzuwenden.

§ 83 Übergangsvorschrift aus Anlass des Gesetzes zur Einführung eines Bundesfreiwilligendienstes

(1) Die Amtszeiten des derzeitigen Bundesbeauftragten und des derzeitigen Beirats für den Zivildienst enden am 31. Dezember 2011.

(2) Einberufungsbescheide zu einem nach dem 30. Juni 2011 beginnenden Zivildienst sind zu widerrufen.

(3) Zivildienstleistende, die zu einem über den 30. Juni 2011 hinausgehenden Zivildienst einberufen worden sind, sind auf Antrag mit Ablauf dieses Tages zu entlassen.

(4) Zivildienstleistende, die zu einem über den 30. Juni 2011 hinausgehenden Zivildienst einberufen worden sind und keinen Antrag nach Absatz 3 gestellt haben, sind spätestens mit Ablauf des 31. Dezember 2011 zu entlassen. Ihnen wird ab dem 16. Dezember 2011 Sonderurlaub gewährt.

(5) Wer nach dem 30. Juni 2011 Zivildienst leistet, gilt sozialversicherungsrechtlich als Person, die auf Grund gesetzlicher Pflicht Zivildienst leistet.

(6) Soweit nach diesem Gesetz Vorschriften, die für Soldaten gelten, für Zivildienstleistende entsprechend gelten, sind diese Vorschriften bis zum 31. Dezember 2011 in ihrer am 30. Juni 2011 geltenden Fassung anzuwenden.

5.1.4 Verordnung über die Zuständigkeit und das Verfahren bei der Unabkömmlichstellung (Unabkömmlichstellungsverordnung – UkV)

Unabkömmlichstellungsverordnung vom 24. August 2005 (BGBl. I S. 2538), die zuletzt durch Artikel 9 des Gesetzes vom 22. Dezember 2025 (BGBl. 2025 I Nr. 370) geändert worden ist

Eingangsformel

Auf Grund des § 13 Abs. 2 in Verbindung mit § 50 Abs. 1 Nr. 2 und § 50 Abs. 2 des Wehrpflichtgesetzes in der Fassung der Bekanntmachung vom 30. Mai 2005 (BGBl. I S. 1465) sowie des § 68 Abs. 2 in Verbindung mit § 93 Abs. 1 Nr. 9 und § 93 Abs. 4 des Soldatengesetzes in der Fassung der Bekanntmachung vom 30. Mai 2005 (BGBl. I S. 1482) verordnet die Bundesregierung:

§ 1 Vorschlagsrecht

(1) Die Unabkömmlichstellung von Wehrpflichtigen oder Dienstleistungspflichtigen im Spannungs- oder Verteidigungsfall können der zuständigen Wehrersatzbehörde vorschlagen:

1. für die im öffentlichen Dienst des Bundes oder bei einer der Aufsicht einer Bundesbehörde unterstehenden Körperschaft, Anstalt oder Stiftung des öffentlichen Rechts Beschäftigten die oberste Bundesbehörde;
2. für die im öffentlichen Dienst eines Landes, einer Gemeinde, eines Gemeindeverbandes oder bei einer anderen der Aufsicht einer Landesbehörde unterstehenden Körperschaft, Anstalt oder Stiftung des öffentlichen Rechts Beschäftigten die oberste Landesbehörde;
3. für die im Zivilschutz Beschäftigten, die Angehörigen des Technischen Hilfswerks oder einer Hilfsorganisation des Katastrophenschutzes die oberste Bundes- oder Landesbehörde;
4. für Angehörige freier Berufe mit Aufgaben von besonderer Bedeutung die oberste Bundes- oder Landesbehörde;
5. für Angehörige von Betrieben, die der Aufsicht der Bergbehörden unterstehen die oberste Landesbehörde;
6. für die in der Seefischerei Beschäftigten die oberste Landesbehörde;
7. für die Beschäftigten bei den nichtbundeseigenen Eisenbahnen, in der Hafenschifffahrt sowie bei See- oder Binnenhäfen, Flugplätzen oder den unmittelbar hierzu gehörenden Umschlagsbetrieben die oberste Landesverkehrsbehörde;
8. für die im gewerbsmäßigen Güterkraft- oder Straßenpersonenverkehr Beschäftigten die oberste Landesbehörde;
9. für die in gewerblichen Betrieben der Ernährungswirtschaft Beschäftigten die oberste Landesbehörde;
10. für diejenigen, die bei Unternehmen beschäftigt sind, die Telekommunikationsdienste für die Öffentlichkeit oder Postdienstleistungen für die Öffentlichkeit erbringen das Bundesministerium für Wirtschaft und Energie;
11. für die im überregionalen gewerblichen Güterkraftverkehr Beschäftigten, für die in der Seeschifffahrt, Binnenschifffahrt (außer Hafenschifffahrt) oder bei einem Luftfahrtunternehmen Beschäftigten, für die bei Eisenbahnen des Bundes Beschäftigten sowie für die bei der Deutsche Flugsicherung GmbH Beschäftigten das Bundesministerium für Verkehr und digitale Infrastruktur;
12. in allen anderen Fällen die von der Landesregierung bestimmte Behörde.

(2) Die Landesregierungen oder die in Absatz 1 Nr. 1 bis 12 genannten Stellen können das Vorschlagsrecht auf nachgeordnete Behörden oder der Aufsicht des Landes unterstehende Stellen der öffentlichen Verwaltung übertragen.

(3) Die obersten Bundes- oder Landesbehörden können in Fällen von besonderer Bedeutung unabhängig von der Regelung nach Absatz 1 die Unabkömmlichstellung von Wehrpflichtigen oder Dienstleistungspflichtigen vorschlagen.

(4) Die örtliche Zuständigkeit der vorschlagsberechtigten Behörde richtet sich nach dem Ort, an dem der Dienstherr oder der Arbeitgeber oder die Arbeitgeberin, für den oder die unabkömmlich gestellt werden soll, seinen oder ihren Sitz hat.

(5) Die Vorschläge sind zu begründen.

§ 2 Gutachtliche Stellungnahmen

(1) Wer, ohne selbst vorschlagsberechtigt zu sein, als Dienstherr, Arbeitgeber oder Arbeitgeberin die Unabkömmlichstellung von Wehrpflichtigen oder Dienstleistungspflichtigen anstrebt, benennt diese mit Begründung der nach § 1 vorschlagsberechtigten Behörde.

(2) Die Behörde schlägt der zuständigen Wehrersatzbehörde die Unabkömmlichstellung der ihr nach Absatz 1 benannten Wehrpflichtigen oder Dienstleistungspflichtigen vor, wenn diese begründet erscheint. In den Fällen des § 1 Abs. 1 Nr. 12 holt sie gutachtliche Stellungnahmen ein, und zwar

1. von der Landwirtschaftskammer oder, soweit eine solche nicht besteht, von der Dienststelle der landwirtschaftlichen oder forstlichen Verwaltung für die in der Land- und Forstwirtschaft Beschäftigten,
2. von der Industrie- und Handelskammer oder der Handwerkskammer für die in der gewerblichen Wirtschaft Beschäftigten,
3. von sachverständigen Stellen, soweit die Behörde nicht selbst sachverständig ist, für die übrigen Beschäftigten in anderen Bereichen.

(3) In den Fällen des Absatzes 2 Satz 2 Nr. 2 ist für nachstehend aufgeführte Wehrpflichtige oder Dienstleistungspflichtige außerdem eine gutachtliche Stellungnahme einzuholen:

1. für die Beschäftigten für den Bau, die Unterhaltung oder die Instandsetzung von Anlagen und Einrichtungen
   a) der Eisenbahnen des Bundes vom Eisenbahn-Bundesamt,
   b) der nichtbundeseigenen Eisenbahnen von der für die nichtbundeseigenen Eisenbahnen zuständigen obersten Landesbehörde oder der von ihr bestimmten Behörde,
   c) der Flugsicherung vom Luftfahrt-Bundesamt,
   d) der Flugplätze von der für den Luftverkehr zuständigen obersten Landesbehörde oder der von ihr bestimmten Behörde,
   e) der Bundeswasserstraßen und bundeseigenen Häfen von der Generaldirektion Wasserstraßen und Schifffahrt, der Elbe im Bereich des Hamburger Hafens von der Wirtschaftsbehörde der Freien und Hansestadt Hamburg,
   f) der nichtbundeseigenen Wasserstraßen von den höheren Wasserbehörden der Länder,
   g) der nichtbundeseigenen Häfen von der für Häfen zuständigen obersten Landesbehörde oder der von ihr bestimmten Behörde;
2. für die Beschäftigten für den Bau, die Unterhaltung oder die Instandsetzung von Straßen von der für den Straßenbau zuständigen obersten Landesbehörde oder von der von ihr bestimmten Behörde.

(4) Die Behörde beteiligt, soweit erforderlich, die Agentur für Arbeit.

§ 3 Verfahrensgrundsätze

(1) Vorschläge zur Unabkömmlichstellung können eingereicht werden, wenn die Bundesregierung den Bereitschaftsdienst angeordnet hat oder der Spannungs- oder der Verteidigungsfall festgestellt worden ist.

(2) Über die Vorschläge, Wehrpflichtige oder Dienstleistungspflichtige unabkömmlich zu stellen, entscheidet das für den Wohnsitz zuständige Karrierecenter der Bundeswehr. Vorschläge oberster Landesbehörden sowie Vorschläge oberster Bundesbehörden sind dem Bundesamt für das Personalmanagement der Bundeswehr zur Entscheidung vorzulegen, wenn dem Karrierecenter der Bundeswehr die Vorschläge nicht begründet erscheinen.

(3) Vor Ablehnung einer Unabkömmlichstellung soll die vorschlagsberechtigte Behörde gehört werden.

(4) Die Einberufung von Wehrpflichtigen oder die Heranziehung von Dienstleistungspflichtigen, deren Unabkömmlichstellung vorgeschlagen wird, ist bis zur Entscheidung über die Unabkömmlichstellung auszusetzen.

(5) Unabkömmlichstellungen können ausgesprochen werden
1. für begrenzte Zeit,
2. für unbegrenzte Zeit.

(6) In der Entscheidung über die Unabkömmlichstellung sind die Tätigkeit und die Dauer, für welche die Unabkömmlichstellung ausgesprochen wird, und bei nicht selbständig Tätigen der Dienstherr, der Arbeitgeber oder die Arbeitgeberin anzugeben.

(7) Die Entscheidung ist der vorschlagsberechtigten Behörde schriftlich mitzuteilen.

§ 4 *(weggefallen)*

-

§ 5 Widerruf der Unabkömmlichstellung

(1) Die Unabkömmlichstellung ist bei Wegfall ihrer Voraussetzungen schriftlich zu widerrufen.

(2) Zuständig für den Widerruf ist für Vorschläge
1. einer obersten Landesbehörde oder einer obersten Bundesbehörde das Bundesamt für das Personalmanagement der Bundeswehr,
2. in den nicht in Nummer 1 genannten Fällen das für den Wohnsitz des Wehrpflichtigen oder des oder der Dienstleistungspflichtigen zuständige Karrierecenter der Bundeswehr.

(3) Vor dem Widerruf einer Unabkömmlichstellung soll die vorschlagsberechtigte Behörde gehört werden.

§ 6 Ausgleich von Meinungsverschiedenheiten

(1) Lehnt die Wehrersatzbehörde eine Unabkömmlichstellung ab oder widerruft sie diese nach § 5, kann die vorschlagsberechtigte Behörde innerhalb einer Woche

nach Zugang der Entscheidung einen bei der Wehrersatzbehörde gebildeten Ausschuss anrufen.

(2) Der Ausschuss bei dem Karrierecenter der Bundeswehr und bei dem Bundesamt für das Personalmanagement der Bundeswehr besteht aus der Leitung der Behörde oder deren Vertretung als Vorsitzender oder Vorsitzende sowie jeweils einem oder einer von der Landesregierung und von dem Vorstand der Bundesagentur für Arbeit zu benennenden Beisitzer oder Beisitzerin. Die Landesregierung kann das Recht zur Benennung der Beisitzer und Beisitzerinnen auf eine andere Behörde übertragen. Der Vorstand der Bundesagentur kann das Recht zur Benennung der Beisitzer und Beisitzerinnen auf die Geschäftsführungen der Regionaldirektionen übertragen. Soweit eine Unabkömmlichstellung widerrufen werden soll, die auf Vorschlag einer obersten Bundesbehörde erfolgte, besteht der Ausschuss bei dem Bundesamt für das Personalmanagement der Bundeswehr aus der Leitung der Behörde oder deren Vertretung als Vorsitzender oder Vorsitzende sowie jeweils einem oder einer von dem Bundesministerium für Arbeit und Soziales und von der obersten Bundesbehörde, die die Unabkömmlichstellung der Wehrpflichtigen oder der Dienstleistungspflichtigen vorgeschlagen hat, zu benennenden Beisitzer oder Beisitzerin.

(3) Zuständig ist der Ausschuss bei der Wehrersatzbehörde, die die Unabkömmlichstellung abgelehnt oder widerrufen hat. Befinden sich der Sitz der vorschlagsberechtigten Behörde und der Sitz des Karrierecenters der Bundeswehr in verschiedenen Ländern, so ist diejenige Landesregierung für die Entsendung des Beisitzers oder der Beisitzerin zuständig, in deren Zuständigkeitsbereich das Karrierecenter der Bundeswehr seinen Sitz hat.

§ 7 Inkrafttreten, Außerkrafttreten

Diese Verordnung tritt am Tag nach der Verkündung in Kraft.

5.1.5 Gesetz über den Schutz des Arbeitsplatzes bei Einberufung zum Wehrdienst (Arbeitsplatzschutzgesetz – ArbPlSchG)

Arbeitsplatzschutzgesetz in der Fassung der Bekanntmachung vom 16. Juli 2009 (BGBl. I S. 2055), das zuletzt durch Artikel 4 des Gesetzes vom 22. Dezember 2025 (BGBl. 2025 I Nr. 370) geändert worden ist.

Abschnitt 1 Grundwehrdienst und Wehrübungen

§ 1 Ruhen des Arbeitsverhältnisses

(1) Wird ein Arbeitnehmer zum Grundwehrdienst oder zu einer Wehrübung einberufen, so ruht das Arbeitsverhältnis während des Wehrdienstes.

(2) Einem Arbeitnehmer im öffentlichen Dienst hat der Arbeitgeber während einer Wehrübung Arbeitsentgelt wie bei einem Erholungsurlaub zu zahlen. Zum Arbeitsentgelt gehören nicht besondere Zuwendungen, die mit Rücksicht auf den Erholungsurlaub gewährt werden. Auf Antrag erstattet der Bund im Rahmen verfügbarer Haushaltsmittel dem Arbeitgeber für eine Wehrübung im Kalenderjahr das ausgezahlte, um die gesetzlichen Abzüge geminderte Arbeitsentgelt (§ 14 des Vierten Buches Sozialgesetzbuch) für den 15. bis 30. Wehrübungstag; der Antrag ist nur zulässig, wenn er spätestens zwei Monate nach Beginn der Wehrübung gestellt wird. Satz 3 gilt nicht, wenn der Bund selbst Arbeitgeber ist.

(3) Der Arbeitnehmer hat den Einberufungsbescheid unverzüglich seinem Arbeitgeber vorzulegen.

(4) Ein befristetes Arbeitsverhältnis wird durch Einberufung zum Grundwehrdienst oder zu einer Wehrübung nicht verlängert; das Gleiche gilt, wenn ein Arbeitsverhältnis aus anderen Gründen während des Wehrdienstes geendet hätte.

(5) Wird der Einberufungsbescheid zum Grundwehrdienst oder zu einer Wehrübung vor Diensteintritt aufgehoben oder wird der Grundwehrdienst oder die Wehrübung vorzeitig beendet und muss der Arbeitgeber vorübergehend für zwei Personen am gleichen Arbeitsplatz Lohn oder Gehalt zahlen, so werden ihm die hierdurch ohne sein Verschulden entstandenen Mehraufwendungen vom Bund auf Antrag erstattet. Der Antrag ist innerhalb von sechs Monaten, nachdem die Mehraufwendungen entstanden sind, bei der vom Bundesministerium der Verteidigung bestimmten Stelle zu stellen.

(6) Auf Antrag erstattet der Bund einem Arbeitgeber, der kein Arbeitgeber des öffentlichen Dienstes ist, die zusätzlichen Kosten für die Einstellung einer Ersatzkraft auf Grund einer Wehrübung im Kalenderjahr. Die Erstattung erfolgt im Rahmen verfügbarer Haushaltsmittel in Höhe eines Drittels der dem Arbeitnehmer zustehenden Mindestleistung nach § 8 Absatz 1 in Verbindung mit Anlage 1 des Unterhaltssicherungsgesetzes. Sie erfolgt nur, wenn der Arbeitgeber nachweist, dass er eine fachlich gleichwertige Ersatzkraft eingestellt hat. Der Anspruch besteht für jeden Tag der Wehrübung ab dem 21. Tag, höchstens jedoch für 30 Tage. Der Antrag ist nur zulässig, wenn er spätestens zwei Monate nach Beginn der Wehrübung gestellt wird.

§ 2 Kündigungsschutz für Arbeitnehmer, Weiterbeschäftigung nach der Berufsausbildung

(1) Von der Zustellung des Einberufungsbescheides bis zur Beendigung des Grundwehrdienstes sowie während einer Wehrübung darf der Arbeitgeber das Arbeitsverhältnis nicht kündigen.

(2) Im Übrigen darf der Arbeitgeber das Arbeitsverhältnis nicht aus Anlass des Wehrdienstes kündigen. Muss er aus dringenden betrieblichen Erfordernissen (§ 1 Abs. 2 des Kündigungsschutzgesetzes) Arbeitnehmer entlassen, so darf er bei der Auswahl der zu Entlassenden den Wehrdienst eines Arbeitnehmers nicht zu dessen Ungunsten berücksichtigen. Ist streitig, ob der Arbeitgeber aus Anlass des Wehrdienstes gekündigt oder bei der Auswahl der zu Entlassenden den Wehrdienst zu Ungunsten des Arbeitnehmers berücksichtigt hat, so trifft die Beweislast den Arbeitgeber.

(3) Das Recht zur Kündigung aus wichtigem Grund bleibt unberührt. Die Einberufung des Arbeitnehmers zum Wehrdienst ist kein wichtiger Grund zur Kündigung; dies gilt im Falle des Grundwehrdienstes von mehr als sechs Monaten nicht für unverheiratete Arbeitnehmer in Betrieben mit in der Regel fünf oder weniger Arbeitnehmern ausschließlich der zu ihrer Berufsbildung Beschäftigten, wenn dem Arbeitgeber infolge Einstellung einer Ersatzkraft die Weiterbeschäftigung des Arbeitnehmers nach Entlassung aus dem Wehrdienst nicht zugemutet werden kann. Bei der Feststellung der Zahl der beschäftigten Arbeitnehmer nach Satz 2 sind teilzeitbeschäftigte Arbeitnehmer mit einer regelmäßigen wöchentlichen Arbeitszeit von nicht mehr als 20 Stunden mit 0,5 und nicht mehr als 30 Stunden mit 0,75 zu berücksichtigen. Eine nach Satz 2 zweiter Halbsatz zulässige Kündigung darf jedoch nur unter Einhaltung einer Frist von zwei Monaten für den Zeitpunkt der Entlassung aus dem Wehrdienst ausgesprochen werden.

(4) Geht dem Arbeitnehmer nach der Zustellung des Einberufungsbescheides oder während des Wehrdienstes eine Kündigung zu, so beginnt die Frist des § 4 Satz 1 des Kündigungsschutzgesetzes erst zwei Wochen nach Ende des Wehrdienstes.

(5) Der Ausbildende darf die Übernahme eines Auszubildenden in ein Arbeitsverhältnis auf unbestimmte Zeit nach Beendigung des Berufsausbildungsverhältnisses nicht aus Anlass des Wehrdienstes ablehnen. Absatz 2 Satz 3 gilt entsprechend. Der Arbeitgeber darf die Verlängerung eines befristeten Arbeitsverhältnisses oder die Übernahme des Arbeitnehmers in ein unbefristetes Arbeitsverhältnis nicht aus Anlass des Wehrdienstes ablehnen.

§ 3 Wohnraum und Sachbezüge

(1) Das Ruhen des Arbeitsverhältnisses (§ 1 Abs. 1) lässt eine Verpflichtung zum Überlassen von Wohnraum unberührt.

(2) Für die Auflösung eines Mietverhältnisses über Wohnraum, der mit Rücksicht auf das Arbeitsverhältnis zur Unterbringung des Arbeitnehmers und seiner Familie überlassen ist, darf die durch den Grundwehrdienst oder eine Wehrübung veranlasste Abwesenheit des Arbeitnehmers nicht zu seinem Nachteil berücksichtigt werden. Dies gilt entsprechend für alleinstehende Arbeitnehmer, die den Wohnraum während ihrer Abwesenheit aus besonderen Gründen benötigen.

(3) Bildet die Überlassung des Wohnraumes einen Teil des Arbeitsentgelts, so hat der Arbeitnehmer für die Weitergewährung an den Arbeitgeber eine Entschädigung

zu zahlen, die diesem Teil des Arbeitsentgelts entspricht. Ist kein bestimmter Betrag vereinbart, so hat der Arbeitnehmer eine angemessene Entschädigung zu zahlen.

(4) Sachbezüge sind während des Grundwehrdienstes oder während einer Wehrübung auf Verlangen weiterzugewähren. Absatz 3 gilt sinngemäß.

(5) Die Absätze 3 und 4 finden keine Anwendung, wenn der Arbeitgeber nach diesem Gesetz das Arbeitsentgelt während des Wehrdienstes weiterzuzahlen hat.

§ 4 Erholungsurlaub

(1) Der Arbeitgeber kann den Erholungsurlaub, der dem Arbeitnehmer für ein Urlaubsjahr aus dem Arbeitsverhältnis zusteht, für jeden vollen Monat, den der Arbeitnehmer in diesem Jahr Wehrdienst geleistet hat, um ein Zwölftel kürzen. Dem Arbeitnehmer ist der ihm zustehende Erholungsurlaub auf Verlangen vor Beginn des Wehrdienstes zu gewähren.

(2) Hat der Arbeitnehmer den ihm zustehenden Urlaub vor seiner Einberufung nicht oder nicht vollständig erhalten, so hat der Arbeitgeber den Resturlaub nach dem Wehrdienst im laufenden oder im nächsten Urlaubsjahr zu gewähren.

(3) Endet das Arbeitsverhältnis während des Wehrdienstes oder setzt der Arbeitnehmer im Anschluss an den Wehrdienst das Arbeitsverhältnis nicht fort, so hat der Arbeitgeber den noch nicht gewährten Urlaub abzugelten.

(4) Hat der Arbeitnehmer vor seiner Einberufung mehr Urlaub erhalten als ihm nach Absatz 1 zustand, so kann der Arbeitgeber den Urlaub, der dem Arbeitnehmer nach seiner Entlassung aus dem Wehrdienst zusteht, um die zu viel gewährten Urlaubstage kürzen.

(5) Für die Zeit des Wehrdienstes richtet sich der Urlaub nach den Urlaubsvorschriften für Soldaten.

§ 5 Benachteiligungsverbot

Einem Arbeitnehmer, der Grundwehrdienst leistet oder an einer Wehrübung teilnimmt, darf in beruflicher und betrieblicher Hinsicht kein Nachteil entstehen.

§ 6 Fortsetzung des Arbeitsverhältnisses

(1) Die Zeit des Grundwehrdienstes oder einer Wehrübung wird auf die Berufs- und Betriebszugehörigkeit angerechnet; bei Auszubildenden und sonstigen in Berufsausbildung Beschäftigten wird die Wehrdienstzeit auf die Berufszugehörigkeit jedoch erst nach Abschluss der Ausbildung angerechnet. Die Zeit des Grundwehrdienstes oder einer Wehrübung gilt als Dienst- und Beschäftigungszeit im Sinne der Tarifordnungen und Tarifverträge des öffentlichen Dienstes.

(2) Auf Probe- und Ausbildungszeiten wird die Zeit des Grundwehrdienstes oder einer Wehrübung nicht angerechnet.

(3) Auf Bewährungszeiten, die für die Einstufung in eine höhere Lohn- oder Vergütungsgruppe vereinbart sind, wird die Zeit des Grundwehrdienstes nicht angerechnet. Während der Zeit, um die sich die Einstufung in eine höhere Lohn- oder Vergütungsgruppe hierdurch verzögert, erhält der Arbeitnehmer von seinem Arbeitgeber zum Arbeitsentgelt eine Zulage in Höhe des Unterschiedsbetrages zwischen seinem

Arbeitsentgelt und dem Arbeitsentgelt, das ihm bei der Einstufung in die höhere Lohn- oder Vergütungsgruppe zustehen würde.

§ 7 Vorschriften für in Heimarbeit Beschäftigte

(1) Für in Heimarbeit Beschäftigte, die ihren Lebensunterhalt überwiegend aus der Heimarbeit beziehen, gelten die §§ 1 bis 4 sowie § 6 Absatz 1 sinngemäß.

(2) Vor und nach dem Wehrdienst dürfen in Heimarbeit Beschäftigte aus Anlass des Wehrdienstes bei der Ausgabe von Heimarbeit im Vergleich zu den anderen in Heimarbeit Beschäftigten des gleichen Auftraggebers oder Zwischenmeisters nicht benachteiligt werden; andernfalls haben sie Anspruch auf das dadurch entgangene Entgelt. Der Berechnung des entgangenen Entgelts ist das Entgelt zu Grunde zu legen, das der in Heimarbeit Beschäftigte im Durchschnitt der letzten 52 Wochen vor der Vorlage des Einberufungsbescheides beim Auftraggeber oder Zwischenmeister erzielt hat.

§ 8 Vorschriften für Handelsvertreter

(1) Das Vertragsverhältnis zwischen einem Handelsvertreter und einem Unternehmer wird durch Einberufung des Handelsvertreters zum Grundwehrdienst oder zu einer Wehrübung nicht gelöst.

(2) Der Handelsvertreter hat den Einberufungsbescheid unverzüglich den Unternehmern vorzulegen, mit denen er in einem Vertragsverhältnis steht.

(3) Ein befristetes Vertragsverhältnis wird durch Einberufung zum Grundwehrdienst oder zu einer Wehrübung nicht verlängert; das Gleiche gilt, wenn ein Vertragsverhältnis aus anderen Gründen während des Wehrdienstes geendet hätte.

(4) Der Unternehmer darf das Vertragsverhältnis aus Anlass der Einberufung des Handelsvertreters zum Grundwehrdienst oder zu einer Wehrübung nicht kündigen.

(5) Ist dem Handelsvertreter ein bestimmter Bezirk oder ein bestimmter Kundenkreis zugewiesen und kann er während des Grundwehrdienstes oder während einer Wehrübung seine Vertragspflichten nicht in dem notwendigen Umfang erfüllen, so kann der Unternehmer aus diesem Grund erforderliche Aufwendungen von dem Handelsvertreter ersetzt verlangen. Zu ersetzen sind nur die Aufwendungen, die dem Unternehmer dadurch entstehen, dass er die dem Handelsvertreter obliegende Tätigkeit selbst ausübt oder durch Angestellte oder durch andere Handelsvertreter ausüben lässt; soweit der Unternehmer selbst die Tätigkeit ausübt, kann er nur die aufgewendeten Reisekosten ersetzt verlangen. Die Aufwendungen sind nur bis zur Höhe der Vergütung des Handelsvertreters zu ersetzen; sie können mit ihr verrechnet werden.

(6) Der Unternehmer ist, auch wenn der Handelsvertreter zum Alleinvertreter bestellt ist, während des Grundwehrdienstes oder einer Wehrübung des Handelsvertreters berechtigt, selbst oder durch Angestellte oder durch andere Handelsvertreter sich um die Vermittlung oder den Abschluss von Geschäften zu bemühen.

§ 9 Vorschriften für Beamte und Richter

(1) Wird ein Beamter zum Grundwehrdienst einberufen, so ist er für die Dauer des Grundwehrdienstes ohne Bezüge beurlaubt.

(2) Wird ein Beamter zu einer Wehrübung einberufen, so ist er für die Dauer der Wehrübung mit Bezügen beurlaubt. Der Dienstherr hat ihm während dieser Zeit die Bezüge wie bei einem Erholungsurlaub zu zahlen. Zu den Bezügen gehören nicht besondere Zuwendungen, die mit Rücksicht auf den Erholungsurlaub gewährt werden. Auf Antrag erstattet der Bund im Rahmen verfügbarer Haushaltsmittel dem Dienstherrn für eine Wehrübung im Kalenderjahr die um die gesetzlichen Abzüge geminderten Bezüge für den 15. bis 30. Wehrübungstag; der Antrag ist nur zulässig, wenn er spätestens zwei Monate nach Beginn der Wehrübung gestellt wird. Satz 3 gilt nicht für Dienstherren nach § 2 des Bundesbeamtengesetzes.

(3) Absatz 2 Satz 2 gilt für die bei der Deutschen Post AG, der DB Privat- und Firmenkundenbank AG und der Deutschen Telekom AG beschäftigten Beamten mit der Maßgabe, dass der Bund den Aktiengesellschaften die Bezüge der Beamten für die Dauer der Wehrübung zu erstatten hat. Der Antrag ist innerhalb von sechs Monaten nach Beendigung des Wehrdienstes bei der vom Bundesministerium der Verteidigung bestimmten Stelle zu stellen.

(4) Der Beamte hat den Einberufungsbescheid unverzüglich seinem Dienstvorgesetzten vorzulegen.

(5) Dienstverhältnisse auf Zeit werden durch Einberufung zum Grundwehrdienst oder zu einer Wehrübung nicht verlängert.

(6) Der Beamte darf aus Anlass der Einberufung zum Grundwehrdienst oder zu einer Wehrübung nicht entlassen werden.

(7) Dem Beamten dürfen aus der Abwesenheit, die durch den Wehrdienst veranlasst war, keine dienstlichen Nachteile entstehen.

(8) Vorbereitungsdienst und Probezeiten werden um die Zeit des Grundwehrdienstes verlängert. Der Vorbereitungsdienst wird um die Zeit der Wehrübungen verlängert, die sechs Wochen im Kalenderjahr überschreitet. Die Verzögerungen, die sich daraus für den Beginn des Besoldungsdienstalters oder, bei Beamten und Richtern des Bundes, für den Beginn der Erfahrungszeit, sind auszugleichen. Auch die sich daraus ergebenden beruflichen Verzögerungen sind angemessen auszugleichen.

(9) § 4 Abs. 1, 2, 4 und 5 gilt für Beamte entsprechend.

(10) Die Einstellung als Beamter darf wegen der Einberufung zum Grundwehrdienst oder zu einer Wehrübung nicht verzögert werden. Wird ein Soldat während des Grundwehrdienstes oder einer Wehrübung eingestellt, so sind die Absätze 1, 2 und 4 bis 9 entsprechend anzuwenden.

(11) Die Absätze 1, 2 und 4 bis 10 gelten für Richter entsprechend.

§ 10 Freiwillige Wehrübungen

Wird der Wehrpflichtige zu einer Wehrübung auf Grund freiwilliger Verpflichtung (§ 4 Abs. 3 Satz 1 und 2 des Wehrpflichtgesetzes) einberufen, so gelten die §§ 1 bis 4 und 6 bis 9 nur, soweit diese Wehrübung allein oder zusammen mit anderen freiwilligen Wehrübungen im Kalenderjahr nicht länger als sechs Wochen dauert.

§ 11 *(weggefallen)*

§ 11a Bevorzugte Einstellung in den öffentlichen Dienst

(1) Bewirbt sich ein Soldat oder entlassener Soldat bis zum Ablauf von sechs Monaten nach Beendigung des Grundwehrdienstes um Einstellung in den öffentlichen

Dienst, so hat er Vorrang vor gesetzlich nicht bevorrechtigten Bewerbern gleicher Eignung. Das Gleiche gilt für Wehrpflichtige, die im Anschluss an den Grundwehrdienst eine für den künftigen Beruf im öffentlichen Dienst vorgeschriebene, über die allgemeinbildende Schulbildung hinausgehende Ausbildung ohne unzulässige Überschreitung der Regelzeit durchlaufen, wenn sie sich innerhalb von sechs Monaten nach Abschluss dieser Ausbildung um Einstellung bewerben.

(2) Haben sich die Anforderungen an die fachliche Eignung für die Einstellung in den öffentlichen Dienst für Wehrpflichtige im Sinne des Absatzes 1 Satz 2 während der wehrdienstbedingten Verzögerung ihrer Bewerbung um Einstellung erhöht, so ist der Grad ihrer fachlichen Eignung nach den Anforderungen zu prüfen, die zu einem Zeitpunkt bestanden haben, zu dem sie sich ohne den Grundwehrdienst hätten bewerben können. Führt die Prüfung zu dem Ergebnis, dass ein Wehrpflichtiger ohne diese Verzögerung eingestellt worden wäre, kann er vor Bewerbern ohne Grundwehrdienst eingestellt werden. Die Zahl der Stellen, die Wehrpflichtigen in einem Einstellungstermin vorbehalten werden kann, bestimmt sich nach dem zahlenmäßigen Verhältnis der Bewerber mit wehrdienstbedingter Verzögerung zu denjenigen, bei denen eine solche nicht vorliegt; Bruchteile von Stellen sind zugunsten der Wehrpflichtigen aufzurunden.

§ 12 Anrechnung der Wehrdienstzeit und der Zeit einer Berufsförderung bei Einstellung entlassener Soldaten

(1) Wird ein entlassener Soldat im Anschluss an den Grundwehrdienst oder an eine Wehrübung als Arbeitnehmer eingestellt, gilt § 6, nachdem er sechs Monate lang dem Betrieb oder der Verwaltung angehört. Das Gleiche gilt für Wehrpflichtige, die im Anschluss an den Grundwehrdienst oder eine Wehrübung eine für den künftigen Beruf als Arbeitnehmer förderliche, über die allgemein bildende Schulbildung hinausgehende Ausbildung ohne unzulässige Überschreitung der Regelzeit durchlaufen und im Anschluss daran als Arbeitnehmer eingestellt werden. In einer betrieblichen oder überbetrieblichen Altersversorgung beschränkt sich eine Anrechnung nach Satz 1 auf die Berücksichtigung bei den Unverfallbarkeitsfristen nach dem Betriebsrentengesetz. Ist dem Soldaten infolge einer Wehrdienstbeschädigung nach Entlassung aus der Bundeswehr auf Grund des Soldatenversorgungsgesetzes Berufsumschulung oder Berufsfortbildung gewährt worden, so wird auch die hierfür erforderliche Zeit auf die Berufs- und Betriebszugehörigkeit oder als Dienst- und Beschäftigungszeit angerechnet.

(2) Die Besoldungsgesetze regeln unter Berücksichtigung des § 9 Abs. 7 und 11 die Anrechnung der Wehrdienstzeit auf das Besoldungsdienstalter für entlassene Soldaten, die nach dem Grundwehrdienst oder nach einer Wehrübung als Beamter oder Richter eingestellt werden. Bei Einstellung als Beamter oder Richter des Bundes gilt Satz 1 mit der Maßgabe, dass an die Stelle des Besoldungsdienstalters die Erfahrungszeit tritt.

(3) Bewirbt sich ein Soldat oder entlassener Soldat bis zum Ablauf von sechs Monaten nach Beendigung des Grundwehrdienstes oder einer Wehrübung um Einstellung als Beamter und wird er in den Vorbereitungsdienst eingestellt, so gelten Absatz 2 und § 9 Abs. 8 Satz 4 entsprechend.

(4) Absatz 3 gilt entsprechend für einen Arbeitnehmer, dessen Ausbildung für ein späteres Beamtenverhältnis durch eine festgesetzte mehrjährige Tätigkeit im Arbeitsverhältnis an Stelle des sonst vorgeschriebenen Vorbereitungsdienstes durchgeführt wird.

§ 13 Anrechnung des Wehrdienstes im späteren Berufsleben

(1) Die Zeit des Grundwehrdienstes und der Wehrübungen wird auf die bei der Zulassung zu weiterführenden Prüfungen im Beruf nachzuweisende Zeit einer mehrjährigen Tätigkeit nach der Lehrabschlussprüfung angerechnet, soweit eine Zeit von einem Jahr nicht unterschritten wird.

(2) Beginnt ein entlassener Soldat im Anschluss an den Grundwehrdienst oder eine Wehrübung eine für den künftigen Beruf als Beamter oder Richter über die allgemein bildende Schulbildung hinausgehende vorgeschriebene Ausbildung (Hochschul-, Fachhochschul-, Fachschul- oder andere berufliche Ausbildung) oder wird diese durch den Grundwehrdienst oder durch Wehrübungen unterbrochen, so gelten für Beamte § 9 Abs. 8 Satz 4 und § 12 Abs. 2, für Richter § 9 Abs. 11 und § 12 Abs. 2 entsprechend, wenn er sich bis zum Ablauf von sechs Monaten nach Abschluss der Ausbildung um Einstellung als Beamter oder Richter bewirbt und auf Grund dieser Bewerbung eingestellt wird.

(3) Für einen Arbeitnehmer, dessen Ausbildung für ein späteres Beamtenverhältnis durch eine festgesetzte mehrjährige Tätigkeit im Arbeitsverhältnis an Stelle des sonst vorgeschriebenen Vorbereitungsdienstes durchgeführt wird, gelten § 9 Abs. 8 Satz 4 und § 12 Abs. 2 entsprechend.

Abschnitt 2 Meldung

§ 14 Weiterzahlung des Arbeitsentgelts

(1) Wird ein Arbeitnehmer nach Maßgabe des Wehrpflichtgesetzes von den Karrierecentern der Bundeswehr aufgefordert, sich persönlich zu melden oder vorzustellen, so hat der Arbeitgeber für die ausfallende Arbeitszeit das Arbeitsentgelt weiterzuzahlen.

(2) Der Arbeitnehmer hat die Ladung unverzüglich seinem Arbeitgeber vorzulegen.

(3) Die Absätze 1 und 2 gelten entsprechend für den Arbeitnehmer, der zu Dienstleistungen nach dem Vierten Abschnitt des Soldatengesetzes herangezogen werden soll.

Abschnitt 3 Alters- und Hinterbliebenenversorgung

§ 14a Zusätzliche Alters- und Hinterbliebenenversorgung für Arbeitnehmer

(1) Eine bestehende Versicherung in der zusätzlichen Alters- und Hinterbliebenenversorgung für Arbeitnehmer im öffentlichen Dienst wird durch Einberufung zum Grundwehrdienst oder zu einer Wehrübung nicht berührt.

(2) Der Arbeitgeber hat während des Wehrdienstes die Beiträge (Arbeitgeber- und Arbeitnehmeranteil) weiterzuentrichten, und zwar in der Höhe, in der sie zu entrichten gewesen wären, wenn das Arbeitsverhältnis aus Anlass der Einberufung des Arbeitnehmers nicht ruhen würde. Nach Ende des Wehrdienstes meldet der Arbeitgeber die auf die Zeit des Wehrdienstes entfallenden Beiträge beim Bundesministerium der Verteidigung oder der von ihm bestimmten Stelle zur Erstattung an. Satz 2 gilt nicht im Falle des § 1 Abs. 2. Veränderungen in der Beitragshöhe, die nach dem Wehrdienst eintreten, bleiben unberücksichtigt.

(3) Für Arbeitnehmer, die einer Pensionskasse angehören oder als Leistungsempfänger einer anderen Einrichtung oder Form der betrieblichen oder überbetrieblichen Alters- und Hinterbliebenenversorgung in Betracht kommen, gelten die Absätze 1 und 2 Satz 1, 2 und 4 sinngemäß. Betriebliche oder überbetriebliche Alters- und Hinterbliebenenversorgungen sind Versicherungen in Einrichtungen nach dem Betriebsrentengesetz, freiwillige Versicherungen in einem Zweig der gesetzlichen Rentenversicherung und Versicherungen in öffentlich-rechtlichen Versicherungs- oder Versorgungseinrichtungen einer Berufsgruppe.

(4) Einem Arbeitnehmer, der aus seinem Arbeitseinkommen freiwillig Beiträge zur gesetzlichen Rentenversicherung oder zu einer sonstigen Alters- und Hinterbliebenenversorgung leistet, werden diese auf Antrag für die Zeit des Wehrdienstes in Höhe des Betrages erstattet, der für die letzten zwölf Monate vor Beginn des Wehrdienstes durchschnittlich entrichtet worden ist, wenn die den Aufwendungen zu Grunde liegende Versicherung bei Beginn des Wehrdienstes mindestens zwölf Monate besteht und der Arbeitgeber nach den Absätzen 1 bis 3 nicht zur Weiterentrichtung verpflichtet ist; Einkünfte aus geringfügiger Beschäftigung im Sinne des § 8 des Vierten Buches Sozialgesetzbuch bleiben außer Betracht. Die Leistungen nach diesem Absatz dürfen, wenn Beiträge des Bundes zur gesetzlichen Rentenversicherung für die Zeit des Wehrdienstes entrichtet werden, 40 vom Hundert des Höchstbeitrages, der für die freiwillige Versicherung in der allgemeinen Rentenversicherung entrichtet werden kann, ansonsten den Höchstbeitrag nicht übersteigen. Die Sätze 1 und 2 gelten nicht bei Zahlung des Arbeitsentgelts nach § 1 Abs. 2, bei Anspruch auf Leistungen nach den §§ 5 bis 8 des Unterhaltssicherungsgesetzes oder für Elternzeit.

(5) (weggefallen)

(6) (weggefallen)

§ 14b Alters- und Hinterbliebenenversorgung in besonderen Fällen

(1) Einem Wehrpflichtigen, der am Tage vor Beginn des Wehrdienstverhältnisses (§ 2 des Soldatengesetzes) auf Grund einer durch Gesetz angeordneten oder auf Gesetz beruhenden Verpflichtung Mitglied einer öffentlich-rechtlichen Versicherungs- oder Versorgungseinrichtung seiner Berufsgruppe ist und von der Versicherungspflicht in der gesetzlichen Rentenversicherung befreit ist oder vor der Wehrdienstleistung in einem Zweig der gesetzlichen Rentenversicherung freiwillig versichert war, werden die Beiträge zu dieser Einrichtung auf Antrag in der Höhe erstattet, in der sie nach der Satzung oder den Versicherungsbedingungen für die Zeit des Wehrdienstes zu zahlen sind. Die Leistungen dürfen den Betrag nicht übersteigen, den der Bund für die Zeit des Wehrdienstes in der gesetzlichen Rentenversicherung zu entrichten hätte, wenn der Wehrpflichtige nicht von der Versicherungspflicht befreit worden wäre. Die Sätze 1 und 2 gelten nicht bei Zahlung des Arbeitsentgelts nach § 1 Abs. 2, der Bezüge nach § 9 Abs. 2, bei Anspruch auf Leistungen nach § 5 Absatz 1 und nach § 6 des Unterhaltssicherungsgesetzes oder für Elternzeit.

(2) Einem Wehrpflichtigen, der nach § 14a nicht anspruchsberechtigt ist und Beiträge zur gesetzlichen Rentenversicherung oder zu einer sonstigen Alters- und Hinterbliebenenversorgung leistet, werden die Beiträge auf Antrag für die Zeit des Wehrdienstes erstattet. Beiträge, die freiwillig zur gesetzlichen Rentenversicherung entrichtet werden, soweit sie die Beiträge des Bundes zur gesetzlichen Rentenversicherung für die Zeit des Wehrdienstes übersteigen, und Beiträge zu einer sonstigen Alters- und Hinterbliebenenversorgung, die freiwillig entrichtet werden, werden nur

in Höhe des Betrages erstattet, der für die letzten zwölf Monate vor Beginn des Wehrdienstes durchschnittlich entrichtet worden ist, wenn die den Aufwendungen zugrundeliegende Versicherung bei Beginn des Wehrdienstes mindestens zwölf Monate besteht. Diese Beiträge müssen aus eigenen Einkünften aus Land- und Forstwirtschaft, Gewerbebetrieb, selbständiger Arbeit, nichtselbständiger Arbeit oder Lohnersatzleistungen geleistet worden sein; Einkünfte aus geringfügiger Beschäftigung im Sinne des § 8 des Vierten Buches Sozialgesetzbuch bleiben außer Betracht. Sind Zuschüsse zum Beitrag nach § 32 des Gesetzes über die Alterssicherung der Landwirte gewährt worden, ist mit den für den gleichen Zeitraum gezahlten Zuschüssen gegen den Erstattungsanspruch aufzurechnen. Die Sätze 1 bis 4 gelten nicht bei Zahlung des Arbeitsentgelts nach § 1 Abs. 2, der Bezüge nach § 9 Abs. 2, bei Anspruch auf Leistungen nach den §§ 5 bis 8 des Unterhaltssicherungsgesetzes oder für Elternzeit.

(3) Die Leistungen nach Absatz 2 dürfen, wenn Beiträge des Bundes zur gesetzlichen Rentenversicherung für die Zeit des Wehrdienstes entrichtet oder Beiträge nach Absatz 1 erstattet werden, 40 vom Hundert des Höchstbeitrages, der für die freiwillige Versicherung in der allgemeinen Rentenversicherung entrichtet werden kann, ansonsten den Höchstbeitrag nicht übersteigen.

(4) (weggefallen)

(5) (weggefallen)

§ 14c Verfahren

(1) Ist seit der Beendigung des Wehrdienstes ein Jahr verstrichen, so können Beiträge nicht mehr nach § 14a Absatz 2 Satz 2 angemeldet und können Anträge nach § 14b Absatz 1 und 2 nicht mehr gestellt werden. Über die Erstattungsanträge entscheidet das Bundesamt für das Personalmanagement der Bundeswehr. Zu erstattende Beiträge nach § 14a dürfen nur unmittelbar an die Einrichtung der Alters- und Hinterbliebenenversorgung gezahlt werden, sofern ein Nachweis über die Beitragszahlung durch den Arbeitgeber oder die Arbeitgeberin nicht vorgelegt wird. Zu erstattende Beiträge nach § 14b werden an die Einrichtung der Alters- und Hinterbliebenenversorgung gezahlt.

(2) Der Wehrpflichtige hat die Unterlagen zur Begründung des Erstattungsantrags drei Jahre aufzubewahren. Die Aufbewahrungsfrist beginnt mit dem Datum der Entscheidung über den Erstattungsantrag.

Abschnitt 4 Schlussvorschriften

§ 15 Begriffsbestimmungen

(1) Arbeitnehmer im Sinne dieses Gesetzes sind Arbeiter und Angestellte sowie die zu ihrer Berufsausbildung Beschäftigten.

(2) Öffentlicher Dienst im Sinne dieses Gesetzes ist die Tätigkeit im Dienst des Bundes, eines Landes, einer Gemeinde (eines Gemeindeverbandes) oder anderer Körperschaften, Anstalten und Stiftungen des öffentlichen Rechts oder der Verbände von solchen; ausgenommen ist die Tätigkeit bei öffentlich-rechtlichen Religionsgesellschaften oder ihren Verbänden.

§ 16 Sonstige Geltung des Gesetzes

(1) Dieses Gesetz gilt auch im Falle des unbefristeten Wehrdienstes im Spannungs- oder Verteidigungsfall mit der Maßgabe, dass die Vorschriften über Wehrübungen anzuwenden sind. § 1 Absatz 2 Satz 3 und Absatz 6 sowie § 9 Absatz 2 Satz 4 sind nicht anzuwenden.

(2) Dieses Gesetz gilt auch im Falle der freiwilligen Verlängerung des Grundwehrdienstes (§ 6a des Wehrpflichtgesetzes) mit der Maßgabe, dass die Vorschriften über den Grundwehrdienst anzuwenden sind.

(3) Dieses Gesetz ist ferner anzuwenden auf Arbeits- und Dienstverhältnisse von Personen, die zu Dienstleistungen nach dem Vierten Abschnitt des Soldatengesetzes herangezogen werden, mit der Maßgabe, dass die Vorschriften über Wehrübungen entsprechend anzuwenden sind. § 10 ist nur bei Übungen (§ 61 des Soldatengesetzes) und Wehrdienst zur temporären Verbesserung der personellen Einsatzbereitschaft (§ 63b des Soldatengesetzes) anzuwenden.

(4) § 1 Abs. 1, 3 und 4 und die §§ 2 bis 8 dieses Gesetzes gelten auch für in Deutschland beschäftigte Ausländer, wenn diese in ihrem Heimatstaat zur Erfüllung ihrer dort bestehenden Wehrpflicht zum Wehrdienst herangezogen werden. Dies gilt nur für Ausländer, die Staatsangehörige der Vertragsparteien der Europäischen Sozialcharta vom 18. Oktober 1961 (BGBl. 1964 II S. 1262) sind und die ihren rechtmäßigen Aufenthalt in Deutschland haben.

(5) Dieses Gesetz gilt auch im Falle des freiwilligen Wehrdienstes nach § 58b des Soldatengesetzes mit der Maßgabe, dass die Vorschriften über den Grundwehrdienst anzuwenden sind.

§ 16a Wehrdienst als Soldat auf Zeit

(1) Dieses Gesetz gilt auch im Falle des Wehrdienstes als Soldat auf Zeit
1. für die zunächst auf sechs Monate festgesetzte Dienstzeit,
2. für die endgültig auf insgesamt nicht mehr als zwei Jahre festgesetzte Dienstzeit

mit der Maßgabe, dass die für den Grundwehrdienst der Wehrpflichtigen geltenden Vorschriften anzuwenden sind, ausgenommen § 9 Abs. 8 Satz 3, §§ 14a und § 14b.

(2) In den Fällen des Absatzes 1 Nr. 1 und 2 sind § 125 Satz 1 des Beamtenrechtsrahmengesetzes oder § 31 Absatz 1 Satz 1 Nummer 2 des Bundesbeamtengesetzes und § 22 Abs. 2 Satz 1 des Beamtenstatusgesetzes nicht anzuwenden.

(3) (weggefallen)

(4) Wird die Dienstzeit auf insgesamt mehr als zwei Jahre festgesetzt, so ist der Arbeitgeber durch die zuständige Personal bearbeitende Dienststelle der Bundeswehr unverzüglich zu benachrichtigen. Das Gleiche gilt, wenn ein Wehrpflichtiger während des Grundwehrdienstes zum Soldaten auf Zeit ernannt wird.

(5) Die Absätze 1 bis 4 gelten entsprechend im Falle einer Verlängerung der Dienstzeit nach Absatz 1 aus zwingenden Gründen der Verteidigung (§ 54 Abs. 3 des Soldatengesetzes).

§ 17 Übergangsvorschrift

(1) Für Anspruchsberechtigte, die vor dem 1. Januar 1990 als Soldat eingestellt worden sind, bleiben die Vorschriften des § 14a Abs. 4, des § 14b Abs. 1 und 2 sowie des § 16a Abs. 1 in der bis dahin geltenden Fassung maßgebend.

(2) Auf Bundesbeamte, denen mit der Begründung eines Beamtenverhältnisses auf Probe nicht gleichzeitig ein Amt verliehen wird, sind § 9 Abs. 8 Satz 4 bis 6, § 12 Abs. 3 und § 13 Abs. 2 und 3 in der bis zum 11. Februar 2009 geltenden Fassung anzuwenden.

(3) Bis zum Inkrafttreten von Vorschriften, die der Vorgabe des § 9 Abs. 8 Satz 4 Rechnung tragen, im jeweiligen Dienstrecht sind § 9 Abs. 8 Satz 4 bis 6 und Abs. 11, § 12 Abs. 3 und § 13 Abs. 2 und 3 in der bis zum 31. März 2009 geltenden Fassung anzuwenden.

5.1.6 Verordnung über die Erstattung von notwendigen Auslagen, Verdienstausfall und Vertretungskosten der Wehrpflichtigen und Dienstleistungspflichtigen im Rahmen der Wehrüberwachung und Dienstleistungsüberwachung (Wehrdienst-Erstattungsverordnung – WDErstattV)

vom 9. Juni 2005 (BGBl. I S. 1621)

Eingangsformel

Auf Grund des § 19 Abs. 5 Satz 6 und des § 50 Abs. 1 Nr. 4 des Wehrpflichtgesetzes in der Fassung der Bekanntmachung vom 30. Mai 2005 (BGBl. I S. 1465) sowie des § 70 Abs. 1 Satz 6 und des § 93 Abs. 1 Nr. 8 des Soldatengesetzes in der Fassung der Bekanntmachung vom 30. Mai 2005 (BGBl. I S. 1482) verordnet die Bundesregierung:

§ 1 Fahrtkosten, Wegstreckenentschädigung

(1) Wehrpflichtigen oder Dienstleistungspflichtigen werden auf Antrag die notwendigen Fahrtkosten erstattet. Notwendig sind die Fahrtkosten, die für die Benutzung regelmäßig verkehrender Beförderungsmittel der niedrigsten Beförderungsklasse zwischen der Wohnung und dem Ort, an dem die Wehrpflichtigen oder Dienstleistungspflichtigen sich einzufinden haben, tatsächlich entstehen. Reisen die Wehrpflichtigen oder Dienstleistungspflichtigen von einem anderen Ort als dem Wohnort an oder dorthin zurück, werden hierdurch entstehende Mehrkosten nur erstattet, wenn die Wehrersatzbehörde vorher zugestimmt hat. Die Kosten für die Benutzung einer höheren Beförderungsklasse werden auch dann nicht erstattet, wenn ein Zug benutzt wird, der nur eine höhere Beförderungsklasse führt.

(2) Wer ein Kraftfahrzeug benutzt, erhält die niedrigste Wegstreckenentschädigung nach dem Bundesreisekostengesetz, jedoch höchstens den Betrag, der bei Benutzung regelmäßig verkehrender Beförderungsmittel der niedrigsten Beförderungsklasse nach Absatz 1 erstattet würde. Parkgebühren werden nicht erstattet.

§ 2 Tagegeld, Übernachtungsgeld

Tage- und Übernachtungsgeld wird nach dem Bundesreisekostengesetz gewährt.

§ 3 Sonstige notwendige Auslagen

(1) Den Wehrpflichtigen oder Dienstleistungspflichtigen werden auf Antrag auch die notwendigen Transportkosten für das Übernehmen, Vorlegen oder Zurückgeben der Bekleidungs- und Ausrüstungsstücke nach dem Bundesreisekostengesetz erstattet.

(2) Zu den notwendigen Auslagen gehören auch die Kosten für die Beschaffung von Unterlagen, deren Beibringung den Wehrpflichtigen oder Dienstleistungspflichtigen aufgegeben wird.

§ 4 Verdienstausfall, Vertretungskosten

(1) Soweit Arbeitnehmerinnen oder Arbeitnehmer keinen Anspruch auf Weiterzahlung des Arbeitsentgelts nach § 14 Abs. 1 oder Abs. 3 des Arbeitsplatzschutzgesetzes haben, wird auf Antrag eine Entschädigung für den Verdienstausfall gewährt. Sie richtet sich nach dem regelmäßigen Bruttoarbeitsentgelt zuzüglich des Arbeitgeberanteils zur Sozialversicherung. Die letzte begonnene Stunde wird voll gerechnet. Die Arbeitnehmerinnen oder Arbeitnehmer haben eine Bescheinigung der Arbeitgeberin oder des Arbeitgebers beizubringen, aus der die Dauer der ausgefallenen Arbeitszeit und die Höhe des Verdienstausfalls ersichtlich sind.

(2) Wehrpflichtige, die nicht Arbeitnehmer sind, oder Dienstleistungspflichtige, die nicht Arbeitnehmerinnen oder Arbeitnehmer sind, erhalten die notwendigen Vertretungskosten nur erstattet, soweit sie nachgewiesen werden und die Vertretung die beruflichen Aufgaben der Wehrpflichtigen oder Dienstleistungspflichtigen in vollem Umfang wahrnehmen kann. Erstattungsfähig ist die angemessene und in gleich oder ähnlich gelagerten Fällen übliche Vergütung.

§ 5 Inkrafttreten

5.1.7 Verordnung über die pauschale Berechnung und die Zahlung der Beiträge zur gesetzlichen Krankenversicherung und zur sozialen Pflegeversicherung für die Dauer einer fortbestehenden Mitgliedschaft bei Wehrdienst oder Zivildienst (KV-/PV-Pauschalbeitragsverordnung)

KV-/PV-Pauschalbeitragsverordnung vom 3. März 1998 (BGBl. I S. 392), die zuletzt durch Artikel 13 Absatz 20 des Gesetzes vom 12. April 2012 (BGBl. I S. 579) geändert worden ist, zuletzt geändert durch Art. 13 Abs. 20 G v. 12.4.2012 I 579

Eingangsformel

Auf Grund

- des § 244 Abs. 2 und 3 des Fünften Buches Sozialgesetzbuch – Gesetzliche Krankenversicherung – (Artikel 1 des Gesetzes vom 20. Dezember 1988, BGBl. I S. 2477), der zuletzt gemäß Artikel 39 der Verordnung vom 21. September 1997 (BGBl. I S. 2390) geändert worden ist,
- des § 59 des Bundesgrenzschutzes vom 18. August 1972 (BGBl. I S. 1834) in Verbindung mit § 244 Abs. 2 und 3 des Fünften Buches Sozialgesetzbuch,
- des § 43 Abs. 1 des Zweiten Gesetzes über die Krankenversicherung der Landwirte vom 20. Dezember 1988 (BGBl. I S. 2477, 2557) in Verbindung mit § 244 Abs. 2 und 3 des Fünften Buches Sozialgesetzbuch und
- des § 57 Abs. 1 des Elften Buches Sozialgesetzbuch – Soziale Pflegeversicherung – (Artikel 1 des Gesetzes vom 26. Mai 1994, BGBl. I S. 1014) in Verbindung mit § 244 Abs. 2 und 3 des Fünften Buches Sozialgesetzbuch

verordnet das Bundesministerium für Gesundheit im Einvernehmen mit dem Bundesministerium des Innern, dem Bundesministerium der Finanzen, dem Bundesministerium der Verteidigung, dem Bundesministerium für Familie, Senioren, Frauen und Jugend sowie dem Bundesministerium für Arbeit und Sozialordnung:

§ 1 Allgemeines

Die Beiträge zur gesetzlichen Krankenversicherung und zur sozialen Pflegeversicherung werden für Personen, deren Mitgliedschaft während des Wehrdienstes oder Zivildienstes fortbesteht (Dienstleistende), pauschal berechnet.

§ 2 Beitragsberechnung

Die pauschalen Beiträge werden kalenderjährlich wie folgt berechnet:

1. Beiträge zur gesetzlichen Krankenversicherung:
   Ein Zehntel des Produkts aus jährlicher Beitragsbemessungsgrundlage, allgemeinem Beitragssatz und Zahl der Diensttage wird durch 365 (in Schaltjahren 366) geteilt.
2. Beiträge zur sozialen Pflegeversicherung:
   Ein Zehntel des Produkts aus jährlicher Beitragsbemessungsgrundlage, Beitragssatz und Zahl der Diensttage wird durch 365 (in Schaltjahren 366) geteilt.

§ 3 Berechnungsgrundlagen

(1) Als beitragspflichtige Einnahmen gilt ein Betrag in Höhe von 80 vom Hundert der für das Kalenderjahr der Dienstleistung geltenden Bezugsgröße nach § 18 Absatz 1 des Vierten Buches Sozialgesetzbuch (Beitragsbemessungsgrundlage).

(2) Der für die gesetzliche Krankenversicherung anzuwendende allgemeine Beitragssatz ergibt sich auf Grund § 241 des Fünften Buches Sozialgesetzbuch. Der für die soziale Pflegeversicherung anzuwendende Beitragssatz ergibt sich aus § 55 Abs. 1 Satz 1 des Elften Buches Sozialgesetzbuch.

(3) Diensttage im Sinne dieser Verordnung sind die Tage, für die Beiträge zu entrichten sind. Die Zahl der Diensttage ist die Gesamtzahl der Tage, an denen im Kalenderjahr Dienst geleistet wurde. Unberücksichtigt bleiben in der Zahl der Diensttage die Diensttage der Personen, die in § 193 Abs. 1 des Fünften Buches Sozialgesetzbuch bezeichnet sind oder zuletzt vor dem Diensteintritt nicht bei einer Krankenkasse (§ 4 des Fünften Buches Sozialgesetzbuch) versichert oder nach § 10 des Fünften Buches Sozialgesetzbuch familienversichert waren. Die Feststellung der Anzahl der nicht zu berücksichtigenden Diensttage nimmt für die Anzahl der Wehrdiensttage das Bundesamt für Wehrverwaltung und für die Anzahl der Zivildiensttage das Bundesamt für den Zivildienst vor. Das Bundesamt für Wehrverwaltung und das Bundesamt für den Zivildienst bestimmen im Einvernehmen mit dem Spitzenverband Bund der Krankenkassen das Verfahren zur Feststellung der nicht zu berücksichtigenden Diensttage.

§ 4 Abrechnungsverfahren

(1) Das Bundesamt für Wehrverwaltung und das Bundesamt für den Zivildienst führen die Abrechnung der pauschalen Beiträge nach § 2 Nr. 1 und 2 bis zum 31. Mai des auf das Abrechnungsjahr folgenden Kalenderjahres durch.

(2) Der Spitzenverband Bund der Krankenkassen teilt dem Bundesamt für Wehrverwaltung und dem Bundesamt für den Zivildienst bis zum 30. April jedes Jahres für das vorangegangene Kalenderjahr die Mitgliederzahl der von den gesetzlichen Krankenkassen gemeldeten Wehr- und Zivildienstleistenden im Jahresdurchschnitt mit.

(3) Aus dem errechneten Gesamtbetrag der Beiträge nach Absatz 2 werden die Anteile an den Beiträgen getrennt nach Krankenversicherungs- und Pflegeversicherungsbeiträgen ermittelt.

§ 5 Zahlung der Beiträge

(1) Die Beiträge zur gesetzlichen Krankenversicherung und zur sozialen Pflegeversicherung werden vom Bundesamt für Wehrverwaltung und vom Bundesamt für den Zivildienst jährlich nachträglich gezahlt.

(2) Die Beiträge zur gesetzlichen Krankenversicherung werden an den Gesundheitsfonds, die Beiträge zur landwirtschaftlichen Krankenversicherung an die Sozialversicherung für Landwirtschaft, Forsten und Gartenbau gezahlt. Die Beiträge zur sozialen Pflegeversicherung nach § 2 Nr. 2 sind jeweils in einer Summe ebenfalls an den Gesundheitsfonds zu zahlen, dabei sind diese Beiträge betragsmäßig als solche auszuweisen.

(3) Auf die Beiträge zur gesetzlichen Krankenversicherung und zur sozialen Pflegeversicherung haben die Zahlungspflichtigen bis zum zehnten Tag jedes Kalendervierteljahres Vorschüsse in Höhe von 25 vom Hundert des zuletzt ermittelten pauschalen Jahresbeitrags zu zahlen. Wenn zu erwarten ist, daß sich die pauschalen Jahresbeiträge für das laufende Kalenderjahr um mehr als 5 vom Hundert gegenüber den zuletzt ermittelten pauschalen Jahresbeiträgen ändern werden, verändern die Zahlungspflichtigen den in Satz 1 genannten Vomhundertsatz entsprechend.

(4) Bis zum 10. Juli jedes Jahres zahlen die Zahlungspflichtigen die Restbeträge, um welche die Vorschüsse niedriger als die Beiträge gewesen sind, oder fordern die Beträge, um welche die Vorschüsse höher als die Beiträge gewesen sind (Ausgleichsbeträge), zurück. Die Zahlungspflichtigen können die Ausgleichsbeträge auch mit den folgenden Vorschußzahlungen verrechnen. Ausgleichsbeträge für das Jahr 2008 sind an den Spitzenverband Bund der Krankenkassen zu zahlen oder von diesem zurückzufordern.

(5) Nachträglich festgestellte Änderungen bezüglich der Anzahl der Diensttage werden mit den Berechnungsgrößen des dazugehörigen Abrechnungsjahres bei der nächsten Abrechnung berücksichtigt.

§ 6 Berücksichtigung des zusätzlichen Beitragssatzes

Für den Zeitraum vom 1. Juli 2005 bis zum 31. Dezember 2008 ist für die Ermittlung der Berechnungsgrundlagen auch § 241a des Fünften Buches Sozialgesetzbuch in der bis zum 31. Dezember 2008 geltenden Fassung zu berücksichtigen.

§ 7 Abrechnungszeiträume bis 2008

Für die Abrechnungszeiträume bis einschließlich 2008 ist, vorbehaltlich des § 6, diese Verordnung in der bis zum 31. Dezember 2008 geltenden Fassung weiter anzuwenden.

Schlußformel

Der Bundesrat hat zugestimmt.

5.2 Die Reserve

5.2.1 Gesetz über die Rechtsstellung der Reservisten (Reservistengesetz – ResG)

Reservistengesetz vom 21. Juli 2012 (BGBl. I S. 1583, 1588), das zuletzt durch Artikel 7 des Gesetzes vom 9. Januar 2026 (BGBl. 2026 I Nr. 7) geändert worden ist.

Abschnitt 1 Allgemeines

§ 1 Begriffsbestimmung

Reservistinnen und Reservisten sind
1. frühere Soldatinnen und Soldaten der Bundeswehr, die ihren Dienstgrad nicht verloren haben, sowie
2. sonstige Personen, die auf Grund einer vom Bund angenommenen Verpflichtung zu einer Wehrdienstleistung nach dem Vierten Abschnitt des Soldatengesetzes herangezogen werden können.

§ 2 Dienstgrad

(1) Frühere Soldatinnen und Soldaten dürfen ihren in der Bundeswehr erworbenen Dienstgrad mit dem Zusatz „der Reserve“ oder „d. R.“ weiterführen, wenn
1. ihnen ihr Dienstgrad nicht nur vorläufig oder zeitweilig verliehen worden ist und
2. sie nicht als frühere Berufssoldatin oder als früherer Berufssoldat berechtigt sind, ihren Dienstgrad mit dem Zusatz „außer Dienst“ oder „a. D.“ zu führen.

(2) Werden Reservistinnen oder Reservisten in ein Wehrdienstverhältnis berufen, führen sie ihren Dienstgrad während des Wehrdienstverhältnisses ohne einen Zusatz nach Absatz 1.

§ 3 Berechtigung zum Tragen der Uniform außerhalb eines Wehrdienstverhältnisses

(1) Früheren Soldatinnen und früheren Soldaten, die ihren Dienstgrad nicht verloren haben, kann gestattet werden, die Uniform mit dem Abzeichen des Dienstgrads, den zu führen sie berechtigt sind, zu tragen.

(2) Näheres regelt das Bundesministerium der Verteidigung durch Rechtsverordnung ohne Zustimmung des Bundesrates. In der Rechtsverordnung sind insbesondere zu regeln
1. die Anlässe, zu denen die Uniform nicht getragen werden darf, und
2. die Zuständigkeit für die Entscheidung über die Gestattung nach Absatz 1.

Abschnitt 2 Reservewehrdienstverhältnis

§ 4 Reservewehrdienstverhältnis

Reservistinnen und Reservisten, die sich freiwillig verpflichtet haben, ehrenamtlich eine Funktion in der Reserveorganisation der Bundeswehr wahrzunehmen, können längstens bis zum Ablauf des Monats, in dem sie das 65. Lebensjahr vollenden, in ein Wehrdienstverhältnis nach diesem Gesetz (Reservewehrdienstverhältnis) berufen werden. Die Regelungen des Soldatengesetzes und des Wehrpflichtgesetzes zur Begründung anderer Wehrdienstverhältnisse bleiben im Übrigen unberührt, soweit sich aus den nachfolgenden Vorschriften nichts anderes ergibt.

§ 5 Begründung und Beginn des Reservewehrdienstverhältnisses; Beförderungen

(1) Für die Berufung in ein Reservewehrdienstverhältnis gelten die Vorschriften über die Berufung in das Dienstverhältnis einer Soldatin auf Zeit oder eines Soldaten auf Zeit entsprechend. Die Ernennungsurkunde enthält anstelle der Wörter „in das Dienstverhältnis einer Soldatin auf Zeit“ oder „in das Dienstverhältnis eines Soldaten auf Zeit“ die Wörter „in ein Reservewehrdienstverhältnis“ sowie die Angabe der Berufungsdauer.

(2) Das Reservewehrdienstverhältnis beginnt mit der Ernennung.

(3) Für Beförderungen im Reservewehrdienstverhältnis gilt § 42 des Soldatengesetzes entsprechend.

§ 6 Diensteid

Bei der Berufung in ein Reservewehrdienstverhältnis ist ein Diensteid nach § 9 Absatz 1 des Soldatengesetzes zu leisten.

§ 7 Sachmittel und Entschädigungen

(1) Für die Wahrnehmung des Ehrenamts erforderliche Sachmittel und Dienstkleidung können unentgeltlich bereitgestellt werden.

(2) Soweit der Haushaltsplan Mittel zur Verfügung stellt, können gewährt werden
1. für den zeitlichen Aufwand eine Entschädigung von bis zu 160 Euro je Kalendermonat und
2. Aufwandsentschädigungen, soweit aus dem Reservewehrdienstverhältnis finanzielle Aufwendungen entstehen, deren Übernahme der Soldatin oder dem Soldaten nicht zugemutet werden kann; pauschale Aufwandsentschädigungen sind nur zulässig, wenn auf Grund tatsächlicher Anhaltspunkte oder Erhebungen nachvollziehbar ist, dass und in welcher Höhe funktionsbezogene finanzielle Aufwendungen typischerweise entstehen.

(3) Entschädigungen nach Absatz 2 Nummer 1 und pauschale Entschädigungen nach Absatz 2 Nummer 2 legt das Bundesministerium der Verteidigung im Einvernehmen mit dem Bundesministerium des Innern, für Bau und Heimat fest.

§ 8 Aktivierung für eine Dienstleistung nach § 60 des Soldatengesetzes

(1) Soldatinnen und Soldaten im Reservewehrdienstverhältnis können für eine in § 60 des Soldatengesetzes genannte Dienstleistung aktiviert werden, wenn sie über ihr Ehrenamt hinausgehende oder andersartige militärische Aufgaben wahrnehmen sollen. Sie sollen aktiviert werden, wenn

1. das Reservewehrdienstverhältnis für eine Führungsfunktion in der Reserveorganisation der Bundeswehr begründet wird und andere Reservistinnen und Reservisten in einem Unterstellungsverhältnis zu ihnen zu einer Dienstleistung nach § 60 des Soldatengesetzes herangezogen werden oder
2. sie in einem Arbeits- oder Dienstverhältnis stehen und während der Arbeits- oder Dienstzeit dienstliche Aufgaben wahrnehmen oder an Aus- und Fortbildungsmaßnahmen teilnehmen sollen.

(2) Für die Aktivierung gelten die Vorschriften über die Heranziehung zu einer Dienstleistung nach dem Vierten Abschnitt des Soldatengesetzes entsprechend.

(3) Die Aktivierung erfolgt durch

1. die Behörden, die nach § 69 des Soldatengesetzes zuständig wären, oder
2. die territorialen Kommandobehörden bei Soldatinnen und Soldaten, die für eine Funktion in einer diesen Kommandobehörden unterstellten Dienststelle in ein Reservewehrdienstverhältnis berufen worden sind, jedoch nur für Dienstleistungen im Sinne des § 63 des Soldatengesetzes.

(4) Für die Dauer der Aktivierung gelten die aktivierten Soldatinnen und Soldaten im Reservewehrdienstverhältnis als Dienstleistende im Sinne des Vierten Abschnitts des Soldatengesetzes.

(5) Während einer Aktivierung werden keine Leistungen nach § 7 gewährt. Soweit solche Leistungen im Voraus gewährt worden sind, gilt § 12 des Bundesbesoldungsgesetzes entsprechend.

§ 9 Zuziehung zu dienstlichen Veranstaltungen

Soldatinnen und Soldaten im Reservewehrdienstverhältnis können entsprechend § 81 des Soldatengesetzes zu dienstlichen Veranstaltungen zugezogen werden. § 1 Absatz 6 des Wehrsoldgesetzes gilt entsprechend.

§ 10 Benachteiligungsverbot

Für die in ein Reservewehrdienstverhältnis Berufenen gelten die §§ 5 und 9 Absatz 7 des Arbeitsplatzschutzgesetzes entsprechend.

§ 11 Versorgung

Erleidet eine Soldatin oder ein Soldat im Reservewehrdienstverhältnis bei der Verrichtung des Wehrdienstes eine gesundheitliche Schädigung, richtet sich die Versorgung nach dem Soldatenversorgungsgesetz und dem Soldatenentschädigungsgesetz.

§ 12 Beendigungsgründe

Ein Reservewehrdienstverhältnis endet
1. mit dem Ablauf der Zeit, für welche das Reservewehrdienstverhältnis begründet worden ist,
2. durch Umwandlung in das Dienstverhältnis einer Soldatin auf Zeit, eines Soldaten auf Zeit, einer Berufssoldatin oder eines Berufssoldaten,
3. im Spannungs- und Verteidigungsfall durch Heranziehung oder Einberufung zu einem unbefristeten Wehrdienst,
4. durch den Verlust der Rechtsstellung einer Soldatin oder eines Soldaten im Reservewehrdienstverhältnis entsprechend § 48 des Soldatengesetzes oder
5. durch Entlassung nach § 13.

§ 13 Entlassung

(1) Soldatinnen und Soldaten sind mit Ablauf des Monats, in dem sie das 65. Lebensjahr vollenden, aus dem Reservewehrdienstverhältnis entlassen.

(2) § 46 Absatz 2 Satz 1 Nummer 1 bis 4, 7, 8 und Absatz 2a des Soldatengesetzes gilt entsprechend.

(3) Aus dem Reservewehrdienstverhältnis ist zu entlassen, wer
1. dienstunfähig ist oder
2. aus persönlichen oder familiären Gründen nicht in der Lage ist, die übertragenen Aufgaben ordnungsgemäß wahrzunehmen.

(4) Aus dem Reservewehrdienstverhältnis soll entlassen werden, wer die deutsche Staatsangehörigkeit verloren hat. Das Bundesministerium der Verteidigung kann Ausnahmen zulassen, wenn dafür ein dienstliches Bedürfnis besteht.

(5) Soldatinnen und Soldaten können aus dem Reservewehrdienstverhältnis entlassen werden, wenn
1. sie ihre Dienstpflichten schuldhaft verletzen und ihr Verbleib im Dienstverhältnis die militärische Ordnung oder das Ansehen der Bundeswehr gefährden könnte,
2. sie die mit den übertragenen Funktionen verbundenen Anforderungen nicht erfüllen oder
3. ihre Funktion in der Reserveorganisation der Bundeswehr wegfällt.

(6) Soldatinnen und Soldaten im Reservewehrdienstverhältnis können jederzeit ihre Entlassung verlangen. Soweit sie für eine in § 60 des Soldatengesetzes genannte Dienstleistung aktiviert worden sind, werden sie zu dem Zeitpunkt entlassen, der sich bei entsprechender Anwendung des § 75 des Soldatengesetzes ergibt. Vor dem Beginn einer solchen Dienstleistung gilt § 59 Absatz 4 und 5 des Soldatengesetzes entsprechend.

(7) Die Entlassung wird von der Stelle verfügt, die für die Berufung in das Reservewehrdienstverhältnis zuständig ist. Außer in den Fällen des Absatzes 5 Nummer 1 ist die Entlassungsverfügung spätestens einen Monat vor dem Entlassungstag zuzustellen.

5.2.2 Verordnung zum Eignungsübungsgesetz

in der im Bundesgesetzblatt Teil III, Gliederungsnummer 53-5-1, veröffentlichten bereinigten Fassung, die durch § 1 der Verordnung vom 10. Mai 1971 (BGBl. I S. 450) geändert worden ist"

Eingangsformel

Auf Grund des § 6 Abs. 2 und des § 7 Abs. 3 Satz 2 des Eignungsübungsgesetzes vom 20. Januar 1956 (Bundesgesetzbl. I S. 13) verordnet die Bundesregierung:

§ 1 Urlaub für Arbeitnehmer bei Ausscheiden aus den Streitkräften

(1) Ein Arbeitnehmer, der nach Teilnahme an einer Eignungsübung aus den Streitkräften ausscheidet, erhält von den Streitkräften für jeden angefangenen Monat, den er bei den Streitkräften Dienst geleistet hat, ein Zwölftel des Urlaubs, der ihm auf Grund des Arbeitsverhältnisses für das laufende Urlaubsjahr zusteht; der Urlaub wird auch dann gewährt, wenn der Arbeitnehmer eine für den Erwerb des Urlaubsanspruchs vorgesehene Wartezeit noch nicht erfüllt hat.

(2) Ergibt sich nach der Berechnung des Urlaubs nach Absatz 1 ein Bruchteil eines Tages, so wird der Urlaub auf volle Tage aufgerundet.

(3) Der Anspruch auf Urlaub entfällt, soweit der Arbeitnehmer seinen Erholungsurlaub vor der Eignungsübung bereits verbraucht hat.

(4) Der Urlaub ist unter Fortzahlung der Dienstbezüge vor der Entlassung aus den Streitkräften zu gewähren. Soweit der Urlaub wegen Krankheit oder wegen Entlassung auf eigenen Antrag bis zur Entlassung nicht gewährt werden kann, sind für den restlichen Urlaub die Dienstbezüge zu zahlen.

(5) Der Urlaub wird auf den Erholungsurlaub des Arbeitnehmers angerechnet.

(6) Für Arbeitnehmer, für die eine Urlaubsmarkenregelung gilt, finden die Absätze 1 bis 5 keine Anwendung. Die Urlaubsmarken werden für die Dauer der Eignungsübung von den Streitkräften geklebt.

§ 2 Urlaub für Arbeitnehmer bei Verbleiben in den Streitkräften

(1) Ein Arbeitnehmer, der nach Teilnahme an einer Eignungsübung als freiwilliger Soldat in den Streitkräften bleibt, erhält den Urlaub aus dem bisherigen Arbeitsverhältnis, der bei Beginn der Eignungsübung im laufenden Urlaubsjahr noch nicht verbraucht ist, von den Streitkräften. Eine Abgeltung findet nicht statt.

(2) Hat der Arbeitnehmer bei Beginn der Eignungsübung eine für den Erwerb des Urlaubsanspruchs vorgesehene Wartezeit noch nicht erfüllt, so ist der Urlaub so zu bemessen, als ob das Arbeitsverhältnis zu diesem Zeitpunkt geendet hätte.

§ 3 Urlaubsbescheinigung

Der Arbeitgeber hat dem Arbeitnehmer vor Beginn der Eignungsübung eine Bescheinigung über den im laufenden Urlaubsjahr zustehenden und bereits gewährten Erholungsurlaub oder die Urlaubskarte auszuhändigen. Der Arbeitnehmer hat die Bescheinigung oder die Urlaubskarte unverzüglich bei der zuständigen Dienststelle der Streitkräfte abzugeben. Ein Arbeitnehmer, der nach Teilnahme an einer Eignungsübung sein bisheriges Arbeitsverhältnis fortsetzt, erhält von den Streitkräften eine Bescheinigung über den gewährten oder abgegoltenen Urlaub.

§ 4 Urlaub für Beamte und Richter

Für Beamte und Richter gelten die §§ 1 bis 3 mit Ausnahme des § 1 Abs. 4 Satz 2 und Abs. 6 sinngemäß.

§ 5 Zusätzliche Alters- und Hinterbliebenenversorgung für Arbeitnehmer im öffentlichen Dienst

(1) Durch die Teilnahme an einer Eignungsübung wird eine bestehende Versicherung in der zusätzlichen Alters- und Hinterbliebenenversorgung für Arbeitnehmer im öffentlichen Dienst nicht berührt; jedoch sind während der Eignungsübung keine Beiträge zu entrichten.

(2) Für Pflichtversicherte, die nach Teilnahme an einer Eignungsübung ihr bisheriges Arbeitsverhältnis fortsetzen oder bei Verbleiben in den Streitkräften sich freiwillig weiterversichern wollen, sind die Beiträge für die Dauer der Eignungsübung nachzuentrichten, und zwar in der Höhe, in der sie zuletzt vor Beginn der Eignungsübung gezahlt wurden. Während der Eignungsübung eintretende Änderungen des Beitragssatzes sind zu berücksichtigen. Das gleiche gilt für Pflichtversicherte und freiwillig Versicherte, bei denen der Versicherungsfall während der Eignungsübung eintritt.

(3) Der Arbeitgeber hat die nachzuentrichtenden Beiträge an die Versicherungsanstalt abzuführen oder bei Verwendung von Beitragsmarken durch Kleben von Marken zu entrichten. Die Streitkräfte haben dem Arbeitgeber den Betrag zu erstatten, den er zum Zweck der Beitragsnachentrichtung für die Dauer der Eignungsübung verwendet hat.

(4) Leistet der Arbeitgeber bei einem freiwillig Versicherten auf Grund tariflicher Verpflichtung einen Anteil an den Beiträgen und wird die freiwillige Versicherung bei Fortsetzung des Arbeitsverhältnisses aufrechterhalten, so erstatten die Streitkräfte dem Arbeitgeber die für die Zeit der Eignungsübung nachzuentrichtenden Beitragsanteile.

(5) Wird die zusätzliche Alters- und Hinterbliebenenversorgung durch Überversicherung (Höherversicherung) oder auf andere Weise gewährt, gelten die Absätze 1 bis 4 sinngemäß.

§ 6 Betriebliche und überbetriebliche Alters- und Hinterbliebenenversorgung

(1) Für Betriebe, für die Pensionskassen bestehen, gilt § 5 Abs. 1 und 2 sinngemäß.

(2) Der Arbeitgeber hat die nachzuentrichtenden Beiträge an die Pensionskasse abzuführen oder bei Verwendung von Beitragsmarken durch Kleben von Marken zu entrichten. Die Streitkräfte haben dem Arbeitgeber den Betrag zu erstatten, den er zum Zweck der Beitragsnachentrichtung für die Dauer der Eignungsübung verwendet hat. Dies gilt auch dann, wenn nur der Arbeitgeber Beiträge an die Pensionskasse zahlt.

(3) § 5 Abs. 4 gilt sinngemäß. Die Streitkräfte erstatten in diesen Fällen dem Arbeitgeber die für die Zeit der Eignungsübung nachzuentrichtenden Beitragsanteile.

(4) Für sonstige Einrichtungen und Formen der betrieblichen und überbetrieblichen Alters- und Hinterbliebenenversorgung gelten die Absätze 1 bis 3 sinngemäß.

§ 7 Urlaubskassen

Beiträge für Urlaubskassen brauchen für die Dauer der Eignungsübung nicht entrichtet zu werden. § 1 Abs. 6 bleibt unberührt.

§ 8 Anrechnung der Wehrdienstzeit

Die Zeit der Teilnahme an einer Eignungsübung wird auf die Dauer der Berufs- und Betriebszugehörigkeit sowie auf die Dauer des Vertragsverhältnisses angerechnet. Für Arbeitnehmer im öffentlichen Dienst gilt sie als Dienstzeit im Sinne von Tarifordnungen und Tarifverträgen des öffentlichen Dienstes. Auf Ausbildungs- und Probezeiten wird die Zeit der Teilnahme an einer Eignungsübung nicht angerechnet.

§ 9 Geltungsdauer der Verordnung

Diese Verordnung tritt am 26. Januar 1956 in Kraft.

5.2.3 Anordnung über die Ernennung und Entlassung von Soldatinnen und Soldaten und die Ernennung von Reservistinnen und Reservisten

vom 12. Dezember 2025 (BGBl. 2025 I Nr. 326)“

Eingangsformel

Nach § 4 Absatz 2 des Soldatengesetzes in der Fassung der Bekanntmachung vom 30. Mai 2005 (BGBl. I S. 1482) und Artikel 1 Absatz 2 der Anordnung des Bundespräsidenten über die Ernennung und Entlassung der Soldaten vom 10. Juli 1969 (BGBl. I S. 775), die durch die Anordnung vom 17. März 1972 (BGBl. I S. 499) geändert worden ist, ordne ich an:

Abschnitt 1 Allgemeines

§ 1 Dienstgradbezeichnungen

Soweit in dieser Anordnung Dienstgradbezeichnungen des Heeres und der Luftwaffe verwendet werden, gelten die jeweiligen Regelungen auch für die entsprechenden Dienstgrade der Marine und des Sanitätsdienstes.

§ 2 Vorbehaltene Ernennungen und Entlassungen

Dem Bundesministerium der Verteidigung behalte ich vor:
1. Beförderungen zum Oberst in der Besoldungsgruppe A 16 und der Reservistinnen und Reservisten zum Oberst,
2. Beförderungen der Anwärterinnen und Anwärter für die Laufbahnen der Offizierinnen und Offiziere des Truppendienstes und des militärfachlichen Dienstes zum Leutnant und
3. Ernennungen und Entlassungen in sonstigen besonderen Fällen.

§ 3 Ausschließliche Zuständigkeit der Dienststellenleitung

Die Ausübung der nachfolgend übertragenen Rechte zur Ernennung und Entlassung obliegt der Leiterin oder dem Leiter der jeweiligen Dienststelle persönlich, soweit sie oder er nicht von einer Ermächtigung durch das Bundesministerium der Verteidigung Gebrauch macht, die Vollziehung von Ernennungs- und Entlassungsurkunden auf andere Angehörige der Dienststelle zu übertragen.

Abschnitt 2 Zuständigkeiten für Berufssoldatinnen und Berufssoldaten, Soldatinnen auf Zeit und Soldaten auf Zeit, Soldatinnen und Soldaten, die freiwilligen Wehrdienst nach § 58b des Soldatengesetzes leisten, und Soldatinnen und Soldaten, die in ein Reservewehrdienstverhältnis nach § 4 des Reservistengesetzes berufen sind

§ 4 Zuständigkeit des Bundesamtes für das Personalmanagement der Bundeswehr

(1) Das Bundesamt für das Personalmanagement der Bundeswehr ernennt und entlässt Soldatinnen und Soldaten bis zum Oberst in der Besoldungsgruppe A 16.

(2) Es beruft Bewerberinnen und Bewerber
1. in ein Dienstverhältnis als Soldatin auf Zeit, Soldat auf Zeit, Berufssoldatin oder Berufssoldat bis zum Oberst in der Besoldungsgruppe A 16 und
2. in ein Reservewehrdienstverhältnis.

Abschnitt 3 Zuständigkeiten für Reservistinnen und Reservisten, Soldatinnen und Soldaten, die nach dem Vierten und Fünften Abschnitt des Soldatengesetzes Wehrdienst leisten und Soldaten, die nach dem Wehrpflichtgesetz Wehrdienst leisten

§ 5 Reservistinnen und Reservisten, Soldatinnen und Soldaten, die nach dem Vierten und Fünften Abschnitt des Soldatengesetzes Wehrdienst leisten

(1) Das Bundesamt für das Personalmanagement der Bundeswehr darf zu Dienstgraden bis zum Oberst befördern. Dies gilt auch für die Verleihung vorläufiger und zeitweiliger Dienstgrade nach § 7 Absatz 4, § 22 Absatz 6 und § 48 Absatz 3 der Soldatenlaufbahnverordnung.

(2) Das Bundesamt für das Personalmanagement der Bundeswehr entlässt Soldatinnen und Soldaten bis zum Oberst.

§ 6 Soldaten, die nach dem Wehrpflichtgesetz Wehrdienst leisten

Für Soldaten, die Wehrdienst nach § 4 Absatz 1 Nummer 1, 3 oder 4 des Wehrpflichtgesetzes leisten, gilt § 4 entsprechend, und für Soldaten, die Wehrdienst nach § 4 Absatz 1 Nummer 2 des Wehrpflichtgesetzes leisten, gilt § 5 entsprechend.

Abschnitt 4 Schlussbestimmungen

§ 7 Übergangsregelung

Für laufende Entlassungsverfahren verbleibt die Zuständigkeit bei der Stelle, die nach der bis zum 31. Dezember 2025 geltenden Fassung zuständig war.

§ 8 Inkrafttreten, Außerkrafttreten

(1) Diese Anordnung tritt am 1. Januar 2026 in Kraft.

(2) Gleichzeitig wird die Anordnung über die Ernennung und Entlassung von Soldatinnen und Soldaten und die Ernennung von Reservistinnen und Reservisten vom 22. September 2015 (BGBl. I S. 1597) aufgehoben.

Schlussformel

Der Bundesminister der Verteidigung

5.2.4 Verordnung über die Berechtigung zum Tragen der Uniform außerhalb eines Wehrdienstverhältnisses (Uniformverordnung – UnifV)

Uniformverordnung vom 25. April 2008 (BGBl. I S. 778), die durch Artikel 9 des Gesetzes vom 4. August 2019 (BGBl. I S. 1147) geändert worden ist“

Eingangsformel

Auf Grund des § 4a Satz 2 in Verbindung mit § 93 Abs. 2 Nr. 2 des Soldatengesetzes in der Fassung der Bekanntmachung vom 30. Mai 2005 (BGBl. I S. 1482) verordnet das Bundesministerium der Verteidigung:

§ 1 Grundsatz

Früheren Soldatinnen und früheren Soldaten kann für die in § 3 genannten Anlässe das Tragen der Uniform außerhalb eines Wehrdienstes genehmigt werden.

§ 2 Begriffsbestimmung

Uniform ist die Uniform der Soldatinnen und Soldaten der Bundeswehr mit den Abzeichen des Dienstgrads, den zu führen die frühere Soldatin oder der frühere Soldat berechtigt ist.

§ 3 Anlässe

Das Tragen der Uniform kann genehmigt werden für

1. festliche Familienereignisse, wie Hochzeiten, Taufen oder Anlässe ähnlicher Bedeutung,
2. Bestattungen von Angehörigen, Kameradinnen und Kameraden,
3. festliche Veranstaltungen und öffentliche Gedenkfeiern des Bundes, der Länder und Gemeinden und anderer Körperschaften des öffentlichen Rechts,
4. Veranstaltungen von Soldatinnen-, Soldaten-, Reservistinnen- und Reservistenvereinigungen, zu denen kein Kontaktverbot der Bundeswehr besteht,
5. andere repräsentative oder im Interesse der Bundeswehr besonders förderungswürdige Veranstaltungen sowie
6. Reisen zu dienstlichen Veranstaltungen nach § 81 des Soldatengesetzes einschließlich der Rückreisen.

§ 4 Ausschlusstatbestände

Eine Genehmigung darf nicht erteilt werden für

1. Veranstaltungen, an denen die frühere Soldatin oder der frühere Soldat beruflich oder ehrenamtlich teilnimmt, mit Ausnahme der Veranstaltungen nach § 3 Nr. 4 sowie
2. Anlässe, bei denen auch Soldatinnen und Soldaten der Bundeswehr die Uniform nicht tragen dürfen.

§ 5 Antrag, Zuständigkeiten

(1) Die Genehmigung für die in § 3 Nr. 1 bis 5 genannten Anlässe wird auf Antrag erteilt. In den Fällen des § 3 Nr. 6 erfolgt die Genehmigung von Amts wegen.

(2) Über Anträge nach § 3 Nr. 1 bis 4, die vor Beendigung des Wehrdienstverhältnisses gestellt werden, entscheidet die oder der letzte Disziplinarvorgesetzte der Soldatin oder des Soldaten. Über spätere Anträge sowie über Anträge nach § 3 Nr. 5 entscheidet das für den Wohnsitz der Soldatin oder des Soldaten zuständige Landeskommando.

(3) Das Streitkräfteamt entscheidet,
1. soweit eine Zuständigkeit nach Absatz 2 nicht gegeben ist,
2. wenn die Uniform im Einzelfall im Ausland getragen werden soll und
3. wenn in den Fällen des Absatzes 2 Satz 2 Anträge von Generalen und Admiralen gestellt werden.

(4) In den Fällen des § 3 Nr. 6 entscheidet die für die Zuziehung im Einzelfall zuständige Stelle.

§ 6 Genehmigung

(1) Die Genehmigung bedarf der Schriftform. Im Falle des § 3 Nr. 6 kann die Genehmigung mit der Entscheidung über die Zuziehung zu der dienstlichen Veranstaltung verbunden werden. Erfolgt die Zuziehung ausnahmsweise nur mündlich, kann die Genehmigung ebenfalls mündlich erteilt werden.

(2) In den Fällen des § 3 Nr. 1 bis 4 wird die Genehmigung unbefristet erteilt, im Übrigen jeweils nur für einen bestimmten Anlass. In den Fällen des § 3 Nr. 1 bis 5 umfasst die Genehmigung auch die Hin- und Rückreise zu dem jeweiligen Anlass.

(3) Die Genehmigung wird nur erteilt, wenn die Antragstellerin oder der Antragsteller und in den Fällen des § 3 Nr. 5 und des § 5 Abs. 3 Nr. 2 auch die Art und die voraussichtlichen Umstände der Veranstaltung die Gewähr bieten, dass das Ansehen der Bundeswehr in der Öffentlichkeit nicht beeinträchtigt und die Trageberechtigung nicht missbraucht wird.

(4) Der Genehmigungsbescheid ist mitzuführen, während die Uniform getragen wird. Er ist auf Verlangen der Polizei oder der Feldjäger vorzuzeigen. Ist im Fall des § 3 Nr. 6 die Genehmigung gemäß Absatz 1 Satz 3 ausnahmsweise nur mündlich erteilt worden, sind die Angaben zur Erreichbarkeit der genehmigenden Stelle bereitzuhalten.

§ 7 Widerruf der Genehmigung

Die Genehmigung kann jederzeit widerrufen werden. Sie ist zu widerrufen, wenn zu befürchten ist, dass durch das Auftreten der früheren Soldatin oder des früheren Soldaten in Uniform das Ansehen der Bundeswehr in der Öffentlichkeit beeinträchtigt oder die Trageberechtigung missbraucht wird.

§ 8 Inkrafttreten, Außerkrafttreten

Diese Verordnung tritt am Tag nach der Verkündung in Kraft.

Stichwortverzeichnis

Es bedeuten
Die halbfetten Ziffern:
Die laufende Nummer der Rechtsvorschrift
Die mageren Ziffern:
Die Paragrafen/Artikel der jeweiligen Rechtsvorschrift

Stichwortverzeichnis

Stichwortverzeichnis

Stichwortverzeichnis